Law Man

형사법

Criminal Law

통합사례

해커스변호사

서문

먼저 「Law Man 형사법 통합사례(2025 변호사시험 대비 최신판)」을 출간하기에 앞서 2023년에 출간된 「Law Man 형사법 통합사례(제5판)」 교재에 성원을 보내주신 독자분들에게 감사의 말씀을 전합니다. 이러한 독자분들의 성원에 힘입어 「Law Man 형사법 통합사례(2025 변호사시험 대비 최신판)」 교재를 출간하게 되었습니다.

2024년부터 한림법학원에서 해커스변호사 학원으로의 이적이 있게 되어 출판사도 윌비스 출판사에서 해커스변호사 출판사로 변경하여 출판을 하게 되었고, 이러한 출판사의 변경으로 인하여 교재의 제목에 어느 정도 변화가 있게 되었습니다. 즉 종래에는 「Law Man 형사법 통합사례(제5판)」 등으로 교재의 명칭을 표기하였으나, 앞으로는 해커스변호사 출판사에서 공통으로 사용하는 「Law Man 형사법 통합사례(2025 변호사시험 대비 최신판)」 등으로 표기하게 되었습니다.

「Law Man 형사법 통합사례(2025 변호사시험 대비 최신판)」 교재는 기본적으로 「Law Man 형사법 통합사례(제5판)」 교재를 베이스로 하면서도 ① 2024년 변호사시험 형사법 기출문제와 2023년 법전협 모의고사 문제를 진도별로 변형하여 추가하였으며 ② 모든 해설을 함에 있어 2024년 4월까지의 최신 법령과 판례를 반영하여 해설하였습니다.

특히 본 교재에서는 독자들의 이해를 돕기 위하여 사례형 문제와 이에 대한 해설을 함에 있어 출제자의 의도 등에 따라 해설이 달라질 수 있는 부분 그리고 사례형 대비를 위한 공부방법 등에 대한 코멘트를 아래와 같이 수록하였습니다. 따라서 이러한 코멘트를 통하여 문제와 해설에 대하여 의문이 있으신 분들에게 이해를 위한 도움이 될 수 있을 것입니다.

> 예
> • 전체적으로 중요한 특별형법 조문은 외워두는 것이 바람직하다. 그리고 비유형적 인과관계 사례 핵심 키워드는 통상 예견가능성이므로 암기해 두는 것이 바람직하다.

주지하다시피 우수한 형사법 사례형 답안을 작성하기 위해서는 기본적으로 형사법에 대한 충분한 지식 즉, 조문과 이론과 판례에 대한 지식을 갖추고 있어야 합니다. 그리고 주어진 사례문제의 사실관계를 장악하고, 사실관계에서 나타나는 쟁점을 정확히 파악하고, 이를 배점에 맞추어 한정된 지면에 잘 표현해야 합니다.

본 교재의 목적은 변호사시험과 5급공채시험 및 법원행정고시 등의 형사법 사례형 시험에서 고득점을 하고자 하는 데 있습니다. 이에 본 교재는 ① 변호사시험 형사법 기출사례문제를 해설하였고 ② 형법과 형사소송법 및 특별형법에서 사례형 문제로 출제가능성이 높은 사례문제를 엄선하여 해설하였고 ③ 해설을 함에 있어 실전에 활용할 수 있도록 예시답안을 가능하면 실제 답안 분량으로 작성하였습니다.

이러한 목적에 따른 본 교재의 내용을 간략히 설명하면 다음과 같습니다.

1. PART 01 형법과 특별형법 진도별 285개의 사례문제에 대한 해설

PART 01에서는 형법에서 출제 가능한 핵심사례 문제를 진도별로 선별하고 이에 대한 답안 분량의 해설을 하였습니다. 핵심사례 문제는 변호사시험 기출사례문제와 법전협 모의고사 사례문제 등을 베이스로 하여 285개의 문제를 선별하여 사례 문제로 출제 가능성이 있는 쟁점들을 체계적으로 파악함과 동시에 해당 문제에 대한 실제 답안 분량의 해설을 통하여 답안 작성방법을 체득할 수 있도록 하였습니다.

2. 특별형법 진도별 사례문제를 형법 진도별 문제에 위치시켜 해설

특별형법 사례문제들은 형법 사례문제들과 중복의 의미가 있는 내용이 많이 있어 형사특별법 사례문제들을 형법 해당 부분으로 위치시켜 해설하였습니다. 즉, 특별형법 문제 중 ① 도로교통 관련 사례문제는 과실범과 과실치사상죄 부분에 ② 성폭법과 아청법 관련 사례문제는 강간죄 부분에 그리고 ③ 정통망법 사례문제는 명예훼손죄 부분에 위치시켜 해설하였습니다.

3. PART 02 형사소송법 진도별 231개의 사례문제에 대한 해설

PART 02에서는 형사소송법에서 출제 가능한 핵심사례문제를 진도별로 선별하고 이에 대한 답안 분량의 해설을 하였습니다. 핵심사례문제는 변호사시험 기출사례문제와 법전협 모의고사 사례 문제 등을 베이스로 하여 231개의 문제를 선별하여 사례문제로 출제 가능성이 있는 쟁점들을 체계적으로 파악함과 동시에 해당 문제에 대한 실제 답안 분량의 해설을 통하여 답안 작성방법을 체득할 수 있도록 하였습니다.

4. PART 03 변호사시험 형사법 기출 사례 문제에 대한 해설

PART 03에서는 지금까지 시행된 제1회부터 제13회까지의 변호사시험 형사법 기출사례문제를 실제 답안 작성 분량으로 해설하였습니다. 따라서 이를 통해 실제 답안 작성방법과 분량을 가늠할 수 있을 것입니다. 그리고 논의의 여지가 있는 부분은 간단히 코멘트를 하여 문제에 대한 이해도를 높이고 형사법의 기본 실력을 함양할 수 있도록 하였습니다.

5. 이해나 설명이 필요한 부분에 대한 코멘트 설정

사례형 문제와 이에 대한 해설을 함에 있어 출제자의 의도 등에 따라 해설이 달라질 수 있는 부분 그리고 사례형 대비를 위한 공부방법 등에 대한 코멘트를 수록하였습니다. 따라서 문제와 해설에 대하여 의문이 있으신 분들에게 이해를 위한 도움이 될 수 있을 것입니다.

이러한 내용의 본 교재를 익히시면 독자들은 본 교재를 통하여 변호사시험에서의 사례형 시험문제의 출제수준을 가늠할 수 있으며 이를 바탕으로 한편으로는 기본실력을 함양하고, 다른 한편으로는 앞으로의 공부방향을 설정하여 보다 효과적인 학습을 할 수 있을 것입니다.

따라서 본 교재를 통하여 사례문제에 대한 정확한 쟁점의 파악과 이해를 하시는 한편 답안 작성방법을 체득하시게 되면 현재 시행되고 있는 변호사시험과 5급공채시험 등의 사례형 시험이 있는 고급시험을 대비함에 크게 부족함이 없을 것입니다.

본서에 대한 교정은 「Law Man 형사소송법(2025 변호사시험 대비 최신판)」 등의 교재를 교정해 준 황성원군(2023년 5급공채 교정직 합격)과 배예지양(2023년 5급공채 검찰사무직 합격)이 수고하여 주셨기에 감사의 말을 전합니다. 두 사람은 대학 재학 중에 5급공채시험에 합격할 정도의 성실함을 갖춘 수재들이기에 앞으로 훌륭한 공직자가 되어 나라의 동량이 되어 주기를 바랍니다.

마지막으로 본서가 출간됨에 있어 해커스 출판사 임직원분들에게도 감사의 말을 전합니다. 그럼 본서가 독자분들의 형사법 실력을 향상시켜 훌륭한 법조인이 되는데 도움이 되기를 바라며 이만 줄입니다.

2024년 5월 20일

우정에서 이 재 철

목차

PART

형법 진도별 사례

제1편

형법 서론

제2편

범죄론

제1장 | 서 론

제2장 | 구성요건론

001

甲은 술을 마시고 혈중알코올농도 0.25%의 만취상태에서 승용차를 운전하여 가다가 보행신호에 따라 횡단보도를 걸어가고 있는 A를 승용차로 치어 A가 중상을 입고 도로 위에 쓰러졌다. 甲은 사고 신고를 받고 긴급출동한 경찰관 P에 의해 사고현장에서 체포되었고, A는 사고 직후 구급차에 실려 병원으로 후송되던 중 구급차가 교차로에서 신호를 무시하고 지나가는 트럭과 부딪혀 전복되는 바람에 그 충격으로 사망하고 말았다. 甲의 죄책은? (10점) [2014 변시]

1. 음주운전죄의 성부

사안에서 甲은 0.25%의 만취상태에서 운전하였으므로 도로교통법 제148조의2 제3항 제1호 위반(음주운전)죄가 성립한다.

2. 위험운전치상죄의 성부

사안에서 甲은 0.25%의 만취상태에서 운전하면서 A를 치어 중상을 입혔으므로 특가법 제5조의11 제1항의 위험운전치상죄가 성립한다.

3. 위험운전치사죄의 성부

사안에서 A가 사망하였으므로 甲에게 특가법 제5조의11 제1항의 위험운전치사죄가 문제 된다. 사안의 경우는 비유형적 인과관계 사례이며, 통상 예견가능한 경우가 아니므로 인과관계가 단절되어 甲의 운전과 A의 사망 사이에는 인과관계가 인정되지 않는다. 따라서 甲에게는 위험운전치사죄는 성립하지 않는다.

> • 전체적으로 중요한 특별형법 조문은 외워두는 것이 바람직하다. 그리고 비유형적 인과관계 사례 핵심 키워드는 통상 예견가능성이므로 암기해 두는 것이 바람직하다.

002

돈이 필요한 甲은 야간에 돈이 많은 A의 집에 침입하여 현금을 훔치려고 계획한 후 발각되는 경우를 대비하여 잭나이프를 가지고 갔다. 야간에 A의 집에 침입하여 금고에 접근하던 중 때마침 외출하고 돌아오던 A에게 발각되었다. 甲은 체포를 면탈할 목적으로 가지고 있던 잭나이프로 상해의 고의로 A의 어깨를 힘껏 찌르고 도주하였다. 그 이후 생명에는 지장이 없는 정도의 상해를 입은 A는 병원으로 이송되는 도중에 교통사고로 사망하였다. 甲의 죄책을 논하시오. (15점) [2021 1차 변형]

1. 금고에 접근한 행위에 대한 평가

사안에서 甲은 절도의 고의를 가지고 야간에 타인의 주거에 들어가 금고에 접근하였으므로 야간주거침입절도죄의 실행의 착수가 인정된다. 그리고 이때 잭나이프를 지니고 있었어도 판례의 태도에 의하면 준강도 목적의 경우에는 강도예비죄가 성립하지 않는다.

> • 준강도 목적인 경우 강도예비죄가 성립할 수 있는지 여부의 쟁점도 빠뜨리지 말아야 한다. 그리고 배점에 따라서는 준강도 목적 예비 인정 여부에 대한 논의를 적어줄 수 있을 것이다.

2. A를 찌른 행위에 대한 평가 - 강도상해죄의 성립

(1) 사안에서 절도인 甲은 체포를 면탈할 목적으로 폭행을 하였으므로 준강도죄의 구성요건에 해당하고, A를 칼로 찌르는 행위는 판례에 의하면 준특수강도죄의 구성요건에 해당하지만, 사안에서 甲은 재물을 탈취하지 못했으므로 준특수강도미수죄가 성립한다.

> • 배점에 따라서는 준강도의 기수시기 판단 기준을 적어줄 수 있을 것이다.

(2) 그러나 사안에서 丙은 체포를 면탈할 목적으로 A를 칼로 찔러 상해를 입혔으므로 준특수강도미수인 경우에도 전체적으로 결합범인 강도상해죄가 성립한다.

3. 강도치사죄의 불성립

(1) 사안에서 甲은 A를 칼로 찌르는 행위로는 A의 생명이 지장이 없었지만, A는 병원으로 이송되는 도중 교통사고로 사망하였다.

(2) 이러한 비유형적 인과관계의 경우에 甲에게 A의 사망에 대한 인과관계를 인정할 수 있는지 문제 되지만, 사안의 경우에는 통상 예견할 수 없는 경우이므로 甲의 행위와 A의 사망 사이에는 인과관계가 인정되지 않는다. 따라서 甲에게는 강도치사죄는 성립하지 않는다.

4. 甲의 죄책

甲에게는 강도상해죄(제338조)가 성립한다.

003

A 소유의 사과농장 소속 직원인 甲과 乙은 어느 날 오후 업무를 마치고 사과나무 밭에서 담배를 피웠다. 담배를 피운 후 甲은 끄고 남은 담배꽁초를 사과나무 밭에 바로 던져 버리고, 乙도 담배꽁초 불씨를 사과나무 밭 주변을 향해 던져 버린 다음 그곳을 떠났다. 그런데 각자가 버린 담배꽁초 불씨가 사과나무 밭 주변 풀과 사과나무에 옮겨 붙어 A 소유의 사과나무 20그루가 다 타버리고 말았다. 사과나무를 불태운 결과에 대한 甲과 乙의 죄책은?

[2023 3차 변형]

1. 형법 제170조 제2항 실화죄의 적용 가능성

(1) 사안과 같이 과실로 타인의 물건을 소훼한 경우에 형법 제170조 제2항의 실화죄가 성립할 수 있는지에 대하여 논의가 있다.

(2) 이와 관련하여 '과수원 실화 사건'에서 전합 다수의견은 '자기의 소유에 속하는 제166조에 기재한 물건

또는 자기의 소유에 속하든, 타인의 소유에 속하든 불문하고 제167조에 기재한 물건을 의미한다'라고 하여 타인소유일반물건포함설의 태도를 취하고 있다. 따라서 이러한 판례에 따르면 사안의 경우에는 형법 제170조 제2항의 실화죄로 의율할 수 있다.

2. 형법 제170조 제2항 실화죄의 성립

(1) 과실(주의의무위반)

사안에서 甲과 乙은 자신들이 버린 담배꽁초로 인하여 화재가 발생할 수 있음을 충분히 예견할 수 있었으므로 甲과 乙에게는 과실이 인정된다.

(2) 결과발생과 구체적 위험의 발생

사안에서는 사과나무 20그루를 태우는 결과가 발생하였으며, 사과농장에 있는 불특정 다수의 생명·신체·재산에 대한 위험을 초래할 수 있는 공공의 위험을 발생시켰다.

(3) 과실행위와 결과발생 사이의 인과관계

사안에서 甲과 乙에게 과실의 공동정범이 성립하면 인과관계를 쉽게 인정할 수 있을 것이다. 그러나 과실범의 공동정범은 행위자들 사이에 공동의 목표와 의사연락이 있는 경우에 성립하는 것인바, 함께 담배를 피웠을 뿐인 甲과 乙에게는 '공동의 목표'가 있었다고 보기 어려워 공동정범의 법리가 적용될 수는 없다. 그러나 판례에 의하면 '공동의 과실이 경합되어 화재가 발생한 경우에 적어도 각 과실이 화재의 발생에 대하여 하나의 조건이 된 이상은 그 공동적 원인을 제공한 각자에 대하여 실화죄의 죄책을 물어야 함이 마땅하다'라고 하여 인과관계를 긍정하고 있다. 따라서 이러한 판례의 입장에 따르면 甲과 乙의 과실행위와 결과발생 사이에 인과관계가 인정되어 甲과 乙에게는 각각 형법 제170조 제2항의 실화죄가 성립한다.

> • (3)에서 판례 문구를 정확히 기억하는 것이 바람직하다.

004

> 甲은 채권자인 A를 살해하여 채무를 면탈하려고 A의 집으로 가던 중 우연히 乙을 만나자 자신의 범행계획을 이야기하였다. 甲의 말을 들은 乙은 A의 집에 손님들이 자주 방문하니 신속하게 처리하라면서 우연히 주운 A의 집 열쇠를 건네주었다. 甲은 A의 집 문이 열려 있어 乙이 준 열쇠를 사용하지 않고 A의 집에 들어가 A를 살해하였다. 그 후 甲에 대한 공판절차에서 甲이 A에게 1억 원의 채무를 지고 있다는 사실이 A의 상속인이 보관하고 있던 차용증을 통해 확인되었고, A의 사체를 부검한 결과 A에게 심장병이 발견되었는데, A는 甲이 죽이지 않았더라도 이 심장병으로 인해 곧 사망했을 것이라는 결론이 나왔다. A를 살해한 행위에 대한 甲과 乙의 죄책은? (단, 주거침입죄는 논외로 한다)   [2023 3차 변형]

1. A를 살해한 행위에 대한 甲의 죄책

(1) 강도살인죄의 해당 여부

사안에서 甲은 채무를 면탈할 목적으로 A를 살해하고 있다. 이러한 채무면탈살인이 강도살인죄에 해당하는지가 문제 된다. 이에 대하여 판례는 원칙적으로 강도살인죄가 성립하지만, 예외적으로 '채무를 면탈할 의사로 채권자를 살해하더라도 일시적으로 채권자측의 추급을 면한 것에 불과하여 재산상 이익의 지배가 채권자측으로부터 범인 앞으로 이전되었다고 보기는 어려운 경우에는 강도살인죄가 성립할 수 없다'라고 판시하여 단순히 추급만을 면한 경우에는 강도살인죄의 성립을 부정하고 있다.

이러한 판례의 논지에 따르면 사안에서 A의 상속인이 보관하고 있는 차용증으로 인하여 단순히 추급만을 면한 것에 불과하므로 甲에게는 살인죄만 성립할 수 있다.

> • 채무면탈살인은 중요한 쟁점이므로 판례 문구 등을 정확히 기억하는 것이 바람직하다.

(2) 살인죄의 객체성 인정 여부

사안에서 A는 심장병으로 인해 甲이 살해하지 않더라도 곧 사망했을 것이므로 살인죄의 객체성 인정 여부가 문제 된다. 일반적으로 살인죄의 객체는 사람은 살아있는 사람인 이상 생존능력의 유무는 불문하므로 A는 살인죄의 객체성이 인정된다.

> • 이 부분은 채점기준표에는 없지만, 일반론적 입장에서 보완한 내용이다.

(3) 인과관계 인정 여부

사안에서 A는 심장병으로 인해 甲이 살해하지 않더라도 곧 사망했을 것이므로 甲의 살해행위와 사망의 결과 사이에 인과관계가 문제 된다. 이에 대하여는 ① 절대적 제약공식을 따르는 조건설에 따르면 인과관계가 부정될 수 있지만, ② 현재의 판례의 태도인 상당인과관계설에 따르면 인과관계가 인정되고, 다수설인 합법칙적 조건설과 객관적 귀속론에 의하여도 인과관계가 인정된다. 따라서 사안에서 甲의 살해행위와 A의 사망 사이에는 인과관계가 인정된다.

> • 이 부분은 학설의 입장을 어느 정도 적어주는 것이 바람직하다.

2. A를 살해한 행위에 대한 乙의 죄책

(1) 사안에서 乙은 甲에게 A의 집 열쇠를 주면서 甲의 살인행위를 방조하고 있다. 그런데 甲은 이러한 열쇠를 사용하지 않고 A를 살해하고 있다. 이러한 경우 乙에게 살인죄의 방조범을 인정할 수 있는지가 방조의 인과관계 문제로 논의되고 있다.

(2) 이에 대하여는 ① 인과관계필요설과 ② 인과관계불필요설이 대립하고 있지만, ③ 최근 전합 판례는 '방조범은 정범에 종속하여 성립하는 범죄이므로 방조행위와 정범의 범죄 실현 사이에는 인과관계가 필요하다.'라고 하여 인과관계필요설의 입장이다.

(3) 생각건대 인과관계불필요설은 현재 확립되어 있는 공범종속성의 원칙에 부합하지 않으므로 인과관계 필요설이 타당하다. 이러한 인과관계필요설에 의하면 사안에서 乙에게는 살인방조죄가 성립하지 않는다.

005

甲은 채권자 A가 자기 집에 찾아 와 채무변제를 독촉하자 이를 모면하려고 집에서 차를 몰고 나가려고 했다. 그 순간 A가 甲의 차 앞에 서서 "빚을 갚으라"고 소리치자, 화가 난 甲은 A가 '상처를 입어도 어쩔 수 없다'고 생각하면서 차 앞 범퍼로 A를 들이받아 넘어뜨려 4주의 치료를 요하는 상처를 입혔다. 甲의 형사책임을 논하시오. (17점)

[2013 2차 변형]

1. 논의점

사안에서 甲은 자동차를 이용하여 A에게 상해를 입히고 있으므로 형법 제258조의2 제1항의 특수상해죄가 성립하는지 문제 된다.

2. 객관적 구성요건의 검토

(1) 판례는 '위험한 물건에 해당하는지 여부는 구체적인 사안에서 사회통념에 비추어 그 물건을 사용하면 상대방이나 제3자가 생명 또는 신체에 위험을 느낄 수 있는지 여부에 따라 판단하여야 한다'라고 하고 있다. 이러한 기준에 따르면 사안에서의 자동차는 위험한 물건에 해당한다.

(2) 자동차를 이용한 경우가 '위험한 물건을 휴대'한 것인지에 대하여 ① 휴대는 사전적 의미 그대로 몸에 지니는 것을 의미하므로 휴대에 포함되지 않는다는 부정설과 ② 휴대는 소지하는 것에 한정하지 않고 '널리 이용하여'와 같은 의미라고 해석하여 휴대에 포함된다는 긍정설인 판례의 태도가 대립하고 있다.

(3) 생각건대 자동차를 이용한 범죄를 억지하기 위한 형사정책적 측면을 고려하면 긍정설인 판례의 입장이 타당하다. 따라서 사안에서 甲의 행위는 특수상해죄의 객관적 구성요건에 해당한다.

3. 주관적 구성요건의 검토

(1) 사안에서 A에게 상해를 입힌 甲의 행위에 특수상해의 미필적 고의가 있는지 문제 된다.

(2) 미필적 고의와 인식있는 과실과의 구별 기준에 대하여는 ① 가능성설 ② 개연성설 ③ 인용설 ④ 감수설 등이 대립하고 있으나, ⑤ 판례는 '미필적 고의가 있었다고 하려면 결과발생의 가능성에 대한 인식이 있음은 물론 나아가 결과발생을 용인하는 내심의 의사가 있음을 요한다'라고 하여 인용설을 따르고 있다.

(3) 이러한 판례의 입장인 인용설에 따르면, 사안에서는 甲은 위험한 물건인 자동차를 이용하여 A를 충격하면서 'A가 상처를 입어도 어쩔 수 없다'라고 인용하고 있으므로 甲에게는 특수상해의 고의가 인정된다.

4. 사안의 해결

사안에서 甲에게는 형법 제258조의2 제1항의 특수상해죄가 성립한다.

> • 전체적으로 주관적 구성요건을 먼저 검토하는 것도 가능할 것이다.

006

> 술집 사장 甲은 단골손님 A와 그의 친구 F가 함께 술을 마시다 취기가 오른 F는 혼자 가버리고 A만 만취하여 소파에 잠들어 있는 것을 알게 되었다. 甲은 퇴근하기 위해 잠든 A를 깨우려고 몇 차례 흔들어도 깨어나지 않자 영하 10도의 추운 날씨임에도 난방을 끈 채 퇴근해 버렸는데, A는 추위를 이기지 못하고 얼어 죽었다. 甲이 A가 죽어도 어쩔 수 없다고 생각했던 경우와 A의 죽음을 단지 예견할 수 있었던 경우를 나누어 甲의 죄책을 검토하시오. (15점)
>
> [2017 변시]

1. A가 죽어도 어쩔 수 없다고 생각했던 경우

(1) 살인에 대한 미필적 고의의 인정

사안에서 甲은 A가 죽어도 어쩔 수 없다고 생각한 것은 다수설과 판례인 인용설에 따르면 살인죄의 미필적 고의가 인정된다.

> • 전체적으로 배점을 잘 해야 하는 문제이다. 부작위범에 대하여 적을 것이 많이 있고, 미필적 고의에 대해서는 인용설로 확립되어 있으므로 미필적 고의 부분은 간단히 적는 것이 바람직하다.

(2) 부작위에 의한 살인죄의 검토

살인죄와 같은 부진정부작위범이 성립하기 위해서는 甲에게 보증인적 지위가 인정되어야 하며, 보증인적 지위가 인정되기 위해서는 ① 구성요건적 상황 ② 작위의무 ③ 개별적 행위가능성이 인정되어야 한다. 사안에서 ① A는 술에 취하여 스스로를 구조할 수 없는 상황이 인정되고 ② 판례에 의하면 조리를 포함하는 형식설에 따라 작위의무를 판단하므로 작위의무가 인정되고 ③ A에 대한 조치를 취할 수 있었음에도 이를 취하지 않아 A를 사망에 이르게 하였고 ④ 甲의 부작위와 A의 사망 사이의 인과관계도 인정할 수 있으므로 甲에게는 부작위에 의한 살인죄(제250조 제1항)가 성립한다.

> • 보증인적 지위를 인정하기 위한 세 가지 요건은 암기해 두는 것이 바람직하다.

2. A의 죽음을 단지 예견할 수 있었던 경우

(1) 유기죄의 성립 여부

A는 甲이 운영하는 술집의 손님이므로 甲에게 A를 보호해야 할 보호의무가 인정되는지 문제 된다. 판례에 의하면 계약에 기한 주된 급부의무가 부조를 제공하는 것인 경우에 반드시 한정되지 아니하고, 상대방의 신체 또는 생명에 대하여 주의와 배려를 한다는 부수적 의무의 한 내용으로 상대방을 부조하여야 하는 경우를 포함할 수 있다고 한다. 따라서 이러한 판례의 취지에 따르면 사안에서 甲에게는 A에 대한 보호의무가 인정되므로 甲에게는 유기죄가 성립한다.

> • 판례의 문구를 기억해 두는 것이 바람직하다.

(2) 유기치사죄의 성립 여부

사안에서 A가 사망하였으므로 유기치사죄가 성립하기 위해서는 ① 기본범죄인 유기죄 ② 사망이라는 중한 결과의 발생 ③ 인과관계 ④ 예견가능성이 구비되어야 한다. 사안에서는 유기치사죄가 성립하기 위한 이러한 요건이 모두 구비되었으므로 甲에게는 제275조 제1항의 유기치사죄가 성립한다.

> • 결과적가중범의 성립요건 4가지는 암기해 두는 것이 바람직하다.

007

甲의 장인 A는 완치가 불가능한 말기암 환자로서 ○○대학병원 암센터에서 하루하루 고통스럽게 입원치료를 받고 있었다. A는 甲에게 "자네의 처인 乙과 잘 상의하여 이제 그만 나를 편하게 보내주게"라고 수차례 진지하게 애원을 하였다. 이에 甲은 아내 乙에게 그 사실을 털어놓았고, 사정의 자초지종을 들은 乙은 아무런 대답을 하지 않았다. 그러던 어느 날 甲는 乙에게 오늘 당신 아버지를 보내드리려고 하니 함께 가서 아버지의 손이라도 잡아보라고 하였다. 남편을 따라나선 乙은 A를 문병하고 입원실을 먼저 나왔으며, 甲은 A의 산소호흡기 코드를 뽑는다는 것이 잘못하여 옆 병상의 환자 B의 산소호흡기 코드를 뽑게 되었고, 그로 인하여 어이없게도 B가 사망에 이르게 되었다. 甲과 乙의 죄책은? (20점)　　　　　[2020 3차 변형]

Ⅰ. 甲의 죄책

> • 아래의 내용은 채점기준표에서 제시하는 기준에 따라 해설한 것이다.

1. 착오의 태양

(1) 사안에서 甲은 장인 A에 대한 승낙살인죄를 범하려고 하였으나, 코드를 잘못 뽑아 옆 병상의 환자인 B를 살해하는 보통살인죄를 범하고 있다. 이러한 경우에 방법의 착오인 것은 명확하지만, 구체적 사실의 착오인지 아니면 추상적 사실의 착오인지 문제 된다.

(2) 이러한 기본적 구성요건과 가감적 구성요건 사이의 착오는 구체적 부합설의 입장에서는 추상적 사실의 착오가 되지만, 법정적 부합설의 입장 중 죄질부합설의 입장에서는 구체적 사실의 착오가 되며 구성요건적 부합설의 입장에서는 추상적 사실의 착오가 된다.

2. 각 부합설에 따른 해결

(1) 구체적 부합설의 입장

구체적 부합설의 입장에서는 추상적 사실의 착오와 방법의 착오로 보게 되므로 의도한 A에 대한 승낙살인죄의 미수와 B에 대한 과실치사죄의 상상적 경합으로 처벌하게 된다.

(2) 법정적 부합설의 입장

법정적 부합설 중 ① 죄질부합설의 입장에서는 구체적 사실의 착오와 방법의 착오로 보게 되어 B에 대한 보통살인죄의 기수가 성립한다고 보고 ② 구성요건적 부합설의 입장에서는 추상적 사실의 착오와 방법의 착오로 보게 되어 A에 대한 승낙살인죄의 미수와 B에 대한 과실치사죄의 상상적 경합으로 처벌하게 된다.

(3) 판례의 태도

판례는 기본적으로 법정적 부합설을 따른다는 점에서는 이론이 없다. 그러나 죄질부합설을 따랐는지 아니면 구성요건적 부합설을 따랐는지는 명확하지 않지만 일반적으로 죄질부합설을 따랐다는 것이 다수의 입장이다.

> • 배점이 작은 문제라면 각 학설들의 결론만 견해 대립으로 적시하는 것이 바람직하다. 즉 ① A에 대한 승낙살인죄의 미수와 B에 대한 과실치사죄의 상상적 경합설 ② B에 대한 보통살인죄의 기수설 등으로 적는 것도 가능하다.

3. 검토 및 사안의 해결

생각건대 죄질부합설을 따를 경우에는 피고인에게 불리하게 되는 문제점이 있으며, 입법자들도 이러한 점을 인식하여 제15조 제1항을 설정하여 과도한 처벌을 경계하고 있다. 따라서 일반인의 법감정에 충실한 법정적 부합설 중 구성요건적 부합설의 입장이 타당하다. 이러한 구성요건적 부합설에 따르면 사안에서 甲은 A에 대한 승낙살인죄의 미수와 B에 대한 과실치사죄의 상상적 경합범으로 처벌된다.

Ⅱ. 乙의 죄책

1. 부작위범의 성립가능성

乙의 행위가 부작위범이 성립하기 위해서는 ① 구성요건적 상황 ② 작위의무 ③ 행위가능성이 있어 보증인적 지위에 있어야 한다. 그런데 사안에서는 이를 모두 구비하고 있으므로 부작위범이 성립한다.

2. 공동정범의 성립

사안에서 乙는 甲의 승낙살인행위에 대하여 처음에는 아무런 대답을 하지 않았으나, 범행 당일 손이라도 잡아 보라는 말을 듣고 甲을 따라나서 A를 문병하고 입원실을 먼저 나왔다는 점에 비추어 묵시적이나마 공동가공의 의사가 있다고 볼 수 있다. 따라서 乙에게는 甲과 동일하게 A에 대한 승낙살인미수죄의 공동정범과 B에 대한 과실치사죄의 공동정범의 상상적 경합이 성립한다.

> • 乙의 가담 형태에 대해서는 논의가 있을 수 있으나, 암묵적인 의사의 연락도 가능하므로 공동정범으로 정리하는 것이 타당해 보인다.

008

甲은 乙에게 A를 살해하고 A의 스마트폰을 손괴하라고 교사하였으나, 정범인 乙이 A와 닮은 B를 A로 착각하여 B를 살해하고, B의 스마트폰을 손괴한 경우에 甲에게 가장 유리한 논거를 제시하시오. (20점)

[2013 2차 변형] [2015 2차 변형] [2016 2차 변형] [2018 2차 변형]

1. 서 언

사안에서 甲은 乙에게 A를 살해하고 A의 스마트폰의 손괴를 교사하였으나 정범인 乙이 구체적 사실의 착오 중 객체의 착오를 일으켜 B를 살해하고, B의 스마트폰을 손괴하고 있다. 이 경우에 乙의 죄책은 어떠한 부합설에 따르더라도 B에 대한 살인죄와 B에 대한 재물손괴죄의 경합범이 성립하지만 甲의 죄책에 대하여는 논의가 있다.

> • 甲의 죄책만 묻고 있으므로 배점에 따라서는 1. 부분을 생략하는 것도 바람직하다.

2. 甲의 죄책에 대한 논의

(1) 논의점

사안과 같이 정범인 乙이 구체적 사실의 착오 중 객체의 착오를 범한 경우에 이를 교사한 甲의 죄책에 대하여 논의가 있다.

(2) 견해의 대립

이에 대하여 ① 법정적 부합설은 구체적 사실의 착오의 경우에는 객체의 착오와 방법의 착오의 효과가 동일하므로 발생사실의 교사범으로서의 책임을 인정하지만 ② 구체적 부합설은 ㉠ 의도한 객체에 대한 미수죄의 교사범만 인정하는 견해 ㉡ 의도한 객체에 대한 미수죄의 교사범과 발생사실에 대한 단독의 과실범의 상상적 경합을 인정하는 견해 ㉢ 발생사실에 대한 기수의 교사의 책임을 인정하는 견해 등이 대립하고 있다.

(3) 사안의 적용

사안을 각 견해에 대입하여 甲의 죄책을 정리하면 ① 법정적 부합설에 따르면 B에 대한 살인기수의 교사와 B에 대한 재물손괴기수의 교사의 실체적 경합이 성립하지만, ② 구체적 부합설은 ㉠ A에 대한 살인미수의 교사와 A에 대한 손괴미수교사의 실체적 경합 ㉡ A에 대한 살인미수의 교사와 B에 대한 과실치사죄의 상상적 경합과 A에 대한 재물손괴미수의 교사의 실체적 경합 ㉢ B에 대한 살인기수의 교사와 B에 대한 재물손괴기수의 교사의 실체적 경합이 성립하게 된다.

(4) 甲에게 가장 유리한 주장

甲에게 가장 유리한 주장은 ① 정범의 객체의 착오를 교사자에게는 방법의 착오로 보고 ② 부합설 중 구체적 부합설을 따르고 ③ 구체적 부합설 중 교사한 범죄의 미수범만 인정하는 견해이다.

- 교사범의 구체적 사실의 착오에 대한 논의는 독일의 로오제-로자알(Rose-Rosahl)사건에서 유래된 것이다. 사건의 내용은 다음과 같다. 로자알(A)은 로오제(B)에게 금품제공을 약속하고 정하여진 시각에 숲속을 지나던 슈리이베(C)를 살해하라고 교사하였다. 로오제는 그 시각에 숲속을 지나던 사람을 살해하였으나 살해된 사람은 슈리이베가 아닌 하이니슈(D)였다. 이러한 로오제-로자알 사건의 해결에 대해서는 여러 가지 논의가 있으나, 위에서 설명하는 방식이 가장 정통에 가깝다고 할 수 있다. 그리고 로오제-로자알 사건과 정범배후의 정범이론의 도나(Dohna) 사건과는 잘 구별하여야 한다.

009

甲은 乙에게 A를 살해하라고 부탁하였으나, 乙이 객체의 착오로 B에 대한 살인미수로써 상해를 입힌 경우의 甲과 乙의 죄책은? (15점)

[2019 변시]

1. 乙의 죄책

乙는 B를 A로 오인하고 살해하려고 한 것은 구체적 사실의 착오 중 객체의 착오에 해당하므로 어떠한 부합설에 따르더라도 乙에게는 B에 대한 살인미수죄(제254조, 제250조 제1항)가 성립한다.

2. 甲의 죄책

(1) 甲의 가담 형태

甲은 乙에게 A를 살해하라고 부탁한 것만으로는 기능적 행위지배가 인정되지 않으므로 甲에게는 교사범만 성립한다.

(2) 착오의 형태

정범인 乙이 살인죄의 구체적 사실의 착오 중 객체의 착오를 범했으나, 미수에 그쳐 상해만 입힌 경우에 교사자인 甲의 착오의 형태에 대하여 논의가 있을 수 있다. 생각건대 의도한 범죄의 축소된 결과가 발생한 사안이므로 구체적 사실의 착오와 방법의 착오로 보는 것이 타당하다.

(3) 법정적 부합설의 입장

법정적 부합설의 입장에서는 구체적 사실의 착오인 이상 객체의 착오이던 방법의 착오이던 발생사실에 대한 고의를 인정하게 되므로 甲의 죄책은 발생사실인 B에 대한 살인미수죄의 교사범이 성립하게 된다.

(4) 구체적 부합설의 입장

구체적 부합설의 입장에서는 ① 의도한 사실에 대한 교사범만 인정하는 견해 ② 의도한 사실에 대한 교사범과 발생사실에 대한 과실범을 인정하자는 견해 ③ 발생사실에 대한 교사범만 인정하자는 견해 등이 대립하고 있다.

(5) 사안의 해결

생각건대 부합설 중 일반인의 법감정에 충실한 법정적 부합설이 타당하며, 이에 의하면 사안을 구체적 사실의 착오로 보는 한 甲에게는 발생사실인 B에 대한 살인미수죄의 교사범(제254조, 제250조 제1항, 제31조 제1항)이 성립한다.

010

甲은 평소 사랑하던 A에게 만나자고 말했으나 A가 이를 거절하자 A를 상해를 입혀 괴롭히기로 마음을 먹었다. 그리고 친구 乙에게 乙이 운영하는 식당에 A가 와서 음식을 주문하면 그 음식에 상한 음식을 함께 넣어 식중독을 일으키게 하라고 부탁하였고, 乙은 이에 동의하였다. 이로부터 3일 뒤 A의 쌍둥이 언니 B가 乙의 식당에서 음식을 주문하자 乙은 B를 A로 오인하여 甲에게 A가 왔다고 통보하였다. 그러나 甲은 자신의 행동을 참회하면서 乙에게 전화하여 A에게 상한 음식을 주지 말라고 부탁하였다. 그러자 乙은 "나는 내 계획대로 하겠다."라고 말하면서 전화를 끊은 다음 B가 주문한 음식에 상한 음식을 함께 넣어 제공하였고, B는 그 음식을 먹고 식중독으로 3주간 병원 치료를 받았다. A를 상해 입히려다 B를 상해 입힌 행위에 대한 甲과 乙의 죄책은?

[2023 3차 변형]

Ⅰ. 乙의 죄책

사안에서 乙은 A를 상해 입히려다가 B를 A로 오인하여 B를 상해 입히고 있다. 이러한 착오는 구체적 사실의 착오 중 객체의 착오에 해당하여 어느 부합설을 따르더라도 발생 결과인 B에 대한 상해죄가 성립한다.

Ⅱ. 甲의 죄책

1. 甲의 가담 형태

사안에서 甲은 乙에게 A에게 상한 음식을 주어 식중독을 일으키게 해 달라고 부탁하고 있다. 이러한 甲의 행위는 기능적 행위지배를 인정하기 어려워 甲에게는 교사범만 성립한다.

2. 교사로부터의 이탈 불성립

甲이 자신의 행동을 참회하며 乙에게 전화하여 A에게 상한 음식을 주지 말라고 한 것이 교사로부터의 이탈에 해당하는지 문제 된다. 판례에 의하면 교사범이 그 공범 관계로부터 이탈하기 위해서는 피교사자가 범죄의 실행행위에 나아가기 전에 교사범에 의하여 형성된 피교사자의 범죄 실행의 결의를 해소하는 것이 필요하다. 그런데 사안에서는 乙은 범죄결의가 해소되지 않았으므로 교사로부터의 이탈은 인정되지 않는다.

3. 교사의 착오의 해결

(1) 사안과 같이 정범인 乙이 구체적 사실의 착오 중 객체의 착오를 범한 경우에 이를 교사한 甲의 죄책에 대하여 논의가 있다.

(2) 이에 대하여 ① 법정적 부합설은 구체적 사실의 착오의 경우에는 객체의 착오와 방법의 착오의 효과가 동일하므로 발생 사실의 교사범으로서의 책임을 인정하지만 ② 구체적 부합설은 ㉠ 의도한 객체에 대한 미수죄의 교사범만 인정하는 견해 ㉡ 의도한 객체에 대한 미수죄의 교사범과 발생사실에 대한 단독의 과실범의 상상적 경합을 인정하는 견해 ㉢ 발생사실에 대한 기수의 교사의 책임을 인정하는 견해 등이 대립하고 있다.

(3) 생각건대 구체적 부합설을 따르는 경우에는 어떠한 견해도 일정한 비판이 따르는 문제점이 있으므로 일반인의 법감정에 충실한 법정적 부합설의 입장이 타당하다. 이에 따르면 사안에서 甲에게는 발생사실인 B에 대한 상해교사죄가 성립한다.

甲은 자신의 정적인 A를 살해할 계획을 세운 후, 노숙자 乙에게 사례를 약속하고 A를 살해해 달라고 부탁했다. 甲은 乙에게 A의 인상착의와 자주 다니는 장소와 시간 등을 알려주고 독성이 매우 강한 스프레이를 한 통 주었다. 乙은 甲이 지시한 대로 A가 자주 다니는 장소에서 지키고 있다가 A와 외모가 유사한 B가 나타나자 바로 다가가 스프레이를 뿌렸다. 맹독성의 가스를 흡입한 피해자 B는 구급차가 도착하기 전에 현장에서 사망했다. 이후 수사과정에서 乙은 분별력에 문제가 없을 것이라는 甲의 생각과는 달리 간헐적 약물중독현상에 의해 B를 살해할 행위를 할 때 책임능력이 없었던 것으로 밝혀졌다. 甲과 乙의 죄책은? (25점)

I. 乙의 죄책

1. 구성요건해당성의 검토

사안에서 乙은 B를 A로 알고 맹독성 스프레이를 뿌려 살해하고 있다. 이러한 경우에 乙의 착오는 구체적 사실의 착오와 객체의 착오에 해당하므로 어떠한 부합설의 입장에 따르더라도 B에 대한 살인죄의 구성 요건에 해당한다.

2. 책임의 검토

사안에서 乙은 행위당시 간헐적 약물중독현상에 의해 행위 당시 책임능력이 없었다. 따라서 乙은 제10조 제1항의 심신상실자에 해당하여 책임이 조각되어 무죄가 된다.

II. 甲의 죄책

1. 甲의 범죄참가 형태의 태양

(1) 사안에서 甲은 乙이 책임능력자라고 알면서 교사를 하려고 하였으나, 실제로 乙은 책임무능력자였다. 이렇게 피교자에 대한 착오가 있는 경우에 甲에게 교사범이 성립하는지 간접정범이 성립하는지 문제 된다. 그러나 甲이 의도한 피교사자에 대한 착오의 경우에 이론상 피고인에게 유리한 교사범만 인정하 는 것이 타당하다. 따라서 사안에서 甲에게는 살인죄의 교사범이 성립한다.

(2) 사안에서 乙은 책임이 조각되어 무죄가 되지만, 제한종속이 구비되었으므로 甲의 교사범의 성립에는 영향이 없다.

2. 교사의 착오의 해결

(1) 사안에서 甲은 乙에게 A를 살해하라고 하였으나, 乙은 객체의 착오로 인하여 B를 살해하고 있다. 이러한 사안에서 교사자인 甲의 죄책에 대하여 논의가 있다.

(2) 이에 대하여 ① 법정적 부합설은 구체적 사실의 착오의 경우에는 객체의 착오와 방법의 착오의 효과가 동일하므로 발생사실인 살인기수의 교사범으로서의 책임을 인정하지만 ② 구체적 부합설은 ㉠ 의도한 객체에 대한 살인미수죄의 교사범과 발생사실에 대한 단독의 과실치사의 상상적 경합을 인정하는 견해 ㉡ 의도한 객체에 대한 살인미수죄의 교사범만 인정하는 견해 ㉢ 발생사실에 대한 살인기수의 교사의 책임을 인정하는 견해가 대립하고 있다.

(3) 이러한 정범의 객체의 착오가 있는 경우에 교사자의 책임에 대하여는 법정적 부합설에 의하면 결론이 간명하지만, 구체적 부합설에 의하면 어떠한 견해를 따르더라도 일정한 비판이 따를 수밖에 없다. 형법은 보호할 가치가 있는 법익을 침해하는 데에 중점이 있으므로 교사자의 의도한 동가치의 법익침해가 발생하였다면 이에 대하여 책임을 묻는 것이 타당하므로 법정적 부합설이 타당하다.

(4) 이러한 법정적 부합설에 따르면 사안에서 甲은 B에 대한 살인기수죄의 교사범이 성립한다.

012

> 甲이 乙을 살해하려고 총을 쏘았는데, 乙에게 상해를 입히고 그 옆에 있던 丙을 사망에 이르게 하였다. 이에 대한 甲의 죄책은?
>
> [예상문제]

1. 논의점

사안과 같은 병발사례에 있어 甲의 죄책에 대하여 논의가 있다.

2. 견해의 대립

(1) 구체적 부합설의 입장

구체적 부합설은 행위자가 인식한 그 객체에 대하여만 고의를 인정하므로 乙에 대한 살인미수와 丙에 대한 과실치사죄의 상상적 경합이 성립한다.

(2) 법정적 부합설의 입장

법정적 부합설은 ① 사실적 측면을 강조하는 입장에서는 인식한 사실에 대한 결과가 어느 정도는 발생하였으므로 착오로 논의되지 않아 乙에 대한 살인미수와 丙에 대한 과실치사의 상상적 경합설 ② 사실적 측면을 강조하는 입장에서 ①견해의 비판을 극복하기 위한 견해로서 구체적 타당성을 확보하기 위하여 인식한 사실인 乙에 대한 고의를 丙에게 전용하여 丙에 대한 살인기수와 乙에 대한 과실치상의 상상적 경합설 ③ 고의의 사실적 측면을 무시하고 오로지 규범적 측면을 중시하는 입장에서 甲이 살인을 범하려고 한 이상 발생사실의 모두에 대하여 고의를 인정하여 乙에 대한 살인미수와 丙에 대한 살인기수의 상상적 경합설 등이 대립하고 있다.

3. 결언 및 사안의 해결

생각건대 고의의 사실적 기초에 충실하고 보다 간편한 결론을 얻을 수 있는 구체적 부합설이 타당하다. 이러한 구체적 부합설의 입장에 따르면 甲에게는 乙에 대한 살인미수죄와 丙에 대한 과실치사죄의 상상적 경합이 성립한다.

> • 로오제-로자알(Rose-Rosahl) 사건은 법정적 부합설 입장에서 설명이 용이하고, 구체적 부합설에서는 설명이 용이하지 않다. 그러나 본 문제와 같은 병발사례에서는 구체적 부합설에서는 설명이 용이하지만, 법정적 부합설에서는 설명이 용이하지 않다. 따라서 로오제-로자알(Rose-Rosahl) 사건과 병발사례를 같이 정리해 두는 것이 바람직하다.

013

甲은 코로나19로 사업이 어렵게 되자 양부(養父) A에게 재산의 일부를 증여해 달라고 요구하였지만, 핀잔만 듣게 되었다. 이에 화가 난 甲은 A를 살해하기로 마음먹고 따로 거주하고 있는 사촌 동생 乙에게 A를 살해하라고 교사하면서 甲과 A가 함께 살고 있는 집의 현관 비밀번호 및 집 구조를 乙에게 알려주었다. 甲이 알리바이를 위하여 다른 지역으로 출장을 떠난 사이, 乙은 범행 당일 새벽 2시경 甲이 알려준 비밀번호를 이용하여 현관문을 열고 들어가 침실에서 자고 있던 사람의 얼굴을 베개로 눌러 질식으로 사망케 하였다. 그러나 사실 침실에서 자고 있던 사람은 A의 운전기사 B였다. 甲, 乙의 죄책은? (20점)

[2023 변시]

I. 乙의 죄책

1. 주거침입죄의 성립

(1) 사안과 같이 공동주거자가 있는 경우에 일부 공동주거자의 동의가 다른 공동주거자의 의사에 반한 경우에 주거침입죄를 인정할 것인지 문제 된다. 이에 대하여 종래 판례는 긍정설의 입장이었으나, 최근 전합 판례를 통하여 주거 내에 현재하는 거주자의 현실적인 승낙을 받아 통상적인 출입방법에 따라 공동주거에 들어간 경우에는 주거침입죄를 부정하는 부정설로 판례를 변경하였다.

(2) 이러한 변경된 전합 판례의 취지에 따르더라도 사안의 경우 甲이 주거 내에 현재하는 거주자가 아니므로 乙에게는 주거침입죄가 성립한다.

> • 본 사안과 명확히 부합되는 판례가 있는 것은 아니므로 주거침입죄를 부정하는 논리도 가능하다.

2. 살인죄의 성립

사안에서 乙은 A의 운전기사 B를 A로 착각하여 B를 살해하고 있다. 이와 같은 착오는 구체적 사실의 착오 중 객체의 착오에 해당하여 어떠한 부합설에 따르더라도 B에 대한 살인죄가 성립한다.

II. 甲의 죄책

1. 주거침입죄의 교사범의 성립

사안에서 乙에게 주거침입죄가 성립한다면 甲에게는 주거침입죄의 교사범이 성립한다.

2. 존속살해불능미수와 보통살인기수의 상상적 경합의 교사범 성립

(1) 사안에서 甲은 乙에게 자신의 양부인 A를 살해할 의사로서 자기 집에서 자고 있는 사람을 살해하라고 교사하였다. 이러한 甲의 죄책에 대하여 판례의 태도인 ① 부합설에 대하여 법정적 부합설 중 죄질부합설을 따르고 ② 가중적 신분을 가진 사람이 신분없는 사람에게 가담한 경우에는 신분의 개별화를 강조하는 입장을 따르고 ③ 위험성의 판단에 대하여 추상적 위험설에 따라 판단하면 다음과 같다.

(2) 먼저 죄질부합설에 따르면 甲에게는 발생사실인 B에 대한 살인교사죄가 성립한다. 그리고 신분의 개별화를 강조하게 되면 존속살해교사가 문제되는데, 사안은 대상을 착오(B가 자고 있는 것을 양부인 A가 자고 있는 것으로 사실을 적극적으로 착오)하여 결과발생이 불가능한 경우이고, 추상적인 위험성이 인정되므로 존속살해불능미수의 교사범이 성립한다. 따라서 甲에게는 존속살해불능미수와 보통살인기수의 상상적 경합의 교사범이 성립한다.

> • 이 부분을 논리적으로 답안에 적게 되면 그 양을 감당할 수 없으므로 사례 해결에 필요한 내용만 간단히 설시한다.

014

> 甲은 절도범행을 한 후 귀가하던 중 자신의 절도범행을 목격한 A와 맞닥뜨리게 되었다. 甲은 A가 자신을 알아보는 듯 멈칫하자 자신을 신고할까 두려워 A를 살해하려고 근처에 있던 돌을 집어들어 A의 머리를 내리쳤다. 이에 A가 뇌진탕으로 정신을 잃고 쓰러지자, 증거를 인멸할 목적으로 근처에 있던 자신의 차에 A를 싣고 교외로 나가 강물에 던졌다. 그런데 사실은 A는 익사하였다. 甲의 죄책은? (25점)   [2020 3차 변형]

1. 구성요건의 확정

사안에서 甲은 자기의 범행을 목격한 A가 자신을 신고할까 두려워 A를 살해하려고 하였으므로 특가법 제5조의9 제1항 제2문의 보복목적살인죄의 구성요건에 해당한다.

> • 특가법 제5조의9는 기록형 시험에서도 출제된 조문이므로 정확히 기억하는 것이 바람직하다.

2. 개괄적 고의사례의 해결

(1) 논의점

사안에서 甲에게 보복목적살인죄의 기수를 인정할 수 있는지에 대하여 논의가 있다.

(2) 견해의 대립

이에 대하여는 ① 제1행위와 제2행위에 대해 하나의 고의를 인정하여 발생사실의 기수를 인정하자는 개괄적 고의설 ② 제1행위의 미수와 제2행위에 대한 과실의 실체적 경합으로 처벌하자는 미수설 ③ 개괄적 고의의 사례를 인과관계의 착오의 특별유형으로는 보는 인과관계의 특수유형설 ④ 개괄적 고의의 사례는 객관적 귀속의 문제로 해결하여야 한다는 객관적 귀속설 등이 대립하고 있다.

(3) 판례의 태도

판례는 소위 '배우자 희롱 사건'에서 '피해자가 피고인들의 살해의 의도로 행한 구타행위에 의하여 직접 사망한 것은 아니라 죄적을 인멸할 목적으로 행한 매장행위에 의하여 사망하게 되었다 하더라도 전과정을 개괄적으로 보면 피해자의 살해라는 처음에 예견된 사실이 결국은 실현된 것으로서 피고인들은 살인죄의 죄책을 면할 수 없다'라고 하여 개괄적 고의를 긍정하고 있다.

(4) 검토 및 사안의 해결

생각건대 개괄적 고의사례에서의 제2의 행위는 일반적으로 제1의 행위를 할 때 예견된 경우이므로 일반인의 법감정에 충실하기 위하여 개괄적 고의를 긍정하는 개괄적 고의설이 타당하다. 따라서 사안에서 甲에게는 보복목적살인죄의 기수범이 성립한다.

3. 증거인멸죄의 불성립

사안에서 甲에게 증거인멸죄의 성립 여부가 문제될 수 있지만, 자기증거인멸은 범죄가 되지 않으므로 증거인멸죄는 성립하지 않는다.

4. 사체유기죄의 불능미수 및 과실치사죄의 불성립

사안에서 개괄적 고의를 부정하게 되면 사체유기죄의 불능미수 및 과실치사죄를 검토할 수 있으나, 개괄적 고의를 긍정하게 되면 사체유기죄의 불능미수 및 과실치사죄는 이에 흡수되어 별죄가 되지 아니한다.

> • 채점기준표에서는 개괄적 고의를 인정하면서도 사체유기죄의 불능미수의 위험성 등을 논하고 있는데 이는 논리적이라고 할 수 없다.

> **유제**
>
> 甲은 A를 살해하려고 돌로 A의 머리를 내려친 후 아직 살아있는 A를 죽었다고 생각하고 사체를 숨기기 위하여 인적이 드문 숲으로 가서 A를 파묻은 결과 A가 사망하게 되었다. 甲의 죄책은? (10점)
>
> [2014 2차 변형] [2020 변시]

015

甲은 돌로 A의 머리를 내려친 후 아직 살아있는 A를 죽었다고 생각하고 사체를 숨기기 위하여 인적이 드문 숲으로 가서 A를 파묻은 결과 A가 사망하게 되었다. 甲에게 ① 살인의 고의가 인정되는 경우와 ② 상행의 고의가 인정되는 경우에 甲의 죄책은? (30점, 각 15점)   [예상문제]

1. 甲에게 살인고의가 인정되는 경우 (15점)

(1) 논의점

사안에서 甲에게 A에 대한 살인고의가 인정되는 경우에는 이른바 개괄적 고의 사례로 甲에게 살인죄의 기수를 인정할 수 있는지에 대하여 논의가 있다.

(2) 견해의 대립

이에 대하여는 ① 제1행위와 제2행위에 대해 하나의 고의를 인정하여 발생사실의 기수를 인정하자는 개괄적 고의설 ② 제1행위의 미수와 제2행위에 대한 과실의 실체적 경합으로 처벌하자는 미수설 ③ 개괄적 고의의 사례를 인과관계의 착오의 특별유형으로는 보는 인과관계의 특수유형설 ④ 개괄적 고의의 사례는 객관적 귀속의 문제로 해결하여야 한다는 객관적 귀속설 등이 대립하고 있다.

(3) 판례의 태도

판례는 소위 '배우자 희롱 사건'에서 '피해자가 피고인들의 살해의 의도로 행한 구타행위에 의하여 직접 사망한 것은 아니라 죄적을 인멸할 목적으로 행한 매장행위에 의하여 사망하게 되었다 하더라도 전과정을 개괄적으로 보면 피해자의 살해라는 처음에 예견된 사실이 결국은 실현된 것으로서 피고인들은 살인죄의 죄책을 면할 수 없다'라고 하여 개괄적 고의를 인정하고 있다.

(4) 검토 및 사안의 해결

생각건대 개괄적 고의사례에서의 제2의 행위는 일반적으로 제1의 행위를 할 때 예견된 경우이므로 일반인의 법감정에 충실하기 위하여 개괄적 고의를 긍정하는 개괄적 고의설이 타당하다. 따라서 사안에서 甲에게는 살인죄의 기수범이 성립한다.

2. 甲에게 상해고의가 인정되는 경우 (15점)

(1) 논의점

사안에서 甲에게 A에 대한 상해고의가 인정되는 경우에는 이른바 개괄적 과실 사례로 甲에게 상해치사죄가 성립할 것인지에 대하여 논의가 있다.

(2) 견해의 대립과 판례의 태도

이에 대하여는 ① 개괄적 과실 사례를 개별적으로 분리하여 제1의 행위에 대한 고의범과 제2행위에 대한 과실범의 실체적 경합범으로 보아 결과적가중범의 성립을 부정하는 부정설도 있으나 ② 판례는 '자살위장사건'에서 '피고인의 구타행위로 상해를 입은 피해자가 정신을 잃고 빈사상태에 빠지자 사망한 것으로 오인하고, 자신의 행위를 은폐하고 피해자가 자살한 것처럼 가장하기 위하여 피해자를 베란다 아래의 바닥으로 떨어뜨려 사망케 하였다면, 피고인의 행위는 포괄하여 단일의 상해치사죄에 해당한다'라고 하여 개괄적 과실을 긍정하고 있다.

(3) 검토 및 사안의 해결

생각건대 결과적가중범과 관련된 개괄적 과실 사례의 경우에 제1의 행위이외에 제2의 행위에 의하여 제1의 행위를 통하여 발생할 수 있는 전형적 위험이 실현된 것이기는 하지만, 이는 단일의 행위에 의하여 전형적 위험이 발생된 것과 큰 차이가 없으므로 개괄적 과실을 인정하여 결과적가중범으로 처벌하는 것이 타당하다. 따라서 사안에서 甲에게는 상해치사죄(제259조 제1항)가 성립한다.

> • 본 문제를 통하여 개괄적 고의와 개괄적 과실의 차이점이 고의에 있다는 점을 알아두어야 한다.

제3장 | 위법성론

016

어느 날 밤 甲은 복면을 쓰고 연적인 A의 집 앞에서 숨어 있다가 승용차에서 내리는 A를 향해 벽돌을 던졌다. 그러나 벽돌은 빗나가면서 마침 칼을 들고 A를 공격하려던 강도 B에게 맞았고 이로 인하여 B는 전치 4주의 상해를 입었다. 甲의 죄책은? (20점)

[2017 3차 변형]

1. 구성요건의 확정

(1) 사안에서 甲은 A에게 벽돌을 던졌으나 강도인 B에게 4주의 상해를 입히고 있다. 위험한 물건을 벽돌을 던져 상해를 입힌 것은 특수상해죄에 해당한다.

(2) 그런데 사안에서는 甲은 의도한 A가 아닌 강도 B가 맞았으므로 사실의 착오가 문제 된다. 이러한 착오는 구체적 사실의 착오 중 방법의 착오에 해당하여 ① 행위자가 인식한 부분만 고의를 확장하는 구체적 부합설의 입장에서는 A에 대한 특수상해미수와 B에 대한 과실치상죄의 상상적 경합을 인정하지만 ② 행위자가 인식한 부분과 동가치가 인정되는 부분까지 고의를 확장하는 법정적 부합설의 입장에서는 B에 대한 특수상해기수책임을 인정한다.

(3) 판례는 법정적 부합설을 따르고 있으며, 일반인의 법감정에 충실하다는 점에서 타당하다. 따라서 사안에서 甲은 B에 대한 특수상해죄의 기수범의 구성요건에 해당한다.

> • 본 문제를 우연방위에 집중하다 보면 구성요건의 확정을 빠뜨리는 경우가 많이 있으므로 주의하여야 한다. 그리고 논리적으로 보아 본 문제는 법정적 부합설을 따라야 답안이 간결해지므로 출제자가 법정적 부합설을 강제하는 부분이라고도 볼 수 있다.

2. 우연방위의 해결

(1) 논의점

사안에서 甲의 행위는 B에 대한 특수상해죄의 구성요건에 해당하지만, B는 A를 공격하려던 강도이므로 정당방위의 성립가능성이 문제 된다. 그런데 사안에서는 위법성이 조각되기 위한 객관적 요건은 구비되어 있지만, 주관적 정당화 요소가 결여되어 있다. 이러한 우연방위의 해결에 대하여 견해가 대립하고 있다.

(2) 견해의 대립

이에 대하여는 ① 결과반가치 일원론 입장에서 주관적 정당화 요소는 필요없으므로 우연방위는 정당방위로 인정되어 무죄라는 무죄설 ② 행위반가치 일원론 입장에서 주관적 정당화 요소가 필요하므로 우연방위는 정당방위가 성립하지 않고 기수가 된다는 기수설 ③ 불법이원론 입장에서 주관적 정당화 요소가 필요하여 우연방위는 정당방위가 성립될 수 없으나, 결과반가치가 축소되어 불능미수가 성립된다는 불능미수설 등이 대립하고 있다.

(3) 검토 및 사안의 해결

생각건대 합일태적 범죄체계와 불법이원론을 전제로 할 때 우연방위는 주관적 정당화 요소가 결여되어 위법하지만, 객관적 정당화 상황의 존재로 인하여 결과반가치가 축소되므로 불능미수범만 인정하는 불능미수범설이 타당하다. 따라서 사안에서 甲은 특수상해죄의 불능미수의 죄책을 진다.

• 우연방위는 위법성이 조각되는 전제사실이 있음에도 이를 인식하지 못하고 방위행위 등을 하는 경우이므로 위법성조각사유의 전제사실의 착오가 반전된 착오라고 할 수 있다. 즉 위전착은 위법성조각사유가 존재하지 않아 객관적으로 범죄가 됨에도 이를 존재한다고 착오한 소극적 착오이지만, 우연방위는 위법성조각사유에 해당하여 객관적으로 범죄가 되지 않음에도 이를 인식하지 못하고 범죄가 된다고 인식하고 있다는 점에서 적극적 착오에 해당한다.

유제

甲은 룸메이트인 A가 기숙사 방으로 들어오면 상해를 가하기로 마음먹고 불을 끈 채 A를 기다리고 있었다. 얼마 후 甲은 방으로 들어오는 사람이 있자 그 사람의 얼굴을 가격하여 앞니 2개를 부러뜨렸으나, 甲에게 맞은 사람은 A가 아니라 강도를 하기 위해 방으로 들어오던 B였다. 甲의 죄책은? (15점) [2015 3차 변형]

017

甲은 원수인 A를 상해하기로 마음먹고 A의 사무실 문 밖에서 기다리고 있다가 늦은 밤에 사무실 문을 열고 나오는 사람의 얼굴을 가격하여 3주의 치료를 요하는 상해를 가하였다. 그러나 곧 쓰러진 사람을 확인해 보니 그 사람은 A가 아니라 A의 사무실에서 강도를 하고 나오던 강도범 B였다. 甲의 죄책을 논하시오. (15점)
[2021 변시]

1. 구성요건의 확정

사안에서 甲은 A를 상해하려고 하였으나, 강도범 B를 A로 오인하여 상해를 입히고 있다. 이러한 경우에 甲의 착오는 구체적 사실의 착오 중 객체의 착오이므로 어떠한 부합설에 따르더라도 甲에게는 B에 대한 상해죄의 구성요건해당성이 인정된다.

2. 우연방위의 해결

(1) 논의점

사안에서 甲의 행위는 B에 대한 상해죄의 구성요건에 해당하지만, B는 강도이므로 정당방위의 성립가능성이 문제 된다. 그런데 사안에서는 위법성이 조각되기 위한 객관적 요건은 구비되어 있지만, 주관적 정당화 요소가 결여되어 있다. 이러한 우연방위의 해결에 대하여 견해가 대립하고 있다.

(2) 견해의 대립

이에 대하여는 ① 결과반가치 일원론 입장에서 주관적 정당화 요소는 필요없으므로 우연방위는 정당방위로 인정되어 무죄라는 무죄설 ② 행위반가치 일원론 입장에서 주관적 정당화 요소가 필요하므로 우연방위는 정당방위가 성립하지 않고 기수가 된다는 기수설 ③ 불법이원론 입장에서 주관적 정당화 요소가 필요하여 우연방위는 정당방위가 성립될 수 없으나, 결과반가치가 축소되어 불능미수가 성립된다는 불능미수설 등이 대립하고 있다.

(3) 검토 및 사안의 해결

생각건대 합일태적 범죄체계를 전제로 할 때 우연방위는 주관적 정당화 요소가 결여되어 위법하지만, 객관적 정당화상황의 존재로 인하여 결과반가치가 축소되므로 불능미수범만 인정하는 불능미수범설이 타당하다. 따라서 사안에서 甲은 상해죄의 불능미수의 죄책을 진다.

甲은 乙을 살해하려고 하였으나 경상을 입히는 데 그쳤다. 그 후 건강을 회복한 乙은 분이 풀리지 않아 정신 차릴 정도로 직접 甲을 두들겨 패야겠다는 생각으로 늦은 밤 甲의 집 앞에서 야구방망이를 가지고 甲의 집으로 들어가 정원에 있는 사람을 甲이라고 생각하고 야구방망이로 내리쳐 골절상을 입혔다. 그러나 사실 乙에게 맞은 사람은 거실에 있는 甲을 살해하기 위해 엽총을 겨누고 있던 丙이었다. 乙과 丙의 죄책은?

[2023 1차 변형]

Ⅰ. 丙의 죄책

(1) 사안에서 丙은 甲을 살해할 의도로 甲의 집에 들어갔으므로 丙에게는 주거침입죄가 성립한다.

(2) 사안에서 丙은 甲을 살해할 의도로 甲을 향해 엽총을 겨누었으므로 실행의 착수가 인정되어 살인죄의 장애미수가 성립한다.

Ⅱ. 乙의 죄책

1. 특수주거침입죄의 성립

사안에서 乙은 甲을 상해할 의도로 야구방망이를 들고 甲의 집에 들어갔으므로 乙에게는 특수주거침입죄가 성립한다.

• 특수주거침입죄가 성립한다는 점을 간과해서는 안될 것이다.

2. 특수상해죄의 성립 여부

(1) 특수상해죄의 구성요건 해당성

사안에서 乙의 착오는 구체적 사실의 착오 중 객체의 착오이므로 어떠한 부합설 입장을 따르더라도 乙에게는 특수상해죄의 구성요건해당성이 인정된다.

(2) 우연방위의 해결에 대한 논의

사안과 같이 정당방위 상황이 있음에도 이를 인식하지 못하고 우연히 방위행위가 된 경우의 처리에 대하여 논의가 있다. 이에 대하여는 ① 결과반가치 일원론 입장에서 주관적 정당화 요소는 필요없으므로 우연방위는 정당방위로 인정되어 무죄라는 무죄설 ② 행위반가치 일원론 입장에서 주관적 정당화 요소가 필요하므로 우연방위는 정당방위가 성립하지 않고 기수가 된다는 기수설 ③ 불법이원론 입장에서 주관적 정당화 요소가 필요하여 우연방위는 정당방위가 성립될 수 없으나, 결과반가치가 축소되어 불능미수가 성립된다는 불능미수설 등이 대립하고 있다.

(3) 검토 및 사안의 해결

생각건대 합일태적 범죄체계를 전제로 할 때 우연방위는 주관적 정당화요소가 결여되어 위법하지만, 객관적 정당화상황의 존재로 인하여 결과반가치가 축소되므로 불능미수범만 인정하는 불능미수범설이 타당하다. 따라서 사안에서 乙은 특수상해죄의 불능미수의 죄책을 진다.

甲은 빌라 윗집의 층간소음 때문에 매일 고통을 겪고 있었다. 퇴근길에 불이 꺼진 윗집을 본 甲은 소음으로 인한 고통이 생각나서 벽돌을 집어 들어 윗집 유리창으로 던졌고, 유리창이 깨지는 바람에 마침 연탄불을 피워 자살을 시도하던 윗집 거주자 B가 질식사를 면했다. 甲의 죄책은? (12점)   [2022 3차 변형]

Ⅰ. 구성요건의 확정

사안에서 甲은 위험한 물건으로 B의 집 유리창을 손괴하였으므로 甲에게는 형법 제369조의 특수손괴죄의 구성요건에 해당한다.

> • 사안에서 특수손괴죄가 성립한다는 점을 간과해서는 안될 것이다.

Ⅱ. 우연피난의 해결

1. 논의점과 견해의 대립

사안과 같이 긴급피난 상황이 있음에도 이를 인식하지 못하고 우연히 피난행위가 된 우연피난의 처리에 대하여 논의가 있다. 이에 대하여는 ① 결과반가치 일원론 입장에서 주관적 정당화 요소는 필요없으므로 우연방위는 정당방위로 인정되어 무죄라는 무죄설 ② 행위반가치 일원론 입장에서 주관적 정당화 요소가 필요하므로 우연방위는 정당방위가 성립하지 않고 기수가 된다는 기수설 ③ 불법이원론 입장에서 주관적 정당화 요소가 필요하여 우연방위는 정당방위가 성립될 수 없으나, 결과반가치가 축소되어 불능미수가 성립된다는 불능미수설 등이 대립하고 있다.

2. 검토 및 사안의 해결

생각건대 합일태적 범죄체계와 불법이원론을 전제로 할 때 우연방위는 주관적 정당화 요소가 결여되어 위법하지만, 객관적 정당화상황의 존재로 인하여 결과반가치가 축소되므로 불능미수범만 인정하는 불능미수범설이 타당하다. 이러한 불능미수범설에 따르면 사안에서 甲에게는 특수손괴죄의 불능미수가 성립한다(제371조, 제369조, 제27조).

甲은 키가 꽂힌 채 주차되어 있던 A의 오토바이를 발견하고, 이를 타고 가다 버릴 생각으로 오토바이에 올라타 시동을 걸어 달아나려는 순간 A에게 발각되었다. A는 오토바이를 타고 약 5m 정도 진행하던 甲을 발로 걷어차 바닥에 넘어뜨렸고, 이 과정에서 甲은 전치 3주의 상해를 입었다. 그 후 甲이 A를 폭행치상죄로 고소한 경우, A의 변호인으로서 폭행치상죄가 성립하지 않음을 주장할 수 있는 근거를 제시하시오. (10점)   [2017 변시]

1. 무죄주장의 근거

A의 변호인은 A의 행위는 폭행치상죄의 구성요건에 해당하지만, 정당방위로서 위법성이 조각되어 폭행치상죄가 성립하지 않음을 주장할 수 있다.

2. 정당방위 해당 여부에 대한 검토

(1) 정당방위 상황의 판단

사안에서 甲은 A의 오토바이를 절취하고 있으므로 A의 입장에서는 자기의 법익에 대한 부당한 침해가 인정된다. 그리고 사안에서 甲의 절취행위는 기수에 이르렀으므로 현재성이 문제 되지만, 다수설에 의하면 현재성은 기수 이후 완료까지를 포함한다. 따라서 사안에서 甲의 행위는 아직 완료가 되지 않아 현재성이 인정되므로 정당방위의 상황은 인정된다.

(2) 정당방위의사와 상당성의 판단

사안에서 A가 자기의 오토바이의 침해를 방지하기 위하여 甲을 발로 차는 폭행을 하고 있으므로 정당방위의 의사도 인정되고, 3주 정도의 상해를 입힌 것은 부정 대 정의 관계에 있는 정당방위에서의 상당성도 인정된다.

(3) 결 언

따라서 사안에서 A의 행위는 정당방위로서 위법성이 조각되어 甲에 대한 폭행치상죄는 성립하지 않는다.

> • 사안이 무죄가 된다는 주장은 정당행위로서도 가능하지만, 정당방위가 명확히 인정되는 사안이라면 보충적인 정당행위를 적을 필요는 없어 보인다.

021

A는 甲으로부터 여러 번 놀림을 당하자, 甲에게 전화하여 "당장 사과하지 않으면 너희 집에 불을 질러 가족들을 모두 죽여버리겠다."라고 협박하였다. 甲은 사과하기는 싫고 공포심이 들자, A가 방화하기 전에 먼저 A를 살해하기로 마음먹었다. 그런데 甲은 직접 범행을 하면 바로 발각될 것으로 생각하고, 乙에게 A를 살해하여 주면 500만 원을 주기로 제안하였고, 실직으로 경제사정이 어려웠던 乙은 동의하였다. 그러나 乙은 A를 살해하려다 미수에 그쳤다. A와 甲의 죄책은? (15점)

[2020 2차 변형]

Ⅰ. A의 죄책

사안에서 A는 甲에게 상대방을 두려움에 떨게 할 정도의 해악을 고지하는 협의의 협박을 하고 이에 甲이 공포심을 느꼈으므로 A는 형법 제283조 제1항의 협박죄가 성립한다.

Ⅱ. 甲의 죄책

1. 甲의 가담 형태

(1) 사안에서 甲이 정범인지 공범인지가 문제 되지만, 甲은 乙에게 범행을 부탁만 하였지, 어떠한 기능적 행위지배를 하지는 않았으므로 공범인 교사범만 성립한다.

(2) 그리고 사안에서 정범인 乙이 살인미수죄를 범하였으므로 공범종속성의 원칙상 甲에게도 살인미수죄의 교사범의 구성요건해당성이 인정된다.

2. 예방적 정당방위의 정당방위 인정 여부

(1) 사안에서 甲은 乙에게 A를 살해하도록 한 것은 A의 살해행위로부터 자신을 방어하기 위한 것이므로 甲에게 정당방위가 인정될 것인지 문제 된다. 특히 사안에서는 장래의 부당한 침해를 위한 정당방위이므로 정당방위의 현재성이 인정될 수 있는지가 문제 된다.

(2) 정당방위의 현재성에 대하여 언제부터 현재성을 인정할 것인가에 대하여는 ① 부당한 침해자의 실행의 착수가 없더라도 방어를 지체하면 방어의 효과를 기대할 수 없을 때에는 현재성을 인정하는 실효적 방위시설 ② 부당한 침해자의 예비의 마지막 행위 즉, 공격이 직접 개시될 수 있는 시점에서 현재성을 인정하는 미수근접예비설 ③ 부당한 침해자의 실행의 착수시에 현재성을 인정하는 미수행위시설이 대립하고 있었으나, 현재는 미수근접예비설로 확립되어 있다.

(3) 따라서 이러한 미수근접예비설의 입장에 따르면 사안에서 A가 방화에 대한 어떠한 행위를 준비하지 않은 이상 현재성을 인정할 수 없으므로 甲은 정당방위를 할 수 없어 위법성이 조각되지 않는다.

3. 결 언

사안에서 甲은 살인미수죄의 교사범이 성립한다.

022

甲은 A(여, 23세)와 출장을 가던 중 성욕이 발동하여 한적한 곳에 차를 정차한 후 A가 내리지 못하도록 차문을 잠그고 A를 강간하려 하였다. 이에 A는 반항하면서 甲의 손가락을 깨물었고, 甲은 고통스러워하며 손가락을 빼냈는데, 그 과정에서 A의 치아 2개를 부러뜨렸다. 甲이 고통으로 주춤하는 사이에 A는 간신히 차문을 열고 도망쳤다. 甲은 A를 쫓아가다 포기하고 차로 돌아 오던 중 차 옆에 떨어져 있는 A의 진주목걸이를 발견하고 주워 가졌다. 甲의 죄책은? (20점)

[2018 3차 변형]

Ⅰ. 자동차 안에서의 행위

1. 감금죄의 성부

사안에서 甲은 자동차 내에서 A를 강간하기 위하여 자동차의 문을 잠가 A를 10여 분간 내리지 못하게 한 행위는 제276조 제1항의 감금죄가 성립한다.

2. 강간치상죄 성부

(1) 사안에서 甲은 A를 강간하기 위하여 옷을 벗기려고 달려들 때 강간죄의 실행의 착수가 인정된다. 그리고 제301조에 의하면 제300조의 미수범을 포함하므로 甲은 강간치상죄의 주체성이 인정된다.

(2) 사안에서 甲은 A를 강간하는 도중에 A에게 물린 손가락을 빼내던 도중에 A의 치아 2개를 부러뜨렸다. 판례에 의하면 '강간 등에 의한 치사상죄에 있어서 사상의 결과는 간음행위 그 자체로부터 발생한 경우나 강간의 수단으로 사용한 폭행으로부터 발생한 경우는 물론 강간에 수반하는 행위에서 발생한 경우도 포함한다'라고 하므로 이러한 경우에도 甲에게는 강간치상죄가 성립한다.

> • '강간의 기회'에 해당하는 세 가지 요건은 기억해 두는 것이 바람직하다.

(3) A에게 상해를 입힌 부분에 대한 긴급피난 성립 여부가 문제될 수 있지만, 판례에 의하면 사안과 같이 스스로 야기한 강간범행의 와중에 피해자에게 손가락을 물려 손가락을 비틀며 잡아 뽑다가 피해자에게 치아 결손의 상해를 입힌 경우에는 긴급피난이 인정되지 않는다.

(4) 사안에서 甲에게는 제301조의 강간치상죄가 성립한다.

3. 양 죄의 죄수 관계

(1) 사안에서 감금죄와 강간죄의 죄수 관계가 문제 되지만, 판례에 의하면 강간죄의 성립에 언제나 직접적으로 또 필요한 수단으로서 감금행위를 수반하는 것은 아니므로 감금죄와 강간죄는 별죄가 된다.

(2) 그리고 사안에서 감금행위와 강간치상행위는 부분적 동일성이 인정되므로 양 죄는 상상적 경합이 된다.

Ⅱ. 진주목걸이의 취거 행위

(1) 사안에서 A가 떨어뜨리고 간 진주목걸이의 점유가 문제 되지만, 형법상 점유의 최종 판단은 규범적 요소에 의하여 판단하므로 A에게 점유가 인정된다.

(2) 판례도 강간을 당한 피해자가 도피하면서 현장에 놓아두고 간 물건은 사회통념상 피해자의 점유하에 있다고 판단하여 A에게 점유를 인정한다.

(3) 따라서 사안에서 甲이 A의 진주목걸이를 영득한 행위는 제329조의 절도죄가 성립한다.

023

A는 스스로 상해보험에 가입한 후 보험회사에 상해보험을 청구하려고 甲에게 자신을 상해해 달라고 부탁하였고, 甲은 이러한 사실을 알면서도 A의 승낙을 얻어 상해를 가하였다. 甲의 죄책은? (5점) [2012 변시]

甲은 보험사기를 하기 위하여 A의 승낙을 얻어 A를 상해하고 있는바 이러한 경우에 상해죄의 구성요건에 해당하지만 피해자의 승낙으로 위법성이 조각될 수 있는지 문제 된다. 그런데 피해자의 승낙으로 위법성이 조각되기 위해서는 ① 피해자의 유효한 승낙이 존재해야 하고 ② 피해자의 승낙에 따른 행위가 있고 ③ 사회상규에 어긋나지 않아야 한다는 요건을 구비하여야 하지만, 사안에서는 보험사기를 범하기 위하여 상해의 승낙을 얻은 경우이므로 사회상규에 어긋나므로 위법성이 조각되지 않고 상해죄가 성립하게 된다.

024

고등학교 체육교사인 甲은 학생 A와 B가 말다툼을 하는 것을 발견하고 다가가 훈계하자, A가 "이 아저씨는 누군데 간섭이야!"라고 말했다. 이에 화가 난 甲은 A에게 10여 명의 학생이 지켜보는 가운데 "배워먹지 못한, 이 싸가지 없는 것, 망할 년"이라고 소리를 지르며, 들고 있던 종이 수첩으로 A의 머리를 때렸다. 甲의 죄책은? (15점) [2020 변시]

1. 구성요건해당성 평가

(1) 욕설을 한 행위에 대한 평가

모욕죄는 공연히 사람을 모욕함으로써 성립하는 범죄이다. 사안에서 甲은 다수인인 10여 명의 학생이 지켜보는 가운데 A에게 추상적인 경멸을 표현하였으므로 모욕죄의 구성요건에 해당한다.

(2) 종이 수첩으로 때린 행위에 대한 평가

사안에서 甲은 종이 수첩으로 A의 머리를 때렸으므로 폭행죄의 구성요건에 해당한다. 그리고 종이 수첩이 위험한 물건에 해당하는지가 문제 되지만, 종이 수첩만으로는 A에게 생명 또는 신체에 대한 위험을 느낄 수 있는 정도는 아니므로 특수폭행이 아닌 단순폭행죄의 구성요건해당성만 인정된다.

2. 위법성조각사유의 검토

사안에서 고등학교 교사인 甲은 학생들을 훈계를 하는 과정에서 모욕과 폭행을 하였으므로 정당행위에 해당하여 위법성이 조각될 수 있는지 문제 된다. 그러나 법령에 의한 징계행위가 되기 위하여는 ① 충분한 징계사유가 존재하고 ② 교육의 의사로 ③ 교육목적에 필요한 정도여야 한다. 그런데 사안에서 A는 교육의 의사라기보다는 화가 난 상태에서 이러한 행위를 하고 있고, 욕설을 하는 것은 필요한 정도를 초과한 것이므로 위법성이 조각되지 않는다.

3. 결 언

사안에서 甲에게는 제311조의 모욕죄와 제260조 제1항의 폭행죄가 성립하며, 양자는 실체적 경합 관계에 있다. 그리고 모욕죄는 제312조 제1항에 의하여 친고죄이므로 고소가 있어야 처벌이 가능하다.

> • 친고죄 부분도 적시해 주는 것이 바람직하며, 명예에 관한 죄의 규정인 제307조부터 제312조까지의 규정은 암기해 두는 것이 바람직하다.

025

> 甲과 乙은 서울 소재의 참소식신문사(대표이사 김참말)에서 일하는 사회부 기자들이다. 甲과 乙은 연말 특종을 노리고 의사들의 수면유도제 프로포폴 불법투여실태를 취재하고 있던 중, 다나아 종합병원 원장 A가 유명 연예인들에게 프로포폴을 불법투여한다는 풍문을 듣고 2014. 12. 30. 14 : 00경 취재를 위해 다나아 종합병원으로 찾아갔다. 다나아 종합병원에서 甲과 乙은 마침 유명 연예인 B가 진료실에서 병원장 A로부터 프로포폴을 투여받고 있는 것을 우연히 열린 문틈으로 목격하고, 프로포폴 불법투여가 사실이라고 믿게 되었다. 이에 甲과 乙은 보다 상세한 취재를 위해 자신들이 투여장면을 보았다고 말하면서 A와 B에게 인터뷰에 응해달라고 요청하였으나 B는 사생활이라 이야기하기 싫다고 답변하였고 병원장 A는 환자의 비밀이라 이야기할 수 없다고 하며 인터뷰를 거절하였다. 이에 甲과 乙은 확실한 증거를 확보할 목적으로 몰래 진료실에 들어가 프로포폴 1병을 가지고 나왔다. 甲과 乙에게 성립가능한 죄책을 제시하고 [마약류관리에관한법률위반(향정)은 논외로 함], 이때 변호인의 입장에서 甲과 乙의 무죄를 주장하는 논거를 제시하시오. (10점)
>
> [2016 변시]

1. 甲과 乙에게 성립가능한 죄책

사안에서 甲과 乙는 주간에 진료실에 몰래 들어가 프로포폴을 가지고 나왔으므로 甲과 乙은 폭처법 제2조 제2항의 공동주거침입죄와 형법 제331조 제2항의 합동절도죄가 성립 가능하다.

2. 폭처법 제2조 제2항의 공동주거침입죄에 대한 무죄 주장 논거

(1) 사안에서 甲과 乙은 인터뷰에 응하지 않는 A병원장의 진료실에 들어간 것은 업무로 정당한 취재활동으로 보아야 하므로 甲과 乙의 행위는 구성요건에 해당하더라도 정당행위로서 무죄이다.

(2) 판례에 의하면 정당행위가 성립하기 위해서는 첫째 그 행위의 동기나 목적의 정당성, 둘째 행위의 수단이나 방법의 상당성, 셋째 보호이익과 침해이익과의 법익균형성, 넷째 긴급성, 다섯째 그 행위 외에 다른 수단이나 방법이 없다는 보충성 등의 요건을 갖추어야 한다.

(3) 사안에서는 이러한 요건이 구비되었으므로 甲과 乙의 행위는 위법성이 조각되어 무죄이다.

3. 형법 제331조 제2항의 합동절도죄에 대한 무죄주장 논거

(1) 사안에서 합동절도죄가 성립하기 위해서는 甲과 乙에게 불법영득의사가 필요하다. 그러나 사안에서 甲과 乙은 증거로 확보할 의사만 있었지, 프로포폴에 대한 소유의 의사는 없었으므로 불법영득의사는 존재하지 않는다. 따라서 甲과 乙에게 합동절도죄는 구성요건해당성이 인정되지 않아 무죄이다.

(2) 보충적으로 불법영득의사가 인정되어 구성요건해당성이 인정된다고 하여도 2.에서 기술한 바와 같이 정당행위에 해당되어 무죄이다.

026

甲은 절세를 위해 자신의 아파트를 무주택자인 동생 乙에게 신탁하기로 하고 등기 명의를 넘겼다. 몇 개월 후 乙은 파산 위험에 처하자 해당 아파트를 그 정을 모르는 丙에게 10억 원에 매도하기로 하고 계약금 1억 원과 중도금 5억 원을 수령하였고, 잔금일 1주일 전에 A가 15억 원에 아파트를 사겠다고 하자 15억 원을 수령하고 등기를 A에게 넘겨준 후 잠적해 버렸다. 丙은 乙이 아파트를 A에게 매각한 사실과 그 아파트의 실소유주가 甲이라는 것을 알게 되자, 甲을 찾아가 "너의 동생에게 사기를 당했으니 돈을 돌려 달라." 라고 항의하며, 멱살을 잡고 목에 피멍이 들 정도로 흔들어댔다. 이에 甲은 고통을 피하려고 몸을 뒤틀었고, 그 과정에서 丙의 손목에 2주의 치료를 요하는 상처를 입혔다. 甲과 丙의 죄책은? (부실법 위반은 논외로 한다)

[2023 2차 변형]

1. 丙의 죄책

(1) 사안에서 丙은 甲의 멱살을 잡고 흔들어 대었으므로 폭행의 고의는 인정할 수 있다. 그리고 목에 피멍이 들 정도로는 일상생활에 지장이 없고 자연치유가능성이 있으므로 상해는 인정되지 아니한다. 따라서 丙에게는 폭행죄의 구성요건해당성이 인정된다.

> • 상해 판단 기준인 일상생활성과 자연치유가능성은 암기해 두었다가 수시로 활용할 수 있어야 한다.

(2) 사안에서 丙은 이중매매의 피해자이므로 甲에 대한 폭행행위가 위법성이 조각될 수 있는지 문제 된다. 그러나 범죄자의 형에 대한 폭행은 사회상규에 어긋나는 행위이므로 위법성이 조각되지 않아 폭행죄가 성립한다.

2. 甲의 죄책

사안에서 甲은 丙에게 2주의 치료를 요하는 상처를 입히고 있다. 그러나 사안에서 甲의 행위는 고통을 피하려고 몸을 뒤트는 반사행위에 불과하여 폭행의 고의가 인정되지 않아 폭행죄 내지 폭행치상죄의 구성요건에 해당하지 않는다. 그리고 만약 甲의 행위에 폭행의 고의가 인정된다고 하더라도 위법한 丙의 폭행에 대한 소극적 저항행위에 불과하므로 정당행위에 해당하여 범죄가 성립하지 않는다.

027

乙로부터 A를 살해해 달라는 부탁을 받은 甲은 다음날 21:10경 식칼을 들고 A의 집 근처에서 A를 기다리고 있다가 용기가 나지 않아 준비한 소주를 2병 넘게 마셔 심신상실의 상태에 빠지게 되었다. 10여 분후 귀가하는 A를 발견한 甲은 A를 살해하기 위하여 준비한 식칼로 그의 옆구리를 찔렀다. 그러나 마침 지나가는 행인이 다가오자 甲은 도주하였고, A는 전치 4주의 상해를 입었다. 甲의 죄책은? (7점)

[2020 2차 변형]

1. 살인미수죄의 구성요건 해당성

사안에서 甲은 A를 살해하기 위하여 칼로 옆구리를 찔러 살인죄의 실행에 착수하였으나, 행인이 다가오자 더 이상의 행위를 하지 못하고 전치 4주의 상해만 입혔으므로 甲에게는 살인미수죄의 구성요건해당성이 인정된다.

2. 원인에 있어 자유로운 행위

사안에서 甲은 행위당시 심신상실의 상태에서 A를 살해하려고 하였으므로 제10조 제1항에 따라 책임이 조각될 수 있는지 문제 된다. 그런데 사안에서는 甲은 자의로 용기를 내기 위하여 술을 마셔 심신장애의 상태가 되었으므로 제10조 제3항에 의한 원인에 있어 자유로운 행위가 인정되어 책임이 조각되지 않고 책임을 지게 된다.

3. 결 언

따라서 甲은 A에 대한 살인미수죄가 성립한다.

> • 7점 배점이라면 실전에서는 목차 없이 적는 것이 바람직하다.

028

甲은 평소 원한이 있는 A를 죽이기로 결심하였으나 용기가 나지 않아 술을 마시고 심신미약 상태에서 흉기를 품고 A를 찾아갔다. A를 만난 甲은 A가 병약해진 것을 발견하고 나중에 건강해지면 죽이는 것이 진정으로 원수를 갚는 길이라고 생각하여 범행을 포기하고 그대로 돌아왔다. 원인에 있어서 자유로운 행위와 중지미수에 관한 학설들을 근거로 하여, 甲을 ① 가장 가볍게 처벌할 수 있는 논리와, ② 가장 무겁게 처벌할 수 있는 논리를 각각 제시하시오. (10점)

[예상문제]

1. 甲을 가장 가볍게 처벌할 수 있는 논리

甲을 가장 가볍게 처벌할 수 있는 논리는 ① 원인에 있어 자유로운 행위에서 실행의 착수를 객관설의 입장에 따라 파악하여 사안을 실행의 착수가 없는 예비에 그친다고 판단하고 ② 중지미수의 자의성을 절충설 등을 따라 중지미수를 인정하고 ③ 예비의 중지를 인정하는 긍정설 입장에 따르면 甲을 가장 가볍게 처벌할 수 있다. 즉 이러한 논리에 따르면 甲은 살인예비죄에 중지미수를 유추적용하여 처벌하게 된다.

2. 甲을 가장 무겁게 처벌할 수 있는 논리

甲을 가장 무겁게 처벌할 수 있는 논리는 ① 원인에 있어 자유로운 행위에서 실행의 착수를 주관설의 입장에 따라 파악하여 사안을 실행의 착수가 있는 미수로 파악하고 ② 중지미수의 자의성을 주관설이나 규범설에 따라 부인하면 甲을 가장 무겁게 처벌하게 된다. 즉, 이러한 논리에 따르면 甲은 살인미수죄로 처벌되게 된다.

> • 자의성과 관련하여 잠정적 중지도 정리해 두는 것이 바람직하다.

029

A는 운영권 양수 대금인 5억 원을 B의 계좌로 이체하려다가 착각하여 甲의 계좌로 잘못 이체하였다. 甲은 자신의 계좌에 A의 명의로 5억 원이 이체된 것을 확인하고 돌려주려고 하였으나, 친구인 乙은 아무런 근거 없이 "A가 착오로 너에게 입금한 것이 분명해. 그 돈을 다른 계좌로 이체해도 아무런 문제가 생기지 않을 테니까, 우선 내 계좌로 이체해."라고 말하였다. 甲은 乙의 말을 듣고 막연히 괜찮을 것이라고 생각하며 5억 원을 乙의 계좌로 이체하였다. 甲과 乙의 죄책은? (25점)　　　　　　　　　　[2020 변시]

Ⅰ. 甲의 죄책

1. 횡령죄의 구성요건해당성 여부

판례에 의하면 어떤 예금계좌에 돈이 착오로 잘못 송금되어 입금된 경우에는 그 예금주와 송금인 사이에 신의칙상 보관관계가 성립하는 것이므로, 피고인이 송금 절차의 착오로 인하여 피고인 명의의 은행 계좌에 입금된 돈을 임의로 인출하여 소비한 행위는 횡령죄에 해당한다고 판시하고 있으므로 사안에서 甲에게는 횡령죄의 구성요건해당성이 인정된다.

2. 법률의 착오의 해결

(1) 사안에서 甲은 막연히 괜찮을 것이라고 생각하면서 乙에게 계좌이체를 하고 있는바, 甲에게 법률의 착오 여부가 문제 된다. 그러나 판례에 의하면 '일반적으로 범죄가 되는 행위이지만 자기의 특수한 경우에는 법령에 의하여 허용된 행위로서 죄가 되지 아니한다고 그릇 인식한 경우'만을 법률의 착오로 보고 있으므로 사안의 甲의 행위는 법률의 착오로 보기 어렵다.

(2) 만약 사안을 법률의 착오로 본다면 제16조의 정당한 이유 여부가 문제 되지만, 판례는 지적인식능력을 기준으로 정당한 이유를 판단하고 있다. 사안에서 甲는 막연히 괜찮을 것이라고 한 것은 자기의 지적 인식능력을 다한 것이 아니므로 정당한 이유에 해당하지 않아 甲에게는 책임이 인정된다.

3. 甲의 죄책

사안에서 甲에게는 횡령죄가 성립하고, 그 금액이 5억 원이므로 특경법 제3조 제1항 제2호에 의하여 가중처벌된다.

> • 5억 원 이상이므로 특경법위반도 빠뜨리지 않도록 주의하여야 한다.

Ⅱ. 乙의 죄책

1. 특경법위반(횡령)죄의 간접정범의 불성립

사안에서 乙은 신분자인 甲을 이용하여 자기 계좌로 이체하게 하고 있다. 이러한 경우에 乙에게 특경법위반(횡령)죄의 간접정범의 성립 여부가 문제 될 수 있겠지만, 乙은 타인의 재산을 보관하는 자가 아니므로 정범적격이 없어 간접정범은 성립하지 않는다.

2. 특경법위반(횡령)죄의 교사범 성립

사안에서 비신분자인 乙은 신분자인 甲의 범죄에 가담하고 있으므로 제33조 본문에 의하여 乙에게도 횡령죄의 공범이 성립할 수 있다. 사안에서 乙은 甲이 횡령죄를 범하도록 부추기고 있으나, 乙에게 기능적 행위지배가 인정된다고 판단하기는 어려우므로 공동정범은 인정하기 어렵다. 따라서 乙에게는 특경법위반(횡령)죄의 교사범이 성립한다.

3. 장물보관죄의 성립

횡령죄에서 횡령죄의 기수가 됨과 동시에 횡령물은 장물이 된다. 따라서 사안에서 甲의 계좌에서 乙의 계좌로 5억 원을 이체한 때에 횡령죄가 기수가 됨과 동시에 5억 원은 장물이 된다. 따라서 횡령에 의하여 영득한 재물을 보관한 乙은 장물보관죄가 성립한다.

4. 乙의 죄책

乙에게는 ① 특경법위반(횡령)죄의 교사범과 ② 장물보관죄가 성립하며, 양자는 실체적 경합 관계에 있다.

030

모텔을 운영하는 甲는 A가 자신이 잠시 자리를 비운 틈을 이용하여 모텔 관리실에 들어가 50만 원을 절취하는 것을 CCTV 화면을 통해 확인하였다. 甲은 A가 훔쳐간 돈을 찾아오는 것은 범죄가 되지 않는다고 생각하고, 乙에게 A를 협박하여 돈을 회수하도록 교사하였다. 사안에서 乙에게 공갈죄가 성립한다고 할 때 甲의 죄책은? (10점)   [2018 1차 변형]

1. 논의점

사안에서 甲은 공갈을 교사하고 있지만 자신의 절취당한 돈을 되찾는 행위는 범죄가 되지 않는다고 생각하고 있다. 이러한 착오는 법률의 착오 중 포섭의 착오에 해당하는바, 甲에게 정당한 이유가 있는지 문제된다.

2. 판례의 태도

제16조의 정당한 이유의 해석에 대하여 종래 판례는 '오인에 과실이 없는 때'를 정당한 이유의 기준으로 보고 있었으나, 최근 판례에서는 '이러한 정당한 이유가 있는지 여부는 자신의 지적능력을 다하여 이를 회피하기 위한 진지한 노력을 다하였더라면 스스로의 행위에 대하여 위법성을 인식할 수 있는 가능성이 있었음에도 이를 다하지 못한 결과 자기 행위의 위법성을 인식하지 못한 것인지 여부에 따라 판단하여야 한다'라고 하여 지적인식능력기준설을 따르고 있다.

3. 사안의 해결

이러한 지적인식능력기준설에 따르면 사안에서의 甲은 자신의 지적능력을 다하였다는 표지가 없다. 따라서 甲은 책임이 조각되지 아니하고 공갈죄의 교사범이 성립한다.

031

> 甲(여, 26세)은 버스를 타고 남자친구를 만나러 가던 중 깜박 졸다가 휴대폰을 좌석에 둔 채 하차하였다. 그 순간 옆 좌석의 승객 A(남, 30세)가 휴대폰을 발견하고 이를 전해주기 위해 甲을 따라 하차하면서 甲을 불렀으나 대답이 없자 뒤에서 甲의 어깨를 잡았다. 그때 甲을 기다리던 남자친구 乙은 그 장면을 보고 A를 성폭행범으로 오해하여 甲을 구하기 위해 A를 밀어 넘어뜨렸다. 乙의 죄책은? (15점)
>
> [2018 변시] [2013 1차 변형]

1. 논의점

사안에서 乙은 A를 甲에 대한 성폭행범으로 오인하고 이를 방어하기 위하여 A를 밀어 넘어뜨렸다. 이러한 乙의 행위는 폭행죄의 구성요건에 해당하지만, 乙은 정당행위에 해당하는 A의 행위를 甲에 대한 부당한 침해로 오인하고 있으므로 위법성조각사유의 전제상황(사실)을 착오하고 있다. 이러한 위전착에 빠진 甲의 죄책에 대하여 논의가 있다.

> • 위법성조각사유의 전제사실에는 '침해의 부당성' 등 규범적 요소가 포함되어 있으므로 위법성조각사유의 전제상황이라고 표현하는 것이 보다 정확할 것이다.

2. 견해의 대립

이에 대하여는 ① 행위자가 구성요건적 사실에 대한 인식은 있으나, 자기 행위의 위법성을 인식하지 못한 경우이므로 위법성의 착오로 보는 엄격책임설 ② 사실의 착오는 아니지만, 사실의 착오와의 구조적 유사성이 있으므로 사실의 착오를 유추적용하자는 제한책임설 ③ 소극적 구성요건표지이론에 의하면 위법성조각사유의 전제사실은 소극적 구성요건요소가 되므로 이에 대한 착오를 사실의 착오로 취급하는 소극적 구성요건표지이론 ④ 고의의 이중적 지위를 바탕으로 하여 위법성조각사유의 전제사실의 착오는 구성요건적 고의는 인정되지만 책임고의가 없으므로 과실책임 여부만이 문제 된다는 법효과제한적 책임설이 대립하고 있다.

> • 위전착에 대한 학설은 상당히 많으므로 주관적 정당화 요소가 들어 온 Welzel의 목적적 범죄체계 이후의 엄격책임설부터 적어주는 것이 바람직하다.

3. 판례의 태도

위법성조각사유의 전제사실에 대한 착오에 대한 최근 판례는 피고인이 당시 죄가 되지 않는 것으로 오인한 것에 대해 '정당한 이유'가 있으면 정당행위로써 위법성이 조각된다는 취지로 판시하고 있다.

> • 위전착에 대한 최신 판례의 입장을 설시한 것이다.

4. 검토 및 사안의 해결

생각건대 현재 일반적으로 확립된 합일태적 범죄체계인 고의의 이중적 지위를 전제로 하고 있는 법효과

제한적 책임설이 ① 구체적 타당성 ② 논리적 우수성 ③ 체계적합성 ④ 악의의 공범자의 처벌가능성을 모두 구비하고 있으므로 가장 타당하다. 이러한 법효과제한적 책임설에 따르면 사안에서 乙에게는 폭행죄가 성립하지 않고, 과실폭행죄는 없으므로 무죄가 된다.

> **유제**
>
> 甲은 집에서 깜빡 잠이 들었는데, 인기척에 눈을 떠 보니 웬 남자가 거실로 들어오고 있었다. 마침 동네에 강도나 절도범이 많다는 말이 생각나 "누구냐"고 소리쳤다. 그런데 그 남자가 아무 말 없이 甲에게 다가오자, 甲은 강도일 것이라 생각하고 자신을 방어하기 위해 옆에 있던 몽둥이로 그 남자의 머리를 때렸다. 그런데 알고 보니 거실로 들어 온 남자는 돈을 빌리러 온 이웃에 사는 조카 A였다. 甲의 죄책은? (30점)
>
> [2014 2차 변형]

032

> 甲과 乙은 조직폭력배들에게 쫓기고 있으며, 이에 甲은 모처에 은신하고 있다. 만일 은신 중이던 장소에 누군가가 창문을 열고 들어오는 인기척을 느낀 甲이 침입자에게 상해를 가한 경우, ① 숨어 지내는 자신을 자주 찾아오지 않는 乙로 알고 화풀이로 상해하려고 하였으나, 절도범인 경우와 ② 자신을 해코지하려는 조직폭력배로 알고 상해하려고 하였으나, 공범인 乙인 경우로 각각 나누어서 甲의 죄책을 설명하시오. (20점)
>
> [2020 1차 변형]

I. ① 사례 - 우연방위

1. 구성요건의 특정

사안에서 甲의 착오는 구체적 사실의 착오 중 객체의 착오에 해당하므로 어떠한 부합설의 입장에 따르더라도 甲은 절도범에 대한 상해죄의 구성요건에 해당한다.

2. 우연방위의 해결

(1) 사안과 같은 우연방위의 해결에 대하여는 ① 결과반가치 일원론 입장에서 주관적 정당화 요소는 필요 없으므로 우연방위는 정당방위로 인정되어 무죄라는 무죄설 ② 행위반가치 일원론 입장에서 주관적 정당화 요소가 필요하므로 우연방위는 정당방위가 성립하지 않고 기수가 된다는 기수설 ③ 불법이원론 입장에서 주관적 정당화 요소가 필요하여 우연방위는 정당방위가 성립될 수 없으나, 결과반가치가 축소되어 불능미수가 성립된다는 불능미수설 등이 대립하고 있다.

(2) 생각건대 합일태적 범죄체계를 전제로 할 때 우연방위는 주관적 정당화요소가 결여되어 위법하지만, 객관적 정당화상황의 존재로 인하여 결과반가치가 축소되므로 불능미수범만 인정하는 불능미수범설이 타당하다. 따라서 사안에서 甲은 상해죄의 불능미수의 죄책을 진다.

II. ② 사례 - 오상방위

1. 구성요건의 특정

사안에서 甲의 착오는 구체적 사실의 착오 중 객체의 착오에 해당하므로 어떠한 부합설의 입장에 따르더라도 甲은 乙에 대한 상해죄의 구성요건에 해당한다.

2. 오상방위의 해결

(1) 사안과 같은 오상방위에 대하여는 ① 엄격책임설 ② 제한책임설 ③ 소극적 구성요건표지이론 ④ 법효과제한적 책임설 등이 대립하고 있으며, ⑤ 판례는 피고인이 당시 죄가 되지 않는 것으로 오인한 것에 대해 '정당한 이유'가 있으면 정당행위로써 위법성이 조각된다는 취지로 판시하고 있다.

> • 전체적인 배점상 학설 이름만 설시하는 것이 바람직하다.

(2) 생각건대 현재 일반적으로 확립된 합일태적 범죄체계인 고의의 이중적 지위를 전제로 하고 있는 법효과제한적 책임설이 ① 구체적 타당성 ② 논리적 우수성 ③ 체계적합성 ④ 악의의 공범자의 처벌가능성을 모두 구비하고 있으므로 가장 타당하다. 이러한 법효과제한적 책임설에 의하면, 사안에서 甲은 상해죄의 구성요건에 해당하지만 책임고의가 조각되어 상해죄가 아닌 과실치상죄로 처벌되게 된다.

> • 우연방위는 위법성이 조각되는 전제사실이 있음에도 이를 인식하지 못하고 방위행위 등을 하는 경우이므로 위법성조각사유의 전제사실의 착오가 반전된 착오라고 할 수 있다. 즉 위전착은 위법성조각사유가 존재하지 않아 객관적으로 범죄가 됨에도 이를 존재한다고 착오한 소극적 착오이지만, 우연방위는 위법성조각사유에 해당하여 객관적으로 범죄가 되지 않음에도 이를 인식하지 못하고 범죄가 된다고 인식하고 있다는 점에서 적극적 착오에 해당한다.

033

> 향후 창업을 계획하고 있어 창업 자금이 필요하던 甲은 2022. 4. 3. 약혼녀인 A의 지갑에서 액면금 3천만원의 수표를 꺼내 가져갔다. 당시 A는 그 자리에서 甲의 행위를 보았으나 다른 생각을 하느라 별다른 행동을 하지 않았다. 이에 甲은 자신이 지갑에서 수표를 꺼내어 가져가는 데 A가 동의한 것으로 오인하였다. 동의를 ① '양해'로 보는 견해와 ② '승낙'으로 보는 견해로 나누어 甲의 죄책을 각각 논하시오. (15점)
>
> [2023 변시]

1. '양해'로 보는 견해에 따른 甲의 죄책

사안에서 동의를 양해로 보는 견해에 따르면 A의 양해가 없었음에도 있다고 오인한 것은 절도죄에서 점유자의 의사에 반한다는 객관적 구성요건요소에 대한 소극적 착오인 사실의 착오(구성요건적 착오)에 해당한다. 따라서 甲의 행위는 형법 제13조 본문에 따라 죄의 성립요소인 사실을 인식하지 못한 행위로써 고의가 없으므로 무죄가 된다.

2. '승낙'으로 보는 견해에 따른 甲의 죄책

(1) 사안에서 동의를 승낙으로 보는 견해에 따르면 A의 동의가 없었음에도 있다고 오인한 행위는 위법성이 조각되기 위한 전제상황에 대한 착오에 해당한다.

(2) 이러한 위법성조각사유의 전제사실의 착오의 해결에 대하여는 ① 법률의 착오로 보는 엄격책임설 ② 사실의 착오를 유추적용하자는 제한책임설 ③ 이단계범죄체계를 전제로 사실의 착오로 취급하는 소극적 구성요건표지이론 ④ 고의의 이중적 지위를 전제로 구성요건적 고의는 인정되지만 책임고의가 없어 고의범은 성립하지 않고 과실책임 여부만이 문제 된다는 법효과제한적 책임설 등이 대립하고 있다.

(3) 판례는 피고인이 당시 죄가 되지 않는 것으로 오인한 것에 대해 '정당한 이유'가 있으면 정당행위로써 위법성이 조각된다는 취지로 판시하고 있다.

(4) 생각건대 현재 일반적으로 확립된 합일태적 범죄체계인 고의의 이중적 지위를 전제로 하고 있는 법효과제한적 책임설이 ① 구체적 타당성 ② 논리적 우수성 ③ 체계적합성 ④ 악의의 공범자의 처벌가능성을 모두 구비하고 있으므로 가장 타당하다.

(5) 이에 따르면 사안에서 甲의 행위는 구성요건적 고의는 인정되지만, 책임고의가 없어 과실범 성립 여부가 문제 되지만, 절도죄는 과실범을 처벌하지 않으므로 무죄가 된다.

> • 형법상의 동의를 양해와 승낙으로 나누어 그 소극적 착오인 사실의 착오와 위법성조각사유의 전제사실의 착오를 묻고 있는 수준 높은 문제이다. 따라서 본 문제를 통해 착오론 일반을 정리하는 것이 바람직하다.

034

> 甲(여, 23세)은 어머니 乙, 의붓아버지 A와 함께 살고 있는데, 어느 날 밤에 甲이 잠을 자고 있을 때 A가 칼을 들고 방으로 들어와 말을 듣지 않으면 죽여버리겠다고 하면서 성폭행하려 하자 너무 놀라 A를 힘껏 떠밀었다. A가 넘어지면서 방바닥에 머리를 부딪쳐 정신을 잃고 쓰러졌음에도 甲은 A에게 달려들어 겁에 질린 목소리로 '죽어라'고 외치며 목을 졸랐고 이로 인해 A는 질식사하였다. 甲의 죄책은? (15점)
>
> [2019 3차 변형]

1. 쟁점의 정리

사안에서 甲에게는 폭행치상죄, 존속살해죄, 야간의 과잉방위(형법 제21조 제3항) 인정 여부가 문제 된다.

2. 폭행치상죄의 불성립

사안에서 甲이 A를 밀어 정신을 잃게 한 것은 폭행치상죄의 구성요건에 해당한다. 그러나 甲은 A가 자신을 성폭행하려고 하는 현재의 부당한 침해에 대하여 방위할 의사로 폭행치상을 범하고 있으므로 이는 제21조 제1항의 정당방위에 해당하여 무죄가 된다.

3. 존속살해죄의 불성립

(1) 존속살해죄의 구성요건 해당성의 인정

사안에서 甲은 이미 기절하여 쓰러진 A에게 달려들어 겁에 질린 목소리로 '죽어라'라고 외치며 목을 졸랐고, 이로 인해 A는 질식사하였다. 양부 A도 직계존속이며, 甲에게 존속살해의 고의와 인과관계 등이 인정되므로 甲의 행위는 존속살해죄의 구성요건에 해당한다.

(2) 정당방위의 불인정

사안에서 甲의 존속살해 행위는 A가 정신을 잃고 쓰러진 이후이다. 따라서 현재의 부당한 침해가 종료된 상황이므로 甲에게는 정당방위는 성립하지 않는다.

(3) 과잉방위의 성립

사안에서의 甲의 행위가 과잉방위에 해당할 수 있는지 문제 되지만, 판례는 '오빠살해 사건'에서 '극히 짧은 시간내에 계속하여 행하여진 일련의 행위는 이를 전체로서 하나의 행위로 보아야 할 것이므로, 방위의사에서 비롯된 연속된 전후행위는 하나로서 형법 제21조 제2항 소정의 과잉방위에 해당한다'라고 하고 있으므로 甲에게는 제21조 제2항의 과잉방위가 인정될 수 있다. 그리고 사안에서 甲은 야간에 겁에 질려 A에 대한 과잉방위를 하고 있으므로 제21조 제3항의 과잉방위에 해당한다. 따라서 甲의 행위는 존속살해죄의 구성요건에 해당하지만, 형법 제21조 제3항의 과잉방위에 해당하여 책임이 조각되어 무죄가 된다.

> • 본 쟁점은 엄격히 말하면 양적(외연적) 과잉방위 사례로 ① 오상방위설과 ② 과잉방위설 등이 대립하고 있으나, 판례의 입장으로 간단히 정리한다.

4. 甲의 죄책

사안에서 甲은 무죄이다.

035

甲은 양아버지인 A가 자기를 평소에 심하게 학대하자 친구 乙에게 심경을 토로하였다. 그러자 乙은 "차라리 A를 죽여버려라"라고 하면서 칼과 복면을 주었다. 이에 甲은 A를 살해하기로 마음먹고, 어느 날 A의 집을 찾아가 그 칼로 A를 공격하였다. 그런데 왼팔 상박부를 칼에 찔린 A가 "살려달라"고 애원하자, 그 모습이 너무 불쌍하게 생각되어 범행을 멈추고 도주하였다. 甲과 乙의 죄책은? (40점)　　[2011 3차 변형]

I. 甲의 죄책

1. 문제의 제기

甲의 행위에 대하여는 ① 주거침입죄가 성립하는지 ② 존속살해죄의 구성요건에 해당하는지 ③ 범행을 중도에서 그만 둔 것이 중지미수에 해당하는지 문제 된다.

2. 주거침입죄의 성립

사안에서는 명확하지 않지만, 甲과 A가 동거하지 않는다면 甲이 A의 집에 A를 살해하려고 침입하였다면 주거침입죄가 성립한다.

3. 존속살해죄의 해당 여부

사안에서 甲은 양부인 A를 살해하려 하고 있는바 이 경우에 양부를 살해하는 것이 제250조 제2항의 직계존속에 해당하는지가 문제 된다. 그러나 동항의 직계존속은 친부모뿐만 아니라 양부모를 포함하므로, 甲이 양부인 A를 살해하려는 행위는 존속살해죄에 해당한다.

4. 중지미수의 해당 여부

(1) 사안에서는 A가 사망하지 않았으므로 甲의 행위는 미수범이 된다. 그런데 甲은 A가 애원하는 모습이 불쌍하여 범행을 중지한 경우이므로 중지미수에 해당하는지 문제 된다.

(2) 중지미수가 성립하기 위해서는 ① 먼저 주관적 요건으로 자의성이 필요하고 ② 객관적 요건으로는 ㉠ 착수미수의 경우에는 행위 계속의 포기 ㉡ 실행미수의 경우에는 결과발생을 방지하기 위한 진지한 노력이 필요하다.

> • 중지미수의 기본적인 성립요건은 암기해 두는 것이 바람직하다.

(3) 자의성에 대하여는 ① 객관설 ② 주관설 ③ 프랑크의 공식 ④ 절충설 등이 대립하고 있으며, 다수설과 판례는 절충설의 입장이다. 그런데 사안의 경우에는 연민으로 그만두는 경우이므로 어느 견해에 의하더라도 자의성이 인정된다.

> • 어느 견해에 따르더라도 자의성이 인정되므로 전체적인 배점상 학설의 내용을 너무 자세히 적을 필요는 없어 보인다.

(4) 객관적 요건과 관련하여 사안이 착수미수인지 실행미수인지 문제 된다. 이에 대하여는 ① 주관설과 ② 객관설의 대립이 있으나, 사안에서 甲이 A의 왼쪽 상박부를 찌른 후 머뭇거렸다는 것은 아직 실행행위를 마친 것이라고 볼 수는 없다. 따라서 착수미수로 파악한다면 행위 계속을 포기한 것으로 중지미수가 성립한다.

> • 착수미수와 실행미수의 구별에 대하여도 주관설과 객관설의 대립이 있으나, 전체적인 배점상 간단히 처리한다. 그리고 甲에게 중지미수를 인정하여야 공범인 乙의 죄책에서의 쟁점이 나올 수 있으므로 가능하면 甲에게 중지미수를 인정하는 것이 바람직하다.

5. 甲의 죄책

甲은 주거침입죄와 존속살해죄의 중지미수가 성립하며, 양 죄는 실체적 경합 관계에 있다.

Ⅱ. 乙의 죄책

1. 문제의 제기

사안에서 乙은 甲에게 양부인 A를 살해하라고 부추기며, 칼과 복면을 주었다. 이러한 乙의 행위에 대하여 ① 정범인지 공범인지 ② A에게 존속살해죄가 성립한다면 乙의 처벌은 어떠한지 ③ 甲에게 중지미수가 성립한다면 乙도 중지미수의 혜택을 받을 수 있는지 문제 된다.

2. 乙의 가담 형태

사안에서 乙의 행위가 정범인지 공범인지 문제 된다. 사안에서 乙은 甲의 범행을 부추기며 교사를 하고 있고, 범행을 용이하게 하기 위하여 복면과 칼을 주고 있으나 이를 본질적인 기여가 있다고 평가하기는 어려울 것이다. 따라서 乙은 공동정범은 성립하지 않고 교사범만 인정되며, 방조를 한 부분은 교사행위에 보충관계로서 흡수된다.

3. 공범과 신분

(1) 사안에서와 같이 신분에 의하여 형이 가중되는 범죄에 가담한 신분 없는 자의 범죄의 성립과 처벌에 대하여 논의가 있다.

(2) 이에 대하여는 ① 제33조 단서의 적용으로 보통살인죄의 교사범만 성립한다는 다수설과 ② 제33조 본문의 적용으로 존속살해죄의 교사범이 성립하지만, 제33조 단서의 적용으로 보통살인죄의 교사범으로 처벌된다는 판례가 대립하고 있다.

(3) 생각건대 범죄의 성립과 처벌은 일치하는 것이 바람직하다는 점을 고려하면 다수설의 입장이 타당하다. 따라서 이러한 다수설의 입장에 따르면 乙은 보통살인죄의 교사범이 성립한다.

4. 중지미수의 혜택을 받을 수 있는지의 문제

사안에서 정범인 甲이 존속살해죄의 중지미수범이 되어 있으므로, 이에 가담한 乙도 중지미수의 혜택을 받을 수 있는지 문제 된다. 그러나 중지미수는 개인적인 책임과 관련된 것으로 책임의 개별화로 인하여 乙에게는 중지미수가 성립하지 않고 보통살인죄의 장애미수의 교사범이 성립한다.

甲은 A를 살해하기 위하여 야간에 A의 집에 들어가 휘발유를 뿌린 후 불을 질렀으나, 불길이 갑자기 치솟는 것을 보고 겁이 나서 불을 끈 다음 A의 집을 황급히 빠져나왔다. 그러나 이로 인해 A는 연기에 질식되어 병원에서 치료를 받다가 3개월 후 연기질식으로 인한 폐부종 증세로 사망하였다. 甲의 죄책은? (25점)

[2014 1차 변형]

1. 주거침입행위에 대한 평가

사안에서 甲은 A를 살해할 목적으로 A의 주거에 침입하고 있으므로 주거침입죄가 성립한다.

2. 현주건조물방화죄와 살인죄의 중지미수의 성부

(1) 사안에서 甲은 A를 방화하여 살해하기로 하였고, 휘발유를 뿌리고 불을 붙였으므로 현주건조물방화죄와 살인죄의 실행의 착수는 인정된다.

(2) 그런데 사안에서 A는 방화 후 불길이 갑자기 치솟는 것을 보고 겁이 나서 불을 껐으므로 중지미수의 자의성이 인정될 것인지 문제 된다. 이에 대하여는 ① 긍정설과 ② 부정설이 대립하고 있으나, ③ 판례는 자의성의 판단에 대하여 사회통념을 바탕으로 하는 절충설을 따르면서도, 사안과 같이 치솟는 불길에 놀라거나 자신의 신체 안전에 대한 위해 또는 범행 발각시의 처벌 등에 두려움을 느끼는 것은 일반사회통념상 범죄를 완수함에 장애가 되는 사정에 해당한다고 보아야 할 것이므로 이를 자의에 의한 중지라고는 볼 수 없다고 하여 부정설의 입장이다.

(3) 이러한 부정설의 입장에 따르면 사안에서의 甲에게는 자의성이 인정되지 않아 중지미수는 성립하지 않는다.

3. 현주건조물방화치사죄와 살인죄의 성부

(1) 현주건조물방화치사죄의 성부

사안에서 甲은 자신이 방화한 불은 껐지만, A는 연기로 인해 질식사하였다. 이러한 경우에 甲에게 부진정결과적가중범인 현주건조물방화치사죄가 성립하기 위해서는 ① 고의에 의한 현주건조물방화행위 ② 사망이라는 중한 결과의 발생 ③ 방화와 사망 사이의 인과관계 ④ 중한 결과발생에 대한 고의 또는 과실이 있어야 한다.

사안에서 특히 문제가 되는 것은 방화와 사망 사이의 인과관계 인정 여부이지만, 일반적으로 방화를 하게 되면 화력에 의한 사망뿐 아니라 연기에 의한 질식사도 일반적으로 예견가능하여 상당인과관계가 인정되므로 甲에게는 현주건조물방화치사죄가 성립한다.

(2) 살인죄의 성부

살인죄에 대하여도 동일한 논증으로 살인죄의 구성요건해당성을 충족하게 된다.

4. 현주건조물방화치사죄와 살인죄의 죄수 관계

사안에서 甲은 A를 살해할 목적으로 현주건조물에 방화하여 A를 질식사하게 하고 있다. 이러한 경우에 살인죄와 현주건조물방화치사죄의 죄수 관계가 문제 된다. 이에 대하여는 ① 살인죄와 현주건조물방화치사죄의 상상적 경합설 ② 현주건조물방화치사죄설이 대립하고 있으나, ③ 판례는 현주건조물방화치사죄설을 따르고 있다. 이러한 판례에 입장에 따르면 사안에서 甲에게는 현주건조물방화치사죄만 성립한다.

5. 甲의 죄책

사안에서 甲에게는 주거침입죄와 현주건조물방화치사죄의 실체적 경합범이 성립한다.

037

甲과 乙은 수년간 극도로 사이가 좋지 않던 직장 동료 A를 교통사고로 위장하여 살해하기로 마음먹었다. 甲이 1t 트럭을 렌트한 다음 乙이 트럭을 운전하고 甲은 乙의 옆자리에 앉아 A가 퇴근하기를 기다렸다. 자정 무렵 A가 건물 밖으로 나오자 乙이 트럭 속도를 올려 도로를 건너는 A를 강하게 충격한 다음 그대로 도망쳤다. 甲과 乙은 사고 장소에서 3km 떨어진 곳으로 이동하여 주차하였는데, 甲은 후회와 함께 A에 대한 연민이 들어 그를 구호해 주자고 하였으나 乙은 동의하지 않고 그곳을 떠났다. 甲은 119에 전화를 걸어 A의 구조를 요청하였고, 甲의 신고를 받고 출동한 구조대에 의해 병원으로 이송된 A는 가까스로 목숨을 건질 수 있었다. 甲과 乙의 죄책을 논하시오(특별법 위반의 점은 논외로 함). (15점) [2024 변시]

1. 살인미수죄의 공동정범의 성립

(1) 사안에서 乙은 A를 살해하려고 고의로 자동차를 운전하여 A를 충격하였으나, A는 사망하지 않았으므로 乙에게는 살인미수죄가 성립한다.

(2) 甲은 실제로 운전을 하지는 않았지만, 乙과 살인을 공모하고 乙에게 자동차를 렌트해 주는 등 기능적 행위지배를 하였으므로 살인미수죄의 공동정범이 성립한다.

2. 甲의 살인죄의 중지미수의 성립

(1) 사안에서 甲의 행위가 중지미수에 해당할 수 있는지 문제 된다.

(2) 먼저 주관적 요건으로 자의성이 인정될 수 있는지가 문제되는바, 甲은 후회와 연민으로 B를 구호하려고 하였으므로 자의성에 대한 어느 학설에 따르더라도 자의성이 인정된다.

(3) 다음 객관적 요건으로 실행중지미수의 요건을 갖추었는지 문제 된다. 실행중지미수가 인정되기 위해서는 ① 결과발생을 방지하기 위한 진지한 노력을 하여야 하고, ② 진지한 노력에 기하여 결과발생이 방지가 되어야 한다. 사안에서는 이러한 요건이 모두 구비되었으므로 甲에게는 살인죄의 중지미수가 성립한다.

3. 乙의 살인죄의 장애미수의 성립

사안에서 甲에게 살인죄의 중지미수가 성립하더라도 중지미수는 개인적인 책임과 관련된 것으로 책임의 개별화로 인하여 乙에게는 중지미수가 성립하지 않고 살인죄의 장애미수가 성립한다.

038

평소 자신을 무시하는 A에게 불만을 갖고 있던 甲은 A를 살해하기로 결심하였다. 며칠 뒤 甲은 커피에 독약을 타 A에게 주었고 이를 마신 A는 복통을 호소하자 이를 본 甲은 불쌍하다는 생각이 들어 A를 살리기 위해 응급실로 데려갔다. 그런데 甲이 준 독약은 치사량에 현저히 미달하는 양이어서 A가 사망하지 않았을 것이라는 점이 밝혀졌다. 甲의 죄책은? (25점)

[2015 3차 변형]

1. 문제의 제기

사안에서 甲의 죄책에 대하여는 ① 불능미수가 성립할 수 있는지 ② 중지미수의 요건을 구비하였는지가 문제되며 특히 사안에서는 불능미수의 중지미수를 인정할 수 있는지가 문제 된다.

2. 불능미수의 성립 여부

(1) 불능미수가 성립하기 위하여는 ① 실행의 착수 ② 수단 또는 대상의 착오로 인한 결과발생의 불가능 ③ 위험성의 요건이 구비되어야 한다. 사안에서 ①과 ②의 요건은 구비되었으나 ③ 위험성의 요건이 구비되었는지가 문제 된다.

(2) 불능미수의 위험성판단에 대하여는 ① 절대적·상대적 불능설 ② 구체적 위험설 ③ 추상적 위험설 ④ 주관설 등이 대립하고 있으며, ⑤ 판례는 종래 절대적·상대적 불능설을 따른 판례와 추상적 위험설을 따른 판례가 혼재하고 있었지만, 최근 전합 판례는 추상적 위험설을 따르고 있다.

(3) 생각건대 위험성의 판단은 기본적으로 추상적인 법질서가 기준이 되어야 하므로 행위자가 인식한 사정을 판단의 대상으로 하여 일반인의 입장에서 위험성을 판단하는 추상적 위험설이 타당하다. 이러한 추상적 위험설에 따르면 사안의 경우에는 위험성이 인정될 수 있으므로 甲에게는 살인죄의 불능미수범이 성립된다.

3. 중지미수의 인정 여부

(1) 중지미수의 성립요건

중지미수가 성립하기 위하여는 기본적으로 ① 주관적 요건으로서 자의성이 요구되고 ② 객관적 요건이 구비되어야 한다.

(2) 주관적 요건으로서의 자의성의 인정 여부

중지미수의 자의성의 판단에는 ① 객관설 ② 주관설 ③ 프랑크의 공식 ④ 절충설 등이 대립하고 있으나, 다수설과 판례는 사회통념에 따라 구별하는 절충설을 따르고 있다. 사안에서 甲은 A가 불쌍하다고 생각하고 있어 이는 윤리적 동기에 의한 것이므로 자의성 판단에 대한 어떠한 견해를 따르더라도 甲에게는 자의성이 인정된다.

> • 본 문제에서 중요한 것은 자의성이 인정된다고 바로 중지미수가 되는 것은 아니라는 점이다. 따라서 주관적 요건 이외에 객관적 요건도 검토를 해 주어야 한다.

(3) 객관적 요건으로서의 실행중지미수 요건

사안과 같이 애초에 결과발생이 불가능한 불능미수의 경우에도 중지미수를 인정할 것인가에 대하여는 ① 실행중지미수의 성립요건을 형식적으로 고찰하여 인과관계가 인정되지 않으므로 중지미수의 성립을 부정하는 부정설 ② 중지미수의 실질적인 의미를 고려하여 결과발생이 불가능해 인과관계가 인정되지 않는 경우에도 중지미수의 성립을 인정하는 긍정설이 대립하고 있다.

생각건대 우리나라는 중지미수의 효과에 감경도 있다는 점을 고려하면 중지미수의 성립요건을 엄격하게 해석할 필요가 없으므로 긍정설이 타당하다.

> • 불능미수의 중지미수도 나름 중요한 쟁점이므로 정리해 두어야 한다.

4. 사안의 해결

사안에서 甲은 살인죄의 중지미수가 성립한다.

중소건설기업 상무 甲은 사장인 乙과 공모하여 乙이 준 개인 자금으로 수년간 담당 공무원에게 인허가 관련 청탁을 하며 고급 술집에서 술을 사고 성 접대를 해왔다. 그러나 乙이 자신을 해고하려 한다는 소문을 듣고 배신감이 든 甲은 乙을 살해하려고 마음먹었다. 부하직원인 회사 재무팀장 丙이 평소 회사 공금을 몰래 빼돌린다는 사실을 알고도 못 본 척 묵인해 주었던 甲은 丙에게 사정을 이야기하면서 독극물을 구해 달라고 부탁하였다. 평소 乙을 못마땅해 하던 丙은 甲에게 독극물을 구해 주었다. 다음 날 甲은 乙이 마실 음료수에 丙이 구해 준 독극물을 넣으면서 다른 생각을 하다가 치사량에 미달하는 양을 넣은 음료수를 乙에게 주었는데, 위장이 약한 乙은 이를 마신 후 배를 움켜쥐고 쓰러졌다. 쓰러진 乙을 본 甲은 순간적으로 양심의 심한 가책을 느끼고 급히 乙을 병원 응급실로 데려갔다. 甲, 乙, 丙의 죄책은? [2023 1차 변형]

Ⅰ. 甲과 乙이 증뢰를 한 행위에 대한 죄책

(1) 사안에서 甲은 담당 공무원에게 청탁을 하며 뇌물을 제공하였으므로 증뢰죄가 성립한다. 그리고 甲은 乙과 공모하고 乙은 甲에게 뇌물에 공여할 자금을 제공하였으므로 기능적 행위지배가 인정되어 甲과 乙은 증뢰죄의 공동정범이 성립한다.

(2) 甲과 乙은 단일한 의사로 수년간 뇌물을 제공하였으므로 증뢰죄의 포괄일죄가 성립한다.

> • 죄수 부분도 간과하지 말아야 한다.

Ⅱ. 회사 공금을 몰래 빼돌린 행위에 대한 죄책

1. 丙의 죄책

사안에서 회사 재무팀장 丙은 평소 회사 공금을 몰래 빼돌린 행위는 업무상횡령죄가 성립한다.

2. 甲의 죄책

(1) 사안에서 丙의 행위를 묵인해 준 甲의 부작위 행위가 정범인지 공범인지에 대하여는 논의가 있다. 이에 대하여는 ① 원칙적 정범설 ② 원칙적 종범설 등이 대립하고 있으나, ③ 판례는 '은행지점장 배임방조 사건'에서 '은행지점장이 정범인 부하직원들의 범행을 인식하면서도 그들의 은행에 대한 배임행위를 방치하였다면 업무상 배임죄의 방조범이 성립한다'라고 하여 원칙적 종범설을 따르고 있다.

(2) 이러한 판례의 입장에 따르면 사안에서 甲에게는 업무상횡령죄의 방조범이 성립한다.

Ⅲ. 甲이 乙에게 독약을 먹여 살해하려 한 행위에 대한 죄책

1. 甲의 죄책

(1) 문제의 제기

사안에서 甲의 죄책에 대하여는 ① 불능미수가 성립할 수 있는지 ② 중지미수의 요건을 구비하였는지가 문제되며 특히 사안에서는 불능미수의 중지미수를 인정할 수 있는지 문제 된다.

(2) 불능미수의 성립 여부

불능미수가 성립하기 위하여는 ① 실행의 착수 ② 수단 또는 대상의 착오로 인한 결과발생의 불가능

③ 위험성의 요건이 구비되어야 한다. 사안에서 ①과 ②의 요건은 구비되었으나 ③ 위험성의 요건이 구비되었는지 문제 된다.

불능미수의 위험성판단에 대하여는 ① 절대적·상대적 불능설 ② 구체적 위험설 ③ 추상적 위험설 ④ 주관설 등이 대립하고 있으며, ⑤ 판례는 종래 절대적·상대적 불능설을 따른 판례와 추상적 위험설을 따른 판례가 혼재하고 있었지만, 최근 전합 판례는 추상적 위험설을 따르고 있다.

생각건대 위험성의 판단은 기본적으로 추상적인 법질서가 기준이 되어야 하므로 추상적 위험설이 타당하다. 이러한 추상적 위험설에 따르면 사안의 경우에는 위험성이 인정되어 甲에게는 살인죄의 불능미수범이 성립된다.

(3) 중지미수의 인정 여부

중지미수가 성립하기 위하여는 기본적으로 ① 주관적 요건으로서 자의성이 요구되고 ② 객관적 요건이 구비되어야 한다.

중지미수의 자의성의 판단에는 ① 객관설 ② 주관설 ③ 프랑크의 공식 ④ 절충설 등이 대립하고 있으나, 다수설과 판례는 사회통념에 따라 구별하는 절충설을 따르고 있다. 사안에서 甲은 乙이 불쌍하다고 생각하고 있어 이는 윤리적 동기에 의한 것이므로 자의성 판단에 대한 어떠한 견해를 따르더라도 甲에게는 자의성이 인정된다.

사안과 같이 애초에 결과발생이 불가능한 불능미수의 경우에도 중지미수를 인정할 것인지에 대하여는 ① 실행중지미수의 성립요건을 형식적으로 고찰하여 인과관계가 인정되지 않으므로 중지미수의 성립을 부정하는 부정설 ② 중지미수의 실질적인 의미를 고려하여 결과발생이 불가능해 인과관계가 인정되지 않는 경우에도 중지미수의 성립을 인정하는 긍정설이 대립하고 있다.

생각건대 우리나라는 중지미수의 효과에 감경도 있다는 점을 고려하면 중지미수의 성립요건을 엄격하게 해석할 필요가 없으므로 긍정설이 타당하다.

(4) 사안의 해결

사안에서 甲에게는 살인죄의 중지미수가 성립한다.

2. 丙의 죄책

(1) 사안에서 丙은 甲에게 독약을 구해주어 사전방조를 하고 있다. 그런데 사안에서 乙은 사망하지 않았으므로 기본적으로 丙에게는 살인죄의 장애미수의 방조범이 성립한다.

(2) 그런데 甲에게 불능미수가 인정되면 이는 불법과 관련된 부분으로 위법 연대의 원칙상 丙에게도 살인죄의 불능미수의 방조범이 성립한다.

(3) 그러나 중지미수는 개인적인 책임과 관련된 부분이므로 책임 개별화의 원칙상 자의성이 없는 丙에게는 중지미수의 효과는 미치지 않는다.

(4) 따라서 丙에게는 살인죄의 불능미수의 방조범이 성립한다.

> • 불법은 사회적 측면에서의 평가이므로 연대적으로 작용하고, 책임은 개인적 측면에서의 평가이므로 개별적으로 작용한다는 점을 잘 이해하여야 한다.

甲은 乙이 A를 살해하기로 결심하였다는 것을 알고 독약을 구해달라고 부탁하자 독약을 구해주었다. 그런데 乙이 현저히 치사량에 미달하는 독약을 커피에 타서 주는 바람에 A는 사망하지 않을 것임에도 독약이든 커피를 마신 A가 복통을 호소하자 불쌍하다는 생각이 들어 A를 살리기 위해 응급실로 데려갔다. 甲의 죄책은? (5점)

[2015 3차 변형]

사안에서 甲은 乙의 부탁에 따라 살인죄에 사용될 독약을 구해주었으므로 기본적으로 살인미수죄의 방조범이 성립할 수 있다. 그러나 정범인 乙에게 불능미수가 인정되면 이는 불법과 관련된 부분으로 위법연대의 원칙상 甲에게도 살인죄의 불능미수의 방조범이 성립한다. 그러나 정범인 乙에게 중지미수가 인정되더라도 이는 개인적인 책임과 관련된 부분이므로 책임 개별화의 원칙상 자의성이 없는 甲에게는 중지미수의 효과는 미치지 않는다. 따라서 甲에게는 살인죄의 불능미수의 방조범이 성립한다.

甲은 A를 살해하기 위하여 청산가리 분말을 구입하여 찬장에 보관하고 있었다. 어느 날 甲은 A를 살해하기로 한 날에 실수로 찬장에서 청산가리 분말 대신 설탕을 꺼내와 A의 소주잔에 넣어 A로 하여금 이를 마시게 하였다. 甲의 죄책은? (15점)

[2014 3차 변형]

1. 논의점

사안에서 甲은 A를 살해하기 위하여 청산가리 분말을 이용하려고 하였으나, 착오로 설탕을 A에게 마시게 하여 결과발생이 불가능하게 되었다. 이러한 경우에 甲에게 살인죄의 불능미수가 인정되기 위해서는 위험성이 인정되어야 하는데 위험성의 판단기준에 대하여 논의가 있다.

2. 견해의 대립

이에 대하여는 ① 절대적 불능은 불능범, 상대적 불능은 불능미수로 보자는 구객관설 ② 행위당시에 행위자가 인식한 사정 및 일반인이 인식할 수 있었던 사정을 판단의 기초로 하여 일반인의 기준으로 판단하자는 구체적 위험설 ③ 행위당시에 행위자가 인식한 사정을 판단의 기초로 하여 일반인의 기준으로 판단하자는 추상적 위험설 ④ 범죄실현의사를 표현하는 행위가 있으면 불능미수가 된다는 주관설 등이 대립하고 있다.

3. 판례의 태도

판례는 종래 절대적·상대적 불능설을 따른 판례와 추상적 위험설을 따른 판례가 혼재하고 있었지만, 최근 전합 판례는 추상적 위험설을 따르고 있다.

4. 검토 및 사안의 해결

생각건대 불능미수의 위험성은 기본적으로 행위자가 인식한 사정을 바탕으로 하면서도 행위자가 경솔한 경우까지 처벌하는 것은 불합리하므로 일반인이 인식할 수 있었던 사정도 고려하여 일반인의 입장에서 판단하는 구체적 위험설이 타당하다. 이러한 구체적 위험설에 의하면 사안에서의 甲은 불능범이 되므로 무죄가 된다.

甲은 乙과 같이 A를 살해하기로 공모하고 살해에 필요한 제초제를 구입한 후 A가 식사하고 있는 X식당에 들어가 A가 잠시 화장실에 간 틈을 이용하여 甲은 망을 보고 乙은 준비한 제초제를 A의 맥주잔에 넣었다. 그러나 A는 그 맥주를 마시고도 그날 밤 경미한 복통을 앓았을 뿐이었다. 그 제초제는 신개발품으로 제초 제병 라벨에 '사람에게 거의 무해하지만 복통 등의 경미한 부작용이 있을 수 있음'이라는 주의문자가 크게 쓰여 있었으나, 이를 읽지 않은 甲과 乙은 사람에게 치명적일 것이라고 생각하고 A에게 마시게 한 것이었 다. 甲과 乙의 죄책은? (20점)

[2022 1차 변형]

I. 폭처법상 공동주거침입죄의 성부(5점)

(1) 사안에서 甲과 乙은 공동으로 범죄를 목적으로 X식당에 들어가고 있는바, 甲과 乙에게 폭처법상 공동 주거침입죄가 성립할 수 있는지에 대하여 논의가 있다. 이에 대하여 ① 예전의 판례는 범죄를 목적으로 관리자의 추정적 의사에 반하여 들어갔다면 주거침입죄가 성립한다고 보았지만, ② 최근 전합 판례에 서는 주거침입죄의 보호법익은 사실상의 평온이므로 통상적인 방법으로 영업주의 승낙을 받아 들어간 경우에는 주거침입죄의 성립을 부정하고 있다.

(2) 이러한 변경된 판례의 입장에 따르면 甲과 乙에게는 폭처법상의 공동주거침입죄는 성립하지 않는다.

II. 살인죄의 불능미수의 성부(15점)

1. 논의점

사안에서 甲과 乙은 A를 살해하기 위하여 제초제를 이용하였으나 제초제가 사람에게 무해하여 A를 살해 하지 못하고 있다. 이러한 경우에 甲과 乙에게 살인죄의 불능미수범이 인정되기 위해서는 위험성이 인정 되어야 하는데 위험성의 판단기준에 대하여 논의가 있다.

2. 견해의 대립

이에 대하여는 ① 절대적 불능은 불능범, 상대적 불능은 불능미수로 보자는 구객관설 ② 행위당시에 행위 자가 인식한 사정 및 일반인이 인식할 수 있었던 사정을 판단의 기초로 하여 일반인의 기준으로 판단하 자는 구체적 위험설 ③ 행위당시에 행위자가 인식한 사정을 판단의 기초로 하여 일반인의 기준으로 판단 하자는 추상적 위험설 ④ 범죄실현의사를 표현하는 행위가 있으면 불능미수가 된다는 주관설 등이 대립하 고 있다.

3. 판례의 태도

판례는 종래 절대적 · 상대적 불능설을 따른 판례와 추상적 위험설을 따른 판례가 혼재하고 있었지만, 최근 전합 판례는 추상적 위험설을 따르고 있다.

4. 검토 및 사안의 해결 - 추상적 위험설에 따른 결론

생각건대 위험성의 판단은 기본적으로 추상적인 법질서가 기준이 되어야 하므로 행위자가 인식한 사정 을 판단의 대상으로 하여 일반인의 입장에서 위험성을 판단하는 추상적 위험설이 타당하다. 이러한 추상 적 위험설에 따르면 사안의 경우에는 위험성이 인정될 수 있으므로 甲과 乙에게는 살인죄의 불능미수범 이 성립된다.

> • 아래에 참고용으로 구체적 위험설을 따른 결론을 설시한다.

4. 검토 및 사안의 해결 - 구체적 위험설에 따른 결론

생각건대 불능미수의 위험성은 기본적으로 행위자가 인식한 사정을 바탕으로 하면서도 행위자가 경솔한 경우까지 처벌하는 것은 불합리하므로 일반인이 인식할 수 있었던 사정도 고려하여 일반인의 입장에서 판단하는 구체적 위험설이 타당하다. 이러한 구체적 위험설에 의하면 사안에서의 甲과 乙은 불능범이 되므로 무죄가 된다.

043

甲은 부자 동네인 강남에서 돈이 많아 보이는 A를 강도하면 큰돈을 손에 쥘 수 있을 것으로 생각하고 乙에게 말하여 동의를 받았다. 甲과 乙은 복면을 하고 흉기를 휴대한 채 A의 집 주변에서 A를 기다리던 중 과거에 교도소에서 출소하면서 새로운 인생을 살기로 같이 결심한 것을 떠올리면서 범행을 포기하였다. 甲과 乙의 죄책은? (단, 강도음모죄는 논외로 한다) (25점)

[2015 2차 변형]

1. 문제의 제기

사안에서 甲과 乙의 죄책에 대하여는 ① 강도예비행위에 해당하는지 ② 강도예비죄의 공동정범이 성립할 수 있는지 ③ 중지미수의 요건인 자의성이 인정될 수 있는지 ④ 강도예비죄에 중지미수규정을 유추적용할 수 있는지 문제 된다.

2. 강도예비죄의 성립 여부

사안에서 甲과 乙이 흉기를 휴대하고 A를 기다리고 있었다면 이는 강도범행을 위한 외적인 준비행위로서 강도예비죄가 성립한다. 판례도 이와 유사한 사안에서 강도예비죄를 인정하고 있다.

3. 강도예비죄의 공동정범의 인정 여부

(1) 甲과 乙에게 강도예비죄가 성립한다고 할 때 실행의 착수가 없는 예비죄의 경우에도 공동정범이 성립할 수 있는지에 대하여 논의가 있다. 이에 대하여는 ① 예비행위의 실행행위성을 긍정하는 입장에서 관여자의 기능적 행위지배가 인정되면 예비죄의 공동정범을 인정할 수 있다는 긍정설과 ② 예비죄의 실행행위성을 부정하는 입장에서 예비죄는 실행행위가 없으므로 예비죄의 공동정범을 인정할 수 없다는 부정설이 대립하고 있으며, ③ 판례는 예비죄의 공동정범을 긍정하는 긍정설의 입장이다.

(2) 생각건대 예비죄도 수정된 구성요건이며, 실행행위성을 인정할 수 있으므로 긍정설이 타당하다. 따라서 사안에서 甲과 乙은 기능적인 행위지배가 인정되므로 강도예비죄의 공동정범이 성립한다.

4. 자의성의 인정 여부

(1) 사안에서 甲과 乙은 과거의 결심을 떠올리면서 범행을 중단하고 있다. 이러한 경우 중지미수의 요건인 자의성이 인정되는지에 대하여는 이에 대하여는 ① 객관설 ② 주관설 ③ Frank의 공식설 ④ 절충설이 대립하고 있으며, ⑤ 판례는 '일반사회통념상 장애에 의한 미수라고 보여지는 경우를 제외한 것을 중지미수라고 풀이함이 일반이다'라고 하여 절충설의 입장을 따르고 있다. 생각건대 범죄는 주관과 객관의 결합이어야 하므로 행위당시의 객관적인 면과 주관적인 면의 여러 사정을 고려하여 일반인의 입장에서 자율적이라고 판단되면 자의성을 인정하는 절충설이 타당하다.

(2) 사안의 경우에는 어느 학설의 입장에 따르더라도 자의성이 인정되므로 사안에서의 甲과 乙의 행위는 중지미수의 요건을 구비하였다.

5. 강도예비죄에 중지미수의 유추적용 여부

(1) 논의점
사안과 같이 아직 실행의 착수가 없는 예비단계에서 자의적으로 중지한 경우에 중지미수 규정을 유추적용할 수 있는지에 대하여 논의가 있다.

(2) 견해의 대립
이에 대하여는 ① 예비죄의 중지범은 성립할 수 없으므로 중지미수의 규정을 유추해서는 안 된다는 전면부정설 ② 원칙적으로 중지미수를 유추할 수는 없으나, 중지가 자수에 이른 정도의 경우에 한해 자수에 관한 필요적 감면 규정을 유추적용하자는 자수유추적용설 ③ 예비죄의 형이 기본범죄에 대하여 중지미수 규정을 적용한 것보다 무거운 때에는 형의 불균형을 시정하기 위하여 중지미수의 규정을 유추하자는 제한적용설 ④ 예비의 중지에 있어서는 언제나 중지미수의 규정을 유추하여야 하며, 감경 또는 면제의 대상도 기수형이 아니라 예비·음모형이어야 한다는 전면적용설이 대립하고 있다.

(3) 판례의 태도
판례는 '중지범은 범죄의 실행에 착수한 후 자의로 그 행위를 중지한 때를 말하는 것이고 실행의 착수가 있기 전인 예비·음모의 행위를 처벌하는 경우에 있어서 중지범의 관념은 이를 인정할 수 없다'라고 하여 전면부정설의 입장이다.

(4) 검토 및 사안의 해결
생각건대 예비의 미수는 논리상 인정될 수 없으므로 예비죄에 중지미수의 규정을 유추하지 않는다는 부정설이 타당하다. 따라서 이러한 전면부정설의 입장에 따르면 사안에서 甲과 乙은 강도예비죄로 처벌되고, 중지미수 규정은 유추적용되지 않는다.

044

甲, 乙, 丙은 현금자동지급기 부스에서 나오는 사람을 상대로 금원을 빼앗기로 공모한 다음 丙은 범행에 사용할 전자충격기를 구해오기로 하였다. 丙은 전자충격기를 구하여 甲과 乙에게 전해 주었으나, 범행에 가담한 것을 후회하고 자신은 그만 두겠다고 말한 뒤 잠적하였다. 이에 甲과 乙은 자신들만으로는 다른 사람의 금원을 빼앗는 것이 어렵다고 판단하여 길가에 주차된 승용차 안에 있는 물건을 훔치기로 계획을 변경하였다. 甲, 乙, 丙의 죄책은? (20점)
[2017 변시] [2016 1차 변형]

1. 문제의 제기
사안에서 ① 甲, 乙, 丙은 강도죄에 대한 모의를 하고 전자충격기를 준비하는 예비행위를 하였으나 강도죄의 실행의 착수가 없으므로 강도예비죄의 공동정범이 성립할 수 있는지 문제 되고 ② 특히 丙은 예비행위 후 후회하며 범행에서 이탈하고 있으므로 예비의 중지가 인정될 수 있는지 문제 된다.

2. 강도예비죄의 공동정범의 성부
이에 대하여는 ① 예비행위의 실행행위성을 긍정하는 입장에서 예비죄의 공동정범을 인정할 수 있다는 긍정설과 ② 예비죄의 실행행위성을 부정하는 입장에서 예비죄의 공동정범을 인정할 수 없다는 부정설이 대립하고 있으며, ③ 판례는 예비죄의 공동정범을 긍정하여 긍정설의 입장이다. 생각건대 예비죄도 수정된 구성요건이며, 실행행위성을 인정할 수 있으므로 긍정설이 타당하다. 따라서 사안에서 甲, 乙, 丙에게는 강도예비죄의 공동정범이 성립한다.

3. 丙의 예비의 중지 인정 여부

(1) 논의점

사안에서 丙은 예비행위를 하였으나 후회하며 범행에서 이탈하고 있다. 이러한 경우에 예비죄에 대하여 중지미수를 준용할 수 있는지에 대하여 논의가 있다.

(2) 자의성의 검토

丙은 예비행위를 하였으나 후회하며 범행에서 이탈하고 있으므로 중지미수의 요건인 자의성이 인정되는 지에 대한 어떠한 학설에 의하더라도 자의성이 인정됨에는 문제가 없다.

(3) 강도예비죄의 중지미수의 유추적용 여부

이에 대하여는 ① 전면부정설 ② 자수유추적용설 ③ 제한적용설 ④ 전면적용설이 대립하고 있으나, ⑤ 판례는 '중지범은 범죄의 실행에 착수한 후 자의로 그 행위를 중지한 때를 말하는 것이고 실행의 착수가 있기 전인 예비·음모의 행위를 처벌하는 경우에 있어서 중지범의 관념은 이를 인정할 수 없다'라고 하여 전면부정설의 입장이다.

(4) 검토 및 사안의 해결

생각건대 예비의 미수는 논리상 인정될 수 없으므로 예비죄에 중지미수의 규정을 유추할 수 없다는 부정설이 타당하다. 따라서 이러한 전면부정설의 입장에 따르면 사안에서 丙은 강도예비죄로 처벌되고, 중지미수의 유추적용은 인정되지 않는다.

유제

甲은 乙과 함께 A를 살해하기로 공모하였다. 甲과 乙은 회칼을 준비하여 함께 승용차를 타고 A의 집 앞에 이르러 승용차 안에서 대기하다가 퇴근하는 A를 발견하고 살해하기 위해 승용차에서 내리려고 하는 순간 乙이 "굳이 죽일 필요까지는 없지 않느냐?"고 하자 甲도 그날의 일진이 사납다고 생각하여 A에 대한 살인을 다음 기회로 미루기로 하고 각자 귀가하였다. 甲과 乙의 죄책은? (25점)

[2016 1차 변형]

045

乙은 B의 여동생 A(28세)와 같은 오피스텔 건물에 사는데 오랜만에 만나 자신의 집에서 술을 마시기 시작하였다. 술이 약했던 A는 양주를 마시다 만취하여 잠이 들었다. 갑자기 乙은 동업을 하다 배신하여 경제적 손실을 입힌 B가 떠오르자, 평소 A를 흠모하던 후배 甲(남, 31세)을 꼬드겨 A를 성폭행하여 B에게 보복하기로 마음먹었다. 그리고 바로 甲에게 전화를 건 乙은 A가 만취해 있으니 오피스텔에 와서 간음하도록 권했다. 乙은 甲이 자신의 제안을 받아들이자, 술기운에 거실에서 잠이 들었다. 평소 오피스텔 출입문의 비밀번호를 알던 甲은 오피스텔의 문을 열고 들어왔는데, A가 만취하여 안방에 깊이 잠들어 있자 간음할 목적으로 침대를 정리하였다. 그 후 서서 A를 한참 지켜보던 甲은 양심의 가책을 느끼고 마음을 바꿔 간음하지 않고 거실에 나와 혼자 술을 더 마신 후 그곳에서 잠을 잤다. 甲의 죄책은? (10점)

[2021 2차 변형]

1. 준강간 예비죄의 성립 여부 (3점)

사안에서 甲은 乙의 오피스텔에 들어가 만취한 A를 보고 간음할 목적으로 침대를 정리한 행위는 준강간을 위한 외적인 준비행위로 볼 수 있으나, 실행의 착수로 볼 수는 없으므로 甲에게는 제305조의3의 준강간예비죄가 성립한다.

2. 중지미수 규정 준용 여부 검토 (7점)

사안에서 甲은 양심의 가책을 느끼고 준강간을 포기하였으므로 어떠한 견해에 따르더라도 자의성이 인정된다. 그런데 사안과 같이 예비행위를 한 자가 자의로 범행을 중지한 경우에 중지미수규정을 준용할 수 있는지에 대하여는 ① 전면부정설 ② 자수규정유추적용설 ③ 한정적 긍정설 ④ 전면적 긍정설의 견해가 대립하고 있으나, ⑤ 판례는 '실행의 착수가 있기 전인 예비음모의 행위를 처벌하는 경우에 있어서는 중지범의 관념은 이를 인정할 수 없다'라고 하여 전면부정설의 입장이다. 이러한 전면부정설의 입장에 따르면 사안에서 甲에게는 중지미수 규정이 준용되지 않는다.

046

甲은 乙에게 A를 살해할 계획을 설명하면서 칼을 구해달라고 부탁하였고, 이에 乙은 살해에 사용할 칼을 구해주었다. 甲은 그 칼을 들고 3일간 매일 밤 10시경에 A의 집 주변에서 기다렸으나 한번도 A를 만나지 못하였다. 甲과 乙의 죄책은? (12점)

[2022 1차 변형]

Ⅰ. 甲의 죄책

사안에서 甲은 A를 살해하기 위하여 칼을 준비한 것은 살인예비죄에 해당한다. 그러나 甲이 실제로 A를 대면한 적은 없으므로 살인죄의 실행의 착수는 인정되지 않는다. 따라서 甲에게는 살인예비죄가 성립한다.

Ⅱ. 乙의 죄책

1. 타인예비

타인예비가 예비가 될 수 있는지에 대해서 ① 타인예비도 법익침해의 실질적 위험성을 지니고 있어 자기예비와 차이가 없으므로 타인예비를 긍정하는 긍정설도 있지만 ② 다수설은 준비하는 행위와 준비에 도움을 주는 행위는 구별되어야 하므로 타인예비를 부정하는 부정설의 입장이다. 이러한 부정설의 입장에 따르면 乙에게는 예비죄는 성립하지 않는다.

2. 예비죄의 방조

(1) 예비죄의 방조 인정 여부

사안에서 乙을 예비죄의 방조범으로 처벌할 수 있는지에 대하여 논의가 있다. 이에 대하여는 ① 정범이 예비죄로 처벌되는 이상 공범을 방조범으로 처벌하는 것은 공범종속성의 원칙상 당연하므로 예비죄의 방조범을 인정할 수 있다는 긍정설 ② 처벌이 부당하게 확대될 염려가 있으므로 예비죄의 방조범은 인정할 수 없다는 부정설이 대립하고 있으며, ③ 판례는 '손도끼 구입 사건'에서 '종범이 처벌되기 위하여는 정범의 실행의 착수가 있는 경우에만 가능하다'라고 하여 부정설의 입장이다.

(2) 검토 및 사안의 해결

생각건대 현재 확립되어 있는 공범종속성설에 의하는 한 방조범이 성립되기 위해서는 원칙적으로 정범의 실행의 착수는 있어야 하므로 예비의 방조는 부정하는 것이 타당하다. 이러한 부정설에 따르면 乙은 무죄가 된다.

047

甲은 乙에게 A를 살해하라고 교사하였으며, 乙은 이를 승낙하고 B를 A로 착각하여 살해하였다. 다음 날 甲과 乙은 A가 위 범행 전날 밤 교통사고로 크게 다쳐 병원에 입원하였고 乙이 사망케 한 사람이 B라는 사실을 알게 되었다. B 사망사건에 대한 수사가 개시되자 甲은 범행을 포기하였다가 6개월 후 다시 A를 살해할 마음을 먹고 乙에게 계획을 설명했으나 乙은 甲에게 '더 이상 관여하지 않겠다'고 하였다. 이에 甲은 乙에게 '내가 알아서 하겠으니 A에게 투여할 독극물만 구입해 달라'라고 하여 乙은 독극물을 구입하였지만, 甲에게 주지 않은 채 그 다음 날 전화로 '나는 양심에 걸려 못하겠다'라고 말한 후 연락을 끊었다. 이에 甲도 범행을 단념하였으나 사업이 점점 어려워지자, 1개월 후 A가 입원해 있는 병실에서 산소호흡기를 착용하지 않으면 생명이 위독한 A의 산소호흡기를 제거하여 A를 살해하였다. 乙에 대하여 형사책임을 부인하거나 보다 가볍게 인정할 수 있는 이론적 근거를 모두 제시하시오. (10점)   [2023 변시]

1. 존속살해죄의 방조범의 불성립

사안에서 甲은 A의 산소호흡기를 제거하여 A를 살해하고 있다. 그러나 乙은 甲의 살해행위에 대하여 독극물을 구입하였으나 이후 甲에게 전달하지 않았으므로 방조의 인과관계가 인정되지 않아 乙에게는 존속살해죄의 방조범은 성립하지 않는다.

2. 예비의 공동정범의 불성립

사안에서 乙이 甲의 살해행위를 위하여 독극물을 구입한 것이 예비죄의 공동정범이 되는지가 문제 되지만, 乙은 甲과 공동으로 A에 대한 살해행위를 하려고 한 것이 아니므로 예비죄의 공동정범은 성립하지 않는다.

3. 타인예비의 불성립

사안에서 乙이 甲의 살해행위를 위하여 독극물을 구입한 것이 타인예비가 인정되어 예비죄에 해당하는지 문제 된다. 그러나 준비하는 행위와 준비에 도움을 주는 행위는 구별되어야 하므로 예비죄는 성립하지 않는다.

4. 예비의 방조 불성립

사안에서 乙이 甲의 살해행위를 위하여 독극물을 구입한 것이 甲의 예비행위에 대한 방조죄가 성립하는지 문제 된다. 그러나 판례에 의하면 예비의 방조는 인정하지 않으므로 乙도 예비죄의 방조범이 성립하지 않는다.

> • 무거운 죄에서 가벼운 죄의 순서로, 인정하기 쉬운 죄에서 어려운 죄의 순서로 정리한 것이다.

048

경찰의 수사를 피해 도피 중이던 甲은 경찰관인 친구 P에게 전화를 걸어 자신에 대한 수사상황을 알아봐 달라고 부탁하였고, P는 甲의 공범인 乙이 체포된 사실 및 甲 명의의 예금계좌에 대한 계좌추적 등의 수사상황을 甲에게 알려주었다. 甲의 죄책은? (10점)

[2014 변시]

1. 논의점

사안에서 경찰관 P의 행위는 공무상비밀누설죄에 해당한다. 그런데 경찰관 P의 누설행위와 이를 누설받은 甲의 행위는 필요적 공범 중 대향범의 관계에 있는바, 甲에게 공무상비밀누설죄의 공범이 성립할 수 있는지 문제 된다.

2. 견해의 대립과 판례의 태도

이에 대하여는 ① 긍정설과 ② 부정설이 대립하고 있으며 ③ 판례는 필요적 공범의 내부관여자에게는 상대방을 처벌하는 특별한 규정이 없는 한 원칙적으로 형법총칙상의 공범규정이 적용되지 않는다고 판시하여 부정설의 입장이다.

3. 결언 및 사안의 해결

생각건대 필요적 공범의 처벌에 대한 입법자의 의도 등을 고려하면 판례의 입장이 타당하다. 이러한 판례의 입장에 따르면 형법 제127조는 직무상 비밀을 누설받은 상대방을 처벌하는 규정이 없으므로 甲은 공무상비밀누설죄의 공범이 성립하지 않는다.

> **유제**
>
> 甲은 상해죄를 범한 후 도피 중 고향친구 경찰관 P가 자신에 대한 수사를 담당하고 있음을 알고 P에게 수사 진행상황을 알려달라고 부탁하였고, 고향친구인 甲의 부탁을 거절할 수 없었던 P는 甲에게 체포영장이 발부되었음을 알려줌과 동시에 숨어 지낼 수 있는 곳을 알선해 주었다. 甲과 P의 죄책은? (10점)
>
> [2016 2차 변형] [2017 3차 변형]

049

교통사고를 낸 甲은 자신의 교통사고에 관한 수사상황이 궁금하자 퇴직한 경찰관 乙(이혼한 甲의 어머니 M의 현재 남편)을 찾아가 담당경찰관과 접촉하여 교통사고에 대한 수사상황을 알아봐 달라고 부탁하면서 그 대가로 200만 원을 건네주고, 이와 함께 담당경찰관에게 전달해 달라고 하면서 추가적으로 300만 원을 건네주었다. 그다음 날 乙은 담당경찰관 P를 만나 甲이 건네준 500만 원을 모두 개인적 용도에 소비하였으나, 乙은 P가 알려준 수사상황을 甲에게 전달해주면서 甲에게는 P에게 300만 원을 전달하였다고 거짓말을 하였다. 甲이 乙에게 200만 원을 주고 수사상황을 안 행위와 관련된 甲과 乙의 죄책은? (15점) [2017 3차 변형]

1. 乙의 죄책

(1) 사안에서 사법경찰관 P의 행위는 공무상비밀누설죄에 해당한다. 그런데 경찰관 P의 누설행위와 이를 누설받은 乙의 행위는 필요적 공범 중 대향범의 관계에 있는바, 乙에게 공무상비밀누설죄의 교사범이 성립할 수 있는지 문제 된다.

(2) 이에 대하여는 ① 긍정설과 ② 부정설이 대립하고 있으며 ③ 판례는 필요적 공범의 내부관여자에게는 상대방을 처벌하는 특별한 규정이 없는 한 원칙적으로 형법총칙상의 공범규정이 적용되지 않는다고 판시하여 부정설의 입장이다.

(3) 생각건대 필요적 공범의 처벌에 대한 입법자의 의도 등을 고려하면 판례의 입장이 타당하다. 이러한 판례의 입장에 따르면 형법 제127조는 직무상 비밀을 누설받은 상대방을 처벌하는 규정이 없으므로 乙은 공무상비밀누설죄의 교사범이 성립하지 않는다.

2. 甲의 죄책

(1) 甲의 죄책에 대하여는 간접교사의 성부가 문제 되지만, 사안에서는 乙에게 교사범이 성립하지 않으므로 甲도 역시 교사범이 성립하지 않는다.

(2) 그리고 대향범 중 처벌되지 아니하는 자에게 관여한 경우에도 범죄가 성립하지 않으므로 甲은 무죄가 된다.

050

甲의 처 乙은 경찰관 丙에게 甲의 범죄행위에 관하여 전부 말해주면서 甲에 대한 구속영장 신청사실 등 수사상황을 알려달라고 부탁하였다. 이에 대해 丙이 주저하자 丙의 처(妻)이자 乙의 여고 동창생인 丁은 丙에게 甲에 대한 수사상황을 乙에게 알려주라고 종용하였다. 결국 이에 동의한 丙은 乙에게 전화하여 내일 검사가 구속영장을 청구할 예정이라는 사실을 알려주었다. 乙, 丙, 丁의 죄책은? (20점)

[2023 3차 변형]

1. 丙의 죄책

사안에서 丙은 乙에게 수사상황인 '내일 검사가 구속영장을 청구할 예정'이라는 사실을 알려주었으므로 丙은 형법 제127조의 공무상비밀누설죄가 성립한다.

2. 乙의 죄책

(1) 논의점

사안에서 경찰관 丙의 행위는 공무상비밀누설죄에 해당한다. 그런데 경찰관 丙의 누설행위와 이를 누설받은 乙의 행위는 필요적 공범 중 대향범의 관계에 있는바, 乙에게 공무상비밀누설죄의 공범이 성립할 수 있는지 문제 된다.

(2) 견해의 대립과 판례의 태도

이에 대하여는 ① 긍정설과 ② 부정설이 대립하고 있으며 ③ 판례는 필요적 공범의 내부관여자에게는 상대방을 처벌하는 특별한 규정이 없는 한 원칙적으로 형법총칙상의 공범규정이 적용되지 않는다고 판시하여 부정설의 입장이다.

(3) 검토 및 사안의 해결

생각건대 필요적 공범의 처벌에 대한 입법자의 의도 등을 고려하면 판례의 입장이 타당하다. 이러한 판례의 입장에 따르면 형법 제127조는 직무상 비밀을 누설받은 상대방을 처벌하는 규정이 없으므로 乙은 공무상비밀누설죄의 공범이 성립하지 않는다.

3. 丁의 죄책

사안에서 丁은 남편 丙에게 공무상비밀을 누설하도록 교사하고, 이에 丙은 공무상비밀을 누설하였다. 丁은 제127조의 공무원 또는 공무원이었던 자에 해당하는 신분이 없지만, 형법 제33조 본문에 의하여 신분이 없는 丁에게도 공무상비밀누설죄의 교사범이 성립한다.

051

甲은 이웃 슈퍼마켓 주인 A의 중학생 아들 B(13세)에게 A의 돈을 훔쳐오면 자신이 비트코인을 사서 돈을 벌어주겠다고 하였다. B는 이러한 제안을 승낙하고 A가 금고에 보관하고 있던 50만 원을 훔쳐 甲에게 건네주었다. 공범의 종속형식에 관한 제한종속설과 극단종속설을 설명하고, 사실관계에서 각 종속 형식에 따른 甲의 죄책을 논하시오. (25점)

[2018 2차 변형]

1. 제한종속설과 극단종속설

(1) 제한종속설

제한종속설이란 공범이 성립하기 위하여는 정범의 행위가 구성요건에 해당하고 위법하다는 것을 전제로 공범이 성립할 수 있다는 이론을 말한다.

(2) 극단종속설

극단종속설이란 공범이 성립하기 위하여는 정범의 행위가 구성요건에 해당하고 위법·유책한 것을 전제로 공범이 성립한다는 이론을 말한다.

2. 제한종속설의 입장에서의 甲의 죄책

(1) 사안에서 정범인 B는 형사미성년자이므로 B의 행위는 구성요건에 해당하지만, 책임이 조각되어 처벌되지 아니한다. 따라서 甲은 책임이 조각되는 B를 교사하였기에 제한종속설에 의하면 甲은 교사범이 성립할 수 있다.

(2) 그러나 제한종속이 구비되어 공범이 성립가능하다고 하더라도 '정범개념의 우위성'에 따라 정범개념이 먼저 파악되어야 한다. 따라서 사안에서는 甲은 세상 경험이 미숙한 B에 대하여 우월적 의사지배를 하여 절도범행을 사주하고 있으므로 甲은 절도죄의 간접정범이 성립한다.

(3) 甲에게 절도죄의 간접정범이 성립하게 되면 B가 절취하여 온 돈 50만 원을 받은 행위에 대하여 기타 범죄는 성립하지 아니한다.

3. 극단종속입장에서의 甲의 죄책

(1) 사안에서 정범인 丙은 형사미성년자이므로 B의 행위는 구성요건에 해당하지만 책임이 조각된다. 따라서 극단종속설의 입장에서는 종속의 정도가 구비되지 못하여 甲은 교사범이 성립되지 아니한다.

(2) 그런데 극단종속설의 입장에 따르면 사안과 같이 책임이 조각되는 자를 이용한 경우에는 甲과 乙은 공범이 성립하지 않아 처벌의 공백이 생기게 된다. 이러한 형사정책적인 문제를 해결하기 위하여 입법자

들은 제34조 제1항의 간접정범 규정을 두었다. 따라서 사안과 같이 책임이 조각되어 처벌되지 않는 자를 교사한 甲과 乙은 현행법 제34조 제1항에 따라 간접정범이 성립하게 된다.

(3) 甲과 乙에게 절도죄의 간접정범이 성립하게 되면 B가 절취하여 온 돈 50만 원을 받은 행위에 대하여 기타 범죄는 성립하지 아니한다.

052

甲은 아르바이트 어플리케이션에 올라온 '고소득 보장 알바'라는 광고를 보고 전화를 하였다. 보이스피싱 조직원인 광고주 K는 甲에게 자신은 주류 회사를 운영하는데 세금 문제로 개인계좌를 빌리고 있다고 하면서, 계좌를 빌려주고 그 계좌로 입금되는 대금을 인출하여 자신의 직원에게 건네주면 인출액의 5%를 수수료로 지급하겠다고 제안하였다.

甲은 K가 보이스피싱 조직원일 것이라고 짐작하면서도 돈이 필요하였기 때문에 K가 제안한 일을 하기로 마음먹었다. 그 후 甲은 K로부터 X은행에서 A가 송금한 현금 2,000만 원을 인출하고, 흰색 줄무늬 옷을 입은 사람이 김과장이라고 말하며 접근하면 그에게 2,000만 원을 전달하라는 문자메시지를 받자, 그 지시를 이행하고 수수료로 인출액의 5%인 100만 원을 받았다.

검사는 甲에 대하여 K와의 사기죄의 공동정범으로 기소하였다. 甲이 범행에 가담한 사실을 자백하고 있는 경우라면, 甲에게 유리한 변론을 하기 위한 甲 변호인의 주장은?(무죄 및 양형 주장 제외) (15점)

[2022 2차 변형]

---

1. 논의점

사안에서 甲은 자신이 사기범해에 가담했다는 사실을 자백하고 있으므로 공동정범이 아닌 방조범에 해당하는 주장이 甲에게 가장 유리한 주장이 될 수 있다.

2. 정범과 공범의 구별기준에 대한 견해의 대립

(1) 정범과 공범의 구별기준에 대하여는 ① 자기를 위한 의사인 경우에는 정범이고 타인을 위한 의사인 경우에는 공범이라는 의사설 ② 자기의 이익을 위한 경우에는 정범이고 타인의 이익을 위한 경우에는 공범이라는 이익설 ③ 행위가담의 객관적인 면을 실질적으로 비교하여 정범과 공범을 구별하자는 실질적 객관설 ④ 구성요건에 해당하는 행위를 한 자는 정범이고, 기타의 행위를 한 자는 공범이라고 하는 형식적 객관설 ⑤ 목적적 행위지배를 한 자를 정범, 그렇지 않은 자는 공범이라고 하는 목적적 행위지배설 ⑥ 목적적 행위지배설이 주관적인 측면에 치우쳤다고 비판하고, 주관적인 면과 객관적인 면을 모두 참조하여 행위지배가 있으면 정범이고, 행위지배가 없으면 공범이라고 하는 행위지배설 등이 대립하고 있다.

(2) 이에 대하여 판례는 공동정범의 성립을 기능적 행위지배설을 따라 판단하고 있으므로 행위지배설의 입장이다.

3. 검토 및 사안의 해결 - 甲의 변호인의 주장

생각건대 범죄는 주관과 객관의 결합이므로 현재의 확립된 학설과 판례의 태도인 행위지배설의 입장이 타당하다. 이러한 행위지배설에 따르면 甲에게 공동정범의 표지인 기능적 행위지배가 인정되어야 사기죄의 공동정범이 성립할 수 있다. 그런데 사안에서 甲의 변호인은 甲은 주모자도 아니고 사기범행에 대한 본질적인 기여를 한 기능적 행위지배를 한 것이 없고, 다만 수동적으로 타인의 범죄를 용이하게 한 것에 불과하므로 방조범만이 성립한다는 주장을 할 수 있을 것이다.

甲은 2011. 12. 1. 14 : 00경 서울 서초구 서초동 123에 있는 서초편의점 앞길에서 그곳을 지나가는 부녀자 A의 핸드백을 열고 신용카드 1장과 현금카드 1장이 들어 있는 손지갑 1개를 꺼내던 순간 이를 눈치챈 A가 "도둑이야."라고 소리치자, 위 손지갑을 가지고 그대로 도주하였다. 이에 A는 마침 그곳을 순찰하던 정복 착용의 서초경찰서 서초지구대 소속 경찰관 P와 함께 甲을 붙잡기 위하여 좇아갔고, 甲은 이를 피해 계속 도망하다가 대전교도소에서 함께 복역한 적이 있던 乙을 만났다. 甲은 乙에게 사정을 이야기하고 도와달라고 부탁하였고 乙은 이를 승낙하여 甲과 乙은 그곳 길바닥에 있던 깨진 소주병을 한 개씩 들고 甲을 체포하기 위하여 달려드는 경찰관 P의 얼굴을 찔러 약 4주간의 치료를 요하는 안면부 열상을 가했다. 그런 다음 甲은 도주하였고, 乙은 그곳에서 현행범으로 체포되었다. 甲과 乙의 죄책을 논하시오. (45점)

[2012 변시]

Ⅰ. 甲의 죄책

1. 절도죄의 성립

甲이 A의 핸드백 안에 있는 손지갑을 가져간 행위는 타인의 점유하에 있는 타인의 재물을 불법영득의사로 절취한 것이므로 절도죄가 성립한다.

2. 특수강도의 준강도의 성립

甲은 시간·장소적으로 절도의 기회에 체포를 면탈할 목적으로 P에게 깨어진 소주병으로 폭행을 가하였으므로 甲은 특수강도의 준강도죄가 성립한다.

3. 강도상해죄의 성립

甲는 P를 깨어진 소주병으로 찔렀고 이에 기하여 P가 상해를 입었으므로 甲에게는 강도상해죄가 성립한다. 그리고 甲은 위험한 물건을 이용하여 P에게 상해를 입혔으므로 특수상해죄에 해당하지만, 이는 강도상해죄에 흡수된다.

4. 특수공무집행방해치상죄의 성립

사안에서 甲은 위험한 물건인 소주병을 수단으로 직무를 집행하는 공무원인 P에게 상해를 가하였으므로 부진정결과적가중범인 특수공무집행방해치상죄가 성립한다.

5. 죄수 관계

부진정결과적가중범인 특수공무집행방해치상죄와 강도상해죄의 죄수 관계는 다수설과 판례 모두 양 죄를 상상적 경합으로 보고 있다.

Ⅱ. 乙의 죄책

1. 甲과 乙의 공동범행에 대한 乙의 기본적인 죄책

(1) 특수상해죄의 성립

사안에서 乙은 甲과 함께 위험한 물건인 깨어진 소주병으로 P를 찔러 상해를 입혔으므로 형법 제258조의2 제1항의 특수상해죄에 해당한다.

(2) 특수공무집행방해치상죄의 성립

사안에서 乙은 甲과 함께 위험한 물건인 깨어진 소주병으로 직무를 집행 중인 P를 찔러 상해를 입혔으므로 부진정결과적가중범인 특수공무집행방해치상죄가 성립한다.

(3) 죄수 관계

먼저 부진정결과적가중범인 특수공무집행방해치상죄와 고의범인 특수상해죄의 죄수관계에 대하여 ① 다수설은 상상적 경합으로 보지만 ② 판례는 특수공무집행방해치상죄는 특수상해죄의 특별관계로 보아 특수공무집행방해치상죄만 성립한다고 보고 있다. 따라서 사안에서 판례에 의하면 乙은 기본적으로 특수공무집행방해치상죄가 성립한다.

> • 특수상해죄와 특수공무집행방해치상죄의 죄수 관계는 폭처법상의 특수상해죄가 3년 이상으로 특수공무집행방해치상죄와 형량이 같을 때 중요한 의미가 있었다. 그러나 현재 특수상해죄는 형법 제258조의2 제1항에서 1년 이상 10년 이하의 형으로 처벌되므로 그 의미가 반감되었다.

2. 甲과 乙의 공동범죄에 대한 乙의 죄책 범위

(1) 논의점

사안과 같은 결합범에 있어 후행가담자인 승계적 공동정범 乙의 죄책을 甲의 전체범행으로까지 확장할 수 있는지에 대하여 논의가 있다.

(2) 견해의 대립과 판례의 태도

이에 대하여는 ① 전체범행에 대하여 책임을 져야 한다는 긍정설과 ② 가담이후의 부분에 대하여만 책임을 져야 한다는 부정설이 대립하고 있으며, ③ 판례는 기본적으로 가담 이후의 범행에 대해서만 공동정범으로서의 책임을 진다고 하여 부정설의 입장이다.

> • 참고로 판례는 ⑦ 포괄일죄와 관련된 사안에서는 가담 이후의 범행에 대해서만 공동정범으로써의 책임을 진다고 하여 가담 이전 부분에 대한 죄책을 부정하고 ⓛ 결합범과 관련된 사안에서는 전체범죄에 대한 방조만을 인정함으로써 전체범죄에 대한 공동정범의 성립을 인정하지 않고 있다. 이러한 판례의 태도를 포괄일죄와 관련된 판례와 결합범과 관련된 판례를 구별하여 설시할 수도 있으나, 변호사시험에서는 시간과 공간이 충분하지 않으므로 간단히 부정설로 정리한다.

(3) 검토 및 사안의 해결

생각건대 현재 확립된 행위지배설에 의하면 가담 이전의 행위에 대하여는 기능적 행위지배를 인정할 수 없으므로 부정설이 타당하다. 이러한 부정설에 따르면 乙은 특수공무집행방해치상죄에 대한 죄책을 부담한다.

3. 乙의 단독범행에 대한 죄책

(1) 범인도피죄의 성립

사안에서 乙은 甲이 절도범이라는 사정을 알고 甲에 대한 체포를 면탈하여 도피시킬 목적으로 경찰관에게 폭행하고 있으므로 범인도피죄에 해당한다.

(2) 절도죄의 방조범의 성립

사안에서 乙은 甲의 절도가 완료되기 이전에 절도 범행을 돕고 있으므로 절도죄의 방조범이 성립한다.

4. 乙의 죄책

사안에서 乙에게는 ① 특수공무집행방해치상죄(제144조 제2항) ② 범인도피죄(제151조 제1항) ③ 절도방조죄(제329조, 제32조 제1항)가 성립하며, 이들은 모두 상상적 경합 관계에 있다.

054

甲은 원수관계에 있는 A의 딸 B(7세)를 유인한 후 석방의 대가로 A에게 돈을 요구하기로 마음먹고 놀이공원에서 A의 딸 B(7세)를 유인하였다. 그리고 친구인 乙에게 범행계획을 이야기하면서 도움을 요청하였다. 甲의 요청을 받아들인 乙은 A에게 전화하여 딸의 석방을 원하면 1억원을 특정 장소에 가져다 놓으라고 말하였다. 하지만 甲과 乙은 범행에 성공하지 못하고 경찰관들에 의해 체포되었다. 乙의 죄책은? (15점)

[2016 3차 변형]

---

1. 정범성의 인정

사안에서 乙은 甲의 유인행위 이후에 A에게 금전을 요구하는 부분만 관여하고 있는바, 이러한 乙의 행위가 정범인지 공범인지 문제 된다. 그러나 乙은 甲과 의사의 연락이 있고, 직접 A에게 B의 석방의 대가로 금전을 요구하고 있는바, 이는 기능적 행위지배를 인정할 수 있으므로 乙의 행위는 공동정범이 된다.

2. 乙의 죄책 범위

(1) 논의점

사안과 같은 결합범에 있어 후행가담자인 乙의 죄책 범위에 대하여 논의가 있다.

(2) 견해의 대립과 판례의 태도

이에 대하여는 ① 주관주의 입장에서 후행위자는 선행사실을 용인하고 이를 이용한 이상 선행행위 부분에 대하여도 책임을 져야 한다는 긍정설과 ② 객관주의 입장에서 후행위자는 자기책임의 원칙상 가담이후의 부분에 대하여만 책임을 져야 한다는 부정설이 대립하고 있다. 이에 대해 ③ 판례는 기본적으로 가담 이후의 범행에 대해서만 공동정범으로서의 책임을 진다고 하여 부정설의 입장이다.

> • 결합범과 관련된 판례인 '여고생 협박 전화 사건'에서는 전체범죄에 대한 방조만을 인정함으로써 전체범죄에 대한 공동정범의 성립을 인정하지 않지만, 먼저 정범성을 판단하지 않은 문제가 있어 이를 원용하지 않는다.

(3) 검토 및 사안의 해결

승계적 공동정범의 죄책범위에 대하여는 부정설이 타당하다. 긍정설은 ① 극단적인 주관주의 입장에 따른 이론이며 ② 현재 확립된 행위지배설에 의하면 가담 이전의 행위에 대하여는 기능적 행위지배를 인정할 수 없음에도 전체범죄에 대한 공동정범의 성립을 인정하므로 타당하지 않기 때문이다.

3. 乙의 죄책

사안에서 乙은 기본적으로 공갈죄의 미수가 성립하지만, 甲과 의사의 연락하에 공동으로 하고 있으므로 폭처법 제6조, 제2조 제2항 제3호에 따라 가중처벌된다.

> • 폭처법상의 공동공갈죄도 누락시키지 말아야 할 것이다.

乙은 2022. 4. 5. 00:40경에 ○○아파트 인근에서 행인의 금품을 빼앗기로 마음먹고, 위 ○○아파트 단지 부근을 서성이다가 주택가의 어두운 골목길로 들어가는 A(20세, 女)를 뒤따라가 흉기를 보이며 가진 것을 다 내놓으라고 겁을 주자, A가 반항하지 못하고 길바닥에 주저앉았다. 그 순간 乙은 A를 추행하기로 마음먹고 A에게 다가서려다가 누군가의 인기척을 듣고 뒤를 돌아보자, 그 과정을 지켜보던 교도소 동기 甲이 서 있었다. 그때 甲은 乙과 눈짓을 주고받은 후 乙이 고개를 끄덕이자, 甲과 乙은 A의 가슴과 음부를 만지다가 순찰 중인 경찰관을 보고 황급히 도망하였다. 甲과 乙의 죄책은?

[2023 2차 변형]

Ⅰ. 乙의 죄책

1. 특수강도미수죄의 성립

사안에서 乙은 A를 강도하기 위하여 흉기를 보이며 협박하였지만, 재물은 탈취하지 못하고 있다. 따라서 乙에게는 형법 제334조의 특수강도미수죄가 성립한다.

2. 성폭법상 합동강간죄의 성립

사안에서 乙은 甲과 합동하여 A를 추행하고 있으므로 성폭법 제4조 제2항의 합동강제추행죄가 성립할 수 있지만, 乙은 이미 특수강도의 신분을 취득한 자이므로 乙에게는 성폭법 제3조 제2항에 의한 특수강도강제추행죄가 성립한다.

> • 특수강도강제추행죄가 성립하면 합동강제추행죄는 이에 흡수된다고 보아야 할 것이다.

Ⅱ. 甲의 죄책

1. 성폭법상 합동강제추행죄의 성립

사안에서 甲은 乙과 합동하여 A를 추행하고 있으므로 성폭법 제4조 제2항의 합동강제추행죄가 성립한다.

2. 승계적 공동정범의 죄책 범위

(1) 사안에서 甲은 乙이 특수강도를 하기 위하여 A를 제압해 놓은 상태를 이용하여 강제추행을 하고 있는 바, 甲에게 성폭법 제3조 제2항의 특수강도강제추행죄의 죄책을 인정할 수 있는지에 대하여 논의가 있다.

(2) 승계적 공동정범의 죄책 범위에 대하여는 ① 주관주의 입장에서 후행위자가 선행사실을 용인하고 이를 이용한 이상 선행행위 부분에 대하여도 책임을 져야 한다는 긍정설 ② 객관주의 입장에서 후행위자는 자기책임의 원칙상 가담 이후의 부분에 대하여만 책임을 져야 한다는 부정설이 대립하고 있으며, ③ 판례는 기본적으로 가담 이후의 범행에 대해서만 공동정범으로서의 책임을 진다고 하여 부정설의 입장이다.

(3) 생각건대 승계적 공동정범의 경우에도 행위책임의 원칙이 실현되어야 하므로 부정설이 타당하다. 이러한 부정설의 입장에 따르면 甲에게는 성폭법 제4조 제2항의 합동강제추행죄의 죄책만이 인정된다.

056

甲은 며칠 전에 주문한 냉장고가 자신의 집 앞에 배달되었으나, 너무 무거워 혼자 옮기기가 불가능하였다. 이에 이웃에 사는 乙에게 그 냉장고를 집 거실까지 같이 옮기자고 부탁하였다. 이를 승낙한 乙은 그 냉장고를 같이 옮기기로 하고 甲과 함께 냉장고의 앞과 뒤를 잡고 옮기다가 부주의로 그곳을 지나던 A의 등 뒤로 냉장고가 넘어지게 하였고, 이로 인해 A는 상해를 입었다. 甲과 乙의 죄책은? (10점)　　[2022 1차 변형]

1. 논의점

사안과 같은 과실범의 경우에도 공동정범이 성립할 수 있는지가 논의되고 있다.

> • 원칙적으로 공동정범에서의 주관적 요건인 의사의 합치는 사실적인 의사 즉, 고의의 합치를 말한다. 따라서 과실이라는 규범적인 요소의 경우에는 의사의 합치라는 관념은 상정하기 어렵다. 그러나 실무의 형사정책적 요청과 규범적 방법론을 중요시하는 견해가 등장하면서 과실의 공동정범에 대한 논의가 있게 된다.

2. 견해의 대립

이에 대하여는 ① 공동정범의 본질은 기능적 행위지배에 있고, 이는 공동의 고의에 기초한 역할분담을 의미하므로 과실범에 있어서는 공동정범이 성립할 여지가 없다는 부정설 ② 공동정범은 특정한 고의범죄를 공동으로 하는 것이 아니라 행위를 공동으로 하는 것이므로 과실범의 공동정범을 인정할 수 있다는 긍정설이 대립하고 있다.

3. 판례의 태도

판례는 '그대로 가자 사건'에서 "'형법 제30조의 공동하여 죄를 범한 때'의 '죄'는 '고의범이고 과실범이고를 불문한다고 해석하여야 하고, 2인 이상이 어떠한 과실행위를 서로의 의사연락 아래 범죄되는 결과를 발생케 한 것이라면 과실범의 공동정범이 성립한다"라고 하여 과실의 공동정범을 긍정한 이래로 긍정설로 일관하고 있다.

4. 검토 및 사안의 해결

생각건대 과실범의 공동정범을 부정하게 되면 형사정책적 문제가 발생하고, 특히 현대에 있어서는 행정기관과 기업에 의한 거대 조직에 의한 범죄를 규율할 필요성도 있으므로 긍정설이 타당하다. 이러한 긍정설에 따르면 사안에서 甲과 乙에게는 과실치상죄의 공동정범이 성립한다.

057

甲은 乙을 불러내어 조수석에 태우고 제한속도 시속 80km인 자동차전용도로에서 제한속도 이내로 운행하다가 100미터 전방에서 무단횡단하고 있는 A를 발견하였다. 甲이 놀라서 속력을 줄이려고 하였으나 "A가 곧 길을 다 건너갈 것이니 그냥 진행하자"라는 乙의 말을 듣고 그대로 운전해 가다가 미처 건너지 못한 A를 차량으로 충격하였다. A가 약 8주간의 치료를 요하는 상처를 입고 쓰러지자, 乙은 여러 차례 병원에 데려가자고 하였으나, 甲은 乙의 말을 듣지 않고 차량을 계속 운전하여 사고 현장을 벗어났다. 甲과 乙의 죄책은? (20점)

[2012 3차 변형]

Ⅰ. 甲의 죄책

(1) 사안에서 甲은 자동차 전용도로를 건너던 A를 이미 발견하였으므로 사고를 방지해야 할 주의의무가 있다고 평가할 수 있음에도 주의의무를 다하지 않아 A를 충격하여 상해를 입혔으므로 甲에게는 교특법 제3조 제1항 위반죄가 성립한다.

(2) 이후 A를 구호조치 할 필요성이 있음에도 구호하지 않고 그대로 도주하였으므로 특가법상의 도주차량죄(특가법 제5조의3 제1항 제2호)가 성립한다. 그리고 특가법상의 도주차량죄가 성립하면 교특법위반죄와 도로교통법 제148조의 미조치죄는 이에 흡수된다.

Ⅱ. 乙의 죄책

1. 과실의 공동정범 성부

(1) 사안에서 甲은 A를 발견하고 속도를 줄이려고 하였으나, 乙은 이를 만류하여 A에게 상해를 입히게 되었다. 이에 乙에게 교특법위반죄의 공동정범이 성립할 수 있는지 문제 된다.

(2) 이에 대하여는 ① 의사의 연락이 없는 과실범은 공동정범이 성립할 수 없다는 부정설과 ② 행위공동설을 기반으로 하여 과실의 공동정범도 성립가능하다는 긍정설이 대립하고 있으며 ③ 판례는 1960년대 초의 '그대로 가자' 사건 이후로 과실의 공동정범을 한결같이 긍정하고 있다.

(3) 사안의 경우에 긍정설의 입장에 따르면 乙은 甲에게 속도를 줄이지 말라고 하고 있다는 점에서 기능적 행위지배를 인정할 수 있으므로 과실의 공동정범이 성립할 수 있다. 그런데 사안에서 甲은 운전을 하고 있으므로 교특법위반죄가 성립하지만, 운전을 하지 않은 乙의 죄책이 문제 된다. 乙은 운전자의 신분이 없으므로, 판례에 의하면 교특법 제3조 제1항 위반죄가 성립하고 과실치상죄로만 처벌될 것이다.

2. 미조치죄와 도주차량죄의 불성립

사안에서 사고발생 시 미조치죄의 공동정범(도로교통법 제148조)과 도주차량죄의 공동정범(특가법 제5조의3 제1항 제2호)의 성립 여부가 문제 된다. 사안에서 乙은 甲에게 여러 차례에 걸쳐 도주를 하지 말고 A를 병원에 데려가자고 한 것으로 보아 두 죄에 대해서는 고의가 없고, 의사의 연락도 있다고 평가할 수 없다. 따라서 두 죄에 대해서는 범죄가 성립하지 않아 무죄가 된다.

058

甲은 주점 안에서 종업원 乙과 함께 밤늦게까지 술을 먹다가 다른 테이블에 혼자 만취해 엎드려 있는 A(여, 23세)를 보고 甲은 乙에게 'A가 만취해 정신을 잃고 쓰러져 있으니 주점 문을 잠그고 망보면서 차례로 간음하자'라고 제안했고 乙은 승낙했다. 그러나 甲은 주점 문 앞에서 망을 보려다 너무 피곤하다는 생각이 들어 乙에게 아무런 말을 하지 않고 그대로 주점을 나와 귀가하였다. 甲은 귀가하였지만, 이 사실을 모르는 乙은 A가 의식이 없다고 생각하면서 간음하였다. 그러나 사실 A는 술을 먹고 만취하였으나 의식이 없는 상태는 아니었다. 甲의 죄책은? (10점)

[2019 3차 변형]

1. 논의점

사안에서 甲은 乙에게 같이 A를 간음하자고 주도하여 기능적 행위지배를 하였으므로 비록 甲이 실행행위를 하지 않았더라도 甲에게는 발생사실인 준강간죄의 불능미수범의 (공모)공동정범이 성립할 수 있다. 그런데 사안에서 甲은 乙이 실행에 착수하기 전에 범행에서 이탈하고 있다. 이러한 甲에게 공모관계에서의 이탈이 인정될 수 있는지 문제 된다.

2. 판례의 법리

공모관계에서의 이탈을 인정받기 위해서는 ① 기능적 행위지배 설정자 이외의 공동정범들의 실행의 착수가 있어야 하고 ② 기능적 행위지배 설정자는 다른 공동정범자들의 실행의 착수 이전에 이탈을 하여야 하고 ③ 기능적 행위지배 설정자는 범행을 저지하기 위하여 적극적으로 노력하는 등으로 자기가 설정한 기능적 행위지배를 제거하여야 한다.

3. 사안의 해결

사안에서 甲은 乙의 실행의 착수 이전에 이탈을 하였으나, 자기가 설정해 놓은 기능적 행위지배를 제거하지 아니하였으므로 공모관계에서의 이탈은 인정되지 않는다. 따라서 甲에게는 준강간죄의 불능미수의 공동정범이 성립한다.

059

甲은 ○○은행에 대한 내부구조를 알려주고 사냥용 엽총을 乙에게 빌려주면서 은행에는 乙만 침입하고 甲은 밖에서 기다리기로 은행강도를 모의하였다. 甲은 범행 당일 乙이 은행에 들어가기 직전에 양심의 가책을 느끼고 도망하였는데, 乙은 이러한 사실을 모른 채 은행에 침입하여 강도치상의 범죄를 범하였다. 甲의 죄책은? (15점)

[2013 3차 변형]

1. 공모공동정범의 인정 여부

공모공동정범의 인정 여부에 대하여 기능적 행위지배설에 따르면, 사안에서 甲은 乙에게 A은행의 내부구조를 알려주고, 엽총을 빌려주는 등의 행위로 본질적 기여를 하고 있으므로 특수강도의 공동정범이 성립될 수 있다.

2. 공모관계로부터의 이탈의 인정 여부

판례에서의 공모관계로부터의 이탈을 인정하기 위한 기본요건은 ① 수인의 공모가 있어야 하고 일부의 공모자가 실행의 착수에 나아가야 하며 ② 시기적으로 공모자의 일방이 실행에 착수하기 전의 이탈이어야 하며 ③ 기능적 행위지배의 제거를 하여야 한다. 그런데 사안에서 甲은 기능적 행위지배를 제거하지 못하고 있으므로 甲에게는 공모관계로부터의 이탈은 인정되지 않아 특수강도의 공동정범이 성립한다.

3. 강도치상죄의 공동정범의 인정 여부

(1) 결과적가중범의 공동정범의 인정여부에 대하여는 ① 긍정설과 ② 부정설이 대립하고 있으나, ③ 판례는 '결과적가중범인 상해치사죄의 공동정범은 폭행 기타의 신체침해 행위를 공동으로 할 의사가 있으면 성립되고 결과를 공동으로 할 의사는 필요 없으며, 사망의 결과를 예견할 수 없는 때가 아닌 한 상해치사의 죄책을 면할 수 없다'라고 하여 긍정설의 입장이다.

> • 판례는 결과적가중범의 공동정범을 긍정하므로 인과관계가 인정된다는 점을 전제로 예견가능성만을 언급하고 있다는 점을 정확히 이해하여야 한다.

(2) 생각건대 논리적으로 과실범의 공동정범을 긍정하는 한 결과적가중범의 공동정범도 부정할 이유가 없으므로 긍정설이 타당하다. 이러한 긍정설에 따르면 사안에서 甲은 상해의 결과발생에 대하여 인과관계와 예견가능성이 인정되므로 강도치상죄가 성립한다.

甲은 A가 집에 현금과 귀금속 등을 많이 보관하고 있다는 사실을 알고 乙과 丙에게 자세한 범행실행방법과 평소 잘 알고 있던 A의 집 내부구조 및 도주방법 등을 알려주면서 이를 훔치자고 제안하였고, 乙과 丙은 이를 승낙하였다. 甲은 자신과 乙은 A의 집 담을 넘고 들어가 현금 등을 훔치기로 하고, 丙에게는 A의 집 앞에서 망을 보면서 도주할 차량을 대기시켜 놓으라고 하였다. 어느날 甲과 乙은 A의 집 인근에서 만나 범행할 기회를 엿보던 중, 甲은 범행이 발각될 것이 두려워 乙에게 "잠시 전화를 하겠다"라고 말한 후 몰래 도망가 버렸다. 乙은 甲이 도망간 사실을 丙에게 휴대폰으로 알리면서 "혼자라도 할테니 20분 뒤에 차를 약속한 장소에 대기시켜 놓아라"라고 한 후, A의 집 담을 넘어 들어가 1억 원 상당의 귀금속과 현금을 훔쳐 A의 집 앞에서 차량에 타고 대기하고 있던 丙과 함께 도주하였다. 甲, 乙, 丙의 죄책은? (25점)

[2015 1차 변형]

Ⅰ. 乙과 丙의 죄책

사안에서 乙과 丙은 야간에 A의 주거에 침입하여 시간·장소적으로 협동하여 절도를 범하고 있는바, 乙과 丙에게는 특수절도죄가 성립한다. 그리고 주거침입죄와 야간주거침입절도죄는 이에 흡수된다.

> • 죄수 부분도 언급해 주는 것이 바람직하다. 판례에 의하면 주거침입을 주간에 한 경우에는 주거침입죄가 별도로 성립하지만, 야간에 한 경우에는 주거침입죄는 별도로 성립하지 않는다.

Ⅱ. 甲의 죄책

1. 문제의 제기

사안에서 甲에게는 ① 합동절도죄가 성립할 수 있는지 ② 공모공동정범이 성립할 수 있는지 ③ 공모관계로부터의 이탈이 인정될 수 있는지 ④ 합동절도죄의 공동정범이 성립할 수 있는지 문제 된다.

2. 합동범의 본질과 합동절도죄의 성립 여부

사안에서 甲은 乙 및 丙과 합동절도의 모의하였지만, 절도죄의 실행의 착수 전에 이탈하고 乙과 丙만이 합동절도를 범하고 있다. 이러한 甲에게 합동절도죄의 죄책의 성립 여부가 문제 되지만, 합동범의 본질에 대한 다수설과 판례의 태도인 현장설에 의하면 甲에게는 시간·장소적인 협동관계가 인정되지 않아 합동절도죄는 성립하지 않는다.

3. 공모공동정범의 성립 여부

공모공동정범의 인정 여부에 대하여는 종래에는 논의가 있었지만, 최근의 학설과 2000년 이후의 판례는 모두 기능적 행위지배설의 입장에서 실행행위를 하지 않은 자일지라도 전체범죄에 대한 본질적 기여를 통한 기능적 행위지배가 인정되는 경우에는 공동정범이 성립할 수 있다고 보고 있다. 이러한 기능적 행위지배설에 따르면 사안에서 甲은 乙과 丙에게 합동절도의 범행방법 등을 제안하여 주모하는 등 본질적 기여를 하고 있으므로 절도죄의 공동정범이 성립될 수 있다.

4. 공모관계로부터의 이탈의 인정 여부

공모관계로부터의 이탈을 인정하기 위한 판례에서의 기본요건은 ① 수인의 공모가 있어야 하고 일부의 공모자가 실행의 착수에 나아가야 하며 ② 시기적으로 공모자의 일방이 실행에 착수하기 전의 이탈이어야 하며 ③ 기능적 행위지배를 제거하여야 한다. 그런데 사안에서 甲은 기능적 행위지배를 제거하지 못하고 있으므로 甲에게는 공모관계로부터의 이탈은 인정되지 않아 절도의 공동정범이 성립한다.

> • 공모관계로부터의 이탈 요건은 암기해 두는 것이 바람직하다.

5. 합동범의 공동정범의 인정 여부

(1) 사안에서 甲에게 공동정범이 성립한다고 할 경우에 합동절도의 공동정범이 성립할 수 있는지에 대하여 논의가 있다. 이에 대하여는 ① 긍정설과 ② 부정설이 대립하고 있으나, ③ 판례는 일정한 요건하에 합동범의 공동정범의 성립을 긍정하고 있다.

(2) 즉, 판례는 ① 3인 이상의 범인이 합동절도의 범행을 공모한 후 ② 적어도 2인 이상의 범인이 범행 현장에서 절도 범행을 하고 ③ 현장에 없었던 공모자에게 정범성의 표지를 인정할 수 있을 때에는 합동범의 공동정범을 인정하고 있다. 이러한 판례에 따르면 사안에서 甲에게 공동정범의 정범표지인 기능적 행위지배가 인정되므로 甲에게는 합동절도의 공동정범이 성립한다.

> • 판례에서의 합동범의 공동정범 성립요건은 암기해 두는 것이 바람직하다.

061

甲, 乙, 丙은 행인을 상대로 날치기하기로 공모한 후 승합차량에 함께 타고 다니다가 서울 대학로 인근 골목길에서 핸드백을 어깨에 메고 지나가는 A를 발견하였다. 범행을 주도한 丙은 차 안에서 주위의 동태를 살피고 甲과 乙은 차에서 내려 A를 따라갔다. 이때 丙은 주변에 CCTV가 있는 것을 발견하고 두려움을 느껴 차를 몰고 가버렸다. 甲과 乙은 이를 모르고 A에게 다가가 甲이 A의 핸드백을 낚아챈 후 甲과 乙은 서로 다른 방향으로 흩어져 도주하였다. 빼앗은 핸드백을 들고 달아나던 甲은 추격해 온 A의 남자 친구 B의 얼굴을 주먹으로 가격하여 약 3주간의 치료를 요하는 안면부 타박상을 가하였다. 甲, 乙, 丙의 죄책은? (40점)

[2018 1차 변형]

Ⅰ. A의 핸드백을 탈취한 행위의 죄책

1. 날치기 행위에 대한 죄책

(1) 날치기의 법리

판례에 의하면 소위 '날치기'의 경우 원칙적으로 절도가 되지만, 예외적으로 그 강제력의 행사가 사회통념상 객관적으로 상대방의 반항을 억압하거나 항거 불능케 할 정도라면 강도죄가 성립한다.

(2) 사안의 해결

사안에서 甲과 乙이 핸드백을 날치기할 때 상대방의 항거를 불능케 할 정도의 폭행을 행사한 것은 없으므로 甲과 乙에게는 절도죄가 성립한다.

2. 甲과 乙의 죄책 – 합동절도의 성립 여부

사안에서 甲과 乙이 핸드백을 절취한 행위에 대하여는 형법 제331조 제2항의 합동절도가 성립하는지 문제 된다. 합동범의 본질에 대하여는 ① 공모공동정범설 ② 가중된 공동정범설 ③ 현장설 ④ 현장적 공동정범설이 대립하고 있지만, ⑤ 다수설과 판례는 시간 · 장소적 협동관계에 있을 때에만 합동범이 성립한다는 현장설을 따르고 있다. 사안의 경우에 甲과 乙은 시간·장소적 협동관계를 통해 절도를 하고 있으므로 합동절도가 성립한다.

3. 丙의 죄책

(1) 합동범의 공동정범의 성립 여부

사안에서 甲과 乙에게 합동절도가 성립할 때 현장에 있지 않은 丙에게 합동범의 공동정범을 인정할 수 있는지 문제 된다.

이에 대하여는 ① 합동범은 필요적 공범이므로 일반논리상 공동정범이 성립할 수 없으며, 현장설을 강조하게 되면 부정하여야 한다는 부정설과 ② 합동범에 대하여도 공동정범의 일반이론의 적용되어야 하므로 긍정하여야 한다는 긍정설이 대립하고 있다.

판례는 합동범의 공동정범을 긍정하고 있다. 단, 합동범이 성립하기 위해서는 ① 3인 이상이 모의를 하고 ② 그중 2인 이상이 현장설에 입각한 합동범이 성립하고 ③ 현장에 가지 않은 자에게 정범표지인 기능적 행위지배가 인정될 것을 요건으로 한다.

생각건대 배후에 있는 수괴 등을 처벌하기 위해서라도 합동범의 공동정범을 긍정하는 것이 타당하다. 단 합동범에 대한 공동정범이므로 판례의 요건을 구비하는 경우에만 한정적으로 긍정하여야 할 것이다. 사안을 판례에 따라 해결하면 ①②의 요건은 이미 전제로 되어 있고, ③의 요건이 문제가 되지만 사안에서 丙은 범행을 주도하고 승용차로 甲과 乙을 태우고 다니는 등 합동절도 행위에 주모자 내지는 본질적 기여를 하고 있으므로 합동절도죄의 공동정범이 성립할 수 있다.

> • 판례에서의 합동범의 공동정범 성립 요건은 암기해 두는 것이 바람직하다.

(2) 공모관계로부터의 이탈 성립 여부

판례에서의 공모관계로부터의 이탈을 인정하기 위한 기본요건은 ① 수인의 공모가 있어야 하고 일부의 공모자가 실행의 착수에 나아가야 하며 ② 시기적으로 공모자의 일방이 실행에 착수하기 전의 이탈이어야 하며 ③ 기능적 행위지배를 제거하여야 한다. 그런데 사안에서 丙은 기능적 행위지배를 제거하지 못하고 있으므로 丙에게는 공모관계로부터의 이탈은 인정되지 않아 특수절도의 공동정범이 성립한다.

> • 공모관계로부터의 이탈 요건은 암기해 두는 것이 바람직하다.

Ⅱ. A를 상해 입힌 행위에 대한 죄책

1. 甲의 죄책

사안에서 甲은 합동절도 직후 이를 알고 추격해 온 B에 대하여 체포를 면탈할 목적으로 절도의 기회에 폭행을 가하여 상해를 입히고 있으므로 甲에게는 (준)강도상해죄가 성립한다.

2. 乙과 丙의 죄책

(1) 준강도죄의 성립 여부

절도의 공동정범이나 합동절도범 중 일부가 준강도를 범한 경우에 폭행·협박을 행하지 않은 나머지 다른 합동절도범이나 합동절도의 공동정범에게도 본죄의 성립을 인정할 수 있는지에 대하여 논의가 있다.

이에 대하여는 ① 다수설은 공동의사의 범위를 초과한 것이므로 초과부분에 대해서는 단독범이 성립할 뿐이지 준강도죄의 공동정범을 인정할 수 없다고 보아 부정하는 입장이지만, ② 판례는 다른 공범자에 의한 폭행과 협박에 대한 예견가능성 유무를 판단하여 예견가능성이 있으면 본죄의 공동정범이 성립한다고 보고 있다.

생각건대 일반적으로 절도죄의 공동정범이나 합동절도범 사이에서는 체포를 면탈하기 위하여 폭행을 행사하는 묵시적인 합의가 있다고 보아야 하므로 예견가능성 유무를 기준으로 판단하는 긍정설의 입장이 타당하다. 따라서 사안의 경우에는 乙과 丙에게도 준강도죄가 성립한다.

(2) 강도상해죄의 성립

乙과 丙에게 준강도죄가 성립하는 경우에 강도상해죄까지 인정할 수 있는지가 문제 되지만, 판례는 '2인 이상이 합동하여 절도를 한 경우 범인 중의 1인이 체포를 면탈할 목적으로 폭행을 하여 상해를 가한 때에는 나머지 범인도 이를 예기하지 못한 것으로 볼 수 없으면 강도상해죄의 죄책을 면할 수 없다'라고 하여 긍정설의 입장이다. 이러한 판례의 태도에 따르면 乙과 丙은 강도상해죄가 성립한다.

> • 이러한 판례의 태도는 기본적으로 폭행을 하지 않은 합동절도범도 준강도의 공동정범으로 보아 인과관계를 따지지 않고 예견가능성만으로 강도상해죄를 인정하고 있다고 볼 수 있다. 그리고 예견가능성만으로 상해의 고의를 인정할 수 있는지에 대하여 논의의 여지가 있지만, 제337조에서 강도상해와 강도치상을 동일하게 처벌한다는 점에서 이해할 만하다 할 수 있다.

062

> 취객에게 절도를 같이 행한 전력이 다수 있는 甲과 乙은 어느 날 또 취객에게 절도를 하기로 마음먹고 취객을 물색 중 마침 길바닥에 가방을 떨어뜨린 채 2~3미터 전방에서 구토하고 있는 취객을 발견하였다. 이에 乙은 그 취객을 발로 차 하수구로 넘어지게 하고, 甲은 길에 떨어져 있던 가방에서 돈을 꺼냈다. 甲과 乙의 죄책은? (7점)
> [2013 변시]

1. 乙의 죄책

사안에서 乙은 취객을 발로 차 하수구에 넘어지게 한 바, 乙의 폭행은 취객으로 하여금 저항을 불가능하게 할 정도라고 평가할 수 있으므로 乙의 행위는 강도죄가 성립한다.

2. 甲의 죄책

사안에서 甲은 乙과 함께 절도를 모의하기로 하였지만, 乙이 강도를 범하고 있어 甲에게는 공동정범의 착오가 문제 된다. 그런데 이러한 착오는 추상적 사실의 착오 중 양적인 착오에 해당하므로 甲은 책임주의의 원칙상 자기책임의 범위 내에서만 책임을 진다. 따라서 사안에서 甲에게는 특수절도죄만 성립한다.

> • 2013년 변시 문제에서는 乙의 죄책을 묻지 않았지만, 乙의 죄책은 선결문제로 검토하여야 하므로 실제로는 乙의 죄책을 물은 것과 동일하다. 甲의 죄책을 해결하는 방법으로는 ① 위와 같이 공동정범의 착오 문제로 풀어가는 방법 ② 승계적 공동정범으로 풀어가는 방법 ③ 합동강도로 풀어가는 방법이 있겠으나, 본서에서는 착오의 문제로 해결한다. 왜냐하면 甲과 乙은 절도를 같이 범해왔고, 절도를 하기로 모의하였다는 점을 중시하여 甲에게 강도의 고의는 없다고 할 수 있기 때문이다.

063

甲은 따로 살고 있는 사촌형 A로부터 A가 2021. 12. 24. 10:00에 해외여행을 떠난다는 말을 들은 후 친구 乙에게 "A가 사채업으로 돈을 벌어 귀금속을 샀다고 들었는데, A가 12. 24. 10:00경 해외여행을 떠난다고 한다. 그런데 A가 조폭 출신이고 의심도 많아 내가 직접 훔치기 어려우니, 네가 나 대신 2021. 12. 24. 11:00경 A의 집에서 귀금속을 훔쳐 달라. 귀금속을 가져다주면 충분히 사례를 하겠다."라고 제안하였고, 乙은 이를 승낙하였다. 그런데 乙은 甲 몰래 丙과 합동하여 2021. 12. 24. 11:00경 A의 집에서 골드바 2개를 절취하였다. 甲의 죄책은?　　　　　　　　　　　　　　　　　　　　　　　　　　　　　　　　　　　　　[2022 변시]

(1) 사안에서 甲의 가담 형태가 문제 되지만, '훔쳐오면 사례하겠다'라는 정도로는 기능적 행위지배가 인정 되지 않아 甲에게는 교사범만이 성립한다.

(2) 그런데 사안에서 乙은 단독으로 절도를 수행한 것이 아니라 丙과 합동으로 절도를 행하였으므로 甲의 죄책 범위가 문제 된다. 그러나 이러한 사안은 추상적 사실의 착오 중 양적인 착오이므로 甲은 자신의 책임 범위 내인 단순절도죄의 교사범만 성립한다.

(3) 다만, 甲은 A와 동거하지 않는 친족관계에 있으므로 형법 제344조에 따라 준용되는 제328조 제2항에 따라 상대적 친고죄가 되므로 A의 고소가 있어야 처벌할 수 있다.

> • 친족상도례 준용 규정인 제344조, 제354조, 제361조, 제365조는 암기해 두는 것이 바람직하다.

064

甲은 乙과 丙에게 공동으로 A를 상해하라고 교사하였다. 그런데 甲은 범행 당일 아침 乙에게 전화를 걸어 "어제는 술김에 화가 나서 그런 말을 한 것이니까 A에 대한 일은 없었던 것으로 해라."라고 말하였지만, 이 기회를 놓칠 수 없다고 판단한 乙은 甲에게 거절의사를 분명히 한 후 乙과 丙은 A를 공동으로 상해하였 다. 甲의 죄책은? (7점)　　　　　　　　　　　　　　　　　　　　　　　　　　　　[2020 변시] [2018 1차 변형]

(1) 사안에서 甲은 乙과 丙에게 공동상해를 교사하였으나, 乙과 丙이 실행의 착수하기 전에 乙에게 전화하 여 범행을 단념하기를 권유하고 있다. 이러한 경우에 甲에게 교사에서의 이탈이 인정될 수 있는지 문제 된다.

(2) 판례에 의하면 교사범이 그 공범관계로부터 이탈하기 위해서는 피교사자가 범죄의 실행행위에 나아가 기 전에 교사범에 의하여 형성된 피교사자의 범죄 실행의 결의를 해소하는 것이 필요하다. 그런데 사안에 서 甲은 乙의 범죄 실행의 결의를 해소하지 못하고 있다. 따라서 甲에게는 교사에서의 이탈은 인정되지 않는다.

(3) 사안에서 甲에게 공동상해의 교사범이 성립한다.

甲은 乙에게 야간에 A의 집에 침입하여 물건을 훔치라고 시키면서, A의 집에 들어갈 때 사용하도록 A의 집 열쇠를 제공하였다. 그러나 乙은 丙과 공모하여 야간에 칼을 휴대하고 A를 강도 하되, 사람의 생명이나 신체를 해치지는 않기로 약속하였다. 그러나 丙은 乙이 칼을 휴대하였으므로 A의 생명이나 신체를 해칠 수 있을 것이라고 생각하였다. 乙과 丙은 A의 집 문이 이미 열려 있어서 甲이 준 열쇠를 사용하지 않고 A의 집에 침입하였다. 丙은 일층에서 물건을 챙기고 乙은 이층으로 올라가 물건을 물색하는 과정에 자고 있던 A가 일어나려고 하자, 당황하여 베개로 A의 머리 부분을 누르고 소지한 칼로 복부를 찔렀는데 A는 즉사하였다. 乙은 A의 지갑과 통장을 챙긴 후 일층으로 내려와 A의 살해사실을 숨긴 채 丙과 함께 훔친 물건을 가지고 그 집을 빠져 나왔다. 甲, 乙, 丙의 죄책은? (25점)

[2012 2차 변형]

Ⅰ. 乙의 죄책

1. 특수강도죄의 성립

乙은 丙과 함께 흉기를 휴대한 특수강도를 모의한 후 흉기를 휴대하고 A의 집에 침입하여 A의 머리를 베개로 누르는 폭행을 행사하고 재물을 탈취하고 있는바, 이는 특수강도죄가 성립한다.

2. 강도살인죄의 성부

(1) 사안에서 乙은 丙과 '사람의 생명이나 신체를 해치지는 않기로 약속'하였지만, 강도의 기회인 범행현장에서는 乙은 A의 배를 찌르고 있는바 이러한 행위가 강도살인죄에 해당하는지와 관련하여 살인에 대한 고의가 있는지 문제 된다.

(2) 형법상의 고의는 의도적 고의 이외에 우연적이고 격정적인 고의도 포함한다. 사안에서 乙은 A를 베개로 제압한 후 당황하여 A의 배를 찌르고 있는바, 이는 우연적이지만 살인의 고의가 있는 행위라고 평가할 수 있다. 따라서 乙에게는 강도살인죄가 성립한다.

Ⅱ. 丙의 죄책

1. 특수강도죄의 성립

丙은 乙과 흉기휴대강도를 모의하고 A의 집에 침입하여 乙은 A에게 폭행을 행사하고, 丙은 재물을 취득하였으므로 특수강도죄가 성립한다.

2. 강도치사죄의 성립 여부

(1) 사안에서 공범인 乙이 강도살인죄를 범하고 있는바, 이에 대한 丙의 죄책이 문제 된다.

(2) 丙에게 강도살인미수죄의 공동정범이 성립하기 위해서는 乙과 丙 사이에 살인에 대한 의사의 합치가 있어야 하지만, 사안에서는 사람의 생명을 해치지 않도록 약속하고 있으므로 살인에 대한 의사의 합치가 있었다고 보기 어려워 강도살인죄는 성립하지 않는다.

(3) 그러나 사안에서 丙에게 사망을 예견하고 있으므로 丙에게는 강도치사죄가 성립한다.

Ⅲ. 甲의 죄책

1. 야간주거침입 절도죄의 교사

사안에서 甲은 乙에게 야간에 A의 집에 침입하여 물건을 훔치라고 시켰으므로 이는 제330조의 야간주거 침입절도죄의 교사에 해당한다.

2. 열쇠를 제공한 행위에 대한 평가

甲은 乙에게 A의 집 열쇠를 제공하고 있는바, 이는 야간주거침입절도죄의 방조행위에 해당한다. 그러나 이러한 방조행위는 교사범과 보충관계에 있으므로 甲에게 교사범이 성립하는 한 이에 흡수된다.

3. 강도살인죄의 교사범의 성립여부 및 사안의 해결

(1) 사안에서 乙은 강도살인죄를 범하고 있는바, 야간주거침입절도를 교사한 甲이 이에 대하여도 교사범으로서의 책임을 지는지 문제 된다.

(2) 먼저 특수강도를 범한 부분에 대하여는 교사의 착오 중 추상적 사실의 착오 중 양적 착오에 해당하므로 중첩되는 부분인 야간주거침입절도의 교사범으로서의 책임을 진다.

(3) 그러나 강도살인을 한 부분에 대하여는 추상적 사실의 착오 중 질적 착오에 해당하므로 이에 대하여는 책임을 부담하지 않는다.

(4) 따라서 甲은 야간주거침입절도죄의 교사범으로서의 죄책을 부담한다.

066

乙은 B의 여동생 A(28세)와 같은 오피스텔 건물에 사는데 오랜만에 만나 자신의 집에서 술을 마시기 시작하였다. 술이 약했던 A는 양주를 마시다 만취하여 잠이 들었다. 갑자기 乙은 동업을 하다 배신하여 경제적 손실을 입힌 B가 떠오르자 평소 A를 흠모하던 후배 甲(남, 31세)을 꼬드겨 A를 성폭행하여 B에게 보복하기로 마음먹었다. 그리고 바로 甲에게 전화를 건 乙은 A가 만취해 있으니 오피스텔에 와서 간음하도록 권했다. 乙은 甲이 자신의 제안을 받아들이자, 술기운에 거실에서 잠이 들었다. 평소 오피스텔 출입문의 비밀번호를 알던 甲은 오피스텔의 문을 열고 들어왔는데, A가 만취하여 안방에 깊이 잠들어 있자, 간음할 목적으로 침대를 정리하였다. 그 후 서서 A를 한참 지켜보던 甲은 양심의 가책을 느끼고 마음을 바꿔 간음하지 않고 거실에 나와 혼자 술을 더 마신 후 그곳에서 잠을 잤다. 乙의 죄책은? (10점)　　　[2021 2차 변형]

1. 乙의 가담 형태 - 교사

사안에서 乙은 甲에게 A를 간음할 것을 권하고 있는바, 이러한 乙의 가담 형태가 문제 된다. 정범개념의 우위성에 따라 먼저 공동정범을 검토할 수 있으나, 乙에게는 기능적 행위지배가 인정되지 않아 공동정범은 인정되지 않는다. 그리고 사안에서 乙은 甲에게 준강간의 범의를 유발시키고 있으므로 乙의 행위는 교사로 평가된다.

2. 乙의 죄책 - 준강간죄의 효과없는 교사

사안에서 甲은 A를 준강간하기로 승낙하였으나, 준강간죄의 실행의 착수에 이르지 못하고 있다. 따라서 공범종속성의 원칙에 따라 乙에게는 준강간죄의 교사범은 성립하지 않는다. 그런데 乙은 甲에게 A를 준강간할 것을 교사하고 甲은 이를 승낙하고 있다. 따라서 乙은 제31조 제2항의 효과 없는 교사에 해당하여 제305조의3에 따른 준강간예비죄가 성립한다.

> • 2020.5.19.의 개정으로 강간 등의 죄에 예비·음모 규정이 신설되었음을 주의하여야 한다.

067

甲은 乙에게 대가를 약속하면서 "A를 혼내주라"라고 부탁하였다. 甲의 부탁은 A에게 폭행을 가하라는 것이었지만, A에게 상해를 입히라는 부탁으로 알아들은 乙은 그런 일에 더 익숙한 친구 丙에게 A에 대한 상해를 부탁하였다. 이에 丙은 A를 찾아가서 주먹과 발로 눈 주위 등 안면을 무차별 가격하여 실명하게 하였다. 甲의 죄책은? (10점)

[2016 2차 변형]

1. 간접교사의 교사범 성립 여부

사안과 같은 간접교사의 교사범 성립 여부에 대하여는 ① 현행 형법에서는 구형법상의 '교사자의 교사자도 처벌한다'라는 규정이 삭제되었으므로 간접교사의 가벌성을 부정하는 부정설도 있으나, ② 현재의 다수설과 판례는 교사의 방법에는 제한이 없으며 피교사자가 반드시 정범이어야 하는 것은 아니므로 간접교사의 가벌성을 긍정하는 긍정설의 입장을 따르고 있다. 이러한 긍정설에 따르면 사안에서 甲에게는 교사범이 성립한다.

2. 교사의 착오

사안에서 甲은 폭행만을 교사하였으나 丙은 중상해의 예에 의하는 폭행치상죄 또는 중상해죄를 범하고 있다. 이러한 경우에 甲의 죄책에 대하여는 甲에게 예견가능성이 있다면 폭행치상죄를 인정하는 것이 다수설과 판례의 태도이다. 따라서 사안에서는 '혼내주라'라고 말한 것에 불과한 경우에는 실명에 이르게 할 정도의 중상해에 대한 예견가능성은 인정되기 어려우므로 甲은 폭행죄의 교사범만이 성립한다.

> • 사안의 포섭에 따라 상해죄로 처벌되는 폭행치상죄의 교사범의 성립을 인정할 수 있을 것이다.

068

甲은 A가 고액의 현금을 안방 금고에 보관하고 있다는 정보를 알고 乙에게 이를 야간에 훔칠 것을 교사하였고, 乙도 이를 승낙하였다. 그런데 乙은 자신이 직접 범행을 하지 않고 옆집에 사는 丙(만 13세)이 컴퓨터 게임에 몰입하면서 게임 아이템 구입비용이 필요하여 막연히 절도를 한 건 하려고 계획하고 있는 것을 알게 되자 丙에게 위 현금을 훔치라고 말하였다. 다만 혹시 모르니 잭나이프를 준비해 가라고 하였다. 이에 응한 丙은 한밤에 A의 집에 침입하여 금고에 접근하던 중 때마침 외출하고 돌아오던 A에게 발각되었다. 丙은 체포를 면탈할 목적으로 가지고 있던 잭나이프로 상해의 고의로 A의 어깨를 힘껏 찌르고 도주하였다. 그 이후 생명에는 지장이 없는 정도의 상해를 입은 A는 병원으로 이송되는 도중에 교통사고로 사망하였다. 甲의 죄책을 논하시오. (15점)

[2021 1차 변형]

1. 간접교사의 가벌성 여부 (8점)

(1) 사안에서 甲은 乙을 교사하였지만, 乙은 직접 범행을 실행하지 않고 丙을 교사하여 범죄를 실행하게 하고 있다. 이러한 간접교사의 경우에도 甲에게 교사범의 성립을 인정할 수 있는지 문제 된다.

(2) 이에 대하여는 ① 현행 형법에서는 구형법상의 '교사자의 교사자도 처벌한다'라는 규정이 삭제되었으므로 간접교사의 가벌성을 부정하는 부정설도 있으나, ② 현재의 다수설과 판례는 교사의 방법에는 제한이 없으며 피교사자가 반드시 정범이어야 하는 것은 아니므로 간접교사의 가벌성을 긍정하는 긍정설의 입장을 따르고 있다.

(3) 생각건대 교사범이란 사람을 교사하여 범죄를 실행시킨다는 수정된 구성요건이므로 교사범의 교사실행을 교사한 간접교사도 교사범이라고 보는 긍정설이 타당하다. 따라서 사안에서 甲에게는 교사범이 성립한다.

2. 교사의 착오 (5점)

사안에서 甲은 乙에게 야간주거침입절도죄를 교사하였지만, 丙은 강도상해죄를 범하고 있다. 이러한 교사의 착오의 경우에 甲의 죄책이 문제 된다. 사안에서의 착오는 추상적 사실의 착오 중 양적 착오이므로 甲은 자신이 교사한 부분에 대하여는 책임을 져야 한다.

3. 사안의 해결

따라서 甲에게는 야간주거침입절도죄의 교사범이 성립한다.

069

甲은 채권자 A를 죽여 채무를 면하기로 결심하고 친구 乙을 찾아가 자신의 처지와 계획을 설명한 후 범행에 사용할 엽총을 빌렸다. 다음날 甲은 A를 인적이 드문 곳으로 유인하였다. 그러나 엽총을 사용하기 곤란한 상황이라고 판단한 甲은 휴대하고 있던 등산용 칼로 A를 살해하였다. A가 살해된 사실을 알게 된 A의 처 B는 경찰에 신고하면서 자신이 보관하고 있던 甲이 작성·교부한 차용증을 건네주었다. (甲에게 살인죄만 성립한다는 전제하에) 乙의 죄책을 논하시오. (10점)   [2016 1차 변형]

1. 乙의 가담 형태

사안에서 乙은 甲이 A를 살해한다는 것을 알면서도 범행에 사용할 엽총을 빌려주고 있다. 이러한 乙의 가담 형태는 A의 살해행위에 대한 방조에 해당한다. 그리고 甲에게 살인죄가 성립한다면, 공범종속성의 원칙상 乙이 방조한 구성요건은 살인죄로 확정된다.

2. 방조의 인과관계

(1) 사안과 같이 乙이 제공한 엽총과 甲의 살인행위 사이에 인과관계가 없는 경우에 방조범이 성립할 수 있는지에 대하여 ① 정범의 행위를 사실상 촉진시키거나 용이하게 해 주었으면 충분하므로 인과관계는 필요하지 않다는 인과관계불요설과 ② 공범종속성의 원칙상 인과관계가 필요하다는 인과관계필요설이 대립하고 있다.

(2) 최근 전합 판례는 '방조범은 정범에 종속하여 성립하는 범죄이므로 방조행위와 정범의 범죄 실현 사이에는 인과관계가 필요하다'라고 하여 인과관계필요설의 입장이다.

(3) 생각건대 정범에 대하여 방조자가 방조한 경우에 방조범이 성립하기 위해서는 책임주의 원리에 입각하여 방조행위와 정범의 행위 사이에 인과관계가 있어야 한다는 인과관계필요설이 타당하다. 이러한 인과관계필요설의 입장에 따르면 사안에서의 乙은 범죄가 성립하지 않는다.

070

甲은 몇 달 전 A로부터 부탁받아 보관하고 있던 A 소유의 도자기를 팔아 해외여행을 가기로 하였다. 甲은 자신의 명령에 무조건 복종하는 폭력배 부하 乙(20세)에게 도자기 판매에 필요한 모든 정보를 주면서 도자기를 팔라고 지시하였다. 甲이 도자기를 보관하게 된 모든 사정을 알고 있던 乙은 甲의 말대로 하였다. 검사는 甲에게 횡령죄의 간접정범이 성립한다고 주장한다. 이 주장의 논거와 반박 논리를 제시하시오. (15점)

[2018 3차 변형]

Ⅰ. 검사 주장의 논거

1. 규범적·사회적 행위지배설

행위지배설의 입장에서 진정신분범에서 신분자인 甲이 신분이 없는 고의 있는 도구인 A를 이용한 경우에는 규범적 또는 사회적 행위지배가 인정되기 때문에 이용자 甲을 간접정범으로 처벌할 수 있다.

> • 규범적·사회적 행위지배는 종래의 행위지배설로는 설명할 수 없는 ① 신분 있는 자가 신분 없는 자를 이용하거나 ② 목적 있는 자가 목적 없는 자를 이용하는 경우에 이용자를 간접정범을 인정하기 위하여 창설된 개념이다.

2. 제34조 제1항의 해석론(판례의 태도)

제34조 제1항은 '어느 행위로 인하여 처벌되지 아니하는 자'를 이용하는 경우이므로, 사안과 같이 단독으로 처벌되지 않는 A를 이용한 행위는 간접정범이 성립한다. 또한 판례도 이와 같은 논지에서 신분범의 경우에 신분이 있는 자가 신분이 없는 자를 이용한 경우에는 간접정범이 성립한다고 보고 있다.

> • 제34조 제1항의 '어느 행위로 인하여 처벌되지 아니하는 자'의 범위를 좁게 해석하는 입장이다.

Ⅱ. 검사 주장에 대한 반박 논리

1. 신분범의 정범 표지

신분범의 정범 표지는 전구성요건(법률)적인 의무위반이므로 행위지배가 적용될 수 없다. 따라서 우월적 의사지배라는 간접정범의 표지를 인정할 수 없으므로 간접정범을 인정할 수 없다.

2. 우월적 의사지배의 부재

사안의 경우와 같이 피이용자가 객관적 구성요건 요소를 모두 인식하고 있는 경우에는 의사지배를 인정할 수 없어 간접정범을 인정할 수 없다.

3. 제34조 제1항의 해석론

사안과 같은 경우에 A는 제33조에 의하여 공범으로 처벌될 소지가 있으므로 A는 '어느 행위로 인하여 처벌되지 아니하는 자'에 속하지 않으므로 간접정범이 성립하지 않는다.

> • 제34조 제1항의 '어느 행위로 인하여 처벌되지 아니하는 자'의 범위를 넓게 해석하는 입장이다.

A에게 폭행을 당한 甲은 이번 기회에 합의금이나 두둑이 받아야겠다는 생각으로 평소 친하게 지내던 동네 의원 의사 乙에게 사정을 이야기하고 부탁하여 허위 내용의 상해진단서를 발급받았다. 그 후 甲은 이 진단서를 가지고 A에게 찾아가 "앞길이 창창한 젊은이가 사소한 일로 전과자 되지 말고 합의하자. 돈을 제대로 주지 않으면 고소하겠다."라며 합의금으로 1천만 원을 요구하였다. A는 甲에게 1천만 원을 다 주는 것은 아깝다는 생각이 들어 5백만 원을 주었고, 甲은 자신이 요구한 돈을 다 받지 못하자 상해진단서를 첨부하여 A를 고소하였다. 甲의 죄책은? (10점)

[2013 1차 변형]

1. 의사 乙에게 허위진단서를 발부하게 하고 이를 행사한 행위에 대한 죄책

의사 乙에게 허위진단서를 발부하도록 한 행위에 대하여 乙에게 허위진단서작성죄가 성립한다면, 甲에게 의사라는 신분이 없더라도 제33조에 의하여 허위진단서작성죄의 교사범이 성립한다. 그리고 이를 A에게 제시하였으므로 이는 허위진단서의 행사죄에 해당한다.

2. A에게 돈을 달라고 한 부분의 죄책

甲이 A에게 비록 폭행을 당하였지만, 이를 기화로 협박하면서 과다한 금전을 요구한 경우에는 판례에 의하면 공갈죄가 성립하게 된다.

3. A를 고소한 부분의 죄책

A를 고소한 부분의 죄책에 대하여는 무고죄가 문제 되지만, A가 甲에게 폭행을 한 것은 사실이므로 일부 허위사실이 개재되어 있다고 하더라도 이는 정황의 과장에 불과하여 무고죄는 성립하지 않는다.

4. 甲의 죄책

甲에게는 ① 허위진단서작성죄의 교사범 ② 위조사문서등의 행사죄 ③ 공갈죄가 성립하며, 이들은 실체적 경합 관계에 있다.

○○아파트 조경공사 관련 계약을 추진하던 입주자대표회장 甲은 공사 경험이 전무한 조경업자인 乙로부터 적정 공사금액보다 크게 부풀려진 5,000만 원으로 공사를 성사하여 주면 200만 원을 리베이트로 주겠다는 제안을 받은 후, 乙에게 "5,000만 원에 조경공사계약을 체결하고 공사대금을 받으면 리베이트로 500만 원을 나에게 돌려주는 것으로 하자."라고 제안하였다. 乙이 망설이며 甲을 피해다니자, 甲은 乙의 오랜 친구인 丙에게 그 사정을 말하였다. 이에 丙은 甲을 도와주기 위해 甲과 乙이 다시 한번 만날 수 있도록 자리를 주선했다. 甲과 단둘이 만난 乙은 甲의 설득으로 결국 그 제의를 받아들였다. 甲과 丙의 죄책은? (15점)

[2017 변시]

1. 甲의 죄책

(1) 사안에서 甲은 乙과 조경공사 관련 계약을 체결하면서 공사금액을 부풀리고 리베이트 명목으로 500만 원을 수수하고 있는 행위의 죄책이 문제 된다.

(2) 판례에 의하면 타인을 위하여 금전 등을 보관·관리하는 자가 개인적 용도로 사용할 자금을 마련하기 위하여, 적정한 금액보다 과다하게 부풀린 금액으로 공사계약을 체결하기로 공사업자 등과 사전에 약정하고 그에 따라 과다 지급된 공사대금 중의 일부를 공사업자로부터 되돌려 받는 행위는 그 타인에 대한 관계에서 과다하게 부풀려 지급된 공사대금 상당액의 횡령이 된다.

(3) 이러한 판례의 취지에 따르면 甲에게는 횡령죄가 성립하고, 사안에서 甲은 입주자대표회장으로서 사회생활상에 기한 계속적인 사무를 담당하고 있으므로 업무성이 인정된다. 따라서 甲에게는 업무상횡령죄(제356조)가 성립한다.

- 본 문제에 대하여는 ① 업무상횡령죄설과 ② 업무상배임죄와 배임수증재죄설 ③ 업무상횡령죄와 배임수증재죄설 등의 논의가 있으나, 본서에서는 아래의 <참고판례>를 참조하고, 시험이라는 측면에서 보다 간략한 답안을 작성하고 뒤에 나오는 공범과 신분 및 장물죄를 논하기 위해서 업무상횡령죄설에 따라 답안을 작성한다. 그리고 개인적으로 ②와 ③의 견해에 대하여는 甲이 500만 원을 영득한 것이 두 죄에 해당한다는 점에서 논리적 의문이 있다.

참고판례

타인을 위하여 금전 등을 보관·관리하는 자가 개인적 용도로 사용할 자금을 마련하기 위하여, 적정한 금액보다 과다하게 부풀린 금액으로 공사계약을 체결하기로 공사업자 등과 사전에 약정하고 그에 따라 과다 지급된 공사대금 중의 일부를 공사업자로부터 되돌려 받는 행위는 그 타인에 대한 관계에서 과다하게 부풀려 지급된 공사대금 상당액의 횡령이 된다(대판 2015.12.10. 2013도13444).

---

2. 丙의 죄책

(1) 논의점

사안에서 丙은 甲의 업무상횡령 행위를 방조하고 있다. 이와 같이 신분 없는 丙이 업무상횡령이라는 이중신분범의 범행에 가담한 경우에 丙의 죄책에 대하여 논의가 있다.

(2) 제33조의 해석론

이에 대하여는 ① 다수설은 제33조 본문은 구성적 신분인 진정신분범의 공범의 성립과 과형을 규정한 것으로 보고, 제33조 단서는 가감적 신분인 부진정신분범의 공범의 성립과 과형을 규정한 것으로 보고 있지만, ② 판례는 제33조 본문은 진정신분범과 부진정신분범에 대한 공범의 성립 및 진정신분범에 대한 과형을 규정한 것으로 보고, 제33조 단서는 부진정신분범의 과형을 규정한 것으로 보고 있다.

(3) 검토 및 사안의 해결

생각건대 형법 조문의 해석에 충실한 판례의 입장이 타당하다. 따라서 이러한 입장에 따르면 사안에서 丙은 업무상횡령죄의 방조범이 성립하고, 횡령죄의 방조범으로 처벌된다.

- 제33조 공범과 신분에 대한 해석론에 대하여는 다양한 형태의 답안작성방법을 익혀 두었다가 적절히 활용하는 것이 바람직하다. 그리고 검토할 때는 다수설과 판례의 근거를 적어주는 것이 바람직하다.

甲은 乙이 상습도박 전과가 있음을 알면서도 乙에게 도박자금으로 300만 원을 빌려주었다. 甲의 죄책은?
(10점)
[2014 변시]

1. 논의점

사안에서 甲은 乙이 상습도박자라는 것을 알면서 도박자금을 대여하여 이를 방조하고 있다. 이와 같이 상습성이라는 가중적 신분을 가진 자에게 신분 없는 자가 가담한 경우에 甲의 죄책에 대하여 논의가 있다.

2. 제33조의 해석론

이에 대하여 ① 제33조 단서의 적용으로 단순도박죄의 방조범만 성립한다는 다수설과 ② 제33조 본문의 적용으로 상습도박죄의 방조범이 성립하지만, 제33조 단서의 적용으로 단순도박죄의 방조범으로 처벌된다는 판례가 대립하고 있다.

3. 검토 및 사안의 해결

생각건대 원칙적으로 범죄의 성립과 처벌은 일치하여야 하므로 다수설의 입장이 타당하다. 사안에서 다수설에 의하면 甲은 도박죄의 방조범이 성립하고 도박죄의 방조범으로 처벌된다.

> • 제33조 공범과 신분에 대한 해석론에 대하여는 다양한 형태의 답안작성방법을 익혀 두었다가 적절히 활용하는 것이 바람직하다. 그리고 검토할 때는 다수설과 판례의 근거를 적어주는 것이 바람직하다.

위탁매매업을 하는 甲은 분가(分家)한 그의 형 A로부터 도자기매매를 위탁받아, 1,000만 원을 받고 팔았는데, 그의 여자 친구 乙이 甲에게 도자기 가격을 속여서 500만 원만 A에게 주라고 사주하였다. 甲은 乙이 시키는 대로 A에게 500만 원만 준 후, 나머지 500만 원 중에서 200만 원을 乙과 함께 유흥비로 소비하고, 300만 원은 乙에게 맡겨 보관하도록 하였다. 乙의 죄책은? (12점)
[2016 3차 변형]

1. 甲에게 업무상횡령을 사주한 행위에 대한 죄책

(1) 교사범의 성립

사안에서 乙은 업무상횡령을 범한 甲의 행위에 가담하고 있다. 이러한 경우에 乙이 정범인지 공범인지 문제 된다. 사안에서의 횡령죄는 신분범이므로 일반적인 행위지배가 인정되기 어렵고, 사회적·규범적 행위지배를 검토한다고 하더라도 사주하는 정도로는 행위지배를 인정하기 어려우므로 B에게는 공범인 교사범만 성립한다.

(2) 공범과 신분

사안에서 신분관계가 없는 乙은 甲에게 이중신분범인 업무상횡령죄를 교사하고 있다. 이러한 경우 제33조 본문에 의하여 횡령죄가 성립하는 것은 이론이 없지만, 업무상횡령죄가 성립할 것인지에 대하여는 논의가 있다.

이에 대하여 ① 다수설은 제33조 단서에 따라 횡령죄만 성립하고 횡령죄로 처벌한다고 하고 있지만 ② 판례는 제33조 본문에 따라 업무상횡령죄가 성립하고, 제33조 단서에 따라 단순횡령죄로 처벌된다고 보고 있다.

생각건대 범죄의 성립과 처벌은 일치해야 한다는 점을 강조하면 다수설의 입장이 타당하므로 乙에게는 횡령죄의 교사범이 성립한다.

> • 제33조 공범과 신분에 대한 해석론에 대하여는 다양한 형태의 답안작성 방법을 익혀 두었다가 적절히 활용
> 하는 것이 바람직하다. 그리고 검토할 때는 다수설과 판례의 근거를 적어주는 것이 바람직하다.

2. 甲과 함께 200만 원을 소비하고 300만 원을 보관한 행위에 대한 죄책

(1) 200만 원을 소비한 부분에 대하여는 장물을 취득, 양도, 운반, 보관, 알선한 것이 아니므로 장물죄는 성립하지 않는다.

(2) 300만 원을 보관한 행위에 대하여는 乙은 재산범죄인 업무상횡령죄의 정범이 아니라 교사범에 불과하므로 별도로 장물보관죄가 성립한다.

075

> 도박의 습벽이 있는 甲은 乙에게 도박을 권유하였다. 처음 도박을 해보는 乙은 甲의 옆 동네에 사는 甲의
> 4촌 동생 丙에게 500만 원을 잃었다. 평소 丙과 사이가 나빴던 甲은 사건 발생 2개월 후 이 사실을 알고
> 丙에게 "딴 돈을 乙에게 돌려주지 않으면 도박사실을 직장에 알리겠다."라고 겁을 주었고, 이에 丙은 겁을 먹고
> 乙에게 500만 원을 돌려주었다. 甲과 乙의 죄책을 논하시오. (15점)   [2018 3차 변형]

1. 乙의 죄책

乙은 甲의 권유에 따라 도박을 하였으므로 도박죄가 성립한다. 그리고 乙에게는 도박의 상습성이 없었으므로 제246조 제1항의 단순도박죄가 성립한다.

2. 도박에 대한 甲의 죄책

(1) 甲은 도박의 상습성이 있는 신분자로서 상습성이 없는 乙을 교사하여 단순도박을 하게 하고 있다. 이러한 가중적 신분이 있는 甲의 죄책에 대하여는 ① 공범종속성을 강조하여 단순도박죄의 교사범이 성립한다는 견해와 ② 책임의 개별화를 강조하여 상습도박죄의 교사범이 성립한다는 견해가 대립하고 있으며 ③ 판례는 '모해위증 사건'에서 형법 제33조 단서가 형법 제31조 1항에 우선하여 적용된다고 하여 상습도박죄의 교사범을 인정하는 취지로 판시하고 있다.

(2) 생각건대 신분은 행위자 관련 요소이므로 책임의 개별화를 강조하는 판례의 입장이 타당하다. 이러한 판례의 취지에 따르면 甲에게는 상습도박죄의 교사범이 성립한다.

3. 丙에 대한 甲의 죄책

(1) 사안에서 甲은 丙이 乙에게서 도박을 하여 딴 돈 500만 원을 협박하여 乙에게 돌려주도록 하고 있다. 따라서 甲에게는 제350조 제2항의 공갈죄가 성립한다.

(2) 그리고 甲은 丙과 사촌관계에 있으므로 제354조에 의하여 준용되는 제328조 제2항의 친족상도례가 적용되어 丙의 고소가 있어야 甲을 처벌할 수 있다.

> • 친족상도례 준용 규정인 제344조, 제354조, 제361조, 제365조는 암기해 두는 것이 바람직하다.

076

甲은 자신의 트럭을 운전하던 중 A가 운전하던 자전거와 충분한 측면 간격을 유지하지 아니한 채 A를 추월하다가 A가 甲의 차 뒷바퀴에 치어 사망하였다. 이 경우 A가 만취상태였기 때문에 甲이 A의 자전거와 충분한 측면 간격을 유지하면서 추월했더라도 동일한 사망의 결과가 발생했을 것이 확실한 경우, 甲에게 교통사고처리특례법위반(치사)죄가 성립하는지 논하시오. (10점)

[2021 변시]

1. 논의점

사안과 같이 행위자가 주의의무를 위반한 과실행위로 구성요건적 결과를 야기한 경우에 어떠한 기준에 따라 객관적 귀속을 인정할 수 있는지에 대하여 논의가 있다.

2. 견해의 대립과 판례의 태도

이에 대하여는 ① 행위자가 적법한 행위를 한 경우를 가정하고 사안에 적용을 하여 인과관계를 판단하자는 적법한 대체행위 이론 ② 주의의무를 위반한 과실행위가 있으면 법익이 침해될 위험이 증가하였으므로 인과관계를 긍정하자는 위험증대설 ③ 적법한 대체행위이론과 위험증대설을 결합한 절충설 등이 대립하고 있으며, ④ 판례는 '할로테인 마취 사건' 등에서 일응 적법한 대체행위이론을 따르는 듯한 판시를 하고 있다.

3. 검토 및 사안의 해결

생각건대 인권보장과 과실범이 결과범이라는 본질에 가장 부합하는 적법한 대체행위 이론이 타당하다. 따라서 사안에서는 적법한 행위를 대체하더라도 결과가 발생하였을 것이 확실하다면 인과관계를 인정하기 어려우므로 甲에게 교특법위반죄는 성립하지 않는다.

> • 20여 년 전에 다투어진 이론적인 쟁점이 출제되었다. 변호사시험을 준비하는 입장에서는 불의타였겠지만, 표준점수로 환원되는 상대평가라는 점에서 크게 우려할 일은 아니다.

077

甲과 乙은 공원을 배회하던 중 혼자 걸어가던 여성 A(22세)를 함께 강간하기로 모의하고 A를 으슥한 곳으로 끌고 간 다음 乙이 망을 보고 있는 사이 甲은 A를 세게 밀어 바닥에 넘어뜨리고 A의 위에 올라타 수 차례 뺨을 때리면서 옷을 벗기려 하였다. 이에 A는 비명을 지르며 필사적으로 반항하면서 도망하다가 돌부리에 걸려 넘어지면서 발목이 부러지는 상해를 입었고, 그때 공원을 순찰 중이던 경찰관 P가 A의 비명소리를 듣고 달려왔다. 이를 본 乙은 혼자서 급히 다른 곳으로 도주해 버렸고 甲은 바닥에 떨어져 있던 A의 핸드백을 들고 도주하였다. 그 장면을 목격한 P가 도주하는 甲을 100여 미터 추적하여 붙잡으려 하자, 甲은 체포를 당하지 않으려고 주먹으로 P의 얼굴을 세게 때려 P의 코뼈를 부러뜨리는 상해를 가하였다. 甲과 乙의 죄책은? (40점)

[2016 변시]

Ⅰ. 甲과 乙이 A를 강간하다 상해를 입힌 행위에 대한 죄책

1. 甲의 죄책

(1) 성폭법 제4조 제1항의 합동강간죄의 성부

사안에서 甲과 乙은 강간에 대한 모의를 하고 시간·장소적 협동관계를 이루어, 甲은 폭행을 행사하고 乙은 망을 보았으므로 甲과 乙에게는 합동강간죄의 실행의 착수가 인정된다.

(2) 성폭법 제8조 제1항의 특수강간치상죄의 성립 여부

성폭법 제8조 제1항의 주체에는 동법 제15조에 의한 동법 제4조 제1항의 미수범도 포함되고, 사안에서 甲의 폭행을 피하여 A가 필사적으로 도망하다 다친 것은 인과관계와 예견가능성이 있다고 평가되므로 특수강간치상죄가 성립한다.

(3) 성폭법 제15조의 특수강간치상미수죄의 성립 여부

성폭법 제15조에서는 특수강간치상죄인 제8조의 미수범을 처벌하고 있다. 이에 결과적가중범의 미수를 인정할 것인지에 대하여 ① 긍정설과 ② 부정설의 대립이 있으나, ③ 다수설과 판례는 결과적가중범의 미수를 부정하고 있다.

생각건대 결과적가중범의 특성상 결과적가중범의 미수를 부정하는 것이 타당하므로 甲에게는 특수강간치상죄의 기수범이 성립한다.

> • 성폭법 제3조에서 제15조의2까지의 조문은 암기해 두는 것이 바람직하다.

2. 乙의 죄책

(1) 성폭법 제4조 제1항의 합동강간죄의 성부

사안에서 위에서 살펴보았듯이 乙에게도 기본적으로 합동강간죄가 성립한다.

(2) 결과적가중범의 공동정범의 성부

사안에서 甲에게 특수강간치상죄가 성립하는 경우에 乙에게도 특수강간치상죄의 공동정범이 성립할 수 있는지 문제 된다. 결과적가중범의 공동정범이 성립될 수 있는지에 대하여 ① 긍정설과 ② 부정설의 대립이 있으나, ③ 판례는 긍정설을 따르고 있다. 이러한 긍정설에 따르면 사안에서 乙에게도 인과관계가 인정되고, 상해의 결과를 예견가능했으므로 특수강간치상죄의 공동정범이 성립한다.

Ⅱ. 甲이 A의 핸드백을 들고 도주하다 경찰관 P를 상해 입힌 행위에 대한 죄책

1. 甲의 죄책

(1) 강도상해죄의 성립

사안에서 A가 떨어뜨리고 간 핸드백이 A의 점유하에 있는 물건인지에 대하여, 다수설과 판례는 점유의 규범적 요소의 확장에 의하여 A의 점유가 인정된다고 보아 甲에게 절도죄의 성립을 인정하고 있다. 따라서 사안에서 甲에게는 절도죄가 성립한다.

그리고 사안에서 甲은 절도의 기회에 체포를 면탈할 목적으로 P에게 폭행하여 상해를 가하고 있다. 따라서 甲에게는 준강도죄가 성립하고, 상해를 가하였으므로 강도상해죄가 성립한다.

(2) 공무집행방해죄의 성립

사안에서 경찰관 P는 공원을 순찰하는 중이었으므로 정복을 착용하였을 것이고, 甲은 경찰관 P가 공무를 집행한다는 것을 인식하였으므로 甲에게는 공무집행방해죄가 성립한다.

2. 乙의 죄책

사안에서 乙은 甲과 강간에 대한 모의를 하였지만, 甲의 절도행위 등에 대하여는 모의가 없었다. 그리고 乙은 甲의 절도행위 이전에 현장을 이탈하였으므로 乙은 甲의 절도행위 이후의 강도상해죄에 대하여는 책임을 지지 않는다.

078

甲은 평소 좋아하던 A(여, 20세)에게 여러 차례 만나자고 하였으나 A가 만나 주지 않자, A를 강간하기로 마음먹고 A가 거주하는 아파트 1층 현관 부근에 숨어 있다가 귀가하는 A를 발견하였다. 甲은 A가 엘리베이터를 타자 따라 들어가 주먹으로 A의 얼굴을 2회 때리고 5층에서 내린 다음 계단으로 끌고 가 미리 준비한 청테이프로 A의 양손을 묶어 반항을 억압한 후 A를 간음하려 하였으나 A가 그만두라고 애원하자, 자신의 행동을 뉘우치고 범행을 단념하였다. 그런데 A는 계단으로 끌려가는 과정에서 甲의 손을 뿌리치다가 넘어져 3주간의 치료가 필요한 발목이 골절되는 상해를 입었다. 甲의 죄책은? (15점)   [2021 변시]

---

1. 주거침입죄의 성립

판례에 의하면 다가구용 단독주택이나 다세대주택·연립주택·아파트 등 공동주택의 내부에 있는 엘리베이터, 공용 계단과 복도는 특별한 사정이 없는 한 주거침입죄의 객체인 '사람의 주거'에 해당한다. 따라서 사안에서 甲이 A를 따라 엘리베이터 안으로 들어간 것은 주거침입죄가 성립한다.

> • 본 판례의 문구는 암기해 두는 것이 바람직하다.

2. 주거침입강간미수죄의 성립

사안에서 甲이 강간할 목적으로 A를 따라 피해자가 거주하는 아파트 내부의 엘리베이터에 탄 다음 그 안에서 폭행을 가하여 반항을 억압한 후 계단으로 끌고 가 피해자를 강간하려고 한 행위는 성폭법 제3조 제1항의 주거침입강간죄가 성립한다. 그리고 강간이 기수에 이르지 못하였으므로 주거침입강간미수죄가 성립한다.

3. 중지미수의 성립 여부

사안에서 甲은 A가 그만두라고 애원하자 자신의 행동을 뉘우치고 범행을 단념하고 있다. 중지미수의 자의성의 판단에는 ① 객관설 ② 주관설 ③ 프랑크의 공식 ④ 절충설 등이 대립하고 있으나, 다수설과 판례는 사회통념에 따라 구별하는 절충설을 따르고 있다. 사안에서 甲은 A가 불쌍하다고 생각하고 있고 이는 윤리적 동기에 의한 것이므로 자의성 판단에 대한 어떠한 견해를 따르더라도 甲에게는 자의성이 인정된다. 따라서 사안에서 甲에게는 주거침입강간죄의 중지미수가 성립한다.

4. 주거침입강간치상죄의 기수

(1) 사안에서 A는 계단으로 끌려가는 과정에서 甲의 손을 뿌리치다가 넘어져 3주간의 치료가 필요한 발목이 골절되는 상해를 입었는바 이는 강간의 기회에 발생한 상해이며, 인과관계와 예견가능성이 있다고 평가되므로 주거침입강간치상죄가 성립한다. 또한 성폭법 제8조 제1항의 주체에는 동법 제15조에 의한 동법 제3조 제1항의 미수범도 포함되므로 강간의 기수 여부와 관계없이 주거침입강간치상죄가 성립한다.

(2) 그런데 성폭법 제15조에서는 주거침입강간치상죄인 제8조의 미수범을 처벌하고 있다. 이에 결과적가 중범의 미수를 인정할 것인지에 대하여 ① 긍정설과 ② 부정설의 대립이 있으나, ③ 다수설과 판례는 결과적가중범의 미수를 부정하고 있다. 생각건대 결과적가중범의 특성상 결과적가중범의 미수를 부정 하는 것이 타당하므로 A에게는 주거침입강간치상죄의 기수범이 성립한다.

079

甲과 乙은 후배인 A를 지속적으로 괴롭혀 왔다. 2008. 3. 5. 甲과 乙은 함께 A의 자취방에서 A를 구타하다 가 사망에 이르게 하였다. 甲과 乙의 범죄사실에 대해 甲의 변호인은 상해치사의 공동정범의 성립을 부정 하고, 상해의 죄책만을 인정하려 한다. 甲의 변호인의 입장에서 그 논거를 서술하시오. (10점)

[2015 변시]

1. 결과적가중범의 공동정범을 부정하는 논거

변호인은 ① 공동정범은 심리적 사실인 의사의 연락이 있는 경우에만 성립하므로 고의와 과실의 결합형 태인 결과적가중범의 공동정범은 성립할 수 없으며 ② 규범적 요소인 과실에 대하여는 기능적 행위지배 를 인정할 수 없으므로 고의와 과실의 결합형태인 결과적가중범의 공동정범은 성립할 수 없으며 ③ 과실 의 공동정범을 긍정한다고 하더라도 고의와 과실의 결합형태인 결과적가중범까지 공동정범을 인정할 필 요는 없다는 주장으로 상해치사죄의 공동정범을 부정하는 주장을 한다.

2. 변호인의 주장

상해치사죄의 공동정범은 인정할 수 없으며, 검사가 제출한 증거만으로는 甲의 행위와 A의 사망 사이에 는 인과관계가 밝혀지지 않았으므로 甲에게는 상해죄만 성립한다.

> • 변호사시험에서는 보기 힘든 상당히 이론적인 문제이다. 따라서 변호사시험을 준비한다고 하더라도 어느 정도의 이론은 이해를 해두는 것이 바람직하다.

080

甲은 자기의 여동생이 A에게 강간당한 사실을 알고 여동생의 남자친구 乙과 함께 새벽 4시경에 A의 오피 스텔을 찾아갔으나, A의 오피스텔 호실을 잘못 알고 B의 오피스텔로 가서 문을 두드리고 B가 놀라 문을 열자마자 이들은 B를 A로 오인하고 복도로 끌어내 주먹질과 발길질을 해대며 마구 때렸다. 그러다가 甲과 乙은 B가 A가 아님을 알고 때리던 것을 중단하고 도주하였다. 甲과 乙의 구타 과정에서 B는 복도 벽에 부딪혀 뇌 손상을 입고 병원에 입원하여 수술을 받던 중 사망하였다. 甲과 乙의 죄책은? (10점)

[2021 2차 변형]

1. 공동주거침입죄 성립 여부

甲과 乙은 범죄를 목적으로 오피스텔의 공용복도에 공동으로 침입했으므로, 폭처법상 공동주거침입죄 성립한다.

2. 폭처법위반(공동폭행)죄 성립 여부

사안에서 甲과 乙은 B를 A로 오인하고 공동으로 폭행을 가하고 있다. 이러한 甲과 乙의 착오는 구체적 사실의 착오이자 객체의 착오이므로 부합설에 대한 어떠한 견해에 따르더라도 B에 대한 공동폭행죄가 성립한다.

3. 폭행치사죄의 성립 여부

(1) 사안에서 B가 사망하였으므로 폭행치사죄가 성립하기 위해서는 甲과 乙의 폭행행위와 B의 사망 사이의 인과관계와 관련하여 결과적가중범의 공동정범 인정 여부가 문제 된다.

(2) 결과적가중범의 공동정범 인정 여부에 대하여는 논의가 있지만, 판례는 '결과적가중범인 상해치사죄의 공동정범은 폭행 기타의 신체침해 행위를 공동으로 할 의사가 있으면 성립되고 결과를 공동으로 할 의사는 필요없으며, 사망의 결과를 예견할 수 없는 때가 아닌 한 상해치사의 죄책을 면할 수 없다'라고 하여 결과적가중범 긍정설의 입장이다.

> • 판례는 결과적가중범의 공동정범을 긍정하므로 인과관계가 인정된다는 점을 전제로 예견가능성만을 언급하고 있다는 점을 정확히 이해하여야 한다.

(3) 이러한 긍정설에 따르면 사안에서 甲과 乙에게는 B의 사망결과에 인과관계가 인정되고, 사망결과에 대한 예견가능성도 인정되므로 폭행치사죄의 공동정범이 성립한다.

081

> 乙은 도피자금 마련을 위해 甲에게 이웃 주민 A가 가파른 비탈길에 있는 ○○은행에서 거액을 인출할 예정이니 함께 강취하자고 제안하였다. 이에 동의한 甲이 범행 당일 ○○은행 주변에서 망을 보고 있는 사이 乙은 ○○은행에서 나오는 A를 칼로 협박하면서 현금 1억 원이 든 A의 가방을 탈취하려 하였다. 그러나 A는 겁을 잔뜩 먹은 채로 가방을 잡고 뒷걸음치다가 가파른 비탈길 내리막 쪽으로 넘어져 상해를 입었고, 이에 놀란 乙은 가방을 챙기지도 못한 채 甲과 함께 도망하였다. 甲과 乙의 죄책은?
>
> [2023 3차 변형]

1. 특수강도미수죄의 성립

사안에서 甲과 乙은 공모하고 시간·장소적 협동관계를 이루어 A의 가방을 강취하려고 협박하였으나 미수에 그쳤으므로 甲과 乙에게는 제334조 제2항의 합동강도미수죄가 성립하고, 甲은 칼로 A를 협박하였으므로 제334조 제2항의 흉기휴대강도미수죄가 성립한다. 그리고 합동강도미수죄와 흉기휴대강도미수죄는 포괄하여 특수강도미수죄만 성립한다.

> • 특수강도의 죄수 부분도 간과하지 않는 것이 바람직하다.

2. 乙의 강도치상죄의 성립

사안에서 乙의 행위에 의하여 A가 상처를 입었으므로 강도치상죄가 문제 되지만, A의 가방을 탈취하지 못하였으므로 강도치상죄의 미수가 성립하는지 문제 된다. 결과적가중범의 미수를 인정할 것인지에 대하여 ① 긍정설과 ② 부정설의 대립이 있으나, ③ 다수설과 판례는 결과적가중범의 미수를 부정하고 있다.

생각건대 결과적가중범의 특성상 결과적가중범의 미수를 부정하는 것이 타당하므로 乙에게는 강도상죄의 기수범이 성립한다.

3. 甲의 강도치상죄의 성립

사안에서 A는 乙의 강도행위로 인하여 상처를 입었으나, 甲에게도 강도치상죄가 성립하는지 문제 된다. 결과적가중범의 공동정범을 인정할 것인지에 대하여 ① 긍정설과 ② 부정설의 대립이 있으나, ③ 판례는 긍정설을 따르고 있다. 이러한 긍정설에 따르면 사안에서 甲은 상해의 결과가 예견가능했으므로 강도치상죄의 기수의 공동정범이 성립한다.

> • 결과적가중범이 성립하기 위한 요건 중 세 번째 요건인 인과관계가 결과적가중범의 공동정범의 성립으로 인정되므로 네 번째 요건인 예견가능성만 검토하는 것이다.

082

범죄혐의가 있는 甲은 경찰관 P와 마주치자, 당황한 기색으로 도망가려 하였다. P는 이를 수상히 여기고 신분증을 제시하면서 질문을 위한 정지를 요구하였다. 이에 甲은 지니고 있던 등산용 칼로 P를 찔러 8주의 치료를 요하는 상해를 가하였다. 甲의 죄책은? (10점)   [2018 3차 변형]

1. 특수상해죄의 성립

사안에서 甲은 위험한 물건인 등산용 칼을 휴대하고 경찰관 P를 찔러 8주의 상해를 입혔으므로 A에게는 제258조의2 제1항의 특수상해죄가 성립한다.

2. 특수공무방해치상죄의 성립

사안에서 甲는 적법하게 직무질문을 하는 경찰관 P를 찔러 상해를 입히며 P의 공무집행을 방해하였으므로 부진정결과적가중범인 제144조 제2항의 특수공무집행방해치상죄가 성립한다.

3. 양 죄의 죄수 관계

부진정결과적가중범인 특수공무집행방해치상죄와 특수상해죄의 죄수 관계에 대하여 ① 다수설은 상상적 경합으로 보지만 ② 판례는 특수공무집행방해치상죄만 성립한다고 보고 있다. 따라서 판례에 따르면 사안에서 특수상해죄는 특수공무집행방해치상죄에 흡수되어 甲에게는 특수공무집행방해치상죄만 성립한다.

> • 특수상해죄와 특수공무집행방해치상죄의 죄수 관계는 폭처법상의 특수상해죄가 3년 이상으로 특수공무집행방해치상죄와 형량이 같을 때 중요한 의미가 있었다. 그러나 현재 특수상해죄는 형법 제258조의2 제1항에서 1년 이상 10년 이하의 형으로 처벌되므로 그 의미가 반감되었다.

083

A에게 절도를 하고 귀가하던 甲은, A의 신고를 받고 甲을 검거하기 위해 인근을 순찰하던 경찰관 P가 자신에게 다가오자, 평소 지니고 있던 접이식 칼을 휘둘러 P의 팔에 전치 4주의 상처를 입혔다. 甲의 죄책은?

[2024 변시]

1. 특수상해죄와 특수공무집행방해치상의 성립

사안에서 甲은 접이식 칼인 위험한 물건을 사용하여 공무를 집행하는 경찰관 P에게 상해를 가하였으므로 형법 제258조의2 제1항의 특수상해죄와 제144조 제2항의 특수공무집행방해치상죄가 성립할 수 있다.

2. 양 죄의 죄수 관계

(1) 부진정결과적가중범인 특수공무집행방해치상죄와 특수상해죄의 죄수 관계에 대하여 ① 다수설은 부진정결과적가중범과 고의범과의 죄수 관계를 상상적 경합으로 보지만 ② 판례는 ㉠ 중한 결과에 대한 고의범의 형량이 부진정결과적가중범의 형량보다 더 높은 경우에는 부진정결과적가중범과 고의범의 상상적 경합을 인정하고 ㉡ 중한 결과에 대한 고의범의 형량이 부진정결과적가중범의 형량보다 낮거나 동일한 경우에는 부진정결과적가중범이 특별관계에 있으므로 부진정결과적가중범만을 인정한다.

(2) 사안에서 문제되는 특수상해죄는 1년 이상 10년 이하의 징역이며, 특수공무집행방해치상죄는 3년 이상의 징역이다. 따라서 판례에 따르면 사안에서 특수상해죄는 특수공무집행방해치상죄에 흡수되어 甲에게는 특수공무집행방해치상죄만 성립한다.

> • 특수상해죄와 특수공무집행방해치상죄의 죄수 관계는 폭처법상의 특수상해죄가 3년 이상으로 특수공무집행방해치상죄와 형량이 같을 때 중요한 의미가 있었다. 그러나 현재 특수상해죄는 형법 제258조의2 제1항에서 1년 이상 10년 이하의 형으로 처벌되므로 그 의미가 반감되었다.

084

날치기 범행을 하고 오토바이로 귀가하던 甲과 乙은 경찰관 P의 검문에 걸려 신분증 제시를 요구받았다. 이에 자신의 전과 사실이 드러날 것을 염려한 甲은 군대 간 동생 A의 운전면허증을 제시하자, 운전면허증의 사진과 甲이 일치하지 않는다고 생각한 P는 甲에게 경찰서까지 동행해 줄 것을 요구하였다. 그러자 乙이 甲에게 "그냥 밀어버리고 튀자"라고 제안했고, 이에 甲은 오토바이를 급발진시킴으로써 막아서는 P를 오토바이로 충격하여 전치 4주의 상해를 입히고 도주하였다. 甲과 乙의 죄책은? (20점)

[2011 3차 변형]

Ⅰ. 甲의 죄책

1. 동생의 운전면허증을 제시한 행위에 대한 평가

(1) 甲은 불심검문을 받자 동생인 A의 운전면허증을 경찰관에게 제시하고 있는바 이러한 행위가 공문서부정행사죄에 해당하는지 문제 된다.

(2) 사안과 같이 권한 없는 자가 타인의 공문서를 사용한 경우에 ① 사용권한 없는 자의 용도에 따른 사용의 경우에는 공문서 부정행사죄가 성립하는 것에 대하여는 이론이 없지만 ② 사용권한 없는 자의 용도외의 사용인 경우에 대하여, 다수설과 판례는 본래의 용도 이외의 사용은 이를 특정하기 어려우므로 축소해석할 필요가 있다고 보아 이를 부정하고 있다.

(3) 사안에서는 운전면허증을 신분확인용으로 사용하고 있는바 이를 용도내의 사용으로 볼 것인지에 대하여 논의가 있다. 이에는 ① 본래의 사용목적에 '동일인증명' 기능이 없다는 점을 중시하는 용도외 사용설 (전합의 반대의견) ② 운전면허증은 '자격증명' 기능 이외에 '동일인 증명' 기능도 겸하는 기능이 있다는 점을 중시하는 용도내 사용설(전합의 다수의견)이 대립하고 있다.

(4) 생각건대 현실적으로 운전면허증은 주민등록증과 대등한 신분증명서로 널리 사용되고 있다는 점 등을 고려하면 용도내 사용으로 보는 것이 타당하다. 따라서 이러한 용도내 사용설에 따르면 甲에게는 공문서부정행사죄가 성립한다.

2. 경찰관 P를 오토바이로 충격하여 전치 4주의 상해를 입힌 행위

(1) 甲이 위험한 물건인 오토바이로 경찰관 P를 충격하여 상해를 입힌 행위는 특수공무집행방해치상죄에 해당한다. 그리고 이는 동시에 특수상해죄에 해당한다.

(2) 이러한 두 죄 사이의 죄수 관계가 문제 되는바 이에 대하여 ① 학설은 일반적으로 두 죄의 상상적 경합을 인정하지만 ② 판례는 특수공무집행방해치상죄를 특수상해죄의 특별관계로 보아 특수공무집행방해치상죄만을 인정하고 있다.

(3) 이러한 판례의 입장에 따르면 甲은 특수공무집행방해치상죄가 성립한다.

> • 특수상해죄와 특수공무집행방해치상죄의 죄수 관계는 폭처법상의 특수상해죄가 3년 이상으로 특수공무집행방해치상죄와 형량이 같을 때 중요한 의미가 있었다. 그러나 현재 특수상해죄는 형법 제258조의2 제1항에서 1년 이상 10년 이하의 형으로 처벌되므로 그 의미가 반감되었다.

Ⅱ. 乙의 죄책

1. 甲의 운전면허증을 제시한 행위에 대한 죄책

甲이 경찰관 P에게 운전면허증을 제시한 행위에 대하여 乙은 전혀 가담한 바가 없으므로 이에 대해서는 책임을 지지 아니한다.

2. 오토바이로 경찰관 P를 상해입힌 부분에 대한 죄책

(1) 乙은 甲에게 오토바이로 '그대로 밀어버리고 튀자'라고 제의하고, 甲은 이에 따랐던바 乙이 가담한 부분의 범죄에 대하여 정범인지 공범인지 문제 된다. 그런데 사안에서 실제 행위를 甲이 하고 있으며 제의한 것만으로는 공동정범의 기능적 행위지배의 정범표지가 구비되었다고 보기는 어려우므로 교사범만 성립한다.

(2) 교사범의 죄책 범위에 대하여 판례의 입장에 따르면 乙은 특수공무집행방해치상죄의 교사범이 성립한다.

085

甲은 A의 집에 귀금속이 있음을 알고 乙과 丙에게 A의 집에 불을 질러 A를 살해하고 귀금속을 가져 나와 나누어 가지자고 제안하였다. 이 제안을 승낙한 乙과 丙은 야간에 A의 집에 들어가 A를 묶어두고 귀금속을 가지고 나오면서 A의 집에 불을 질러 A를 질식사하게 하였다. 범행 후 甲, 乙, 丙은 귀금속을 甲이 보관하고 있다가 처분해서 그 금액을 배분하기로 하였다. 甲, 乙, 丙의 죄책은? (25점)

[2018 2차 변형]

Ⅰ. 乙과 丙의 죄책

1. 재물을 탈취한 부분까지의 죄책

(1) 공동주거침입죄의 성부

사안에서 乙과 丙은 A의 집에 강도살인을 하기 위하여 침입하고 있다. 이러한 乙과 丙의 행위는 폭처법 제2조 제2항의 공동주거침입죄가 성립한다.

(2) 특수강도죄의 성부

사안에서 乙과 丙은 야간에 A의 집에 침입하여 A를 묶어두고 귀금속을 가지고 나왔으므로 제334조 제1항의 특수강도죄가 성립한다. 그리고 乙과 丙은 시간·장소적으로 협동하여 강도를 하고 있으므로 제334조 제2항의 특수강도죄도 성립한다.

(3) 소결 - 죄수 정리

사안에서 乙과 丙은 제334조 제1항의 특수강도죄가 성립하므로 주거침입죄는 이에 흡수된다. 그리고 제334조 제1항과 제2항의 특수강도가 경합한 경우에는 포괄하여 특수강도 1죄가 되므로 乙과 丙은 특수강도 1죄만 성립한다.

> • 특수강도의 죄수 판단 부분도 간과하지 않아야 한다.

2. 불을 질러 A를 사망케 한 부분까지의 죄책

(1) 강도살인죄의 성부

사안에서 乙과 丙은 귀금속을 탈취하기 이전부터 방화하여 A를 살해할 의사를 가지고 있었으므로 乙과 丙은 강도살인죄의 공동정범이 성립한다.

(2) 현주건조물방화치사죄의 성부

사안에서 乙과 丙은 A가 살고 있는 집에 방화하여 A를 살해할 의사를 가지고 A를 살해하고 있으므로 부진정결과적가중범인 현주건조물방화치사죄의 공동정범이 성립한다.

(3) 죄수 정리

사안에서 乙과 C에게 강도살인죄와 부진정결과적가중범인 현주건조물방화치사죄의 죄수 관계가 문제 되지만, 강도살인죄의 형(제338조 1문)은 사형 또는 무기징역이므로 현주건조물방화치사죄의 형(제164조 제2항 2문)인 사형, 무기 또는 7년 이상의 징역보다 무겁다. 이러한 경우에는 다수설과 판례는 모두 두 죄의 상상적 경합을 인정하므로 강도살인죄와 현주건조물방화치사죄는 상상적 경합 관계에 있다.

> • 학설과 판례가 일치하는 부분이므로 간명하게 처리하는 것이 바람직하다.

3. 귀금속을 甲에게 보관시킨 행위에 대한 죄책

장물인 귀금속을 甲에게 보관시킨 행위와 관련하여 장물죄의 성부가 문제 되지만, 乙과 丙은 귀금속을 강취한 재산범죄의 정범이므로 장물죄는 성립하지 아니한다.

> • 이 부분은 큰 의미는 없어 보이지만, 채점기준표에 배점이 있으므로 수험생 입장에서는 가능하면 적어주는 것이 바람직하다.

4. 乙과 丙의 죄책 정리

사안에서 乙과 丙은 강도살인죄와 현주건조물방화치사죄의 공동정범의 상상적 경합이 성립한다.

Ⅱ. 甲의 죄책

1. 강도살인죄와 현주건조물방화치사죄에 대한 죄책

사안에서 甲은 乙과 丙에게 강도살인죄와 현주건조물방화치사죄를 범하도록 제안을 한 주모자이므로 기능적 행위지배가 인정되어 공동정범이 될 수 있다. 따라서 甲은 강도살인죄와 현주건조물방화치사죄의 공동정범의 상상적 경합범이 된다.

2. 귀금속을 보관한 행위에 대한 죄책

甲은 재산범죄인 강도살인죄의 정범이므로 귀금속을 보관한 행위에 대해서는 장물죄가 성립하지 않는다.

086

甲은 재력가인 아버지 A가 평소 자신을 한심하다고 나무라면서 재산 또한 사회에 모두 환원하겠다고 자주 말하던 것에 불만을 품고 있었다. 그러던 와중에 교통사고로 인한 퇴사로 인해 경제적으로 어렵게 되자, 혼자 살고 있는 A를 죽여 사망보험금을 타내려고 하였다. 甲은 A가 안방에서 잠든 사이 장롱에 두루마리 화장지를 넣고 불을 붙이자, 불이 옷에 옮겨붙어 A는 연기에 질식사하였다. A의 사망과 관련한 甲의 죄책과 죄수 관계를 논하시오. (10점)

[2022 2차 변형]

1. 논의점

사안에서 甲에게는 아버지 A를 살해하였으므로 존속살해죄가 성립하고 현주건조물에 방화를 하여 A를 살해하였으므로 부진정결과적가중범인 현주건조물방화치사죄가 성립한다. 그리고 이 두 죄의 죄수 관계에 대하여 논의가 있다.

2. 학설과 판례의 태도

(1) 다수설은 부진정결과적가중범의 형량이 고의범죄보다 높거나 낮거나를 불문하고 부진정결과적가중범과 고의범죄의 상상적 경합설을 주장한다.

(2) 이에 대하여 판례는 ① 중한 결과에 대한 고의범의 형량이 부진정결과적가중범의 형량보다 더 높은 경우에는 부진정결과적가중범과 고의범의 상상적 경합을 인정하고 ② 중한 결과에 대한 고의범의 형량이 부진정결과적가중범의 형량보다 낮거나 동일한 경우에는 부진정결과적가중범이 특별관계에 있으므로 부진정결과적가중범만을 인정한다.

3. 검토 및 사안의 해결 - 판례에 따른 결론

종래 존속살해죄가 사형 또는 무기일 때의 판례는 두 죄의 상상적 경합으로 처리하였지만, 1995년의 개정으로 존속살해죄의 형량이 7년 이상으로 현주건조물방화죄와 동일하게 감경되었다. 그러나 존속살해죄의 경우에는 자격정지를 병과할 수 있어 존속살해죄의 형이 더 무거우므로 개정법에 의하더라도 甲에게는 두 죄의 상상적 경합이 성립한다고 할 것이다.

- 학설에 따른 결론을 부기하면 다음과 같다. - 생각건대 부진정결과적가중범의 죄수 판단에 대하여는 상상적 경합설을 따르는 것이 타당하다. 판례와 다수설의 태도에 실질적인 차이점은 없어 보이지만 ① 고의로 중한 결과를 야기한 경우와 과실로 야기한 경우를 명백히 밝혀주는 것이 바람직하며 ② 이론상의 문제이기는 하지만 상상적 경합을 인정하여야 중한 결과의 고의범의 형벌의 하한이 결과적가중범의 형벌의 하한보다 무거울 때 고의범의 하한 이상의 형으로 처벌될 수 있기 때문이다. 따라서 이러한 상상적 경합설에 따르면 甲에게는 존속살해죄와 현주건조물방화치사죄의 상상적 경합이 성립한다.

087

甲은 A를 살해하기 위하여 청산가리 분말을 구입하여 찬장에 보관하였다. 그런데 甲의 처인 W는 이 청산가리를 설탕으로 알고 먹다가 쓰러졌다. W를 발견한 甲은 이번 기회에 "차라리 W가 죽었으면 좋겠다"라고 바라면서 이를 방치하였고, W는 다음 날 사망하였다. W의 사망에 대한 甲의 죄책은? (10점)　　　[2014 3차 변형]

1. 보증인적 지위의 인정 여부

甲에게 부작위에 의한 살인죄가 인정되기 위해서는 보증인적 지위가 인정되어야 한다. 보증인적 지위가 인정되기 위해서는 ① 법익의 담당자가 위협되는 침해에 대하여 스스로 보호할 능력이 없는 '구성요건적 상황'이 있어야 하며 ② 부작위범에게 법익침해의 야기사태를 지배할 수 있는 '개별적인 행위가능성'이 있어야 하며 ③ 부작위범에게 그 위험으로부터 법익을 보호해야 할 의무인 '작위의무'가 있어야 한다. 사안에서는 甲은 W와 부부지간이므로 작위의무가 인정되는 등 모든 요건이 구비되어 있으므로 甲은 보증인적 지위에 있다.

- 보증인 지위가 인정되기 위한 세가지 요건은 암기해 두는 것이 바람직하다. 그리고 실제 답안에서는 요건의 핵심만 적는 것이 바람직하다.

2. 살인죄의 고의

사안에서 부작위에 의한 살인죄의 고의를 인정하기 위해서는 甲에게 살인죄의 고의가 있어야 하는데 사안에서 甲은 'W가 죽었으면 좋겠다'라고 바라고 있으므로 살인죄의 고의가 인정된다.

3. 인과관계 및 객관적 귀속의 판단

사안에서 W는 청산가리에 의하여 즉사한 것이 아니라 다음날 사망하고 있다. 따라서 甲의 부작위에 의해 W의 사망 결과가 야기된 것으로 보기에 충분하므로 인과관계 및 객관적 귀속도 인정된다.

4. 결 언

사안에서 甲은 W에 대한 부작위에 의한 살인죄가 성립한다.

고속도로를 순찰하던 경찰관 P는 교통사고로 갓길에 쓰러져 있는 A를 발견하고 얼굴을 살펴본 결과 이전에 자신을 심하게 괴롭혔던 사람이라는 것을 알게 되었다. P는 A를 그대로 두면 죽을 수도 있다고 생각하였지만, 복수를 위해서는 "어쩔 수 없다"라고 생각하고 그대로 가버렸다. P가 A를 구하였으면 살 수 있었으나, P가 구하지 않아 A는 사망하였다. P의 죄책은? (10점) [2015 3차 변형]

1. 논의점

사안에서 P에게 부작위에 의한 살인죄가 성립할 수 있는지 문제 된다.

2. 객관적 구성요건

(1) 보증인적 지위의 인정

부진정부작위범이 성립하기 위하여는 P에게 보증인적 지위가 인정되어야 한다. 보증인적 지위가 인정되기 위하여는 ① 구성요건적 상황 ② 작위의무 ③ 개별적인 행위가능성이 있어야 한다.

사안에서 ① A는 스스로를 보호할 수 없는 구성요건적 상황이 존재하고 ② P에게는 경찰관직무집행법 제4조에 따라 A를 구조하여야 할 작위의무가 인정되며 ③ P는 A를 구조할 수 있었으므로 개별적 행위가능성도 인정된다. 따라서 사안에서 P에게는 보증인적 지위가 인정된다.

(2) 인과관계의 인정

사안에서 P가 A를 구하였으면 살 수 있었으나, P가 구하지 않아 A가 사망하였으므로 인과관계도 인정된다.

3. 주관적 구성요건

사안에서 P는 A를 그대로 두면 죽을 수도 있다고 생각했음에도 불구하고, 복수를 위해 "죽어도 어쩔수 없다"라고 하면서 결과발생을 인용하고 있으므로 살인죄의 미필적 고의도 인정된다.

4. 사안의 해결

사안에서 P는 부진정부작위에 의한 살인죄의 구성요건을 충족하였으므로 살인죄의 죄책을 진다.

A는 집에 있다가 강도범들에게 칼에 찔려 의식이 없는 상태이다. 이러한 상황을 모른 채 새벽에 집에 돌아온 A의 아들 甲은 A가 침대에서 피를 흘리며 쓰러져 있는 것을 발견하고 병원으로 이송하지 않으면 A가 사망할 것이라는 사실을 알았으나, 이 기회에 상속을 받으려고 A를 구조하지 아니한 채 그대로 집에서 나와 버렸다. 그 결과 A는 과다출혈로 사망하였다. 甲이 A를 발견하였을 당시 병원에 옮겼더라면 생명을 구할 수 있는 상황이었다. 甲의 죄책은? (7점) [2012 2차 변형]

(1) 사안에서 甲은 아버지 A의 위급한 상황을 알면서도 이를 구제하지 않고 방치하여 사망에 이르게 하고 있다. 이러한 甲의 행위는 부작위범의 성립이 문제 되는바, 부작위범이 성립하기 위해서는 ① 구성요건적 상황 ② 작위의무 ③ 행위가능성이 있어 보증인적 지위에 있는 사람이 ④ 존속살해죄의 고의로 ⑤ 부작위를 하여 ⑥ 사망의 결과를 창출시켜야 한다.

(2) 사안에서는 ① 피해자인 A가 스스로를 돌볼 수 없는 상황이 있고 ② 甲은 A와 부자지간이므로 작위의무가 인정되고 ③ A를 살리기 위하여 甲이 작위를 할 가능성이 있었으므로 甲은 보증인적 지위에 있었고 ④ 상속을 받으려고 살인의 고의를 가지고 ⑤ 부작위를 하여 ⑥ A를 사망에 이르게 하였으므로 甲에게는 부작위에 의한 존속살해죄가 성립한다.

> • 상황에 따라서는 (2) 부분만 설시하는 것도 가능하다.

> • 작위범에 부작위범이 가담한 경우 부작위범의 범죄 태양은 ① 작위범의 실행 행위에 대하여 의사의 연락이 있으면 공동정범이 성립하고 ② 작위범의 실행 행위에 대하여 의사의 연락이 없으면 방조범이 성립하고 ③ 작위범의 범행 이후에 가담하는 경우에는 단독범이 된다.

090

甲은 길을 가다가 A에게 강도를 당하게 되었다. A가 반항하는 甲을 넘어뜨리고 甲의 안주머니에서 지갑을 꺼낸 다음 증거를 인멸하기 위해 칼로 甲을 살해하려 하자, 甲은 살기 위해 길바닥에 있던 벽돌로 A의 머리를 내리쳤다. 甲은 벽돌에 맞고 쓰러져 피를 많이 흘린 A를 그대로 두면 죽을 수도 있다고 생각했다. 甲은 인근에 병원도 있었지만 겁을 먹고 현장을 빠져나와 버렸고, 얼마 후 A는 현장에서 과다출혈로 사망하였다. 甲의 죄책은? (20점)

[2022 1차 변형]

Ⅰ. 작위에 의한 살인죄의 검토(5점)

사안에서 甲은 A의 머리를 벽돌로 내리쳐 사망에 이르게 하였으므로 甲에게는 살인죄의 구성요건해당성이 인정된다. 그러나 사안에서 A가 먼저 甲을 강도살인을 범하려고 하였으므로 甲에게는 현재의 부당한 침해가 인정되고, A를 살해하였다고 하더라도 상당성이 인정되어 정당방위가 인정되므로 甲의 행위는 위법성이 조각되어 무죄가 된다.

Ⅱ. 부작위에 의한 살인죄의 검토

1. 논의점

사안에서 甲에게 부작위에 의한 살인죄가 성립될 수 있는지와 관련하여 甲에게 보증인적 지위를 인정하기 위한 작위의무가 인정될 수 있는지에 대하여 논의가 있다.

2. 견해의 대립

사안과 같이 적법한 선행행위를 한 경우에도 작위의무가 인정될 수 있는지에 대하여 ① 선행행위로 인한 작위의무는 적법과 위법을 불문하고 위험을 야기시키는 선행행위만으로 충분하다고 하는 긍정설 ② 선행행위로 인한 작위의무는 위법해야 하므로 정당한 선행행위인 경우에는 작위의무가 인정될 수 없다는 부정설이 대립하고 있다.

3. 검토 및 사안의 해결

생각건대 위법하지 않은 선행행위로부터 작위의무가 발생한다는 것은 일반 법리에 반하므로 부정설이 타당하다. 따라서 사안에서 甲에게는 부작위에 의한 살인죄는 성립하지 않는다.

> • 20여 년 전에 논의되던 쟁점이 모의고사 문제로 출제되었다.

Ⅲ. 유기치사죄의 성립

사안에서 甲에게 유기치사죄가 성립할 수 있는지 문제 되지만, 유기죄의 보호의무는 법률상 또는 계약상의 보호의무로 한정된다는 것이 다수설과 판례의 태도이므로 甲에게는 보호의무가 인정되지 않아 유기치사죄는 성립하지 않는다.

Ⅳ. 결 론

따라서 사안에서 甲에게는 범죄가 성립하지 않는다.

091

> 甲(여, 23세)은 어머니 乙, 의붓아버지 A와 함께 살고 있는데, 어느 날 밤에 甲이 잠을 자고 있을 때 A가 칼을 들고 방으로 들어와 말을 듣지 않으면 죽여 버리겠다고 하면서 성폭행하려 하자 너무 놀라 A를 힘껏 떠밀었다. A가 넘어지면서 방바닥에 머리를 부딪쳐 정신을 잃고 쓰러졌음에도 甲은 A에게 달려들어 겁에 질린 목소리로 '죽어라'고 외치며 목을 졸랐고 이로 인해 A는 질식사하였다. 한편 A의 부인 乙은 A가 사망하기까지의 모든 과정을 알면서도 A의 술주정과 폭행 등 그간 행실이 지긋지긋하여 모른 체하며 옆방에서 자는 척하고 있었다. 乙의 죄책은? (25점)   [2019 3차 변형]

1. 쟁점의 정리

사안에서 정범인 甲은 존속살해죄의 구성요건에 해당하지만, 제21조 제3항에 의하여 책임이 조각되어 무죄가 된다. 사안에서 乙의 죄책과 관련하여 ① 乙에게 부작위범이 성립할 수 있는지 ② 乙이 정범인지 공범인지 ③ 공범과 신분이 문제 된다.

2. 부진정부작위범의 성립

사안에서 乙은 부작위로 甲의 범행에 가담하고 있다. 살인죄와 같은 부진정부작위범이 성립하기 위해서는 乙에게 보증인적 지위가 인정되어야 하며, 보증인적 지위가 인정되기 위해서는 ① 구성요건적 상황 ② 작위의무 ③ 개별적 행위가능성이 인정되어야 한다. 사안에서 ① A에게는 스스로를 구조할 수 없는 상황이 인정되고 ② 乙은 A에 대하여 부부간의 부양의무가 있으므로 작위의무가 인정되고 ③ 甲에 대한 조치를 취할 수 있었으므로 乙에게는 보증인적 지위가 인정된다. 이러한 보증인적 지위가 인정됨에도 부작위하였으므로 乙에게는 부작위범이 성립한다.

3. 정범과 공범의 구별

(1) 논의점

사안에서 乙은 甲이 자기 남편을 살해한다는 것을 알면서도 의사의 연락없이 부작위로 가담한 乙이 정범인지 공범인지에 대하여 논의가 있다.

(2) 견해의 대립과 판례의 태도

이에 대하여는 ① 작위와 부작위를 구별할 필요없이 작위범에 있어서 구별기준을 그대로 적용하면 된다는 작위·부작위 구별 불요설 ② 작위와 부작위의 형태로 수인이 범행에 참가한 경우에 부작위에 의해 참가한 자는 원칙적으로 종범이 된다는 원칙적 종범설 ③ 원칙적으로 정범이 되지만, 일정한 경우에는 제한적으로 종범이 성립한다는 원칙적 정범설 등이 대립하고 있으며, ④ 판례는 '은행지점장 배임방조 사건'에서 '은행지점장이 정범인 부하직원들의 범행을 인식하면서도 그들의 은행에 대한 배임행위를 방치하였다면 업무상 배임죄의 방조범이 성립한다'라고 하여 작위의무 있는 자의 편면적 가담에 대하여 부작위에 의한 방조를 인정하고 있어 일응 원칙적 종범설을 택하였다고 볼 수 있다.

(3) 검토 및 사안의 해결

생각건대 ① 편면적인 작위의무자의 부작위는 행위지배를 인정하기 어려워 정범성을 인정할 수 없고 ② 부작위범에 대하여 임의적 감경을 하지 않는 현행법하에서는 부작위로 가담한 자를 방조범으로 처벌함으로써 입법상의 불비를 해석론상 보완할 수 있으므로 원칙적 종범설이 타당하다. 따라서 사안에서 乙은 종범만이 성립된다.

> • 작위범에 부작위범이 가담한 경우 부작위범의 범죄 태양은 ① 의사의 연락이 있으면 공동정범이 성립하고 ② 의사의 연락이 없으면 방조범이 성립하고 ③ 작위범의 범행 이후에 가담하는 경우에는 단독범이 된다.

4. 존속살해죄의 방조범 성립 여부

(1) 논의점

사안과 같이 비신분자가 가중적 신분을 지닌 부진정신분범 즉, 존속살해죄에 가담한 경우에 乙에게도 존속살해죄의 방조범을 인정할 것인지와 관련하여 제33조의 본문과 단서의 해석에 대해 논의가 있다.

(2) 제33조의 해석론

이에 대하여는 ① 제33조 단서의 적용으로 보통살인죄의 교사범만 성립한다는 다수설과 ② 제33조 본문의 적용으로 존속살해죄의 교사범이 성립하지만, 제33조 단서의 적용으로 보통살인죄의 교사범으로 처벌된다는 판례가 대립하고 있다.

(3) 검토 및 사안의 해결

생각건대 제33조의 조문의 해석에 충실한 판례의 태도가 타당하다. 이러한 판례의 태도에 따르면 B는 제33조 본문에 의하여 존속살해죄의 방조범이 성립하지만, 제33조 단서에 따라 보통살인죄의 방조범으로 처벌된다.

5. 乙의 죄책

乙에게 부작위에 의한 존속살해죄의 방조범이 성립하고 보통살인죄의 방조범으로 처벌된다.

제8장 | 죄수론

092

경찰의 수배를 피하여 A의 집에 머물던 甲은 우연히 A 명의의 예금계좌 아이디와 비밀번호를 알게 되었다. 甲은 인터넷 뱅킹으로 A의 예금계좌에서 자신의 예금계좌로 2015. 7. 10. 2백만 원 (제1사건), 2015. 7. 11. 5백만 원(제2사건), 2015. 7. 12. 7백만 원(제3사건)을 각각 이체시킨 후 이를 인출하여 그 정을 알고 있는 친구 乙에게 보관시켰다. 甲과 乙의 죄책은? (20점)

[2015 3차 변형]

I. 甲의 죄책

1. 문제의 제기

사안에서 甲의 죄책과 관련하여 ① A의 계좌에서 자신의 예금계좌로 계좌이체한 행위의 죄책 ② 여러 번의 계좌이체를 한 행위의 죄수문제 ③ 계좌이체된 돈은 찾은 행위의 죄책의 순서로 검토한다.

2. 컴퓨터사용사기죄의 성립

사안에서 甲이 인터넷으로 계좌이체를 한 행위는 컴퓨터 등 정보처리장치에 권한없이 정보를 입력하여 정보처리를 하게 함으로써 재산상의 이익을 취득한 것이므로 컴퓨터등사용사기죄가 성립한다.

3. 컴퓨터등사용사기죄의 죄수 문제

사안에서 甲은 3차례에 걸쳐 계좌이체를 하였으므로 이에 대한 죄수가 문제 된다. 기본적으로 수개의 행위이므로 실체적 경합이 되어야 하겠으나, 동일한 방법의 연속된 수개의 행위가 시간적·장소적으로 계속된 상태에서 동일 법익을 침해하였으므로 포괄일죄인 연속범이 성립한다고 보아야 한다. 따라서 사안에서 甲의 행위는 컴퓨터등사용사기죄의 포괄일죄가 성립한다.

> • 포괄일죄의 죄수 판단 부분을 간과하지 말아야 한다.

4. 자신의 계좌로 이체된 예금을 인출한 행위의 죄책

(1) 현금지급기에서 예금인출한 경우 절도죄 불성립

사안에서 甲이 현금지급기에서 예금을 인출한 경우에는 자신의 현금카드를 이용한 것이어서 이러한 현금인출이 현금지급기 관리자의 의사에 반한다고 볼 수 없어 절취행위에 해당하지 않으므로 절도죄를 구성하지 아니한다.

(2) 은행창구에서 예금인출한 경우 사기죄의 불성립

사안에서 甲이 은행창구에서 예금을 인출한 경우에는 甲은 예금주로서 은행에 대하여 예금반환을 청구할 수 있는 권한을 가진 자이므로, 은행을 피해자로 한 사기죄가 성립하지 않는다.

(3) 장물죄의 불성립

사안에서 甲이 컴퓨터등사용사기죄에 의하여 취득한 예금채권은 재물이 아니라 재산상 이익이므로, 자신의 예금계좌에서 돈을 인출하였더라도 장물을 금융기관에 예치하였다가 인출한 것으로 볼 수 없어 장물취득죄는 성립하지 않는다.

5. 甲의 죄책

사안에서 甲은 컴퓨터등사용사기죄의 포괄일죄가 성립한다.

Ⅱ. 乙의 죄책

(1) 사안에서 乙은 甲이 컴퓨터등사용사기죄를 범한 것을 알면서도 동범죄를 통해 계좌이체된 예금을 인출한 금전을 보관하고 있다. 이러한 경우에 乙의 장물죄의 성립 여부가 문제가 된다.

(2) 장물죄가 성립하기 위해서는 재산범죄로 취득한 재물인 장물이 존재하여야 한다. 그러나 위에서 살펴본 바와 같이 甲이 컴퓨터등사용사기죄로 취득한 예금은 재산상의 이익이지 재물이 아니므로 장물이 되지 아니하고, 이를 인출한 행위가 새로운 재산범죄가 되지 않는 이상 사안에서는 장물은 생성되지 않았으므로 乙에게는 장물보관죄는 성립하지 않는다. 따라서 乙은 무죄가 된다.

제3편

형벌론

제4편

개인적 법익에 관한 죄

제1장 | 생명 · 신체에 관한 죄

093

甲은 원한 관계에 있는 A를 찾아가서 주먹과 발로 눈 주위 등 안면을 무차별 가격하였으며, 그로 인하여 A는 실명하였다. 甲의 죄책은? (7점)

[2016 2차 변형]

1. 甲에게 폭행의 고의만 있는 경우

사안에서 甲은 A를 무차별 폭행하여 실명시키고 있다. 이러한 甲의 행위는 기본적으로 폭행죄가 성립하지만, A를 실명시키는 중상해를 야기시켰으므로 甲의 죄책은 폭행치상죄가 성립하고 제262조에 의하여 제258조 제2항의 중상해죄의 예로 처벌된다.

2. 甲에게 상해의 고의 내지 중상해의 고의가 있는 경우

만약 甲에게 상해의 고의가 있었다면 기본적으로 상해죄가 성립한다. 그리고 중상해죄는 부진정결과적가중범이므로 甲에게 중상해인 실명에 대한 고의가 있거나 과실이 있거나를 불문하고 제258조의 제2항의 중상해죄가 성립한다.

094

甲은 조카인 A가 한밤중에 술에 취하여 찾아와 과도를 들고 주사를 부리기에 그 과도를 빼앗고 훈계를 하였다. 한참 훈계를 하던 중 정신 차리라는 의미에서 칼자루로 가볍게 A의 머리를 한 대 때렸다. 甲의 죄책은? (10점)

[2014 2차 변형]

1. 위험한 물건의 판단

(1) 판례에 의하면 특수폭행죄에서의 위험한 물건의 판단은 획일적인 것이 아니라 상대적이므로 위험한 물건에 해당하는지 여부는 구체적인 사안에서 사회통념에 비추어 그 물건을 사용하면 상대방이나 제3자가 생명 또는 신체에 위험을 느낄 수 있는지 여부에 따라 판단하여야 한다고 한다.

> • 사안에서 중요한 것은 위험한 물건의 개념이 아니라 위험한 물건의 판단이므로 위와 같이 서술한 것이다. 참고로 위험한 물건이란 그 본래의 성질이나 사용 용법에 따라서는 사람의 생명 · 신체에 위해를 줄 수 있는 물건을 말한다.

(2) 그리고 판례는 사안과 유사한 사안에서 '피고인이 이를 저지하기 위하여 그 칼을 뺏은 다음 피해자를 훈계하면서 위 칼의 칼자루 부분으로 피해자의 머리를 가볍게 쳤을 뿐이라면 피해자가 위험성을 느꼈으리라고는 할 수 없다'라고 하여 특수폭행죄의 성립을 부정하고 있다. 따라서 사안에서 甲에게는 특수폭행죄가 성립하지 않고 단순폭행죄의 구성요건에만 해당한다.

2. 사회상규에 의한 위법성조각의 검토

甲에게 단순폭행죄의 구성요건에 해당한다면, 甲의 행위가 사회상규에 어긋나지 않는 행위로서 위법성이 조각될 수 있는지 문제 된다. 사안에서 甲은 주사를 부리는 조카 A를 타이르는 과정에서 폭행을 한 것이므로 이는 사회상규에 어긋나지 않는 행위라고 평가할 수 있다. 따라서 甲의 행위는 무죄가 된다.

095

甲은 자기 집에 찾아 온 채권자 A가 채무변제를 독촉하자 이를 모면하려고 집에서 차를 몰고 나가려고 했다. 그 순간 A가 甲의 차 앞에 서서 "빚을 갚아라"라고 소리를 치자, 甲은 A가 상처를 입어도 어쩔 수 없다고 생각하면서 차 앞 범퍼로 들이받아 A를 넘어뜨려 4주의 치료를 요하는 상처를 입혔다. 甲의 형사책임을 논하시오. (17점)

[2013 2차 변형]

1. 논의점

사안에서 甲은 자동차를 이용하여 A에게 상해를 입히고 있으므로 형법 제258조의2 제1항의 특수상해죄가 성립하는지 문제 된다.

2. 객관적 구성요건의 검토

(1) 판례는 '위험한 물건에 해당하는지 여부는 구체적인 사안에서 사회통념에 비추어 그 물건을 사용하면 상대방이나 제3자가 생명 또는 신체에 위험을 느낄 수 있는지 여부에 따라 판단하여야 한다'라고 하고 있다. 이러한 기준에 따르면 사안에서의 자동차는 위험한 물건에 해당한다.

(2) 자동차를 이용한 경우가 '위험한 물건을 휴대'한 것인지에 대하여 ① 휴대는 사전적 의미 그대로 몸에 지니는 것을 의미하므로 휴대에 포함되지 않는다는 부정설과 ② 휴대는 소지하는 것에 한정하지 않고 '널리 이용하여'와 같은 의미라고 해석하여 휴대에 포함된다는 긍정설인 판례의 태도가 대립하고 있다.

(3) 생각건대 자동차를 이용한 범죄를 억지하기 위한 형사정책적 측면을 고려하면 긍정설인 판례의 입장이 타당하다. 따라서 사안에서 甲의 행위는 특수상해죄의 객관적 구성요건에 해당한다.

3. 주관적 구성요건의 검토

(1) 사안에서 A에게 상해를 입힌 甲의 행위에 특수상해의 미필적 고의가 있는지 문제 된다.

(2) 미필적 고의와 인식있는 과실과의 구별 기준에 대하여는 ① 가능성설 ② 개연성설 ③ 인용설 ④ 감수설 등이 대립하고 있으나, ⑤ 판례는 '미필적 고의가 있었다고 하려면 결과발생의 가능성에 대한 인식이 있음은 물론 나아가 결과발생을 용인하는 내심의 의사가 있음을 요한다'라고 하여 인용설을 따르고 있다.

(3) 이러한 판례의 입장인 인용설에 따르면, 사안에서는 甲은 위험한 물건인 자동차를 이용하여 A를 충격하면서 'A가 상처를 입어도 어쩔 수 없다'라고 인용하고 있으므로 甲에게는 특수상해의 고의가 인정된다.

4. 사안의 해결

사안에서 甲에게는 형법 제258조의2 제1항의 특수상해죄가 성립한다.

甲은 자신의 자동차에 올라 시동을 걸었는데, 평소 층간소음 문제로 다툼이 잦았던 A가 甲의 자동차 앞을 가로막았다. 이에 甲이 A를 향해 부딪힐 듯이 차를 조금씩 전진시키면 A가 뒤로 물러나고, 그러면 또다시 A를 향해 앞으로 전진시키는 행위를 반복하였다. 甲의 죄책은? (5점)

[2020 3차 변형]

판례에 의하면 '자신의 차를 가로막는 피해자를 부딪힌 것은 아니라고 하더라도, 피해자를 부딪힐 듯이 차를 조금씩 전진시키는 것을 반복하는 행위 역시 피해자에 대해 위법한 유형력을 행사한 것이라고 보아야 한다'라고 하고 있다. 따라서 사안에서 甲에게는 폭행이 인정되며, 위험한 자동차를 이용하여 폭행하고 있으므로 제261조의 특수폭행죄가 성립한다.

• 5점 배점의 문제이므로 간략하게 적는 것이 바람직하다.

甲은 A(여, 20세)에게 강간을 하던 현장에 도착한 A의 아버지 B를 발견하고 체포될까 두려워 도망치다가 아파트 후문 노상에서 B에게 잡히자, B를 때려눕히고 발로 복부를 여러 번 걷어찬 다음 도망갔다. 약 2시간 후 甲의 친구 乙이 평소에 감정이 좋지 않던 B가 쓰러진 것을 우연히 발견하고 화가 나서 발로 B의 복부를 여러 번 걷어찼다. 며칠 후 B는 장 파열로 사망하였는데, 부검결과 甲과 乙 중 누구의 행위로 인하여 사망하였는지 판명되지 않았다. 甲과 乙의 죄책을 논하시오. (10점)

[2021 변시]

1. 독립된 폭행 행위로 사망의 결과를 발생시킨 경우에 대한 제263조 적용 여부

(1) 사안과 같이 독립된 폭행행위가 경합하여 사망의 결과를 발생시킨 경우에도 제263조의 동시범의 특례를 적용할 수 있는지가 문제 된다.

(2) 이에 대하여 ① 다수설은 사망의 결과가 발생한 경우까지 그 적용범위를 넓히는 것은 피고인에게 불리한 유추적용이므로 제263조가 적용되지 않는다는 부정설을 따르고 있지만, ② 판례는 제263조는 폭력행위에 대한 정책적 규정이라는 점에 주목하여 폭행치사죄와 상해치사죄의 경우에도 제263조가 적용된다는 긍정설의 입장을 따르고 있다.

2. 검토 및 사안의 해결

생각건대 제263조는 위헌의 소지가 있는 규정이며, 법문에 '상해의 결과'라고 명시하고 있음에도 이 규정을 폭행치사죄 및 상해치사죄의 경우까지 적용하는 것은 죄형법정주의에 반하는 해석이므로 제263조가 적용되지 않는다고 보는 것이 타당하다. 따라서 사안에서 甲과 乙에게는 폭행치사죄가 성립하지 않고, 폭행죄만 성립한다.

• 제263조에 대하여 헌법재판소는 합헌 결정을 내렸지만, 5:4로 위헌의견이 많았으므로 제263조의 적용범위를 제한하는 답안으로 작성한다.

甲과 乙은 甲이 운전하는 자동차를 이용하여 야외로 나간 후 술집에서 술을 마시게 되었다. 술자리가 끝나갈 즈음에 乙은 甲이 걸음을 제대로 걷지 못할 정도로 만취하였음을 알면서도 甲의 요구에 따라 카운터에 맡겨둔 甲의 자동차 열쇠를 가져다 주었으며, 이를 받은 甲은 자신의 승용차를 운전하였고(혈중알코올농도는 0.15%), 乙도 동승하였다. 운전한 지 10여 분이 지나자, 甲은 전방주시를 게을리하다가 길옆으로 떨어졌고, 甲과 乙은 병원으로 후송되어 전치 4주의 진단을 받았다. 甲과 乙의 죄책은? (20점) [2022 2차 변형]

I. 음주운전과 관련된 甲과 乙의 죄책

1. 甲의 죄책

사안에서 甲은 혈중알코올농도 0.15% 상태에서 운전하였으므로 도로교통법 제148조의2 제3항 제2호에 의한 음주운전죄가 성립한다.

2. 乙의 죄책

사안에서 乙은 甲이 만취하였음을 알면서도 甲의 요구에 따라 카운터에 맡겨둔 甲의 자동차 열쇠를 가져다주어 甲으로 하여금 음주운전을 하도록 하였으므로 甲의 음주운전에 대한 방조죄가 성립한다.

II. 乙에게 상해를 입힌 부분에 대한 甲의 죄책

1. 구성요건의 확정

사안에서 甲은 운전 중 乙에게 상해를 입혔으므로 교특법 제3조 제1항의 죄가 성립한다. 그런데 사안에서는 甲은 걸음을 제대로 걷지 못할 정도의 혈중알코올농도 0.15% 상태에서 운전하다 乙에게 상해를 입혔으므로 특가법 제5조의11 제1항의 위험운전치상죄가 성립하게 된다. 그리고 특가법상의 위험운전치상죄가 성립하게 되면 교특법위반죄는 이에 흡수된다.

2. 피해자 승낙으로 인한 위법성조각사유의 검토

사안에서 乙은 스스로 甲의 차량에 동승하였으므로 위험운전치상죄에 대한 피해자의 승낙이 인정될 수 있는지 문제 된다. 그러나 동승자가 스스로 상해를 당할 것을 승낙하면서 차량에 동승한다는 것은 생각하기 어렵다. 따라서 乙의 피해자 승낙은 인정하기 어려우므로 甲에게는 위험운전치상죄가 성립한다.

III. 죄수 정리

甲에게는 ① 음주운전죄와 ② 위험운전치상죄가 성립하며, 두 죄는 실체적 경합 관계에 있다. 그리고 乙에게는 음주운전방조죄가 성립한다.

甲은 친구 乙의 집에서 함께 양주를 마신 후 혈중 알코올농도 0.15%의 상태에서 자신의 집으로 가기 위해 주차장에 세워 둔 자신의 승용차에 올라타고 시동을 걸어 앞으로 진행하려고 하였다. 그러나, 앞에 서 있던 A가 길을 비켜주지 않자, 승용차에서 내려 A와 시비가 붙어 소란을 일으켰다. 검사가 甲을 도로교통법위반(음주운전)으로 기소한 경우, 甲의 변호인의 입장에서 무죄를 주장하는 논거를 제시하시오. (10점)

[2016 3차 변형]

1. 논의점

음주운전죄가 성립하기 위해서는 알콜농도 0.03% 이상의 음주상태에서 자동차 등을 운전하여야 한다. 사안에서 음주운전은 도로 이외의 곳도 포함되고 甲은 음주상태인 것은 확실하므로 일반적인 요건은 구비가 되었지만, 운전을 하였는지가 문제 된다.

2. 운전의 개념과 운전시기와 종기

운전이란 차마를 그 본래의 사용방법에 따라 사용하는 것을 말한다. 운전의 시기에 대하여는 ① 엔진시동설 ② 발진조작완료설 ③ 발진설의 견해 대립이 있으나, ④ 판례는 '단지 엔진을 시동시켰다는 것만으로는 부족하고 이른바 발진조작의 완료를 요하며, 또한 그로써 족하다'라고 하여 발진조작완료설을 따르고 있다. 그리고 운전이 종료되기 위해서는 엔진시동의 종료가 있어야 한다.

3. 음주운전의 무죄주장의 논거

사안에서는 甲이 시동만 걸고 주차(P)에서 주행(D)으로의 발진조작을 완료하지 않았다면 운전의 시기에 대하여 발진조작완료설을 근거로 무죄를 주장할 수 있을 것이다. 그리고 만약 甲이 주행(D)으로의 발진조작을 완료한 상태에 이르렀다면 자동차가 실제로 움직였을때 운전에 해당한다는 발진설을 주장하며 무죄를 주장할 수 있을 것이다.

甲은 친구들과 어울려 늦은 시간까지 술을 마시고는 혈중알콜농도 0.1%의 주취상태에서 대리운전기사를 불러 집 근처에 도착하였다. 그러나 아파트 주차장에 주차공간이 없자, 대리운전기사를 보내고는 스스로 아파트 밖 길가에 평행주차(일렬주차)하기 위해 운행하다가 통행량이 많은 편의점 앞에서 비상등을 켜고 정차해 있던 A의 자동차를 뒤에서 충격하여 뒷범퍼 및 후미등이 심하게 파손되어 그 파편들이 도로바닥에 여기저기 흩어졌다. 놀란 甲은 그대로 큰 도로로 나가서 도로 갓길에 주차를 하였다. 甲의 죄책은? (10점)

[2020 3차 변형]

1. 도교법상 음주운전죄의 성립

사안에서 甲은 0.1%의 주취상태에서 차량을 운전하였으므로 도교법 제148조의2 제3항 제2호의 음주운전죄가 성립한다.

2. 도교법상 업무상과실재물손괴죄의 성립

사안에서 甲은 운전 중 비상등을 켜고 정차 중인 A의 자동차를 충격하여 뒷범퍼 및 후미등을 심하게 파손시켰으므로 도교법 제151조의 업무상과실재물손괴죄가 성립한다.

3. 도교법상 미조치죄와 미신고죄의 성립

사안에서 甲은 A의 자동차를 뒤에서 충격하여 뒷범퍼 및 후미등이 심하게 파손되어 그 파편들이 도로바닥에 여기저기 흩어지도록 하였음에도 조치를 취하지 않고, 신고도 하지 않았으므로 도교법 제148조의 미조치죄와 동법 제154조 제4호의 미신고죄가 성립한다.

4. 죄수 관계

판례에 의하면 위의 모든 죄는 실체적 경합 관계에 있다.

> • 본 해설에서의 특별형법 조문들은 출제빈도가 높은 조문들이므로 암기해 두는 것이 바람직하다.

101

甲은 자신의 승용차 조수석에 乙을 태우고 운전하여 가던 중 육교 밑에서 도로를 무단횡단하기 위해 갑자기 뛰어든 A를 발견하고 급제동을 하였으나 멈추지 못하고 앞범퍼로 A를 충격하였고, 이로 인해 A는 다리가 부러지는 상해를 입고 도로변에 쓰러졌다. 甲은 A의 상태를 살펴보기 위해 정차하려 하였으나 乙이 "그냥 가자!"라고 말하자 이에 동의하고 정차하지 아니한 채 그대로 운전하여 가버렸다. 다행히 A는 현장을 목격한 행인 B의 도움으로 병원에 후송되어 치료를 받았다. 甲과 乙의 죄책을 논하시오. (20점)

[2016 변시]

1. 甲의 죄책

(1) 특가법 제5조의3의 죄의 불성립

특가법 제5조의3의 죄가 성립하기 위해서는 ① 교통으로 인한 업무상과실치사상죄의 성립 ② 구호조치의 필요성이 있음에도 미조치하고 ③ 도주하는 요건이 필요하다. 그런데 사안에서는 甲의 운전행위는 업무상과실치사상죄의 성립을 인정할 수 없다. 왜냐하면 甲이 육교 밑에서 도로를 무단횡단하기 위하여 갑자기 뛰어든 A를 상해 입힌 행위에 대하여는 甲에게 신뢰의 원칙이 적용되어 과실을 인정할 수 없기 때문이다. 따라서 甲에게는 특가법 제5조의3의 도주차량죄는 성립하지 않는다.

> • 특가법 제5조의3 조문은 정확히 내용을 정리하여야 하고, 특히 제1항의 요건 세 가지는 암기해 두는 것이 바람직하다.

(2) 도로교통법 제148조 미조치죄의 성립

사안에서 甲에게는 A의 상해에 대한 업무상과실은 인정되지 않는다. 그러나 도로교통법 제54조 제1항의 조치의무는 고의 · 과실 혹은 유책 · 위법 유무에 관계없이 부과된다는 것이 판례이므로, 甲에게는 동법 제148조의 미조치죄가 성립한다.

(3) 도로교통법 제154조 미신고죄의 불성립

甲에게 도로교통법 제54조 제2항을 전제로 한 동법 제154조 제4호의 미신고죄가 성립할 여지가 있으나, 사안에서는 행인 B의 도움으로 치료를 받은 것으로 보아 경찰의 조직적 조치가 필요한 상황은 아닌 것으로 판단되므로 미신고죄는 성립되지 않는다.

> • 미신고죄는 경찰의 조직적 조치가 필요한 상황에서만 성립된다는 점을 주의하여야 한다.

(4) 형법 제271조 제1항의 유기죄의 성립

사안에서 甲이 도주한 행위가 형법 제271조 제1항의 유기죄에 해당하는지 문제 된다. 유기죄의 보호의무는 법률상 계약상의 의무있는 자로 한정되지만, 사안에서 甲의 행위는 도로교통법 제54조의 규정에 의한 법률상 부조의무가 있는 자가 요부조자를 유기한 경우이므로 형법상의 유기죄가 성립한다.

(5) 甲의 죄책

사안에서 甲에게는 ① 도로교통법 제148조의 미조치죄와 ② 형법 제271조 제1항의 유기죄가 성립하며, 두 죄는 실체적 경합 관계에 있다.

> • 미조치죄와 유기죄의 죄수 관계에 대하여 명확한 판례가 없지만, 사회적 법익과 개인적 법익에 대한 죄라는 점에서 실체적 경합으로 정리한다.

2. 乙의 죄책

(1) 사안에서 乙은 甲이 A를 상해 입힌 부분에 대하여는 아무런 죄책을 부담하지 아니한다. 그런데 사고 이후 정차하려던 甲에게 '그냥 가자!'라고 한 부분에 대해서는 교사범이 성립한다고 평가할 수 있다.

(2) 그리고 乙은 甲과 같은 조치의무와 보호의무라는 신분관계는 없지만, 형법 제33조 본문에 의하여 신분 없는 자도 신분범의 교사범이 성립할 수 있다. 따라서 乙은 도로교통법 제148조의 미조치죄와 형법 제271조 제1항의 유기죄의 교사범이 성립하며, 두 죄는 실체적 경합 관계에 있다.

102

> 甲은 집에 있는 친구 乙을 불러내어 조수석에 태우고 제한속도 시속 80km인 자동차전용도로에서 제한속도 이내로 운행하다가 100m 전방에서 무단횡단하고 있는 A를 발견하였다. 甲은 놀라서 속력을 줄이려고 하였으나 "A가 곧 길을 다 건너갈 것이니 그냥 진행하자"라는 乙의 말을 듣고 그대로 운전해 가다가 미처 건너지 못한 A를 차량으로 충격하였다. A가 약 8주간의 치료를 요하는 상처를 입고 쓰러지자, 乙은 여러 차례 병원에 데려가자고 하였으나, 甲은 乙의 말을 듣지 않고 차량을 계속 운전하여 사고현장을 벗어났다. 甲과 乙의 죄책을 논하시오. (20점)
>
> [2012 3차 변형]

Ⅰ. 甲의 죄책

(1) 사안에서 甲은 자동차 전용도로를 건너던 A를 이미 발견하였으므로 사고를 방지해야할 주의의무가 있다. 그럼에도 주의의무를 다하지 않고 A를 충격하여 상해를 입혔으므로 甲에게는 교특법 제3조 제1항 위반죄가 성립한다.

(2) 이후 A에 대한 구호조치의 필요성이 있음에도 A를 구호하지 않고 그대로 도주하였으므로 도주차량죄(특가법 제5조의3 제1항 제2호)가 성립한다. 그리고 특가법상의 도주차량죄가 성립하면, 교특법 제3조 제1항 위반죄와 도로교통법 제148조의 미조치죄는 이에 흡수된다.

> • 하나의 공식같은 내용이니 암기해 두는 것이 바람직하다.

Ⅱ. 乙의 죄책

1. 과실의 공동정범 성부

(1) 乙은 甲이 운전하는 차에 동승하여 甲이 A를 발견하고 속도를 줄이려고 하였으나 이를 만류하여 A를 상해 입히게 되었다. 이에 乙에게 업무상과실치상죄의 공동정범이 성립할 수 있는지 문제 된다.

(2) 과실의 공동정범이 성립할 수 있는지에 대하여는 ① 의사의 연락이 없는 과실범은 공동정범이 성립할 수 없다는 부정설과 ② 행위공동설을 기반으로 하여 과실의 공동정범도 성립가능하다는 긍정설이 대립하고 있으며, ③ 판례는 1960년대 초의 '그대로 가자' 사건 이후로 과실의 공동정범을 긍정하고 있다.

(3) 사안의 경우에 긍정설의 입장에 따르면 乙은 甲에게 속도를 줄이지 말라고 하고 있다는 점에서 기능적 행위지배를 인정할 수 있으므로 과실의 공동정범이 성립할 수 있다. 그리고 사안에서 운전을 하지 않은 乙은 운전자의 신분이 없으므로 공범과 신분에 관한 제33조의 해석론에 대한 판례에 의하면, 업무상과실치상죄가 성립하고 과실치상죄로만 처벌될 것이다.

> • 공범과 신분 규정인 제33조의 해석론도 언급하는 것이 바람직하다.

2. 미조치죄와 도주차량죄의 공동정범의 성부

사안에서 乙에게 미조치죄와 도주차량죄의 성립 여부가 문제 되지만, 乙은 甲에게 여러 차례에 걸쳐 A를 병원에 데려가자고 한 것으로 보아 두 죄에 대해서는 고의가 없었다. 따라서 두 죄에 대해서는 범죄가 성립하지 않아 무죄가 된다.

103

> 甲은 동생 乙을 태운 후 맥주를 마시면서 운전하던 중 혈중알코올농도 0.05%상태에서 왕복 4차선인 자동차 전용도로상의 2차선을 시속 70km(제한속도 시속 80km)로 운전하고 있었다. 甲은 100m 전방에서 보행자 A가 무단으로 도로를 횡단하고 있는 것을 발견하고 "저놈 봐라!"라고 하면서 속도를 줄이려 하였다. 하지만 甲은 조수석에 앉아 있던 乙이 "알아서 피할 테니까 걱정 말고 그대로 달리자."라는 말을 하자, 이에 동조하여 그대로 달리다가 도로 중간지점에서 멈칫거리는 A를 자신의 차량과 충돌하면서 A가 옆 차선인 1차선으로 튕겨나가게 하였다. 甲이 乙을 쳐다보면서 A를 내버려 두고 도망갈 듯한 태도를 취하자, 乙은 고개를 끄떡이며 이에 동의하여 현장에서 도주하였다. 이 사고로 인해 A는 전치 6주의 상해를 입었다. 甲과 乙의 죄책을 논하시오. (20점)
>
> [2013 3차 변형]

Ⅰ. 甲의 죄책

1. 특가법 제5조의3 제1항 제2호(도주차량)위반 죄의 성부

(1) 甲에게 도주차량죄가 성립하기 위해서는 甲에게 업무상과실치상죄(내지는 위험운전치상죄)가 성립하여야 한다. 사안에서는 일반도로가 아닌 자동차전용도로에서의 사고이므로 甲에게 업무상과실을 인정할 수 있는지 문제 된다.

(2) 판례는 '제한시속 70km의 사고지점을 80km의 과속으로 차량을 운전타가 50m 전방 우측도로변에 앉아 있는 피해자를 발견하였다면 비록 그 지점이 사람의 횡단보행을 금지한 자동차 전용도로였다 하더라도 그 피해자의 옆으로 동 차량을 운전하고 지나가야만 할 운전자로서는 피해자를 발견하는 즉시 그의 동태를 주시하면서 감속 서행하는 등 피해자가 도로에 들어올 경우에 대비하는 조치를 취할 업무상의 주의의무가 있다'라고 판시하고 있다.

> • 본 판례의 내용은 이해의 편의를 위하여 설시한 것이므로 실제 답안에서는 핵심만 적는 것이 바람직하다.
> 즉, 다음과 같이 축약할 수 있다. - 판례는 사람의 횡단보행을 금지한 자동차 전용도로였다 하더라도 피해자
> 를 발견하였다면 그의 동태를 주시하면서 감속 서행하는 등의 조치를 취할 업무상의 주의의무가 있다고 판
> 시하고 있다.

(3) 이러한 판례에 따르면 사안에서 甲은 업무상과실치상죄에 해당하며 이후 조치가 필요한 상황임에도 조치
를 취하지 않고 도주하였으므로 전체적으로 도주차량죄가 성립한다. 그리고 도주차량죄가 성립하면, 업무
상과실치상죄(내지는 교특법 제3조 제1항 위반죄)와 도교법 제148조의 미조치죄는 이에 흡수된다.

> • 실무상 위험운전치상죄는 혈중알콜농도가 0.1% 이상인 경우에 적용한다.

2. 도로교통법 위반의 범죄

먼저 甲은 ① 혈중알콜농도가 0.05%인 상태에서 운전하고 있으므로 도로교통법 제148조의2 제3항 제3
호의 음주운전죄가 성립하며 ② 도로교통법 제154조의 미신고죄가 성립한다.

3. 죄수 관계

사안에서 甲에게는 ① 도주차량죄 ② 음주운전죄 ③ 미신고죄가 성립하며, 이들은 모두 실체적 경합 관
계에 있다.

Ⅱ. 乙의 죄책

1. 논의점

사안에서 乙은 운전자가 아니므로 음주운전죄는 성립하지 아니하고, 미신고죄도 성립하지 않는다. 그런
데 乙도 도주차량죄가 성립할 수 있는지와 관련하여 ① 乙에게도 업무상과실치상죄가 인정되는지 ② 운
전자가 아닌 자에게도 도주차량죄가 성립하는지 문제 된다.

2. 업무상과실치상죄의 성립 여부

판례는 '그대로 가자 사건'에서 '형법 제30조의 공동하여 죄를 범한 때'에서의 죄는 고의범이고 과실범이
고를 불문한다고 해석하여야 하고, 2인 이상이 어떠한 과실행위를 서로의 의사연락아래 범죄되는 결과를
발생케 한 것이라면 과실범의 공동정범이 성립한다'라고 하여 과실의 공동정범을 긍정한 이래로 한결같이
긍정하고 있다. 이러한 판례의 태도에 따르면 사안에서 乙이 "알아서 피할 테니까 걱정 말고 그대로 달리
자."라고 하고 있으므로 업무상과실치상죄의 공동정범이 성립한다.

3. 특가법 위반죄의 성립 여부

운전자가 아닌 乙에게 특가법 위반죄가 성립할 것인지에 대하여 논의가 있지만, 판례는 '운전자가 아닌
동승자가 교통사고 후 운전자와 공모하여 운전자의 도주행위에 가담하였다 하더라도, 동승자에게 과실범
의 공동정범의 책임을 물을 수 있는 특별한 경우가 아닌 한, 특가법위반(도주차량)죄의 공동정범으로 처
벌할 수는 없다'라고 하고 있어 제한적으로 긍정하고 있다. 이러한 판례에 따르면 사안에서 乙은 업무상과
실범의 공동정범이 성립하고 이후 도주에 대하여 공동가공의 의사가 있으므로 도주차량죄의 공동정범이
성립한다.

> • 실제 답안에서는 판례의 태도를 축약하여 적는 것이 바람직하다.

甲은 야간에 ○○아파트에서 단지 내 도로에서 잘못 주차해둔 자신의 쏘나타 승용차를 다른 곳으로 옮겨 주차시키려고 자동차운전면허 없이 주취상태(알콜농도 0.15%)에서 자동차를 운전하였다. 그런데 전방주시를 태만히 한 채 운전하다가 그 옆을 지나가던 A의 무릎을 위 승용차의 앞 범퍼로 들이받아 A로 하여금 약 3주간의 치료를 요하는 슬관절좌상 등을 입게 하였다. 甲은 택시 기사에게 A를 병원으로 이송하여 줄 것을 요청하였으나 A가 경찰관이 온 후 가겠다면서 112 신고를 하자, 음주운전 발각을 피하기 위해 A의 일행 B에게 ○○아파트 105동 105호에 사는 甲이라고 인적 사항을 알려준 다음 그곳을 떠났고, 그 직후 경찰관 P가 도착하여 A를 ○○병원으로 이송하여 치료받게 하였다. ○○아파트는 차단기가 설치되고 외부 차량의 진출입이 엄격히 통제되어 출입증이 부여되거나 관리인에 의해 방문차량임이 확인되지 않는 경우에는 단지 내 도로로 진입할 수 없다. 甲의 죄책은? (25점)   [2019 1차 변형]

1. 무면허운전죄의 불성립

(1) 사안에서 甲의 무면허운전죄의 성립 여부와 관련하여 무면허운전죄는 도로에서의 운전만으로 제한된다. 판례에 의하면 '특정인이나 그와 관련된 용건이 있는 사람만 사용할 수 있고 자체적으로 관리되는 곳이라면 도로교통법에서 정한 '도로에서 운전'한 것이 아니므로 무면허운전으로 처벌할 수 없다.'라고 하고 있다.

(2) 사안에서 ○○아파트는 차단기가 설치되고 외부 차량의 진출입이 엄격히 통제되어 출입증이 부여되거나 관리인에 의해 방문차량임이 확인되지 않는 경우에는 단지 내 도로로 진입할 수 없으므로 도교법에서 정한 도로라고 볼 수 없다. 따라서 사안에서 甲에게 무면허운전죄는 성립하지 않는다.

> • 도교법상 도로로 한정되는 중요 범죄에는 업무상과실재물손괴죄(제151조)와 무면허운전죄 그리고 미신고죄가 있다.

2. 도로교통법위반(음주운전)죄 성립 여부

사안에서 甲은 음주를 한 상태에서 도로가 아닌 곳에서 운전하였으므로 도교법상의 음주운전죄에 해당하는지 문제 된다. 종래 음주운전의 경우에도 도로에서의 교통으로 제한하였으나, 2010. 7. 23.의 도교법 개정으로 도로 외의 경우도 포함하고 있다. 따라서 甲에게는 알콜농도가 0.15%이므로 도교법 제148조의2 제3항 제2호에 의한 음주운전죄가 성립한다.

3. 위험운전치상죄의 성립

사안에서 甲이 차를 운전하던 중 0.15%의 주취상태에서 전방주시를 태만히 한 업무상의 과실로 피해자 A에게 상해를 입게 한 행위는 특가법 제5조의11 제1항의 위험운전치상죄가 성립한다. 그리고 교특법 제3조 제1항 위반죄는 이에 흡수된다.

4. 도주차량죄의 성립

(1) 논의점

사안에서 A는 위험운전치상죄를 범한 이후에 피해자 일행인 B에게 인적 사항만 알려준 후 범행장소를 이탈한 행위가 특가법상의 도주차량죄에 해당하는지 문제 된다.

(2) 판례의 법리

판례에 의하면 '사고 운전자가 부근의 택시 기사에게 피해자를 병원으로 이송하여 줄 것을 요청하였으나 경찰관이 온 후 병원으로 가겠다는 피해자의 거부로 피해자가 병원으로 이송되지 아니한 사이에 피해자의 신고를 받은 경찰관이 사고현장에 도착하였고, 피해자의 병원이송 및 경찰관의 사고현장 도착 이전에 사고 운전자가 사고현장을 이탈하였다면 도주한 때에 해당한다.'라고 하고 있다.

(3) 결 언

이러한 판례의 법리에 따르면, 사안에서 甲에게는 특가법 제5조의3 도주차량죄가 성립한다.

5. 죄수 관계

사안에서 甲에게는 도로교통법위반(음주운전)죄와 특가법위반(도주차량)죄가 성립하며 양자는 실체적 경합 관계에 있다. 그리고 특가법위반(도주차량)죄가 성립하므로 ① 교특법 제3조 제1항 위반죄 ② 특가법 제5조의11 위험운전치상죄 ③ 도교법 제148조의 미조치죄 등은 이에 흡수된다.

105

운전면허정지처분을 받은 甲은 야간에 승용차를 운전하여 서울 외곽도로를 주행하던 중 신호로 정지 중인 A가 운전하는 승용차를 뒤에서 들이받았다(甲의 자동차는 종합보험에 가입되어 있다). 이로 인해 A의 승용차 뒷범퍼 부분이 심하게 파손되었고 A도 경추부 및 요추부 염좌상을 입고 승용차 안에 그대로 머물러 있었는데, 甲은 아무런 조치 없이 그대로 달아났고 뒤따른 트럭의 운전자가 A의 자동차를 발견하지 못하고 추돌하여 A는 그 자리에서 사망하고 말았다. 甲의 죄책은? (15점)   [2017 3차 변형]

1. 특가법 제5조의3 제1항 제1호의 도주차량죄의 성립

甲은 업무상과실로 A에게 상해를 입혔음에도 필요한 구호조치를 취하지 않고 도주하였으므로 특가법 제5조의3 제1항 제2호의 죄책이 성립한다. 그런데 사고 후 조치를 취하지 않아 뒤따르던 트럭에 의하여 A가 사망에 이르게 된 것은 통상 예견할 수 있는 것에 지나지 않으므로 특가법 제5조의3 제1항 제1호의 죄가 성립한다.

그리고 사람을 사상하고 미조치한 부분에 대하여는 도주차량죄에 흡수된다.

> • 특가법 제5조의3 제1항의 각 호의 내용을 정확히 파악하는 것이 바람직하다.

2. 도로교통법위반 관련

① 甲은 운전면허정지 중임에도 차량을 운전하였으므로 도로교통법 제152조 제1호의 무면허운전죄가 성립한다. 그리고 ② 甲은 A의 차량을 업무상과실로 손괴하였으므로 도로교통법 제151조의 업무상과실손괴죄가 성립한다. 그리고 ③ 甲은 업무상과실재물손괴 후 조치가 필요한 상황임에도 조치를 취하지 않았으므로 도로교통법 제148조의 미조치죄가 성립한다. 또한 ④ 甲은 사고 후 A가 다쳐 차의 이동 등 경찰의 조직적 조치가 필요한 상황임에도 이를 신고하지 않았으므로 도로교통법 제154조 제4호의 미신고죄가 성립한다.

> • 미조치죄는 대인미조치와 대물미조치죄 두 가지가 있다는 점을 주의하여야 한다.

3. 죄수와 소추조건

甲에게는 ① 무면허운전죄 ② 업무상과실재물손괴죄 ③ 특가법 제5조의3 제1항 제1호 위반죄 ④ 업무상 과실재물손괴 후 미조치죄 ⑤ 미신고죄가 성립한다. 그 중에 ③과 ②④의 죄는 상상적 경합 관계에 있으며, 나머지 범죄들과는 실체적 경합 관계에 있다.

그런데 업무상과실손괴죄는 교특법 제3조 제2항 본문에 의하여 반의사불벌죄이고, 교특법 제4조 제1항에 의하면 종합보험에 가입된 경우에는 공소를 제기할 수 없다. 따라서 甲은 자동차 종합보험에 가입되어 있으므로 검사는 업무상과실재물손괴죄에 대하여 공소를 제기할 수 없다.

> • 소추조건 부분도 빠뜨리지 않는 것이 바람직하다.

106

> 어느 날 저녁 甲은 乙을 태우고 자신의 차를 운전하여 귀가하던 중 횡단보도를 건너던 보행자 A를 제대로 보지 못하고 충돌하여 A에게 상해를 입혔다. 그 순간 차의 뒷좌석에서 자다가 충돌 소리에 놀라 깨어난 乙은 甲이 A를 구호하기 위하여 하차하려 하는 것을 보고 甲에게 "주변에 아무도 없고, CCTV도 없다. 내가 운전할 테니 도망가자"라고 말하였고, 이에 甲은 乙이 운전하는 차를 타고 도주하였다. 甲과 乙의 죄책은? (15점)　　　　　　　　　　　　　　　　　　　　　　　　　　　　　　[2021 3차 변형]

1. 甲의 죄책 – 특가법 제5조의3 제1항 제2호 위반(도주치상)죄 성립

(1) 교특법 위반죄의 성립

사안에서 甲은 업무상 과실로 보행자 A를 충돌하여 상처를 입혔으므로 교특법 제3조 제1항 위반죄가 성립한다.

(2) 도교법 제148조 위반(사고후미조치)죄 성립

사안에서 甲은 교통사고가 발생하였음에도 즉시 정차하여 피해자를 구호하는 등 필요한 조치를 취하지 아니하고 도주하였으므로 도교법 제148조 위반(사고후미조치)죄 성립한다.

(3) 특가법 제5조의3 제1항 제2호 위반(도주치상)죄 성립

사안에서 甲은 교통사고로 인한 업무상과실치상죄를 범하였음에도 불구하고 이에 대한 구호조치를 취하지 않고 도주하였으므로 특가법 제5조의3 제1항 제2호 위반(도주치상)죄가 성립한다.

(4) 죄수 관계

사안에서 甲에게 특가법 제5조의3 제1항 제2호 위반(도주치상)죄가 성립하면, 교특법 제3조 제1항 위반죄와 사고후미조치죄는 이에 흡수되어 별죄를 구성하지 아니한다.

> • 이해를 위하여 논리적인 순서에 따라 서술하였으나, 배점이 작은 문제라면 특가법위반죄만 성립한다고 적을 수 있을 것이다.

2. 乙의 죄책

(1) 특가법상 도주치상죄의 불성립

사안에서 乙은 업무상과실치상죄에는 가담을 하고 있지 않으므로 특가법 제5조의3 제1항 제2호 위반(도주치상)죄는 성립하지 않는다.

(2) 사고후미조치죄의 성립

사안에서 乙은 甲의 사고후미조치죄에 대하여는 가담을 하고 있다. 사고후미조치죄는 신분범이며 乙에게는 신분이 없지만, 형법 제33조 본문에 의하여 乙도 공범이 될 수 있다.

그리고 사안에서 乙은 "내가 운전할 테니 도망가자"라고 말하고 운전도 乙이 하여 도주하였으므로 乙에게는 기능적 행위지배가 인정되어 사고후미조치죄의 공동정범이 성립한다.

> • 시간이 허용된다면 유기죄의 성부를 더 논할 수 있을 것이다.

107

甲은 자신의 차에 乙을 태우고 운전하여 친구 A의 산속 별장으로 놀러가서 같이 술을 마시던 중 바람 쐬러 나간 A가 계곡에 떨어져 심한 출혈을 하여 급히 병원으로 이송하지 않으면 사망에 이르게 될 상황이 되었다. 甲과 乙은 이미 상당량의 술을 마신 상태여서 119에 출동을 요청하였으나 출동하여 별장까지 오는 데에는 2시간이 소요되고, 별장에서 다시 병원까지 가는 데에 1시간이 소요되는 상황이었다. 乙은 만취 상태였음에도 甲(알콜농도 0.18%)에게 "네가 운전하여 병원으로 데려가자. A를 살리는 방법은 이것밖에 없다"라고 호소하였다. 이에 甲도 어쩔 수 없다고 생각하고 乙과 함께 A를 차에 태우고 병원으로 가던 중 부주의로 행인 B를 충격하여 상해를 입혔다. 甲은 B도 차에 태우고 병원에 도착하여 A와 B를 병원에 인계한 후 그간의 긴장을 이기지 못하고 응급실에서 실신하였다. 甲과 乙의 죄책은? (30점)

[2021 3차 변형]

Ⅰ. 甲의 죄책

1. 구성요건해당성

(1) 사안에서 甲은 0.18%의 음주상태에서 운전을 하였으므로 도로교통법 제148조의2 제3항 제2호 위반(음주운전)죄 구성요건해당성이 인정된다.

(2) 사안에서 甲은 0.18%의 음주상태에서 운전을 하다가 과실로 행인 B를 치여 상해를 입혔으므로 특가법 제5조의11 제1항 위반(위험운전등치상)죄의 구성요건해당성이 인정된다.

(3) 그리고 판례에 의하면 음주운전죄와 위험운전치상죄는 실체적 경합 관계에 있다.

2. 긴급피난으로 인한 위법성조각

(1) 사안에서 甲의 행위가 구성요건에 해당한다고 하더라도 甲의 행위는 계곡에 떨어져 심한 출혈로 A가 사망에 이르게 되자 A의 생명을 살리기 위한 부득이한 행위였으므로 甲의 행위가 긴급피난으로써 위법성이 조각되는지 문제 된다.

(2) 사안에서 ① A의 생명이 위태로운 현재의 위난이 있었으며 ② 이에 대한 피난행위를 하는 과정에서 B를 상해 입혔으나 ③ A의 생명을 구하기 위한 유일한 수단으로써 달리 다른 방법이 없었으며 A의 생명은 B의 상해보다는 우월적인 법익이므로 법익형량이 인정되어 긴급피난이 인정된다.

(3) 따라서 사안에서 甲의 행위는 구성요건에 해당하지만, 위법성이 조각되어 범죄가 성립하지 않는다.

3. 乙의 죄책

(1) 사안에서 乙에게 음주운전죄와 위험운전치상죄에 대한 교사범이 성립될 수 있는지 문제 된다. 그런데 현재 확립된 제한종속설의 입장에 따르면 甲의 행위는 구성요건에 해당하지만, 위법성이 조각되므로 乙에게는 교사범이 성립하지 않는다.

(2) 그리고 간접정범의 성부가 문제 되지만, 사안에서는 乙에게 우월적 의사지배가 인정되지 않으므로 간접정범도 성립되지 않는다. 따라서 乙은 범죄가 성립하지 않는다.

108

술집 사장 甲은 단골손님 A와 그의 친구 F가 함께 술을 마시다 취기가 오른 F는 혼자 가버리고 A만 만취하여 소파에 잠들어 있는 것을 알게 되었다. 甲은 퇴근하기 위해 잠든 A를 깨우려고 몇 차례 흔들어도 깨어나지 않자 영하 10도의 추운 날씨임에도 난방을 끈 채 퇴근해 버렸는데, A는 추위를 이기지 못하고 얼어죽었다. 甲이 A가 죽어도 어쩔 수 없다고 생각했던 경우와 A의 죽음을 단지 예견할 수 있었던 경우를 나누어 甲의 죄책을 검토하시오. (15점)   [2017 변시]

---

1. A가 죽어도 어쩔 수 없다고 생각했던 경우

(1) 살인에 대한 미필적 고의의 인정

사안에서 甲은 A가 죽어도 어쩔 수 없다고 생각한 것은 다수설과 판례인 인용설에 따르면 살인죄의 미필적 고의가 인정된다.

(2) 부작위에 의한 살인죄의 검토

살인죄와 같은 부진정부작위범이 성립하기 위해서는 甲에게 보증인적 지위가 인정되어야 하며, 보증인적 지위가 인정되기 위해서는 ① 구성요건적 상황 ② 작위의무 ③ 개별적 행위가능성이 인정되어야 한다. 사안에서 ① A는 술에 취하여 스스로를 구조할 수 없는 상황이 인정되고 ② 판례에 의하면 조리를 포함하는 형식설에 따라 작위의무를 판단하므로 작위의무가 인정되고 ③ A에 대한 조치를 취할 수 있었음에도 이를 취하지 않아 A를 사망에 이르게 하였고 ④ 甲의 부작위와 A의 사망 사이의 인과관계도 인정할 수 있으므로 甲에게는 제250조 제1항의 부작위에 의한 살인죄가 성립한다.

2. A의 죽음을 단지 예견할 수 있었던 경우

(1) 유기죄의 성립 여부

A는 甲이 운영하는 술집의 손님이므로 甲에게 A를 보호해야 할 보호의무가 인정되는지가 문제 된다. 판례에 의하면 계약에 기한 주된 급부의무가 부조를 제공하는 것인 경우에 반드시 한정되지 아니하고, 상대방의 신체 또는 생명에 대하여 주의와 배려를 한다는 부수적 의무의 한 내용으로 상대방을 부조하여야 하는 경우를 포함할 수 있다고 한다. 따라서 이러한 판례의 취지에 따르면 사안에서 甲에게는 A에 대한 보호의무가 인정되므로 甲에게는 유기죄가 성립한다.

(2) 유기치사죄의 성립 여부

사안에서 A가 사망하였으므로 유기치사죄가 성립하기 위해서는 ① 기본범죄인 유기죄 ② 사망이라는 중한 결과의 발생 ③ 인과관계 ④ 예견가능성이 구비되어야 한다. 사안에서는 유기치사죄가 성립하기 위한 이러한 요건이 모두 구비되었으므로 甲에게는 제275조 제1항의 유기치사죄가 성립한다.

109

> ○○주식회사 총무이사 甲은 회사의 업무집행과 관련한 자신의 비리가 발각되어 고소를 당할 위험에 처하게 되자, 대표이사 A에게 "나의 비리를 문제 삼으면 ○○회사의 비리를 금융감독원 등 관계기관에 고발하겠다"라는 내용의 휴대폰 문자메시지를 보냈다. A는 甲의 문자메시지에 겁을 먹지는 않았으나, 이번 기회에 회사의 기강을 바로잡을 의도로 甲을 수사기관에 고소하였다. 甲의 죄책은? (15점)   [2015 2차 변형]

1. 법인인 ○○회사에 대한 협박죄의 성부

사안에서 甲의 협박이 법인인 회사에 대한 협박죄가 성립할 수 있는지에 대하여 논의가 있지만, 협박죄의 객체는 해악의 고지에 의하여 공포심을 느낄 수 있는 정신능력이 있는 자연인만이 대상이 되며 공포심을 느낄만한 정신능력이 없는 법인이나 국가기관은 객체가 될 수 없다는 것이 다수설과 판례이며 타당하다. 따라서 사안에서 甲의 협박행위는 법인인 ○○회사에 대한 협박죄는 성립할 수 없다.

> • 협박죄의 객체와 해악의 대상을 잘 구별하여야 한다. 이를 위해서는 구성요건을 정확히 전개하는 것이 중요하다.

2. A에 대한 협박죄의 기수 여부

(1) 사안에서 甲은 A에게 협박을 하고 있지만, A는 이에 외포되지 않았다. 이러한 경우에 甲의 협박죄가 기수인지 미수인지가 협박죄의 본질과 관련하여 논의되고 있다. ① 전합의 다수의견인 위험범설에 따르면 해악의 고지를 하여 상대방이 그 의미를 인식한 때 기수가 되며 ② 전합의 소수의견인 침해범설에 따르면 현실적으로 공포심을 일으켰을 때에 기수가 된다.

(2) 생각건대 협박죄의 본질은 거동범에 가까우며, 미수규정이 있다고 하여 반드시 침해범으로 해석할 것은 아니므로 위험범설이 타당하다. 이러한 위험범설에 의하면 상대방이 해악의 고지의 의미를 인식한 때에 기수가 된다고 보아야 할 것이므로 사안에서 甲의 범행은 협박죄의 기수에 해당한다.

> • 일반적으로 협박은 ① 해악 고지의 도달 ② 도달의 인식 ③ 의미의 인식 ④ 공포심을 일으키는 순서로 진행된다.

3. 甲의 죄책

사안에서 甲의 협박행위는 A에 대한 협박죄의 기수만이 성립한다.

110

> 적법한 부동산 명의신탁자인 A가 명의수탁자인 B의 부동산 횡령을 고소하려 하자, 명의신탁 부동산의 매수인인 甲은 A에게 휴대전화로 "고소를 포기해라. 부정 축재한 사실을 폭로할 수도 있다."라는 문자메시지를 수회 반복하여 발송하였다. A는 이에 대해 별로 개의치 않았으나, B가 다칠 것을 염려하여 고소를 하지 않았다. 甲의 죄책은? (10점)   [2013 변시]

1. 강요미수죄의 성립

(1) 甲에게 강요죄가 성립하기 위해서는 ① 폭행 또는 협박을 수단으로 하여 ② 의무없는 일을 행하게 하거나 권리행사를 방해하고 ③ 양자 사이에 인과관계가 있어야 한다. 사안에서 甲이 협박을 하였지만 A는 이에 외포된 것이 아니라 B가 처벌받을 것을 우려하여 고소를 하지 않고 있다. 따라서 강요죄의 기수가 되기 위해서는 인과관계가 필요하지만, 사안에서는 인과관계가 인정되지 않으므로 甲은 강요죄의 미수범만 성립하게 된다.

(2) 그리고 사안에서 협박죄의 성부가 문제 되지만, 강요죄가 성립하게 되면 협박죄는 이에 흡수되므로 별죄가 성립하지 않는다.

> • 본 문제에 대하여 협박죄의 기수시기 등을 적는 것은 지양하여야 할 것이다.

2. 정통망법 위반죄의 성부

甲은 A에게 정보통신망을 통하여 공포심이나 불안감을 유발하는 문자를 수회 반복하여 발송하였으므로 정통망법 제74조 제1항 제3호 위반죄가 성립한다.

> • 정통망법 제70조와 제74조 제1항 제3호는 반의사불벌죄이므로 기억하여 두는 것이 바람직하다.

3. 사안의 해결

甲에게는 강요죄의 미수와 정통망법 위반죄가 성립하며, 양자는 상상적 경합 관계에 있다.

111

> 甲은 베트남 국적의 아내 A와 잠자리를 하려다 A가 싫다며 저항하자 식칼을 목에 들이대고 위협하며 성관계를 가지려 하였다. 그러나 만 4세된 아들인 B가 울자, 성관계를 포기하였다. 다음날 A는 그동안 甲이 B의 양육 등 집안일에 전혀 관심이 없었기 때문에 더 이상 甲과 살 수 없다고 판단하고, 甲 몰래 B를 데리고 자신의 고향인 베트남으로 가버렸다. 甲과 A의 죄책은? (25점)   [2015 1차 변형]

Ⅰ. 甲의 죄책

1. 부부강간죄의 성립 여부

(1) 논의점

사안에서 甲은 부인인 A에게 칼을 들이대면 성관계를 요구하였던바 부부강간죄가 성립할 수 있는지 문제 된다.

(2) 견해의 대립과 판례의 태도

이에 대하여는 ① 긍정설과 ② 부정설 ③ 원칙적으로 성립하지 않지만, 부부관계가 파탄되었을 때는 성립한다는 절충설이 대립하고 있으며, ④ 종래의 판례는 절충설의 입장이었으나, 그 후 전합 판례는 '형법은 법률상 처를 강간죄의 객체에서 제외하는 명문의 규정을 두고 있지 않으므로, 문언 해석상으로도 법률상 처가 강간죄의 객체에 포함된다고 새기는 것에 아무런 제한이 없다'라고 하여 긍정설로 판례를 변경하였다.

> • 이 부분은 학설 대립보다 판례가 변경되었음을 적시해 주는 것이 바람직하다.

(3) 검토 및 사안의 해결

생각건대 혼인계약의 내용에 강요된 성행위까지 포함된다고 해석할 수 없으므로 법률상의 부부도 강간죄의 객체가 된다는 긍정설이 타당하다. 이러한 긍정설에 따르면 사안에서 甲에게는 부부강간죄의 구성요건해당성이 인정된다.

2. 중지미수의 성립 여부

(1) 논의점

사안에서 甲은 강간 도중 4세된 아들인 B가 울자, 강간을 포기하고 있다. 이러한 포기행위가 중지미수의 성립과 관련하여 자의성이 인정될 수 있는지 문제 된다.

(2) 견해의 대립과 판례의 태도

이에 대하여는 ① 객관설 ② 주관설 ③ Frank의 공식설 ④ 절충설이 대립하고 있으나, ⑤ 판례는 '일반사회통념상 장애에 의한 미수라고 보여지는 경우를 제외한 것을 중지미수라고 풀이함이 일반이다'라고 하여 절충설의 입장을 따르고 있다.

(3) 검토 및 사안의 해결

생각건대 범죄는 주관과 객관의 결합이어야 하므로 절충설이 타당하다. 사안에서는 甲이 자율적으로 중지한 것은 아니라고 평가되므로 중지미수는 성립하지 않는다. 판례도 유사한 사안에서 이와 동일하게 판단하고 있다.

Ⅱ. A의 죄책

1. 문제의 제기

A는 자기의 친아들인 B를 데리고 甲의 동의없이 베트남으로 출국하였는바 ① A에 대하여 한국형법이 적용될 수 있는지 ② A의 행위가 국외이송약취 및 피약취자국외이송죄에 해당하는지 문제 된다.

2. A에 대한 한국 형법의 적용

A는 비록 국적은 베트남이지만 한국에서 범죄를 범한 경우에는 형법 제2조의 속지주의에 의하여 한국형법이 적용될 수 있다.

> • 형법의 적용 부분도 빠뜨리지 않도록 주의하는 것이 바람직하다.

3. 국외이송약취 및 피약취자국외이송죄의 성립 여부

(1) 논의점

사안에서 A는 자기의 친아들을 甲의 동의없이 베트남으로 데리고 가버렸는바, 이러한 행위가 약취행위에 해당할 수 있는지에 대하여 논의가 있다.

(2) 견해의 대립

이에 대하여는 ① 피고인의 행위는 실력을 행사하여 자녀를 평온하던 종전의 보호·양육 상태로부터 이탈시킨 것이라기보다 친권자인 모(母)로서 출생 이후 줄곧 맡아왔던 보호·양육을 계속 유지한 행위에 해당하여 이를 폭행, 협박 또는 불법적인 사실상의 힘을 사용하여 자녀를 자기 또는 제3자의 지배하에 옮긴 약취행위로 볼 수 없다는 부정설(전합의 다수의견)과 ② 부모의 일방이 유아를 임의로 데리고 가면서 행사한 사실상의 힘은 특별한 사정이 없는 한 불법적이라고 할 것이며, 특히 장기간 또는 영구히 유아를 데리고 간 경우에는 그 불법성이 훨씬 더 크다는 점을 부인할 수 없으므로 약취행위로 볼 수 있다는 긍정설(전합의 반대의견)이 대립하고 있다.

(3) 검토 및 사안의 해결

약취란 폭행·협박 또는 불법적인 사실상의 힘을 바탕으로 하는 것이다. 따라서 생모가 자신이 돌보는 아이를 보호·양육하는 것을 약취행위로 보는 것은 무리가 있으므로 부정설이 타당하다. 이러한 부정설에 따르면 A의 행위는 국외이송약취 및 피약취자국외이송죄에 해당하지 아니한다.

> • 전합 판례 문제이며, 분설형으로 배점이 크게 출제될 수 있는 부분이므로 잘 정리해 두는 것이 바람직하다.

112

> 甲은 평소 짝사랑하던 A(여, 23세)가 야간에 버스에서 내려 혼자 걸어가는 것을 발견하고 바로 뒤에서 양팔을 벌려 껴안으려 하였다. 그 순간 A가 뒤돌아보면서 소리치자, 그 상태로 쳐다보다가 도망하였다. 甲의 죄책은? (5점)　[2023 3차 변형]

판례에 의하면 강제추행죄는 폭행행위 자체가 추행행위라고 인정되는 이른바 기습추행의 경우도 포함된다. 그리고 이러한 기습추행의 경우에는 갑자기 껴안으려는 행위를 할 때 실행의 착수가 인정된다. 따라서 사안에서 甲에게는 강제추행죄의 실행의 착수가 인정되지만, 마침 A가 뒤돌아보면서 소리치는 바람에 몸을 껴안는 추행의 결과에 이르지 못하고 미수에 그쳤으므로, 피고인의 행위는 강제추행미수죄에 해당한다.

> • 종래 판례는 기습추행형 강제추행의 경우에만 협의의 폭행을 포함하였으나, 최근 전합 판례에 따르면 폭행·협박 선행형 강제추행도 협의의 폭행과 협박으로 가능하므로 그 의미가 반감되었다고 볼 수 있다(2018도13877 전합 참조).

113

> 甲은 평소 좋아하던 A(여, 20세)로부터 A의 은밀한 신체 부위가 드러난 사진을 전송받은 사실이 있다. 甲은 A와 영상 통화를 하면서 A에게 시키는 대로 하지 않으면 기존에 전송받은 신체 사진을 유포하겠다고 A를 협박하여 이에 겁을 먹은 A로 하여금 가슴과 음부를 스스로 만지게 하였다. 甲의 죄책은? (7점) [2021 변시]

(1) 사안에서 甲이 A의 은밀한 신체 부위가 드러난 사진을 소지한 행위는 A의 의사에 반하여 촬영된 것이 아니므로 성폭법 제14조 제4항의 촬영물소지죄는 성립하지 않는다.

(2) 사안에서 甲이 기존에 전송받은 신체 사진을 유포하겠다고 A를 협박하여 추행하도록 한 행위는 성폭법 제14조의3 제2항의 촬영물 등을 이용한 강요죄에 해당한다.

(3) 판례에 의하면 '강제추행죄는 자수범이라고 볼 수 없으므로, 처벌되지 아니하는 타인을 도구로 삼아 피해자를 강제로 추행하는 간접정범의 형태로도 범할 수 있다'라고 하고 있다. 따라서 사안에서 甲이 A를 협박하여 추행하도록 한 행위는 형법 제298조의 강제추행죄의 간접정범이 성립한다.

(4) 甲의 성폭법 제14조의3 제2항의 촬영물 등을 이용한 강요죄와 형법 제298조의 강제추행죄는 상상적 경합 관계에 있다.

> - 최근에 개정되거나 신설된 규정인 성폭법 제14조와 제14조의2 그리고 제14조의3을 정확하게 기억해 두는 것이 바람직하다.

114

甲은 A(여, 21세)와 평소 친밀한 관계를 유지해 오던 중 A에게 시키는 대로 하지 않으면 자신이 가지고 있는 A의 은밀한 신체 부위가 드러난 사진을 유포하겠다고 말하였다. 이에 겁을 먹은 A는 甲이 시키는 대로 A 스스로 가슴 사진, 가슴을 만지는 동영상을 촬영하여 甲의 휴대전화로 전송하였다. 甲의 죄책은? (13점)   [2022 3차 변형]

1. 촬영물 등을 이용한 강요죄 성립

사안에서 甲이 기존에 전송받은 신체 사진을 유포하겠다고 B를 협박하여 추행하도록 한 행위는 성폭법 제14조의3 제2항의 촬영물 등을 이용한 강요죄에 해당한다.

2. 강제추행죄의 간접정범 성립

사안에서 甲에게 강제추행죄의 간접정범이 성립할 수 있는지에 대하여 판례는 '강제추행죄는 자수범이라고 볼 수 없으므로, 처벌되지 아니하는 타인을 도구로 삼아 피해자를 강제로 추행하는 간접정범의 형태로도 범할 수 있다.'라고 하고 있다. 따라서 사안에서 甲이 B를 협박하여 추행하도록 한 행위는 형법 제298조의 강제추행죄의 간접정범이 성립한다.

3. 카메라등이용촬영죄의 간접정범의 성립

사안에서 甲이 시키는 대로 A가 스스로 가슴 사진, 가슴을 만지는 동영상을 촬영하여 甲의 휴대전화로 전송하도록 한 것은 성폭법 제14조 제1항의 카메라등이용촬영죄의 간접정범이 성립한다.

4. 죄수 정리

甲에게는 ① 성폭법 제14조의3 제2항의 촬영물 등을 이용한 강요죄 ② 형법 제298조의 강제추행죄 ③ 성폭법 제14조 제1항은 카메라등이용촬영죄가 성립하며, 이들은 모두 상상적 경합 관계에 있다.

115

甲은 자신의 집에서 A(여, 28세)와 함께 술을 마시던 중, 술에 취해 누워 있는 A의 하의를 벗긴 후 A를 1회 간음하였다. 당시 甲은 A가 만취하여 심신상실 상태에 있다고 생각하고 이를 이용한 것이었는데, 실제로 A는 반항이 불가능할 정도로 술에 취하지는 않았다. 甲의 죄책은? (15점)   [2022 변시]

1. 논의점

사안에서 甲은 A가 심신상실 또는 항거불능의 상태에 있다고 생각하고 간음하였으나, 실제로 A는 의식이 없는 상태가 아니었다. 이러한 경우에 甲에게 준강간죄의 불능미수가 성립할 수 있는지에 대하여 논의가 있다.

2. 전합의 다수의견

전합의 다수의견은 ① 준강간죄의 객체를 '심신상실 또는 항거불능의 상태에 있는 사람'으로 보고 ② 불능미수의 '결과발생의 불가능'은 실행의 수단 또는 대상의 원시적 불가능성으로 인하여 범죄가 기수에 이를 수 없는 것을 의미한다고 보고 ③ 불능미수의 '위험성'의 판단에 대하여 추상적 위험설을 바탕으로 하여, 사안과 같은 경우에는 불능미수가 성립한다고 보고 있다.

3. 전합의 반대의견

전합의 반대의견은 ① 준강간죄의 객체를 '사람'으로 보고 ② 불능미수의 '결과발생의 불가능'은 범죄기수의 불가능뿐만 아니라 범죄실현의 불가능을 포함하는 개념으로 보고 ③ 불능미수의 '위험성'의 판단에 대하여 추상적 위험설을 바탕으로 하여, 사안과 같은 경우에는 결과발생이 불가능한 경우에 해당하지 않아 불능미수가 성립하지 않는다고 보고 있다.

4. 사안의 해결

생각건대 준강간죄는 '심신상실 또는 항거불능의 상태에 있는 사람'이 전제되어야 한다는 점에서 준강간죄의 객체는 '심신상실 또는 항거불능의 상태에 있는 사람'이라고 보는 것이 타당하다. 그러므로 사안에서 甲의 착오는 객체에 대한 적극적 착오인 대상의 착오에 해당하므로 불능미수범설이 타당하다. 따라서 甲에게는 형법 제300조, 제299조, 제27조에 따른 준강간죄의 불능미수범이 성립한다.

> • 전합 판례 문제이며, 분설형으로 배점이 크게 출제된 문제이다. 이를 참조하여 최신 전합 판례는 보다 정확하게 정리해 두는 것이 바람직하다.

116

> 甲은 A(여, 23세)와 출장을 가던 중 성욕이 발동하여 한적한 곳에 차를 정차한 후 A가 내리지 못하도록 차문을 잠그고 A를 강간하려 하였다. 이에 A는 반항하면서 甲의 손가락을 깨물었고, 甲은 고통스러워하며 손가락을 빼냈는데, 그 과정에서 A의 치아 2개를 부러뜨렸다. 甲이 고통으로 주춤하는 사이에 A는 간신히 차문을 열고 도망쳤다. 甲은 A를 쫓아가다 포기하고 차로 돌아 오던 중 차 옆에 떨어져 있는 A의 진주목걸이를 발견하고 주워 가졌다. 甲의 죄책은? (20점)
>
> [2018 3차 변형]

I. 자동차 안에서의 행위

1. 감금죄의 성부

사안에서 甲은 자동차 내에서 A를 강간하기 위하여 자동차의 문을 잠가 A를 10여 분간 내리지 못하게 한 행위는 제276조 제1항의 감금죄가 성립한다.

2. 강간치상죄 성부

(1) 사안에서 甲은 A를 강간하기 위하여 옷을 벗기려고 달려들 때 강간죄의 실행의 착수가 인정된다. 그리고 제301조에 의하면 제300조의 미수범을 포함하므로 甲은 강간치상죄의 주체성이 인정된다.

(2) 사안에서 甲은 A를 강간하는 도중에 A에게 물린 손가락을 빼내던 도중에 A의 치아 2개를 부러뜨렸다. 판례에 의하면 '강간 등에 의한 치사상죄에 있어서 사상의 결과는 간음행위 그 자체로부터 발생한 경우나

강간의 수단으로 사용한 폭행으로부터 발생한 경우는 물론 강간에 수반하는 행위에서 발생한 경우도 포함한다'라고 하므로 이러한 경우에도 甲에게는 강간치상죄가 성립한다.

> • '강간의 기회' 해당하는 세 가지 요건은 기억해 두는 것이 바람직하다.

(3) A에게 상해를 입힌 부분에 대한 긴급피난 성립 여부가 문제될 수 있지만, 판례에 의하면 사안과 같이 스스로 야기한 강간범행의 와중에 피해자에게 손가락을 물려 손가락을 비틀며 잡아 뽑다가 피해자에게 치아 결손의 상해를 입힌 경우에는 긴급피난이 인정되지 않는다.
(4) 사안에서 甲에게는 제301조의 강간치상죄가 성립한다.

3. 양 죄의 죄수 관계

(1) 사안에서 감금죄와 강간죄의 죄수 관계가 문제 되지만, 판례에 의하면 강간죄의 성립에 언제나 직접적으로 또 필요한 수단으로서 감금행위를 수반하는 것은 아니므로 감금죄와 강간죄는 별죄가 된다.
(2) 그리고 사안에서 감금행위와 강간치상행위는 부분적 동일성이 인정되므로 양 죄는 상상적 경합이 된다.

Ⅱ. 진주목걸이의 취거 행위

(1) 사안에서 A가 떨어뜨리고 간 진주목걸이의 점유가 문제 되지만, 형법상 점유의 최종 판단은 규범적 요소에 의하여 판단하므로 A에게 점유가 인정된다.
(2) 판례도 강간을 당한 피해자가 도피하면서 현장에 놓아두고 간 물건은 사회통념상 피해자의 점유하에 있다고 판단하여 A에게 점유를 인정한다.
(3) 따라서 사안에서 甲이 A의 진주목걸이를 영득한 행위는 제329조의 절도죄가 성립한다.

117

> 甲은 손님이 몰려있는 ○○대형마트에서 물건을 사고 있는 여성 A의 옷 위로 가슴을 만졌다. 甲의 죄책은?
> (10점)
>
> [2015 1차 변형]

1. 문제의 제기

사안에서 甲의 행위가 성폭법 제11조의 공중밀집장소에서의 추행죄에 해당하는지 문제 된다.

2. 공중밀집장소의 해당 여부

성폭법 제11조에서 말하는 '공중이 밀집하는 장소'에는 현실적으로 사람들이 빽빽이 들어서 있어 서로간의 신체적 접촉이 이루어지고 있는 곳만을 의미하는 것이 아니라 이 사건 찜질방 등과 같이 공중의 이용에 상시적으로 제공·개방된 상태에 놓여 있는 곳 일반을 의미한다. 따라서 사안의 대형마트도 공중밀집장소에 해당한다.

3. 추행죄의 성립 여부

추행이란 일반인에게 성적 수치심이나 혐오감을 일으키게 하고 선량한 성적 도덕관념에 반하는 행위로서 피해자의 성적 자유를 침해하는 것을 말한다. 사안에서 甲이 A의 가슴을 만진 행위는 추행행위로 인정되므로 甲에게 성폭법 제11조의 공중밀집장소추행죄가 성립한다.

여행회사를 운영하고 있는 甲은 코로나19로 인한 경영난에 처하게 되어 정신적 고통에 시달렸다. 그러던 어느 날 저녁 甲은 귀가 중 자신이 거주하는 아파트 엘리베이터 안에서 7층에 거주하는 여중생 A(만 15세)와 단둘이 있게 되자, 평소 소지하던 칼을 꺼내어 A를 위협하여 꼼짝 못하게 한 상태에서 5층에서 15층까지 엘리베이터가 운행하는 동안 자위행위를 하는 모습을 보여주었다. 甲의 죄책을 논하시오. (10점)

[2021 1차 변형]

1. 특수감금죄의 성립

사안에서 甲은 엘리베이터 안에서 A를 위험한 물건인 칼로 위협하여 A가 내려야 할 7층에 내리지 못하게 하였다. 따라서 甲에게는 특수감금죄가 성립한다.

2. 성폭법상 특수강제추행죄의 성립

사안에서 甲은 위험한 물건인 칼로 A를 위협하여 꼼짝 못하게 하고 A에게 자위행위를 보여주었는바, 甲의 행위가 추행에 해당하는지 문제 된다. 추행이란 일반인으로 하여금 성적 수치심이나 혐오감을 불러일으키는 일체의 행위를 말하므로 甲의 행위는 추행에 해당한다. 그리고 위험한 물건인 칼로 A를 협박하고 추행하였으므로 甲에게는 성폭법 제4조 제2항의 특수강제추행죄가 성립한다.

3. 사안의 해결

사안에서 甲에게는 ① 특수감금죄와 ② 성폭법상 특수강제추행죄가 성립하고, 양 죄는 상상적 경합 관계에 있다.

> • 자신이 거주하는 아파트이므로 주거침입죄는 성립하지 않는다. 그리고 성폭법 제3조 제1항에서 주거침입강제추행죄는 최근에 위헌판결을 받았다(헌재결 2023.2.23. 2021헌가9 참조)는 점을 주의하여야 한다.

甲은 야간에 혼자 걸어가는 여성 A를 발견하고 A의 핸드백에서 몰래 꺼낸 전자충격기로 A를 협박하며 강간하려 하였다. 그러나 A가 애원하자 양심의 가책을 느끼고 강간을 포기하면서 전자충격기를 가지고 도망하였다. 그런데 A는 저항하는 과정에서 2주의 치료를 요하는 상해를 입었다. 甲의 죄책은? (10점)

[2021 3차 변형]

1. 성폭법상 특수강간죄의 중지미수

사안에서 甲은 A를 전자충격기로 협박하여 강간을 범하려고 한 행위는 성폭법 제4조 제1항의 특수강간죄의 실행의 착수에 해당한다. 그러나 양심의 가책을 느끼고 강간 행위를 포기한 것은 중지미수에 해당한다.

2. 특수강간치상죄의 기수

사안에서 A는 강간당하는 와중에서 2주간의 치료를 요하는 상처를 입었으므로 A에게는 특수강간치상죄가 성립한다. 그런데 성폭법 제15조에서는 성폭법 제8조에 대한 미수를 처벌하고 있으므로 특수강간치상죄의 미수범이 성립하는지 문제 되지만, 판례는 결과적가중범의 미수를 인정하지 않으므로 甲에게는 특수강간치상죄의 기수범이 성립한다.

3. 전자충격기에 대한 절도 기수

사안에서 甲은 A의 전자충격기를 몰래 꺼내어 범행을 범하고 이를 영득하고 있다. 따라서 甲에게는 전자충격기에 대한 절도죄가 성립한다.

120

> 甲과 乙은 공원을 배회하던 중 혼자 걸어가던 여성 A(22세)를 함께 강간하기로 모의하고 A를 으슥한 곳으로 끌고 간 다음 乙이 망을 보고 있는 사이 甲은 A를 세게 밀어 바닥에 넘어뜨리고 A의 위에 올라타 수 차례 뺨을 때리면서 옷을 벗기려 하였다. 이에 A는 비명을 지르며 필사적으로 반항하면서 도망하다가 돌부리에 걸려 넘어지면서 발목이 부러지는 상해를 입었고, 그때 공원을 순찰 중이던 경찰관 P가 A의 비명소리를 듣고 달려왔다. 이를 본 乙은 혼자서 급히 다른 곳으로 도주해 버렸고 甲은 바닥에 떨어져 있던 A의 핸드백을 들고 도주하였다. 그 장면을 목격한 P가 도주하는 甲을 100여 미터 추적하여 붙잡으려 하자, 甲은 체포를 당하지 않으려고 주먹으로 P의 얼굴을 세게 때려 P의 코뼈를 부러뜨리는 상해를 가하였다. 甲과 乙의 죄책은? (40점)
>
> [2016 변시]

Ⅰ. 甲과 乙이 A를 강간하다 상해를 입힌 행위에 대한 죄책

1. 甲의 죄책

(1) 성폭법 제4조 제1항의 합동강간죄의 성부

사안에서 甲과 乙은 강간에 대한 모의를 하고 시간·장소적 협동관계를 이루어, 甲은 폭행을 행사하고 乙은 망을 보았으므로 甲과 乙에게는 합동강간죄의 실행의 착수가 인정된다.

(2) 성폭법 제8조 제1항의 특수강간치상죄의 성립 여부

성폭법 제8조 제1항의 주체에는 동법 제15조에 의한 동법 제4조 제1항의 미수범도 포함되고, 사안에서 甲의 폭행을 피하여 A가 필사적으로 도망하다 다친 것은 인과관계와 예견가능성이 있다고 평가되므로 특수강간치상죄가 성립한다.

(3) 성폭법 제15조의 특수강간치상미수죄의 성립 여부

성폭법 제15조에서는 특수강간치상죄인 제8조의 미수범을 처벌하고 있다. 이에 결과적가중범의 미수를 인정할 것인지에 대하여 ① 긍정설과 ② 부정설의 대립이 있으나, ③ 다수설과 판례는 결과적가중범의 미수를 부정하고 있다.

생각건대 결과적가중범의 특성상 결과적가중범의 미수를 부정하는 것이 타당하므로 甲에게는 특수강간치상죄의 기수범이 성립한다.

> • 성폭법 제3조에서 제15조의2까지의 조문은 암기해 두는 것이 바람직하다.

2. 乙의 죄책

(1) 성폭법 제4조 제1항의 합동강간죄의 성부

사안에서 위에서 살펴보았듯이 乙에게도 기본적으로 합동강간죄가 성립한다.

(2) 결과적가중범의 공동정범의 성부

사안에서 甲에게 특수강간치상죄가 성립하는 경우에 乙에게도 특수강간치상죄의 공동정범이 성립할 수 있는지 문제 된다. 결과적가중범의 공동정범이 성립될 수 있는지에 대하여 ① 긍정설과 ② 부정설의 대립이 있으나, ③ 판례는 긍정설을 따르고 있다. 이러한 긍정설에 따르면 사안에서 乙에게도 인과관계가 인정되고, 상해의 결과를 예견가능했으므로 특수강간치상죄의 공동정범이 성립한다.

Ⅲ. 甲이 A의 핸드백을 들고 도주하다 경찰관 P를 상해 입힌 행위에 대한 죄책

1. 甲의 죄책

(1) 강도상해죄의 성립

사안에서 A가 떨어뜨리고 간 핸드백이 A의 점유하에 있는 물건인지에 대하여, 다수설과 판례는 점유의 규범적 요소의 확장에 의하여 A의 점유가 인정된다고 보아 甲에게 절도죄의 성립을 인정하고 있다. 따라서 사안에서 甲에게는 절도죄가 성립한다.

그리고 사안에서 甲은 절도의 기회에 체포를 면탈할 목적으로 P에게 폭행하여 상해를 가하고 있다. 따라서 甲에게는 준강도죄가 성립하고, 상해를 가하였으므로 강도상해죄가 성립한다.

(2) 공무집행방해죄의 성립

사안에서 경찰관 P는 공원을 순찰하는 중이었으므로 정복을 착용하였을 것이고, 甲은 경찰관 P가 공무를 집행한다는 것을 인식하였으므로 甲에게는 공무집행방해죄가 성립한다.

2. 乙의 죄책

사안에서 乙은 甲과 강간에 대한 모의를 하였지만, 甲의 절도행위 등에 대하여는 모의가 없었다. 그리고 乙은 甲의 절도행위 이전에 현장을 이탈하였으므로 乙은 甲의 절도행위 이후의 강도상해죄에 대하여는 책임을 지지 않는다.

121

> 甲은 평소 좋아하던 A(여, 20세)에게 여러 차례 만나자고 하였으나 A가 만나 주지 않자, A를 강간하기로 마음먹고 A가 거주하는 아파트 1층 현관 부근에 숨어 있다가 귀가하는 A를 발견하였다. 甲은 A가 엘리베이터를 타자 따라 들어가 주먹으로 A의 얼굴을 2회 때리고 5층에서 내린 다음 계단으로 끌고 가 미리 준비한 청테이프로 A의 양손을 묶어 반항을 억압한 후 A를 간음하려 하였으나 A가 그만두라고 애원하자, 자신의 행동을 뉘우치고 범행을 단념하였다. 그런데 A는 계단으로 끌려가는 과정에서 甲의 손을 뿌리치다가 넘어져 3주간의 치료가 필요한 발목이 골절되는 상해를 입었다. 甲의 죄책은? (15점) [2021 변시]

1. 주거침입죄의 성립

판례에 의하면 다가구용 단독주택이나 다세대주택·연립주택·아파트 등 공동주택의 내부에 있는 엘리베이터, 공용 계단과 복도는 특별한 사정이 없는 한 주거침입죄의 객체인 '사람의 주거'에 해당한다. 따라서 사안에서 甲이 A를 따라 엘리베이터 안으로 들어간 것은 주거침입죄가 성립한다.

2. 주거침입강간미수죄의 성립

사안에서 甲이 강간할 목적으로 A를 따라 피해자가 거주하는 아파트 내부의 엘리베이터에 탄 다음 그 안에서 폭행을 가하여 반항을 억압한 후 계단으로 끌고 가 피해자를 강간하려고 한 행위는 성폭법 제3조

제1항의 주거침입강간죄가 성립한다. 그리고 강간이 기수에 이르지 못하였으므로 주거침입강간미수죄가 성립한다.

3. 중지미수의 성립 여부

사안에서 甲은 A가 그만두라고 애원하자 자신의 행동을 뉘우치고 범행을 단념하고 있다. 중지미수의 자의성의 판단에는 ① 객관설 ② 주관설 ③ 프랑크의 공식 ④ 절충설 등이 대립하고 있으나, 다수설과 판례는 사회통념에 따라 구별하는 절충설을 따르고 있다. 사안에서 甲은 A가 불쌍하다고 생각하고 있고 이는 윤리적 동기에 의한 것이므로 자의성 판단에 대한 어떠한 견해를 따르더라도 甲에게는 자의성이 인정된다. 따라서 사안에서 甲에게는 주거침입강간죄의 중지미수가 성립한다.

4. 주거침입강간치상죄의 기수

(1) 사안에서 A는 계단으로 끌려가는 과정에서 甲의 손을 뿌리치다가 넘어져 3주간의 치료가 필요한 발목이 골절되는 상해를 입었는바 이는 강간의 기회에 발생한 상해이며, 인과관계와 예견가능성이 있다고 평가되므로 주거침입강간치상죄가 성립한다. 또한 성폭법 제8조 제1항의 주체에는 동법 제15조에 의한 동법 제3조 제1항의 미수범도 포함되므로 강간의 기수 여부와 관계없이 주거침입강간치상죄가 성립한다.

(2) 그런데 성폭법 제15조에서는 주거침입강간치상죄인 제8조의 미수범을 처벌하고 있다. 이에 결과적가 중범의 미수를 인정할 것인지에 대하여 ① 긍정설과 ② 부정설의 대립이 있으나, ③ 다수설과 판례는 결과적가중범의 미수를 부정하고 있다. 생각건대 결과적가중범의 특성상 결과적가중범의 미수를 부정하는 것이 타당하므로 A에게는 주거침입강간치상죄의 기수범이 성립한다.

122

> 甲은 ○○아파트에 들어가려는 A(여, 27세)를 뒤따라가다 A가 아파트 현관으로 들어가자 같이 따라 들어갔다. 그리고 현관 복도에서 엘리베이터를 기다리고 있는 A를 껴안으려고 양팔을 들자, 인기척을 느낀 A가 갑자기 뒤돌아보며 놀라 "왜 이러세요."라고 소리치며 피하려다가 넘어져 3주간의 치료를 요하는 상처를 입었다. 이에 甲도 놀라 도망쳤다. 甲의 변호인의 입장에서, 甲이 미수감경을 받을 수 있도록 하는 변론의 주장과 논거를 제시하시오. (10점)
>
> [2019 1차 변형]

Ⅰ. 변호인의 주장

성폭법 제15조에서는 동법 제8조의 미수범을 처벌하고 있으므로 甲에게 주거침입강제추행치상죄의 미수범을 인정하여 미수감경을 받을 수 있도록 하여야 한다.

Ⅱ. 변호인의 논거

1. 결과적가중범의 미수처벌 규정의 존재

일반적으로 결과적가중범의 본질상 미수범을 처벌할 수 없다고 하지만, 현행 형법에서는 인질치사상죄와 강도치사상에 대한 미수범을 처벌하는 규정을 두고 있으므로 결과적가중범의 미수를 긍정하여야 한다.

2. 책임주의와의 조화

결과적가중범에서 기본범죄가 기수에 이른 경우와 미수에 그친 경우에 중한 결과가 발생하였다고 하여 이를 동일하게 처벌하는 것은 책임주의에 반하는 측면이 있으므로 결과적가중범의 미수를 긍정하여야 한다.

3. 성폭법의 체계적 해석

성폭법 제8조 제1항에서는 성폭법 제3조 제1항의 미수범을 주체로 인정하고 있다. 그리고 이에 더하여 제15조에서는 제8조의 미수범을 처벌하는 규정을 두고 있으므로 성폭법의 체계적 해석론상 제8조 제1항의 미수범을 긍정하여야 한다.

> • 기본 법리를 묻는 문제이므로 잘 기억해 두는 것이 바람직하다.

123

甲은 2022. 4. 4. 19:20경 피해자 A녀(17세)를 강간하기로 마음먹고 입막음용 청테이프를 소지하고 A를 뒤따라가 A의 주거지인 ○○아파트 7동에 들어갔다. 그리고 1층 계단을 오르는 A의 뒤에서 자기의 휴대폰으로 A의 교복 치마 안쪽을 사진 찍고 난 후 갑자기 치마 안으로 손을 넣다가 누군가가 오는 발자국 소리를 듣고, 황급히 그 자리를 떠났다. 甲의 죄책은?   [2023 2차 변형]

Ⅰ. 성폭법 제3조 제1항 주거침입강간미수죄의 성립 여부

1. 주거침입죄의 성립

(1) 판례에 의하면 "다가구용 단독주택이나 다세대주택·연립주택·아파트와 같은 공동주택 내부의 엘리베이터, 공용 계단, 복도 등 공용 부분도 그 거주자들의 사실상 주거의 평온을 보호할 필요성이 있으므로 주거침입죄의 객체인 '사람의 주거'에 해당한다."라고 하므로 사안에서 ○○아파트 7동의 공용부분은 주거에 해당한다.

(2) 거주자가 아닌 외부인이 거주자나 관리자 모르게 공동현관에 출입한 경우와 같이 공동주택 거주자의 사실상 주거의 평온상태를 해치는 행위태양으로 볼 수 있는 경우라면 공동주택 거주자들에 대한 주거침입에 해당할 것이다. 따라서 사안에서 甲이 A를 강간할 목적으로 A의 주거지인 ○○아파트 7동에 들어간 행위는 주거침입죄가 성립한다.

2. 강간죄의 실행의 착수시기

(1) 강간죄의 실행의 착수시기는 피해자의 항거를 불능하게 하거나 현저히 곤란하게 할 정도의 폭행 또는 협박을 개시한 때에 그 실행의 착수가 있다.

(2) 따라서 사안에서 甲이 갑자기 A의 치마 안으로 손을 넣다가 누군가가 오는 소리에 황급히 그 자리를 떠났다면 강간죄의 실행의 착수는 인정되지 않는다.

3. 주거침입강간죄의 예비·음모죄의 성립

사안에서 甲은 주거침입강간죄를 범하기 위하여 청테이프를 소지하는 등으로 예비행위를 하였으므로 甲에게는 성폭법 제15조 제2항에 의한 주거침입강간예비죄가 성립한다.

> • 성폭법 제15조의2에서 예비 · 음모를 처벌하는 규정을 신설하였다는 점을 주의하여야 한다.

Ⅱ. 성폭법상 카메라등 촬영죄의 성립

사안에서 甲은 A의 의사에 반하여 자기의 휴대폰으로 A의 교복 치마 안쪽에 사진을 찍고 있으므로 甲에게는 성폭법 제14조 제1항의 카메라 등을 이용한 촬영죄에 해당한다.

124

甲은 2022. 4. 4. 22:30경에 ○○아파트 인근에서 피해자 A녀(17세)를 발견하고서 추행하기로 마음먹고 A를 뒤따라 ○○아파트 상가 1층에 들어가, 그곳에서 엘리베이터를 기다리는 A의 뒤에서 갑자기 A의 교복 치마 안으로 손을 넣어 B의 음부를 만졌다. 甲의 죄책은? [2023 2차 변형]

1. 주거침입죄의 불성립

(1) 판례에 의하면 일반인의 출입이 허용된 상가 등 영업장소에 영업주의 승낙을 받아 통상적인 출입방법으로 들어갔다면 특별한 사정이 없는 한 건조물침입죄에서 규정하는 침입행위에 해당하지 않는다.

(2) 이러한 판례의 법리에 따르면 사안에서 甲이 ○○아파트 상가 1층에 들어간 행위는 통상적인 출입방법으로 들어간 경우이므로 주거침입죄는 성립하지 않는다.

2. 청소년보호법상 강제추행죄의 성립

(1) 판례에 의하면 강제추행죄의 폭행은 항거를 곤란하게 한 뒤에 추행행위를 하는 경우뿐만 아니라 폭행행위 자체가 추행행위라고 인정되는 경우도 포함되며 이 경우에 있어서는 그 힘의 대소강약을 불문한다. 따라서 사안에서 甲이 A의 뒤에서 갑자기 A의 교복 치마 안으로 손을 넣어 B의 음부를 만진 행위는 추행에 해당하여 甲에게는 강제추행죄가 성립한다.

(2) 그리고 사안에서 B는 17세의 청소년이므로 청소년성보호법 제7조 제3항에 의하여 가중처벌된다.

> • 종래 판례는 기습추행형 강제추행의 경우에만 협의의 폭행을 포함하였으나, 최근 전합 판례에 따르면 폭행 · 협박 선행형 강제추행도 협의의 폭행과 협박으로 가능하므로 그 의미가 반감되었다고 볼 수 있다(2018 도13877 전합 참조).

125

甲은 손님이 몰려있는 ○○대형마트에서 물건을 사고 있는 여성 A의 옷 위로 가슴을 만졌다는 혐의로 경찰의 수사를 받고 있었다. 이후 甲은 마을 청년회장에 출마하였는데, 같이 청년회장에 출마한 乙은 친구인 丙으로부터 甲이 성추행으로 수사를 받고 있다는 말을 듣고 나서 경솔하게 진실한 것으로 믿고 이를 선거에 이용하기로 마음먹었다. 乙은 다수의 사람들이 모인 선거연설회장에서 "甲은 마트에서 성추행이나 하고 다니는 사람이다. 청년회장의 자격이 없다"라며 혐의사실에 대한 말을 하였고, 그러자 甲은 연단으로 뛰어올라가 1분여 동안 乙의 입을 막으면서 연설을 하지 못하도록 방해하였다. 그러나 뒤에 밝혀진 바로는 실제로 甲은 A를 성추행하지 않았다. 乙의 죄책과 관련하여 乙에게 유리한 주장과 불리한 주장을 논하시오. (20점)

[2015 1차 변형]

1. 문제의 제기

사안에서 乙은 친구 丙으로부터 들은 甲이 성추행 행위를 했다는 허위의 사실을 진실이라고 믿고 공연히 적시하고 있으므로 乙의 명예훼손죄와 관련하여 ① 구성요건의 확정 ② 진실성의 착오의 해결이 문제된다.

2. 구성요건의 확정

사안에서 乙은 甲이 성추행했다는 허위의 사실을 진실한 사실로 믿고 공연히 적시하고 있다. 따라서 객관적으로는 제307조 제2항의 해당사실이 인정되나, 乙에게는 허위사실에 대한 인식이 없으므로 제15조 제1항에 의하여 제307조 제1항의 구성요건해당성이 인정된다.

> • 본 문제에서 진실성의 착오가 큰 쟁점이라는 점에 매몰되어 구성요건의 확정을 간과하는 것은 바람직하지 않다.

3. 진실성의 착오에 대한 견해의 대립과 판례

사안에서 乙은 허위의 사실을 진실한 사실로 착오하고 있으므로 제310조의 위법성조각사유의 전제사실에 대한 착오에 빠져있다. 이러한 착오의 해결에 대하여는 ① 위법성조각사유의 전제사실의 착오로 해결하자는 견해 ② 의무합치적 심사설을 따르자는 견해 ③ 법률의 착오로 보자는 견해 등이 대립하고 있으며, ④ 판례는 '진실하다고 믿은데에 객관적인 상당한 이유가 있는 경우에는 진실한 것이라는 증명이 없다고 할지라도 위법성이 없다고 보아야 한다'라고 하여 상당한 이유가 있는 경우에는 위법성이 조각된다고 판시하고 있다.

4. 乙에게 유리한 주장과 논거

(1) 진실성의 착오에 대하여 위법성조각사유의 전제사실의 착오설 중 제한책임설, 소극적 구성요건 표지이론, 법효과제한적 책임설을 따르는 주장이 乙에게 유리한 주장이 된다.

(2) 위와 같은 주장에 따르면 乙에게는 고의가 인정되지 않고, 과실에 의한 명예훼손죄는 없으므로 결국 乙은 무죄가 된다.

5. 乙에게 불리한 주장과 논거

(1) 진실성의 착오에 대하여 ① 위법성조각사유의 전제사실의 착오설 중 엄격책임설 ② 의무합치적 심사설 ③ 법률의 착오설 ④ 판례의 태도에 따르는 주장이 乙에게 불리한 주장이 된다.

(2) 위와 같은 주장에 따르면 乙에게 고의가 인정된다. 따라서 상당성이 인정되어야 위법성이나 책임이 조각되지만, 사안의 경우에는 乙에게 상당한 이유가 없어 결국 乙은 제307조 제1항의 범죄가 성립하게 된다.

126

참소식신문 기자인 甲과 乙은 의사들이 프로포폴을 남용하는 부분에 대한 취재를 하려고 하자, 참소식신문의 대표이사 김참말은 포상금지급을 약속하며 격려하였다. 취재 중 甲과 乙은 다나아 종합병원의 병원장 A가 B에게 프로포폴을 주사하는 장면을 목격하게 되었다. 그리고 A와 B로부터 자세한 설명을 듣지는 못했으나 프로포폴을 주사하는 현장을 직접 목격했으므로 더 이상의 조사는 필요 없다고 생각하고, "병원장 A가 거액을 받고 상습적으로 프로포폴을 주사해 주고 있으며, B도 상습적으로 프로포폴을 불법투여받은 것으로 보인다."라는 내용의 기사를 작성하였고, 이 기사는 다음 날 참소식신문 1면 특종으로 게재되었다. 甲과 乙은 이 기사내용이 사실이라고 굳게 믿었고 A나 B를 비방할 의도 없이 이들의 불법투여사실을 알림으로써 프로포폴의 오·남용을 근절하는 데 일조한다는 생각에서 기사화한 것이었다. 그러나 사실 B는 성형수술을 목적으로 프로포폴 주사를 맞은 것이었고, 병원장 A에 관한 내용도 허위사실로서 다나아 종합병원의 경쟁병원 의사 X가 낸 헛소문에 불과한 것이었다. (1) 甲과 乙의 죄책을 논하시오. (25점) (2) 甲과 乙의 행위에 대하여, 甲과 乙의 행위를 격려한 참소식신문의 대표이사 김참말에게 방조범의 성립을 긍정하는 견해를 제시하시오. (5점)

[2016 변시]

I. (1)문 해설 - 甲과 乙의 죄책

1. 논의점

사안에서의 甲과 乙의 죄책에 대하여 ① 먼저 구성요건을 확정하고 ② 진실성에 대한 착오의 문제를 해결하며 甲과 乙의 죄책을 살펴본다.

2. 구성요건의 확정

(1) 형법 제309조의 출판물에 의한 명예훼손죄 해당 여부

제309조의 출판물에 의한 명예훼손죄가 성립하기 위하여는 비방할 목적이 있어야 한다. 그런데 사안에서 甲과 乙은 비방할 의도가 없었으므로 제309조의 출판물에 의한 명예훼손죄는 성립하지 않는다.

(2) 형법 제307조 제2항의 명예훼손죄 해당 여부

사안에서 객관적으로 발생한 사실은 제307조 제2항의 허위사실명예훼손죄에 해당하지만, 甲과 乙은 이러한 사실을 진실한 사실로 굳게 믿었으므로 허위사실에 대한 인식이 없다. 따라서 제15조 제1항이 적용되어 甲과 乙은 제307조 제2항의 허위사실명예훼손죄의 구성요건에는 해당하지 않는다.

(3) 형법 제307조 제1항의 명예훼손죄 해당

사안에서 甲과 乙은 A와 B에 대한 명예훼손에 대하여는 제307조 제1항의 구성요건해당성만이 인정된다.

3. 형법 제310조의 적용에 있어서의 진실성에 대한 착오

(1) 논의점

사안에서 甲과 乙의 행위는 제307조 제1항의 구성요건에 해당하므로 제310조의 위법성조각사유의 해당 여부를 검토할 수 있다. 그런데 사안에서 甲과 乙은 객관적으로 허위인 사실을 진실한 사실로 오인하고 공익을 위하여 사실을 적시하고 있으므로 그 착오의 효과에 대하여 논의가 있다.

(2) 견해의 대립

이에 대하여는 ① 제310조를 위법성조각사유로 본다면 진실성에 대한 착오는 위법성조각사유의 전제사실의 착오문제로 해결하여야 한다는 위법성조각사유의 전제사실의 착오설 ② 허위의 사실을 진실한 사실로 착오한 경우에 행위자가 진실한 사실인가에 대해 신중한 검토의무를 이행하였다면 제310조가 적용된다는 의무합치적 심사설 ③ 허위의 사실을 진실한 사실로 착오한 경우에는 위법성을 조각시키는 것이 아니라 공익성이 있는 경우에는 법률의 착오로 보자는 법률의 착오설 등이 대립하고 있다.

(3) 판례의 태도

판례는 이와 유사한 사안에서 '진실하다고 믿은데에 객관적인 상당한 이유가 있는 경우에는 진실한 것이라는 증명이 없다고 할지라도 위법성이 없다고 보아야 한다'라고 하여 상당한 이유가 있는 경우에는 위법성이 조각된다고 판시하고 있다.

(4) 검토 및 사안의 해결

생각건대 제310조의 진실성에 대한 착오는 위법성조각사유의 전제사실의 착오 중 구체적 타당성과 공범 성립가능성을 인정할 수 있는 법효과제한적 책임설에 따라 해결하는 것이 타당하다. 사안에서 甲과 乙의 행위는 법효과제한적 책임설에 의하면 구성요건적 고의는 인정되지만, 책임고의가 탈락하여 과실범이 문제될 수 있다. 그러나 명예훼손죄는 과실범 처벌 규정이 없으므로 甲과 乙은 무죄가 된다.

Ⅱ. (2)문 해설

甲과 乙의 행위를 ① 위법성조각사유의 전제사실의 착오로 해결하려는 견해 중 법률의 착오로 해결하려는 엄격책임설 ② 위법성조각사유의 전제사실의 착오로 해결하려는 견해 중 구성요건적 고의를 인정하지만 책임고의를 부정하는 법효과제한적 책임설 ③ 의무합치적 심사설의 입장에서 甲과 乙이 신중한 검토를 이행하지 않았다는 보는 견해 ④ 진실성에 대한 착오를 위법성 착오로 보는 견해에 의하면 甲과 乙의 행위가 제한종속을 구비하였으므로 대표이사 김참말에게 방조범의 성립을 긍정할 수 있다.

> **유제**
>
> 학생기자 甲은 술집 주인 X가 'A교수가 성매매를 했다'라고 한 말을 곧이곧대로 믿고 저질 교수를 교단에서 몰아내야 한다고 생각하여 "술집 마담과 성매매를 저지른 A교수는 학교를 떠나야 한다"라는 취지의 기사를 작성하여 대학신문 주간 교수 乙을 찾아가 신문에 내어줄 것을 요구하였다. 乙은 애처가로 소문난 A가 성매매를 하였을 리가 없다고 믿었지만 이번에 망신을 당해야 앞으로 함부로 나대지 못하리라 생각하고, 甲과 논의하여 기사에 "성매매 교수는 대학에서 축출해야"라는 제목을 달아 대학신문을 제작·배포하기로 합의하였고, A교수의 성매매 기사가 실린 대학신문은 교내외로 널리 배포되었다. 그러나 며칠 후에 A교수가 성매매를 했다는 것은 허위의 사실임이 밝혀졌다. 甲과 乙의 죄책은? (20점)
>
> [2017 1차 변형]

甲(여)은 남편 A와 현재 별거 상태에서 이혼소송을 제기한 후 그를 파멸시키고자 하였다. 이를 위해 甲은 A가 다니는 회사 내에서 애사심이 강한 乙을 만나 조작된 자료를 제시하며 A가 지난해 회사 공금 5억 원을 횡령하였다는 허위 사실을 알려주었다. 이 제보를 진실한 것으로 섣불리 믿은 乙은 오로지 회사의 발전을 위해 A와 같은 비리자는 퇴사시켜야 마땅하다고 생각하였다. 다음 날 乙은 회사 모든 직원이 알 수 있도록 甲으로부터 전해들은 사실을 회사 내부통신망(intranet)의 게시판에 게재하였다. 그런데 마침 내부통신망의 게시판 관리자 X가 그 게시물을 보고 심각성을 느낀 나머지 乙의 동의 없이 그 게시물을 삭제하여 다른 직원들은 아직 그 게시물을 읽지 못하였다. X는 게시물 내용을 감사부서에 보고했고, 얼마 후 감사부서에서 A의 업무를 세밀히 감사한 결과 甲이 乙에게 전해준 정보는 거짓으로 밝혀졌다. 甲과 乙의 죄책을 논하고, 다툼이 있는 경우 판례의 입장에 따라 결론을 도출하시오. (30점) [2020 2차 변형]

Ⅰ. 乙의 죄책

1. 구성요건의 확정

(1) 정통망법 제70조의 검토

사안에서 회사 내부통신망은 정보통신망에 해당되므로 乙의 행위에 대하여는 정통망법 제70조의 해당 여부를 검토하여야 하는데 정통망법 제70조에 해당하기 위해서는 비방할 목적이 있어야 한다. 그런데 사안에서 애사심이 강한 乙에게는 A를 비방할 목적보다는 회사의 이익을 위하여 사실을 적시한 것이므로 공공의 이익이 있는 것으로 보아야 한다. 판례에 의하면 공공의 이익이 인정되는 경우에는 비방할 목적은 인정할 수 없으므로 乙에게는 정통망법 제70조의 구성요건해당성은 인정되지 않는다.

(2) 형법 제307조 제1항의 구성요건해당성

사안에서 乙은 A에 대한 허위사실을 적시하였으나, 허위에 대한 인식이 없어 제307조 제2항의 구성요건에 해당하지 않고 제307조 제1항의 구성요건해당성만 인정된다.

그리고 명예훼손죄는 추상적 위험범으로 이미 게시를 하였을 때 기수가 되므로 내부통신망의 게시판 관리자 X가 그 게시물을 삭제하여 다른 직원들은 아직 그 게시물을 읽지 못하였다고 하더라도 명예훼손죄의 구성요건을 충족함에는 영향이 없다.

> • 게시물을 삭제한 부분도 언급해 주는 것이 바람직하다.

2. 진실성의 착오에 대한 해결

(1) 논의점

사안에서 乙의 행위는 제307조 제1항의 구성요건에 해당하므로 제310조의 위법성조각사유의 해당 여부를 검토할 수 있다. 그런데 사안에서 乙은 객관적으로 허위인 사실을 진실한 사실로 오인하고 공익을 위하여 사실을 적시하고 있으므로 그 착오의 효과에 대하여 논의가 있다.

(2) 견해의 대립

이에 대하여는 ① 제310조를 위법성조각사유로 본다면 진실성에 대한 착오는 위법성조각사유의 전제사실의 착오문제로 해결하여야 한다는 위법성조각사유의 전제사실의 착오설 ② 허위의 사실을 진실한 사실로 착오한 경우에 행위자가 진실한 사실인가에 대해 신중한 검토의무를 이행하였다면 제310조가 적용된다는 의무합치적 심사설 ③ 허위의 사실을 진실한 사실로 착오한 경우에는 위법성을 조각시키는 것이 아니라 공익성이 있는 경우에는 법률의 착오로 보자는 법률의 착오설 등이 대립하고 있다.

(3) 판례의 태도

판례는 이와 유사한 사안에서 '진실하다고 믿은데에 객관적인 상당한 이유가 있는 경우에는 진실한 것이라는 증명이 없다고 할지라도 위법성이 없다고 보아야 한다'라고 하여 상당한 이유가 있는 경우에는 위법성이 조각된다고 판시하고 있다.

(4) 판례에 따른 사안의 해결

사안에서 乙은 甲의 제보를 섣불리 진실한 것으로 믿었으므로 乙의 행위는 진실하다고 믿은 것에 객관적인 상당한 이유가 있다고 보기 어렵다. 따라서 乙의 행위는 위법성을 조각하지 못하고 제307조 제1항의 명예훼손죄가 성립한다.

Ⅱ. 甲의 죄책

1. 논의점

사안에서 甲은 허위사실을 乙에게 알려준 것이 허위사실적시 명예훼손죄가 성립하는지와 관련하여 공연성이 있는지 문제 된다. '공연성'이란 '불특정 또는 다수인이 인식할 수 있는 상태'를 의미한다. 이러한 공연성의 의미 중 '불특정인 또는 다수인'에 대한 부분은 크게 문제가 없지만, '인식할 수 있는 상태'의 의미를 두고 논의가 있다.

2. 견해의 대립

이에 대하여는 ① 불특정 또는 다수인이 현실적으로 인식하였거나, 현실적으로 인식하지는 않았더라도 직접 인식하려면 언제든지 인식할 수 있는 정도가 되어야 한다는 직접인식가능성설 ② 사실을 적시한 상대방이 특정인이거나 소수인 경우라 하더라도 그 말을 들은 사람이 불특정 또는 다수인에게 그 말을 전파할 가능성이 있는 정도가 되어야 한다는 전파가능성설이 대립하고 있다.

3. 판례의 태도

판례는 '명예훼손죄의 구성요건인 공연성은 불특정 또는 다수인이 인식할 수 있는 상태를 의미하므로 비록 개별적으로 한 사람에 대하여 사실을 유포하였다 하더라도 그로부터 불특정 또는 다수인에게 전파될 가능성이 있다면 공연성의 요건을 충족한다'라고 하여 전파가능성설을 따르고 있으며, 최근의 전합 판례도 이를 확인하고 있다.

4. 판례에 따른 사안의 해결

판례의 입장인 전파가능성설에 따르면 사안에서 甲이 乙에게 허위사실을 알려주는 것만으로도 불특정 또는 다수인에게 전파될 가능성이 있으므로 甲에게는 제307조 제2항의 허위사실적시 명예훼손죄가 성립한다.

128

A는 B로부터 그 소유의 부동산을 매수하면서 자신의 명의로 소유권이전등기를 하였다. 그런데 B는 A와 매매계약을 체결할 때 A로부터 "이 부동산을 사는 사람은 甲이고, 나는 등기만 하는 사람이다."라는 말을 들었다. 이후 A는 甲의 승낙 없이 부동산을 C에게 매도하고 소유권이전등기를 경료하여 주었다. 위 사실을 알게 된 甲은 A를 만난 자리에서 "이 버러지만도 못한 놈! 네가 인간이냐."라는 등의 욕설과 함께 "부동산 매각대금을 돌려주지 않으면 죽여 버리겠다."라고 겁을 주었다. 그런데 이 자리에는 혹시 모를 A의 저항으로 위해를 받을지도 모른다는 불안감을 느낀 甲의 아들 乙이 동석하고 있었다. 甲의 죄책은? (15점) [2014 3차 변형]

1. 모욕죄의 성부

(1) 모욕죄의 공연성

사안에서 甲이 A에게 한 욕설에 대하여 모욕죄가 성립하기 위해서는 공연성이 인정되어야 한다. 이러한 공연성의 판단기준에 대하여 ① 다수설은 불특정 또는 다수인이 현실적으로 인식할 수 있는 정도가 되어야 한다는 직접인식가능성설을 따르고 있으며 ② 판례는 사실을 적시한 상대방이 특정인이거나 소수인 경우라 하더라도 그 말을 전파할 가능성이 있는 정도가 되어야 한다는 전파가능성설을 따르고 있다.

(2) 검토 및 사안의 해결

생각건대 전파가능성 법리가 정보통신망 등 다양한 유형의 명예훼손 처벌규정에서의 공연성 개념에 부합한다고 볼 수 있으므로 타당하다. 그러나 사안에서는 甲의 아들인 乙만이 동석하고 있었으므로 전파가능성이 있는 상황이 아니므로 甲에게 모욕죄는 성립하지 않는다.

2. 협박죄 또는 공갈죄의 성부

(1) 권리행사를 위한 협박

사안과 같이 권리행사를 위한 협박이 사회상규에 어긋나는 경우에는 어떤 죄가 성립하는가에 대하여 ① 다수설은 영득의 불법이 없어 불법영득의사가 인정하기 어려우므로 협박죄만 성립한다는 협박죄설을 따르고 있으나 ② 판례는 갈취의 불법이 있어 불법영득의사를 인정할 수 있으므로 공갈죄가 성립한다는 공갈죄설을 따르고 있다.

> • 갈취의 불법설은 통칭하면 수단의 불법설이라고 할 수 있다. 이러한 수단의 불법설이 어떠한 죄냐에 따라 절취의 불법설, 강취의 불법설, 사취의 불법설, 갈취의 불법설로 불리는 것이다.

(2) 검토 및 사안의 해결

생각건대 재산죄에서의 불법영득의 의사는 타인의 재산을 불법하게 자기의 재산으로 한다는 영득의 불법으로 보아야 하므로 협박죄만 성립한다고 보는 것이 타당하다. 따라서 사안에서 甲에게는 협박죄가 성립한다.

> • 공동협박 문제도 거론할 수 있겠지만, 사안의 경우에는 인정하기 어려울 것이므로 이는 생략한다.

129

X회사의 개발팀장으로 근무하는 甲은 2022. 4. 1. 위 회사가 입주한 Y상가 관리소장 A와 방문객 주차 문제로 언쟁을 벌인 후, A를 비방할 목적으로 상가 입주자 약 200여 명이 회원으로 가입된 Y상가 번영회 인터넷 카페 사이트 게시판에 'A에게 혼외자가 있다'라는 허위사실을 게시하였다. 甲은 이 글의 신빙성을 높이기 위해 관리사무소 직원 B에게 부탁하여 'A가 혼외자와 함께 있는 것을 보았다'라는 허위 내용이 기재된 B 명의의 사실확인서를 받아 위 게시물에 첨부하였다. 甲의 죄책은? (10점) [2023 변시]

1. 정통망법 제70조 제2항 위반죄 성립

甲이 A를 비방할 목적으로 Y상가 번영회 인터넷 카페 사이트 게시판에 'A에게 혼외자가 있다'라는 허위 사실을 게시한 행위는 정통망법 제70조 제2항의 허위사실적시명예훼손죄가 성립한다. 그리고 허위 내용이 기재된 B 명의의 사실확인서를 받아 게시물에 첨부한 것도 동일한 범죄가 성립한다.

2. 사문서위조교사죄 불성립

甲이 관리사무소 직원 B에게 부탁하여 'A가 혼외자와 함께 있는 것을 보았다'라는 허위 내용이 기재된 B 명의의 사실확인서를 작성하게 한 행위는 사문서의 무형위조에 대한 교사에 해당하므로 범죄가 되지 않는다.

3. 죄수 관계와 반의사불벌죄

甲이 허위사실을 게재하고 허위 내용이 기재된 B 명의의 사실확인서를 받아 게시물에 첨부한 것은 甲이 단일의 의사로 A의 명예를 훼손한 것이므로 정통망법 제70조 제2항 위반의 포괄일죄가 되며, 동죄는 정통망법 제70조 제3항에 의하여 반의사불벌죄이다.

> • 죄수 문제와 소추조건도 빠뜨리지 않는 것이 바람직하다.

130

> 채권자 甲은 채무자 A가 변제기에 채무를 이행하지 않자, 핸드폰 문자메시지로 '돈을 갚지 않으면 아들을 등교 길에 유괴할 수도 있다.'라는 등으로 20여 차례에 걸쳐 협박하였다. 甲의 죄책은? (10점)　　　　[2012 변시]

1. 공갈미수범의 성립

사안에서 甲은 자기 채권을 행사하기 위하여 사회상규에 어긋나는 협박을 하고 있다. 이에 대하여 ① 다수설은 불법의 의미에 대하여 영득의 불법설의 입장에서 협박죄만 성립한다는 협박죄설을 따르고 있으나, ② 판례는 불법의 의미에 대하여 갈취의 불법설의 입장에서 공갈죄가 성립한다는 공갈죄설을 따르고 있다. 생각건대 자기의 권리라도 사회상규에 어긋난 협박을 하여 이를 행사하는 것은 법질서를 해하는 행위이므로 공갈죄설이 타당하다. 이에 따르면 甲에게는 공갈미수죄가 성립한다.

> • 갈취의 불법설은 통칭하면 수단의 불법설이라고 할 수 있다. 이러한 수단의 불법설이 어떠한 죄냐에 따라 절취의 불법설, 강취의 불법설, 사취의 불법설, 갈취의 불법설로 불리는 것이다.

2. 정통망법 제74조 제1항 제3호 위반죄 성립

甲은 A에게 20번에 걸쳐 협박 문자를 보낸 것은 '공포심이나 불안감을 유발하는 문언을 반복적으로 도달하게 한 행위'에 해당하므로 정통망법 제74조 제1항 제3호 위반죄가 성립한다.

3. 甲의 죄책

사안에서 甲에게는 ① 공갈미수죄(제352조, 제350조 제1항)와 ② 정통망법위반죄(정통망법 제74조 제1항 제3호)가 성립하며, 양자는 상상적 경합 관계에 있다.

131

甲은 A를 공갈하기 위하여 A의 원룸 건물 근처에서 A가 오기를 기다리고 있었더. 얼마 후 A가 도착하여 번호키를 눌러 현관문을 열고 건물 안으로 들어가자, 현관문이 닫히기 전에 甲은 재빨리 건물 안으로 들어가서는 계단을 올라가고 있는 A에게 다가갔다. 甲의 죄책은? (7점)　　　　　[2018 1차 변형]

1. 논의점

사안에서 甲이 A에게 협박을 하기 위하여 A를 뒤따라 현관문 안쪽으로 들어간 것이 주거침입죄가 성립할 것인지 문제 된다.

2. 판례의 태도

판례는 '다가구용 단독주택이나 다세대주택 · 연립주택 · 아파트 등 공동주택의 내부에 있는 엘리베이터, 공용 계단과 복도는 특별한 사정이 없는 한 주거침입죄의 객체인 사람의 주거에 해당한다'라고 판시하고 있다.

3. 사안의 해결

이러한 판례의 입장에 따르면 사안에서 甲은 주거침입죄가 성립한다.

132

甲은 국립초등학교에 다니는 딸의 담임교사 A가 평소 딸을 많이 혼내는 것에 불만이 있었는데, 위 초등학교 부근을 걸어가다 도로에 인접한 딸의 교실에서 수업을 하고 있는 A를 보고 화가 나 위 교실 창문을 열고 교실 안으로 얼굴을 들이밀어 큰 소리로 "잘 사는 애들만 대접받는 더러운 세상"이라고 외쳤다. A가 제지하는데도 甲은 약 20분간 계속 크게 소리를 내며 소란을 피워 A는 수업을 중단하였고, 학생들은 더 이상 수업을 받지 못하게 되었다. 甲의 죄책은? (20점)　　　　　[2018 변시]

1. 주거침입죄의 성립 여부

(1) 주거침입죄의 고의와 실행의 착수

주거침입죄의 고의의 내용에 대하여는 ① 신체의 전부가 들어갈 의사가 필요하다는 전부침입설도 있지만 ② 판례는 신체의 일부만 침입할 의사만 있으면 된다는 일부침입설의 입장이다. 이러한 일부침입설의 입장에 따르면 사안에서 甲에게는 주거침입죄의 고의가 인정된다.

그리고 甲은 교실 창문을 열어 침입을 위한 구체적인 행위를 시작하였으므로 주거침입죄의 실행의 착수가 인정된다.

(2) 주거침입죄의 기수시기와 사안의 해결

주거침입죄의 기수시기에 대하여는 ① 신체기준설도 있지만 ② 판례는 보호법익기준설의 입장이다. 따라서 사안에서 甲의 행위는 교사와 학생들의 사실상 평온을 해하였으므로 제319조 제1항의 주거침입죄의 기수범이 성립한다.

2. 공무집행방해죄의 불성립

사안에서 A는 국립초등학교 교사이므로 甲에게 공무집행방해죄가 성립될 수 있는지 문제 된다. 그러나 甲이 '더러운 세상'이라고 외친 행위는 위력에는 해당할 수 있을지언정 제136조 제1항의 폭행, 협박에 해당하지 않으므로 A에게 공무집행방해죄는 성립하지 않는다.

3. 업무방해죄의 불성립

(1) A에 대한 업무방해죄

업무방해죄의 업무에 공무가 포함되는지에 대하여 ① 예전 판례는 업무에 공무가 포함된다고 보았으나, ② 최근 전합 판례에서는 공무원이 직무상 수행하는 공무를 방해하는 행위에 대해서는 업무방해죄로 의율할 수는 없다고 하여 업무에 공무가 포함되지 않는 것으로 종래 판례를 변경하였다. 이러한 최근 전합 판례에 따르면 甲에게는 A에 대한 업무방해죄가 성립하지 아니한다.

(2) 학생들의 수업에 대한 업무방해죄

판례에 의하면 초등학생들이 학교에 등교하여 교실에서 수업을 듣는 것은 '직업 기타 사회생활상의 지위에 기하여 계속적으로 종사하는 사무 또는 사업'에 해당하지 않는다고 하고 있다. 따라서 학생들의 수업을 방해한 甲의 행위는 업무방해죄가 성립하지 아니한다.

133

甲은 A의 처 乙과 혼외 성관계를 가질 목적으로 A의 부재중에 乙이 열어 준 현관 출입문을 통하여 A와 乙이 공동으로 거주하는 아파트에 들어가 乙과 성관계를 맺었다. 甲에게 주거침입죄가 성립하는가?

[예상문제]

---

1. 논의점

사안과 같이 공동주거에 있어 주거 내에 현재하는 공동거주자의 현실적인 승낙을 받아 통상적인 출입방법에 따라 공동주거에 들어갔으나, 그것이 부재중인 다른 거주자의 추정적 의사에 반하는 경우 주거침입죄가 성립하는지에 대하여 논의가 있다.

2. 견해의 대립

(1) 긍정설 - 전합의 반대의견

공동주거의 주거침입죄 성립 여부는 부재중인 거주자의 의사를 기준으로 하여야 하므로 사안과 같이 부재중인 거주자가 피고인의 출입을 거부하였을 것임이 명백하다면 주거침입죄가 성립한다는 견해이다.

(2) 부정설 - 전합의 다수의견

공동주거의 주거침입죄 성립 여부는 주거침입죄의 보호법익인 사실상 주거의 평온을 기준으로 하여야 하므로 사안의 경우에는 사실상 주거의 평온을 깨트렸다고 볼 수 없으므로 주거침입죄는 성립하지 않는다는 견해이다.

3. 결언 및 사안의 해결

생각건대 주거침입죄에서의 침입이란 거주자의 의사에 반하여 해당 주거에 들어가는 것을 말하므로 거주자의 의사와 객관적인 행위태양을 모두 참작하여 결정하여야 한다. 그러므로 사안과 같이 공동주거자

1인의 현실적인 승낙이 있고, 통상적인 출입방법으로 들어갔다면 다른 범죄의 성립은 논외로 하더라도 주거침입죄는 성립하지 않는다고 보아야 할 것이다.

> • 전합 판례 문제이며, 분설형으로 배점이 크게 출제될 수 있는 부분이므로 잘 정리해 두는 것이 바람직하다.

134

甲과 乙은 공모하여 A가 운영하는 음식점에서 인터넷 언론사 기자 B를 만나 식사를 대접하면서 B가 부적절한 요구를 하는 장면 등을 확보할 목적으로 녹음·녹화장치를 설치하거나 장치의 작동 여부 확인 및 이를 제거하기 위하여 A의 음식점 방실에 들어갔다. A는 甲과 乙이 음식을 먹으러 온 줄 알고 음식점에 들어오는 것을 승낙하였지만, 만약 甲과 乙에게 이러한 목적이 있는 것을 알았다면 음식점의 출입을 승낙하지 않았을 경우 甲과 乙에게 주거침입죄가 성립하는지를 논하시오.   [예상문제]

1. 일반인의 출입이 자유로운 음식점의 출입

사안과 같이 음식점의 주인이 손님의 다른 목적을 알았다면 출입을 승낙하지 않았을 경우 甲과 乙에게 주거침입죄가 성립하는지에 대하여 ① 종래의 판례는 영업주의 명시적 또는 추정적 의사에 반하므로 주거침입죄가 성립한다고 보는 입장이었으나 ② 최근 전합 판례에서는 주거침입죄에서의 침입이란 주거의 사실상 평온상태를 해치는 행위 태양으로 주거에 들어가는 것을 의미하고, 침입에 해당하는지는 출입 당시 객관적·외형적으로 드러난 행위 태양을 기준으로 판단함이 원칙이므로 주거침입죄에서 규정하는 침입행위에 해당하지 않는다고 하여 종래 판례를 변경하였다.

2. 결언 및 사안의 해결

생각건대 주거침입죄에서의 침입이란 거주자의 의사에 반하여 해당 주거에 들어가는 것을 말하므로 거주자의 의사와 객관적인 행위태양을 모두 참작하여 결정하여야 한다. 그러므로 사안과 같이 영업주의 현실적인 승낙이 있고, 통상적인 출입방법으로 들어갔다면 다른 범죄의 성립은 논외로 하더라도 주거침입죄는 성립하지 않는다고 보아야 할 것이다.

135

甲은 처 乙과의 불화로 인해 乙과 공동생활을 영위하던 아파트에서 짐 일부를 챙겨 나왔는데, 그 후 자신의 부모인 丙, 丁과 함께 아파트에 찾아가 출입문을 열 것을 요구하였다. 그러나 乙은 외출한 상태로 乙의 여동생인 戊가 출입문에 설치된 체인형 걸쇠를 걸어 "언니가 귀가하면 오라."며 문을 열어주지 않자, 甲, 丙, 丁은 공동하여 걸쇠를 손괴한 후 아파트에 침입하였다. 甲, 丙, 丁에게 주거침입죄가 성립하는지 논하시오.   [예상문제]

1. 논의점

사안과 같이 공동거주자가 일시적으로 주거에서 퇴거한 이후에 다소 폭력적인 방법으로 다시 주거에 들어가는 것이 주거침입죄가 성립하는지에 대하여 논의가 있다.

2. 견해의 대립

(1) 긍정설 - 전합의 반대의견

주거침입을 출입 당시 객관적·외형적으로 드러난 행위태양을 기준으로 판단하는 입장에서 폭력적인 방법 또는 비정상적인 경로로 공동주거에 출입한 경우는 주거침입죄가 성립한다는 견해이다.

(2) 부정설 - 전합의 다수의견

공동주거자의 주거침입을 공동생활관계의 이탈이나 상실을 기준으로 판단하는 입장에서 사안과 같이 일시적으로 퇴거한 한 경우에는 주거침입죄가 성립하지 않는다는 견해이다.

3. 검토 및 사안의 해결

(1) 생각건대 공동거주자 각자는 공동의 공간을 이용할 수 있는 것과 같은 이유로, 다른 공동거주자가 이에 출입하여 이용하는 것을 용인할 수인의무도 있다고 할 것이다. 따라서 사안의 경우 甲에게는 주거침입죄가 성립하지 않는다.

(2) 그리고 공동거주자의 승낙을 받아 공동생활의 장소에 함께 들어간 외부인에 대하여도 역시 주거침입죄가 성립하지 않는다고 봄이 타당하다. 따라서 사안에서 甲, 丙, 丁에게는 특수주거침입죄가 성립하지 않는다.

> • 전합 판례 문제이며, 분설형으로 배점이 크게 출제될 수 있는 부분이므로 잘 정리해 두는 것이 바람직하다.

136

○○회사 경리부서에서 근무하는 甲은 ○○회사가 개발한 에너지절약형 친환경주택 설계도면을 빼내 건설업자에게 팔아 넘기기로 마음 먹었다. 그리고 22 : 00경 허가받은 자 외에는 출입이 통제된 ○○회사 기획실 안으로 들어가 그곳 회사 컴퓨터에 저장되어 있는 설계도면을 B4용지 2장에 출력하여 가지고 나왔다. 甲의 죄책은? (10점)   [2016 3차 변형]

1. 주거침입죄의 성부

사안에서 甲은 ○○회사의 직원이기는 하지만, 허가받은 자 외에는 출입이 통제된 ○○회사 기획실 안으로 들어간 것은 주거침입죄에 해당한다.

2. 정보에 대한 절도죄의 성부

판례에 의하면 사안과 같이 컴퓨터에 저장되어 있는 '정보' 그 자체는 유체물이라고 볼 수도 없고, 물질성을 가진 동력도 아니므로 재물이 될 수 없으며 또 이를 복사하거나 출력하였다 할지라도 그 정보 자체가 감소하거나 피해자의 점유 및 이용가능성을 감소시키는 것이 아니므로 그 복사나 출력 행위를 가지고 절도죄를 구성한다고 볼 수도 없다고 한다. 따라서 이러한 판례에 의하면 甲에게 정보에 대한 절도죄는 성립하지 않는다.

> • 정보 절도 부분은 결론보다도 그 근거를 정확하게 적어주는 것이 중요하다.

3. 설계도면에 대한 절도죄의 성부

판례에 의하면 사안과 같이 피고인이 컴퓨터에 저장된 정보를 출력하여 생성한 문서는 피해 회사의 업무를 위하여 생성되어 피해 회사에 의하여 보관되고 있던 문서가 아니라, 피고인이 가지고 갈 목적으로 피해 회사의 업무와 관계없이 새로이 생성시킨 문서라 할 것이므로, 이는 피해 회사 소유의 문서라고 볼 수는 없다 할 것이어서, 이를 가지고 간 행위를 들어 피해 회사 소유의 문서를 절취한 것으로 볼 수는 없다고 한다. 따라서 이러한 판례에 의하면 甲에게 설계도면에 대한 절도죄는 성립하지 않는다.

> • 배점이 크다면 종이에 대한 절도죄 등을 적으며, 가벌적 위법성론을 언급할 수 있을 것이다.

137

甲의 직장상사인 乙은 甲이 회사의 예금과 설계도면을 빼돌린 사실을 알고 甲에게 전화를 걸어 자신의 원룸으로 오게 하였다. 乙의 원룸에서 乙이 甲에게 빼돌린 회사 돈 중 절반을 달라고 요구하자 甲은 부엌에 있는 식칼을 가져와 乙을 살해한 후, 그곳에서 4시간 30분 정도 머물다가 乙의 옷에서 지갑을 꺼내어 나왔다. 甲의 죄책은? (10점)   [2016 3차 변형]

1. 乙를 살해한 행위의 죄책

사안에서 甲은 乙을 살해하고 있는바, 이는 형법 제250조 제1항의 살인죄에 해당한다.

2. 乙의 지갑을 가지고 나온 행위의 죄책

(1) 사안에서 甲이 乙의 지갑을 가지고 나온 행위가 절도죄인지 아니면 점유이탈물횡령죄인지 여부가 사자의 점유 인정과 관련하여 논의가 있다.

(2) 이에 대하여는 ① 규범적인 측면에서 사망자의 점유가 인정된다는 긍정설과 ② 사망자는 지배의사를 가질 수 없으므로 사자의 점유를 인정할 수 없다는 부정설이 대립하고 있으며, ③ 판례는 피해자를 살해 후 재물을 가지고 나온 사안에서 '피해자가 생전에 가진 점유는 사망 후에도 여전히 계속되는 것으로 본다'라고 하여 생전점유계속설을 따르고 있다.

> • 판례의 생전점유계속설은 사자의 점유 전체적으로 보면 원칙적으로 사자의 점유를 인정하지 않으므로 부정설에 해당하지만, 본 사례와 같은 개별적인 사안에 대해서는 예외적으로 사자의 생전점유를 인정하므로 긍정설이라고 평가할 수 있다.

(3) 생각건대 형법상의 점유는 주관적 요소와 객관적 요소 이외에 규범적 요소에 의하여 수정되어 확정된다. 따라서 사자의 점유 인정 여부도 규범적인 측면에서 개별적으로 고찰하여 점유를 긍정할 수도 있으므로 사자의 생전점유계속설이 타당하다. 이러한 생전점유계속설의 입장에 따르면 사안에서 甲에게는 절도죄가 성립한다.

3. 결 언

甲에게는 ① 살인죄와 ② 절도죄가 성립하고, 양 죄는 실체적 경합 관계에 있다.

138

> 甲은 옆 매장에서 사고 싶었던 시계를 발견하고 들어가 매장직원 A에게 "한번 착용해 보자."라고 요청했고, A가 건네준 시계를 손목에 차고 살펴보다가 A가 다른 손님과 대화하는 사이 몰래 도망쳤다. 甲의 죄책은?
>
> [2024 변시]

사안에서 甲은 시계를 살 것처럼 A를 기망하여 시계를 차고 있다가 A가 다른 손님과 대화하는 사이 몰래 도망하여 시계를 영득하고 있다. 이러한 甲의 행위가 절도죄인지 사기죄인지 문제 된다. 그러나 이러한 책략절도의 경우에는 기망행위가 있었더라도 그것은 점유침탈의 한 방법에 불과하고 또한 기망에 따른 피해자의 처분행위가 없으므로 절도죄가 성립한다는 것이 다수설과 판례의 태도이다.

따라서 사안에서 甲에게는 절도죄가 성립한다.

139

甲은 평일 대낮에 한적한 대로변을 어슬렁거리다가 마침 명품 핸드백을 메고 자신 앞을 지나가는 A를 발견하고는 핸드백을 낚아챌 마음으로 A에게 접근한 뒤 A가 어깨에 메고 있던 핸드백끈을 잡아당겼고, A가 핸드백을 붙잡고 버티다가 바닥에 넘어져 약 5m가량 끌려가면서도 '핸드백 내놔'라고 소리치다가 핸드백을 놓치게 되었다. 이로 인해 A는 전치 4주의 무릎찰과상 및 손가락골절상 등을 입게 되었다. 甲의 죄책은? (5점)　　　　　　　　　　　　　　　　　　　　　　　　　　　　　　　　　　[2022 2차 변형]

1. 날치기의 법리

판례에 의하면 소위 '날치기'의 경우 원칙적으로 절도가 되지만, 예외적으로 그 강제력의 행사가 사회통념상 객관적으로 상대방의 반항을 억압하거나 항거 불능케 할 정도라면 강도죄가 성립한다. 사안에서 甲의 날치기는 강도죄의 폭행에 해당하고, A의 핸드백을 탈취하였으므로 강도죄의 기수가 성립한다.

> • 날치기의 법리는 암기해두는 것이 바람직하다.

2. 강도치상죄의 성립

사안에서 甲의 날치기 행위로 인한 강도의 기회에 A에게 전치 4주의 손가락골절상 등을 입게 하였고, 이러한 상처는 인과관계와 예견가능성이 인정되므로 甲에게는 강도치상죄가 성립한다.

140

甲과 乙은 한 건 하기로 하고 집 주변 ATM 앞을 서성대다, 현금을 인출하는 A의 뒤에서 몰래 A의 신용카드 비밀번호를 알아내었다. 그 후 乙이 A에게 길을 묻는 척하고, 甲이 그사이 A의 지갑을 몰래 꺼내었다. 그 후 甲은 乙에게 "일단 네가 갖고만 있어라. 밤에 만나서 이야기하자."라고 말하며 그 지갑을 건네준 후 각자 다른 방향으로 도망쳤다. 甲과 乙의 죄책은?　　　　　　　　　　　　　　　　　　　　　　[2024 변시]

(1) 합동범의 본질에 대하여 ① 공모공동정범설 ② 가중된 공동정범설 ③ 현장설 ④ 현장적 공동정범설이 대립하고 있지만, 시간·장소적 협동관계에 있을 때에만 합동범이 성립한다는 현장설이 다수설과 판례이다. 사안의 경우에는 甲과 乙은 시간·장소적 협동관계를 통해 A의 지갑을 절취하고 있으므로 甲과 乙의 행위는 형법 제331조 제2항의 합동절도범이 성립한다.

(2) 그리고 甲이 乙에게 A의 신용카드를 맡긴 부분에 대하여 장물죄의 성부가 문제될 수 있지만, 甲과 乙은 합동절도죄의 정범이므로 장물죄는 성립하지 않는다.

> • 합동범의 본질에 대한 논의는 이미 현장설로 확립되어 있으므로 배점이 크면 적어주고, 배점이 작다면 생략할 수도 있을 것이다.

甲, 乙, 丙은 행인을 상대로 날치기하기로 공모한 후 승합차량을 함께 타고 다니다가 서울 대학로 인근 골목길에서 핸드백을 어깨에 메고 지나가는 A를 발견하였다. 범행을 주도한 丙은 차 안에서 주위의 동태를 살피고 甲와 乙은 차에서 내려 A를 따라갔다. 이때 丙은 주변에 CCTV가 있는 것을 발견하고 두려움을 느껴 차를 몰고 가버렸다. 甲과 乙은 이를 모르고 A에게 다가가 甲이 A의 핸드백을 낚아챈 후 甲과 乙은 서로 다른 방향으로 흩어져 도주하였다. 빼앗은 핸드백을 들고 달아나던 甲은 추격해 온 A의 남자친구 B의 얼굴을 주먹으로 가격하여 약 3주간의 치료를 요하는 안면부 타박상을 가하였다. 甲, 乙, 丙의 죄책은? (40점)

[2018 1차 변형]

Ⅰ. A의 핸드백을 탈취한 행위의 죄책

1. 날치기 행위에 대한 죄책

(1) 날치기의 법리

판례에 의하면 소위 '날치기'의 경우 원칙적으로 절도가 되지만, 예외적으로 그 강제력의 행사가 사회통념 상 객관적으로 상대방의 반항을 억압하거나 항거 불능케 할 정도라면 강도죄가 성립한다.

(2) 사안의 해결

사안에서 甲과 乙이 핸드백을 날치기할 때 상대방을 반항을 불능케 할 정도의 폭행을 행사한 것은 없으므로 甲과 乙에게는 절도죄가 성립한다. 그리고 사안에서 甲과 乙은 시간·장소적 협동관계를 이루어 핸드백을 절취하고 있으므로 합동절도가 성립한다.

2. 丙의 죄책

(1) 합동범의 공동정범의 성립 여부

사안에서 甲과 乙에게 합동절도가 성립할 때 현장에 있지 않은 丙에게 합동범의 공동정범을 인정할 수 있는지 문제 된다.

이에 대하여는 ① 합동범은 필요적 공범이므로 일반논리상 공동정범이 성립할 수 없으며, 현장설을 강조하게 되면 부정하여야 한다는 부정설과 ② 합동범에 대하여도 공동정범의 일반이론의 적용되어야 하므로 긍정하여야 한다는 긍정설이 대립하고 있다.

판례는 합동범의 공동정범을 긍정하고 있다. 단, 합동범이 성립하기 위해서는 ① 3인 이상이 모의를 하고 ② 그 중 2인 이상이 현장설에 입각한 합동범이 성립하고 ③ 현장에 가지 않은 자에게 정범표지인 기능적 행위지배가 인정될 것을 요건으로 한다.

> • 합동범의 공동정범에 대한 판례의 태도는 암기해 두는 것이 바람직하다.

생각건대 배후에 있는 수괴 등을 처벌하기 위해서라도 합동범의 공동정범을 긍정하는 것이 타당하다. 단 합동범에 대한 공동정범이므로 판례의 요건을 구비하는 경우에만 한정적으로 긍정하여야 할 것이다. 사안을 판례에 따라 해결하면 ①②의 요건은 이미 전제로 되어 있고, ③의 요건이 문제가 되지만 사안에서 丙은 범행을 주도하고 승용차로 甲과 乙을 태우고 다니는 등 합동절도행위에 주모자 내지는 본질적 기여를 하고 있으므로 합동절도죄의 공동정범이 성립할 수 있다.

(2) 공모관계로부터의 이탈 성립 여부

공모관계로부터의 이탈을 인정하기 위한 판례에서의 기본요건은 ① 수인의 공모가 있어야 하고 일부의 공모자가 실행의 착수에 나아가야 하며 ② 시기적으로 공모자의 일방이 실행에 착수하기 전의 이탈이어야 하며 ③ 기능적 행위지배를 제거하여야 한다. 그런데 사안에서 丙은 기능적 행위지배를 제거하지 못하고 있으므로 丙에게는 공모관계로부터의 이탈은 인정되지 않아 특수절도의 공동정범이 성립한다.

> • 본래 이러한 유형의 문제는 ① 먼저 실행행위를 하지 않은 자에게 공모공동정범을 인정할 수 있는지를 검토하고 ② 다음으로 공모공동정범이 성립한다면 공모관계로부터의 이탈이 인정되는지를 검토하고 ③ 마지막으로 공모관계로부터의 이탈이 인정되지 않는다면 합동범의 공동정범을 인정할 수 있는지를 검토하는 것이 원칙이다. 그러나 상황이나 문제 그리고 배점 등에 따라 일부를 생략하거나, 순서를 변경하는 등 탄력적으로 변통할 수 있어야 할 것이다.

Ⅱ. B를 상해 입힌 행위에 대한 죄책

1. 甲의 죄책

사안에서 甲은 합동절도 직후 이를 알고 추격해 온 B에 대하여 체포를 면탈할 목적으로 절도의 기회에 폭행을 가하여 상해를 입히고 있으므로 甲에게는 (준)강도상해죄가 성립한다.

2. 乙과 丙의 죄책

(1) 준강도죄의 성립 여부

절도의 공동정범이나 합동절도범 중 일부가 준강도를 범한 경우에 폭행·협박을 행하지 않은 나머지 다른 합동절도범이나 합동절도의 공범정범에게도 본죄의 성립을 인정할 수 있는지가 논의된다.

이에 대하여는 ① 다수설은 공동의사의 범위를 초과한 것이므로 초과 부분에 대해서는 단독범이 성립할 뿐이지 준강도죄의 공동정범을 인정할 수 없다고 보아 부정하는 입장이지만, ② 판례는 다른 공범자에 의한 폭행과 협박에 대한 예견가능성 유무를 기준으로 예견가능성이 있으면 본죄의 공동정범이 성립한다고 보고 있다.

생각건대 일반적으로 절도죄의 공동정범이나 합동절도범 사이에서는 체포를 면탈하기 위하여 폭행을 행사하는 묵시적인 합의가 있다고 보아야 하므로 예견가능성 유무를 기준으로 판단하는 긍정성의 입장이 타당하다. 따라서 사안의 경우에는 乙과 丙에게도 준강도죄가 성립한다.

(2) 강도상해죄의 성립

乙과 丙에게 준강도죄가 성립하는 경우에 강도상해죄까지 인정할 수 있는지 문제 되지만, 판례는 '2인 이상이 합동하여 절도를 한 경우 범인 중의 1인이 체포를 면탈할 목적으로 폭행을 하여 상해를 가한 때에는 나머지 범인도 이를 예기하지 못한 것으로 볼 수 없으면 강도상해죄의 죄책을 면할 수 없다'라고 하여 긍정설의 입장이다. 이러한 판례의 태도에 따르면 乙과 丙은 강도상해죄가 성립한다.

> • 이러한 판례의 태도는 기본적으로 폭행을 하지 않은 합동절도범도 준강도의 공동정범으로 보아 인과관계를 따지지 않고 예견가능성만으로 강도상해죄를 인정하고 있다고 볼 수 있다. 그리고 예견가능성만으로 상해의 고의를 인정할 수 있는지에 대하여 논의의 여지가 있지만, 제337조에서 강도상해와 강도치상을 동일하게 처벌한다는 점에서 이해할만하다 할 수 있다.

甲, 乙, 丙이 금값 상승에 관해 이야기를 나누던 중 乙은 외삼촌 A의 집 안 금고에 금괴가 있는데 A가 출장 중이라 집이 비어 있으니, 금괴를 훔쳐 나누어 갖자고 제안하였다. 이에 동의한 甲과 丙에게 乙은 A의 집 비밀번호 및 금고의 위치와 비밀번호, CCTV가 없는 도주로까지 상세한 정보와 범행 계획을 제공하였다.

범행 당일 10:00경 범행 계획대로 乙은 자신이 거주하는 오피스텔에 남아 있었고, 甲과 丙은 A의 집으로 갔다. 丙이 A의 집 비밀번호를 눌러 문을 열어주고 문 앞에서 망을 보는 사이 甲은 A의 집 안으로 들어가 금고를 찾아 열었다. 하지만 금고 안은 텅 비어 있었다. 甲은 계속하여 금괴를 찾던 중, 출장이 연기되어 마침 집 안 침실에 있던 A에게 발각되자 자신을 붙잡으려는 A의 얼굴을 주먹으로 때리고 집 밖으로 도망쳤다. 한편, 丙은 망을 보는 시간이 길어지자 甲에게 진행상황을 물어보는 문자메시지를 보냈고, 이에 甲이 금고 안에 금괴가 없다는 답을 보내오자 甲이 집에서 나오기 전에 이미 현장을 떠났다.

경찰 조사 결과 금괴는 이미 오래전에 처분한 터라 사건 당시 금고 안에는 아무 것도 없었고, A는 甲의 폭행으로 인해 2주간의 치료를 요하는 비강출혈상을 입었다. 한편, A는 경찰 조사에서 "甲, 乙, 丙에 대한 처벌을 원한다."라고 진술하였고 경찰관은 이를 진술조서에 기재하였다.

甲, 乙, 丙의 죄책을 논하시오. (45점)

[2024 변시]

Ⅰ. 甲이 A를 폭행하기 전까지의 甲, 乙, 丙의 죄책

1. 甲과 丙의 죄책

(1) 공동주거침입죄의 성립

먼저 甲은 낮에 A의 집에 들어갔으므로 주거침입죄가 성립한다. 그리고 丙은 A의 집 앞에서 망을 보아주어 주거침입을 공동으로 하고 있으므로 甲과 丙에게는 폭력행위등처벌에관한법률 제2조 제2항의 공동주거침입죄가 성립한다.

(2) 합동절도의 불능미수죄의 성립

합동범의 본질에 대하여는 ① 공모공동정범설 ② 가중된 공동정범설 ③ 현장설 ④ 현장적 공동정범설이 대립하고 있지만, 시간·장소적 협동관계에 있을 때에만 합동범이 성립한다는 현장설이 다수설과 판례이다. 따라서 甲과 丙은 시간·장소적으로 협동하여 절도를 하려고 하였으므로 합동절도죄가 성립할 수 있다. 그런데 사안에서는 금고 안에 금괴가 없었으므로 합동절도 미수범이 성립한다. 특히 사안의 경우에는 ① 대상의 착오로 인하여 결과발생이 불가능하였고 ② 위험성 판단에 대하여 최근 전합 판례의 태도인 추상적 위험설의 입장에 따르면 위험성이 인정되므로 甲과 丙에게는 합동절도의 불능미수범이 성립한다.

> • 불능미수가 성립되는 부분도 총론상의 이해를 바탕으로 정확히 기술하는 것이 바람직하다.

2. 乙의 죄책

(1) 공동주거침입죄와 합동절도죄의 공동정범의 성립 가능성

사안과 같은 폭처법상의 공동주거침입죄나 합동절도의 경우 현장에 있지 않은 乙에게 공동정범을 인정할 수 있는지에 대하여 논의가 있다. 이에 대하여는 ① 긍정설과 ② 부정설의 대립이 있지만, ③ 판례는 일정한 요건하에 합동범의 공동정범을 긍정하고 있다.

즉, 판례는 합동범이 성립하기 위해서는 ① 3인 이상이 모의를 하고 ② 그 중 2인 이상이 현장설에 입각한 합동범이 성립하고 ③ 현장에 가지 않은 자에게 정범표지인 기능적 행위지배가 인정될 것을 요건으로 한다. 사안에서 乙은 이러한 요건을 모두 구비하였으므로 공동주거침입죄와 합동절도죄의 공동정범이 성립할 수 있다.

(2) 합동절도의 불능미수죄의 성립과 친족상도례의 적용

사안에서 甲과 丙의 행위가 합동절도의 불능미수에 그쳤으므로 불법이 연대적으로 작용하여 乙도 합동절도죄의 불능미수죄의 공동정범이 성립한다.

그리고 乙은 A와 동거하지 않은 친족에 해당하므로 제344조에 의하여 준용되는 제328조 제2항에 의하여 친고죄이며, A의 고소가 있으므로 처벌이 가능하다.

II. 甲이 A를 폭행한 이후의 甲, 乙, 丙의 죄책

1. 甲의 죄책

(1) 준강도의 불능미수의 성립

甲은 절도의 실행 중에 발견되자 체포를 면탈할 목적으로 A를 폭행하였으므로 준강도죄가 문제되며, 특히 준강도죄의 기수 여부가 문제 된다. 준강도죄의 기수시기에 대하여는 ① 절취행위기준설 ② 폭행·협박행위기준설 등의 견해가 대립하고 있으나, ③ 현재의 판례와 다수설은 절취행위기준설을 따르고 있으며 준강도죄도 재산죄라는 점에서 타당하다.

이러한 절취행위기준설에 따르면 사안에서 甲의 절취행위는 불능미수에 그쳤으므로 甲에게는 준강도죄의 불능미수죄가 성립한다.

(2) 강도치상죄의 성립

사안에서 甲의 폭행으로 인하여 A는 2주의 치료를 요하는 상해를 입고 있으므로 강도치상죄가 문제 된다. 이와 관련하여 기본범죄가 미수인 경우에 결과적가중범이 성립할 수 있는지가 문제 되지만, 현재의 다수설과 판례는 결과적가중범의 미수를 부정하고 있으므로 甲에게는 강도치상죄가 성립한다.

그리고 기본범죄가 불능미수인 경우에도 결과적가중범이 성립할 수 있는지 문제 되지만, 불능미수도 미수라는 점에서 긍정하는 것이 타당하다.

> • 기본범죄가 불능미수인 경우에도 결과적가중범이 성립할 수 있는지에 대한 논의는 20여 년 전에 다루어진 쟁점이기는 하지만, 현재의 출제자들이 과거에 공부했을 때 논의가 되었던 쟁점이므로 적어주는 것이 바람직하다.

2. 乙과 丙의 죄책

(1) 사안과 같이 합동절도범 중 일부가 준강도를 범한 경우에 폭행·협박을 행하지 않은 나머지 다른 합동절도범이나 합동절도의 공동정범에게도 준강도 등의 범죄의 성립을 인정할 수 있는지 문제 된다.

(2) 이에 대하여 ① 다수설은 공동의사의 범위를 초과한 것이므로 초과 부분에 대해서는 단독범이 성립할 뿐이지 준강도죄의 공동정범을 인정할 수 없다고 보아 부정하는 입장이지만, ② 판례는 다른 공범자에 의한 폭행과 협박에 대한 예견가능성 유무를 기준으로 예견가능성이 있으면 본죄의 공동정범이 성립한다고 보고 있다.

(3) 생각건대 일반적으로 절도죄의 공동정범이나 합동절도범 사이에서는 체포를 면탈하기 위하여 폭행을 행사하는 묵시적인 합의가 있다고 보아야 하므로 예견가능성 유무를 기준으로 판단하는 긍정설의 입장이 타당하다.

(4) 그런데 사안의 경우에 乙과 丙은 A의 집에 사람이 없다고 생각하고 있으므로 준강도의 예견가능성은 없다고 보아야 할 것이다. 따라서 乙과 丙은 준강도 등에 대해서는 책임이 없다.

> • 사례에서 준강도의 예견가능성이 부정되는 경우는 많지 않은데, 이를 문제로 출제한 것이다. 따라서 사례를 정확히 읽지 않으면 다른 결론이 도출될 수 있으므로 주의하여야 한다.

143

甲은 핸드백을 든 A가 ○○은행에서 나오자마자 날치기하기로 마음먹고 오토바이를 운전하여 A를 뒤따라가 A의 핸드백을 강하게 잡아당겨 낚아채 도주하였다. 은행을 나온 A는 누군가가 뒤따라오는 것을 감지하고 핸드백을 꼭 잡고 걷던 터라 甲에게 핸드백을 빼앗기면서 넘어져 3주의 치료를 요하는 상처를 입었다. 甲의 죄책은? (7점)   [2014 3차 변형]

1. 날치기행위에 대한 법리

판례에 의하면 소위 '날치기'의 경우 원칙적으로 절도가 되지만, 예외적으로 그 강제력의 행사가 사회통념상 객관적으로 상대방의 반항을 억압하거나 항거 불능케 할 정도라면 강도죄가 성립한다.

2. 사안의 해결

사안에서 은행을 나온 A는 누군가가 뒤따라오는 것을 감지하고 핸드백을 꼭 잡고 걷던 터라 이를 날치기하는 것은 상대방의 반항을 불능케 할 정도의 것이므로 甲에는 강도죄가 성립하고, 이 과정에서 A가 넘어져 3주의 치료를 요하는 상처를 입었으므로 강도치상죄가 성립한다.

144

폭력배 甲은 친구 A의 출장을 틈타 A의 집에서 물건을 훔치기 위해 밤 11시경 A의 집에 들어가 안방에서 A의 신용카드 1장을 훔치고, 정원에서 평소 눈독을 들였던 높이 2m, 폭 1m 상당의 정원수 한 그루를 캤다. 그러나 그 나무가 너무 무거워 운반하기 어렵게 되자, 친구 乙에게 전화하여 모든 사정을 설명하고 트럭을 가지고 오게 하였다. 乙은 공모한 대로 A의 집에 들어가 甲과 함께 나무를 트럭으로 옮겨 싣고 나왔다. 다음 날 甲은 양복점에서 A의 신용카드로 양복 1벌을 구입하였고, A의 정원수도 위 사정을 모르는 조경업자에게 1천만 원에 판매했다. 甲과 乙의 죄책은?   [2018 3차 변형]

I. 甲의 죄책

1. 신용카드에 대한 야간주거침입절도죄 성립 여부

甲은 야간에 A의 집에 침입하여 A의 신용카드 1장을 절취하였으므로 甲에게는 형법 제330조의 야간주거침입절도죄가 성립한다.

2. 정원수에 대한 합동절도 또는 야간주거침입절도죄의 성립 여부

(1) 논의점

사안에서 甲이 정원수를 절취한 것이 합동절도 또는 야간주거침입절도죄 중 어느 범죄에 해당하는지 문제된다. 이는 정원수에 대한 절도기수에 따라 달라지므로 이를 먼저 검토한다.

(2) 정원수 절도의 기수시기

이에 대하여는 ① 정원수를 캐어내었을 때 기수가 된다는 견해와 ② 정원수를 캐어낸 후 운반하거나 반출하였을 때 기수가 된다는 견해가 대립하고 있지만, ③ 판례는 정원수를 캐어내었을 때를 기수로 보고 있다.

(3) 검토 및 사안의 해결

생각건대 일반적으로 확립된 취득설을 전제로 할 때 정원수를 절취하기 위하여 캐낸 때에 소유자의 입목에 대한 점유가 침해되어 범인의 사실적 지배하에 놓이게 되므로 판례의 입장이 타당하다. 이러한 판례의 입장에 따르게 되면 甲에게는 야간주거침입절도죄가 성립한다.

3. A의 신용카드로 양복을 구입한 행위에 대한 죄책

(1) 甲이 A의 신용카드를 이용하여 양복을 구입한 행위는 ① 여신전문금융업법상의 신용카드부정사용죄가 성립하고 ② A 명의의 매출전표를 작성한 것은 사문서위조 및 동행사죄가 성립하고 ③ 자신의 대금으로 의류를 구입한 것은 아니고 카드의 정당한 소지인인 것처럼 기망한 부분에 대하여 사기죄가 성립한다.

(2) 이러한 행위에 대한 판례의 태도에 따르면 신용카드부정사용죄가 성립하면 사문서위조 및 동행사죄는 이에 흡수되고, 신용카드부정사용죄와 사기죄는 실체적 경합 관계에 있다.

> • 죄수 부분도 언급을 하는 것이 바람직하다.

4. 정원수를 판매한 행위에 대한 죄책

甲은 절취한 정원수를 마치 진정한 소유자인 것처럼 조경업자에게 1,000만 원에 매도하고 있으나, 조경업자는 민법 제250조의 도품 및 유실물에 대한 특칙이 적용되어 선의취득을 하지 못한다. 따라서 甲에게는 사기죄가 성립한다.

> • 민법 제250조의 도품 및 유실물의 특칙은 암기해 두었다가 활용하는 것이 바람직하다.

5. 죄수 관계

(1) 사안에서 甲은 A의 신용카드와 A의 정원수를 절취하고 있는바, 이 두 개의 야간주거침입절도죄는 시간·장소적인 접속관계에 있으므로 야간주거침입절도죄의 포괄일죄가 성립한다.

(2) 이러한 야간주거침입절도죄와 양복을 구입한 부분에 대한 사기죄, 정원수 판매에 대한 사기죄 및 신용카드부정사용죄는 실체적 경합 관계에 있다.

> • 접속범으로서 포괄일죄가 된다는 점도 누락되지 않도록 하여야 한다.

Ⅱ. 乙의 죄책

1. 폭처법상 공동주거침입죄의 성립

乙은 甲의 전화를 받고 A의 주거에 침입하고 있는바, 이러한 경우에는 2인 이상이 공동으로 주거에 침입한 경우이므로 乙에게는 폭처법 제2조 제2항 제1호의 공동주거침입죄가 성립하여, 주거침입죄의 형의 2분의 1을 가중하여 처벌한다.

2. 야간주거침입절도 방조와 장물운반죄의 성립

(1) 판례에 따르면 사안에서 甲이 정원수를 캐어냈을 때에 이미 야간주거침입절도죄는 기수에 이르렀으므로 그 이후에 정원수를 옮긴 乙의 행위는 합동절도나 야간주거침입절도죄의 공동정범이 될 수 없다.

(2) 그러나 甲의 절도행위는 아직 완료되지 않은 상태에 있으므로 이에 대하여는 방조범의 성립이 가능하다. 따라서 乙의 행위는 야간주거침입절도방조범이 성립한다.

(3) 그리고 甲의 절취행위가 기수에 이르렀을 때 이미 정원수를 장물이 되므로 乙이 정원수를 옮긴 행위는 장물운반죄가 성립한다.

(4) 乙에게는 ① 야간주거침입절도방조죄 ② 장물운반죄가 성립하며, 두 죄는 하나의 행위로 평가되므로 상상적 경합 관계에 있다.

145

X회사 경리부서에서 근무하는 甲은 다른 직원들이 모두 자리를 비운 틈을 타 상사의 책상서랍에 보관 중인 X회사 명의의 ○○은행 예금통장과 직인을 몰래 가지고 나왔다. 그 후 ○○은행으로 가서 X회사 명의로 예금청구서를 작성하여 ○○은행 직원에게 제시하고 이에 속은 ○○은행 직원으로 하여금 자신의 예금계좌로 1,000만 원을 송금하게 한 후 예금통장과 직인을 제자리에 갖다 놓았다. 甲의 죄책은? (15점)

[2016 3차 변형]

---

1. 예금통장과 직인에 대한 절도죄의 성부

(1) 예금통장의 절도죄 성부

사안에서 甲은 예금통장을 돌려주고 있지만, 판례에 의하면 예금통장으로 예금을 인출한 후 이를 돌려주어도 예금통장 자체가 가지는 예금액 증명기능의 경제적 가치에 대한 불법영득의 의사를 인정할 수 있으므로 절도죄가 성립한다. 따라서 사안에서 甲에게는 절도죄가 성립한다.

(2) 직인에 대한 절도죄의 성부

사안에서 직인을 사용하고 돌려주었다면, 그 경제적 가치의 소모가 무시할 수 있을 정도로 경미한 경우이므로 불법영득의사가 인정되지 않아 직인에 대한 절도죄는 성립하지 않는다.

2. 은행에서 1,000만 원을 송금하게 한 행위의 죄책

(1) 사기죄의 성립

사안에서 은행원을 기망하여 1,000만 원을 자신의 계좌로 송금하게 한 행위는 사기죄를 구성한다.

(2) 사문서위조죄와 동행사죄의 성립

X회사 명의의 예금청구서를 작성하여 이를 제출한 행위는 사문서위조죄와 동행사죄가 성립한다.

(3) 사인부정사용죄와 동행사죄의 불성립

X회사의 직인을 사용한 부분에 대하여는 사인부정사용죄와 동행사죄가 성립하지만, 문서죄가 성립하는 경우에는 이에 흡수되므로 사안에서는 별죄가 성립하지 않는다.

> • 인장에 관한 부분도 빠뜨리지 않는 것이 바람직하다. 그리고 사인부정사용죄를 사인부정행사죄로 오기하는 일이 없도록 주의하여야 한다.

146

> 甲은 A를 상해한 혐의에 대한 합의금을 마련하기 위하여 기숙사 룸메이트인 B의 지갑에서 몰래 신용카드(현금카드 겸용)를 꺼내어 편의점 앞에 있는 현금자동지급기로 가서 평소 알고 있던 비밀번호를 입력하여 B의 예금계좌에서 잔고 전액인 300만 원을 인출하고, 200만 원은 현금서비스를 받은 다음 신용카드를 제자리에 가져다 놓았다. 그 후 甲은 인출한 500만 원을 A에게 합의금으로 건네주었다. 甲의 죄책은? (15점)
>
> [2018 변시]

1. 신용카드를 사용하고 반환한 행위에 대하여

사안에서 甲은 B의 신용카드를 몰래 꺼내 사용하고 이를 반환하고 있다. 이러한 경우에 신용카드에 대한 절도죄 성립 여부가 문제 되지만, 판례는 신용카드로 현금을 인출하였다 하더라도 신용카드 자체가 가지는 경제적 가치가 인출된 예금액만큼 소모되었다고 할 수 없어 불법영득의 의사를 인정하지 않고 있다. 따라서 사안에서 甲에게는 신용카드에 대한 절도죄가 성립하지 아니한다.

> • 판례는 타인의 신용카드나 현금카드를 이용하여 현금을 인출한 후 그 카드를 반환한 경우에는 ① 카드가 가지는 특수한 기능가치가 인출된 액수만큼 감소된 것이 아니고 ② 카드의 사용으로 인한 가치의 소모가 무시할 수 있을 정도로 경미하고 ③ 본권을 침해할 의사가 없으므로 불법영득의 의사가 인정되지 않는다는 취지에서 절도죄가 성립되지 않는다고 보고 있다.

2. 예금계좌에서 300만 원을 인출한 행위에 대하여

판례에 의하면 B의 신용카드를 이용하여 예금을 인출한 행위는 절도죄를 구성하므로 甲에게는 절도죄가 성립한다. 그러나 예금을 인출한 행위는 신용카드의 본래적 용법에 따른 사용이 아니므로 신용카드부정사용죄는 성립하지 아니한다.

3. 현금서비스 200만 원을 인출한 행위에 대하여

판례에 의하면 B의 신용카드를 이용하여 현금서비스를 받은 행위는 절도죄를 구성하므로 甲에게는 절도죄가 성립한다. 그리고 이는 신용카드의 본래적 용법에 따른 사용이므로 신용카드부정사용죄가 성립한다.

4. 甲의 죄책

甲에게는 ① 예금인출에 대한 절도죄(제329조) ② 현금서비스에 대한 절도죄(제329조) ③ 여신전문업법상의 신용카드부정사용죄(제70조 제1항 제3호)가 성립하며, 각 죄는 실체적 경합 관계에 있다.

술집 사장 甲은 단골손님 A와 그의 친구 F가 함께 술을 마시다 취기가 오른 F는 혼자 가버리고 A만 만취하여 소파에 잠들어 있는 것을 알게 되었다. 甲은 A의 주머니에서 현금 200만 원을 발견하고 술값 100만 원을 꺼내 가졌다. 甲의 죄책은?

[2017 변시]

1. 논의점

사안에서 甲의 행위가 절도죄가 성립할 수 있는지에 대하여 불법영득의사의 불법의 의미와 관련하여 논의가 있다.

2. 견해의 대립

이에 대하여 ① 다수설은 법질서 전체의 입장에서 보아 실질적으로 타인의 재산권을 침해하였다고 평가할 수 있어야 불법하다는 영득의 불법설을 따르고 있으며 ② 판례는 실질적인 타인의 재산권 침해와 관계없이 행위수단 그 자체에 불법성이 인정되기만 하면 불법하다는 절취의 불법설을 따르고 있다.

- 절취의 불법설은 통칭하면 수단의 불법설이라고 할 수 있다. 이러한 수단의 불법설이 어떠한 죄냐에 따라 절취의 불법설, 강취의 불법설, 사취의 불법설, 갈취의 불법설로 불리는 것이다.

3. 검토 및 사안의 해결

생각건대 자기의 권리라도 사회상규에 어긋나는 방법으로 이를 행사하는 것은 법질서를 해하는 행위이므로 절취의 불법설이 타당하다. 따라서 이러한 절취의 불법설에 따르면 甲에게 절도죄가 성립한다.

甲은 키가 꽂힌 채 주차되어 있던 A의 오토바이를 발견하고, 이를 타고 가다 버릴 생각으로 오토바이에 올라타 시동을 걸어 달아나려는 순간 A에게 발각되었다. A는 오토바이를 타고 약 5m 정도 진행하던 甲을 발로 걷어차 바닥에 넘어뜨렸고, 이 과정에서 甲은 전치 3주의 상해를 입었다. 甲의 죄책은? (5점)

[2017 변시]

1. 절도인지 자동차등불법사용죄인지의 검토

사안에서 甲은 A 소유의 오토바이를 타고 간 후 버릴 생각이므로 불법영득의사가 인정되어 절도죄가 성립한다.

2. 절도죄의 기수여부의 검토

자동차나 승용차 절도의 기수시기는 시동을 건 후 발진조작을 완료한 때이다. 사안의 문맥에서는 명확하지 않지만, 5m 정도 진행하였다는 점에서 이미 발진조작이 완료되어 발진되었다고 판단된다. 따라서 사안에서 甲은 절도죄의 기수가 성립한다.

> • 본 문제는 5m 정도를 진행하였다고 되어 있어, 발진조작완료 전에 진행한 것인지 아니면 발진조작을 완료한 후에 진행된 것인지 명확하지 않다. 그러나 이러한 불명확한 점을 사회통념에 부합되는 근거를 제시하며 답안을 작성하였다면 크게 문제가 되지는 않을 것으로 보인다. 단 발진조작을 완료했다는 사실을 전제로 하였음에도 미수에 그친다는 답안은 옳지 못한 것으로 평가될 수 있다.

149

A의 시계를 준강도 범행으로 취득한 후 甲은 자신의 집으로 가서 동생 乙에게 그동안의 사실을 모두 이야기하고, 범죄의 발각을 피하기 위해 乙에게 시계의 보관을 부탁하고는 잠적하였다. 시계를 보관하던 乙은 형에 대한 증거를 없애기 위하여 고교 동창인 丙에게 자신의 시계라고 말하고 매각하였다. 甲과 乙의 죄책은? (20점)

Ⅰ. 乙의 죄책

1. 장물보관죄의 성립

사안에서 乙은 장물인 정을 알면서 시계를 보관하였으므로 장물보관죄가 성립한다. 그런데 본범인 甲과 장물범인 乙은 동거하는 형제간이므로 형법 제365조 제2항의 친족상도례에 의하여 B는 그 형이 감경 또는 면제된다.

> • 장물죄의 친족상도례 규정인 제365조는 빠뜨리기 쉬우므로 주의하여야 하며, 그 내용도 정확히 익혀두어야 한다.

2. 횡령죄의 불성립

사안에서 乙은 장물로 보관 중인 시계를 丙에게 매도하였으므로 횡령죄의 성립 여부가 문제 된다. 판례는 '장물보관죄가 성립하는 때에는 이미 그 소유자의 소유물 추구권을 침해하였으므로 그 후의 횡령행위는 불가벌적 사후행위에 불과하여 별도로 횡령죄가 성립하지 않는다'라고 하여 횡령죄의 성립을 부정하고 있다. 이러한 판례의 태도에 따르면 사안에서 乙에게는 횡령죄가 성립하지 않는다.

3. 증거은닉죄의 불성립

사안에서 乙은 甲의 범죄증거물인 시계를 보관하는 방법으로 은닉하고 있으므로 증거은닉죄의 구성요건 해당성이 인정된다. 그러나 甲과 乙은 친족간이므로 친족간의 특례가 적용되어 乙은 책임이 조각되어 증거은닉죄는 성립하지 않는다.

4. 사기죄의 성립

사안에서 乙은 장물인 시계를 丙에게 자신의 시계라고 매도하고 있다. 그러나 丙은 민법 제250조에 의하여 시계를 선의취득하지 못하므로 乙에게 사기죄가 성립한다.

> • 민법 제250조의 도품 및 유실물의 특칙은 암기해 두었다가 활용하는 것이 바람직하다.

146   PART 01 형법 진도별 사례 | 제4편 개인적 법익에 관한 죄

5. 乙의 죄책

사안에서 乙에게는 장물보관죄와 사기죄가 성립하지만, 장물보관죄에 대하여는 형이 감경 또는 면제된다.

Ⅲ. 시계를 보관시킨 행위에 대한 甲의 죄책

1. 장물죄의 불성립

사안에서 甲은 재산죄의 정범이므로 乙에게 장물을 보관시켰다고 하더라도 장물에 관한 죄는 성립하지 않는다.

2. 증거은닉교사죄의 성립

(1) 논의점

사안에서 乙의 행위는 증거인멸죄의 구성요건에 해당하고 위법하므로 제한종속을 구비하였다. 따라서 절도범인 甲에게 증거은닉죄의 교사범이 성립할 수 있는지에 대하여 논의가 있다.

(2) 견해의 대립

이에 대하여는 ① 교사에는 새로운 범죄 창조라는 특수한 반사회성이 있으며, 타인에게 증거은닉을 교사하는 경우까지 기대가능성이 없다고 할 수 없으므로 범인도 증거은닉죄의 교사범이 성립될 수 있다는 긍정설과 ② 정범으로 처벌되지 않는 범인을 교사범으로 처벌하는 것은 부당하며, 범인의 증거은닉교사는 자기비호의 연장이어서 기대가능성이 없으므로 범인은 교사범이 성립될 수 없다는 부정설이 대립하고 있다.

(3) 판례의 태도

종래 판례는 '자기의 형사 사건에 관한 증거를 인멸하기 위하여 타인을 교사하여 죄를 범하게 한 자에 대하여는 증거인멸교사죄가 성립한다'라고 하여 긍정설의 입장이었으나, 최근 판례에서는 '자신의 형사사건에 관한 증거은닉을 위하여 타인에게 도움을 요청하는 행위 역시 원칙적으로 처벌되지 아니하나, 다만 그것이 방어권의 남용이라고 볼 수 있을 때는 증거은닉교사죄로 처벌할 수 있다.'라고 하여 방어권의 남용이 있는 경우에만 한정적으로 긍정하고 있다.

> • 판례의 태도가 변경되었다는 점을 적시해 주는 것이 바람직하다. 그리고 사법기능과 관련되어 ① 자기범인 도피교사 ② 자기위증교사 ③ 자기증거인멸교사의 교사범 인정 여부에 대하여 판례는 기본적으로 방어권 남용을 기준으로 하고 있다.

(4) 검토 및 사안의 해결

생각건대 피고인의 방어권보장과 형사정책적인 측면을 모두 고려한다면 방어권의 남용이 있는 경우에만 범인의 증거은닉교사범을 인정하는 판례의 태도가 타당하다. 사안에서 甲이 乙에게 시계의 보관을 맡긴 것은 방어권의 남용이라고는 할 수 없으므로 甲에게 증거은닉교사죄는 성립하지 않는다.

3. 甲의 죄책

사안에서 甲에게는 범죄가 성립하지 않는다.

甲, 乙, 丙은 공동으로 귀금속을 강취하였으나, 당분간 甲이 보관하고 있다가 이를 처분해서 그 금액을 배분하기로 하였다. 甲은 보관 중인 귀금속 가운데 일부를 乙과 丙 몰래 처분하여 그 돈을 유흥비로 소비하였고, 나머지는 위 범행 사실을 모르는 丁에게 수고비를 줄 테니 처분해 달라고 부탁하였다. 丁은 甲으로부터 받은 귀금속을 1억 원에 팔았으나, 甲에게는 8천만 원에 팔았다고 속이고 그 금액을 건네주면서 나머지 2천만 원은 자신이 챙겼다. 甲과 丁의 죄책은? (20점) [2018 2차 변형]

Ⅰ. 甲의 죄책

1. 귀금속을 보관한 행위에 대한 죄책

甲은 재산범죄인 강도죄의 정범이므로 귀금속을 보관한 행위에 대하여는 별도로 장물보관죄가 성립하지 않는다.

2. 귀금속의 일부를 처분하여 소비한 행위에 대한 죄책

(1) 甲은 재산죄의 정범이므로 귀금속의 일부를 처분하여도 장물양도죄는 성립하지 않는다.

(2) 甲이 제3자에게 귀금속을 자신의 소유인 것처럼 매도하였다면, 제3자는 민법 제250조에 의해 선의취득을 하지 못하므로 甲에게 사기죄가 성립한다.

> • 민법 제250조의 도품 및 유실물의 특칙은 암기해 두었다가 활용하는 것이 바람직하다.

(3) 사기죄로 취득한 금전을 소비한 행위는 불가벌적 행위로써 범죄가 성립하지 않는다.

(4) 귀금속의 보관을 부탁한 乙과 丙에 대한 횡령죄의 성부가 문제 되지만, 귀금속의 소유권은 피해자에게 있으므로 甲에게 乙과 丙에 대한 횡령죄는 성립하지 않는다.

3. 丁에게 처분해 달라고 하여 丁이 처분한 행위의 죄책

사안에서 귀금속은 도품이어서 선의취득의 대상이 아니므로 丁이 귀금속을 1억 원에 판 경우에는 상대방에 대한 사기죄가 성립하게 된다. 그런데 사안에서는 丁은 귀금속이 장물인 정을 모르고 있으므로 甲에게는 고의 없는 자를 이용한 사기죄의 간접정범이 성립하게 된다.

4. 甲의 죄책 정리

사안에서 甲은 선의취득을 하지 못한 사람들에게 대한 각 사기죄가 성립하며, 이들은 실체적 경합 관계에 있다.

Ⅱ. 丁의 죄책

1. 귀금속의 일부를 매도한 행위에 대한 죄책

丁은 위에서 살펴본 바와 같이 장물인 정을 모르고 처분하고 있으므로 장물양도죄나 사기죄는 성립하지 않는다.

2. 매매대금의 일부를 영득한 행위에 대한 죄책

사안에서 丁은 위탁판매대금 일부를 기망을 하여 영득하고 있다. 판례에 의하면 '위탁매매에 있어서는 위탁품의 소유권은 위임자에게 속하고 그 판매대금은 다른 특약이나 특단의 사정이 없는 한 이를 수령함과 동시에 위탁자에게 귀속한다 할 것이므로 이를 사용 소비한 때에는 횡령죄가 구성된다'라고 하므로, 이러한 판례에 따르면 丁에게는 횡령죄가 성립한다.

3. 丁의 죄책 정리

사안에서 丁은 횡령죄가 성립한다.

151

甲은 A의 금은방에서 금목걸이 등을 절취하였다. A의 신고를 받고 탐문수사 중이던 사법경찰관 P는 甲이 여러 금은방을 들락날락거리며 자신이 절취한 목걸이를 정상적인 물건인 것처럼 금은방 주인과 시세 흥정을 하는 모습을 주시하다가 불심검문 후 甲을 체포하였다. 甲의 죄책은? (절도죄는 논외로 함) (5점)

[2021 2차 변형]

1. 사기미수죄의 성립

절취한 장물을 정상적인 물건인 것처럼 매도하는 것은 사기죄에 해당한다. 사안에서 甲은 여러 금은방을 들락날락거리며 목걸이를 정상적인 물건인 것처럼 기망행위를 하였지만, 매도는 하지 못하고 있다. 따라서 사안에서 甲에게는 여러 금은방에 대한 사기죄의 미수가 성립한다.

2. 건조물침입죄의 불성립

사안에서 甲에게 건조물침입죄가 성립하는지에 대하여 ① 예전의 판례는 범죄를 목적으로 관리자의 추정적 의사에 반하여 들어갔다면 건조물침입죄가 성립한다고 보았지만, ② 최근 전합 판례에서는 주거침입죄의 보호법익은 사실상의 평온이므로 영업주의 승낙을 받아 통상적인 방법으로 들어간 경우에는 건조물침입죄의 성립을 부정하고 있다. 따라서 甲에게는 건조물침입죄는 성립하지 않는다.

152

甲은 반지를 절취하였다. 그런데 甲은 이러한 사정을 모르는 친구 乙에게 "반지를 여자친구 F에게 전달해 달라"라고 부탁하였다. 그러나 乙은 인터넷 중고카페에서 연락된 A에게 자신이 끼던 반지라고 속여 80만 원에 팔아 버렸다. 乙의 죄책은? (10점)

[2021 2차 변형]

1. 장물죄의 불성립

사안에서 乙은 반지가 장물이라는 정을 몰랐으므로 장물죄는 성립하지 아니한다.

2. 횡령죄의 성립

사안에서 乙은 타인에게서 위탁받은 타인의 재물을 불법영득의사를 가지고 매도하여 영득하였으므로 횡령죄가 성립한다.

3. A에 대한 사기죄의 불성립

(1) 사안에서 A는 민법 제250조에 의한 도품 및 유실물에 대한 특칙의 적용으로 완벽한 소유권을 취득하지 못하므로 사기죄의 성부가 문제 되지만, 사안에서 乙은 반지가 장물인 정을 몰랐으므로 A에 대한 사기죄는 성립하지 않는다.

(2) 그리고 자신이 횡령한 반지를 매도한 경우에는 민법 제250조에 의한 도품 및 유실물에 대한 특칙이 적용되지 않으므로 A에 대한 사기죄도 성립하지 않는다.

> • 민법 제250조의 도품 및 유실물의 특칙은 암기해 두었다가 활용하는 것이 바람직하다.

4. 乙의 죄책

사안에서 乙에게는 횡령죄가 성립한다.

153

甲은 유흥비를 마련하기 위하여 자기 아버지 A의 가방에서 A 명의의 ○○은행 통장을 몰래 가지고 나와 예금통장을 현금자동지급기에 넣고 조작하는 방법으로 A의 예금 잔고 중 500만 원을 자신의 계좌로 이체한 후, 예금통장은 제자리에 갖다 놓았다. 甲의 죄책은? (10점)

[2014 3차 변형]

1. 예금통장에 대한 죄책

(1) 예금통장에 대한 절도죄의 성부

판례에 의하면 예금통장을 절취하여 예금의 전부 또는 일부를 인출한 후 반환한 경우는 그 인출된 예금액에 대하여 예금통장 자체의 특수한 기능가치인 예금액 증명기능이 상실되고 이에 따라 그 상실된 기능에 상응한 경제적 가치도 감소되었기 때문에 원칙적으로 불법영득의 의사가 인정된다고 보아 예금통장에 대한 절도죄의 성립을 인정하고 있다. 이러한 판례의 입장에 따르면 甲에게는 절도죄의 성립이 인정된다.

(2) 친족상도례의 적용

사안에서 甲에게 예금통장에 대한 절도죄의 성립이 인정된다고 하더라도 甲과 A는 직계혈족관계에 있으므로 제344조에 의하여 준용되는 제328조 제1항에 의하여 그 형이 면제된다.

> • 친족상도례 준용 규정인 제344조, 제354조, 제361조, 제365조는 암기해 두는 것이 바람직하다.

2. 계좌이체에 대한 죄책

(1) 컴퓨터사용사기죄의 성부

사안에서 甲이 계좌이체를 한 행위는 권한없이 정보를 입력하여 재산상의 이득을 취득한 것이므로 형법 제347조의2의 컴퓨터사용사기죄가 성립한다.

(2) 친족상도례의 적용 여부

사안에서 甲은 A의 아들이므로 친족상도례가 적용될 수 있는지 문제 되지만, 판례에 의하면 사안과 같은 경우에 범행으로 인한 피해자는 거래 금융기관이라 보아 친족상도례의 적용을 부정하고 있다. 이러한 판례의 입장에 따르면 甲은 친족상도례가 적용죄지 않아 컴퓨터사용사기죄로 처벌된다.

甲은 메스암페타민을 구입하기 위해 자신의 어머니 A의 예금통장을 몰래 가지고 나왔다. 그 후 예금통장을 ATM기에 넣고 비밀번호를 무작위로 입력하는 방법으로 1억 원을 자기 계좌로 이체하는 것에 성공한 후, 그 통장을 원래의 자리에 갖다 놓았다. 甲의 죄책은? (10점)

[2017 1차 변형]

154

甲은 급전이 필요하다고 친구인 乙에게 이야기하자, 乙은 甲에게 낮에 甲의 사촌형 A의 집에서 돈을 훔치라고 교사하였다. 이에 甲은 낮에 옆 동네에 사는 A의 집에 가서 A의 예금통장을 가지고 나와 현금지급기로 간 다음, 현금지급기로 A 명의의 계좌에서 자신 명의의 계좌로 1천만 원을 계좌이체한 후 제자리에 갖다 놓았다. 일주일 후 이 사실을 알게 된 A는 甲을 고소하였다. 甲과 乙의 죄책은? (20점)

[2013 1차 변형]

Ⅰ. 甲의 죄책

1. 주거침입죄의 성부

일반적인 출입이 가능한 친척집이라고 하더라도 범죄의 목적으로 들어간 경우에는 주거침입죄가 성립한다.

2. 예금통장에 대한 절도죄의 성부

예금통장을 이용하고 다시 제자리에 돌려 준 경우에도 예금통장의 예금액의 증명기능이라는 특수한 기능가치를 소모시켰으므로 예금통장에 대한 절도죄가 성립한다. 그리고 甲과 A는 사촌지간이므로 제344조에 의하여 준용되는 제328조 제2항에 따라 친족상도례가 적용되어 친고죄이지만, 사안에서 A는 甲을 고소하고 있으므로 甲은 절도죄로 처벌된다.

> • 친족상도례 준용 규정인 제344조, 제354조, 제361조, 제365조는 암기해 두는 것이 바람직하다.

3. 컴퓨터사용사기죄의 경우

甲이 사촌형 A의 예금계좌에서 자기 계좌로 1,000만 원을 계좌이체한 것은 컴퓨터사용사기죄가 성립한다. 이 경우에 친족상도례가 적용될 수 있는가가 문제 되지만, 판례는 피해자는 이중지급의 위험에 처하는 금융기관이므로 친족상도례가 적용될 수 없다는 입장이다.

4. 결 언

甲에게는 ① 주거침입죄 ② 예금통장에 대한 절도죄 ③ 컴퓨터사용사기죄가 성립하며, 이들은 실체적 경합 관계에 있다.

Ⅱ. 乙의 죄책

1. 주거침입죄에 대한 교사

乙은 甲에게 낮에 A의 주거에 침입하여 금전을 절취하라고 하였으므로 주거침입죄의 교사범이 성립한다.

2. 예금통장으로 계좌이체를 한 부분에 대한 교사

(1) 乙은 甲에게 甲의 사촌형 A의 돈을 훔치라고 교사하였다. 그런데 사안에서 甲은 예금통장을 절취하여 계좌이체를 하고 있다.

(2) 이러한 교사의 착오가 있는 경우를 ① 예금통장을 절취한 부분과 ② 예금을 계좌이체한 부분으로 나누어 검토하면, ㉠ 예금통장을 절취한 부분은 구체적 사실의 착오이므로 乙은 甲의 행위에 대하여 책임을 지지만 ㉡ 예금을 계좌이체한 부분은 추상적 사실의 착오이므로 원칙적으로 B는 책임을 지지 아니한다.

(3) 따라서 乙은 절도죄의 교사범으로서의 죄책만 진다.

3. 乙의 죄책

乙에게는 ① 주거침입죄 ② 예금통장에 대한 절도죄의 교사범이 성립하며, 이들은 실체적 경합 관계에 있다.

155

甲의 부모는 이혼하였고, 甲의 어머니인 M은 乙과 재혼하여 살고 있다. 甲은 절도죄로 경찰에 수배되자 전직 경찰관인 乙에게 담당경찰관에게 전달해 달라고 300만 원을 주었으나, 乙은 이를 전달하지 않고 착복하였다. 그 후 甲은 그 사실을 알고 乙의 집으로 찾아가 "당장 300만 원을 내어 놓지 않으면 당신이 경찰 재직기간에 저지른 모든 비리를 경찰에 알릴 것이다"라고 소리치면서 乙을 위협하였고, 乙은 겁에 질려 甲에게 300만 원을 돌려주었다. 甲의 죄책은? (10점)

[2017 3차 변형]

1. 증뢰물전달죄의 성립

사안에서 甲은 乙에게 담당경찰관에게 전달해 달라고 하면서 300만 원을 전달하고 있다. 따라서 甲에게는 제132조 제2항의 증뢰물전달죄가 성립한다.

2. 공갈죄의 성립과 친족상도례

(1) 공갈죄의 성립

사안의 경우에 300만 원은 불법원인급여물이므로 판례에 의하면 300만 원에 대한 소유권은 반사적으로 乙에게 있다. 따라서 타인이 점유하는 타인의 재물을 협박하여 취득한 것은 공갈죄가 성립한다.

(2) 친족상도례의 적용

甲에게 乙에 대한 공갈죄가 성립한다고 하더라도 乙은 甲의 직계혈족의 배우자이므로 제354조에 의하여 제328조가 준용된다. 그리고 제328조 제1항이 적용될지 제2항이 적용될지 문제 되지만, 판례에 의하면 제328조 제1항의 '직계혈족, 배우자, 동거친족, 동거가족 또는 그 배우자'에서의 '배우자'는 '직계혈족, 동거친족, 동거가족'의 모든 배우자를 의미한다고 하므로 甲은 제328조 제1항의 적용으로 형이 면제된다.

> • 친족상도례 준용 규정인 제344조, 제354조, 제361조, 제365조는 암기해 두는 것이 바람직하다.

156

甲은 A가 장물 300만 원을 보관하고 있다는 사실을 알게 되자 이를 훔쳐 나올 생각으로 늦은 밤 A의 집에 몰래 들어갔다. 그러나 해가 뜰 때까지 A가 잠들지 않자, A가 잠들기를 기다리다가 오전 9시경 종이봉투에 담겨 장롱 속에 보관 중인 현금 300만 원을 들고나왔다. 甲의 죄책은? (12점)　　　　　[2017 변시]

1. 야간주거침입절도죄의 성부

(1) 논의점

사안에서 甲은 A의 집에 야간에 침입한 후 그다음 날 낮에 300만 원을 절취하고 있다. 이러한 甲의 행위가 야간주거침입절도죄에 해당할 수 있는지에 대하여 논의가 있다.

(2) 견해의 대립과 판례의 태도

야간주거침입절도죄의 판단기준에 대하여는 ① 절취행위시기준설 ② 주거침입기준설 ③ 주거침입 또는 절취행위기준설 ④ 주거침입 및 절취행위기준설등이 대립하고 있으며, ⑤ 판례는 형법은 야간에 이루어지는 주거침입행위의 위험성에 주목하여 그러한 행위를 수반한 절도를 야간주거침입절도죄로 중하게 처벌하고 있는 것으로 보아야 한다고 하여 주거침입기준설을 따르고 있다.

(3) 검토 및 사안의 해결

생각건대 형법은 야간절도죄에 관하여는 처벌규정을 별도로 두고 있지 아니한 점을 고려한다면, 야간에 주거에 침입하여 절취한 경우에 야간주거침입절도죄가 성립한다고 보는 주거침입기준설이 타당하다. 따라서 사안에서 甲은 야간주거침입절도죄가 성립한다.

2. 장물죄의 성부

사안에서 甲은 300만 원이 장물인 정을 알면서 절도하고 있으므로 장물죄의 성부가 문제 된다. 그러나 판례는 장물죄의 본질에 대하여 결합설을 따르면서 장물에 대한 재산범죄를 범한 경우에는 장물죄의 성립을 인정하지 않으므로 장물죄는 성립하지 않는다.

> **유제**
>
> 모텔을 운영하는 A는 평소 비어있는 객실의 문을 열어두는데, 이를 알고 있는 A의 조카 甲은 15:40경 A 몰래 모텔 안으로 들어가 숨어 있다가 같은 날 22:00경 A가 잠시 자리를 비운 틈을 이용하여 모텔 관리실에 들어가 50만 원을 가지고 나왔다. 甲의 죄책은? (15점)　　　　　[2018 1차 변형]

157

甲은 범죄를 범한 후 숨어 지내다가 돈이 떨어지자, 어느 날 야간에 A의 집 현관문의 자물쇠를 부수고 A의 집안으로 들어가 금품을 훔쳤다. 甲의 죄책은? (3점)　　　　　[2016 2차 변형]

사안에서 甲은 야간에 문이나 담 그 밖의 건조물의 일부를 손괴하고 A의 집에 들어가 금품을 훔쳤으므로 甲에게는 형법 제331조 제1항의 특수절도죄가 성립한다.

절도의 습벽이 있는 甲은 낮에 길가에 주차되어 있는 A 소유의 승용차 운전석 차문을 일반적인 드라이버로 열고 들어가 블랙박스를 훔치고 차문을 닫고 돌아서는데, 마침 그곳을 지나가던 A와 우연히 눈을 마주치게 되자 곧바로 달아났다. 甲의 죄책은? (5점)   [2020 3차 변형]

(1) 사안에서 甲이 승용차의 차문을 일반적인 드라이버로 열고 블랙박스를 훔친 행위가 제331조 제2항의 흉기휴대절도인지 문제 된다.

(2) 판례에 의하면 '제331조 제2항에서 규정한 흉기는 본래 살상용·파괴용으로 만들어진 것이거나 이에 준할 정도의 위험성을 가진 것으로 봄이 상당하다'라고 하면서 개조되지 않은 일반적인 드라이버는 흉기에 해당하지 않는다고 판시하고 있다.

(3) 따라서 이러한 판례의 입장에 따르면 甲에게는 제329조의 단순절도죄가 성립할 수 있다. 그런데 사안에서 甲은 절도의 습벽이 있는 자이므로 제332조의 상습단순절도죄가 성립한다.

甲은 친구 乙과 금은방을 털기로 공모한 후 A의 금은방에 손님으로 방문하여 乙이 대기하는 사이 자신은 금은방에서 목걸이와 반지를 사는 척하면서 "어울리는지 한번 착용해 보겠다"라고 하며, A가 한눈을 파는 사이 목걸이를 걸고 반지를 낀 채 그대로 도주하였다. 乙은 공모한 대로 300m 떨어진 골목길에서 甲의 도주를 위해 대기하고 있었다. 乙은 범행 당일 오전에도 甲에게 도주 시범을 보이고 동선을 함께 확인하였으나, 乙의 위치에서는 A의 금은방이 보이지 않았다. 甲과 乙의 죄책은? (15점)   [2021 2차 변형]

1. 甲의 죄책 (6점)

(1) 건조물침입죄의 성부 (3점)

사안에서 甲에게 건조물침입죄가 성립하는지에 대하여 ① 예전의 판례는 범죄를 목적으로 관리자의 추정적 의사에 반하여 들어갔다면 건조물침입죄가 성립한다고 보았지만, ② 최근 전합 판례에서는 주거침입죄의 보호법익은 사실상의 평온이므로 통상적인 방법으로 영업주의 승낙을 받아 들어간 경우에는 건조물침입죄의 성립을 부정하고 있다. 따라서 甲에게는 건조물침입죄는 성립하지 않는다.

(2) 절도죄의 성부 (3점)

사안에서 甲은 물건을 착용해 보겠다고 기망행위를 하여 목걸이와 반지를 넘겨받은 후 몰래 도주함으로써 이를 영득하고 있다. 이러한 甲의 행위가 절도인지 사기인지 문제 되지만, 기망행위가 있었더라도 그것이 점유침탈의 한 방법에 불과하고, 기망에 따른 피해자의 처분행위가 없는 경우에는 절도가 된다. 따라서 사안에서 甲에게는 절도죄가 성립한다.

2. 乙의 죄책 (9점)

(1) 공동정범의 성립

사안에서 乙은 甲과 함께 금은방을 털기로 공모하였지만, 甲만이 실행행위를 하고 乙은 실행행위를 하지 않고 부근에서 甲의 도주를 위해 대기하고 있은 경우에 乙에게 공동정범이 성립할 수 있는지 문제 된다.

현재 확립된 기능적 행위지배설에 따르면 乙은 甲에게 도주 시범을 보이는 등으로 기능적 행위지배가 인정되므로 乙은 甲의 행위에 대한 공동정범이 성립한다.

(2) 합동절도죄의 불성립

사안에서 乙에게 합동절도죄가 성립할 수 있는지 문제 된다. 합동범의 본질에 대하여는 ① 공모공동정범설 ② 가중적 공동정범설 ③ 현장적 공동정범설 ④ 현장설 등이 대립하고 있으나, ⑤ 판례는 합동범이 성립하기 위해서는 시간·장소적인 협동관계가 있어야 한다는 현장설의 입장이다. 그런데 사안에서 乙은 300m 떨어진 골목길에서 대기하고 있었고, 그곳에서는 금은방도 보이지 않았다는 점에서 현장성을 인정할 수 없다.

> • 합동범의 본질에 대한 논의는 이미 현장설로 확립되어 있으므로 배점이 크면 적어주고, 배점이 작다면 생략할 수도 있을 것이다.

3. 甲과 乙의 죄책

따라서 사안에서 甲과 乙에게는 절도죄의 공동정범이 성립한다.

160

甲, 乙, 丙은 행인을 상대로 날치기하기로 공모한 후 함께 승합차량을 타고 다니면서 대상을 물색하다가 인적이 드문 곳에서 가방을 들고 가는 A(여)를 발견하였다. 범행을 주도한 甲은 범행 후 만나 도주할 장소에 차량을 세워둔 채 乙과 丙을 기다리기로 하였고, 乙과 丙은 A를 300여 미터 정도 따라갔다. 이때 甲은 주변에 CCTV가 있음을 발견하고 발각될 것이 두려워 차를 몰고 그냥 가버렸다. 이를 모르는 乙과 丙은 A에게 다가가 乙이 길을 묻는 척하는 사이에 丙은 A의 가방을 낚아챈 후 각자 서로 다른 방향으로 도주하였다. 도주하던 乙은 A의 비명소리를 들은 경찰관 P가 추격해오자 주먹과 발길질로 폭행을 가하여 P에게 치료일수 4주를 요하는 상해를 입혔다. 이후 丙의 보복을 두려워 한 甲은 丙을 달래기 위하여 丙으로부터 A의 위 가방 안에 있던 귀금속을 500만 원에 매수해 주었다. 甲, 乙, 丙의 죄책은? (30점)   [2021 3차 변형]

Ⅰ. A의 가방을 절취한 부분에 대한 죄책

1. 乙과 丙의 죄책

(1) 날치기의 법적 성격

날치기는 그 강제력의 행사가 사회통념상 객관적으로 상대방의 반항을 억압할 정도가 아니라면 절도에 해당한다. 따라서 사안에서 乙과 丙이 A의 가방을 날치기한 행위는 절도에 해당한다.

(2) 합동절도의 성립

사안에서 乙과 丙은 시간·장소적 협동관계를 이루어 A의 가방을 절취하고 있으므로 乙과 丙은 합동절도죄가 성립한다.

2. 甲의 죄책

(1) 합동절도죄의 공동정범의 성립

사안에서 乙과 丙이 합동절도를 범하고 있는 경우에 甲에게 합동범의 공동정범이 성립될 수 있는지에 대하여 논의가 있다.

이에 대하여는 ① 합동범도 공동정범의 일반이론이 적용되어야 하고, 배후의 거물을 처벌하기 위해서 인정해야한다는 긍정설 ② 필요적 공범인 합동범에서 외부관여자는 공동정범은 성립될 수 없으므로 부정하는 부정설이 대립하고 있다.

판례는 일정한 요건하에 합동범의 공동정범을 긍정하고 있다. 즉 판례는 소위 '삐끼주점 사건'에서 ① 3인 이상이 합동절도의 범행을 공모한 후 ② 적어도 2인이상이 현장설에 입각한 합동절도를 범하고 ③ 모의는 하였으나 실행행위를 직접 분담하지 않는 자에게 정범표지가 인정되는 경우에게 합동범의 공동정범을 인정하고 있다.

생각건대 배후에 있는 수괴 등을 처벌하기 위해서라도 합동범의 공동정범을 긍정하는 것이 타당하다. 단, 합동범에 대한 공동정범이므로 판례의 요건을 구비하는 경우에만 한정적으로 긍정하여야 할 것이다. 사안에서 甲은 범행을 주도하는 등으로 본질적 기여를 하고 있으므로 정범표지가 인정된다. 따라서 사안에서 甲에게는 합동절도죄(제331조 제2항, 제1항)의 공동정범이 성립한다.

(2) 공모관계로부터의 이탈의 불성립

사안에서 甲은 乙과 丙이 합동절도의 실행에 착수하기 이전에 공모관계에서 이탈하고 있다. 그러나 사안에서 甲은 기능적 행위지배를 제거하지 않았으므로 공모관계로부터의 이탈은 인정되지 않아 합동절도죄의 공동정범이 성립한다.

Ⅱ. 경찰관 P를 상해 입힌 부분에 대한 죄책

1. 乙의 죄책

(1) 사안에서 乙은 A의 비명소리를 듣고 달려 온 경찰관 P를 체포를 면탈하기 위하여 주먹과 발길질로 폭행을 가하여 P에게 치료일수 4주를 요하는 상해를 입혔다. 따라서 乙에게는 (준)강도상해죄가 성립한다.

(2) 그리고 공무를 집행하는 경찰관 P에게 폭행을 가하였으므로 공무집행방해죄가 성립한다. 그리고 준강도상해죄와 공무집행방해죄는 상상적 경합 관계에 있다.

2. 甲과 丙의 죄책

사안에서 甲과 丙에게 乙이 P를 상해한 부분에 대한 예견가능성이 문제 되지만, 사안에서의 장소가 인적이 드문 곳이라면 예견가능성을 인정하기 어렵다. 따라서 甲과 丙은 강도상해죄와 공무집행방해죄에 대한 죄책은 부담하지 않는다.

Ⅲ. 甲이 丙으로부터 귀금속을 매수한 부분에 대한 죄책

사안에서 甲은 합동절도의 공동정범이므로 甲이 丙으로부터 A의 위 가방 안에 있던 귀금속을 500만 원에 매수한 행위는 장물죄 등 별도의 범죄가 성립하지 않는다.

甲은 친구 F에게 자동차를 5,000만 원에 팔기로 하고, 계약금 및 중도금 2,000만 원을 받고 이를 F에게 인도하기로 하면서, 잔금을 3개월 후에 받기로 하였다. F는 위 약정된 기일에 잔금채무를 이행하지 아니하면 자동차를 회수하여 가도 좋다는 약정을 하면서 각서와 매매계약서 및 양도증명서를 甲에게 교부하였다. F는 자동차를 인도받고 자동차등록원부에 등록한 다음 운행하였으나 잔금 지급을 차일피일 지체하였다. 이에 甲은 위 서류들이 있다는 것을 기화로 종업원 乙, 丙과 위 자동차를 다시 가져와 처분하기로 모의하고 甲은 乙과 丙에게 F의 회사의 위치와 범행 방법 등을 자세히 설명하고 F의 회사로 가서 자동차를 가져오도록 지시하였다. 그다음 날 오전 11:30경 乙과 丙은 F의 회사로 가 丙이 망을 보는 사이 乙은 위 자동차를 몰래 운전하여 같이 甲의 회사로 가져왔다. 甲, 乙, 丙의 죄책은? (20점)　　[2021 1차 변형] [2018 1차 변형]

1. 불법영득의사가 인정되어 절도죄가 성립할 수 있는지

(1) 논의점

사안에서 甲은 F에게 자동차에 대한 소유권을 이전하였으나, F가 잔금채무를 이행하지 않으면 자동차를 회수하여도 좋다는 약정을 하였으므로 F가 잔금채무를 이행하지 않자 F의 허락없이 자동차를 회수하고 있다. 이러한 경우에 甲에게 절도죄가 성립할 수 있는지 문제 된다.

(2) 판례의 법리

형법상 절취란 타인이 점유하고 있는 자기 이외의 자의 소유물을 점유자의 의사에 반하여 그 점유를 배제하고 자기 또는 제3자의 점유로 옮기는 것을 말하는 것으로, 비록 약정에 기한 인도 등의 청구권이 인정된다고 하더라도, 취거 당시에 점유 이전에 관한 점유자의 명시적·묵시적인 동의가 있었던 것으로 인정되지 않는 한, 점유자의 의사에 반하여 점유를 배제하는 행위를 함으로써 절도죄는 성립하는 것이고, 그러한 경우에 특별한 사정이 없는 한 불법영득의사가 없었다고 할 수는 없다.

(3) 사안의 해결

이러한 판례의 법리에 따르면 甲, 乙, 丙이 F의 자동차를 몰래 가져온 것은 불법영득의사가 인정되어 절도죄가 성립한다.

2. 乙과 丙의 죄책

사안에서 乙과 丙은 시간·장소적으로 협동하여 F의 자동차를 절취하고 있으므로 乙과 丙에게는 합동절도죄가 성립한다.

3. 甲의 죄책

(1) 사안에서 乙과 丙에게 합동절도죄가 성립하는 경우에 甲에게 합동절도죄의 공동정범을 인정할 수 있는지 문제 된다.

(2) 이에 대하여는 ① 합동범은 필요적 공범이므로 일반논리상 공동정범이 성립할 수 없으며, 현장설을 강조하게 되면 부정하여야 한다는 부정설과 ② 합동범에 대하여도 공동정범의 일반이론의 적용되어야 하므로 긍정하여야 한다는 긍정설이 대립하고 있다.

(3) 판례는 합동범의 공동정범을 긍정하고 있다. 단, 합동범이 성립하기 위해서는 ① 3인 이상이 모의를 하고 ② 그 중 2인 이상이 현장설에 입각한 합동범이 성립하고 ③ 현장에 가지 않은 자에게 정범표지인 기능적 행위지배가 인정될 것을 요건으로 한다.

(4) 생각건대 배후에 있는 수괴 등을 처벌하기 위해서라도 합동범의 공동정범을 긍정하는 것이 타당하다. 단, 합동범에 대한 공동정범이므로 판례의 요건을 구비하는 경우에만 한정적으로 긍정하여야 할 것이다. 사안을 판례에 따라 해결하면 ①②의 요건은 이미 전제로 되어 있고, ③의 요건이 문제가 되지만 사안에서 甲은 범행을 주도하고 F의 회사의 위치와 범행 방법 등을 알려주는 등 합동절도 행위에 주모자 내지는 본질적 기여를 하고 있으므로 합동절도죄의 공동정범이 성립한다.

162

甲은 혼자 사는 A가 2021. 12. 24. 10:00경에 해외여행을 가기 위해 집을 비운다는 것을 알고 A의 집에서 골드바를 훔치기로 마음먹었다. 甲은 혼자 훔치기가 부담스러워 경제적으로 어려움을 겪는 후배 乙에게 범행을 함께할 것을 제안하였고, 乙의 승낙을 받고 乙과 역할 분담을 공모하였다. 甲과 乙은 함께 乙이 운전하는 승용차를 타고 A의 집 앞으로 갔다. 2021. 12. 24. 11:00경 乙은 A의 집 대문 앞에 승용차를 주차하고 차에 탑승한 채 망을 보고, 甲은 A의 집 담을 넘은 다음 곧장 안방으로 가 안방을 뒤지기 시작하였는데, 마침 비행기가 1시간 출발시간이 지연되어 예정보다 1시간 늦게 여행용 가방을 가지고 옆방에서 나오는 A의 기척을 듣고 황급히 안방 장롱에 들어가 몸을 숨겼다. A가 집을 나서자, 乙은 甲이 아니라 A가 집에서 나오는 것을 보고 놀라 바로 승용차를 운전하여 도망을 가 버렸다. 그 후 甲은 안방 장롱에서 나와 A의 집에서 골드바 2개를 가지고 나왔다. 甲, 乙의 죄책은? [2022 변시]

1. 甲의 죄책 - 합동절도죄의 기수

사안에서 甲은 乙과 시간·장소적 협동관계를 이루어 A의 집에서 절취행위를 하고 있으므로 甲에게는 합동절도죄가 성립한다. 그리고 甲은 A의 골드바 2개를 절취하였으므로 합동절도죄의 기수가 성립한다.

2. 乙의 죄책 - 합동절도죄의 기수

(1) 사안에서 乙은 甲과 동일하게 합동절도죄의 기수범이 성립한다. 乙이 중간에 도주하였으므로 공모관계로부터의 이탈이 문제 되나, 도주하기 이전에 이미 甲이 안방에서 물건을 뒤지기 시작하여 절도죄의 실행의 착수 이후이므로 공모관계로부터의 이탈은 인정되지 않는다.

(2) 또한 공범인 甲의 행위에 의하여 절도가 기수에 이르렀으므로 중지미수도 성립하지 않고, 일부실행 전부책임의 원리에 따라 乙도 합동절도죄의 기수범이 성립한다.

163

甲은 A에게 수면제가 든 음료수를 주어 이를 마신 A가 정신을 잃은 틈을 타 그의 손가방에서 스마트폰을 훔친 후 그 스마트폰으로 해외통화를 하고 인터넷을 수십 차례 이용한 다음 중고업자에게 팔아버렸다. 甲의 죄책은? (25점) [2015 2차 변형]

1. 문제의 제기

사안에서의 甲의 죄책을 ① 수면제를 먹인 것이 강도죄의 폭행에 해당하는지 ② 수면제로 인해 잠든 것이 강도치상죄의 상해에 해당하는지 ③ 甲이 스마트폰으로 해외통화를 한 것이 사기죄나 절도죄에 해당하는지 ④ 甲이 스마트폰으로 인터넷을 한 것이 컴퓨터사용사기죄가 성립하는지 ⑤ 스마트폰을 중고업자에게 팔아버린 행위가 사기죄에 해당하는지의 순서로 검토한다.

> • 본 문제는 배점이 크므로 문제의 제기를 설시하였으나 상황에 따라 생략할 수도 있을 것이다.

2. 스마트폰을 훔친 행위에 대한 죄책

(1) 판례는 신경안정제를 복용시킨 것을 강도죄에서 요구하는 상대방을 억압할 정도의 폭행에 해당한다고 보고 있다.

(2) 그리고 판례는 '약물을 탄 오렌지를 먹자마자 정신이 혼미해지고 그 후 기억을 잃었다는 것은 강도죄에 있어서 항거불능 상태를 말하는 것은 될지언정 이것만으로는 약물중독 상해를 인정할 자료가 되지 못한다.'라고 하여 상해를 부정하고 있다. 이러한 판례의 입장에 따르면 甲은 강도상해죄는 성립하지 않고 강도죄의 죄책만을 부담한다.

> • 강간죄와 관련된 최근 판례는 졸피뎀 사건에서는 상해를 인정하고 있음을 주의하여야 한다.

3. 스마트폰으로 해외통화를 한 부분의 죄책

(1) 사안에서 甲에게 절도죄가 성립할 수 있는지가 문제 되지만, 판례는 그 객체가 무형적인 이익에 불과하고 물리적 관리의 대상이 될 수 없어 재물이 아니라고 할 것이므로 절도죄가 성립하지 아니한다고 판시하고 있다.

(2) 사안에서 甲에게 사기죄가 성립할 수 있는지가 문제 되지만, 판례는 통신매체에 대한 기망행위와 통신매체의 처분행위가 없어 사기죄가 성립할 수 없다고 판시하고 있다. 이러한 판례의 입장에 의하면 甲에게는 사기죄가 성립하지 않는다.

(3) 따라서 스마트폰으로 해외통화를 한 부분은 무죄가 된다.

4. 스마트폰으로 인터넷을 한 행위에 대한 죄책

판례는 '휴대전화기의 통화버튼이나 인터넷 접속버튼을 누르는 것만으로는 사용자에 의한 정보 또는 명령의 입력이 행하여졌다고 보기 어렵고 따라서 그에 따른 정보처리도 이루어진 것이 아니기 때문에 컴퓨터사용사기죄는 성립하지 않는다.'라고 하여 부정설의 입장이다. 이러한 부정설에 의하면 甲이 A의 스마트폰으로 인터넷에 접속한 행위는 범죄가 성립하지 않는다.

5. 스마트폰을 중고업자에게 팔아 버린 행위에 대한 죄책

(1) 사안에서 甲은 A의 스마트폰은 중고업자에게 팔아버린바, 재산범죄에 의하여 취득한 재물을 제3자에게 양도하는 경우에 제3자에게 선의취득이 인정되는 경우에는 제3자에 대한 관계에서는 범죄가 성립하지 않는 것이 원칙이다.

(2) 그러나 민법 제250조에 의하여 선의취득이 제한되는 도품과 유실물을 마치 자기의 소유인 것처럼 하여 제3자에게 매도한 경우에 제3자는 2년 동안은 선의취득을 하지 못하므로 제3자에 대한 사기죄가 성립하게 된다. 사안에서는 명확하지 않지만, 일반적으로 자기의 물건이라고 하고 팔게 되므로 甲에게는 사기죄가 성립한다.

> • 민법 제250조의 도품 및 유실물의 특칙은 암기해 두었다가 활용하는 것이 바람직하다.

6. 甲의 죄책

甲에게는 ① 강도죄와 ② 사기죄가 성립하며, 양 죄는 실체적 경합 관계에 있다.

164

甲은 채권자 A를 죽여 채무를 면하기로 결심하고 친구 乙을 찾아가 자신의 처지와 계획을 설명한 후 범행에 사용할 엽총을 빌렸다. 다음날 甲은 A를 인적이 드문 곳으로 유인하였다. 그러나 엽총을 사용하기 곤란한 상황이라고 판단한 甲은 휴대하고 있던 등산용 칼로 A를 살해하였다. A가 살해된 사실을 알게 된 A의 처 B는 경찰에 신고하면서 자신이 보관하고 있던 甲이 작성·교부한 차용증을 건네주었다. 甲과 乙의 죄책은? (15점)

[2016 1차 변형]

1. 논의점

사안에서 甲은 채무를 면탈할 목적으로 A를 살해하고 있는바, 이러한 채무면탈살인이 강도살인죄가 성립할 것인지에 대하여 논의가 있다. 이는 특히 재산상 이익의 취득에 피해자의 의사표시(처분행위)가 필요한지에 대한 논의가 핵심이 된다.

2. 견해의 대립과 판례의 태도

이에 대하여는 ① 강도죄에서의 재산상의 이익의 취득에는 피해자의 일정한 처분의사가 있어야 한다는 처분의사필요설 ② 강도죄에서의 재산상의 이득의 취득에는 피해자의 일정한 처분의사가 필요하지 않다는 처분의사불요설이 대립하고 있으며, ③ 판례는 원칙적으로 처분의사불요설을 따르고 있으나, 최근 판례에서는 '채무를 면탈할 의사로 채권자를 살해하더라도 일시적으로 채권자측의 추급을 면한 것에 불과하여 재산상 이익의 지배가 채권자측으로부터 범인 앞으로 이전되었다고 보기는 어려운 경우에는 강도살인죄가 성립할 수 없다'라고 판시하여 단순히 추급만을 면한 경우에는 강도살인죄의 성립을 부정하고 있다.

3. 검토 및 사안의 해결

(1) 생각건대 원칙적으로 재산상의 이익의 처분행위가 필요없다는 소극설이 타당하지만, 채무면탈살인의 경우에는 채무면탈의 동기가 있더라도 채무의 존재 및 상속인의 존재 등 구체적인 행위사정을 고려하여 개별적으로 검토하여야 할 것이다.

(2) 사안에서 甲은 채권자인 A를 살해하여 채무를 면탈하려고 하고 있지만, A의 처 B가 경찰에 신고하면서 자신이 보관하고 있던 甲이 작성·교부한 차용증을 건네 준 것으로 보아 甲의 살인행위는 채무를 면탈하지 못하고 단순히 추급만 면한 것에 불과한 것이 된다. 따라서 甲에게는 강도살인죄가 아닌 살인죄만 성립하게 된다.

甲과 乙은 과도를 이용하여 ○○모텔 주인 A를 제압하여 A의 금품을 빼앗기로 하되 A에 대한 생명이나 신체에 해를 가하지는 않기로 모의하였다. 새벽 2시경 乙이 모텔 밖에서 망을 보고 있는 동안, 甲은 복면을 한 채 모텔 현관문을 열고 들어가 1층 안내실에 있는 A를 과도로 위협하였다. A가 이에 반항하자 甲은 A의 허벅지를 찔러 약 2주간의 치료를 요하는 상처를 입히고, A의 신용카드 1장과 현금 100만 원 그리고 모텔 객실 열쇠를 빼앗았다. 甲은 곧바로 2층으로 올라가서 205호의 문을 열고 들어가 잠을 자고 있는 투숙객 B를 깨워 전화선으로 B의 손을 묶고 목에 과도를 들이대면서 지갑을 내놓으라고 위협하였다. 이때 乙로부터 걸려온 전화를 받은 甲이 잠시 통화하는 사이에 B는 객실의 창문을 통해 도망려고 하다가 발이 미끄러져 2층에서 떨어져 약 5주간의 치료를 요하는 골절상을 입었다. 甲은 B가 떨어진 것을 확인하자 바로 乙과 같이 현장에서 도주하였으나, 乙에게 B에 대해서는 이야기하지 않았다. 甲과 乙의 죄책은? (25점)

[2012 3차 변형]

I. 甲의 죄책

1. A에 대한 죄책

(1) 사안에서 甲은 乙과 더불어 흉기를 휴대하고 강도를 모의하고 이를 실행하고 있다. 이러한 甲과 乙의 행위는 시간 · 장소적 협동관계가 인정되므로 합동범의 본질에 대하여 현장설의 입장에 따르면 합동강도가 성립하게 된다. 그리고 甲은 강도의 기회에 A에게 상해를 입히고 있으므로 강도상해죄가 성립한다.

(2) 강도상해죄가 성립하면 야간에 주거침입한 행위는 이에 흡수된다.

2. B에 대한 죄책

(1) 甲은 A로부터 열쇠를 강취한 이후에 B의 방실에 침입하여 B에게 강도를 범하기 위하여 칼로 협박을 하였으므로 특수강도죄가 성립한다. 그러나 이후 B가 甲이 乙과 통화하는 사이에 탈출을 시도하다가 상해를 입게 되었다. 이렇게 B가 상해를 입은 부분에 대하여 강도치상죄의 성립 여부가 문제 된다.

(2) 강도치상죄의 성립요건은 ① 강도의 기본행위가 있고 ② 중한 결과가 발생하고 ③ ①과 ② 사이에 인과관계가 인정되고 ④ 중한 결과에 대한 예견가능성이 있는 경우에 성립한다. 사안의 경우에는 ①과 ②의 요건은 충족되었으나 ③과 ④의 요건에 대하여 의문이 있다.

(3) 甲의 협박행위와 B의 상해 사이에 인과관계가 있는지 문제 되지만, 칼을 목에 들이대는 최협의 협박을 당한 B가 탈출을 시도하는 것은 사회통념상 상당인과관계가 있는 행위라고 평가할 수 있으므로 사안에서는 인과관계가 인정된다고 평가할 수 있다. 그리고 생명을 위협받는 B가 극단적인 선택을 할 수 있다는 것도 甲에게 예견가능한 일이므로 사안에서는 예견가능성도 있다고 평가할 수 있다. 따라서 甲은 B에 대하여 강도치상죄의 죄책을 진다.

(4) 그런데 사안에서 甲은 B의 지갑을 탈취하지 못하였고, 제342조에서는 제337조의 미수범을 처벌하고 있으므로 결과적가중범인 강도치상죄의 미수 성립 여부가 문제 되지만 이를 부정하는 것이 다수설이며, 판례도 '전자충격기 강간미수 사건'에서 결과적가중범의 미수를 부정하고 있다. 이에 따르면 甲은 강도치상죄의 기수범이 성립한다.

3. 죄 수

甲은 ① A에 대한 강도상해죄 ② B에 대한 강도치상죄가 성립하고, 각 죄는 실체적 경합 관계에 있다.

Ⅱ. 乙의 죄책

1. A에 대한 죄책

(1) 사안에서 乙은 甲과 시간·장소적인 협동관계에 의하여 특수강도를 범하고 있다. 이러한 강도의 기회를 이용하여 공범인 甲이 강도상해를 범하고 있는바 이에 대한 乙의 죄책이 문제 된다.

(2) 사안에서 甲과 乙은 사람의 생명, 신체에는 해를 끼치지 않을 것을 모의하였으므로 乙에게 상해의 고의를 인정하기는 어려울 것이다. 그러나 칼을 휴대하고 강도를 하는 경우에는 사람의 신체에 상해를 입히는 것은 사회통념상 예견가능하므로 乙에게는 강도치상죄가 성립한다.

2. B에 대한 죄책

乙은 甲과 A에 대한 강도를 모의하였지만, B에 대해서는 모의를 하지 않았다. 따라서 사안에서는 甲이 단독으로 공모한 범위를 초과한 경우이므로 乙은 甲이 B를 강도치상한 부분에 대해서는 책임을 지지 않아 무죄가 된다.

3. 죄 수

乙은 A에 대한 강도치상죄가 성립한다.

166

甲은 A의 재물을 강취하기로 마음먹고 지인으로부터 A의 집 구조와 금고 위치 등에 관한 정보를 입수하고 미리 현장을 답사하였다. 그로부터 3일 뒤 밤 11시경 甲은 A의 단독주택에 도착하여 외부 벽면을 타고 2층으로 올라가 창문을 열고 들어가다가 예상치 못하게 집안에서 거구의 남자 2명이 다가오자, 순간적으로 겁을 먹고 도망하였다. 甲의 죄책을 논하시오. (10점)

[2021 변시]

1. 논의점

사안에서 甲의 죄책과 관련하여 야간주거침입강도죄의 실행의 착수시기가 문제 된다.

2. 견해의 대립과 판례의 태도

이에 대하여는 ① 본죄는 주거침입죄와 강도죄의 결합범이므로 결합범의 일반논리에 따라 주거침입죄에 실행의 착수를 인정하는 주거침입시설과 ② 강도죄의 기본은 폭행·협박이므로 폭행·협박시에 실행의 착수가 있다는 폭행·협박시설이 대립하고 있으며, ③ 이에 대해 판례는 폭행·협박시설을 따른 판례와 주거침입시설을 따른 판례가 혼재하고 있다.

3. 검토 및 사안의 해결

생각건대 강도죄의 본질상 폭행·협박시설이 타당하다. 이러한 폭행·협박시설에 따르면 사안에서 甲에게는 야간주거침입강도죄의 실행의 착수는 인정하기 어렵다. 따라서 사안에서 甲에게는 강도예비죄와 주거침입죄가 성립하고, 양자는 상상적 경합 관계에 있다.

> • 판례가 혼재하므로 어느 학설을 따르더라도 큰 문제는 없어 보이지만, 강도의 핵심은 폭행·협박이므로 폭행·협박시설에 따라 설시한다.

甲은 A의 집에서 절도를 한 후 A의 집을 나와 버스를 타기 위하여 200m 떨어진 버스정류장으로 걸어갔다. 그런데 그 순간 집으로 귀가한 A는 누군가 집 안을 뒤진 흔적이 있어 도둑이 든 것을 알게 되었다. A는 자신이 집을 비운 시간이 길지 않아 범인이 아직 주변에 있을지도 모른다고 생각하고 대로변으로 나와 살펴보던 중 버스정류장에서 A의 시선을 피하면서 어색한 행동을 보이는 甲을 발견하였다. A는 甲이 범인으로 의심되어 도둑질을 하지 않았느냐고 다그치면서 甲에게 A의 집으로 같이 갈 것을 요구하였다. 甲은 A의 위세에 눌려 A의 집으로 따라왔는데, A가 도둑질을 하지 않았느냐고 계속 추궁하면서 112 신고를 하려고 하자 체포를 면탈할 목적으로 양손으로 A의 가슴을 세게 밀쳐 넘어뜨려 A에게 약 2주간의 치료를 요하는 요추부 타박상 등을 입히고 그 자리에서 도망쳤다. 甲이 절도 이후에 A에게 상처를 입힌 행위는 (준)강도치상죄가 성립하는가?　　　　　　　　　　　　　　　　　　　　　　　　　　[2022 변시]

(1) 사안에서 甲이 A에게 상처를 입힌 것이 준강도치상죄가 성립할 수 있는지 문제 된다. 즉, 甲이 절도의 기회에 A를 상해에 이르게 한 것인지 문제 된다.

(2) 판례의 법리에 의하면 준강도가 성립하기 위하여는 절도의 실행에 착수하여 그 실행 중이거나 그 실행 직후 또는 실행의 범의를 포기한 직후로서 사회통념상 범죄행위가 완료되지 아니하였다고 인정될 만한 단계에서 폭행 또는 협박이 행하여져야 한다.

> • 절도의 기회 부분은 암기해 두는 것이 바람직하다.

(3) 판례에 의하면 사안과 같이 A의 집에서 절도범행을 마친 지 10분가량 지나 A의 집에서 200m 가량 떨어진 버스정류장이 있는 곳에서 甲을 절도범인이라고 의심하고 뒤쫓아 온 A에게 붙잡혀 A의 집으로 돌아왔을 때 비로소 A를 폭행한 경우, 그 폭행은 사회통념상 절도범행이 이미 완료된 이후에 행하여진 것이므로 준강도죄가 성립하지 않는다고 판시하고 있다.

(4) 따라서 사안에서 甲에게는 폭행치상죄만 성립한다.

甲과 乙은 길을 가다가 인적이 드문 내리막의 골목에 세워진 A의 자동차를 보고, 乙은 자동차에서 20여미터 떨어진 전봇대 뒤에서 망을 보고 甲은 자동차를 훔쳐서 타고 가되 만약 자동차 주인이 오면 甲이 주인의 반항을 억압하기로 하였다. 乙이 망을 보는 동안 甲은 자동차에 다가가 혹시 차에 누군가가 타고 있는지 살피기 위해 문을 잡지 않고 자동차 내부만을 손전등을 이용해서 보다가 차에 아무도 없음을 확인하였다. 甲은 자동차 문을 따고 들어가 시동을 걸기 위해 자동차를 이리저리 조작하던 중 핸드 브레이크를 풀자, 자동차가 단순히 굴러 내려가다가 전봇대를 들이박고 멈췄다. 그때 자동차 주인 A가 이를 보고 달려와 甲과 乙을 체포하려고 하자, 乙은 그대로 달아났고 甲은 이를 면할 목적으로 A를 때리고 뿌리친 다음 자동차에서 내려 급히 달아났다. 甲과 乙의 죄책은? (20점)　　　　　　　　　　　　　　　　　[2010 1차 변형]

Ⅰ. 甲의 죄책

1. 특수절도죄의 성부

甲과 乙은 시간·장소적으로 협동하여 자동차 절도를 공모하였으므로 합동절도를 범하려고 하고 있다. 그리고 자동차 절도에 대한 실행의 착수는 자동차의 문을 잡아당길 때 있다고 보므로 합동절도에 대한 실행의 착수도 인정된다. 그러나 자동차 절도죄의 기수시기는 자동차가 엔진이 동작하여 움직일 정도에 이르러야 기수가 되는바, 사안에서는 아직 자동차에 대한 시동이 걸리지 않았으므로 甲은 특수절도의 미수에 해당한다.

2. 준강도의 기수 여부

(1) 甲이 특수절도의 미수 상황에서 체포를 면탈할 목적으로 A를 폭행하고 도주하였는바 甲이 준강도죄의 기수가 되는지가 문제 된다.

(2) 준강도의 기수시기의 판단에 대하여는 ① 예전의 판례는 폭행·협박기준시설을 따랐으나 ② 현재의 다수설과 판례는 절취행위기준설을 따르고 있다.

(3) 생각건대 준강도죄는 기본적으로 재산죄라는 점, 재산을 탈취하지 못한 경우에도 준강도죄의 기수가 인정된다면 강도죄와의 불균형을 초래한다는 점에서 절취행위기준설이 타당하다. 이러한 입장에 의하면 甲은 준강도죄의 미수범이 성립한다.

Ⅱ. 乙의 죄책

1. 특수절도죄의 미수

乙은 甲과 같이 합동절도를 하려고 하였으나 甲의 행위가 미수에 그쳤으므로 乙도 합동절도의 미수가 된다.

2. 준강도죄의 공동정범의 성립 여부

(1) 합동절도 중 일인이 준강도를 범하였을 때 나머지 사람들도 준강도의 공동정범이 성립하는가에 대하여 ① 판례는 예견가능성을 기준으로 하여 준강도의 공동정범을 인정하고 있으나 ② 일반적으로 학설은 준강도는 절도의 결과적가중범이 아니라 독자적인 고의범이므로 의사의 연락이 있는 경우에만 공동정범을 인정한다.

(2) 사안의 경우에는 만약 주인이 다가오면 甲이 반항을 억압하기로 하여 준강도의 고의가 있으므로 판례는 물론 학설의 입장에 따르더라도 乙은 준강도죄의 공동정범이 된다. 그러나 甲이 재물탈취에 성공하지 못하였으므로 준강도죄의 미수범이 성립한다.

169

일정한 직업이 없는 甲은 아르바이트로 생계를 유지하고 있다. 어느 날 甲은 아르바이트를 한 돈으로 고급시계를 구입하여, 애인 A에게 주었다. 그러나 A가 다른 남자를 만나자 화가 나서, 甲은 자신이 준 시계를 다시 가져오기로 마음먹었다. 그 후 자정 무렵 A의 집에 몰래 들어가서 시계를 훔쳐서 나오려고 하는 순간, A가 "도둑이야"라고 소리치자 깜짝 놀라 집 밖으로 도주하였다. 그런데 마침 정복을 입고 순찰 중인 경찰관 P를 보자 甲은 체포를 면하기 위해 주먹으로 P를 때려 전치 4주의 상해를 가하고 도주하였다. 甲의 죄책은? (10점)

[2019 2차 변형]

1. 고급시계를 절취한 행위에 대한 죄책

사안에서 고급시계는 甲이 A에게 증여한 것이므로 A의 소유에 속한다. 그리고 甲이 야간에 A의 집에 침입하여 시계를 가지고 나온 것은 야간주거침입절도죄에 해당한다.

2. 강도치상죄의 성립

사안에서 甲은 절도의 기회에 체포를 면탈할 목적으로 경찰관에게 폭행을 하였으므로 甲에게는 준강도죄가 성립한다. 그리고 이러한 甲의 폭행으로 경찰관 P가 전치 4주의 상해를 입었으므로 甲에게는 (준)강도치상죄가 성립한다.

3. 공무집행방해죄의 성립

사안에서 경찰관 P는 정복 차림을 하고 있었고, 절도 현행범을 체포하려고 하는 적법한 공무집행을 하고 있다는 것을 甲은 인식하고 있으므로 甲에게는 공무집행방해죄가 성립한다.

4. 죄수 관계

사안에서 甲에게 강도치상죄가 성립하면 야간주거침입절도와 준강도는 이에 흡수된다. 그리고 강도치상죄와 공무집행방해죄는 상상적 경합 관계에 있다.

170

○○회사 대표이사 甲은 개인 사정으로 채권자 乙에게 빌린 5천만 원을 변제기에 변제하지 못하게 되자, 乙에게 채무변제의 유예를 요청하였다. 그러자 乙은 甲에게 이번 기회에 빚도 갚고 甲의 자금 사정도 해결할 겸 A가 보유한 현금을 훔치라고 시켰다. 이에 甲은 A의 현금을 훔치기로 마음먹고 범행 당일 23:00경 외출 중인 A의 집에 들어가 A 소유의 현금 1억 원을 자신의 가방에 넣어 현관을 나오다가 외출 후 예정보다 일찍 귀가하던 A와 마주치자, 도망하였다. A는 甲을 체포하기 위하여 약 1분간 계속 추적하여 A의 집에서 300m 떨어진 골목에서 甲과 마주쳤고, 甲은 체포를 면탈하기 위하여 A의 복부를 강하게 1회 때려 넘어뜨려 3주의 치료를 요하는 상처를 입히고 1억 원이 든 가방을 가지고 도망하였다. 며칠 후 甲은 乙을 만나 훔친 돈 중에서 5천만 원을 채무변제를 위하여 교부하였고, 乙은 甲의 행각을 알면서 이를 받아 챙겼다. 甲과 乙의 죄책은? (20점)

[2015 2차 변형]

I. 甲의 죄책

1. 문제의 제기

사안에서 甲의 죄책과 관련하여서는 ① 야간주거침입절도죄의 성부 ② 준강도죄의 성부 ③ 강도치상죄의 성부 ④ 장물양도죄의 성부 등이 문제 된다.

2. 야간주거침입절도죄의 성부

사안에서 甲는 야간인 23:00경 A의 집에 들어가 1억 원을 절취하였으므로 야간주거침입절도죄가 성립한다.

3. 준강도죄 및 강도치상죄의 성부

(1) 준강도가 성립하기 위해서는 폭행 또는 협박이 절도의 기회에 행하여졌을 것을 요건으로 한다. 절도의 기회란 시간적으로 절도의 실행의 착수 후 완료 전임을 요하고, 장소적으로 절취와 밀접한 관련성이 있는 상태를 말한다.

> • 절도의 기회는 암기해 두는 것이 바람직하다.

(2) 사안에서 甲은 A의 집을 완전히 벗어나지 못한 현관에서 A와 마주치자, 도망하기 시작하여 추적당한 끝에 1분 뒤 300m 떨어진 곳에서 체포를 면탈하기 위하여 A를 폭행하여 3주의 상해를 입히게 되었다. 이러한 甲의 행위는 절도가 완성되기 이전인 절도의 기회에 체포를 면탈할 목적으로 A를 폭행하였으므로 준강도죄가 성립하고, 또한 폭행으로 A에게 3주의 상처를 입혔으므로 강도치상죄가 성립한다.

4. 장물양도죄의 성부

사안에서 甲은 A로부터 강취한 5,000만 원을 乙에게 교부하고 있지만, 甲은 재산범죄인 본범의 정범이므로 별도로 장물양도죄는 성립하지 않는다.

> • 이 부분은 큰 의미는 없어 보이지만, 채점기준표에 배점이 있으므로 수험생 입장에서는 가능하면 적어주는 것이 바람직하다.

5. 甲의 죄책

甲에게는 강도치상죄가 성립하고, 야간주거침입절도죄와 준강도죄는 이에 흡수된다.

II. 乙의 죄책

1. 문제의 제기

사안에서 乙의 범행과 관련하여서는 ① 정범인지 공범인지 ② 교사의 착오의 경우에 어떠한 죄책을 지는지 ③ 장물취득죄의 성립할 수 있는지 등이 문제 된다.

2. 乙의 가담 형태

사안에서 乙은 甲에게 A의 현금을 훔치라고 시킨 것은 기능적 행위지배를 인정할 수 없으므로 교사범만 성립한다. 그리고 교사를 받은 甲이 A의 집에서 현금 1억 원을 취득하는 야간주거침입절도죄를 범하였으므로 야간주거침입절도죄의 교사범이 성립한다.

3. 준강도 내지는 강도치상죄의 교사범의 성부

(1) 사안에서 乙은 甲에게 야간주거침입절도를 교사하였지만, 정범인 甲은 야간주거침입절도를 넘어 준강도와 강도치상에 이르고 있다. 이러한 甲의 범행에 대하여 乙은 어느 범위에서 교사범의 책임을 지는지 문제 된다.

(2) 이와 같은 착오는 추상적 사실의 착오 중 양적 착오에 해당하므로 乙은 책임주의 원칙에 입각하여 자신이 교사한 범행을 초과하는 부분은 책임지지 않는다. 따라서 사안에서 B는 야간주거침입절도죄의 교사범만 성립한다.

4. 장물취득죄의 성부

사안에서 甲은 장물인 1억 원의 일부인 5천만 원을 乙에게 주고 乙은 장물인 정을 알면서 이를 취득하고 있다. 乙은 야간주거침입절도죄의 정범이 아닌 교사범에 불과하여 장물죄의 주체가 될 수 있으므로 乙에게는 장물취득죄가 성립한다.

5. 乙의 죄책

乙에게는 ① 야간주거침입절도 교사범과 ② 장물취득죄가 성립하며, 두 죄는 실체적 경합 관계에 있다.

甲과 乙은 ○○은행의 은행원을 위협하여 ○○은행을 털기로 공모하였다. 이를 위해 乙은 甲에게 ○○은행의 내부구조를 말해주고 자신이 적법하게 소지하고 있던 사냥용 엽총을 건네주면서, 다만 그 엽총으로 사람의 생명을 해치지는 않기로 甲과 약속했다. 그 날 乙은 자신의 승용차에 甲을 태우고 16:20경 ○○은행 주변 20m 지점에 도착한 후 甲을 내려주고 자신은 모의한 대로 그 자리에서 대기하고 있었다. 甲은 은행 폐점시간인 16:30경 복면을 한 채 총알이 장전된 엽총을 가지고 열려있는 ○○은행에 들어가 엽총으로 은행 직원들을 위협하면서 은행창구에 있던 현금을 가방에 담고 있었다. 그때 ○○은행의 청원경찰 P가 은행 안으로 들어오자 甲은 곧바로 P에게 엽총을 겨누었고, 이를 본 P가 황급히 피하다가 ○○은행의 직원 A와 부딪쳐 A를 넘어지게 하였고, 이로 인하여 A는 전치 3주의 상처를 입었다. 甲은 혼란한 틈을 타 ○○은행을 빠져 나와 乙이 대기하는 장소로 갔으나, 乙은 이미 甲이 ○○은행에 들어가기 직전에 양심의 가책을 느끼고 도망해 버렸다. 이에 甲은 은행에서 탈취한 현금 5천만 원을 가지고 혼자 도망하였다. 甲과 乙의 죄책은? (30점)

[2013 3차 변형]

I. 甲의 죄책

1. 특수강도죄의 성립

사안에서 甲은 사냥용 엽총을 이용하여 은행에서 강도를 하고 있으므로 이는 제334조 제2항의 흉기휴대 특수강도죄가 성립한다.

2. 강도치상죄의 성립 여부

(1) 사안에서 甲은 청원경찰 P에게 총을 겨누었지만, P가 피하다가 직원 A와 부딪혀 A에게 전치 3주의 상해를 입히고 있다. 甲에게 상해의 고의가 있었는지가 문제 되지만, 甲과 乙은 사람의 생명을 해치지는 않겠다고 한 점과 총을 발사하지 않았다는 점에서 상해의 고의는 인정하기 어렵다. 따라서 甲에게 강도상해죄가 아닌 강도치상죄가 성립할 수 있는지 문제 된다.

(2) 결과적가중범이 성립하기 위해서는 ① 고의에 의한 기본행위 ② 중한 결과의 발생 ③ 인과관계 ④ 예견가능성이 필요하다. 그런데, 사안에서는 총을 피하려는 와중에 다른 사람에게 상해를 입히는 것은 인과관계와 예견가능성이 인정되므로 甲에게는 강도치상죄가 성립한다.

II. 乙의 죄책

1. 공모공동정범의 인정 여부

(1) 사안에서 乙은 甲과 함께 강도를 모의하고 은행의 내부구조를 알려주고, 엽총을 빌려주고, 은행 근처까지 데려다 주고 있지만 폭행·협박은 직접 하지 않고 있다. 이러한 B가 특수강도죄의 공동정범이 성립될 수 있는지 문제 된다.

(2) 이러한 공모공동정범의 인정 여부에 대하여 종래 논의가 있었지만, 최근의 학설과 2000년 이후의 판례는 기능적 행위지배설의 입장에서 실행행위를 하지 않은 자일지라도 전체범죄에 대한 본질적 기여를 통한 기능적 행위지배가 인정되는 경우에는 공동정범이 성립할 수 있다고 보고 있다.

(3) 이러한 기능적 행위지배설에 따르면 사안에서 乙은 甲에게 은행의 내부구조를 알려주고, 엽총을 빌려주는 등의 행위로 본질적 기여를 하고 있으므로 특수강도의 공동정범이 성립될 수 있다.

2. 공모관계로부터의 이탈의 인정 여부

(1) 사안에서 乙은 甲과 특수강도죄의 공동정범이 인정될 수 있지만, 乙은 甲이 특수강도죄의 실행에 착수하기 이전인 甲이 은행에 들어가기 전에 양심의 가책을 느끼고 범행을 포기하고 있다. 이러한 경우에 乙에게 공모관계의 이탈을 인정할 수 있는지 문제 된다.

(2) 공모관계로부터의 이탈을 인정하기 위한 판례에서의 기본요건은 ① 수인의 공모가 있어야 하고 일부의 공모자가 실행의 착수에 나아가야 하며 ② 시기적으로 공모자의 일방이 실행에 착수하기 전의 이탈이어야 하며 ③ 기능적 행위지배의 제거를 하여야 한다.

(3) 사안에서 乙에게 공모관계로부터의 이탈을 인정하기 위해서는 ①과 ②의 요건은 구비되어 있지만, ③의 요건인 기능적 행위지배를 제거하지 못하고 있다. 따라서 乙에게는 공모관계로부터의 이탈은 인정되지 않아 특수강도의 공동정범이 성립한다.

3. 강도치상죄의 공동정범의 인정 여부

(1) 사안에서 乙에게 특수강도의 공동정범이 성립하는 경우라도 사안에서는 A의 상해의 결과가 발생했으므로 乙에게도 강도치상죄의 공동정범이 성립되는지 문제 된다. 강도치상죄가 성립하기 위해서는 인과관계와 예견가능성이 필요하고, 인과관계와 관련하여 논의되는 것이 결과적가중범의 공동정범 인정 문제이다.

(2) 결과적가중범의 공동정범 인정 여부에 대해서는 ① 고의범인 기본범죄 부분의 공동정범이 성립되면, 중한 결과 부분에 대하여도 공동정범이 성립할 수 있다는 긍정설 ② 고의범인 기본범죄 부분의 공동정범이 성립하더라도, 중한 결과 부분에 대해서는 공동정범은 성립하지 않고 동시범이 될 뿐이라는 부정설이 대립하고 있다.

(3) 판례는 '결과적가중범인 상해치사죄의 공동정범은 폭행 기타의 신체침해 행위를 공동으로 할 의사가 있으면 성립되고 결과를 공동으로 할 의사는 필요없으며, 사망의 결과를 예견할 수 없는 때가 아닌 한 상해치사의 죄책을 면할 수 없다'라고 하여 긍정설의 입장이다.

> • 판례는 결과적가중범의 공동정범을 긍정하므로 인과관계가 인정된다는 점을 전제로 예견가능성만을 언급하고 있다는 점을 정확히 이해하여야 한다.

(4) 생각건대 논리적으로 과실범의 공동정범을 긍정하는 한 결과적가중범의 공동정범도 부정할 이유가 없으며, 형사정책적으로도 결과적가중범을 인정해야 할 필요성이 있으므로 긍정설이 타당하다. 이러한 긍정설에 따르면 사안에서 乙은 A의 상해의 결과발생에 대하여 인과관계가 인정된다. 그리고 사안에서 사람의 생명을 해치지는 않기로 했지만, 엽총을 협박의 수단으로 사용한다는 점에서 예견가능성도 있다고 판단되므로 乙은 강도치상죄가 성립한다.

甲은 乙에게 야간에 A의 집에 침입하여 물건을 훔치라고 시키면서, A의 집에 들어갈 때 사용하도록 A의 집 열쇠를 제공하였다. 그러나 乙은 丙과 공모하여 야간에 칼을 휴대하고 A를 강도 하되, 사람의 생명이나 신체를 해치지는 않기로 약속하였다. 그러나 丙은 乙이 칼을 휴대하였으므로 A의 생명이나 신체를 해칠 수 있을 것이라고 생각하였다. 乙과 丙은 A의 집 문이 이미 열려 있어서 甲이 준 열쇠를 사용하지 않고 A의 집에 침입하였다. 丙은 일층에서 물건을 챙기고 乙은 이층으로 올라가 물건을 물색하는 과정에 자고 있던 A가 일어나려고 하자, 당황하여 베개로 A의 머리 부분을 누르고 소지한 칼로 복부를 찔렀는데 A는 즉사하였다. 乙은 A의 지갑과 통장을 챙긴 후 일층으로 내려와 A의 살해 사실을 숨긴 채 丙과 함께 훔친 물건을 가지고 그 집을 빠져나왔다. 甲, 乙, 丙의 죄책은? (25점) [2012 2차 변형]

Ⅰ. 乙의 죄책

1. 특수강도의 성립

乙은 丙과 함께 흉기를 휴대한 특수강도를 모의한 후 흉기를 휴대하고 A의 집에 침입하여 A의 머리를 베개로 누르는 폭행을 행사하고 재물을 탈취하고 있는바, 이는 특수강도죄가 성립한다.

2. 강도살인죄의 성부

(1) 사안에서 乙은 丙과 '사람의 생명이나 신체를 해치지는 않기로 약속'하였지만, 강도의 기회인 범행현장에서는 乙은 A의 배를 찌르고 있는바 이러한 행위가 강도살인죄에 해당하는지와 관련하여 살인에 대한 고의가 있는지 문제 된다.

(2) 형법상의 고의는 의도적 고의 이외에 우연적이고 격정적인 고의도 포함한다. 사안에서 乙은 A를 베개로 제압한 후 당황하여 A의 배를 찌르고 있는바, 이는 우연적이지만 살인의 고의가 있는 행위라고 평가할 수 있다. 따라서 乙에게는 강도살인죄가 성립한다.

Ⅱ. 丙의 죄책

1. 특수강도죄의 성립

丙은 乙과 흉기휴대강도를 모의하고 A의 집에 침입하여 乙은 A에게 폭행을 행사하고, 丙은 재물을 취득하였으므로 특수강도죄가 성립한다.

2. 강도치사죄의 성립 여부

사안에서 공범인 乙이 강도살인죄를 범하고 있는바, 이에 대한 丙의 죄책이 문제 된다. 丙에게 강도살인미수죄의 공동정범이 성립하기 위해서는 乙과 丙 사이에 살인에 대한 의사의 합치가 있어야 하지만, 사안에서는 사람의 생명을 해치지 않도록 약속하고 있으므로 살인에 대한 의사의 합치가 있었다고 보기 어려워 강도살인죄는 성립하지 않는다. 그러나 사안에서 丙에게 사망을 예견하고 있으므로 丙에게는 강도치사죄가 성립한다.

Ⅲ. 甲의 죄책

1. 야간주거침입 절도죄의 교사

사안에서 甲은 乙에게 야간에 A의 집에 침입하여 물건을 훔치라고 시켰으므로 이는 제330조의 야간주거침입절도죄의 교사에 해당한다.

2. 열쇠를 제공한 행위에 대한 평가

甲은 乙에게 A의 집 열쇠를 제공하고 있는바, 이는 야간주거침입절도죄의 방조행위에 해당한다. 그러나 이러한 방조행위는 교사범과 보충관계에 있으므로 甲에게 교사범이 성립하는 한 이에 흡수된다.

3. 강도살인죄의 교사범의 성립 여부 및 사안의 해결

(1) 사안에서 乙은 강도살인죄를 범하고 있는바, 야간주거침입절도를 교사한 甲이 이에 대하여도 교사범으로서의 책임을 지는지 문제 된다.

(2) 먼저 특수강도를 범한 부분에 대하여는 교사의 착오 중 추상적 사실의 착오 중 양적 착오에 해당하므로 중첩되는 부분인 야간주거침입절도의 교사범으로서의 책임을 진다.

(3) 그러나 (강도)살인을 한 부분에 대하여는 추상적 사실의 착오 중 질적 착오에 해당하므로 이에 대하여는 책임을 부담하지 않는다.

(4) 따라서 甲은 야간주거침입절도죄의 교사범으로서의 죄책을 부담한다.

> • 교사의 착오의 내용을 전반적으로 정리하는 것이 바람직하다.

173

> 甲은 자동차를 절취하기로 마음먹고 야간에 인적이 드문 야외주차장에서 차량절도 중 발각될 경우를 대비하여 칼을 휴대하고 손전등으로 자동차 안을 비추어 보는 등으로 훔칠 자동차를 물색하며 기회를 엿보고 있었다. 그런데 마침 빈번한 차량 절도 사건을 해결하기 위해 인근에서 잠복 중이던 경찰관 P가 甲의 행동을 수상히 여기고 불심검문을 한 후 체포하였다. 甲의 형사책임에 관하여 甲에게 가장 불리한 주장과 가장 유리한 주장을 제시하시오. (20점)
>
> [2013 2차 변형]

1. 논의점

사안에서 甲에게 불리한 경우와 유리한 경우는 ① 사안의 절도죄의 실행의 착수 인정 여부 ② 준강도 목적의 예비를 강도예비로 볼 수 있는지에 달려있으므로 이들에 대하여 검토한다.

2. 절도죄의 실행의 착수 인정 여부

사안의 경우에 절도죄의 실행의 착수 인정 여부에 대하여 논의가 있지만, 판례는 사안과 유사한 소위 '손전등 사건'에서 '노상에 세워 놓은 자동차 안에 있는 물건을 훔칠 생각으로 자동차의 유리창을 통하여 그 내부를 손전등으로 비추어 본 것에 불과하다면 절취행위의 착수에 이른 것이었다고 볼 수 없다'라고 하여 부정설의 입장이다.

3. 준강도 목적의 예비가 강도예비인지에 대한 논의

준강도 목적의 예비를 강도예비로 처벌할 수 있는지에 대해서는 ① 준강도죄가 강도죄와 같이 처벌되는 것은 준강도죄가 강도죄에 필적하는 불법을 갖춘 점에 있으므로 준강도의 예비를 강도예비죄로 처벌할 수 있다는 긍정설 ② 준강도의 예비죄가 가능하다면 대부분의 절도예비행위가 강도예비죄로 파악되는 결과가 야기될 것이므로 준강도의 예비를 강도예비죄로 처벌할 수 없다는 부정설이 대립하고 있으며, ③ 판례는 '강도예비·음모죄가 성립하기 위해서는 예비·음모 행위자에게 미필적으로라도 강도를 할 목적이 있음이 인정되어야 하고 그에 이르지 않고 단순히 준강도할 목적이 있음에 그치는 경우에는 강도예비·음모죄로 처벌할 수 없다'라고 하여 부정설의 입장이다.

4. 결 언

사안에서 甲에게 ① 가장 불리한 경우는 절도죄의 실행의 착수를 긍정하고 강도예비를 인정하여 경합범으로 처벌하는 것이며 ② 가장 유리한 경우는 절도죄의 실행의 착수를 부정하고 강도예비를 부정하여 무죄가 되는 경우이다.

174

상습도박의 습벽이 있는 甲은 도박장에서 도박을 하고 있었다. 그런데 甲은 도박자금이 떨어지자, 옆에서 구경하고 있던 乙에게 사실은 변제할 의사가 없었지만 높은 이자를 약속하고 도박자금을 빌려달라고 하였고, 乙은 甲이 상습도박 전과가 있음을 알면서도 甲에게 도박자금으로 300만 원을 빌려주었다. 甲의 죄책은? (10점)

[2014 변시]

1. 도박행위에 대한 죄책

사안에서 甲은 상습도박의 습벽이 있는 자로써 도박을 하였으므로 형법 제246조 제2항의 상습도박죄가 성립한다.

2. 도박현장에서 돈을 대차한 甲의 죄책

(1) 논의점

甲은 변제의사가 없음에도 불구하고 변제의사가 있는 것처럼 기망을 하여 돈을 빌리고 있으므로 원칙적으로 사기죄가 성립한다. 그런데 사안과 같이 도박자금인 불법원인급여물도 사기죄의 객체가 될 수 있는가에 대하여 논의가 있다.

(2) 견해의 대립과 판례의 태도

이에 대하여는 ① 부정설과 ② 긍정설이 대립하고 있으나, ③ 판례는 '민법 제746조의 불법원인급여에 해당하여 급여자가 수익자에 대한 반환청구권을 행사할 수 없다고 하더라도, 수익자가 기망을 통하여 급여자로 하여금 불법원인급여에 해당하는 재물을 제공하도록 하였다면 사기죄가 성립한다'라고 하여 긍정설의 입장이다.

(3) 결언 및 사안의 해결

생각건대 사기죄의 성립 여부는 사법상의 반환청구권과는 관계없이 형법 독자적인 입장에서 판단하여야 하므로 긍정설이 타당하다. 따라서 사안에서 甲은 사기죄가 성립한다.

3. 甲의 죄책

사안에서 甲에게는 ① 상습도박죄와 ② 사기죄가 성립하며, 양자는 실체적 경합 관계에 있다.

조직폭력배로부터 위협을 받고 있는 甲은 친구인 乙에게 사정을 이야기하자, 乙은 자신이 잘 아는 사법경찰관 P가 해결할 수 있을 것처럼 이야기하였다. 결국 甲은 사법경찰관 P에게 돈을 주어 고민을 해결하기로 마음을 먹었는데, 이를 알게 된 乙은 사실은 사법경찰관 P에게 금품을 전달해 줄 의사가 없음에도 甲을 찾아가서 전달해 주겠다고 말하고 100만 원을 건네받아 자신이 소비하였다. 甲과 乙의 죄책은? (15점)

[2020 1차 변형]

Ⅰ. 甲의 죄책

사안에서 甲이 사법경찰관 P에게 전달해 줄 것이라고 생각하고, 100만 원의 금품을 乙에게 교부한 행위는 증뢰물전달죄(제133조 제2항)가 성립한다.

Ⅱ. 乙의 죄책

1. 제3자 뇌물취득죄(증뢰물전달죄)의 성립

사안에서 乙은 甲이 사법경찰관 P에게 전달하라고 준 뇌물임을 알면서 100만 원의 금품을 받았으므로 증뢰물전달죄(제133조 제2항)가 성립한다.

2. 불법원인급여와 사기죄

(1) 논의점

사안에서 乙은 사법경찰관 P에게 전달할 의사가 없이 甲을 기망하여 100만 원을 받아 영득하고 있다. 그런데 사안과 같이 뇌물인 불법원인급여물도 사기죄의 객체가 될 수 있는가에 대하여 논의가 있다.

(2) 견해의 대립과 판례의 태도

이에 대하여는 ① 반사회질서행위를 한 피해자를 형법이 보호해 줄 필요가 없으므로 불법원인급여물에 대하여 사기죄의 성립을 부정하는 부정설 ② 사법상의 반환청구권보다는 형법의 독자성이 강조되어야 하므로 불법원인급여물에 대하여도 사기죄의 성립을 긍정하는 긍정설이 대립하고 있으나, ③ 판례는 '민법 제746조의 불법원인급여에 해당하여 급여자가 수익자에 대한 반환청구권을 행사할 수 없다고 하더라도, 수익자가 기망을 통하여 급여자로 하여금 불법원인급여에 해당하는 재물을 제공하도록 하였다면 사기죄가 성립한다'라고 하여 긍정설의 입장이다.

(3) 검토 및 사안의 해결

생각건대 사기죄의 성립 여부는 사법상의 반환청구권과는 관계없이 형법 독자적인 입장에서 판단하여야 하므로 긍정설이 타당하다. 따라서 사안에서 乙에게는 사기죄가 성립한다.

3. 죄수 문제

乙에게는 ① 증뢰물전달죄와 ② 사기죄가 성립하며, 양자는 상상적 경합 관계에 있다.

176

甲은 A의 슈퍼마켓에서 A가 계산대 위에 놓아둔 현금 30만 원을 발견하게 되었다. 甲은 계산대 앞에 있던 손님 乙에게 자신이 거스름돈으로 받은 것이니 그 돈을 집어달라고 하였다. 이를 그대로 믿은 乙이 그 돈을 주워 건네주려고 하는 순간 이를 지켜보고 있던 A가 '도둑 잡아라!'라고 소리쳤고, 甲은 돈을 챙기지 못한 채 황급히 슈퍼마켓을 나와 막 출발하는 시내버스를 타고 도주하였다. 甲의 죄책을 논하시오. (10점)

[2018 2차 변형]

1. 사기죄의 불성립

사안에서 甲에게 사기죄가 성립하기 위해서는 乙에게 처분행위의 자격이 있어야 한다. 처분행위의 자격의 근거에 대하여 ① 법적 권한설도 있지만, ② 다수설과 판례는 법적 처분권한이 있는 경우뿐만 아니라 순전히 사실상 처분할 수 있는 지위를 인정할 수 있으면 된다는 사실상 지위설을 따르고 있다. 사안에서 乙은 A의 재산을 처분할 수 있는 사실상의 지위도 인정할 수 없으므로 甲에게 사기죄는 성립하지 않는다.

2. 절도미수죄의 간접정범

사안에서 甲은 고의가 없는 피이용자인 乙을 이용하여 절도죄를 범하고 있으므로 甲에게는 절도죄의 간접정범이 성립할 수 있다. 간접정범의 실행의 착수시기에 대하여는 논의가 있지만, 간접정범은 정범이라는 점에서 이용자가 사주 등의 행위를 할 때 실행의 착수가 있다고 보는 이용자 기준설이 타당하다. 따라서 사안에서 甲의 행위는 실행의 착수를 인정할 수 있으나, 재물을 취득하지 못하였으므로 甲은 절도미수죄의 간접정범이 성립한다.

177

보이스피싱 조직원인 甲은 무작위로 전화를 걸어 연결된 A에게 "당신의 개인정보가 유출되어 당신의 예금이 전부 타인의 계좌로 이체될 위험에 처해 있으니 지금 당장 그 돈을 인출해서 냉장고 냉동칸에 숨겨 놓아라. 형사들이 증거 확보를 위해 집에 가서 그 돈을 확인하고 사진을 찍을 것이다"라고 말하고, 공범인 乙에게 A의 집 부근에서 대기하다가 자신이 A를 밖으로 유인해 내면 그 집 안으로 들어가 현금을 가지고 나오도록 지시하였다. 乙은 甲이 도착하기 전 지시에 따라 A의 집 부근을 배회하던 중 A의 신고를 받고 경찰관이 출동한 것을 보자 도주하였다. 甲과 乙의 죄책을 검토하시오. (6점)

[2022 2차 변형]

1. 사기죄의 불성립

사안에서 甲과 乙은 A를 기망하여 A의 현금을 가로채려고 하고 있다. 그러나 사기죄가 성립하기 위해서는 처분행위를 전제로 하는 기망행위를 하여야 하는데, 사안에서 A가 현금을 자기 집 냉장고 냉동칸에 숨겨 두는 것은 처분행위라고 볼 수 없으므로 사기죄는 성립하지 않는다.

2. 절도죄의 불성립

절도죄의 실행의 착수가 인정되기 위해서는 물색행위가 있어야 한다. 그러나 사안에서는 乙은 A의 집 부근을 배회하다가 도주하였으므로 실행의 착수를 인정할 수 없다. 따라서 절도죄는 성립하지 않는다.

> • 최근 모의고사 문제이기는 하지만, 실제로 출제될 가능성은 많지 않아 보이는 문제이다.

178

甲은 고령의 무학자인 A로부터 A 소유의 토지를 매수하는 과정에서 A에게 토지거래허가 등에 필요한 서류라고 속여 A로 하여금 근저당권 설정계약서에 서명·날인하게 하였고, A의 인감증명서를 교부받았다. 그 후 甲은 그러한 사정을 모르는 B로부터 7,000만 원을 차용하면서 위 근저당권설정계약서와 인감증명서를 이용하여 위 토지에 관하여 甲을 채무자로 하여 채권최고액 1억 원의 근저당권설정등기를 B에게 경료하였다. 甲의 죄책은? (13점)

[2022 3차 변형]

Ⅰ. A의 근저당권 설정계약서 관련 죄책

1. 사기죄의 성립

(1) 사안에서 甲이 A에 대한 사기죄가 성립하기 위해서는 A의 서명행위가 처분행위로 인정되고, 처분행위로 인정되기 위해서는 A에게 처분의사가 인정되어야 한다.

(2) 그런데 사안과 같은 서명사기의 경우에 ① 종래 판례는 처분의사를 인정하지 않았으나, ② 최근의 전합 판례에서는 처분의사는 피기망자가 자신의 작위 또는 부작위를 한다는 것을 인식하면 족하지 그 결과까지 인식하여야 처분의사를 인정할 수 있는 것은 아니라고 하여 처분의사의 성립을 인정하고 있다. 따라서 이러한 긍정설의 입장에 따르면 甲에게는 A에 대한 사기죄가 성립한다.

2. 사문서위조죄의 성립

사안에서 甲은 문서의 내용을 모르는 작성권자인 A를 이용하여 문서에 서명날인하도록 하여 문서를 완성시키게 하였으므로 사문서위조죄의 간접정범이 성립한다.

> • 서명사기 문제는 법원행정고시 등에서도 주관식으로 출제된 적이 있는 쟁점이므로 정확하게 정리하는 것이 바람직하다.

Ⅱ. B에 대한 사기죄의 성립

1. 사기죄의 성립

(1) 사안에서 ① A는 실제로 근저당권을 설정한 의사가 없었음에도 甲은 B에게 기망을 하고 ② B는 이러한 기망에 의한 착오에 빠지고 ③ 이에 7,000만 원을 甲에게 대여하는 처분행위를 하고 있으며 ④ 甲의 기망과 B의 착오 및 처분행위 사이에 인과관계가 인정된다.

(2) 따라서 사안에서 B는 甲에게 기망을 당하여 근저당권을 취득하지 못하면서도 금전을 대여하였으므로 甲에게는 B에 대한 사기죄가 성립한다.

2. 위조사문서행사죄 등의 죄 성립

(1) 사안에서 甲은 위조된 A 명의의 위조된 사문서를 행사하였으므로 위조사문서행사죄가 성립한다.

(2) 근저당설정등기를 한 부분에 대하여 판례는 공정증서원본 등에 기재된 사항이 존재하지 아니하거나 외관상 존재한다고 하더라도 무효에 해당하는 하자가 있다면 그 기재는 불실기재에 해당한다고 하므로, 甲에게는 공전자기록부실기재죄와 부실기재공전자기록등행사죄가 성립한다.

> • 부존재하거나 존재하더라도 무효인 경우에는 부실기재가 된다는 점을 기억하여야 한다.

건축자재상을 운영하는 甲은 알고 지내던 ○○건설 주식회사 대표이사 A의 요청으로 ○○회사 발행의 어음을 할인해 주기 위해 아무런 물품 거래 관계가 없음에도 공급받는 자를 ○○회사 명의로 하는 물품공급계약서를 작성하였다. 이후 A와 사이가 틀어진 甲은 위와 같이 작성된 물품공급계약서를 증거로 첨부하여 ○○회사를 상대로 법원에 물품대금 청구소송을 제기하고, A가 대금지급의 의사없이 계약을 체결한 후 납품받은 물품의 대금을 지급하지 않는다며 A를 수사기관에 고소하였다. 그러나 甲은 소송 과정에서 물품공급 계약서의 작성 경위가 드러날 것으로 생각되어 그 소송을 취하하고, 고소도 취소하였다. 甲의 죄책은? (11점) [2022 3차 변형]

1. 물품공급계약서를 작성한 부분에 대한 죄책

사안에서 甲은 허위의 물품공급계약서를 작성하고 있으나, 우리 형법은 사문서의 무형위조는 원칙적으로 처벌하지 않으므로 甲은 무죄가 된다.

> • 형법은 사문서의 무형위조를 원칙적으로 처벌하지 않고, 허위진단서등작성죄만을 예외적으로 처벌하고 있다.

2. 사기미수죄의 성립

(1) 사안에서 甲은 허위의 증거를 이용하여 소송사기를 범하려고 하고 있으며, 원고에 의한 소송사기는 소를 제기한 때에 실행의 착수가 인정되고 이후 소송을 취하하여 확정판결을 얻지 못하였으므로 기본적으로 사기미수죄에 해당한다.

(2) 그리고 사안에서 甲이 증거가 허위라는 사실이 드러날 것을 두려워 소를 취하하고 있어 중지미수가 문제 되지만, 판례에 의하면 두려움에 의한 중지는 자의성을 인정하지 않으므로 중지미수는 성립하지 않는다.

> • 배점이 큰 문제라면 견해 대립 등을 적시하고, 중지미수를 긍정할 수도 있을 것이다.

3. 무고죄의 성립

사안에서 甲은 A에게 형사처분을 받게 할 목적으로 허위의 사실을 수사기관에 고소하고 있다. 이러한 무고죄의 기수시기는 허위사실의 신고가 수사기관에 도달한 때이므로 甲이 고소를 취소하였다고 하더라도 甲에게는 무고죄가 성립한다.

대학 동창이자 실업자인 甲과 乙은 용돈이 필요하였다. 어느 날 乙은 甲에게 자신의 부모님이 여행을 가서 현재 혼자 있으니, 자신의 집으로 와서 부모님의 귀금속을 몰래 훔쳐 팔아 용돈을 마련하기로 하였다. 이에 甲은 22시에 乙의 집으로 가서 乙이 열어준 현관문을 통해 안으로 들어간 다음, 乙이 알려주는 대로 안방에 있던 乙의 어머니의 다이아반지를 들고 나왔다. 다음 날 甲은 丙이 운영하는 금은방에서 이를 팔고자 내놓았고, 丙은 다이아반지가 여자반지로 甲의 소유가 아님을 직감했으나 저렴하게 매입할 수 있다는 생각에 실제 가격보다 저렴한 가격으로 매입하였다. 甲, 乙, 丙의 죄책은? (25점) [2022 2차 변형]

Ⅰ. 다이아반지를 들고 나온 부분까지의 甲과 乙의 죄책

1. 甲의 주거침입죄의 불성립

(1) 사안에서 甲은 주거자인 乙의 승낙을 얻어 乙의 집에 들어가고 있다. 그러나 다른 공동주거자에 대한 절도를 목적으로 들어가고 있으므로 주거침입죄가 성립할 수 있는지 문제 된다.

(2) 종래 판례는 다른 공동주거자의 의사에 반하므로 주거침입죄가 성립한다고 보았으나, 최근 전합 판례에서는 현재하는 주거자의 현실적인 승낙을 받아 통상적인 출입방법에 따라 들어간 경우에는 주거침입죄를 성립을 부정하고 있다. 이러한 부정설의 입장에 따르면 甲에게는 주거침입죄는 성립하지 않으므로 야간주거침입죄는 성립하지 않는다.

2. 합동절도죄의 성립

사안에서 甲과 乙은 공모하여 시간·장속적 협동관계를 이루어 다이아반지를 절취하고 있으므로 甲과 乙에게는 합동절도죄가 성립한다. 그러나 乙은 피해자인 乙의 어머니와 모자관계에 있으므로 형법 제344조에 의하여 준용되는 제328조 제1항에 의하여 형이 면제된다.

> • 친족상도례 준용 규정인 제344조, 제354조, 제361조, 제365조는 암기해 두는 것이 바람직하다.

Ⅱ. 다이아반지 매매에 대한 甲과 丙의 죄책

1. 甲의 죄책

(1) 사안에서 甲은 재산죄의 정범이므로 장물을 양도하더라도 장물에 관한 죄는 성립하지 않는다.

(2) 사안에서 甲은 도품을 자신의 소유인양 매도하고 있으므로 민법 제250조에 의하여 丙은 선의취득을 하지 못하여 사기죄가 성립할 수 있다. 다만, 사안에서 丙은 甲의 기망을 알고 있었으나 다이아반지를 저렴하게 사려고 구입하고 있으므로 기망과 처분행위 사이에 인과관계가 인정되지 않아 사기미수죄가 성립한다.

> • 민법 제250조의 도품 및 유실물의 특칙은 암기해 두었다가 활용하는 것이 바람직하다.

2. 丙의 죄책

사안에서 丙은 다이아반지가 甲의 소유가 아니라는 것을 직감했으므로 장물에 대한 미필적인 인식이 있다. 따라서 장물에 대한 인식이 있음에도 이를 취득하였으므로 장물취득죄가 성립한다.

181

甲은 화재보험에 가입되어 있는 자기 집에 불을 놓아 화재보험금을 받아 나누기로 친구 乙, 丙과 모의했다. 며칠 후 甲은 정오부터 2시간 정도 자기 집에 가족들이 외출하고 없다고 乙과 丙에게 알려주면서 자신은 알리바이를 위하여 그 시간에 직장에 있으면서 필요한 사항은 그때그때 휴대폰 문자메시지로 알리겠다고 했다. 이에 따라 乙과 丙은 그 날 정오에 甲의 집 안으로 화염병을 던져 불을 놓고 도망쳤다. 집이 불타면서 유리창이 깨졌고, 마침 甲의 집 앞을 지나가던 A가 그 파편을 맞고 전치 3주의 상해를 입었다. 甲이 모의한 내용에 따라 보험회사에 화재보험금을 지급해 줄 것을 청구했으나 보험회사는 보험사기가 의심된다며 보험금 지급을 미루었다. 甲, 乙, 丙의 죄책은? (15점)

[2017 3차 변형]

1. 현주건조물방화치상죄의 공동정범

(1) 乙과 丙의 죄책

乙과 丙은 서로 공모하고 현주건조물인 甲의 집 안으로 화염병을 던져 불을 놓았으므로 현주건조물방화죄의 공동정범이 성립한다. 그리고 甲의 집 앞을 지나가던 A가 파편에 3주의 상처를 입은 부분에 대하여는 인과관계가 인정되고 예견가능성도 인정되므로 乙과 丙은 현주건조물방화치상죄의 공동정범이 성립한다.

(2) 甲의 죄책

사안에서 甲은 실행행위를 하고 있지 않지만, 공모를 주도하고 가족들이 외출 등을 알려주는 행위를 통하여 기능적 행위지배를 하고 있으므로 현주건조물방화죄의 공동정범이 성립한다. 그리고 A가 3주의 상처를 입은 부분에 대하여 예견가능성이 인정되므로 甲도 현주건조물방화치상죄의 공동정범이 성립한다.

2. 사기미수죄의 공동정범

사안에서 甲이 보험회사에 화재보험금을 청구했으나 보험금의 지급을 받지 못했으므로 甲은 사기미수죄가 성립한다. 그리고 乙과 丙은 甲과 같이 모의를 하고 방화를 하는 등 본질적인 기여를 통하여 기능적 행위지배를 하였으므로 사기미수죄의 공동정범이 성립한다.

182

A에게 폭행당한 甲은 이번 기회에 합의금이나 두둑이 받아야겠다는 생각으로 평소 친하게 지내던 동네의 원 의사 乙에게 사정을 이야기하고 부탁하여 허위 내용의 상해진단서를 발급받았고, 이 진단서를 가지고 A에게 찾아가 "앞길이 창창한 젊은이가 사소한 일로 전과자 되지 말고 합의하자. 돈을 제대로 주지 않으면 고소하겠다"라며 합의금으로 1천만 원을 요구하였다. A는 甲에게 1천만 원을 다 주는 것은 아깝다는 생각이 들어 5백만 원을 주었고, 甲은 자신이 요구한 돈을 다 받지 못하자 상해진단서를 첨부하여 A를 고소하였다. 甲의 죄책은? (10점)

[2013 1차 변형]

1. 의사 乙에게 허위진단서를 발부하게 하고 이를 행사한 행위에 대한 죄책

의사 乙에게 허위진단서를 발부하도록 한 행위에 대하여 乙에게 허위진단서작성죄가 성립한다면, 甲은 의사라는 신분이 없더라도 제33조에 의하여 허위진단서작성죄의 교사범이 성립한다. 그리고 이를 A에게 제시하였으므로 이는 허위진단서행사죄에 해당한다.

2. A에게 돈을 달라고 한 부분의 죄책

甲이 A에게 비록 폭행을 당하였지만, 이를 기화로 협박하면서 과다한 금전을 요구한 경우에는 판례에 의하면 공갈죄가 성립하게 된다.

3. A를 고소한 부분의 죄책

A를 고소한 부분의 죄책에 대하여는 무고죄가 문제 되지만, A가 甲에게 폭행을 한 것은 사실이므로 상해를 입었다는 일부 허위사실이 개재되어 있다고 하더라도 이는 정황의 과장에 불과하여 무고죄는 성립하지 않는다.

4. 甲의 죄책

甲에게는 ① 허위진단서작성죄의 교사범 ② 위조사문서등의 행사죄 ③ 공갈죄가 성립하며, 이들은 실체적 경합 관계에 있다.

甲과 乙은 보이스피싱으로 돈을 마련하기로 공모했다. 이에 따라 甲은 A에게 전화하여 "검찰청 수사관이다. 당신 명의의 계좌가 범죄에 이용되어 그 계좌에 곧 돈이 들어올 것이다. 그 돈을 포함해서 계좌에 있는 돈 전액을 인출해서 검찰청 앞으로 와라."라고 말했다. 한편 乙는 B에게 전화하여 "서초경찰서 경찰이다. 당신의 개인정보가 유출되었으니, 계좌에 있는 돈을 안전한 계좌로 옮겨야 한다."라고 말하면서 A 명의의 계좌번호를 알려주었다. B는 A 명의의 계좌로 1,000만 원을 이체했고, A는 그 1,000만 원을 포함해서 자신의 계좌에 있던 전액 1,500만 원을 인출한 다음 甲에게 교부했다. 甲과 乙의 죄책은? (15점)

[2019 변시]

1. 甲과 乙의 가담 형태

甲과 乙은 보이스 피싱 사기 범행을 공모하고, 공동의사에 기한 기능적 행위지배가 인정되므로 사기죄의 공동정범이 성립한다.

2. B의 1,000만 원에 대한 사기죄의 기수시기와 간접정범의 공동정범

일반적으로 전기통신금융사기(이른바 보이스피싱 범죄)의 범인이 피해자를 기망하여 피해자의 자금을 사기 이용 계좌로 송금·이체받으면 사기죄는 기수에 이르지만, 사안의 경우에는 A 계좌에 대하여는 甲과 乙이 접근할 수 없으므로 A에 의한 교부가 있을 때 기수가 된다. 그리고 범행과정에서 甲과 乙은 A를 도구로 이용하고 있으므로 甲과 乙은 사기죄의 간접정범의 공동정범이 된다.

3. A의 500만 원에 대한 사기죄의 공동정범

A의 500만 원에 대하여는 사기죄의 성립요건인 ① 기망 ② 착오 ③ 처분행위 ④ 기망과 착오 및 처분행위 사이에 인과관계 등이 구비되었으므로 甲과 乙은 사기죄의 공동정범이 된다.

> • 판례에 의하면 손해발생을 요건으로 하지 않으므로 위와 같이 기술한 것이다.

4. A의 1,000만 원에 대한 사기죄 불성립

A에게 乙의 돈 1,000만 원을 인출하여 교부하도록 한 행위에 대하여 A에 대한 사기죄가 성립할 수 있는지 문제 되지만, 판례에 의하면 간접정범을 통한 사기범행에서의 도구로만 이용된 피이용자에 대한 사기죄는 성립하지 않는다고 한다. 따라서 A에 대한 1,000만 원 부분은 별도의 사기죄가 성립하지 않는다.

5. 甲과 乙의 죄책과 죄수 문제

甲과 乙은 A와 B의 각각의 법익을 침해하였으므로 사기죄 공동정범(제347조 제1항, 제30조)의 수죄가 되지만, 전체적으로 사회관념상 1개의 행위로 평가되므로 상상적 경합 관계에 있다.

甲은 인테리어 공사대금이 부족하자, ○○시에 유명 테마파크가 조성된다는 보도를 보고는 자신이 방치해 두었던 X토지(A와 공유로 소유 중임)를 매도하기 위해 머리를 짜냈다. 甲은 A로부터 지분을 매수한 사실이 없음에도 A가 사망했고 자기 명의로 세금이 부과되는 점을 기화로 매매를 원인으로 한 소유권이전등기청구의 소를 제기하였다. 甲은 매매계약서를 만들어 제출하고 피고 A의 주소를 허위로 기재하여 변론기일 소환장 등을 본인이 수령하는 방법으로 재판부를 속여 원고승소판결을 받았다. 甲의 죄책은? (20점)

[2021 2차 변형]

1. 사문서위조죄와 동행사죄의 성립

사안에서 甲은 사망한 A 명의의 매매계약서를 위조하여 이를 법원에 제출하고 있다. 종래 판례는 사망자 명의의 사문서위조죄 성립을 원칙적으로 부정하였으나, 현재 판례는 긍정하고 있다. 따라서 사안에서 甲에게는 사문서위조죄와 동행사죄가 성립하고, 양자는 실체적 경합 관계에 있다.

2. 위계에 의한 공무집행방해죄의 불성립

사안에서 甲은 피고 A의 주소를 허위로 기재하는 방법으로 재판부를 기망하였으므로 위계에 의한 공무집행방해죄가 성립하는지 문제 된다. 이에 대해 판례는 '민사소송을 제기함에 있어 피고인 주소를 허위로 기재하여 법원공무원으로 하여금 변론기일 소환장 등을 허위주소로 송달케 하였다는 사실만으로는 이로 인하여 법원공무원의 구체적이고 현실적인 어떤 직무집행이 방해되었다고 할 수는 없으므로 이로써 바로 위계에 의한 공무집행방해죄가 성립한다고 할 수 없다'라고 하여 부정설의 입장이다. 이러한 부정설의 입장에 따르면 甲에게는 공무집행방해죄는 성립하지 않는다.

> • 본 판례의 내용은 이해의 편의를 위하여 설시한 것이므로 실제 답안에서는 핵심만 적는 것이 바람직하다.

3. 소송사기죄의 불성립

(1) 논의점

사안에서 甲은 이미 사망한 A를 상대로 소유권이전등기청구의 소를 제기하여 법원을 기망하여 승소판결을 받아내고 있다. 이러한 甲의 행위가 소송사기죄가 성립할 수 있는지 문제 된다.

(2) 판례의 법리

이에 대해 판례는 '소송사기에 있어서 피기망자인 법원의 재판은 피해자의 처분행위에 갈음하는 내용과 효력이 있는 것이어야 하고, 그렇지 아니하는 경우에는 착오에 의한 재물의 교부행위가 있다고 할 수 없어서 사기죄는 성립되지 아니한다고 할 것이므로, 피고인의 제소가 사망한 자를 상대로 한 것이라면 이와 같은 사망한 자에 대한 판결은 그 내용에 따른 효력이 생기지 아니하여 상속인에게 그 효력이 미치지 아니하고 따라서 사기죄를 구성한다고 할 수 없다'라고 하여 부정설의 입장이다.

(3) 사안의 해결

이러한 부정설의 입장에 따르면 사안에서 甲에게 소송사기죄는 성립하지 아니한다.

甲과 乙은 놀이동산에 놀러 갔다. 그런데 갑자기 乙에게 현금이 필요한 일이 생기자 乙은 甲에게 자신의 현금카드를 건네주며 100만 원을 인출해 오라고 하였다. 그러나 甲은 300만 원을 인출하여 그중 100만 원만 乙에게 건네주고 나머지 200만 원을 영득하였다. 甲의 죄책은? (8점)　　　[2022 3차 변형]

1. 논의점

사안처럼 타인의 현금카드를 건네받으면서 일정 금액의 인출을 위임받은 자가 그 범위를 초과한 금액을 인출한 후 그 초과금액을 착복한 경우의 죄책에 대하여 논의가 있다.

2. 견해의 대립과 판례의 태도

이에 대하여는 ① 절도죄설 ② 컴퓨터사용사기죄설 ③ 배임죄설 ④ 횡령죄설이 대립하고 있으며, ⑤ 판례는 "인출한 현금 총액 중 인출을 위임받은 금액을 넘는 부분의 비율에 상당하는 재산상 이익을 취득한 것으로 볼 수 있으므로 이러한 행위는 그 차액 상당액에 관하여 형법 제347조의2(컴퓨터등사용사기)에 규정된 '컴퓨터 등 정보처리장치에 권한 없이 정보를 입력하여 정보처리를 하게 함으로써 재산상의 이익을 취득'하는 행위로서 컴퓨터 등 사용사기죄에 해당된다."라고 하여 컴퓨터사용사기죄설의 입장이다.

> • 여러 가지로 논의가 많은 판례이니 정확히 자구를 기억하는 것이 바람직하다.

3. 검토 및 사안의 해결

생각건대 위임범위를 초과하는 금액을 인출하는 것은 乙의 자산을 감소시키거나 부채를 증가시키는 것이므로 재산상의 이익으로 보는 것이 타당하다. 그리고 위임범위를 초과하는 금액을 입력하는 것은 권한 없이 정보를 입력하는 것이므로 컴퓨터사용사기죄설이 타당하다. 따라서 사안에서 甲에게는 컴퓨터사용사기죄가 성립한다.

甲은 A에게 "신용카드와 운전면허증을 빌려주지 않으면 부산에 있는 아는 깡패를 동원하여 가루로 만들어 버리겠다."라고 협박하여 겁을 먹은 A로부터 즉석에서 신용카드, 운전면허증을 교부받았다. 이후 甲은 A의 신용카드를 이용하여 현금지급기에서 현금서비스로 현금 50만 원을 인출하고, 할인점에서 전자제품 등을 구입하고 그 대금을 결제하였다. 그리고 甲은 현금지급기에서 인출한 현금 50만 원은 이러한 사실을 모두 알고 있는 A에게 건네주었다. 甲과 A의 죄책은? (15점)　　　[2010 1차 변형]

I. 甲의 죄책

1. A의 신용카드를 갈취한 행위

사안에서 甲이 A를 협박하는 수단은 상대방의 저항을 억압하는 강도로서의 협박이라기보다는 공갈죄의 협박에 해당한다. 따라서 사안에서 甲에게는 공갈죄가 성립한다.

2. A의 신용카드로 현금을 인출하거나 전자제품을 구입한 행위

(1) 판례의 법리

판례에 의하면 예금주인 현금카드 소유자를 협박하여 그 카드를 갈취한 후 이를 사용하여 현금자동지급기에서 예금을 여러 번 인출한 행위들은 모두 피해자의 예금을 갈취하고자 하는 피고인의 단일하고 계속된 범의 아래에서 이루어진 일련의 행위로서 포괄하여 하나의 공갈죄를 구성한다고 판시하고 있다.

> • 실제 판례 문구를 축약하여 설시하고 있는 내용이다.

(2) 사안의 해결

이러한 판례의 법리에 따르면 甲이 A의 신용카드로 현금을 인출하거나 전자제품을 구입한 행위는 포괄하여 공갈죄 1죄만이 성립하고 별도의 범죄는 성립하지 않는다.

3. A에게 현금을 건네준 행위

甲이 A에게 50만 원의 현금을 건네준 부분에 대하여 장물죄의 성부가 문제 될 수 있으나, 재산범죄의 정범은 장물죄의 주체가 될 수 없으므로 甲에게는 장물죄가 성립하지 않는다.

> • 이 부분은 큰 의미는 없어 보이지만, 채점기준표에 배점이 있으므로 수험생 입장에서는 가능하면 적어주는 것이 바람직하다.

II. A의 죄책

사안에서 A는 甲이 공갈죄로 획득한 현금이라는 정을 알고 이를 보관하고 있다. 따라서 A에게는 장물보관죄가 성립한다.

187

> 같은 회사에 다니는 甲과 乙은 회사로부터 격려금을 받게 되자 술자리를 갖게 되었다. 늦게까지 술을 마시고 乙이 만취하여 졸고 있자, 甲은 乙의 외투 밖으로 나온 乙의 지갑에서 현금카드 겸용 신용카드를 몰래 꺼낸 후 밖으로 나가 인근 현금자동지급기에서 평소 알고 있던 乙의 신용카드 비밀번호를 이용하여 현금서비스로 100만 원을 찾았다. 이후 甲은 식당으로 돌아와 乙의 신용카드를 乙의 지갑에 몰래 다시 넣어두었다. 甲의 죄책은? (8점)
>
> [2022 2차 변형]

1. 신용카드에 대한 절도죄의 불성립

사안과 같이 신용카드를 사용하고 반환한 경우, 판례는 신용카드로 현금을 인출하였다 하더라도 신용카드 자체가 가지는 경제적 가치가 인출된 예금액만큼 소모되었다고 할 수 없어 불법영득의 의사를 인정하지 않고 있다. 따라서 사안에서 甲에게는 신용카드에 대한 절도죄가 성립하지 아니한다.

> • 판례는 타인의 신용카드나 현금카드를 이용하여 현금을 인출한 후 그 카드를 반환한 경우에는 ① 카드가 가지는 특수한 기능가치가 인출된 액수만큼 감소된 것이 아니고 ② 카드의 사용으로 인한 가치의 소모가 무시할 수 있을 정도로 경미하고 ③ 본권을 침해할 의사가 없으므로 불법영득의 의사가 인정되지 않는다는 취지에서 절도죄가 성립되지 않는다고 보고 있다.

2. 현금서비스를 100만 원 받은 부분의 죄책

(1) 현금자동지급기에서 현금 100만 원을 서비스받은 부분에 대하여, 판례는 현금자동인출기 관리자의 의사에 반하여 그의 지배를 배제하고 그 현금을 자기의 지배하에 옮겨 놓는 것이 되므로 절도죄를 구성한다고 한다. 따라서 甲에게는 절도죄가 성립한다.

> • 이러한 판례의 법리는 논리적이라기 보다는 구체적 타당성이라는 관점에서 이해하여야 하므로 판례 문구를 정확히 기억하는 것이 바람직하다.

(2) 그리고 甲이 乙의 신용카드를 사용한 부분에 대하여, 판례는 신용카드에 대한 절도죄가 성립하지 않더라도 소유자 또는 점유자의 의사에 기하지 않고 그의 점유를 이탈하거나 그의 의사에 반하여 점유가 배제된 신용카드를 사용하면 신용카드부정사용죄가 성립한다. 따라서 甲에게는 여전법 제70조 제1항 제3호의 신용카드부정사용죄가 성립한다.

> • 여전법 제70조 제1항 3호에 대한 판례의 태도는 암기해 두는 것이 바람직하다.

(3) 판례에 의하면 절도죄와 신용카드부정사용죄는 실체적 경합 관계에 있다.

188

甲은 A를 상해한 혐의에 대한 합의금을 마련하기 위하여 기숙사 룸메이트인 B의 지갑에서 몰래 신용카드 (현금카드 겸용)를 꺼내어 편의점 앞에 있는 현금자동지급기로 가서 평소 알고 있던 비밀번호를 입력하여 B의 예금계좌에서 잔고 전액인 300만 원을 인출하고, 200만 원은 현금서비스를 받은 다음 신용카드를 제자리에 가져다 놓았다. 그 후 A는 인출한 500만 원을 A에게 합의금으로 건네주었다. 甲의 죄책은? (15점)

[2018 변시]

1. 신용카드를 사용하고 반환한 행위에 대하여

사안에서 甲은 B의 신용카드를 몰래 꺼내 사용하고 이를 반환하고 있다. 이러한 경우에 신용카드에 대한 절도죄 성립 여부가 문제 되지만, 판례는 신용카드로 현금을 인출하였다 하더라도 신용카드 자체가 가지는 경제적 가치가 인출된 예금액만큼 소모되었다고 할 수 없어 불법영득의 의사를 인정하지 않고 있다. 따라서 사안에서 甲에게는 신용카드에 대한 절도죄가 성립하지 아니한다.

> • 판례는 타인의 신용카드나 현금카드를 이용하여 현금을 인출한 후 그 카드를 반환한 경우에는 ① 카드가 가지는 특수한 기능가치가 인출된 액수만큼 감소된 것이 아니고 ② 카드의 사용으로 인한 가치의 소모가 무시할 수 있을 정도로 경미하고 ③ 본권을 침해할 의사가 없으므로 불법영득의 의사가 인정되지 않는다는 취지에서 절도죄가 성립되지 않는다고 보고 있다.

2. 예금계좌에서 300만 원을 인출한 행위에 대하여

판례에 의하면 B의 신용카드를 이용하여 예금을 인출한 행위는 절도죄를 구성하므로 甲에게는 절도죄가 성립한다. 그러나 예금을 인출한 행위는 신용카드의 본래적 용법에 따른 사용이 아니므로 신용카드부정사용죄는 성립하지 아니한다.

3. 현금서비스 200만 원을 인출한 행위에 대하여

판례에 의하면 B의 신용카드를 이용하여 현금서비스를 받은 행위는 절도죄를 구성하므로 A에게는 절도죄가 성립한다. 그리고 이는 신용카드의 본래적 용법에 따른 사용이므로 신용카드부정사용죄가 성립한다.

4. 甲의 죄책

甲에게는 ① 예금인출에 대한 절도죄(제329조) ② 현금서비스에 대한 절도죄(제329조) ③ 여신전문업법상의 신용카드부정사용죄(제70조 제1항 제3호)가 성립하며, 각 죄는 실체적 경합 관계에 있다.

189

甲은 백화점에서 양복을 구입하고 결제하기 위해 종업원에게 어제 강취한 A의 신용카드를 자기의 것인 양 교부하였다. 그러나 전날 A가 신용카드회사에 신고하는 바람에 신용카드 거래가 정지되어 A의 신용카드를 그냥 돌려받았다. 甲의 죄책은? (10점)

[2012 3차 변형]

(1) 甲은 A의 카드를 자기의 카드인 양 기망하여 물품을 구입하려고 하였으므로 기망행위는 있었지만, 카드분실신고로 인하여 양복을 취득하지 못하고 있으므로 甲의 행위는 사기죄의 미수에 해당한다.

(2) A의 카드를 사용한 부분에 대하여는 신용카드부정사용죄의 미수가 성립할 수 있지만, 여신전문금융업법 제70조에서는 동죄의 미수범은 처벌하지 않으므로 신용카드부정사용죄는 성립하지 않는다.

(3) 사안에서 甲이 A명의의 매출전표를 작성했는지는 명확하지 않지만 아직 결제가 이루어지지 않았다면 매출전표를 작성하지 않았을 것이므로 사문서위조죄 및 동행사죄는 성립하지 않는다.

(4) 사안에서 甲에게는 사기미수죄가 성립한다.

190

甲은 기숙사 룸메이트 A 몰래 A 명의의 신용카드 발급신청서를 작성한 후 이를 ○○카드회사에 제출하여 A 명의의 신용카드를 발급받은 다음 현금자동지급기에서 현금서비스로 30만 원을 인출하였다. 甲의 죄책을 논하시오. (15점)

[2015 3차 변형]

1. 문제의 제기

사안에서 甲의 죄책을 ① A 명의의 신용카드발급신청서를 작성하여 이를 제출한 행위 ② A 명의의 신용카드를 발급받은 행위 ③ 현금지급기에서 30만 원을 인출한 행위 ④ A 명의의 신용카드를 사용한 행위의 순서로 검토한다.

2. 신용카드발급신청서를 작성하여 이를 제출한 행위에 대한 평가

사안에서 甲은 A 명의를 모용하여 사문서인 신용카드발급신청서를 작성하였으므로 이는 사문서위조죄가 성립하고, 이를 카드회사에 제출한 행위는 위조사문서행사죄가 성립한다. 그리고 이 과정에서 A의 인장 등을 사용한 행위는 사문서위조죄 및 동행사죄에 흡수되어 별죄가 성립하지 않는다.

> • 가능하면 인장에 관한 죄는 적어주는 것이 바람직하다.

3. 신용카드를 발급받은 행위에 대한 평가

사안과 같이 A 명의의 신용카드를 부정발급 받은 경우에 신용카드에 대한 사기죄가 성립할 수 있는지에 대하여는 ① 긍정설과 ② 부정설이 대립하고 있으나, 신용카드 그 자체는 재산적 가치가 경미하여 카드회사에 재산상 손해를 끼친 것으로 인정할 수 없으므로 사기죄의 죄책을 인정할 수 없다고 보는 부정설이 타당하다.

> • 명확한 대법원 판례가 없으므로 논리에 따라 긍정설을 따라갈 수도 있을 것이다.

4. 현금지급기에서 30만 원을 인출한 행위에 대한 평가

사안에서 甲은 A 명의의 신용카드로 현금지급기에서 30만 원을 인출하고 있다. 이러한 행위의 죄책에 대하여는 ① 사기죄의 성립을 인정하는 사기죄설도 있으나 ② 판례는 카드회사의 처분의사는 카드에 표시된 피모용자를 향한 것이지 모용자를 향한 것이 아니라는 이유로 절도죄의 성립을 인정하는 절도죄설을 따르고 있다. 이러한 판례의 입장에 따르면 사안에서의 甲의 행위는 절도죄를 구성한다.

5. 甲의 죄책

甲에게는 ① 사문서위조죄 ② 위조사문서행사죄 ③ 절도죄가 성립하며, 이들은 모두 실체적 경합 관계에 있다.

191

> 甲과 乙은 A를 폭행하여 A 명의의 ○○은행 직불카드를 빼앗은 후 비밀번호를 알아내고 현금자동지급기에서 현금 50만 원을 인출하여 유흥비로 사용하였다. 甲과 乙의 죄책을 폭행의 정도에 따라 구별하여 논하시오. (20점)
>
> [2015 변시]

1. 논의점

사안에서 甲과 乙은 공동하여 폭행하여 A의 직불카드를 빼앗고 이를 이용하여 현금자동지급기에서 50만 원을 인출하여 이를 영득하고 있다. 이러한 경우에 甲과 乙의 폭행의 정도에 따라 甲과 乙의 죄책이 달라지고 후행행위들에 대한 범죄성립이 달라지므로 이를 검토한다.

> • 배점이 크므로 적어줄 수 있지만, 상황에 따라서는 생략할 수도 있을 것이다.

2. 폭행이 갈취의 정도인 경우

(1) 甲과 乙의 폭행이 최협의의 폭행인 상대방의 저항을 억압할 정도가 아닌 폭행을 행사하여 A의 직불카드를 빼앗은 경우에는 甲과 乙의 행위는 공갈죄를 구성하게 된다.

(2) 그리고 이러한 공갈행위로 취득한 직불카드를 사용한 부분에 대하여는 절도죄와 직불카드부정사용죄 등이 논의될 수 있으나, 판례에 의하면 A의 승낙에 따른 행위이므로 포괄하여 하나의 공갈죄만이 성립한다고 본다.

(3) 따라서 이러한 판례의 입장에 따르면 甲과 乙은 공갈죄만이 성립하고, 특히 2인 이상이 공동으로 하였으므로 폭처법 제2조 제2항 3호에 의하여 가중처벌된다.

- 공갈죄는 폭처법 대상 범죄라는 점을 주의하여야 한다.

3. 폭행이 강취의 정도인 경우

(1) 직불카드에 대한 합동강도죄의 성립

甲과 乙의 폭행이 최협의의 폭행인 상대방의 저항을 억압할 정도의 폭행을 행사하여 A의 직불카드를 빼앗은 경우에는 甲과 乙의 행위는 강도죄에 해당하고, 2인 이상이 합동하여 강도하고 있으므로 형법 제334조 제2항의 합동강도죄가 성립한다.

(2) 현금을 인출한 부분에 대한 절도죄의 성립

타인의 직불카드를 이용하여 현금을 인출한 행위에 대하여 판례는 현금자동지급기 관리자의 의사에 반하여 그의 지배를 배제하고 그 현금을 자기의 지배하에 옮겨 놓는 것이 되어서 강도죄와는 별도로 절도죄를 구성한다고 보고 있다. 이러한 판례의 입장에 따르면 사안에서 甲과 乙의 행위는 절도죄에 해당하고, 2인 이상이 합동하여 절도하고 있으므로 형법 제331조 제2항의 합동절도죄가 성립한다.

(3) 직불카드부정사용죄의 죄책

사안에서 직불카드를 이용하여 현금을 인출한 것은 직불카드의 본래적 기능을 사용하였다고 볼 수 없으므로 甲과 乙에게는 여신전문금융업법상의 직불카드부정사용죄는 성립하지 아니한다.

- 직불카드란 카드소지인(고객)이 물품이나 서비스를 구매하는 경우 고객의 계좌에서 대금이 이체되어 현금을 지급하는 것과 동일한 효과가 있는 카드를 말한다. 따라서 현금 인출은 직불카드의 본래적 기능이 아니다.

192

편의점 점원으로서 경제적으로 어렵게 살아가던 甲과 乙은 같은 편의점의 점원인 A(여)의 핸드백에서 신용카드와 현금을 훔쳐 나누어 갖기로 모의하였다. 어느날 A가 편의점 밖으로 잠깐 나간 사이 乙이 망을 보는 상태에서 甲이 A의 핸드백에서 신용카드와 현금 20만 원을 꺼내 들고 곧바로 은행에 가서 현금 20만 원을 통장에 예금한 후, 백화점에 가서 옷을 사면서 신용카드 단말기에 서명을 하면서 A의 신용카드로 결제하였고, 또한 신용카드를 이용하여 30만 원을 자신의 계좌로 이체한 후 신용카드를 A의 핸드백에 도로 넣어 두었다. 며칠 후 甲은 은행의 현금인출기로 가서 자신의 계좌로 이체한 돈 중 10만 원을 인출하였다. 甲과 乙의 죄책은? (30점)

[2019 3차 변형]

Ⅰ. 甲과 乙의 공동범행에 대한 죄책

1. 신용카드에 대한 절도죄의 불성립

사안에서 甲과 乙은 A의 신용카드를 사용하고 곧바로 반환하고 있다. 이러한 경우에 신용카드에 대한 절도죄가 성립할 수 있는지가 문제 되지만, 판례는 신용카드로 현금을 인출하였다 하더라도 신용카드 자체가 가지는 경제적 가치가 인출된 예금액만큼 소모되었다고 할 수 없어 불법영득의 의사를 인정하지 않고 있다. 따라서 사안에서 甲과 乙에게는 신용카드에 대한 절도죄가 성립하지 아니한다.

> • 판례는 타인의 신용카드나 현금카드를 이용하여 현금을 인출한 후 그 카드를 반환한 경우에는 ① 카드가 가지는 특수한 기능가치가 인출된 액수만큼 감소된 것이 아니고 ② 카드의 사용으로 인한 가치의 소모가 무시할 수 있을 정도로 경미하고 ③ 본권을 침해할 의사가 없으므로 불법영득의 의사가 인정되지 않는다는 취지에서 절도죄가 성립되지 않는다고 보고 있다.

2. 현금에 대한 甲과 乙의 특수(합동)절도죄 성립

사안에서 甲과 乙은 서로 공모하여 A의 현금 20만 원을 절취하였으므로 현금에 대한 절도죄가 성립한다. 그리고 甲은 절취를 하고 乙은 망을 봄으로써 시간·장소적 협동을 하여 절취를 하였으므로 형법 제331조 제2항, 제1항의 합동절도죄가 성립한다.

Ⅱ. 甲의 단독범행에 대한 죄책

1. 백화점에서 옷 구입에 대한 甲의 죄책

(1) 사기죄의 성립 여부

사안에서 甲이 신용카드의 정당한 사용자로 행세하며 옷을 구입하는 것은 기망에 해당하며, 이로 인해 백화점 점원은 착오에 빠져 처분행위를 하고 그로 인하여 甲은 재물을 취득하였으므로 甲에게는 제347조 제1항의 사기죄가 성립한다.

(2) 신용카드부정사용죄의 성립 여부

사안에서 甲은 A의 신용카드를 사용한 것은 소유자 또는 점유자의 의사에 기하지 않고 그의 점유를 이탈하거나 그의 의사에 반하여 점유가 배제된 신용카드를 사용한 것이므로 여신전문금융업법 제70조 제1항 제3호 위반죄가 성립한다.

> • 여전법 제70조 제1항 3호에 대한 판례의 태도는 암기해 두는 것이 바람직하다.

(3) 사전자기록위작 및 동행사죄의 성립

甲이 신용카드 단말기에 A로 행세하면서 서명하여 제출한 것은 사전자기록위작 및 동행사죄에 해당한다.

2. 30만 원 이체에 대한 甲의 죄책

(1) 컴퓨터사용사기죄의 성립 여부

사안에서 甲은 정보처리장치인 이체 시스템에 권한 없이 정보를 입력하여 정보처리를 하게 하여 재산상 이익을 취득하였으므로 제347조의2의 컴퓨터사용사기죄가 성립한다.

(2) 신용카드부정사용죄의 성립

사안에서 甲이 사용한 신용카드의 계좌이체기능은 신용카드의 본래적 용법에 해당하므로 여전법 제70조 제1항 제3호의 신용카드부정사용죄에 해당한다.

> • 신용카드로 현금서비스를 받을 때 현금으로 인출하는 것이 아니라, 계좌이체도 가능하므로 위와 같은 설시가 가능하다.

3. 10만 원 인출에 대한 甲의 죄책

사안에서 甲이 절취한 20만 원을 예금했다가 10만 원을 인출한 행위가 절도죄에 해당하는지가 문제 되지만, 판례는 '계좌이체 후 현금지급기에서 현금을 인출한 행위는 자신의 신용카드나 현금카드를 이용한 것이어서 이러한 현금인출이 현금지급기 관리자의 의사에 반한다고 볼 수 없어 절취행위에 해당하지 않으므로 절도죄를 구성하지 않는다'라고 하여 절도죄의 성립을 부정하고 있으므로 甲의 행위는 범죄가 성립하지 않는다.

4. 죄수 관계

甲에게는 옷 구입에 대해서는 ① 사기죄와 ② 신용카드부정사용죄 ③ 사전자기록위작 및 동행사죄가 성립하지만, 판례에 의하면 ③죄는 ②죄에 흡수되고 ①과 ②죄는 실체적 경합 관계에 있다. 그리고 30만 원을 이체한 부분에 대해서는 ① 컴퓨터등사용사기죄와 ② 신용카드부정사용죄가 성립하며 실체적 경합 관계에 있다. 그러나 신용카드부정사용죄는 전체적으로 포괄일죄가 되므로 甲에게는 ① 사기죄와 ② 컴퓨터등사용사기죄 ③ 신용카드부정사용죄의 포괄일죄가 성립하며, 이들은 실체적 경합 관계에 있다.

> • 이 부분은 실제 답안에서는 보다 축약하는 것이 바람직하다.

193

> 甲은 ○○백화점 근처 ATM에서 절취한 A의 신용카드로 예금 100만 원을 인출하고 나오다가, 마침 그곳을 지나가던 처남 乙과 마주치자 乙에게 A의 신용카드를 자신의 것인 양 건네주며 "내가 지금 급한 약속이 있으니 아내 생일 선물로 줄 명품 가방을 하나 사 달라."라고 부탁했다. 乙은 당연히 甲의 카드로 생각하고 ○○백화점에서 A의 신용카드를 사용하여 500만 원 상당의 명품 가방을 구매하였다. 그 후 乙은 甲을 만나 구입한 가방과 A의 신용카드를 건네주었다. 甲의 죄책은? [2024 변시]

1. 예금 100만 원을 인출한 행위에 대한 죄책

(1) 사안에서 甲이 A의 신용카드를 이용하여 A의 예금 100만 원을 인출한 행위의 죄책에 대하여 논의가 있지만, 판례는 '현금자동인출기 관리자의 의사에 반하여 그의 지배를 배제하고 그 현금을 자기의 지배하에 옮겨 놓는 것이 되므로 절도죄를 구성한다'라고 하여 절도죄설의 입장이다. 따라서 甲에게는 절도죄가 성립한다.

(2) 甲이 A의 신용카드로 현금서비스가 아닌 예금을 인출한 것은 신용카드의 본래적 용법에 따른 사용이 아니므로 여전법 제70조 제1항 제3호의 신용카드부정사용죄는 성립하지 않는다.

2. 乙에게 명품 가방을 구매하게 한 행위에 대한 죄책

(1) 사안에서 乙은 甲의 부탁으로 A의 신용카드를 이용하여 명품 가방를 구매하고 있다. 그러나 乙은 A의 신용카드를 乙의 것으로 알았으므로 신용카드를 사용한 부분에 대하여는 고의가 없어 범죄가 성립하지 않는다.

(2) 사안에서 甲은 고의가 없는 乙을 이용하여 명품 가방을 구입하고 있으므로 甲에게는 乙이 행한 행위의 간접정범이 성립한다. 타인의 신용카드를 이용하여 물품을 구입한 행위의 죄책에 대하여 논의가 있지만, 판례는 사기죄가 성립한다는 하므로 甲에게는 사기죄가 성립한다. 그리고 절취한 타인의 신용카드를 부정하게 사용하고 있으므로 여전법 제70조 제1항 제3호의 신용카드부정사용죄가 성립한다. 따라서 甲에게는 ① 사기죄와 ② 신용카드부정사용죄의 간접정범이 성립하며, 양자는 실체적 경합 관계에 있다.

甲은 살인미수 사건 현장에서 피해자 A가 떨어뜨린 지갑을 영득의 의사로 몰래 감추어 두고, 사건을 경찰에 신고하였다. 甲은 습득한 A의 지갑에 신용카드가 있는 것을 발견하고, 22:20경 근처 음식점에 가서 3만 원어치의 음식을 주문하고 그 신용카드로 결제하였다. 이어서 23:30경 ○○은행 ATM에서 그 신용카드로 현금 30만 원을 A의 계좌에서 예금을 인출하고, 그 지갑과 신용카드는 거리에 있는 휴지통에 버렸다. 다음날 사법경찰관 P는 甲에게 전화하여 A의 지갑을 본 적이 있는지 묻자, 甲은 그러한 사실이 전혀 없다고 답변하였다. 甲의 죄책은? (25점)

[2020 2차 변형]

1. A의 지갑에 대한 절도

사안에서 甲은 범행 현장에서 A가 떨어뜨린 지갑을 보관하다가 사법경찰관 P나 A에게 반환하지 아니하였다. 이러한 행위는 A의 점유하에 있는 A의 재물을 절취한 행위로서 절도죄가 성립한다.

2. 음식점에서 신용카드 사용행위

(1) 사기죄의 성립 여부

사안에서 甲이 신용카드의 정당한 사용자로 행세하며 음식대금을 결제한 것은 기망으로 인하여 재산상의 이익을 취득한 행위이므로 甲에게는 제347조 제1항의 사기죄가 성립한다.

(2) 신용카드부정사용죄의 성립 여부

사안에서 甲이 A의 신용카드를 사용한 것은 소유자 또는 점유자의 의사에 기하지 않고 그의 점유를 이탈하거나 그의 의사에 반하여 점유가 배제된 신용카드를 사용한 것이므로 여신전문금융업법 제70조 제1항 제3호 위반의 신용카드부정사용죄가 성립한다.

(3) 사전자기록위작 및 동행사죄의 성립

사안에서 甲이 신용카드 단말기에 A로 행세하면서 서명하여 제출한 것은 사전자기록위작 및 동행사죄에 해당한다.

(4) 죄수 관계

甲에게 ① 사기죄와 ② 신용카드부정사용죄 ③ 사전자기록위작 및 동행사죄가 성립하지만, 판례에 의하면 ③의 죄는 ②의 죄에 흡수되고 ①과 ②의 죄는 실체적 경합 관계에 있다.

3. 신용카드로 예금 30만 원 인출행위

(1) 사안에서 甲이 A의 신용카드를 이용하여 A의 예금 30만 원을 인출한 행위에 대하여는 ① 사기죄설 ② 컴퓨터등 사용사기죄설 ③ 무죄설 등이 대립하고 있으나, ④ 판례에 의하면 '현금자동지급기 관리자의 의사에 반하여 그의 지배를 배제하고 그 현금을 자기의 지배하에 옮겨 놓은 것이 되어 절도죄가 성립한다'라고 하여 절도죄설의 입장이다.

(2) 그런데 사안에서 甲은 야간에 ○○은행의 ATM에서 예금을 인출하고 있으므로 甲에게는 야간주거침입절도죄가 성립하는지 문제 된다. 주거침입죄에 대한 종래 판례의 취지에 따르면 주거침입죄가 성립하였지만, 최근 변경된 전합 판례의 논지에 따르면 건조물침입죄는 성립하지 않으므로 단순절도죄만 성립한다.

> • 야주절이 성립될 수도 있는 부분이므로 언급하는 것이 바람직하다.

(3) 그리고 예금을 인출한 행위는 신용카드의 본래적 용법에 따른 사용이 아니므로 여전법상의 신용카드부정사용죄는 성립하지 아니한다.

4. 신용카드와 지갑을 버린 행위

사안에서 甲은 A의 신용카드를 사용한 후 지갑과 신용카드를 휴지통에 버리고 있는바, 이는 절도죄에 이은 불가벌적 사후행위에 해당하여 별도의 범죄가 성립하지 아니한다.

5. 경찰에서 허위진술한 행위

(1) 사안에서 甲은 사법경찰관 P의 지갑에 대한 질문에 대하여 허위의 답변을 한 것이 위계에 의한 공무집행방해죄가 성립할 수 있는지가 문제 된다. 그러나 수사기관은 실체적 진실을 발견해야 할 권리와 의무가 있으므로 甲이 허위진술을 한 것만으로는 위계에 의한 공무집행방해죄는 성립하지 않는다.

(2) 그리고 자기의 절도범행에 대하여 이를 부인한 행위는 증거인멸죄 등을 구성하지 않는다.

195

甲은 乙의 부탁을 받고 A(乙의 조카로 乙의 돈 50만 원을 훔친 자임)에게 다가가 문신을 보여주면서 겁을 주고 乙에게서 훔쳐간 50만 원을 乙에게 돌려주라고 하였으나 A가 거절하였다. 甲에게 공갈죄가 성립하는가? (7점)

[2018 1차 변형]

1. 논의점

사안에서 乙로부터 훔친 돈이 공갈죄의 객체인 타인의 재물에 해당하는지 문제 된다.

2. 판례의 태도

판례는 '금전을 도난당한 경우 절도범이 절취한 금전만 소지하고 있는 때 등과 같이 구체적으로 절취된 금전을 특정할 수 있어 객관적으로 다른 금전 등과 구분됨이 명백한 예외적인 경우에는 절도 피해자에 대한 관계에서 그 금전이 절도범인 타인의 재물이라고 할 수 없다'라고 하여 절취된 금전의 특정 여부에 따라 결정된다고 한다.

3. 사안의 해결

사안에서는 명확하지 않지만, 절취된 금전이 특정되었다고 할 수 있는 표지가 나타나 있지 않다. 따라서 甲이 A에게 협박을 한 때에 공갈죄의 실행의 착수가 있으나, 재물을 갈취하지는 못했으므로 공갈죄의 미수가 성립한다.

> • 공갈죄의 경우 처분행위가 없으면 공갈죄가 성립하지 않는다는 판례가 있으나, 본 문제에서는 객체 여부에 중점을 두어 일반론으로 정리한다.

A는 甲의 사무실 금고에 보관하고 있던 돈 500만 원을 훔쳐 쇼핑백에 담아 자신의 집 장롱에 보관하였다. 이 사실을 알게 된 甲은 조직폭력배 乙과 함께 A에게 찾아가 甲으로부터 훔쳐 간 돈 500만 원을 당장 내놓지 않으면 쥐도 새도 모르게 목숨이 사라질 것이라고 하자, A는 겁에 질려 쇼핑백의 돈 500만 원을 甲에게 내주었다. 甲의 죄책은? (15점)

[2020 1차 변형]

1. 공동공갈죄의 불성립

(1) 사안에서 甲에게 공동공갈죄가 성립하기 위해서는 500만 원이 타인의 소유물이어야 한다. 그런데 사안에서의 500만 원은 A가 甲에게서 절취한 금전이므로 타인의 소유물인지 문제 된다.

(2) 판례는 '금전을 도난당한 경우 절도범이 절취한 금전만 소지하고 있는 때 등과 같이 구체적으로 절취된 금전을 특정할 수 있어 객관적으로 다른 금전 등과 구분됨이 명백한 예외적인 경우에는 절도 피해자에 대한 관계에서 그 금전이 절도범인 타인의 재물이라고 할 수 없다.'라고 판시하고 있다.

(3) 따라서 사안에서 A는 절취한 500만 원을 쇼핑백에 별도로 보관하고 있었으므로 500만 원은 A의 소유물이라고 할 수 없어 甲에게 공동공갈죄는 성립하지 아니한다.

2. 공동협박죄의 성립

사안에서 甲은 조직폭력배 乙과 함께 A를 두려움에 떨게 할 정도의 협박을 하고, 이에 A는 겁에 질렸으므로 폭처법상의 공동협박죄가 성립한다.

> • 협박죄는 폭처법 대상 범죄라는 점을 적시해 주는 것이 바람직하다.

3. 장물죄의 성부

사안에서 A가 甲으로부터 절취한 500만 원은 장물이지만, 사안에서 甲은 자기의 물건을 반환받은 것에 불과하여 이러한 甲의 행위는 장물취득죄에 해당하지 않는다.

> • 당연히 장물죄는 성립하지 않지만, 간단히 설시하여 주는 것이 바람직하다.

甲은 학교 이사장 A가 B로부터 교직원 채용의 대가로 1억 원을 받았다는 사실을 알고 그중 5,000만 원을 자신에게 이체할 것을 A에게 요구하면서 '5,000만 원을 주지 않으면 부정채용으로 경찰에 고발하겠다'라는 문자를 일주일 동안 수십 차례 보냈다. 문자를 받고 겁을 먹은 A는 甲에게 5,000만 원을 이체하였다. 甲의 죄책은? (15점)

[2020 변시]

1. 공갈죄의 성립

사안에서 甲은 부정채용을 고발하겠다고 A를 협박하여 돈을 요구하여 이를 수령하고 있다. 이러한 사안에서 범죄행위에 대한 정당한 고발을 하겠다고 고지한 것이 협박이 될 수 있는지 문제 된다. 그러나 협박죄에서의 해악의 내용은 반드시 범죄를 구성하거나 불법해야 할 필요가 없다. 따라서 사안에서 甲의 행위는 협박이 된다. 그리고 이러한 협박에 의하여 A가 겁을 먹고 甲에게 5,000만 원을 이체했으므로 甲에게는 공갈죄가 성립한다.

2. 정통망법 제74조 제1항 제3호 위반죄 성립

甲은 A에게 일주일 동안 수십 차례의 협박 문자를 보낸 것은 '공포심이나 불안감을 유발하는 문언을 반복적으로 도달하게 한 행위'에 해당하므로 정통망법 제74조 제1항 제3호 위반죄가 성립한다.

> • 정통망법 제70조와 제74조 제1항 제3호는 출제빈도가 높으므로 암기해 두는 것이 바람직하다.

3. 결 언

甲은 ① 형법 제350조 제1항의 공갈죄와 ② 정통망법 제74조 제1항 제3호 위반죄가 성립하며, 양자는 상상적 경합 관계에 있다.

198

甲의 부모는 이혼하였고, 甲의 어머니인 M은 乙과 재혼하여 살고 있다. 甲은 절도죄로 경찰에 수배되자 전직 경찰관인 乙에게 담당경찰관에게 전달해 달라고 300만 원을 주었으나 乙은 이를 전달하지 않고 착복하였다. 그 후 甲은 그 사실을 알고 乙의 집으로 찾아가 "당장 300만 원을 내어 놓지 않으면 당신이 경찰 재직기간에 저지른 모든 비리를 경찰에 알릴 것이다"라고 소리치면서 乙을 위협하였고, 乙은 겁에 질려 甲에게 300만 원을 돌려주었다. 甲의 죄책은? (10점)   [2017 3차 변형]

1. 증뢰물전달죄의 성립

사안에서 甲은 乙에게 담당경찰관에게 전달해 달라고 하면서 300만 원을 전달하고 있다. 따라서 甲에게는 제132조 제2항의 증뢰물전달죄가 성립한다.

2. 공갈죄의 성립과 친족상도례

(1) 공갈죄의 성립

사안의 경우에 300만 원은 불법원인급여물이므로 판례에 의하면 300만 원에 대한 소유권은 반사적으로 乙에게 있다. 따라서 타인이 점유하는 타인의 재물을 협박하여 취득한 것은 공갈죄가 성립한다.

(2) 친족상도례의 적용

甲에게 乙에 대한 공갈죄가 성립한다고 하더라도 乙은 甲의 직계혈족의 배우자이므로 제354조에 의하여 제328조가 준용된다. 이러한 경우에 甲과 乙간에 제328조 제1항이 적용될지 제2항이 적용될지가 문제되지만, 판례에 의하면 제328조 제1항의 '직계혈족, 배우자, 동거친족, 동거가족 또는 그 배우자'에서의 '배우자'는 '직계혈족, 동거친족, 동거가족'의 모든 배우자를 의미한다고 하므로 甲은 제328조 제1항의 적용으로 형이 면제된다.

> • 친족상도례 준용 규정인 제344조, 제354조, 제361조, 제365조는 암기해 두는 것이 바람직하다.

A는 B로부터 그 소유의 부동산을 매수하면서 자신의 명의로 소유권이전등기를 하였다. 그런데 B는 A와 매매계약을 체결할 때 A로부터 "이 부동산을 사는 사람은 甲이고, 나는 등기만 하는 사람이다."라는 말을 들었다. 이후 A는 甲의 승낙 없이 부동산을 X에게 매도하고 소유권이전등기를 경료하여 주었다. 위 사실을 알게 된 甲은 A를 만난 자리에서 "이 버러지만도 못한 놈! 네가 인간이냐."라는 등의 욕설과 함께 "부동산 매각대금을 돌려주지 않으면 죽여 버리겠다."라고 겁을 주었다. 그런데 이 자리에는 혹시 모를 A의 저항으로 위해를 받을지도 모른다는 불안감을 느낀 甲의 아들 乙이 동석하고 있었다. 甲의 죄책은? (15점)

[2014 3차 변형]

1. 모욕죄의 성부

(1) 모욕죄의 공연성

사안에서 甲이 A에게 한 욕설에 대하여 모욕죄가 성립하기 위해서는 공연성이 인정되어야 한다. 이러한 공연성의 판단기준에 대하여 ① 다수설은 불특정 또는 다수인이 현실적으로 인식할 수 있는 정도가 되어야 한다는 직접인식가능성설을 따르고 있으며 ② 판례는 사실을 적시한 상대방이 특정인이거나 소수인 경우라 하더라도 그 말을 전파할 가능성이 있는 정도가 되어야 한다는 전파가능성설을 따르고 있다.

(2) 검토 및 사안의 해결

생각건대 전파가능성 법리가 정보통신망 등 다양한 유형의 명예훼손 처벌규정에서의 공연성 개념에 부합한다고 볼 수 있으므로 타당하다. 그러나 사안에서는 甲의 아들 乙만 동석하고 있었으므로 전파가능성이 있는 상황이 아니므로 甲에게 모욕죄는 성립하지 않는다.

2. 협박죄 또는 공갈죄의 성부

(1) 권리행사를 위한 협박

사안과 같이 권리행사를 위한 협박이 사회상규에 어긋나는 경우에는 어떤 죄가 성립하는가에 대하여 ① 다수설은 영득의 불법이 없어 불법영득의사가 인정하기 어려우므로 협박죄만 성립한다는 협박죄설을 따르고 있으나 ② 판례는 갈취의 불법이 있어 불법영득의사를 인정할 수 있으므로 공갈죄가 성립한다는 공갈죄설을 따르고 있다.

> • 갈취의 불법설은 통칭하면 수단의 불법설이라고 할 수 있다. 이러한 수단의 불법설이 어떠한 죄냐에 따라 절취의 불법설, 강취의 불법설, 사취의 불법설, 갈취의 불법설로 불리는 것이다.

(2) 검토 및 사안의 해결

생각건대 재산죄에서의 불법영득의 의사는 타인의 재산을 불법하게 자기의 재산으로 한다는 영득의 불법으로 보아야 하므로 협박죄만 성립한다고 보는 것이 타당하다. 따라서 사안에서 甲에게는 협박죄가 성립한다.

> • 공동협박 문제도 거론할 수 있겠지만, 사안의 경우에는 인정하기 어려울 것이므로 이는 생략한다.

보이스피싱 범죄단의 조직원인 甲이 A를 기망하여 접근매체를 양도한 乙의 통장으로 1,000만 원을 입금하도록 하자, 乙은 丙과 상의하여 입금된 돈을 전부 인출하여 500만 원씩 나누어 가졌다. 乙이 돈을 인출하는 과정에 丙이 개입된 사실을 알게 된 甲이 丙에게 전화하면서 돈을 돌려주지 않으면 목숨을 내놓아야 할 것이라고 하였다. 그러나 丙은 돈을 돌려주지 않았다. 甲의 丙에 대한 죄책은? (10점)　　　　　　　[2020 1차 변형]

1. 권리행사를 위한 협박

사안에서 보이스피싱 조직원 甲이 丙에게 돈을 돌려달라고 한 행위는 甲의 권리행사를 위하여 사회상규에 어긋난 협박을 한 행위이다. 이러한 협박행위에 대하여는 ① 다수설은 불법의 의미에 대하여 영득의 불법설의 입장에서 협박죄만 성립한다는 협박죄설을 따르고 있으나, ② 판례는 불법의 의미에 대하여 갈취의 불법설의 입장에서 공갈죄가 성립한다는 공갈죄설을 따르고 있다.

> • 갈취의 불법설은 통칭하면 수단의 불법설이라고 할 수 있다. 이러한 수단의 불법설이 어떠한 죄냐에 따라 절취의 불법설, 강취의 불법설, 사취의 불법설, 갈취의 불법설로 불리는 것이다.

2. 검토 및 사안의 해결

생각건대 자기의 권리라도 사회상규에 어긋난 협박을 하여 이를 행사하는 것은 법질서를 해하는 행위이므로 공갈죄설이 타당하다. 그리고 사안에서 丙이 甲에게 금전을 제공하지는 않았으므로 甲에게는 공갈미수죄가 성립한다.

> **유제**
>
> 회사 직원인 A는 사장인 甲에게 4억 원의 빚을 갚지 못하고 있다. 甲은 A에게 문자 메시지로 "네 놈이 당장 돈을 갚지 않으면 네놈 아들 장기라도 가져 가야겠다"는 말을 전송한 후 즉시 자기가 있는 술집으로 오라고 요구했다. 甲은 술집 문을 열고 들어오는 A를 향해 여러 손님이 있음에도 불구하고 "쓰레기 같은 놈, 빌린 돈도 못 갚는 놈이 인간이야"라는 말을 퍼부면서 언제까지 돈을 갚을 거냐고 채근을 했다. 甲의 죄책은? (7점)　　　　　　　[2014 1차 변형]

A는 사촌형 B에게 500만 원의 사기 범행을 범하였다. B가 이 사실을 알고 친구 甲과 술을 마시다가 그간의 사정을 이야기하자, 甲은 이를 빌미로 A로부터 돈을 뜯어내기로 마음먹고 A를 불러서, "나의 형이 검사인데, 소비한 돈을 내놓지 않으면 혼내주겠다."라고 겁박하였다. 사실 甲에게는 형이 없었지만, 甲의 말을 듣고 겁에 질린 A는 "B에게 전해주라"라고 하면서 甲에게 500만 원을 주었다. 하지만 甲은 그 돈을 B에게 전해주지 않고 유흥비로 사용하였다. 며칠 후 A는 B를 만나 사과하였는데, 그 과정에서 甲에게는 형이 없을 뿐 아니라 자기가 준 500만 원도 B에게 전하지 않았음을 알게 되었다. 甲의 죄책은? (10점)

　　　　　　　[2016 3차 변형]

1. A를 협박하여 500만 원을 받은 부분의 죄책

(1) 공갈죄의 성립

사안에서 甲은 A에게 존재하지도 않는 검사인 형이 있다고 협박하여 500만 원을 영득하고 있다. 이러한 경우에도 협박이 성립될 수 있는지 문제 되지만, 판례에 의하면 제3자에 의한 가해를 고지한 경우에는 그 제3자가 허무인이라도 가능하며, 행위자가 제3자에게 사실상 영향력을 행사할 수 있음을 상대방에게 인식시키면 충분하다고 하여 협박을 인정하고 있다. 이에 따르면 사안에서는 검사인 형을 제3자로 하는 협박이 인정되어 甲에게는 공갈죄가 성립한다.

(2) 사기죄의 불성립

사안에서는 협박 이외에 존재하지도 않는 검사 형을 사칭하였으므로 사기죄가 성립할 수 있는지 문제 된다. 일반적으로 기망과 공갈을 함께 사용한 경우에는 ① 어느 요소가 하자 있는 의사형성에 결정적 역할을 했는지에 따라 결정하고 ② 우열을 가릴 수 없는 경우에는 양 죄의 상상적 경합을 인정한다. 이러한 논의에 따르면 사안에서는 공갈이 의사형성에 결정적 역할을 하였으므로 공갈죄만 성립하고, 사기죄는 성립하지 않는다.

2. 갈취한 500만 원을 유흥비로 사용한 부분은 범죄 불성립

甲이 갈취한 500만 원을 유흥비로 사용한 것은 공갈죄에 따른 불가벌적 사후행위로서 횡령죄 등 별죄를 구성하지 않고 무죄가 된다.

202

甲은 동생 A와 함께 아버지로부터 공동으로 상속받은 건물을 혼자 점유하던 중, A로부터 건물처분과 관련하여 위임을 받은 것처럼 가장하여 乙에게 매도함으로써 A의 상속지분을 임의로 처분하였다. 또한 甲은 A 명의로 등록되어 있는 A 소유의 자동차를 인도 받아 운행하다가 A의 동의도 없이 그 자동차를 丙에게 임의로 처분하였다. 이에 A는 甲에게 조속히 변상하지 않으면 고소를 하겠다고 으름장을 놓았다. 甲의 죄책은? (15점)

[2020 3차 변형]

---

1. 건물처분과 관련된 죄책

(1) A에 대한 죄책

판례에 의하면 '부동산에 관한 횡령죄에 있어서 타인의 재물을 보관하는 자의 지위는 동산의 경우와는 달리 부동산에 대한 점유의 여부가 아니라 부동산을 제3자에게 유효하게 처분할 수 있는 권능의 유무에 따라 결정하여야 하므로, 부동산을 혼자 점유하던 중 다른 공동상속인의 상속지분을 임의로 처분하여도 그에게는 처분권능이 없어 횡령죄가 성립하지 아니한다'라고 하고 있다. 이러한 판례의 입장에 따르면 사안에서 甲에게는 A에 대한 횡령죄는 성립하지 아니한다.

(2) 乙에 대한 죄책

사안에서 乙은 건물을 취득하려고 하였으나, 무권리자인 甲의 기망에 의한 처분이므로 乙은 완벽한 소유권을 취득하지 못한다. 따라서 甲에게는 사기죄가 성립한다.

2. 자동차 매도와 관련된 죄책

(1) A에 대한 죄책

종래 판례는 '소유권의 취득에 등록이 필요한 차량에 대한 횡령죄에서 타인의 재물을 보관하는 사람의 지위는 일반 동산의 경우와 달리 차량에 대한 점유 여부가 아니라 등록에 의하여 차량을 제3자에게 법률 상 유효하게 처분할 수 있는 권능 유무에 따라 결정하여야 한다'라고 보았으나, 최근 전합 판례에서는 '소유권의 취득에 등록이 필요한 타인 소유의 차량을 인도받아 보관하고 있는 사람이 이를 사실상 처분하면 횡령죄가 성립한다'라고 하여 횡령죄의 성립을 인정하는 것으로 판례를 변경하였다. 이러한 판례의 입장에 따르면 사안에서 甲에게는 A에 대한 횡령죄가 성립한다.

(2) 친족상도례의 적용

사안에서 甲은 A와 동거하지 않는 형제지간이므로 제361조에 의하여 준용되는 제328조 제2항의 적용으로 A의 고소가 있어야 甲을 횡령죄로 처벌할 수 있다.

> • 친족상도례 준용 규정인 제344조, 제354조, 제361조, 제365조는 암기해 두는 것이 바람직하다.

203

甲은 A가 보이스피싱 조직원일 것이라고 짐작하면서도 돈이 필요하였기 때문에 A에게 예금계좌를 개설해 주었다. A의 보이스피싱에 속은 B는 甲의 통장에 현금 1,000만 원을 송금하였다. 甲은 돈이 입금되자, 이 돈을 사용해 버려도 A가 신고하지 못할 것이라고 생각하고 모두 인출하여 자신의 생활비로 사용해 버렸다. 甲의 죄책을 검토하시오. (20점)   [2022 2차 변형]

Ⅰ. 甲에게 사기방조죄가 성립하지 않는 경우 횡령죄 성립 여부

1. 논의점

사안에서 甲에게 사기방조죄가 성립하지 않는 경우에 甲의 죄책에 대하여 논의가 있다.

2. 견해의 대립

이에 대하여는 ① 계좌명의인은 보이스피싱 범행에 이용된 계좌에 송금된 사기피해금을 보관하는 지위에 있어 사기피해자에게 이를 반환하지 않고 영득하면 사기피해자에 대한 횡령죄가 성립한다는 견해(전합의 다수의견) ② 전기통신금융사기 범죄는 기수에 이르면 피해자는 더 이상 소유자가 아니며, 보이스피싱 사기범과의 약정에 따라 사기피해금을 보관하여야 하는 지위에 있으므로 사기범에 대한 횡령죄가 된다는 견해(전합의 별개의견) ③ 사기피해자와의 위탁관계는 인정되지 않으므로 횡령죄가 성립하지 않고, 사기범과의 위탁관계는 보호할 가치가 없으므로 횡령죄가 성립하지 않아 무죄가 된다는 견해(전합의 반대의견)가 대립하고 있다.

3. 검토 및 사안의 해결

생각건대 계좌명의인은 피해자와 사이에 아무런 법률관계 없이 송금·이체된 사기피해금 상당의 돈을 피해자에게 반환하여야 하므로 피해자에 대한 횡령죄가 성립한다고 보는 견해가 타당하다. 이러한 견해에 따르면 사안에서 甲에게는 사기피해자에 대한 횡령죄가 성립한다.

> • 전합 판례 문제이며, 분설형으로 배점이 크게 출제될 수 있는 부분이므로 잘 정리해 두는 것이 바람직하다.

Ⅱ. 甲에게 사기방조죄가 성립하는 경우 甲의 죄책

1. 예금통장을 개설해 준 행위에 대한 사기방조죄의 성립

사안에서 甲은 A가 사기범행에 이용하리라는 것을 알면서도 자신 명의의 예금통장을 개설해 주었으므로 이는 사기죄의 방조행위에 해당한다.

2. 1,000만 원을 인출한 행위에 대한 장물취득죄의 불성립

(1) 사안에서 甲에게 장물취득죄가 인정되기 위해서는 1,000만 원이 장물 즉, 재산상 범죄로 취득한 재물이어야 한다. 그런데 판례에 의하면 재물 또는 재산상 이익 여부는 피해자를 기준으로 판단하고, 사안에서 B는 재물인 금전을 송금하였으므로 장물이 될 수 있다.

(2) 그러나 판례에 의하면 장물취득죄가 성립하기 위해서는 본범으로부터 장물의 점유를 이전받음으로 사실상의 처분권을 획득하여야 하는데 사안에서는 본범에게 편취금이 귀속되는 과정이 없었으므로 장물취득행위가 성립할 수 없다. 따라서 甲에게는 장물취득죄가 성립하지 않는다.

> • 장물취득의 의미를 정확히 정리하는 것이 바람직하다.

3. 횡령죄의 불성립

사안에서 甲에게 횡령죄가 성립할 수 있는지 문제 되지만, 판례에 의하면 '이미 성립한 사기범행이 예정하고 있던 행위에 지나지 아니하여 별도의 횡령죄를 구성하지 아니한다.'라고 하고 있다. 이러한 판례의 법리에 따르면 사안에서 甲은 B에 대한 횡령죄가 성립하지 아니한다.

204

보이스피싱 범죄단의 조직원인 乙이 경제적 어려움을 겪고 있는 甲에게 돈을 벌고 싶으면 통장과 체크카드를 만들어 제출할 것을 요구하자, 甲은 乙의 요구대로 통장과 체크카드를 乙에게 넘겨주었다. 그 후 甲이 자신의 통장에 1,000만 원이 입금된 사실을 알고 친구인 F를 만나 그 동안의 사정들을 설명하자, F는 일단 입금된 돈을 전부 인출하여 500만 원씩 나누어 갖자고 제안하였다. 甲은 이를 승낙하고 별도로 만들어 소지하고 있던 체크카드를 이용하여 돈을 인출한 후 F와 나누어 가졌다. 甲의 계좌에 입금된 1,000만 원은 乙에게 기망당한 피해자 A가 송금한 돈이었다. 甲이 통장과 체크카드를 乙이 보이스피싱을 하려는 것을 ① 알고 건네준 경우와 ② 모르고 건네준 경우로 나누어 A에 대한 甲의 죄책을 설명하시오. (10점)

[2020 1차 변형]

---

1. 甲이 악의인 경우

(1) 사기죄의 방조범의 성립

사안에서 甲은 乙이 보이스피싱을 하려는 것을 알고 통장과 체크카드를 건네주었고, 실제로 乙이 보이스피싱을 범하였으므로 甲은 사기죄의 방조범이 성립한다.

(2) 횡령죄의 불성립

판례에 의하면 '사기범행에 이용되리라는 사정을 알고서 자신 명의 계좌의 접근매체를 양도함으로써 사기범행을 방조한 종범이 사기이용계좌로 송금된 피해자의 자금을 임의로 인출한 경우에는 이미 성립한 사기범행이 예정하고 있던 행위에 지나지 아니하여 새로운 법익을 침해한다고 보기도 어려우므로, 위와 같은 인출행위는 사기의 피해자에 대하여 별도의 횡령죄를 구성하지 아니한다.'라고 하고 있다. 이러한 판례의 법리에 따르면 사안에서 甲은 A에 대한 횡령죄가 성립하지 아니한다.

2. 甲이 선의인 경우

(1) 사기죄의 방조범의 불성립

사안에서 甲은 乙에게 통장과 체크카드를 건네주었으므로 甲은 사기죄의 방조의 고의가 없어 사기죄의 방조범은 성립하지 않는다.

(2) 횡령죄의 성립

판례에 의하면 '계좌명의인이 개설한 예금계좌가 사기 범행에 이용되어 그 계좌에 피해자가 사기피해금을 송금·이체한 경우 계좌명의인은 피해자와 사이에 아무런 법률관계 없이 송금·이체된 사기피해금을 피해자에게 반환하여야 하므로 피해자를 위하여 사기피해금을 보관하는 지위에 있다고 보아야 하고, 만약 계좌명의인이 그 돈을 영득할 의사로 인출하면 피해자에 대한 횡령죄가 성립한다'라고 한다. 이러한 판례의 법리에 따르면 사안에서 甲은 A에 대한 횡령죄가 성립한다.

> • 배점에 맞는 답안을 작성하는 것이 바람직하다.

205

> 범죄혐의가 있는 甲은 담당 경찰관 P가 고등학교 동기라는 사실을 알고 P에게 전화를 걸어 잘 봐달라고 하면서 500만 원을 주겠다고 말하였고, P는 이에 동의하였다. 며칠 후 甲은 친구 乙에게 500만 원을 건네주면서 P에게 전달해 달라고 부탁하였다. 乙은 甲으로부터 받은 500만 원 중 300만 원만 P에게 건네주고 나머지는 자신이 임의로 사용하였다. 甲과 乙의 죄책은? (10점)
>
> [2014 3차 변형]

1. 甲의 죄책

사안에서 甲은 P에게 500만 원을 공여하기로 약속하고 있으므로 이로써 제133조 제1항의 뇌물공여죄가 성립하고, 이후에 乙에게 전달해달라고 한 부분인 증뢰물전달죄는 뇌물공여죄에 흡수된다.

> • 수뢰죄와 증뢰죄는 약속만으로도 범죄가 이러한 설시가 가능하다.

2. 乙의 죄책

(1) 증뢰물전달죄의 성립

甲이 乙에게 500만 원을 P에게 전달해 달라고 하면서 건네주었을 때에 乙은 제133조 제2항의 증뢰물전달죄가 성립한다. 그리고 乙이 이 중 300만 원을 P에게 전달하였다고 하더라도 별죄가 성립하지 않는다.

(2) 乙이 200만 원을 영득한 부분의 죄책

사안에서 乙은 뇌물인 500만 원 중 200만 원을 영득하고 있는바, 이러한 불법원인급여물에 대하여 횡령죄가 성립할 수 있는지 문제 된다. 이에 대하여는 ① 긍정설 ② 부정설 ③ 불능미수설 등이 대립하고 있으나, 판례는 원칙적으로 부정설을 따르고 있다. 따라서 이러한 부정설의 입장에 따르면 乙에게는 횡령죄는 성립하지 않는다.

甲은 자신의 범행(B에 대한 폭행치사)에 대해 사법경찰관 P의 수사를 받던 중 친구 乙(B에 대한 폭행치사범으로서 甲과 동시범)도 입건될 것 같다는 생각이 들자, P에게 "乙을 입건하지 않으면 좋겠다. 내가 전부 책임지겠다."라고 말하고, 평소 P와 친분이 있던 Q에게 이러한 사정을 말하면서 P에게 4,000만 원을 전달해 달라고 부탁하였다. Q는 甲으로부터 P에게 전달할 4,000만 원을 받자, 욕심이 생겨 1,000만 원은 자신이 사용하고 나머지 3,000만 원만 P에게 교부하였다. 돈을 전달받은 P는 乙을 입건하지 않았다. 甲은 乙에게 "Q의 도움으로 입건되지 않을 것 같다. 담당 경찰관 P에게 적지 않은 금액으로 인사해 놨다."라고 말하였다. 甲, P, Q의 죄책을 논하시오. (25점)

[2021 변시]

I. 甲의 죄책

甲은 공무원인 P에게 전달해 달라고 하면서 이러한 정을 알고 있는 Q에게 4,000만 원을 전달해 주었으므로 甲에게는 제133조 제2항의 증뇌물전달죄가 성립한다.

II. Q의 죄책

1. 증뇌물전달죄

Q는 甲이 공무원인 P에게 전달해 주라고 4,000만 원을 주자 이를 P에게 전달할 생각으로 받았으므로 Q에게는 제133조 제2항의 증뇌물전달죄가 성립한다. 그리고 실제로 P에게는 3,000만 원을 전달해 준 행위는 새로운 증뇌죄가 성립하지 않는다.

> • 전달해 준 부분도 가능하면 설시해 주는 것이 바람직하다.

2. 불법원인급여와 횡령죄

(1) 사안에서 Q는 4,000만 원을 전달해 달라고 돈을 받았으나 그 중 1,000만 원을 전달하지 않고 영득하고 있다. 이와 같이 불법원인급여물을 영득한 경우에 Q에게 횡령죄가 성립하는지 문제 된다.

(2) 이에 대하여는 ① 형법의 독자성을 중시하는 긍정설 ② 전체적인 법질서를 중시하는 부정설 ③ 불법원인급여를 다시 불법원인급여물과 불법원인위탁물로 구분한 후에 전자의 경우에는 횡령죄가 성립하지 않으나, 후자의 경우에는 횡령죄가 성립한다는 구별설 등이 대립하고 있다.

(3) 판례는 '불법원인급여물의 소유권은 급여를 받은 상대방에게 귀속된다'라고 하여 타인의 재물이 아니므로 원칙적으로 횡령죄가 성립할 수 없다고 본다. 그러나 예외적으로 '포주와 윤락녀 사건'에서는 '포주의 불법성이 윤락녀의 불법성보다 현저히 크므로 화대의 소유권이 여전히 윤락녀에게 속한다'는 이유로 횡령죄의 성립을 긍정하고 있다.

(4) 생각건대 긍정설에 따르면 국가기관이 불법행위를 조장하는 문제점이 있으므로 원칙적으로 부정하면서도 구체적 타당성을 살릴 수 있는 판례의 태도가 타당하다. 사안에서 Q에게는 예외적인 사항은 나타나 있지 않으므로 횡령죄가 성립하지 않는다.

Ⅲ. P의 죄책

1. 특가법상 수뢰후부정처사죄 성립

사안에서 P는 3,000만 원을 수뢰하고 乙을 입건하지 않았으므로 P에게는 제131조 제1항의 수뢰후부정처사죄가 성립한다. 그런데 수뢰액수가 3,000만 원이므로 특가법 제2조 위반죄가 문제 된다. 그런데 특가법 제2조 제1항에는 형법 131조의 수뢰후부정처사죄가 누락되어 있어 논의가 있지만, 판례는 형법 제131조를 범한 경우에도 특가법 제2조에 해당한다고 하므로 P에게는 특가법 제2조 제1항 제3호의 수뢰죄가 성립한다.

> • 참고로 특가법 제2조 제1항은 다음과 같다. <특정범죄 가중처벌 등에 관한 법률> 제2조 ① 「형법」 제129조·제130조 또는 제132조에 규정된 죄를 범한 사람은 그 수수(수수)·요구 또는 약속한 뇌물의 가액(가액)(이하 이 조에서 "수뢰액"이라 한다)에 따라 다음 각 호와 같이 가중처벌한다.

2. 직무유기죄의 성립

사안에서 P가 乙을 입건하지 않은 행위에 대하여는 직무유기죄가 성립하며, 특가법 제2조 제1항 제3호의 수뢰후부정처사죄와 직무유기죄는 상상적 경합이 된다.

207

부동산임대업자 甲은 ○○동의 건물을 매각하기로 결정하고, 자신의 주거래 세무사 乙에게 "양도소득세를 줄일 수 있게 세무서 담당 직원 K에게 잘 전해달라"라며 K에게 줄 돈 2,000만 원을 교부하였다. 乙은 같은 날 공들였던 조세심판청구 사건에서 패하자, 울적한 마음에 단골주점으로 향했다. 술을 마셔 취기가 오른 乙은 주점 사장에게 팁으로 100만 원을 꺼내주었다. 이 돈은 甲이 준 돈의 일부였다. 한참 술을 마시다 만취 상태로 귀가한 乙은 다음 날 출근 후 남은 1,900만 원을 K에게 전해 줄까 생각하다가 신축 중인 자신의 단독주택 건축비 부족이 떠올라서 K에게 잘 봐달라는 취지의 전화만 하고 남은 돈은 자신의 은행계좌에 입금하여 건축비에 보탰다. 甲과 乙의 죄책은? (15점)　　　　　[2022 3차 변형]

Ⅰ. 甲의 죄책

甲은 공무원인 K에게 전달해 달라고 하면서 이러한 정을 알고 있는 乙에게 2,000만 원을 전달해 주었으므로 甲에게는 제133조 제2항의 증뇌물전달죄가 성립한다.

Ⅱ. 乙의 죄책

1. 증뢰물전달죄

乙은 甲이 공무원인 K에게 전달해 주라고 2,000만 원을 주자 이를 K에게 전달할 생각으로 받았으므로 乙에게는 제133조 제2항의 증뇌물전달죄가 성립한다.

2. 불법원인급여와 횡령죄

(1) 사안에서 乙은 2,000만 원을 전달해 달라고 돈을 받았으나 이를 K에게 전달하지 않고 영득하고 있다. 이와 같이 불법원인급여물을 영득한 경우에 乙에게 횡령죄가 성립하는지 문제 된다.

(2) 이에 대하여는 ① 형법의 독자성을 중시하는 긍정설 ② 전체적인 법질서를 중시하는 부정설 ③ 불법원인급여를 다시 불법원인급여물과 불법원인위탁물로 구분한 후에 전자의 경우에는 횡령죄가 성립하지 않으나, 후자의 경우에는 횡령죄가 성립한다는 구별설 등이 대립하고 있다.

(3) 판례는 '불법원인급여물의 소유권은 급여를 받은 상대방에게 귀속된다'라고 하여 타인의 재물이 아니므로 원칙적으로 횡령죄가 성립할 수 없다고 본다. 그러나 예외적으로 '포주와 윤락녀 사건'에서는 '포주의 불법성이 윤락녀의 불법성보다 현저히 크므로 화대의 소유권이 여전히 윤락녀에게 속한다'는 이유로 횡령죄의 성립을 긍정하고 있다.

(4) 생각건대 긍정설에 따르면 국가기관이 불법행위를 조장하는 문제점이 있으므로 원칙적으로 부정하면서도 구체적 타당성을 살릴 수 있는 판례의 태도가 타당하다. 사안에서 乙에게는 예외적인 사항은 나타나 있지 않으므로 횡령죄가 성립하지 않는다.

208

> 위탁매매업을 하는 甲은 분가(分家)한 그의 형 A로부터 도자기매매를 위탁받아, 1,000만 원을 받고 팔았는데, 그의 여자친구 乙이 甲에게 도자기 가격을 속여서 500만 원만 A에게 주라고 사주하였다. 甲은 乙이 시키는 대로 A에게 500만 원만 준 후, 나머지 500만 원 중에서 200만 원을 乙과 함께 유흥비로 소비하고, 300만 원은 乙에게 맡겨 보관하도록 하였다. 甲의 죄책은? (15점)
>
> [2016 3차 변형]

1. 도자기 위탁매매 부분에 대한 죄책

(1) 횡령죄의 성립

사안에서 甲은 A가 위탁매매로 맡긴 도자기를 1,000만 원에 매도하였음에도 불구하고 500만 원에 팔았다고 거짓말을 하고 500만 원을 영득하고 있다. 판례에 의하면 '위탁매매에 있어서는 위탁품의 소유권은 위임자에게 속하고 그 판매대금은 다른 특약이나 특단의 사정이 없는 한 이를 수령함과 동시에 위탁자에게 귀속한다 할 것이므로 이를 사용 소비한 때에는 횡령죄가 구성된다'라고 하므로 이러한 판례에 따르면 甲에게는 횡령죄가 성립한다.

> • 위탁매매에서 횡령죄가 성립한다는 법리를 설명하는 방법에는 이론적으로 설명하는 방법과 판례로 설명하는 방법이 있는데, 이곳에서는 판례로 설명한다. 이론적으로는 비록 기망은 있었지만, 자기가 점유하는 재물에 대한 영득이므로 처분행위가 인정되지 않아 횡령죄가 성립한다고 설시할 수 있을 것이다.

(2) 업무상횡령죄의 성립

사안에서 甲은 위탁매매를 업으로 하는 자이므로 업무성이 인정된다. 따라서 甲에게는 형법 제356조의 업무상횡령죄가 성립한다.

2. 500만 원을 사용한 부분에 대한 죄책

사안에서 甲은 업무상횡령한 500만 원 중 200만 원을 유흥비로 사용하고, 300만 원을 乙에게 보관시키고 있다. 200만 원을 유흥비로 사용한 부분에 대하여는 불가벌적 사후행위에 해당하여 처벌할 수 없고, 300만 원을 乙에게 보관시킨 행위는 乙에게 장물죄가 성립한다고 하더라도 재산범죄의 정범은 장물죄가 성립할 수 없으므로 범죄가 성립하지 아니한다.

> - 장물죄 부분은 큰 의미는 없어 보이지만, 채점기준표에 배점이 있으므로 수험생 입장에서는 가능하면 적어 주는 것이 바람직하다.

3. 甲의 죄책 - 친족상도례의 적용

사안에서 甲에게는 업무상 횡령죄가 성립하지만, A는 분가한 甲의 형이므로 형법 제361조에 의해 제328조 제2항이 준용된다. 따라서 甲의 업무상횡령죄는 상대적 친고죄이므로 A의 적법한 고소가 있어야 처벌할 수 있다.

> - 친족상도례 준용 규정인 제344조, 제354조, 제361조, 제365조는 암기해 두는 것이 바람직하다.

209

> 甲은 선배 A로부터 A 소유의 중고차 처분을 부탁받고 B에게 5,000만 원에 그 중고차를 매도했음에도 4,000만 원에 매도한 것으로 기망하고 수수료는 받지 않겠다고 하면서 4,000만 원만 A에게 주었다. 甲의 죄책을 논하시오. (5점)   [2021 변시]

사안에서 甲은 A가 위탁매매로 맡긴 중고차를 5,000만 원에 매도하였음에도 불구하고 4,000만 원에 팔았다고 거짓말을 하고 1,000만 원을 영득하고 있다. 판례에 의하면 '위탁매매에 있어서는 위탁품의 소유권은 위임자에게 속하고 그 판매대금은 다른 특약이나 특단의 사정이 없는 한 이를 수령함과 동시에 위탁자에게 귀속한다 할 것이므로 이를 사용 소비한 때에는 횡령죄가 구성된다'라고 하므로 이러한 판례에 따르면 甲에게는 횡령죄가 성립한다.

210

> 甲은 귀금속이 자신이 절취한 장물이라는 사실을 모르는 乙에게 귀금속의 처분을 부탁하였고, 이를 승낙한 乙은 A에게 귀금속의 일부를 시가인 4,000만 원에 판매하였다. 그러나 甲에게는 2,500만 원을 판매대금이라고 하면서 이를 건네주고 나머지는 자기가 챙겼다. 甲과 乙의 죄책은? (10점)   [2015 1차 변형]

I. 乙의 죄책

1. 장물양도죄와 A에 대한 사기죄의 불성립

사안에서 乙은 귀금속이 장물인 정을 몰랐으므로 장물양도죄와 사기죄는 성립하지 않는다.

2. 횡령죄의 성립

사안에서 乙은 甲이 위탁매매로 맡긴 귀금속을 4,000만 원에 매도하였음에도 불구하고 2,500만 원에 팔았다고 거짓말을 하고 1,500만 원을 영득하고 있다. 판례에 의하면 '위탁매매에 있어서는 위탁품의 소유권은 위임자에게 속하고 그 판매대금은 다른 특약이나 특단의 사정이 없는 한 이를 수령함과 동시에 위탁자에게 귀속한다 할 것이므로 이를 사용 소비한 때에는 횡령죄가 구성된다'라고 하므로 이러한 판례에 따르면 B에게는 횡령죄가 성립한다.

Ⅱ. 甲의 죄책

사안에서 甲은 乙에게 장물인 정을 숨긴 채 A에게 매도하도록 하고 있다. 그런데 A는 민법 제250조의 도품 및 유실물의 특칙에 따라 귀금속을 선의취득하지 못하게 된다. 따라서 甲에게는 乙을 이용한 사기죄의 간접정범이 성립하게 된다.

> • 민법 제250조의 도품 및 유실물의 특칙은 암기해 두었다가 활용하는 것이 바람직하다.

211

甲, 乙, 丙은 공동으로 귀금속을 강취하였으나, 당분간 甲이 보관하고 있다가 이를 처분해서 그 금액을 배분하기로 하였다. 甲은 보관 중인 귀금속 가운데 일부를 乙과 丙 몰래 처분하여 그 돈을 유흥비로 소비하였고, 나머지는 위 범행 사실을 모르는 丁에게 수고비를 주겠으니 처분해 달라고 부탁하였다. 丁은 甲으로부터 받은 귀금속을 1억 원에 팔았으나, 甲에게는 8천만 원에 팔았다고 속이고 그 금액을 건네주면서 나머지 2천만 원은 자신이 챙겼다. 甲과 丁의 죄책은? (20점)

[2018 2차 변형]

Ⅰ. 甲의 죄책

1. 귀금속을 보관한 행위에 대한 죄책

甲은 재산범죄인 강도죄의 정범이므로 귀금속을 보관한 행위에 대하여는 별도로 장물보관죄가 성립하지 않는다.

2. 귀금속의 일부를 처분하여 소비한 행위에 대한 죄책

(1) 甲은 재산죄의 정범이므로 귀금속의 일부를 처분한 행위는 장물양도죄가 성립하지 않는다.

(2) 甲이 제3자에게 귀금속을 자신의 소유인 것처럼 매도하였다면, 제3자는 민법 제250조에 의해 선의취득을 하지 못하므로 甲에게 사기죄가 성립한다.

> • 민법 제250조의 도품 및 유실물의 특칙은 암기해 두었다가 활용하는 것이 바람직하다.

(3) 사기죄로 취득한 금전을 소비한 행위는 불가벌적 행위로써 범죄가 성립하지 않는다.

(4) 귀금속의 보관을 부탁한 乙과 丙에 대한 횡령죄의 성부가 문제 되지만, 귀금속의 소유권은 피해자에게 있으므로 甲에게 乙과 丙에 대한 횡령죄는 성립하지 않는다.

3. 丁에게 처분해 달라고 하여 丁이 처분한 행위의 죄책

사안에서 귀금속은 도품이므로 민법 제250조에 의하여 선의취득의 대상이 되지 않으므로 丁이 귀금속을 1억 원에 판 경우에는 상대방에 대한 사기죄가 성립하게 할 수 있다. 그러나 사안에서 丁은 귀금속이 장물인 정을 모르고 있으므로 사기죄는 성립하지 않는다. 따라서 甲에게는 고의가 없는 자를 이용한 사기죄의 간접정범이 성립하게 된다.

> • 민법 제250조의 도품 및 유실물의 특칙은 암기해 두었다가 활용하는 것이 바람직하다.

4. 甲의 죄책 정리

사안에서 甲은 선의취득을 하지 못한 사람들에게 대한 각 사기죄가 성립하면, 이들은 실체적 경합 관계에 있다.

Ⅱ. 丁의 죄책

1. 귀금속의 일부를 매도한 행위에 대한 죄책

丁은 위에서 살펴본 바와 같이 장물인 정을 모르고 처분하고 있으므로 장물양도죄나 사기죄는 성립하지 않는다.

2. 매매대금의 일부를 영득한 행위에 대한 죄책

사안에서 丁은 위탁판매대금 일부를 기망을 하여 영득하고 있다. 판례에 의하면 '위탁매매에 있어서는 위탁품의 소유권은 위임자에게 속하고 그 판매대금은 다른 특약이나 특단의 사정이 없는 한 이를 수령함과 동시에 위탁자에게 귀속한다 할 것이므로 이를 사용 소비한 때에는 횡령죄가 구성된다'라고 하므로 이러한 판례에 따르면 丁에게는 횡령죄가 성립한다.

3. 丁의 죄책 정리

사안에서 丁은 횡령죄가 성립한다.

212

> 甲은 종중회장으로 종중으로부터 명의수탁을 받아 관리 중인 토지를 몰래 활용해 빌라를 신축, 분양하기로 마음먹었다. 이에 시가 20억 원인 토지에 근저당권을 설정하고 은행으로부터 15억 원을 대출받았다. 甲의 죄책은? (10점)
> [2021 2차 변형]

1. 업무상횡령죄의 성립

(1) 부동산실명법에 위반한 2자간 명의신탁의 경우에 횡령죄가 성립할 수 있는지에 대하여 종래 판례는 횡령죄설의 입장이었으나, 최근 전합 판례에서는 횡령죄의 성립을 부정하는 부정설의 입장으로 종래의 판례를 변경하였다.

> • 사안은 부실법에 위반되는 경우가 아니므로 간략하게 처리한다.

(2) 그러나 사안과 같이 명의신탁이 부동산실명법 제8조에 따라 유효한 경우에는 횡령죄가 성립한다. 따라서 사안에서 甲의 행위는 종중에 대한 횡령죄가 성립하고, 甲은 종중회장이므로 업무상횡령죄가 성립한다.

2. 특경법위반(업무상횡령)죄의 성립

그리고 사안에서 甲이 영득한 횡령액은 15억 원이므로 특정경제범죄 가중처벌 등에 관한 법률 제3조 제1항 제2호 위반죄로 가중 처벌된다.

> • 특경법위반도 누락되지 않도록 주의하여야 한다.

甲은 핸드백을 날치기한 합동절도를 범하고 도피 중에 있다. 甲은 도피자금을 구하기 위하여 A와의 명의신탁약정에 의해 A 소유의 토지가 자신의 이름으로 등기되어 있음을 기화로 그 토지를 1억 원에 매도하였다. 甲의 죄책은? (부동산 실권리자명의 등기에 관한 법률위반죄는 논외로 함) (5점)　　　[2021 3차 변형]

(1) 사안에서 甲이 2자간 명의신탁물인 A의 토지를 매도한 것이 횡령죄에 해당하는지 문제 된다. 종래 판례는 횡령죄의 성립을 긍정하였으나, 최근 전합 판례에서는 부실법에 위반한 2자간 명의신탁약정은 범죄를 구성하는 불법적인 관계에 지나지 아니할 뿐 이를 형법상 보호할 만한 가치 있는 신임에 의한 것이라고 할 수 없다고 보아 횡령죄의 성립을 부정하고 있다.

(2) 이러한 판례의 태도에 따르면 사안에서 甲의 행위는 범죄가 성립하지 않는다.

A는 B로부터 아파트를 매입하면서 甲과 명의신탁약정을 체결하고 B로부터 곧바로 甲의 명의로 아파트의 소유권이전등기를 해 두었는데, 甲은 임의로 그 아파트를 은행에 담보로 제공하고 3억 원을 대출받았다. 甲에게 A에 대한 횡령죄가 성립하는가? (7점)　　　[2016 2차 변형]

(1) 사안과 같이 3자간 명의신탁에 있어 수탁자가 목적물을 영득한 경우에 위탁자에 대한 횡령죄의 성립 여부에 대하여 논의가 있다.

(2) 종래 판례는 횡령죄를 긍정하고 있었으나, 최근 전합 판례는 '명의신탁자는 신탁부동산의 소유권을 가지지 아니하고, 명의신탁자와 명의수탁자 사이에 위탁신임관계를 인정할 수도 없다. 따라서 명의수탁자가 명의신탁자의 재물을 보관하는 자라고 할 수 없으므로, 명의수탁자가 신탁받은 부동산을 임의로 처분하여도 명의신탁자에 대한 관계에서 횡령죄가 성립하지 아니한다'라고 하여 횡령죄의 성립을 부정하고 있다.

(3) 따라서 변경된 판례에 의하면 甲은 무죄가 된다.

유제

甲과 A는 각각 1억 원씩 출자해서 함께 B 소유의 대지 한 필지를 매수하기로 하면서, 등기명의는 甲의 단독소유인 것처럼 하기로 했다. 甲과 A를 매수인으로 하고 B를 매도인으로 하는 위 대지에 대한 매매계약이 체결되었고, B는 두 사람의 요청에 따라 甲에게 소유권이전등기를 해주었다. 6개월 후 甲은 A 몰래 이 대지 전부를 乙에게 3억 원에 팔아넘기고 소유권이전등기도 해 주었다. 甲의 죄책은? (10점)

[2017 2차 변형]

215

甲은 乙로부터 그 소유의 부동산을 매수하면서 자신의 명의로 소유권이전등기를 하였다. 그런데 乙은 甲과 매매계약을 체결할 때 甲으로부터 "이 부동산을 사는 사람은 A이고, 나는 등기만 하는 사람이다."라는 말을 들었다. 이후 甲은 A의 승낙 없이 부동산을 丙에게 매도하고 소유권이전등기를 경료하여 주었다. 甲의 죄책은? (15점)

[2014 3차 변형]

1. 논의점

사안에서 甲과 A는 계약명의신탁관계에 있으며, 매도인인 乙이 이러한 사실을 알고 있으므로 악의의 계약명의신탁의 경우이다. 이러한 경우에 甲이 명의신탁물인 부동산을 매도한 경우에 어떠한 죄가 성립하는지 문제 된다.

2. 견해의 대립

이에 대하여는 ① 명의수탁자 앞으로 경료된 소유권이전등기는 무효이므로 소유권은 매도인에게 귀속되어, 수탁자는 매도인에 대한 횡령죄가 성립한다는 횡령죄설 ② 명의수탁자 앞으로 경유된 소유권이전등기는 무효이므로 소유권은 매도인에게 귀속되지만, 수탁자는 신탁자와의 관계에서 신탁자에 대한 배임죄가 성립한다는 배임죄설이 대립하고 있다.

3. 판례의 태도

최근 판례의 입장에 따르면 매도인이 악의의 계약명의신탁인 경우에 ① 신탁자에 대한 횡령죄 및 배임죄의 성립을 부정하고 ② 매도인에 대한 횡령죄 및 배임죄의 성립을 부정하여 무죄설의 입장을 따르고 있다.

4. 검토 및 사안의 해결

생각건대 ① 신탁자에 대해서는 목적물의 소유권은 매도인에게 귀속되므로 횡령죄는 성립할 수 없고, 신탁자에 대해 부당이득반환의무의 부담을 배임죄에서 '타인의 사무를 처리하는 자'의 지위에 있다고 보기도 어려우므로 배임죄도 성립하지 않으며 ② 매도인에 대해서는 수탁자가 매도인에게 등기말소의무를 부담하는 것만으로는 어떠한 신임관계가 있다고 볼 수 없으므로 횡령죄나 배임죄도 성립하지 않는다. 따라서 무죄라고 보는 판례의 입장이 타당하므로 甲은 무죄가 된다.

216

甲은 친구 乙로부터 1,000만 원을 빌린 후 갚지 않았고, 乙은 조직폭력배 丙과 함께 甲을 찾아가 乙에게 당장 변제하지 않으면 쥐도 새도 모르게 목숨이 사라질 것이라고 하자 甲은 300만 원만 먼저 변제하였다(제1행위). 며칠 후 乙은 나머지 700만 원도 빨리 갚지 않으면 SNS 등을 통해 甲의 비위사실을 밝히겠다고 했다. 이튿날 甲은 급한 마음에 자신이 현재 회사의 물품구입을 위해 회사로부터 교부받아 보관하고 있는 회사의 공금인 7장의 수표(액면가 총합 700만 원)를 거래처에 물품대금으로 지불하는 대신 일단 자신의 계좌에 입금했다가 이를 현금으로 인출하여 乙에게 건네주었다. 甲은 자금의 흐름의 추적을 조금이라도 피하고자 이러한 절차를 밟았고 이를 알고 있는 乙은 그 돈을 수령했다(제2행위). 甲과 乙의 죄책은? (20점) [2020 1차 변형]

Ⅰ. 300만 원에 대한 乙의 죄책

1. 권리행사를 위한 협박

사안과 같이 권리행사를 위한 협박이 사회상규에 어긋나는 경우에는 어떠한 죄가 성립하는지에 대하여 ① 다수설은 영득의 불법이 없어 불법영득의사가 인정하기 어려우므로 협박죄만 성립한다는 협박죄설을 따르고 있으나, ② 판례는 갈취의 불법이 있어 불법영득의사를 인정할 수 있으므로 공갈죄가 성립한다는 공갈죄설을 따르고 있다.

> • 갈취의 불법설은 통칭하면 수단의 불법설이라고 할 수 있다. 이러한 수단의 불법설이 어떠한 죄냐에 따라 절취의 불법설, 강취의 불법설, 사취의 불법설, 갈취의 불법설로 불리는 것이다.

2. 검토 및 사안의 해결

생각건대 자기의 권리라도 사회상규에 어긋난 협박을 하여 이를 행사하는 것은 법질서를 해하는 행위이므로 공갈죄설이 타당하다. 이에 따르면 乙에게는 폭처법상의 공동공갈죄가 성립한다.

Ⅱ. 700만 원과 관련된 甲과 乙의 죄책

1. 甲의 죄책

(1) 논의점

사안에서 甲은 회사의 물품구입이라는 목적과 용도가 특정된 회사의 공금인 수표를 정해진 용도가 아닌 자신의 채무변제를 위해 사용한 것이 업무상횡령죄가 성립할 수 있는지에 대하여 논의가 있다.

(2) 견해의 대립과 판례의 태도

이에 대하여는 ① 횡령죄설과 ② 배임죄설이 대립하고 있으나, ③ 판례는 '목적·용도를 정하여 위탁한 금전은 정해진 목적, 용도에 사용할 때까지는 이에 대한 소유권이 위탁자에게 유보되어 있는 것으로서, 수탁자가 그 위탁의 취지에 반하여 다른 용도에 소비하면 횡령죄를 구성한다'라고 하여 횡령죄설의 입장이다.

(3) 검토 및 사안의 해결

생각건대 용도가 특정된 금전이나 수표 등은 원칙적으로 재물이며, 목적이나 용도에 사용할 때까지는 이에 대한 소유권이 회사에 유보되어 있는 것으로 보아야 하므로 횡령죄설이 타당하다. 따라서 甲에게는 업무상횡령죄가 성립한다.

2. 乙의 죄책

(1) 공갈죄의 성립

사안과 같이 권리행사를 위한 협박이 사회상규에 어긋나는 경우에는 위에서 살펴본 바와 같이 공갈죄가 성립한다.

(2) 장물취득죄의 성립

사안에서 甲은 횡령한 수표를 자기 계좌에 입금시킨 후 이를 다시 현금으로 인출한 후 이러한 사정을 아는 乙에게 건네주고 있다. 이러한 경우에 乙에게 장물취득죄가 성립할 수 있는지 문제 된다. 이에 대해 판례는 '예금계약의 성질상 인출된 현금은 당초의 현금과 물리적인 동일성은 상실되었지만 액수에 의하여 표시되는 금전적 가치에는 아무런 변동이 없으므로 장물로서의 성질은 그대로 유지된다'라고 보아 장물성을 인정하고 있다.

생각건대 금전이나 수표는 다른 종류의 재물과는 달리 대체성이 높아 물체의 영득보다는 가치취득으로서의 성질을 가지고 있는 것이므로 장물성이 유지된다고 하는 긍정설이 타당하다. 이러한 긍정설에 따르면 사안에서 乙에게는 장물취득죄가 성립한다.

(3) 죄 수

공갈죄와 관련하여 乙은 제1행위와 제2행위로 구분되는 2회의 공갈행위를 범한 것으로 보인다. 그러나 전체적으로는 자기의 채권을 실현하기 위한 두 행위가 연속적으로 이루어진 것으로 평가할 수 있어 2개의 공갈죄는 포괄일죄에 해당하여 형이 중한 공동공갈죄의 1죄로 처벌된다. 그리고 공동공갈죄와 장물취득죄는 상상적 경합 관계에 있다.

> • 포괄일죄가 되는 부분도 누락하지 않도록 하는 것이 바람직하다.

217

건물의 임차인인 甲은 임대인 A에 대한 임대차보증금반환채권을 B에게 양도하였는데도 A에게 채권양도 통지를 하지 않고 A로부터 남아 있던 임대차보증금을 반환받아 보관하던 중 개인적인 용도로 사용하였다. 甲의 죄책은? (15점)   [예상문제]

1. 논의점

사안과 같이 채권을 양도한 甲이 채무자에게 채권양도 통지를 하지 않은 채 채무를 변제받아 사용한 경우에 甲의 죄책에 대하여 논의가 있다.

2. 견해의 대립

(1) 횡령죄설 - 변경 전 판례와 전합의 반대의견

채권양도인이 수령한 금전은 채권양수인의 소유에 속하며, 채권양도인은 실질적으로 채권양수인의 재산 보호 내지 관리를 대행하는 지위에 있어 금전에 관하여 보관하는 지위에 있다고 볼 수 있으므로 채권양도인에게 횡령죄가 성립한다는 견해이다.

(2) 무죄설 - 변경된 전합의 다수의견

특별한 사정이 없는 한 금전의 소유권은 채권양수인이 아니라 채권양도인에게 귀속하고, 채권양도인이 채권양수인을 위하여 양도 채권의 보전에 관한 사무를 처리하는 신임관계가 존재한다고 볼 수 없어 금전에 관하여 보관하는 자의 지위에 있다고 볼 수 없으므로 횡령죄가 성립하지 않는다는 견해이다.

3. 검토 및 사안의 해결

생각건대 최근 10여 년 동안 판례의 흐름을 보면, 대법원은 타인의 재산을 보호 또는 관리하는 것이 전형적·본질적 내용이 아닌 통상의 계약관계에서 배임죄나 횡령죄의 성립을 부정해 왔으므로 무죄설이 타당하다. 따라서 사안에서 甲에게는 범죄가 성립하지 않는다.

> • 전합 판례 문제이며, 분설형으로 배점이 크게 출제될 수 있는 부분이므로 잘 정리해 두는 것이 바람직하다.

○○아파트 조경공사 관련 계약을 추진하던 입주자대표회장 甲은 공사 경험이 전혀 없는 조경업자인 乙로 부터 적정 공사금액보다 크게 부풀려진 5,000만 원으로 공사를 성사하여 주면 200만 원을 리베이트로 주겠다는 제안을 받은 후, 乙에게 "5,000만 원에 조경공사계약을 체결하고 공사대금을 받으면 리베이트로 500만 원을 나에게 돌려주는 것으로 하자."라고 제안하였다. 乙이 망설이며 甲을 피해 다니자, 甲은 乙의 오랜 친구인 丙에게 그 사정을 말하였고, 丙은 甲을 도와주기 위해 甲과 乙이 다시 한번 만날 수 있도록 자리를 주선했다. 甲과 단둘이 만난 乙은 甲의 설득으로 결국 그 제의를 받아들였다. 이후 乙은 계약대로 공사를 진행하였고 甲에게 리베이트를 지급하였다. 甲의 죄책은? (7점)

[2017 변시]

(1) 사안에서 甲은 乙과 조경공사 관련 계약을 체결하면서 공사금액을 부풀리고 리베이트 명목으로 500만 원을 수수하고 있는 행위의 죄책이 문제 된다.

(2) 판례에 의하면 타인을 위하여 금전 등을 보관·관리하는 자가 개인적 용도로 사용할 자금을 마련하기 위하여, 적정한 금액보다 과다하게 부풀린 금액으로 공사계약을 체결하기로 공사업자 등과 사전에 약정하고 그에 따라 과다 지급된 공사대금 중의 일부를 공사업자로부터 되돌려 받는 행위는 그 타인에 대한 관계에서 과다하게 부풀려 지급된 공사대금 상당액의 횡령이 된다.

(3) 이러한 판례의 취지에 따르면 甲에게는 횡령죄가 성립하고, 사안에서 甲은 입주자대표회장으로서 사회생활상에 기한 계속적인 사무를 담당하고 있으므로 업무성이 인정된다. 따라서 甲에게는 업무상횡령죄 (제356조)가 성립한다.

• 본 문제에 대하여는 ① 업무상횡령죄설과 ② 업무상배임죄와 배임수증재죄설 ③ 업무상횡령죄와 배임수증 재죄설 등의 논의가 있으나, 본서에서는 아래의 <참고판례>를 참조하고, 시험이라는 측면에서 보다 간략한 답안을 작성하고 뒤에 나오는 공범과 신분 및 장물죄를 논하기 위해서 업무상횡령죄설에 따라 답안을 작성한다. 그리고 개인적으로 ②와 ③의 견해에 대하여는 甲이 500만 원을 영득한 것이 두 죄에 해당한다는 점에서 논리적 의문이 있다.

참고판례

타인을 위하여 금전 등을 보관·관리하는 자가 개인적 용도로 사용할 자금을 마련하기 위하여, 적정한 금액보다 과다하게 부풀린 금액으로 공사계약을 체결하기로 공사업자 등과 사전에 약정하고 그에 따라 과다 지급된 공사대금 중의 일부를 공사업자로부터 되돌려 받는 행위는 그 타인에 대한 관계에서 과다하게 부풀려 지급된 공사대금 상당액의 횡령이 된다(대판 2015.12.10. 2013도13444).

甲은 횡령으로 획득한 수표 1,000만 원을 그 정을 알고 있는 乙에게 보관해 달라고 부탁하였으나, 이를 받은 乙은 그 돈을 모두 유흥비로 탕진하였다. 乙의 죄책을 논하시오. (7점) [2021 변시]

1. 장물보관죄의 성립

사안에서 乙은 甲이 횡령한 수표라는 점을 알면서 1,000만 원을 보관하였으므로 乙에게는 장물보관죄가 성립한다.

2. 횡령죄의 성립 여부

(1) 장물을 보관하는 자가 영득한 경우 횡령죄의 성립 여부

사안과 같이 장물을 보관하는 자가 이를 영득하는 경우에 횡령죄가 성립할 수 있는지에 대하여 ① 장물 보관죄와 횡령죄의 실체적 경합으로 보는 견해도 있지만, ② 다수설과 판례는 이미 장물보관을 하는 경우에는 소유자의 소유권을 충분히 침해했으므로 횡령죄는 불가벌적 사후행위에 불과하여 장물보관죄만 성립한다는 견해를 따르고 있다.

(2) 검토 및 사안의 해결

생각건대 횡령죄의 보호법익은 소유권이므로 이미 장물보관죄가 성립하여 소유권을 침해하였으면 또 다시 소유권을 침해하는 횡령죄의 성립은 인정하지 않는 것이 타당하다. 따라서 사안에서 乙에게 횡령죄는 성립하지 않는다.

> **유제**
>
> A의 승용차를 절취한 甲은 그 정을 알고 있는 친구 乙에게 절취한 승용차를 보관시켰으나 며칠 후 乙은 그 승용차를 팔아버렸다. 乙의 죄책을 논하시오. (7점) [2016 1차 변형]

甲은 장물인 수표를 애인 乙에게 맡겼는데 乙은 이를 보관하던 중 甲의 승낙을 받지 않고 생활비로 소비하였다. 乙의 죄책은? (8점) [2013 변시]

1. 乙이 장물인 점을 안 경우

乙이 장물인 점을 안 경우에는 장물보관죄가 성립한다. 그리고 이후 이를 소비한 부분은 이미 장물보관을 통해 소유자의 소유물 추구권을 침해하였으므로 그 후의 횡령행위는 불가벌적 사후행위에 불과하여 별도의 횡령죄는 성립하지 않는다는 것이 판례의 입장이다. 이러한 판례의 입장에 따르면 乙에게는 장물보관죄만 성립한다.

2. 乙이 장물인 점을 모른 경우

乙이 장물인 점을 모른 경우에는 장물에 대한 고의가 없으므로 장물죄는 성립하지 않는다. 그러나 타인의 재물을 위탁받아 보관하던 중 이를 영득하였으므로 횡령죄가 성립하게 된다.

221

> 甲은 시내버스 안에서 승객 A가 분실한 A의 주민등록증을 주웠다. 甲의 죄책은? (10점) [2018 2차 변형]

1. 논의점

사안과 같이 甲이 시내버스에서 A의 주민등록증을 습득한 경우에 절도죄가 성립 여부와 관련하여 시내버스 운전기사에게 점유를 인정할 것인지에 대하여 논의가 있다.

2. 견해의 대립과 판례의 태도

이에 대하여는 ① 시내버스 운전기사는 버스 내의 재물에 대하여 시간적·장소적 작용가능성이 있으므로 운전기사의 점유를 긍정하는 운전기사 점유긍정설 ② 시내버스 운전기사는 버스 전체에 대한 배타적인 실력적 지배를 할 수 없으므로 운전기사의 점유를 부정하는 운전기사 점유부정설이 대립하고 있으며, ③ 판례는 이른바 '고속버스 유실물 사건'에서 '고속버스 운전사는 고속버스의 관수자로서 차내에 있는 승객의 물건을 점유하는 것이 아니고 승객이 잊고 내린 유실물을 교부 받을 권능을 가질 뿐이므로 유실물을 현실적으로 발견하지 않는 한 이에 대한 점유를 개시하였다고 할 수 없고, 그 사이에 다른 승객이 유실물을 발견하고 이를 가져갔다면 절도에 해당하지 아니하고 점유이탈물횡령에 해당한다'라고 하여 운전기사 점유부정설의 입장이다.

3. 검토 및 사안의 해결

생각건대 시내버스 운전기사에게 버스내의 모든 물건에 대한 배타적 지배를 인정하기 곤란하므로 운전기사점유부정설이 타당하다. 따라서 사안에서 甲에게는 점유이탈물횡령죄가 성립한다.

222

> ○○회사의 경쟁관계에 있는 회사 상무 A는 ○○회사의 개발팀장으로 근무하는 甲에게 접근하여 '○○회사에서 10억 원 가량을 투입하여 새로 개발한 기밀에 해당하는 메모리칩 도면 파일을 빼내어 주면 3억원을 지급하겠다'라고 제안하였고, 창업 자금이 부족하다고 생각하던 甲은 A의 제안을 승낙하였다. 그후 甲은 2022. 4. 11. 09:00경 회사에 출근하여 위 메모리칩 도면 파일을 자신의 이동식 저장장치(USB)에 몰래 복사하고, 이를 가지고 나와 A에게 넘겨준 다음 현금 3억 원을 받았다. 甲의 죄책은? (주거침입의 점 및 특별법 위반의 점은 제외함) (15점) [2023 변시]

1. 절도죄의 불성립

사안에서 甲이 회사에서 영업비밀인 메모리칩 도면 파일을 자신의 이동식 저장장치(USB)에 몰래 복사하고, 이를 가지고 나온 행위가 절도죄가 성립하는지 문제 된다. 그러나 ① 사안에서의 '도면 파일'은 정보로써 정보 자체는 유체물이라고 볼 수도 없고, 물질성을 가진 동력도 아니므로 재물이 될 수 없으며 ② 사안에서의 '도면 파일'을 복사하거나 출력하였다 할지라도 그 정보 자체가 감소하거나 피해자의 점유 및 이용가능성을 감소시키는 것이 아니므로 甲에게는 절도죄는 성립하지 않는다.

> • 정보절도는 절도가 아니라는 점은 주지의 사실이므로 근거를 정확히 제시하는 것이 바람직하다.

2. 업무상배임죄의 성립

사안에서 ○○회사의 개발팀장으로 근무하는 甲은 회사에 대하여 타인의 사무를 처리하는 지위에 있다. 그리고 판례에 의하면 회사직원이 재직 중에 영업비밀 또는 영업상 주요한 자산을 경쟁업체에 유출하거나 스스로의 이익을 위하여 이용할 목적으로 무단으로 반출하였다면 타인의 사무를 처리하는 자로서 업무상의 임무에 위배하여 유출 또는 반출한 것이어서 유출 또는 반출 시에 업무상배임죄의 기수가 된다. 따라서 甲에게는 업무상배임죄가 성립한다.

3. 배임수재죄에 대한 논의

사안에서 甲에게 배임수재죄가 성립할 수 있는지 문제 된다. 배임수재죄에 있어서 "임무"라 함은 타인의 사무를 처리하는 자가 위탁받은 사무를 말하나, 그 위탁관계로 인한 본래의 사무뿐만 아니라 그와 밀접한 관계가 있는 범위 내의 사무도 포함된다. 그러나 사안에서의 甲의 행위는 개발 임무와는 관련이 없는 범죄행위의 댓가를 받는 것에 불과하므로 배임수재죄는 성립하지 않는다.

> • 甲이 개발팀장이므로 배임수재죄가 성립한다는 논리도 가능해 보이지만, 배임수재죄가 성립하기 위해서는 재물 또는 재산상 이익의 취득이 있어야 하는데 본 사안에서의 3억 원은 업무상배임죄의 댓가로 받는 것에 불과하므로 배임수재죄의 성립을 부정하는 견해로 정리한다. 배임수재죄를 긍정하는 견해로는 형법사례연습(김태명저) 506페이지 참조.

223

甲은 절세를 위해 자신의 아파트를 무주택자인 동생 乙에게 수고비를 주고 신탁하기로 하고 등기 명의를 넘겼다. 몇 개월 후 乙은 파산 위험에 처하자, 해당 아파트를 그 정을 모르는 丙에게 10억 원에 매도하기로 하고 계약금 1억 원과 중도금 5억 원을 수령하였다. 그런데, 잔금일 1주일 전에 A가 15억 원에 아파트를 사겠다고 하자, 15억 원을 수령하고 등기를 A에게 넘겨준 후 잠적해 버렸다. 乙의 죄책은?

[2023 2차 변형]

1. 甲에 대한 죄책

(1) 사안에서 甲은 乙에게 부실법상 허용되지 않는 2자간 명의신탁을 하고 있다. 이러한 2자간 명의신탁에서 수탁자가 신탁물을 영득한 경우에 횡령죄가 성립하는지 문제 된다.

(2) 이에 대하여 종래 판례는 횡령죄의 성립을 긍정하였으나, 최근 전합 판례에서는 명의신탁자와 명의수탁자 사이에 무효인 명의신탁약정 등에 기초하여 존재한다고 주장될 수 있는 사실상의 위탁관계를 형법상 보호할 만한 가치 있는 신임에 의한 것이라고 할 수 없으므로 명의수탁자가 신탁부동산을 임의로 처분하여도 횡령죄가 성립하지 않는다고 하여 횡령죄의 성립을 부정하고 있다.

(3) 이러한 판례의 입장에 따르면 乙은 甲에 대하여 횡령죄가 성립하지 않는다.

2. 丙에 대한 죄책

(1) 사안에서 乙은 부동산에 대한 이중매매를 하고 있다. 이러한 이중매매의 경우에 선행매수인인 丙에 대하여 배임죄가 성립하는지 문제 된다.

(2) 이에 대하여 판례는 부동산 매매계약에서 중도금이 지급되는 등 계약이 본격적으로 이행되는 단계에 이른 때에는 매도인은 매수인에 대하여 매수인의 재산보전에 협력하여 재산적 이익을 보호·관리할 신임관계에

있게 되어 그때부터 매도인은 배임죄에서 말하는 '타인의 사무를 처리하는 자'에 해당한다고 보아 배임죄의 성립을 긍정하고 있다.

(3) 이러한 판례에 따르면 사안에서 乙은 丙에게 배임죄가 성립한다. 그리고 부동산 이중매매의 배임죄의 이득액은 이중매매된 부동산의 시가상당액이며, 사안에서의 부동산의 시가는 최소 5억 원이 넘으므로 특경법에 의하여 가중 처벌된다.

> • 판례는 부동산 이중매매를 제외하고는 계약상의 의무관계를 자기의 사무로 보고 있으므로, 위의 판례 법리는 예외적인 법리로 받아들이는 것이 바람직하다. 부동산 이중매매의 배임의 산정과 관련해서는 2011도1651 판례 참조.

3. A에 대한 사기죄의 불성립

사안에서 乙은 A에게 이중매매 사실을 알리지 않았어도 A는 완벽한 소유권을 취득함에 지장이 없으므로 A에 대한 사기죄는 성립하지 않는다.

224

> A 주식회사를 운영하는 甲은 B 은행으로부터 대출을 받으면서 대출금을 완납할 때까지 A 회사 소유의 동산인 골재생산기기(크러셔)를 점유개정 방식으로 양도담보로 제공하기로 하는 계약을 체결하였음에도 담보목적물인 동산을 C 등에게 매각하였다. 甲의 죄책은? [예상문제]

1. 논의점

사안과 같이 채무담보의 목적으로 동산을 양도담보로 제공한 채무자가 동산을 매각한 경우의 죄책에 대하여 논의가 있다.

2. 견해의 대립

이에 대하여는 ① 채무자의 담보물의 보관의무 및 담보가치 유지의무는 통상의 계약에서의 이익대립관계를 넘어서 채권자와의 신임관계에 기초하여 채권자의 사무를 맡아 처리하는 것으로 볼 수 없어 배임죄가 성립한다고 할 수 없다는 무죄설(전합의 다수의견)과 ② 채무자의 담보물의 보관의무 및 담보가치 유지의무는 '타인의 사무'에 해당하므로 배임죄가 성립한다고 보아야 한다 배임죄설(전합의 반대의견)이 대립하고 있다.

3. 결언 및 사안의 해결

생각건대 양도담보계약에서 전형적·본질적 내용은 대출금 채무의 변제와 이를 위한 담보에 있으므로 채무자를 '타인의 사무를 처리하는 자'에 해당한다고 할 수 없다. 따라서 사안에서 甲에게는 배임죄가 성립하지 않는다.

> • 전합 판례 문제이며, 분설형으로 배점이 크게 출제될 수 있는 부분이므로 잘 정리해 두는 것이 바람직하다.

甲은 핸드백을 날치기하는 합동절도를 범하고 도피 중이다. 甲은 A로부터 5천만 원을 차용하면서 담보로 자신 소유의 아파트에 A 명의의 근저당권을 설정해 주기로 약정하였음에도 乙에게 1억 원을 받고 그 아파트를 매도한 후 소유권이전등기를 경료해 주었다. 甲의 죄책은? (부동산 실권리자명의 등기에 관한 법률위반죄는 논외로 함) (5점)

[2021 3차 변형]

사안과 같은 경우에 종래 판례는 배임죄가 성립한다고 보았으나, 최근 전합 판례에서는 '채무자가 저당권설정계약에 따라 채권자에 대하여 부담하는 저당권을 설정할 의무는 계약에 따라 부담하게 된 채무자 자신의 의무이다. 채무자가 위와 같은 의무를 이행하는 것은 채무자 자신의 사무에 해당할 뿐이므로, 채무자를 채권자에 대한 관계에서 '타인의 사무를 처리하는 자'라고 할 수 없다.'라고 보아 배임죄의 성립을 부정하고 있다. 이러한 판례의 태도에 따르면 사안에서 甲의 행위는 범죄가 성립하지 않는다.

> **유제**
>
> 甲은 급전을 마련하기 위해 자신이 소유한 건물에 2022. 4. 1. A에게 4억 원을 빌리면서 근저당권을 설정해 주기로 하였으나, 같은 달 5. B에게 다시 4억 원을 빌리면서 B에게 먼저 근저당권을 설정해주었다. 甲의 죄책은? (6점)
>
> [2022 3차 변형]

甲은 변호사비용을 마련하기 위하여 乙로부터 5천만 원을 빌리면서 담보로 자신 소유의 아파트에 乙 명의의 근저당권을 설정해 주기로 약정했으나, 그 후에 마음이 바뀌어 丙에게 1억 원을 받고 그 아파트를 매도하였다. 이 경우 甲의 죄책은? (10점)

[2023 3차 변형]

1. 논의점

사안과 같이 자신 소유의 아파트에 근저당권을 설정해 주기로 약정하였으나 그 후 이를 이행하지 않고 타인에게 매도한 경우에 배임죄가 성립할 수 있는지 문제 된다.

2. 판례의 변경

이에 대하여 ① 예전 판례는 채무담보를 위하여 채권자에게 부동산에 관하여 근저당권을 설정해 주기로 약정한 채무자가 채권자의 사무를 처리하는 자에 해당함을 전제로 채무자가 담보목적물을 처분한 경우 배임죄가 성립한다고 보았으나, ② 최근 전합 판례에서는 '채무자가 금전채무를 담보하기 위한 저당권설정계약에 따라 채권자에게 그 소유의 부동산에 관하여 저당권을 설정할 의무를 부담하게 되었다고 하더라도, 이를 들어 채무자가 통상의 계약에서 이루어지는 이익대립관계를 넘어서 채권자와의 신임관계에 기초하여 채권자의 사무를 맡아 처리하는 것으로 볼 수 없다'라고 보아 배임죄의 성립을 부정하는 것으로 판례를 변경하였다.

> • '통상의 계약에서 이루어지는 이익대립관계'라는 표현은 암기해 두는 것이 바람직하다.

3. 사안의 해결

이러한 변경된 판례에 의하면 甲에게 배임죄는 성립하지 않는다.

227

주식회사 K건설 대표이사인 甲은 자신의 자동차 1대를 A 캐피탈 주식회사로부터 5,000만 원을 대출받으면서 저당권을 설정해 주었다. 그 후 甲은 위 자동차를 임의처분하려고 중국에 거주하는 B에게 5,000만 원에 매도하기로 하여 계약금 및 중도금 2,500만 원까지 지급받았음에도 친구 乙에게 위 자동차를 5,000만 원에 팔기로 하고, 계약금 및 중도금 2,000만 원을 받고 이를 乙에게 인도하면서, 잔금을 3개월 후에 받기로 하였다. 乙은 위 약정된 기일에 잔금채무를 이행하지 아니하면 자동차를 회수하여 가도 좋다는 약정을 하면서 각서와 매매계약서 및 양도증명서를 甲에게 교부하였다. A에 대한 甲의 죄책은? (10점) B에 대한 甲의 죄책은? (5점)

[2021 1차 변형]

1. A에 대한 甲의 죄책 (10점)

(1) 배임죄 여부

사안에서 甲이 저당권이 설정된 자동차를 임의처분한 것이 배임죄에 해당하는지가 문제 되지만, 최근 전합 판례에 의하면, 채무자를 채권자에 대한 관계에서 배임죄의 주체인 '타인의 사무를 처리하는 자'에 해당한다고 할 수 없으므로 채무자가 담보물을 제3자에게 처분하는 등으로 담보가치를 감소 또는 상실시켜 채권자의 담보권 실행이나 이를 통한 채권실현에 위험을 초래하더라도 배임죄가 성립하지 아니한다고 한다. 이러한 판례의 논지에 따르면 사안에서 甲에게는 배임죄가 성립하지 않는다.

(2) 권리행사방해죄의 성립

사안에서 甲에게 권리행사방해죄가 성립할 수 있는지가 문제되는바, 최근 판례에 의하면 형법 제323조의 권리행사방해죄의 '은닉'이란 타인의 점유 또는 권리의 목적이 된 자기 물건 등의 소재를 발견하기 불가능하게 하거나 또는 현저히 곤란한 상태에 두는 것을 말하고, 그로 인하여 권리행사가 방해될 우려가 있는 상태에 이르면 권리행사방해죄가 성립하고 현실로 권리행사가 방해되었을 것까지 필요로 하는 것은 아니라고 한다. 이러한 판례의 논지에 따르면 사안에서 甲은 자동차에 저당권을 설정하고도 담보유지의무를 위반하여, 자동차를 양도하였으므로 은닉에 해당되어 권리행사방해죄가 성립한다.

2. B에 대한 甲의 죄책 (5점)

위의 배임죄와 같은 법리에 따라 자동차 등의 매도인은 매수인에 대하여 그의 사무를 처리하는 지위에 있지 아니하여, 매도인이 매수인에게 소유권이전등록을 하지 아니하고 타인에게 처분하였다고 하더라도 배임죄가 성립하지 아니한다. 이러한 판례의 법리에 따르면 B에 대하여는 범죄가 성립하지 않는다.

228

연안여객선의 선장인 甲은 돈이 궁해지자, 그 선박의 조리장이자 아내인 乙과 짜고 두 차례에 걸쳐 선박운행에 필요한 물품 등을 구입한 양 허위보고를 하여 선주 A로부터 그 대금으로 총 3천만 원 상당을 교부받았다. 甲과 乙의 죄책은? (10점)

[2020 3차 변형]

1. 사기죄의 공동정범의 성립

사안에서 甲과 乙은 기망을 하여 선주로부터 3,000만 원을 교부받았으므로 사기죄의 공동정범이 성립한다.

2. 업무상배임죄의 성립

사안에서 선장인 甲와 조리장인 乙은 선주에 대하여 타인의 사무를 처리하는 자의 지위에 있음에도 불구하고 서로 공모하여 선주를 배신하여 선주에게 손해를 입히고 자신들이 이득을 취하고 있다. 따라서 甲과 乙에게는 업무상배임죄의 공동정범이 성립한다.

3. 죄수 관계

타인의 업무처리자가 본인을 기망하여 이득을 취득한 경우에 종래의 판례는 사기죄만 성립한다고 보았으나, 그 후 전합 판례에 의하여 종래 판례를 변경하여 상상적 경합 관계에 있다고 판시하고 있다. 따라서 사안에서 甲과 乙에게는 사기죄의 공동정범과 업무상배임죄의 공동정범의 상상적 경합범이 성립한다.

> • 사기죄와 배임죄와 관련해서는 본인을 기망하는 경우와 제3자를 기망하는 경우를 잘 구별하여야 한다

229

> ○○사립학교법인 이사장 甲은 학교에서 발생한 폭력문제가 언론에 보도되는 등 학교운영에 어려움을 겪자 ○○사립학교법인의 임원 변경 방식을 통하여 학교의 운영권을 타인에게 넘기기로 마음먹었다. 이를 전해들은 乙은 甲에게 연락하여 ○○사립학교법인의 운영권을 5억 원에 양도하고 자기를 ○○사립학교법인 이사장으로 선임해 줄 것을 부탁하였다. 乙은 자신이 이사장으로 선임된 이후 甲에게 5억 원을 이체하기로 하였다. 乙은 이사장으로 선임된 직후 A로부터 ○○사립학교법인의 교직원으로 채용해 달라는 부탁을 받고 그 대가로 1억 원을 교부받았다. 甲과 乙의 죄책은? (15점)　　　　　　　　　　　[2020 변시]

1. 학교의 운영권을 양도한 행위에 대한 평가

(1) 판례의 법리

판례에 의하면 '학교법인의 이사장 또는 사립학교경영자가 학교법인 운영권을 양도하고 양수인으로부터 양수인 측을 학교법인의 임원으로 선임해 주는 대가로 양도대금을 받기로 하는 내용의 청탁을 받았다 하더라도, 특별한 사정이 없는 한, 그 청탁이 사회상규 또는 신의성실의 원칙에 반하는 것을 내용으로 하는 것이라고 할 수 없으므로 이를 배임수재죄의 구성요건인 부정한 청탁에 해당한다고 할 수 없다'라고 하고 있다.

(2) 사안의 해결

사안에서 甲과 乙에게는 부정한 청탁이 인정되지 않아 배임수재죄와 배임증재죄는 성립하지 않는다.

> • 상당히 지엽적인 판례의 태도를 묻고 있는 문제이다. 이러한 문제는 사례형 문제로 내는 것이 바람직한지는 의문의 여지가 있다. 따라서 선택형 문제를 대비하면서 본 판례를 기억한다면 판례의 태도만 적어주어도 좋은 점수를 기대할 수 있을 것이다.

2. 乙이 1억 원을 받은 행위에 대한 평가

사안에서 乙이 이사장으로 선임된 직후 A로부터 사립학교법인의 교직원으로 채용해 달라는 부탁을 받은 것은 부정한 청탁에 해당하고, 그러한 부정한 청탁의 대가로 1억 원을 교부받은 것은 제357조 제1항의 배임수재죄에 해당한다.

230

甲은 A의 핸드백을 날치기하였는데 그 안에서 1천만 원이 입금된 A의 예금통장과 인장을 발견하고, 친구 乙에게 A의 예금통장과 인장을 주면서 A의 예금통장에서 5백만 원을 인출하여 달라고 부탁하였다. 甲의 행각을 알고 있던 乙은 甲의 제안을 승낙하고 A의 인장으로 예금청구서를 작성하여 예금통장과 함께 ○○은행 창구 직원에게 제출하여 5백만 원을 인출한 후 그 5백만 원과 예금통장 및 인장을 자신의 승용차에 넣어두었다. 乙의 죄책은? (10점)

[2014 3차 변형]

---

1. 사문서위조죄와 동행사죄

사안에서 乙은 A 명의의 예금청구서를 작성하여 은행에 제출하고 있으므로 乙에게는 사문서위조죄 및 동행사죄가 성립한다. 그리고 사문서위조죄와 동행사죄가 성립하는 경우에는 사인부정사용죄와 동행사죄는 이에 흡수된다.

> • 가능하면 인장에 관한 죄는 적어주는 것이 바람직하다.

2. 사기죄

사안에서 乙은 진실한 예금채권자가 아니면서도 A인 것처럼 은행직원을 기망하여 예금을 인출하고 있으므로 乙에게는 사기죄가 성립한다.

3. 장물보관죄의 성부

사안에서 ① 乙이 甲이 날치기로 취득한 예금통장과 인장을 자신의 승용차에 보관한 것은 장물보관죄가 성립하지만, ② 乙이 은행직원을 기망하여 취득한 500만 원은 스스로 사기범행으로 취득한 것이므로 이에 대하여는 장물보관죄가 성립하지 않는다.

231

甲은 은행강도로 취득한 현금 5천만 원 전부를 자신이 신규 개설한 ○○은행 예금계좌에 입금해 두었으나 범행 발각이 두려워 그 현금을 모두 인출하여 친구 乙에게 보관해 달라고 부탁하였고, 乙은 그 사정을 알면서 甲에게서 건네받은 현금을 자신의 예금계좌에 입금한 후 한 달 뒤 모두 인출하여 甲에게 돌려주었다. 乙의 죄책은? (10점)

[2013 3차 변형]

---

1. 논의점

사안에서 甲은 강취한 현금을 자기 계좌에 입금시킨 후 이를 다시 인출한 후 이러한 사정을 아는 乙의 계좌에 입금하였다가 이를 돌려받고 있다. 이러한 경우 乙에게 장물죄가 성립하는지 문제 된다.

2. 견해의 대립과 판례의 태도

대체장물은 장물이 아님이 원칙이나 예외적으로 통화를 다른 종류의 통화로 교환하거나 또는 수표를 통화로 교환한 경우의 환전통화도 장물성이 인정될 것인가에 대하여 논의가 있다. 이에 대하여는 ① 가치총액상 동일성이 유지되므로 장물이 된다는 긍정설과 ② 가치의 동일성을 물건의 동일성으로 취급하는 것은 유추금지원칙에 반하는 것이므로 장물이 될 수 없다는 부정설 ③ 환전통화의 경우에는 장물성을 인정할수 없지만 수표교환의 경우에는 사기죄로 취득한 현금이므로 장물성이 인정된다는 구별설 등이 대립하고 있으며, ④ 판례는 '예금계약의 성질상 인출된 현금은 당초의 현금과 물리적인 동일성은 상실되었지만 액수에 의하여 표시되는 금전적 가치에는 아무런 변동이 없으므로 장물로서의 성질은 그대로 유지된다고 봄이 상당하다'라고 하여 긍정설의 입장이다.

3. 검토 및 사안의 해결

생각건대 금전은 다른 종류의 재물과는 달리 대체성이 높아 물체의 영득보다는 가치취득으로서의 성질을 가지고 있는 것이므로 장물성이 유지된다고 하는 긍정설이 타당하다. 이러한 긍정설에 따르면 사안에서 乙에게는 장물보관죄가 성립한다.

232

甲은 乙에게 채무변제를 독촉하면서 "너 혼자 몰래 A의 집에 들어가 A 소유의 도자기를 훔쳐 이를 팔아서 나에게 변제하라."라고 말하였다. 이를 승낙한 乙은 혼자 범행을 하는 것이 두려운 나머지 甲에게는 알리지 않은 채 친구 丙과 함께 A의 도자기를 훔치기로 공모하였다. 범행이 발각될 것이 두려웠던 甲은 乙에게 전화하여 범행 단념을 권유하였으나, 乙은 甲의 제안을 단호히 거절하였고 2018. 6. 20. 10 : 00경 丙과 함께 A의 집에 도착하였다. 丙은 A의 집 앞에서 망을 보고, 곧바로 乙은 A의 집에 들어가 A의 도자기를 훔친 후 丙과 함께 도주하였다. 그 후 乙은 B를 기망하여 도자기를 1억 원에 판매하고 자신의 몫 5,000만원을 은행에 별도 계좌를 개설하여 예금해 두었다가 며칠 후 그 전액을 수표로 인출하여 그 정을 알고 있는 甲에게 채무변제금 명목으로 지급하였다. 甲, 乙, 丙의 죄책은? (50점) [2019 변시]

I. 도자기 절취행위에 대한 乙과 丙의 죄책

1. 주거침입의 점에 대하여

먼저 乙은 낮에 A의 집에 들어갔으므로 주거침입죄가 성립한다. 그리고 丙은 A의 집 앞에서 망을 보아주어 주거침입을 공동으로 하고 있으므로 乙과 丙에게는 폭력행위등처벌에관한법률 제2조 제2항의 공동주거침입죄가 성립한다.

> • 본 문제는 乙과 丙이 같이 주거에 들어가 절도를 한 것이 아니므로 폭처법 제2조 제2항의 "2인 이상이 공동하여" 침입한 것인지에 대하여 논의의 여지가 있지만, 전체 배점을 고려하면 간단히 처리하는 것이 바람직하다.

2. 합동절도죄의 성립

사안에서 乙과 丙이 도자기를 절취한 행위에 대하여는 형법 제331조 제2항의 합동절도범의 성부가 문제된다. 합동범의 본질에 대하여는 ① 공모공동정범설 ② 가중된 공동정범설 ③ 현장설 ④ 현장적 공동정범설이 대립하고 있지만, ⑤ 판례는 합동범의 성립요건에 대하여 '주관적 요건으로서의 공모와 객관적 요건으로서의 실행행위의 분담이 있어야 하고, 그 실행행위는 시간적으로나 장소적으로 협동관계에 있다고 볼 정도에 이르면 된다'라고 하여 현장설을 따르고 있다. 사안에서 乙과 丙은 절도를 공모하고, 乙은 절취를 하고 丙이 망을 본 것은 시간·장소적 협동관계가 인정되므로 乙과 丙은 합동절도죄가 성립한다.

3. 乙과 丙의 죄책

사안에서 乙과 丙의 죄책은 ① 폭처법위반(주거침입)죄(폭처법 제2조 제2항 제1호)와 ② 형법상의 합동절도죄(제331조 제2항, 제1항)가 성립하며, 양자는 실체적 경합 관계에 있다.

Ⅱ. 도자기 매도 후 채무변제한 부분의 B의 죄책

1. 도자기를 매도한 부분의 죄책

사안에서 乙은 B를 기망하여 민법 제250조에 의하여 선의취득이 제한되는 도품과 유실물인 도자기를 마치 자기의 소유인 것처럼 하여 B에게 매도한 것이므로 B는 선의취득을 하지 못하여 乙에게는 사기죄가 성립한다.

> • 민법 제250조의 도품 및 유실물의 특칙은 암기해 두었다가 활용하는 것이 바람직하다.

2. 도자기 판매대금을 甲에게 변제한 부분의 죄책

사안에서 乙은 사기죄의 정범이 되므로 별도의 장물죄는 성립하지 않는다.

Ⅲ. 甲이 교사한 부분의 죄책

1. 甲의 가담 형태

甲은 乙에게 A의 집에 들어가 도자기를 훔쳐 팔아서 채무를 변제하라고 한 것만으로 기능적 행위지배가 인정되지 않으므로 甲에게는 교사범만 성립한다.

2. 교사에서의 이탈 문제

(1) 사안에서 甲은 乙에게 범행들을 교사하였으나, 乙이 실행의 착수하기 전에 乙에게 전화하여 범행을 단념하기를 권유하고 있다. 이러한 경우에 甲에게 교사에서의 이탈이 인정될 수 있는지 문제 된다.

(2) 판례에 의하면 교사범이 그 공범관계로부터 이탈하기 위해서는 피교사자가 범죄의 실행행위에 나아가기 전에 교사범에 의하여 형성된 피교사자의 범죄 실행의 결의를 해소하는 것이 필요하다.

(3) 그런데 사안에서 甲은 乙의 범죄 실행의 결의를 해소하지 못하고 있다. 따라서 甲에게는 교사에서의 이탈은 인정되지 않는다.

3. 교사의 착오

(1) 사안에서 甲은 乙에게 주거침입과 절도 및 사기를 교사하고 있다. 그런데 주거침입죄와 사기죄의 교사범이 성립하는 것은 문제가 없지만, 乙과 丙은 합동절도를 범하고 있으므로 교사의 착오가 문제 된다.

(2) 이러한 교사의 착오는 추상적 사실의 착오 중에서 양적인 착오이다. 따라서 甲이 乙에게 절도를 교사한 경우에는 제31조 제2항에 따라 절도예비가 성립할 수 있으나, 절도는 예비를 처벌하지 않으므로 불가벌이다. 그리고 乙이 합동절도의 불법을 범하였지만, 甲의 책임은 절도에 불과하므로 甲은 절도죄의 교사범만 성립하게 된다.

4. 甲의 죄책

甲은 ① 주거침입죄(제319조 제1항)와 ② 절도죄(제329조) 및 ③ 사기죄(제347조 제1항)의 교사범이 성립하고, 각 범죄는 실체적 경합 관계에 있다.

Ⅳ. 甲이 채무를 변제받은 부분의 죄책

1. 논의점

사안에서 甲은 乙이 절취한 도자기를 판매하여 얻은 돈을 예금했다가 인출한 수표로 채무를 변제받고 있다. 이러한 경우에 甲에게 절도죄나 사기죄의 정범이 아니므로 장물취득죄가 성립할 수 있는지 문제된다.

2. 환전통화의 장물성

대체장물은 장물이 아님이 원칙이다. 그러나 예외적으로 통화를 다른 종류의 통화로 교환하거나 또는 수표를 통화로 교환한 경우의 환전통화도 장물성이 인정되는지에 대하여 논의가 있다. 이에 대하여 판례는 '인출된 현금은 당초의 현금과 물리적인 동일성은 상실되었지만 액수에 의하여 표시되는 금전적 가치에는 아무런 변동이 없으므로 장물로서의 성질은 그대로 유지된다'라고 하여 긍정설의 입장이다. 따라서 이러한 판례의 태도에 따르면 甲이 변제받은 수표는 장물성이 인정된다.

3. 장물취득죄의 성립

사안에서 甲은 乙의 절도와 사기 범행을 알면서 이를 취득하고 있으므로 甲에게는 장물취득죄(제362조 제1항)가 성립한다.

233

> 甲은 친구 乙의 사기범행에 이용될 사정을 알면서도 乙의 부탁으로 자신의 명의로 예금통장을 만들어 乙에게 양도하였고, 乙이 A를 기망하여 A가 甲의 계좌로 1,000만 원을 송금하자 甲은 소지 중이던 현금카드로 그중 500만 원을 인출하여 소비하였다. 乙이 甲에게 전화하여 자신 몰래 돈을 인출한 데 대해 항의하자 甲은 그 돈은 통장을 만들어 준 대가라고 우겼다. 甲과 乙의 죄책은? (20점)
>
> [2014 변시]

Ⅰ. 乙의 죄책

乙은 A를 기망하여 1,000만 원을 송금받았으므로 사기죄가 성립한다. 기수 여부가 문제 되지만, 판례에 의하면 전기통신금융사기의 범인이 피해자를 기망하여 피해자의 자금을 사기이용계좌로 송금·이체받으면 사기죄는 기수에 이르렀다고 하므로 乙은 사기죄의 기수가 된다.

Ⅱ. 甲의 죄책

1. 예금통장을 개설해 준 행위에 대한 사기방조죄의 성립

사안에서 甲은 乙이 사기범행에 이용하리라는 것을 알면서도 자신명의의 예금통장을 개설해 주었으므로 이는 사기죄의 방조행위에 해당한다.

2. 500만 원을 인출하여 소비한 행위에 대한 장물취득죄의 불성립

(1) 사안에서 甲에게 장물취득죄가 인정되기 위해서는 1,000만 원이 재산상 범죄로 취득한 재물이어야 한다. 그런데 판례에 의하면 재물과 재산상이익의 구별은 피해자를 기준으로 판단하고, 사안에서 A는 재물인 금전을 송금하였으므로 장물이 될 수 있다.

(2) 그러나 판례에 의하면 장물취득죄가 성립하기 위해서는 본범으로부터 장물의 점유를 이전받음으로 사실상의 처분권을 획득하여야 하는데 사안에서는 본범에게 편취금이 귀속되는 과정이 없었으므로 장물취득행위가 성립하지 않는다. 따라서 甲에게는 장물취득죄가 성립하지 않는다.

3. 500만 원을 인출하여 소비한 행위의 은행에 대한 사기죄의 불성립

사안에서 甲은 乙이 A에게 사기행위를 하여 甲 명의의 예금계좌로 송금한 금전을 인출하여 소비하였는바 이와 관련하여 甲은 실질적인 예금주가 아니므로 은행에 대한 사기죄가 문제될 수 있으나, 판례는 이와 유사한 사안에서 '피고인은 예금주로서 은행에 대하여 예금반환을 청구할 수 있는 권한을 가진 자이므로, 위 은행을 피해자로 한 사기죄가 성립하지 않는다'라고 판시하여 사기죄의 성립을 부정하고 있다. 이러한 판례의 입장에 따르면 甲은 은행에 대한 사기죄는 성립하지 않는다.

4. 500만 원을 인출한 행위의 A에 대한 횡령죄 불성립

사안에서 甲은 乙이 A에게 사기행위를 하여 甲 명의의 예금계좌로 송금한 금전을 인출하여 소비하였는바 이와 관련하여 甲은 실질적인 예금주가 아니므로 A에 대한 횡령죄가 문제될 수 있으나, 판례는 '피해자의 자금을 점유하고 있다고 하여 피해자와의 어떠한 위탁관계나 신임관계가 존재한다고 볼 수 없을 뿐만 아니라, 새로운 법익을 침해한다고 보기도 어려우므로 횡령죄를 구성하지 아니한다'라고 판시하여 횡령죄의 성립을 부정하고 있다. 이러한 판례의 입장에 따르면 甲은 A에 대한 횡령죄는 성립하지 않는다.

5. 사안에서 甲의 죄책

사안에서 甲은 사기죄의 방조범만이 성립한다.

> • 본 문제에서 甲의 죄책은 사기방조죄만이 성립한다. 그리고 관련 판례에서는 장물취득이 되지 않는다는 점에 대해서만 판단을 하고 있다. 따라서 실제 시험에서는 장물죄 부분만 언급하는 것이 바람직하다. 그런데 배점이 큰 문제라면 은행에 대한 사기죄나 A에 대한 횡령죄를 적어줄 수 있을 것이다.

234

> 甲은 친구 乙과 사이에 乙이 계약당사자가 되어 건물을 매수하고 등기도 乙 명의로 하는 명의신탁약정을 맺었다. 乙은 명의신탁약정 사실을 모르는 건물주로부터 건물을 매수하여 자신 명의로 등기한 후 그 건물 전체를 A에게 식당으로 임대하였다. 甲은 A가 장기간 월세를 미납한 사실을 알고 화가 나 乙에게 그 건물의 매수 당시부터 출입문 위에 설치되어 있던 샹들리에를 깨버리고 식당 출입문을 자물쇠로 채워 A가 식당 영업을 못하게 하라고 시켰다. 乙은 甲이 시키는 대로 실행하였고, 이로 인해 A는 일주일 동안 식당 영업을 하지 못했다. 甲, 乙의 죄책은? (「부동산 실권리자명의 등기에 관한 법률」위반죄는 논외로 함) (30점)
>
> [2022 1차 변형]

Ⅰ. 乙의 죄책

1. 권리행사방해죄의 성립

(1) 형법 제323조에 의하면 권리행사방해죄는 타인의 점유 또는 권리의 목적이 된 자기의 물건 또는 전자기록등 특수매체기록을 취거, 은닉 또는 손괴하여 타인의 권리행사를 방해하는 범죄이므로 사안에서 乙이 건물의 소유자인지가 문제 된다.

(2) 사안과 같은 선의의 계약명의신탁의 경우에 건물의 소유권이 누구에게 있는지에 대하여 판례는 명의수탁자가 매도인뿐만 아니라 명의신탁자에 대한 관계에서도 유효하게 소유권을 취득한다고 보고 있어 乙은 건물에 대한 소유자가 된다.

(3) 그리고 권리행사방해죄의 손괴란 물건의 전부 또는 일부에 대하여 물질적으로 훼손하거나 기타 방법으로 그 이용가치를 침해하는 것을 말하므로 사안에서 샹들리에를 깨버린 행위는 손괴에 해당한다.

(4) 따라서 사안에서 乙에게는 권리행사방해죄가 성립한다.

2. 손괴죄의 불성립

손괴죄는 타인의 재물 등을 손괴할 때 성립하는 범죄인데, 사안에서 샹들리에는 乙의 소유이므로 乙이 샹들리에를 깨뜨렸어도 형법 제366조의 손괴죄는 성립하지 않는다.

3. 업무방해죄의 성립

업무방해죄의 위력이란 사람의 자유의사를 제압할 만한 일체의 세력을 말하며, 유형적이든 무형적이든 불문하므로, 폭력·협박은 물론 사회적·경제적·정치적 지위와 권세에 의한 압박 등도 이에 포함된다. 따라서 사안에서 乙이 식당 출입문을 자물쇠로 채워 A가 식당 영업을 못하게 한 행위는 위력에 의한 업무방해죄가 성립한다.

4. 죄수 관련

사안에서 乙에게는 ① 권리행사방해죄와 ② 업무방해죄가 성립하며, 두 죄는 실체적 경합 관계에 있다.

Ⅱ. 甲의 죄책

1. 甲의 가담 형태

사안에서 甲은 乙의 범행에 가담하고 있는바, 甲의 가담 형태가 문제 된다. 그런데 사안에서 甲이 乙의 범행에 대하여 기능적 행위지배를 인정하기 어려우므로 甲에게는 교사범만 성립한다.

2. 권리행사방해죄의 교사범

사안에서 乙이 범한 권리행사방해죄는 판례에 의하면 신분범으로 보고 있다. 따라서 사안에서 甲은 제33조 본문에 의하여 권리행사방해죄의 교사범이 성립한다.

3. 업무방해죄의 교사범

사안에서 乙은 甲이 지시한대로 식당 출입문을 자물쇠로 채워 A가 식당 영업을 못하게 하였으므로 甲에게는 업무방해죄의 교사범이 성립한다.

4. 죄수 관계

사안에서 甲에게는 ① 권리행사방해죄의 교사범과 ② 업무방해죄의 교사범이 성립하며, 양자는 실체적 경합 관계에 있다.

235

甲과 A(여)는 부부 사이이지만 최근에 사이가 좋지 않아 별거 상태에 있다. 甲은 A가 이혼소송을 제기하자 자신이 A 몰래 마련한 오피스텔에 대해서까지 재산분할을 당할 것이 염려되었다. 이에 평소 신뢰하던 고교 동창생 乙에게 1억 원을 빌린 것처럼 차용증을 작성하면서 "A에게 돈을 뺏기지 않기 위하여 금전차용을 담보하기 위한 소유권이전청구권 보전가등기를 하고자 하니 인감도장을 빌려달라"고 하였다. 甲의 요청에 따라 乙은 인감도장을 빌려주었다. 甲은 차용증, 乙의 인감도장 등 필요한 서류를 가지고 혼자 등기소에 가서 소유권이전청구권보전가등기를 경료하였다. 그 시점에 A는 위 오피스텔에 대해 재산분할청구에 기한 가압류를 준비하고 있었다. 甲과 乙의 죄책은? (15점)

[2020 2차 변형]

1. 甲의 죄책

판례는 '이혼을 요구하는 처로부터 재산분할청구권에 근거한 가압류 등 강제집행을 받을 우려가 있는 상태에서 남편이 이를 면탈할 목적으로 허위의 채무를 부담하고 소유권이전청구권보전가등기를 경료한 경우, 강제집행면탈죄가 성립한다'라고 하고 있다. 따라서 이러한 판례의 법리에 따르면 사안에서 甲에게는 강제집행면탈죄가 성립한다.

2. 乙의 죄책

(1) 乙의 가담 형태

사안에서 甲의 강제집행면탈죄에 가담한 乙의 가담 형태가 문제 된다. 그런데 사안에서는 채무자인 甲이 먼저 강제집행면탈의 의사를 가지고 있었으며, 甲이 乙에게 1억 원을 빌린 것처럼 차용증을 작성하였고, 乙이 인감도장을 빌려주자 甲이 인감도장 등 필요한 서류를 가지고 혼자 등기소에 가서 소유권이전청구권보전가등기를 경료하였다는 점에 비추어 乙의 가담 형태는 방조에 불과하다.

(2) 공범과 신분

사안에서 강제집행면탈죄가 신분범인지에 대하여 논의가 있으며, 판례의 태도도 명확하지 않다. 따라서 강제집행면탈죄를 신분범으로 보는 경우에는 乙은 채무자가 아니므로 원칙적으로 강제집행면탈죄를 범할 수 없지만, 제33조 본문에 따라 채무자인 甲의 강제집행면탈죄의 방조범이 성립한다.

제5편

사회적 법익에 관한 죄

236

甲은 화재보험에 가입되어 있는 자기 집에 불을 놓아 화재보험금을 받아 나누기로 친구 乙, 丙과 모의했다. 며칠 후 甲은 정오부터 2시간 정도 자기 집에 가족들이 외출하고 없다고 乙과 丙에게 알려주면서, 자신은 알리바이를 위하여 그 시간에 직장에 있으면서 필요한 사항은 그때그때 휴대폰 문자메시지로 알리겠다고 했다. 이에 따라 乙과 丙은 그 날 정오에 甲의 집 안으로 화염병을 던져 불을 놓고 도망쳤다. 집이 불타면서 유리창이 깨졌고, 마침 甲의 집 앞을 지나가던 A가 그 파편을 맞고 전치 3주의 상해를 입었다. 甲이 모의한 내용에 따라 보험회사에 화재보험금을 지급해 줄 것을 청구했으나, 보험회사는 보험사기가 의심된다며 보험금 지급을 미루었다. 甲, 乙, 丙의 죄책은? (15점)

[2017 3차 변형]

1. 현주건조물방화치상죄의 공동정범

(1) 乙과 丙의 죄책

乙과 丙은 서로 공모하고 현주건조물인 甲의 집 안으로 화염병을 던져 불을 놓았으므로 현주건조물방화죄의 공동정범이 성립한다. 그리고 甲의 집 앞을 지나가던 A가 파편에 3주의 상처를 입은 부분에 대하여는 인과관계가 인정되고 예견가능성도 인정되므로 乙과 丙은 현주건조물방화치상죄의 공동정범이 성립한다.

(2) 甲의 죄책

사안에서 甲은 실행행위를 하고 있지 않지만, 공모를 주도하고 가족들이 외출 등을 알려주는 행위를 통하여 기능적 행위지배를 하고 있으므로 현주건조물방화죄의 공동정범이 성립한다. 그리고 A가 3주의 상처를 입은 부분에 대하여 예견가능성이 인정되므로 甲도 현주건조물방화치상죄의 공동정범이 성립한다.

> • 판례는 결과적가중범의 공동정범을 긍정하고 있다. 따라서 인과관계는 당연히 인정되므로 예견가능성만 언급하는 것이다.

2. 사기미수죄의 공동정범

사안에서 甲이 보험회사에 화재보험금을 청구했으나 보험금의 지급을 받지 못했으므로 甲은 사기미수죄가 성립한다. 그리고 乙과 丙은 甲과 같이 모의를 하고 방화를 하는 등 본질적 기여를 통하여 기능적 행위지배를 하였으므로 사기미수죄의 공동정범이 성립한다.

237

甲은 A를 살해할 의사로 A의 집으로 가 집 주변에 휘발유를 뿌리고 불을 질렀으나, 갑자기 치솟는 불길에 당황하여 A에게 전화하여 집 밖으로 빠져나오게 하였고, A는 간신히 목숨을 건질 수 있었다. 甲의 죄책은? (15점)

[2014 변시]

1. 현주건조물방화치사죄의 불성립

사안에서는 A가 사망하지 않았으므로 기본적으로 현주건조물방화치사죄는 성립하지 않는다. 그리고 현주건조물방화치사죄는 미수범을 처벌하지 않으므로 현주건조물방화치사죄의 미수범도 성립하지 않는다.

> • 배점에 따라서는 결론적인 내용만으로 답안을 작성할 수 있을 것이다.

2. 현주건조물방화죄 성립

사안에서 명확하지는 않지만, 불길이 치솟았고 A는 간신히 목숨을 건졌다는 사정으로 보아 이미 A의 집이 독자적으로 연소된 것으로 보인다. 방화죄의 기수시기에 대한 판례의 태도인 독립연소설에 따르면 현주건조물방화죄는 기수에 이르렀으므로 현주건조물방화죄가 성립한다.

3. 살인죄의 장애미수 성립

사안에서 甲은 A를 살해하려고 방화하여 실행에 착수하였으나, A는 생존하였으므로 기본적으로 살인죄의 미수가 성립한다. 그런데 사안에서 甲은 갑자기 치솟는 불길에 당황하여 A를 빠져나오게 하고 있는바 이러한 甲의 행위가 중지미수에 해당할 수 있는지 문제 된다.

그러나 판례에 의하면 '행위자가 경악하거나 겁을 먹어 중지한 경우'에는 자의성을 인정하지 않는다. 이러한 판례의 입장에 의하면 甲의 행위는 자의성이 인정되지 않아 장애미수에 해당한다.

> • 학설에 따라 자의성을 인정하고, 중지미수에 해당한다는 답안도 가능하다.

4. 甲의 죄책

사안에서 甲에게는 ① 현조건조물방화죄(제164조 제1항) ② 살인죄의 장애미수(제254조, 제250조 제1항)가 성립하며, 양자는 상상적 경합 관계에 있다.

238

> 자신의 동생인 乙이 자신이 명의신탁한 부동산을 허락없이 매도했다는 사실을 알게 된 甲은 며칠간 乙을 찾으려고 노력한 결과, 자신과 10여 년 이상 왕래가 없던 어머니 A의 집에 乙이 숨어 있는 것을 알게 되었다. 며칠 뒤 늦은 밤 甲은 乙과 A가 잠든 것을 확인하고 집을 불태워 이들을 살해하려고 A의 집에 들어가 착화탄에 불을 붙여 방 안으로 집어넣고 마당으로 나왔다. 두 사람이 살아날 가망이 없다고 생각한 甲은 집을 나오면서 A 소유의 5천만 원 상당의 오토바이를 끌고 나왔다. 하지만 착화탄은 불이 제대로 붙기 전에 꺼져 甲의 예상과는 달리 乙은 문밖으로 기어 나와 목숨을 구했고, A는 유독가스에 질식사했다. 甲은 다음 날 중고가게를 찾아 오토바이를 2천만 원에 팔겠다고 하였고, 가게 주인 丁은 이상한 낌새를 느꼈으나, 좋은 기회를 놓칠 수 없다고 생각하고 바로 매수했다. 甲과 丁의 죄책은? [2023 2차 변형]

I. A와 乙에 대한 甲의 죄책

1. A의 집에 침입한 행위에 대한 평가

(1) 사안에서 甲은 자신과 10여 년 이상 왕래가 없던 어머니 A의 집에 A와 乙을 살해하기 위하여 침입하고 있다. 최근 판례의 취지에 따르면 거주자의 승낙을 받고 통상적인 출입방법으로 들어갔다면 특별한 사정이 없는 한 주거침입죄에서 규정하는 침입행위에 해당하지 않는다고 한다.

(2) 사안에서 甲과 A는 모자지간이므로 특별한 사정이 없는 한 A의 추정적 승낙이 있었다고 보여지고, 甲이 통상적인 방법으로 들어간 경우이므로 주거침입죄는 성립하지 않는다.

> • 이 부분은 명확한 판례가 없으므로 논리구성에 따라 주거침입죄의 성립을 인정할 수도 있을 것이다.

2. 착화탄에 불을 불인 행위에 대한 평가

(1) 현주건조물방화미수죄의 성립

사안에서 현주건조물방화죄의 실행의 착수시기가 문제 되지만, 판례에 의하면 매개물에 불을 켜서 붙이면 방화죄의 실행의 착수가 인정되므로 사안에서 현주건조물방화죄의 실행의 착수는 인정된다.

그러나 판례에 의하면 방화죄는 화력이 매개물을 떠나 스스로 연소할 수 있는 상태에 이르렀을 때에 기수가 되므로 사안에서 현주건조물방화죄는 미수에 그친다.

(2) 乙에 대한 죄책

사안에서 甲은 乙을 살해하기 위하여 착화탄에 불을 붙였으나, 乙은 사망하지 않았다. 따라서 甲에게는 ① 현주건조물방화미수죄와 ② 살인미수죄가 성립하고, 양자는 상상적 경합 관계에 있다.

(3) A에 대한 죄책과 죄수 관계

사안에서 甲은 A를 살해하기 위하여 착화탄에 불을 붙였으며, B는 유독가스에 질식하여 사망하였다. 따라서 甲에게는 현주건조물방화치사죄와 존속살해죄가 성립한다. 양자의 죄수 관계는 존속살해죄에는 자격정지 형이 병과될 수 있어 존속살해죄가 현주건조물방화치사죄보다 형이 무거우므로 다수설과 판례 모두 상상적 경합을 인정하므로 양죄는 상상적 경합 관계에 있다.

3. 甲의 죄책

甲에게는 ① 현주건조물방화미수죄 ② 살인미수죄 ③ 현주건조물방화치사죄 ④ 존속살해죄가 성립하며, 이 모든 죄는 모두 상상적 경합 관계에 있다.

Ⅱ. 오토바이에 대한 甲과 丁의 죄책

1. 甲의 죄책

(1) 절도죄의 성립과 친족상도례의 적용

사안에서 甲은 어머니 A 소유의 오토바이를 절취하고 있으므로 절도죄가 성립한다. 그리고 사안에서 절취행위 이전에 A가 사망하였더라도, 판례에 의하면 사자의 생전 점유의 계속을 인정하므로 절도죄의 성립에 영향이 없다.

그런데 사안에서 甲과 A는 직계혈족의 관계에 있으므로 제344조에 의하여 준용되는 제328조 제1항에 의하여 甲은 형이 면제된다.

> • 친족상도례 준용 규정인 제344조, 제354조, 제361조, 제365조는 암기해 두는 것이 바람직하다.

(2) 사기미수죄의 성립

사안에서 甲은 丁에게 오토바이를 매도하고 있으나, 丁은 이상한 낌새를 느끼고 이를 매수하고 있으므로 기망행위와 처분행위 사이에 인과관계가 인정되지 않아 사기죄는 성립하지 않고, 사기미수죄만 성립한다.

2. 丁의 죄책

사안에서 丁은 오토바이를 이상한 낌새를 느끼면서도 이를 매수하고 있으므로 장물에 대한 미필적 고의가 인정되어 장물취득죄가 성립한다.

제2장 | 공공의 신용에 관한 죄

239

甲의 아버지 F가 사망한 지 일주일이 지난 후 甲은 사용하고 갖다 놓을 생각으로 집에 있던 F의 인감도장을 동사무소로 가지고 가서 인감증명위임장을 작성하여 이를 직원에게 제출한 후, 도장을 다시 제자리에 갖다 놓았다. 직원은 F가 이미 사망하였음을 알고 수사기관에 신고하였다. 甲의 죄책은? (10점) [2012 2차 변형]

1. 사문서위조 및 동행사죄의 성부

(1) 사안에서 甲은 이미 사망한 F 명의의 예금청구서를 작성한 행위가 사문서위조죄에 해당할 수 있는지에 대하여 ① 종래 판례는 원칙적으로 부정하였으나 ② 그 후 전합 판례에 의하면 사망자 명의의 문서도 공공의 신용을 해할 위험성이 있으므로 문서위조죄가 성립한다고 보아 종래의 판례를 변경하였다.

(2) 생각건대 사망자 명의의 문서라도 공공의 신용을 해할 수 있으므로 문서위조죄가 성립한다고 보는 것이 타당하다. 따라서 사안의 경우에 甲의 행위는 사문서위조죄가 성립하며, 이를 동직원에게 제출하는 것은 위조사문서행사죄에 해당한다.

2. 인감도장을 사용하고 이를 제자리에 갖다 놓은 행위에 대한 평가

(1) 절도죄나 점유이탈물횡령죄의 성부

사안에서 인감도장을 사용하는 것은 그 사용으로 인한 가치의 소모가 무시할 수 있을 정도로 경미하므로 불법영득의사가 인정되지 않는다. 따라서 甲의 행위는 사용절도에 해당하여 절도죄나 점유이탈물횡령죄에 해당하지 아니한다.

(2) 인장위조죄 및 동행사죄의 성립 여부

사안에서 甲이 F의 인감도장을 사용한 부분에 대하여 인장위조죄 등이 문제 되지만, 문서위조죄가 성립하는 경우는 이에 흡수되므로 독립된 죄를 구성하지 아니한다.

240

甲과 乙은 후배인 A를 지속적으로 괴롭혀 왔다. 2008. 3. 5. 甲과 乙은 함께 A의 자취방에서 A를 구타하다가 사망에 이르게 하였다. A가 사망하자 乙은 당황하여 도주하였는데, 甲은 A의 자취방을 뒤져 A 명의의 OO은행 통장과 A의 주민등록증 및 도장을 훔친 후 도주하였다. 다음 날인 3. 6. 12 : 00경 甲은 A의 주민등록증 사진을 자신의 사진으로 바꾸고, 같은 날 15 : 00경 OO은행에 가서 A 명의로 예금청구서를 작성하고 A의 도장을 찍어 A의 주민등록증을 제시한 후 A의 통장에서 현금 1,000만 원을 인출하였다. 甲의 죄책은? (15점)

[2015 변시]

1. 주민등록증의 사진을 바꾸고 이를 제시한 행위에 대한 평가

사안에서 甲은 행사할 목적으로 A의 주민등록증에 붙어 있는 사진을 떼어내고 甲의 사진을 붙였다면, 이는 기존 공문서의 본질적 또는 중요 부분에 변경을 가하여 새로운 증명력을 가지는 별개의 공문서를 작성한 경우이므로 공문서위조죄를 구성한다. 그리고 이를 은행직원에게 제시한 행위는 행사에 해당하므로 甲에게는 공문서위조죄와 위조공문서행사죄가 성립한다.

2. A 명의의 예금청구서를 작성하고 이를 제시한 행위에 대한 평가

(1) 사안에서 甲은 이미 사망한 A 명의의 예금청구서를 작성한 행위에 대하여는 사망자 명의의 사문서위조죄가 성립할 수 있는지 문제 된다.

(2) 종래 판례는 원칙적으로 사망자 명의의 사문서위조죄의 성립을 인정하지 않지만, 생존일자로 소급작성된 경우에는 예외적으로 사문서위조죄의 성립을 인정하였다. 그러나 그 후 전합 판례에 의하여 사망자 명의의 문서도 공공의 신용을 해할 위험성이 있으므로 문서위조죄가 성립한다고 보아 종래 판례를 변경하였다.

(3) 생각건대 사망자 명의의 문서라도 공공의 신용을 해할 수 있으므로 문서위조죄가 성립한다고 보는 것이 타당하다. 따라서 사안의 경우에 甲의 행위는 문서위조가 성립하며, 이를 은행직원에게 제시하는 것은 위조사문서의 행사죄에 해당한다.

> • 사자 명의의 사문서위조죄와 관련해서는 판례의 변경 내용을 정확히 적어주는 것이 바람직하다.

3. A의 인장을 예금청구서에 찍은 행위

甲이 A의 인장을 예금청구서에 찍어 예금청구서를 완성한 후에 이를 은행직원에게 제시한 것은 사인부정사용죄 및 동행사죄가 성립할 수 있지만, 인장에 관한 죄는 문서죄와 보충관계에 있으므로 위에서 본 바와 같이 사문서위조죄 및 동행사죄가 성립하면 이에 흡수되어 별죄를 구성하지 않는다.

> • 인장부정사용죄를 인장부정행사죄로 잘못 적지 않도록 주의하여야 한다.

4. 은행직원을 기망한 행위

사안에서 甲은 은행직원에게 A가 아님에도 A인 것처럼 행세하며 A의 예금잔고 중 1,000만 원을 인출하고 있다. 이러한 甲의 행위는 사기죄의 성립 요건인 ① 기망 ② 착오 ③ 처분행위 ④ 이익의 취득 ⑤ 손해의 발생을 모두 충족하고 있으므로 은행에 대한 사기죄가 성립한다.

5. 죄수 문제

사안에서 甲에게는 ① 공문서위조죄(제255조) ② 동행사죄(제229조) ③ 사문서위조죄(제231조) ④ 동행사죄(제234조) ⑤ 사기죄(제347조)가 성립하며, 이들 중 ②와 ④는 상상적 경합 관계에 있고 나머지 범죄들과는 실체적 경합 관계에 있다.

> • 은행원에게 위조된 예금청구서와 위조된 주민등록증을 한꺼번에 제출한다는 점에서 두 죄는 상상적 경합으로 본 것이다.

241

甲은 도피자금을 마련하기 위해 동창생 A로부터 토지를 구입한 사실이 없음에도 자신을 매수인으로 하고 A를 매도인으로 하는 부동산 매매계약서를 작성한 다음 등기소에 제출하여 소유권이전등기를 완료하였다. 甲의 죄책은? (5점)　　　　　　　　　　　　　　　　　　　　　　　　　　　　　[2023 3차 변형]

1. 사문서위조죄와 동행사죄의 성립

사안에서 甲은 동창생 A의 명의를 모용한 부동산 매매계약서를 작성하였으므로 사문서위조죄가 성립하고, 이를 등기소에 제출하였으므로 동행사죄가 성립한다.

2. 공정증서원본부실기재죄의 성립

사안에서 甲은 위조된 부동산 매매계약서를 등기소에 제출하여 부동산이전등기를 완료하였으므로 공정증서원본부실기재죄와 동행사죄가 성립한다.

242

甲은 양부 A를 살해한 후 A 명의 부동산을 임의로 처분하기로 마음을 먹었다. 이에 甲은 A를 살해한 직후 병실에 보관되어 있던 A의 인감도장을 가지고 나온 다음 'A가 甲에게 인감증명서 발급을 위임한다'라는 취지의 A 명의 위임장 1장을 작성하고 같은 날 주민센터 담당 직원 B에게 제출하여 A의 인감증명서를 발급받았다. 甲의 죄책은? (13점)　　　　　　　　　　　　　　　　　　　　　　　　　[2023 변시]

1. A 명의의 인감도장을 가지고 나온 행위

사안에서 甲이 A 명의의 인감도장을 가지고 나온 행위는 甲에게 인감도장에 대한 불법영득의사가 없다고 보여지고, 명확하지는 않지만 제 자리에 갖다 두었다는 것을 전제로 하면 甲에게 절도죄는 성립하지 않는다.

2. A 명의의 위임장을 작성한 행위

(1) 사안에서 A는 이미 사망하였으므로 甲이 A 명의 위임장을 작성한 것이 사문서위조죄가 성립하는지 문제 된다. 종래 판례는 부정하였으나, 2005년 전합 판례를 통하여 사자나 허무인 명의의 사문서의 경우에도 사문서위조죄의 성립을 인정하여 종전의 판례를 변경하였다. 이러한 판례의 입장에 따르면 A에게는 사문서위조죄가 성립한다.

(2) 사안에서 甲이 A 명의의 인감증명서를 작성할 때 A 명의의 인감도장을 찍은 행위는 사인부정사용죄에 해당한다. 그러나 사안에서 甲에게 사문서위조죄가 성립하면 사인부정사용죄는 이에 흡수되어 별죄를 구성하지 않는다.

3. 위조사문서행사죄의 성립

사안에서 甲이 위조된 위임장을 주민센터 담당 직원 B에게 제출한 행위는 위조사문서행사죄가 성립하고 사문서위조죄와 동행사는 실체적 경합 관계에 있다.

4. 인감증명서를 발급받은 행위에 대한 평가

(1) 신용에 관한 죄의 성부 검토

사안에서 인감증명서를 발급받은 행위에 대하여는 ① 주민센터 담당 직원 B는 작성권한이 있으므로 공문서위조죄의 간접정범은 성립하지 않고, ② 甲은 작성권한 있는 공무원이 아니므로 (정범적격이 없어) 허위공문서작성죄의 간접정범이 성립하지 않고, ③ 인감증명서는 공정증서가 아니므로 공정증서원본부실기재죄가 성립하지 않는다.

(2) 위계에 의한 공무집행방해죄의 성립

사안에서 甲은 공무원은 주민센터 담당 직원 B를 기망하여 A 명의의 인감증명서를 발급받았으므로 위계에 의한 공무집행방해죄가 성립한다.

> • 전체적으로 적을 내용이 많으므로 답안의 밸런스를 잘 유지하여야 한다.

243

> 甲은 ○○시청 건축과에서 건축물관리대장 관리와 무허가 건물 단속 및 시정조치 업무를 담당하는 공무원 乙에게 300만 원을 건네주면서 자신의 무허가 건물을 허가받은 건물인 것처럼 건축물관리대장에 등재케 해 달라고 부탁하였다. 그 돈을 받은 乙은 甲의 건물이 무허가임을 확인하였음에도 이를 단속하거나 시정조치를 하지 아니하고, 甲의 무허가 건물을 허가받은 건물로 등재하는 서류를 작성하여 이를 모르는 결재권자인 ○○시청 담당 과장 丙으로부터 결재를 받은 다음 결재 내용대로 기재한 건축물관리대장을 비치하였다. 甲과 乙의 죄책은? (25점)
>
> [2014 2차 변형]

Ⅰ. 乙의 죄책

1. 건축물관리대장 관련 죄책

(1) 논의점

사안에서 작성권자인 丙의 보조공무원인 乙에게 건축물관리대장에 대한 허위공문서작성죄의 간접정범이 성립할 수 있는지에 대하여 논의가 있다.

(2) 견해의 대립과 판례의 태도

이에 대하여는 ① 보조공무원은 실질적으로 작성권한이 있으며, 보조공무원을 처벌할 필요성이 있으므로 간접정범을 긍정하는 긍정설과 ② 허위공문서작성죄는 진정신분범이며, 보조공무원은 다른 범죄로 처벌하면 되므로 간접정범을 부정하는 부정설이 대립하고 있으며, ③ 판례는 '보조공무원이 허위공문서를 기안하여 허위인 정을 모르는 작성권자에게 제출하고 그로 하여금 그 내용이 진실한 것으로 오신케하여 서명 또는 기명날인케 함으로써 공문서를 완성한 때에는 허위공문서작성죄의 간접정범이 성립한다'라고 하여 긍정설의 입장이다.

(3) 검토 및 사안의 해결

생각건대 본죄는 작성권한이 있는 공무원은 실질적으로 판단하는 것이 타당하므로 긍정설이 타당하다. 이러한 긍정설에 따르면 사안에서 乙은 허위공문서작성죄의 간접정범이 성립하며, 동 건축물관리대상이 비치되었으므로 동행사죄가 성립한다.

> • 허위공문서작성죄의 간접정범 인정 여부는 신용에 관한 죄에서 사례 문제로 나올 0순위 문제이므로 그 근거까지 기억하여 두는 것이 바람직하다.

2. 직무유기죄의 성부

乙은 甲의 건물이 무허가임을 확인하였음에도 이를 단속하거나 시정조치를 하지 아니하고 방치한 것은 직무유기죄에 해당한다.

3. 수뢰후부정처사죄

사안에서 乙은 甲에게 300만 원을 받고 그 부탁에 따른 허위공문서작성죄 등을 범하고 있으므로 B는 수뢰후부정처사죄가 성립한다.

4. 죄수 관계

(1) 허위공문서작성죄와 직무유기죄의 죄수 관계

사안에서 乙은 자신의 위법사실을 은폐할 목적으로 허위공문서를 작성한 경우이므로 직무유기죄는 허위공문서작성죄에 흡수되어 허위공문서작성죄의 간접정범만이 성립한다.

(2) 연결효과에 의한 상상적 경합의 인정 여부

사안과 같은 경우 연결효과에 의한 상상적 경합을 인정할 수 있는지에 대하여 논의가 있지만, 판례는 '허위공문서작성죄와 동행사죄가 수뢰후부정처사죄와 각각 상상적 경합 관계에 있을 때에는 허위공문서작성죄와 동행사죄 상호간은 실체적 경합범 관계에 있다고 할지라도 상상적 경합범 관계에 있는 수뢰후부정처사죄와 대비하여 가장 중한 죄에 정한 형으로 처단하면 족한 것이고 따로이 경합가중을 할 필요가 없다'라고 하여 간접적으로나마 연결효과에 의한 상상적 경합을 인정하는 듯이 판시하고 있다. 이러한 판례의 입장에 따르면 사안에서 乙은 수뢰후부정처사죄로 처벌되게 된다.

> • 연결효과에 의한 상상적 경합 사례에 대하여는 학계에서는 이미 부정하는 것으로 확립되어 있으므로, 수험생의 입장에서는 판례의 태도 정도만 적시해 주는 것이 바람직하다.

5. 乙의 죄책

사안에서 乙은 허위공문서작성죄의 간접정범, 동행사죄 및 수뢰후부정처사죄가 성립하지만, 판례에 따르면 수뢰후부정처사죄로만 처벌된다.

Ⅱ. 甲의 죄책

1. 증뢰죄의 성립

사안에서 甲은 乙에게 직무와 관련하여 300만 원을 주고 있으므로 甲에게는 제133조 제1항의 증뢰죄가 성립한다.

2. 허위공문서작성죄의 간접정범과 동행사죄의 교사범

사안에서 甲은 乙에게 허위공문서작성죄와 동행사죄를 부탁하였고, 乙에게 허위공문서작성죄와 동행사죄가 성립하고 있으므로 甲에게는 허위공문서작성죄와 동행사죄의 교사범이 성립한다.

공무원 甲은 ○○동 주민센터에서 일정한 요건이 갖추어진 경우 가계곤란자에 대해 동장명의의 직인을 사용하여 월 30만 원을 지급하는 내용의 복지대상자 확인증을 발급하는 업무를 담당하고 있는 직원이다. 어느 날 甲의 고교동창생인 乙은 자신이 복지대상자가 아님을 알면서도 甲에게 현금 100만 원을 건네주면서 복지대상자 확인증을 발급해달라고 부탁하였다. 甲은 乙이 10억 원 상당의 주택과 2억 원 상당의 외제 자동차를 가진 자로서 복지대상자가 아님을 알면서도 동장 명의의 복지대상자 확인증을 발급해 주었다. 甲과 乙의 죄책은? (20점)

[2019 2차 변형]

Ⅰ. 甲의 죄책

1. 복지대상자 확인증을 발급해 준 행위

(1) 판례는 공문서 작성권자로부터 포괄적인 권한을 수여받은 업무보조자인 공무원이, 그 위임의 취지에 반하여 공문서를 작성하였다면 공문서위조죄가 성립한다고 하므로 甲에게는 공문서위조죄가 성립한다.

(2) 그리고 사안에서 甲은 위조된 공문서를 乙에게 발급해 준 것이 위조공문서행사죄에 해당하는지 문제되지만, 甲과 乙은 공범관계에 있으므로 위조공문서행사죄는 성립하지 않는다.

2. 수뢰후부정처사죄의 성립

사안에서 甲은 乙로부터 직무와 관련된 청탁을 받고 100만 원을 수뢰하고 乙이 복지대상자가 아님을 알면서도 동장명의의 공문서를 발급하여 주었으므로 甲에게는 형법 제131조 제1항의 수뢰후부정처사죄가 성립한다.

3. 죄수 판단

사안에서 甲에게는 ① 수뢰후부정처사죄와 ② 공문서위조죄가 성립하지만, 두 죄는 부분적인 동일성이 인정되므로 상상적 경합 관계에 있다.

Ⅱ. 乙의 죄책

1. 증뢰죄의 성립

사안에서 乙은 공무원인 甲에게 직무와 관련된 부당한 대가로서의 이익을 공여하고 있으므로 형법 제133조 제1항의 증뢰죄가 성립한다.

2. 허위공문서작성죄의 간접정범의 교사범의 성립

사안에서 乙에게는 허위공문서작성죄의 간접정범만 교사하였지만, 甲은 공문서위조를 하고 있다. 이러한 착오는 추상적 사실의 착오 중 양적 착오이므로 乙은 중첩되는 허위공문서작성죄의 간접정범에 대한 교사범만 성립한다.

3. 죄수 판단

사안에서 乙에게는 ① 증뢰죄와 ② 허위공문서작성죄의 간접정범의 교사범이 성립하고, 두 죄는 실체적 경합 관계에 있다.

245

甲은 육군 대위로서 육군사관학교에 재직하면서 납품 관련 시험평가서를 기안하는 등 그 작성을 보조하는 업무를 담당하던 중에, ○○방위산업체에 근무하는 고교동창 乙로부터 ○○방위산업체에서 생산하여 납품 하려고 하는 탄환에 대한 시험평가서가 필요하니 도와달라는 부탁을 받고, 그 부탁에 따라 다른 업체에 대한 탄환 실험데이터를 도용하여 실험 결과를 허위로 기재한 육군사관학교장 명의의 시험평가서를 작성 한 다음 그 정을 모르는 결재권자의 도장을 받았다. 甲과 乙의 죄책은? (18점)   [2022 변시]

I. 甲의 죄책

1. 논의점

사안에서 작성권자를 보조하는 공무원인 甲이 작성권자에게 허위보고를 하여 작성권자가 허위인 정을 모르고 허위공문서를 작성한 경우에 甲에게 허위공문서작성죄의 간접정범이 성립할 수 있는지에 대하여 논의가 있다.

2. 견해의 대립

이에 대하여는 ① 보조공무원은 실질적으로 작성권한이 있으며, 보조공무원을 처벌할 필요성이 있으므로 간접정범을 긍정하는 긍정설과 ② 허위공문서작성죄는 진정신분범이며, 보조공무원은 다른 범죄로 처벌 하면 되므로 간접정범을 부정하는 부정설이 대립하고 있다.

3. 판례의 태도

판례는 '보조공무원이 허위공문서를 기안하여 허위인 정을 모르는 작성권자에게 제출하고 그로 하여금 그 내용이 진실한 것으로 오신케하여 서명 또는 기명날인케 함으로써 공문서를 완성한 때에는 허위공문 서작성죄의 간접정범이 성립한다'라고 하여 긍정설의 입장이다.

4. 검토 및 사안의 해결

생각건대 작성권자를 보조하는 자는 실질적인 작성권한을 가지고 있다고 볼 수 있으며, 작성권자를 이용 하는 보조자를 처벌할 형사정책적 필요성도 있으므로 긍정설이 타당하다. 이러한 긍정설에 따르면 사안 에서 甲에게는 허위공문서작성죄의 간접정범이 성립한다.

II. 乙의 죄책

(1) 사안에서 작성권자를 보조하는 공무원인 乙에게 허위공문서작성죄의 간접정범이 성립하는 경우에 甲 과 공모한 공무원이 아닌 乙은 제33조 본문에 의하여 허위공문서작성죄의 간접정범의 공범이 성립할 수 있다.

(2) 그런데 사안에서 乙은 甲에게 도와달라고 말하는 정도에 불과하여 기능적 행위지배를 인정할 수 없으 므로 乙에게는 교사범만이 성립한다. 따라서 사안에서 乙에게는 허위공문서작성죄의 간접정범의 교사 범이 성립한다.

甲은 시내버스 안에서 승객 A가 분실한 A의 주민등록증을 주웠다. 甲은 A의 주민등록증을 신분확인용으로 이용하여 A 명의의 휴대폰을 만들기로 마음먹었다. 집에 돌아온 甲은 자신의 컴퓨터에서 만든 ① A의 주민등록증을 스캔한 이미지파일과 ② A 명의로 작성한 휴대폰 신규가입신청서를 스캔한 이미지파일을 휴대폰 대리점 직원 乙에게 발송하였다. 甲의 죄책은? (단, A의 주민등록증을 주운 부분은 논외로 함) (15점)

[2018 2차 변형]

1. 주민등록증을 스캔하여 이미지로 만들어 발송한 부분의 죄책

(1) 공문서위조죄의 성립 여부

사안에서 甲은 A의 주민등록증을 스캔하여 이미지파일로 만든 경우 이미지파일 자체는 문서가 아니므로 공문서위조죄는 성립하지 않으며, 또한 이를 발송하였다고 하여도 위조된 문서가 아니므로 행사죄도 성립하지 않는다.

(2) 공문서부정행사죄의 성립 여부

사안에서 甲은 권한 없이 공문서인 A의 주민등록증의 이미지파일을 그 본래의 용도인 신분확인용으로 사용했으므로 공문서부정행사죄가 성립할 수 있는지 문제 된다. 이와 관련하여 최신 판례에 의하면 '자동차 등의 운전자가 경찰공무원에게 다른 사람의 운전면허증 자체가 아니라 이를 촬영한 이미지파일을 휴대전화 화면 등을 통하여 보여주는 행위는 운전면허증의 특정된 용법에 따른 행사라고 볼 수 없어 공문서부정행사죄를 구성하지 아니한다'라고 하고 있다. 따라서 이러한 판례의 취지에 따르면 사안에서 甲에게는 공문서부정행사죄가 성립하지 않는다.

> • 이 부분은 대법원 2019.12.12. 선고 2018도2560 판결의 취지를 반영한 해설이다. 참고로 현재는 2023. 12. 26. 개정된 주민등록법 제37조 제1항 8조의2호에 따라 처벌된다. <주민등록법> 제37조 ① 다음 각 호의 어느 하나에 해당하는 자는 3년 이하의 징역 또는 3천만원 이하의 벌금에 처한다. (일부 생략) 8의 2. 다른 사람의 주민등록증등의 이미지 파일 또는 복사본을 부정하게 사용한 자

2. 휴대전화 가입신청서 스캔 파일 발송 관련 죄책

(1) 사문서위조죄 성립 여부

사안에서 甲은 A 명의의 휴대전화 신규 가입신청서를 작성하였으므로 사문서위조죄에 해당한다.

(2) 위조사문서행사죄 성립 여부

사안에서 甲은 위조된 휴대전화 신규 가입신청서를 스캔하여 이미지파일을 만들어 송부하고 있다. 이러한 경우에 이미지 파일은 문서가 아니지만, 甲에게 위조사문서행사죄가 성립할 수 있는지 문제 된다. 이에 대하여 판례는 행사죄의 경우에는 컴퓨터에 연결된 스캐너(scanner)로 읽어 들여 이미지화한 다음 이를 전송하여 컴퓨터 화면상에서 보게 하는 경우도 행사에 해당한다고 판시하고 있다. 따라서 이러한 판례의 입장에 따르면 甲에게는 위조사문서행사죄가 성립한다.

○○은행에서 수차례 대출받고 대출금을 상환하지 않아 더 이상 자격이 되지 않는 乙은 ○○은행 대출총괄 상무이사인 甲에게 2억 원을 대출해달라고 적극적으로 사주하였다. 甲은 이러한 사실을 알면서도 자신의 접근 권한을 이용하여 ○○은행 금융전산망 시스템에 들어가 乙이 대출을 받을 수 있도록 허위의 정보를 입력하여 乙에게 2억 원을 대출해 주면서 乙로부터 아무런 담보도 확보하지 않았다. 甲에게 사전자기록등위작죄가 성립하는가? (15점)

[2023 1차 변형]

1. 논의점

사안과 같이 사전자기록의 무형위조의 경우 형법 제232조의2의 사전자기록등위작죄에서 행위의 태양으로 규정한 '위작'에 해당하는지에 대하여 논의가 있다.

2. 견해의 대립

(1) 긍정설 - 전합의 다수의견

제232조의2의 '위작'의 의미를 제227조의2에서의 위작과 동일하게 해석하여 유형위조는 물론 권한남용적 무형위조도 포함된다고 해석하는 견해이다. 이러한 견해는 같은 법령에서의 '위작'의 의미는 동일하게 해석하여야 하며, 이렇게 해석하더라도 죄형법정주의에 반하지 않는다는 점 등을 논거로 한다.

(2) 부정설 - 전합의 반대의견

제232조의2의 '위작'의 의미에는 유형위조만 포함되고 권한남용적 무형위조도 포함되지 않는다고 해석하는 견해이다. 이러한 견해는 '위작'이라는 낱말의 사전적 의미에 맞지 않고, 유형위조와 무형위조를 엄격히 구분하고 있는 형법 체계에서 일반인이 예견하기 어려운 해석이어서 받아들이기 어렵다는 점 등을 논거로 한다.

3. 결언 및 사안의 해결

생각건대 동일한 법령에서의 용어는 법령에 다른 규정이 있는 등 특별한 사정이 없는 한 동일하게 해석·적용되어야 하므로 제227조의2의 위작과 제232조의2의 위작의 의미를 동일하게 해석하는 긍정설이 타당하다. 따라서 이러한 긍정설의 입장에 따르면 사안에서 甲 등에게는 사전자기록등위작죄 및 위작사전자기록등행사죄가 성립한다.

• 전합 판례 문제이며, 분설형으로 배점이 크게 출제될 수 있는 부분이므로 잘 정리해 두는 것이 바람직하다.

248

> 甲은 불심검문을 받던 중 경찰관 P가 신분증 제시를 요구하자 동생 A 명의의 운전면허증을 자신의 것인
> 양 제시하였다. 그 운전면허증은 운전면허증 발급업무 담당자 乙이 운전면허 취득 자격이 없는 A를 위해
> 부정발급해 준 것이었지만, 甲은 그 사실을 모르고 있었다. 甲에게 허위작성공문서행사죄와 공문서부정행
> 사죄가 무죄라는 논거를 설명하시오. (10점)
> [2016 2차 변형]

1. 허위작성공문서행사죄가 무죄라는 논거

사안에서의 A의 운전면허증은 운전면허증 발급담당자인 乙이 운전면허 취득자격이 없는 A를 위해 허위
로 발급해 준 것이므로 허위공문서에는 해당한다. 그러나 허위작성공문서행사죄가 성립하기 위해서는
허위공문서를 행사한다는 점에 대한 고의가 있어야 한다. 그런데 사안에서는 甲은 허위공문서에 대한 인식이
없으므로 甲의 허위작성공문서행사죄는 무죄가 된다.

2. 공문서부정행사죄가 무죄라는 논거

공문서부정행사죄의 객체는 진정하게 성립된 공문서를 전제로 하는데 사안에서의 A의 운전면허증은 운
전면허증 발급담당자인 乙이 운전면허 취득자격이 없는 A를 위해 허위로 발급해 준 것이므로 진정하게
성립된 공문서가 아니므로 공문서부정행사죄의 객체가 될 수 없다. 따라서 甲의 공문서부정행사죄는 무죄
가 된다.

249

> 야간순찰 중이던 사법경찰관 P는 갓길에 주차하던 甲을 수상히 여겨 다가가 운전면허증의 제시를 요구하였다.
> 이에 甲은 지갑에 면허증이 없자, 마침 휴대전화에 저장된 친구 F의 자동차운전면허증 이미지파일을 휴대전화
> 화면을 통해 P에게 보여주었다. 甲의 죄책은? (5점)
> [2020 3차 변형]

사안에서 甲이 F의 운전면허증 이미지화일을 제시한 행위가 공문서부정행사죄가 성립하는지 문제 된다.
판례에 의하면 '자동차 등의 운전자가 경찰공무원에게 다른 사람의 운전면허증 자체가 아니라 이를 촬영
한 이미지파일을 휴대전화 화면 등을 통하여 보여주는 행위는 운전면허증의 특정된 용법에 따른 행사라고
볼 수 없어 공문서부정행사죄를 구성하지 아니한다'라고 하고 있다. 따라서 이러한 판례에 따르면 사안에
서 甲에게는 공문서부정행사죄가 성립하지 않는다.

250

甲은 상습도박죄의 범행에 관하여 경찰관 P의 조사를 받으면서 신분 확인을 위해 신분증 제시를 요구받자, 동생인 A인 것처럼 하기 위해 P에게 평소 소지하고 있던 서울지방경찰청장 명의의 A에 대한 운전면허증을 제시하였다. 甲의 죄책은? (15점)

[2019 1차 변형]

1. 논의점

사안에서 甲은 신분 확인을 위해 신분증 제시를 요구받자, 동생인 A의 운전면허증을 제시하였다. 이러한 甲의 행위가 공문서부정행사죄에 해당하는지 문제 된다.

2. 권한 없는 자의 공문서부정행사죄의 성립 범위

사안과 같이 권한 없는 자가 타인의 공문서를 사용한 경우에 ① 사용권한 없는 자의 용도에 따른 사용의 경우에는 공문서부정행사죄가 성립하는 것에 대하여는 이론이 없지만 ② 사용권한 없는 자의 용도외의 사용인 경우에 대하여는 긍정설과 부정설이 대립하고 있으나, 다수설과 판례는 본래의 용도 이의의 사용은 이를 특정하기 어려우므로 축소해석할 필요가 있다고 보아 부정설의 입장이다.

3. 운전면허증의 신분 확인용 사용이 용도 내 사용인지 여부

사안에서는 운전면허증을 신분 확인용으로 사용하고 있는바, 이를 용도 내의 사용으로 볼 것인지 아니면 용도 외의 사용으로 볼 것인가에 대하여 논의가 있다. 이에 대하여 ① 전합의 반대의견은 본래의 사용목적에 '동일인 증명' 기능이 없다는 점을 중시하는 용도외사용설을 따르고 있지만, ② 전합의 다수의견은 운전면허증은 '자격 증명' 기능 이외에 '동일인 증명' 기능도 겸하는 기능이 있다는 점을 중시하는 용도내사용설을 따르고 있다.

4. 검토 및 사안의 해결

생각건대 현실적으로 운전면허증은 주민등록증과 대등한 신분증명서로 널리 사용되고 있다는 점 등을 고려하면 용도 내 사용으로 보는 것이 타당하다. 따라서 이러한 용도내사용설에 따르면 甲에게는 제230조의 공문서부정행사죄가 성립한다.

제3장 | 공중의 보건에 관한 죄

제4장 | 사회의 도덕에 관한 죄

251

도박의 습벽이 있는 甲은 도박의 습벽이 없는 乙이 도박을 할 수 있도록 乙에게 甲의 부동산중개업소 사무실을 도박장소로 사용케 하면서 화투를 제공하고, 같이 도박을 하였다. 甲의 죄책은? (20점)

[2019 1차 변형]

1. 상습도박죄의 성립

사안에서 甲은 도박의 상습이 있는 자이므로 형법 제246조 제2항의 상습도박죄가 성립한다.

2. 도박장소 등 개설죄의 불성립

사안에서 甲은 乙에게 甲의 부동산중개업소 사무실을 도박장소로 사용케 하였으나 영리의 목적으로 하였다는 표지가 나타나 있지 않으므로 제247조의 도박장소 등 개설죄는 성립하지 않는다.

> • 형법 제247조의 도박장소 등 개설죄는 '영리의 목적'이 필요한 목적범임을 주의하여야 한다.

3. 상습도박방조죄의 성립

(1) 사안에서 甲은 乙에게 甲의 부동산중개업소 사무실을 도박장소로 사용케 하면서 화투를 제공한 행위는 도박방조죄에 해당한다. 그런데 도박의 습벽이 있는 甲이 도박의 습벽이 없는 B를 방조한 경우에 甲의 죄책에 대하여 논의가 있다.

(2) 이에 대하여는 ① 공범종속성을 강조하여 단순도박죄의 방조범이 성립한다는 견해와 ② 책임의 개별화를 강조하여 상습도박죄의 방조범이 성립한다는 견해가 대립하고 있으며 ③ 판례는 이와 유사한 논리 사안인 '모해위증 사건'에서 제33조 단서가 제31조 1항에 우선하여 적용된다고 하여 상습도박죄의 방조범을 인정하는 취지로 판시하고 있다.

(3) 생각건대 신분은 행위자 관련적인 요소이므로 책임의 개별화를 강조하는 판례의 입장이 타당하다. 판례의 취지에 따르면 甲에게는 상습도박죄의 방조범이 성립한다.

4. 죄수 정리

사안에서 甲에게는 상습도박죄와 상습도박방조죄가 성립할 수 있지만, 판례에 의하면 '도박의 습벽이 있는 자가 도박을 하고 또 도박방조를 하였을 경우 상습도박방조의 죄는 무거운 상습도박의 죄에 포괄시켜 1죄로서 처단하여야 한다.'라고 한다. 이러한 판례에 따르면 甲에게는 상습도박죄만 성립한다.

제6편

국가적 법익에 관한 죄

252

신문기자 甲은 주식투자로 많은 돈을 잃게 되자 ○○건설회사 대표이사인 A로부터 돈을 뜯어내기로 마음 먹고, A에게 ○○회사가 건축 중인 아파트의 진입도로 미비 등 공사상의 하자에 관하여 신문에 보도할 것 같은 태도를 보였다. 이에 A는 甲의 보도로 말미암아 아파트 건축사업에 큰 타격을 받고 자신이 경영하는 회사의 신용에 커다란 손실이 있게 될 것을 염려하여 보도하지 말아달라는 취지로 현금 5,000만 원을 甲에게 교부하였고, 甲은 이를 수령하였다. A는 甲에게 돈을 교부한 지 한 달이 지난 무렵 甲을 괘씸하게 생각하여 경찰서에 甲을 고소하였다. 고소를 받은 경찰서 소속 경찰관 P는 형사과장 K로부터 甲을 검거하라는 지시를 받고, 평소 알고 지내던 甲에게 전화를 걸어 "형사들이 나갔으니 무조건 튀어라"라고 알려주자, 甲은 그길로 도주하였다. 甲과 P의 죄책은? (15점)

[2022 3차 변형]

Ⅰ. 甲의 죄책

사안에서 甲은 B에게 공사장의 하자에 대하여 신문에 보도할 듯이 협박을 하였고, B는 이에 두려움을 느껴 5,000만 원을 교부하고 甲은 이를 취득하고 있으므로 甲에게는 제350조 제1항의 공갈죄가 성립한다.

> • 공갈죄 규정인 제350조의 경우 제1항과 제2항을 구별하여 적어주는 것이 바람직하다.

Ⅱ. P의 죄책

(1) 사안에서 P가 甲에게 전화로 "형사들이 나갔으니 무조건 튀어라"라고 알려 준 것은 범인도피죄에 해당한다. 그리고 P는 형사과장 K로부터 甲을 검거하라는 지시를 받고도 이를 검거하지 아니하여 경찰관으로서 직무를 유기하였으므로 직무유기죄가 성립할 수 있다.

(2) 범인도피죄와 직무유기죄의 죄수 문제에 대하여 판례는 '직무위배의 위법상태가 범인도피행위 속에 포함되어 있는 것으로 보아야 할 것이므로, 이와 같은 경우에는 작위범인 범인도피죄만이 성립하고 부작위범인 직무유기죄는 따로 성립하지 아니한다'라고 하여 범인도피죄만을 인정하고 있다. 따라서 사안에서 P에게는 범인도피죄만 성립한다.

> • 직무유기죄와 다른 범죄와의 죄수 문제는 출제빈도가 높으므로 평상시에 정리해 두는 것이 바람직하다.

乙과 함께 합동절도를 범하고 도피 중이던 甲은 경찰관인 친구 P에게 전화를 걸어 자신에 대한 수사상황을 알아봐 달라고 부탁하였고, P는 甲의 공범인 乙이 체포된 사실 등의 수사상황을 甲에게 알려 주었다. 甲의 죄책은? (10점) [2014 변시] [2017 3차 변형]

1. 논의점

사안에서 경찰관 P의 행위는 공무상비밀누설죄에 해당한다. 그런데 경찰관 P의 누설행위와 이를 누설받은 甲의 행위는 필요적 공범 중 대향범의 관계에 있는바, 甲에게 공무상비밀누설죄의 공범이 성립할 수 있는지 문제 된다.

2. 견해의 대립과 판례의 태도

이에 대하여는 ① 긍정설과 ② 부정설이 대립하고 있으며, ③ 판례는 필요적 공범의 내부관여자에게는 상대방을 처벌하는 특별한 규정이 없는 한 원칙적으로 형법 총칙상의 공범규정이 적용되지 않는다고 판시하여 부정설의 입장이다.

3. 결언 및 사안의 해결

생각건대 필요적 공범의 처벌에 대한 입법자의 의도 등을 고려하면 판례의 입장이 타당하다. 이러한 판례의 입장에 따르면 형법 제127조는 직무상 비밀을 누설받은 상대방을 처벌하는 규정이 없으므로 甲은 공무상비밀누설죄의 공범이 성립하지 않는다.

> 유제
>
> 상해죄를 범한 후 도피 중인 甲은 친구인 경찰관 P가 자신에 대한 수사를 담당하고 있음을 알고 P에게 수사 진행상황을 알려달라고 부탁하였고, 甲의 부탁을 거절할 수 없었던 P는 甲에게 체포영장이 발부되었음을 알려 줌과 동시에 숨어 지낼 수 있는 곳을 알선해 주었다. 甲과 P의 죄책은? (15점) [2016 2차 변형]

교통사고를 낸 甲은 자신의 교통사고에 관한 수사상황이 궁금하자 퇴직한 경찰관 乙(이혼한 甲의 어머니 M의 현재 남편)을 찾아가 담당경찰관과 접촉하여 교통사고에 대한 수사상황을 알아봐 달라고 부탁하면서 그 대가로 200만 원을 건네주고, 이와 함께 담당경찰관에게 전달해 달라고 하면서 추가적으로 300만 원을 건네주었다. 그다음 날 乙은 담당경찰관 P를 만나 甲이 건네준 500만 원을 모두 개인적 용도에 소비하였으나, 乙은 P가 알려 준 수사상황을 甲에게 전달해주면서 甲에게는 P에게 300만 원을 전달하였다고 거짓말을 하였다. 甲과 乙의 죄책은? (35점) [2017 3차 변형]

Ⅰ. 甲이 乙에게 200만 원을 준 행위에 대한 죄책

1. 乙의 죄책

乙은 공무원이 아니지만, 공무원의 직무에 관한 사항의 알선에 관하여 금품을 수수하고 있으므로 특가법 제3조의 알선수재죄가 성립한다.

2. 甲의 죄책

특가법 제3조의 알선수재죄는 수재만 처벌을 하고, 증재는 처벌하지 않으므로 甲은 범죄가 성립하지 아니한다.

> • 특가법 제3조는 주체가 공무원으로 제한되지 않는다는 점, 알선수재만 처벌한다는 점 등을 주의하여야 한다.

Ⅱ. 乙이 P에게 공무상비밀을 누설하게 한 행위에 대한 죄책

1. 乙의 죄책

(1) 사안에서 사법경찰관 P의 행위는 공무상비밀누설죄에 해당한다. 그런데 경찰관 P의 누설행위와 이를 누설받은 乙의 행위는 필요적 공범 중 대향범의 관계에 있는바, 乙에게 공무상비밀누설죄의 교사범이 성립할 수 있는지 문제 된다.

(2) 이에 대하여는 ① 긍정설과 ② 부정설이 대립하고 있으며 ③ 판례는 필요적 공범의 내부관여자에게는 상대방을 처벌하는 특별한 규정이 없는 한 원칙적으로 형법 총칙상의 공범규정이 적용되지 않는다고 판시하여 부정설의 입장이다.

(3) 생각건대 필요적 공범의 처벌에 대한 입법자의 의도 등을 고려하면 판례의 입장이 타당하다. 이러한 판례의 입장에 따르면 형법 제127조는 직무상 비밀을 누설받은 상대방을 처벌하는 규정이 없으므로 乙은 공무상비밀누설죄의 교사범이 성립하지 않는다.

2. 甲의 죄책

(1) 甲의 죄책에 대하여는 간접교사의 성부가 문제 되지만, 사안에서는 乙에게 교사범이 성립하지 않으므로 甲도 역시 교사범이 성립하지 않는다.

(2) 그리고 대향범 중 처벌되지 아니하는 자에게 관여한 경우에도 범죄가 성립하지 않으므로 甲은 무죄가 된다.

Ⅲ. 甲이 乙에게 300만 원을 준 행위 관련

1. 甲의 죄책

甲이 乙에게 담당공무원 P에게 전달해 주라고 300만 원을 전달한 행위는 제133조 제1항의 증뇌물전달죄가 성립한다.

2. 乙의 죄책

乙은 甲으로부터 담당공무원 P의 뇌물에 공할 목적의 금전임을 알면서 이를 전달해 주기 위하여 이를 건네받았으므로 乙은 제133조 제2항의 증뇌물전달죄가 성립하며, 사후에 이를 전달하였는지는 본죄의 성립에 영향을 미치지 아니한다.

> • 사후의 전달 관련 부분도 적어주는 것이 바람직하다.

Ⅳ. 乙이 300만 원을 모두 소비한 행위 관련

1. 논의점

사안에서 乙이 증뢰물을 전달해 줄 목적으로 받은 300만 원은 불법원인급여물이다. 이러한 불법원인급여물을 영득한 경우에 횡령죄가 성립할 수 있는지에 대하여 논의가 있다.

2. 견해의 대립과 판례의 태도

이에 대하여는 ① 형법의 가벌성 여하는 형법의 독자적 입장에서 규율되어야 하므로 불법원인급여의 경우에도 횡령죄는 성립할 수 있다는 긍정설 ② 불법원인급여 물건의 소유권은 반사적으로 수탁자에게 귀속되므로 횡령죄가 성립할 수 없다는 부정설 등이 대립하고 있으나, ③ 판례는 원칙적으로 '불법원인급여물의 소유권은 급여를 받은 상대방에게 귀속된다'라고 보아 타인의 재물이 아니므로 횡령죄가 성립할 수 없다는 부정설의 입장이지만, 예외적으로 '포주와 윤락녀 사건'에서는 '포주의 불법성이 윤락녀의 불법성보다 현저히 크므로 화대의 소유권이 여전히 윤락녀에게 속한다'라는 이유로 횡령죄의 성립을 긍정하고 있다.

3. 검토 및 사안의 해결

생각건대 긍정설에 따르면 국가기관이 불법행위를 조장하는 문제점이 있으므로 원칙적으로 부정설이 타당하다. 그러나 판례에서 보듯이 양자가 모두 불법을 범하고 있을 때에는 예외적으로 불법성을 비교하여 횡령죄의 성부를 구체적으로 판단하는 것이 타당하다. 따라서 사안의 경우에는 乙의 불법성이 甲보다 크다고 할 수 없으므로 乙의 횡령죄는 성립하지 않는다.

> • 불법원인급여와 횡령죄는 큰 쟁점이기는 하지만, 배점에 따라 적절히 축약하여야 한다.

Ⅴ. 甲이 乙에게 300만 원을 돌려받은 행위 관련

1. 甲의 죄책

사안의 경우에 300만 원은 불법원인급여물이므로 甲에게는 반환청구권이 없다. 따라서 반환청구권이 없는 재물을 협박하여 취득한 것은 공갈죄가 성립한다.

2. 친족상도례의 적용

甲에게 乙에 대한 공갈죄가 성립한다고 하더라도 乙은 甲의 직계혈족의 배우자이므로 제354조에 의하여 제328조가 준용된다. 이러한 경우에 甲에게 제328조 제1항이 적용될지 제2항이 적용될지가 문제 되지만, 판례에 의하면 제328조 제1항의 '직계혈족, 배우자, 동거친족, 동거가족 또는 그 배우자'에서의 '배우자'는 '직계혈족, 동거친족, 동거가족'의 모든 배우자를 의미한다고 하므로 甲은 제328조 제1항의 적용으로 형이 면제된다.

> • 친족상도례 부분을 빠뜨리지 않도록 주의하여야 한다. 그리고 친족상도례 준용 규정인 제344조, 제354조, 제361조, 제365조는 암기해 두는 것이 바람직하다.

자신이 범한 배임죄에 대한 경찰 수사가 진행 중임을 직감한 甲은 이에 대비하기 위해 중학교 동창인 경찰관 乙에게 수사상황을 알려 줄 것을 부탁하였다. 乙은 경찰에서 甲에 대한 체포영장을 곧 신청할 예정임을 알려주었다. 실제로 사법경찰관 P1은 다음 날 오후 배임죄의 혐의로 甲에 대한 체포영장을 발부받아 집행에 착수하였다. 甲이 기소되어 배임죄에 대한 재판을 받게 되자, 乙은 甲의 동생인 丙에게 甲을 위해 증인으로 출석하여 甲의 알리바이를 위한 허위의 증언을 해 줄 것을 부탁하였다. 이에 따라 丙은 법정에 증인으로 출석하여 적법하게 선서한 후, '甲이 2022. 4. 11.에는 휴가를 내고 당일 새벽 자신과 함께 여행을 떠났다가 다음 날 집에 돌아왔다'라고 허위로 증언하였다. 甲, 乙, 丙의 죄책은? (20점)　[2023 변시]

I. 수사사황을 알려 준 행위와 관련된 甲과 乙의 죄책

1. 乙의 죄책

사안에서 공무인인 乙이 甲에게 수사상황을 알려준 것은 형법 제127조의 공무상비밀누설죄에 해당한다.

2. 甲의 죄책

(1) 사안에서 경찰관 乙의 행위는 공무상비밀누설죄에 해당한다. 그런데 경찰관 乙의 누설행위와 이를 누설받은 甲의 행위는 필요적 공범 중 대향범의 관계에 있는바, 甲에게 공무상비밀누설죄의 공범이 성립할 수 있는지 문제 된다.

(2) 이에 대하여는 ① 긍정설과 ② 부정설이 대립하고 있으며, ③ 판례는 필요적 공범의 내부관여자에게는 상대방을 처벌하는 특별한 규정이 없는 한 원칙적으로 형법총칙상의 공범규정이 적용되지 않는다고 판시하여 부정설의 입장이다.

(3) 생각건대 필요적 공범의 처벌에 대한 입법자의 의도 등을 고려하면 판례의 입장이 타당하다. 이러한 판례의 입장에 따르면 사안에서 甲에게는 공무상비밀누설죄의 공범이 성립하지 않는다.

II. 허위 증언을 한 행위와 관련된 乙과 丙의 죄책

1. 丙의 죄책

(1) 사안에서 丙이 적법하게 선서하고 위증한 행위에 대하여는 위증죄가 성립한다. 丙이 피고인인 甲의 동생이어서 친족간의 특례가 적용되지 않는지가 문제 되지만, 위증죄의 경우에는 친족에게 증언거부권을 인정하고 있어 친족간의 특례가 적용되지 않는다. 따라서 사안에서 丙이 피고인인 甲의 동생이더라도 위증죄가 성립한다.

(2) 사안과 관련하여 丙이 甲의 동생이므로 기대가능성 여부가 문제 되지만, 丙에게 증언거부권이 인정되므로 기대가능성이 없는 경우라고 할 수 없어 책임이 인정된다.

(3) 그리고 사안에서 법원의 증언거부권의 고지 여부가 문제될 수 있지만, 사안에서 丙은 형인 甲을 위하여 증언거부권 고지 여부와 관계 없이 허위로 증언하였을 것이므로 위증죄가 성립한다.

> • 丙의 죄책과 관련해서는 작은 쟁점들을 간략하게 적는 것이 바람직하다. 또한 증언거부권 고지 여부에 대해서는 설문에서 언급이 없으므로 간단히 적어주면 가점사항이 될 것이다.

2. 乙의 죄책

사안에서 丙에게 위증죄가 성립한다면 乙의 가담 형태가 문제 되지만, 위증을 하라고 교사한 정도만으로는 교사범만 성립한다. 그리고 위증죄는 법률에 의하여 선서한 자만 주체가 되는 진정신분범이지만, 신분이 없는 乙도 공범과 신분 규정인 제33조 본문에 따라 위증죄의 교사범이 성립한다.

> • 위증죄는 자수범이지만, 교사와 방조는 가능하다는 점을 명확히 이해하여야 한다.

256

○○군(郡)의 군수인 甲은 사채업자인 乙과 공모하여 관내 건설업자 丙에게 금전적 지원을 요구하기로 마음먹었다. 甲은 丙을 군수 집무실로 불러 ○○군(郡)이 둘레길 조성사업을 계획하고 있는데 이는 丙에게 좋은 기회가 될 것이라고 하면서 乙이 향후 둘레길 조성 사업에 관여하게 될 것이니 乙에게 업무용 차량과 업무에 필요한 비품을 지원해 주라고 부탁하였다. 이에 丙은 乙에게 자기 소유인 시가 3,000만 원 상당의 K5 승용차를 주고 시가 1,000만 원 상당의 비품을 구매해 주었다. 丙은 乙에게 K5 승용차의 소유권이전등록을 해 주지는 않았으나, 앞으로 乙에게 이를 반환받을 마음이 없었으며 乙도 이를 丙에게 반환할 생각이 없었다. 甲, 乙, 丙의 죄책은? (22점)

[2022 변시]

I. 甲의 죄책

1. 특가법 제2조 제1항 제3호 위반죄의 성립

(1) 사안에서 군수인 甲은 직무와 관련하여 사채업자인 乙과 공모한 후 건설업자인 丙에게 K5 승용차 등을 乙에게 제공하도록 하고 乙이 이를 수수하고 있다. 이러한 경우 甲의 죄책이 제129조 제1항의 수뢰죄가 성립하는지, 제130조의 제3자뇌물제공죄가 성립하는지 문제 된다.

(2) 판례는 '제3자뇌물수수죄에서 제3자란 행위자와 공동정범 이외의 사람을 말하고, 교사자나 방조자도 포함될 수 있다'고 하고 있다. 그런데 사안에서는 甲과 乙은 의사의 연락을 하고 기능적으로 행위지배를 하고 있어 공동정범이 성립하므로 제3자뇌물수수죄가 성립하지는 않고 수뢰죄만 성립한다.

(3) 사안에서 甲에게 특가법 제2조 제1항 제3호 위반죄가 성립하기 위해서는 丙으로부터 받은 자동차를 수수하였다는 점이 인정되어야 한다. 이와 관련하여 자동차 수수와 관련되어 판례는 '자동차를 뇌물로 제공한 경우 자동차등록원부에 뇌물수수자가 그 소유자로 등록되지 않았다고 하더라도 자동차의 사실상 소유자로서 자동차에 대한 실질적인 사용 및 처분권한이 있다면 자동차 자체를 뇌물로 취득한 것으로 보아야 한다'고 한다.

(4) 이러한 판례의 법리에 따르면 사안에서 丙은 乙에게 K5 승용차의 소유권이전등록을 해 주지는 않았으나 앞으로 乙에게 이를 반환받을 마음이 없었으며 乙도 이를 丙에게 반환할 생각이 없었으므로 K5 승용차를 수수하였다고 보아야 한다. 따라서 사안에서 乙은 시가 3,000만 원의 승용차와 1,000만 원 상당의 비품까지 수수하였으므로 甲은 특가법 제2조 제1항 제3호 위반죄가 성립한다.

> • 판례의 법리와 적절한 양의 사안 포섭이 중요한 문제이다.

Ⅱ. 乙의 죄책

사안에서 乙은 공무원이 아니지만, 공무원인 甲과 의사의 연락을 하고 기능적으로 행위하여 丙으로부터 뇌물을 수수하고 있다. 따라서 乙은 제33조 본문에 따라 甲과 함께 특가법위반죄의 공동정범이 성립한다.

Ⅲ. 丙의 죄책

사안에서 丙은 공무원인 甲의 요구를 받고 乙에게 K5 승용차 등 뇌물을 제공하고 있다. 따라서 丙에게는 제133조 제1항의 증뢰죄가 성립한다.

257

보건소 공무원 甲은 관내에 있는 ○○종합병원 원장 A의 불법 프로포폴 투여사실이 실린 참소식신문의 기사를 읽고 유흥비를 마련할 목적으로 A에게 전화를 걸어 "불법 프로포폴 투여사실 외에 그동안 수집한 비리를 언론에 제보하겠다."라고 말하여 이에 겁을 먹은 A로부터 1,000만 원을 받았다. 甲의 죄책을 논하시오.

[2016 변시] [2016 1차 변형]

1. 공갈죄의 성립

사안의 경우에 ① 甲이 A에게 '불법 프로포폴 투여사실 외에 그동안 수집한 비리를 언론에 제보하겠다.'라고 말한 것은 병원을 운영하는 병원장인 A가 두려움에 빠질 수 있는 협박으로 공갈행위에 해당하며 ② A는 이에 대하여 겁을 먹고 있으므로 외포되었으며 ③ A가 1,000만 원을 주었으므로 처분행위가 있었고 ④ 이에 따라 손해도 발생하였다. 따라서 甲에게는 공갈죄가 성립한다.

2. 수뢰죄의 성립 여부

(1) 논의점

사안에서 甲은 지역보건을 관리하는 보건소 공무원이다. 이러한 甲이 직무집행과 관련하여 공갈을 수단으로 재물을 취득하였으므로 공갈죄 이외에 수뢰죄의 성립 여부가 문제 된다.

(2) 견해의 대립과 판례의 태도

이에 대하여는 ① 직무관련성을 기준으로 하여 직무관련성이 인정될 때에는 수뢰죄의 성립을 인정하는 직무관련기준설도 있으나, ② 현재의 다수설과 판례는 직무집행의사가 있는 경우에만 수뢰죄의 성립을 인정하는 직무집행의사기준설을 따르고 있다.

(3) 검토 및 사안의 해결

생각건대 공무원이 직무집행을 할 의사가 전혀 없는 경우까지 수뢰죄의 성립을 인정하는 것은 무리가 있으므로 직무집행의사설이 타당하다. 따라서 사안의 경우에 甲은 직무집행의사가 있었다고는 보여지지 않으므로 공갈죄(제350조 제1항)만 성립하고, 수뢰죄는 성립하지 않는다.

○○시청의 감사관 甲은 이웃에 사는 사촌동생인 공무원 乙의 비리를 포착하였으나 아무런 조치를 취하지 않았다(제1사실). 그런데 甲은 돈이 궁해지자, 乙에게 500만 원을 주지 않으면 감찰에 착수하고 경찰에 고발하겠다고 위협하여 乙로부터 500만 원을 받았으나 사실은 감찰에 착수할 생각은 없었다(제2사실). 甲의 죄책은? (10점)   [2014 2차 변형]

1. 제1사실에 대한 죄책

사안에서 감사관 甲은 乙의 비리를 포착하였으나 정당한 이유없이 아무런 조치를 취하지 않고 있다. 이러한 甲의 행위는 직무유기죄가 성립한다(형법 제122조).

2. 제2사실에 대한 죄책

(1) 사안에서 甲은 乙에게 협박하여 500만 원을 받은 행위는 공갈죄가 성립하는 부분에 대하여 이론이 없지만, 甲에게 수뢰죄가 성립할 수 있는지에 대하여 논의가 있다.

(2) 이에 대하여는 ① 직무집행의사기준설 ② 직무관련성기준설이 대립하고 있으나, ③ 판례는 '공무원이 직무집행의 의사 없이 또는 직무처리와 대가적 관계없이 타인을 공갈하여 재물을 교부하게 한 경우에는 공갈죄만이 성립한다'라고 하여 직무집행의사기준설을 따르고 있다.

(3) 생각건대 공무원이 직무집행을 할 의사가 전혀 없는 경우까지 수뢰죄의 성립을 인정하는 것은 무리가 있으므로 직무집행의사설이 타당하다. 이러한 직무집행의사기준설에 따르면 사안에서 甲은 직무집행 의사가 없으므로 공갈죄만 성립한다.

3. 甲의 죄책

사안에서 甲은 직무유기죄와 공갈죄가 성립하고, 양죄는 실체적 경합 관계에 있다.

일반 음식점을 운영해 오던 甲은 경기불황으로 인해 가게 운영에 어려움을 겪자, 음식점 지하에 노래방 기기를 설치하고 여성 도우미를 고용해 유흥주점으로 운영해 왔다. 불법 유흥주점 운영을 단속하던 경찰관 P는 甲의 식품위생법 위반 사실을 적발한 상태에서 갚을 생각도 없이 500만 원을 무이자로 빌려주면 눈감아 주겠다고 하면서 500만 원을 받았으나, 사실 P는 처음부터 봐줄 생각이 없었고 甲을 식품위생법 위반으로 사건을 검찰에 송치하였다. 甲과 P의 죄책은? (식품위생법 위반은 논외로 함) (15점)   [2019 3차 변형]

1. P의 죄책

(1) 뇌물수수죄의 성립

사안에서 경찰관 P는 직무와 관련한 부당한 대가로서의 이익인 500만 원을 취득하였으므로 형법 제129조 제1항의 뇌물수수죄가 성립한다.

(2) 수뢰후부정처사죄의 불성립

사안에서 경찰관 P는 甲에게 뇌물을 수수하였지만, 부정처사를 하지 않고 사건을 검찰에 송치하였으므로 형법 제131조 제1항의 수뢰후부정처사죄는 성립하지 않는다.

(3) 사기죄의 성립

사안에서 경찰관 P는 직무와 관련하여 처음부터 갚을 생각도 없이 甲을 기망하여 500만 원을 취득하였으므로 사기죄의 성립이 문제 된다. 판례에 의하면 뇌물을 수수함에 있어 공여자를 기망한 경우에도 사기죄의 성립에 지장이 없다고 하고 있다. 따라서 P에게는 사기죄가 성립한다.

(4) 죄수 관계

사안에서 P의 ① 수뢰죄와 ② 사기죄가 성립하며, 양자는 하나의 행위로 이루어진 것이므로 상상적 경합 관계에 있다.

2. 甲의 죄책

사안에서 甲은 P에게 기망당하여 뇌물을 공여하고 있어 甲에게 뇌물공여죄가 성립할 것인지 문제 되지만, 판례에 의하면 기망에 의하여 뇌물을 공여한 경우에도 뇌물공여죄의 성립을 인정하고 있다. 따라서 甲에게는 형법 제133조 제1항의 뇌물공여죄가 성립한다.

> • 이러한 판례의 법리에 따르면 공무원에게 공갈죄와 수뢰죄가 성립하는 경우, 피공갈자도 증뢰죄가 성립할 수 있다는 논리가 가능하게 된다.

260

甲은 도시계획도 상에 자신의 단독주택 부지의 경계선이 8m 도시계획도로선과 90㎝ 떨어진 채 평행으로 되어 있어 주택의 건축에 애로가 있다는 말을 건축사무소로부터 들었다. 이에 甲은 자신의 토지 경계선과 도시계획도로선을 일치시켜 달라며 구청의 담당 직원 乙에게 부탁을 하고 1,000만 원을 교부하였다. 乙은 다음 날 20:00경 직원들이 퇴근한 민원실에서 甲의 주택부지 지번의 토지 경계선과 90㎝ 떨어져 평행으로 그어져 있는 도시계획도로선을 지운 후 甲이 바라는 대로 8m 도시계획도로선을 새로 긋고, 이 도시계획도를 구청 지적서고에 비치하였다. 甲과 乙의 죄책은? (15점)

[2022 3차 변형]

I. 乙의 죄책

1. 수뢰후부정처사죄의 성립

사안에서 공무원 乙은 甲으로부터 1,000만 원을 수수하고 도시계획도를 수정하는 부정한 처사를 하고 있으므로 乙에게는 수뢰후부정처사죄가 성립한다.

2. 공도화변개죄 및 동행사죄의 성립

사안에서 담당 공무원인 乙이 도시계획도를 변경한 것은 작성권한 있는 자가 진실한 공도화를 변개한 것이므로 제227조의 공도화변개죄가 성립하고, 이를 구청 지적서고에 비치한 것은 변개공도화행사죄에 해당한다.

3. 죄수 판단

(1) 사안에서 乙에게는 수뢰후부정처사죄와 공도화변개죄와 동행사죄가 성립하며, 수뢰후부정처사죄와 공도화변개죄는 상상적 경합, 수뢰후부정처사죄와 변개공도화행사죄는 상상적 경합이 되지만, 공도화변개죄와 동행사죄는 실체적 경합 관계에 있다.

(2) 이러한 경우에 연결효과에 의한 상상적 경합을 인정할 수 있는지에 대하여 논의가 있지만, 판례는 '허위공문서작성죄와 동행사죄가 수뢰후부정처사죄와 각각 상상적 경합 관계에 있을 때에는 허위공문서작성죄와 동행사죄 상호간은 실체적 경합범 관계에 있다고 할지라도 상상적 경합범 관계에 있는 수뢰후부정처사죄와 대비하여 가장 중한 죄에 정한 형으로 처단하면 족한 것이고 따로이 경합가중을 할 필요가 없다'라고 하여 간접적으로나마 연결효과에 의한 상상적 경합을 인정하는 듯이 판시하고 있다. 이러한 판례의 입장에 따르면 사안에서 乙은 수뢰후부정처사죄로 처벌되게 된다.

> • 연결효과에 의한 상상적 경합 사례에 대하여는 학계에서는 이미 부정하는 것으로 확립되어 있으므로, 수험생의 입장에서는 판례의 태도 정도만 적시해 주는 것이 바람직하다.

Ⅱ. 甲의 죄책

(1) 사안에서 甲은 공무원 乙에게 1,000만 원을 주며 공도화변개 행위를 하도록 교사하여 乙이 수뢰후부정처사죄를 범하고 있다. 甲에게 수뢰후부정처사죄의 교사범이 성립될 수 있는지 문제 되지만, 필요적 공범의 내부관여자에게는 형법 총칙상의 공범규정이 적용되지 않으므로 수뢰후부정처사죄의 교사범은 성립하지 않는다.

(2) 甲에게는 직무와 관련하여 공무원인 乙에게 뇌물을 공여하였으므로 제133조 제1항의 증뢰죄가 성립한다. 그리고 甲은 작성권자가 아니더라도 공무원인 乙로 하여금 공도화변개죄 및 동행사죄를 범하게 교사하였으므로 제33조 본문에 의하여 공도화변개죄와 동행사죄의 교사범이 성립한다. 그리고 이러한 범죄들은 모두 실체적 경합 관계에 있다.

261

> 많은 빚을 지고 있던 ○○구청 식품위생과 공무원 甲은 돈 갚을 날이 다가오자, 관내에서 유흥업소를 운영하는 乙을 찾아가 "당신 가게의 탈법영업에 대한 제보가 들어왔는데, 성의를 보이지 않으면 당신 가게를 집중적으로 단속하겠다"라고 하였다. 이에 겁을 먹은 乙은 甲에게 "요즘 장사도 잘 안되는 데, 잘 부탁드린다"라고 하며 100만 원을 주었다. 甲에게 공갈죄와 수뢰죄의 상상적 경합이 성립하는 경우 乙의 죄책은?
> (10점)
> [2016 1차 변형]

1. 논의점

사안에서 乙은 甲의 협박에 의하여 100만 원을 甲에게 제공하여 甲에게 수뢰죄와 공갈죄의 상상적 경합이 성립할 경우에 乙에게도 공갈죄의 피해자 이외에 증뢰죄가 성립할 수 있는지에 대하여 논의가 있다.

2. 견해의 대립

이에 대하여는 ① 비록 공갈죄의 피해자이기는 하지만 단순한 공포심에 의한 경우에는 증뢰죄가 성립될 수 있다는 긍정설과 ② 금품의 교부에 협박에 의한 하자가 있으므로 증뢰죄는 성립하지 않는다는 부정설 등이 대립하고 있다.

3. 판례의 태도

판례는 공무원에게 공갈죄만 인정되는 사안에서는 증뢰죄의 성립을 부정한 판례는 있으나, 사안과 같이 수뢰죄까지 성립한 사안에 대한 판례는 아직 나타나지 않고 있다.

4. 검토 및 사안의 해결

생각건대 공무원의 직무와 관련된 공갈행위로 인해 금품을 제공한 경우에는 피해자에게도 증뢰의 의사가 있다고 보는 것이 타당하다. 따라서 乙에게는 증뢰죄가 성립한다.

262

중소건설기업 상무 甲은 사장 乙에게 보고하고 乙이 준 개인 자금으로 수년간 담당 공무원에게 인허가 관련 청탁을 하며 고급 술집에서 술을 사고 성 접대를 해왔다. 甲과 乙의 죄책은? (5점) [2023 1차 변형]

(1) 사안에서 甲은 담당 공무원에게 청탁을 하며 뇌물을 제공하였으므로 증뢰죄가 성립한다. 그리고 甲은 乙과 공모하고 乙은 甲에게 뇌물에 공여할 자금을 제공하였으므로 기능적 행위지배가 인정되어 甲과 乙은 증뢰죄의 공동정범이 성립한다.

(2) 甲과 乙은 단일한 의사로 수년간 뇌물을 제공하였으므로 증뢰죄의 포괄일죄가 성립한다.

> • 5점 배점의 문제이지만, 죄수 문제를 빠뜨리지 않는 것이 바람직하다.

263

날치기 범행을 범하고 도주하던 甲은 20여 분쯤 후에 아무도 쫓아오지 않는 것을 확인하고 한숨 돌리고 있었다. 그 시각 관할구역에서 날치기 범행이 발생했다는 연락을 받은 경찰관 P는 주변을 순찰하고 있었다. 이때 甲이 정복을 착용한 P를 발견하고 멈칫하며 고개를 돌리자, 甲의 거동을 수상히 여긴 P가 직무질문하기 위해 甲에게 다가갔다. 이에 놀란 甲은 P를 밀치고 도주하였다. 甲의 죄책은? (5점) [2018 1차 변형]

1. 준강도죄의 불성립

사안에서 甲이 경찰관 P를 밀치고 도주한 행위는 절도범행 시로부터 20여 분이 지난 시간과 장소여서 절도의 기회가 아니므로 준강도죄는 성립하지 않는다.

2. 공무집행방해죄의 성립

사안에서 경찰관 P는 ① 불심검문을 할 추상적 권한이 있고 ② 甲의 거동으로부터 불심검문 대상자로 판단했으므로 구체적 권한이 있고 ③ 정복을 착용하였으므로 형식적인 요건도 구비하였으므로 적법한 공무집행이 된다. 따라서 이러한 적법한 공무집행을 하는 공무원을 폭행한 것은 공무집행방해죄가 성립한다.

> • 적법한 공무집행이 되기 위한 세 가지 요건은 암기해 두는 것이 바람직하다.

264

경찰관 P는 순찰 도중, 주변을 두리번거리는 甲이 지명수배된 날치기 범죄자와 인상착의가 비슷하다고 생각하고, 甲에게 다가가 질문하려고 했다. 그러나 甲이 그냥 지나가려 하므로 다리를 걸어 넘어뜨렸다. 화가 난 甲이 양손으로 P를 밀치면서 항의하자 같이 있던 동료 경찰관 Q가 甲을 공무집행방해죄의 현행범으로 체포하여 경찰서로 데려갔다. 甲에게 공무집행방해죄가 성립하는가? (10점) [2018 1차 변형]

1. 논의점

사안에서 甲이 불심검문을 당하는 과정에서 그냥 지나치자 P가 甲의 다리를 걸어 넘어뜨리고 이에 대하여 P를 폭행하고 있으므로 P의 공무집행이 적법한지 문제 된다.

2. 법 리

경찰관은 경찰관직무집행법 제3조 제1항에 따라 직무질문을 할 수 있지만, 이러한 직무질문은 수사이전의 행정·사법작용이므로 원칙적으로 강제력을 행사할 수 없으며, 다만 예외적으로 ① 중범죄이며 ② 긴급성이 인정될 때에 강제력을 행사할 수 있다.

3. 결 언

사안에서 甲이 범한 죄가 예외적으로 강제력을 행사할 정도의 중범죄라고 보기 어렵고, 긴급성도 인정하기 어려우므로 P의 공무집행은 적법하다고 볼 수 없다. 따라서 사안에서 甲은 공무집행방해죄가 성립하지 않는다.

265

범죄혐의가 있는 甲은 경찰관 P에게 전화하여 불구속 수사를 조건으로 자수 의사를 밝혀오자 P는 일단 외부에서 만나 이야기하자고 하였다. 다음 날 P는 경찰서 밖 다방에서 甲을 만나 범죄사실을 요지, 체포의 이유와 변호인선임권을 고지하고 변명의 기회를 준 후 甲을 긴급체포하려 하였다. 그러자 甲은 "자수하려는 사람을 체포하는 법이 어디에 있느냐"라고 따지며 P의 가슴을 밀쳐 바닥에 넘어뜨렸고, P는 넘어지면서 손가락이 골절되었다. 甲의 죄책은? (10점) [2014 변시]

1. 논의점

사안에서 甲이 경찰관 P를 폭행하여 골절을 입힌 것은 공무집행방해죄와 폭행치상죄의 성립 여부가 문제 된다.

2. 공무집행방해죄의 불성립

사안에 공무집행방해죄가 성립하기 위해서는 경찰관 P의 직무집행이 적법하여야 한다. 사안에서 甲은 자진출석하려고 하였으나 경찰관 P는 이를 이용하여 긴급체포하고 있다. 이러한 긴급체포는 긴급체포의 요건인 ① 중대성 ② 필요성 ③ 긴급성 중 ②와 ③의 요건을 구비하기 어려우므로 위법한 긴급체포가 된다. 따라서 P의 직무집행 행위가 위법하다면, 甲의 행위는 공무집행방해죄가 성립하지 않는다.

3. 폭행치상죄의 구성요건해당성과 정당방위

사안에서 甲의 행위는 폭행치상죄의 구성요건해당성이 인정된다. 그러나 P의 긴급체포가 위법한 경우에는 甲의 행위는 자기의 법익에 대한 현재의 부당한 침해를 방어하기 위한 상당성있는 행위로서 정당방위가 인정되므로 위법성이 조각되어 범죄가 성립하지 않는다.

> • 본 문제는 공무집행방해치상죄가 없으므로 공무집행방해죄와 폭행치상죄로 나누어 살펴보아야 한다. 그리고 두 죄가 무죄가 되는 것은 같지만, 무죄의 이유가 다르다는 점을 주의하여야 한다.

266

甲은 혈중 알코올농도 0.15%의 상태에서 자신의 집으로 가기 위해 주차장에 세워 둔 자신의 승용차에 올라타고 시동을 걸어 앞으로 진행하려고 하였으나, 앞에 서 있던 A가 길을 비켜주지 않자 승용차에서 내려 A와 시비가 붙어 소란을 일으켰다. 그로부터 30분 이상이 지난 후 주민의 신고로 경찰관 P가 출동하여 甲을 음주운전의 현행범으로 체포하려고 하자 甲은 P의 얼굴을 주먹으로 쳐 P는 2주간의 치료를 요하는 타박상을 입었다. 검사 K는 甲을 공무집행방해 및 상해의 죄로 기소하였다. 甲의 변호인 입장에서 무죄를 주장하는 논거를 제시하시오. (20점)   [2016 3차 변형]

Ⅰ. 공무집행방해 무죄 논거

1. 논의점

사안에서 甲은 자신을 현행범으로 체포하는 경찰관 P에게 폭행을 행사하여 공무집행방해죄로 기소된 경우에 무죄를 주장하기 위해서는 경찰관 P의 현행범체포 행위가 적법한 공무집행인지 문제 된다.

2. 적법한 공무집행의 요건

먼저 공무집행방해죄가 성립하기 위해서는 경찰관의 직무집행이 적법하여야 한다. 공무집행이 적법하기 위해서는 ① 직무가 추상적 권한에 속하고 ② 구체적 권한에 속하고 ③ 법령이 정한 적법한 절차와 방식이 구비되어야 한다.

3. 사안의 적용

사안에서 경찰관 P가 A를 현행범으로 체포하기 위해서는 명백한 현행범이 인정되어야 한다. 그러나 사안에서는 甲은 음주운전을 했는지가 명확하지 않으므로 직무집행의 구체적 권한이 있다고 보기 어렵다. 그리고 현행범으로 체포하기 위해서는 미란다 고지 등을 하여야 함에도 불구하고 이에 대한 언급이 없으므로 경찰관 P의 행위는 적법한 절차를 구비했다고도 볼 수 없다.

4. 무죄주장의 논거

사안에서 경찰관 P의 현행범체포 행위는 구체적 권한이 없고, 적법한 절차를 구비하지 못하여 적법한 공무집행이 아니므로 이에 대하여 폭행을 행사한 甲의 행위는 무죄이다.

Ⅱ. 상해죄의 무죄 논거

1. 논의점

사안에서 甲의 행위에 대하여 무죄를 주장하기 위해서는 ① 경찰관 P가 입은 2주간의 치료를 요하는 상해가 형법상의 상해에 해당하는지 ② 상해에 해당한다고 하더라도 위법한 공무집행을 하는 공무원에게 상해를 가한 것이 정당방위에 해당하는지 문제 된다.

2. 상해에 해당하지 않으므로 무죄 주장

상해는 생리적 기능을 훼손하는 것을 의미한다. 따라서 일반적으로 판례는 상해가 발생하였다 하더라도 ① 일상생활에 지장이 없고 ② 자연치유가능성이 있는 경우에는 구체적 사정을 고려하여 상해를 인정하지 않고 있다. 사안에서도 2주간 정도의 타박상은 일상생활이 없고, 자연치유가능성이 있으므로 상해에 해당하지 않아 무죄임을 주장할 수 있다.

> • 본 문제의 배점이 크므로 서술해 줄 수 있는 내용이며, 배점이 작다면 생략하는 것이 바람직하다. 그리고 상해 판단 기준인 일상생활성과 자연치유가능성은 암기해 두었다가 수시로 활용할 수 있어야 한다.

3. 정당방위로서의 무죄 주장

만약 경찰관 P의 상해가 상해죄의 상해에 해당한다고 하더라도 변호인의 입장에서는 정당방위로서 무죄를 주장할 수 있다. 사안의 경찰관 P의 위법한 직무집행행위는 甲에 대한 현재의 부당한 침해가 있는 상황이고 이에 대하여 2주 정도의 타박상을 입히는 행위는 이를 방어하기 위한 상당한 행위이므로 정당방위로서 위법성이 조각되어 무죄라는 주장을 할 수 있다.

> • 본 문제는 공무집행방해죄와 상해죄로 나누어 살펴보는 것이 기본이다. 그리고 두 죄가 무죄가 되는 것은 같지만, 무죄의 이유가 다르다는 점을 주의하여야 한다. 또한 배점이 20점으로 형법 문제로는 배점이 큰 편이므로 어느 정도 상세하게 기술하는 것이 바람직하다.

267

甲은 ○○은행 앞에서 날치기를 하였다. ○○은행 CCTV를 통해 甲의 인적 사항을 확인한 경찰관 P는 도망 중인 甲의 집 주변을 지나다가 우연히 甲과 마주치자, 적법하게 甲에 대한 긴급체포에 착수하였으나 甲은 영장 없는 체포는 위법하다고 생각하고 P를 밀어 넘어뜨리고 도망하였다. 甲의 죄책은? (10점)

[2014 3차 변형]

1. 논의점

사안에서 甲은 적법하게 긴급체포하는 경찰관 P의 행위를 위법한 긴급체포라고 생각하고 경찰관 P에게 폭행을 가하고 있다. 이러한 공무원의 적법성에 대한 착오에 빠진 甲의 행위의 평가에 대하여 논의가 있다.

2. 견해의 대립

이러한 적법성의 착오에 대하여는 ① 사실의 착오로 해결하려는 사실의 착오설 ② 법률의 착오로 해결하려는 법률의 착오설 ③ 위법성조각사유의 전제사실의 착오로 해결하려는 위법성조각사유의 전제사실의 착오설 등이 대립하고 있다.

3. 검토 및 사안의 해결

직무집행의 적법성의 착오에 대하여는 구성요건과 위법성의 한계선상에 있는 착오이므로 구체적인 사정을 고려하여 개별적으로 판단하여야 할 것이다. 사안의 경우에는 긴급체포는 영장없이 집행할 수 있지만, 甲은 영장없는 긴급체포는 위법하다고 평가하고 있으므로 이는 법률의 착오 중 포섭의 착오로 보는 것이 타당하다. 따라서 사안의 경우에는 제16조에 의한 정당한 이유가 될 수 있는 표지가 나타나 있지 않으므로 甲은 공무집행방해죄가 성립한다.

> • 형법에서 가장 어려운 착오 문제로써 수험생의 범위를 넘어가는 측면도 있다. 따라서 수험생의 입장에서는 기본적인 세 가지 착오 형태에 대한 견해 대립을 설시하고, 구체적 타당성 등을 고려하여 법률의 착오로 보는 것이 간명하면서도 무난한 답안이 될 것이다.

268

甲의 동생 乙은 우연히 甲의 일기장을 보다가 甲이 A에 대한 범행에 대해 걱정하는 것을 알고는 甲을 위해 경찰에 출두하여 자신이 甲인 것처럼 행동하면서 피의자로 조사를 받은 다음 경찰관이 작성한 피의자신문조서의 말미에 甲 명의의 서명을 하였다. 乙의 죄책은?

[2023 3차 변형]

1. 자신이 甲인 것처럼 조사받은 행위

사안에서 乙은 甲인 것처럼 경찰에 출두하여 피의자로서 조사를 받은 것이 위계에 의한 공무집행방해죄가 성립할 것인지가 문제 되지만, 수사기관은 실체적 진실을 밝힐 권한과 의무가 있으므로 위계에 의한 공무집행방해죄는 성립하지 않는다.

2. 범인도피죄의 성립

사안에서 丙은 자신이 범인인 것처럼 자처한 것은 적극적으로 수사기관을 기만하여 착오에 빠지게 함으로써 범인의 발견 또는 체포를 곤란 내지 불가능하게 할 정도이므로 丙에게는 범인도피죄가 성립한다.

3. 사서명위조죄와 동행사죄의 성립

사안에서 乙은 甲인 것처럼 행동하며 피의자신문을 받고 피의자신문조서에 甲의 서명을 하였으므로 사서명위조죄와 동행사죄가 성립한다.

269

甲과 乙은 한 건 하기로 하고 집 주변 ATM 앞을 서성대다 현금을 인출하는 A의 뒤에서 몰래 A의 신용카드 비밀번호를 알아낸 다음, 乙이 A에게 길을 묻는 척하고, 甲이 그사이 A의 지갑을 몰래 꺼내었다. 그 후 甲은 乙에게 "일단 네가 갖고만 있어라. 밤에 만나서 이야기하자."라고 말하며 그 지갑을 건네주었고, 각자 다른 방향으로 도망쳤다. 乙은 그날 밤 甲에게 A의 신용카드를 주면서 "너부터 사용하고 만일 경찰에 잡히면 혼자 길 가다가 주운 카드라고 말해."라고 하였다. 그 후 A의 신고로 체포된 甲은 피의자신문 과정에서 乙이 지시한 대로 진술했다. 甲과 乙의 죄책은?

[2024 변시]

1. 범인도피죄의 성부

사안에서 甲은 혼자 길을 가다가 신용카드를 주었다고 진술함으로써 乙을 도피한 것이 아닌지 문제 된다. 그러나 수사기관은 실체적 진실을 밝혀야 할 권리와 의무가 있으므로, 적극적으로 수사기관을 기만하여 착오에 빠지게 함으로써 범인의 발견 또는 체포를 곤란 내지 불가능하게 할 정도가 아닌 한 형법 제151조 소정의 범인도피죄를 구성하지 않는다. 따라서 甲에게는 범인도피죄가 성립하지 않으며, 乙도 역시 범인도피죄의 교사범이 성립하지 않는다.

2. 위계에 의한 공무집행방해죄의 성부

사안에서 甲은 혼자 길을 가다가 신용카드를 주었다고 허위의 진술을 하고 있다. 이러한 행위가 위계에 의한 공무집행방해죄에 해당하는지 문제 되지만, 수사기관은 실체적진실을 발견해야 할 권리와 의무가 있으므로 위계에 의한 공무집행방해죄는 성립하지 않는다.

그리고 甲에게 위계에 의한 공무집행방해죄가 성립하지 않는다면, 甲에게 그러한 행위를 교사한 乙도 범죄가 성립하지 않는다.

3. 기타 증거인멸죄 등의 성부

자기의 절도범행에 대하여 이를 부인한 행위는 증거인멸죄 등을 구성하지 않는다.

270

甲은 강도상해 혐의로 경찰에 수배 중이던 조카 乙로부터 숨겨달라는 부탁을 받고 자신의 집에 숨겨주었다. 그러나 乙을 집요하게 쫓던 사법경찰관 P는 이러한 사실을 알아내고 甲의 집을 급습하여 적법하게 긴급체포하려 하였다. 마침 집에 있던 甲은 乙이 비록 범죄를 저지르기는 하였지만 영장 없이 체포하는 것은 위법하다고 생각하고 P에게 폭행을 가하였다. 甲의 죄책은? (15점)　　　　　[2020 2차 변형]

1. 조카 乙을 숨겨준 행위에 대한 죄책

(1) 범인도피죄의 구성요건해당성

사안에서 甲은 강도상해 혐의로 경찰에 수배 중이던 조카 乙을 자신의 집에 숨겨주었으므로 형법 제151조 제1항의 범인은닉죄의 구성요건에 해당한다.

(2) 친족간의 특례의 적용

사안에서 甲에게 범인은닉죄의 구성요건해당성이 인정된다고 하더라도, 甲과 乙은 친족이므로 제151조 제2항의 친족간의 특례가 적용되어 책임이 조각된다. 따라서 甲은 범인은닉죄가 성립하지 않는다.

2. 사법경찰관 P에게 폭행을 한 행위에 대한 죄책

(1) 논의점

사안에서 甲은 사법경찰관 P가 적법하게 乙을 긴급체포함에도 불구하고 乙이 비록 범죄를 저지르기는 하였지만 영장 없이 체포하는 것은 위법하다고 생각하고 사법경찰관 P에게 폭행을 가하였다. 이러한 甲의 적법성에 대한 착오를 어떻게 처리할 것인지에 대하여 논의가 있다.

(2) 견해의 대립

이러한 적법성의 착오에 대하여는 ① 사실의 착오로 해결하려는 사실의 착오설 ② 법률의 착오로 해결하려는 법률의 착오설 ③ 위법성조각사유의 전제사실의 착오로 해결하려는 위법성조각사유의 전제사실의 착오설 등이 대립하고 있다.

(3) 검토 및 사안의 해결

직무집행의 적법성의 착오에 대하여는 구성요건과 위법성의 한계선상에 있는 착오이므로 구체적인 사정을 고려하여 개별적으로 판단하여야 할 것이다. 사안의 경우에는 긴급체포는 영장없이 집행할 수 있지만, 甲은 영장없는 긴급체포는 위법하다고 평가하고 있으므로 이는 법률의 착오 중 포섭의 착오로 보는 것이 타당하다. 따라서 사안의 경우에는 제16조에 의한 정당한 이유가 될 수 있는 표지가 나타나 있지 않으므로 甲은 공무집행방해죄가 성립한다.

> • 형법에서 가장 어려운 착오 문제로써 수험생의 범위를 넘어가는 측면도 있다. 따라서 수험생의 입장에서는 기본적인 세 가지 착오 형태에 대한 견해 대립을 설시하고, 구체적 타당성 등을 고려하여 법률의 착오로 보는 것이 간명하면서도 무난한 답안이 될 것이다.

271

甲은 자신의 강도 범행이 발각되어 처벌받을 것을 우려하여 자신의 휴대폰을 사용하지 않고 과거에 교도소 생활을 함께했던 乙을 만나 자신의 범행을 말해주면서 乙에게 속칭 '대포폰' 개설을 요청하여 이를 받고 또한 乙이 운전하던 자동차를 빌려 타고 도피하였다. 甲의 죄책에 대한 변호인과 검사의 주장과 근거는? (15점)
[2015 2차 변형]

1. 논의점

사안에서 乙은 甲이 벌금이상에 해당하는 죄를 범했다는 점을 알면서도 甲에게 대포폰을 개설해주고, 자동차를 빌려주고 있으므로 범인도피죄가 성립한다. 이와 같이 범인인 甲이 乙에게 범인도피행위를 교사한 것이 범인도피교사죄가 성립할 수 있는지가 쟁점이 된다.

2. 변호인의 주장과 논거

(1) 범인의 자기도피에 불과하다는 주장

판례에 의하면 범인이 타인으로 하여금 허위의 자백을 하게 하는 등으로 범인도피죄를 범하게 하는 경우를 제외하고는 타인에게 도움을 요청하는 행위는 자기도피행위의 범주에 속한다고 한다. 따라서 사안에서의 甲의 행위는 자기도피행위에 불과하므로 범인도피교사죄가 성립할 수 없다.

(2) 자기범인도피교사죄의 부정

사안에서의 甲의 행위를 자기도피행위의 연장이 아닌 乙에 대한 범인도피행위의 교사로 본다고 하더라도, 기대가능성이 없는 자기비호권의 연장이라고 볼 수 있으므로 甲은 범인도피죄의 교사범이 성립하지 않는다.

3. 검사의 주장과 논거

사안에서의 甲의 행위는 자기도피행위의 연장이 아닌 범인도피죄의 교사행위에 해당하고, 甲이 타인을 교사하여 자기를 은닉 또는 도피하게 한 경우는 자기비호권의 한계를 일탈한 것으로서 기대가능성이 부정되는 경우가 아니므로 甲은 범인도피죄의 교사범이 성립한다.

자동차를 이용한 강간 혐의로 경찰에 수배된 甲은 친구 乙에게 사정을 이야기하면서, 자신의 차는 발각될 위험이 있으니, 자신의 차를 숨겨주고 대신 乙의 차를 빌려달라고 부탁하였다. 乙은 甲의 부탁을 들어주었다. 甲과 乙의 죄책은? (15점) [2018 3차 변형]

I. 乙의 죄책

1. 증거은닉죄의 성부

乙은 타인인 甲이 범행의 수단으로 사용된 甲의 자동차인 증거를 그 정을 알면서 은닉하였으므로 제155조 제1항의 증거은닉죄가 성립한다.

2. 범인도피죄의 성부

乙은 강간죄의 범인인 甲에게 그 정을 알면서 도피 수단인 자동차를 빌려주어 甲으로 하여금 도피하도록 하였으므로 乙에게는 제151조 제1항의 범인도피죄가 성립한다.

II. 甲의 죄책

1. 자기증거은닉이나 자기범인도피의 교사범의 성부에 대한 판례의 법리

종래 학설은 논의가 있었으나, 최근 판례는 형사소송에 있어서 피고인의 방어권을 인정하는 취지와 상충하여 원칙적으로 처벌의 대상이 되지 아니하지만, 그것이 방어권의 남용이라고 볼 수 있을 때는 예외적으로 교사죄로 처벌할 수 있다고 하고 있다.

• 자기증거은닉이나 자기범인도피의 교사범에 대한 판례의 법리는 그 취지가 동일하므로 같이 묶어서 설시하는 것이 바람직하다.

2. 사안의 해결

(1) 증거은닉죄의 교사범의 성립

사안에서 甲이 스스로 자동차를 은닉할 수 있음에도 乙에게 은닉하도록 교사시킨 것은 방어권의 남용으로 볼 수 있으므로 甲에게는 증거은닉죄의 교사범이 성립한다.

(2) 범인도피죄의 교사범의 불성립

사안에서 甲이 乙의 자동차를 빌리는 것은 범인의 자기도피의 연장에 불과하므로 이를 방어권의 남용이라고 볼 수 없어 甲에게 범인도피교사죄는 성립하지 않는다.

강도죄로 경찰의 검거지시가 내려진 甲은 친구 乙에게 그간의 사정을 이야기하면서 도피 자금을 구해달라고 부탁하였다. 이를 승낙한 乙은 자기의 고가 골프채를 A에게 1,500만 원에 양도하기로 하여 A로부터 계약금과 중도금으로 800만 원을 받았음에도 그 골프채를 B에게 1,800만 원을 받고 양도한 다음 그 중 1,000만 원을 甲에게 도피 자금으로 건네주었다. 甲과 乙의 죄책을 논하시오. (20점) [2021 변시]

Ⅰ. 乙의 죄책

1. 골프채를 이중매매한 乙의 죄책

(1) 사안에서 乙은 동산인 골프채를 이중매매하고 있는바, 이와 같이 동산을 이중매매한 경우에 배임죄가 성립하는지 문제 된다.

(2) 판례에 의하면 '매매와 같이 당사자 일방이 재산권을 상대방에게 이전할 것을 약정하고 상대방이 그 대금을 지급할 것을 약정함으로써 그 효력이 생기는 계약의 경우(민법 제563조), 쌍방이 그 계약의 내용에 좇은 이행을 하여야 할 채무는 특별한 사정이 없는 한 '자기의 사무'에 해당하는 것이 원칙이다. 동산매매계약에서의 매도인은 매수인에 대하여 그의 사무를 처리하는 지위에 있지 아니하므로, 매도인이 목적물을 매수인에게 인도하지 아니하고 이를 타에 처분하였다 하더라도 형법상 배임죄가 성립하는 것은 아니다'라고 하여 배임죄의 성립을 부정하고 있다.

(3) 따라서 이러한 판례의 법리에 따르면 사안에서 乙에게 배임죄는 성립하지 않는다.

> • 판례의 내용은 이해의 편의를 위하여 설시한 것이므로 실전에서는 핵심만 적는 것이 바람직하다.

2. 범인도피죄의 성립

사안에서 乙은 甲이 벌금이상의 형에 해당하는 범죄를 범하였다는 사정을 알면서도 甲에게 도피자금 1,000만 원을 건네주었으므로 乙에게는 범인도피죄가 성립한다.

Ⅱ. 甲의 죄책

1. 논의점

사안에서 甲은 乙에게 자기범인도피교사를 하고 있다. 이렇게 범인이 자기를 도피하도록 제3자를 교사한 경우에 범인도피교사죄가 성립할 수 있는지 문제 된다.

2. 견해의 대립과 판례의 태도

이에 대하여는 ① 자기비호권의 한계를 일탈한 것으로서 자기도피은닉의 교사범을 인정하는 긍정설과 ② 자기비호권의 연장이라고 볼 수 있으므로 자기범인도피의 교사범을 부정하는 부정설이 대립하고 있으며, ③ 판례는 '범인 스스로 도피하는 행위는 처벌되지 아니하므로, 범인이 도피를 위하여 타인에게 도움을 요청하는 행위 역시 도피행위의 범주에 속하는 한 처벌되지 아니하며, 범인의 요청에 응하여 범인을 도운 타인의 행위가 범인도피죄에 해당한다고 하더라도 마찬가지이다. 다만, 범인이 타인으로 하여금 허위의 자백을 하게 하는 등으로 범인도피죄를 범하게 하는 경우와 같이 그것이 방어권의 남용으로 볼 수 있을 때에는 범인도피교사죄에 해당할 수 있다'라고 하여 방어권의 남용으로 볼 수 있는 경우에만 한정적으로 자기은닉·도피의 교사범을 인정하고 있다.

3. 검토 및 사안의 해결

생각건대 피고인의 방어권보장과 형사정책적인 측면을 모두 고려한다면 방어권의 남용이 있는 경우에만 범인의 자기은닉교사범을 인정하는 판례의 태도가 타당하다. 사안에서 甲이 乙에게 도피자금을 구해달라고 한 것은 도피행위에 해당하고 방어권의 남용이라고는 할 수 없으므로 甲에게는 범인도피교사죄는 성립하지 않는다.

甲은 대형마트에서 A(여)의 가슴을 만졌다는 사실로 수사를 받고 있다. 그러나 사실은 甲은 친동생 乙과 함께 대형마트에 갔다가 乙이 옷 위로 옆에 서 있는 A의 가슴을 살짝 만졌다. 그 직후 A가 깜짝 놀라 뛰어나가자, 乙이 甲에게 말하기를 "공무원인 내가 걸리면 공무원직에서 쫓겨나니 형이 대신 한 것으로 하자"고 하여 甲이 한 것으로 꾸민 것이었다. 甲은 A의 신고를 받고 출동한 경찰관 P에게 자신이 한 일이라고 말 한 후, 계속 수사를 받았다. 甲과 乙의 죄책은? (25점)   [2015 1차 변형]

I. 甲의 죄책

1. 범인은닉죄의 성부

(1) 구성요건해당성의 인정

실제로는 乙이 추행행위를 하였음에도, 甲이 乙을 위하여 자신이 범인이라고 적극적으로 수사기관을 기만하여 착오에 빠지게 함으로써 범인의 발견 또는 체포를 곤란 내지 불가능하게 할 정도에 이르렀다고 봄이 상당하여 범인도피죄의 구성요건에 해당한다.

(2) 친족간의 특례

그러나 사안에서 甲과 乙은 친형제지간이므로 형법 제151조 제2항의 친족간의 특례가 적용되어 甲은 책임이 조각되어 무죄가 된다.

> • 친족간의 특례가 누락되지 않도록 주의하여야 한다.

2. 위계에 의한 공무집행방해죄의 성부

甲이 수사기관에서 허위진술한 것이 위계에 의한 공무집행방해죄가 성립할 수 있는지 문제 되지만, 수사기관의 피의자나 참고인의 진술 여부에 불구하고 실체적 진실을 밝힐 의무가 있으므로 위계에 의한 공무집행방해죄는 성립하지 않는다.

II. 乙의 죄책

1. 성폭법상의 공중밀집장소에서의 추행죄

(1) 공중밀집장소의 해당 여부

성폭법 제11조에서 말하는 '공중이 밀집하는 장소'에는 현실적으로 사람들이 빽빽이 들어서 있어 서로간의 신체적 접촉이 이루어지고 있는 곳만을 의미하는 것이 아니라 이 사건 찜질방 등과 같이 공중의 이용에 상시적으로 제공·개방된 상태에 놓여 있는 곳 일반을 의미한다. 따라서 사안의 대형마트도 공중밀집장소에 해당한다.

(2) 추행죄의 성립 여부

추행이란 일반인에게 성적 수치심이나 혐오감을 일으키게 하고 선량한 성적 도덕관념에 반하는 행위로서 피해자의 성적 자유를 침해하는 것을 말한다. 사안에서 乙이 A의 가슴을 만진 행위는 추행행위로 인정되므로 乙에게는 공중밀집장소에서의 추행죄가 성립한다.

2. 자기범인은닉교사죄의 성부

(1) 논의점

사안에서 甲의 행위는 범인은닉죄가 성립하지 않지만, 제한종속의 요건을 구비하고 있다. 이러한 甲의 범인 은닉행위를 교사한 범인 乙에게 범인은닉죄의 교사범이 성립할 수 있는지에 대하여 논의가 있다.

(2) 견해의 대립과 판례의 태도

이에 대하여는 ① 자기비호권의 한계를 일탈한 것으로서 자기도피은닉의 교사범을 인정하는 긍정설과 ② 자기비호권의 연장이라고 볼 수 있으므로 자기범인도피의 교사범을 부정하는 부정설이 대립하고 있으며, ③ 판례는 '범인 스스로 도피하는 행위는 처벌되지 아니하므로, 범인이 도피를 위하여 타인에게 도움을 요청하는 행위 역시 도피행위의 범주에 속하는 한 처벌되지 아니하며, 범인의 요청에 응하여 범인을 도운 타인의 행위가 범인도피죄에 해당한다고 하더라도 마찬가지이다. 다만, 범인이 타인으로 하여금 허위의 자백을 하게 하는 등으로 범인도피죄를 범하게 하는 경우와 같이 그것이 방어권의 남용으로 볼 수 있을 때에는 범인도피교사죄에 해당할 수 있다'라고 하여 방어권의 남용으로 볼 수 있는 경우에만 한정적으로 자기은닉·도피의 교사범을 인정하고 있다.

(3) 검토 및 사안의 해결

생각건대 피고인의 방어권보장과 형사정책적인 측면을 모두 고려한다면 방어권의 남용이 있는 경우에만 범인의 자기은닉교사범을 인정하는 판례의 태도가 타당하다. 사안에서 乙이 甲에게 허위자백을 하도록 교사하는 것은 방어권의 남용이라고는 할 수 있으므로 乙에게는 범인도피교사죄가 성립한다.

> **유제**
>
> 경찰이 甲과 乙의 특수강도 범행을 인지하고 수사망을 좁혀오자 甲은 乙에게 금전적 보상을 약속하고 모든 범행을 乙이 혼자 한 것으로 해달라고 부탁한 후 도피하였고, 乙은 얼마 후 사법경찰관 P를 찾아가 자신의 단독범행이라고 말하면서 자수하고 곧바로 체포되었다. 乙은 구속재판을 받던 중 甲이 아무런 보상을 해주지 않음은 물론 연락도 하지 않자 화가 난 나머지 국선변호사 L을 통해 모든 사실을 공개하겠다는 의사를 전달하였다. 이에 甲은 L을 통하여 구속 중인 乙에게 1주일 내로 5천만 원을 주겠으니 비밀을 유지하도록 당부하였다. 그러나 甲이 1주일이 지나도록 약속한 돈을 주지 않자, 乙은 법정에서 그동안의 범죄사실을 모두 진술하였다. 甲과 乙의 죄책은? (20점)
>
> [2016 2차 변형]

> **275**
>
> 甲과 乙은 핸드백을 날치기한 합동절도를 범하고 도피 중에 있다. 합동절도에 대한 범죄와 관련하여 甲은 도피할 시간을 벌기 위해 乙에게 "경찰 수사를 받으면 나를 모를 뿐만 아니라 너도 범행 당일 범행장소에 가지 않았다고 말하라"고 교사하였고, 이를 승낙한 乙이 피의자로 조사를 받으면서 사법경찰관 P에게 허위로 진술하여 수사가 답보인 상태에서 甲은 도피해 버렸다. 甲과 乙의 죄책은? (10점)   [2021 3차 변형]

1. 乙의 죄책

(1) 위계에 의한 공무집행방해죄의 불성립

乙이 수사기관에서 허위진술한 것이 위계에 의한 공무집행방해죄가 성립할 수 있는지 문제 되지만, 수사기관의 피의자나 참고인의 진술 여부에 불구하고 실체적 진실을 밝힐 의무가 있으므로 위계에 의한 공무집행방해죄는 성립하지 않는다.

(2) 범인도피죄의 불성립

판례에 의하면 '공범 중 1인이 그 범행에 관한 수사절차에서 참고인 또는 피의자로 조사받으면서 자기의 범행을 구성하는 사실관계에 관하여 허위로 진술하고 허위 자료를 제출하는 것은 자신의 범행에 대한 방어권 행사의 범위를 벗어난 것으로 볼 수 없으며, 이러한 행위가 다른 공범을 도피하게 하는 결과가 된다 하더라도 범인도피죄로 처벌할 수 없다.'라고 한다. 따라서 사안에서 乙의 행위는 범인도피죄가 성립하지 않는다.

> • 그러나 수사기관에서의 허위 진술이 범인을 자처하면서 적극적으로 수사기관을 기만한 경우에는 범인도피죄가 성립할 수 있다.

2. 甲의 죄책

사안에서 정범인 乙의 행위가 범죄를 구성하지 않는다면, 공범인 甲이 이러한 행위를 교사하였더라도 범죄가 될 수 없는 행위를 교사한 것에 불과하여 위계에 의한 공무집행방해죄와 범인도피죄의 교사범은 성립하지 않아 무죄가 된다.

276

甲은 ○○은행으로부터 민사소송을 당하게 되자 자기 명의로 된 오피스텔에 대한 강제집행을 피하기 위하여, 소유권 이전의 의사가 없음에도 불구하고 乙과 공모하여 허위로 그 오피스텔을 乙에게 양도하여 관할 등기소를 통하여 소유권이전등기를 경료해 주었다. 오피스텔 허위양도 사건으로 고발당한 甲은 乙에게 경찰에 가면 "甲의 오피스텔을 실제로 매수하여 살고 있다"라고 진술하라고 시켰고, 乙은 참고인으로 출석하여 甲이 부탁한 대로 진술하였다. 甲의 죄책은?

[2023 1차 변형]

1. 오피스텔 이전등기에 대한 죄책

(1) 강제집행면탈죄의 공동정범의 성립

사안에서 甲은 강제집행의 면탈하기 위하여 乙과 공모하여 乙에게 오피스텔을 허위로 양도하고 소유권이전등기를 해 주고 있다. 이러한 甲과 乙의 행위는 강제집행면탈죄의 공동정범에 해당한다.

(2) 공정증서원본부실기재죄와 동행사죄의 공동정범의 성립

사안에서 甲과 乙은 공모하여 甲은 소유권이전 의사가 없음에도 강제집행을 면탈하기 위하여 乙에게 소유권이전등기를 경료하고 이를 비치하게 하였으므로 공정증서원본부실기재죄와 동행사죄의 공동정범이 성립한다.

2. 乙의 허위진술에 대한 죄책

(1) 범인도피죄와 동교사죄의 불성립

乙이 수사기관에서 참고인으로서 허위진술을 한 것이 범인도피죄가 성립할 수 있는지 문제 된다. 그러나 참고인이 수사기관에서 허위진술을 한 것은 적극적으로 수사기관을 기만하여 착오에 빠지게 하는 것이 아닌 한 범인도피죄는 성립하지 않는다. 따라서 사안에서의 乙의 허위진술만으로는 범인도피죄는 성립하지 않으며, 乙에게 범인도피죄가 성립하지 않으면 甲에게도 범인도피죄의 교사범은 성립하지 않는다.

(2) 위계에 의한 공무집행방해죄와 동교사죄의 불성립

사안에서 乙이 수사기관에 허위의 진술을 하였더라도 수사기관은 실체적 진실을 발견할 권리와 의무가 있으므로 위계에 의한 공무집행방해죄는 성립하지 않는다. 따라서 사안에서 乙에게 위계에 의한 공무집행방해죄가 성립하지 않으면, 甲에게도 위계에 의한 공무집행방해죄의 교사범은 성립하지 않는다.

277

甲은 조카인 A를 과도로 폭행한 특수폭행으로 기소되었으나 공판정에서 범행을 부인하자 A가 다음 공판기일에 증인으로 소환되었다. 재판장은 A가 甲의 조카라는 사실을 간과하고 증언거부권을 고지하지 아니하였으나 A는 선서하고 증언을 하였다. A는 당시 자신도 술에 취하여 상황이 잘 기억나지 않았음에도 불구하고 평소 자신을 상습적으로 폭행하던 甲이 다시 교도소로 갔으면 좋겠다고 생각하고 "甲이 당시 과도로 내 머리를 때린 사실이 있다"고 진술하였다. A의 죄책은? (20점) [2014 2차 변형]

---

1. 논의점

사안에서 A의 죄책과 관련하여서는 ① 허위진술에 해당하는지 ② 재판장의 증언거부권 불고지가 위증죄의 성립에 영향을 미칠 수 있는지 ③ 모해위증죄에 해당하는지 문제 된다.

> • 배점이 20점으로 배점이 크고, 여러 쟁점이 있으므로 간단히 설시한 것이다. 그러나 실전에서는 생략하여도 무방할 것이다.

2. 허위진술 해당성

(1) 위증죄의 허위성 판단에 대하여는 ① 위증죄는 증인의 불성실을 벌하는 것이 아니고, 객관적 진실과 일치하는 증언은 사법에 대한 진실발견의 위험이 초래될 수 없으므로 허위를 객관적 사실에 반하는 것으로 이해하는 객관설 ② 증인이 자기 기억에 반하는 진술을 한 때에는 이미 국가의 심판기능의 적정한 행사에 대한 추상적 위험을 인정할 수 있으므로 허위를 증인이 자기 기억에 반하는 진술을 하는 것으로 이해하는 주관설이 대립하고 있으며, ③ 판례는 '위증죄에 있어서의 허위의 공술이란 증인이 자기의 기억에 반하는 사실을 진술하는 것을 말하는 것으로서 그 내용이 객관적 사실과 부합한다고 하여도 위증죄의 성립에 장애가 되지 않는다'라고 하여 주관설의 입장이다.

(2) 생각건대 증인에게 자기의 기억 이상의 진술을 기대할 수 없으며, 증인의 사명은 자기의 기억을 진술하여 법원의 실체적 진실발견을 돕는데 그쳐야 하므로 주관설이 타당하다. 사안에서 A는 기억이 나지 않음에도 불구하고 "甲이 당시 과도로 내 머리를 때린 사실이 있다"라고 진술하고 있으므로 주관설에 따르면 A의 진술은 허위성이 인정된다.

> • 이 부분은 전체적으로 이해의 편의를 위하여 설시한 것이므로 실제 답안에서는 배점에 따라 적절히 탄력적으로 답안을 작성하는 것이 바람직하다.

3. 증언거부권의 불고지와 위증죄의 성립 여부

(1) 사안에서 A는 甲의 조카여서 형사소송법 제148조에 따른 증언거부권이 있는 자이므로 재판장은 증거거부권있음을 고지하였어야 함에도 이를 고지하지 않고 있다. 이와 같이 증언거부권이 있는 자가 증언거부권을 고지받지 못하고 위증한 경우에 대하여 위증죄가 성립할 수 있는지에 대하여 논의가 있다.

(2) 이에 대해서는 ① 법원이 적정절차를 위반한 것이므로 위증죄가 성립하지 않는다는 부정설도 있으나, ② 판례는 '증인신문절차에서 증언거부권을 고지받지 못한 경우에는 위증죄로 처벌할 수 없는 것이 원칙이지만, 증언거부권을 고지받지 못했더라도 당해 사건에서 증인 보호에 사실상 장애가 초래되었다고 볼 수 없는 경우에는 예외적으로 위증죄가 성립할 수 있다'라고 판시하고 있다.

(3) 생각건대 구체적 타당성을 고려한다는 점에서 판례의 입장이 타당하다. 이러한 판례의 태도에 따르면 사안의 경우에는 A는 甲이 다시 교도소로 가기를 원했다는 점에서 증인 보호에 사실상 장애가 초래되었다고 볼 수 없으므로 A에게는 위증죄가 성립한다.

4. 모해위증죄의 성립

사안에서 A는 甲이 교도소로 가기를 원하면서 기억나지 않는 사실을 진술한 것이므로 이는 모해할 목적을 가지고 위증한 것이므로 모해위증죄가 성립한다.

278

검사 S는 공무원 乙이 탈법영업을 하는 甲으로부터 100만 원을 받은 사실을 알게 되었다. 甲의 소재를 파악하지 못하자 S는 甲의 처 A로부터 "乙의 협박 때문에 100만 원을 주었다는 얘기를 甲으로부터 들었다"라는 진술을 받아 조서에 기재한 후 甲을 기소하였다. 이후 A는 甲의 재판에 증인으로 출석하여 乙의 협박사실을 목격한 바 없음에도 "乙이 협박하는 것을 직접 보았다"라는 취지로 증언하였다. 하지만 그 며칠 후 검거된 甲은 "乙에게 100만 원을 준 것은 단속을 피하기 위한 것이었다"라고 시인하고, 다만 "A의 법정증언은 내가 시킨 것이다. 평소 乙이 돈을 자주 요구해 그를 처벌받게 할 생각이었다. A는 아무것도 모르고 내가 시킨 대로 한 것뿐이다"라고 하였다. 甲의 진술내용은 진실한 것으로 확인되었다. 甲과 A의 죄책은? (15점)

[2016 1차 변형]

1. 문제의 제기

사안에서 A에게 위증죄가 성립하는지가 문제 되고, 甲에게는 모해목적 있는 자가 모해목적 없는 자를 교사한 경우에 甲의 죄책이 문제 된다.

2. A의 죄책

사안에서 A는 실제로 목격하지도 않은 사실을 목격했다고 허위로 진술하였으므로 허위성에 대한 어느 학설에 따르더라도 위증죄가 성립한다.

3. 甲의 죄책

(1) 논의점

사안과 같이 모해목적을 가진 甲이 모해목적이 없는 A에게 위증죄를 교사한 경우에 모해목적을 가진 甲을 어떻게 처벌할 것인지에 대하여 논의가 있다.

(2) 견해의 대립과 판례의 태도

이에 대하여는 ① 목적을 신분으로 보지 않고, 일반적인 종속성의 원리에 따라 甲을 단순위증죄의 교사범으로 보는 단순위증죄의 교사범설과 ② 모해목적을 신분으로 보고, 책임의 개별화를 강조하는 입장에서 甲을 모해목적 위증죄의 교사범으로 보는 모해위증죄의 교사범설이 대립하고 있으며 ③ 판례는 이와 유사한 사안에서 목적을 신분으로 보면서 '이 사건과 같이 신분관계로 인하여 형의 경중이 있는 경우에 신분이 있는 자가 신분이 없는 자를 교사하여 죄를 범하게 된 때에는 형법 제33조 단서가 위 제31조 제1항에 우선하여 적용됨으로써 신분이 있는 교사범이 신분이 없는 정범보다 중하게 처벌된다고 할 것이다.'라고 하여 모해위증죄의 교사범설을 따르고 있다.

(3) 검토 및 사안의 해결

생각건대 ① 목적은 행위관련적 요소이므로 신분이 아니며 ② 책임은 불법의 양을 초과할 수 없다는 소극적 책임주의에 따르면 단순위증죄의 교사범설이 타당하다. 따라서 사안에서 甲은 단순위증죄의 교사범이 성립한다.

> • 판례의 입장에 따른 결론 - 생각건대 진정신분범이 아닌 부진정신분범의 경우에는 개별적인 사유로 인한 것이어서 책임의 개별화가 우선되는 것이 타당하므로 모해위증죄의 교사범설이 타당하다. 따라서 사안에서 甲은 모해위증죄의 교사범이 성립한다.

4. 결 언

사안에서 A는 단순위증죄가 성립하며, 甲은 단순위증죄의 교사범이 성립한다.

279

甲과 乙은 甲의 부인이었던 丙이 운영하는 ○○주점에서 A를 살해하기로 공모한 후 A를 살해하였다. 甲은 경찰이 자신과 乙과의 공모 여부에 관해 수사한다는 말을 듣고 丙에게 전화하여 ○○주점 CCTV 녹화영상 중 위 주점에서 甲과 乙이 만나는 장면을 삭제해 주고, 만약 수사기관에 참고인으로 출석하거나 법정에 증인으로 출석하면 당일 자신이 ○○주점에 오지 않았다고 허위 진술해 줄 것을 부탁하였다. 이를 승낙한 丙은 甲과 CCTV에서 乙이 만나는 장면을 삭제하고, 그 후 수사기관에 참고인으로 출석하여 甲이 부탁한 대로 진술하였고, 甲만 기소된 상태에서 법정에 증인으로 출석해서는 선서 후 증언거부권을 고지받지 않은 상태에서 甲이 부탁한 대로 진술하였다. 甲과 丙의 죄책은? (25점)

[2022 1차 변형]

Ⅰ. 녹화영상 삭제 관련 (8점)

1. 丙의 죄책

사안에서 丙은 甲과 乙이 공모하는 장면이 찍힌 CCTV를 삭제하였으므로 증거인멸죄의 구성요건에 해당하는 행위를 하였다. 그리고 丙은 甲과 이혼하여 더 이상 친족이 아니므로 친족간의 특례가 적용되지 않아 丙에게는 증거인멸죄가 성립한다.

> • 친족간의 특례에 해당하는지 여부를 적시해 주는 것이 바람직하다.

2. 甲의 죄책

(1) 논의점

사안과 같이 자기의 형사사건에 대한 증거를 인멸하기 위하여 타인을 교사한 경우에 증거인멸죄의 교사범을 인정할 것인가에 대하여 논의가 있다.

(2) 견해의 대립과 판례의 태도

이에 대하여는 ① 긍정설과 ② 부정설이 대립하고 있으며, ③ 판례는 '자신의 형사사건에 관한 증거은닉을 위하여 타인에게 도움을 요청하는 행위 역시 원칙적으로 처벌되지 아니하나, 다만 그것이 방어권의 남용이라고 볼 수 있을 때는 증거은닉교사죄로 처벌할 수 있다'라고 하여 방어권의 남용이 있는 경우에만 증거인멸교사죄의 성립을 긍정하고 있다.

(3) 검토 및 사안의 해결

생각건대 피고인의 방어권보장과 형사정책적인 측면을 모두 고려한다면 방어권의 남용이 있는 경우에만 범인의 증거인멸교사범을 인정하는 판례의 태도가 타당하다. 사안에서 甲이 丙에게 CCTV를 삭제하도록 교사하는 것은 방어권의 남용이라고는 할 수 있으므로 甲에게는 증거인멸교사범이 성립한다.

Ⅱ. 수사기관에서의 허위진술 관련 (7점)

1. 위계에 의한 공무집행방해죄의 성부

(1) 사안에서 수사기관은 실체적 진실을 발견해야 할 권리와 의무가 있으므로 丙이 허위진술을 한 것만으로는 위계에 의한 공무집행방해죄는 성립하지 않는다.

(2) 그리고 丙에게 위계에 의한 공무집행방해죄가 성립하지 않는다면, 甲에게도 위계에 의한 공무집행방해죄의 교사범이 성립하지 않는다.

2. 범인도피죄의 성부

(1) 판례는 '원래 수사기관은 객관적인 제반 증거를 수집·조사하여야 할 권리와 의무가 있으므로, 참고인이 수사기관에서 범인에 관하여 조사를 받으면서 그가 알고 있는 사실을 묵비하거나 허위로 진술하였다고 하더라도, 범인도피죄는 성립하지 않는다.'라고 하고 있다. 이러한 판례 법리에 따르면 사안에서 丙에게는 범인도피죄가 성립하지 않는다.

(2) 그리고 丙에게 범인도피죄가 성립하지 않으면 甲도 범인도피죄의 교사범이 성립하지 않는다.

> • 판례 내용은 답안에 현출하기 위하여 일부분을 생략하고 설시한 것이다.

Ⅲ. 법정에서 위증한 부분 관련 (10점)

1. 丙의 죄책

(1) 사안에서 丙은 甲의 전부인이어서 형사소송법 제148조에 따른 증언거부권이 있는 자이므로 재판장은 증거거부권있음을 고지하였어야 함에도 이를 고지하지 않고 있다. 이와 같이 증언거부권이 있는 자가 증언거부권을 고지받지 못하고 위증한 경우에 대하여 위증죄가 성립할 수 있는지에 대하여 논의가 있다.

> • 형사소송법 제148조의 규정도 암기하였다가 활용하는 것이 바람직하다.

(2) 이에 대해서는 ① 법원이 적정절차를 위반한 것이므로 위증죄가 성립하지 않는다는 부정설도 있으나, ② 판례는 '증인신문절차에서 증언거부권을 고지받지 못한 경우에는 위증죄로 처벌할 수 없는 것이 원칙이지만, 증언거부권을 고지받지 못했더라도 당해 사건에서 증인 보호에 사실상 장애가 초래되었다고 볼 수 없는 경우에는 예외적으로 위증죄가 성립할 수 있다'라고 판시하고 있다.

(3) 생각건대 구체적 타당성을 고려한다는 점에서 판례의 입장이 타당하다. 이러한 판례의 태도에 따르면 사안의 경우에는 丙이 증거인멸을 한 정황 등으로 보아 증언거부권을 고지받지 못한 것이 증인 보호에 사실상 장애가 초래되었다고 볼 수 없으므로 丙에게는 위증죄가 성립한다.

2. 甲의 죄책

(1) 논의점

현행법상 당해 사건의 피고인은 증인적격이 없으므로 위증죄의 주체가 될 수 없다. 그러나 이러한 피고인이 당해 사건에 대하여 타인을 교사하여 위증하게 한 경우에 교사범이 성립될 수 있는지에 대하여 논의가 있다.

(2) 견해의 대립과 판례의 태도

이에 대하여는 ① 긍정설과 ② 부정설이 대립하고 있으나, ③ 판례는 '자기의 형사사건에 관하여 타인을 교사하여 위증죄를 범하게 하는 것은 이러한 방어권을 남용하는 것이라고 할 것이어서 교사범의 죄책을 부담케 함이 상당하다'라고 하여 긍정설의 입장이다.

(3) 검토 및 사안의 해결

생각건대 범인이 타인에게 위증을 교사하는 것은 방어권의 남용이라고 할 수 있다. 따라서 사안에서 甲에게는 위증죄의 교사범이 성립한다.

> • 사법기능과 관련되어 ① 자기범인도피교사 ② 자기위증교사 ③ 자기증거인멸교사의 교사범 인정 여부에 대하여 판례는 기본적으로 방어권 남용을 기준으로 하고 있다. 그런데 ② 자기위증교사는 그 속성상 당연히 방어권 남용이 되므로 이를 긍정설이라고 표현한 것이다.

280

甲, 乙, 丙은 방화죄의 공동정범이다. 방화 사건에 대한 수사가 개시되자 甲은 乙과 丙에게 범행에 대해 자신과 주고받은 문자메시지가 남아있는 휴대전화를 빨리 없애버리라고 독촉하였고, 형사처벌을 받을 것을 두려워한 乙과 丙은 甲의 말대로 처리했다. 한편 甲은 자신의 휴대폰을 사촌동생 丁에게 주고 전후 사정을 이야기하면서 휴대폰 문자메시지를 복구할 수 없게 완전히 삭제하도록 시켰다. 丁은 甲의 말대로 처리했다. 甲, 乙, 丙의 죄책은? (20점)

[2017 3차 변형]

Ⅰ. 甲의 독촉에 따라 乙과 丙이 휴대전화를 없애 버린 행위 관련

1. 乙과 丙의 죄책

(1) 논의점

사안에서 乙과 丙이 자기증거를 인멸하는 행위는 범죄가 되지 않으나, 공범자와 공통된 증거를 인멸하는 것이 증거인멸죄에 해당하는지에 대하여 논의가 있다.

(2) 견해의 대립과 판례의 태도

이에 대하여는 ① 긍정설 ② 부정설 ③ 절충설이 대립하고 있으나, ④ 판례는 '피고인 자신이 자기의 이익을 위하여 그 증거가 될 자료를 인멸하였다면, 그 행위가 동시에 다른 공범자의 증거를 인멸한 결과가 된다고 하더라도 이를 증거인멸죄로 다스릴 수 없다'라고 하여 절충설의 입장이다.

(3) 검토 및 사안의 해결

생각건대 자기증거인멸을 처벌하지 않는 것은 기대가능성이 없기 때문이므로, 자기의 이익만을 위하거나 자기와 공범자의 이익을 위하여 증거인멸하는 경우에도 범인에게 기대가능성이 없는 경우라는 것은 동일하므로 절충설이 타당하다. 이러한 절충설의 입장에 의하면 사안에서 乙과 丙이 甲과 공통된 증거를 인멸하는 것은 구성요건해당성이 인정되지 않는다.

> • 판례의 입장이 부정설이 아니라 절충설이라는 점을 주의하여야 한다.

2. 甲의 죄책

乙과 丙에게 증거인멸을 교사한 甲에게는 乙과 丙의 행위가 구성요건에 해당하지 않으므로 공범종속성의 원칙에 따라 공범이 성립하지 않으며 또한 자기증거인멸은 범죄가 되지 않으므로 증거인멸죄의 간접정범도 성립하지 않아 무죄가 된다.

> • 간접정범이 성립하지 않는다는 부분도 적시하는 것이 바람직하다.

Ⅱ. 甲이 丁에게 문자메시지를 삭제하도록 한 행위 관련

1. 丁의 죄책

丁은 타인의 형사사건에 대한 증거를 인멸하였으므로 증거인멸죄의 구성요건에 해당한다. 그러나 丁은 甲의 사촌동생으로서 친족간의 특례가 적용되어 책임이 조각되어 무죄가 된다.

그리고 乙과 丙과의 공통된 증거 부분에 대하여는 甲의 이익을 위하여 한 것이므로 절충설의 논리에 따르면 증거인멸죄는 성립하지 않는다.

> • 乙과 丙과의 공통된 증거 부분은 채기표에는 없지만, 가점 사항이 될 수 있을 것이다.

2. 甲의 죄책

(1) 논의점

사안에서 丁은 무죄이지만 제한종속이 구비되었으므로 甲에게 증거인멸죄의 교사범이 성립될 수 있는지 문제 된다.

(2) 최근 판례의 태도

종래 학설은 논의가 있었으나, 최근 판례는 형사소송에 있어서 피고인의 방어권을 인정하는 취지와 상충하여 원칙적으로 처벌의 대상이 되지 아니하지만 그것이 방어권의 남용이라고 볼 수 있을 때는 예외적으로 교사죄로 처벌할 수 있다고 하고 있다.

(3) 검토 및 사안의 해결

생각건대 甲이 사촌동생 丁에게 문자메시지를 삭제하도록 한 행위만으로는 방어권의 남용이라고 보기 어렵다. 따라서 사안에서 甲에게는 증거인멸죄의 교사범이 성립하지 않는다.

자동차전용도로에서 과실로 사람을 치어 상해를 입히고 도주한 甲은 차량에 설치된 블랙박스에 자신의 음주운전과 교통사고 장면이 녹화된 영상부분을 없애기 위해 IT분야의 전문가인 乙(甲의 동생으로서 사고차량에 동승하였고, 甲의 도주차량죄 중 미조치 부분만 공동정범인 자임)에게 블랙박스의 내용을 삭제하도록 부탁하였고, 乙도 甲과 자신의 형사처벌을 피하기 위하여 블랙박스 영상을 지워버렸다. 甲과 乙의 죄책은? (15점)

[2013 3차 변형]

1. 논의점

사안에서 乙은 甲의 부탁으로 증거인 블랙박스를 삭제하고 있다. 이는 甲의 부탁으로 시작되었지만 甲과 乙이 서로 공모를 하고, 甲이 차량에 붙은 블랙박스를 제공하고 이에 乙이 이를 삭제하고 있으므로 甲과 乙의 행위는 기능적 행위지배가 인정되므로 증거인멸의 공동정범이라고 할 수 있다. 그런데 자기증거인멸은 범죄가 되지 않으나, 공범자와 공통된 증거를 인멸하는 것이 증거인멸죄가 성립하는지에 대하여 논의가 있다.

2. 견해의 대립과 판례의 태도

이에 대하여는 ① 공범자의 형사사건에 대한 증거도 타인의 증거로 보아 증거인멸죄가 성립한다는 긍정설 ② 공범자의 형사사건에 관한 증거는 '자기'의 형사사건에 관한 증거라고 보아 증거인멸죄가 성립하지 않는다는 부정설 ③ 공범자만을 위한 증거인멸은 타인의 형사사건에 관한 것으로 보아 본죄를 구성하지만, 자기만을 위하거나 자기와 공범자의 이익을 위한 증거인멸은 본죄를 구성하지 않는다는 절충설이 대립하고 있으며, ④ 판례는 '피고인 자신이 자기의 이익을 위하여 그 증거가 될 자료를 인멸하였다면, 그 행위가 동시에 다른 공범자의 증거를 인멸한 결과가 된다고 하더라도 이를 증거인멸죄로 다스릴 수 없다'라고 하여 절충설의 입장이다.

• 판례의 입장이 부정설이 아니라 절충설이라는 점을 명확히 하는 것이 바람직하다.

3. 검토 및 사안의 해결

생각건대 자기증거인멸을 처벌하지 않는 것은 기대가능성이 없기 때문이므로, 자기의 이익만을 위하거나 자기와 공범자의 이익을 위하여 증거인멸하는 경우에도 범인에게 기대가능성이 없는 경우라는 것은 동일하므로 절충설이 타당하다. 이러한 절충설의 입장에 의하면 사안에서 甲과 乙은 증거인멸죄가 성립하지 않는다.

甲은 乙을 태우고 자신의 차를 운전하다가 A를 치어 상해를 입히고 도주하여 특가법 제5조의3의 도주차량죄를 범하였고, 옆자리에 타고 있던 乙은 甲에게 도주를 권유하여 사고후미조치죄의 공동정범이다. 乙은 자신도 형사처벌을 받을 수 있다고 생각하여 그 다음 날 저녁 甲의 집 차고에 몰래 들어가 증거를 인멸할 목적으로 甲의 차에 장착되어 있는 블랙박스에서 甲 몰래 메모리카드를 빼내어 나온 후 자기가 운영하는 카페의 휴지통에 버렸다. 乙의 죄책은? (15점)

[2021 3차 변형]

1. 건조물침입죄의 성립

사안에서 乙은 甲의 집 차고에 몰래 들어갔으므로 건조물침입죄가 성립한다.

2. 야간주거침입절도죄의 불성립

사안에서 乙은 증거를 인멸할 목적으로 甲의 차에 장착되어 있는 블랙박스에서 메모리카드를 빼내어 나온 행위는, 판례에 의하면 불법영득의사가 인정되지 않으므로 야간주거침입절도죄는 성립하지 않는다.

3. 증거인멸죄의 불성립

(1) 논의점

사안과 같이 자신과 공범자의 공통된 증거를 인멸한 경우에도 타인의 증거를 인멸한 경우로 보아 증거인멸죄가 성립할 수 있는지에 대하여 논의가 있다.

(2) 견해의 대립 및 판례의 태도

이에 대하여는 ① 공범자의 형사사건에 대한 증거도 타인의 증거로 보아 증거인멸죄가 성립한다는 긍정설 ② 공범자의 형사사건에 관한 증거는 '자기'의 형사사건에 관한 증거라고 보아 증거인멸죄가 성립하지 않는다는 부정설 ③ 공범자만을 위한 증거인멸은 타인의 형사사건에 관한 것으로 보아 본죄를 구성하지만, 자기만을 위하거나 자기와 공범자의 이익을 위한 증거인멸은 본죄를 구성하지 않는다는 절충설이 대립하고 있다.

이에 대하여 ④ 판례는 '피고인 자신이 자기의 이익을 위하여 그 증거가 될 자료를 인멸하였다면, 그 행위가 동시에 다른 공범자의 증거를 인멸한 결과가 된다고 하더라도 이를 증거인멸죄로 다스릴 수 없다'라고 하여 절충설의 입장이다.

(3) 검토 및 사안의 해결

생각건대 자기증거인멸을 처벌하지 않는 것은 기대가능성이 없기 때문이므로, 자기의 이익만을 위하거나 자기와 공범자의 이익을 위하여 증거인멸하는 경우에도 범인에게 기대가능성이 없는 경우라는 것은 동일하므로 절충설이 타당하다. 이러한 절충설에 따르면 사안에서 乙은 자기의 이익을 위하여 메모리카드를 버렸으므로 乙에게는 증거인멸죄가 성립하지 않는다.

283

甲과 乙은 오피스텔에서 A를 공동으로 상해하여 사망에 이르게 하였다. 甲은 자신들이 범행시각에 범행현장을 황급히 벗어나는 장면이 찍힌 CCTV가 있음을 알고 오피스텔 관리소장 B에게 범행 당시의 오피스텔 1층 현관 CCTV 영상을 삭제하면 100만 원을 주겠다고 하자 B는 영상 삭제 방법을 잘 모른다며 거절하였다. 이에 甲은 B 몰래 乙을 관리사무소로 보내 CCTV 영상을 직접 삭제하도록 하였고, 乙은 그에 따랐다. 피해자 A의 사망 사건을 수사하던 사법경찰관 P는 범행 시각 근처의 CCTV 영상만 삭제된 것이 수상하다고 판단하고 B를 추궁하자 B는 甲의 제안을 그대로 말해주었다. P는 다른 사법경찰관 Q와 함께 甲의 집 앞에서 잠복하다가 甲과 乙이 나타나자, 적법한 절차를 거쳐 甲과 乙을 긴급체포하려 시도하였고 乙은 순순히 P에게 체포되었다. 그러나 甲은 영장 없는 체포는 모두 불법이라고 생각하고 소지하고 있던 칼로 Q의 팔을 고의로 찌르고 도주했고, Q는 이로 인하여 4주간의 치료를 받아야 했다. 甲과 乙의 죄책은? (30점)

[2021 2차 변형]

Ⅰ. 乙의 죄책

1. 건조물침입죄의 성립

사안에서 乙은 CCTV 영상을 삭제할 목적으로 관리사무소에 침입하였으므로 건조물침입죄가 성립한다.

2. 증거인멸죄의 불성립

사안에서 乙은 甲과의 공동범행의 증거를 인멸하고 있다. 이와 같이 공범과의 공통된 증거를 인멸한 행위가 증거인멸죄에 해당하는지에 대하여 ① 긍정설 ② 부정설 ③ 절충설이 대립하고 있지만, ④ 판례는 "피고인 자신이 직접 형사처분이나 징계처분을 받게 될 것을 두려워한 나머지 자기의 이익을 위하여 그 증거가 될 자료를 인멸하였다면, 그 행위가 동시에 다른 공범자의 형사사건이나 징계사건에 관한 증거를 인멸한 결과가 된다고 하더라도 이를 증거인멸죄로 다스릴 수 없다."라고 판시하여 절충설의 입장이다. 이러한 절충설의 입장에 따르면 사안에서 乙은 자기의 이익을 위하여 증거를 인멸한 것으로 보이므로 乙에게는 증거인멸죄가 성립하지 않는다.

3. 손괴죄의 성립

사안에서 乙은 타인의 재물인 CCTV 영상을 삭제하여 효용을 해하였으므로 손괴죄가 성립한다.

4. 乙의 죄책

乙에게는 ① 건조물침입죄와 ② 재물손괴죄가 성립하며, 양자는 실체적 경합 관계에 있다.

Ⅱ. 甲의 죄책

1. B에게 교사한 행위의 죄책

사안에서 甲이 B에게 관리사무소에 침입하여 CCTV 영상을 삭제하도록 교사하였으나, B는 이를 거절하였다. 이러한 경우 甲에게는 제31조 제3항에 따른 실패한 교사책임이 인정되어 건조물침입죄와 손괴죄의 예비죄가 문제 되지만, 두 죄는 예비를 처벌하지 않으므로 무죄가 된다.

2. 손괴죄 및 건조물침입죄의 교사범의 성립

사안에서 甲은 乙에게 관리사무소에 침입하여 CCTV 영상을 삭제하도록 교사하였으므로 甲에게는 건조물침입죄와 손괴죄의 교사범이 성립한다.

3. 증거인멸교사죄와 증거인멸죄의 불성립

(1) 사안에서 乙의 행위는 증거인멸죄의 구성요건해당성이 인정되지 않아, 제한종속이 구비되지 않았으므로 甲에게 증거인멸교사죄는 성립하지 않는다.

(2) 그리고 乙의 행위가 구성요건해당성이 없어 甲에게 증거인멸죄의 간접정범 성립 여부가 문제 되지만, 증거인멸죄는 타인의 증거를 대상으로 하므로 자기증거인멸죄는 범죄가 성립하지 않는다.

4. 칼로 사법경찰관 Q를 찌른 행위에 대한 죄책

(1) 특수상해죄와 위법성조각사유의 전제사실의 착오

사안에서 甲은 적법하게 공무집행을 하는 경찰관 Q를 칼로 상해입혔으므로 특수상해죄의 구성요건에 해당한다. 그런데 사안에서 A는 정당방위상황이 없음에도 정당방위상황이 있다고 착오하는 위법성조각사유의 전제사실의 착오에 빠져있다. 위법성조각사유의 전제사실의 착오의 해결에 대하여는 ① 엄격책임설 ② 제한책임설 ③ 소극적구성요건표지이론 ④ 법효과제한적책임설 등이 대립하고 있으나, 형사정책적인 측면을 고려하는 엄격책임설이 타당하다. 이러한 엄격책임설에 따르면 사안에서 甲에게는 제16조의 정당한 사유가 인정되지 않으므로 특수상해죄가 성립한다.

(2) 특수공무집행방해치상죄와 적법성의 착오

사안에서 甲은 적법하게 공무집행을 하는 경찰관 Q를 칼로 상해입혔으므로 특수공무집행방해치상죄의 구성요건에 해당한다. 그런데 사안에서 甲은 경찰관 Q의 긴급체포가 적법함에도 이를 위법하다고 착각하고 있다. 이러한 적법성의 착오에 대하여는 ① 사실의 착오로 해결하려는 사실의 착오설 ② 법률의 착오로 해결하려는 법률의 착오설 ③ 위법성조각사유의 전제사실의 착오로 해결하려는 위법성조각사유의 전제사실의 착오설 등이 대립하고 있다.

생각건대 긴급체포는 영장없이 집행할 수 있지만, 甲은 영장없는 긴급체포는 위법하다고 평가하고 있으므로 이는 법률의 착오 중 포섭의 착오로 보는 것이 타당하다. 따라서 사안의 경우에는 제16조에 의한 정당한 이유가 될 수 있는 표지가 나타나 있지 않으므로 甲에게는 특수공무집행방해치상죄가 성립한다.

> • 형법에서 가장 어려운 착오 문제로써 수험생의 범위를 넘어가는 측면도 있다. 따라서 수험생의 입장에서는 기본적인 세 가지 착오 형태에 대한 견해 대립을 설시하고, 구체적 타당성 등을 고려하여 법률의 착오로 보는 것이 간명하면서도 무난한 답안이 될 것이다.

(3) 특수상해죄와 특수공무집행방해치상죄의 죄수 관계

부진정결과적가중범인 특수공무집행방해치상죄와 특수상해죄의 죄수 관계에 대하여 ① 다수설은 상상적 경합으로 보지만 ② 판례는 특수공무집행방해치상죄는 특수상해죄의 특별관계로 보아 특수공무집행방해치상죄만 성립한다고 보고 있다. 이러한 판례의 태도에 의하면 사안에서 甲에게는 특수공무집행방해치상죄가 성립한다.

> • 본 문제는 특수상해죄 부분에 대한 착오와 특수공무집행방해치상죄 부분의 착오로 나누는 것이 중요하다.

284

> 甲은 乙과 토지 매매계약을 체결한 후 丙과 명의신탁약정을 체결하고 곧바로 丙 명의로 소유권이전등기를 마친 다음 甲 자신이 위 토지를 담보로 대출을 받았음에도 "丙이 임의로 위 토지에 근저당권을 설정하였다."라며 허위로 丙을 경찰에 고소하였다. 甲의 죄책은? (10점)   [2018 변시]

1. 제3자간 명의신탁의 횡령죄 성립 여부에 대한 판례의 법리

종래 판례에 따르면 횡령죄를 긍정하고 있었으나, 최근 전합 판례는 명의신탁자는 신탁부동산의 소유권을 가지지 아니하고, 명의신탁자와 명의수탁자 사이에 위탁신임관계를 인정할 수도 없어 명의수탁자가 명의신탁자의 재물을 보관하는 자라고 할 수 없으므로 횡령죄의 성립을 부정하고 있다.

2. 무고죄의 성립에 대한 판례의 법리

판례에 의하면 허위의 사실을 신고하였어도 신고한 허위사실 자체가 형사범죄를 구성하지 않아 무고죄가 성립하지 않는다고 하고 있다.

3. 사안의 해결

위와 같은 판례의 법리에 따르면 사안에서 甲이 제3자 명의신탁에서 수탁자인 丙이 횡령죄를 범하였다는 사실의 신고는 허위사실이지만, 허위사실 자체가 형사범죄를 구성하지 않는 경우이므로 甲에게 무고죄는 성립하지 아니한다.

285

조직폭력배에게 쫓기는 도피생활에 지친 甲은 乙에게 "조직폭력배들에게 쫓기는 것보다 차라리 교도소가 더 안전하겠다"라고 말하면서, 乙에게 "甲이 자신(乙)의 명의를 도용하여 통장을 개설하고 이체된 금원을 편취했다"라고 경찰에 신고하라고 하였다. 이에 乙은 경찰에 甲이 지시한 내용대로 신고하였다. 甲과 乙의 죄책은? (15점)

1. 乙의 죄책

사안에서 乙이 甲으로 하여금 형사처벌 받도록 경찰에 허위사실을 신고한 것은 무고죄에 해당한다. 사안의 경우에는 피해자인 甲이 승낙을 한 경우이므로 논의의 여지가 있을 수 있으나, 무고죄는 국가적 법익이 주된 보호법익이므로 피무고자인 甲의 승낙이 있더라도 위법성이 조각되지 않는다. 따라서 乙에게는 무고죄가 성립한다.

2. 甲의 죄책

(1) 논의점

자기무고는 범죄가 되지 않는다. 그런데 사안과 같이 타인으로 하여금 자신을 무고하도록 교사하거나 방조한 경우에 무고죄의 공범이 성립될 수 있는지에 대하여 논의가 있다.

(2) 견해의 대립

이에 대하여는 ① 자기무고의 교사·방조행위는 권리의 남용이고, 자기무고를 교사·방조하는 것까지 기대가능성이 없다고 할 수 없으므로 자기무고교사·방조를 긍정하는 긍정설 ② 정범으로도 처벌되지 않음에도 불구하고 교사범으로 처벌된다는 것은 부당하고, 피고인이 타인을 교사하여 자기를 무고하도록 하는 것은 자기무고와 다를 바 없으므로 자기무고교사·방조를 부정하는 부정설이 대립하고 있다.

(3) 판례의 태도

판례는 '피무고자의 교사·방조 하에 제3자가 피무고자에 대한 허위의 사실을 신고한 경우에는 제3자의 행위는 무고죄의 구성요건에 해당하여 무고죄를 구성하므로, 제3자를 교사·방조한 피무고자도 교사· 방조범으로서의 죄책을 부담한다'라고 하여 긍정설의 입장이다.

(4) 검토 및 사안의 해결

생각건대 무고죄는 기본적으로 국가적 법익에 관한 죄이므로 제3자를 교사·방조한 피무고자도 국가의 사법기능을 위태롭게 한 것이므로 긍정설이 타당하다. 따라서 사안에서 甲에게는 무고죄의 교사범이 성립한다.

PART

02

형사소송법 진도별 사례

제1편

형사소송법 서론

제2편

소송주체와 소송행위

제1장 | 소송주체

001

甲은 대전에서 범한 범죄사실 중에서 ①사건(특수상해)은 대전지방법원 합의부에 계속되고, ②사건(야간주거침입절도)은 같은 법원 단독판사에 계속되어 있다. 이러한 사건계속이 관할의 점에서 적법한지 여부와 ①과 ②사건을 병합심리하기 위해서는 어떤 절차를 거쳐야 하는지를 설명하시오. (15점) [2016 2차 변형]

I. 관할의 적법성

1. 토지관할의 적법성

제4조 제1항에 따르면 '토지관할은 범죄지, 피고인의 주소, 거소 또는 현재지로 한다'라고 규정되어 있다. 따라서 사안에서 甲을 범죄지인 대전지방법원에 공소제기한 것은 적법하다.

2. 사물관할의 적법성

(1) 사물관할은 법원조직법 제7조에 의하여 단독판사관할이 원칙이지만, 법원조직법 제32조 제1항에 의하면 예외적으로 합의부 관할을 규정하고 있다. 동법 제32조 제1항 3호에 의하면 사형·무기 또는 단기 1년 이상의 징역이나 금고에 해당하는 사건은 합의부 관할이 원칙이지만, 이에 대해서는 일정한 예외가 있다.

(2) 사안에서 ① 특수상해죄는 형법 제258조의2 제1항에 의하여 1년 이상 10년 이하의 징역이어서 그 형이 단기 1년 이상이지만, 법원조직법 제32조 제1항 3호 가.에 의하여 단독판사 관할이다. 따라서 사안에서 특수상해죄를 합의부에 기소한 것은 적법하지 않다. 그리고 ② 야간주거침입절도죄는 형법 제330조에 의하여 10년 이하의 징역이므로 이는 단독판사 관할이므로 단독판사에게 기소한 것은 적법하다.

> • 법원조직법 제32조 제1항 3호 가. 부분에서 '형법 제258조의2'라고 되어 있던 것이 2021.12.21. '형법 제258조의2 제1항'으로 개정되었으므로 주의하여야 한다.

II. 병합심리를 위한 절차

(1) 사안에서 ①사건은 단독판사 관할 사건이므로 대전지방법원 합의부는 관할위반의 판결을 선고하여야 한다.

(2) 검사는 ①사건이 관할위반의 판결을 선고받은 경우, 甲이 범한 ①②사건은 형사소송법 제11조 제1호에 의한 관련사건이므로 ②사건이 계류 중인 대전지방법원 단독판사에게 ①사건을 추가기소하여 병합심리 되도록 하여야 할 것이다.

002

甲은 무고혐의로 서울중앙지방법원에 단독사건이 계류되어 있고, 또 다른 무고사건으로 서울남부지방법원에 단독사건이 계류되어 있다. 이 두 사건을 병합심리하려고 할 때 甲은 어느 법원에 병합신청을 하여야 하는가? [예상문제]

1. 논의점

사안과 같이 사물관할은 동일하지만 토지관할이 다른 경우에 제6조의 해석과 관련하여 '공통되는 바로 위의 상급법원'을 어떠한 기준으로 판단할 것인지에 대하여 논의가 있다.

2. 견해의 대립과 판례의 태도

이에 대하여는 ① 심급을 기준으로 판단하자는 심급기준설 ② 각급 법원의 설치와 관할구역에 관한 법률 (약칭 : 법원설치법)을 기준으로 판단하자는 법원설치법기준설이 대립하고 있으며 ③ 판례는 종래에는 심급기준설을 따랐으나, 최근의 전합 판례에서는 '형사소송법 제6조에서 말하는 공통되는 직근상급법원은 그 성질상 형사사건의 토지관할 구역을 정해 놓은 각급 법원의 설치와 관할구역에 관한 법률 제4조의 관할구역 구분을 기준으로 정하여야 한다'라고 하여 법원설치법기준설을 따르고 있다.

3. 검토 및 사안의 해결

생각건대 심급관할설을 기준으로 할 경우에는 ① 단독 사건의 경우에는 대법원이 직근 상급법원이 되는바 이는 대법원의 업무를 너무 과중하게 하고 ② 지방사건의 경우에는 당사자들이 이를 신청하는데 불편함이 있다. 따라서 대법원의 업무경감과 당사자들의 편의를 위하여 법원설치법기준설에 따르는 것이 타당하다. 따라서 사안에서 법원설치법기준설을 따를 경우 공통되는 바로 위의 상급법원은 서울고등법원이 된다.

※ 본 문제의 해결

1. 심급기준설을 따를 경우

서울중앙지방법원 단독 → 항소심 서울중앙지방법원 합의부 → 상고심 대법원

서울남부지방법원 단독 → 항소심 서울남부지방법원 합의부 → 상고심 대법원

2. 법원설치법기준설을 따를 경우

서울중앙지방법원 단독 → 상급법원 서울고등법원 → 상급법원 대법원

서울남부지방법원 단독 → 상급법원 서울고등법원 → 상급법원 대법원

3. 결론 – 공통되는 바로 위의 상급법원은 1. 심급기준설을 전제로 하면 대법원이 되지만, 2. 법원설치법기준설을 전제로 하면 서울고등법원이 된다.

003

甲은 1심에서 단순횡령죄로 기소되어 단독 재판부에서 유죄판결을 받은 후 항소심인 지방법원 합의부에서 재판 도중 검사 K가 특정경제범죄가중처벌법위반(횡령)으로 공소장변경을 신청하였다. 그 이후의 법원의 조치 내용은 무엇인가? (10점) [2013 변시]

1. 항소심의 공소장변경 허용 여부

항소심에서 공소장변경을 할 수 있는지에 대하여는 ① 긍정설 ② 부정설 ③ 절충설 등이 대립하고 있으나, 현재의 다수설과 판례는 항소심은 속심이므로 공소장변경이 가능하다는 긍정설을 따르고 있다. 이러한 긍정설에 따르면 사안은 공소사실의 동일성이 인정되므로 항소심 법원은 제298조 제1항 제2문에 따라 공소장변경을 허가하여야 한다.

2. 항소심 법원의 처리

(1) 항소심이 단독사건을 합의부사건으로 공소장변경을 허가한 경우에 항소심법원의 조치에 대하여는 ① 지방법원 항소부 제1심 관할설 ② 지방법원 항소부 항소심 관할설 ③ 관할위반설 ④ 고등법원 이송설이 대립하고 있으며 ⑤ 판례는 '항소심에서 공소장변경에 의하여 단독판사의 관할사건이 합의부 관할사건으로 된 경우에도 법원은 사건을 관할권이 있는 법원에 이송하여야 한다'라고 하여 이송설을 택하고 있다.

(2) 생각건대 신설조문인 제8조 제2항의 입법취지를 살리고, 신속한 재판의 달성과 법률이 정한 법관에 의하여 재판을 받을 권리를 조화시킬 수 있는 이송설이 타당하다. 따라서 사안에서 항소심은 고등법원으로 사건을 이송하여야 한다.

> **유제**
>
> 甲과 乙은 A를 폭행하여 상해를 입혔다. 甲과 乙은 폭행치상죄로 기소되어 공동피고인으로 재판을 받았고, 제1심 법원은 甲에게 징역 1년, 乙에게는 징역 2년을 선고하였다. 이에 대해 乙은 항소를 하지 아니하여 형이 확정되었고, 甲은 항소하여 재판을 받고 있다. 그런데 입원치료를 받고 있던 A는 항소심의 심리가 진행되던 도중에 사망하였다. 검사 K가 甲에 대한 공소사실을 폭행치상죄에서 폭행치사죄로 공소장변경을 신청하는 경우 법원이 취해야 할 조치를 논하시오. (15점)
>
> [2016 1차 변형]

004

> 甲은 도박 등으로 벌금 300만 원의 약식명령을 발령받자 정식재판을 청구하였다. 그런데 300만 원의 약식명령을 발령한 판사가 정식재판청구 제1심 사건의 재판을 담당한 경우, 항소이유가 되는가? (8점)
>
> [2014 변시]

1. 논의점

제척사유인 제17조 7호의 해석과 관련하여 사안처럼 약식명령을 행한 판사가 정식재판의 제1심에 관여한 경우, 제척사유에 해당되는지에 대하여 논의가 있다.

2. 견해의 대립과 판례의 태도

이에 대하여는 ① 사건에 대한 예단을 이유로 하는 적극설도 있지만 ② 현재의 다수설과 판례는 약식명령의 경우에는 제1심과 같은 심급이므로 전심에 해당하지 않아 제척사유에 해당하지 않는다는 소극설을 따르고 있다.

3. 검토 및 사안의 해결

생각건대 약식명령은 서류재판에 불과하다는 점을 고려하면 제척사유에 해당하지 않는다는 소극설이 타당하다. 이러한 소극설에 따르면 해당 판사는 甲에 대한 제1심에 관여할 수 있으므로 항소이유가 될 수 없다.

005

甲이 제1심 판결에 대하여 항소하여 항소심 재판이 개시되었는데, 항소심 재판부에는 ① 수사단계에서 증거보전을 담당한 乙 판사와 ② 제1심에서 수탁판사로서 증거조사를 한 丙 판사가 합의부원으로 참여하고 있다. 이 경우 乙 판사와 丙 판사는 제척 대상인가? (10점)　　　　　　　　　　　　[2016 3차 변형]

1. 증거보전을 담당한 판사 乙

사안에서 수사단계에서 증거보전을 한 판사가 제17조 제7호의 제척사유가 되는지에 대하여는 ① 증거보전을 한 판사의 경우에는 전심재판의 실체형성에 영향을 미친 경우이므로 그 기초되는 조사·심리에 관여한 경우에는 해당된다고 보는 적극설 ② 증거보전절차에서 증인신문을 하거나 검증을 한 경우에는 제척사유가 되지만, 압수·수색영장의 발부에 그친 경우에는 제척사유에 해당하지 않는다는 절충설도 있지만 ③ 판례는 '법관이 사건에 관하여 그 기초되는 조사에 관여한 때'라 함은 '전심재판의 내용 형성에 사용될 자료의 수집·조사에 관여하여 그 결과가 전심재판의 사실인정 자료로 쓰여진 경우만을 의미하므로 증거보전을 한 경우에는 이에 해당되지 않는다'고 보는 소극설의 입장이다. 이러한 판례의 입장에 따르면 사안에서 乙 판사는 제척사유에 해당하지 않는다.

2. 수탁판사로서 증거조사를 한 丙

제1심의 진행과정에서 수탁판사로서 증거조사를 한 경우에는 제1심 재판의 내용형성에 영향을 준 경우이므로 이는 제17조 제7호의 '법관이 사건에 관하여 전심재판의 기초되는 조사·심리에 관여한 때'에 해당되므로 제척사유가 된다. 따라서 수탁판사로서 증거조사를 한 丙 판사는 제척의 대상이 된다.

> • 2. 부분도 1. 부분과 같은 논의가 가능하지만, 관련 판례가 없으므로 일반 학설에 따라 정리한다.

006

甲은 공직선거법 위반 혐의로 제1심에서 A 판사에게 재판을 받고 있는데, 제3회 공판기일에 A 판사는 甲에 대하여 유죄를 예단하는 취지로 미리 법률판단을 하는 발언을 한 이후에 변론을 종결하였다. 甲은 A 판사에 대하여 기피를 신청할 수 있는가?　　　　　　　　　　　　　　　　　　[예상문제]

1. 기피사유의 검토

제18조 제1항은 ① 제척사유가 있는 때 ② 법관이 불공평한 재판을 할 염려가 있는 때를 기피사유로 하고 있다. 사안에서 A 판사가 유죄를 예단하는 말은 제척사유에는 해당하지 않음이 명백하지만, 불공평한 재판을 할 염려가 있는 때에 해당하는지 문제 된다.

2. 불공평한 재판을 할 염려가 있는 때의 의미

(1) 불공평한 재판을 할 염려가 있는 때의 의미

판례는 '불공평한 재판을 할 염려가 있는 때'라 함은, '당사자가 불공평한 재판이 될지도 모른다고 추측할 만한 주관적인 사정이 있는 때를 말하는 것이 아니라, 통상인의 판단으로써 법관과 사건과의 관계상 불공평한 재판을 할 것이라는 의혹을 갖는 것이 합리적이라고 인정할 만한 객관적인 사정이 있는 때를 말한다'라고 한다.

> • '불공평한 재판을 할 염려가 있는 때'에 대한 판례의 태도는 암기해 두는 것이 바람직하다.

(2) 불공평한 재판을 할 염려가 있는 때의 예

예를 들면 법관이 심리 중에 유죄를 예단한 말을 한 경우, 법관이 심리 중에 피고인에게 모욕적인 언동을 한 경우 등이 이에 해당할 수 있다. 그러나 피고인에게 공판기일에 출석하라고 촉구하거나, 증거신청을 채택하지 않았다는 사정만으로는 이에 해당하지 않는다.

3. 사안의 해결

사안에서 A 판사가 사건에 대하여 유죄의 예단이 되는 발언을 하는 것은 '불공평한 재판을 할 염려가 있는 때'에 해당한다. 따라서 甲은 A 판사에 대하여 '불공평한 재판을 할 염려가 있는 때'에 해당한다고 주장하며 기피를 신청할 수 있다.

007

甲은 A 판사에 대하여 기피를 신청하였지만 법원 합의부에 의하여 기각당하였고 이는 확정되었다. 이에 대하여 甲은 동일한 사유로 다시 기피를 신청하자 A 판사는 이를 기각하였다. A 판사의 기각은 적법한가? 그리고 이에 대하여 甲이 불복할 수 있는 방법은 무엇이며, 甲의 적법한 불복이 있음에도 A 판사가 재판을 계속 진행하였다면 이는 적법한가?

[예상문제]

1. 간이기각결정 사유의 적부

(1) 간이기각결정 사유

형사소송법 제20조 제1항에 따르면 기피신청을 받은 법원은 기피신청이 소송의 지연을 목적으로 함이 분명하거나 제19조의 규정에 위배된 때에는 신청을 받은 법원 또는 법관은 결정으로 이를 기각할 수 있으며 이를 간이기각결정이라고 한다. 이는 기피권의 남용으로 인하여 법관의 독립성이 침해되고, 신속한 재판의 집행에 장애가 초래되는 것을 방지하기 위한 규정이다.

(2) 사안의 간이기각결정의 적부

사안에서 이미 동일한 사유로 기피를 신청하였지만 이를 기각당하였다면 제23조 제1항에 따라 즉시항고로 구제받을 수 있었을 것이다. 그러나 이러한 불복수단을 활용하였음에도 이것이 시정되지 않고 확정되었다면 판결 전체에 대한 항소를 할 수 있는 것 이외에 다른 불복은 할 수 없다고 할 것이다. 따라서 甲이 동일한 사유로 다시 기피를 신청하는 것은 소송의 지연을 목적으로 함이 명백한 경우이므로 A 판사가 이를 간이기각결정한 것은 적법하다.

2. 간이기각결정에 대한 불복과 집행정지효

(1) 간이기각결정에 대한 불복방법

제23조 제1항에 따라 기피신청을 받은 법원의 간이기각결정에 대한 불복방법은 즉시항고이다. 따라서 甲은 A 판사의 간이기각결정에 대하여 즉시항고로 불복할 수 있다.

(2) 즉시항고의 집행정지효 문제

일반적으로 즉시항고는 제410조에 의하여 집행정지효가 있지만, 제23조 제2항에 의하면 간이기각결정에 대한 즉시항고에는 재판의 집행을 정지하는효력은 없다. 따라서 A 판사가 甲의 즉시항고가 있음에도 불구하고 재판의 진행을 계속한 것은 적법하다.

> • 항고의 집행정지효와 관련된 제409조와 제410조는 암기해 두는 것이 바람직하다.

008

> 통역인 T는 甲에 대한 특정경제범죄가중처벌등에관한법률위반(사기) 사건의 제1심 공판기일에 증인으로 출석하여 증언한 다음, 같은 기일에 위 사건의 피해자로서 자신의 사실혼 배우자인 증인 A의 진술을 통역하였다. 법원은 T의 통역을 증거로 할 수 있는가? [예상문제]

Ⅰ. 결 론

법원은 T의 통역을 증거로 할 수 없다.

Ⅱ. 검 토

1. 제17조 제2호의 제척사유 해당 여부

형사소송법 제17조 제2호는 '법관이 피고인 또는 피해자의 친족 또는 친족관계가 있었던 자인 때에는 직무집행에서 제척된다'고 규정하고 있고, 위 규정은 형사소송법 제25조 제1항에 의하여 통역인에게 준용되나, 사실혼관계에 있는 사람은 민법에서 정한 친족이라고 할 수 없어 형사소송법 제17조 제2호에서 말하는 친족에 해당하지 않으므로, 통역인이 피해자의 사실혼 배우자라고 하여도 통역인에게 형사소송법 제25조 제1항, 제17조 제2호에서 정한 제척사유가 있다고 할 수 없다.

2. 제17조 제4호의 제척사유 해당 여부

형사소송법 제17조 제4호는 '법관이 사건에 관하여 증인, 감정인, 피해자의 대리인으로 된 때에는 직무집행에서 제척된다'고 규정하고 있고, 위 규정은 같은 법 제25조 제1항에 의하여 통역인에게 준용되므로, 통역인이 사건에 관하여 증인으로 증언한 때에는 직무집행에서 제척되고, 제척사유가 있는 통역인이 통역한 증인의 증인신문조서는 유죄 인정의 증거로 사용할 수 없다.

甲은 증뇌물전달죄 혐의로 불구속으로 수사를 받던 중 검사 K가 적법하게 甲의 안방을 수색하자, 수색에 격렬하게 항의하다가 안방에 있던 골프채로 K를 내리치려 하였고, K는 이를 피하다가 문턱에 발이 걸려 넘어지면서 2주의 치료를 요하는 상처를 입었다. K는 자신에게 상처를 입힌 甲을 현행범으로 체포한 후 적법하게 甲에 대한 피의자신문조서를 작성하였다. 공판정에서 甲은 피해자의 지위에 있는 K가 자신에 대한 수사를 진행한 것은 불공평한 수사이므로 위법하다고 주장한다. 甲의 주장의 타당성을 논하시오. (15점)　　[2014 3차 변형]

1. 논의점

사안에서 검사 K는 甲의 특수공무집행방해치상죄의 피해자이다. 다수설과 판례는 검사에게 공익적 지위를 인정하여 객관의무를 부여하고 있으므로 사안과 같이 피해자인 검사 K가 수사검사로서 甲을 수사하는 것이 제척사유가 될 수 있는지에 대하여 논의가 있다.

2. 견해의 대립과 판례의 태도

이에 대하여는 ① 검사는 공익적 지위에서 객관의무가 인정되므로 공정한 수사를 위하여 제척의 대상이 된다는 긍정설과 ② 검사는 당사자이며 검사동일체의 원칙으로 인하여 특정검사를 배제하는 것이 무의미하므로 제척의 대상이 되지 않는다는 부정설이 대립하고 있으며, ③ 판례는 이와 유사한 사안에서 '범죄의 피해자인 검사가 그 사건의 수사에 관여하거나, 압수·수색영장의 집행에 참여한 검사가 다시 수사에 관여하였다는 이유만으로 바로 그 수사가 위법하다거나 그에 따른 참고인이나 피의자의 진술에 임의성이 없다고 볼 수는 없다'라고 하여 부정설의 입장이다.

3. 검토 및 사안의 해결

생각건대 검사는 검찰청법 제4조와 형사소송법 제424조 등의 규정에 의하여 객관의무가 인정되고, 피의자에 대한 불공정한 수사를 미연에 방지하기 위해서라도 검사도 제척의 대상이 된다고 보아야 할 것이다. 이러한 긍정설에 따르면 사안에서 검사 K가 甲을 피의자로 수사한 것은 위법하므로 甲의 주장은 타당하다.

> • <수사준칙> 제11조에서는 '검사 또는 사법경찰관리는 피의자나 사건관계인과 친족관계 또는 이에 준하는 관계가 있거나 그 밖에 수사의 공정성을 의심 받을 염려가 있는 사건에 대해서는 소속 기관의 장의 허가를 받아 그 수사를 회피해야 한다.'라고 규정하여 검사와 사법경찰관리의 회피에 대하여 규정하고 있다.

甲은 절도 혐의로 체포되자 얼마 전 길에서 주운 乙의 주민등록증 사진이 자신의 용모와 매우 흡사한 것을 기화로 乙의 주민등록증을 자신의 신분증인 것처럼 제시하였다. 제1심 법원 공판 중 피고인의 성명이 乙이 아니라 甲이라는 점이 밝혀진 경우, 검사와 법원이 취해야 할 조치는? (15점)　　[2017 변시]

1. 검사의 조치

(1) 사안과 같은 성명모용소송의 경우에 다수설과 판례인 실질적 표시설에 의하면 피고인은 모용자인 乙이다. 그런데 공소장에는 피모용자인 B로 표시되어 있다. 검사는 공소장에 피고인을 특정하여 표시하여야 하므로 성명모용사실을 안 경우에는 이를 바로잡아야 한다.

(2) 이러한 경우 성명모용으로 피모용인이 피고인으로 표시된 경우에 이를 바로 잡는 것은 피고인의 방어권 행사에 실질적 불이익을 초래하는 것이 아니므로 공소장변경이 아니라 공소장정정으로 족하다. 판례도 피고인표시의 정정은 당사자의 표시상의 착오일 뿐이므로 공소장정정으로 족하다고 보고 있다. 따라서 검사는 공소장정정절차를 통하여 성명모용을 바로 잡아야 한다.

2. 법원의 조치

(1) 검사가 공소장정정을 통하여 성명모용을 바로 잡은 경우에는 문제가 없지만, 검사가 성명모용을 바로 잡지 않는 경우에 법원의 조치가 문제 된다.

(2) 이에 대하여는 ① 모용자가 피고인이므로 모용자에 대해 심리를 진행하면 된다는 심리진행설도 있으나 ② 다수설과 판례는 공소제기의 방식이 형사소송법 제254조의 규정에 위반하여 무효라고 보아 공소기각판결설을 따르고 있다.

(3) 생각건대 성명모용소송의 경우에는 피고인이 특정되었다고 볼 수 없으므로 공소기각판결설이 타당하다. 따라서 법원은 공소기각판결로서 소송을 종결하여야 한다.

> **유제**
>
> 도박의 습벽이 있는 甲은 2018. 5. 10. 고스톱이라는 도박을 하였다. 甲은 2018. 7. 10. 위 범행이 발각되어 경찰관 P의 조사를 받으면서 신분확인을 위해 신분증 제시를 요구받자, P에게 평소 소지하고 있던 동생인 A 명의의 운전면허증을 제시하였다. 검사 K는 甲의 범행에 관하여 공소를 제기하면서 피고인을 A로 표시하였다. 제1심 계속 중 甲이 A 행세를 한 사실이 밝혀진 경우 K가 취할 조치는? (5점)　　　　[2019 1차 변형]

011

> 甲은 단골주점에서 자신의 승용차를 운전해 귀가하던 중 음주단속에 적발되자, 자신의 쌍둥이 동생 乙의 이름과 주민등록번호를 경찰에 진술하였다. 검사는 乙을 도로교통법위반(음주운전)죄로 약식명령을 청구하였다. 乙은 법원에서 약식명령이 송달되자 깜짝 놀라 정식재판을 청구하였다. 공판과정에서 甲이 乙 행세를 한 사실이 밝혀진 경우 검사와 법원이 취해야 할 조치는 무엇인가? (15점)　　　　[2022 3차 변형]

1. 乙에 대한 조치

(1) 사안과 같이 성명모용소송에서 약식명령 송달 후 피모용자가 정식재판을 청구하여 모용사실이 밝혀진 경우 법원은 어떻게 처리를 할 것인지에 대하여 논의가 있다.

(2) 이에 대하여는 ① 정식재판청구기각설 ② 공소기각판결설이 대립하고 있으며, ③ 판례는 '피모용자는 형식상 또는 외관상 피고인의 지위를 갖게 되었으므로 법원으로서는 피모용자에게 적법한 공소의 제기가 없었음을 밝혀 주는 의미에서 형사소송법 제327조 제2호를 유추적용하여 공소기각의 판결을 함으로써 피모용자의 불안정한 지위를 명확히 해소해 주어야 한다'라고 하여 공소기각판결설을 따르고 있다.

(3) 이러한 공소기각판결설에 따르면 사안에서 법원은 乙에게 공소기각판결을 선고하여야 한다.

2. 甲에 대한 조치

(1) 사안과 같이 성명모용소송의 경우에 피모용자가 약식명령을 받고 정식재판을 청구하여 모용사실이 밝혀진 경우에 모용자의 처리에 대하여 논의가 있다.

(2) 이에 대하여는 ① 정식재판절차설과 ② 약식절차설의 대립이 있으며 ③ 판례는 피모용자가 정식재판을 청구하였다 하여도 모용자에게는 아직 약식명령의 송달이 없었다 할 것이므로 약식절차부터 시작하여야 한다는 약식절차설을 따르고 있다.

(3) 생각건대 피고인의 인권보호라는 측면에서 약식절차설이 타당하다. 따라서 사안에서 법원은 甲에 대하여 약식절차부터 시작하여야 할 것이다.

> • 성명모용소송은 학설 대립이 많은 부분이므로 학설들을 정확히 정리하는 것이 바람직하다.

012

> 검사 K가 수뢰죄를 범한 甲을 기소하였는데 공판정에는 甲의 동생 乙이 甲인 것처럼 출석하여 허위 자백한 경우 (1) 이 사건에서 피고인을 특정하시오. (5점) (2) 법원이 취해야 할 조치를 공판절차에 따라 서술하시오. (10점)
>
> [2019 3차 변형]

1. (1)문 해설

사안과 같은 위장출석 사건에서 누구를 피고인으로 보아야 할 것인지에 대하여 ① 의사설 ② 표시설 ③ 행위설 ④ 실질적 표시설 등의 견해가 대립하고 있으며, ⑤ 판례는 실질적 표시설을 따르면서도 검사의 의사를 중시하는 의사중시 실질적 표시설을 따르고 있다. 이러한 판례의 입장에 따르면 검사의 의사는 甲을 기소한 것이므로 甲이 실질적 피고인이 되고, 乙은 사실심리 이후에 형식적 피고인이 될 수 있다.

2. (2)문 해설

(1) 사실심리 전 모두절차 단계

모두절차 단계에서는 사건에 대한 심리가 없어 사실상의 소송계속이 발생한 것이 아니므로, 법원은 위장출석자인 乙을 퇴정시켜 소송절차에서 배제하고, 실질적 피고인 甲을 소환하여 공판절차를 진행하여야 한다.

(2) 사실심리 이후의 단계

위장출석자인 乙이 출석하여 사실심리가 개시된 때에는 공소기각의 판결로써 형식적 피고인 乙을 배제하여야 하고, 실질적 피고인인 甲에 대하여는 다시 공소제기할 필요 없이 공판기일을 정하여 소환하고 처음부터 절차를 진행하면 족하다.

(3) 상소심 단계

위장출석의 사실이 상소심의 심리 중에 밝혀진 경우에는 위장출석자인 B에 대해서는 공소기각판결을 하고, 실질적 피고인 甲에 대해서는 원래의 공소제기에 의하여 제1심의 절차부터 다시 진행하여야 한다.

(4) 판결확정 후 단계

판결의 효력은 실질적 피고인에게는 미치지 않으므로 실질적 피고인 甲에 대하여는 제1심부터 소송절차를 다시 진행하여야 한다. 그리고 위장출석자인 乙의 구제방법에 대하여는 ① 재심설 ② 비상상고설 ③ 집행의의설 등의 대립이 있다.

> • 정확히 말하면 위장출석자는 사실심리 이후의 단계부터 형식적 피고인의 지위에 서게 된다.

甲은 폭력 조직의 두목으로 최근에 다른 파의 부두목을 상해한 혐의로 기소되었다. 이후 공판기일이 지정되자, 甲은 자신의 부하인 乙에게 대신 법정에 나가 재판을 받을 것을 부탁하였다. 이에 乙은 甲의 부탁에 따라 법정에 나가 재판을 받아 징역 6월을 선고받고, 이후 이 재판은 확정되었다. 이러한 확정재판의 효력은 누구에게 미치며, 乙은 어떠한 방법으로 구제받을 수 있는가? [예상문제]

1. 유죄판결의 효력

유죄판결이 확정된 경우에 판결의 효력에 대하여는 ① 위장출석의 경우에 공소장의 피고인 명의는 진범인이고, 검사의 기소의견·법원의 심판의사도 진범인에게 있으므로 판결의 효력은 위장출석을 교사한 진범인에게만 미친다는 견해도 있으나, ② 다수설은 위장출석의 경우 판결의 효력은 실제로 재판을 받지 않은 진범인인 실질적 피고인에게는 미치지 않으며 위장출석자에게만 미친다는 견해를 따르고 있다. 이러한 다수설에 따르면 판결의 효력은 乙에게만 미친다.

2. 위장출석자의 구제

유죄판결이 확정된 후에 위장출석의 사실이 판명된 경우에 위장출석자의 구제방법에 대하여는 ① 재심설 ② 비상상고설 ③ 집행의의설 등의 논의가 있다. 생각건대 다수설의 입장에 따르면 위장출석자에게 판결이 효력이 미친다. 그러나 이는 사실오인으로 범죄자가 아닌 자에 대한 유죄판결이 확정된 경우이므로 재심에 의하여 구제받을 수 있다고 하는 것이 타당하다. 따라서 사안에서 乙은 재심으로 구제받을 수 있다.

> • 진범인에게 미친다는 견해에서는 집행의의설을 주장하고, 위장출석자에게 미친다는 견해에서는 재심설과 비상상고설을 따르는 것이 논리적이다.

피고인 A가 증거관계가 명백함에도 공판정에서 진술거부권을 행사하면서 범죄사실을 끝까지 부인하자, 제1심 법원은 이러한 태도를 가중적 양형조건으로 삼아 형을 선고하였다. 제1심 법원의 형선고가 적법한지를 논하시오. (15점) [2018 3차 변형]

1. 쟁 점

사안과 같이 증거관계가 명백함에도 甲이 진술거부권을 행사할 경우에 이를 가중적 양형조건으로 고려할 수 있는지에 대하여 논의가 있다.

2. 학설과 판례

이에 대하여는 ① 피고인의 진술의 자유를 보장하기 위하여 이를 양형에서 고려하는 것은 허용되지 않는다는 소극설과 ② 범인의 개전이나 회오는 양형에서 고려해야 할 사정이며 자백에 의하여 개전의 정을 표시한 자와 진술거부권의 행사한 자를 같이 처벌하는 것은 합리적이라고 할 수 없으므로 양형에의 고려의 허용된다는 적극설 등이 대립하고 있으나, ③ 판례는 진술거부권의 행사를 가중적 양형의 조건으로 삼는 것은 원칙적으로 허용되지 아니하나, 그러한 태도가 방어권 행사의 범위를 넘어 진실의 발견을 적극적으로 숨기거나 법원을 오도하려는 시도에 기인한 경우에는 예외적으로 가중적 양형의 조건으로 참작할 수 있다고 하여 절충설의 입장이다.

3. 검토 및 사안의 해결

생각건대 진술거부권은 헌법상 보장된 기본권이므로 적극설은 타당하지 아니하며, 판례의 태도도 그 한계가 명확하지 아니하므로 피고인의 진술거부권행사를 양형에서 고려함은 허용되지 아니하는 소극설이 타당하다. 따라서 사안에서 법원의 형선고는 적법하지 아니하다.

> • 본 문제는 판례의 문구를 얼마나 정확하게 설시하는지가 고득점의 관건이 된다.

015

甲의 야간주거침입절도 사건에서 피고인 甲을 위하여 국선변호인 L이 선정되었다. 그런데 L이 개인 사정으로 법정에 출석하지 않았음에도 불구하고 제1심 법원은 증거조사와 심리를 진행하여 甲에게 유죄를 선고하였다. 甲이 이러한 재판 진행을 문제 삼아 항소한 경우, 항소심은 어떠한 조치를 취해야 하는지 설명하시오. (10점)

[2018 3차 변형]

1. 제1심 법원이 행한 소송행위의 효력

(1) 사안에서 甲에게 국선변호인이 선정되었다면, 제282조에 의하여 甲의 사건은 필요적 변호사건이 된다. 판례에 의하면 형사소송법 제282조에 규정된 필요적 변호사건에 해당하는 사건에서 제1심의 공판절차가 변호인 없이 이루어져 증거조사와 피고인신문 등 심리가 이루어졌다면, 그와 같은 위법한 공판절차에서 이루어진 증거조사와 피고인신문 등 일체의 소송행위는 모두 무효가 된다.

(2) 따라서 사안에서 국선변호인 L이 개인사정으로 법정에 출석하지 아니한 상태에서 증거조사와 甲에 대한 심리를 진행하여 甲에게 유죄판결을 선고하였으므로 제1심의 소송행위는 모두 무효가 된다.

2. 항소심 법원이 취해야 할 조치

(1) 사안과 같은 경우에 항소심은 제1심 법원의 증거조사와 피고인신문 등 소송행위가 모두 무효이므로 제1심 법원에서 한 증거조사 결과와 피고인의 진술은 유죄의 증거로 삼을 수 없다.

(2) 이러한 경우 항소심 법원으로서는 변호인이 있는 상태에서 소송행위를 새로이 한 후 위법한 제1심 판결을 파기하고, 항소심에서의 증거조사 및 진술 등 심리 결과에 기하여 다시 판결하여야 한다.

(3) 따라서 항소심 법원으로서는 제283조에 따라 직권으로 다시 국선변호인을 다시 선정하여 국선변호인을 재정시킨 상태에서 소송행위를 새로이 하여 제1심 판결을 파기한 후 자판하여야 한다.

> • 제1심이 무효라고 해서 제1심으로 파기환송하지 않고, 자판한다는 점을 주의하여야 한다.

016

A에 대한 살인죄로 기소된 甲은 제1심에서 변호인 없이 재판을 받은 다음 유죄를 선고받고 甲만 항소하였다. 항소심에서 甲의 변호인은 피고인의 심급이익을 위해 항소심이 원심판결을 파기하고 제1심으로 환송하여야 한다고 주장한다. 변호인의 위 주장은 타당한가? (10점)

[2023 3차 변형]

1. 1심판결의 적법성

사안에서 피고인 A는 살인죄로 기소되었으므로 형사소송법 제33조 제1항 6호와 제282조에 규정에 의하여 필요적 변호 사건이다. 이러한 필요적 변호 사건임에도 변호인 없이 재판을 받은 것은 위법하다.

2. 항소심법원의 조치

(1) 판례에 의하면 필요적 변호사건에서 제1심의 공판절차가 변호인 없이 이루어진 경우 항소심으로서는 피고인의 심급의 이익을 박탈하지 않기 위하여 위법한 제1심판결을 파기하고 사건을 제심법원으로 환송할 필요는 없다고 한다.

(2) 따라서 항소심법원은 변호인이 있는 상태에서 소송행위를 새로이 한 후 위법한 제1심판결을 파기하고, 항소심에서의 진술 및 증거조사 등 심리결과에 기하여 다시 판결하여야 한다. 따라서 변호인의 주장은 타당하지 않다.

> • 항소심이 자판하는 것은 항소심의 구조와 관련하여 사실심이기 때문이다. 또한 항소심이 1심으로 파기환송하는 경우는 형사소송법 제366조에 의하여 공소기각 또는 관할위반의 재판을 파기할 때뿐이라는 점을 기억해 두는 것이 바람직하다.

> **유제**
>
> 甲(만 15세)은 절도범행으로 기소되었는데, 1심에서 변호인 없이 재판을 받아 유죄를 선고받자, 피고인 甲만 항소하였다. 항소심에서 선임된 변호인 L은 피고인의 심급 이익을 위해 항소심은 원심판결을 파기하고 1심으로 환송하여야 한다고 주장하고 있다. 이러한 변호인의 주장은 타당한가? (10점)　　　　[2021 1차 변형]
>
> • 사안에서 피고인이 미성년자인 경우에는 형사소송법 제33조 제1항 2호와 제282조에 규정에 의하여 필요적 변호 사건이다.

017

> 甲이 특수강도혐의로 기소되어 재판을 받던 중, 제5회 공판기일에 법원은 법원의 공판진행에 불만을 품은 甲과 사선변호인 L1이 퇴장한 상태에서 피해자 A의 증언을 들었다. 제6회 공판기일에 법원의 공판진행에 불만을 품은 甲과 L1이 출석하지 않자, 법원은 다른 사건으로 재정 중인 L2를 국선변호인으로 선정한 후 甲과 L1에게 이러한 사실을 통지하였다. 제7회 공판기일에 甲과 L2가 출석하였고, 재판장이 A에 대한 증인신문 결과를 공판조서(증인신문조서)에 의하여 고지한 후 "변경할 점과 이의할 점이 있는가?"라고 질문하였으나 甲은 진술을 거부하였고 L2 또한 별다른 말을 하지 않았다. 이에 제1심 법원이 A의 증언을 기초로 하여 甲에게 유죄를 선고하자, 甲은 항소하였다. 항소심에서 甲이 제1심 판결을 위법이라고 주장하는 경우, 논거를 제시하시오. (15점)　　　　[2013 1차 변형]

1. 필요적 변호사건

사안에서의 특수강도죄는 형법 제334조에 의하면 5년 이상이므로 형이므로 형사소송법 제282조, 제33조 제1항 제6호에 의하여 필요적 변호 사건이다. 그리고 필요적 변호 사건에 해당하는 사건에서 변호인 없이 이루어진 증거조사 등은 원칙적으로 무효이다.

2. 증인신문의 적법성

필요적 변호 사건이라 하여도 피고인과 변호인이 임의퇴정하게 된 경우에는 피고인 측의 방어권의 남용 내지 변호권의 포기로 볼 수밖에 없어 수소법원으로서는 형사소송법 제330조에 의하여 피고인이나 변호인의 재정 없이도 심리판결 할 수 있으므로 법원이 피해자 A를 증인신문한 것은 적법하다.

3. 국선변호인의 선정과 실질적 변호의 보장

(1) 사안에서 법원이 제6회 기일에 甲과 사선변호인 L1이 불출석하자 L2를 국선변호인으로 선임한 것은 형식적으로는 적법하다. 그리고 甲과 L2가 제7회 기일에 출석하자 법원이 제5회 공판기일에서의 피해자 A의 증언내용에 대하여 이의 여부를 확인한 것 역시 형식적으로는 적법하다.

(2) 그러나 헌법상 보장되는 '변호인의 조력을 받을 권리'는 변호인의 '충분한 조력'을 받을 권리를 의미하므로, 일정한 경우 피고인에게 국선변호인의 조력을 받을 권리를 보장하여야 할 국가의 의무에는 형사소송절차에서 단순히 국선변호인을 선정하여 주는 데 그치지 않고 한 걸음 더 나아가 피고인이 국선변호인의 실질적인 조력을 받을 수 있도록 필요한 업무 감독과 절차적 조치를 취할 책무까지 포함된다고 할 것이다.

4. 사안의 문제점과 해결

사안에서 문제가 되는 것은 비록 국선변호인 L2가 선임되었지만, 이는 '즉석 국선'에 가까운 형태이며 또한 L2가 피해자 A의 증언내용에 대하여 실질적인 변호를 하였다고 보기는 어렵다. 따라서 제1심 법원이 피해자 A의 증언을 토대로 甲에게 유죄판결을 한 것은 위법하다.

018

甲이 살인혐의로 구속되자 변호인으로 선임된 변호사 L은 구속적부심절차에서 甲에 대한 피의사실을 정확히 파악하기 위하여 사법경찰관 P가 소속된 경찰서장 Q에게 甲에 대한 피의자신문조서 등 관련 수사서류의 열람·등사를 신청하였다. 이러한 L의 신청은 허용되는지? 만약 Q가 불허할 경우 그 구제방법은 무엇인가? (10점)

[2020 2차 변형]

1. 논의점

현행 형사소송법 제35조, 제266조의3, 제266조의4에서는 공소제기 이후의 관계서류와 증거물에 대한 열람·복사청구권을 인정하고 있다. 그러나 피의자의 실질적인 변호를 위해서는 수사단계에서도 수사기록열람·복사청구권을 인정할 필요가 있다. 그러나 현행법상으로는 이에 대한 명문의 규정이 없으므로 논의가 있다.

2. 수사기관에 대한 수사기록 열람·등사청구권 인정 여부

(1) 헌법상의 이념이 형사소송법에 반영되어야 한다는 헌법적 형사소송의 이념에 따라 피고인의 효과적인 방어권 보장을 위하여 원칙적으로 긍정하지만, 수사기관의 공익적 수사를 위해 예외를 인정할 수 있는 원칙적 긍정설이 타당하다.

(2) 입법론적으로는 이러한 수사단계에서의 수사기록의 열람·복사청구권을 명문으로 규정하는 것이 바람직하다. 이와 관련하여 〈수사준칙〉 제69조에서는 피의자와 변호인 등에게 수사서류 등의 열람·복사권을 인정하면서도 일정한 제한을 가하고 있다.

3. 허용이 불허될 경우의 구제방법

변호인의 수사기록에 대한 열람·복사청구권이 허용되지 않을 경우에 변호인은 ① '공공기관의정보공개에관한법률' 제5조에 따라 정보공개를 청구할 수 있고 ② 경찰서장이 동법 제9조에 따른 비공개대상이라고 주장하면 변호인은 동법 제18조의 이의신청, 동법 제19조의 행정심판, 동법 제20조의 행정소송을 통해 구제신청을 할 수 있고 ③ 최후로 헌법소원을 제기할 수 있을 것이다.

> • 일반적인 구제방법을 정확히 기억해 두는 것이 바람직하다.

019

수뢰혐의로 긴급체포된 공무원 甲은 변호사 L을 변호인으로 선임하였다. 검사 K는 甲을 피의자로 신문하는 과정에서 甲 옆에 앉아 있던 L에게 떨어진 곳으로 옮겨 앉을 것을 요구하였고, L이 이에 불응하자 L에게 퇴실을 명하였다. L이 퇴실한 상태에서 甲은 범행을 자백하였고, K는 자백 내용을 甲에 대한 제2회 피의자신문조서에 기재하였다. K의 L에 대한 처분의 적법성과 K의 처분과 관련하여 L이 주장할 수 있는 내용을 논하시오. (10점)   [2015 1차 변형]

1. K의 지시처분이 적법한지의 여부

변호인에게 피의자신문참여권이 인정되는 경우에도 제243조의2 제1항에 따라 수사기관은 정당한 사유가 있는 경우에는 이를 제한할 수 있다. '정당한 사유'라 함은 변호인의 참여로 인하여 신문 방해, 수사기밀 누설 등 수사에 현저한 지장을 초래할 우려가 있다고 인정되는 경우를 말한다. 따라서 사안에서 K가 L에게 수사에 현저한 지장을 초래할 우려가 있다고 인정되지 않음에도 甲으로부터 떨어진 곳으로 옮겨 앉으라고 지시하는 처분은 위법하다.

2. 구제방법

(1) 준항고의 제기

제417조에서는 '검사 또는 사법경찰관의 제243조의2에 따른 변호인의 참여 등에 관한 처분에 대하여 불복이 있으면 그 직무집행지의 관할법원 또는 검사의 소속검찰청에 대응한 법원에 그 처분의 취소 또는 변경을 청구할 수 있다'라고 규정하고 있다. 따라서 L은 법원에 대하여 준항고를 제기하여 구제받을 수 있을 것이다.

(2) 증거능력의 부인

K가 작성한 甲에 대한 피의자신문조서는 변호인의 피의자신문참여권을 침해하여 얻은 자백이므로 이는 제308조의2 내지는 제309조에 의하여 증거능력이 없다.

(3) 헌법소원의 청구

헌법재판소에 의하면 변호인의 피의자신문참여권은 헌법상의 권리이므로 이러한 권리가 침해당한 경우에는 헌법소원을 제기하여 구제받을 수 있다.

> • 변호인의 피의자신문참여권은 종래 법률상의 권리였으나, 헌재결 2017.11.30. 2016헌마503 결정으로 헌법상의 권리가 되었다.

유제

강도 혐의를 받고 있는 甲은 찜질방을 전전하며 도피행각을 하고 있던 중 마침 그곳을 순찰하던 사법경찰관 P가 甲을 적법하게 체포하였다. 그 후 적법하게 구속된 甲을 P가 조사실로 소환하여 피의자신문을 실시하던 중 甲이 변호사 L의 참여를 요청하였지만, P는 甲이 범행을 부인한다는 이유로 이를 거절하였다. P가 甲의 피의자신문에 변호인의 참여를 거절한 조치는 적법한가? 그리고 이에 대한 불복방법은 무엇인지를 설명하시오. (15점)

[2019 2차 변형]

제2장 | 소송행위와 소송조건

제1심 법원이 甲에 대하여 징역 1년을 선고하자, 甲은 항소하려고 담당 교도관 A에게 항소장 용지를 요청하였는데, A가 착오로 항소권포기서 용지를 제공하였다. 그런데 甲은 용지를 확인해 보지도 않고 서명·제출하여 결국 항소포기가 확정되었다. 甲의 항소포기는 유효한가? (10점)　　　　　　　　　[2020 변시]

1. 논의점

사안과 같이 甲이 착오에 의한 하자있는 소송행위를 한 경우에 사후에 이를 취소하여 무효화시킬 수 있는지에 대하여 논의가 있다.

2. 견해의 대립

이에 대하여는 ① 소송절차의 형식적 확실성을 위하여 의사표시의 하자는 무효원인이 되지 않는다는 효력긍정설 ② 원칙적으로 유효하지만, 착오가 본인의 귀책사유에 기인하지 아니한 경우에는 무효가 된다는 귀책사유설 ③ 원칙적으로 유효하지만, 예외적으로 소송행위가 적정절차원칙에 위반하여 이루어진 경우에는 무효로 될 수 있다는 적정절차설 등이 대립하고 있다.

3. 판 례

판례는 귀책사유설을 따르고 있으며, 사안과 유사한 사안에서는 '교도관이 내어 주는 상소권포기서를 항소장으로 잘못 믿은 나머지 이를 확인하여 보지도 않고 서명무인하였다는 점에 있어서는 재항고인에게 과실이 없다고 보기는 어렵고, 따라서 재항고인의 항소포기는 유효하다'라고 하여 무효를 인정하지 않고 있다.

4. 검토 및 사안의 해결

생각건대 소송행위의 형식적 확실성이라는 공익과 피고인의 이익과 정의라는 사익의 조화를 이루는 귀책사유설이 타당하다. 그리고 유사한 사안의 판례의 태도에 따르면 사안에서는 甲에게 귀책사유가 인정되므로 甲의 항소포기는 유효하다.

甲은 A를 사기와 절도의 범죄사실로 고소하였다. 사건을 송치받은 검사 K는 사기의 범죄사실에 대하여는 약식기소를 하여 약식명령이 발령·확정되었고, 절도의 범죄사실에 대하여는 불기소처분하였다. 甲이 사기의 범죄사실에 대한 기록과 절도의 범죄사실에 대한 기록을 열람·등사를 신청하는 경우 그 절차와 불복방법을 설명하고, 사기범죄사실과 관련하여 증거로 제출되지 아니한 수사기록을 열람·등사를 신청하기 위해서는 어떠한 절차를 진행하여야 하는지를 설명하시오. (15점)　　　　　　　　　[예상문제]

1. 열람·등사의 절차와 불복방법

(1) 형사재판확정기록에 관해서는 형사소송법 제59조의 2에 따른 열람·등사신청이 허용되고 그 거부나 제한 등에 대한 불복은 준항고에 의한다.

(2) 형사재판확정기록이 아닌 불기소처분으로 종결된 기록에 관해서는 정보공개법에 따른 정보공개청구가 허용되고 그 거부나 제한 등에 대한 불복은 항고소송절차에 의한다.

2. 증거로 제출되지 아니한 수사기록의 열람·등사의 절차

(1) 형사소송법 제59조의2의 '재판이 확정된 사건의 소송기록'이란 특정 형사사건에 관하여 법원이 작성하거나 검사, 피고인 등 소송관계인이 작성하여 법원에 제출한 서류들로서 재판확정 후 담당 기관이 소정의 방식에 따라 보관하고 있는 서면의 총체를 말한다.

(2) 위와 같은 방식과 절차에 따라 보관되고 있는 이상 해당 형사사건에서 증거로 채택되지 아니하였거나 그 범죄사실과 직접 관련되지 아니한 서류라고 하여 재판확정기록에 포함되지 않는다고 볼 것은 아니다.

(3) 따라서 사기범죄에 대한 증거로 제출되지 아니한 수사기록의 열람·등사 절차는 형사재판확정기록의 열람·등사신청방법에 따라야 한다.

> • 2022.2.11.에 선고된 최신 대법원 결정인 2021모3175를 사례화한 문제이다. 따라서 해당 판례를 정확히 이해하여 두는 것이 바람직하다.

022

법원은 피고인 甲의 강도범죄사실에 대하여 유죄를 선고하자, 甲은 항소하였다. 항소심에서 甲의 변호인으로 선임된 변호사 L은 변호인선임서를 제출하지 아니한 채 항소이유서만을 제출하였다가, 항소이유서 제출기간이 경과한 후에 변호인선임서를 항소법원에 제출하였다. 이러한 사안에서 L이 제출한 항소이유서는 효력이 있는가? (15점)   [2021 변시]

1. 논의점

사안과 같이 변호인이 변호인선임서를 제출하지 않은 채 항소이유서를 제출한 경우에 소송행위는 무효가 된다. 그런데 항소이유서제출기간이 경과한 후에 변호인선임서를 항소법원에 제출한 경우에 무효인 하자가 치유되어 항소이유서 제출의 효력이 있는지에 대하여 논의가 있다.

2. 견해의 대립과 판례의 태도

이에 대하여는 ① 피고인의 이익 보호를 위하여 이를 인정해야 한다는 긍정설과 ② 변호인선임신고의 중요성과 절차의 동적·발전적 성격에 비추어 이를 부정해야 한다는 부정설이 대립하고 있으며 ③ 판례는 '변호인의 선임은 심급마다 변호인과 연명날인한 서면으로 제출하여야 하므로(형사소송법 제32조 제1항) 변호인선임서를 제출하지 아니한 채 상고이유서만을 제출하고 상고이유서 제출기간이 경과한 후에 변호인선임서를 제출하였다면 그 상고이유서는 적법·유효한 상고이유서가 될 수 없다. 이는 그 변호인이 원심 변호인으로서 원심법원에 상고장을 제출하였더라도 마찬가지이다.'라고 하여 부정설의 입장이다.

> • 항소이유서의 추완을 부정한 판례(69모68)도 있으나, 본 판례와 동일한 내용이다. 다만, 본 판례가 법리를 보다 자세히 설명하므로 본 판례를 게재한다.

3. 검토 및 사안의 해결

생각건대 형사소송법 제32조 제1항에서는 변호인선임서를 심급마다 제출하여야 한다고 하고 있으며, 이는 변호권의 적법요건이라고 볼 수 있으므로 부정설이 타당하다. 따라서 사안에서 변호사 L이 제출한 항소이유서는 효력이 없다.

유제

구속기소되어 항소심에서 유죄판결을 선고받은 甲은 상고하기로 결심하고 담당 교도관 A에게 상고장 용지를 달라고 하였다. 그런데 담당 교도관 A가 실수로 상고장 용지 대신 상고권포기서 용지를 甲에게 주었으나, 甲은 이를 알아채지 못하고 상소권포기서에 서명하여 제출함으로써 결국 상고포기가 확정되었다. 이 경우 甲의 상고포기는 유효한가? (10점)　　　　　　　　　　　　　　　　　　　　　　　　　　　　　　　　[2015 3차 변형]

유제

구속기소되어 재판을 받고 있던 甲은 1심에서 유죄판결을 선고받고 항소하고자 하였는데, 교도관 A가 잘못 내어 준 상소권포기서를 항소장으로 잘못 믿은 나머지 이를 확인하여 보지도 않고 서명·무인하여 법원에 제출하였다. 이러한 사안에서 甲은 항소포기의 무효를 주장할 수 있는가? (10점)　　　　　　　　　　　　[2016 3차 변형]

유제

제1심 법원은 甲의 협박죄 범죄사실에 대하여 유죄를 선고하였다. 변호사 L은 甲의 항소심 변호인으로 선임되어 항소이유서 제출기간 내에 항소이유서를 제출하였으나, 실수로 변호인 선임신고서를 제출하지 아니하였다. L은 항소이유서 제출기간이 경과한 후에야 변호인선임서가 제출되지 아니한 사실을 인식하고, 항소이유서 제출기간이 경과한 후에 변호인 선임신고서를 항소법원에 제출하였다. L이 제출한 항소이유서는 효력이 있는가? (15점)　　　　　　　　　　　　　　　　　　　　　　　　　　　　[2015 2차 변형]

유제

제1심 법원은 甲의 증뢰죄의 범죄사실에 대해 유죄를 선고하였다. 변호사 L은 甲의 변호인으로 선임되어 항소이유서 제출기간 내에 항소이유서를 제출하였으나 실수로 변호인 선임신고서를 제출하지 못하였고, 항소이유서 제출기간이 경과한 후에야 비로소 변호인 선임신고서를 항소법원에 제출하였다. L이 제출한 항소이유서는 효력이 있는가? (10점)　　　　　　　　　　　　　　　　　　　　　　　　　　　　　[2023 1차 변형]

甲은 U의 집에서 금품을 절취한 혐의로 공소제기되었다. 제1심 공판이 진행되는 도중에 검사 K는 피해자인 U가 甲의 동거하지 않는 삼촌이라는 사실을 알고, U로부터 甲에 대한 고소장을 제출받아 법원에 제출하였다. 이러한 경우에 법원은 甲에 대하여 어떠한 재판을 하여야 하는가?

[예상문제]

1. 논의점

사안과 같이 검사가 공소사실이 친고죄인 경우에 소송조건인 고소가 없음에도 불구하고 공소를 제기하고 이후에 고소권자로부터 고소장을 받아 법원에 제출한 경우에 추완을 인정하여 공소제기가 적법하게 될 수 있는지에 대하여 논의가 있다.

2. 견해의 대립과 판례의 태도

이에 대하여는 ① 소송경제를 고려하여 고소의 추완을 인정해야 한다는 긍정설 ② 친고죄에서의 고소는 공소제기의 적법·유효요건이므로 고소의 추완을 부정해야 한다는 부정설 ③ 원칙적으로 부정설을 따르지만, 비친고죄로 공소제기된 사건이 친고죄로 판명된 경우에는 긍정할 수 있다는 절충설 등이 대립하고 있으며, ④ 판례는 종래 친고죄이던 강간죄와 관련된 사안에서 '강간죄는 친고죄로서 피해자의 고소가 있어야 죄를 논할 수 있고 기소 이후의 고소의 추완은 허용되지 아니한다 할 것이며, 이는 비친고죄인 강간치사죄로 기소되었다가 친고죄인 강간죄로 공소장이 변경되는 경우에도 동일하다'라고 하여 부정설의 입장을 따르고 있었다.

3. 검토 및 사안의 해결

생각건대 소송조건은 공소제기의 유효조건이며, 소송경제보다는 피고인을 당해 소송절차에서 조기에 해방시키는 것이 보다 중요한 이익이므로 부정설이 타당하다. 이러한 부정설에 따르면 법원은 甲에게 공소기각판결을 선고하여야 한다.

> • 고소의 추완은 변호사시험에서는 사례형으로 출제되기보다 기록형으로 빈번히 출제된다.

제3편

수사와 공소

024

사법경찰관 P는 甲이 甲의 사촌동생인 A를 공갈하여 500만 원을 갈취한 사실을 알게 되었다. 이에 P는 A의 고소가 없음에도 甲을 경찰서에 임의출석케 하여 조사하였으며 조사과정에서 甲이 범행을 부인하자, P는 甲을 긴급체포하였다. 며칠 후 甲에게 500만 원을 준 것이 억울하다고 생각한 A도 甲을 고소하였다. P의 甲에 대한 긴급체포 등 수사의 적법성에 대해 논하시오. (20점)

[2014 2차 변형]

1. 문제의 제기

사안에서 쟁점이 되는 것은 ① 친고죄의 경우에 고소 전 수사가 가능한지 ② 수사가 가능하다 하더라도 자진출석자를 긴급체포한 것이 가능한지이다.

2. 친고죄의 고소 전 수사의 가능 여부

(1) 논의점

사안에서 甲의 피의범죄사실은 A에 대한 공갈죄이다. 그런데 甲과 A는 사촌형제간이므로 형법 제354조에 의하여 형법 제328조 제2항이 준용되어 상대적 친고죄이다. 따라서 사안에서 사법경찰관 P가 A의 고소가 없음에도 甲을 수사한 것이 적법한 것인지 문제 된다.

(2) 견해의 대립과 판례의 태도

이에 대하여는 ① 친고죄의 고소는 소송조건이며 수사의 허용조건은 아니므로 수사가 허용된다는 전면허용설 ② 고소는 소송조건이므로 그 준비를 위한 수사도 허용될 수 없으므로 수사가 허용될 수 없다는 전면부정설 ③ 원칙적으로 수사는 허용되지만, 고소의 가능성이 없는 때에는 허용되지 않거나 제한되어야 한다는 제한적 허용설이 대립하고 있으며, ④ 판례는 '친고죄의 고소는 이른바 소추조건에 불과하고 당해 범죄의 성립 요건이나 수사의 조건은 아니므로, 고소가 있을 가능성이 없지 않는한 고소가 있기 전에 수사를 하였다는 이유만으로 그 수사가 위법하다고 볼 수는 없다'라고 하여 제한적 허용설을 따르고 있다.

(3) 검토 및 사안의 해결

생각건대 친고죄로 둔 입법취지라는 개인적 측면과 수사기관의 증거확보를 위한 공익적 측면을 모두 고려한다면 고소의 가능성이 없을 때에는 수사는 허용되지 않는다는 제한적 허용설이 타당하다. 여기서 '고소의 가능성이 없는 때'란 ① 고소기간이 경과한 때(제230조) ② 고소권자가 고소를 취소한 때(제232조)의 경우를 말한다. 따라서 이러한 제한적 허용설을 따를 때 사안에서의 사법경찰관 P의 수사는 적법하다.

> • 본 문제는 자진출석자의 긴급체포에 집중하여 친고죄의 고소 전 수사를 간과하지 않도록 주의하여야 한다.

3. 자진출석자의 긴급체포의 문제

(1) 자진출석자에 긴급체포 여부

사안과 같이 자진출석자를 긴급체포할 수 있는지에 대하여는 ① 자진출석한 경우에는 긴급체포의 요건인 긴급성을 갖추지 못하였으므로 긴급체포가 허용되지 아니한다는 부정설도 있으나 ② 판례는 자진출석한 자에 대하여는 원칙적으로 긴급체포가 허용되기 어려우나 조사 과정에서 긴급체포를 할 합리적 근거가 있는 경우에는 긴급체포가 가능하다는 긍정설을 따르고 있다.

⑵ 검토 및 사안의 해결

생각건대 자진출석한 피의자에 대하여는 원칙적으로 긴급성의 요건이 구비되기 어렵지만, 상황에 따라서는 조사과정에서 긴급체포를 할 합리적인 이유가 있는 경우에는 긴급체포를 할 수 있다고 보는 긍정설이 타당하다. 그런데 사안에서 사법경찰관 P가 자진출석한 甲을 긴급체포한 것은 합리성을 인정하기 어려우므로 위법하다.

4. 결 언

사안에서의 사법경찰관 P는 甲에 대하여 출석을 요구하여 임의수사를 한 부분은 적법하지만, 자진출석한 甲을 긴급체포한 강제수사를 한 부분은 위법하다.

> **유제**
>
> 甲의 사촌 동생 A는 甲의 친구인 乙의 동생이자 처음 도박을 해보는 丙과 도박을 하여 丙의 돈 500만 원을 땄다. 평소 A와 사이가 나빴던 甲은 사건발생 2개월 후 이 사실을 알고 A에게 "丙에게 딴 돈을 丙에게 돌려주지 않으면 도박사실을 직장에 알리겠다."라고 겁을 주었고, 이에 A는 겁을 먹고 丙에게 500만 원을 돌려주었다. 사법경찰관 P는 A의 고소가 없음에도 불구하고, 甲을 피의자로 소환하여 공갈사실에 관하여 조사하였다. P의 조사의 적법성 여부를 논하시오. (10점)   [2018 3차 변형]

> 경찰관 P와 Q는 강절도범특별검거지시가 있어 순찰하다가 취객 A를 발견하고도 구호조치를 하지 않은 채 잠복근무 중, 甲이 취객 A에게 다가가 절도 범행하는 것을 기다렸다가 甲을 체포하였다. 공판정에서 피고인 甲의 변호인 L은 "이 건 체포는 함정수사이다."라고 주장하면서 경찰관 P를 증인으로 조사하여 달라고 신청하자 법원은 이를 기각하였다. L의 주장의 당부와 법원의 기각결정에 대한 불복방법은 무엇인가? (15점)   [2013 변시]

1. 위법한 함정수사의 주장의 당부

⑴ 甲 등의 변호인이 경찰관들이 위법한 함정수사를 했다고 주장하고 있다. 수사의 기법인 함정수사를 어느 범위까지 허용할 것인지에 대하여는 ① 주관설 ② 객관설 ③ 절충설 등이 대립하고 있으며, ④ 판례는 기본적으로 주관설에 따라 범의유발형 함정수사만을 함정수사라고 하며 이를 위법하다고 평가하고 있다.

⑵ 구체적으로 판례는 이와 유사한 사안에서 '경찰관이 취객을 상대로 한 이른바 부축빼기 절도범을 단속하기 위하여, 공원 인도에 쓰러져 있는 취객 근처에서 감시하고 있다가, 마침 피고인이 나타나 취객을 부축하여 10m 정도를 끌고 가 지갑을 뒤지자 현장에서 체포하여 기소한 경우, 위법한 함정수사에 기한 공소제기가 아니다'라고 하고 있다. 이에 따르면 사안은 위법한 함정수사가 아니므로 변호인의 주장은 타당하지 않다.

2. 증거기각결정에 대한 불복

⑴ 법원의 증거결정에 대하여는 형사소송법 제296조 제1항과 형사소송규칙 제135조의2 단서에 의하여 법령위반이 있는 경우에 이의신청으로 불복할 수 있다.

⑵ 법원의 증거결정에 대하여는 신청되지 못한 증거로 인하여 사실을 오인하여 판결에 영향을 미치기에 이른 경우에는 이를 상소의 이유로 삼아 항소할 수 있다.

(3) 판례도 '당사자의 증거신청에 대한 법원의 채택여부의 결정은 판결 전의 소송절차에 관한 결정으로서 이의신청을 하는 외에는 달리 불복할 수 있는 방법이 없고, 다만 그로 말미암아 사실을 오인하여 판결에 영향을 미치기에 이른 경우에만 이를 상소의 이유로 삼을 수 있을 뿐이다'라고 하여 이의신청과 항소만을 인정하고 있다.

(4) 따라서 甲과 변호인 L은 이의신청과 항소로써 불복할 수 있다.

026

甲은 미성년자인 A(여)의 비밀을 침해하였다. 이에 미성년자인 A는 甲을 고소하였으나, 이후 비밀이 더욱 알려지면 더 창피할 것 같아 고소를 취소하였다. 며칠 후 A의 아버지 F는 이러한 사실을 알자 즉시 甲을 고소하였다. 이러한 F의 고소는 유효한가?

[예상문제]

1. 논의점

사안에서 F의 고소가 유효한지는 제225조 제1항에서의 '피해자의 법정대리인은 독립하여 고소할 수 있다'라고 규정한 법정대리인의 고소권의 법적 성질에 달려 있으며 이에 대하여 논의가 있다.

2. 견해의 대립과 판례의 태도

이에 대하여는 ① 피해자의 고소권은 일신전속적 권리이므로 독립대리권이라는 독립대리권설 ② 법정대리인의 고소권은 무능력자의 보호를 위하여 특별히 주어진 고유권이라는 고유권설이 대립하고 있으며, ③ 판례는 '형사소송법 제225조 제1항이 규정한 법정대리인의 고소권은 무능력자의 보호를 위하여 법정대리인에게 주어진 고유권이다'라고 하여 고유권설의 입장이다.

3. 검토 및 사안의 해결

생각건대 법정대리인을 고소권자로 인정하는 제225조의 입법취지는 무능력자를 적극적으로 보호한다는 점에 있으므로 고유권설이 타당하다. 이러한 고유권설의 입장에 따르면 사안에서 F의 고소는 유효하다.

027

甲은 자신의 건물 계단에서 담배를 피우던 중학교 1학년 B(만 13세)를 보고 "어디서 피도 안 마른 듬보잡, 병신같은 새끼가 남의 건물 망치고 있네"라고 소리쳤다. 복도에 있던 사람들이 쳐다보자 모욕감을 느낀 B는 다음 날 대학생인 형과 상의하여 경찰서에 직접 고소장을 제출하였고, 이에 甲은 모욕 혐의로 기소되었다. 여전히 B는 처벌 희망의 의사가 변하지 않았으나, 우연히 형으로부터 얘기를 들은 B의 아버지는 B와 상의 없이 甲에게 합의금을 받고 관대한 처분을 바란다는 취지의 탄원서와 합의서(무인과 인감증명서 포함)를 써 주었다. 甲은 이 합의서와 탄원서를 제1심 법원에 제출하였다. 판사는 B에게 합의 사실을 확인하였는데 합의는 10년째 따로 산 아버지의 생각이고 자신은 여전히 처벌을 원한다는 답변을 들었다. 이 경우 법원은 어떠한 판결을 취하여야 하는가? (10점)

[2022 3차 변형]

1. 乙의 고소의 적법성

형법 제311조의 모욕죄는 친고죄이므로 미성년자인 乙의 고소가 적법한지 문제 된다. 고소를 하기 위한 고소능력은 피해를 입은 사실을 이해하고 고소에 따른 사회생활상의 이해관계를 알아차릴 수 있는 사실상의 의사능력으로 충분하다. 따라서 사안에서 乙은 고소능력이 있으므로 B의 고소는 적법하다.

2. 乙의 아버지의 탄원서와 합의서의 효력

사안에서 乙의 아버지가 甲에게 탄원서와 합의서를 교부한 것이 B의 고소에 대한 취소가 될 수 있는지 문제 된다. 형사소송법 제236조는 '고소 또는 그 취소는 대리인으로 하여금하게 할 수 있다.'라고 규정하여 대리인에 의한 고소취소를 인정하고 있으나, 사안에서 乙은 여전히 甲의 처벌을 원한다고 하고 있으므로 乙의 아버지의 고소취소의 대리는 인정되지 않는다. 따라서 사안에서 乙의 고소는 유효하므로 법원은 甲에 대하여 실체재판을 하여야 한다.

028

甲은 乙에게 낮에 乙의 사촌형 A의 집에 가서 돈을 훔치라고 교사하였다. 이에 乙은 낮에 옆 동네에 사는 사촌형 A의 집에 가서 A의 예금통장을 가지고 나와 현금지급기로 간 다음, 현금지급기로 A 명의의 계좌에서 자신 명의의 계좌로 1,000만 원을 계좌 이체한 후 제자리에 갖다 놓았다. 일주일 후 이 사실을 알게 된 사촌형 A는 乙을 고소하였다. 甲과 乙은 기소되었고, 제1심 법원의 심리 중 A는 乙에 대하여 고소를 취소하였다. 이 고소취소의 소송법적 효과에 대하여 설명하시오. (15점) [2013 1차 변형]

Ⅰ. 甲에 대한 효과

1. 예금통장에 대한 절도죄에 대하여

절도죄는 친고죄가 아니지만, 甲과 그의 사촌형 A는 형법 제344조에 의하여 준용되는 제328조 제2항에 의한 친족에 해당하므로 상대적 친고죄가 된다. 따라서 제1심 법원의 심리 중에 甲에 대한 고소를 취소하게 되면 형사소송법 제232조에 따른 적법한 고소의 취소가 있으므로 법원은 형사소송법 제327조 제5호에 따라서 공소기각의 판결을 선고하여야 할 것이다.

> • 친족상도례 준용 규정인 제344조, 제354조, 제361조, 제365조는 암기해 두는 것이 바람직하다.

2. 주거침입죄와 컴퓨터사용사기죄에 대하여

(1) 주거침입죄는 친족상도례가 적용되지 않으므로 A의 고소취소와는 무관하게 법원은 이를 유죄로 판단할 수 있다.

(2) 컴퓨터사용사기죄의 피해자는 사촌형 A가 아니라 이중지급의 위험성이 있는 금융기관이라고 보는 판례의 입장에 따르면 친족상도례는 적용되지 않는다. 따라서 법원은 A의 고소취소와는 관계없이 컴퓨터사용사기죄로 처벌할 수 있다.

Ⅱ. 乙에 대한 효과

사안에서 乙은 A와 친족관계가 아니므로 친족상도례의 적용이 없으므로 친고죄가 아니다. 따라서 친고죄의 고소나 고소취소와 관련된 고소의 주관적 불가분의 원칙은 적용되지 않는다. 따라서 乙은 A의 甲에 대한 고소나 고소취소와 관계없이 처벌된다.

甲과 乙은 공동으로 A를 모욕하였다. A의 적법한 고소에 의하여 수사가 시작되었지만, 乙이 해외에 도피하여 甲이 먼저 기소되어 제1심판결에서 벌금 100만 원이 선고되었다. 이후 乙이 자진 귀국하여 검사 K에 의하여 기소되어 제1심이 진행 중인 상황에서 A는 乙에 대한 고소를 취소할 수 있는가?   [예상문제]

1. 논의점

사안과 같이 친고죄의 공범 중 1인에 대하여 제1심 판결이 선고되어 고소를 취소할 수 없게 된 후 다른 공범에 대한 고소를 취소할 수 있는지 문제 된다.

2. 견해의 대립과 판례의 태도

이에 대하여는 ① 피해자의 의사를 존중하여 고소취소를 인정하지만 제1심 판결선고를 받은 자에게는 고소취소의 효력이 미치지 않는다는 긍정설 ② 긍정설에 의하면 고소의 불가분의 원칙에 반하고, 고소권자의 선택에 의하여 불공평한 결과를 초래하므로 부정하여야 한다는 부정설이 대립하고 있으며, ③ 판례는 '친고죄의 공범 중 그 일부에 대하여 제1심판결이 선고된 후에는 제1심판결선고전의 다른 공범자에 대하여는 그 고소를 취소할 수 없고 그 고소의 취소가 있다 하더라도 그 효력을 발생할 수 없다'라고 하여 부정설의 입장이다.

3. 검토 및 사안의 해결

생각건대 국가의 공형벌이 개인의 사적인 의사에 의하여 좌우되는 것은 바람직하지 않으므로 부정설이 타당하다. 이러한 부정설에 따르면 A는 乙에 대한 고소를 취소할 수 없다.

甲은 'A의 멱살을 잡고 흔들어 A의 목에 치료일수 2주를 요하는 상처를 입혔다.'는 폭행치상죄의 공소사실로 기소되어 제1심에서 유죄가 선고되었다. 그 후 甲의 항소로 항소심 계속 중에 "甲에게 어떠한 형사상 책임도 원치 않는다"는 A의 고소취하장과 합의서가 제출되었다. 항소심은 A의 상해의 점은 인정되지 않는다고 판단하여 직권으로 폭행죄로 유죄판결을 선고하였다. 항소심 판결의 적법성을 논하시오. (15점)

[2014 3차 변형]

1. 논의점

사안과 같이 폭행치상죄로 기소되었으나 제1심이 아닌 항소심에 이르러 반의사불벌죄인 폭행죄만 인정되는 경우에 항소심에서 처벌불원의 고소취소장과 합의서를 제출한 효과에 대하여 논의가 있다.

2. 견해의 대립과 판례의 태도

이에 대하여는 ① 반의사불벌죄가 현실적 심판으로 된 항소심을 제1심으로 보아 반의사불벌의 의사표시의 효력을 인정하여 공소기각을 선고하여야 한다는 공소기각설 ② 제232조의 문리해석상 제1심판결선고전까지 처벌불원의 의사표시가 없는 한 항소심에서의 처벌불원의 의사표시는 효력을 인정할 수 없으므로 유죄판결을 선고해야 한다는 유죄판결설 등이 대립하고 있으며, ③ 반의사불벌죄와 관련된 직접적인 판례는 아직 없으나, 종래 피해자의 고소가 있어 비친고죄인 강간치상죄로 공소제기되었으나, 항소심에서 축소사실로서의 친고죄인 강간죄만이 인정되고 항소심에서 고소취소의 의사표시를 한 사안에서, 대법원 전합의 다수의견은 유죄판결설을 따랐으나, 이에 대한 반대의견은 공소기각설을 따르고 있었다.

3. 검토 및 사안의 해결

생각건대 반의사불벌죄에 있어 처벌불원의 의사표시의 시기를 정하는 것은 입법정책의 문제이므로 제232조의 문리해석에 충실한 유죄판결설이 타당하다. 따라서 사안에서 법원은 甲에 대하여 폭행죄에 대한 유죄판결을 선고한 것은 적법하다.

> • 공소기각설의 입장에 따른 실전답안은 다음과 같다.

3. 검토 및 사안의 해결

생각건대 비반의사불벌죄로 공소제기되었으나 축소사실인 반의사불벌죄가 인정될 경우 고소는 소송조건이 되며 이에 따라 방어방법이 달라지므로 공소기각설이 타당하다. 따라서 사안에서 법원은 甲에 대하여 공소기각의 판결을 선고하여야 한다.

031

甲은 A에 대한 폭행치상의 범죄사실로 기소되어 제1심 법원에서 유죄를 선고받고 항소하였다. 그러나 항소심은 A의 상해의 점은 인정되지 않는다고 판단하고 있다. 항소심 계속 중에 폭행죄로 공소장이 변경되었고, 그 후 A가 "甲에 대한 처벌을 원치 않는다."는 내용의 합의서를 제출하였다면 항소심은 어떠한 판단을 내려야 하는가? (15점) [2018 변시]

1. 논의점

먼저 폭행죄는 반의사불벌죄이지만, 사안에서는 乙이 고소를 취소하고 있으므로, ① 고소의 취소와 처벌불원의 의사표시와의 관계를 살펴보고 ② 1심이 아닌 항소심에서 처벌불원의 의사표시를 한 것이 어떠한 효과가 있는가를 검토한다.

2. 고소와 반의사불벌죄의 관계

고소는 범인의 처벌을 구하는 의사표시이므로 고소의 취소는 범인의 처벌을 원하지 않는다는 의미를 내포하고 있다. 따라서 고소의 취소는 처벌불원의 의사표시라고 평가할 수 있다. 그렇다면 사안에서 乙이 고소를 취소한 것은 甲에 대한 처벌불원의 의사표시를 한 것으로 평가할 수 있다.

3. 처벌불원의 의사표시의 시기

(1) 사안과 같이 항소심에서 1심이 인정한 폭행치상이라는 반의사불벌죄가 아닌 죄에서 폭행죄라는 반의사불벌죄를 인정하려고 할 때, 항소심에서도 처벌불원의 의사표시를 할 수 있는지에 대하여 논의가 있다.

(2) 이에 대하여는 ① 반의사불벌죄가 현실적 심판으로 된 항소심을 제1심으로 보아 처벌불원의 의사표시의 효력을 긍정하여 공소기각판결을 하자는 공소기각설 ② 제232조의 문리해석상 제1심판결선고 후에는 처벌불원의 의사표시는 효력이 없으므로 유죄판결하여야 한다는 유죄판결설이 대립하고 있으며, ③ 판례는 유죄판결설의 입장이다.

4. 사안의 해결

이러한 유죄판결설의 입장에 따르면 항소법원은 공소장의 변경없이 甲에 대하여 폭행죄로 유죄판결할 수 있다.

> • 본 문제를 배점 5점 문제로 해설하면 다음과 같다.

(1) 사안과 같이 반의사불벌죄가 아닌 범죄로 기소되었으나 항소심에서 반의사불벌죄만 인정되는 경우에 항소심에서 처벌불원의 의사표시의 효력을 인정할 수 있는지 문제 된다.

(2) 이에 대하여 대법원 전합의 ① 반대의견은 처벌불원의 의사표시의 효력을 인정하여 공소기각설을 따랐지만, ② 다수의견은 처벌불원의 의사표시의 효력을 인정하지 않아 유죄판결설을 따르고 있다. 이러한 다수의견에 따르면 항소심은 유죄판결을 할 수 있다.

032

A는 절도죄로 재판을 받게 되자 A의 친구 甲과 乙은 고교동창회 모임에서 "A가 중대범죄로 재판을 받고 있으며, 이것은 A가 그동안 도둑질을 많이 했기 때문이다"라고 비난하였다. 이 말을 전해들은 A의 부인 W는 甲과 乙을 명예훼손죄로 고발하였다. 甲과 乙의 명예훼손사건은 공소가 제기되어, 1심에서 甲과 乙에게는 각각 벌금 100만 원이 선고되었다. 甲과 乙은 각각 항소하였다. 항소심이 진행되던 중에 甲이 진심으로 반성한다는 뜻을 동창회 SNS를 통해 표시하자, A가 甲에 대한 처벌을 원하지 않는다는 내용을 기재한 서면을 작성하여 항소심 법원에 제출하였다면, 항소심 법원은 어떻게 판단하여야 하는가? (10점)

[2019 2차 변형]

1. 명예훼손죄는 반의사불벌죄

사안에서 甲과 乙이 범한 명예훼손죄는 형법 제312조 제2항에 의하면 반의사불벌죄이다. 따라서 피해자인 A의 고소가 없어도 법원은 甲과 乙을 처벌할 수 있다.

2. 반의사불벌죄의 처벌불원의 의사표시 시기

형사소송법 제232조 제3항에서는 반의사불벌죄의 경우에 처벌불원의 의사표시에 대하여는 제232조 제1항과 제2항을 준용하고 있으므로 처벌불원의 의사표시의 종기는 제1심 판결선고 전까지이다. 따라서 사안에서 항소심에 이르러 A가 甲에 대하여 처벌불원의 의사표시를 한 것은 효력이 없다.

3. 항소심 법원의 조치

사안에서 A의 처벌불원의 의사표시는 효력이 없으므로 법원은 甲과 乙에 대하여 실체판결을 하여야 한다.

경찰 수사로 甲(동거하지 않은 사촌형 A의 골드바를 훔치라고 乙에게 교사하고, 乙과 丙이 절취한 A의 골드바를 취득한 자임), 乙(丙과 함께 A의 골드바를 합동절도하고, A에게 폭행치상죄를 범한 자임), 丙(乙과 함께 A의 골드바를 합동절도한 자임)의 범죄가 밝혀지자 피해자인 A는 수사 단계에서 甲, 乙, 丙을 고소하였다. ㈎ 만약 1심 공판 과정에서 A가 甲에 대하여 처벌을 원하지 않는다는 취지로 고소취소장을 제출한 경우 함께 재판을 받는 甲, 乙, 丙에 대한 법원의 판단은? (10점) ㈏ 만약 훔친 골드바는 A가 잠시 보관하고 있는 것일 뿐 사실은 A의 친구 B의 소유물이고, 수사 단계에서 A와 B가 함께 甲, 乙, 丙을 고소하였는데, A와 B가 1심 공판 과정에서 甲에 대한 고소취소장을 제출한 경우 함께 재판을 받는 甲, 乙, 丙에 대한 법원의 판단은? (5점)

[2022 변시]

Ⅰ. (가) 문제에 대한 해설

1. 甲에 대한 판단

(1) 절도교사에 대한 판단

사안에서 甲의 A에 대한 절도교사죄는 형법 제344조에 의하여 준용되는 제328조 제2항에 따라 친고죄이다. 따라서 A가 수사 단계에서 甲을 고소하였으나, 제232조 제1항에 따라 제1심 판결선고 전에 甲에 대한 고소를 취소한 경우에 법원은 제327조 제5호에 따라 공소기각판결을 선고하여야 한다.

(2) 장물취득에 대한 판단

사안에서 甲의 A의 골드바에 대한 장물취득죄는 장물범과 피해자 간의 관계이므로 제365조 제1항에 의하여 준용되는 제328조 제2항이 적용되어 위의 절도교사에 대한 동일한 논리에 따라 법원은 제327조 제5호의 공소기각판결을 선고하여야 한다.

> • 친족상도례 준용 규정인 제344조, 제354조, 제361조, 제365조는 암기해 두는 것이 바람직하다.

2. 乙과 丙에 대한 판단

사안에서 乙의 폭행치상죄는 친고죄가 아니며, 乙과 丙의 특수절도죄는 A와 친족관계에 있지 않아 친고죄가 아니므로 A의 고소나 고소취소는 乙과 丙에게는 아무런 영향이 없다.

따라서 법원은 乙과 丙에 대하여 실체재판을 하여야 한다.

Ⅱ. (나) 문제에 대한 해설

판례에 의하면 절도죄의 경우에 친족상도례가 적용되기 위해서는 소유자와 점유자 모두에게 친족관계에 있어야 한다. 그런데 사안에서 골드바의 소유자인 B는 甲과 친족관계가 아니므로 친족상도례를 적용되지 않는다. 그리고 장물취득의 경우에도 피해자가 B이므로 친족상도례는 적용되지 않는다. 따라서 법원은 甲, 乙, 丙에 대하여 실체재판을 하여야 한다.

甲과 乙은 공동으로 A와 B의 명예를 훼손한 혐의로 기소되었다. 제1심 공판절차 중에 A와 B가 돌연히 甲에 대해서만 고소를 취소하였다면, 제1심 법원이 乙에 대하여 취할 수 있는 조치를 논하시오. (20점)

[2016 변시]

1. 논의점

사안에서 甲과 乙이 공소제기된 죄는 명예훼손죄이며, 이러한 명예훼손죄는 형법 제312조 제2항에 의하여 반의사불벌죄이다. 형사소송법은 제232조 제3항에서 반의사불벌죄의 처벌불원의 의사표시에 대하여 고소의 취소규정인 제232조 제1항과 제2항을 준용하고 있다. 그런데 고소의 주관적불가분의 원칙을 규정하고 있는 제233조에 대하여는 반의사불벌죄의 경우에 그 준용규정이 없으므로 반의사불벌죄의 경우에도 고소의 주관적 불가분의 원칙 규정인 제233조를 준용할 수 있는지에 대하여 논의가 있다.

> • 20점 배점의 문제이므로 이와 같이 서술할 수 있으나, 배점이 작다면 많이 축약하여야 한다.

2. 견해의 대립

이에 대하여는 ① 친고죄의 고소와 반의사불벌죄의 성격이 유사하므로 반의사불벌죄의 경우에는 고소불가분의 원칙이 준용된다는 준용긍정설 ② 친고죄의 고소와 반의사불벌죄의 성격이 다르고, 친고죄의 고소는 범죄사실에 대한 것이지만 불처벌의 의사표시는 범인에 대한 것이라는 점에서 차이가 있으므로 반의사불벌죄의 경우에는 고소불가분의 원칙이 적용될 수 없다는 준용부정설이 대립하고 있다.

3. 판 례

판례는 '제233조에서 고소와 고소취소의 불가분에 관한 규정을 함에 있어서는 반의사불벌죄에 이를 준용하는 규정을 두지 아니한 것은 처벌을 희망하지 아니하는 의사표시나 처벌을 희망하는 의사표시의 철회에 관하여 친고죄와는 달리 공범자간에 불가분의 원칙을 적용하지 아니하고자 함에 있다고 볼 것이지, 입법의 불비로 볼 것은 아니다'라고 하여 준용부정설의 입장을 따르고 있다.

4. 검 토

생각건대 어떠한 범죄를 친고죄로 할 것인지 반의사불벌죄로 할 것인지는 입법정책의 문제이다. 실정법적으로 제232조 제3항의 경우에는 준용 규정을 두었지만, 제233조에서는 준용 규정을 두지 않은 것은 양 죄의 본질을 달리 본 입법정책의 반영이지 입법의 불비로 보아야 할 것은 아니라고 보아야 할 것이므로 준용부정설이 타당하다.

5. 사안의 해결

이러한 준용부정설에 따르면 A와 B의 甲에 대한 처벌불원의 의사표시의 효력은 乙에게 미치지 않으므로 제1심 법원은 乙에 대하여 실체재판을 할 수 있다.

> **유제**
>
> 甲, 乙, 丙은 A의 명예를 훼손하였다. A의 명예훼손과 관련하여 甲, 乙, 丙을 공동피고인으로 하여 제1심 공판절차가 진행되는 중에 A가 丙에 대하여만 고소를 취소한 경우 법원은 甲, 乙, 丙에 대하여 어떤 조치를 하여야 하는가? (10점)
>
> [2017 1차 변형]

甲은 자신이 주문한 냉장고가 집 앞에 배달되자, 이웃에 사는 乙에게 그 냉장고를 집 거실까지 옮겨달라고 부탁하였다. 이를 승낙한 乙은 그 냉장고를 같이 옮기기로 하고 甲과 함께 냉장고의 앞과 뒤를 잡고 옮기다가 부주의로 그곳을 지나던 A의 등 뒤로 냉장고가 넘어지게 하였고, 이로 인해 A는 상해를 입었다. A에 대한 상해와 관련하여 제1심 공판절차에서 甲이 A와 합의한 합의서를 법원에 제출하였는데, 법원이 甲과 乙에 대하여 공소기각판결을 선고하였다면, 이는 적법한가? (15점)

[2022 1차 변형]

Ⅰ. 甲에 대한 조치의 적법성

사안에서 甲과 乙은 형법 제266조 제1항의 과실치상죄의 공동정범으로 기소되었으며, 과실치상죄는 동법 동조 제2항에 의하여 반의사불벌죄이다. 따라서 甲이 A와의 합의서를 제출하였다면 甲은 제327조 제6호에 따른 공소기각판결을 하여야 하므로 적법한 조치이다.

Ⅱ. 乙에 대한 조치의 적법성

1. 반의사불벌죄의 경우에 대한 제233조 준용 여부

반의사불벌죄의 경우에도 고소의 주관적 불가분의 원칙 규정인 제233조를 준용할 수 있는지에 대하여 논의가 있다. 이에 대하여는 ① 준용긍정설 ② 준용부정설이 대립하고 있으나, ③ 판례는 '제233조에서 고소와 고소취소의 불가분에 관한 규정을 함에 있어서는 반의사불벌죄에 이를 준용하는 규정을 두지 아니한 것은 처벌을 희망하지 아니하는 의사표시나 처벌을 희망하는 의사표시의 철회에 관하여 친고죄와는 달리 공범자간에 불가분의 원칙을 적용하지 아니하고자 함에 있다고 볼 것이지, 입법의 불비로 볼 것은 아니다'라고 하여 준용부정설의 입장을 따르고 있다.

2. 사안의 해결

판례의 태도인 이러한 준용부정설에 따르면 A의 甲에 대한 처벌불원의 의사표시의 효력은 乙에게 미치지 않으므로 제1심 법원은 乙에 대하여 실체재판을 하여야 했으므로 공소기각판결을 한 것은 적법하지 아니하다.

甲과 乙은 A의 귀금속을 합동절도하였고, 乙은 훔친 귀금속이라는 사실을 모르는 丙에게 귀금속의 처분을 부탁하였다. 위의 사건이 발생한 후 훔친 귀금속을 처분하는 자를 잡기 위해 잠복하던 사법경찰관 P는 귀금속 상가를 배회하고 있는 丙의 행동을 수상히 여기고, 丙을 정지시켜 경찰관 신분증을 제시한 후 丙에게 가방에 든 물건이 무엇이냐고 질문을 하였으나 丙은 질문에 대답하지 아니하였다. 이에 P는 丙의 가방을 만져보다 가방 속에 귀금속과 같은 것이 손에 잡혀 丙에게 가방을 열 것을 요구하였으나 丙이 이를 거절하자, 丙의 가방 속에 손을 넣어 그 안에서 도난당한 귀금속을 발견하였다. 丙에 대한 P의 불심검문과 소지품검사의 적법성을 논하시오. (15점)

[2015 1차 변형]

1. 불심검문의 적법성

불심검문을 하는 자는 경직법 제3조 제4항에 따라 '경찰관은 제1항이나 제2항에 따라 질문을 하거나 동행을 요구할 경우 자신의 신분을 표시하는 증표를 제시하면서 소속과 성명을 밝히고 질문이나 동행의 목적과 이유를 설명하여야 하며, 동행을 요구하는 경우에는 동행 장소를 밝혀야 한다.'라고 규정하고 있다. 사안에서 P는 신분증을 제시는 하였지만, 소속과 성명을 밝히지 않았으므로 이는 위법하다.

2. 흉기 이외의 소지품검사의 가능 여부

경직법 제3조 제3항은 불심검문에 관하여 질문시의 흉기소지의 조사에 대하여만 규정하고 있으므로 이와 관련하여 흉기 이외의 소지품검사가 허용되는지에 대하여 논의가 있지만, 불심검문의 안전과 질문의 실효성을 유지하기 위한 범위 안에서 허용된다고 보는 것이 타당하다. 따라서 사안에서 P가 흉기 이외의 도난당한 귀금속에 대하여 소지품검사를 하는 것은 적법하다.

3. 소지품 검사의 한계로서의 stop and frisk 원칙

소지품 검사의 한계의 원칙에 해당하는 것으로서 의복 또는 휴대품의 외부를 손으로 만져서 확인하는 정도의 소지품 검사는 불심검문에 수반하는 행위로서 허용된다. 그러나 사안에서 P는 丙의 가방을 만져보다 가방 속에 귀금속과 같은 것이 손에 잡혀 丙에게 가방을 열 것을 요구하였으나 丙이 이를 거절하자, 丙의 가방 속에 손을 넣어 그 안에서 도난당한 귀금속을 발견하였다. 따라서 이는 stop and frisk 원칙을 벗어났으므로 적법하지 않다.

> • 전체적으로 경직법 제3조를 정확히 정리하는 것이 바람직하다.

037

> 경찰관 甲은 A나이트클럽에서 음란공연을 한다는 제보를 받고 증거보전을 위해 영장없이 손님으로 가장하여 클럽에 들어갔다. 甲은 객석에 앉아 공연을 보면서 불특정 다수의 손님들에게 공개된 무용수들의 나체 춤을 촬영하였으며, 그 후에도 영장을 발부받지 않았다. 검사는 甲이 촬영한 사진을 근거로 무용수 등을 풍속영업의 규제에 관한 법률 위반으로 공소제기 하였다. 위 사진은 증거능력이 인정될 수 있는가? (10점)
>
> [2023 3차 변형]

1. 논의점

사안과 같이 나이트클럽에서 불특정 다수의 손님들에게 공개된 무용수들의 나체 춤을 영장없이 촬영하고 사후영장도 받지 않은 사진이 증거능력이 인정되는지 문제 된다.

2. 견해의 대립과 판례의 태도

이에 대하여는 ① 영업소에 손님으로 가장하고 출입하여 무용수들이 춤을 추는 모습을 촬영하는 것은 강제수사에 해당하므로 그 촬영물은 위법수집증거로서 증거능력이 없다는 증거능력부정설(원심)과 ② 범죄혐의가 포착된 상태에서 증거를 보전하기 위한 필요에 의하여 공개된 장소인 영업소에 통상적인 방법으로 출입하여 이 사건 영업소 내에 있는 사람이라면 누구나 볼 수 있었던 무용수들이 춤추는 모습을 촬영하는 것은 임의수사이므로 증거능력이 있다는 증거능력긍정설(대법원)이 대립하고 있다.

3. 검토 및 사안의 해결

생각건대 사진촬영은 기본적으로 초상권을 침해하지만, 사안과 같이 공개된 장소를 통상적인 방법으로 출입하여 누구나 볼 수 있는 장면을 촬영하는 것은 임의수사로서 허용된다고 보는 것이 타당하다. 따라서 사안의 촬영물은 이러한 요건을 구비하였으므로 증거능력이 인정된다.

> • 본 문제에 대하여는 학설 대립 등으로 답안을 구성할 수도 있겠지만, 원심과 대법원의 견해가 대립되는 사안이므로 이에 따라 정리한다.

038

검사 K가 조사실에서 수뢰 혐의의 피의자 甲에 대하여 수갑을 채운 상태로 신문을 하려 하자 동석한 甲의 변호인 L이 먼저 수갑의 해제를 수차례 요청하였으나 K가 이를 거부하였다. 이에 변호인 L은 甲에게 진술하지 말도록 권하였고, 이에 K는 L을 퇴거시킨 후 피의자 甲에 대한 신문을 한 후 피의자신문조서를 작성하였다. L에 대한 퇴거 조치의 적법성을 논하고, 그 구제방법을 서술하시오. (12점) [2021 2차 변형]

1. 변호인 퇴거 조치의 적법성 여부 (7점)

(1) 사안에서 甲의 변호사 L이 검사 K에게 수갑의 해제를 수차례 요청한 행위의 적법성이 문제 된다. 이에 대해 판례는 '검사는 조사실에서 피의자를 신문할 때 해당 피의자에게 그러한 특별한 사정이 없는 이상 교도관에게 보호장비의 해제를 요청할 의무가 있고, 교도관은 이에 응하여야 한다.'라고 하고 있다.

(2) 따라서 사안에서 甲의 변호사 L이 검사 K에게 수갑의 해제를 수차례 요청한 행위는 적법하며, 이에 검사 K가 L을 퇴거시킨 행위는 적법하지 아니하다.

2. 구제방법 (5점)

판례에 의하면 "검사가 구금된 피의자를 신문할 때 피의자 또는 변호인으로부터 보호장비를 해제해 달라는 요구를 받고도 거부한 조치는 형사소송법 제417조에서 정한 '구금에 관한 처분'에 해당한다고 보아야 한다."라고 한다. 따라서 변호사 L은 형사소송법 제417조의 준항고를 제기하여 구제받을 수 있다.

039

A는 "집에 침입한 절도범이 나를 때리고 도주하였는데, 절도범한테 맞아서 코에 피가 난다. 절도범은 30대 초반에 빨간색 뿔테안경을 착용하였고, 청바지에 흰색 티셔츠를 입었다."라고 112에 신고를 하였다. 신고를 받고 출동한 경찰관은 근처를 탐문하던 중, A의 집으로부터 2km 떨어진 지점에서 인상착의가 흡사한 甲을 발견하고 검문을 위해 정지를 요구하였다. 甲이 이를 무시하고 그대로 도주하자 200m 가량 추적하여 甲의 옷자락을 붙잡았고 그로 인해 甲이 바닥에 넘어졌다. 경찰관은 甲의 손과 소매 부분에 피가 묻어 있는 것을 발견하고 행적에 대하여 질문을 하려고 하였으나, 甲이 다시 도주하려고 하자 그 자리에서 체포의 이유와 변호인 선임권 등을 고지하고 甲을 체포하였다. 경찰관이 甲의 옷자락을 붙잡은 행위의 적법성 및 가능한 체포의 방법을 논하시오. (15점) [2024 변시]

1. 불심검문의 적법성의 검토

(1) 사안에서 사법경찰관이 甲에게 정지를 요구한 것은 경직법 제3조에 따른 불심검문이다. 불심검문이 적법하기 위해서는 신분증의 제시 등이 필요하지만, 사안에서는 신분증의 제시도 있기 전에 甲이 정지요구를 무시하고 도주하고 있으므로 적법한 불심검문으로 평가된다.

(2) 사안에서 경찰관이 甲이 도주하자 실력행사를 한 부분에 대한 적법성이 문제 된다. 불심검문을 함에 있어 원칙적으로 실력행사는 허용되지 않지만, 예외적으로 ① 중범죄이며 ② 긴급성이 인정되는 경우에는 가능하다는 것이 일반적이다.

(3) 사안에서 甲의 범행은 ① 강도치상이라는 중범죄이며 ② 사안의 긴급성도 인정되어 경찰관의 실력행사가 허용될 수 있는 사안이므로 불심검문은 적법하다.

2. 가능한 체포의 방법

(1) 현행범체포의 가능성

사안에서 경찰관이 甲을 체포한 장소는 범행현장인 A의 집으로부터 2km 이상 떨어진 곳이므로 범행직후라고 볼 수 없어 제211조 제1항의 현행범체포는 불가능하다. 그러나, 甲의 손과 소매 부분에 피가 묻어 있는 것을 발견하고 체포하고 있으므로 제211조 제2항 제3호에 의한 준현행범인 체포가 가능하다.

> • 현행범체포에 해당하지 않더라도 준현행범으로는 가능하다는 점의 주의하여야 한다.

(2) 긴급체포의 가능성

사안에서 경찰관이 甲을 체포함에 있어 긴급체포가 가능한지 문제 된다. 제200조의3의 긴급체포가 인정되기 위해서는 ① 중대성 ② 필요성 ③ 긴급성이 필요하다. 사안에서 甲에게는 이러한 요건이 모두 구비되어 있으므로 긴급체포도 가능하다고 할 것이다.

> • 긴급체포의 가능성도 누락하지 않는 것이 바람직하다.

甲은 특수폭행의 혐의를 받고 있다. 경찰관 P는 甲에게 피의자 신분으로 출석할 것을 요구하였으나 甲은 3번이나 출석을 미룬 후에 경찰에 자진출석하였다. P는 2시간 동안 甲을 조사하여 甲의 혐의를 인지하였다. 그러나 조사과정에서 자신의 변명이 받아들여지지 않을 것을 느낀 甲이 화를 내면서 귀가하려 하자, P는 甲을 귀가시키면 증거인멸이 우려된다고 판단하고 甲에게 미란다 원칙을 고지한 후 긴급체포하였다. P의 甲에 대한 긴급체포의 적법성을 논하시오. (20점)   [2013 2차 변형]

1. 논의점

사안에서 경찰관 P는 자진출석한 A에 대하여 영장없는 긴급체포를 하고 있다. 긴급체포가 적법하기 위하여는 ① 중대성 ② 필요성 ③ 긴급성의 요건을 구비하여야 하는데 특히 사안과 같은 자진출석자에 대한 긴급체포가 허용되는지에 대하여 논의가 있다.

> • 긴급체포의 요건은 암기해 두었다가 언제든지 활용할 수 있어야 한다.

2. 견해의 대립

수사기관의 출석요구에 의하여 자진출석한 피의자에 대하여 긴급체포가 가능한지에 대하여는 ① 피의자가 임의로 출석한 경우에는 체포의 요건을 갖추지 못하였으므로 긴급체포가 허용되지 아니한다는 부정설 ② 자진출석한 피의자에 대하여는 원칙적으로 긴급체포가 허용되기 어려우나 조사 과정에서 우연히 범죄 혐의를 발견한 경우 등과 같이 새로이 필요성과 긴급성이 인정되는 경우에는 긴급체포가 가능하다는 긍정설이 대립하고 있다.

3. 판례의 태도

판례는 '긴급체포의 요건을 갖추었는지 여부는 체포 당시의 상황을 기초로 판단하여야 하고, 수사주체의 판단에는 상당한 재량의 여지가 있으나 경험칙에 비추어 현저히 합리성을 잃은 경우에는 그 체포는 위법한 체포라 할 것이다'라고 하면서, 검사가 참고인 조사를 받는 줄 알고 검찰청에 자진출석한 변호사사무실 사무장을 합리적 근거 없이 긴급체포하려 한 것을 위법한 체포라고 판시하고 있다.

4. 검토 및 사안의 해결

생각건대 자진출석한 피의자에 대하여는 원칙적으로 긴급체포는 허용되지 않는다고 해야 한다. 그러나 상황에 따라서는 조사과정에서 중범죄의 혐의가 인정됨에 따라 구속을 우려하여 귀가를 요구하는 것과 같이 도망 및 증거인멸의 우려가 현저한 경우에는 긴급체포를 할 수 있다고 보는 것이 타당하다. 사안에서 경찰관 P가 자진출석한 甲을 긴급체포 한 것은 긴급성 등의 요건을 구비하기 어려우므로 위법하다.

> • 위 문제를 10점 배점으로 해설하면 다음과 같다.

1. 자진출석자에 대한 긴급체포 여부

사안과 같이 자진출석자를 긴급체포 할 수 있는지에 대해서는 ① 자진출석한 경우에는 긴급체포의 요건인 긴급성을 갖추지 못하였으므로 긴급체포가 허용되지 아니한다는 부정설도 있으나 ② 판례는 자진출석한 자에 대하여는 원칙적으로 긴급체포가 허용되기 어려우나 조사과정에서 긴급체포를 할 합리적 근거가 있는 경우에는 긴급체포가 가능하다는 긍정설을 따르고 있다.

2. 검토 및 사안의 해결

생각건대 자진출석한 피의자에 대하여는 원칙적으로 긴급성의 요건이 구비되기 어렵지만, 상황에 따라서는 조사과정에서 긴급체포를 할 합리적인 이유가 있는 경우에는 긴급체포를 할 수 있다고 보는 긍정설이 타당하다. 그런데 사안에서 사법경찰관 P가 자진출석한 甲을 긴급체포한 것은 합리성을 인정하기 어려우므로 위법하다.

041

경찰관 P는 甲을 적법하게 긴급체포하였으나 그 후 甲은 석방되었다. P가 보강수사를 거쳐 다른 중요한 증거를 발견하여 甲을 다시 긴급체포할 수 있는지를 ① 구속영장이 발부되지 못하여 석방된 경우와 ② 체포적부심사청구를 통하여 석방된 경우로 나누어 설명하시오. (10점)

[2016 2차 변형]

1. 구속영장이 발부되지 못하여 석방된 경우

긴급체포된 자가 구속영장이 발부되지 못하여 석방된 경우에는 형사소송법 제200조의4 제3항에 의하여 영장없이는 동일한 범죄사실로 다시 체포하지 못한다. 따라서 사안에서 다른 중요한 증거를 발견하였다 하더라도 영장이 없는 긴급체포는 하지 못한다.

2. 체포적부심사청구를 통하여 석방된 경우

체포 또는 구속적부심사청구를 통하여 석방된 사람은 형사소송법 제214조의3 제1항에 따라 피의자가 도망하거나 죄증을 인멸하는 경우를 제외하고는 동일한 범죄사실에 관하여 재차 체포 또는 구속하지 못한다. 따라서 다른 중요한 증거를 발견하였다고 하더라도 A가 도망하거나 죄증을 인멸하지 않는 한 A를 다시 긴급체포할 수 없다.

• 관련 조문을 정확히 기억하는 것이 바람직하다. 형사소송법 관련 조문을 정확히 기억하기 위해서는 형사소송법 조문의 체계를 정확히 이해하여야 한다.

042

사법경찰관 P는 甲과 乙이 서로 '또라이 새끼' 등과 같은 심한 욕설을 주고받으며 싸우는 모습을 목격하자, 두 사람에게 다가가 적법하게 불심검문을 하면서 甲에게 신분증을 보자고 하였다. 그러나 甲은 신분증을 소지하고 있지 않다고 하면서 슬슬 도주할 기미를 보였다. 이에 P는 미란다고지를 한 후 甲을 모욕죄의 현행범으로 체포하면서, 주변에 있던 많은 목격자들 중 두 사람의 전화번호도 확보하여 두었다. P의 甲에 대한 현행범체포는 적법한가? (20점)

[2017 1차 변형]

1. 쟁점의 정리

사안에서 사법경찰관 P가 甲을 현행범으로 체포할 수 있는지에 대하여는 ① 모욕죄는 형법 제312조 제1항에 따라 친고죄이므로 피해자인 乙의 고소가 없어도 수사할 수 있는지 ② 수사를 할 수 있다고 하더라도 현행범체포의 요건이 구비되었는지 문제 된다.

2. 친고죄의 고소없이도 수사할 수 있는지의 여부

친고죄의 고소가 없어도 수사할 수 있는지에 대하여 ① 고소는 소송조건이므로 그 전제인 수사도 할 수 없다는 부정설 ② 고소는 소송조건이지 수사의 조건은 아니므로 가능하다는 긍정설 등이 대립하고 있으나, ③ 현재의 다수설과 판례는 고소의 가능성이 없는 때가 아닌 한 수사할 수 있다고 보는 제한적 긍정설을 따르고 있으며 타당하다. 사안의 경우에 乙의 고소가 없지만 고소의 가능성이 없다고는 할 수 없으므로 사법경찰관 P는 甲에 대한 수사를 할 수 있다.

> • 본 문제는 현행범체포에 집중하여 친고죄의 고소 전 수사를 간과하지 않도록 주의하여야 한다.

3. 현행범체포의 적법성

(1) 현행범체포의 요건

현행범을 체포하기 위해서는 명백한 현행범 또는 준현행범임을 전제로 한다. 그리고 제212조에서는 규정하고 있지는 않은 필요성 즉, 도망 또는 증거인멸의 염려가 필요한가에 대하여 논의가 있지만 필요하다는 것이 다수설과 판례이며 타당하다. 그리고 이러한 필요성의 판단은 체포 당시 상황을 기초로 판단하여야 한다.

(2) 사안의 적용

사안에서는 사법경찰관 P가 甲이 乙을 모욕하는 것을 들었으므로 甲이 현행범임은 명백하다. 그러나 필요성의 요건과 관련하여 ① 甲이 乙을 모욕할 때 많은 사람들이 이를 들었으므로 증거를 인멸할 염려는 없었으나 ② 甲이 신분증을 소지하지 않았다고 하면서 슬슬 도주할 기미를 보였으므로 필요성을 인정할 수 있다.

4. 사안의 해결

따라서 사안에서 사법경찰관 P가 甲을 현행범으로 체포하는 행위는 현행범체포의 요건을 구비하였으므로 적법하다.

043

검사 K는 甲에 대한 구속영장을 청구하였다. '구속 전 피의자심문'과정에서 甲이 피의사실에 대하여 자백한 내용이 심문조서에 기재되어 있다면 이 조서의 증거능력을 논하시오. (10점) [2018 변시]

1. 논의점

사안과 같은 구속전피의자심문조서의 증거능력을 인정할 것인지에 대하여 논의가 있다.

2. 견해의 대립과 판례의 태도

이에 대하여는 ① 영장실질심사제도는 피의자에 대한 신체구속을 위한 절차일 뿐이지 실체진실을 밝히기 위한 절차가 아니므로 피의자의 방어권을 보장하기 위해서는 증거능력을 인정해서는 안 된다는 부정설과 ② 법관에 의해 작성된 조서로서 특히 신빙할 만한 정황에 의하여 작성된 문서로 볼 수 있으므로 제315조 제3호를 적용하여 증거능력을 인정하자는 긍정설이 대립하고 있으며, ③ 판례는 구속전피의자심문조서의 증거능력을 명시적으로 인정한 판례는 없지만, 증거능력을 긍정했다고 볼 수 있다는 평석이 있는 판례가 있다(99도2317).

3. 검토 및 사안의 해결

생각건대 영장실질심사는 실체진실을 밝히는 절차가 아니지만, 수사기관과는 별개 독립의 기관인 법원에 의하여 행하여지며 그 조서에 특신상태를 인정할 수 있으므로 증거능력을 긍정하는 것이 타당하다. 다만 구속전피의자심문조서는 공판과정에서의 조서는 아니므로 제315조 제3호의 서류로서 증거능력이 인정된다.

044

뿌은 절도 혐의로 체포되어 구속영장이 청구되었다. 지방법원 판사는 영장실질심사 절차를 거친 후 뿌에게 증거인멸의 위험이 없다는 이유로 검사 K의 구속영장 청구를 기각하였다. 판사의 구속영장 기각결정에 대한 K의 불복가능성을 논하시오. (20점)

[2013 2차 변형]

1. 논의점

사안과 같이 현행법상 구속영장청구를 기각하는 지방법원판사의 재판에 대하여 검사가 항고 또는 준항고로 불복할 수 있는가에 대하여 논의가 있다.

2. 견해의 대립

이에 대하여는 ① 지방법원 판사의 영장기각재판에 대하여 항고나 준항고를 허용하여야 대법원의 심판을 받아 판례의 통일을 기할 수 있으므로 영장기각재판에 대하여 항고 또는 준항고를 할 수 있다는 긍정설 ② 영장발부를 결정하는 수임판사는 제402조의 수소법원이나 제416조의 재판장이나 수명법관에 해당하지 않으므로 항고나 준항고를 제기할 수 없다는 부정설이 대립하고 있다.

3. 판례의 태도

판례는 "검사의 체포영장 또는 구속영장 청구에 대한 지방법원판사의 재판은 형사소송법 제402조의 규정에 의하여 항고의 대상이 되는 '법원의 결정'에 해당되지 아니하고, 제416조 제1항의 규정에 의하여 준항고의 대상이 되는 '재판장 또는 수명법관의 구금 등에 관한 재판'에도 해당되지 아니함이 분명하다"라고 하여 부정설의 입장이다.

> • 형사소송법 제402조와 제416조 제1항은 기본적인 조문이므로 기억해 두는 것이 바람직하다.

4. 결언 및 사안의 해결

생각건대 ① 구속영장기각 재판에 대하여 항고 또는 준항고를 허용하게 되면 그 재판의 효력이 장기간 유동적인 상태가 되어 피의자의 지위가 불안정하게 되고 ② 영장기각결정에 대하여는 그 영장의 발부를 재청구할 수 있는 간접적인 불복방법이 있으므로 부정하는 것이 타당하다. 따라서 사안에서 검사 K의 불복가능한 방법은 항고나 준항고에 의한 방법은 불가능하고, 간접적인 불복방법인 영장의 재청구만이 가능하다.

045

검사 K는 甲에 대한 구속영장을 청구하였으나 판사가 구속영장 청구를 기각한 경우 K가 취할 수 있는 형사소송법상 조치를 논하시오. (10점)

[2018 변시]

1. 항고 가능 여부

사안의 경우에 검사 K가 제402조에 의한 항고를 제기할 수 있는지 문제 된다. 그러나 항고는 '수소법원'의 '결정'에 대하여만 할 수 있으며, 영장전담판사의 재판은 수소법원의 결정이 아니므로 이에 대하여 항고로 불복할 수 없다.

2. 준항고의 가능 여부

제416조의 준항고는 수소법원을 전제로 '재판장'과 '수명법관'의 재판에 대한 불복이므로 영장전담판사는 재판장도 수명법관도 아니므로 준항고로 불복할 수 없다.

3. 구속영장의 재청구

항고나 준항고로 불복할 수 없다면 검사 K는 제201조 제5항에 의한 영장의 재청구로 불복할 수 있다. 따라서 검사는 구속영장을 재청구함에 있어 다시 구속영장을 청구하는 취지 및 이유를 기재하여 재청구함으로써 구속영장기각재판에 대하여 불복할 수 있다.

046

甲은 적법하게 발부된 구속영장에 의하여 구치소에 수감되어 있던 중 검사 K로부터 피의자신문을 위한 출석요구를 받았으나 이에 불응하였다. 이 경우 K는 甲의 의사에 반하여 甲을 검찰청으로 구인할 수 있는가? (10점)

[2016 변시]

1. 논의점

사안과 같이 구속되어 있는 피의자가 검사 K의 소환에 불응하는 경우에 검사 K가 구속영장의 효력으로 피의자를 조사실로 구인할 수 있는지에 대하여 논의가 있다.

2. 견해의 대립과 판례의 태도

이에 대하여는 ① 구속은 공판정의 출석과 형집행을 확보하기 위한 강제수단일 뿐이므로 구속영장의 효력으로 피의자를 조사실로 구인할 수 없다는 부정설과 ② 구속영장의 효력은 공판정의 출석이외에도 수사기관의 적절한 조사도 예정하고 있으므로 피의자를 조사실로 구인할 수 있다는 긍정설이 대립하고 있으며, ③ 판례는 구속영장의 효력으로 피의자를 조사실로 구인할 수 있다고 보아 긍정설의 입장이다.

3. 검토 및 사안의 해결

생각건대 구속은 형사절차의 진행을 확보하기 위한 것이며, 이러한 형사절차에는 수사절차도 포함된다고 보아야 하므로 긍정설이 타당하다. 따라서 사안에서 검사 K는 구속영장의 효력으로 甲을 검찰청으로 구인할 수 있다.

- 강제수사는 형사절차의 진행을 확보하고, 형의 집행을 확보하고자 함에 있다는 것을 잘 이해하고 기억해 두어야 한다. 본 문제는 형사절차의 범위에 대한 문제라고 할 수 있다.

유제

검사 K는 구속영장에 의하여 구금된 甲에 대하여 피의자신문을 위한 출석을 요구하였다. 甲이 이에 응하지 않자, K는 관할 구치소장에게 협조요청 공문을 발송하여 구치소 교도관으로 하여금 甲을 검찰청 조사실로 구인하도록 하였다. K가 甲을 검찰청 조사실로 구인한 것은 적법한가? (10점)　　　　　　　　　[2014 3차 변형]

유제

구속영장에 의해 구속된 甲이 피의자신문을 위한 경찰의 출석요구에 불응하자, 사법경찰관 P는 유치장에 있던 甲을 경찰서 조사실로 강제로 구인한 후, 진술거부권을 고지하고 신문하였다. P의 甲에 대한 피의자신문은 적법한가? (10점)　　　　　　　　　[2020 변시]

047

甲은 살인죄와 폭행죄를 범한 혐의를 받고 있다. 살인죄와 관련하여 사법경찰관 P는 甲에 대한 혐의 소명의 어려움으로 인하여 甲에 대한 구속영장의 발부가 어렵다고 판단하고, 일단 폭행죄에 관한 구속영장을 발부받아 甲의 신병을 확보한 후에 살인죄를 수사하려는 전략을 세웠다. 폭행죄에 관한 구속영장을 발부받은 P는 살인죄에 대한 집중적인 수사를 통하여 甲의 자백을 받는 데에 성공하였다. 이 자백을 甲의 살인죄에 대한 범죄의 증거로 사용할 수 있는가? (10점)　　　　　　　　　[2020 3차 변형]

1. 논의점

사안에서 사법경찰관 P는 甲에 대하여 별건구속을 하여 甲에게 자백을 받아내고 있다. 이러한 별건구속이 허용될 수 있는지에 대하여 논의가 있다.

2. 견해의 대립과 판례의 태도

별건구속이 적법한지에 대하여는 ① 별건에 대하여 체포 또는 구속의 이유와 필요가 있는 한 구속은 적법하다는 별건구속적법설 ② 실질적으로 본건에 대한 구속이면서 형식적으로 별건에 대하여 체포 또는 구속을 하는 것은 영장주의를 잠탈하는 것이므로 위법하다는 별건구속위법설이 대립하고 있으며, ③ 판례는 '피고인이 기소중지처분된 신용카드사업법위반 등 피의사실로 27일간 구속되었고, 연이어 사기 등 범행으로 구속되어 사기 등 범행으로 구속기소되었지만 결과적으로 위 구속기간이 사기 등 범행사실의 수사에 실질상 이용되었다 하더라도 위 구금일수를 사기죄의 본형에 산입할 수는 없다'고 하여 간접적이나마 별건구속의 가능성을 인정하는 듯한 태도를 취하고 있다.

3. 검토 및 사안의 해결

생각건대 별건구속은 영장주의를 잠탈하는 수사방식이므로 위법한 수사이다. 따라서 사안에서 甲의 자백은 위법수집증거로써 증거능력이 없다.

- <수사준칙> 제16조 제2항에서는 '검사 또는 사법경찰관은 수사 중인 사건의 범죄 혐의를 밝히기 위한 목적으로 관련 없는 사건의 수사를 개시하거나 수사기간을 부당하게 연장해서는 안 된다.'라고 하여 별건수사를 금지하고 있으므로 원칙적으로 별건구속도 금지된다고 보아야 할 것이다.

048

甲은 날치기 범행으로 현행범체포되었다. 체포된 甲이 변호인의 접견을 신청하였으나 사법경찰관 P가 접견신청일로부터 상당한 기간이 경과하도록 접견을 허용하지 않은 경우, 이에 대한 구제방법은? (10점)

[2018 1차 변형]

1. 문제점

사안에서는 ① 사법경찰관 P가 변호인접견을 상당한 시간 허용하지 않은 것이 접견교통권의 침해가 되는지 ② 이에 대한 구제수단은 무엇인지 문제 된다.

2. 접견교통권의 침해 여부

판례에 의하면 접견을 신청하였으나 상당한 시간을 지연한 것은 접견교통권을 침해한 것으로 보고 있다. 따라서 사안에서 사법경찰관 P는 피의자의 변호인 접견교통권을 침해하고 있다.

3. 구제수단

(1) 준항고

수사기관에 체포 또는 구속된 피의자의 변호인과의 접견교통권이 침해당한 경우에는 이는 제417조의 수사기관의 구금에 관한 처분에 대한 것이므로 준항고를 제기할 수 있다.

(2) 헌법소원

피의자의 변호인과의 접견교통권은 헌법 제12조 제4항에 근거를 둔 헌법상의 권리이므로 이에 대한 침해에 대하여는 헌법소원을 제기하여 구제받을 수 있다.

> **유제**
>
> 검사 K가 공무원인 甲을 수뢰죄로 구속수사 하던 중 甲이 자신의 변호인에 대한 접견을 신청하자, K는 수사기밀이 누설될 수 있다는 이유로 이를 거부하였다. 이러한 K의 거부처분은 적법한가? 그리고 이에 대한 구제책은? (10점)
>
> [2012 2차 변형]

049

긴급체포된 甲이 수사단계에서 보증금을 납입하고 석방되었다면, 긴급체포 후 석방까지 형사소송법상 어떤 절차가 진행되었는지를 설명하시오. (10점)

[2018 2차 변형]

1. 피의자의 구속

제214조의2 제5항의 해석에 대하여 판례는 체포된 자에 대하여는 보증금납입조건부피의자석방을 할 수 없으므로 보증금납입조건부피의자석방결정을 하기 위해서는 피의자는 기본적으로 구속이 되어 있어야 한다. 따라서 사안에서 긴급체포된 甲은 이후 영장실질심사제도를 거쳐 구속이 되어 있어야 한다.

2. 구속적부심사의 청구

현행법상으로는 피의자에 대하여 보증금납입조건부피의자석방결정만을 청구하는 제도는 없다. 따라서 보증금납입조건부피의자석방결정을 원하는 피의자로서는 구속적부심사를 청구하여야 한다. 따라서 사안에서 甲은 구속된 이후에 구속적부심사를 청구하여야 한다.

3. 법원의 재량과 제외사유

현행법상 보증금납입조건부피의자석방은 법원의 재량에 맡겨져 있다. 그러나, 제214조의2 제5항에 의하면 ① 죄증을 인멸할 염려가 있다고 믿을만한 충분한 이유가 있거나(동조 동항 제1호) ② 피해자나 당해 사건의 재판에 필요한 사실을 알고 있다고 인정되는 자 또는 그 친족의 생명·신체나 재산에 해를 가하거나 가할 염려가 있다고 믿을만한 충분한 이유가 있는 때(동조 동항 제2호)에는 보증금납입조건부피의자석방을 할 수 없다. 따라서 甲에게는 이러한 예외사유가 없어야 한다.

050

수뢰죄를 범한 甲은 적법하게 구속된 지 며칠 만에 구속적부심사절차에서 보증금 납입을 조건으로 석방되었다. 검사 K가 보증금납입조건부 석방을 취소해 달라는 취지의 항고를 제기할 수 있는가? (15점)

[2015 3차 변형]

---

1. 논의점

사안과 같이 구속적부심사를 청구한 피의자에 대하여 법원이 보증금납입조건부 피의자석방결정을 내린 경우에 검사가 이에 대하여 제402조에 따른 항고를 할 수 있는지에 대하여 논의가 있다.

2. 견해의 대립

이에 대하여는 ① 피고인 보석에 대하여도 항고가 허용되므로 이와 유사한 보증금납입조건부 피의자석방에서도 항고를 인정하는 것이 균형에 맞으므로 항고할 수 있다는 긍정설 ② 보석과 보증금납입조건부 피의자석방제도는 그 절차 등에서 여러 가지 차이가 있어 균형을 맞출 이유가 없으므로 항고할 수 없다는 부정설이 대립하고 있다.

3. 판 례

판례는 '형사소송법 제214조의2 제5항에 의한 석방결정에 대하여 항고하지 못한다는 규정은 없을 뿐만 아니라, 기소 후 보석결정에 대하여 항고가 인정되는 점에 비추어 이와 유사한 기소 전 보증금 납입 조건부 석방결정에 대하여도 항고할 수 있도록 하는 것이 균형에 맞는 측면도 있다 할 것이므로 제402조에 의하여 항고할 수 있다(97모21)'라고 하여 긍정설의 입장이다.

4. 검토 및 사안의 해결

생각건대 피의자는 무죄로 추정되므로 구금은 필요악이며, 최소한도로 하여야 한다는 점을 강조하면 법원이 피의자를 석방하는 결정에 대하여는 검사는 항고할 수 없다고 보는 것이 타당하다. 이러한 부정설에 따르면 사안에서의 검사는 항고할 수 없다.

> • 수소법원의 결정이 아님에도 항고를 인정하고 있다는 점을 주의하여야 한다.

051

甲은 A에 대한 강도사건으로 구속된 후 구속적부심사절차에서 석방되었다. 甲이 ① 보증금 납입 없이 석방된 경우와 ② 보증금납입조건부로 석방된 경우를 나누어서 검사가 석방 취소 취지의 항고를 제기할 수 있는지를 논하시오. (10점) [23년 1차 변형]

1. 보증금 납입 없이 석방된 경우

구속적부심사 규정인 형사소송법 제214조의2 제8항에서는 '제3항과 제4항의 결정에 대해서는 항고할 수 없다.'라고 규정하고 있다. 따라서 구속적부심사절차에서 보증금 납입 없이 석방된 경우에는 검사는 항고할 수 없다.

2. 보증금납입조건부로 석방된 경우

사안과 같이 법원이 보증금납입조건부 피의자석방결정을 내린 경우에 검사가 이에 대하여 제402조에 따른 항고를 할 수 있는지에 대하는 ① 긍정설과 ② 부정설이 대립하고 있으며, ③ 판례는 '형사소송법 제214조의2 제5항에 의한 석방결정에 대하여 항고하지 못한다는 규정은 없을 뿐만 아니라, 기소 후 보석결정에 대하여 항고가 인정되는 점에 비추어 이와 유사한 기소 전 보증금 납입 조건부 석방결정에 대하여도 항고할 수 있도록 하는 것이 균형에 맞는 측면도 있다 할 것이므로 제402조에 의하여 항고할 수 있다'라고 하여 긍정설의 입장이다. 이러한 판례의 입장에 따르면 사안에서 검사는 항고할 수 있다.

052

검사는 甲에 대한 구속영장을 발부받아 甲을 구속하였다. 이에 대하여 甲의 변호인이 甲의 석방을 위해 취할 수 있는 조치를 공소제기 전과 후로 나누어 논하시오. (10점) [2022 변시]

Ⅰ. 공소제기 전 석방조치 - 구속적부심사의 청구

甲의 변호인은 형사소송법 제214조의2에 따라 관할법원에 구속적부심사를 청구할 수 있다. 그리고 석방결정을 이끌어 내기 어려운 경우에는 제214의2 제5항 단서 사유인 ① 범죄의 증거를 인멸할 염려가 있다고 믿을 만한 충분한 이유가 있는 때 ② 피해자, 당해 사건의 재판에 필요한 사실을 알고 있다고 인정되는 자 또는 그 친족의 생명·신체나 재산에 해를 가하거나 가할 염려가 있다고 믿을 만한 충분한 이유가 있는 때에 해당하지 않는다는 점을 주장하며 보충적으로 보증금 납입조건부 피의자석방을 촉구할 수 있다.

Ⅱ. 공소제기 후 석방조치 - 보석

甲의 변호인은 형사소송법 제94조에 의한 보석을 청구할 수 있다. 그러나 甲의 특가법위반 범죄는 5년 이상의 징역형이므로 제95조 제1호의 필요적 보석사유의 제외사유에 해당하므로 제96조에 따라 상당한 이유가 있는 때에 해당한다는 점을 주장하며 임의적 보석을 청구할 수 있다.

Ⅲ. 공소제기 전후의 공통적인 조치

1. 구속의 취소

甲의 변호인은 A에게 구속의 사유가 없거나 소멸된 때에 공소제기 후에는 법원에, 공소제기 전에는 수사기관에 구속을 취소하여 줄 것을 청구할 수 있다(제93조, 제209조).

2. 구속집행정지

甲의 변호인은 상당한 이유가 있음을 주장하며 공소제기 후에는 법원에, 공소제기 전에는 수사기관에 구속에 대한 집행정지를 촉구할 수 있다(제101조, 제209조).

> • 관련 조문을 정확히 기억하는 것이 바람직하다. 형사소송법 관련 조문을 정확히 기억하기 위해서는 형사소송법 조문의 체계를 정확히 이해하여야 한다.

053

변호사 L은 ○○주식회사 대표이사 甲에게 주택재개발사업 시공사 선정과 관련하여 법률자문을 받고 이에 대한 법률의견서를 전자문서로 보내주었다. 이후 사법경찰관 P는 甲에 대하여 건설산업기본법 위반 혐의로 수사를 개시하였다. P는 甲의 컴퓨터에 내장되어 있는 L이 보낸 '법률의견서'를 압수할 수 있는가?

[예상문제]

1. 논의점

변호인과 의뢰인 사이에서 생산된 서류 등에 대하여는 압수가 제한되는 것을 변호인-의뢰인의 특권에 의한 압수물의 제한이라고 한다. 그런데 이러한 변호인-의뢰인 특권이 사안과 같이 수사개시이전에 변호사와 의뢰인이 생산한 서류 등에도 적용될 수 있는지에 대하여 논의가 있다.

2. 견해의 대립과 판례의 태도

이에 대하여는 ① 변호인의 조력을 받을 권리를 실질적으로 보장하기 위해 수사가 개시되기 이전에도 인정되어야 한다는 긍정설 ② 헌법 제12조 제4항의 변호인의 조력을 받을 권리는 '체포 또는 구속을 당한 때'를 전제로 하므로 인정할 수 없다는 부정설이 대립하고 있으며, ③ 전합 판례에서의 다수의견은 형사절차가 개시되지 않은 단계에서의 변호인-의뢰인 특권을 부정하고 있다.

3. 검토 및 사안의 해결

생각건대 변호인-의뢰인 특권을 인정하더라도 수사개시 이전까지 이를 확장하는 것은 실체적 진실의 발견을 너무 제약하는 것이므로 부정설이 타당하다. 따라서 이러한 부정설에 따르면 사안에서 수사기관은 甲의 컴퓨터에 내장되어 있던 L이 보낸 '법률의견서'를 압수할 수 있다.

甲은 회사의 영업비밀을 빼내어 자신의 개인용 노트북에 저장해 두었다. 14:00경 적법하게 甲을 긴급체포한 경찰관 P는 즉시 甲을 대동하여 甲의 집을 수색하여 甲의 노트북을 통째로 압수한 경우 이 압수는 적법한가? (10점) [2012 2차 변형]

1. 문제의 제기

사안에서 경찰관 P의 압수는 제217조 제1항의 영장없는 압수의 요건을 구비한 것처럼 보인다. 그러나 사안에서 압수의 대상이 되는 것은 메모리카드에 의하여 저장되어 있는 정보인 영업비밀만이다. 그럼에도 불구하고 정보만을 압수한 것이 아니라 노트북을 통째로 압수한 것이 적법한 압수에 해당되는지에 대하여 의문이 있다.

2. 정보매체의 압수가능성

수사기관이 정보를 압수하고자 하였지만, 범위를 정하여 출력 또는 복제하는 방법이 불가능하거나 압수의 목적을 달성하기에 현저히 곤란하다고 인정되는 때에는 정보저장매체등을 압수할 수 있다(제219조, 제106조 제3항 단서). 단, 판례는 ① 정보압수의 집행현장 사정상 정보만 압수하는 방식에 의한 집행이 불가능하거나 현저히 곤란한 부득이한 사정이 존재하고 ② 그와 같은 사정이 발생한 때에 저장매체 자체를 직접 혹은 하드카피나 이미징 등 형태로 수사기관 사무실 등 외부로 반출하여 해당 파일을 압수·수색할 수 있도록 영장에 기재되어 있는 경우에만 예외적으로 허용하고 있다. 그리고 예외적으로 정보저장매체를 압수한 경우에도 영장주의 원칙과 적법절차는 지켜져야 한다.

> • 관련 조문을 기억하여야 하고, 이에 대해 판례는 '영장의 기재'라는 요건을 추가하고 있다는 점을 주의하여야 한다.

3. 사안의 해결

이와같은 판례의 법리에 의하면 사안은 긴급체포 이후에 긴급하게 이루어진 영장없는 압수이므로 ① 구체적인 상황에서 정보만을 압수하기 곤란한 사정이 있고 ② 사후에 영장을 청구하여 발부받을 때 저장매체 전부를 압수할 필요성 등을 인정받으면 적법한 압수라고 평가할 수 있을 것이다.

검사 K는 제주지사인 甲이 공직선거법을 위반한 점에 혐의를 두고 있다. K는 '압수·수색장소 : 제주지사실, 압수·수색 대상 : 위 압수장소에 보관중인 공선법위반 관련 물건'의 압수·수색영장을 발부받아 제주지사실에 대하여 압수를 집행하였다. 그러나 증거물이 발견되지 않던 중 제주지사의 비서관 乙이 서류박스를 들고 제주지사실에 들어오자 K는 영장을 제시하며 그 박스를 압수하였다. 이러한 K의 압수는 정당한가?

[예상문제]

1. 논의점

영장주의 원칙상 일반영장은 금지된다. 이와 관련하여 압수영장에 '압수장소에 보관 중인 물건'이라고 기재된 경우에 보관의 의미에 대하여 논의가 있다.

2. 견해의 대립과 판례의 태도

이에 대하여는 ① 보관의 의미를 해당 장소에서 압수 · 수색 개시이전부터 계속적으로 존재하고 있던 물건으로 제한 해석하는 협의설 ② 보관의 의미를 해당 장소에 현재 존재하는 물건으로 확대해석하는 광의설이 대립하고 있으며, ③ 판례는 소위 '제주지사실 압수 사건'에서 '이 사건 압수 · 수색영장에서 압수할 물건을 "압수장소에 보관 중인 물건"이라고 기재하고 있는 것을 "압수장소에 현존하는 물건"으로 해석할 수 없다'라고 보아 협의설의 입장을 따르고 있다.

3. 검토 및 사안의 해결

생각건대 인권보장을 위한 적법절차나 영장주의의 정신에 비추어 볼 때 압수 · 수색영장의 문언은 엄격하게 해석하여야 하므로 협의설이 타당하다. 따라서 사안에서 검사 K가 박스를 압수한 것은 적법하지 않다.

056

甲은 술을 마신 후 자신의 승용차를 운전해 가다가 경찰관 P에 의해 음주운전의 현행범으로 체포되었다. 그런데 P가 승용차 안을 수색하여 뒷좌석에 있던 甲이 절도죄로 취득한 A의 지갑을 영장없이 압수하였다면, P의 압수는 적법한가? (10점)   [2016 3차 변형]

1. 영장주의의 예외로서의 체포현장에서의 압수

사안에서 경찰관 P는 甲을 현행범으로 체포하면서 체포현장에서 영장없이 압수 · 수색을 하고 있다. 이러한 영장없는 압수 · 수색은 적법한 현행범으로 체포하는 경우에는 제215조 영장주의의 예외 규정인 제216조 제1항 제2호의 체포현장에서의 압수 · 수색으로서 적법할 수 있다.

2. 영장없는 압수의 범위 (별건압수의 금지)

사안에서 제216조 제1항 제2호에 따른 영장없는 압수 · 수색이 가능하다고 하더라도 제215조 제1항에 따라 해당 사건과 관계가 있다고 인정할 수 있는 것으로 한정하여야 한다. 따라서 甲을 음주운전의 현행범으로 체포하면서 음주운전과 관련이 없는 절도죄 등의 증거를 압수하는 것은 별건압수로서 허용되지 않으므로 사안에서 경찰관 P가 甲이 절취한 A의 지갑을 압수한 것은 적법하지 않다.

057

사법경찰관 P는 휴대전화의 압수 · 수색영장의 피압수자인 A에게 압수 · 수색영장을 제시함에 있어 표지에 해당하는 첫 페이지와 피압수자의 혐의사실이 기재된 부분만을 보여주고, 나머지 압수 · 수색영장의 기재 내용을 확인하지 못하게 한 상황에서 압수하였다. 피압수자에게 압수 · 수색영장을 제시하도록 규정한 이유와 압수 · 수색영장 제시의 정도를 설명하고 사안에서 압수된 휴대전화는 증거능력이 인정되는지를 설명하시오. (10점)   [예상문제]

1. 압수 · 수색영장을 제시하도록 규정한 이유

① 법관이 발부한 영장없이 압수 · 수색을 하는 것을 방지하여 영장주의 원칙을 절차적으로 보장하고, ② 압수 · 수색영장에 기재된 물건, 장소, 신체에 대해서만 압수 · 수색을 하도록 하여 개인의 사생활과 재산권의

침해를 최소화하는 한편, ③ 준항고 등 피압수자의 불복신청의 기회를 실질적으로 보장하기 위한 것이다.

> • 위에선 언급한 세 가지 이유는 암기해 두는 것이 바람직하다.

2. 압수 · 수색영장의 제시의 정도와 사안의 해결

압수 · 수색영장을 집행하는 수사기관은 ① 피압수자로 하여금 법관이 발부한 영장에 의한 압수 · 수색이라는 사실을 확인함과 동시에 ② 형사소송법이 압수 · 수색영장에 필요적으로 기재하도록 정한 사항이나 그와 일체를 이루는 사항을 충분히 알 수 있도록 압수 · 수색영장을 제시하여야 한다.

따라서 사안에서는 피압수자로 하여금 그 내용을 충분히 알 수 있도록 제시한 것으로 보기 어려워 위법하고, 이로 인해 취득한 증거는 위법수집증거로서 증거능력이 없다.

> • 영장 제시의 정도는 기록형 문제로도 출제되므로 요건을 암기해 두는 것이 바람직하다.

058

사법경찰관 P는 甲이 운전하는 자동차 앞범퍼가 심하게 파손된 것을 수상하게 여겨 자동차를 세우고 차적조회를 한 결과, 甲이 30분 전에 발생한 뺑소니 사건의 용의자임을 알아내고 차에서 내릴 것을 요구하였다. 그러자 甲이 갑자기 자동차를 버리고 달아나다가 5층짜리 ○○건물에 들어갔다. P가 甲을 체포하기 위해 ○○건물에 들어가 수색하였다면 이 수색은 적법한가? (10점)　　　　　　　　　　　　　　[2020 3차 변형]

1. 논의점

사안에서 사법경찰관 P의 영장없는 수색이 적법하기 위해서는 제216조 제1항 제1호의 요건을 구비하여야 한다. 따라서 사법경찰관 P의 甲에 대한 긴급체포가 적법하다면, 사법경찰관 P의 수색은 적법하다.

2. 긴급체포의 성립요건

긴급체포가 적법하기 위해서는 ① 범죄혐의의 중대성 ② 필요성 ③ 긴급성의 요건이 구비되어야 한다. 사안에서 ① 甲은 살인죄를 범한 혐의를 받고 있으므로 중대성이 인정되고 ② 甲은 도피를 하기 위하여 자동차를 운전하고 있었던 것이므로 필요성이 인정되고 ③ 사법경찰관 P는 우연히 발견하였으므로 긴급성이 인정된다. 따라서 사안에서의 사법경찰관 P의 甲에 대한 긴급체포는 적법하다.

3. 사안의 해결

위에서 살펴본 바와 같이 사법경찰관 P가 甲에 대한 긴급체포의 착수가 적법하고 甲이 건물로 도주하였다면, P는 제216조 제1항 제1호에 따라 건물에 들어가 1,2층을 수색한 것은 적법하다.

> • 2019.12.31. 형사소송법 개정 내용 <제216조 제1항 제1호> 검사 또는 사법경찰관은 피의자를 체포 · 구속하는 경우에 필요한 때에는 영장없이 타인의 주거나 타인이 간수하는 가옥 · 건조물 · 항공기 · 선차 내에서 피의자수색을 할 수 있다. 다만, 제200조의2 또는 제201조에 따라 피의자를 체포 또는 구속하는 경우의 피의자 수색은 미리 수색영장을 발부받기 어려운 긴급한 사정이 있는 때에 한정한다.

059

甲의 보이스피싱 범행을 인지한 경찰관 P는 甲이 은신하고 있는 호텔로 가서 호텔 종업원의 협조로 甲의 방 안에 들어가 타인 명의의 예금통장 십여 개와 甲이 투약한 것으로 의심되는 필로폰을 압수한 후, 호텔에 잠복하고 있다가 외출 후 호텔로 돌아오는 甲을 긴급체포하였다. P가 甲에 대하여 한 긴급체포와 예금통장 및 필로폰 압수는 적법한가? (15점)

[2014 변시] [2019 1차 변형]

1. 긴급체포의 적법성

(1) 긴급체포가 적법하기 위해서는 ① 장기 3년 이상의 징역에 해당하는 범죄인 중대성 ② 도주 또는 증거인멸의 필요성 ③ 긴급성이 필요하다.

(2) 사안에서 ① 사기죄는 10년 이하의 징역에 해당하는 범죄이므로 중대성이 인정되고 ② 집이 아닌 호텔에 묵고 있는 것으로 보아 도주의 위험이 있으며 ③ 이에 따라 긴급성도 인정되므로 긴급체포가 인정될 수 있다. 따라서 사안에서 P가 甲을 긴급체포한 것은 적법하다.

> • 체포현장에서의 압수가 적법하기 위해서는 선결문제로 체포가 적법해야 하므로 체포를 먼저 검토하는 것이다.

2. 예금통장 압수의 적법성

(1) 논의점

사안에서는 긴급체포 현장에서 영장없이 예금통장을 압수하고 있으므로 제216조 제1항 제2호의 체포현장의 범위인지 문제 된다.

(2) 견해의 대립과 판례의 태도

이에 대하여는 ① 체포행위에 시간적·장소적으로 접착되어 있으면 족하며 체포의 전후를 불문한다는 시간·장소적 접착설 ② 압수·수색 당시에 피의자가 현장에 있음을 요한다는 현장설 ③ 피의자가 수색장소에 현재하고 체포의 착수를 요건으로 한다는 체포착수시설 ④ 피의자가 현실적으로 체포되었음을 요한다는 체포시설이 대립하고 있으며, ⑤ 판례는 '현행범 체포에 착수하지 아니한 상태여서 형사소송법 제216조 제1항 제2호, 제212조가 정하는 체포현장에서의 압수·수색 요건을 갖추지 못하였다'라고 하여 체포착수시설의 입장이다.

(3) 검토 및 사안의 해결

생각건대 압수의 범위를 합리적으로 제한하고, 그 기준이 보다 명확한 체포착수시설이 타당하다. 따라서 사안에서 甲에 대한 체포의 착수 이전에 예금통장을 압수한 것은 적법하지 않다.

3. 필로폰 압수의 적법성

체포현장의 영장없는 압수라고 하더라도 이는 해당사건과 관련된 증거로만 제한되어야 한다. 그런데 사안에서의 필로폰은 긴급체포의 원인이 된 사기 사건과 무관한 별건압수이므로 이는 적법하지 않다. 또한 예금통장과 동일하게 체포현장의 범위를 벗어난 압수이므로 적법하지 않다.

> • 사안에서 필로폰은 예금통장과 같은 논리로 적법하지 않다는 점을 논증할 수 있으나, 별건압수로 처리하는 것이 간편하므로 위와 같이 정리한다.

060

甲은 A의 금은방에서 금목걸이 등을 절취하였다. A의 신고를 받고 탐문수사 중이던 사법경찰관 P는 甲이 종로의 여러 금은방을 들락날락거리며 자신이 착용하고 도주한 목걸이를 정상적인 물건인 것처럼 금은방 주인과 시세 흥정을 하는 모습을 주시하고 있었다. 甲은 문을 나서며 "장물 팔아먹기 힘드네 진짜"라고 말하였는데, P는 이 말을 듣고는 甲이 범인임을 확신하고 다가가 경찰임을 밝히며 적법하게 체포하려 하였다. 이때 甲이 갑자기 도주하려 하자 P는 그의 가방을 붙잡았으나, 가방끈이 떨어지면서 甲은 그대로 도주했다. P는 떨어진 가방에서 도난당한 목걸이를 발견하고 증거물로 압수하였다. P가 압수한 목걸이가 증거로 제출된 경우 증거능력을 논하시오. (20점)

[2021 2차 변형]

I. 쟁점의 정리

사안에서 압수된 목걸이의 증거능력과 관련하여 ① P의 현행범체포나 긴급체포가 적법한지 ② 체포현장의 범위에 속한 것인지 ③ 사후영장을 청구하였는지 문제 된다.

II. A에 대한 체포의 적법성

1. 현행범체포의 적법성

현행범체포를 하기 위해서는 ① 명백한 현행범 또는 준현행범 ② 필요성이 필요하다. 사안에서 ① P는 甲이 장물을 매도하기 위하여 흥정하는 모습을 주시하고 있었고, 甲이 '장물 팔아먹기 힘드네 진짜'라고 말하는 것을 들었으므로 甲은 최소한 제211조 제2항 2호의 준현행범인에 해당하고 ② 사안에서와 같이 甲은 도주하여 필요성도 인정되므로 P의 현행범체포는 적법하다.

2. 긴급체포의 적법성

긴급체포를 하기 위해서는 ① 범죄의 중대성 ② 필요성 ③ 긴급성이 필요하다. 사안에서 P의 A에 대한 체포는 이러한 요건을 모두 구비하고 있으므로 P의 체포는 긴급체포로서도 적법하다.

> • 체포현장에서의 압수가 적법하기 위해서는 선결문제로 체포가 적법해야 하므로 체포를 먼저 검토하는 것이다.

III. 체포현장의 범위

1. 논의점

사안에서 P가 甲을 체포하는 현장에서 장물인 목걸이를 발견하고 압수하고 있다. 이러한 압수가 제216조 제1항 제2호의 체포현장에서의 영장없는 압수에 해당하는지 문제 된다.

2. 견해의 대립과 판례의 태도

이에 대하여는 ① 체포행위에 시간적·장소적으로 접착되어 있으면 족하며 체포의 전후를 불문한다는 시간·장소적 접착설 ② 압수·수색 당시에 피의자가 현장에 있음을 요한다는 현장설 ③ 피의자가 수색장소에 현재하고 체포의 착수를 요건으로 한다는 체포착수시설 ④ 피의자가 현실적으로 체포되었음을 요한다는 체포시설이 대립하고 있으며, ⑤ 판례는 '현행범 체포에 착수하지 아니한 상태여서 형사소송법 제216조 제1항 제2호, 제212조가 정하는 체포현장에서의 압수·수색 요건을 갖추지 못하였다'라고 하여 체포착수시설의 입장이다.

3. 검토 및 사안의 해결

압수의 범위를 합리적으로 제한하고, 그 기준이 보다 명확한 체포착수시설이 인권보장을 위해서는 바람직하다. 따라서 사안에서 P는 甲에 대하여 체포에 착수하였으므로 비록 甲을 체포하지 못하였어도 P의 압수는 적법하다.

Ⅳ. 사후영장의 청구

사안에서 P의 영장없는 압수가 적법하더라도 증거능력을 갖추기 위해서는 사후영장을 청구하여야 한다. 즉 제217조 제2항에 따라 제216조 제1항 제2호의 체포현장에서의 압수·수색의 경우에는 불필요한 지체 없이 압수·수색영장을 청구하여야 하며, 필요한 지체의 경우라도 체포한 때로부터 48시간 이내에 압수·수색영장을 청구하여야 한다.

Ⅴ. 사안의 해결

사안에서 사법경찰관 P가 사후영장을 청구하여 발부받았다면 목걸이는 증거능력이 인정된다.

061

경찰관 P는 甲을 필로폰을 소지한 혐의로 추적하고 있다. 甲의 뒤를 쫓아가던 P는 甲이 도주하면서 주머니에서 꺼낸 어떤 물건을 담벼락의 틈새에 끼워 넣는 것을 목격하였다. 甲을 계속 추적하였으나 검거에 실패한 P는 돌아오는 길에 그 담벼락의 틈새에서 작은 비닐봉투를 발견하였고, 그 속에 필로폰이 들어 있음을 확인하고 이를 압수하였다. P가 압수한 필로폰은 증거능력이 있는가? (20점)　　　　　[2017 1차 변형]

Ⅰ. 쟁점의 정리

사안과 같은 필로폰의 압수는 영장없는 압수이므로 영장주의의의 예외로서 ① 제218조의 영치에 해당하는지 ② 제216조 제1항 제2호의 압수에 해당하는지 문제 된다.

Ⅱ. 제218조의 영치의 해당 여부

제218조에서는 피의자 기타인의 유류한 물건을 영장없이 압수할 수 있다고 규정하고 있다. 사안에서 甲이 공중전화기 부스안에 숨겨놓은 필로폰이 유류물에 해당될 수 있는지가 문제 되지만, 공중전화기 부스안에 숨겨 놓은 것을 유류물이라고 보기는 어렵다. 따라서 사안에서 P의 필로폰의 압수는 제218조의 영치에 해당하지 않는다.

> • 영장주의의 예외로서의 영장없는 압수 중 제218조의 영치는 사후영장을 청구하지 않아도 되므로 가장 특칙이 되므로 가장 먼저 검토하여야 한다. 만약 제216조와 제217조를 먼저 검토한 후에 제218조를 검토하는 것은 논리적인 모순이 된다는 점을 주의하여야 한다.

Ⅲ. 현행범체포 현장에서의 영장없는 압수(제216조 제1항 제2호)

1. 체포현장의 시간적 범위

사안에서 사법경찰관 P의 甲에 대한 현행범체포행위가 적법하다면 제216조 제1항 제2호에 따른 체포현장에서의 영장없는 압수가 가능하다. 체포현장의 범위에 대하여는 ① 시간·장소적 접착설 ② 현장설 ③ 체포착수시설 ④ 체포시설이 대립하고 있으나, ⑤ 판례는 체포착수시설의 입장이다. 생각건대 체포현장의 범위는 압수의 범위를 합리적으로 제한하고, 그 기준이 명확한 체포착수시설이 타당하다.

2. 체포현장의 장소적 범위 - 추적경로와 체포현장

제216조 제1항 제2호의 취지를 체포자의 안전과 피의자가 증거를 파괴·은닉하는 것을 방지하기 위한 긴급행위설의 입장에 따르면 현행범을 체포하는 과정에서의 피의자가 도망하는 경로는 모두 체포현장이라고 파악하는 것이 타당하다. 따라서 사안에서 사법경찰관 P가 체포에 착수한 이후에 도주하는 피의자가 도망하는 경로에 있는 공중전화기 부스를 수색하여 발견한 필로폰에 대한 영장없는 압수를 한 것은 체포현장에서의 압수로서 적법하다.

> • 본 문제는 체포현장에서의 압수의 범위에서 특히 장소적 범위가 의미있는 문제이다.

Ⅳ. 사안의 해결

사안에서 사법경찰관 P가 영장없이 필로폰을 압수한 것은 제216조 제1항 제2호에 따른 영장없는 압수로서 적법하다.

062

甲은 혈중 알코올 농도 0.2%의 음주 상태에서 과실로 보행자 A를 치어 전치 8주의 상해를 입히고 도주하였다. 사고 장면을 목격한 W는 즉시 경찰에 신고하였고, 신고를 받은 경찰관 P는 사고자동차를 추적하였지만 검거에 실패하였다. 그런데 P는 10분정도 후에 사고현장에서 5km 떨어진 곳에 있는 노상주차장에서 범퍼가 파손된 사고자동차의 시동을 끄고 운전석에서 잠이든 甲을 체포하였고, 교통사고로 파손된 자동차의 범퍼 부분을 검증하였다. P가 甲을 체포하고 자동차를 검증한 행위의 적법성 여부를 논하시오. (15점)

[2018 3차 변형]

1. 현행범체포의 적법성 여부 (7점)

(1) 사안에서 경찰관 P가 甲을 현행범으로 체포하기 위해서는 ① 명백한 현행범이나 준현행범 ② 필요성의 요건을 구비하여야 한다.

(2) 사안에서 P는 범행 후 10분가량 지난 시점에 사고 현장으로부터 5km 떨어진 장소에서 甲을 체포한 것은 제211조 제1항의 현행범체포에는 해당하지 않지만, 甲이 잠들어 있던 자동차는 범죄에 사용된 물건으로서 甲은 제211조 제2항 제2호의 준현행범인에 해당한다.

(3) 그리고 도주 중인 자였으므로 증거인멸과 도주의 위험이 있으므로 필요성이 인정된다. 따라서 경찰관 P의 체포는 적법하다.

> • 제211조 제2항 각호는 암기해 두는 것이 바람직하다.

2. 검증의 적법성 여부 (8점)

(1) 사안에서의 검증은 제216조 제1항 제2호에 따라 영장없이 할 수 있지만, 그 이론적 근거에 대하여는 논의가 있다.

(2) 이에 대하여는 ① 검증은 체포보다 법익침해가 낮은 강제처분이므로 체포가 적법할 경우 검증은 그것에 부수되는 처분으로 허용된다는 부수처분설과 ② 체포자의 안전과 증거인멸의 방지를 위하여 검증이 허용된다는 긴급행위설이 대립하고 있다.

(3) 생각건대 부수처분설에 의하면 영장에 의하지 아니한 대물적 강제수사가 부당하게 확대될 위험이 있으므로 긴급행위설이 타당하다. 사안에서는 경찰관 P의 증거인멸을 방지하기 위한 검증이므로 이는 적법하다.

> • 채점기준표에 따른 해설이지만, 실제로 출제되기는 쉽지 않아 보이는 문제이다.

063

> 甲은 교통사고를 범하였다. 목격자인 A의 신고를 받은 경찰관 P는 甲을 적법하게 긴급체포한 다음 甲으로부터 사고 장면이 녹화된 블랙박스를 자신의 집에 숨겨 두었다는 진술을 들었다. 이에 P는 긴급체포한 당일 23:00경 甲의 집을 수색하여 블랙박스를 발견하여 이를 압수한 후 그 다음 날 10:00경 사후압수·수색영장을 발부받았다. 이 경우 블랙박스를 증거로 할 수 있는가? (10점)
>
> [2016 변시]

1. 서 언

사안에서 경찰관 P가 적법하게 甲을 긴급체포하였더라도 블랙박스를 증거로 하기 위해서는 압수 절차가 적법하여야 한다. 사안에서의 압수는 제217조 제1항에 따른 압수이므로 이에 대하여 살펴본다.

> • 제217조 제1항 긴급압수의 적법성 문제는 ① 선결문제로 제200조의3 긴급체포의 적법성을 검토하고 ② 긴급압수의 기본요건인 제217조 제1항의 요건을 검토하고 ③ 압수의 일반적인 요건을 검토하되 특히 제220조에 의한 요급처분의 특례가 적용되지 않으므로 책임자 참여와 야간압수의 제한을 위주로 검토하고 ④ 사후영장청구인 제217조 제2항의 순서로 검토하는 것이 원칙이다. 하지만, 상황에 따라서는 즉, 이미 사후영장을 받은 경우에는 ②와 ④를 묶어서 서술할 수 있다.

2. 제217조의 적법절차 준수 여부

사안에서는 긴급체포한 당일 23:00경에 甲의 소유물을 압수하였으므로 체포한 때로부터 24시간 이내의 압수이므로 제217조 제1항을 준수하였고, 체포된 때로부터 48시간 이내인 그다음 날 10:00경에 사후영장을 발부받았으므로 제217조 제2항의 적법절차를 준수한 것으로 보여진다.

3. 제219조에 따른 준용규정의 준수 여부

(1) 제217조의 당사자에의 통지의 미비

사안에서 제122조의 당사자의 통지는 미비하였으나, 제122조 단서에 따라 급속을 요하는 경우에는 이를 생략할 수 있으므로 이는 적법하다고 볼 수 있다.

> • 제122조 단서로 인하여 당사자 참여는 크게 문제 되지 않고, 주로 책임자 참여와 야간압수의 제한이 문제된다.

(2) 책임자의 참여 미비

긴급압수의 경우에는 제220조의 요급처분의 특례가 인정되지 않으므로 원칙적으로 제123조 제2항의 책임자를 참여시켜야 한다. 그런데 사안에서는 제123조 제2항에 따른 책임자를 참여시키지 않고 압수를 하고 있으므로 위법하다고 보아야 할 것이다.

(3) 야간압수의 금지 미비

긴급압수의 경우에는 제220조의 요급처분의 특례가 인정되지 않으므로 원칙적으로 제125조의 야간압수의 제한을 받는다. 사안에서는 야간에 압수를 하고 있는바 이는 제125조의 야간압수제한을 준수하지 않은 것이다. 그러나 사안에서는 사후영장을 받았으므로 적법여부에 대해 논의가 있으나, 적정절차의 준수를 강조하는 입장에서는 위법하다고 보아야 할 것이다.

4. 결 언

사안에서의 블랙박스는 책임자의 참여, 그리고 야간집행의 금지를 위반하였으므로 위법수집증거에 해당하여 증거능력이 없다.

유제

A에 대한 강도살인 사건을 수사 중이던 경찰관 P는 甲이 범인일 것이라고 생각하고 새벽 3시경 집으로 돌아오는 甲을 적법하게 긴급체포하였다. 긴급체포 후 3시간만에 甲은 범행사실을 자백하였고, P는 영장없이 甲의 집을 수색하여 A의 지갑과 통장 그리고 범행에 사용된 흉기를 발견하여 이를 압수하였고 사후에 이에 관한 영장을 발부받았다. P가 압수한 A의 지갑과 통장 그리고 범행에 사용된 흉기를 甲에 대한 재판에서 증거로 사용할 수 있는가? (15점)
[2012 2차 변형]

유제

甲과 乙은 특가법 제5조의3의 죄를 범한 공동정범이다. 甲과 乙은 친구 F를 찾아가 사고 경위를 말하면서 자수할지 말지를 고민하자, F는 "걱정할 것 없다. 내게 맡겨." 하면서 범퍼에 묻은 핏자국을 수건으로 닦은 후 사고 자동차를 자신의 차고에 한 달 정도 보관해 주기로 하는 동시에 그 수건과 블랙박스를 자신의 책상서랍 속에 넣어 두었다. 이후 甲과 乙은 경찰관 P에 의하여 적법하게 긴급체포되었다. P는 甲과 乙을 경찰서에서 연행하여 조사하면서 모든 범행사실에 대한 임의의 자백을 받아 이를 적법하게 피의자신문조서에 기재한 후, 긴급체포한 때로부터 12시간이 지난 그날 23:00경 긴급히 증거를 확보하기 위하여 압수·수색영장없이 F의 집으로 가서 집을 지키던 F의 처 W를 참여시키지 않고 서랍 속에 있던 피 묻은 수건과 블랙박스를 찾아내어 이를 압수하였다. P가 F의 집에서 피 묻은 수건과 블랙박스를 압수한 행위의 적법성을 논하시오. (20점)
[2013 3차 변형]

유제

사법경찰관 P는 횡령 사건을 수사하기 위해 甲에게 자신이 근무하는 경찰서 조사실로 나와 달라고 요구했고, 甲은 경찰서 조사실에 출두했다. P는 피의자신문 중 甲이 1년 전에 저지른 강도사건의 피의자로서 기소중지 상태에 있다는 것을 알게 되었다. P는 이 강도 사건을 수사하기 위해 甲을 오전 11시 긴급체포한 후 피의자신문을 마치고, 오후 4시쯤 甲을 데리고 甲의 집으로 가서 강도 범행에 사용한 흉기를 찾아내어 압수했다. 이틀 후 P는 검사 K에게 甲에 대한 구속영장과 흉기에 대한 압수수색영장을 신청했고, K는 같은날 오전 10시 구속영장을, 오후 3시 압수수색영장을 청구해서 모두 발부받았다. P가 압수한 흉기의 증거능력은? (20점)
[2017 2차 변형]

> 甲은 기숙사 룸메이트 A 몰래 A명의의 신용카드 발급신청서를 작성한 후 이를 ○○카드회사에 제출하여
> A명의의 신용카드를 발급받은 다음 현금자동지급기에서 현금서비스로 30만 원을 인출하였다. 경찰관 P는
> A의 고소에 기하여 甲을 적법하게 긴급체포한 후 경찰서에서 甲을 신문하던 중 A명의로 발급받은 신용카드가
> 甲의 집 안방에 있다는 자백을 받았다. P는 같은 날 21:00경 甲의 집에서 甲의 처를 참여시키지 않은 채
> A명의의 신용카드를 영장없이 수색·압수하면서 그 신용카드가 보관된 장소를 사진 촬영하였다. P는 다음
> 날 15:00경 압수·수색영장을 발부받았다. P가 촬영한 사진은 증거능력이 있는가? (15점) [2015 3차 변형]

1. 문제의 제기

사안에서 P는 甲을 적법하게 긴급체포한 후에 甲의 집을 수색·압수하면서 증거물인 신용카드가 보관한 장소를 사진촬영하고 있다. 이러한 사진이 증거능력이 있는지에 대하여는 ① 사진촬영의 법적 성격 ② 사진촬영의 적법절차의 준수 여부 등이 문제 된다.

2. 사진촬영의 법적 성격

사안에서 압수·수색을 하면서 압수물인 신용카드의 보관장소에 대한 사진촬영의 법적 성격은 압수·수색에 부수하는 처분으로서의 성질을 지닌다(형사소송법 제219조, 제120조). 이러한 사진촬영이 적법하기 위해서는 제217조에 따른 압수·수색의 절차가 적법하여야 한다.

> • 참고로 검증 시 첨부된 사진은 제49조 제2항에 의하여 검증조서와 일체가 된다.

3. 적법절차의 준수 여부

(1) 제217조 제1항의 경우에는 요급처분의 특례의 미적용

제217조 제1항에 따른 영장없는 압수·수색·검증의 경우에는 제220조의 요급처분의 특례가 적용되지 않는다. 이와 관련하여 사안에서는 ① 책임자의 참여의 미비와 ② 야간압수 금지의 미준수 등이 문제 된다.

(2) 책임자 참여의 미준수

형사소송법 제123조 제2항에 따르면 주거주 등의 책임자를 참여시켜야 하지만, 사안에서는 이러한 책임자를 참여시키지 않았으므로 위법하다.

(3) 야간압수 제한의 미준수

형사소송법 제125조에 의하면 야간압수는 원칙적으로 허용되지 아니한다. 다만 제125조는 영장의 기재가 없는 경우의 상대적 제한이므로 사후에 영장을 받은 경우 ① 판례는 증거능력이 인정된다고 보고 있으나, ② 적법절차의 준수를 위배하는 것은 중대한 위법이므로 증거능력이 인정될 수 없다고 보아야 할 것이다. 따라서 사안에서 야간에 압수한 것은 적법하지 아니하다.

> • 사안은 책임자의 참여 미준수로 증거능력이 없는 사안이라, 판례의 입장만 서술하고 판례와 배치되는 결론을 도출한 것이다.

4. 사안의 해결

사안에서의 사진은 영장주의의 예외에 해당한다고 하더라도 ① 책임자의 참여 미준수 ② 야간압수 제한 미준수 등의 적법절차를 준수하지 못하였으므로 위법수집증거에 해당하여 그 증거능력을 인정할 수 없다.

甲은 乙을 태우고 자신의 차를 운전하다가 A를 치어 상해를 입히고 도주하여 특가법 제5조의3의 도주차량죄를 범하였고, 옆자리에 타고 있던 乙은 甲에게 도주를 권유하여 사고후미조치죄의 공동정범이다. 乙은 자신도 형사처벌을 받을 수 있다고 생각하여 그 다음 날 저녁 甲의 집 차고에 몰래 들어가 증거를 인멸할 목적으로 甲의 차에 장착되어 있는 블랙박스에서 甲 몰래 메모리카드를 빼내어 나왔다. 한편 사고 현장 유류물 조사를 통해 사고 차량이 甲의 차라는 사실을 확인한 사법경찰관 P는 甲의 집 차고에 설치되어 있는 CCTV 영상을 통해 乙이 甲의 차에 들어가 메모리카드를 빼내어 가는 것을 확인하고 20:30경 B를 적법하게 긴급체포하였다. 그 후 P는 2시간의 설득 끝에 乙로부터 자신이 운영하는 커피숍 안 휴지통에 메모리카드를 버렸다는 진술을 확보하고, 바로 그 커피숍으로 가 점장이 지켜보는 가운데 휴지통에 있던 그 메모리카드를 발견하고 압수하였다. P의 메모리카드 압수는 적법한가? (15점)   [2021 3차 변형]

1. 정보저장매체의 압수 가능 여부

사안과 같은 정보저장매체인 메모리카드를 압수할 수 있는지가 문제 되지만, 형사소송법 제106조 제3항 단서에 따라 범위를 정하여 출력 또는 복제하는 방법이 불가능하거나 압수의 목적을 달성하기에 현저히 곤란하다고 인정되는 때에는 정보저장매체등을 압수할 수 있으므로 사안에서의 메모리카드도 압수할 수 있다.

> • 긴급압수의 경우이므로 영장의 기재 등은 요건이 되지 않는다.

2. 제217조 제1항의 적법절차 준수 여부

사안에서는 乙을 긴급체포한 20:30경부터 2시간이 지난 시점에서 메모리카드를 압수하였으므로 체포한 때로부터 24시간이내의 압수이고, 乙이 운영하는 커피숍 안 휴지통에 있던 메모리카드이므로 乙이 보관하는 물건의 압수로써 제217조 제1항의 요건을 준수하였다.

3. 제219조에 따른 준용규정의 준수 여부

(1) 당사자의 참여

사안에서 제122조에 따른 당사자의 통지가 미비하여 乙이 참여하지는 않았으나, 제122조 단서에 따라 급속을 요하는 경우에는 이를 생략할 수 있으므로 乙이 참여하지 않았어도 적법하다고 볼 수 있다.

(2) 책임자의 참여

긴급압수의 경우에는 제220조의 요급처분의 특례가 인정되지 않으므로 원칙적으로 제123조 제2항의 책임자를 참여시켜야 한다. 그런데 사안에서는 커피숍의 점장이 참여하였으므로 제123조 제2항의 책임자 참여의 요건은 충족되었다.

(3) 야간압수의 금지 미비

긴급압수의 경우에는 제220조의 요급처분의 특례가 인정되지 않으므로 원칙적으로 제125조의 야간압수의 제한을 받는다. 사안에서는 야간에 압수를 하고 있는바, 이는 제125조의 야간압수제한을 준수하지 않은 것이다.

4. 결 언

사안에서의 압수는 야간압수제한을 준수하지 않았으므로 위법한 압수이다. 그리고 사후에 영장을 발부받앉을 경우에는 야간압수제한 미준수의 하자가 치유될 수 있는지에 대하여 논의가 있지만, 적정절차의 준수를 강조하는 입장에서는 치유되지 않는다고 보아야 할 것이다.

> • 기본적으로 채점기준표에 따른 해설이다. 본 문제는 사후영장에 대한 언급이 없이 그 자체로 위법한 압수라고 볼 수도 있을 것이다.

066

> 甲은 A(여, 20세)에게 여러 차례 만나자고 하였으나 A가 만나 주지 않자 A를 강간하기로 마음먹었다. 어느날 A가 거주하는 아파트 1층 현관 부근에 숨어 있다가 귀가하는 A가 엘리베이터를 타자 따라 들어가 주먹으로 A의 얼굴을 2회 때리고 5층에서 내린 다음 계단으로 끌고 가 미리 준비한 청테이프로 양손을 묶어 반항을 억압한 후 간음하였다. 만약, 사법경찰관 P가 甲을 적법하게 긴급체포한 후 지체 없이 2km 떨어진 甲의 집으로 가 범행에 사용된 청테이프를 압수하면서 압수조서를 작성하고 청테이프를 사진 촬영한 다음 사후영장을 발부받았다면, 위 청테이프와 압수조서 및 사진을 증거로 할 수 있는가? (5점)
>
> [2021 변시]

사안에서의 압수는 긴급체포 후 2km 떨어진 甲의 집에서의 압수이므로 제216조 제1항 제2호의 체포현장에서의 압수가 아닌 제217조 제1항의 긴급압수이다. 따라서 압수하는 과정에서 제220조의 요급처분의 특례가 적용되지 않으므로 제123조 제2항의 책임자 참여와 제125조의 야간압수제한 등의 절차가 준수되었어야 한다. 그리고 제217조 제2항에 따라 사후영장을 발부받았다면 적법한 압수가 되므로 청테이프와 그 압수조서 및 사진을 증거로 할 수 있다.

067

> 강도상해 사건을 수사하던 경찰관 P는 21:00경 甲이 살고 있는 집에서 25미터 정도 떨어진 곳에서 외출하러 나오는 甲을 발견하고 긴급체포하였다. P는 그 직후 긴급체포한 甲을 그의 집으로 데려가 그의 방 책상 서랍에 있던 피해자 A의 신용카드를 압수하였고 그 후 적법하게 신용카드에 대한 압수수색영장을 발부받았다. 甲이 공판과정에서도 범행 일체를 부인하자 검사 K는 甲의 주거지에서 압수한 A의 신용카드를 증거물로 제출하였다. K가 제출한 신용카드의 증거능력 유무 및 근거에 대하여 논하시오. (20점)
>
> [2012 변시]

1. 서 언

사안에서 압수된 신용카드는 제217조 제1항에 따른 영장없는 긴급압수이므로 이와 관련된 쟁점들을 논리적 순서에 입각하여 검토한다.

2. 긴급체포의 적법성

사안의 경우에는 경찰관 P가 甲을 긴급체포한 것이 적법한 것인지가 문제될 수 있지만, 긴급체포의 요건인 ① 중대성 ② 필요성 ③ 긴급성이 구비되어 있으므로 적법한 긴급체포라고 평가된다.

3. 제217조의 적법절차 준수 여부

제217조 제1항에서는 긴급체포된 자가 소유·소지 또는 보관하는 물건에 대하여 긴급히 압수할 필요가 있는 경우에는 체포한 때로부터 24시간 이내에 영장없는 압수를 허용하고 있다. 따라서 사안에서 신용카드에 대한 긴급압수는 A의 소유물이지만 긴급체포의 사유인 강도상해죄와 관련된 증거물로써 甲이 보관하고 있던 물건이며, 긴급체포 직후의 압수이므로 외형상 적법성을 인정할 수 있다. 그리고 제217조 제2항에서는 제217조 제1항의 압수의 경우에 사후영장을 청구하도록 되어 있으나 이는 적법하게 발부받았으므로 제217조의 요건은 모두 구비되었다.

> • 제217조 제1항 긴급압수의 적법성 문제는 ① 선결문제로 제200조의3 긴급체포의 적법성을 검토하고 ② 긴급압수의 기본요건인 제217조 제1항의 요건을 검토하고 ③ 압수의 일반적인 요건을 검토하되 특히 제220조에 의한 요급처분의 특례가 적용되지 않으므로 책임자 참여와 야간압수의 제한을 위주로 검토하고 ④ 사후영장청구인 제217조 제2항의 순서로 검토하는 것이 원칙이다. 하지만, 상황에 따라서는 즉 이미 사후영장을 받은 경우에는 ②와 ④를 묶어서 서술할 수 있다.

4. 제219조에 따른 준용규정의 준수 여부

긴급압수의 경우에는 제220조에 의한 요급처분의 특례가 적용되지 않으므로 제219조에 의하여 준용되는 압수에 대한 적법절차를 준수하여야 한다. 사안에서는 긴급압수 시 甲의 주거에 甲을 대동하고 있으므로 제122조의 당사자에의 통지, 제121조의 당사자의 참여와 제123조의 책임자의 참여의 요건도 구비되어 있다. 다만 문제가 되는 것은 21:00에 긴급체포한 직후 25m 떨어진 甲의 집에서 신용카드를 압수하고 있으므로 제125조의 야간압수의 제한을 준수하지 못하고 있다.

5. 제125조의 야간압수의 제한 미준수와 사후영장의 발부에 대한 논의

(1) 사안에서는 야간압수의 제한을 미준수하고 있지만, 적법하게 사후영장을 발부받고 있다. 이와 관련하여 제125조는 야간의 집행을 절대적으로 금지한 것이 아니라 '압수·수색영장에 야간집행을 할 수 있는 기재가 없으면'이라고 상대적으로 규정하고 있으므로 사안처럼 사후에 영장을 받은 경우에 그 증거능력여부가 문제되며 이에 대하여는 ① 증거능력 긍정설과 ② 증거능력 부정설이 대립하고 있으며, ③ 판례는 증거능력 긍정설의 입장을 따른 판례가 있다.

(2) 생각건대 긴급체포의 긴급성에 비추어 볼 때 야간의 긴급압수의 필요성을 부인할 수 없지만, 적정절차에 의한 실체적 진실의 발견이라는 형사소송법의 이념에 비추어 볼 때 이러한 하자의 치유는 인정할 수 없다고 보아 증거능력을 부인하는 것이 타당하다.

6. 결 언

사안에서 압수된 신용카드는 형사소송법 제219조에 의하여 준용되는 제125조의 야간압수 제한을 준수하지 못하여 증거능력이 없다.

> • 긍정설에 따른 해설 - 생각건대 긴급체포의 긴급성에 비추어 볼 때 야간의 긴급압수의 필요성을 부인할 수 없으므로 법원의 영장을 발부받은 경우에는 그 증거능력을 긍정하는 긍정설이 타당하다. 따라서 사안에서 압수된 신용카드는 형사소송법 제219조에 의하여 준용되는 제125조의 야간압수 제한을 준수하지 못하였지만, 사후영장을 발부받아 하자가 치유되었으므로 증거능력이 있다.

甲은 A를 살해하기 위하여 A의 집 앞에서 기다리다 준비한 식칼로 그의 옆구리를 찔렀다. A는 피를 흘리며 쓰러지면서 현금 10만 원과 신용카드가 들어있는 지갑을 떨어뜨렸다. 甲이 재차 A를 식칼로 찌르려는 순간 우연히 뒤에서 걸어오던 B는 범행을 막기 위해 큰 소리를 지르면서 甲을 발로 찼고, 이로 인하여 甲은 전치 3주의 치료를 요하는 상처를 입은 채 도주하였다. 그 후 B는 甲이 범행에 사용한 식칼과 A가 떨어뜨린 지갑을 현장에서 발견하여 보관하다가, 출동한 사법경찰관 P에게 식칼만 넘겨주었다. 응급차가 신속히 도착하여 A는 생명을 구하였다. 검사 K는 P가 확보한 식칼을 증거로 제출하였다. 甲에 대한 재판에서 법원은 이 식칼을 유죄의 증거로 사용할 수 있는가? (10점)

[2020 2차 변형]

1. 제218조의 영치

형사소송법 제218조는 '검사, 사법경찰관은 피의자 기타인의 유류한 물건이나 소유자, 소지자 또는 보관자가 임의로 제출한 물건을 영장없이 압수할 수 있다'라고 하여 대물적 강제수사인 압수의 한 태양으로서의 영치를 규정하고 있다.

2. 사안의 해결

사안에서의 식칼은 A가 떨어뜨리고 간 유류물이며, B는 이를 발견하여 보관하고 있었으므로 적법한 보관자이며, 식칼을 사법경찰관 P에게 제출한 것은 임의제출이므로 적법하게 압수된 것이다. 그리고 영치의 경우에는 사후영장도 필요없으므로 식칼은 적법하게 획득한 증거로써 증거능력이 있다.

> • 채점기준표에 따른 해설이다.

절도죄를 범한 甲은 피해자 A에 의해 현행범으로 체포되었고. 경찰관 P는 甲을 인계받아 경찰차에 태운 후 甲이 제출한 신분증으로 신분조회를 하고 있었다. 그런데 P가 신분조회를 하는 틈을 이용하여, 甲은 자신이 소지하고 있던 전자충격기로 P에게 충격을 가하여 기절시킨 후 도주하였다. 얼마 후 의식을 회복한 P는 甲이 도주하는 과정에서 떨어뜨리고 간 휴대전화를 압수하였다. P가 甲의 휴대전화를 압수한 조치가 적법한지 여부를 서술하시오. (10점)

[2017 변시]

1. 논의점

사안에서 사법경찰관 P는 甲의 휴대전화를 영장없이 압수하고 있다. 이러한 영장없는 압수가 적법한지에 대하여는 형사소송법 제218조의 영치에 해당하는지 문제 된다.

2. 제218조의 영치의 해당 여부

형사소송법 제218조에서는 '검사, 사법경찰관은 피의자 기타인의 유류한 물건이나 소유자, 소지자 또는 보관자가 임의로 제출한 물건을 영장없이 압수할 수 있다'고 규정하고 있다. 그리고 이러한 영치의 경우에는 피의자 등에게 강제력을 행사하는 것이 아니므로 영장주의의 예외인 압수이면서도 사후영장을 요구하고 있지 않다.

3. 사안의 해결

사안에서 P는 현행범으로 체포된 甲을 인계받는 과정에서 甲의 뜻밖의 폭행으로 기절하였고, 그 과정에서 甲이 떨어뜨리고 간 휴대전화를 압수한 것은 피의자가 유류한 물건을 압수한 것이므로 이는 영치에 해당한다. 따라서 영치의 요건을 구비하였으므로 사후에 이에 대한 사후영장을 발부받지 않았어도 적법하다.

> • 영치는 영장없는 압수의 가장 특칙이 되고 사안에서는 영치가 성립하므로 영치만 서술한다. 다만, 제216조 제3항의 범행현장에서의 압수를 적어준다면 가점 사항이 될 수는 있을 것이다.

070

수뢰죄로 유죄판결을 받아 징역형이 집행 중이던 甲은 출소 이후 증뢰자인 乙을 위협하여 돈을 뜯어낼 생각으로 교도소에서 자신이 알고 있는 乙의 뇌물제공과 관련한 사실을 비망록에 기록한 후 이를 교도관 丙에게 맡겨 놓았다. 그런데 丙은 甲이 맡긴 비망록을 甲의 동의 없이 사법경찰관 P에게 임의로 제출하였고, P는 이를 영장없이 압수하였다. 이후 乙이 체포되어 기소된 경우 이 비망록은 乙의 공소사실을 입증하기 위한 증거로 사용할 수 있는가? (10점)   [2017 3차 변형]

1. 영치의 적법성

판례에 의하면 교도관이 재소자가 사생활의 비밀 기타 인격적 법익이 침해되는 등의 특별한 사정이 없는 한 그 재소자의 동의가 없더라도 영치를 할 수 있다고 하므로 사안에서 교도관이 甲의 동의없이 비망록을 임의제출하여 사법경찰관이 이를 압수한 것은 적법하다.

2. 전문법칙의 적용

사안에서의 비망록은 전문증거이므로 전문법칙의 예외에 해당하여야 한다. 따라서 기본적으로 제318조 제1항에 의해 乙의 동의가 있으면 증거능력이 인정된다. 乙이 부동의하는 경우에 비망록은 수사과정에서 작성된 것이 아니므로 제313조가 적용된다. 그리고 피고인 乙이 아닌 甲의 비망록이므로 제313조 제1항 본문에 따라 자필로 작성된 것으로서 ① 제313조 제1항 본문에 따라 甲이 성립의 진정을 인정하거나 ② 甲이 성립의 진정을 부인하는 경우에는 제313조 제2항에 따라 과학적 분석결과에 기초한 디지털포렌식 자료, 감정 등 객관적 방법으로 성립의 진정함이 증명되고, 乙의 반대신문권이 보장되면 증거능력이 인정된다.

071

甲은 야간에 혼자 걸어가는 여성 A를 발견하고 A의 핸드백에서 몰래 꺼낸 전자충격기로 A를 협박하며 강간하려다가 A가 애원하자 양심의 가책을 느끼고 강간을 포기하면서 그 전자충격기를 가지고 도망하였다. 그러나 A는 저항하는 과정에서 2주의 치료를 요하는 상해를 입었다. 이후 사법경찰관 P는 甲을 적법하게 체포하면서 甲으로부터 위 전자충격기를 임의로 제출받아 압수하였으나 사후에 영장을 발부받지는 않았다. 甲이 위 전자충격기를 증거로 함에 부동의한 경우, 위 전자충격기를 유죄의 증거로 사용할 수 있는가? (10점)   [2021 3차 변형]

1. 체포과정에서의 영치의 적법 여부

체포과정에서 영장없는 압수를 하는 경우에 제216조 제1항 2호에 의한 압수 이외에 제218조에 의한 영치가 가능한지 문제 된다. 이에 대하여는 ① 영장주의를 강조하고 인권침해의 소지를 방지하기 위하여 부정하는 부정설도 있지만, ② 판례는 체포과정에서 소지자 등이 임의로 제출하는 물건에 대한 영치가 가능하다는 긍정설의 입장이다. 생각건대 임의로 제출하는 경우까지 허용되지 않는다고 볼 이유는 없으므로 긍정설이 타당하며, 이러한 긍정설에 따르면 위의 전자충격기는 영치의 대상이 된다.

2. 위법소지자의 임의제출의 적법 여부 및 사안의 해결

사안에서 비록 전자충격기에 대한 甲의 소지가 위법하지만, 임의제출의 경우에는 반드시 적법한 권리자일 필요가 없으므로 甲이 임의제출한 전자충격기는 증거로 할 수 있다. 그리고 영치의 경우에는 사후에 영장을 받을 필요가 없으므로 사후영장을 받지 않았어도 전자충격기는 증거능력이 인정된다.

> • 2.의 해설에 대한 채점기준표에서의 근거가 되는 판례로 교도관이 임의제출한 판례인 2008도1097을 들고 있으나, 이는 사안을 달리하는 경우라 원용하기 어렵다고 판단된다.

072

사법경찰관 P는 ○○아파트 관리소장 甲의 리베이트 수수 횡령 사실(제1사건)의 영장 집행 중 甲이 ○○아파트의 공금 2,000만 원을 자신의 중고자동차 구입에 사용하여 횡령한 사실(제2사건)을 추정케 하는 입출금전표를 우연히 발견하고 이를 압수하였다. 그런데 그 후 P는 甲에게 그 입출금전표를 환부한 후 다시 제출받은 경우, 위 입출금전표를 甲의 제2사건 범행을 입증하기 위한 증거로 사용할 수 있는 요건은 무엇인가? (10점)

[2017 변시]

1. 별건압수로서의 위법수집증거

(1) 사안에서의 공금 2,000만 원을 횡령한 것은 리베이트를 빙자하여 횡령한 사안과 별개의 사안이다. 따라서 입출금전표를 우연히 발견하고 이를 압수한 것은 별건압수로서 위법하여 위법수집증거가 되어 그 증거능력이 없는 것이 원칙이다.

(2) 그런데 사안에서는 이를 막바로 증거로 제출한 것이 아니라 환부한 후 다시 임의제출받은 경우이므로 이를 증거로 사용할 수 있는지가 문제 되지만, 최근 판례는 일정한 요건하에 이를 긍정하고 있다.

2. 위법수집증거의 환부 후 임의제출이 적법하기 위한 요건

(1) 인과관계의 단절

판례에 따르면 위법하게 수집한 증거물을 환부한 후 임의제출받은 물건에 대하여 증거능력을 인정하기 위해서는 증거를 압수한 최초의 절차 위반행위와 최종적인 증거수집 사이의 인과관계가 단절되었다고 평가할 수 있어야 한다.

> • 이 부분의 판례법리는 마치 독수독과의 원칙에 대한 예외를 인정하는 판례법리와 유사하다.

(2) 제출의 임의성

판례에 따르면 환부 후 다시 제출하는 과정에서 수사기관의 우월적 지위에 의하여 임의제출 명목으로 실질적으로 강제적인 압수가 행하여질 수 있으므로, 제출에 임의성이 있다는 점에 관해서는 검사가 합리적 의심을 배제할 수 있을 정도로 증명하여야 그 증거능력을 인정할 수 있다.

073

甲은 A의 집에서 A를 살해한 후 A의 시계를 발견하자 이를 가지고 나와 영득하였다. 사건을 수사하던 사법경찰관 P는 현장 DNA로 甲의 혐의를 확인하였다. 그 후 사법경찰관 P는 연락이 되지 않는 甲의 주거지로 찾아가 탐문수사를 하던 중 귀가하던 甲을 우연히 발견하고 도주하려는 甲을 주거지 앞에서 적법하게 긴급체포하는 경우, 甲의 주거지 안에 있는 A의 시계에 대한 압수방안에 관하여 모두 검토하시오. (15점)

[2023 변시]

1. 乙의 임의제출

사안에서 긴급체포된 乙이 범행 등을 순순히 인정하면서 乙의 주거지 안에 있는 A의 시계를 임의제출하는 경우 이를 압수할 수 있다.

2. 제216조 제1항 제2호에 의한 압수

제216조 제1항 제2호에 따른 체포현장에서의 압수에서 체포현장의 범위에 대하여 체포행위에 시간적·장소적으로 접착되어 있으면 족하며 체포의 전후를 불문한다는 시간·장소적 접착설을 따를 경우에는 乙을 체포한 장소가 乙의 주거지 앞이므로 乙의 주거지와 시간·장소적 접착되어 있으므로 영장없는 압수를 할 수 있다. 단, 지체없이 또는 체포한 후 48시간 이내에 사후영장을 받아야 한다.

3. 제217조 제1항에 의한 압수

사안에서 乙을 적법하게 긴급체포하였으므로 제217조 제1항에 따라 체포한 때로부터 24시간 이내에 영장없이 A의 시계를 압수할 수 있다. 단, 지체없이 또는 체포한 후 48시간 이내에 사후영장을 받아야 한다.

4. 제215조에 따른 압수

사안에서 긴급체포된 乙의 주거지 안에 있는 A의 시계에 대한 영장을 발부받아 이를 압수할 수 있다. 따라서 사법경찰관 K는 검사에게 신청하여 법원으로부터 발부받은 영장에 의하여 A의 시계를 압수할 수 있다.

074

甲은 乙 소유의 가발을 착용한 채로 A(여)를 특수강간치상하였다. 그 후 수사가 시작되어 사법경찰관 P는 甲의 집에서 범행에 쓰인 가발을 적법하게 압수하였다. 가발의 소유자인 乙이 가발을 돌려받으려고 하는 경우 乙이 취할 수 있는 조치는? (10점)

[2019 1차 변형]

1. 압수장물의 피해자 환부

사안에서 가발은 甲이 乙에게 절취한 장물이므로 소유자 乙이 이를 돌려받으려고 하는 경우에는 제219조에 의하여 준용되는 제134조에 의하여 수사기관의 결정으로 반환할 수 있다. 다만, 사경의 경우에는 제219조 단서에 의하여 검사의 지휘를 받아야 한다.

2. 증거물의 환부와 가환부

사안에서 乙이 가발의 소유자이므로 제218조의2 제1항에 환부 또는 가환부를 청구할 수 있다. 따라서 乙의 청구가 있는 경우에 사법경찰관은 증거물인 乙의 가발에 대하여 따른 사본을 확보한 경우 등 압수를 계속할 필요가 없다고 인정할 때에는 검사의 지휘를 받아 환부 또는 가환부 할 수 있다. 그리고 사경이 이를 거부하는 경우에는 乙이 제218조의2 제2항과 제3항에 따라 검찰청에 대응하는 법원에 압수물의 환부를 청구할 수 있으며, 법원의 결정이 있으면 환부 또는 가환부를 하여야 한다.

075

甲은 훔친 보석을 친구 乙에게 모든 사정을 말하면서 보관시켰다. 乙은 보관하던 다이아몬드 반지를 A에게 팔려고 반지를 보여주며 흥정을 하는 도중 사전에 밀수품 매매 정보를 입수한 경찰관 P에 의해 현장에서 체포되었고 다이아몬드 반지는 압수되었다. P는 체포된 乙의 관세법위반 혐의에 대하여 수사하였으나 밀수품 여부를 확인할 수 없었다. P는 乙로부터 "다이아몬드 반지에 대하여 어떠한 권리나 소유권을 주장하지 않을 것을 서약한다"는 각서를 받았고, 그다음 날 乙은 석방되었다. 사건을 송치받은 검사 K는 밀수품 여부를 밝혀낼 수 없게 되자, 관세법위반죄에 대하여 기소중지 처분을 하면서 다이아몬드 반지에 대하여는 계속 보관 결정을 하였다. 乙이 다이아몬드 반지를 돌려 받을 수 있는 방법과 근거에 대하여 검토하시오. (20점)

[2012 3차 변형]

1. 문제의 제기

사안에서 乙이 다이아반지의 소유권을 포기하고 있는바 ① 피의자가 소유권을 포기한 경우에도 환부청구권을 긍정할 수 있는지 ② 기소중지의 경우에도 검사는 압수물을 계속 보관할 수 있는지 문제 된다.

2. 환부청구권의 긍정 여부

(1) 피의자가 소유권을 포기하겠다는 의사표시를 한 경우에도 환부청구권을 긍정할 수 있는지에 대하여 ① 환부청구권도 개인적 공권이지만 처분할 수 있다는 점을 근거로 환부청구권을 인정할 수 없다는 부정설과 ② 환부청구권은 개인적 공권이므로 처분할 수 없다는 점을 근거로 환부청구권을 긍정할 수 있다는 긍정설이 대립하고 있다.

(2) 판례에서 전합의 다수의견은 '피압수자등 환부를 받을 자가 압수후 실체법상의 권리를 상실하더라도 수사기관의 압수물 환부의무에는 아무런 영향이 없고 수사기관에 대한 환부청구권 포기의 의사표시는 효력이 없어 그로써 수사기관의 필요적 환부의무가 면제되지 않으므로 수사도중의 권리포기로 피압수자의 압수물 환부청구권은 소멸하지 아니한다'라고 하여 환부청구권 긍정설의 입장이다.

(3) 이러한 환부청구권 긍정설의 입장에 따르면 검사는 乙에게 다이아몬드 반지를 반환할 의무가 있다.

3. 기소중지와 압수물의 환부

(1) 사안과 같이 기소중지의 경우에도 압수물을 환부해야 하는지에 대하여는 ① 피의자의 소재발견 시 수사상 필요와 몰수대상물의 확보라는 관점에서 압수계속의 필요성을 인정해야 한다는 부정설 ② 입증부족으로 기소하지 못하는 것은 수사기관의 책임이므로 법적 근거가 있는 경우를 제외하고는 환부하여야 한다는 긍정설이 대립하고 있다.

(2) 이에 대해 판례는 ① 압수물이 범죄로 인한 것임이 확실한 경우에는 환부불필요설을 따르고 ② 범행 자체가 분명치 않은 경우에는 환부필요설의 입장을 따르고 있다.

(3) 생각건대 법률상 처벌할 수 없는 자에 대하여 임의로 재산권을 박탈하는 것은 사실상 수사기관에게 임의의 몰수를 허용하는 결과가 되어 부당하므로 환부필요설이 타당하다.

4. 압수물 반환청구권의 행사와 거부에 대한 불복방법과 근거

사안에서 乙의 압수물환부청구권은 소멸되지 아니하므로 제218조의2 제1항에 따라 검사에게 다아아몬드 반지의 반환을 청구할 수 있으며, 검사가 이를 거부하는 경우에는 제218조의2 제2항에 의하여 법원에게 환부결정을 청구할 수 있으며, 법원이 환부 또는 가환부를 결정하면 검사는 B에게 압수물을 환부 또는 가환부하여야 한다.

> • 조금 오래된 전합 판례 문제이지만, 정리해 두는 것이 바람직하다.

076

검사 K는 압수 · 수색영장을 발부받아 공무원인 피의자 甲이 범행에 사용한 컴퓨터를 적법하게 검찰청으로 반출한 다음 그 컴퓨터에서 甲의 범죄행위와 관련된 정보를 탐색하고자 한다. 甲이 K의 탐색과정에 참여하겠다는 의사를 표시하였다면, K는 甲을 참여시켜야 하는지 설명하시오. (15점)　　　　[2018 2차 변형]

1. 논의점

사안에서 검사 K는 甲의 컴퓨터에서 정보만을 압수하는 것이 아니라 컴퓨터 전체를 적법하게 압수하여 컴퓨터에서 해당 정보를 탐색하려고 한다. 이러한 탐색이 어떠한 법적 성질을 지니는지와 참여권에 대하여 검토한다.

2. 탐색의 법적 성질

정보저장매체에서의 정보를 탐색하는 부분의 성질에 대하여는 ① 수색설 ② 수색 · 검증설 ③ 압수물 확인행위설 등이 대립하고 있지만, ④ 판례는 압수한 정보저장매체 또는 이미징 사본의 정보를 탐색하여 해당 부분의 파일을 복사하거나 해당 부분을 출력하는 과정을 '전체적으로 하나의 영장에 기한 압수 · 수색의 일환'으로 보고 있다. 따라서 이러한 판례의 입장에 따르면 탐색 과정도 압수를 집행하는 과정이다.

3. 압수에서의 참여권의 보장

형사소송법 제121조에 의하면 당사자는 압수 · 수색영장의 집행에 참여할 수 있으며, 이를 위하여 제122조에서는 압수수색영장을 집행함에는 당사자가 참여하지 아니한다는 의사를 명시한 때 또는 급속을 요하는 때를 제외하고는 미리 당사자에게 집행의 일시와 장소를 통지하도록 하고 있다.

4. 사안의 해결

사안에서는 甲이 검사 K의 탐색과정에 참여하겠다는 의사를 표시하였으므로 검사 K는 甲을 참여시킨 후 탐색을 하여야 한다.

甲은 A에 대하여 공갈미수죄와 성폭법 제14조의3 제2항 위반미수죄를 범하였다. A의 신고를 받은 경찰관 P는 수사를 거쳐 甲의 인적사항 등을 파악하였고, 공갈미수죄와 성폭법 제14조의3 제2항 위반미수죄를 범죄사실로 하는 압수수색영장을 발부받아 甲의 휴대전화를 압수하였다. ㈎ 경찰관 P는 甲의 휴대전화에서 발견된 甲과 乙의 성관계 동영상 파일을 CD에 복사하여 기록에 편철하였다. 공판에서 甲이 디지털포렌식 과정에서의 절차 위반을 주장하면서 증거 부동의를 하는 경우 CD에 저장된 동영상 파일은 어떠한 요건을 갖추어야 증거능력이 인정되는가? (10점) ㈏ 경찰관 P가 위 압수수색영장에 근거하여 압수한 甲의 휴대전화에서 甲이 乙과 통화하면서 B의 집에서 귀금속을 훔치자고 모의하는 내용의 녹음 파일을 발견한 경우 경찰관 P는 이 녹음 파일을 어떠한 방법으로 압수할 수 있는가? (10점) [2022 변시]

Ⅰ. (가)문 해설 (10점)

1. 당사자의 절차적 참여권 보장

판례에 의하면 사안과 같이 저장매체에 대한 압수·수색 과정에서 범위를 정하여 출력 또는 복제하는 방법이 불가능하거나 압수의 목적을 달성하기에 현저히 곤란한 예외적인 사정이 인정되어 전자정보가 담긴 저장매체 또는 복제본을 수사기관 사무실 등으로 옮겨 이를 복제·탐색·출력하는 경우에도, 그와 같은 일련의 과정에서 형사소송법 제219조, 제121조에서 규정하는 피압수·수색 당사자나 그 변호인에게 참여의 기회를 보장하고 혐의사실과 무관한 전자정보의 임의적인 복제 등을 막기 위한 적절한 조치를 취하는 등 영장주의 원칙과 적법절차를 준수하여야 한다.

2. 복사본의 증거능력 인정요건 - 동일성

판례에 의하면 사안과 같이 원본으로부터 복사한 사본일 경우에는 복사 과정에서 편집되는 등 인위적 개작없이 원본의 내용 그대로 복사된 사본임이 증명되어야만 하고, 그러한 증명이 없는 경우에는 쉽게 증거능력을 인정할 수 없다고 한다. 그리고 이러한 원본 동일성은 증거능력의 요건에 해당하므로 검사가 그 존재에 대하여 구체적으로 주장·증명해야 한다.

Ⅱ. (나)문 해설 (10점)

1. 새로운 압수·수색 영장의 발부

판례에 의하면 사안과 같이 혐의사실과 관련된 전자정보를 적법하게 탐색하는 과정에서 별도의 범죄혐의와 관련된 전자정보를 우연히 발견한 경우라면, 수사기관으로서는 더 이상의 추가 탐색을 중단하고 법원으로부터 별도의 범죄혐의에 대한 압수·수색 영장을 발부받은 경우에 한하여 그러한 정보에 대하여도 적법하게 압수·수색을 할 수 있다.

2. 적법절차의 준수

판례에 의하면 사안과 같은 경우에 별도의 영장을 발부받았더라도 별도의 압수·수색 절차는 최초의 압수·수색 절차와 구별되는 별개의 절차이므로 특별한 사정이 없는 한 그 피압수자에게 형사소송법 제219조, 제121조, 제129조에 따라 참여권을 보장하고 압수한 전자정보 목록을 교부하는 등 피압수자의 이익을 보호하기 위한 적절한 조치가 이루어져야 할 것이다.

甲은 乙에게 乙이 스스로 가슴을 만지는 사진을 촬영하여 甲에게 보내도록 하여 간접정범 형식으로 강제추행죄를 범하였다. 사법경찰관은 乙에 대한 범행에 대하여 甲이 임의제출한 甲의 휴대전화 2대의 전자정보를 탐색하다가 乙이 전송해준 동영상 등이 저장된 휴대전화가 아닌 다른 휴대전화에서 다른 피해자 A로부터 전송받은 1년 전 사진과 동영상을 발견하고 영장없이 A로부터 전송받은 사진과 동영상을 CD에 복제하였다. 검사는 乙 이외에 A를 피해자로 공소제기하였고, 이에 대한 공판과정에서 이 CD를 증거로 제출하였다. 이 CD는 甲의 A에 대한 범죄사실 인정에 있어서 증거능력이 있는가? (10점) [2022 3차 변형]

1. 임의제출한 휴대전화의 증거 압수 가능 범위

(1) 수사기관은 특정 범죄혐의와 관련하여 전자정보가 수록된 정보저장매체를 임의제출받아 그 안에 저장된 전자정보를 압수하는 경우 그 동기가 된 범죄혐의사실과 관련된 전자정보의 출력물 등을 임의제출받아 압수하는 것이 원칙이다. 그리고 범죄혐의사실과 관련된 전자정보인지를 판단할 때는 범죄혐의사실의 내용과 성격, 임의제출의 과정 등을 토대로 구체적·개별적 연관관계를 살펴볼 필요가 있다.

(2) 그런데 사안에서 乙에 대한 범죄혐의사실로 甲의 휴대전화를 압수한 경우 乙이 전송해 준 동영상 등이 저장된 휴대전화가 아닌 다른 휴대전화에서 다른 피해자 A로부터 전송받은 1년 전 사진과 동영상을 발견한 것은 乙의 범죄혐의사실과 구체적·개별적 연관관계가 있는 정보로 보기 어렵다.

2. 사안의 해결

사안에서 A에 대한 범행의 동영상은 乙의 범행과 구체적·개별적 연관관계가 없으므로 이를 영장없이 압수한 것은 위법한 압수이다. 따라서 A에 대한 범행의 동영상은 위법수집증거로써 증거능력이 없다.

甲의 여자친구 A는 甲이 잠이 든 A의 나체를 동의 없이 휴대전화를 이용하여 사진 촬영한 사실을 신고하면서 甲 몰래 가지고 나온 甲의 휴대전화를 사법경찰관 K에게 증거물로 제출하였다. K는 위 휴대전화를 압수한 후 A와 함께 휴대전화의 전자정보를 탐색하다가 A의 나체 사진 외에도 甲이 A와 마약류를 투약하는 장면이 녹화된 동영상을 발견하였고, 탐색을 계속하여 甲과 성명불상의 여성들이 마약류를 투약하는 장면이 녹화된 동영상을 발견하자 위 동영상들을 따로 시디(CD)에 복제하였다. 그 후 K는 위 시디(CD)에 대하여 영장을 발부받아 甲의 참여하에 이를 압수하였다. 甲이 위 동영상들과 관련된 범죄사실로 공소제기된 경우 甲의 변호인의 입장에서 위 시디(CD)의 증거능력을 부정할 수 있는 근거를 모두 제시하시오. (15점) [2023 변시]

1. 임의제출의 위법

제218조의 임의제출은 소유자, 소지자, 보관자만이 할 수 있다. 그런데 사안에서 A는 甲의 휴대전화에 대한 소유자, 소지자, 보관자가 아니어서 甲의 휴대전화를 임의제출할 수 없으므로 甲의 휴대전화는 증거능력이 없다.

> • 판례에서는 이 부분을 언급하고 있지 않지만, 문제의 취지가 증거능력을 부정할 수 있는 근거를 모두 제시하라고 하고 있으므로 설시하여 둔다.

2. 임의제출물의 압수의 범위 제한 위법

수사기관은 특정 범죄혐의와 관련하여 전자정보가 수록된 정보저장매체를 임의제출받아 그 안에 저장된 전자정보를 압수하는 경우 그 동기가 된 범죄혐의사실과 관련된 전자정보의 출력물 등을 임의제출받아 압수하는 것이 원칙이다. 따라서 사안에서 사법경찰관 K가 甲의 휴대전화인 정보저장매체 전체를 압수한 것은 위법하므로 증거능력이 없다.

3. 당사자의 참여권의 보장 미비 위법

수사기관이 피의자로부터 범죄혐의사실과 관련된 전자정보와 그렇지 않은 전자정보가 섞인 매체를 임의제출 받아 사무실 등지에서 정보를 탐색·복제·출력하는 경우 피의자나 변호인에게 참여의 기회를 보장하고 압수된 전자정보가 특정된 목록을 교부해야 한다. 따라서 사안에서 사법경찰관 K가 甲의 휴대전화를 탐색할 때 甲이나 甲의 변호인을 참여시키지 않은 것은 위법하므로 증거능력이 없다.

4. 정보저장매체 탐색 중 별도의 범죄혐의와 관련된 전자정보를 우연히 발견한 경우의 위법

임의제출된 전자정보에 대한 압수·수색이 종료되기 전에 범죄혐의사실과 관련된 전자정보를 적법하게 딤색하는 과정에서 별도의 범죄혐의와 관련된 전자정보를 우연히 발견한 경우라면, 수사기관은 더 이상의 추가 탐색을 중단하고 법원으로부터 별도의 범죄혐의에 대한 압수·수색영장을 발부받아야 한다. 그런데 사안에서 사법경찰관 K는 별도의 증거를 우연히 발견하였음에도 추가 탐색을 계속한 것은 위법하므로 증거능력이 없다.

5. 사후영장에 의한 위법성의 치유 불가

수사기관이 피압수자 측에게 참여의 기회를 보장하거나 압수한 전자정보 목록을 교부하지 않는 등 영장주의 원칙과 적법절차를 준수하지 않은 위법한 압수·수색 과정을 통하여 취득한 증거는 위법수집증거에 해당하고, 사후에 법원으로부터 영장이 발부되었다거나 피고인이나 변호인이 이를 증거로 함에 동의하였다고 하여 위법성이 치유되는 것도 아니다. 따라서 사안에서 사법경찰관 K가 별건의 마약류를 투약 사건에 대한 증거를 시디(CD)에 복제한 후 사후에 위 시디(CD)에 대하여 영장을 발부받아 甲의 참여하에 이를 압수하더라도 위법성은 치유되지 않으므로 증거능력이 없다.

유제

甲이 자신을 죽이려했다는 乙의 신고를 받은 경찰관 P는 甲을 긴급체포하면서 甲의 휴대폰을 압수하여 사무실에 돌아온 직후 혼자서 살인 관련 정보를 탐색·복제·출력하는 과정에서 뇌물 관련 엑셀파일을 우연히 발견하여 이를 출력하고 CD에 복사한 후 사후 압수·수색영장을 발부 받았다. 경찰관 P가 발견한 뇌물 관련 엑셀파일 출력물의 증거능력 유무를 논하시오. (20점)
[2023 1차 변형]

080

경찰관 P는 현장 부근 CCTV 영상에서 지갑을 건네받는 乙을 발견하고, 乙의 가담 여부를 확인하기 위하여 절도 혐의에 관한 영장을 발부받아 甲의 휴대전화를 압수하여 이를 적법하게 포렌식하였다. 그 과정에서, 甲이 2020. 5. 20. 15세인 C에게 C 자신의 신체 일부를 노출한 사진을 촬영하도록 하였고, 2020. 6. 15. 14세인 D에게 D 자신의 신체 전부를 노출한 동영상을 촬영하도록 하는 등 2023. 2. 10.까지 14~16세의 피해자 100명에게 피해자 자신의 신체의 전부 또는 일부를 노출한 사진과 동영상을 촬영하도록 하여 총 1,000개의 아동·청소년성착취물인 사진과 동영상을 제작한 사실도 밝혀졌다.

甲의 휴대전화에 저장되어 있는 아동·청소년성착취물을 아동·청소년의성보호에관한법률위반 범행의 유죄 증거로 사용하기 위한 요건은? (10점)

[2024 변시]

1. 별도의 영장의 발부

판례는 '전자정보에 대한 압수·수색이 종료되기 전에 혐의사실과 관련된 전자정보를 적법하게 탐색하는 과정에서 별도의 범죄혐의와 관련된 전자정보를 우연히 발견한 경우라면, 수사기관으로서는 더 이상의 추가 탐색을 중단하고 법원으로부터 별도의 범죄혐의에 대한 압수·수색 영장을 발부받은 경우에 한하여 그러한 정보에 대하여도 적법하게 압수·수색을 할 수 있다고 할 것이다.'라고 하고 있다. 따라서 사법경찰관 P는 별도의 영장을 발부받아 청소년성보호법 위반 관련 증거를 압수할 수 있다.

2. 적법절차의 준수

판례는 사안과 같은 경우 '특별한 사정이 없는 한 그 피압수자에게 형사소송법 제219조, 제121조, 제129조에 따라 참여권을 보장하고 압수한 전자정보 목록을 교부하는 등 피압수자의 이익을 보호하기 위한 적절한 조치가 이루어져야 할 것이다.'라고 하고 있다. 따라서 사법경찰관 P는 당사자인 甲을 참여시키고 압수목록 등을 교부하여야 한다.

081

직장인 甲은 회사에서 불미스러운 사건으로 퇴사 조치를 당하여, 심각한 우울증에 빠져 필로폰을 투약하였다. 甲의 필로폰 투약에 대해 제보를 받은 사법경찰관 P는 압수·수색·검증영장을 발부받아 적법한 절차에 따라 甲의 아파트를 수색하여 사용 흔적이 있는 주사기 4개를 압수하고, 위 영장에 따라 소변과 모발을 제출하도록 甲을 3시간가량 설득하였다. 그러나 甲이 계속 거부하면서 자해를 하려 하자, P는 자해를 방지하기 위하여 甲을 제압하고 수갑과 포승을 채운 뒤 강제로 병원 응급실로 데리고 가서 당직의사로 하여금 甲의 신체에서 소변(30cc)을 채취하도록 하여 이를 압수하였다. P의 甲의 소변(30cc) 채취의 적법성을 검토하시오. (15점)

[2020 2차 변형]

1. 강제채뇨의 적법성

강제채뇨가 허용될 수 있는지에 대하여 논의가 있으나 일반적으로 ① 증거보전의 필요성 ② 증거로서의 중요성 ③ 달리 증거를 수집할 방법이 없는 보충성 ④ 전문가가 행한다는 상당성이 인정된다면 이를 허용하고 있다. 따라서 사안의 경우에는 이러한 요건을 구비하였다고 평가되므로 강제채뇨는 허용될 수 있다.

2. 강제채뇨를 위한 압수 · 수색영장의 적법성

강제채뇨를 위한 영장에 대하여는 ① 압수 · 수색영장설 ② 검증영장설 ③ 압수 · 수색영장과 감정처분허가장 병용설 ④ 검증영장과 감정처분허가장 병용설이 대립하고 있지만, ⑤ 최근 판례에서는 감정허가장 또는 압수 · 수색영장으로 할 수 있다고 판시하고 있다. 따라서 사안에서 강제채뇨를 위하여 압수 · 수색 영장을 발부받은 것은 적법하다.

3. 병원으로 데려간 행위의 적법성

사안에서 압수 · 수색영장을 집행하기 위하여 甲을 병원으로 데려간 행위의 적법성이 문제 된다. 판례에 의하면 '압수 · 수색의 방법으로 소변을 채취하는 경우 압수대상물인 피의자의 소변을 확보하기 위한 수사기관의 노력에도 불구하고, 피의자가 인근 병원 응급실 등 소변 채취에 적합한 장소로 이동하는 것에 동의하지 않거나 저항하는 등 임의동행을 기대할 수 없는 사정이 있는 때에는 수사기관으로서는 소변 채취에 적합한 장소로 피의자를 데려가기 위해서 필요최소한의 유형력을 행사하는 것이 허용된다. 이는 형사소송법 제219조, 제120조 제1항에서 정한 '압수 · 수색영장의 집행에 필요한 처분'에 해당한다고 보아야 한다'고 판시하고 있다. 따라서 이러한 판례의 태도에 의하면 사안에서 사법경찰관 P가 甲을 강제로 병원으로 데려간 행위는 적법하다.

4. 수갑과 포승 사용의 적법성

사안에서 사법경찰관 P가 甲에게 수갑과 포승을 채운 행위의 적법성이 문제될 수 있다. 이에 대하여 판례는 '경찰관직무집행법 제10조 제1항, 제10조의2 제1항 제2호, 제3호, 제2항 등에 따르면, 경찰관은 직무수행 중 자신이나 다른 사람의 생명 · 신체의 방어와 보호, 공무집행에 대한 항거 제지를 위하여 필요하다고 인정되는 상당한 이유가 있을 때에는 그 사태를 합리적으로 판단하여 필요한 한도에서 수갑, 포승, 경찰봉, 방패 등 경찰장구를 사용할 수 있다'라고 하고 있다. 따라서 사안에서 사법경찰관 P가 甲의 항거 제지와 자해를 하는 것을 방지하기 위하여 수갑과 포승을 사용한 것이므로 적법하다.

5. 사안의 해결

사안에서 사법경찰관 P의 강제채뇨 행위는 전체적으로 적법하다.

> • 실제 시험에서는 판례의 내용을 상당히 축약하여야 할 것이다.

甲은 술을 마신 후 혈중알콜농도 0.15%의 상태에서 승용차를 운전해 가다가 도로 옆 웅덩이에 빠졌다. 마침 지나가던 乙이 현장에서 1km가량 떨어진 병원 응급실에 甲을 후송한 다음 경찰에 신고하였다. 신고를 받고 곧바로 출동한 경찰관 P는 응급실에 누워있는 甲의 옷에서 술 냄새가 강하게 나고 있음을 인지하였다. P가 甲의 도로교통법위반(음주운전)죄의 증거확보를 위하여 영장없이 甲의 신체에서 혈액을 적법하게 확보 할 수 있는 방법을 설명하시오. (20점)

[2013 2차 변형]

1. 서 언

사안에서 경찰관 P가 甲에 대하여 영장없이 혈액을 채취하여 혈중알콜농도를 감정하려고 한다. 이와 관련하여 경찰관이 취할 수 있는 가능한 조치는 ① 임의수사로서의 방법과 ② 강제수사 중 영장주의의 예외인 제216조 제1항 제2호, 제216조 제3항, 제218조 등이 있다.

2. 甲의 동의가 있는 경우

음주측정을 하기 위하여 혈액을 채취하려는 경우 甲의 동의가 있으면 이는 임의수사로서 가능하므로 甲의 동의를 얻어 의사 등으로 하여금 혈액을 채취하도록 한 후 이를 증거로 할 수 있을 것이다.

3. 甲의 동의가 없는 경우

(1) 제216조 제1항 제2호의 적용

사안에서 경찰관 P가 甲을 현행범으로 체포하는 경우에는 제216조 제1항 제2호에 따라 영장없이 압수할 수 있다. 사안에서 甲의 신체 내지 의복류에 주취로 인한 냄새가 강하게 나는 등 형사소송법 제211조 제2항 제3호가 정하는 범죄의 증적이 현저한 준현행범인으로서의 요건이 갖추어져 있다고 볼 수 있어 경찰관 P가 甲을 현행범으로 체포하는 경우에는 영장없이 의사 등의 도움을 얻어 혈액을 압수할 수 있다. 이 경우에 제217조 제2항에 따른 지체없이 사후에 영장을 청구하여야 할 것이다. 긴급체포의 경우에도 동일한 논의가 가능하나, 긴급체포의 요건이 구비되어야 할 것이다.

(2) 제216조 제3항 적용

교통사고 발생 시각으로부터 사회통념상 범행 직후라고 볼 수 있는 시간 내라면, 피의자의 생명·신체를 구조하기 위하여 사고현장으로부터 곧바로 후송된 병원 응급실 등의 장소는 형사소송법 제216조 제3항의 범죄장소에 준한다고 할 것이다. 따라서 사안의 경우에 이러한 요건이 갖추어졌다면 제216조 제3항에 따라 영장없는 압수가 가능하다. 이 경우에도 사후에 지체없이 영장을 발부받아야 할 것이다.

(3) 치료목적으로 채혈한 혈액의 임의제출

사안에서 甲을 치료하는 의료인이 치료목적으로 혈액을 채취하여 소유, 소지, 보관하고 있는 경우에 경찰관은 제218조에 따라 이러한 의료인들로부터 임의제출을 받아 혈액을 확보할 수 있다. 판례도 경찰관이 간호사로부터 진료 목적으로 이미 채혈되어 있던 피고인의 혈액 중 일부를 주취운전 여부에 대한 감정을 목적으로 임의로 제출받아 이를 압수한 사안에서 당시 간호사에게 혈액을 경찰관에게 임의로 제출할 수 있는 권한이 없었다고 볼 특별한 사정이 없는 이상 이러한 방법도 허용되는 것으로 보고 있다.

甲은 음주상태에서 교통사고를 범한 후 병원으로 급히 이송되었다. 의식을 잃고 누워있는 甲에게서 술 냄새를 맡은 응급실 당직의사 D는 그 사실을 경찰에 신고하였다. 출동한 경찰관 P는 A에게서 술 냄새가 심하게 나자 D에게 甲의 혈액채취를 요청하였고, D는 혈액을 채취하여 P에게 넘겨주었다. 위 혈액 감정 결과, 甲의 운전 당시 혈중알코올농도는 0.18%였던 것으로 확인되었다. 위 혈액감정결과를 甲의 음주운전 혐의를 입증할 증거로 사용할 수 있는가? (15점)

[2021 3차 변형]

1. 논의점

사안에서 혈액감정결과가 증거능력이 인정되기 위해서는 경찰관 P가 당직의사 D에게 혈액채취를 요구한 행위가 적법하여야 한다. 그런데 사안에서 甲은 교통사고 후 의식을 잃고 누워있었으므로 甲의 동의를 받거나 현행범으로 체포하기도 어려운 상황이므로 범죄장소에서의 영장없는 압수에 해당하는지 문제된다.

2. 판례의 법리

판례는 '음주운전 중 교통사고를 야기한 후 피의자가 의식불명 상태에 빠져 있는 등으로 도로교통법이 음주운전의 제1차적 수사방법으로 규정한 호흡조사에 의한 음주측정이 불가능하고 혈액 채취에 대한 동의를 받을 수도 없을 뿐만 아니라 법원으로부터 혈액채취에 대한 감정처분허가장이나 사전 압수영장을 발부받을 시간적 여유도 없는 긴급한 상황이 생길 수 있다. 이러한 경우 피의자의 신체 내지 의복류에 주취로 인한 냄새가 강하게 나는 등 형사소송법 제211조 제2항 제3호가 정하는 범죄의 증적이 현저한 준현행범인의 요건이 갖추어져 있고 교통사고 발생 시각으로부터 사회통념상 범행 직후라고 볼 수 있는 시간 내라면, 피의자의 생명·신체를 구조하기 위하여 사고현장으로부터 곧바로 후송된 병원 응급실 등의 장소는 형사소송법 제216조 제3항의 범죄 장소에 준한다고 할 것이므로, 검사 또는 사법경찰관은 피의자의 혈중알코올농도 등 증거의 수집을 위하여 의료법상 의료인의 자격이 있는 자로 하여금 의료용 기구로 의학적인 방법에 따라 필요최소한의 한도 내에서 피의자의 혈액을 채취하게 한 후 그 혈액을 영장없이 압수할 수 있다. 다만, 이 경우에도 형사소송법 제216조 제3항 단서, 형사소송규칙 제58조, 제107조 제1항 제3호에 따라 사후에 지체없이 강제채혈에 의한 압수의 사유 등을 기재한 영장청구서에 의하여 법원으로부터 압수영장을 받아야 한다,'라고 하고 있다.

3. 사안의 해결

이러한 판례의 법리에 따르면 사안에서 경찰관 P가 당직의사 D에게 혈액채취를 요구한 행위는 제216조 제3항의 범죄장소에서의 압수로 적법하고, 지체없이 사후영장을 받았다면 혈액감정결과는 증거능력이 인정된다.

검사 K는 甲의 음주운전과 위험운전치상 교통사고 현장을 목격한 일본인 A에게 참고인조사를 위해 출석을 요구하였으나, A는 불응하면서 일본으로 출국하려 하고 있다. 이 경우 K가 A의 진술을 확보하기 위해 취할 수 있는 조치는? (10점)

[2014 변시]

1. 서 언

현행법하에서 검사 K가 참고인 A의 진술을 확보할 수 있는 방안으로는 제184조의 증거보전과 제221조의2의 증인신문청구가 있다. 이하 개별적으로 검토한다.

2. 제184조의 증거보전

제184조의 증거보전을 하기 위해서는 ① 증거보전을 위하여는 증거를 보전하지 않으면 증거의 사용이 곤란할 것, 즉 증거보전의 필요성이 인정되어야 하며 ② 증거보전은 제1회 공판기일 전(모두절차가 끝난 때까지를 의미)에 한하여 할 수 있다.

3. 제221조의2 증인신문의 청구

제221조의2의 증인신문의 청구를 하기 위해서는 ① 참고인이 범죄수사에 없어서는 아니될 사실을 안다고 명백히 인정되는 자이어야 하며 ② 참고인이 출석 또는 진술을 거부하고 ③ 제1회 공판기일전이라는 요건이 충족되어야 한다.

4. 사안의 해결

사안에서 사건의 목격자인 A의 진술은 음주운전과 위험운전치상죄를 입증하기 위한 필요성이 있는 증거이며, A는 출석을 거부하면서 일본으로 출국하려고 하므로 증거보전의 필요성도 인정된다고 할 것이다. 따라서 검사 K는 제184조에 따른 증거보전이나 제221조의2에 따른 증인신문청구를 신청할 수 있다.

유제

검사 K는 피의자 甲의 수뢰 사건을 수사 중이다. K는 수뢰현장을 목격하였다고 판단되는 甲의 고향 후배 W가 甲의 보복이 두려워 사실대로 진술하기를 주저하면서 해외로 장기출장을 가려고 하자 조속히 W의 진술을 확보하고자 한다. 이 경우 K가 W의 진술을 확보할 수 있는 수단을 설명하시오. (15점)

[2020 2차 변형]

유제

甲은 날치기 범행을 범하였으나, 수사기관에서 범행을 부인하고 있다. 그런데 사법경찰관 P는 甲의 범행 당시 우연히 곁을 지나가던 W가 목격하였음을 알아냈으나 W는 마침 해외지사로 발령이 나서 이사준비로 바쁘다는 이유로 출석과 진술을 거부하고 있다. 검사가 W의 진술을 확보하기 위한 수단은 무엇인가? (10점)

[2022 2차 변형]

유제

경찰서에서 사법경찰관인 甲이 친구 乙에게 "내일 검사가 구속영장을 청구할 예정이다"라고 공무상비밀을 누설하는 것을 다른 사건의 참고인으로 조사를 받던 A가 우연히 들었다. 검사는 甲의 공무상비밀누설죄의 혐의에 대하여 A에게 참고인조사를 위해 출석을 요구하였으나 A는 불응하면서 중국으로 출국하려 한다. 이 경우 검사가 A의 진술을 확보하기 위해 취할 수 있는 조치는? (10점)

[2023 3차 변형]

085

공무원인 甲, 乙, 丙은 공동으로 수뢰하였으나, 범행이 발각될 처지에 있다. 甲과 乙은 丙에게 금전적 보상을 약속하고 모든 범행을 丙이 혼자 한 것으로 해달라고 부탁한 후 도피하였고, 丙은 얼마 후 검사 K를 찾아가 자신의 단독범행이라고 말하면서 자수하고 곧바로 체포되고 구속기소 되었다. 丙에 대한 공판이 진행되던 중 甲과 乙이 체포되자, K가 甲과 乙의 공동관계를 추가적으로 조사하기 위해 구속기소된 丙을 공판정 이외의 장소에서 신문할 수 있는가? (10점)　　　　　　　　　　　　　　　　[2016 2차 변형]

1. 논의점

피의자신문은 임의수사로서 원칙적으로 허용되는 것이지만, 사안과 같이 공소가 제기된 피고인을 공판정 외에서 검사가 신문할 수 있는지에 대하여 논의가 있다.

2. 견해의 대립

이에 대하여는 ① 제199조의 임의수사에는 법적 제한이 없으므로 공소제기 후에도 수사기관이 피고인을 신문할 수 있다는 적극설 ② 당사자로서의 피고인의 지위와 모순되므로 공소제기 후에는 수사기관이 피고인을 신문할 수 없다는 소극설이 대립하고 있다.

3. 판례의 태도

판례는 '피의자를 구속 기소한 후 다시 피고인을 소환하여 신문을 하면서 피의자신문조서가 아닌 일반적인 진술조서의 형식으로 조서를 작성한 사안에서, 그 진술조서는 피의자신문조서와 실질적으로 같다'라고 하여 피고인신문을 허용하는 것을 전제로 피고인신문조서를 피의자신문조서와 동일하게 보고 있다.

4. 검토 및 사안의 해결

생각건대 수사기관이 당사자인 피고인을 신문하는 것은 당사자주의와 일치할 수 없으므로 소극설이 타당하다. 다만 ① 피고인이 스스로 검사의 면접을 요구하거나 ② 공범자 또는 진범이 발견된 경우에는 예외적으로 허용된다고 보아도 무방할 것이다. 따라서 사안에서 검사는 원칙적으로 丙에 대한 피고인신문은 할 수 없다고 할 것이지만, 공범이 발견된 경우이므로 검사는 피고인신문을 할 수 있다.

086

甲은 상해치사죄의 단독범으로 기소되었다. 사건을 재수사하는 과정에서 검사 K는 甲과 乙이 공동으로 상해치사와 합동강도를 범한 것을 밝혀내고, 구속 중인 피고인 甲을 소환하여 乙과 공동으로 범한 상해치사와 합동강도의 범죄사실에 대해 신문하고 그 내용을 조서에 기재하였다. 甲과 乙의 죄책에 대한 이 조서의 증거능력을 논하시오. (20점)　　　　　　　　　　　　　　　　　　　[2015 변시]

1. 논의점

사안에서 구속기소된 피고인 甲을 검사 K가 신문하고 이에 대하여 조서를 작성하고 제출하고 있다. 이러한 경우에 상해치사 사실은 피고인신문조서에 해당하고 합동강도 사실은 새로 밝혀진 피의사실을 조사한 내용이므로 피의자신문조서에 해당한다. 이러한 각 사실에 대한 조서의 증거능력을 검토한다.

2. 각 조서의 성격

(1) 상해치사 사실에 대한 조서

먼저 피고인신문이 허용되는지에 대하여 ① 긍정설과 ② 부정설이 대립되고 있으며 ③ 판례는 긍정설의 입장으로 보는 것이 일반적이다. 그런데 사안의 경우에는 피고인신문을 부정하는 입장에 따르더라도 사안의 공범자가 새로이 밝혀져 수사가 불가피한 상황이므로 사안에서의 피고인신문은 허용된다.

이러한 피고인신문조서의 증거능력은 인정하기 위한 요건에 대하여는 종래 ① 조문을 중시하는 제313조설과 ② 실질을 중시하는 제312조설이 대립하고 있었으나, ③ 현재의 판례와 다수설은 실질을 중시하여 제312조설을 따르고 있다. 따라서 상해치사 사건의 피고인신문조서는 제312조에 따라 증거능력이 결정된다.

(2) 합동강도 사실에 대한 조서

사안에서 합동강도 사건에 대한 조서는 새로운 사실에 대한 조서이므로 이는 피의자신문조서에 불과하다. 따라서 이에 대하여는 제312조의 요건이 구비되면 그 증거능력이 인정될 수 있다.

3. 검사작성의 피의자신문조서의 증거능력

(1) 甲에 대한 증거능력 인정요건

먼저 甲에 대한 증거능력을 인정하기 위해서는 제312조 제1항에 따라 ① 적법한 절차와 방식 ② 내용이 인정되면 그 증거능력이 인정된다.

(2) 乙에 대한 증거능력 인정요건

판례는 공범인 甲의 검사 작성 피의자신문조서를 乙에게 증거능력을 인정하기 위해서는 제312조 제1항의 요건이 구비되어야 한다는 입장이다. 따라서 사안에서의 甲의 검사 작성 피의자신문조서는 ① 적법한 절차와 방식을 구비하고 ② 乙에 의하여 내용이 인정되면 증거능력이 인정된다.

> **유제**
>
> 검사 K는 공무원인 甲을 수뢰죄로 공소제기한 후 공소유지를 위해 보강수사가 필요하다고 판단하고, 甲을 검찰청으로 소환하여 신문하면서 진술조서의 형식으로 조서를 작성하였다. 이를 공판정에 증거로 제출한 경우 이 조서는 증거로 사용할 수 있는가? (15점)
>
> [2017 3차 변형]

> **유제**
>
> 검사 K는 甲을 수뢰 사건으로 공소제기한 후 제1회 공판기일이 개정되기 전에 甲을 검사실로 소환하여 甲으로부터 추가 진술을 듣고 그 내용을 조서로 작성하여 증거로 제출하였다. 이 진술조서의 증거능력을 논하시오. (15점)
>
> [2014 3차 변형]

검사 K는 피고인 甲의 수뢰사건에서 유리한 증언을 한 W를 검찰청으로 불러 W에 대한 검사작성의 증언번복진술조서를 작성하였다. 이러한 증언번복진술조서의 피고인 甲에 대한 증거능력을 논하라. (10점)

[2013 변시]

(1) 검사 K는 증언을 한 W를 다시 검찰청으로 불러 번복진술조서를 받았다. 이러한 진술번복조서가 증거능력이 인정될 것인지에 대하여는 ① 증언 이후의 진술조서 작성과정에서 위법함이 개재되지 아니한 이상 증거능력을 긍정하자는 긍정설과 ② 공판중심주의에 반하며 적정절차에 위배하는 수사이므로 위법수집증거(제308조의2)로서 증거능력을 부정하자는 부정설이 대립하고 있으며 ③ 판례는 피고인이 동의를 하지 않는 한 증거능력이 없다고 하고 있다.

(2) 생각건대 증언을 한 증인을 다시 수사실로 불러 증언을 번복하게 하는 것은 공판중심주의에 어긋나므로 위법한 수사라고 보아야 할 것이다. 따라서 이러한 위법수사를 통해 얻은 진술번복조서는 위법수집증거로서 증거능력을 부정하여야 할 것이다. 그렇다면 W의 2차 진술조서는 甲에 대한 증거로 사용할 수 없다.

○○사립학교법인의 이사장인 甲은 乙로부터 ○○사립학교법인의 교직원으로 채용해 달라는 부탁을 받고 그 대가로 1억 원을 교부받았다. 甲의 배임수재죄와 관련하여 검찰 수사단계에서 乙은 甲의 유죄를 인정하는 진술을 하였다. 그 후 甲은 배임수재죄로 기소되었고, 공판과정에서 증인으로 나온 乙은 甲의 유죄를 인정하는 검찰에서의 진술을 번복하여 제1심 공판에서 甲에게 1억 원을 교부한 바 없다고 증언하였다(1차 증언). 이에 검찰이 乙을 다시 소환하여 조사하자 1차 증언을 번복하여 진술하였고, 법정에서도 다시 1억 원의 교부를 인정하였다(2차 증언). 검찰에서 乙을 재소환하여 작성한 진술조서와 乙의 2차 증언을 甲의 유죄의 증거로 사용할 수 있는가? (15점)

[2020 변시]

1. 증언 번복진술조서의 증거능력

(1) 논의점

사안과 같이 피고인에게 유리한 증언을 한 증인을 수사기관이 신문하여 증언내용에 대한 번복진술을 받은 경우에 그 증언번복진술조서의 증거능력이 인정될 수 있는지에 대하여 논의가 있다.

(2) 견해의 대립과 판례의 태도

이에 대하여는 ① 증언 이후의 진술조서 작성과정에서 위법함이 개재되지 아니하였다면 제312조 제4항에 의하여 증거능력을 인정하자는 긍정설과 ② 증언을 한 증인을 조사하는 것은 공판중심주의에 반하며 적정절차에 위배하는 수사이므로 증거능력을 부정하자는 부정설이 대립하고 있으며 ③ 판례는 진술번복조서의 증거능력을 원칙적으로 부정하지만, 피고인의 증거로 할 수 있음에 동의하는 경우에는 예외적으로 증거능력을 긍정하고 있다.

(3) 검토 및 사안의 해결

생각건대 피고인에게 유리한 증언을 한 증인을 검사가 별도로 조사하여 진술을 번복시키는 것은 공판중심주의에 어긋나고 적법절차에 위배되는 위법한 수사라고 보아야 하므로 이러한 번복진술조서는 위법수집증거배제법칙에 의하여 증거능력을 부정함이 타당하다. 따라서 사안에서의 乙의 번복진술조서는 증거능력이 없다.

2. 증언의 증거능력

(1) 사안과 같이 한번 증언한 증인이 다시 증인으로 증언하는 것은 증인신문절차의 일반적인 요건을 구비 하였다면, 이는 진술번복조서와는 독립된 별개의 증거로써 공판중심주의 등에 반하지 않으므로 乙의 증언 은 증거능력이 인정된다.

(2) 다만, 증언을 번복하는 수사를 위법수사로 보게 된다면 진술조서는 위법수집증거가 되고 이로 인하여 증언이 독수독과의 이론에 따라 증거능력 여부가 문제될 수 있으나, 법정에서의 진술은 인과관계가 희석 내지 단절된 경우라고 볼 수 있어 乙의 법정증언은 증거능력이 인정될 수 있다.

> • 번복진술조서의 증거능력에 대하여 판례의 입장에 따른다면 (2)부분은 적지 않아도 될 것이다.

유제

강도 피해자 A에 대한 사건에서 경찰관 P는 甲의 범행현장을 목격했다는 W의 진술이 기재된 참고인 진술 조서를 작성하였다. 그러나 이후 공판정에 증인으로 출석한 W가 甲의 보복을 두려워하여 경찰단계에서 한 진술과는 달리 범행현장에서 甲을 목격한 적이 없다고 진술하자, 검사 K는 W를 검찰청으로 불러 공판정 에서의 진술내용을 번복하는 참고인 진술조서를 작성한 후 그 조서를 증거로 제출하였다. 이와 별도로 W를 조사한 P도 공판정에 증인으로 출석하여 W에 대한 조사 당시 W로부터 들은 내용을 증언하였다. 甲이 W에 대한 진술조서를 증거로 함에 동의하지 아니한 경우 W에 대한 K 작성의 진술조서의 증거능력과 증인 으로 진술한 P의 증언의 증거능력은? (20점) [2012 3차 변형]

유제

甲은 대표권을 남용하여 약속어음을 발행하는 업무상배임죄를 범하였고, W는 목격자이다. W는 수사기관에 서는 범행을 목격하였다고 진술하였으나, 법정에서는 범행을 목격하지 못했다고 진술하였다. 이에 검사 K는 W를 소환하여 수사기관에서의 진술이 맞다는 내용의 진술조서를 작성하여 이를 추가 증거로 제출하였 다. 이후 증인으로 재차 출석한 W는 수사기관에서의 진술대로 증언하였고, 추가 증거로 제출된 위 진술조서 가 자신이 진술한 그대로 기재되어 있음을 인정하였다. 법원에 추가 증거로 제출된 W의 진술조서 및 W의 증언은 증거로 사용할 수 있는가? (15점) [2018 변시]

유제

甲과 乙은 뇌물죄의 혐의가 있다. 이후 수사가 진행되자 W는 검사 K에게 A가 B에게 돈을 건네주는 장면을 목격했다고 진술하였고, K는 甲과 乙의 금품수수와 관련하여 공소제기 후 W를 증인으로 신청하였다. 그러 나 W는 수사과정에서 한 진술을 번복하는 증언을 공판정에서 하였다. 증인신문이 끝난 후 K는 W를 검사실 에 불러 조사하였고, W는 다시 진술을 바꾸어 돈 주는 장면을 보았다고 진술하였다. K는 W에 대한 참고인 진술조서를 작성하였고, W를 위증죄로 입건하여 W를 피의자로 한 피의자신문조서를 작성하고 위증죄로 기소하였다. K는 W에 대한 참고인진술조서와 피의자신문조서를 甲과 乙에 대한 공판에 다시 증거로 제출 하였다. 다시 법정에 출석한 W는 K가 작성한 자신에 대한 참고인진술조서와 피의자신문조서에 대해 자신이 말한 대로 적혀있다고 말했다. K 작성의 W에 대한 참고인진술조서와 피의자신문조서 및 W의 두 번째 법정증언이 甲과 乙의 뇌물죄에 대한 증거로 사용될 수 있는 요건을 검토한 후 증거능력 인정 여부에 대해서 서술하시오. (25점) [2019 3차 변형]

甲, 乙, 丙은 자동차를 합동절도한 범죄사실로 기소되었는데 甲은 법정에서 피고인신문 시에 범행 일체를 부인하였으나, 乙과 丙은 피고인신문 시에 甲과의 공모사실 등 공소사실을 모두 자백하는 진술을 하였다. 검사는 목격자인 W를 증인으로 신청하자 W가 증인으로 출석하여 증언하면서 피고인 甲에게 유리한 진술을 하자(1차 증언) 검사는 증언을 마친 W를 위증으로 입건하여 W의 위증에 대한 피의자신문조서를 甲에 대한 증거로 제출하였고, W는 다시 법정에 출석하여 검사의 주신문과 변호인의 반대신문에서 위 피의자신문조서의 진정성립을 인정하면서 甲에게 불리한 진술(2차 증언)을 하였다. 검사가 제출한 검사 작성 W에 대한 피의자신문조서와 W의 2차 증언은 증거능력이 인정되는가? (10점)   [2021 1차 변형]

1. W에 대한 피의자신문조서의 증거능력

사안과 같이 피고인에게 유리한 증언을 한 증인 W를 수사기관이 위증죄의 피의자로 신문하여 작성한 피의자신문조서가 甲에게 증거능력이 인정될 수 있는지에 대하여 판례는 증언을 한 증인을 수사기관이 별도로 조사하여 진술번복조서를 작성한 경우와 동일하게 원칙적으로 증거능력을 부정하지만, 피고인의 증거로 할 수 있음에 동의하는 경우에는 예외적으로 증거능력을 긍정하고 있다. 따라서 이러한 판례의 법리에 따르면 사안에서 甲이 범행을 부인하고 있어 그 당연한 논리로 W에 대한 피의자신문조서는 동의하지 않으므로 증거능력이 없다.

2. W의 2차 증언의 증거능력

사안과 같이 한번 증언한 증인이 다시 증인으로 증언하는 것은 증인신문절차의 일반적인 요건을 구비하였다면, 이는 피의자신문조서와는 독립된 별개의 증거로써 공판중심주의 등에 반하지 않으므로 W의 증언은 증거능력이 인정된다.

건설업자인 甲은 구청 건축계 직원인 A에게 2천만 원을 전달해 달라고 하면서 그 정을 알고 있는 세무사 乙에게 2천만 원을 주었으며, 乙은 공무원 A에게 2천만 원을 모두 전달하였다. 그 후 수뢰죄로 기소된 제1심 법정에서 A는 "평소 알고 지내던 세무사 乙이 식사 후 대리기사를 기다리던 중 하얀 봉투를 건네자 문제될 것 같아 단호히 거절하였다"라며 부인하였다. 이에 검사는 수소문 끝에 하얀 봉투를 건네는 장면을 보았다는 대리기사 W를 찾아냈다. 검사는 W를 증인신문할 예정이었음에도 일방적으로 전날 미리 검사실로 소환하여 참고인 조사를 하면서 乙이 A에게 하얀 봉투를 건네주었으며 A가 이를 받았다는 내용이 기재된 참고인진술조서를 작성하였고, 검사는 이 진술조서를 공판기일에 증거로 제출하였다. (1) A는 진술조서에 증거동의를 하지 않았으나, 증인으로 출석한 W는 검찰에서 한 진술대로 위 진술조서에 기재되었음을 인정하였고 A의 변호인의 반대신문도 이루어졌다. 이 진술조서는 증거능력이 있는가? (10점) (2) 만일 검사가 진술조서의 작성이 문제될 것 같아 진술조서는 작성하지 않고 W에 대한 면담절차만 거쳤고 그 후에 W가 위와 같은 법정진술을 한 경우, W의 이 진술이 신빙성을 인정받을 수 있는 조건은 무엇인가? (5점)

[2022 3차 변형]

1. (1)문 해설(10점)

(1) 논의점

사안에서 W의 진술조서는 기본적으로 참고인진술조서이므로 제312조 제4항의 요건을 구비하게 되면 A가 부동의하였어도 증거능력이 인정된다. 그런데 사안에서 검사는 W를 증인신문할 예정이었음에도 일방적으로 전날 미리 검사실로 소환하여 참고인조사를 한 점이 문제가 된다.

(2) 판례의 법리

판례는 증인신문할 예정인 참고인에 대한 진술조서의 증거능력에 대하여 '제1심에서 피고인에 대하여 무죄판결이 선고되어 검사가 항소한 후, 수사기관이 항소심 공판기일에 증인으로 신청하여 신문할 수 있는 사람을 특별한 사정 없이 미리 수사기관에 소환하여 작성한 진술조서는 피고인이 증거로 할 수 있음에 동의하지 않는 한 증거능력이 없다고 할 것이다.'라고 하여 원칙적으로 증거능력을 부정하고 있다.

(3) 사안의 해결

위와 같은 판례의 법리에 따르면 사안에서는 증인신문 예정인 참고인을 미리 조사할 특별한 사정이 있다고 보기 어려우므로 W의 진술조서는 제312조 제4항의 요건을 구비하였다고 하더라도 A가 부동의하므로 증거능력이 인정되지 않는다.

2. (2)문 해설(5점)

(1) 사안과 같이 검사가 증인예정인 참고인을 미리 면접한 후 참고인이 증인으로 출석하여 피고인에게 불리한 진술의 한 경우에 W의 진술이 신빙성을 인정하기 위한 요건이 문제가 된다.

(2) 이에 대하여 판례는 '검사가 증인신문 전 면담 과정에서 증인에 대한 회유나 압박, 답변 유도나 암시 등으로 증인의 법정진술에 영향을 미치지 않았다는 점이 담보되어야 증인의 법정진술을 신빙할 수 있다고 할 것이다.'라고 하고 있다. 따라서 사안의 경우에 위와 같은 점이 담보되는 것을 조건으로 증거능력을 인정할 수 있다.

> • 최근 판례 문제로서 대법원이 지향하는 공판중심주의에 입각한 판례이므로 정확히 정리하는 것이 필요하다.

甲은 2013. 12. 2. 도박장개장 범죄사실로 서울중앙지방법원에 불구속기소 되었고, 형사7단독 재판부에 배당되어 제1회 공판기일이 2014. 1. 3.로 지정되었다. 검사 K는 2013. 12. 26. 서울중앙지방법원 영장전담 판사로부터 압수수색영장을 발부받아 甲의 집에서 도박장 관련 영업장부를 압수한 후, 그 영업장부와 압수 조서를 공판기일에 증거로 제출하였다. 위 영업장부와 압수조서는 증거능력이 인정되는가? (20점)

[2014 변시]

1. 논의점

사안에서 수사검사는 공소가 제기된 이후에 수소법원이 아닌 영장전담판사를 통하여 영업장부를 압수하고 압수조서를 작성하여 증거로 제출하고 있다. 이와 같이 공소제기 이후에 수사기관에 의한 대물적 강제처분인 압수가 허용되는지에 대하여 논의가 있다.

2. 견해의 대립

이에 대하여는 ① 제215조가 시기를 제한하고 있지 않으므로 공소제기 후의 수사기관에 의한 압수는 제1회 공판기일 전에 한하여 허용된다는 긍정설 ② 제215조는 제한적으로 해석하여야 하며, 공소제기 후 제1회 공판기일 전에 긴급한 필요가 있다면 증거보전절차를 활용하면 되므로 공소제기 후에는 수사기관에 의한 대물적 강제처분인 압수는 허용되지 않는다는 부정설이 대립하고 있다.

3. 판례의 태도

판례는 검사는 공소제기후 수소법원 이외의 지방법원 판사에게 청구하여 발부받은 영장에 의한 압수 · 수색은 허용되지 않으며, 그와 같이 수집된 증거는 위법수집증거로서 증거능력이 없다고 판시하고 있다.

4. 검토 및 사안의 해결

생각건대 형사소송법 제215조는 압수 · 수색 · 검증영장을 청구할 수 있는 시기를 제한하고 있지 않지만, 공소가 제기된 이후에는 공판중심주의에 입각하여 수소법원이 강제처분을 하는 것이 바람직하므로 부정설이 타당하다. 이러한 부정설에 따르면 ① 영업장부는 위법수집증거로서 증거능력이 없으며 ② 압수조서는 이를 바탕으로 작성된 2차 증거이므로 독수독과의 이론에 의하여 증거능력이 인정되지 않는다.

> • 압수조서 부분도 누락되지 않도록 주의하여야 한다.

제4장 | 공소의 제기

092

검사가 甲에 대해 공소를 제기하면서 공소장을 작성한 후 기명날인과 서명을 누락하였다. 이 경우 공소제기의 효력을 검토하시오. (5점)

[2022 3차 변형]

(1) 검사가 공소장을 제출함에는 공무원이 작성하는 서류로서의 일반적인 요건을 구비하여야 한다. 형사소송법 제57조 제1항은 '공무원이 작성하는 서류에는 법률에 다른 규정이 없는 때에는 작성 연월일과 소속 공무소를 기재하고 기명날인 또는 서명하여야 한다.'라고 규정하고 있다.

(2) 그런데 사안에서 검사가 공소장에 기명날인과 서명을 누락한 것은 적법한 공소제기가 아니므로 무효가 된다.

093

甲은 다수의 공갈죄를 범한 전과가 있음에도 또 공갈죄를 범하였다. 사건을 송치받은 검사 K는 甲에게 상습의 습벽이 있어 상습공갈죄가 성립한다고 판단하면서도 단순공갈죄로 기소할 수 있는가? (10점)

[2017 1차 변형]

1. 기소편의주의

검사의 수사결과 공소를 제기함에 충분한 혐의가 인정되고 소송조건을 갖춘 때에는 반드시 공소를 제기해야 한다는 원칙을 기소법정주의라고 함에 대하여, 검사가 이러한 경우에도 재량에 의한 불기소처분 즉 기소유예를 인정하는 원칙을 기소편의주의라고 한다. 형사소송법 제247조는 '검사는 형법 제51조의 사항을 참작하여 공소를 제기하지 아니할 수 있다'라고 규정하여 기소편의주의를 채택하고 있다.

2. 사안의 해결

사안에서 검사가 甲이 다수의 공갈죄를 범한 전과가 있음에도 또 공갈죄를 범한 부분에 대하여 상습성을 인정하면서도 단순공갈죄로 기소하는 것은 상습범 부분에 대한 기소유예가 있다고 평가할 수 있다. 따라서 사안에서 검사가 소추재량으로 상습공갈죄를 단순공갈죄로 기소하는 것도 현행법하에서는 적법한 기소라고 평가할 수 있다.

> • 본 문제는 일죄의 일부에 대한 공소제기와 잘 구별하여야 한다. 기소편의주의와 관련된 본 문제는 사건 전부에 대한 공소제기이므로, 사건 전체의 일부만 공소제기하는 일죄의 일부에 대한 공소제기와는 차이가 있다.

A는 甲을 사문서위조 혐의로 고소를 하였으나 검사 K는 불기소처분하였다. 이에 A는 검찰항고를 거친 후 재정신청을 하면서 재정신청사유란에 "추후 제출하겠습니다."라고만 기재하여 재정신청서를 제출하였고, 재정법원은 공소제기 결정을 하였다. 제1심의 공판절차에서 甲은 A의 재정신청이 법률상의 방식에 위배되었음에도 재정법원이 재정신청을 받아들여 공소제기 결정을 하였으므로 제1심 법원이 공소기각의 판결을 선고해야 한다고 주장한다. 甲의 이러한 주장은 타당한가? (15점)　　　　　　　　　　[2015 3차 변형]

1. 논의점

사안과 같이 재정법원의 공소제기결정에 절차상의 하자가 있을 경우에 제1심 법원이 본안에서 이를 심리할 수 있는지에 대하여 논의가 있다.

2. 견해의 대립

이에 대하여는 ① 피고인을 구제할 필요성이 있으므로 본안에서 이를 심리할 수 있고, 하자가 인정되는 경우에는 공소기각판결을 선고해야 한다는 공소기각판결설 ② 재정법원의 기소결정에 따른 검사의 공소제기는 적법하게 이루어진 것이므로 실체재판을 할 수 있다는 실체판단설 ③ 원칙적으로 다툴 수 없지만, 예외적으로 실체면에서의 하자인 경우에는 본안에 승계되어 본안에서 심리할 수 있다는 절충설의 입장이 대립하고 있다.

3. 판례의 태도

판례는 '법원이 재정신청서에 재정신청을 이유 있게 하는 사유가 기재되어 있지 않음에도 이를 간과한 채 형사소송법 제262조 제2항 제2호 소정의 공소제기결정을 한 관계로 그에 따른 공소가 제기되어 본안사건의 절차가 개시된 후에는, 다른 특별한 사정이 없는 한 이제 그 본안사건에서 위와 같은 잘못을 다툴 수 없다.'라고 하여 부정설의 입장이다.

4. 검토 및 사안의 해결

2016년 개정된 형소법 제262조 제4항에서는 제262조 제2항 제2호의 결정에 대하여는 불복할 수 없다고 규정하고 있으며, 공소제기된 사건은 본안에서의 심리를 통하여 그 잘못을 바로잡을 수 있으므로 실체판단설이 타당하다. 이러한 실체판단설에 의하면 사안에서의 甲의 주장은 타당하지 아니하다.

> • 재정신청 관련 조문을 정확히 숙지하는 것이 바람직하다.

> **유제**
>
> A는 甲을 모욕죄로 고소하였으나 불기소처분이 내려지자, A는 검찰항고 등의 절차를 거쳐서 재정신청을 하였고, 재정법원은 재정신청을 인용하여 공소제기 결정을 하였다. 그런데 甲에 대한 제1심 법원의 심리 중 재정신청서에 이유가 기재되어 있지 않은 하자가 있음이 밝혀졌다. 제1심 법원이 이러한 하자를 심리할 수 있는지 설명하시오. (10점)　　　　　　　　　　[2018 2차 변형]

095

검사는 A에 대한 공소장에 법원에 예단이 생기게 할 수 있는 내용을 인용하였으나, A는 이에 대해 아무런 이의를 제기하지 않다가 증거조사절차가 마무리된 단계에서야 비로소 위와 같은 인용이 위법함을 이유로 자신에 대한 공소제기가 무효라고 주장하였다. A의 이 주장에 대한 제1심 법원의 조치는? (10점)

[2021 3차 변형]

1. 논의점

사안과 같이 공소장일본주의에 위반이 있었지만, 피고인 측의 유효한 이의제기가 없는 경우에 일정한 시기가 지나게 되면 하자가 치유될 수 있는지에 대하여 논의가 있다.

2. 견해의 대립

이에 대하여 ① 공소장일본주의위반이 있다하더라도 증거조사절차가 마무리되어 법관의 심증형성이 이루어진 단계에서는 하자가 치유된다는 적극설(전합 다수의견) ② 공소장일본주의위반은 그 자체로 이미 중대한 위법상태에 해당하므로 하자는 치유될 수 없다고 보는 소극설(전합 반대의견) ③ 원칙적으로 하자의 치유는 인정되지만, 공소장일본주의위반의 정도가 중대한 경우에는 하자가 치유될 수 없다는 제한적 적극설(전합 별개의견) 등이 대립하고 있다.

3. 검토 및 사안의 해결

생각건대 공소장일본주의를 위반하는 것은 소송절차의 생명이라 할 수 있는 공정한 재판의 원칙에 치명적인 손상을 가하는 것이므로 하자의 치유를 인정하지 않는 소극설이 타당하다. 이러한 소극설의 입장에 따르면 공소장일본주의의 하자는 치유되지 않으므로 법원은 공소기각의 판결을 하여야 할 것이다.

> • 참고로 다수의견이 아니라 반대의견을 따르는 것이 답안을 적기에 편하다.

096

검사 K는 甲의 포괄일죄 관계에 있는 제1사건과 제2사건 및 제3사건에 대한 증거가 충분함에도, 제1사건은 기소하지 아니한 채 나머지 사건들만 기소하였다면 이는 적법한가? (15점)   [2015 3차 변형]

1. 논의점

사안과 같이 검사가 포괄일죄의 일부만을 공소제기하는 것이 적법한지에 대하여 논의가 있다.

2. 견해의 대립

이에 대하여는 ① 형사소송의 이념이 실체진실을 규명함에 있으므로 일죄의 일부에 대한 공소제기는 허용되지 않는다는 부정설 ② 공소제기는 검사의 재량이므로 일죄의 일부에 대한 공소제기도 적법하다는 긍정설 ③ 원칙적으로 일죄의 일부기소는 허용되지 않지만, 검사가 범죄사실의 일부를 예비적·택일적으로 기재한 경우에는 예외적으로 허용된다는 절충설 등이 대립하고 있다.

3. 판례

판례는 '하나의 행위가 여러 범죄의 구성요건을 동시에 충족하는 경우 공소제기권자는 자의적으로 공소권을 행사하여 소추 재량을 현저히 벗어났다는 등의 특별한 사정이 없는 한 증명의 난이 등 여러 사정을 고려하여 그중 일부 범죄에 관해서만 공소를 제기할 수도 있다'라고 하여 긍정설의 입장이다.

4. 검토 및 사안의 해결

생각건대 ① 기소독점주의와 기소편의주의를 택하는 형사소송법 하에서는 기소는 검사의 재량이며 ② 제248조 제2항은 일죄의 일부에 대한 공소제기를 전제로 한다는 점에서 적극설이 타당하다. 이러한 적극설의 입장에 의하면 검사의 공소제기는 적법하다.

097

甲은 생활이 어려워지자 야간에 사촌누나인 A의 집에 침입하여 현금 100만 원을 절취하였다. 사건을 송치받은 검사 K는 甲의 범행사실이 친고죄임을 인지하고 A에게 고소할 것을 부탁하였으나, A는 사촌동생인 甲을 고소하지 않겠다고 단호히 말하였다. 이에 K는 甲을 주거침입죄로만 공소제기하였다. 이러한 K의 공소제기는 적법한가?

[예상문제]

1. 논의점

사안의 경우에 甲이 A에 대하여 범한 야간주거침입절도죄는 상대적 친고죄이지만, 적법한 고소가 없으므로 법원은 甲을 처벌할 수 없다. 그런데 검사 K가 사안과 같이 친고죄의 일부이자 비친고죄인 주거침입죄만으로 공소제기한 경우의 법원의 판단에 대하여 논의가 있다.

2. 견해의 대립

이에 대하여는 ① 고소의 객관적 불가분의 원칙을 부정하는 전제에서 주거침입죄만을 유죄판결할 수 있다고 보는 유죄판결설 ② 고소의 객관적 불가분의 원칙을 긍정하는 전제에서 주거침입죄만 공소제기한 경우에 무죄판결을 해야한다는 무죄판결설 ③ 고소의 객관적 불가분의 원칙을 긍정하는 전제에서 주거침입죄만 공소제기한 경우에는 법률의 규정에 위반한 공소제기이므로 공소기각판결을 해야 한다는 공소기각판결설이 대립하고 있다.

3. 판례의 태도

종래의 판례는 무죄판결설의 입장이었으나, 이후 전합에 의하여 판례를 변경하여 공소기각판결설을 따르고 있었다.

4. 사안의 해결

이러한 전합 판례에 의하면 사안에서 친고죄에 대한 고소가 없음에도 그 일부분인 비친고죄를 기소하여 처벌하는 것은 친고죄를 둔 취지에 반하므로 법원은 이를 법률의 규정에 어긋난 공소제기로 보아 제327조 제2호에 따라 공소기각의 판결을 하여야 한다.

> • 종래 친고죄였던 강간죄에 있어 고소가 없음에도 강간죄의 일부인 폭행만 공소제기 한 경우가 논의의 중심이었다. 그러나 현재는 강간죄가 비친고죄화되어 그 의미가 반감되었지만, 그 나름대로 의미가 있는 문제이다.

1. 친고죄의 일부인 비친고죄의 기소 가능 여부

사안에서 甲이 사촌누나인 A에게 범한 야간주거침입절도죄는 형법 제344조에 의하여 준용되는 제328조 제2항에 따라 상대적 친고죄이다. 그런데 사안에서 검사 K가 A의 고소가 없음에도 불구하고 친고죄의 일부인 주거침입죄만으로 공소제기한 경우의 법원의 판단에 대하여 논의가 있다. 이에 대하여는 ① 유죄 판결설 ② 무죄판결설 ③ 공소기각판결설 등의 대립이 있으나, 현재의 다수설과 판례는 고소의 객관적 불가분의 원칙을 긍정하는 전제에서 주거침입죄만 공소제기한 경우에는 법률의 규정에 위반한 공소제기 이므로 공소기각판결을 해야 한다는 공소기각판결설을 따르고 있다.

2. 검토 및 사안의 해결

생각건대 친고죄에 대한 고소가 없음에도 그 일부분인 비친고죄를 기소하여 처벌하는 것은 친고죄를 둔 취지에 반하므로 공소기각설이 타당하다. 따라서 사안에서 법원은 제327조 제2호에 따라 공소기각의 판결을 하여야 한다.

098

甲은 2021. 5. 1. 살인죄와 재물손괴죄를 범하였다. 甲이 범한 범죄의 공소시효 종료일은 언제인가? (10점)

[2016 2차 변형]

1. 공소시효계산 일반론

(1) 공소시효는 형사소송법 제252조 제1항과 제2항에 따라 범죄행위의 종료한 때로부터 기산하고, 공범의 경우에는 최종행위가 종료한 때부터 전공범에 대한 시효가 기산된다.

(2) 그리고 기간의 계산에 있어 초일불산입이 원칙이지만, 제66조 제1항 단서에 의하여 시효의 경우에는 초일을 산입하므로 범행이 종료된 날로부터 공소시효가 진행된다.

2. 공소시효완성일

(1) 살인죄

종래 살인죄와 같이 사형이 있는 범죄의 공소시효기간은 제249조 제1항 제1호에 의하여 25년이었으나, 2015년의 개정으로 제253조의2가 신설되어 사람을 살해한 범죄로 사형에 해당하는 범죄는 이러한 공소시효의 적용을 배제하고 있다. 따라서 사안에서의 살인죄의 공소시효완성일은 없다.

(2) 재물손괴죄

형법 제366조의 재물손괴죄는 3년 이하의 징역 또는 700만 원이하의 벌금에 처할 수 있는 범죄이므로 형사소송법 제249조 제1항 제5호에 해당하여 공소시효완성일은 5년이 된다. 따라서 2021. 5. 2.부터 5년이 경과한 2026. 5. 1.에 완료된다.

· 시효 관련 형사소송법 규정은 평상시에 암기해 두는 것이 바람직하다.

099

2008. 3. 5. 甲과 乙은 함께 A의 자취방에서 A를 구타하다가 사망에 이르게 하였다. 같은 해 3. 8. 甲과 甲의 친구인 丙은 乙에게 乙이 단독으로 A를 때려 사망에 이르게 한 것이라고 진술하라고 하였다. 고민하던 乙은 2008. 3. 11. 15:00경 경찰에 찾아가 자수하면서 자신이 혼자 A를 때려 사망에 이르게 한 것이라고 진술하였다. 이후 체포된 甲은 2008. 7. 4. 구속 기소되어 같은 해 9. 3. 제1심 법원으로부터 유죄를 선고받고 그날 항소를 포기하여 그대로 판결이 확정되었다. 한편 丙은 甲이 체포된 후 숨어 지내다가 2013. 4. 29. 체포되었고, 같은 해 5. 15. 검사는 丙에 대해 공소를 제기하였다. 丙의 변호인 L은 丙의 범죄는 공소시효가 완성되었으므로 丙에 대해서는 면소의 판결을 해야 한다고 주장하였다. L의 주장은 타당한가? (20점)

[2015 변시]

1. 문제의 제기

사안에서 丙의 변호인은 丙의 공소시효가 완성되었으므로 면소판결을 하여야 한다고 주장하고 있는바 사안에서 丙의 범행이 객관적으로 공소시효가 완성되었는지를 검토하고 변호인 주장의 타당성을 검토한다.

2. 丙의 시효완성 여부에 대한 판단

(1) 공소시효 기간의 산정

丙의 범행은 범인은닉죄의 교사의 공동정범이므로 형법 제151조 제1항과 제31조 제1항에 의하여 그 형은 3년 이하의 징역형이다. 그리고 이러한 3년 이하의 징역형에 대한 공소시효는 형사소송법 제249조 제1항 5호에 의하면 5년이다.

(2) 공소시효의 기산점

제252조 제1항에 의하면 시효는 범죄행위의 종료한 때로부터 진행하며, 동조 제2항에 의하면 공범에는 최종 행위의 종료한 때로부터 전공범에 대한 시효기간을 기산한다. 따라서 사안에서 丙은 교사범이며 정범인 乙이 2008년 3월 11일 15:00경 경찰에 찾아가 자수한 때가 丙의 공소시효의 기산점이 된다. 그리고 제66조 제1항 단서에 의하여 丙의 공소시효는 초일을 산입하므로 공소시효완성일은 기본적으로 2013년 3월 10일 24:00가 된다.

(3) 공소시효정지기간의 산입

그런데 이러한 공소시효는 공범인 甲이 구속기소되어 형이 확정되었으므로 형사소송법 제253조 제1항과 제2항에 의하여 공범인 甲이 구속기소되어 형이 확정된 날까지는 정지된다. 사안에서 공범인 甲이 구속기소된 날은 2008년 7월 4일이고 2008년 9월 3일 선고되었다. 사안에서 甲이 제1심 선고일 항소를 포기하였으나, 제358조에 의하여 검사의 항소제기기간은 7일이고, 제343조 제2항에 의해 그 기산점은 2008년 7월 4일이지만 초일불산입 원칙에 의하여 익일인 7월 5일부터 판결이 선고된 9월 3일의 익일부터 7일이 지나 확정된 2008년 9월 10일 24:00까지는 시효가 정지된다.

> • 피고인만 항소를 포기하였다고 바로 재판이 확정되는 것은 아니라는 점을 주의하여야 한다.

(4) 丙의 공소시효완성일

丙의 공소시효의 완성일은 기본적인 공소시효완성일인 2013년 3월 10일 24:00에서 2개월 6일간의 기간을 더한 2013년 5월 16일이 공소시효완성일이 된다.

3. 변호인의 공소시효완성의 타당성 검토

사안에서 검사는 2013년 5월 15일에 공소를 제기하였으므로 이는 丙에 대한 공소시효가 완성되기 이전에 공소를 제기한 것이므로 丙의 변호인의 주장은 타당하지 않다.

100

> 공무원인 甲은 2018. 2. 15. 관내에서 건설업체를 운영하는 乙에게 3,000만 원을 뇌물로 받았다. 甲이 乙로부터 3,000만 원을 받은 사건과 관련하여 乙은 도주하고 甲만 2018. 5. 1. 기소되어 2018. 6. 30. 제1심 법원으로부터 징역 3년에 처하는 유죄판결을 선고받았고 항소제기기간의 도과로 판결이 확정된 경우, 이 사건에서 乙의 범행에 대한 공소시효는 언제 완성되는가? (10점)   [2017 3차 변형]

1. 공소시효 일반론

사안에서 乙의 증뢰죄는 형법 제133조 제1항에 따라 5년 이하의 징역이므로 공소시효기간은 형사소송법 제249조 제1항 제4호에 의하여 7년이다. 그리고 제66조 제1항 단서에 의하여 초일을 산입하므로 그 기산점은 2016.2.15.이다.

2. 甲의 공소제기 후 확정시까지의 정지사유의 해당 여부

제253조 제2항에 의하면 공범의 1인에 대한 공소시효정지는 다른 공범자에게도 효력이 미친다. 그러나 판례에 의하면 제253조 제2항에서 공범에는 뇌물공여죄와 뇌물수수죄 사이와 같은 대향범 관계에 있는 자는 포함되지 않는다. 이러한 판례에 따르면 乙의 공소시효는 甲의 공소제기로 인하여 정지되지 않는다.

3. 결 언

따라서 사안에서는 乙은 2016. 2. 15.부터 7년이 경과한 2023. 2. 14. 24:00에 공소시효가 완성된다.

101

> 건설업자인 丙은 공무원인 甲의 부탁으로 乙(공무원 甲과 수뢰의 공동정범)에게 2013. 8. 5. 시가 3,000만 원 상당의 업무용 차량과 1,000만 원 상당의 비품을 구매해 주었다. 위 사건에 대한 수사가 개시되자 乙은 겁을 먹고 태국으로 도주해 2017. 8. 5.부터 2018. 8. 4.까지 태국에 머무르다가 귀국하였다. 검사는 2019. 8. 5. 乙에 대한 공소제기를 하였고 2020. 8. 4. 위 판결이 확정되었다. 검사가 2021. 12. 5. 甲과 丙에 대하여 공소를 제기하자, 甲과 丙의 변호인은 이미 공소시효가 만료된 사안으로 면소판결을 하여야 한다는 주장을 하였다. 변호인의 주장은 타당한가? (13점)   [2022 변시]

1. A의 특가법위반 공소시효 완성 여부

(1) 甲의 범행은 수뢰액이 4,000만 원이므로 특가법 제2조 제1항 제3호에 따라 '5년 이상의 유기징역'이므로 형사소송법 제249조 제1항 제3호에 따라 공소시효기간은 10년이다.

> • 3,000만 원 이상의 수뢰는 특가법이 적용된다는 점을 주의하여야 한다.

(2) 공소시효는 제252조 제1항에 따라 범죄행위가 종료한 때로부터 진행하고 제66조 제1항 단서에 따라 초일을 산입한다.

(3) 공범인 乙이 2019. 8. 5. 공소제기되어 2020. 8. 4. 판결이 확정된 1년간은 제253조 제2항에 의하여 공소시효가 정지되므로 甲의 특가법위반 공소시효 완성일은 2013. 8. 5.부터 11년이 지난 2024. 8. 4. 24:00에 완성된다. 그런데 사안에서는 2021. 12. 5.에 공소가 제기되었으므로 甲의 변호인의 주장은 타당하지 않다.

2. 丙의 증뢰죄의 공소시효 완성 여부

(1) 丙의 증뢰죄는 형법 제133조 제1항에 의하여 법정형은 '5년 이하의 징역'이므로 공소시효기간은 형사소송법 제249조 제1항 제4호에 따라 7년이다.

> • 특가법상 수뢰는 수뢰자만 적용되고, 증뢰자에게는 적용되지 않는다는 점을 주의하여야 한다.

(2) 이와 관련하여 사안에서 공범인 乙의 재판이 확정되었다고 하더라도, 판례에 의하면 제253조 제2항의 공범에는 수뢰죄와 증뢰죄 사이와 같은 대향범은 포함되지 않으므로 丙의 공소시효가 정지되지 않는다. 그리고 공범인 乙이 형사처분을 면할 목적으로 국외에 있는 경우에도 제253조 제3항에 따라 그 기간 동안 乙의 공소시효는 정지되지만, 공범인 甲과 丙에게는 공소시효가 정지되지 않는다.

> • 제253조 제3항의 경우에는 공범에 대한 시효가 정지되지 않는다는 점을 주의하여야 한다.

(3) 따라서 사안에서 丙은 공소시효가 정지되지 않아 공소시효 완성일은 2013. 8. 5.부터 7년이 지난 2020. 8. 4. 24:00에 완성된다. 그런데 검사는 2021. 12. 5.에 공소를 제기하였으므로 丙의 변호인의 주장은 타당하다.

제4편

공 판

102

> 강도상해죄로 기소된 甲에 대한 공판심리 중에 피해자 A가 입은 2주간의 치료를 요하는 상처가 사실은 일상생활에 전혀 지장이 없고 자연적으로 치유될 수 있는 정도였다는 사실이 밝혀지자 법원은 공소장변경 절차를 거치지 않은 채 甲의 공소사실 중 A가 입은 상처 부분을 제외한 강도죄에 대해 유죄판결을 선고하였다면, 이 판결은 적법한가? (20점)
>
> [2012 3차 변형]

1. 논의점

사안에서 甲이 강도상해 혐의로 공소제기되었으나, 심리 도중 A가 입은 상처가 상해에 해당되지 않아 강도죄만 인정되는 경우에 법원이 검사의 공소장변경 없이 강도죄로 유죄판결하는 것이 가능한지 문제된다.

2. 공소장변경의 요부

(1) 법원이 새로운 사실을 심판하기 위하여는 공소장변경이 필요한지의 기준에 대하여는 종래 ① 동일벌조설 ② 법률구성설도 있었지만, 현재는 ③ 공소장에 기재되어 있는 사실과 실질적으로 다른 사실을 인정할 때에는 공소장변경이 필요하다는 사실기재설로 확립되어 있다.

(2) 판례도 '피고인의 방어권행사에 실질적인 불이익을 초래할 염려가 없는 경우에는 공소사실과 기본적 사실이 동일한 범위 내에서 법원이 공소장변경절차를 거치지 아니하고 다르게 인정하였다 할지라도 불고불리의 원칙에 위반되지 않는다'라고 하여 사실기재설을 따르고 있다.

(3) 이러한 사실기재설에 의하면 구성요건이 동일한 경우에는 구체적 사정을 고려하여 공소장변경요부를 판단하여야 하며, 구성요건이 다른 경우에는 원칙적으로 공소장변경을 하여야 하지만, 예외적으로 ① 축소사실의 인정하는 경우 ② 법적 평가만을 달리하는 경우에는 공소장변경을 요하지 않는다.

3. 사안의 해결

사안에서 甲은 강도상해죄로 공소제기되었으나 심리도중 상해가 인정되지 않아 강도죄만 성립한다면 이는 구성요건이 다르지만 강도상해죄의 범죄사실에 대하여 축소된 사실에 불과하고 이를 인정한다고 하여도 피고인의 방어권행사에 불이익을 초래하는 것은 아니다. 따라서 사안에서 법원은 검사의 공소장변경 없이 강도죄만으로 유죄판결할 수 있으므로 이러한 판결은 적법하다.

103

> 검사 K는 甲이 A에게 문자로 공갈을 하여 재물을 취득하였다는 혐의의 공갈죄로 기소하였다. 그런데 제1심 공판 진행 중에 A가 甲의 문자 내용에 겁을 먹은 것이 아니라 甲을 불쌍하게 여겨 5,000만 원을 이체한 것으로 밝혀졌다면 법원이 취해야 할 조치는? (15점)
>
> [2020 변시]

1. 논의점

사안과 같이 검사 K가 피고인을 공갈죄의 기수로 공소제기 하였으나 심리결과 미수만 인정되는 경우에 ① 법원이 공갈죄의 미수만 인정하려는 경우에 공소장변경이 필요한지 ② 법원이 공갈죄의 미수만 인정되는 경우에도 무죄판결을 할 수 있는지 문제 된다.

2. 공소장변경의 요부

(1) 공소장변경 요부에 대하여 판례는 '피고인의 방어권행사에 실질적인 불이익을 초래할 염려가 없는 경우에는 공소사실과 기본적 사실이 동일한 범위 내에서 법원이 공소장 변경절차를 거치지 아니하고 다르게 인정하였다 할지라도 불고불리의 원칙에 위반되지 않는다'라고 하여 사실기재설을 따르고 있다.

(2) 따라서 사안과 같이 공갈죄의 기수로 공소제기된 사안에서 미수만 인정하는 경우에는 피고인의 방어권행사의 불이익을 초래할 염려가 없으므로 공소장변경은 불필요하다.

3. 판결편의주의의 적용 여부

(1) 논의점

사안과 같이 공갈죄로 기소된 사건이 심리결과 축소사실인 공갈미수죄만 인정되는 경우에 법원은 축소사실에 대한 유죄판결을 하지 않고 무죄판결을 할 수 있는지 즉, 판결편의주의가 인정될 수 있는지에 대하여 논의가 있다.

(2) 견해의 대립과 판례의 태도

이에 대하여는 ① 법원은 축소사실에 대한 무죄판결을 선고할 수 있다는 긍정설 ② 실체진실발견이 법원의 의무인 이상 법원은 축소사실에 대하여 무죄판결을 선고할 수 없고 유죄판결을 해야 한다는 부정설이 대립하고 있으며 ③ 판례는 '축소사실을 유죄판단하지 않는 것이 현저히 정의와 형평에 반하는 것으로 인정되는 경우라면 법원으로서는 직권으로 그 범죄사실을 인정하여야 한다'라고 하여 한정적 긍정설의 입장이다.

(3) 검토 및 사안의 해결

생각건대 사안에 따라 구체적 타당성을 고려하는 한정적 긍정설이 타당하다. 사안에서 공갈죄의 미수를 인정하지 않는 것이 현저히 정의와 형평에 반하는 것으로 인정되기는 어려우므로 법원은 재량에 따라 유죄판결이나 무죄판결을 할 수 있다.

> • 공갈미수를 인정하지 않는 것이 현저히 정의와 형평에 반하는 것인지에 대해서는 명확한 판례가 없으므로 판단의 여지가 있을 수 있다.

유제

검사 K는 甲이 A를 특수강도강제추행치상하였다는 범죄사실로 공소를 제기하였으나, 법원이 심리를 진행하여 상해부분은 치료를 하지 않고도 일상생활에 지장이 없다고 판단하여 특수강도강제추행 사실 부분만 유죄로 선고하였다면, 이는 적법한가? (10점)　　　　　　　　　　　　　　　　　　　　　[2023 2차 변형]

甲은 A에 대한 폭행치상의 범죄사실로 기소되어 제1심 법원에서 유죄를 선고받고 항소하였다. 그러나 항소심은 상해의 점은 인정되지 않는다고 판단하고 있다. 항소심은 직권으로 甲에게 폭행죄로만 유죄를 선고할 수 있는가? (15점)

[2018 변시]

1. 논의점

항소심이 공소제기된 폭행치상에 대하여 폭행죄만 인정하려고 할 때 공소장변경을 요구하여야 하는가가 문제 된다.

2. 공소장변경 요부의 기준

(1) 공소장변경 요부의 기준에 대하여는 사실의 기재를 비교하여 피고인의 방어권행사에 실질적 불이익이 인정되는 경우에는 공소장변경을 요하지만, 그렇지 않은 경우에는 공소장변경은 불필요하다는 현재 사실기재설로 확립되어 있다.

(2) 이러한 사실기재설에 따르면 사안과 같이 이종 구성요건으로의 변경에는 원칙적으로 공소장변경이 필요하지만, 당 사안처럼 인정되는 사실이 축소사실인 경우에는 피고인의 방어권행사에 불이익을 초래하지 않으므로 공소장변경을 요하지 않는다.

3. 축소사실이 반의사불벌죄인 경우

사안과 같이 축소사실이 친고죄이거나 반의사불벌죄인 경우에도 공소장변경을 요하지 않느냐에 대하여는 ① 피고인의 방어수단이 달라진다는 점에 중점을 두어 축소사실을 인정할 수 없다는 부정설도 있으나, ② 판례는 축소사실이 친고죄이거나 반의사불벌죄의 경우라도 공소장변경은 필요하지 않다는 긍정설의 입장이다.

4. 사안의 해결

이러한 판례의 입장인 긍정설에 따르면 법원은 공소장변경을 요구할 필요없이 폭행죄로 유죄판결 할 수 있다.

> **유제**
>
> 甲은 A를 주먹으로 때려 상해를 입혔고, 이에 A는 고소하였다. 甲이 A를 주먹으로 때린 행위에 대하여 검사 K는 폭행치상으로 기소하였고, 제1심 법원은 유죄판결을 선고하였다. 이에 甲은 항소하였고 항소심에서 A가 고소를 취소한 경우, 항소심 법원은 검사의 공소장변경 신청 없이 甲에게 폭행치상죄의 일부인 폭행죄만을 인정하여 유죄판결을 선고할 수 있는가? (20점)
>
> [2013 1차 변형]

절도범인 甲은 체포를 면탈하기 위하여 피해자 A의 복부를 때려 3주의 치료를 요하는 상처를 입힌 공소사실로 기소되었다. 그러나 제1심 법원은 A가 입은 상처가 치료를 하지 않고도 일상생활을 하는 데 지장이 없고, 자연 치유될 수 있다고 판단하여 검사 K에게 공소장변경을 요구하였으나 K가 불응하자, 위 공소사실 전부를 무죄로 판결하였다. 이러한 법원의 무죄판결은 적법한가? (15점)

[2015 2차 변형]

1. 문제의 제기

사안에서 공소제기된 강도치상죄에 대하여 상해가 인정되지 않아 준강도죄만 인정되는 경우에 ① 법원의 공소장변경요구의 효력과 ② 법원이 축소사실이 인정됨에도 무죄판결을 하는 판결편의주의를 인정할 수 있는지에 대하여 검토한다.

2. 법원의 공소장변경요구의 효력

(1) 공소장변경요구의 형성력의 문제

법원의 공소장변경요구가 있는 경우에 공소장변경요구의 형성력에 의하여 공소장이 자동적으로 변경되는지 문제 된다. 이에 대하여는 ① 형성력을 인정하지 않을 때에는 특별히 공소장변경요구를 규정한 이유를 설명할 수 없다는 점을 이유로 형성력을 인정하는 긍정설도 있지만, ② 공소사실의 설정과 변경은 검사의 권한에 속하므로 형성력을 부정하는 부정설이 다수설이며 타당하다.

(2) 공소장변경요구의 효력

법원의 공소장변경요구에 형성력이 인정되지 않았을 때의 효력에 대하여는 ① 공소장변경요구가 권고적 의미를 갖는 데 그치며 검사에게 복종의무가 있는 것은 아니라는 권고효설도 있지만 ② 공소장변경요구가 법원의 소송지휘권에 의한 결정이므로 복종의무를 인정하지 않을 수 없으므로 명령효설이 타당하다.

3. 판결편의주의의 인정 여부

(1) 논의점

사안과 같이 강도치상으로 기소된 사건이 심리결과 축소사실인 강도죄만 인정되는 경우에 법원은 축소사실에 대한 유죄판결을 하지 않고 무죄판결을 할 수 있는지 즉 판결편의주의가 인정될 수 있는지에 대하여 논의가 있다.

(2) 견해의 대립과 판례의 태도

이에 대하여는 ① 법원은 축소사실에 대한 무죄판결을 선고할 수 있다는 긍정설 ② 실체진실발견이 법원의 의무인 이상 법원은 축소사실에 대하여 무죄판결을 선고할 수 없고 유죄판결을 해야 한다는 부정설이 대립하고 있으며, ③ 판례는 '축소사실을 유죄판단하지 않는 것이 현저히 정의와 형평에 반하는 것으로 인정되는 경우라면 법원으로서는 직권으로 그 범죄사실을 인정하여야 한다'라고 하여 한정적 긍정설의 입장이다.

(3) 검 토

생각건대 사안에 따라 구체적 타당성을 고려하는 한정적 긍정설이 타당하다.

4. 사안의 해결

법원의 공소장변경요구에 명령효를 인정하더라도 검사의 공소장변경이 없다면 공소장변경은 인정되지 않는다. 그리고 판결편의주의에 대해 한정적 긍정설을 따를 경우에 사안의 축소사실인 준강도죄는 3년 이상의 형에 해당하는 중범죄이므로 이에 대하여 무죄판결 하는 것은 현저히 정의와 형평에 어긋나는 것이므로 법원은 유죄판결을 하여야만 한다. 따라서 법원이 甲의 준강도죄에 대하여 무죄판결 한 것은 부적법하다.

> **유제**
>
> 甲은 다수의 공갈죄를 범한 전과가 있음에도 또 공갈죄를 범하였다. 상습공갈죄로 기소된 甲에게 상습성이 없다고 판단한 법원이 취할 수 있는 조치는? (10점)
>
> [2017 1차 변형]

甲은 건설과 공무원으로 재직 중인데 직무와 관련하여 5,000만 원을 수수하고 부정처사를 한 혐의로 기소되었고 제1심에서 유죄판결이 선고되었다. 그리고 항소심에서 甲의 수수 액수가 3,000만 원 미만임이 밝혀졌는데, 항소심 재판부는 공소사실에 대하여 무죄를 선고하였다면, 검사 K는 법원이 공소장변경 요구를 하지 않는 점(상고이유 1)과 법원이 직권으로 축소사실을 판단하지 아니하고 무죄를 선고한 것은 심리미진의 위법이 있다는 점(상고이유 2)을 주장하고 있다. 검사 K의 위 각 상고이유가 인정되는지 여부를 설명하시오. (10점)

[2021 1차 변형]

1. 상고이유 1에 대하여 - 법원의 공소장변경 요구 (5점)

사안에서 항소심은 甲의 수수 액수가 3,000만 원 미만임이 밝혀졌음에도 이에 대하여 공소장변경요구를 하지 않았다. 이러한 항소심의 태도가 적법한지에 대하여 공소장변경요구의 법적 성질과 관련하여 논의가 있지만, 판례는 재량설의 입장을 따르고 있다. 이러한 판례의 태도에 따르면 상고이유 1은 이유없다.

> • 단, 사안의 경우는 공소사실이 축소되는 예이고, 제298조 제2항의 공소장변경요구 규정에는 추가와 변경만 요구할 수 있으므로 의문의 여지가 없지 아니하다.

2. 상고이유 2에 대하여 - 판결편의주의 인정 여부 (5점)

사안과 같이 축소사실이 인정됨에도 무죄판결을 할 수 있는지 즉 판결편의주의를 인정할 수 있는지에 대하여 논의가 있지만, 판례는 원칙적으로 긍정하지만 예외적으로 무죄판결하는 것이 현저히 정의와 형평에 반하는 경우에는 유죄판결을 하여야 한다고 하여 한정적 긍정설을 따르고 있다. 이러한 한정적 긍정설의 입장에 따르면 사안에서 인정되는 수뢰후부정처사죄를 무죄로 판결하는 것은 현저히 정의와 형평에 반하므로 상고이유 2는 이유 있다.

甲은 자신의 정적인 A를 살해할 계획을 세운 후, 노숙자 乙에게 사례를 약속하고 A를 살해해 달라고 부탁하였고 乙은 이를 승낙하였다. 그런데 乙은 A를 살해하려고 하였으나 용모가 유사한 B를 A로 착각하여 B를 살해하였다. 甲에 대한 공소사실과 관련하여 법원이 ① B의 사망과 관련하여 공소장 기재의 기수를 미수로 인정할 경우, ② B의 사망과 관련하여 공소장 기재의 고의를 과실로 인정할 경우, ③ 甲의 범죄가담 형태와 관련하여 공소장 기재의 교사범을 방조범으로 인정할 경우, 각각 공소장변경이 필요한지를 설명하시오. (15점)

[2020 1차 변형]

1. 공소장변경 요부에 대한 법리

(1) 공소장변경의 요부에 대하여는 ① 형벌조문을 기준으로 판단하자는 동일벌조설과 ② 법률구성을 기준으로 판단하자는 법률구성설도 있으나, ③ 현재의 다수설과 판례는 '피고인의 방어권행사에 실질적인 불이익을 초래할 염려가 없는 경우에는 공소사실과 기본적 사실이 동일한 범위 내에서 법원이 공소장 변경 절차를 거치지 아니하고 다르게 인정하였다 할지라도 불고불리의 원칙에 위반되지 않는다'라고 하여 사실기재설을 따르고 있다.

(2) 생각건대 공소사실은 구성요건에 해당하게 기재된 사실에 불과하므로 규범적인 측면을 강조할 필요가 없이 사실적인 측면을 기준으로 하는 사실기재설이 타당하다. 따라서 사실관계의 변화가 실질적으로 피고인의 방어권 행사에 불이익을 초래한다면 공소장변경을 요한다고 보아야 한다.

2. 사안의 해결

(1) B의 사망과 관련하여 공소장 기재의 기수를 미수로 인정할 경우

甲은 B에 대한 살인기수죄로 공소제기되었으나, 법원의 심리결과 미수로 인정하는 경우에는 공소장변경은 필요하지 않다. 살인기수의 공소사실에는 축소된 사실인 미수의 공소사실이 포함되어 있어 피고인의 방어권 행사에 불이익을 초래하지 않기 때문이다.

(2) B의 사망과 관련하여 공소장 기재의 고의를 과실로 인정할 경우

甲은 B에 대한 살인기수죄로 공소제기 되었으나, 법원의 심리결과 과실치사만 인정되는 경우에는 원칙적으로 공소장변경이 필요하다고 보아야 한다. 과실치사가 살인죄에 비하여 처벌이 가볍기는 하지만, 과실 행위는 폭이 넓으므로 피고인의 방어권 행사가 불리해질 수도 있기 때문이다. 다만, 예외적으로 피고인의 방어권 행사에 불이익을 초래하지 않는다면 공소장변경이 필요없다고 할 수 있을 것이다.

(3) 甲의 범죄가담 형태와 관련하여 공소장 기재의 교사범을 방조범으로 인정할 경우

甲의 범죄가담 형태와 관련하여 공소장 기재의 교사범을 방조범으로 인정하는 경우에도 (2)와 같은 논리에 의하여 원칙적으로 공소장변경이 필요하고, 다만 예외적으로 피고인의 방어권 행사에 불이익을 초래하지 않는다면 공소장변경이 필요없다고 할 수 있을 것이다.

> • 본 문제는 명확한 판례가 없는 부분의 문제이므로 출제가능성은 높지 않다.

108

> 甲은 혈중알콜농도 0.12% 상태에서 운전을 하는 도중 도로 가장자리에 멈추어 있는 A의 승용차의 왼편 운전석 부분과 충돌하여 문짝이 파손되며 A는 그 충격으로 기절하였다. 甲은 사고가 난 즉시 사고를 신고하는 등 모든 필요한 조치를 취하였다. 검사 K가 처음에는 甲을 도로교통법상 음주운전죄로만 공소제기하였으나, 공판절차의 진행 중에 A의 상해관련 교통사고 등 甲의 여죄를 처벌하려고 한다. K는 어떠한 조치를 취하여야 하는가? (15점)
>
> [2014 1차 변형]

1. 문제의 제기

사안에서 甲에게는 음주운전죄와 위험운전치상죄 및 업무상과실재물손괴죄가 문제 된다. 이러한 경우에 음주운전죄로만 공소를 제기한 이후 나머지 범죄를 처벌하려고 하는 경우에 검사의 조치에 대하여는 ① 공소장변경이 필요한지 ② 공소장변경이 가능한지 문제 된다.

2. 공소장변경의 요부

사안에서 위험운전치사상죄 등의 죄를 처벌하기 위하여 공소장정정으로 가능한지가 문제될 수 있지만, 다수설과 판례의 입장인 사실기재설에 따르면 음주운전죄로 공소제기한 후 위험운전치상죄 및 업무상과실재물손괴죄를 추가하는 것은 피고인의 방어권행사에 불이익을 초래하는 경우이므로 공소장변경이 필요한 경우이다.

3. 공소장변경의 한계

(1) 사안에서 위험운전치사상죄 등의 죄를 처벌하기 위하여 공소장변경을 하여야 하는지 아니면 추가기소를 하여야 하는지 문제 된다. 이는 제298조 제1항 후단의 동일성의 문제이자 공소장변경의 한계의 문제이다. 공소사실의 동일성이란 공소사실의 단일성과 협의의 동일성을 포함하는 개념이라고 이해하는 것이 다수설의 입장이다.

(2) 판례에 의하면 위험운전치상죄와 업무상과실재물손괴죄는 상상적 경합관계에 있지만, 이들과 이미 공소가 제기된 음주운전죄와는 실체적 경합 관계에 있는바 이는 단일성이 인정되지 않아 동일성이 인정되지 않는다.

4. 사안의 해결

따라서 사안에서 검사는 甲을 위험운전치사상죄와 업무상과실재물손괴죄로 처벌하기 위하여는 공소장변경으로 가능하지 않고 추가기소를 하여야 한다.

> • 본 문제는 단일성으로 해결하면 족하므로 원칙적으로 협의의 동일성에 대한 학설은 적을 필요가 없다.

109

경찰관 P2는 현장 부근 CCTV 영상에서 지갑을 건네받는 乙을 발견하고, 乙의 가담 여부를 확인하기 위하여 절도 혐의에 관한 영장을 발부받아 甲의 휴대전화를 압수하여 이를 적법하게 포렌식하였다. 그 과정에서, 甲이 2020. 5. 20. 15세인 C에게 C 자신의 신체 일부를 노출한 사진을 촬영하도록 하였고, 2020. 6. 15. 14세인 D에게 D 자신의 신체 전부를 노출한 동영상을 촬영하도록 하는 등 2023. 2. 10.까지 14~16세의 피해자 100명에게 피해자 자신의 신체의 전부 또는 일부를 노출한 사진과 동영상을 촬영하도록 하여 총 1,000개의 아동·청소년성착취물인 사진과 동영상을 제작한 사실도 밝혀졌다.

만약 검사가 甲의 아동·청소년의성보호에관한법률위반 범행에 대하여 '피고인은 2020. 6. 15.부터 2023. 2. 10.까지 상습으로 아동·청소년인 피해자 99명에게 신체의 전부 또는 일부를 노출한 사진을 촬영하도록 하는 등 총 999개의 아동·청소년성착취물인 사진 또는 동영상을 제작하였다'고 공소를 제기하였다가, C에 대한 범행을 추가하기 위하여 공소사실을 '피고인은 2020. 5. 20.부터 2023. 2. 10.까지 상습으로 아동·청소년인 피해자 100명에게 신체의 전부 또는 일부를 노출한 사진을 촬영하도록 하는 등 총 1,000개의 아동·청소년성착취물인 사진 또는 동영상을 제작하였다'고 변경하는 취지의 공소장변경허가신청을 하였다면, 이러한 경우 법원의 조치는? (15점)

[2024 변시]

[참조조문]

구 아동·청소년의 성보호에 관한 법률(법률 제12329호, 2020. 6. 2. 개정되기 전의 것)

제11조(아동·청소년이용음란물의 제작·배포 등) ① 아동·청소년이용음란물을 제작·수입 또는 수출한 자는 무기징역 또는 5년 이상의 유기징역에 처한다.

② 영리를 목적으로 아동·청소년이용음란물을 판매·대여·배포·제공하거나 이를 목적으로 소지·운반하거나 공연히 전시 또는 상영한 자는 10년 이하의 징역에 처한다.

③ 아동·청소년이용음란물을 배포·제공하거나 공연히 전시 또는 상영한 자는 7년 이하의 징역 또는 5천만원 이하의 벌금에 처한다.

④ 아동·청소년이용음란물을 제작할 것이라는 정황을 알면서 아동·청소년을 아동·청소년이용음란물의 제작자에게 알선한 자는 3년 이상의 징역에 처한다.

⑤ 아동·청소년이용음란물임을 알면서 이를 소지한 자는 1년 이하의 징역 또는 2천만원 이하의 벌금에 처한다.

⑥ 제1항의 미수범은 처벌한다.

1. 공소장변경 허가신청의 요건

공소장변경이 허가되기 위해서는 공소사실의 동일성이 인정되어야 한다. 따라서 사안에서 청소년성보호법 제11조 제7항의 상습범으로 공소제기된 공소사실과 새로이 추가되는 2020. 5. 20.부터 2023. 2. 10.까지의 공소사실이 동일성 특히 단일성이 있는지 문제 된다.

2. 판례의 법리

(1) 사안에서 문제가 되는 청소년성보호법 제11조 제7항은 2020. 6. 2. 개정되어 당일부터 시행되었다. 그런데 검사가 공소장변경으로 추가하려는 공소사실에는 2020. 6. 2. 이전에 범해진 2020. 5. 20.부터 2020. 6. 2. 이전까지의 범행이 포함되어 있다.

(2) 판례에 의하면 '신설된 포괄일죄 처벌법규가 시행되기 이전의 행위에 대하여는 신설된 법규를 적용하여 처벌할 수 없다.'고 한다. 따라서 사안에서 2020. 5. 20.부터 2020. 6. 2. 이전까지의 범행은 청소년성보호법 제11조 제7항에 해당되지 않으므로 단일성이 인정되지 않아 동일성이 인정되지 않는다.

3. 법원의 조치

사안에서 법원은 2020. 5. 20.부터 2020. 6. 2. 이전까지의 범행이 포함된 공소장변경신청은 동일성이 인정되지 않으므로 기각하여야 한다. 그리고 검사는 2020. 5. 20.부터 2020. 6. 2. 이전까지의 범행은 추가기소하여야 하고, 그 이후의 범행은 공소장변경으로 추가하여야 한다.

> • 본 문제는 단일성으로 해결하면 족하므로 원칙적으로 협의의 동일성에 대한 학설은 적을 필요가 없다.

110

甲은 상해치사죄의 단독범으로 기소되었다. 이후 검사 K는 乙을 상해치사죄로 구속기소하면서 이미 기소된 甲에 대하여는 기존의 상해치사의 공소사실에 대해 乙과 공동하여 범행을 하였다는 취지로 내용을 변경함과 동시에 새로이 밝혀진 甲과 乙의 합동강도죄의 범죄사실을 추가하는 내용으로 공소장변경을 신청하였다. 법원은 이에 대해 어떠한 조치를 취하여야 하는가? (10점)　　　　　　　　　[2015 변시]

1. 논의점

사안에서 검사 K는 甲이 단독으로 상해치사죄로 기소된 사안에서 ① 乙과 공동으로 상해치사를 범한 사실과 ② 이와는 별도의 甲과 乙의 합동강도죄를 추가하는 공소장변경을 신청하고 있다. 이러한 경우에 법원의 조치를 ①과 ②로 나누어 검토한다.

2. 상해치사 사실 관련 부분

사안에서 甲 단독의 상해치사 공소사실을 乙과의 공동정범으로 추가하는 것은 甲의 방어권행사에 불이익을 초래하는 경우이므로 공소장변경을 필요로 하는 사안이다. 그리고 공소사실의 동일성에 대한 다수설과 판례의 태도인 기본적 사실 동일설에 따르면 검사 K가 공소제기한 사실과 공소장변경으로 추가되는 사실은 밀접관계와 택일관계가 있으므로 동일성이 인정된다. 따라서 법원은 제298조 제1항 2문에 의하여 공소장변경을 허가하여야 한다.

3. 합동강도 사실 관련 부분

사안에서 甲 단독의 상해치사 공소사실과 甲과 乙의 합동강도 사실은 기본적 사실이 동일하지 않으므로 공소장변경의 한계를 벗어나고 있다. 따라서 이는 공소장변경이 아닌 추가기소를 해야 할 사안이다. 그럼에도 검사가 이를 공소장변경으로 추가하는 경우에 ① 공소기각설과 ② 추가기소의제설의 대립이 있을 수 있으나, ③ 소송경제 등을 고려하면 법원은 검사로 하여금 이를 석명하게 하고 추가기소하도록 하는 것이 타당하다.

111

甲은 1년 전 친구 乙과 함께 강도죄를 범하였는데, 甲이 강도 범행 후 乙과 헤어지면서 강취한 금목걸이를 지닌 채 귀가하던 중 경찰관 P의 불심검문을 받자 "친구가 훔친 물건을 헐값에 샀다"라고 둘러댔고, 그 후 甲은 장물취득죄로 기소되어 유죄판결이 확정되었다. 이후 검사 K가 甲을 다시 위 금목걸이에 대한 강도죄로 기소하였다면 장물취득죄의 유죄판결이 강도죄 사건에 어떠한 영향을 미치는가? (20점)

[2017 2차 변형]

1. 논의점

확정판결의 기판력은 동일성이 인정되는 범위까지 미친다. 따라서 사안에서 유죄판결이 확정된 장물취득죄와 강도사건이 공소사실의 동일성이 인정되는지 문제 된다. 이러한 공소사실의 동일성의 판단기준에 대하여 논의가 있다.

2. 견해의 대립

이에 대하여는 ① 기본적인 사실이 동일하면 동일성을 인정해야 한다는 기본적사실동일설 ② 소인의 기본적인 부분을 공통으로 하는 때에는 동일성을 인정할 수 있다는 소인공통설 ③ 죄질의 동일성이 인정되면 동일성을 인정할 수 있다는 죄질동일설 ④ 구성요건이 상당 정도 부합하는 때에는 동일성을 인정할 수 있다는 구성요건공통설이 대립하고 있다.

3. 판례의 태도

판례는 기본적사실동일설을 따르면서도 일반 학설과는 달리 사실적인 요소와 규범적인 요소를 같이 고려하여야 한다고 보고 있다. 그리고 사안과 유사한 전합 판례에서 동일성이 인정되지 않으므로 강도죄로 유죄판결 할 수 있다고 보고 있다.

> • 아마도 판례는 기본적사실 동일설을 일관할 경우에 나타나는 법적 안정성보다 구체적 사건에서의 정의라는 구체적 타당성을 얻기 위하여 규범적 요소를 같이 고려하는 것으로 보인다.

4. 검토 및 사안의 해결

생각건대 공소사실이란 검사에 의하여 주장된 사실개념이므로, 공소사실의 동일성도 사실적인 측면에서 파악하는 기본적 사실동일설이 타당하다. 따라서 이러한 기본적 사실동일설의 입장에 따르면 사안에서의 장물취득죄와 강도범행은 기본적 사실이 동일하므로 법원은 제326조 제1호에 따라 면소판결을 하여야 할 것이다.

112

甲은 乙에게 보이스피싱 사기에 이용할 수 있도록 유령회사인 Y 주식회사를 설립하고 주식회사 Y 명의의 계좌를 만들어 달라고 하여 乙은 甲이 시키는대로 계좌를 만들어 甲에게 주었다. 이후 검사가 乙을 사기방조죄 등으로 기소하였는데 공판 과정에서 주식회사 Y 명의의 계좌가 보이스피싱 범행에 이용된 것이 아니라 인터넷 도박 사이트 운영에 이용된 것으로 밝혀졌다면, 검사는 사기방조 공소사실을 도박공간개설방조 공소사실로 변경할 수 있는가? (10점)　　　　　　　　　　　　　　　　　　　　　[2022 2차 변형]

1. 논의점

공소장변경을 하기 위해서는 동일성이 인정되어야 한다.

2. 견해의 대립과 판례의 태도

이에 대하여는 ① 기본적사실동일설 ② 소인공통설 ③ 죄질동일설 ④ 구성요건공통설이 대립하고 있으며, ⑤ 판례는 기본적사실동일설을 따르면서도 일반 학설과는 달리 사실적인 요소와 규범적인 요소를 같이 고려하여야 한다고 보고 있다.

3. 검토 및 사안의 해결

생각건대 법적 안정성보다 구체적 사건에서의 정의라는 구체적 타당성을 얻기 위하여 규범적 요소를 같이 고려하는 판례의 태도가 타당하다. 이러한 판례의 태도에 따르면 사안과 같이 사기방조 공소사실을 도박공간개설방조 공소사실로 변경하는 것은 변경 전후의 공소사실 사이에 각 정범의 범죄를 구성하는 실행행위의 태양과 이에 대한 위 피고인들의 인식 내용이 전혀 달라 그 기본적 사실관계가 동일하지 아니하므로 검사는 공소장변경신청을 할 수 없다(2017도9878).

> **유제**
>
> 甲과 乙은 A를 폭행하여 상해를 입혔다. 甲과 乙은 폭행치상죄로 기소되어 공동피고인으로 재판을 받았고, 제1심 법원은 甲에게 징역 1년, 乙에게는 징역 2년을 선고 하였다. 이에 대해 乙은 항소를 하지 아니하여 형이 확정되었고, 甲은 항소하여 재판을 받고 있다. 그런데 입원치료를 받고 있던 A는 항소심의 심리 계속 중 사망하였다. 검사 K가 乙을 상해치사죄로 다시 기소할 수 있는지 논하시오. (10점)　　[2016 1차 변형]

甲은 냉장고를 옮기다 B에게 넘어뜨려 과실치상죄를 범한 사실로 기소되었다. 제1심에서 甲에게 유죄가 선고되자 甲과 검사는 모두 항소하였다. 항소심 계속 중 입원해있던 B가 사고후유증으로 사망하자, 검사는 B의 사망 사실까지 포함하는 내용으로 공소장변경허가신청을 하였다. 항소심 법원은 공소장변경을 허가해야 하는가? (15점)

[2022 1차 변형]

1. 쟁점 (2점)

사안과 관련하여 ① 항소심에서의 공소장변경이 가능한지 ② 공소사실의 동일성이 인정되는지 ③ 법원의 공소장변경 허가가 의무인지에 대하여 논의가 있다.

2. 항소심 절차에서 공소장변경의 허용성 (5점)

(1) 항소심에서의 공소장변경이 가능한 지에 대하여는 ① 전면적 허용설 ② 전면적 부정설 ③ 절충설 등이 대립하고 있으며, ④ 판례는 '현행법상 형사항소심의 구조가 오로지 사후심으로서의 성격만을 가지고 있는 것은 아니고, 항소심에서도 공소장의 변경을 할 수 있다'라고 하여 전면적 허용설의 입장을 따르고 있다.

(2) 이러한 전면적 허용설에 따르면 사안에서 항소심에서의 공소장변경은 가능하다.

3. 공소사실의 동일성 (5점)

(1) 공소사실의 동일성에 대하여는 ① 기본적사실동일설 ② 소인공통설 ③ 죄질동일설 ④ 구성요건공통설이 대립하고 있으나 기본적 사실 동일설이 다수설의 입장이다. 그리고 판례는 기본적사실동일설을 따르면서도 일반 학설과는 달리 사실적인 요소와 규범적인 요소를 같이 고려하여야 한다고 보고 있다.

(2) 이러한 기본적 사실동일설에 따르면 사안에서 甲이 냉장고를 옮기다 乙에게 상해를 입히고 사망에 이르게 한 점에서 기본적 사실이 동일하므로 공소사실의 동일성이 인정된다.

4. 법원의 공소장변경 허가 의무 (3점)

제298조제1항은 '법원은 공소사실의 동일성을 해하지 아니하는 한도에서 허가하여야 한다'라고 규정하고 있으며, 판례는 이를 의무규정으로 판시하고 있다. 그리고 이러한 법리는 항소심의 경우에도 동일하다는 것이 판례이므로 사안에서 법원은 검사의 공소장변경신청을 허가하여야 한다.

제1심 법원은 甲에게 A에 대한 범죄사실로 유죄를 인정하면서 징역 2년을 선고하였다. 이에 대해 甲만 항소하여 사건이 항소심 계속 중 병원에 입원해 있던 A가 회복하지 못하고 사망하자 검사는 A의 사망 부분까지 포함하여 공소사실을 변경하는 공소장변경허가를 신청하였다. 법원은 공소장변경을 허가해야 하는지, 1심보다 중한 형을 선고할 수 있는지 논하시오. (15점)

[2023 1차 변형]

1. 법원은 공소장변경을 허가해야 하는지

(1) 항소심에서의 공소장변경 여부

항소심에서의 공소장변경이 가능한지에 대하여는 ① 전면적 허용설 ② 전면적 부정설 ③ 절충설 등이 대립하고 있으며, ④ 판례는 '현행법상 형사항소심의 구조가 오로지 사후심으로서의 성격만을 가지고 있는 것은 아니고, 항소심에서도 공소장의 변경을 할 수 있다'라고 하여 전면적 허용설의 입장을 따르고 있다. 이러한 전면적 허용설에 따르면 사안에서 항소심에서의 공소장변경은 가능하다.

(2) 공소장변경은 의무적

제298조제1항은 '법원은 공소사실의 동일성을 해하지 아니하는 한도에서 허가하여야 한다'라고 규정하고 있으며, 판례는 이를 의무규정으로 판시하고 있다. 사안에서 강도치상과 강도치사는 기본적 사실이 동일하므로 법원은 검사의 공소장변경신청을 허가하여야 한다.

2. 1심보다 중한 형을 선고할 수 있는지

사안에서는 甲만 항소하였으므로 불이익변경금지의 원칙이 지켜져야 한다. 따라서 항소심 법원은 제1심이 선고한 징역 2년 보다 무거운 형을 선고할 수 없다.

115

경찰관 P는 범인도피죄와 직무유기죄의 상상적 경합을 범하였지만, 검사 K는 P를 직무유기죄로만 기소하여 제1심 공판이 진행 중이다. K는 P를 범인도피죄로 다시 추가기소할 수 있는가? (15점) [2013 변시]

1. 논의점

사안과 같이 직무유기죄로 공소제기한 이후에 이와 상상적 경합 관계에 있는 범인도피죄를 다시 추가기소할 수 있는지 문제 된다.

2. 견해의 대립

이에 대하여는 ① 상상적 경합은 단순일죄가 아니고 실질적으로 수죄에 해당한다는 것을 이유로 상상적 경합의 일부를 추가기소한 것은 형식적으로는 이중기소에 해당하지만 실질적 의미에서 이중기소에 해당하지 않는다는 적법설 ② 공소불가분의 원칙에 의하여 상상적 경합의 일부에 대한 공소제기는 전체 사실에 그 효력을 미치므로 상상적 경합의 일부에 대한 추가기소는 이중기소금지의 원칙에 해당하여 부적법하다는 부적법설이 대립하고 있다.

3. 판 례

판례는 '상상적 경합관계에 있는 공소사실 중 일부를 추가기소하였다면, 법원으로서는 석명권을 행사하여 검사로 하여금 추가기소의 진정한 취지를 밝히도록 한 후에 그 취지를 밝힌 후 실체판단을 하여야 하고 추가기소에 대하여 공소기각판결을 할 필요가 없다'라고 하여 부적법설을 전제로 하여 석명후판단설을 따르고 있다.

4. 검토 및 사안의 해결

사안처럼 상상적 경합관계에 있는 수죄 중 일부를 먼저 기소하고 이후에 나머지 범죄를 추가기소하는 것은 이중기소에 해당하므로 적법하지 않다고 보아야 할 것이다. 그러나 이를 이중기소로 보아 공소기각하는 것은 소송경제와 법감정에 반하므로 석명권을 행사하여 검사에게 공소장변경을 신청하도록 하는 것이 타당하다.

> 甲의 2018. 10. 1.에 범한 상습도박 등 사건의 계속 중에 검사 K는 甲의 2018. 6. 6. 포커도박 사실을 송치받고 도박으로 같은 법원에 추가기소하여 이 사건은 위 상습도박 등 사건에 병합되었다. 이 경우 추가기소에 대하여 법원은 어떠한 조치를 취하여야 하는가? (7점)
>
> [2014 변시]

1. 논의점

사안과 같이 검사가 포괄일죄의 일부를 공소장변경으로 추가하지 않고 추가기소하여 부적법한 경우에 법원은 어떻게 처리하여야 하는가에 대하여 논의가 있다.

> • 쟁점에 대한 이해를 위하여 실제 답안보다 많은 양으로 정리한다.

2. 견해의 대립

이에 대하여는 ① 이중기소금지의 원칙에 반하므로 공소기각의 판결을 선고해야 한다는 공소기각판결설 ② 추가기소를 공소장변경으로 취급하여야 한다는 공소장변경의제설 ③ 법정에서의 검사의 석명이 있는 경우에는 공소장변경으로 인정하는 것이 가능하다고 보는 석명후판단설이 대립하고 있다.

3. 판 례

대법원은 상습특수절도가 문제된 사건에서는 석명후판단설을 따랐으며, 최근에 상습존속상해죄가 문제된 사건에서는 공소장변경의제설을 따른 듯한 판시를 하고 있어 그 태도가 명확하지 않다.

4. 검토 및 사안의 해결

생각건대 공소기각판결설은 소송경제에 반하고, 공소장변경의제설은 검사의 기소권을 무시하게 되어 타당하지 않다. 따라서 소송경제에 이바지하고, 검사의 기소권도 존중하는 석명후 판단설이 타당하다. 따라서 사안에서 법원은 검사의 석명에 따라 공소장변경을 하여야 할 것이다.

> **유제**
>
> 甲은 자신의 집 거실에서 조카 A의 머리를 과도의 칼자루 부분으로 때린 혐의가 있어 특수폭행으로 공소가 제기되어 있다. 공소제기 후 검사 K는 甲이 A를 5회에 걸쳐 폭행한 사실을 송치받아 5회의 폭행 행위를 상습폭행죄(형법 제264조)로 추가 기소하여 두 사건이 병합되었다. 법원은 甲에게 폭행의 습벽이 있고, 모든 공소사실에 대한 유죄의 증명이 있다고 판단하고 있다. 이 경우 K의 추가기소에 대하여 법원이 취할 수 있는 조치를 설명하시오. (10점)
>
> [2014 2차 변형]

> 검사 K는 甲이 A를 특수강도강제추행하였다는 범죄사실로 공소를 제기하였으나, 뒤늦게 A가 甲의 추행을 피하다가 2주의 치료를 요하는 상해를 입었다는 사실이 밝혀지자 상해죄로 추가기소하였다. 이 경우 수소법원의 조치는? (10점)
>
> [2023 2차 변형]

1. 추가기소의 적법성

사안에서 검사는 특수강도강제추행죄로 기소된 甲에게 대하여 상해죄를 추가기소하고 있다. 그러나 상해 죄의 상해는 강제추행과정에서 발생한 것이므로 특수강도강제추행죄와 기본적 사실이 동일하므로 공소 장변경을 하여야 한다. 따라서 검사가 상해죄를 추가기소를 한 것은 부적법하다.

2. 법원의 조치

(1) 사안과 같이 공소장변경으로 추가할 사안을 추가기소한 경우의 법원의 처리에 대하여는 ① 공소기각판 결설 ② 공소장변경의제설 ③ 석명후판단설의 견해가 대립하고 있으며, 판례는 공소장변경의제설을 따른 판례와 석명후 판단설을 따른 판례가 혼재하고 있다.

(2) 생각건대 소송경제에 이바지하고, 검사의 기소권도 존중하는 석명후판단설이 타당하다. 이러한 석명후 판단설에 의하면 법원은 석명권을 발동하여 공소장변경허가신청을 하도록 한 후 사건을 심리하여야 할 것이다.

118

甲은 A의 금은방에서 금목걸이 등을 절취하였다. 사법경찰관 P가 甲에 대한 증거를 확보하여 송치하자 검사 K는 甲을 기소하였다. 그런데 기소 후 甲이 동일한 수법으로 같은 동네에 있는 B, C의 금은방을 상대로 범행하였다는 점이 밝혀져 검사 K는 이 두 범행에 대하여 상습범으로 甲을 추가기소하였다. 甲의 A, B, C의 금은방에 대한 3회의 범행에 대하여 모두 유죄판결이 내려지기 위해 검사 K와 법원은 각각 어떠한 조치를 취하여야 하는지 논하시오. (10점)　　　　　　　　　　　　　　　　　　　　　　　[2021 2차 변형]

1. 검사 K의 조치 (6점)

사안에서 검사 K는 甲을 A의 금은방에 대한 단순절도죄로 기소된 후 B, C의 금은방에 대한 절도죄를 상습절도죄로 추가기소하였다. 그러나 A, B, C의 금은방의 절도는 하나의 습벽으로 범해진 절도이므로 포괄일죄의 관계에 있다. 따라서 검사 K는 B, C의 금은방에 대한 절도죄를 A의 금은방에 대한 절도죄에 추가하고 적용법조를 상습절도로 변경하는 공소장변경을 하였어야 한다. 그러나 이미 B, C의 금은방에 대한 절도죄를 추가기소하였다면, 이에 대한 공소를 취소하고 공소장변경을 신청하여야 한다.

2. 법원의 조치 (4점)

사안에서 검사 K는 공소장변경으로 추가하여야 할 B, C의 금은방에 대한 절도사실을 추가기소하고 있 다. 이에 대한 법원의 조치로는 ① 공소기각설 ② 공소장변경의제설 ③ 석명후판단설 등이 논의되고 있 으나, 소송경제 등을 고려하면 석명후판단설이 타당하다. 따라서 법원은 검사에게 B, C의 금은방에 대한 절 도사실에 대한 공소제기에 대한 석명을 구한 후 검사 K가 공소장변경의 취지로 석명하면 공소장변경을 허가하여야 할 것이다.

119

경찰관 P는 범인도피죄와 직무유기죄의 상상적 경합을 범하였다. 검사 K는 P를 직무유기죄로만 기소하였 으나, 법원은 범인도피죄에 해당한다고 판단하고 있다. 그러나 법원이 K에게 P에 대한 공소장변경을 요구 하지 않고 직무유기죄로만 유죄판결하였다면 이러한 판결은 적법한가? (10점)　　　　　　　　[2013 변시]

1. 논의점

사안에서 직무유기죄로 기소된 P에 대하여 법원이 심리 중에 범인도피죄에 해당한다고 보았지만 범인도 피죄로 공소장변경을 요구하지 않고 직무유기죄로 유죄판단을 하였다. 이러한 경우 법원의 공소장변경요 구의 법적 성질 여하에 따라 판결의 적법 여부가 결정된다.

2. 견해의 대립과 판례의 태도

법원의 공소장변경요구의 법적 성질에 대하여는 ① 제298조 2항은 '…요구하여야 한다.'라고 하고 있으 므로 법원의 의무라고 해석하는 의무설 ② 공소장변경요구는 법원의 재량이라고 해석하는 재량설이 대립 하고 있으며, ③ 판례는 '형사소송법 제298조 제2항의 공소장 변경요구에 관한 규정은 법원의 변경 요구 를 의무화한 것이 아니고 법원의 재량에 속하는 것이다'라고 하여 재량설을 따르고 있다.

3. 검토 및 사안의 해결

생각건대 ① 공소장변경신청은 원칙적으로 검사의 권한에 속하며 ② 법원은 검사가 제기한 공소사실의 범위 안에서만 판단하면 족하므로 재량설이 타당하다. 따라서 이러한 재량설에 따르면 사안의 판결은 적법하다.

> **유제**
>
> 甲이 A를 주먹으로 때려 상처를 입힌 행위에 대하여 검사 K는 폭행치상으로 기소하였고, 제1심 법원은 유죄판결을 선고하였다. 이에 甲은 항소하였고 항소심 법원은 심리를 통해 甲이 폭행한 사실은 증거에 의하 여 명백하지만 A의 상해부분을 인정하기는 어렵다고 판단하여 폭행죄에 대하여만 유죄로 판단하고자 한다. 이 경우 항소심 법원은 K에게 공소장변경을 요구하여야 하는가? (10점)　　　　　　　　　　[2013 1차 변형]

> **유제**
>
> 甲은 다수의 공갈죄를 범한 전과가 있음에도 또 공갈죄를 범하였다. 검사 K는 甲을 단순공갈죄로 기소하였 으나, 법원이 심리해 본 결과 甲에게 상습성이 있다고 판단할 때 법원이 취할 수 있는 조치는? (10점)
>
> 　　　　　　　　　　[2017 1차 변형]

120

> 甲은 경찰관 P에게 특수공무집행방해치상죄를 범한 범죄사실로 제1심 법원에서 징역 3년을 선고받고 항소 하였다. 항소심 절차가 계속되던 중 병원에 입원했던 P가 회복하지 못하고 사망하자, 검사 K는 공소사실을 살인죄로 변경하는 공소장변경허가를 신청하였다. 항소심 법원이 공소장변경을 허가해야 하는지 논하시오. (20점)
>
> 　　　　　　　　　　[2018 3차 변형]

1. 쟁점의 정리

사안과 관련하여 ① 항소심에서의 공소장변경이 가능한지 ② 가능하다면 사안의 경우에 공소사실의 동 일성이 인정되는지 ③ 공소사실이 동일하다면 법원의 공소장변경 허가가 의무인지 문제 된다.

2. 항소심절차에서 공소장변경의 허용성

(1) 견해의 대립과 판례의 태도

항소심에서의 공소장변경이 가능한지에 대하여는 ① 전면적 허용설 ② 전면적 부정설 ③ 절충설 등이 대립하고 있으나, ④ 판례는 '현행법상 형사항소심의 구조가 오로지 사후심으로서의 성격만을 가지고 있는 것은 아니고, 항소심에서도 공소장의 변경을 할 수 있다'라고 하여 전면적 허용설의 입장을 따르고 있다.

(2) 검토 및 사안의 해결

생각건대 현행법은 실체적 진실발견을 위하여 항소심에서 직권심리(제364조 제2항) 및 새로운 증거조사(제364조 제3항의 반대해석)를 할 수 있도록 하고 있어 원칙적으로 속심구조를 취하고 있으므로 전면적 허용설이 타당하다. 따라서 사안에서 항소심에서의 공소장변경은 가능하다.

3. 공소사실의 동일성

(1) 견해의 대립과 판례

공소사실의 동일성에 대하여는 ① 기본적사실동일설 ② 소인공통설 ③ 죄질동일설 ④ 구성요건공통설이 대립하고 있으나 기본적 사실동일설이 다수설의 입장이며 ⑤ 판례는 기본적 사실동일설을 따르면서도 일반 학설과는 달리 사실적인 요소와 규범적인 요소를 같이 고려하여야 한다고 보고 있다.

(2) 검토 및 사안의 해결

생각건대 공소사실이란 검사에 의하여 주장된 사실개념이므로, 공소사실의 동일성도 사실적인 측면에서 파악하는 기본적사실동일설이 타당하다. 따라서 사안에서 A의 경찰관 P에 대한 특수공무집행방해치상죄와 살인죄는 공소사실의 동일성이 인정된다.

4. 법원의 공소장변경 허가 의무

제298조제1항은 '법원은 공소사실의 동일성을 해하지 아니하는 한도에서 허가하여야 한다'라고 규정하고 있으며 판례는 이를 의무규정으로 판시하고 있다. 그리고 이러한 법리는 항소심의 경우에도 동일하다는 것이 판례이므로 사안에서 법원은 검사 K의 공소장변경신청을 허가하여야 한다.

121

甲은 도박죄로 벌금 300만 원의 약식명령을 발령받고 甲만 정식재판을 청구하였다. 정식재판에서 검사 K는 甲에 대한 도박을 상습도박으로 그 죄명과 적용법조, 범죄사실을 변경하는 공소장변경을 하고자 한다. 그 가부와 논거는? (5점)   [2014 변시]

(1) 사안에서 도박죄에서 상습도박죄로의 공소장변경은 피고인의 방어권행사에 불이익을 초래하므로 공소장변경이 필요하고, 기본적 사실이 동일하므로 공소장변경의 한계 범위내에 있으므로 공소장변경은 가능하다.

(2) 다만, 벌금형만 있는 도박죄에 대한 약식명령에 대하여 정식재판을 청구한 경우에 징역형이 있는 상습도박죄로의 공소장변경이 가능한지가 문제 되지만, 이는 형사소송법 제457조의2에서 규정한 형종상향금지의 원칙으로 해결하면 되므로 사안에서의 공소장변경은 가능하다.

피고인 甲의 변호인은 검사에게 변론을 위해 수사서류 등의 열람·등사(증거개시)를 요청하였으나 검사는 피해자 A에 대한 사생활보호 등을 이유로 거부하였다. 이에 변호인이 불복하여 법원에 열람·등사(증거개시)를 신청하였고, 법원은 검사에게 수사서류 등의 열람·등사를 허용할 것을 명하였다. ① 검사는 이러한 법원의 결정에 불복할 수 있는가, ② 검사가 법원의 결정에 따르지 않는 경우 피고인 甲의 변호인은 어떻게 대응할 수 있는가? (12점)

[2022 변시]

1. 검사의 법원의 결정에 대한 불복 여부

법원의 증거개시결정에 대하여 형사소송법에서 별도로 즉시항고에 관한 규정을 두고 있지 않았으므로 즉시항고는 할 수 없지만, 검사가 보통항고의 방법으로 불복할 수 있는지에 대하여 논의가 있다. 이에 대하여 판례는 형사소송법 제266조의4에 따라 법원이 검사에게 수사서류 등의 열람·등사 또는 서면의 교부를 허용할 것을 명한 결정은 피고사건 소송절차에서의 증거개시와 관련된 것으로서 제403조에서 말하는 '판결 전의 소송절차에 관한 결정'에 해당하므로 보통항고에 의한 방법으로 불복할 수 없다고 판시하고 있으므로 항고의 방법으로 불복할 수 없다.

2. 검사가 법원의 결정에 따르지 않는 경우에 변호인의 대응

(1) 법원의 증거개시결정이 있음에도 불구하고 검사가 불응할 경우에 변호인의 대응방법으로는 ① 형사소송법 제266조의11 제2항에 따라 검사의 증거개시요구를 거부할 수 있고, ② 검사가 제266조의4 제5항에 따라 증인 및 서류 또는 물건에 대해 증거신청이나 증거결정이 있는 경우에 이의신청을 할 수 있다(제295조, 규칙 제135조의2).

(2) 그리고 검사가 법원의 결정에 따르지 않는 것은 피고인의 열람·등사권을 침해하고, 나아가 피고인의 신속·공정한 재판을 받을 권리 및 변호인의 조력을 받을 권리까지 침해하게 되는 것이므로 헌법재판소법 제68조 제1항에 따라 헌법재판소에 헌법소원을 청구할 수 있다.

(3) 기타 변호인은 법원에 대하여 ① 해당 증거에 대한 법원의 직권에 의한 증거조사 ② 형식재판으로 종결시키는 방법 ③ 공판절차의 정지 ④ 무죄판결의 선고 등을 법원에 촉구할 수 있다.

• 관련된 조문과 구제방법을 암기해 두는 것이 바람직하다.

甲의 변호인으로 선임된 변호사 L은, 甲의 범행에 대한 증거서류의 열람·등사신청을 검사가 거부하자 법원의 열람·등사 허용 결정을 받아 다시 검사에게 열람·등사를 요청하였다. 이에 검사는 요청한 서류에 대한 열람만을 허용하고 등사를 허용하지 않았다. 이에 따른 형사소송법상의 효과는? (10점)   [2022 3차 변형]

1. 등사를 허용하지 않은 부분에 대한 법적 평가

헌법재판소에 의하면 '법원의 열람·등사 허용 결정에도 불구하고 검사가 이를 신속하게 이행하지 아니하는 경우에는 해당 증인 및 서류 등을 증거로 신청할 수 없는 불이익을 받는 것에 그치는 것이 아니라, 그러한 검사의 거부행위는 피고인의 열람·등사권을 침해하고, 나아가 피고인의 신속·공정한 재판을 받을 권리 및 변호인의 조력을 받을 권리까지 침해하게 되는 것이다'라고 하고 있다.

2. 형사소송법적 효과

(1) 검사의 증거신청의 제한

제266조의4 제5항에 의하여 검사가 열람·등사 또는 서면의 교부에 관한 법원의 결정을 지체 없이 이행하지 아니하는 때에는 해당 증인 및 서류등에 대한 증거신청을 할 수 없다.

(2) 검사측의 증거개시요구에 대한 거부

제266조의11 제2항에 의하여 피고인 또는 변호인은 검사가 검사측 증거의 개시를 거부한 때에는 피고인측 증거의 개시를 거부할 수 있다. 다만, 법원이 피고인측의 증거개시신청을 기각하는 결정을 한 때에는 증거개시를 거부할 수 없다.

3. 기타의 효과

법원의 증거개시결정이 있음에도 불구하고 검사가 불응할 경우에 현행법상 직접적인 강제수단이 없으므로 변호인으로서는 법원에 ① 법원 직권에 의한 증거조사 ② 형식재판으로 종결시키는 방법 ③ 공판절차의 정지 ④ 무죄판결의 선고 등을 촉구할 수 있을 것이다.

> • 관련된 조문과 구제 방법을 암기해 두는 것이 바람직하다.

124

검사 K는 공판정에서 피고인 甲이 자신의 알리바이를 증명해 줄 사람으로부터 진술서를 확보했다고 주장하자, 甲에게 진술서의 열람을 요구하였으나 甲은 거부하였다. 甲이 진술서를 법원에 증거로 제출하기 전과 후로 나누어서, K가 진술서를 열람하기 위해 취할 수 있는 조치를 설명하라. (10점) [2016 3차 변형]

1. 甲이 진술서를 법원에 제출하기 이전의 열람 방법 (5점)

현행법은 2007년의 개정으로 제266조의11을 신설하여 검사에게도 증거개시권을 인정하고 있다. 이러한 제266의11에 따른 증거개시를 검사가 활용하기 위해서는 ① 피고인 또는 변호인이 공판기일 또는 공판준비절차에서 현장부재·심신상실 또는 심신미약 등 법률상·사실상의 주장을 하여야 하고 ② 검사가 피고인 또는 변호인의 제266조의3 제1항에 따른 증거개시를 이행하거나, 증거개시를 거부하거나 제한한 경우에는 상당한 이유가 있어야 한다.

2. 甲이 진술서를 법원에 제출한 이후의 열람 방법 (5점)

현행법은 제35조에서 피고인과 변호인에게 소송기록에 대한 열람·복사권을 인정하고 있다. 그런데 사안과 같이 검사에게도 소송기록에 대한 열람·복사권이 인정될 것인지에 대하여는 명문의 규정이 없다. 따라서 이에 대하여는 ① 명문의 규정이 없으므로 인정할 수 없다는 부정설도 가능하지만, ② 명문의 규정이 없더라도 검사에게 부과되는 공소유지 업무의 수행을 위하여 인정할 수 있다는 긍정설이 타당하다. 이러한 입장에 따르면 사안에서 검사는 제35조의 규정을 유추하여 진술서를 열람할 수 있다.

검사 K는 甲을 도로교통법위반(음주운전)죄로 기소했다. 공판기일에 甲은 "사고 당일 술을 마시기는 하였지만, 많이 취하지는 않았다."라고 주장하면서 이를 입증하기 위하여 W를 증인으로 신청하였다. 그러나 법원이 이에 대해 기각결정을 하였다면, 甲은 위 기각결정에 대하여 불복할 수 있는가? (10점)

[2019 2차 변형]

1. 일반론

(1) 사안에서 법원의 증거기각결정은 재판장이나 수명법관의 처분이 아니므로 제416조의 준항고로 불복할 수 없으며, 판결전 소송절차에 대한 재판이므로 제402조와 제403조에 의하여 항고로 불복할 수 없다.

(2) 따라서 甲은 제296조 제1항에 의한 이의신청(규칙 제135조의2 단서에 의하여 법령위반이 있는 경우에 한함)이나 사안에서 신청되지 못한 증거로 인하여 사실을 오인하여 판결에 영향을 미치기에 이른 경우에는 이를 상소의 이유로 삼아 항소할 수 있다.

2. 판례의 태도

판례도 '당사자의 증거신청에 대한 법원의 채택여부의 결정은 판결 전의 소송절차에 관한 결정으로서 이의신청을 하는 외에는 달리 불복할 수 있는 방법이 없고, 다만 그로 말미암아 사실을 오인하여 판결에 영향을 미치기에 이른 경우에만 이를 상소의 이유로 삼을 수 있을 뿐이다'라고 하여 이의신청과 항소만을 인정하고 있다.

甲은 2012. 4. 20.경 A 명의의 차용증을 위조하고, 2013. 3.경 ○○경찰서 담당 공무원에게 그 위조된 차용증을 제출하여 이를 행사하며, 2013. 3. 12.경과 2013. 5.경 허위의 고소장을 제출하여 A를 무고하였다는 사실로 공소가 제기되었다. 제1심은 이 사건 공소사실을 모두 유죄로 인정하였다. 그런데 제1심 재판장이 선고기일인 2016. 9. 22. 법정에서 '피고인을 징역 1년에 처한다'는 주문을 낭독한 뒤, 상소기간 등에 관한 고지를 하던 중 甲이 '재판이 개판이야, 재판이 뭐 이 따위야' 등의 말과 욕설을 하면서 난동을 부리기 시작하였고, 당시 그곳에 있던 교도관이 甲을 제압하여 구치감으로 끌고 갔다. 제1심 재판장은 그 과정에서 甲에게 원래 선고를 듣던 자리로 돌아올 것을 명하였고, 결국 법정경위가 구치감으로 따라 들어가 甲을 다시 법정으로 데리고 나왔다. 이후 제1심 재판장은 '선고가 아직 끝난 것이 아니고 선고가 최종적으로 마무리되기까지 이 법정에서 나타난 사정 등을 종합하여 선고형을 정정한다'는 취지로 말하고, 甲에게 '징역 3년'을 선고하였다. 이러한 제1심 재판장의 변경선고는 적법한가? (단, 판결 선고절차의 위법은 논외로 한다)

[예상문제]

1. 판결 변경선고의 가능 여부

재판에 있어 판결 선고는 전체적으로 하나의 절차로서 재판장이 판결의 주문을 낭독하고 이유의 요지를 설명한 다음 피고인에게 상소기간 등을 고지하고, 필요한 경우 훈계, 보호관찰 등 관련 서면의 교부까지 마치는 등 선고절차를 마쳤을 때에 비로소 종료된다. 따라서 재판장이 주문을 낭독한 이후라도 선고가 종료되기 전까지는 일단 낭독한 주문의 내용을 정정하여 다시 선고할 수 있다.

2. 판결 변경선고의 한계

판결 선고절차가 종료되기 전에 판결의 변경선고가 가능하더라도 변경 선고가 무제한 허용된다고 할 수는 없다. 따라서 재판장이 일단 주문을 낭독하여 선고 내용이 외부적으로 표시된 이상 재판서에 기재된 주문과 이유를 잘못 낭독하거나 설명하는 등 실수가 있거나 판결 내용에 잘못이 있음이 발견된 경우와 같이 특별한 사정이 있는 경우에 변경 선고가 허용된다.

3. 사안의 해결

이 사건 판결의 변경선고는 최초 낭독한 주문 내용에 잘못이 있다거나 재판서에 기재된 주문과 이유를 잘못 낭독하거나 설명하는 등 변경 선고가 정당하다고 볼 만한 특별한 사정이 발견되지 않으므로 위법하다.

127

甲, 乙, 丙은 합동절도를 범하였다. 甲과 乙이 체포되어 재판을 받고 있던 중, 丙이 사후에 체포되어 甲과 乙의 피고사건과 병합심리 중에 있다. 법정에서 丙이 자신의 범죄사실을 부인하자 검사 K가 甲을 증인으로 신청하였다면 이에 대해 재판부는 어떤 결정을 하여야 하는가? (20점)

[2012 2차 변형]

1. 문제의 제기

사안에서 검사는 피고인 丙의 유죄를 입증하기 위하여 공범자인 공동피고인인 甲을 증인으로 신청하고 있는바 ① 공범자인 공동피고인이 증인적격이 인정되는지 ② 증인적격이 없다고 할 때에는 법원은 어떠한 조치를 취하여야 하는지 문제 된다.

2. 공동피고인의 증인적격

(1) 견해의 대립

공동피고인의 증인적격 여부에 대하여는 ① 공동피고인을 증인으로 신문하는 경우에는 피고인에게 인정된 진술거부권이 보장될 수 없으므로 부정설 ② 공동피고인은 다른 피고인에 대하여 제3자에 불과하므로 증인적격을 인정하여야 한다는 긍정설 ③ 공범자인 공동피고인은 증인적격이 없지만, 공범자가 아닌 공동피고인은 피고사건에 대하여는 제3자이므로 증인적격을 인정하여야 한다는 절충설이 대립하고 있다.

(2) 판례의 태도

판례는 ① 공범자인 공동피고인의 경우에는 증인적격을 부정하고 ② 공범자 아닌 공동피고인의 경우에는 증인적격을 인정하고 있어 절충설의 입장이다.

(3) 검토 및 사안의 해결

생각건대 ① 부정설의 경우에는 변론의 분리여하라는 우연한 사정에 따라 증인적격이 인정되는 문제점이 있으며 ② 긍정설의 경우에는 공범자인 공동피고인은 실질적으로 제3자로 보기 어려운 점이 있으며 ③ 공범자인 공동피고인의 법정에서의 진술은 증언이 아니더라도 증거능력이 인정되는 점을 고려할 때 절충설이 타당하다. 이러한 절충설의 입장에 의하면 공범자인 공동피고인인 甲은 丙의 사건에 대하여 증인이 될 수 없다.

3. 법원의 조치

검사가 甲을 증인으로 신청하였으나 甲에게 증인적격이 없다. 그렇다면 법원은 검사의 증거신청을 기각하는 결정을 하여야 한다.

유제

공동피고인 甲과 乙이 서로에 대한 증인적격이 있는지 여부를 甲과 乙이 공범관계에 있는 경우와 공범관계에 있지 아니한 경우로 구분하여 논하시오. (15점) [2016 1차 변형]

유제

甲과 乙은 특수강도의 공소사실로 공소가 제기되어 제1심 법원에서 공동피고인으로 재판을 받고 있다. 제1심 법원의 제5회 공판기일에 검사 K는 乙을 甲의 범죄사실에 대한 증인으로 신청하였고, 재판장은 이를 허가하였다. 항소심에서 甲이 이를 위법이라고 주장하는 경우, 논거를 제시하시오. (15점) [2013 1차 변형]

유제

甲과 乙은 기소되어 제1심 법원에서 공범인 공동피고인으로 재판을 받던 중 제5회 공판기일에 검사 K가 甲을 乙의 범죄사실에 대한 증인으로 신문할 것을 신청하였고, 재판장은 이를 허가하여 甲이 증언한 경우 甲의 증언에 대한 증거능력 여부를 검토하시오. (10점) [2020 1차 변형]

유제

甲은 A를 살해하기 위하여 A의 집 앞에서 기다리다 준비한 식칼로 그의 옆구리를 찔렀다. A는 피를 흘리며 쓰러지면서 현금 10만 원과 신용카드가 들어있는 지갑을 떨어뜨렸다. 甲이 재차 A를 식칼로 찌르려는 순간 우연히 뒤에서 걸어오던 乙은 범행을 막기 위해 큰 소리를 지르면서 甲을 발로 찼고, 이로 인하여 甲은 전치 3주의 치료를 요하는 상처를 입은 채 도주하였다. 그 후 乙은 甲이 범행에 사용한 식칼과 A가 떨어뜨린 지갑을 현장에서 발견하여 보관하다가, 출동한 사법경찰관 P에게 식칼만 넘겨주었다. 응급차가 신속히 도착하여 A는 생명을 구하였다. 甲과 乙은 모두 기소되어 같은 법정에서 재판을 받고 있다. 乙은 법정에서 甲의 범행을 증명하기 위하여 진술하고자 한다. 甲의 유죄를 증명하기 위하여 검사 K가 乙에 대한 피고인신문을 할 때 乙의 진술을 증거로 사용할 수 있는가? (10점) [2020 2차 변형]

128

甲은 乙에게 A를 공갈하라고 교사하였고, 乙은 A를 공갈하였다. 이후 甲과 乙은 공갈죄의 공범으로 기소되었다. 공판정에서 검사 K의 피고인신문을 받으면서 乙는 甲으로부터 범행제안을 받은 사실과 A에게 한 범행을 모두 시인하였으나, 甲은 乙에게 범행을 제안한 사실을 부인하였다. 乙의 진술을 甲의 공소사실을 입증하기 위한 증거로 사용할 수 있는가? (10점) [2018 1차 변형]

1. 공범자인 공동피고인의 법정진술의 증거능력

사안과 같이 증인적격이 인정되지 않는 공범자인 공동피고인인 乙의 법정진술이 甲에 대하여 증거능력이 있는지에 대하여는 ① 제3자성을 강조하여 증거능력을 긍정하자는 긍정설과 ② 반대신문권의 보장을 위하여 부정하자는 부정설의 대립이 있지만, ③ 판례는 '공동피고인의 자백은 이에 대한 피고인의 반대신문권이 보장되어 있어 증인으로 신문한 경우와 다를 바 없으므로 독립한 증거능력이 있다'고 하여 긍정설의 입장이다.

2. 검토 및 사안의 해결

생각건대 공동피고인의 공판정에서의 진술은 법관 앞에서 행하여진 임의의 진술이며, 공동피고인에 대한 피고인의 반대신문의 기회가 사실상 보장되므로 긍정설이 타당하다. 이러한 긍정설의 입장에 따르면 乙의 법정진술은 甲에 대하여 증거능력이 인정된다.

유제

甲, 乙, 丙은 자동차를 합동절도한 범죄사실로 기소되었는데 甲은 법정에서 피고인신문 시에 범행 일체를 부인하였으나, 乙과 丙은 피고인신문 시에 甲과의 공모사실 등 공소사실을 모두 자백하는 진술을 하였다. 乙의 법정진술은 증거능력이 인정되는가? (10점)

[2021 1차 변형]

129

甲, 乙, 丙은 합동절도죄의 공범으로 병합기소되어 재판을 받던 중 검사 K는 甲을 乙, 丙에 대한 증인으로 신문하려고 한다. 법원은 甲을 증인으로 채택할 수 있는가? 甲이 乙과 丙에 대한 증인으로 소환된 경우, 甲은 증언을 거부할 수 있는가? (15점)

[2013 변시]

1. 甲의 증인적격

(1) 사안에서 甲은 공범자인 공동피고인이다. 이러한 甲이 乙과 丙에 대하여 증인적격이 인정될 것인가에 대하여 논의가 있다. 이에 대하여는 ① 긍정설과 ② 부정설 등이 대립하고 있지만, ③ 판례와 다수설은 공범자인 공동피고인은 증인적격이 없지만, 공범자가 아닌 공동피고인 사건에 대하여는 증인적격을 인정하여야 한다는 절충설을 따르고 있다.

(2) 생각건대 ① 공범자인 공동피고인의 경우에는 실질적으로 자기의 사건이지만 ② 공범자가 아닌 공동피고인은 실질적으로 제3자임에 불과하므로 절충설이 타당하다. 사안에서 甲은 공범자인 공동피고인이므로 증인적격이 부정된다. 따라서 사안에서 甲의 변론을 분리하지 않는 한 甲을 증인으로 신문할 수 없다.

2. 甲의 증언거부 여부

(1) 사안에서 甲이 증인으로 채택되었다면 이는 변론이 분리된 경우이며, 이러한 경우에도 甲이 증언을 거부할 수 있는지 문제 된다. 형사소송법 제148조는 피고인의 자기부죄거부특권을 보장하기 위하여 자기가 유죄판결을 받을 사실이 발로될 염려 있는 증언을 거부할 수 있는 권리를 인정하고 있고, 그와 같은 증언거부권 보장을 위하여 형사소송법 제160조는 재판장이 신문 전에 증언거부권을 고지하여야 한다고 규정하고 있다.

(2) 사안에서 甲에게 변론이 분리되어 증인적격이 인정된다고 하더라도 甲의 재판이 진행 중에 있다면, 甲의 증언은 자기의 유죄판결을 받을 사실이 발로될 염려가 있어 이에 甲은 증언을 거부할 수 있다. 그러나 甲에 대한 유죄판결이 확정된 경우에는 증언을 거부할 수 없다.

• 본 문제의 취지상 증인을 소환되었다면 소송절차가 분리된 경우라고 상정할 수 있다.

甲과 乙은 합동절도죄를 범한 공범이다. 乙이 자신에 대한 유죄판결이 확정된 후, 甲에 대한 재판에서 증인으로 소환되었다면 乙은 증언거부권을 행사할 수 있는가? (15점)

[2014 1차 변형]

1. 증거거부권의 의의와 내용

증언거부권은 증언의무의 존재를 전제로 하여 증언의무의 이행을 거절할 수 있는 권리를 말한다. 형사소송법은 ① 자기 또는 근친자가 형사소추 또는 공소제기를 당하거나 유죄판결을 받을 사실이 발로될 염려 있는 경우(제148조) ② 업무상 비밀과 관련된 경우(제149조)에 있어서 증언거부권을 인정하고 있으며, 사안에서 주로 문제가 되는 것은 제148조의 증언거부권이다.

2. 자기의 형사책임과 증언거부

(1) 사안에서 확정판결을 받은 乙이 제148조에 따라 자기의 형사책임과 관련하여 증언거부를 할 수 있는지 문제 된다. 그러나 확정판결을 받은 자는 일사부재리의 원칙에 의하여 다시 형사소추를 당하여 유죄판결을 받을 수 없으므로 乙은 자기의 형사책임과 관련하여서는 증언을 기부할 수 없다.

(2) 판례도 이미 유죄판결을 받아 확정된 후 별건으로 기소된 공범 甲에 대한 공판절차의 증인으로 출석하여 허위의 진술을 한 사안에서, 피고인에게 증언을 거부할 권리가 없으므로 증언에 앞서 증언거부권을 고지받지 못하였더라도 증인신문절차상 잘못이 없다고 판단하여 위증죄를 인정하고 있다.

3. 사안의 해결

사안에서 乙은 증언을 거부할 수 없다.

> • 2024년 기록형 시험으로도 출제된 쟁점이다.

> **유제**
>
> 채무자인 甲은 강제집행면탈죄를 범하였으며, 乙은 甲을 도와준 공범이다. 乙은 먼저 기소되어 강제집행면탈죄에 대한 유죄판결이 확정되었다. 그 이후 검사 K는 범행 당시 甲이 乙의 도움을 받았다는 사실을 밝혀내고, 乙을 조사하였으나, 乙이 일관되게 범행을 부인하였다. 그러나 K는 乙이 甲의 공범임을 확신하고 乙을 기소하였다. 乙이 법정에서도 범행을 일관되게 부인하자 K는 甲을 증인으로 신청하였다. 이 경우 甲은 乙에 대한 피고사건에서 증언거부권이 있는지 설명하시오. (10점)
>
> [2020 2차 변형]

> **유제**
>
> 甲이 먼저 현주건조물방화치사죄로 기소되어 유죄가 확정된 후 乙이 가담한 사실이 뒤늦게 밝혀져 乙이 기소된 경우, 공판정에서 乙이 시종일관 범행을 부인하여 검사가 甲을 증인으로 신청하였다면, 공판에 출석한 甲은 증언거부권을 행사할 수 있는가? (15점)
>
> [2022 2차 변형]

甲은 조카인 A를 특수폭행한 혐의로 기소되었다. 甲이 공판정에서 범행을 부인하자 A가 증인으로 소환되었다. 재판장은 A가 甲의 조카라는 사실을 간과하고 증언거부권을 고지하지 아니하였으나 A는 선서하고 증언하였다. A의 증언의 증거능력 유무에 대해 논하시오. (10점) [2014 2차 변형]

1. 논의점

사안에서 A는 甲의 범행의 피해자이지만, 甲의 조카이므로 제148조에 따른 증언거부권이 있다. 그럼에도 불구하고 A는 제160조에 따른 증언거부권을 고지받지 못하고 증언하고 있다. 이러한 증언거부권을 고지받지 못하고 증언한 경우에 그 증거능력 인정 여부에 대하여 논의가 있다.

2. 견해의 대립과 판례의 태도

이에 대하여는 ① 실체적 진실을 추구하기 위해서는 증거능력을 긍정해야 한다는 긍정설과 ② 적정절차의 위반으로 보아 증거능력을 부정하는 부정설이 대립하고 있으며 ③ 1950년대의 판례는 증거능력 긍정설을 따르고 있었다.

3. 결언 및 사안의 해결

생각건대 2007년의 형사소송법의 개정으로 위법수집증거배제법칙을 규정한 제308조의2가 규정된 이상 증언거부권을 고지받지 못하고 증언한 내용은 위법수집증거로서 그 증거능력을 부정하여야 할 것이다. 따라서 사안에서 A의 증언은 위법수집증거에 해당하여 증거능력이 없다.

甲, 乙이 A에 대한 상해죄의 공범으로 기소되어 병합심리를 받던 중, 1) 乙이 피고인으로 행한 공판정에서 자백진술을 甲에 대한 유죄의 증거로 사용가능한가? (7점) 2) 법원은 甲을 乙에 대한 증인으로 신문할 수 있는가? (8점) 3) 甲이 乙의 사건에 대한 증인으로 소환된 경우, 甲은 증언을 거부할 수 있는가? (5점) [2023 3차 변형]

1. 공판정에서 자백진술을 甲에 대한 유죄의 증거로 사용할 수 있는지 여부 (7점)

(1) 사안과 같이 공범인 공동피고인인 乙의 피고인으로서의 진술이 甲에 대하여 증거능력이 있는지에 대하여는 ① 제3자성을 강조하여 증거능력을 긍정하자는 긍정설과 ② 반대신문권의 보장을 위하여 부정하자는 부정설의 대립이 있으며 ③ 판례는 '공동피고인의 자백은 이에 대한 피고인의 반대신문권이 보장되어 있어 증인으로 신문한 경우와 다를 바 없으므로 독립한 증거능력이 있다'라고 하여 긍정설의 입장이다.

(2) 생각건대 공동피고인의 공판정에서의 진술은 법관 앞에서 행하여진 임의의 진술이며, 공동피고인에 대한 피고인의 반대신문의 기회가 사실상 보장되므로 긍정설이 타당하다. 이러한 긍정설의 입장에 따르면 乙의 법정진술은 甲에 대하여 증거능력이 인정된다.

2. 甲을 乙에 대한 증인으로 신문할 수 있는지 여부 (8점)

(1) 사안에서 甲과 乙은 공범인 공동피고인이다. 이러한 甲이 乙에 대하여 증인적격이 인정될 것인가에 대하여는 ① 긍정설과 ② 부정설 등이 대립하고 있지만, ③ 판례와 다수설은 공범인 공동피고인은 증인적격이 없지만, 공범이 아닌 공동피고인 사건에 대하여는 증인적격을 인정하여야 한다는 절충설을 따르고 있다.

(2) 생각건대 ① 공범인 공동피고인의 경우에는 실질적으로 자기의 사건이지만 ② 공범이 아닌 공동피고인은 실질적으로 제3자임에 불과하므로 절충설이 타당하다. 사안에서 甲은 공범인 공동피고인이므로 증인적격이 부정된다. 따라서 사안에서 甲과 乙의 변론을 분리하지 않는 한 갑을 증인으로 신문할 수 없다.

3. 甲이 乙의 사건에 대한 증인으로 소환된 경우, 甲은 증언을 거부할 수 있는지 여부 (5점)

사안에서 甲과 乙의 변론이 분리되어 증인적격이 인정된다고 하더라도 甲의 재판이 진행 중에 있다면, 甲의 증언은 자기의 유죄판결을 받을 사실이 발로될 염려가 있어 형사소송법 제148조에 의하여 甲은 증언을 거부할 수 있다. 그러나 甲에 대한 유죄판결이 확정된 경우에는 증언을 거부할 수 없다.

133

강간죄로 기소된 피고인 甲이 법정에 있는 상황에서 증인으로 출석한 피해자 A(여)의 충분한 진술이 이루어지지 않을 것이라 판단한 재판장은 甲을 퇴정하도록 한 후 피해자 A에 대한 증인신문을 진행한 후 당해 심리를 종결하였다. 항소심에서 甲이 이를 위법이라고 주장하는 경우에 위법 여부와 논거를 제시하시오. (15점)

[2013 1차 변형]

1. 증인신문의 적법성

사안에서 재판장은 甲을 퇴정하도록 한 후에 피해자 A를 증인신문하고 있는바, 이의 적법성이 문제 된다. 그러나 형사소송법 제297조 제1항에 따르면 '재판장은 증인 또는 감정인이 피고인 또는 어떤 재정인의 면전에서 충분한 진술을 할 수 없다고 인정한 때에는 그를 퇴정하게 하고 진술하게 할 수 있다. 피고인이 다른 피고인의 면전에서 충분한 진술을 할 수 없다고 인정한 때에도 같다.'라고 규정하고 있으므로 재판장의 피해자 A에 대한 증인신문은 적법하다.

2. 반대신문권의 보장

사안과 같이 재판장은 甲을 퇴정하도록 한 후에 피해자 A를 증인신문할 수 있지만, 이로 인하여 甲의 반대신문권이 배제되어서는 안 된다. 형사소송법 제297조 제2항에서도 '전항의 규정에 의하여 피고인을 퇴정하게 한 경우에 증인, 감정인 또는 공동피고인의 진술이 종료한 때에는 퇴정한 피고인을 입정하게 한 후 법원사무관등으로 하여금 진술의 요지를 고지하게 하여야 한다.'라고 규정하고 있다.

3. 사안의 해결

따라서 사안에서 甲을 퇴정하도록 한 후 피해자 A에 대한 증인신문을 진행한 후에 공판정에서 甲에게 피해자 A의 진술의 요지를 고지하지 않았다면 甲은 항소심에서 피해자 A에 대한 반대신문권이 보장되지 않았다는 점을 이유로 이를 위법이라고 주장할 수 있다.

> • 관련 조문을 정확히 기억하는 것이 바람직하다. 형사소송법 관련 조문을 정확히 기억하기 위해서는 형사소송법 조문의 체계를 정확히 이해하여야 한다.

134

甲의 피고사건에 대한 공판에 증인으로 출석한 피해자 A는 검사의 주신문에 대해 답변한 후 피고인측의 반대신문에는 답하지도 않았고, 이후 공판기일에는 아예 출석도 하지 않았다. A의 법정진술을 甲에 대한 유죄의 증거로 사용할 수 있는가? (10점)

[2023 2차 변형]

1. 논의점

사안과 같이 증인의 증언이 적절한 반대신문을 거치지 않은 경우에도 증거능력을 인정할 수 있는지에 대하여 논의가 있다.

2. 판례의 법리

피고인에게 불리한 증거인 증인이 주신문의 경우와 달리 반대신문에 대하여는 답변을 하지 아니하는 등 진술내용의 모순이나 불합리를 그 증인신문 과정에서 드러내어 이를 탄핵하는 것이 사실상 곤란하였고, 그것이 피고인 또는 변호인에게 책임있는 사유에 기인한 것이 아닌 경우라면, 관계 법령의 규정 혹은 증인의 특성 기타 공판절차의 특수성에 비추어 이를 정당화할 수 있는 특별한 사정이 존재하지 아니하는 이상, 이와 같이 실질적 반대신문권의 기회가 부여되지 아니한 채 이루어진 증인의 법정진술은 위법한 증거로서 증거능력을 인정하기 어렵다. 이 경우 피고인의 책문권 포기로 그 하자가 치유될 수 있으나, 책문권 포기의 의사는 명시적인 것이어야 한다.

3. 사안의 해결

이러한 판례의 법리에 따르면 사안에서의 법정진술은 위법한 증거로서 증거능력이 인정되지 않는다.

> • 최신 판례 문제로서 판례의 문구를 정확히 암기하는 것이 바람직하다.

135

甲에 대한 공판절차에서 피해자인 乙이 증인으로 출석하였다. 법원은 乙이 甲의 면전에서는 심리적인 부담으로 충분히 진술할 수 없다고 판단하였다. 이 경우 법원이 乙을 증인으로 신문할 때 취할 수 있는 조치를 검토하시오. (15점)

[2022 3차 변형]

1. 피고인 퇴정 후 진술하게 하는 방법

형사소송법 제297조 제1항에서는 '재판장은 증인 또는 감정인이 피고인 또는 어떤 재정인의 면전에서 충분한 진술을 할 수 없다고 인정한 때에는 그를 퇴정하게 하고 진술하게 할 수 있다.'라고 하고 있으므로 법원은 甲을 퇴정시키고 피해자 乙에 대한 증인신문을 할 수 있다. 다만, 이 경우에도 피고인 甲의 반대신문권은 보장되어야 하므로 제297조 제2항에 의하여 증인 乙의 진술이 종료한 때에는 퇴정한 피고인 甲을 입정하게 한 후 법원사무관 등으로 하여금 진술의 요지를 고지하게 하여야 한다

2. 중계시설을 통한 신문 또는 차폐시설 등을 설치한 후 신문 방법

형사소송법 제165조의2 제1항 3호에서는 피고인 등과 대면하여 진술할 경우 심리적인 부담으로 정신의 평온을 현저하게 잃을 우려가 있다고 인정되는 사람에 대하여 상당하다고 인정할 때에는 검사와 피고인

또는 변호인의 의견을 들어 비디오 등 중계장치에 의한 중계시설을 통하여 신문하거나 가림 시설 등을 설치하고 신문할 수 있다. 따라서 사안에서 법원은 피해자 乙에 대한 증인신문을 함에 있어 중계시설을 통한 증인신문을 하거나 가림시설 등을 설치하고 신문할 수 있다.

3. 신뢰관계 있는 자의 동석

형사소송법 제163조의2 제1항에 의하면 법원은 범죄로 인한 피해자를 증인으로 신문하는 경우 증인의 연령, 심신의 상태, 그 밖의 사정을 고려하여 증인이 현저하게 불안 또는 긴장을 느낄 우려가 있다고 인정하는 때에는 직권 또는 피해자·법정대리인·검사의 신청에 따라 피해자와 신뢰관계에 있는 자를 동석하게 할 수 있다. 따라서 사안에서 법원은 乙과 신뢰관계에 있는 자를 동석하게 하고 증인신문 할 수 있다.

> • 관련 조문을 정확히 익히는 것이 바람직하다.

136

甲은 강도상해죄로 기소되었다. 만일 공소장 부본이 甲에게 송달된 후 7일이 경과하고도 甲이 국민참여재판을 원하는 의사확인서를 제출하지 않았으나, 그후 공판준비절차가 진행되지 않은 상태에서 제1회 공판기일이 열리기 전에 자신의 변호인 L과 상의하여 국민참여재판을 신청하였다면, 이 경우에 법원이 甲의 국민참여재판 신청을 받아들일 수 있는지 여부에 대하여 논하시오. (10점)　　　　　　　　　　　　[2016 변시]

1. 논의점

사안과 같이 7일 이내에 국민참여재판 확인의사서면을 제출하지 않아 국민참여재판을 원하지 않는 것으로 간주된 甲이 제1회 공판기일전에 국민참여재판을 신청한 경우에 국민참여재판으로 진행할 수 있는지에 대하여 논의가 있다.

2. 견해의 대립과 판례의 태도

이에 대하여는 ① 법적안정성을 위하여 제8조 제2항과 제3항을 엄격하게 해석하여 불변기간인 7일이 경과된 이후에는 국민참여재판으로 진행할 수 없다는 부정설과 ② 국민참여재판을 받을 권리는 피고인의 법률상의 권리이므로 제8조 제4항을 예외규정으로 엄격하게 해석하여 국민참여재판으로 진행할 수 있다는 긍정설이 대립하고 있으며, ③ 판례는 제8조의 규정의 취지를 7일의 기한이 지나면 피고인이 국민참여재판 신청을 할 수 없도록 하려는 것으로는 보기 어렵다는 이유로 긍정설의 입장을 따르고 있다.

3. 결언 및 사안의 해결

생각건대 국민의 형사재판 참여에 관한 법률의 목적이 사법의 민주적 정당성과 신뢰를 높이기 위한 것인 만큼 제8조 제3항도 피고인의 이익을 위하여 해석하여야 할 것이므로 긍정설이 타당하다. 따라서 사안에서 법원은 甲의 신청을 받아들일 수 있다.

> • 국민참여재판 제도의 도입 취지와 제8조의 내용을 정확히 정리하여야 한다.

검사 K는 살인죄를 범한 甲을 ○○지방법원에 공소제기하였고, ○○지방법원은 甲에게 공소장부본과 함께 국민참여재판의 절차 및 국민참여재판을 원하는 의사가 기재된 서면 제출 등의 내용이 기재된 국민참여재판에 관한 안내서를 송달하였다. 그러나 甲은 공소장 부본을 송달받은 날로부터 7일 내에 국민참여재판을 원하는지 여부에 관한 의사확인서를 제출하지 않았으나, ○○지방법원의 배제결정이 없는 상태에서 제1회 공판기일 전에 국민참여재판을 신청하였다. ○○지방법원은 甲의 의사를 확인한 후 甲에 대한 재판을 국민참여재판으로 진행하기로 결정하였다. 국민참여재판으로 진행하기로 결정한 ○○지방법원의 조치는 적법한가? 그리고 ○○지방법원의 결정에 대해 K가 항고한 경우 ○○지방법원은 어떤 조치를 취해야 하는가? (15점)

[2014 1차 변형]

137

甲은 강도상해죄로 기소되어 국민참여재판으로 진행한 제1심 재판부가 피해자 A를 비롯한 다수의 사건 관련자들에 대해 증인신문을 한 후, 만장일치로 한 배심원의 무죄평결이 재판부의 심증에 부합하자 甲에 대하여 무죄를 선고하였다. 이에 검사 K가 항소하였으며, 항소심 재판부가 피해자 A에 대하여만 다시 증인신문을 실시한 다음 제1심의 판단을 뒤집어 유죄로 인정하였다면, 이에 대한 당부를 논하시오. (10점)

[2016 변시]

1. 논의점

현재 문명국가는 공판중심주의, 구두변론주의, 직접주의 등을 공판절차의 기본원칙으로 하고 있다. 그리고 항소심은 그 구조적 속성과 형사소송법 제364조 제3항에 의하여 1심법원이 증거로 할 수 있는 것은 증거로 할 수 있으므로 1심만큼 구두변론주의와 직접주의를 실현하기 어렵다. 따라서 사안과 같이 1심이 국민참여재판으로 진행되고 배심원과 제1심 법원이 만장일치로 무죄선고를 한 경우에 항소심이 이를 뒤집어 유죄판결한 경우에 그 당부가 문제 된다.

2. 판례의 태도

유사한 사안에서 판례는 '배심원이 증인신문 등 사실심리의 전과정에 함께 참여한 후 증인이 한 진술의 신빙성 등 증거의 취사와 사실의 인정에 관하여 만장일치의 의견으로 내린 무죄의 평결이 재판부의 심증에 부합하여 그대로 채택된 경우라면, 이러한 절차를 거쳐 이루어진 증거의 취사 및 사실의 인정에 관한 제1심의 판단은 위에서 본 실질적 직접심리주의 및 공판중심주의의 취지와 정신에 비추어 항소심에서의 새로운 증거조사를 통해 그에 명백히 반대되는 충분하고도 납득할 만한 현저한 사정이 나타나지 않는 한 한층 더 존중될 필요가 있다'라고 하여 극히 예외적인 경우에만 유죄판결이 가능하다고 판시하고 있다.

3. 사안의 해결

사안의 경우에 항소심은 제1심에서 구두변론과 직접주의에 의하여 평가된 증거들에 대하여 서류로만 심리하고, 이에 피해자에 대한 증인신문만을 행한 후 제1심 판결을 뒤집는 것은 공판중심주의, 구두변론주의, 실질적 직접주의에 어긋나는 것으로 타당하지 않은 판결이라 할 것이다.

> • 공판중심주의, 구두변론주의, 실질적 직접주의, 당사자주의 등 기본 개념을 평상시에 잘 익혀두었다가 적절히 활용하는 것이 바람직하다.

138

甲, 乙, 丙은 합동절도죄의 공범이지만, 경찰이 검사의 시정조치를 불이행하자 사건이 검찰에 송치되어 검찰에서 수사를 받고 있다. 甲을 신문한 검사 K가 "만약 수사에 협조하고 자백하면 당신(甲)은 처벌받지 않도록 하겠다."라고 하자, 甲은 K의 말을 믿고 범행 일체를 자백하였고 K는 이를 조서로 작성한 후, 甲, 乙, 丙 모두를 공범으로 기소하였다. 甲이 그 후 공판기일에서 범행을 뉘우치고 자백한 경우, 甲에 대한 피의자신문조서와 법정자백을 각각 甲, 乙, 丙의 유죄 인정의 증거로 사용할 수 있는가? (20점)

[2020 변시]

Ⅰ. 피의자신문조서의 증거능력

1. 甲에 대한 증거능력

(1) 사안에서 검사 K는 甲에게 자백하면 처벌받지 않겠다는 약속을 하여 자백을 받아내고 이를 피의자신문조서에 기재하고 있다. 이러한 甲의 자백이 자백배제법칙에 해당하여 증거능력이 인정되는지 문제 된다.

(2) 약속에 의한 자백이란 자백을 하면 그 대가로 일정한 이익을 제공하겠다고 약속하고 자백을 획득하는 경우를 말한다. 이익의 제공 약속은 자백에 영향을 미치는 적합한 것이어야 하며, 약속은 구체적이고 특수한 것임을 요한다. 사안에서 자백하면 처벌받지 않겠다고 약속한 것은 자백에 영향을 미치는 구체적이고 특수한 것이므로 약속에 의한 자백에 해당하여 甲의 피신조서는 甲에게 증거능력이 인정되지 않는다.

> • '약속에 의한 자백'은 결론은 누구나 알지만, 실제 내용 있는 답안을 적기는 어렵다. 따라서 위의 내용 정도는 암기해 두었다가 활용하는 것이 바람직하다.

2. 乙과 丙에 대한 증거능력 - 당사자적격 이론의 부정

사안에서 甲의 피신조서는 甲에 대한 위법수집증거로서 증거능력이 인정되지 않는다. 이러한 위법수집증거가 위법수사를 당한 사람이 아닌 乙과 丙에게는 증거능력이 인정될 수 있는지의 문제가 당사자적격 이론으로 논의되고 있다. 그러나 다수설과 판례는 위수증은 절대적으로 증거능력이 없으므로 당사자적격 이론을 부정하고 있다. 이러한 부정설에 따르면 甲의 피신조서는 乙와 丙에 대하여도 증거능력이 없다.

> • 당사자 적격이론이란 위법수집증거배제법칙의 적용 범위를 위법수사를 당한 사람에게만 적용하자는 이론을 말한다.

Ⅱ. 공판정에서의 자백의 증거능력

1. 甲에 대한 증거능력

(1) 사안에서 甲의 법정자백은 검찰에서 위법하게 수집한 자백을 바탕으로 하여 파생된 것이므로 독수독과의 이론에 따라 그 증거능력이 인정되지 않는 것이 원칙이다. 그러나 판례는 1차증거의 모든 수집과정 및 2차증거의 수집과정의 제반 모든 사정을 참작하여 인과관계의 희석 또는 단절 여부를 중심으로 독수독과이론의 예외를 인정하고 있다.

(2) 사안에서의 甲의 법정자백은 법정에서의 적법한 진술거부권이 고지되었고, 甲이 뉘우치고 자백하였으므로 검찰에서의 자백과의 인과관계가 단절되었다고 보여지므로 법정자백은 증거능력이 인정된다.

> • 독수독과 이론의 예외에 대한 판례의 태도는 암기해 두는 것이 바람직하다.

2. 乙과 丙에 대한 증거능력

甲의 법정자백이 공범자인 乙과 丙에게 증거능력이 인정될 수 있는지가 문제 되지만, 판례에 의하면 甲은 乙과 丙에 대하여 증인적격이 인정되지 않으며, 甲의 법정진술에 대하여는 乙과 丙의 반대신문권이 보장되어 있다고 보아 증거능력을 인정하고 있다. 이러한 판례의 입장에 따르면 甲의 자백은 乙과 丙에게 증거능력이 인정된다.

139

검사 K가 甲을 구속수사하던 중 甲이 자신의 변호인 L에 대한 접견을 신청하자, K는 수사기밀이 누설될 수 있다는 이유로 이를 거부하였다. 접견이 거부된 상태에서 K가 작성한 甲에 대한 피의자신문조서의 증거능력은? (5점)　　　　　　　　　　　　　　　　　　　　　　　　　　　　[2012 2차 변형]

검사 K가 작성한 甲에 대한 피의자신문조서는 甲의 헌법상의 권리인 접견교통권이 침해된 상태에서 작성되고 있다. 이러한 피의자신문조서는 국가기관인 수사기관이 위법하게 수집한 증거이며, 그 위법의 정도가 헌법정신에 위배되는 중대한 것으로서 적정절차에 위배되었으므로 제308조의2에 따라 위법수집증거에 해당되므로 그 증거능력이 없다.

140

수사 과정에서 범행을 자백한 甲이 공판정에서 그 자백의 임의성을 다툴 때, 자백의 임의성에 대한 거증책임의 소재와 임의성의 증명 방법을 설명하시오. (10점)　　　　　　　　　　　　　　　[2016 3차 변형]

1. 자백의 임의성의 거증책임

피고인이 자백의 임의성에 대하여 의문을 제기하는 경우에 자백진술의 임의성이 있음을 누가 증명해야 하는지에 대하여 논의가 있지만, 다수설과 판례는 검사에게 거증책임이 있다고 보고 있다. 이러한 입장에 따르면 검사가 자백의 임의성이 있음을 증명하여야 한다.

2. 임의성의 증명 방법

(1) 자백의 임의성에 다툼이 있는 경우에 자백의 임의성의 기초되는 사실의 증명은 어떠한 방법으로 입증하여야 하는지에 대하여는 ① 자백은 피고인에게 중대한 불이익을 초래하므로 엄격한 증명을 요한다는 엄격한 증명설도 있지만, ② 다수설과 판례는 자백의 임의성에 관한 사실도 소송법적 사실에 불과하므로 자백의 임의성의 기초되는 사실은 자유로운 증명으로도 족하다는 자유로운 증명설을 따르고 있다.

(2) 생각건대 자백의 임의성은 소송법적 사실이므로 자유로운 증명으로 보는 것이 타당하며, 피고인에게 불리한 점은 증명력 판단에서 이를 보완하면 족하다 할 것이다.

141

검사 K가 조사실에서 수뢰 혐의의 피의자 甲에 대하여 수갑을 채운 상태로 신문을 하려 하자 동석한 甲의 변호인 L이 먼저 수갑의 해제를 수 차례 요청하였으나 K가 이를 거부하였다. 이에 변호인 L은 甲에게 진술하지 말도록 권하였고, 이에 K는 L을 퇴거시킨 후 피의자 甲에 대한 신문을 한 후 피의자신문조서를 작성하였다. 甲에 대한 K 작성의 피의자신문조서의 증거능력을 논하시오. (8점)　　　[2021 2차 변형]

(1) 사안과 같이 변호인의 피의자신문참여권이 검사의 위법한 퇴거조치로 침해당한 상태에서 작성된 피의 자신문조서가 증거능력이 있는지가 문제 된다.

(2) 판례에 의하면 수사기관이 정당한 사유 없이 변호인을 참여하게 하지 아니한 채 피의자를 신문하여 작성한 피의자신문조서는 형사소송법 제312조에 정한 '적법한 절차와 방식'에 위반된 증거일 뿐만 아니라, 형사소송법 제308조의2에서 정한 '적법한 절차에 따르지 아니하고 수집한 증거'에 해당하므로 이를 증거로 할 수 없다고 한다.

(3) 따라서 사안에서의 甲에 대한 K 작성의 피의자신문조서는 증거능력이 없다.

142

甲은 음주교통사고 후 경찰관 P의 연락을 받고 2018. 8. 11. 00:30경 ○○병원으로 가서 음주측정기에 의해 측정한 결과 혈중알콜농도 0.03퍼센트로 측정되었다. 측정당시 음주측정기가 제대로 작동되지 않고 측정수치가 여러 차례 바뀌었으며 甲이 횡설수설하면서 비틀거렸기에 甲의 혈중알콜농도가 0.03퍼센트를 훨씬 넘을 것으로 판단한 교통사고 피해자인 A는 P에게 혈액채취를 요구하였고, 같은 판단을 한 P는 "음주 측정기가 고장 났으니 혈액을 채취하는 게 좋을 것 같다. 혈액채취를 거부할 수 있고, 채혈 결과가 최종 음주수치가 된다."라고 말해주어 甲이 혈액채취에 응하였다. 채취한 위 혈액은 혈중알콜농도가 0.15퍼센트로 감정되었다. P의 혈액채취는 적법한가? (5점)　　　[2019 1차 변형]

판례에 의하면 호흡측정이 이루어진 경우에는 다시 음주측정을 하는 것은 원칙적으로 허용되지 아니하 지만, 구체적 상황에 비추어 호흡측정 결과에 오류가 있다고 인정할 만한 객관적이고 합리적인 사정이 있는 경우라면 운전자의 자발적인 동의를 얻어 혈액 채취에 의한 측정의 방법으로 다시 음주측정을 하는 것도 가능하다고 한다. 따라서 이러한 판례의 취지에 따르면 사안에서의 P의 혈액채취는 적법하다.

143

사법경찰관 P는 장물죄의 혐의가 있는 甲의 행동을 수상히 여기고, 甲을 정지시켜 경찰관 신분증을 제시한 후 甲에게 가방에 든 물건이 무엇이냐고 질문을 하였으나 甲은 질문에 대답하지 아니하였다. 이에 P는 甲의 가방을 만져보다 가방 속에 귀금속과 같은 것이 손에 잡혀 甲에게 가방을 열 것을 요구하였으나 甲이 이를 거절하자, 甲의 가방 속에 손을 넣어 그 안에서 도난당한 귀금속을 발견하였다. P는 甲에게 미란다 원칙을 고지하고 현행범으로 체포하면서 귀금속을 압수하였다. P는 경찰서로 甲을 연행한 후 즉시 귀금 속에 대하여 압수·수색영장을 신청하였고, 검사 K는 압수·수색영장을 청구하였다. P가 압수한 귀금속의 증거능력을 논하시오. (15점)　　　[2015 1차 변형]

1. 소지품검사의 적법성

(1) 불심검문에 수반하는 소지품 검사를 함에 있어 원칙적으로 강제력을 행사할 수 없지만, 중범죄이고 긴급한 경우에는 예외적으로 강제력의 행사가 가능하다. 그리고 이러한 예외의 요건을 구비하지 못한 경우에는 stop and frisk 원칙에 따라 의복 또는 휴대품의 외부를 손으로 만져서 확인하는 정도의 소지품 검사는 불심검문에 수반하는 행위로서 허용된다.

(2) 그러나 사안에서 P는 甲의 가방 안에 손을 넣어 귀금속을 발견하였으므로 이는 위법한 불심검문이 된다.

2. 위법한 불심검문에 의한 현행범체포의 적법성

(1) 위법한 불심검문을 바탕으로 이루어진 현행범체포가 적법한지에 대하여 판례는 '위법한 선행행위에 기하여 이루어진 적법한 후행행위는 개별적으로 그 적법 여부를 평가하는 것은 적절하지 않으므로 그 일련의 과정을 전체적으로 보아 위법하다고 할 수밖에 없다'고 하여 하자의 승계 이론을 인정하고 있다.

(2) 사안에서 위법한 불심검문에 기하여 이루어진 적법한 현행범체포도 일련의 과정을 전체적으로 보면 위법하다고 평가하지 않을 수 없다. 따라서 사안의 현행범체포는 위법하다.

3. 위법수집증거로서의 증거능력 부인

사안에서 P가 현행범체포시에 압수된 귀금속은 선행행위인 불심검문과 현행범체포가 위법하므로 제216 조 제1항 2호에 따른 체포현장에 따른 영장없는 압수를 하고, 제217조 제2항에 따른 사후영장의 청구가 있었다고 하더라도 위법하게 수집한 증거물이 된다. 이러한 위법은 적정절차와 영장주의를 위반한 중대한 위법이므로 사안에서의 귀금속은 제308조의2의 위법수집증거로서 증거능력이 없다.

144

A는 보이스피싱 사기 조직원이며, 甲은 A에게 접근매체를 넘겨주고 A의 지시대로 자기 계좌에 들어온 사기피해자 B의 돈을 김과장이라는 사람에게 전달한 사람이다. 甲은 B의 신고로 계좌명의가 추적되어 결국 기소되었다. 공판 과정에서 甲은 범행을 부인하면서, 검사가 증거로 제출한 甲이 A와 주고받은 휴대폰 문자 메시지를 촬영한 사진과 甲의 현금인출장면이 녹화된 은행 CCTV 영상에 대해 부동의하였다. 만약 위 증거들이 ○○지방법원 영장담당판사가 발부한 영장에 의해 압수되었는데, 그 영장의 서명날인란에 판사 서명, 영장 앞면과 별지 사이에 판사의 간인은 있으나 서명 옆에 판사의 날인이 없는 경우(그 외 甲의 참여권 보장 등 다른 절차적 하자는 없음), 위 증거들의 증거능력은 인정될 수 있는가? (10점) [2022 2차 변형]

1. 논의점

사안과 같이 압수·수색영장의 서명날인란에 판사 서명은 있으나 서명 옆에 판사의 날인이 없는 압수·수색영장으로 압수한 증거물이 증거능력이 있는지 문제 된다.

2. 압수영장의 적법성

형사소송법은 제114조 제1항을 준용하는 제219조에 의하면 압수수색영장에는 영장담당판사의 서명날인이 있어야 하므로 서명만 있고 날인이 없는 압수·수색영장은 형사소송법이 정한 요건을 갖추지 못하여 위법하게 발부된 영장이다.

3. 날인이 없는 압수·수색영장으로 압수한 압수물의 증거능력

(1) 판례에 의하면 위법하게 수집한 증거는 원칙적으로 증거능력이 없지만, 절차 위반행위가 적법절차의 실질적인 내용을 침해하는 경우에 해당하지 않는 경우에는 증거능력이 인정된다고 하고 있다.

(2) 따라서 사안의 경우에 비록 압수·수색영장이 적법하게 발부되지 못하였다고 하더라도 이는 적법절차의 실질적인 내용을 침해하는 경우에 해당하지 않으므로 압수물들은 증거능력이 인정된다. 판례도 유사한 사안에서 동일하게 판단하고 있다.

> • 위법수집증거배제법칙은 위법하게 수집한 모든 증거의 증거능력을 배제하는 것이 아니라, 위법하게 수집한 증거 중 적법절차의 실질적인 내용을 침해한 경우에만 증거능력을 부정하는 법칙이라는 점을 주의하여야 한다.

145

> 甲은 다수의 절도범행을 범하였다. 이후 甲은 다시 날치기 대상을 물색하다가 경찰관 P에게 불심검문을 받게 되었지만, 불심검문은 위법한 것이었다. 甲은 위법한 불심검문에 항의하는 과정에서 P에게 폭행을 가한 현행범으로 체포되었다. 경찰서에서 조사를 받던 甲은 그 동안의 절도 범행을 모두 자백하였고 P는 甲의 진술을 듣고 피의자신문조서를 작성하였다. P가 작성한 甲에 대한 피의자신문조서는 甲이 공판정에서 이를 증거로 함에 동의한 경우, 증거로 사용할 수 있는가? (10점)
> [2018 1차 변형]

1. 피의자신문조서의 증거능력

사안에서 甲의 행위는 공무집행방해죄가 성립하지 않는다. 따라서 경찰관 P가 甲을 현행범으로 체포한 것은 위법하다. 그리고 이러한 위법한 현행범체포를 한 후 피의자신문을 하는 경우는 피의자신문 과정이 적법하였다고 하더라도 선행절차인 현행범체포의 위법이 피의자신문에도 승계되어 피의자신문조서는 위법수집증거가 된다.

> • 하자의 승계 이론에 따라 증거능력이 없는 경우와 독수독과 이론에 따라 증거능력이 없는 경우를 잘 구별하여야 한다. 기본적인 차이점은 1차 증거인 경우에는 하자의 승계 이론이 적용되고, 2차 증거인 경우에는 독수독과 이론이 적용된다는 점이다.

2. 위법수집증거와 증거동의

위에서 살펴본 바와 같이 甲에 대한 피의자신문조서는 위법수집증거이다. 이러한 위법수집증거가 당사자의 동의의 대상이 되는지에 대하여 논의가 있지만, 위법수집증거배제법칙은 위법수사를 억지하기 위한 가장 효과적인 방법이므로 위법수집증거배제법칙이 적용되는 증거에 대하여는 증거동의가 인정될 수 없다는 부정설이 현재의 다수설과 판례이다. 이러한 부정설의 입장에 따르면 피의자신문조서에 대하여 甲이 동의를 하였다고 하더라도 증거로 사용할 수 없다.

甲은 A(여, 23세)와 출장을 가던 중 성욕이 발동하여 한적한 곳에 차를 정차한 후 A를 강간하였다. 이후 甲은 친구인 乙에게 사정을 이야기하면서, 자신의 차는 발각될 위험이 있으니 자신의 차를 숨겨주고 대신 乙의 차를 빌려달라고 부탁하였다. 乙은 甲의 부탁을 들어주었다. 사법경찰관 P는 乙을 피의자로 조사하면서 실수로 진술거부권을 고지하지 않았다. 하지만 乙은 범죄사실을 모두 임의로 진술하였고, 다음 날 자진출석하여 자백하면서 자신이 보관하던 甲의 자동차도 임의제출 하였다. P가 작성한 乙에 대한 피의자신문조서와 乙이 제출한 甲의 자동차의 증거능력을 논하시오. (15점) [2018 3차 변형]

1. 피의자신문조서의 증거능력

판례에 의하면 진술거부권의 불고지는 헌법상의 자기부죄거부의 특권을 바탕으로 헌법정신을 위배한 중대한 위법이므로 진술의 임의성이 인정된다고 하더라도 증거능력이 없다. 따라서 사안에서 검사 K가 작성한 피의자신문조서는 위법수집증거배제법칙을 규정한 제308조의2 내지는 자백배제법칙을 규정한 제309조에 의하여 그 증거능력이 없다.

2. 자동차의 증거능력

(1) 독수독과의 원칙과 예외

위법하게 수집한 증거에서 파생된 2차 증거는 증거능력을 인정하지 않는 것이 원칙이며, 이러한 원칙에 대한 예외 이론에는 ① 오염순화의 예외 ② 불가피한 발견의 예외 ③ 독립된 정보원의 예외 등이 있다.

> • 독수독과 원칙의 예외 이론의 세 가지 정도는 암기해 두는 것이 바람직하다.

(2) 판례의 태도

판례는 원칙적으로 독수독과의 원칙과 예외이론을 모두 받아들이고 있지만, 학설들과는 달리 1차 증거의 모든 수집과정 및 2차 증거의 수집과정의 제반 모든 사정을 참작하여 인과관계의 희석 또는 단절 여부를 중심으로 독수독과이론의 예외를 인정하고 있다.

(3) 사안의 해결

사안에서 ① 1차 증거 수집과정에서의 검사 K의 진술거부권의 불고지는 실수였으며 ② 2차 증거 수집과정에서 乙은 자진출석하여 다시 자백하고 이에 자신이 보관하고 있던 甲의 자동차를 임의제출하고 있으므로 이는 1차 자백과의 인과관계가 단절되었다고 보여지므로 자동차는 증거능력이 인정된다.

甲은 다수의 절도범행을 범하였다. 이후 甲은 다시 날치기 대상을 물색하다가 경찰관 P에게 불심검문을 받게 되었지만, 불심검문은 위법한 것이었다. 甲은 위법한 불심검문에 항의하는 과정에서 P에게 폭행을 가한 현행범으로 체포되었다. 경찰서에서 조사를 받던 甲은 그 동안의 절도 범행을 모두 자백하였고 P는 甲의 진술을 듣고 피의자신문조서를 작성하는 한편 압수·수색영장을 발부받아 甲의 집에 보관되어 있던 도품을 압수하였다. 압수된 도품은 증거능력이 있는가? (10점) [2018 1차 변형]

1. 선결문제로서의 피의자신문조서의 증거능력

사안에서 경찰관 P1이 위법한 불심검문에 대하여 정당방위를 하는 甲을 현행범으로 체포한 것은 위법하다. 따라서 이러한 위법한 현행범체포를 한 후 피의자신문을 하여 자백이 적힌 피의자신문조서를 얻어내는 것은 선행절차인 현행범체포의 위법이 피의자신문에도 승계되어 비록 피의자신문과정이 적법하였다고 하더라도 피의자신문조서는 위법수집증거가 된다.

2. 파생증거인 도품의 증거능력

(1) 판례는 독수독과의 원칙을 받아들이면서도 예외적으로 1차 증거의 모든 수집과정 및 2차 증거의 수집과정의 제반 모든 사정을 참작하여 인과관계의 희석 또는 단절 여부를 중심으로 독수독과이론의 예외를 인정하고 있다.

(2) 사안에서 영장에 의하여 압수한 도품은 위법하게 수집한 제1차 증거인 자백에서 파생된 제2차 증거이다. 그리고 사안에서는 인과관계를 희석 또는 단절시킬만한 사유는 나타나 있지 않으므로 영장에 의하여 압수된 도품은 증거능력이 없다.

148

甲은 A(여)를 마취강도하였다. 그런데 A의 어머니 M이 甲이 강도 범행을 부인하고 있다는 말을 전해 듣고 사설탐정 D를 시켜 甲이 체류하는 모텔을 찾아낸 후 甲 몰래 그 모텔 방을 뒤져 甲의 A에 대한 범행의 증거물인 수면제의 일부를 확보하여 이를 경찰관 P에게 증거로 제출하였다면, 이 증거물은 증거능력이 인정되는가? (15점)

[2015 2차 변형]

1. 논의점 (2점)

사안과 같이 사인의 위법수집증거물이 증거능력이 인정될 수 있는지에 대하여 논의가 있다.

2. 견해의 대립과 판례의 태도 (10점)

이에 대하여는 ① 증거수집방법의 실체법적 위법성과 소송법상의 증거능력문제는 엄격히 구별된다는 관점에서 증거능력을 인정하자는 긍정설 ② 인간의 존엄성보장에 대한 국가의 임무는 사인에 의한 침해의 경우에도 동일하게 보장되어야 하므로 증거능력을 부정해야 한다는 부정설 ③ 소추를 통한 공익과 개인의 침해되는 기본권을 비교형량하여 공익이 더 큰 경우에는 증거능력을 긍정할 수 있다는 비교형량설이 대립하고 있으며, ④ 판례는 '법원으로서는 효과적인 형사소추 및 형사소송에서의 진실발견이라는 공익과 개인의 인격적 이익 등의 보호이익을 비교형량하여 그 허용 여부를 결정하여야 한다'라고 하여 기본적으로 비교형량설을 따르고 있다.

3. 검토 및 사안의 해결 (3점)

생각건대 기본권의 보장이라는 개인적 측면과 실체적 진실의 발견이라는 공익적 측면을 조화시키는 비교형량설이 타당하다. 따라서 이러한 비교형량설을 따를 경우 甲의 범죄행위는 중대한 범죄인 강도죄이어서 공익적인 측면이 강하고 이에 비하여 甲의 모텔 방의 주거권은 상대적으로 미약하므로 사안에서의 증거물은 증거능력이 인정될 수 있다.

甲은 밀수업자 A의 집에서 밀수품을 훔쳤다. 甲이 A의 가방 속에서 보석을 꺼내면서 USB메모리를 발견하고 그 내용을 확인하니 A가 그동안 밀수입한 내역이 날짜별, 물건별로 상세히 기록되어 있었고, 甲은 A를 곤경에 빠뜨리려고 USB메모리를 A의 인적 사항과 함께 경찰서로 우송하였다. A가 관세법위반죄로 기소되고 A가 계속 묵비하는 경우, 증거로 제출된 USB메모리의 증거능력에 대하여 검토하시오. (20점)

[2012 3차 변형]

149

甲은 A(여, 20세)에게 여러 차례 만나자고 하였으나 A가 만나 주지 않자 A를 강간하기로 마음먹었다. 어느날 A가 거주하는 아파트 1층 현관 부근에 숨어 있다가 귀가하는 A가 엘리베이터를 타자 따라 들어가 주먹으로 A의 얼굴을 2회 때리고 5층에서 내린 다음 계단으로 끌고 가 미리 준비한 청테이프로 양손을 묶어 반항을 억압한 후 간음하였다. 그 후 피해자 A가 甲의 집에 몰래 들어가 범행에 사용된 청테이프를 절취하여 증거로 제출하였다면 위 청테이프를 증거로 사용할 수 있는가? (10점)

[2021 변시]

1. 사인이 위법수집의 증거능력

사안과 같이 사인이 위법하게 수집한 증거에도 위법수집증거배제법칙을 적용할 수 있는지에 대하여 논의가 있다. 이에 대하여는 ① 긍정설과 ② 부정설 등이 대립하고 있으며, ③ 판례는 '법원으로서는 효과적인 형사소추 및 형사소송에서의 진실발견이라는 공익과 개인의 인격적 이익 등의 보호이익을 비교형량하여 그 허용 여부를 결정하여야 한다'라고 하여 기본적으로 비교형량설을 따르고 있다.

2. 검토 및 사안의 해결

생각건대 기본권의 보장이라는 개인적 측면과 실체적 진실의 발견이라는 공익적 측면을 조화시키는 비교형량설이 타당하다. 사안에서 주거침입강간치상이라는 범죄는 죄질이 극히 좋지 않은 범죄이며, 상대적으로 甲의 주거의 사실상의 평온은 경미한 기본권 침해라고 할 수 있다. 따라서 사안에서 청테이프는 증거로 사용할 수 있다.

150

甲은 자신의 상해치사 범행에 대해 사법경찰관 P의 수사를 받던 중 乙(甲의 친구로서 甲과 동시범 관계에 있는 자임)도 입건될 것 같다는 생각이 들자, P에게 "乙을 입건하지 않으면 좋겠다. 내가 전부 책임지겠다."라고 말하고, 평소 P와 친분이 있던 Q에게 이러한 사정을 말하면서 P에게 4,000만 원을 전달해 달라고 부탁하였다. Q는 甲으로부터 P에게 전달할 4,000만 원을 받자, 욕심이 생겨 1,000만 원은 자신이 사용하고 나머지 3,000만 원만 P에게 교부하였다. 돈을 전달받은 P는 乙을 입건하지 않았다. 甲은 乙에게 "Q의 도움으로 입건되지 않을 것 같다. 담당 경찰 P에게 적지 않은 금액으로 인사해 났다."라고 말하였다. 검사 K는 甲과 P에 대한 혐의사실과 관련하여 증인으로 乙을 신청하였고, 증인으로 출석한 乙은 공판절차에서 "甲으로부터 'Q의 도움으로 입건되지 않을 것 같다. 담당 경찰관 P에게 적지 않은 금액으로 인사해 났다'라고 들었습니다."라고 증언한 경우, 乙의 증언은 甲과 P에 대하여 증거능력이 인정되는가? (8점)

[2021 변시]

1. 甲에 대한 증거능력

사안에서 乙의 증언은 피고인의 진술을 내용으로 하는 전문진술이므로 甲에게 증거능력이 인정되기 위해서는 제316조 제1항에 따라 특신상태의 증명이 있어야 한다. 따라서 검사 K가 甲이 乙에게 진술할 때 특신상태하에서 진술하였다는 점을 증명하면 乙의 증언은 甲에게 증거능력이 인정된다.

2. P에 대한 증거능력

사안에서 P와 공범관계에 있는 甲의 진술을 내용으로 하는 乙의 증언이 P에게 증거능력이 인정되기 위해서는 ① 제316조 제1항 적용설과 ② 제316조 제2항 적용설이 대립하고 있으나, ③ 판례는 제316조 제2항 적용설을 따르고 있다. 따라서 이러한 판례의 입장에 따른다면 사안에서는 원진술자인 甲이 법정에 출석하고 있어 필요성이 인정되지 않으므로 乙의 증언은 P에게 증거능력이 인정되지 않는다.

151

X회사의 개발팀장으로 근무하는 甲은 2022. 4. 1. 위 회사가 입주한 Y상가 관리소장 A와 방문객 주차 문제로 언쟁을 벌인 후, A를 비방할 목적으로 상가 입주자 약 200여 명이 회원으로 가입된 Y상가 비영회 인터넷 카페 사이트 게시판에 'A에게 혼외자가 있다'는 허위사실을 게시하였다. 甲은 이 글의 신빙성을 높이기 위해 관리사무소 직원 B에게 부탁하여 'A가 혼외자와 함께 있는 것을 보았다'라는 허위 내용이 기재된 B 명의의 사실확인서를 받아 위 게시물에 첨부하였다. 재판에서 검사는 甲이 허위 사실확인서를 이용하여 A에 대한 허위사실을 게시한 점을 입증하기 위한 증인으로 甲의 친구 W를 신청하였고, 공판기일에 출석한 W는 적법하게 선서한 후 "'B에게 허위의 사실확인서 작성을 부탁하여 허위 내용 게시에 사용하였다'라는 말을 甲으로부터 들었다"라고 증언하였다. 위 W의 증언의 증거능력을 검토하시오. (10점)

[2023 변시]

1. W의 증언의 성격

사안에서 W의 증언은 甲이 범행 후 자신의 범죄사실을 자백하는 진술을 내용으로 하는 전문진술이다. 이러한 W의 증언은 피고인 甲의 진술을 내용으로 하는 전문진술이므로 원칙적으로 증거능력이 없다.

> • 본 문제는 W의 증언이 전문증거라는 명확히 밝히는 것이 중요하다. 요증사실이 명예훼손이므로 甲이 A의 명예를 훼손했다는 사실을 W에게 말하고 있어 전문증거가 된다.

2. 당사자의 동의와 제316조 제1항

(1) 사안에서의 W의 증언은 원칙적으로 증거능력이 없지만, 제318조 제1항에 따라 甲의 동의가 있고, 진정성이 인정된다면 증거능력이 인정된다.

(2) 만약 甲이 부동의 한다면, 전문진술의 예외 규정인 제316조의 요건을 구비하게 되면 증거능력이 인정된다. 즉 피고인 아닌 자의 진술이 피고인의 진술을 내용으로 하는 경우에는 제316조 제1항에 따라 특신상태가 증명되면 증거능력이 인정된다. 따라서 검사는 甲의 진술이 특신상태하에서의 진술이라는 점을 증명하면 증거능력이 인정된다.

검사 K가 검찰수사관 T의 참여하에 사기죄의 공범인 甲과 乙에 대해 피의자신문을 실시하고 甲과 乙의 진술을 영상녹화 하였는데, 甲은 공판정에서 자신에 대한 피의자신문조서에 대하여 부동의하고 있다. 이 경우 법원은 甲의 진술을 녹화한 영상녹화물, 검찰수사관 T의 증언 그리고 사기범행 가담을 시인하는 乙의 법정진술을 甲에 대한 유죄의 증거로 사용할 수 있는가? (15점) [2014 변시]

1. 甲의 진술을 녹화한 영상녹화물의 증거능력

(1) 사안에서 A의 피의자신문을 영상녹화한 영상녹화물의 증거능력에 대하여는 ① 긍정설과 ② 부정설이 대립하고 있으나, ③ 최근 판례는 '수사기관이 참고인을 조사하는 과정에서 형사소송법 제221조 제1항에 따라 작성한 영상녹화물은, 다른 법률에서 달리 규정하고 있는 등의 특별한 사정이 없는 한, 공소사실을 직접 증명할 수 있는 독립적인 증거로 사용될 수는 없다고 해석함이 타당하다'라고 하여 부정설의 입장이다.

(2) 생각건대 형사소송법이 전문법칙의 예외와 관련하여 영상녹화물에 대해서는 명문의 허용 근거가 없으므로 증거능력을 부정하는 것이 타당하다. 그렇다면 사안에서 甲의 피의자신문을 영상녹화한 영상녹화물은 증거능력이 없다.

> • 영상녹화물의 증거능력을 긍정하고 있는 대표적인 '다른 법률'에는 성폭법과 아청법이 있다.

2. 검찰수사관 T의 증언

(1) 甲의 진술에 대한 증언

현행법은 책임있는 수사를 실현하기 위하여 제316조에서 조사자증언제도를 채택하고 있으므로 제316조 제1항에 따라 검찰수사관 T의 증언은 甲의 진술에 대한 특신상태가 증명되면 甲에 대하여 증거능력이 있다.

(2) 乙의 진술에 대한 증언

검찰수사관 T가 수사과정에서의 乙의 진술을 증언하는 내용을 甲에 대한 증거로 사용하기 위해서는 판례는 제316조 제2항 적용설을 따르고 있다. 이러한 제316조 제2항 적용설에 따르면 원진술자인 乙이 공판정에 출석하고 있어 필요성의 요건을 구비하지 못하므로 甲에 대하여 증거능력이 없다.

> • 검찰수사관 T의 증언은 ① 甲의 진술과 ② 乙의 진술로 나누어 살펴보는 것이 중요하다.

3. 乙의 진술의 증거능력

(1) 사안에서 乙은 甲과 함께 사기죄의 공범이므로 다수설과 판례의 입장인 절충설에 따르면 증인적격이 없다. 이러한 증인적격이 없는 공범자인 공동피고인의 법정진술이 증거능력이 있는지에 대하여는 ① 긍정설과 ② 부정설의 대립이 있지만, ③ 판례는 '공동피고인의 자백은 이에 대한 피고인의 반대신문권이 보장되어 있어 증인으로 신문한 경우와 다를 바 없으므로 독립한 증거능력이 있다'라고 하여 긍정설의 입장이다.

(2) 생각건대 공동피고인의 공판정 진술은 법관 앞에서 행하여진 임의의 진술이며, 공동피고인에 대한 피고인의 반대신문 기회가 사실상 보장되므로 긍정설이 타당하다. 이러한 긍정설의 입장에 따르면 乙의 법정진술은 甲에 대하여 증거능력이 인정된다.

> • 공범인 공동피고인의 자백의 증거능력에 대한 판례의 태도는 자백의 보강법칙에서도 활용할 수 있으므로 암기해 두는 것이 바람직하다.

검사 K는 피의자인 甲을 신문함에 있어 적법한 절차에 따라 검찰수사관 T를 참여하게 하고 피의자신문조서를 작성하면서 甲의 진술을 영상녹화 하였다. 甲이 제1심 공판과정에서 자신에 대한 K 작성의 피의자신문조서에 대하여 피의자신문조서에 기재된 내용이 자신이 기재된 내용은 사실과 다르다고 주장하는 경우, K의 면전에서 이루어진 甲의 진술을 증거로 사용하기 위해 K는 어떤 조치를 취할 수 있는가? (15점)

[2014 3차 변형]

1. 문제의 제기

사안에서 검사 K 앞에서 진술한 甲의 진술을 증거로 하는 방법에는 현행법상 ① 검사 K 작성의 甲에 대한 피의자신문조서를 증거로 하는 방법과 ② 조사자 증언제도를 통하는 방법이 있다.

2. 피의자신문조서를 증거로 하는 방법

사안에서의 검사 K 작성의 피의자신문조서는 전문증거이므로 원칙적으로 증거능력이 없다. 그러나 제312조 제1항의 요건을 구비한 경우에는 예외적으로 증거능력이 인정될 수 있다. 그런데 사안에서는 甲이 피의자신문조서의 내용을 부인하고 있으므로 증거능력을 인정받을 수 없다.

3. 甲의 진술을 증거로 하는 방법

2007년 개정법은 제316조 제1항에서 조사자증언제도를 신설하고 있으므로 검사 K는 이러한 조사자증언제도를 활용하여 甲의 진술을 증거로 사용할 수 있다. 즉 공판검사는 甲의 피고인신문 당시의 진술이 특히 신빙할 수 있는 상태에서 행하여졌음을 증명하고, 제243조의 규정에 따라 피의자신문을 한 검사 K나 피의자신문에 참여한 검찰수사관 T를 증인으로 증언하게 함으로서 甲의 진술을 증거로 할 수 있다.

- 본 문제는 2020년의 제312조 제1항의 개정으로 출제 의미가 반감되었다.

甲은 乙과 싸움 도중에 乙을 상해한 혐의로 경찰에서 수사를 받고 있다. 甲에 대한 피의자신문을 하고 있던 경찰관 P는 대질신문의 필요성이 있어 乙과 대질신문을 하기로 하였다. 대질신문시 甲은 처음에는 자신이 먼저 때리지는 않았다고 했으나 마지막에는 먼저 乙에게 상해를 가한 것이라고 P에게 자백하였으며 乙도 그 내용을 들었다. P는 피의자신문조서에 이러한 내용을 기재하였다. 이후 甲이 상해죄로 기소되자 검사 K는 위 피의자신문조서를 증거로 제출하였으나 甲은 내용을 부인하였다. 이에 K는 乙을 증인으로 신청하였고, 乙은 경찰에서 수사를 받을 때 甲이 자백하는 것을 들었다는 내용으로 증언하였다. 이러한 증언은 甲에 대한 유죄의 증거로 사용될 수 있는가?

[예상문제]

1. 논의점

조사자증언에 있어 증언자의 범위와 관련하여 검찰이나 경찰의 조사 중에 조사자나 제243조의 참여인이 아닌 일반인 즉 대질심문시의 상피의자 등도 조사자증언자에 포함될 수 있는지에 대하여 논의가 있다.

2. 견해의 대립

이에 대하여는 ① 조사자증언제도의 취지는 책임있는 수사를 실현하기 위한 것이므로 일반인은 포함되지 않는다는 부정설 ② 조사자증언제도의 취지는 실체진실의 발견을 목표로 최대한 많은 증거를 제출하기 위한 것이므로 일반인도 포함된다는 긍정설이 대립하고 있다.

3. 검 토

생각건대 조사자 증언제도의 취지가 책임있는 수사의 실현에 있다는 점을 고려하면 조사자증언자를 확대할 필요가 없으므로 부정설이 타당하다. 이러한 부정설에 따르면 사안에서 乙의 증언은 증인적격이 없는 자의 증언이므로 甲에 대한 유죄의 증거로 사용할 수 없다.

155

합동강도 혐의로 구속 기소된 甲은 공판심리에서 "내가 乙과 함께 ○○은행을 습격한 것은 맞지만 그것은 모두 乙의 계획에 따른 것이었다."라고 진술하였고, 이 진술은 공판조서에 기재되었다. 제1심 법원은 甲에게 유죄판결을 선고하였고, 甲은 항소를 포기하여 재판이 확정되었다. 甲에 대한 재판 확정 후 乙이 검거되어 기소되었다. 제1심 공판절차에서 乙이 甲과 행한 범행을 부인하자 검사 K는 甲의 자백이 기재된 공판조서를 증거로 제출하였다. 甲의 자백이 기재된 공판조서를 乙의 범행을 입증할 증거로 사용할 수 있는지 논하시오. (15점)

[2013 3차 변형]

1. 논의점

사안과 같이 피고인의 당해 사건이 아닌 공범 사건에서 작성된 공판조서의 증거능력과 관련하여 증거능력이 인정되는 것은 이론이 없으나 그 근거 규정에 대하여 논의가 있다.

2. 견해의 대립과 판례의 태도

이에 대하여는 ① 다른 사건에 대한 공판조서도 제311조에 포함된다는 제311조설 ② 제311조는 당해 사건만을 의미하므로 다른 사건의 경우에는 제315조 제3호의 문서로서 증거능력이 인정된다는 제315조 제3호설 등이 대립하고 있으며, ③ 판례는 '다른 피고인에 대한 형사사건의 공판조서는 형사소송법 제315조 제3호에 정한 서류로서 당연히 증거능력이 있다'라고 하여 제315조 제3호설을 따르고 있다.

3. 검토 및 사안의 해결

생각건대 제311조는 그 성립이 진정하고 신용성의 정황적 보장이 높기 때문에 무조건 증거능력을 인정하는 취지에 비추어 당해 사건만을 의미한다고 보는 것이 타당하다. 따라서 甲의 진술이 기재된 공판조서는 제311조에 의하여 증거능력이 인정되지는 않는다. 다만, 다른 사건의 공판조서라도 당해 공판조서 못지않게 그 성립이 진정하고 신용성의 정황적 보장이 높으므로 제315조 제3호에 따라 당연히 그 증거능력이 인정된다고 보는 것이 타당하다.

4. 甲의 진술이 기재된 공판조서가 乙의 사건에서 증거로 사용되는 경우의 문제점

甲의 진술이 기재된 공판조서가 다른 피고인인 乙에 대한 증거로 사용될 수 있다고 할 때 발생할 수 있는 가장 대표적인 문제점이 乙의 반대신문권이 보장되지 않는다는 점이다. 따라서 법원으로서는 乙이 甲의 진술을 부인하는 경우에는 甲을 다시 증인으로서 신문하여 乙의 반대신문권이 보장되도록 하는 것이 바람직하다.

甲과 乙은 사기죄를 범한 공범이다. 수사 및 공판단계에서 지속적으로 甲은 범죄를 인정하고 乙은 부인하는 경우, 甲과 乙이 함께 기소된 공판정에서 甲에 대한 사법경찰관 P 작성의 피의자신문조서와 검사 K 작성의 피의자신문조서를 乙의 유죄를 인정하기 위한 증거로 사용할 수 있는가? (15점)   [2020 변시]

1. 수사기관 작성의 공범의 피의자신문조서의 증거능력 인정요건

2020년 제312조 제1항의 개정 이전에는 검사 작성 피신조서와 검사 이외의 수사기관 작성 피신조서의 증거능력 인정 규정이 차이가 있어 개별적으로 증거능력 인정요건을 검토하였으나, 2020년의 개정으로 양자의 요건이 동일하게 개정되어 법리적으로도 동일하게 되었다.

2. 수사기관 작성의 공범의 피의자신문조서의 증거능력 인정요건

(1) 수사기관 작성의 공범자에 대한 피의자신문조서에 대하여는 ① 제312조 제1·3항 적용설과 제312조 제4항 적용설이 대립하고 있으며, ② 제312조 제1·3항적용설은 다시 내용인정의 주체를 두고 원진술자 내용인정설과 유죄에 빠질 피고인 내용인정설이 대립하고 있다. ③ 다수설과 판례는 제312조 제3항이 위법수사를 억지하기 위한 정책적 규정이라는 점을 감안하여 피고인 내용인정설을 따르고 있으며 타당하다.

(2) 그런데 사안에서는 甲의 피신조서에 대하여 乙이 그 내용을 부인하는 취지로 범행을 부인하고 있으므로 乙에 대해서는 증거능력이 인정되지 않는다.

> • 본래 검피와 사피를 구별하여 기술하여야 하나, 2020년의 개정으로 양자의 요건이 동일하게 되었으므로 한꺼번에 묶어서 기술한다.

> **유제**
>
> 甲과 乙은 특가법 제5조의3의 죄를 범한 공동정범이다. 甲과 乙이 기소된 후 乙은 병원에 입원하게 되었고, 甲만 공판정에 출석하여 심리를 받았다. 검사 K가 사법경찰관 P 작성의 甲과 乙에 대한 피의자신문조서를 증거로 제출하자, 甲은 자신과 乙에 대하여 작성된 피의자신문조서의 내용을 부인하였다. 甲과 乙에 대한 P 작성의 각 피의자신문조서를 甲에 대해 유죄의 증거로 사용할 수 있는지를 논하시오. (20점)
>
> [2013 3차 변형]

> **유제**
>
> A, B, C는 합동강도를 범하였다. A와 B는 C에게 금전적 보상을 약속하고 모든 범행을 C가 혼자 한 것으로 해달라고 부탁한 후 도피하였고, C는 얼마 후 사법경찰관 P를 찾아가 자신의 단독범행이라고 말하면서 자수하고 곧바로 체포되었다. 검사 K가 C를 신문하는 과정에서 수사에 협조하면 관대하게 처벌받도록 해주겠다고 약속한 다음 C로부터 A와 B와의 공범관계에 관한 진술을 듣고 이를 조서에 기재하였다. 이 조서는 적법한 절차에 따라 수집한 증거라고 할 수 있는가? 그리고 만약 적법한 절차에 따라 수집한 증거라고 한다면, 이를 A와 B에 대한 증거로 하기 위한 요건은 무엇인가? (20점)
>
> [2016 2차 변형]

경찰관 P는 은행강도를 한 甲을 체포영장에 기하여 체포하여 피의자신문을 마친 후 00은행에서 현장검증을 실시하여 적법하게 검증조서를 작성하였다. 그런데 이 검증조서에는 甲이 현장검증시 행한 자백진술이 함께 기재되어 있었고, 범행재연사진도 첨부되어 있었다. 제1심 공판절차에서 甲이 "현장검증시 검증조서에 기재된 자백진술과 같은 말을 한 적은 있지만 그 말은 사실이 아니다."라고 진술한 경우, 검증조서에 기재된 甲의 자백과 범행재연사진의 증거능력을 논하시오. (15점)

[2013 3차 변형]

1. 논의점

수사기관 작성의 검증조서에 참여자의 진술이 기재된 경우에 이는 검증의 결과가 아니므로 그러한 진술부분에 대하여는 어떠한 요건하에 증거능력을 인정해야 하는지에 대하여 논의가 있다.

2. 견해의 대립

이에 대하여는 ① 현장지시와 현장진술을 구별하여 전자는 검증조서와 일체를 이룬다고 보아 제312조 제6항에 따라 증거능력을 인정하고, 현장진술은 검증조서의 작성주체와 진술자에 따라 제312조 내지 제313조를 적용하여 증거능력을 인정하자는 구별설 ② 구별설을 논리적 전제로 하여 증거능력을 판단하되 구별설의 현장지시를 더욱 세분화하여 현장지시 자체가 범죄사실의 인정을 위한 진술증거로 이용되는 때에는 현장진술과 같이 보아야 한다는 수정구별설 ③ 검증조서에 기재된 진술은 현장지시 또는 현장진술을 불문하고 검증조서와는 다른 조서로 보아 작성주체와 진술자에 따라 제312조 내지 제313조를 적용하여 증거능력을 인정하자는 비구별설 등이 대립하고 있다.

3. 판례

판례는 '검증조서에 대하여만 동의한 사안에서, 검증조서에 기재된 진술내용 및 범행을 재연한 부분에 대하여 그 성립의 진정 및 내용을 인정한 흔적을 찾아볼 수 없고 오히려 이를 부인하고 있는 경우에는 그 증거능력을 인정할 수 없다'라고 하여 원칙적으로 구별설의 입장이다.

4. 검토 및 사안의 해결

(1) 생각건대 검증조서는 진술서적 성격이 있으므로 진술녹취서적 성격의 참여자의 진술은 기재되지 않는 것이 바람직하지만, 범죄사실에 대한 진술이 아닌 단순한 목적물의 위치 등을 지시하는 정도에 그치는 현장지시는 허용된다고 보는 구별설이 타당하다.

(2) 이러한 구별설에 의할 경우 사안의 검증조서에 기재된 甲의 자백과 범행재연사진은 현장진술에 해당하는 것으로서 검증조서가 아닌 사법경찰관 작성의 피의자신문조서로 보아 제312조 제3항에 의하여 그 증거능력을 인정하여야 할 것이다. 그런데 사안에서는 甲이 그 내용을 부인하고 있으므로 이들은 모두 증거능력이 인정되지 않는다.

甲은 자기 집 거실에서 조카 A의 머리를 과도의 칼자루 부분으로 때렸다. A의 신고를 받고 출동한 사법경찰관 P는 甲을 현행범인으로 체포하고, 다음 날 법원으로부터 검증영장을 발부받은 후 현장을 검증하고 검증조서를 작성하였다. P는 집 거실의 모습을 사진(사진1)으로 촬영하였다. 한편 甲은 현장에 참여하여 순순히 자신의 범행 상황을 재연하자 P는 그 상황도 사진(사진2)으로 촬영하여 검증조서에 첨부하였다. 현장검증에는 A도 참여하였는데, A는 "甲이 내 머리를 과도의 칼자루 부분으로 때렸다"라고 진술하였고, P는 그 진술내용도 검증조서에 기재하고 A의 서명날인을 받았다. 재판과정에서 검사 K는 검증조서를 증거로 제출하였으나 甲이 부동의하였다. 검증조서의 증거능력을 논하시오. (20점)

[2014 2차 변형]

1. 논의점

사안에서의 검증조서에는 ① P의 검증의 경과와 결과를 기재한 이외에 ② 집 거실의 모습을 촬영한 사진(사진1)과 ③ 甲의 범행재연 장면을 찍은 사진(사진2)이 첨부되어 있으며 기타 ④ 乙의 진술이 기재되어 있다. 이와 같이 검증의 경과와 결과 이외의 사진이 첨부되어 있거나 참여인의 진술을 어떻게 취급하여야 하는지에 대하여 논의가 있다.

2. 현장지시와 현장진술의 구별

(1) 이에 대하여는 견해가 대립하고 있으나, 다수설과 판례는 현장지시와 현장진술을 구별하여 전자는 검증조서와 일체를 이룬다고 보아 제312조 제6항에 따라 증거능력을 인정하고, 현장진술은 검증조서의 작성주체와 진술자에 따라 제312조 내지 제313조를 적용하여 증거능력을 인정하자는 구별설을 따르고 있다.

(2) 생각건대 검증조서는 진술서적 성격이 있으므로 진술녹취서적 성격의 참여자의 진술은 기재되지 않는 것이 바람직하지만, 범죄사실에 대한 진술이 아닌 단순한 목적물의 위치 등을 지시하는 정도에 그치는 현장지시는 허용된다고 보는 구별설이 타당하다.

3. 사안의 해결

(1) 검증조서의 증거능력

검증조서는 제312조 제6항에 따라 ① 적법한 절차와 방식 ② 작성자가 성립의 진정을 인정하면 증거능력이 인정될 수 있다.

(2) 거실을 찍은 사진의 증거능력

거실을 찍은 사진은 제49조 제2항의 '검증조서에는 검증목적물의 현상을 명확하게 하기 위하여 도화나 사진을 첨부할 수 있다'라는 규정에 의거한 것이며, 이는 현장지시에 불과하므로 검증조서와 동일한 요건하에 증거능력이 인정된다.

(3) 범행재연사진의 증거능력

甲의 범행재연장면을 촬영한 사진은 피의자의 현장진술이므로 이는 실질적으로 검사 이외의 수사기관 작성의 피의자신문조서에 해당한다. 따라서 동 사진이 증거능력이 인정되기 위해서는 제312조 제3항에 따라 ① 적법한 절차와 방식 ② 甲이 내용을 인정하면 증거능력이 인정될 수 있다.

(4) 乙의 진술의 증거능력

乙은 피해자로서 진술은 현장진술에 해당하고 이는 실질적으로 수사기관이 작성한 참고인진술조서에 해당한다. 따라서 乙의 진술이 증거능력이 인정되기 위해서는 제312조 제4항에 따라 ① 적법한 절차와 방식 ② 성립의 진정 증명 ③ 반대신문권의 보장 ④ 특신상태가 증명되면 증거능력이 인정될 수 있다.

甲의 상해죄와 관련하여 사법경찰관 P가 작성한 甲의 범행현장의 검증조서에는 범행에 부합하는 甲의 진술 부분이 포함되어 있고, 또한 범행을 재연하는 사진이 첨부되어 있다. 피고인 甲이 위 검증조서에 대하여 증거로 함에 대하여 동의하면서도 공판정에서 검증조서에 기재된 진술내용 및 범행을 재연한 부분에 대해서는 그 성립의 진정 및 내용을 부인하는 경우, (1) 검증조서 중 범행에 부합되는 甲의 진술을 기재한 부분 및 범행을 재연한 부분에 대하여 증거능력이 인정될 수 있는가? (8점) (2) 검증조서 중 범행에 부합되는 甲의 진술을 기재한 부분과 범행을 재연한 부분을 제외한 나머지 부분을 증거로 사용할 수 있는가? (4점)

[2020 3차 변형]

I. (1)문 해설

1. 甲의 자백과 범행재연사진과의 관계

甲의 범행재연사진은 진술로서의 사진이므로 甲의 자백 진술과 동일하게 취급될 수 있다. 그런데 진술서적 성격인 검증조서에 이러한 참여인의 진술이 기재된 경우에 어떠한 요건하에 그 증거능력이 인정될 수 있는지에 대하여 논의가 있다.

2. 검증조서에 기재된 참여인의 진술의 증거능력

검증조서에 참여인의 진술이 기재된 경우에 증거능력 인정요건에 대하여는 견해가 대립하고 있으나, 다수설과 판례는 현장지시와 현장진술을 구별하여 현장지시는 검증조서와 일체를 이룬다고 보아 제312조 제6항에 따라 증거능력을 인정하고, 현장진술은 검증조서의 작성주체와 진술자에 따라 제312조 내지 제313조를 적용하여 증거능력을 인정하자는 구별설을 따르고 있다.

3. 사안의 해결

甲의 자백과 범행재연사진은 피의자의 현장진술이므로 이는 실질적으로 검사이외의 수사기관 작성의 피의자신문조서에 해당한다. 따라서 사진과 진술이 증거능력이 인정되기 위해서는 제312조 제3항에 따라 ① 적법한 절차와 방식 ② 甲이 내용을 인정하면 증거능력이 인정될 수 있다.

그러나 사안에서 甲은 내용을 부인하는 취지로 부동의하고 있으므로 증거능력이 없다.

II. (2)문 해설

수사과정에서 작성된 검증조서는 전문서류이지만, 위법수집증거가 아닌 이상 제318조 제1항에 따른 당사자의 동의가 있거나, 제312조 제6항이나 제314조의 요건을 구비하게 되면 증거능력이 인정된다. 그런데 사안에서는 甲의 동의가 있으므로 검증조서는 甲에게 증거능력이 인정된다.

甲은 A의 집에서 A를 살해한 후 A의 시계를 발견하자 이를 가지고 나와 영득하였다. 공판에서 검사 P가 ⓐ 살인이 일어난 범행 현장을 촬영한 사진과 甲이 범행을 재연하는 장면을 촬영한 사진이 첨부된 사법경찰관 작성 검증조서와 ⓑ 범행현장에서 甲의 DNA가 확인되었다는 내용의 국립과학수사연구원의 감정의뢰회보서를 유죄의 증거로 제출하였는데 甲이 위 증거들에 대하여 부동의하는 경우, 위 ⓐ 검증조서에 첨부된 2개의 사진 및 ⓑ 감정의뢰회보서를 증거로 사용하기 위한 요건을 설명하시오. (15점)

[2023 변시]

1. 검증조서와 참여인의 진술의 증거능력

(1) 검증조서에 기재된 참여인의 진술의 증거능력

검증조서는 제312조 제6항에 따라 ① 적법한 절차와 방식 ② 작성자가 성립의 진정을 증명하면 증거능력이 인정될 수 있다. 그리고 검증조서에 기재된 참여인의 진술에 대해서는 다수설과 판례는 현장지시와 현장진술을 구별하여 현장지시는 검증조서와 일체를 이룬다고 보아 제312조 제6항에 따라 증거능력을 인정하고, 현장진술은 검증조서의 작성주체와 진술자에 따라 제312조 내지 제313조를 적용하여 증거능력을 인정하자는 구별설을 따르고 있다.

(2) 범행 현장을 촬영한 사진의 증거능력

사안에서 범행 현장을 촬영한 사진은 제49조 제2항의 '검증조서에는 검증목적물의 현상을 명확하게 하기 위하여 도화나 사진을 첨부할 수 있다.'라는 규정에 의거한 것으로 현장지시에 불과하므로 검증조서와 동일한 요건하에 증거능력이 인정된다.

(3) 범행을 재연하는 장면을 촬영한 사진의 증거능력

乙의 범행재연장면을 촬영한 사진은 피의자의 현장진술이므로 이는 실질적으로 검사 이외의 수사기관 작성의 피의자신문조서에 해당한다. 따라서 위 사진이 증거능력이 인정되기 위해서는 제312조 제3항에 따라 ① 적법한 절차와 방식 ② 내용을 인정하면 증거능력이 인정될 수 있다.

2. 감정의뢰회보서의 증거능력

국립과학수사연구원의 감정의뢰회보서의 증거능력에 대하여 판례는 ① 제315조 제1호에 따른 공권적 증명 문서로써 당연히 증거능력이 인정된다는 판례와 ② 제313조 제3항의 요건을 구비해야 증거능력이 인정된다는 판례가 혼재하고 있다. 생각건대 공무원의 서류라도 수사과정에서의 서류가 당연히 증거능력이 인정되는 것은 아닌 것과 마찬가지로 감정의뢰회보서에 대하여도 제313조 제3항을 적용하는 것이 타당하다. 따라서 감정의뢰회보서는 제313조 제1항과 제2항 또는 제314조의 요건을 구비하면 증거능력이 인정된다.

> • 감정의뢰회보서와 관련해서는 판례는 명시적으로 판례의 변경이라고 하고 있지는 않지만, 실질적으로는 판례의 변경이 있는 부분이라고 할 수 있다.

유제

사법경찰관 P는 甲의 X사과농장 실화사건으로 검증영장을 발부받아 현장을 검증한 후 검증조서를 작성하였다. P는 甲이 현장에 참여하여 범행상황을 재연하자 그 상황을 사진으로 촬영하여 검증조서에 첨부하였다. 또한 현장검증에는 참고인 W도 참여하였는데, W가 "甲이 사과농장에서 담배를 피던 모습을 내가 봤다"라고 진술하자 그 진술내용도 검증조서에 기재하고 W의 서명날인을 받았다. 甲이 검증조서에 증거 부동의하는 경우 이 검증조서의 증거능력은? (15점)   [2023 3차 변형]

161

경찰관 P는 A에 대한 교통사고가 발생한 직후 곧바로 현장으로 가서 현장 상황을 관찰하고 실황 조사서를 작성하였으나 사후에 영장을 발부받지 않았다. A에 대한 범죄로 공소제기된 피고인 甲이 증거로 함에 동의하지 않은 경우, P가 작성한 실황조사서의 증거능력은? (10점)   [2022 1차 변형]

1. 논의점

사안에서의 검증의 결과를 기재한 조서는 사후영장을 받지 않았으므로 검증조서가 아닌 임의수사로서 작성된 실황조사서에 불과하다. 이러한 실황조사서가 증거능력이 있는지에 대하여 논의가 있다.

2. 견해의 대립

이에 대하여는 ① 실황조사서도 조사의 정확성에 있어 검증조서와 차이가 있다고 볼 수 없으므로 검증조서에 준하여 증거능력을 긍정해야 한다는 긍정설 ② 실황조사서는 법관의 영장에 의한 검증이 아니라 임의수사의 일종으로서 그 관찰과 기술을 의식적으로 정확하게 하는 기능이 보장되지 않으므로 증거능력이 부정된다는 부정설이 대립하고 있다.

3. 판례의 태도

판례는 '사법경찰관 사무취급이 작성한 실황조서가 사고발생 직후 사고장소에서 긴급을 요하여 판사의 영장없이 시행된 것으로서 형사소송법 제216조 제3항에 의한 검증에 따라 작성된 것이라면 사후영장을 받지 않는 한 유죄의 증거로 삼을 수 없다'라고 하여 부정설의 입장이다.

4. 검토 및 사안의 해결

생각건대 형사소송법상 명문의 규정이 없는 실황조사서의 증거능력을 인정하는 것은 무리가 있으며, 긴급한 필요가 있는 경우에는 제216조 3항의 요건을 구비하면 증거능력을 인정받을 수 있다는 점에서 부정설이 타당하다. 따라서 사안에서 사법경찰관 P가 작성한 실황조사서는 증거능력이 없다.

- 실황조사서의 증거능력을 올바로 정리하기 위하여 배점보다 많은 분량으로 정리하였다. 실제 답안에서는 적절히 축약하는 것이 바람직하다.

사법경찰관 P는 ○○은행에서 일하는 甲의 동료인 乙이 甲과 대화한 내용을 비밀리에 녹음한 휴대폰을 乙로부터 임의제출 받았다. 이 휴대폰에는 乙이 甲에게 오피스텔을 양도한 과정을 묻고, 이에 대해 甲이 '강제집행을 피하기 위하여 허위로 양도했다'라는 내용이 녹음되어 있었다. 甲이 증거에 부동의 하는 경우, 이 녹음 내용을 유죄의 증거로 사용할 수 있는가? (15점)

[2023 1차 변형]

1. 통비법위반 검토

대화당사자 중 1인이 녹음을 한 것이 통신비밀보호법 제3조 제1항 위반인지에 대하여 판례는 "대화자 중의 1인이 녹음한 것은 '타인 간의 대화'라고 할 수 없으므로, 이와 같은 녹음 행위가 통신비밀보호법 제3조 제1항에 위배된다고 볼 수는 없다"라고 판시하고 있다. 이러한 판례의 논지에 따르면 사안에서 乙의 녹음은 통비법상의 위법수집증거에는 해당하지 않는다.

2. 진술녹음의 증거능력 인정요건 - 제313조 단서의 작성자

(1) 논의점

사안의 녹음은 피고인의 진술녹음이며 수사과정에서 작성된 것이 아니므로 제313조 제1항 단서의 요건을 구비하여야 한다. 그런데 제313조 제1항 단서의 작성자의 의미에 대하여 논의가 있다.

(2) 견해의 대립과 판례의 태도

이에 대하여는 ① 법조문에 충실하여 녹취자인 작성자라고 보는 작성자설(완화요건설) ② 인권보장을 위하여 진술자인 피고인을 의미한다는 진술자설(가중요건설)이 대립하고 있으며, ③ 판례는 종래 녹음테이프의 증거능력과 관련하여 작성자설을 따랐으며, 최근 서류와 관련된 판례에서도 '피고인이 피고인의 진술을 기재한 서류를 증거로 할 수 있음에 동의하지 않은 이상 그 서류에 기재된 피고인의 진술 내용을 증거로 사용하려면 형사소송법 제313조 제1항 단서에 따라 공판준비 또는 공판기일에서 작성자의 진술에 의하여 그 서류에 기재된 피고인의 진술 내용이 피고인이 진술한 대로 기재된 것임이 증명되고 나아가 진술이 특히 신빙할 수 있는 상태하에서 행하여진 것임이 인정되어야 한다'라고 하여 작성자설을 따르고 있다.

> • 가중요건설은 피고인의 진술녹취서가 피고인 아닌 자의 진술녹취서에 비해 그 증거능력 인정요건이 어려워야 한다는 점을 근거로 한다.

(3) 검토 및 사안의 해결

생각건대 제313조 본문과 단서의 해석에 있어 문리해석에 충실하고, 피고인인 원진술자의 불리한 진술은 다시 수집하기 어려워 이에 대한 형사정책적 고려가 있어야 하므로 작성자설이 타당하다. 이러한 작성자설의 입장에 따르면 사안에서 乙이 녹음테이프의 내용에 대하여 성립의 진정을 인정하고 특신상태가 증명되면 甲에 대하여 증거능력이 인정된다.

A는 사채업자 甲을 공갈죄로 고소하였다. 사법경찰관 P는 법원으로부터 영장을 받아 사채업자 甲의 사무실을 압수 · 수색하여 甲 소유의 비망록, 회사 영업장부 등을 압수하였다. P가 압수한 비망록에 대한 증거능력을 부여하기 위한 요건은 무엇인가? (10점)

[2012 변시]

1. 제315조의 서류 해당 여부

사안에서 비망록은 전문증거이지만, 제315조 제3호의 서류에 해당하는 경우에는 당연히 증거능력이 인정될 수 있다. 판례에 의하면 '기타 특히 신용할 만한 정황에 의하여 작성된 문서'는 형사소송법 제315조 제1호와 제2호에서 열거된 공권적 증명문서 및 업무상 통상문서에 준하여 굳이 반대신문의 기회 부여 여부가 문제 되지 않을 정도로 고도의 신용성의 정황적 보장이 있는 문서를 의미한다고 할 것이다. 따라서 사안에서의 비망록이 이러한 요건을 구비하였다면 제315조에 의하여 당연히 증거능력이 인정된다.

2. 제318조 제1항의 당사자의 동의

사안에서의 비망록이 제315조 제3호의 문서에 해당하지 않는 경우에는 제318조 제1항의 당사자의 동의가 있고, 진정성이 인정되면 증거능력이 인정된다.

3. 제313조의 요건 구비

사안의 비망록은 진술자인 甲이 자신의 진술을 기재한 진술서로서의 성격을 지니고 있다. 따라서 피고인의 동의가 없거나 법원에 의해 제315조의 서류에 해당하지 않는다면, 제313조의 요건을 구비하여야 한다. 즉 이러한 경우에는 제313조 제1항이나 제2항에 따라 성립의 진정을 인정되고, 특히 甲에 대해서는 제313조 제1항 단서에 의하여 특신상태가 인정되면 증거능력이 인정될 수 있을 것이다.

164

> 甲의 A에 대한 강간 범행과 관련하여, W(진술 당시 만 4세 6개월)는 사법경찰관 P 앞에서 甲이 A의 목에 칼을 들이대고 있었다는 등 행위 당시의 상황을 자세하고 조리있게 이야기했다. 그러나 그 후 법정에 증인으로 출석한 W는 아무것도 기억나지 않는다고 진술하였다. 이 경우 P 앞에서의 진술이 담긴 P가 작성한 W에 대한 참고인진술조서는 증거능력이 있는가? (15점)
>
> [2015 1차 변형]

1. 논의점

사안에서 W의 진술조서와 관련하여 문제되는 것은 ① W는 진술 당시 만 4세 6개월이었으므로 진술능력이 있는지 ② 진술조서의 요건 중 반대신문권을 행사할 수 없어 제312조 제4항의 요건이 구비되지 않은 경우에 제314조의 필요성을 인정할 수 있는지 문제 된다.

2. W의 진술능력에 대하여

(1) 판례에 의하면 전문의 진술을 증거로 하기 위해서는 전문진술자가 원진술자로부터 진술을 들을 당시 원진술자가 증언능력에 준하는 능력을 갖춘 상태에 있어야 한다. 그런데 증인의 증언능력은 증인 자신이 과거에 경험한 사실을 그 기억에 따라 공술할 수 있는 정신적인 능력이라고 한다.

(2) 사안에서 W는 甲이 A의 목에 칼을 들이대고 있었다는 등 행위 당시의 상황을 자세하고 조리있게 이야기했다는 점에 비추어 증언능력에 준하는 능력을 갖춘 상태라고 할 수 있다.

> • 실제 판례를 답안 작성을 위하여 내용을 축약하였다.

3. 제314조의 필요성에 대하여

(1) 사안에서의 W의 진술조서는 제312조 제4항의 요건을 구비하여야 하지만, 사안에서는 W가 기억을

하지 못해 반대신문권을 행사할 수 없어 제312조 제4항의 요건을 구비할 수 없다. 따라서 보충적으로 제314조의 필요성 인정 여부가 문제 된다.

(2) 판례에 의하면 수사기관에서 진술한 피해자인 유아가 공판정에서 진술을 하였더라도 증인신문 당시 일정한 사항에 관하여 기억이 나지 않는다는 취지로 진술하여 그 진술의 일부가 재현 불가능하게 된 경우, 형사소송법 제314조, 제316조 제2항에서의 필요성을 인정하고 있다.

4. 사안의 해결

따라서 사안에서의 W의 진술조서는 필요성이 인정되며, 검사가 특신상태에서의 진술이었다는 점을 증명하면 그 증거능력이 인정된다.

165

사법경찰관 P가 甲과 乙의 공동주거침입과 합동절도 사실에 대해서 수사를 개시하자, 甲과 乙은 변호사 L을 변호인으로 선임하여 자문을 받게 되었고, L은 그에 대한 검토의견서를 작성하여 甲과 乙에게 송부하였으며, P는 이 검토의견서를 적법하게 압수하였다. 그 후 검사 K가 위 사실로 공소를 제기하고 검토의견서를 증거로 제출하였으나, 甲과 乙이 증거로 함에 동의하지 아니하였다. 그리고 증인으로 출석한 L이 그에 관한 증언을 거부한 경우, 검토의견서의 증거능력을 논하시오. (10점)

[2016 변시]

1. 논의점

사안에서의 검토의견서는 제313조의 서류이지만 L이 증언을 거부하여 그 요건을 구비할 수 없다. 이러한 경우에 제314조를 적용할 수 있는지에 대하여 논의가 있다. 즉 2007년 형사소송법의 개정이전의 판례는 진술거부권을 행사한 경우에도 제314조의 필요성이 있다고 판시하고 있었다. 그러나 2007년 개정으로 제314조의 필요성의 요건이 '기타 사유로 인하여 진술할 수 없는 때'에서 '그 밖에 이에 준하는 사유로 진술할 수 없는 경우'라고 변경되었으므로 사안과 같이 증언거부권을 행사한 경우에도 필요성이 인정되는지에 대하여 논의가 있다.

2. 견해의 대립

이러한 변경에 대하여 ① 이는 직접심리주의와 공판중심주의의 요소를 강화하려는 취지가 반영된 것이므로 증언거부권을 행사한 경우에는 필요성을 인정할 수 없다는 엄격설(전합의 다수의견) ② 이는 표현상의 차이에 불과할 뿐 실질적인 의미가 변경된 것으로 볼 수는 없으므로 증언거부권을 행사한 경우에는 필요성을 인정할 수 있다는 동일설(전합의 반대의견)이 대립하고 있다.

3. 결언 및 사안의 해결

생각건대 '그밖에 이에 준하는 사유'는 '기타 사유로 진술을 할 수 없는 때'보다 그 요건을 더욱 엄격하게 하고 있다고 보는 것이 문리해석에 충실하므로 엄격설이 타당하다. 이러한 엄격설의 입장에 따르면 사안에서 증언거부권을 행사한 것은 제314조의 필요성의 요건을 충족하지 못하여 검토의견서의 증거능력은 인정되지 않는다.

> • 이해의 편의를 위하여 배점보다 많은 해설을 설시하였다. 따라서 실제 시험에서는 보다 축약하는 것이 바람직하다.

甲은 A의 집에 들어가 현금 50만 원을 훔치고 도주하였다. A의 신고로 수사가 시작되자, 사법경찰관 P는 A의 이웃에 사는 W가 甲이 도주하는 것을 목격한 사실을 알고 W를 출석시켜 참고인진술조서를 작성하였다. 검사 K는 W의 참고인진술조서를 증거로 신청하였으나, 甲이 부동의 하였다. 이에 검사 K가 W를 증인으로 신청하고 W는 증인으로 출석하였으나, W는 증인으로서 정당한 증언거부 사유가 없음에도 불구하고 증언을 거부하여 피고인 甲이 반대신문을 하지 못하였다. 피고인 甲이 증인 W의 증언거부 상황을 초래하는 특별한 사정이 없는 경우 W에 대한 사법경찰관 P작성 참고인진술조서는 증거능력이 있는가? (10점)

[2021 1차 변형]

1. 논의점

사안에서의 P작성 W에 대한 참고인진술조서가 증거능력을 인정받기 위해서는 제312조 제4항의 요건을 구비하거나 제314조의 요건을 구비하여야 한다.

2. 제312조 제4항 검토

사안에서 W에 대한 사법경찰관 P 작성 참고인진술조서는 형사소송법 제312조 제4항에 의하여 ① 적법한 절차와 방식 ② 실질적 진정성립 ③ 반대신문의 기회 보장 ④ 특신상태 등의 요건이 충족되어야 증거능력이 인정되어야 하지만, 사안에서는 W가 증언을 거부함으로써 이러한 요건을 충족할 수 없다.

3. 제314조의 필요성 불비

판례는 "수사기관에서 진술한 참고인이 법정에서 증언을 거부하여 피고인이 반대신문을 하지 못한 경우에는 정당하게 증언거부권을 행사한 것이 아니라도, 피고인이 증인의 증언거부 상황을 초래하였다는 등의 특별한 사정이 없는 한 형사소송법 제314조의 '그 밖에 이에 준하는 사유로 인하여 진술할 수 없는 때'에 해당하지 않는다고 보아야 한다."라고 하여 제314조의 필요성을 인정하지 않음으로써 제314조에 의한 증거능력도 인정받을 수 없다.

> • 최근 대법원은 공판중심주의에 충실하도록 제314조의 필요성의 범위를 축소하고 있다(2018도13945 전합 참조).

4. 결 언

사안에서의 P작성 W에 대한 참고인진술조서는 제312조 제4항의 요건이나 제314조의 요건을 구비하지 못하여 증거능력이 없다.

甲의 피고사건에 대한 공판에 증인으로 출석한 피해자 A는 검사의 주신문에 대해 답변한 후 피고인 측의 반대신문에는 답하지도 않았고, 이후 공판기일에는 아예 출석도 하지 않았다. 공판기일에 출석하지 않은 A에 대한 사법경찰관의 참고인진술조서는 甲의 공소사실에 대한 유죄의 증거로 사용할 수 있는가? (15점)

[2023 2차 변형]

1. 당사자 동의에 의한 증거능력 인정

사안에서 A에 대한 사법경찰관의 참고인진술조서는 수사과정 중에 작성된 전문서류이므로 원칙적으로 증거능력이 없다. 다만 제318조 제1항에 의하여 甲이 동의하고 진정성이 인정된다면 증거능력이 인정될 수 있다. 만약 甲이 동의하지 않는다면 전문법칙의 예외의 요건을 구비하여야 증거능력이 인정된다.

2. 참고인진술조서의 증거능력 인정요건

사안에서 A에 대한 사법경찰관의 참고인진술조서는 수사과정 중에 작성된 전문서류이므로 제312조 제4항의 요건인 ① 적법한 절차와 방식 ② 성립의 진정 인정 ③ 반대신문권의 보장 ④ 특신상태 등이 인정되어야 한다. 그런데 사안에서 A는 공판기일에 출석하지 않았으므로 반대신문권이 보장되지 않아 제312조 제4항의 요건을 구비하지 않아 증거능력이 인정되지 않는다.

3. 제314조에 의한 증거능력 인정요건

(1) 제312조 제4항의 요건을 구비하지 못한 경우에는 보충적으로 제314조의 요건을 구비하여야 하지만, 사안과 관련하여 제314조의 필요성이 인정될 수 있는지 문제 된다.

(2) 판례에 의하면 형사소송법 제314조는 원진술자 등에 대한 반대신문의 기회조차도 없이 **증거능력을** 부여할 수 있도록 함으로써 보다 중대한 예외를 인정한 것이므로, 그 요건을 더욱 엄격하게 해석·적용하여야 한다고 하고 있다.

(3) 이러한 판례의 취지에 따르면 사안과 같이 A가 법정에 출석하지 않은 것을 필요성이 있다고 하기는 어려울 것이다. 따라서 사안에서의 진술조서는 증거능력이 인정되지 않는다.

> • 최신 판례를 사례 문제화한 것이다(대판 2022.3.17. 2016도17054). 최근 대법원은 공판중심주의에 충실하도록 제314조의 필요성의 범위를 축소하는 추세를 확인할 수 있는 판례이다.

168

> 甲과 乙은 합동절도를 한 혐의로 경찰에서 수사를 받고 있다. 경찰관 P에게 피의자신문을 받던 중 甲은 절도 사실을 부인하였으나, 乙은 절도 사실을 자백하였으며 P는 피의자신문조서를 각각 작성하였다. 그런데 이후 乙이 외국으로 나가 소재불명이 되었다. 甲의 합동절도에 대한 재판이 진행되자 甲은 계속 범행을 부인하였고, 검사 K는 乙에 대한 P의 피의자신문조서를 증거로 제출하였다. 이 피의자신문조서는 甲의 유죄의 증거로 사용할 수 있는가?
>
> [예상문제]

1. 공범자의 사경 작성 피신조서의 증거능력 인정요건

(1) 검사 이외의 수사기관 작성의 공범자에 대한 피의자신문조서에 대하여는 ① 제312조 제3항 적용설과 제4항 적용설이 대립하고 있으며, ② 제3항설은 다시 내용인정의 주체를 두고 ⊙ 원진술자 내용인정설과 ⓒ 유죄에 빠질 피고인 내용인정설이 대립하고 있다. ③ 현재의 다수설과 판례는 제312조 제3항이 위법수사를 억지하기 위한 정책적 규정이라는 점을 고려하여 피고인 내용인정설을 따르고 있으며 타당하다.

(2) 그런데 사안에서는 甲이 그 내용을 부인하는 취지로 범행을 부인하고 있으므로 甲에 대한 증거능력이 인정되지 않는다.

2. 내용이 부인된 공범에 대한 사피의 제314조의 적용 여부

(1) 내용이 부인된 공범에 대한 사법경찰관작성의 피의자신문조서가 제314조의 적용대상이 될 수 있는지에 대하여는 ① 실체적 진실의 발견을 위해 제314조의 요건을 구비하였다면 증거능력을 인정하자는 적용긍정설 ② 제314조를 적용하게 되면 제312조 제3항의 입법취지를 무시하게 되므로 증거능력을 인정할 수 없다는 적용부정설이 대립하고 있다.

(2) 판례는 종래 긍정설의 입장을 취하였으나, 그 후 전합 판례에서 '검사 이외의 수사기관 작성의 공범에 대한 피의자신문조서는 당해 피고인이 공판기일에서 그 조서의 내용을 부인하면 증거능력이 부정되므로, 그 당연한 결과로서 형사소송법 제314조가 적용되지 아니한다'라고 적용부정설의 입장을 명백히 하고 있다.

> • 판례 문구에서의 '당연한 결과'의 의미는 '공범자에 대한 피의자신문조서는 피고인이 내용을 인정할 때에만 증거능력이 인정되므로 그 당연한 결과'라는 의미이다.

(3) 생각건대 제312조 제3항은 검사 이외의 수사기관의 위법수사를 억지하기 위한 정책적 규정이라는 점을 고려하면 제314조도 적용할 수 없다는 적용부정설이 타당하다.

3. 사안의 해결

사안에서의 乙에 대한 P의 피의자신문조서는 甲에 대한 유죄의 증거로 사용할 수 없다.

169

甲과 乙은 성폭법상 특수강간치상죄를 범하였다. 乙은 친구 F를 만나 그에게 "甲이 A를 강간하고 있는 동안 내가 망을 봐줬다."라고 말했고, 사법경찰관 P는 F를 참고인으로 조사하여 F가 乙로부터 들은 내용이 기재된 진술조서를 적법하게 작성하였다. 공판정에서 乙이 범행을 부인하자 검사 K가 그 조서를 증거로 제출하였으나 乙은 증거로 함에 부동의 하였다. 이 경우 F에 대한 P 작성의 참고인진술조서의 乙에 대한 증거능력을 논하시오. (20점)

[2016 변시]

1. 논의점

사안에서 乙의 진술을 내용으로 하는 F의 진술이 기재된 사법경찰관 P 작성의 참고인진술조서는 재전문증거이다. 이러한 재전문증거에 대하여 증거능력을 인정할 것인가에 대하여 논의가 있다.

2. 견해의 대립

이에 대하여는 ① 형사소송법의 이념은 실체적 진실의 발견에 있으며, 전문법칙은 예외를 전제로 하여 발달한 이론이므로 증거능력을 인정할 수 있다는 긍정설과 ② 재전문증거의 증거능력을 긍정하는 명문규정이 없으며, 이를 긍정하게 되면 전문법칙이 형해화되므로 증거능력을 인정할 수 없다는 부정설이 대립하고 있다.

3. 판 례

판례는 재전문증거에 대하여 ① 전문진술을 기재한 서류와 ② 재전문진술이나 재전문진술을 기재한 서류를 구별하여 전자의 경우에만 각각의 요건을 구비한 경우에 증거능력을 인정하고 있어 한정적 긍정설의 입장이라고 볼 수 있다.

4. 검 토

생각건대 ① 우리나라의 형사소송법은 배심원이 아닌 직업법관이 사실을 인정하므로 전문법칙에 대하여 엄격히 해석할 필요성이 없으며 ② 실체적 진실을 위하여는 가급적 많은 증거를 토대로 심증을 형성하는 것이 바람직하다는 점을 고려하면 긍정설의 입장이 타당하다.

5. 사안의 해결

(1) 이러한 긍정설을 따를 경우에 P 작성의 참고인진술조서가 乙에 대한 증거능력을 인정받기 위해서는 ① 乙은 해당 피고인이므로 乙이 F에게 진술한 부분이 제316조 제1항의 요건을 구비하여야 하며 ② F가 P에게 진술할 때 제312조 제4항의 요건을 구비하여야 한다.

(2) 따라서 제316조 제1항에 따라 乙이 F에게 진술할 때 특히 신빙할 수 있는 상태에서 진술하였음을 검사가 입증하고, P가 작성한 진술조서가 제312조 제4항에 따라 ① 적법한 절차와 방식을 구비하고 ② 실질적 성립의 진정이 증명되고 ③ F가 증인으로 나와 乙의 반대신문권의 보장되고 ④ F의 진술이 특신상태하에서 진술되었음을 검사가 증명한다면 P가 작성한 F의 진술조서는 증거능력이 인정된다.

> **유제**
>
> 甲의 A에 대한 폭행치상 사건을 수사하던 경찰관 P는 W가 목격자라는 정보를 입수하고 W의 소재를 탐문하였으나 W는 외국 이민을 떠나 소재불명으로 밝혀졌다. 그 대신 P는 W의 동생 Y가 사건 발생 직후 W로부터 들은 내용을 직접 작성한 노트를 임의제출 받았다. 甲이 Y의 자필노트를 증거로 함에 부동의하자 증인 Y가 자신이 작성한 노트의 내용에 대해 성립의 진정을 인정한 경우 Y의 자필노트의 증거능력을 논하시오. (20점)
>
> [2013 2차 변형]

> **유제**
>
> 사법경찰관 P는 교통사고 당시 목격자인 W(사고 며칠 후 외국으로 유학을 떠남)로부터 교통사고 당시 상황을 전해들은 M(W의 어머니)에 대하여 참고인조사를 하면서 "W가 '甲이 운전하던 차량이 교통사고를 일으키고 도주하는 것을 보았다'라고 말했다."라는 M의 진술을 참고인진술조서에 기재하였다. 그 후 검사 K는 甲을 기소하였다. 甲이 위 참고인진술조서에 대하여 증거동의를 하지 않은 경우 이 조서는 증거로 사용할 수 있는가? (15점)
>
> [2017 3차 변형]

> **유제**
>
> 검사 K는 공무원인 甲이 乙로부터 100만 원을 받은 사실을 알게 되었다. 乙의 소재를 파악하지 못하자 K는 乙의 처 W로부터 "甲의 협박 때문에 100만 원을 주었다는 얘기를 乙로부터 들었다"라는 진술을 받아 조서에 기재한 후 甲을 기소하였다. W의 검찰진술을 기재한 조서를 甲이 100만 원을 받은 수뢰죄의 범죄사실에 대한 증거로 사용할 수 있는가? (20점)
>
> [2016 1차 변형]

> **유제**
>
> 경찰관 P는 甲의 A에 대한 강도 범행을 신고한 A의 어머니 M을 조사하였는데, M은 甲의 범행내용을 설명하는 A의 진술을 P에게 진술하였고 P는 그 진술을 조서에 기재하였다. 이후 진술조서가 법정에 증거로 제출된 경우 A의 진술을 내용으로 하는 M의 진술이 기재된 조서는 증거능력이 있는가? (15점)
>
> [2015 2차 변형]

甲이 아령으로 A의 머리를 내려쳐 살해하는 장면을 동네로 들어서던 중국인 유학생 W가 우연히 목격하였고, W는 중국으로 돌아가기 직전에 이러한 장면을 목격하였음을 동료 대학원생인 Y에게 말하였다. A의 사망사건으로 甲이 체포된 후 경찰관 P가 수사를 하던 중 甲이 자신의 혐의를 부인하자 P는 동네 입구에 설치된 CCTV를 통해 사망현장을 목격한 W가 있음을 확인하였다. 그러나 W가 중국에 돌아갔음을 확인하여 P는 Y를 참고인으로 불러 조서를 작성하였다. 그 후 甲은 살인죄로 기소되었고, 만약 Y의 참고인진술조서에 대하여 甲이 증거동의를 하지 않은 경우, Y의 참고인진술조서 중 W의 목격 부분에 대한 진술은 증거능력이 있는가? (15점)

[2020 3차 변형]

甲은 선배 A로부터 A소유의 중고차 처분을 부탁받고 乙에게 5,000만 원에 그 중고차를 매도했음에도 4,000만 원에 매도한 것으로 기망하고 수수료는 받지 않겠다고 하면서 4,000만 원만 A에게 주었다. 그 후 A는 친구 F를 만난 자리에서 "甲이 판매대금의 일부를 떼먹었다."라고 이야기하였고, F는 참고인으로 경찰의 조사를 받으면서 A가 자기에게 말한 내용을 자필 진술서로 작성하여 제출하였다. 공판정에서 甲이 F의 진술서에 증거 부동의하는 경우 이 진술서를 증거로 사용하기 위한 요건은 무엇인가? (15점)

[2021 변시]

170

X회사의 개발팀장으로 근무하는 甲은 2022. 4. 1. 위 회사가 입주한 Y상가 관리소장 A와 방문객 주차 문제로 언쟁을 벌인 후, A를 비방할 목적으로 상가 입주자 약 200여 명이 회원으로 가입된 Y상가 번영회 인터넷 카페 사이트 게시판에 'A에게 혼외자가 있다'라는 허위사실을 게시하였다. 甲은 이 글의 신빙성을 높이기 위해 관리사무소 직원 B에게 부탁하여 'A가 혼외자와 함께 있는 것을 보았다'라는 허위 내용이 기재된 B 명의의 사실확인서를 받아 위 게시물에 첨부하였다. 수사단계에서 사법경찰관 P는 사실확인서를 작성한 B가 간암 말기 판정을 받고 중환자실에 입원하게 되자, 동료 직원 E를 조사하여 "'고향선배인 甲이 부탁을 하여 어쩔 수 없이 A에 대한 허위 사실확인서를 작성하여 주었고 이후 인터넷 카페 사이트 게시판을 보고 甲이 이를 허위 내용 게시에 사용하였다는 것을 알게 되었다'라는 말을 B로부터 들었다"라는 진술을 듣고 진술조서에 기재하였다. 검사는 공판기일에 E에 대한 진술조서를 증거로 제출하였다. 이 진술조서 중 위 진술부분의 증거능력을 검토하시오. (15점)

[2023 변시]

1. 논의점

사안에서의 직원 E의 진술조서 중 B의 진술 부분은 재전문증거에 해당한다. 이러한 재전문증거에 대하여 증거능력을 인정할 것인가에 대하여 논의가 있다.

2. 견해의 대립과 판례의 태도

(1) 이에 대하여는 ① 형사소송법의 이념은 실체적 진실의 발견에 있으며, 전문법칙은 예외를 전제로 하여 발달한 이론이므로 증거능력을 인정할 수 있다는 긍정설과 ② 재전문증거의 증거능력을 긍정하는 명문 규정이 없으며, 이를 긍정하게 되면 전문법칙이 형해화되므로 증거능력을 인정할 수 없다는 부정설이 대립하고 있다.

(2) 판례는 재전문증거에 대하여 ① 전문진술을 기재한 서류와 ② 재전문진술이나 재전문진술을 기재한 서류를 구별하여 전자의 경우에만 각각의 요건을 구비한 경우에 증거능력을 인정하고 있어 한정적 긍정설의 입장이라고 볼 수 있다.

3. 검토 및 사안의 해결

(1) 생각건대 ① 우리나라의 형사소송법은 배심원이 아닌 직업법관이 사실을 인정하므로 전문법칙에 대하여 엄격히 해석할 필요성이 없으며 ② 실체적 진실을 위하여는 가급적 많은 증거를 토대로 심증을 형성하는 것이 바람직하다는 점을 고려하면 긍정설의 입장이 타당하다.

(2) 이러한 긍정설을 따를 경우에 P작성의 진술조서 중 B 진술부분이 甲에 대한 증거능력을 인정받기 위해서는 ① B는 피고인이 아닌 자이므로 제316조 제2항의 요건인 필요성과 특신상태를 구비하여야 하며 ② E가 P에게 진술할 때 제312조 제4항의 요건인 적법한 절차와 방식, 성립의 진정, 반대신문권의 보장, 특신상태를 구비하여야 한다. 이러한 요건을 구비하게 되면 E의 참고인진술조서 중 B의 진술부분은 甲의 부동의에도 불구하고 증거능력이 인정된다.

171

甲의 처 W는 乙에게 甲이 살해당할 뻔한 장면을 목격한 사실을 이웃 A에게 말하였고 A는 자신이 들은 그 사실을 경찰관 P에게 진술하여 조서에 기재되었다. 이 진술조서가 공판에서 증거로 제출된 경우, 법원은 乙의 해당 범죄사실에 대한 유죄의 증거로 사용할 수 있는가? (10점)

[2023 1차 변형]

1. 견해의 대립과 판례의 태도

사안과 같은 재전문증거에 대하여 증거능력을 인정할 것인지에 대하여는 ① 긍정설과 ② 부정설이 대립하고 있으며, ③ 판례는 재전문증거에 대하여 전문진술을 기재한 서류와 재전문진술이나 재전문진술을 기재한 서류를 구별하여 전자의 경우에만 각각의 요건을 구비한 경우에 증거능력을 인정하고 있어 한정적 긍정설의 입장이라고 볼 수 있다.

2. 검토 및 사안의 해결

(1) 생각건대 ① 우리나라의 형사소송법은 배심원이 아닌 직업법관이 사실을 인정하므로 전문법칙에 대하여 엄격히 해석할 필요성이 없으며 ② 실체적 진실을 위하여는 가급적 많은 증거를 토대로 심증을 형성하는 것이 바람직하다는 점을 고려하면 긍정설의 입장이 타당하다.

(2) 이러한 긍정설을 따를 경우에 P작성의 참고인진술조서가 乙에 대한 증거능력을 인정받기 위해서는 ① 제316조 제1항의 요건과 ② 제312조 제4항의 요건을 구비하면 증거능력이 인정된다.

172

00회사 직원인 A는 사장인 甲에게 4억 원의 빚을 갚지 못하고 있다. 甲은 A에게 문자 메시지로 "네 놈이 당장 돈을 갚지 않으면 네놈 아들 장기라도 대신 가져 가야겠다"라는 말을 전송하였다. 甲이 공갈죄로 기소된 후 A의 휴대전화에 찍힌 문자를 촬영한 사진이 증거로 제출된 경우, 그 사진의 증거능력 인정요건은? (10점)

[2014 1차 변형]

1. 휴대전화에 찍힌 문자를 촬영한 사진의 법적 성질

사안에서 휴대전화에 찍힌 문자는 협박사실의 존부와 협박 내용에 대한 증거물이다. 따라서 사안에서 문자를 촬영한 사진의 법적 성질은 증거물에 대한 사본으로서의 사진의 성격을 지닌다.

2. 휴대전화에 찍힌 문자를 촬영한 사진의 증거능력 인정요건

사안에서의 사진의 증거능력 인정 여부에 대하여 판례는 '검사는 휴대전화기 이용자가 그 문자정보를 읽을 수 있도록 한 휴대전화기의 화면을 촬영한 사진을 증거로 제출할 수도 있을 것인바, 이를 증거로 사용하기 위해서는 문자정보가 저장된 휴대전화기를 법정에 제출할 수 없거나 그 제출이 곤란한 사정이 있고 그 사진의 영상이 휴대전화기의 화면에 표시된 문자정보와 정확하게 같다는 사실이 증명되어야 할 것이다.' 라고 하여 일정한 요건하에 증거능력을 인정하고 있다.

3. 사안의 해결

이러한 판례의 취지에 따라 사안에서의 사진이 증거능력이 인정되기 위해서는 위의 요건이 구비되어야 하지만, 설문상으로는 법정에 제출할 수 없거나 그 제출이 곤란한 사정이 나타나 있지 않으므로 이에 대한 증명이 없는 이상 사진은 증거능력이 없다.

> • 전체적으로 먼저 사진의 법적 성격을 밝힌 이후에 판례의 태도를 적시하는 것이 바람직하다.

173

> 甲은 대표권을 남용하여 약속어음을 발행하는 업무상배임죄를 범하였고, 乙은 교사자이다. 사법경찰관 P는 甲과 乙이 회사에서 만나 약속어음을 발행하는 상황이 녹화된 CCTV 동영상을 찾아내어 관리자 M의 동의를 얻어 그 부분의 동영상 파일을 CD에 복사한 후 이를 임의로 제출받아 압수하였는데, 이후 위 회사 CCTV 동영상의 보존기간이 경과하여 원본파일은 삭제되었다. 위 CD는 甲과 乙에게 증거로 사용할 수 있는가? (15점) [2018 변시]

1. 논의점

사안에서 CD의 증거능력과 관련하여 ① 압수의 적법성 ② 현장사진의 증거능력 인정요건 ③ 복사본의 증거능력 인정요건을 검토한다.

2. CD파일을 제출받은 행위의 적법성

사안에서 사법경찰관은 CCTV 동영상에 대한 관리자의 동의를 얻어 그 부분의 동영상 파일을 CD에 복사한 후 이를 임의로 제출받아 압수하고 있다. 이는 제218조의 보관자에 의한 임의제출물의 압수에 해당하므로 영장없이 압수하였더라도 적법하고, 제218조의 영치는 사후영장을 필요로 하지 않으므로 적법하다.

3. 현장사진의 증거능력

(1) 논의점

사안에서 CCTV 동영상은 범인들의 범행현장이 녹화되어 있으므로 이는 현장사진에 해당한다. 그런데 현장사진의 증거능력에 대하여는 명문규정이 없으므로 증거능력 인정요건에 대하여 논의가 있다.

⑵ 견해의 대립과 판례의 태도

(1) 이에 대하여는 ① 현장사진은 비진술증거이므로 현장사진의 사건과의 관련성이 자유로운 증명으로 인정되면 증거능력이 인정된다는 비진술증거설 ② 현장사진은 비진술증거이지만 조작가능성이 있으므로 검증조서에 준하여 제312조 제6항을 유추적용하자는 검증조서유추설 ③ 현장사진은 전문법칙의 예외의 요건을 구비한 경우에만 증거능력을 인정해야 한다는 진술증거설이 대립하고 있다.

(2) 이에 대해 판례의 태도는 명확하지 않지만, 간통현장을 촬영한 사진과 관련된 판례에서 비진술증거설을 따랐다는 평석이 있다.

⑶ 검토 및 사안의 해결

생각건대 현장사진은 현장의 상황을 그대로 수록한 것이므로 원진술자가 체험사실을 외부에 표현하는 진술증거와는 차이가 있다. 또한 CCTV의 관리자의 진술은 검증자의 진술과는 차이가 있으므로 비진술증거설이 타당하다.

> • 가능하면 진술증거설은 지양하여야 한다. 진술증거설을 따를 경우에는 제313조 제1항 단성의 '작성자'를 누구로 볼 것인가를 또 적어주어야 하기 때문이다. 따라서 수험생의 입장에서는 검증조서유추설이나 비진술증거설을 따라가는 것이 바람직하다.

4. 복사본의 증거능력 인정요건

사안에서 CD파일은 복사본이므로 증거로 사용하기 위해서는 ① CCTV의 녹화 원본이 존재하거나 존재하였을 것 ② CCTV의 녹화 원본의 제출이 불가능하거나 곤란한 사정이 있을 것 ③ CCTV의 녹화 영상과 CD파일의 영상의 동일하다는 점이 증명되어야 한다.

> • 복사본의 증거능력은 출제빈도가 높으므로 증거능력 인정요건 세 가지는 암기해 두는 것이 바람직하다.

5. 결 언

따라서 CD파일은 CCTV 동영상이 삭제되었으므로 필요성이 인정되고, CCTV 동영상 파일이 정확하게 복사되었다는 점이 증명되면 증거능력이 인정된다.

> **유제**
>
> 甲은 A를 살해하였다. 甲의 A에 대한 범행장면은 현장 인근의 마트에 적법하게 설치된 CCTV에 녹화되었다. 甲의 A에 대한 사건을 수사하던 경찰관 P는 CCTV 주인이 녹화장치에서 甲의 범행장면을 복사한 이동식 저장장치(USB)를 건네주자 영장없이 이를 압수하였다. 그 후 甲이 기소되자, 검사 K는 그 USB파일을 증거로 제출하였다. USB파일의 증거능력을 논하시오. (20점)   [2016 1차 변형]

> **유제**
>
> 甲과 乙은 편의점 점원인 A(여)가 편의점 밖으로 잠깐 나간 사이 乙은 밖에서 망을 보고 甲은 A의 핸드백에서 현금 20만을 절취하고 도주하였다. 편의점에 돌아와 핸드백에서 현금이 없어진 것을 알게 된 A의 신고를 받은 사법경찰관 P는 편의점 앞에 세워져 있던 편의점 주인 Y의 승용차 블랙박스 영상에 甲이 편의점에서 황급히 나오는 모습이 찍혀 있음을 알게 되었다. 甲의 모습이 담긴 블랙박스 메모리카드를 P가 적법하게 임의로 제출받아 저장장치에 복사한 후 영상을 출력한 사진을 甲의 유죄를 입증하기 위한 증거로 법원에 제출한 경우 증거능력을 검토하시오. (15점)   [2019 3차 변형]

A는 보이스피싱 사기 조직원이며, 甲은 A에게 접근매체를 넘겨주고 A의 지시대로 자기 계좌에 들어온 사기피해자 B의 돈을 김과장이라는 사람에게 전달한 사람이다. 甲은 B의 신고로 계좌명의가 추적되어 결국 기소되었다. 공판 과정에서 甲은 범행을 부인하면서, 검사가 증거로 제출한 甲이 A와 주고받은 휴대폰 문자메시지(A가 "X은행에서 B가 송금한 현금 2,000만 원을 인출하고, 흰색 줄무늬 옷을 입은 사람이 김과장이라고 접근하면 그에게 2,000만 원을 전달하라"고 하자, 甲이 "알겠습니다"라고 대답한 내용)를 촬영한 사진과 甲의 현금인출 장면이 녹화된 은행 CCTV 영상에 대해 부동의하였다. 위 증거들이 적법하게 압수되었을 경우, 증거능력은 인정될 수 있는가? (10점)   [2022 2차 변형]

1. 문자메세지의 증거능력

사안에서의 문자메세지는 증거물인 휴대전화에 대한 사본으로서의 사진이다. 따라서 이러한 사본으로서의 사진이 증거능력을 인정받기 위해서는 ① 문자정보가 저장된 휴대전화기를 법정에 제출할 수 없거나 그 제출이 곤란한 사정이 있고 ② 그 사진의 영상이 휴대전화기의 화면에 표시된 문자정보와 정확하게 같다는 사실이 증명되어야 한다. 따라서 이러한 요건이 구비되면 문자메세지 사진을 증거능력이 인정될 수 있다.

2. 은행 CCTV 영상의 증거능력

(1) 사안에서 은행 CCTV 영상은 현장사진이다. 현장사진의 증거능력 인정요건에 대하여는 ① 비진술증거설 ② 검증조서유추설 ③ 진술증거설이 대립하고 있으며, ④ 판례의 태도는 명확하지 않지만, 간통현장을 촬영한 사진과 관련된 판례에서 비진술증거설을 따랐다는 평석이 있다.

(2) 생각건대 현장사진은 현장의 상황을 그대로 수록한 것이므로 원진술자가 체험사실을 외부에 표현하는 진술증거와는 차이가 있다. 또한 CCTV의 관리자의 진술은 검증자의 진술과는 차이가 있으므로 비진술증거설이 타당하다. 따라서 사건과의 관련성이 인정되면 은행 CCTV 영상은 증거능력이 인정될 수 있다.

甲은 A를 살해하려고 Y주점에서 A가 마시는 맥주에 제초제를 몰래 넣었으나, 치사량에 현저히 미달하는 제초제를 넣었기 때문에 A는 복통을 하는 데 그쳤다. 그 다음날 A는 복통이 난 것을 이상하게 생각해 Y식당에 찾아가 종업원 乙에게 실내 CCTV 녹화영상 확인을 요청하였으나 乙은 사장이 보여주지 말라고 한다면서 거절하였다. 그러자 A는 乙에게 30만 원을 주면서 설득하였고, 乙은 이를 받고 녹화영상을 보여주었다. A는 그 녹화영상에서 甲이 자신의 맥주에 무언가 넣는 장면을 보고, 乙로부터 그 영상파일이 담긴 USB를 넘겨받아 경찰에 甲을 고소하면서 위 USB도 제출하였다. USB에 담긴 녹화영상의 증거능력은? (20점)   [2022 1차 변형]

Ⅰ. 논의점

사안에서 USB에 담긴 녹화영상의 증거능력과 관련하여 ① 사인의 위법수집증거의 증거능력 ② 현장사진의 증거능력 인정요건 ③ 복사본의 증거능력 인정요건을 검토한다.

II. 사인의 위법수집증거의 증거능력

1. 사인의 위법수집증거의 증거능력

사안에서 CCTV는 Y주점 주인의 소유이지만, B는 종업원 乙에게 30만 원을 주면서 설득하여 CCTV의 복사본을 넘겨받은 것은 사인이 위법하게 수집한 증거이다. 이러한 사인이 위법하게 수집한 증거의 증거능력에 대하여는 ① 긍정설 ② 부정설 ③ 비교형량설 등이 대립하고 있으며, ④ 판례는 '법원으로서는 효과적인 형사소추 및 형사소송에서의 진실발견이라는 공익과 개인의 인격적 이익 등의 보호이익을 비교형량하여 그 허용 여부를 결정하여야 한다'라고 하여 기본적으로 비교형량설을 따르고 있다.

2. 검토 및 사안의 해결

생각건대 기본권의 보장이라는 개인적 측면과 실체적 진실의 발견이라는 공익적 측면을 조화시키는 비교형량설이 타당하다. 따라서 이러한 비교형량설을 따를 경우 甲의 범죄행위는 중대한 범죄인 살인죄이어서 공익적인 측면이 강하고 이에 비하여 CCTV 주인의 관리권은 상대적으로 미약하므로 사안에서의 증거물은 증거능력이 인정될 수 있다.

III. 현장사진의 증거능력

1. 논의점

사안에서 CCTV 동영상은 범인들의 범행현장이 녹화되어 있으므로 이는 현장사진에 해당한다. 그런데 현장사진의 증거능력에 대하여는 명문규정이 없으므로 증거능력 인정요건에 대하여 논의가 있다.

2. 견해의 대립과 판례의 태도

(1) 이에 대하여는 ① 현장사진은 비진술증거이므로 현장사진의 사건과의 관련성이 자유로운 증명으로 인정되면 증거능력이 인정된다는 비진술증거설 ② 현장사진은 비진술증거이지만 조작가능성이 있으므로 검증조서에 준하여 제312조 제6항을 유추적용하자는 검증조서유추설 ③ 현장사진은 전문법칙의 예외의 요건을 구비한 경우에만 증거능력을 인정해야 한다는 진술증거설이 대립하고 있다.

(2) 이에 대해 판례의 태도는 명확하지 않지만, 간통현장을 촬영한 사진과 관련된 판례에서 비진술증거설을 따랐다는 평석이 있다.

3. 검토 및 사안의 해결

생각건대 현장사진은 현장의 상황을 그대로 수록한 것이므로 원진술자가 체험사실을 외부에 표현하는 진술증거와는 차이가 있다. 또한 CCTV의 관리자의 진술은 검증자의 진술과는 차이가 있으므로 비진술증거설이 타당하다.

> • 가능하면 진술증거설은 지양하여야 한다. 진술증거설을 따를 경우에는 제313조 제1항 단성의 '작성자'를 누구로 볼 것인가를 또 적어주어야 하기 때문이다. 따라서 수험생의 입장에서는 검증조서유추설이나 비진술증거설을 따라가는 것이 바람직하다.

IV. 복사본의 증거능력 인정요건

사안에서 USB파일은 복사본이므로 증거로 사용하기 위해서는 ① CCTV의 녹화 원본이 존재하거나 존재하였을 것 ② CCTV의 녹화 원본의 제출이 불가능하거나 곤란한 사정이 있을 것 ③ CCTV의 녹화 영상과 USB파일의 영상이 동일하다는 점이 증명되어야 한다.

- 복사본의 증거능력은 출제빈도가 높으므로 증거능력 인정요건 세 가지는 암기해 두는 것이 바람직하다.

V. 결 언

따라서 USB파일은 사건과의 관련성이 인정되고 복사본의 증거능력 인정요건이 증명되면 증거능력이 인정된다.

176

甲과 乙은 오피스텔에서 A를 공동으로 상해하여 사망에 이르게 하였다. 甲은 자신들이 범행시각에 범행현장을 황급히 벗어나는 장면이 찍힌 CCTV가 있음을 알고 오피스텔 관리소장 X에게 범행 당시의 오피스텔 1층 현관 CCTV 영상을 삭제하면 100만 원을 주겠다고 하자 X는 영상 삭제 방법을 잘 모른다며 거절하였다. 이에 甲은 X 몰래 乙을 관리사무소로 보내 CCTV 영상을 직접 삭제하도록 하였고, 乙은 그에 따랐다. 검사 K가 A에 대한 범죄사실로 乙을 기소하고 X의 사법경찰관 작성의 진술조서를 증거로 제출하였다. 乙는 공판정에서 甲의 부탁으로 CCTV 영상을 삭제해 주었을 뿐, A에 대한 범행에 자신은 전혀 관여하지 않았다고 주장하였다. 반면 도주 다음 날 체포되어 기소된 甲은 수사과정과 달리 공판기일 당일 변심하여 피해자 A에 대한 범행 일체를 자백하였다. X의 진술조서는 乙의 A에 대한 범행에 대하여 어떠한 요건하에 증거능력이 인정되는가? (10점)

[2021 2차 변형]

1. CCTV 영상의 법적 성격

사안에서 X가 목격한 것은 甲과 乙의 범행이 아니라 甲과 乙이 범행시각에 황급히 현관 밖으로 나가는 모습이 찍힌 CCTV 영상이다. 이러한 CCTV 영상의 법적 성격에 대하여는 ① 증거물로 보는 견해와 ② 진술증거로 보는 견해가 대립하고 있는바, 현장을 그대로 찍은 영상과 사람이 진술하는 것은 차이가 있으므로 증거물로 보는 견해가 타당하다. 따라서 이러한 증거물로 보는 견해에 의하면 X의 진술조서는 전문증거가 된다.

- 만약 진술증거로 보면 X의 진술조서는 재전문증거가 될 것이다.

2. X의 진술조서의 증거능력

사안에서의 X의 진술조서는 전문서류 중 사법경찰관이 작성한 진술조서이므로 제312조 제4항에 따라 ① 적법한 절차와 방식에 따라 작성되고 ② 실질적 진정성립이 증명되고 ③ 피고인의 반대신문 기회가 보장되고 ④ 특신상태가 증명되면 증거능력이 인정된다.

甲이 A에 대한 강도죄의 수사를 개시한 경찰관 P는 甲과 甲의 친구인 F가 친하다는 사실을 알고 F를 찾아낸 후 甲에게 휴대폰으로 전화를 걸게 하여 A에 대한 강도 범행을 물어보고 자수를 권유하도록 하면서 둘 사이의 통화내용을 F의 동의하에 녹음하였다. 이후 甲은 체포되어 해당 범죄로 기소되었다. P가 甲과 F의 대화를 녹음한 녹음테이프가 甲의 범행을 입증하기 위한 증거로 법원에 제출된 경우 이 녹음테이프의 증거능력은? (10점)

[2015 2차 변형]

1. 문제의 제기

사안에서의 녹음테이프는 진술녹음이다. 이러한 비밀진술녹음의 증거능력을 인정하기 위해서는 ① 비밀 녹음의 허용성 ② 위법한 녹음에 의한 녹음테이프의 증거사용 여부가 문제 된다.

2. 비밀녹음의 허용성

(1) 비밀녹음의 허용성

사안에서와 같이 대화의 일방당사자의 동의를 얻어 제3자가 녹음한 경우의 적법성에 대하여는 ① 일방의 동의만을 얻어도 적법하다는 일방동의설과 ② 쌍방의 동의를 얻은 경우에만 적법하다는 쌍방동의설이 대립하고 있으며, ③ 판례는 쌍방동의설의 입장이다.

(2) 검토 및 사안의 해결

사생활 및 통신의 불가침을 국민의 기본권의 하나로 선언하고 있는 헌법규정과 통신비밀의 보호와 통신의 자유신장을 목적으로 제정된 통신비밀보호법의 취지에 비추어 쌍방동의설이 타당하며, 이러한 쌍방동의설의 입장에 따르면 사안에서의 녹음은 적법하지 않다.

3. 위법한 녹음의 증거능력 인정 여부

사안에서의 녹음테이프는 헌법의 기본정신에 어긋난 중대한 위법에 의하여 수집한 증거이므로 기본적으로 형사소송법 제308조의2에 따른 위법수집증거로서 증거능력이 없으며, 특히 특별법인 통신비밀보호법 제4조에 의하여 증거능력이 없다. 그리고 이러한 위법수집증거는 당사자의 동의가 있더라도 증거능력은 부정하는 것이 다수설과 판례의 태도이다.

> • 상황에 따라서는 통비법 제4조만 적어줄 수 있을 것이다. 그리고 동의 여부에 대한 서술은 가점 사항이 될 수 있을 것이다.

乙은 甲과 전화를 하다 전화를 끊지 않고 있었는데 마침 甲이 A를 폭행하면서 발생하는 '우당탕'하는 소리와 '악'하는 A의 비명소리가 乙의 핸드폰에 녹음되었다. 甲은 폭행치상죄로 기소되었고, 乙의 핸드폰에서 '우당탕'하는 소리와 '악'하는 A의 비명소리가 녹음된 파일을 복사·저장한 USB가 甲의 범죄사실에 대한 증거로 제출되었다. 甲의 변호인 L은 USB에 저장된 파일은 (1) 甲 몰래 녹음된 것으로 위법수집증거이고 (2) 甲의 진술을 내용으로 하는 전문증거이므로 甲이 공판정에서 성립의 진정을 인정하지 않는 한 증거로 할 수 없으며 (3) 원본이 아닌 사본이어서 증거로 할 수 없다고 주장하고 있다. 이러한 L의 주장은 타당한가? (20점)

[2018 1차 변형]

1. 위법수집증거의 해당 여부

(1) 판례에 의하면 '통신비밀보호법이 적용되는 타인 간의 "대화"는 원칙적으로 현장에 있는 당사자들이 육성으로 말을 주고받는 의사소통행위를 가리키고, 사람의 육성이 아닌 사물에서 발생하는 음향은 타인 간의 "대화"에 해당하지 않는다. 또한 사람의 목소리라도 상대방에게 의사를 전달하는 말이 아닌 단순한 비명소리나 탄식 등은 타인과 의사소통을 하기 위한 것이 아니라면 특별한 사정이 없는 한 타인간의 "대화"에 해당한다고 볼 수 없다.'라고 하고 있다. 이러한 판례의 태도에 의하면 사안과 같은 '우당탕'하는 소리와 '악'하는 甲의 비명소리는 대화에 해당하지 않아 통비법의 대상이 되지 아니하므로 위법수집증거가 아니다.

> • 판례의 태도는 이해의 편의를 위한 것이며, 실제 시험에서는 더 축약하여야 할 것이다.

(2) 이와 관련하여 대화에 속하지 않는 甲의 목소리를 녹음하거나 청취하는 행위가 개인의 사생활의 비밀과 자유 또는 인격권을 침해하므로 증거능력에 대하여 논의가 있을 수 있지만, 사안의 경우에는 형사소송에서 진실발견이라는 공익이 개인의 인격적 이익 등 보호이익보다 우월한 것으로 판단되어 증거능력이 있다고 보아야 하므로 변호인의 주장은 타당하지 않다.

2. 전문증거 해당 여부

(1) 전문증거란 사실을 직접 경험한 사람이 직접 법정에 나와 구두로 진술하는 대신에 그에 갈음하여 제출된 진술 또는 서류를 말한다. 이와 같이 전문증거는 원진술자의 진술 내용에 갈음하여 제출된 진술이나 서류를 말하므로, '우당탕'하는 소리와 '악'하는 甲의 비명소리는 원진술자의 진술 내용에 갈음하는 것이 아니라 현장의 상황이나 상태를 직접 진술하고 있는 것이므로 이는 전문증거가 아니다.

(2) 따라서 이러한 소리가 담긴 USB는 전문증거가 아니어서 전문법칙이 적용되지 아니하므로 제313조 제1항에 따라 甲이 성립의 진정을 증명할 필요가 없어 변호인의 주장은 타당하지 않다.

> • 전문증거의 개념은 암기해 두는 것이 바람직하다.

3. 사본의 증거능력 인정요건

(1) 사안에서 증거로 제출된 USB는 원본이 아니라 사본이므로 이에 대한 증거능력 인정요건이 문제 된다.

(2) 판례에 의하면 사본이 증거능력을 인정받기 위해서는 ① 원본이 존재하거나 존재하였으며 ② 원본을 법정에 제출할 수 없거나 제출이 곤란한 사정이 있고 ③ 복사 과정에서 편집되는 등 인위적 개작 없이 원본의 내용 그대로 복사된 사본임이 증명되어야 함을 요건으로 하고 있다.

(3) 따라서 사안의 USB도 이와 같은 세 가지 요건을 충족하게 되면 증거능력을 인정받을 수 있으므로 변호인의 주장은 타당하지 않다.

> • 복사본의 증거능력은 출제빈도가 높으므로 증거능력 인정요건 세 가지는 암기해 두는 것이 바람직하다.

검사 K는 W(甲이 음주운전을 했다는 목격자)가 스스로 녹음한 녹음테이프("甲이 술에 취한 상태에서 승용차 안으로 들어가는 것을 보았다."라는 진술이 녹음되어 있음)와 같은 내용의 W의 진술을 기재한 사법경찰관 작성 검증조서를 甲의 음주운전에 대한 증거로 제출하였다. 甲이 이를 증거로 함에 부동의한 경우 녹음테이프와 검증조서를 증거로 하기 위한 요건을 설명하시오. (30점)

[2016 3차 변형]

1. 녹음테이프의 증거능력 인정요건

(1) 녹음테이프의 법적 성격

사안에서 W가 甲의 음주운전의 요증사실을 진술한 녹음한 진술녹음은 서류에 준하므로 녹음테이프는 전문서류에 해당한다. 그리고 W의 진술은 법관 앞에서나 수사과정에서의 진술이 아니므로 제313조의 요건을 구비하여야 증거능력이 인정된다.

> • 기본적으로 진술녹음은 서류에 준한다는 점을 잘 이해하여야 한다.

(2) 제313조 제1항 본문에 의한 증거능력의 인정

사안에서 W의 진술녹음은 스스로가 녹음한 것이므로 제313조 제1항 본문의 피고인 아닌 자의 자필진술서와 동일하다. 따라서 W가 공판준비나 공판기일에서 성립의 진정을 인정하면 증거능력이 인정될 수 있다.

(3) 제313조 제2항에 의한 증거능력의 인정

사안에서 W가 공판준비나 공판기일에서 성립을 진정을 부인하는 경우에는 제312조 제2항에 따라 과학적 분석결과에 기초한 디지털포렌식 자료, 감정 등 객관적 방법으로 성립의 진정함이 증명되고, 甲이 공판준비나 공판기일에 W를 반대신문을 할 수 있으면 증거능력이 인정될 수 있다.

> • 새로이 신설된 제313조 제2항에 대한 기술을 빠뜨리지 않도록 주의하여야 한다.

(4) 제314조에 의한 증거능력의 인정

사안에서의 W의 진술녹음이 제313조의 요건을 구비하지 못한 경우에는 보충적으로 제314조에 의하여 필요성과 특신상태가 증명되면 증거능력이 인정될 수 있다.

2. 검증조서에 기재된 진술의 증거능력 인정요건

(1) 검증조서에 기재된 참여인의 진술의 증거능력

검증조서에 참여인의 진술이 기재된 경우에 증거능력 인정요건에 대하여는 견해가 대립하고 있으나, 다수설과 판례는 현장지시와 현장진술을 구별하여 현장지시는 검증조서와 일체를 이룬다고 보아 제312조 제6항에 따라 증거능력을 인정하고, 현장진술은 검증조서의 작성주체와 진술자에 따라 제312조 내지 제313조를 적용하여 증거능력을 인정하자는 구별설을 따르고 있다.

(2) W의 진술의 증거능력

사안에서 검증조서에 기재된 W의 진술은 甲의 음주운전의 요증사실을 진술하고 있어 현장진술에 해당하므로 제312조 제4항의 참고인의 진술조서의 요건이 구비되어야 한다. 따라서 ① 적법한 절차와 방식 ② 성립의 진정의 증명 ③ 반대신문권의 보장 ④ 특신상태가 증명되면 증거로 할 수 있다.

(3) 제314조에 의한 증거능력의 인정

사안에서의 검증조서에 기재된 W의 진술이 제312조 제4항의 요건을 구비하지 못한 경우에는 보충적으로 제314조에 의하여 필요성과 특신상태가 증명되면 증거능력이 인정될 수 있다.

180

甲과 乙은 공동으로 보이스피싱 사기를 범한 혐의가 있다. 사법경찰관 P가 乙의 주거지에서 보이스피싱 범죄와 관련해서 乙의 휴대전화를 적법한 절차를 거쳐 압수하고 그 휴대전화에서 추출한 전자정보를 분석하던 중, (1) 甲과 乙이 나눈 보이스피싱 범죄와 관련된 대화가 녹음된 녹음파일과 (2) 乙의 마약 거래와 관련된 대화가 녹음된 녹음파일을 발견하였다. 검사 K가 乙의 휴대폰에서 발견한 (1)과 (2)의 녹음파일을 甲과 乙의 사기 혐의와 乙의 마약거래 혐의로 기소하면서 각각의 녹음파일의 사본을 증거로 제출한 경우, 위 녹음파일의 증거능력을 설명하시오. (15점)   [2020 1차 변형]

---

1. (1)녹음 파일 사본의 甲과 乙의 범죄 혐의에 대한 증거능력

(1) 논의점

사안에서의 (1)녹음 파일은 범행 후 범행에 관한 진술을 녹음한 진술녹음이다. 그리고 이러한 녹음파일의 사본이 甲과 乙의 보이스피싱 범죄에 대하여 증거능력이 인정되기 위해서는 ① 동일성과 ② 진정성이 증명되어야 한다.

(2) 동일성의 증명

대화내용을 녹음한 녹음테이프 원본으로부터 복사한 사본일 경우에는 복사과정에서 편집되는 등의 인위적 개작 없이 원본의 내용 그대로 복사된 사본임이 입증되어야 한다.

(3) 진정성의 증명

진술녹음의 경우에는 녹음테이프의 재생에 의하여 지각된 사람의 진술내용에 대하여 반대신문이 보장되어 있지 않으므로 전문법칙이 적용된다는 점에 이론이 없다. 따라서 진술녹음은 진술서류와 동일하게 제311조 내지 제315조에 따라 증거능력을 인정해야 한다. 사안에서는 제313조 제1항이나 제2항의 요건을 구비하여야 증거능력이 인정된다.

2. (2)녹음 파일 사본의 乙의 마약거래 혐의에 대한 증거능력

사안에서 검찰수사관이 乙의 휴대전화를 압수한 것은 보이스피싱 범죄와 관련된 것이다. 그런데 (2)녹음 파일은 보이스피싱 범죄와 무관한 마약 거래와 관련된 증거이다. 따라서 (2)녹음 파일은 제215조 제1항이 규정하는 '해당 사건'과 '관계가 있다고 인정할 수 있는 것'에 해당하지 않는다. 이와 같은 별건압수는 영장주의를 위반한 절차적 위법이 있으므로 위법수집증거로 증거능력이 없다.

3. 사안의 해결

사안에서 (1)녹음파일의 사본은 사본의 요건이 충족되면 제313조 제1항이나 제2항의 요건을 갖추면 증거능력이 인정될 수 있지만, (2)녹음파일의 사본은 별건압수물로서 위법수집증거이므로 증거능력이 인정되지 않는다.

甲은 乙과 丙이 甲의 이름으로 적법하게 명의신탁된 A의 임야를 자신들에게 매도하라고 설득하면서 '고위 공직자 A가 부정 축재한 사실을 들어서 잘 알고 있다. 고소하지 못하도록 알아서 처리하겠다'라고 말한 취지의 3자간 대화를 녹음한 녹음테이프를 제출하였다. 이러한 녹음테이프의 乙과 丙에 대한 증거능력을 논하라. (10점)

[2013 변시]

1. 통신비밀보호법 위반 여부

3인의 대화당사자 중 1인이 녹음을 한 것이 통신비밀보호법 제3조 제1항 위반인지에 대하여 판례는 "대화자 중의 1인이 녹음한 것은 '타인 간의 대화'라고 할 수 없으므로, 이와 같은 녹음행위가 통신비밀보호법 제3조 제1항에 위배된다고 볼 수는 없다"라고 판시하고 있다. 이러한 판례의 논지에 따르면 사안에서 甲의 녹음은 통비법 제4조의 위법수집증거에는 해당하지 않는다.

2. 증거능력인정의 요건

(1) 사안에서 甲이 乙과 丙과의 대화를 녹음한 것은 횡령을 위해 공모하는 과정을 녹음한 것이므로 이는 현장녹음에 해당된다.

(2) 현장녹음의 증거능력 인정요건에 대하여는 ① 비진술증거설을 바탕으로 하여 전문법칙의 적용이 없다는 견해와 검증조서규정을 유추적용하자는 견해가 대립하고 있으며 ② 진술증거설을 바탕으로 전문법칙을 적용하자는 견해가 대립하고 있다.

(3) 범인들이 공모하는 과정을 그대로 녹음한 경우에는 이를 비진술증거로 보고, 다만 조작의 위험성이 있으므로 검증조서규정을 유추적용하는 것이 타당하다. 따라서 사안에서는 제312조 제6항을 유추적용하여 녹음자인 甲이 그 성립의 진정을 인정하면 증거능력이 인정될 수 있다.

> **유제**
>
> 甲은 길에서 주운 A의 주민등록증을 휴대폰 직원 乙에게 제시하여 공문서부정행사죄를 범하였다. 甲이 법정에서 휴대폰 직원 乙에게 길에서 주운 A의 주민등록증을 제시하며 휴대폰을 개설해 달라고 한 적이 없다고 주장하자, 검사 K는 甲이 휴대폰을 개설하기 위해 乙과 통화한 녹음파일을 乙로부터 적법하게 제출받아 증거로 제출하였다. 이 녹음파일은 乙이 甲 몰래 녹음한 것으로서, "내가 A 본인이 맞다. 휴대폰을 개설해 달라."는 甲의 진술이 녹음되어 있다. 이러한 녹음파일의 증거능력을 설명하시오. (15점)
>
> [2018 2차 변형]

A는 사채업자 甲을 공갈죄로 고소하면서, 甲이 '돈을 갚지 않으면 아들을 등교 길에 유괴할 수도 있다.'라는 등으로 협박한 전화 통화내용을 직접 녹음한 테이프와 甲이 보낸 협박 내용의 핸드폰 메시지를 촬영한 사진 20매를 증거로 제출하였다. 기소된 이후 공판정에서 甲은 A가 제출한 녹음테이프와 핸드폰 메시지를 촬영한 사진에 대하여 부동의 하였다. 甲이 부동의 한 A가 제출한 녹음테이프와 핸드폰 메시지를 촬영한 사진에 대한 증거능력을 부여하기 위한 요건은 무엇인가? (12점)

[2012 변시]

1. 녹음테이프의 증거능력 인정요건

(1) 사안처럼 대화당사자의 일방이 녹음한 것은 통비법에서 말하는 감청이 아니므로 위수증은 아니라고 할 것이다. 그리고 사안에서는 범인이 협박을 하는 목소리 그 자체를 녹음한 경우이므로 이는 현장녹음이다.

(2) 현장녹음의 증거능력 인정요건에 대하여는 ① 비진술증거설을 바탕으로 하여 전문법칙의 적용이 없다는 견해와 검증조서규정을 유추하자는 견해가 대립하고 있으며 ② 진술증거설을 바탕으로 전문법칙을 적용하자는 견해가 대립하고 있다.

(3) 범인이 협박하는 목소리를 그대로 녹음한 경우에는 이를 비진술증거로 보고, 다만 조작의 위험성이 있으므로 검증조서규정을 유추적용하는 것이 타당하다. 따라서 사안에서는 제312조 제6항을 유추적용하여 녹음자인 A가 그 성립의 진정을 인정하면 증거능력이 인정될 수 있다.

> • 비진술증거설을 따른 결론 - 현장녹음은 현장의 상황을 그대로 수록한 것이므로 비진술증거설이 타당하다. 이러한 비진술증거설에 따르면 사건과의 관련성 즉 현장의 정확한 녹음이라는 사실이 자유로운 증명으로 증명되면 증거능력이 인정된다.

2. 핸드폰 메시지를 촬영한 사진의 증거능력

(1) 협박 내용이 들어있는 핸드폰 메시지를 촬영한 사진의 경우에 본래 제출되었어야 할 핸드폰의 대용물로써 제출된 경우이므로 사본으로서의 사진으로서의 성격을 지닌다.

(2) 이러한 사본으로서의 사진이 증거능력을 인정하기 위해서는 ① 휴대전화기를 법정에 제출할 수 없는 사정이 있고 ② 사진이 휴대전화기의 내용과 일치한다는 것을 검사가 증명한다면 증거능력이 인정될 수 있다.

183

甲과 乙은 수년간 극도로 사이가 좋지 않던 직장 동료 B를 교통사고로 위장하여 살해하기로 마음먹었다. 甲이 1t 트럭을 렌트한 다음 乙이 트럭을 운전하고 甲은 乙의 옆자리에 앉아 B가 퇴근하기를 기다렸다. 자정 무렵 B가 건물 밖으로 나오자 乙이 트럭 속도를 올려 도로를 건너는 B를 강하게 충격한 다음 그대로 도망쳤다. 甲과 乙은 사고 장소에서 3km 떨어진 곳으로 이동하여 주차하였는데, 甲은 후회와 함께 B에 대한 연민이 들어 그를 구호해 주자고 하였으나 乙은 동의하지 않고 그곳을 떠났다. 甲은 119에 전화를 걸어 B의 구조를 요청하였고, 甲의 신고를 받고 출동한 구조대에 의해 병원으로 이송된 B는 가까스로 목숨을 건질 수 있었다. 경찰관 P는 甲을 조사하였고, 甲은 범행을 자백하며 乙이 범행 당일 평택항을 통해 중국으로 출국할 계획이라고 진술하였다. 경찰은 당일 정오에 평택항에서 출국하려는 乙을 긴급체포하면서, 乙이 소지하고 있던 휴대전화를 영장없이 압수하였다. 조사 과정에서 乙은 범행을 부인하면서 휴대전화 분석 절차에는 참여하지 않겠다고 하였다. 휴대전화 분석 결과 甲과 乙의 대화 녹음파일이 복구되었고, 대화 중 "트럭이 준비되었으니, 자정이 되면 실행하자."라는 丁의 발언이 확인되었다. 위 녹음파일은 乙이 甲 몰래 녹음한 것이었다. 경찰은 적법한 절차에 따라 사후영장을 발부받았다.

乙에 대한 제1심 공판에서 乙이 범행을 부인하면서 녹음파일 중 甲의 진술 부분을 증거로 함에 부동의한 경우, 휴대전화 압수의 적법성 및 녹음파일의 증거능력을 논하시오. (17점) [2024 변시]

1. 휴대전화 압수의 적법성

(1) 긴급체포 현장에서의 압수의 적법성

사안에서 乙에 대한 긴급체포는 중대성, 필요성, 긴급성의 요건이 구비되었다면 적법하다. 그리고 긴급체포 현장에서의 압수는 제216조 제1항 제2호에 따라 적법하며, 그 후 제217조 제2항에 따라 적법하게 사후영장을 발부받았으므로 적법하다.

(2) 긴급체포 현장에서의 압수의 적법성

사안에서 정보저장매체인 휴대전화를 압수한 것은 정보만의 압수가 불가능한 상황하에서의 압수라면 적법하다. 그리고 탐색 과정에서 당사자가 참여하여야 하지만, 사안에서는 乙이 참여하지 않겠다고 하였으므로 乙의 참여 없이 탐색한 것도 적법하다.

2. 녹음파일을 증거능력

(1) 비밀녹음의 허용 여부

사안에서 乙은 甲과 대화를 하면서 이를 녹음하고 있다. 이러한 녹음이 통비법 제14조에 위반하는 것인지에 대하여 논의가 있으나, 판례는 대화당사자 사이의 비밀녹음은 통비법 제14조 위반이 아니라고 판시하고 있으므로 乙의 녹음은 위법하지 않다.

(2) 현장녹음의 증거능력 인정요건

사안에서 乙이 녹음한 내용은 정과의 범행실행과정을 녹음한 것이므로 현장녹음이다. 이러한 현장녹음의 증거능력 인정요건에 대하여는 ① 비진술증거설 ② 검증조서유추적용설 ③ 진술증거설이 대립하고 있다. 생각건대 현장녹음은 현장의 상황을 그대로 수록한 것이므로 비진술증거설이 타당하다. 이러한 비진술증거설에 따르면 사건과의 관련성 즉 현장의 정확한 녹음이라는 사실이 자유로운 증명으로 증명되면 증거능력이 인정된다.

184

甲은 평소 좋아하던 A(여, 20세)로부터 A의 은밀한 신체 부위가 드러난 사진을 전송받은 사실이 있다. 甲은 A와 영상 통화를 하면서 A에게 시키는 대로 하지 않으면 기존에 전송받은 신체 사진을 유포하겠다고 A를 협박하여 이에 겁을 먹은 A로 하여금 가슴과 음부를 스스로 만지게 하였다. 피해자 A는 甲과 영상 통화할 당시 甲이 A에게 "시키는 대로 하지 않으면 기존에 전송받은 신체 사진을 유포하겠다."라고 말한 내용을 몰래 음성 녹음한 후 수사기관에 제출하였다. 공판정에서 甲이 범행을 부인하고 검사 K는 A가 제출한 위 녹음물을 증거로 제출하였는데, 甲의 변호인 L이 부동의 하였다. 위 녹음물 중 甲이 말한 부분은 증거능력이 있는가? (10점)

[2021 변시]

1. 통비법 위반의 검토

사안에서 A가 甲의 진술내용을 비밀녹음한 것이 통비법위반인지 문제 된다. 그런데 사안에서 A는 甲과 대화를 하는 대화당사자이므로 판례에 의하면 통비법위반이 되지 않아 위수증은 되지 않는다.

2. 현장녹음의 증거능력

(1) 사안에서 A가 비밀녹음한 것은 甲의 범행과정에서의 진술이므로 현장녹음에 해당한다. 이러한 현장녹음의 증거능력 요건에 대하여는 ① 비진술증거이므로 사건과의 관련성이 인정되면 족하다는 비진술증거설

② 비진술증거이지만 검증조서에 준하여 제312조 제6항을 유추적용하자는 검증조서유추설 ③ 진술증거로 보는 진술증거설이 대립하고 있으며, ④ 판례의 태도는 명확하지 않다.

(2) 생각건대 현장녹음은 현장의 상황을 그대로 수록한 것이므로 비진술증거설이 타당하다. 이러한 비진술증거설에 따르면 사건과의 관련성 즉 협박내용이 정확히 녹음되었다는 사실이 입증되면 증거능력이 있다.

> • '사건과의 관련성'이라는 표현과 의미를 잘 기억해 두는 것이 바람직하다.

185

> 검사 K는 ○○아파트 관리소장 甲을 리베이트 수수 관련 특경법위반(횡령) 혐의로 기소하였다. K는 수사 당시 해당 범죄사실을 대상으로 한 압수·수색영장을 집행하기 위하여 甲의 참여하에 그의 컴퓨터를 수색하던 중 리베이트 수수 관련 조경공사 계약서 스캔파일을 발견하자 이를 외장하드에 복사·압수하였다. K가 복사한 스캔파일을 甲의 범행에 대한 증거로 제출한 경우 증거능력을 검토하시오. (20점) [2017 변시]

1. 논의점

사안에서의 스캔파일은 정보저장매체에 저장된 정보이다. 따라서 이러한 스캔파일을 증거능력을 인정하기 위해서는 ① 계약서 스캔파일이 압수의 대상물인지 ② 정보의 압수가 가능한지와 그 방법이 문제되고 ③ 정보의 압수가 가능하다고 할 때 압수절차를 준수했는지가 문제되고 ④ 사안에서의 스캔파일은 계약서 원본이 아니므로 이에 대한 증거능력 요건이 문제 된다.

2. 사건과의 관련성

수사기관은 범죄수사의 필요성이 있고 피의자가 죄를 범하였다고 의심할 만한 정황이 있는 경우에도 해당 사건과 관계가 있다고 인정할 수 있는 것에 한하여 영장을 발부받아 압수·수색을 할 수 있다. 사안에서의 스캔파일의 원본인 계약서는 과대계약을 했다는 증거물인 서면이므로 사건과의 관련성이 인정되어 적법하다.

3. 정보의 압수와 그 방법

형사소송법 제219조에 의하여 준용되는 제106조 제3항에서는 정보저장매체에서 정보를 압수하는 경우에는 기억된 정보의 범위를 정하여 출력하거나 복제하여 제출받아야 한다. 사안에서는 스캔파일을 외장하드에 복제하여 압수하고 있으므로 정보에 대한 압수방법으로서 적법하다.

4. 영장에 의한 압수절차의 준수 여부

정보에 대한 압수라도 영장에 의한 압수절차를 준수하여야 한다. 따라서 형사소송법 제219조에 의하여 준용되는 제118조부터 제129조까지의 집행절차를 준수하여야 한다. 사안에서는 명확하지는 않지만, 甲의 참여하에 압수하고 있으므로 제125조의 야간집행의 위반 등의 사유가 없는 한 압수의 적법절차는 준수되었다고 본다.

5. 계약서 스캔파일의 증거능력 인정요건

사안에서 甲의 범죄에 대한 직접적인 증거는 계약서이지만, 사안에서의 스캔파일은 일종의 사본으로서의 성격을 지니고 있다. 따라서 이러한 스캔파일의 증거능력을 인정하기 위해서는 ① 계약서 원본이 존재하거나 존재하였으며 ② 계약서 원본을 법정에 제출할 수 없거나 제출이 곤란한 사정이 있고 ③ 증거로 제출된 스캔파일이 이를 정확하게 전사한 것이라는 사실이 증명되어야 한다.

6. 사안의 해결

사안에서 공소사실을 증명하기 위하여 제출되는 계약서 스캔파일은 위의 요건을 구비하면 증거능력이 인정될 수 있다.

186

甲은 A의 금은방에서 금목걸이 등을 절취하였다. 사법경찰관 P는 甲이 A의 금은방에서 급히 도주하는 장면을 목격한 W를 소환하여 그에 대한 진술조서를 작성하였다. 그런데 제1회 공판기일에 甲이 이 진술조서에 대하여 증거로 동의하지 않는다는 의견을 진술하였고, 제2회 공판기일에는 甲이 공판정에 출석하지 않고 변호인 L만 출석하였는데 변호인 L이 피해자와 합의하고 선처를 호소하는 것이 유리하겠다는 판단에서 위 진술조서에 대하여 증거동의를 하였다. 이러한 증거동의는 유효한가? (10점)   [2021 2차 변형]

1. 논의점

사안에서 甲이 제1회 공판기일에 부동의 한 것을 제2회 공판기일에 변호인 L만이 출석한 상태에서 증거동의를 한 경우에 증거동의가 유효한지 문제 된다.

2. 판례의 법리

판례는 '제318조의 증거동의에서 증거로 함에 대한 동의의 주체는 소송주체인 당사자라 할 것이지만 변호인은 피고인의 명시한 의사에 반하지 아니하는 한 피고인을 대리하여 증거로 함에 동의할 수 있으므로, 피고인이 증거로 함에 동의하지 아니한다고 명시적인 의사표시를 한 경우 이외에는 변호인은 서류나 물건에 대하여 증거로 함에 동의할 수 있다'라고 하고 있다.

3. 사안의 해결

따라서 사안의 경우 피고인이 출석하여 증거부동의 한 바 있으므로 이러한 명시적 의사에 반해서 변호인은 피고인의 의사에 반하여 증거동의를 할 수 없으므로 변호인 L은 증거동의의 효력은 발생하지 않는다.

187

甲은 자신의 살인사건을 목격한 W의 진술을 들은 Y의 참고인진술조서에 대하여 제1심에서 증거동의를 하였으나, 제2심에서 동의를 철회하였다. 이 조서는 제2심에서 증거로 사용할 수 있는가? (8점)

[2020 3차 변형]

1. 증거동의의 철회 가능 시기

증거동의의 철회가능시기에 대하여는 ① 증거조사시행시설 ② 구두변론종결시설 등이 대립하고 있으나, ③ 다수설과 판례는 증거조사완료시설을 따르고 있다. 생각건대 절차의 확실성과 소송경제를 고려할 때

증거조사완료 후에는 동의의 철회가 허용될 수 없다고 보는 증거조사완료시설이 타당하다.

2. 1심에서의 증거동의의 제2심에서의 철회 가능여부

판례에 의하면 형사소송법 제318조에 규정된 증거동의의 의사표시는 증거조사가 완료되기 전까지 취소 또는 철회할 수 있으나, 일단 증거조사가 완료된 뒤에는 취소 또는 철회가 인정되지 아니하므로 제1심에서 한 증거동의를 제2심에서 취소할 수 없다. 따라서 사안에서 甲은 제2심에서 증거동의를 철회할 수 없으며, 제2심은 Y의 참고인진술조서를 증거로 사용할 수 있다.

유제

사법경찰관 P는 교통사고 당시 목격자인 W(사고 며칠 후 외국으로 유학을 떠남)로부터 교통사고 당시 상황을 전해들은 M(W의 어머니)에 대하여 참고인조사를 하면서 "W가 '甲이 운전하던 차량이 교통사고를 일으키고 도주하는 것을 보았다'고 말했다."라는 M의 진술을 참고인진술조서에 기재하였다. 그 후 검사 K는 甲을 기소하였다. 만약 甲이 위 참고인진술조서에 대하여 제1심에서 증거동의 하였으나 제2심에서 동의를 철회한 경우 이 조서는 제2심에서 증거로 사용할 수 있는가? (10점)   [2017 3차 변형]

188

甲은 특가법위반죄(도주차량)로 기소되었다. 甲은 경찰관 P에게 피의자신문을 받을 때에는 범행을 자백하였으나, 공판정에서는 범행을 부인하고 있다. 이에 검사 K는 P가 작성한 피의자신문조서를 증거로 제출하였으나 甲은 이에 대하여 내용을 인정하지 않았다. K는 이러한 P가 작성한 피의자신문조서를 공판정에서의 甲의 진술을 탄핵할 수 있는 탄핵증거로 제출할 수 있는가?   [예상문제]

1. 논의점

사안과 같이 내용이 부인되어 증거능력이 없는 사법경찰관 작성의 피의자신문조서를 피고인의 진술을 탄핵할 수 있는 탄핵증거로 사용할 수 있는지에 대하여 논의가 있다.

2. 견해의 대립

이에 대하여는 ① 제318조의2가 명문으로 피고인의 진술의 증명력을 다툴 수 있다고 규정하고 있는 이상 이를 부정할 수 없다는 긍정설 ② 피고인의 공판정에서의 진술을 증거능력없는 공판정외에서의 진술로 탄핵하는 것은 공판중심주의에 반하고, 제312조 제3항의 입법취지에도 반하므로 부정하여야 한다는 부정설이 대립하고 있다.

3. 판례의 태도

판례는 '검사가 유죄의 자료로 제출한 사법경찰리 작성의 피고인에 대한 피의자신문조서는 피고인이 그 내용을 부인하는 이상 증거능력이 없으나, 피고인의 법정에서의 진술을 탄핵하기 위한 반대증거로 사용할 수 있다'라고 하여 긍정설의 입장이다.

4. 검토 및 사안의 해결

생각건대 현행법 제318조의2 제1항에서는 탄핵의 대상에 '피고인의 진술'이 포함되어 있으므로 긍정적으로 해석할 수밖에 없을 것이다. 이러한 긍정설의 입장에 따르면 사안에서 P가 작성한 피의자신문조서는 甲의 진술을 탄핵할 수 있는 탄핵증거로 사용할 수 있다.

189

甲은 다수의 절도범행을 범하였다. 이후 甲은 다시 날치기 대상을 물색하다가 경찰관 P에게 불심검문을 받게 되었지만, 불심검문은 위법한 것이었다. 甲은 위법한 불심검문에 항의하는 과정에서 P에게 폭행을 가한 현행범으로 체포되었다. 경찰서에서 조사를 받던 甲은 그 동안의 절도 범행을 모두 자백하였고 P는 甲의 진술을 듣고 피의자신문조서를 작성하였다. 공판정에서 甲이 말을 바꾸어 범죄사실을 부인하는 경우 P가 작성한 甲에 대한 피의자신문조서는 탄핵증거로 사용할 수 있는가? (10점) [2018 1차 변형]

1. 논의점

판례에 의하면 내용이 부인되어 증거능력이 없는 사법경찰관 작성의 피의자신문조서도 탄핵증거로는 사용할 수 있다. 그런데 사안과 같이 피의자신문조서가 위법수집증거인 경우에도 탄핵증거로 사용할 수 있는지에 대하여 논의가 있다.

> • 본 문제는 위수증을 탄핵증거로 사용할 수 있느냐가 쟁점이라는 점을 주의하여야 한다.

2. 견해의 대립

이에 대하여는 ① 탄핵증거는 범죄사실을 인정하는 증거가 아닌 증명력과 관련된 증거이므로 위법수집증거도 탄핵증거 사용할 수 있다는 긍정설 ② 위법수집증거배제법칙은 위법수사를 억지하고 적정절차의 실현을 위한 것이므로 위법수집증거는 절대적으로 증거능력이 없으므로 탄핵증거로도 사용할 수 없다는 부정설이 대립하고 있다.

3. 검토 및 사안의 해결

생각건대 탄핵증거와 관련된 제318조의2도 상대적으로 증거능력없는 전문증거를 탄핵증거로 사용할 수 있다고 규정하고 있으므로 절대적으로 증거능력이 없는 위법수집증거는 탄핵증거로 사용할 수 없다고 보는 것이 타당하다. 이러한 부정설에 따르면 甲의 피의자신문조서는 탄핵증거로 사용할 수 없다.

> • 본 문제에 대한 해설을 실제 답안용으로 작성하면 다음과 같다.

1. 위법수집증거의 탄핵증거 사용 여부

사안과 같이 피의자신문조서가 하자의 승계의 이론에 따라 위법수집증거인 경우에도 탄핵증거로 사용할 수 있는지에 대하여 ① 탄핵증거는 범죄사실을 인정하는 증거가 아닌 증명력과 관련된 증거이므로 위법수집증거도 탄핵증거 사용할 수 있다는 긍정설 ② 위법수집증거배제법칙은 위법수사를 억지하고 적정절차의 실현을 위한 것이며, 위법수집증거는 절대적으로 증거능력이 없으므로 탄핵증거로도 사용할 수 없다는 부정설이 대립하고 있다.

2. 검토 및 사안의 해결

생각건대 탄핵증거와 관련된 제318조의2도 상대적으로 증거능력없는 전문증거를 탄핵증거로 사용할 수 있다고 규정하고 있으므로 절대적으로 증거능력이 없는 위법수집증거는 탄핵증거로 사용할 수 없다고 보는 것이 타당하다. 이러한 부정설에 따르면 甲의 피의자신문조서는 탄핵증거로 사용할 수 없다.

190

甲은 사법경찰관 P의 신문과정에서 아파트 엘리베이터 안에서 여중생 A(만 15세)에 대한 강제추행 범행사실에 대해 자백하였고 사법경찰관 P는 이를 피의자신문조서에 기재하였다. 그런데 甲은 기소된 후 엘리베이터 안 CCTV 화질이 좋지 않음을 알게 되자 제1심 법정에서 범행을 부인하였다. 검사 K는 사법경찰관 P의 피의자신문조서를 증거로 제출하려고 하였으나, 甲이 내용을 부인하고 사법경찰관 P가 피의자신문을 할 때 진술거부권이 고지되지 않은 상태에서 작성되었다는 것을 알게 되었다. 이에 검사 K는 사법경찰관 P가 작성한 甲에 대한 피의자신문조서를 탄핵증거로 신청하였다. 이에 대하여 甲의 변호인으로서 할 수 있는 주장을 논하시오. (15점)

[2021 1차 변형]

1. 피고인진술의 탄핵 가능 여부

피고인의 진술이 탄핵의 대상이 될 수 있는지에 대하여 변호인은 피고인의 공판정에서의 진술을 증거능력 없는 공판정 외에서의 진술로 탄핵하는 것은 공판중심주의에 반하고, 피고인의 진술을 탄핵의 대상으로 하는 것은 탄핵증거를 범죄사실을 인정하는 데 사용하는 결과가 될 수 있어 피고인의 인권보장 정신에 반하므로 피고인의 진술은 탄핵의 대상에서 제외하는 것이 타당하다는 주장을 할 수 있다.

> • 위수증의 탄핵증거 사용의 선결문제로서 탄핵의 대상 적격을 검토하는 것이다.

2. 위법수집증거의 탄핵증거 사용 가능 여부

甲에 대한 P작성의 피의자신문조서가 진술거부권이 고지되지 않은 상태에서 작성되었으므로 위법수집증거이다. 이러한 위법수집증거인 경우에도 탄핵증거로 사용할 수 있는지에 대하여 변호인은 ① 위법수집증거배제법칙은 위법수사를 억지하고 적정절차의 실현을 위한 것이므로 위법수집증거는 절대적으로 증거능력이 없으므로 탄핵증거로도 사용할 수 없으며, ② 탄핵증거와 관련된 제318조의2도 상대적으로 증거능력없는 전문증거를 탄핵증거로 사용할 수 있다고 규정하고 있으므로 절대적으로 증거능력이 없는 위법수집증거는 탄핵증거로 사용할 수 없다고 보는 것이 타당하다는 주장을 할 수 있다.

191

甲은 A의 핸드백을 날치기한 혐의로 절도죄로 기소되어 있다. 검사 K는 피해자 A의 출석을 요구하여 참고인진술조서를 작성한 후 공판과정에서 이를 증거로 제출하였으나 甲은 증거로 함에 부동의하였고, 증인으로 소환되어 선서한 A는 이미 甲으로부터 충분한 배상을 받았기 때문에 검찰에서의 진술을 번복하면서 甲에게 유리한 증언을 하였다. 이에 검사 K는 A를 검사실로 불러 위증죄의 피의자로 입건하고 위증의 혐의를 조사한 내용을 담은 피의자신문조서를 작성한 후 이를 甲 사건의 수소법원에 증거로 제출하였다. 위 피의자신문조서를 甲에 대한 탄핵증거로 사용할 수 있는가? (15점)

[2021 3차 변형]

Ⅰ. 논의점 (2점)

사안에서 A에 대한 위증죄에 대한 피의자신문조서를 甲에 대한 탄핵증거로 사용할 수 있는지와 관련하여 ① A에 대한 피의자신문조서가 증거능력이 있는지 ② 증거능력이 없다면 이러한 증거능력 없는 증거가 탄핵증거로 사용할 수 있는지 문제 된다.

Ⅱ. 사안에서의 피의자신문조서의 증거능력 (7점)

1. 사안에서의 피의자신문조서의 증거능력

사안에서의 피의자신문조서가 甲에게 증거능력이 있는지에 대하여는 ① 공범이 아닌 피의자신문조서는 증언 이후의 진술조서 작성과정에서 위법함이 개재되지 아니하였다면 제312조 제4항에 의하여 증거능력을 인정할 수 있다는 긍정설도 있지만, ② 판례는 당사자주의 · 공판중심주의 · 직접주의를 지향하는 현행 형사소송법의 소송구조에 어긋나고 헌법 제27조가 보장하는 재판을 받을 권리를 침해하는 것이므로 피고인이 증거로 할 수 있음에 동의하지 아니하는 한 그 증거능력이 없다고 하여 원칙적 부정설의 입장이다.

2. 사안의 해결

이러한 판례의 태도에 따르면 사안에서는 甲이 범행을 부인하며, 제출된 증거에 대하여 부동의하고 있으므로 A의 피의자신문조서는 증거능력이 인정되지 않는다.

Ⅲ. 탄핵증거의 사용가능성 (6점)

1. 증거능력이 없는 피의자신문조서의 탄핵증거 사용 가능성

이에 대하여는 ① 임의성 없는 진술이나 고문, 폭행 등과 같이 중대한 인권침해에 의하여 수집한 위법수집증거가 아니므로 탄핵증거로 사용할 수 있다는 적극설과 ② 공판중심주의와 직접심리주의를 위배하여 적법절차의 본질을 침해하여 수집한 증거이므로 탄핵증거로도 사용할 수 없다는 소극설이 대립하고 있다.

2. 검토 및 사안의 해결

생각건대 공판정에서 증언한 증인을 수사기관에서 신문하여 작성한 조서를 탄핵증거로 제출하는 것은 공판중심주의와 공정한 재판의 이념에 반하므로 이를 허용하지 않는 것이 타당하다. 이러한 소극설에 따르면 사안에서 A에 대한 피의자신문조서는 탄핵증거로 사용할 수 없다.

192

甲과 乙은 수년간 극도로 사이가 좋지 않던 직장 동료 B를 교통사고로 위장하여 살해하기로 마음먹었다. 甲이 1t 트럭을 렌트한 다음 乙이 트럭을 운전하고 甲은 乙의 옆자리에 앉아 B가 퇴근하기를 기다렸다. 자정 무렵 B가 건물 밖으로 나오자 乙이 트럭 속도를 올려 도로를 건너는 B를 강하게 충격한 다음 그대로 도망쳤다. 甲과 乙은 사고 장소에서 3km 떨어진 곳으로 이동하여 주차하였는데, 甲은 후회와 함께 B에 대한 연민이 들어 그를 구호해 주자고 하였으나 乙은 동의하지 않고 그곳을 떠났다. 甲은 119에 전화를 걸어 B의 구조를 요청하였고, 甲의 신고를 받고 출동한 구조대에 의해 병원으로 이송된 B는 가까스로 목숨을 건질 수 있었다. 경찰관 P는 甲을 조사하였고, 甲은 범행을 자백하며 乙이 범행 당일 평택항을 통해 중국으로 출국할 계획이라고 진술하였다. 경찰은 당일 정오에 평택항에서 출국하려는 乙을 긴급체포 하면서, 乙이 소지하고 있던 휴대전화를 영장없이 압수하였다. 조사 과정에서 乙은 범행을 부인하면서 휴대전화 분석 절차에는 참여하지 않겠다고 하였다. 휴대전화 분석 결과 甲과 乙의 대화 녹음파일이 복구 되었고, 대화 중 "트럭이 준비되었으니 자정이 되면 실행하자."라는 丁의 발언이 확인되었다. 위 녹음파일 은 乙이 甲 몰래 녹음한 것이었다. 경찰은 적법한 절차에 따라 사후영장을 발부받았다.

甲에 대한 제1심 공판에서 甲이 범행을 부인하면서 경찰관 P 작성의 甲에 대한 피의자신문조서의 내용을 부인한 경우, 甲의 경찰에서의 진술 내용을 증거로 사용할 수 있는 방법을 논하시오. (8점) [2024 변시]

1. 경찰관 P의 조사자증언제도의 활용

사안에서 甲의 피신조서의 내용을 증거로 할 수 있는 방법은 제316조 제1항에 따라 甲을 조사한 P를 증인으로 신청하여 증언하게 하고, 甲이 피의자신문을 받을 때에 특신상태하에서 진술했다는 점을 증명 하여 증거로 사용할 수 있는 방법이 있다.

2. 탄핵증거로서의 활용

내용이 부인된 피신조서를 탄핵증거로 사용할 수 있는지에 대하여 논의가 있지만, 판례는 긍정하고 있다. 따라서 사안에서 내용이 부인된 甲의 피신조서는 증거능력이 없지만, 제318조의2 제1항에 따라 탄핵증거 로 사용하는 방법이 있다.

> • 예전의 사법시험 문제로도 출제된 방식의 문제이다.

193

검사 K는 甲과 乙을 살인미수의 공범으로 공소제기 하였다. 공판기일에 乙은 공범관계를 부정하면서 결백 을 주장하였으나, 甲은 乙과의 공범관계를 자백하였다. 다른 증거가 없다고 할 경우, 법원은 甲과 乙에 대하여 유죄를 선고할 수 있는가? (15점)

[2014 1차 변형]

1. 甲에 대한 유죄판결의 가능성

사안에서 甲은 법정에서 자백하고 있으며, 이에 대하여는 자백의 보강법칙이 적용된다. 따라서 甲의 자백 이외에 다른 증거가 없다면 甲에게는 유죄판결을 선고할 수 없다.

2. 乙의 유죄판결 가능성

(1) 사안에서 乙은 부인하고 있으나 공범자인 甲은 공판정에서 증뢰사실을 자백하고 있다. 甲의 자백만으로 乙에 대하여 유죄를 선고할 수 있는지에 대하여는 ① 甲의 법정진술이 증거능력이 있는지 ② 공범자인 甲의 자백을 乙의 자백으로 볼 수 있는지 문제 된다.

(2) 사안에서 甲은 乙에 대하여 공범자인 공동피고인으로서 증인적격이 없다. 그러나 甲의 법정진술은 乙의 반대신문권이 보장되어 있어 독자적인 증거능력이 있다고 보는 것이 판례의 입장이므로 甲의 법정신술은 乙에 대하여 증거능력이 있다.

(3) 甲의 자백을 乙의 자백에 포함시킬 것인지에 대하여는 논의가 있으나, 판례와 다수설은 공범자의 자백은 피고인의 자백이 아니라고 보고 있으며, 피고인에 대하여 공동피고인은 제3자이므로 타당하다. 따라서 사안에서 甲의 자백의 신빙성이 인정된다면 법원은 乙에 대하여 유죄판결을 선고할 수 있다.

> • 본 문제는 기본적인 여러 쟁점을 묻는 문제이다. 따라서 배점에 따라 탄력적인 답안작성 연습을 해 두는 것이 바람직하다.

유제

공무원인 甲은 2016. 2. 15. 관내에서 건설업체를 운영하는 B에게 3,000만 원을 뇌물로 받았다. 甲이 乙로부터 3,000만 원을 받은 사건과 관련하여 甲과 乙이 함께 기소되어 병합심리를 받으면서 甲은 일관하여 범행을 부인하고 있는 반면 乙은 범행을 자백하고 그 신빙성이 인정되는 경우, 만약 乙의 자백 이외에 다른 증거가 없다면 제1심 법원은 甲과 乙에 대하여 유죄판결을 내릴 수 있는가? (10점)　　　　[2017 3차 변형]

194

甲과 乙은 살인죄의 공범으로 기소되어 있다. (1) 甲과 乙의 범죄에 대한 수사과정에서 사법경찰관 P는 乙의 자백을 얻어냈다. 乙의 자백이 해당 범죄와 관련하여 甲에게 불이익한 유일한 증거일 경우 이를 근거로 법원은 甲에게 유죄판결을 할 수 있는가? (7점) (2) 또한 乙이 공판기일에 증언을 거부한다면 법원은 乙의 자백을 근거로 甲에게 유죄판결을 할 수 있는가? (3점)　　　　[2020 1차 변형]

1. (1)문 해설

(1) 논의점

사안에서 범행을 부인하고 있는 甲에 대하여는 공범자인 乙의 자백을 甲의 자백으로 보아 자백의 보강법칙을 적용할 수 있는지에 대하여 논의가 있다.

(2) 견해의 대립과 판례의 태도

이에 대하여는 ① 공범자의 자백은 공범자 자신의 자백과 다른 공범자의 자백으로 분리할 수 없으므로 공범자의 자백도 피고인의 자백에 포함시켜 보강증거가 필요하다는 포함설 ② 공범자의 자백은 피고인에 대하여는 증언에 지나지 않고, 공판정에서 피고인의 반대신문이 가능하여 공범자의 자백은 피고인의 자백에 포함되지 않으므로 보강증거는 불필요하다는 불포함설이 대립하고 있으며, ③ 판례는 '형사소송법 제310조의 피고인의 자백에는 공범인 공동피고인의 진술은 포함되지 않는다'라고 하여 불포함설의 입장이다.

(3) 검토 및 사안의 해결

생각건대 공범자는 피고인에 대한 관계에서는 제3자에 불과하므로 부정설이 타당하다. 이러한 부정설에 의하면 乙의 자백은 甲의 자백에 포함되지 않아 독립된 증거가 될 수 있다. 따라서 법원은 乙의 자백에 대한 자유로운 심증으로 甲에게 유죄의 확신이 든다면 유죄판결을 할 수 있다.

> • 현재는 불포함설로 확립되어 있으므로 포함설을 따라가지 않는 것이 바람직하다.

2. (2)문 해설

(1) 乙이 증언을 거부한다면 乙의 자백을 근거로 甲에게 유죄판결을 할 수 있기 위해서는 乙의 자백이 적힌 피의자신문조서가 증거능력이 인정되어야 한다. 판례에 의하면 공범자의 사경 작성 피신조서는 제312조 제3항의 요건을 구비하여야 증거능력이 인정된다.

(2) 그러나 사안에서는 甲이 그 내용을 부인하므로 증거능력이 없다. 또한 제312조 제3항의 적용대상이 되는 서류는 제314조의 적용대상이 아니므로 甲의 피신조서는 증거능력이 없어 甲에게 유죄판결을 할 수 없다.

195

경찰관 P는 사문서위조 혐의의 피의자 甲의 자백을 받고 이를 피의자신문조서에 기재한 후 사건을 송치하였고, 검사 K는 甲을 사문서위조죄로 기소하였다. 제1심 법원의 공판절차 중 피고인 甲이 공판정에서 자백한 경우 P 작성의 피의자신문조서를 이 자백에 대한 보강증거로 사용할 수 있는가? (10점)

[2012 2차 변형]

---

1. 문제의 제기

사안에서 甲은 경찰과 검찰 및 법정에서 자백하고 있다. 이러한 경우에 ① 법정에서의 자백에 대하여 보강증거가 필요한지 ② 법정에서의 자백을 경찰 및 검찰의 자백으로 보강할 수 있는지 문제 된다.

2. 공판정 자백의 보강법칙 적용 여부

영미법에서는 공판정에서의 자백에 대하여는 보강증거를 요하지 않으나, 현행법하에서는 공판정에서의 자백에 대하여도 보강증거가 필요하다는 것으로 확립되어 있다.

3. 보강증거의 독립증거성

자백을 보강하는 증거는 자백 이외의 독립된 증거이어야 한다. 따라서 자백을 자백으로 보강하는 것은 허용되지 않는다. 사안에서 경찰 및 검찰의 피신조서에는 피고인인 甲의 자백이 기재되어 있다고 할 때 이러한 자백은 독립증거로서의 성격을 지니지 못하여 공판정에서의 자백에 대한 보강증거가 될 수 없다.

> • 보강증거와 관련하여 ① 증거능력 있고 ② 독립된 증거이어야 하고 ③ 정황증거도 가능하다는 점은 암기해 두었다가 적절히 활용하는 것이 가능하다.

甲은 준설공사에 필요한 각종 인·허가 등의 업무를 위임받아 이를 추진하는 과정에서 그 업무수행에 필요한 자금을 지출하는 한편 담당공무원 乙에게도 뇌물자금을 공여하였다. 甲은 이 과정에서 스스로 그 지출한 자금내역을 자료로 남겨두기 위하여 뇌물자금과 기타 자금을 구별하지 아니하고 그 지출 일시, 금액, 상대방 등 내역을 그때그때 계속적, 기계적으로 수첩에 기재하여 두었다. 甲이 乙에게 증뢰한 혐의에 대하여 법정에서 자백하고 있다면 위의 수첩은 자백에 대한 보강증거가 될 수 있는가? [예상문제]

1. 논의점

사안과 같이 증뢰죄의 혐의가 논의되는 사건에서 피고인이 자백한 경우 뇌물공여 혐의를 받기 이전에 업무수행에 필요한 자금을 뇌물자금과 기타 자금으로 구별하지 아니하고 그 내역을 계속적·기계적으로 기재한 수첩의 기재 내용이 자백에 대한 보강증거가 될 수 있는지에 대하여 논의가 있다.

2. 견해의 대립

이에 대하여는 ① 수첩은 범죄사실을 인정하는 하나의 자료일 뿐이지 범죄사실을 승인하는 자백은 아니므로 자백에 대한 보강증거가 될 수 있다는 긍정설(전합의 다수의견) ② 피고인의 자백을 내용으로 하는 수첩의 내용은 자백에 해당되므로 보강증거가 될 수 없다는 부정설(전합의 소수의견)이 대립하고 있다.

3. 검토 및 사안의 해결

생각건대 자백의 보강법칙은 자백편중으로 인한 인권침해의 소지를 없애려는 정책적 고려에서 나온 것이므로 자백의 범위를 축소해석하는 것은 부당하다. 따라서 수첩의 내용이 범죄사실을 인정하는 내용이라면 이는 자백으로 보아 자백에 대한 보강증거자격을 부정하는 부정설이 타당하다. 이러한 부정설에 따르면 수첩은 보강증거로 사용할 수 없다.

> • 조금 오래 된 전합 판례 문제이지만, 의미가 있으므로 정리해 두는 것이 바람직하다.

甲은 자신이 거주하던 다세대주택의 여러 세대에서 7건의 절도행위를 한 것으로 기소되었는데 법정에서 절도 범행 사실을 자백하였으나 기억력에 한계가 있어 그 중 4건은 범행장소인 구체적 호수를 특정하지는 못하였다. 甲의 집에서 피해품을 압수한 압수조서와 압수물 사진은 위 자백에 대한 보강증거가 될 수 있는가? [예상문제]

1. 논의점

자백의 보강법칙에 있어 자백을 보강하는 보강증거가 자백의 어느 부분을 증명해야 하는지에 대하여 논의가 있다.

2. 견해의 대립과 판례의 태도

이에 대하여는 ① 보강증거는 객관적 구성요건요소의 전부 또는 일부를 보강해야 한다는 죄체설 ② 보강증거는 자백의 진실성을 보강해야 한다는 진실성담보설이 대립하고 있으며, ③ 판례는 '자백에 대한 보강증거는 자백사실이 가공적인 것이 아니고 진실한 것이라고 담보할 수 있는 정도이면 족한 것이지 범죄사실의 전부나 그 중요부분의 전부에 일일이 그 보강증거를 필요로 하는 것이 아니다'라고 하여 진실성담보설을 취하고 있다.

3. 검토 및 사안의 해결

생각건대 보강법칙의 근거는 자백의 진실성을 담보하여 오판의 위험을 방지하는데 있으므로 보강증거는 자백의 진실성에 대한 법관의 심증을 굳혀주면 충분하다는 진실성담보설이 타당하다. 이러한 진실성담보설의 입장에 따르면 사안에서 4건의 자백에 대하여 피고인 甲의 집에서 해당 피해품을 압수한 압수조서와 압수물 사진이 자백의 진실성을 담보할 수 있다면 보강증거가 될 수 있다.

198

甲과 乙은 오피스텔에서 A를 공동으로 상해하여 사망에 이르게 하였다. 甲은 자신들이 범행시각에 범행현장을 황급히 벗어나는 장면이 찍힌 CCTV가 있음을 알고 오피스텔 관리소장 X에게 범행 당시의 오피스텔 1층 현관 CCTV 영상을 삭제하면 100만 원을 주겠다고 하자 X는 영상 삭제 방법을 잘 모른다며 거절하였다. 이에 甲은 X 몰래 乙을 관리사무소로 보내 CCTV 영상을 직접 삭제하도록 하였고, 乙은 그에 따랐다. 검사 K가 A에 대한 범죄사실로 乙을 기소하고 X의 진술조서를 증거로 제출하였다. 乙은 공판정에서 甲의 부탁으로 CCTV 영상을 삭제해주었을 뿐, A에 대한 범행에 자신은 전혀 관여하지 않았다고 주장하였다. 반면 도주 다음 날 체포되어 기소된 甲은 수사과정과 달리 공판기일 당일 변심하여 피해자 A에 대한 범행 일체를 자백하였다. 만일 X의 진술조서 외에 다른 증거가 없다면 법원은 A에 대한 범행에 대하여 甲에게 유죄의 판결을 선고할 수 있는가? (10점)
[2021 2차 변형]

1. 논의점

사안에서 甲은 A에 대한 범행을 법정에서 자백하고 있다. 그런데 유일한 증거인 X의 진술조서가 甲의 자백을 보강할 수 있는 보강증거가 될 수 있는지 문제 된다.

2. 증거능력 있는 증거

사안에서 X의 진술조사가 보강증거가 되기 위해서는 증거능력이 있는 증거이어야 한다. 따라서 X의 진술조서가 전문법칙의 예외의 요건이 구비되어 증거능력이 인정되어야 한다.

3. 정황증거의 보강증거 능력

판례에 의하면 직접증거가 아닌 간접증거나 정황증거도 보강증거가 될 수 있고, 자백과 보강증거가 서로 어울려서 전체로서 범죄사실을 인정할 수 있으면 유죄의 증거로 충분하다고 한다. 따라서 사안에서 X의 진술조서가 보강증거가 될 수 있다.

4. 보강의 정도

판례에 의하면 자백에 대한 보강증거는 범죄사실의 전부 또는 중요 부분을 인정할 수 있는 정도가 되지 않더라도, 피고인의 자백이 가공적인 것이 아닌 진실한 것임을 인정할 수 있는 정도만 되면 충분하다고 한다. 따라서 사안에서 X의 진술조서가 甲의 자백의 진실성을 담보할 수 있을 정도면 법원은 甲에게 유죄판결을 할 수 있다.

甲은 피해자 A에 대한 강도 사건으로 제1심 법원으로부터 유죄판결을 선고받고 항소하였다. 제1심 공판조서에는 甲에게 진술거부권이 고지된 것으로 기재되어 있는데, 항소심에서 甲은 제1심 공판절차에서 진술거부권을 고지받지 못했다고 주장하면서, 이를 입증하기 위해 제1심 공판에 관여한 법원사무관 B를 증인으로 신청하였다. 이 경우 항소심 법원은 甲의 증인신문 신청에 대해 어떠한 조치를 취해야 하는가? (10점)

[2014 3차 변형]

1. 논의점

사안에서 甲이 1심 공판절차에서 진술거부권을 고지받지 못했다고 주장하는 것은 공판기일 소송절차에 하자가 있다는 주장이다. 우리 형사소송법은 자유심증주의를 기본으로 하면서도 일정한 경우에는 예외를 인정하고 있는바, 사안과 같은 공판기일의 소송절차가 대표적인 예이다.

2. 자유심증주의의 예외로서의 형사소송법 제56조와 판례의 태도

형사소송법은 세56조에서 '공판기일의 소송질차로시 공판조서에 기재된 것은 그 조서만으로써 증명한다.'라고 규정하고 절대적 증명력을 부여하여 자유심증주의의 예외를 인정하고 있다.

판례도 '공판기일의 소송절차에 관한 사실은 공판조서에 기재된 대로 공판절차가 진행된 것으로 증명되고 다른 자료에 의한 반증은 허용되지 아니한다'라고 하여 이를 확인하고 있다.

3. 사안의 해결

사안에서 1심 공판조서에는 진술거부권을 고지한 것으로 기재되어 있는바, 이는 절대적 증명력을 가진 것이므로 이에 대하여는 반증이 허용되지 않는다. 따라서 甲이 법원사무관 B를 증인으로 신청하는 것은 허용되지 않으므로 항소심 법원은 제295조에 따라 증거신청 기각결정을 하여야 할 것이다.

甲은 자신이 운영하는 술집에서 범한 乙의 폭행사건과 관련하여 범행현장이 찍힌 CCTV를 삭제하였다. 그후 甲은 증거인멸죄로 기소되었으나, 법정에서 CCTV 삭제 범죄와 관련하여, "① 나는 CCTV를 삭제한 적이 없고, ② 설령 내가 CCTV를 삭제했다 해도 당시 술에 취해 사리 변별능력이 미약한 상태에서 그렇게 했을 것이다"라고 주장하였다. 이에 대해 법원이 다른 증거들에 의해 위 ①과 ②의 주장을 배척하면서 판결서에서는 배척의 취지와 이유를 설시하지 않았다면, 이러한 법원의 태도는 적법한가? (20점)

[2022 1차 변형]

1. 유죄판결에 명시할 사유와 소송관계인의 주장에 대한 판단

유죄판결은 피고인의 형사책임을 확정하는 판결이므로 충분한 이유 설명을 필요로 한다. 형사소송법은 제323조에서 유죄판결에서 명시하여야 할 사항을 규정하고 있다. 특히 제323조에서 제2항에서는 '법률상 범죄의 성립을 조각하는 이유 또는 형의 가중·감면의 이유되는 사실의 진술이 있은 때에는 이에 대한 판단을 명시하여야 한다'라고 하여 소송관계인의 주장에 대한 판단을 규정하고 있다. 이러한 소송관계인의 주장에 대한 판단은 소송관계인의 주장이 인정된 때에는 무죄의 판결을 하거나 제1항에 의하여 판결이유에서 기재할 것이므로, 제2항은 그 주장이 배척된 때에만 의미를 가지는 것이라고 하겠다.

2. ①사실의 판단 여부

(1) 판례의 법리

형사소송법 제323조 제2항에서 말하는 법률상 범죄의 성립을 조각하는 이유되는 사실의 주장이라 함은 범죄구성요건 이외의 사실로서 법률상 범죄의 성립을 조각하는 이유되는 사실상의 주장을 말하는 것이므로 단순히 범죄사실을 부인함과 같은 것은 이에 해당하지 않는다.

(2) 사안의 해결

이러한 판례의 법리에 의하면 ①사실은 단순히 범죄사실을 부인함에 불과하므로 법원은 이에 대한 판단을 범죄구성요건 해당 사실을 부인하는 것이므로 판결서에서는 배척의 취지와 이유를 설시하지 않아도 된다. 따라서 ①사실에 대한 법원의 태도는 적법하다.

3. ②사실의 판단 여부

(1) 판례의 법리

형사소송법 제323조 제2항의 '형의 가중, 감면의 이유되는 사실'이란 형의 필요적 가중, 감면의 이유되는 사실을 말하고 형의 감면이 법원의 재량에 맡겨진 경우, 즉 임의적 감면사유는 이에 해당하지 않는다.

(2) 사안의 해결

이러한 판례의 법리에 의하면 ②사실은 제10조 제2항의 심신미약에 대한 주장으로 임의적 감경사유에 불과하므로 판결서에서는 배척의 취지와 이유를 설시하지 않아도 된다. 따라서 ②사실에 대한 법원의 태도는 적법하다.

> • 제323조도 기억해야 할 기본적인 조문이므로 잘 이해하고 기억해 두는 것이 바람직하다.

제3장 | 재 판

201

검사는 甲을 수사하던 중, 甲이 2022. 12. 13. 자신의 승용차를 운전해가다가 부주의하게 중앙선을 침범하여 상대편에서 운전해 오던 A에게 3주의 치료를 요하는 상해를 입힌 사실을 인지하였지만, 甲이 사고 당일 위 사건에 대하여 안전운전의무를 불이행한 범칙행위를 이유로 범칙금을 납부한 사실을 밝혀내고 甲의 교통사고처리특례법위반 사실에 대하여 공소권없음의 불기소처분을 하였다. 검사의 이러한 수사종결 조치는 적법한가? (15점)

[2023 3차 변형]

1. 검사가 공소권없음을 한 근거

사안에서 검사가 甲의 교통사고처리특례법위반 사실에 대하여 공소권 없음의 불기소처분을 한 것은 범칙금을 납부한 안전운전의무를 불이행한 범칙행위와 동일성이 인정되어 확정재판의 효력에 준하는 효력이 미친다고 판단하였기 때문이다. 따라서 두 사건이 동일성이 인정되는지 문제 된다.

2. 판례의 법리

판례에 의하면 '같은 일시, 장소에서 이루어진 안전운전의무 위반의 범칙행위와 중앙선을 침범한 과실로 사고를 일으켜 피해자에게 부상을 입혔다는 교통사고처리특례법위반죄의 범죄행위사실은 시간, 장소에 있어서는 근접하여 있는 것으로 볼 수 있으나 범죄의 내용이나 행위의 태양, 피해법익 및 죄질에 있어 현격한 차이가 있어 동일성이 인정되지 아니하고 별개의 행위라고 할 것이어서 피고인이 안전운전의 의무를 불이행하였음을 이유로 통고처분에 따른 범칙금을 납부하였다고 하더라도 피고인을 교통사고처리특례법 제3조 위반죄로 처벌한다고 하여 도로교통법 제119조 제3항에서 말하는 이중처벌에 해당한다고 볼 수 없다 (2001도849).'라고 하고 있다.

3. 사안의 해결

이러한 판례의 법리에 따르면 사안에서 검사가 동일성이 인정되지 않는 두 사실을 동일성이 인정된다고 판단하여 공소권없음의 불기소처분을 한 수사종결조치는 적법하지 않다.

> • 본 문제는 엄밀히 말하면 동일성 중 단일성으로 해결하는 문제이다. 즉 실체적 경합이 되는 사안이므로 단일성이 인정되지 않아 검사는 공소권없음 처분을 할 수 없다.

202

甲은 사기죄의 경합범으로 기소되어 유죄판결을 선고받고 그 판결이 확정되었는데, 검사 K는 그 유죄판결이 확정되기 전에 甲이 범한 다른 사기범행들을 상습사기죄로 기소하였다. 이 때 유죄가 확정된 사기범행들과 새롭게 기소된 사기범행들이 포괄일죄에 해당하는 것으로 판단된다면, 법원은 어떠한 판결을 하여야 하는가? (15점)

[2016 2차 변형]

1. 논의점

여러 범죄가 포괄일죄를 이루는 포괄일죄에서 포괄일죄의 일부인 단순일죄로 공소가 제기되고 그 단순일죄에 대하여 유죄판결이 확정되었다면, 포괄일죄의 나머지 부분에 대하여 공소가 제기된 경우 법원은 어떠한 판단을 하여야 하는지에 대하여 논의가 있다.

2. 견해의 대립

이에 대하여는 ① 포괄일죄의 일부인 단순일죄의 범죄사실과 포괄일죄의 나머지 부분의 범죄사실은 범죄의 일시·장소·방법·범죄의 상대방 등이 다른 별개의 범죄사실이므로 실체판결을 해야 한다는 실체판결설 ② 포괄일죄의 일부인 단순일죄의 범죄사실과 포괄일죄의 나머지 부분의 범죄사실은 소송법상 일죄이므로 면소판결을 해야 한다는 면소판결설이 대립하고 있다.

3. 판 례

종래 대법원 판례는 이러한 경우에도 공소사실의 동일성을 인정하여 면소판결을 하였으나, 그 후 전합판례에서는 '단순사기죄의 범죄사실로 유죄판결이 선고되어 확정되고, 그 유죄판결이 선고되기 이전에 행하여진 상습사기죄의 공소사실이 유죄로 인정되는 경우에는 법원은 유죄판결을 선고하여야 한다'라고 판시하여 실체판결설로 그 태도를 변경하였다.

4. 검토 및 사안의 해결

생각건대 공소불가분의 원칙을 규정하고 있는 형사소송법 제248조 제2항과 일사부재리의 원칙을 규정하고 있는 헌법 제13조 제1항 후단 및 형사소송법 제326조 제1호에 충실하고, 포괄일죄를 일죄로 보는 이상 후에 기소된 포괄일죄 부분에도 기판력을 인정하여 면소판결을 하는 면소판결설이 타당하다. 따라서 사안에서 법원은 면소판결을 하여야 한다.

> • 학설과 판례가 대립하는 부분이어서 출제빈도가 높으므로 정확하게 정리하는 것이 바람직하다.

203

甲은 단순도박죄로 기소되어 유죄판결이 확정되었는데, 경찰이 甲에 대한 위 도박죄 확정판결 이전의 내기골프 도박 범행 10회와 위 도박죄 확정판결 이후의 내기골프 도박 범행 3회를 송치하였다. 이에 검사 K는 甲을 상습도박죄로 기소하고, 공판심리 결과 甲에게 상습성이 인정된 경우 법원이 취할 수 있는 조치는? (10점)

[2018 변시]

1. 논의점

사안과 같이 포괄일죄의 일부 범죄가 포괄일죄를 범하는 과정 중에 기본 구성요건의 범죄로 기소되어 확정된 경우에 나머지 포괄일죄에 대하여 기판력이 인정되는지에 대하여 논의가 있다.

2. 학설과 판례의 태도

이에 대하여 ① 다수설은 기본 구성요건의 범죄에 대한 확정판결도 기판력이 인정되므로 포괄일죄는 분리되어 확정판결 이전의 범죄에 대하여는 기판력이 미치므로 면소판결을 선고하고, 확정판결 이후의 범죄에 대하여는 실체판결을 선고해야 한다고 보고 있으나, ② 판례는 확정판결의 기판력이 미치는 범위는 확정된 사건 자체의 범죄사실과 죄명을 기준으로 정하는 것이 원칙이므로 포괄일죄의 일부가 기본 구성요건의 범죄로 확정되었다면 그 기판력은 나머지 포괄일죄에 미치지 않아 확정판결 전후의 범죄를 하나의 포괄일죄로 보아 실체판결을 할 수 있다고 보고 있다.

> • 학설과 판례를 적용한 결과를 견해의 대립으로 작성한 것이다.

3. 검토 및 사안의 해결

생각건대 단순도박죄와 상습도박죄는 형량에서도 큰 차이가 있으므로 단순도박죄의 기판력은 상습도박죄에 미치지 않는다고 보는 것이 타당하다. 따라서 사안의 경우에 법원은 확정판결 전후의 나머지 도박사실 전부에 대한 상습도박죄의 유죄판결을 하여야 한다.

204

도박의 습벽이 있는 甲은 2018. 5. 10. 고스톱이라는 도박을 하였다. 그리고 甲은 2018. 6. 10. 도박의 습벽이 없는 乙이 고스톱이라는 도박을 하도록 방조하였다. 甲은 별개의 상습도박죄로 2018. 5. 20. 서울중앙지방법원에서 징역 1년에 집행유예 2년을 선고받고 항소하여, 2018. 8. 10. 서울중앙지방법원 항소부에서 항소기각판결을 선고받아 같은 달 17. 위 항소기각판결이 확정된 이후에, 2018. 5. 10. 도박사실과 2018. 6. 10. 도박방조사실의 범죄가 기소되었다면 법원은 어떠한 재판을 하여야 하는가? (10점)

[2019 1차 변형]

1. 항소된 상습도박죄의 기판력의 시적 기준

사안에서 항소된 상습도박죄의 기판력의 시적 기준은 항소심 판결선고시라고 보는 것이 상당한데 항소가 기각된 경우에는 항소기각판결시가 되므로 사안에서는 항소가 기각된 2018. 8. 10.이 기판력의 시적 기준이 된다. 따라서 공소제기된 2018. 5. 10. 도박사실과 2018. 6. 10. 도박사실은 확정판결의 기판력의 시적 범위 내에 있다.

> • 재판의 확정 시기와 기판력의 시적 기준이 다르다는 점을 주의하여야 한다.

2. 확정판결의 기판력의 물적 범위

사안에서 항소된 상습도박죄는 기소된 2018. 5. 10. 도박사실과 2018. 6. 10. 도박방조사실과 동일한 습벽에 의한 범죄이어서 전체적으로 상습도박죄의 포괄일죄의 관계에 있어 동일성이 인정된다. 따라서 확정된 상습도박죄의 기판력은 기소된 2018. 5. 10. 도박사실과 2018. 6. 10. 도박방조사실에도 미친다.

3. 결 언

사안에서 기소된 2018. 5. 10. 도박사실과 2018. 6. 10. 도박방조사실은 형사소송법 제326조 제1호의 '확정판결이 있은 때'에 해당하므로 법원은 면소판결을 선고하여야 한다.

제5편

상소 · 비상구제절차 · 특별절차

제1장 | 상 소

205

피고인 甲이 재판 계속 중에 새로운 주소지 등을 법원에 신고하지 않아 소환장이 송달 불능된 경우, 甲이 불출석한 상태에서의 법원의 판결선고가 유효하기 위한 요건은? (5점) [2023 2차 변형]

(1) 피고인이 재판이 계속 중인 사실을 알면서도 새로운 주소지 등을 법원에 신고하는 등 조치를 하지 않아 소환장이 송달불능 되었더라도, 법원은 기록에 주민등록지 이외의 주소가 나타나 있고 피고인의 집 전화번호 또는 휴대전화번호 등이 나타나 있는 경우에는 위 주소지 및 전화번호로 연락하여 송달받을 장소를 확인하여 보는 등의 시도를 해 보아야 한다.

(2) 위와 같은 조치를 취한 후에 형사소송법 제63조 제1항, 소송촉진 등에 관한 특례법 제23조에 따른 공시송달 방법을 사용할 수 있다.

206

甲은 乙과 시비가 붙어 乙을 협박한 혐의로 공소가 제기되었으나 제1심 공판절차에서 乙의 처벌불원 의사 표시로 공소기각판결이 선고되었다. 이 경우 甲이 乙에게 협박하지 않았다는 이유로 무죄를 주장하며 항소를 제기하였다면, 항소심 법원은 어떠한 조치를 취해야 하는가? (10점) [2021 변시] [2021 3차 변형]

1. 논의점

상소를 하기 위해서는 상소의 이익이 있어야 한다. 이와 관련하여 사안과 같이 피고인이 공소기각과 같은 형식재판을 받은 경우에도 무죄를 주장하며 상소할 수 있는지에 대하여 논의가 있다.

2. 견해의 대립과 판례의 태도

이에 대하여는 ① 공소기각판결보다는 무죄판결이 기판력도 발생하고, 형사보상도 받을 수 있는 이익이 있으므로 상소를 할 수 있다는 긍정설과 ② 공소기각판결은 기본적으로 유죄판결이 아니고, 피고인이 무죄판결을 희망한다는 것은 주관적 이익에 불과하므로 상소를 할 수 없다는 부정설이 대립하고 있으며, ③ 판례는 '공소기각의 판결이 있으면 피고인은 유죄판결의 위험으로부터 벗어나는 것이므로 그 판결은 피고인에게 불이익한 재판이라고 할 수 없다'라고 하여 부정설의 입장이다.

3. 검토 및 사안의 해결

생각건대 유죄판결이 아닌 공소기각판결은 피고인에게 불이익하다고 볼 수 없으므로 부정설이 타당하다. 이러한 부정설의 입장에 따르면 甲의 항소는 법률상의 방식에 위반된 부적합한 항소이므로 항소법원은 제362조 제1항에 따라 항소기각결정을 하여야 할 것이다.

> • 또 다른 형식재판인 면소판결에 대하여 무죄판결을 주장하며 상소할 수 있는지에 대하여 판례는 부정하고 있지만, 그 근거를 피고인에게는 실체판결청구권이 없기 때문이라고 하고 있다는 점도 주의하여야 한다.

甲은 불구속기소 되었으나 공판정에 불출석하였다. 이에 제1심 법원은 2018. 7. 16. 적법한 절차에 따라 甲에게 징역 2년을 선고하였고, 甲은 양형부당을 이유로 항소하였다. 제1심 법원은 甲이 항소한 후 소송기록이 아직 제1심 법원에 있을 때인 2018. 7. 27. 불구속 상태에 있던 甲에게 도주의 위험이 있다고 판단하여 구속영장을 발부하여 甲을 구속하였다. 甲에게 구속의 필요성이 인정됨을 전제로, 제1심 법원의 甲에 대한 구속의 적법성을 논하시오. (10점)

[2013 3차 변형]

1. 형사소송규칙 제57조의 적법성 여부

이에 대하여는 ① 제105조는 제70조에 대한 예시에 불과하여 규칙 제57조는 제105조에 반하는 것이 아니므로 형사소송규칙 제57조의 합법률성을 전제로 원심법원이 피고인을 구속할 수 있다고 보는 적법설 ② 제105조에서 '구속'이나 '보석의 취소'를 누락시킨 것은 절차적 측면에서 법원의 권한을 제한하고자 한 것이어서 형사소송규칙 제57조는 제105조의 범위를 벗어난 위법적인 규칙이므로 원심법원이 피고인을 구속할 수 없다고 보는 부적법설이 대립하고 있으나, ③ 판례는 '상소기간 중 또는 상소 중의 사건에 관한 피고인의 구속을 소송기록이 상소법원에 도착하기까지는 원심법원이 하도록 규정한 형사소송규칙 제57조 제1항의 규정이 형사소송법 제105조의 규정에 저촉된다고 보기는 어렵다'라고 보아 피고인에게는 실체판결청구권이 없는 것이므로의 입장이다.

2. 검토 및 사안의 해결

생각건대 형식적인 법률 문언의 종합적인 해석과 실질적인 구속의 필요성이라는 관점에서 소송기록이 상소법원에 도달하기까지는 원심법원에게 구속영장을 발부할 수 있는 권한을 긍정할 수 있다고 보는 것이 타당하다. 따라서 사안에서 제1심법원이 甲을 구속한 것은 적법하다.

- 10여 년 전쯤에 활발하게 논의되던 쟁점이므로 정리해 두는 것이 바람직하다.

검사 K가 甲의 포괄일죄 관계에 있는 제1사건, 제2사건 및 제3사건 전부를 기소하자 제1심 법원은 제1사건은 무죄, 나머지 사건들은 유죄를 선고하였다. 이에 甲만 항소한 경우 항소심 법원의 심판 범위는? (15점)

[2015 3차 변형]

1. 논의점

사안과 같이 포괄일죄로 기소된 사안에서 일부 무죄 및 일부 유죄로 유죄선고를 받은 경우에 피고인이 항소하였을 경우에 항소심 법원의 심판 범위에 대하여 논의가 있다.

2. 견해의 대립

이에 대하여는 ① 포괄일죄는 실체법상 일죄이므로 그 일부에 대한 상소는 상소불가분의 원칙을 적용받아 그 전부가 상소심에 계속된다는 전부대상설 ② 포괄일죄는 실질상의 수죄이므로 포괄일죄를 이루는 일부만 상소한 경우에는 일부만이 상소심에 계속된다는 일부대상설 ③ 검사만이 무죄 부분에 대하여 상소한 경우에는 상소불가분의 원칙을 적용하여 유죄 부분도 상소심에 계속되지만, 피고인만이 유죄 부분에 대하여 상소한 경우에는 일부상소규정을 적용하여 상소한 유죄 부분만이 상소심에 계속된다는 이원설이 대립하고 있다.

3. 판 례

판례는 이원설을 바탕으로 하면서도 피고인의 상소의 경우에는 상소불가분의 원칙을 적용하여 이심은 되나 심판의 대상은 되지 않는다고 보고 있다.

> • 이러한 판례의 태도는 조문을 중시하는 입장이라고 평가할 수 있다.

4. 검토 및 사안의 해결

생각건대 이원설은 논리일관된 설명을 할 수 없다는 비판의 여지가 있지만, 검사의 상소의 경우에는 양형의 합리화를 꾀할 수 있고, 피고인의 상소의 경우에는 피고인의 인권보장을 위한다는 점에서는 구체적 타당성이 있으므로 타당하다. 이러한 이원설에 의하면 사안에서 항소심의 심판범위는 피고인인 甲이 항소한 유죄사건들뿐이다.

> • 판례의 태도에 따르더라도 동일한 결론이 될 것이다.

209

甲은 A를 강도상해하여 현금카드를 빼앗고, 현금카드를 사용하여 현금지급기에서 현금을 인출한 혐의로 기소되었다. 제1심 법원은 甲에 대하여 A의 현금카드를 사용하여 현금을 인출한 절도행위에 대하여는 무죄를 선고하고, 강도상해 행위에 대하여는 유죄로 인정하면서 징역 5년을 선고하였다. 이에 검사 K만 무죄 선고 부분에 대하여 항소하였고, 항소심 법원이 검사 K의 항소가 이유 있다고 판단하는 경우 항소심의 심판범위 및 조치에 대하여 논하시오. (20점)

[2012 변시]

I. 항소심의 심판범위

1. 논의점

사안과 같이 수 개의 경합범에서 일부 유죄, 일부 무죄의 판결이 있은 후 검사만 무죄 부분을 일부항소하였고, 이에 대해 항소법원은 검사의 항소가 이유 있다고 할 때 항소법원은 기본적으로 일부항소한 부분을 파기하여야 한다. 그런데 일부항소하여 파기되는 부분과 항소되지 않은 유죄 부분은 수 개의 경합범으로서 과형상 불가분의 관계에 있으므로 항소법원의 파기와 심판범위에 대하여 논의가 있다.

2. 견해의 대립

이에 대하여는 ① 일부상소의 일반법리에 따라 쌍방이 항소하지 않은 부분은 분리확정되고, 항소기간이 지남으로써 확정되어 항소심에 계속된 사건은 무죄판결 부분에 대한 공소뿐이라는 점을 논거로 무죄 부분만 파기하고 심판하여야 한다는 일부파기설(전합의 다수의견) ② 형법 제37조의 경합범은 서로 과형상 불가분의 관계에 있으며, 이에 상소불가분의 원칙에 따라 유죄 부분도 항소심에 이심된다고 보아 항고하지 않은 유죄 부분도 같이 파기하고 전부를 심판하여야 한다는 전부파기설(전합의 반대의견)이 대립하고 있다.

3. 검토 및 사안의 해결

일부상소가 허용되는 범위에서는 ① 일부라도 판결을 확정시켜 두는 것이 피고인의 불안정한 지위를 해소하는 것이며 ② 두 개의 형이 선고되는 경우에는 불이익변경금지의 원칙을 고려함으로 해결하면 되므로 일부파기설이 타당하다. 따라서 이러한 일부파기설의 입장에 따르면 일부항소된 무죄 부분만이 항소심의 심판대상이 된다.

Ⅱ. 항소심의 조치

항소심은 사실심이므로 파기 이후에 자판을 원칙으로 한다. 따라서 일부파기설에 의하면 항소심은 형사소송법 제364조 제6항에 따라 검사의 항소가 이유 있을 때에는 무죄 부분만 파기하고 자판하면 될 것이다.

> • 출제빈도가 높은 쟁점이므로 정확하고 깊이 있게 정리하는 것이 바람직하다. 그리고 이러한 사안이 항소심인 경우 자판하고, 상소심은 파기환송 한다는 점도 주의하여야 한다.

210

> 만약 제1심 법원이 피고인 乙에 대하여 1) A의 신용카드 관련 범행에 대해서는 유죄를 인정하였으나, 2) 乙이 甲에게 허위 진술을 교사한 범행에 대해서는 무죄를 선고하자, 검사만 2)의 무죄 선고 부분에 대해 항소하였고 항소심 법원이 검사의 항소가 이유 있다고 판단하였다면, 항소심 법원의 조치는? (10점)
>
> [2024 변시]

1. 파기의 범위에 대한 논의

사안과 같이 경합범의 일부에 대하여 일부상소한 경우에 항소심에서 검사의 일부상소를 인정하여 원심판결을 파기하는 경우에 파기의 범위에 대하여는 ① 일부상소의 일반법리에 따라 쌍방이 상소하지 않은 부분은 분리 확정되므로 무죄 부분만 심판대상이 된다는 일부파기설(전합의 다수의견) ② 형법 제37조의 경합범은 서로 과형상 불가분의 관계에 있어 상소불가분의 원칙에 따라 전부 심판대상이 된다는 전부파기설(전합의 반대의견)이 대립하고 있다.

생각건대 일부상소의 기본법리와 일부라도 판결을 확정시켜 두는 것이 피고인의 불안정한 지위를 해소할 수 있으므로 일부파기설이 타당하다.

2. 항소심의 조치

이러한 일부파기설에 따르면 항소심의 심판범위는 2)사건뿐이며, 항소심은 사실심이므로 2)사건을 파기하고 자판하면 된다.

> • 일부파기와 전부파기와 관련해서는 다양한 형태의 답안작성 연습을 해 두는 것이 바람직하다.

甲은 강도예비죄와 합동절도의 경합범으로 기소되었다. 제1심 법원은 甲에 대한 강도예비죄에 대하여 범죄의 증명이 없다는 이유로 무죄를 선고하고, 합동절도죄만 유죄로 인정하여 징역 1년을 선고하였다. 제1심 법원의 판결에 대하여 甲은 항소하지 않고 검사 K만이 무죄가 선고된 강도예비 부분에 대하여 항소한 경우, K의 일부상소의 허용 여부 및 항소심의 심판범위를 논하시오. (15점)

[2017 변시]

1. 검사 K의 일부상소 허용 여부

일부상소란 재판의 일부에 대한 상소를 말한다. 형사소송법은 제342조 제1항에서 '상소는 재판의 일부에 대하여 할 수 있다'라고 하여 일부상소를 인정하고 있다. 일부상소가 허용되기 위하여는 ① 재판의 내용이 가분이고 ② 재판의 일부분에 대한 독립된 판결이 가능할 것을 요한다. 사안과 같이 일부 유죄, 일부 무죄의 판결이 선고된 경우에는 재판의 내용이 가분이고 일부에 대하여도 독립된 판결이 가능하므로 사안에서의 검사의 일부상소는 가능하다.

> • 일부상소의 요건을 암기해 두는 것이 바람직하다.

2. 항소심의 심판범위

(1) 논의점

항소심에서 검사 K의 일부상소를 기각하는 경우에는 문제가 없지만, 검사 K의 일부상소를 인정하여 원심판결을 파기하는 경우에 항소심은 파기자판하여야 하므로 그 심판범위가 문제 된다.

(2) 견해의 대립

이에 대하여는 ① 일부상소의 일반법리에 따라 쌍방이 상소하지 않은 부분은 분리 확정되므로 무죄부분만 심판대상이 된다는 일부파기설(전합의 다수의견) ② 형법 제37조의 경합범은 서로 과형상 불가분의 관계에 있어 상소불가분의 원칙에 따라 전부 심판대상이 된다는 전부파기설(전합의 반대의견)이 대립하고 있다.

(3) 검토 및 사안의 해결

생각건대 일부상소의 기본법리와 일부라도 판결을 확정시켜 두는 것이 피고인의 불안정한 지위를 해소할 수 있으므로 일부파기설이 타당하다. 이러한 일부파기설의 취지에 따르면 항소심은 검사 K가 일부상소한 부분만을 심판의 대상으로 삼아 심판할 수 있다.

甲은 (1)사실과 (2)사실의 경합범으로 기소되었다. 제1심 법원이 (1) (2) 사실을 모두 유죄로 인정하고 甲에게 징역 1년을 선고하자, 甲은 항소하였다. 항소심 법원은 甲에게 (1)사실에 대해서는 범죄의 증명이 없다는 이유로 무죄를 선고하고, (2)사실만 유죄로 인정하여 징역 1년에 집행유예 2년을 선고하였다. 이에 甲은 상고하지 아니하였으나 검사 K는 무죄가 선고된 (1)사실에 대하여 상고하였다. 대법원의 심판 범위와 K의 상고가 이유 있다고 할 때 파기의 범위는? (15점)

[2019 2차 변형]

1. 논의점

경합범으로 기소된 사안에서 일부 유죄, 일부 무죄의 판결이 선고되자 검사만 무죄 부분을 일부상소한 경우에 ① 상소심의 심판범위와 ② 상소 이유가 인정되는 경우에 파기해야 하는 범위에 대하여 논의가 있다.

2. 견해의 대립

이에 대하여는 ① 일부상소의 일반법리에 따라 쌍방이 상소하지 않은 부분은 분리확정되고, 상고심에 계속된 사건은 무죄판결 부분에 대한 공소뿐이므로 무죄 부분만 파기하여야 한다는 일부파기설(전합의 다수의견) ② 형법 제37조의 경합범은 서로 과형상 불가분의 관계에 있어 상소불가분의 원칙에 따라 유죄 부분도 상고심에 이심된다고 보아야 하므로 상고하지 않은 부분도 전부 파기되어야 한다는 전부파기설(전합의 소수의견)이 대립하고 있다.

3. 판례의 태도

판례의 전합 다수의견은 '경합범 중 일부에 대하여 무죄, 일부에 대하여 유죄를 선고한 항소심 판결에 대하여 검사만이 무죄 부분에 대하여 상고를 한 경우 피고인과 검사가 상고하지 아니한 유죄판결 부분은 상고기간이 지남으로써 확정되어 상고심에 계속된 사건은 무죄판결 부분에 대한 공소뿐이라 할 것이므로 상고심에서 이를 파기할 때에는 무죄 부분만을 파기할 수 밖에 없다'라고 하여 일부파기설을 취하고 있다.

4. 검토 및 사안의 해결

생각건대 ① 일부라도 판결을 확정시켜 두는 것이 피고인의 불안정한 지위를 해소하는 것이며 ② 두 개의 형이 선고되는 경우에는 불이익변경금지의 원칙을 고려함으로 해결하면 되고 ③ 형의 선고없는 유죄판결의 경우에는 불이익변경금지의 원칙은 피고인의 상소권을 보장하기 위하여 둔 기본적인 원칙이므로 '형을 선고하지 아니한다'라는 주문을 선고하면 족하다 할 것이므로 일부파기설이 타당하다. 따라서 사안에서 대법원은 (1)사실만 심판하고 파기하여야 한다.

> **유제**
>
> 甲은 ① 합동절도와 ② 현주건조물방화치사죄의 사실로 기소되었다. 1심 법원은 모두 유죄를 인정하고 甲에게 징역 3년을 선고하자, 甲이 항소하였다. 항소심 법원은 甲에게 ②사실에 대해서는 범죄증명이 부족하다는 이유로 무죄를 선고하고, ①사실만 유죄로 인정하여 징역 3년에 집행유예 5년을 선고하였다. 검사만 무죄 선고된 ②사실에 대해 상고하여 상고이유가 인정된다면, 대법원의 파기 및 심판범위는? (15점)
>
> [2022 2차 변형]

> **유제**
>
> 제1심은 甲에게 사실관계 ①과 ②의 범죄사실을 모두 유죄로 인정하여 징역 3년 8월의 형을 선고하자, 甲만 항소하였다. 항소심은 甲에게 사실관계 ①의 범죄사실 중 일부에 대해서만 유죄로 인정하고, ①의 나머지 범죄사실과 ②의 범죄사실에는 범죄의 증명이 없다는 이유로 무죄로 판단하고 甲에게 징역 2년에 집행유예 3년을 선고하였다. 항소심 판결에 대하여 甲은 상고하지 않고, 검사만 무죄가 선고된 범죄사실에 대하여 상고하였다. 검사의 위 상고의 허용 여부와 상고심의 심판대상을 논하시오. (15점)
>
> [2023 2차 변형]

①죄와 ②죄로 기소된 甲에게 법원이 모두 유죄로 인정하여 징역 2년을 선고하자, 甲은 ①죄에 대해서는 양형부당을 이유로, 그리고 ②죄에 대해서는 사실오인을 이유로 항소하였고, 항소심은 ②죄에 대해서만 무죄를 선고하면서 1심의 선고형을 유지하였다. 그러자 검사 K가 무죄 부분인 ②죄에 대하여 상고하였다. K의 상고가 이유 있다고 판단하여 파기환송 할 경우에 상고심의 조치와 파기환송 받은 항소법원의 조치를 설명하시오. (15점)

[2020 1차 변형]

I. 상고심의 조치

1. 논의점

사안과 같이 수 개의 경합범에서 일부 유죄, 일부 무죄의 항소심 판결이 있은 후 검사만 무죄 부분을 일부상고한 경우에 상고법원의 파기범위에 대하여 논의가 있다.

2. 견해의 대립

이에 대하여는 ① 일부상소의 일반법리에 따라 쌍방이 상고하지 않은 부분은 분리확정되고, 상고기간이 지남으로써 확정되어 상고심에 계속된 사건은 무죄판결 부분에 대한 공소뿐이라는 점을 논거로 무죄 부분만 파기하여야 한다는 일부파기설(전합의 다수의견) ② 형법 제37조의 경합범은 서로 과형상 불가분의 관계에 있으며, 이에 상소불가분의 원칙에 따라 유죄 부분도 상고심에 이심된다고 보아 상고하지 않은 유죄 부분도 같이 파기하여야 한다는 전부파기설(전합의 반대의견)이 대립하고 있다.

3. 검토 및 사안의 해결

일부상소가 허용되는 범위에서는 ① 일부라도 판결을 확정시켜 두는 것이 피고인의 불안정한 지위를 해소하는 것이며 ② 두 개의 형이 선고되는 경우에는 불이익변경금지의 원칙을 고려함으로 해결하면 되므로 일부파기설이 타당하다. 따라서 이러한 일부파기설의 입장에 따르면 사안에서 상고심은 일부상고된 무죄 부분만 파기하면 된다.

II. 항소심의 조치

1. 파기판결의 구속력

법원조직법 제8조에 의해 파기환송·파기이송의 경우, 상급심의 판단이 환송·이송 받은 하급심을 구속하는 상급심재판의 기속력이 미치므로 파기환송받은 항소법원은 특별한 사유가 없는 한 유죄판결을 하여야 한다. 따라서 파기환송받은 항소법원은 乙의 ②죄에 대해서 유죄판결을 하여야 한다.

2. 불이익변경금지원칙 적용여부

불이익변경금지 원칙은 원칙적으로 피고인만이 상소한 사건을 의미한다. 그리고 여기에는 파기환송된 사건에 대해서도 불이익변경금지원칙 적용 가능하다는 것이 판례의 입장이므로, 피고인만 항소한 제2심판결에 검사만 상고한 상고심에서도 제1심 판결보다 중한 형의 선고는 허용되지 않는다.

3. 사안의 해결

파기환송받은 항소법원은 파기판결의 구속력에 의해 ②죄에 대해 유죄판결을 하여야 하지만, 불이익변경금지원칙의 적용을 받아 乙이 받은 제1심 판결보다 중한 형을 선고할 수 없다. 따라서 사안에서는 파기환송전 항소심에서 징역 2년을 선고하였으므로 파기환송심에서는 판결주문에 '형을 선고하지 아니한다.'라고 선고하여야 한다.

> **유제**
>
> 공무원인 甲은 직무유기죄와 공갈죄로 공소제기되었다. 제1심 법원은 甲의 두 사건을 모두 유죄로 인정하여 징역 2년을 선고하였다. 이에 검사 K는 항소하지 않고 甲만 무죄라는 취지로 항소하였다. 이에 항소심 법원은 직무유기죄에 대하여는 무죄를 선고하고, 공갈죄에 대하여는 유죄로 인정하여 징역 2년을 선고하였다. 이에 대해 K가 무죄를 선고한 직무유기죄에 대하여만 상고하자 대법원은 직무유기죄도 유죄라는 취지로 파기환송하였다. 대법원으로부터 甲의 사건을 환송받은 항소법원의 심판범위와 선고형의 범위에 대하여 논하시오. (20점)
> [2014 2차 변형]

214

> 사법경찰관 P는 甲에 대하여 배임죄의 혐의로 체포영장을 발부받아 甲에게 영장을 제시하며 체포하려고 하였다. 그러나 甲은 사법경찰관 P의 체포를 면탈하기 위해 주먹으로 P의 얼굴을 때려 약 4주간의 치료가 필요한 상해를 가하고 달아나다가 결국 체포되었다. 검사는 甲의 이러한 행위를 공무집행방해죄와 상해죄의 경합범으로 기소하였고, 제1심 법원은 공무집행방해죄에 대하여 유죄, 상해죄에 대하여 무죄를 각각 선고하였다. 위 제1심 판결에 대해 검사만 상해죄 부분에 대하여 항소하였고, 항소심 심리 결과 甲의 두 죄가 상상적 경합 관계에 있다는 결론에 도달한 경우, 항소심의 심판범위를 설명하시오. (15점)   [2023 변시]

1. 논의점

사안과 같이 실체적 경합범으로 기소되어 일부 유죄·일부 무죄의 판결이 선고되자 검사만 무죄 부분을 상소하였고, 상소심의 심리 결과 기소된 사건 전체가 일죄로 판명된 경우의 상소심의 심판범위에 대하여 논의가 있다.

2. 견해의 대립과 판례의 태도

이에 대하여는 ① 일부상소되지 않은 유죄판결은 상소기간의 도과로 확정되고 공소사실과 동일성이 인정되는 사실까지 기판력이 미치므로 일부상소된 부분에 대하여 면소를 선고해야 한다는 면소판결설 ② 일부상소된 무죄판결 부분이 확정되지 않았으므로 유죄판결 부분도 상소불가분의 원칙에 의하여 상소심에 전부이심된다는 전부이심설 ③ 일부상소되지 않은 유죄 부분은 이미 확정되었으므로 일부상소된 유죄 부분만 이심된다는 일부이심설이 대립하고 있으며, ④ 판례는 '원심이 두 개의 죄를 경합범으로 보고 한 죄는 유죄, 다른 한 죄는 무죄를 각 선고하자 검사가 무죄 부분만에 대하여 불복상고 하였다고 하더라도 위 두 죄가 상상적 경합관계에 있다면 유죄 부분도 상고심의 심판대상이 된다'라고 하여 전부이심설의 입장이다.

3. 검토 및 사안의 해결

생각건대 검사의 무죄 부분의 일부상소 이후 일죄로 판명된 경우에는 상소불가분의 원칙과 과형상 불가분의 관계에 있는 죄들이라는 점에서 일부상소되지 않은 부분도 이심된다고 보는 전부이심설이 타당하다. 이러한 전부이심설에 의하면 항소심은 공무집행방해죄와 상해죄 전부를 상상적 경합으로 심판할 수 있다.

> • 본 해설에서 판례의 태도는 검사가 일부상소한 사안의 경우를 말한다. 그러나 피고인이 일부상소한 사안에 대한 판례는 아직 없는 것으로 보인다.

215

> 甲이 A의 도자기를 훔친 사실(제1사실)과 乙에게 도자기를 판매한 사실(제2사실)로 각각 기소되어 제1사실에 대해서는 징역 1년, 제2사실에 대해서는 징역 10월을 선고받고 甲만 각 판결에 대하여 항소하였고, 항소심이 비로소 병합심리한 후 이를 경합범으로 처단하면서 甲에게 징역 1년 10월을 선고하였다면 이 선고는 적법한가? (10점)
>
> [2019 변시]

1. 논의점

사안에서 각각의 판결에 대하여 피고인인 甲만 항소하였으므로 원칙적으로 불이익변경금지의 원칙이 적용되어야 한다. 그러나 사안과 같이 두 사건이 병합된 경우에도 불변금이 적용되는지 문제 된다.

> • 항소심에서의 불이익변경금지의 원칙은 제368조에서 이를 규정하고 있으며, 상고심에서의 불이익변경금지의 원칙은 제396조 제2항에서 제368조를 준용하고 있다.

2. 사건의 병합과 불이익변경금지의 원칙

상소심에서 상소한 사건과 다른 사건이 병합된 경우에는 원칙적으로 불이익변경금지의 원칙은 적용되지 않는다. 따라서 피고인만 항소한 각각의 사건이 항소심에서 병합된 경우에는 각각의 사건보다 무거운 형을 선고하는 것은 가능하다. 그러나 불이익변경금지의 취지상 항소심에서 병합된 각각의 사건의 형량을 합한 전체적인 형량이 과중해서는 안된다.

3. 사안의 해결

사안과 같이 제1사실에 대하여 징역 1년, 제2사실에 대하여 징역 10월이 각각 선고되고, 이에 대하여 피고인만 항소하여 항소심에서 두 사건이 병합되어 각각의 형보다 더 중한 징역 1년 10월이 선고되더라도 이는 불변금에 저촉되지 않는다. 그리고 항소심에서 징역 1년 10월을 선고한 것은 각각의 형량을 합한 것보다 전체적으로 중하지 않으므로 항소심의 판결은 적법하다.

> **유제**
>
> 甲은 ① 장물취득죄로 남부지방법원에서 징역 6월을, ② 절도교사죄로 서울중앙지방법원에서 징역 1년을 선고받았다. 이에 甲만 항소한 항소심에서 ①과 ②는 적법하게 병합되었고, 항소심 법원은 ①과 ②를 모두 유죄로 인정하여 경합범으로 처단하면서 甲에게 징역 1년 6월을 선고하였다. 항소심 법원의 甲에 대한 형선고는 적법한가? (15점)
>
> [2015 2차 변형]

제1심은 甲에게 사실관계 ①과 ②의 범죄사실을 모두 유죄로 인정하여 징역 3년 8월의 형을 선고하자, 甲만 항소하였다. 항소심은 甲에게 사실관계 ①의 범죄사실 중 일부에 대해서만 유죄로 인정하고, ①의 나머지 범죄사실과 ②의 범죄사실에는 범죄의 증명이 없다는 이유로 무죄로 판단하고 甲에게 징역 2년에 집행유예 3년을 선고하였다. 항소심 판결에 대하여 甲은 상고하지 않고, 검사만 무죄가 선고된 범죄사실에 대하여 상고하였다. 대법원이 ②의 범죄사실에 대한 무죄판결을 파기환송하자, 환송심이 甲에게 징역 3년을 선고하였다면, 이는 적법한가? (10점)　　　　　　　　　　　　　　　　　　　[2023 2차 변형]

1. 불이익변경금지의 원칙의 적용범위

(1) 사안과 같이 1심판결에 대하여 피고인만 항소하고, 이후 검사만이 상고한 후 파기환송심의 경우에도 불이익변경금지의 원칙이 적용되는지가 문제 된다.

(2) 판례에 의하면 불이익변경금지의 원칙은 상소심이 자판하는 경우뿐만 아니라 환송 또는 이송하는 경우에도 적용된다. 따라서 사안의 경우에도 불이익변경금지의 원칙은 적용된다.

2. 불이익변경금지의 원칙의 위반여부

사안에서 제1심은 甲에게 징역 3년 8월을 선고하였고, 항소심은 징역 2년에 집행유예 3년을 선고하였다. 따라서 상고심이 선고할 수 있는 형량은 징역 1년 8월 이하이다. 그런데 사안에서는 징역 3년을 선고한 것은 불이익변경금지의 원칙을 위반한 것으로 위법하다.

1심 법원은 甲에 대한 공소사실을 전부 유죄로 인정하여 甲에게 징역 2년 6월 및 추징 40,000,000원을 선고하였고, 이에 대하여 甲만이 항소하였는데, 항소심은 사실인정에 있어 1심보다 중하게 변경하면서 甲에게 징역 2년 6월 및 집행유예 5년, 벌금 100,000,000원 및 추징 40,000,000원을 선고하였다. 항소심의 판결은 적법한가? (10점)　　　　　　　　　　　　　　　　　　　　　　　　　　[2022 변시]

1. 논의점

사안에서 1심 판결에 대해 피고인 甲만 항소하였으므로 형사소송법 제368조에 따라 甲에게는 불이익변경금지의 원칙이 적용된다. 그런데 사안에서의 항소심의 형이 불이익변경에 해당하는지 문제 된다.

2. 불이익변경의 판단기준

(1) 불이익변경의 판단기준에 대하여 판례는 '불이익변경금지의 원칙을 적용함에 있어서는 주문을 개별적·형식적으로 고찰할 것이 아니라 전체적·실질적으로 고찰하여 그 형의 경중을 판단하여야 한다'라고 하여 전체적·실질적으로 비교·결정하여 판단하고 있다.

(2) 따라서 불이익변경을 판단함에 있어서는 피고인에게 과하여지는 자유구속과 법익박탈의 정도를 전체적·실질적으로 비교하여 결정해야 한다.

3. 사안의 해결

사안에서 항소심이 제1심의 징역 2년 6월을 징역 2년 6월 및 집행유예 5년, 벌금 1억 원으로 변경한 것은 비록 실형이 집행유예로 변경되었으나, 집행유예의 실효나 취소 가능성 그리고 벌금 미납 시 노역장유치 가능성과 그 기간 등을 전체적·실질적으로 고찰할 때 항소심이 선고한 형은 제1심이 선고한 형보다 무거워 피고인에게 불이익하므로 항소심의 판결은 타당하지 않다.

218

살인미수죄로 기소된 甲은 1심에서 징역 3년에 집행유예 5년을 선고받았고, 이에 甲만 불복하여 항소하였다. 항소심은 甲에게 징역 2년 6월의 실형을 선고하였다면 이 선고는 적법한가? (10점) [2020 2차 변형]

1. 논의점

사안에서 甲만 1심판결에 대하여 항소하였으므로 불이익변경금지의 원칙이 적용된다. 그런데 1심에서 징역 3년에 집행유예 5년을 선고받았으나, 항소심에서 甲에게 징역 2년 6월의 실형을 선고한 것이 불이익변경금지의 원칙에 위배되는지 문제 된다.

2. 불이익변경의 판단기준

불이익변경의 판단기준에 대하여 종래 판례는 개별적·형식적 고찰설을 따랐으나 이후 전합 판례에서 '불이익변경금지의 원칙을 적용함에 있어서는 주문을 개별적·형식적으로 고찰할 것이 아니라 전체적·실질적으로 고찰하여 그 형의 경중을 판단하여야 한다'라고 하여 전체적·실질적으로 비교 결정하는 것으로 판례를 변경하였다. 따라서 불이익변경을 판단함에 있어서는 형법 제50조를 기준으로 하면서, 전체적 판단방법에 의하여 피고인에게 과하여지는 자유구속과 법익박탈의 정도를 전체적·실질적으로 비교하여 결정해야 한다.

3. 집행유예와 불이익변경

징역형과 금고형의 집행유예 판결에 대하여 집행유예를 배제하거나 또는 집행유예기간을 연장하는 경우에는 불이익변경에 해당한다. 판례도 '제1심에서 징역형의 집행유예를 선고한데 대하여 제2심이 그 징역형의 형기를 단축하여 실형을 선고하는 것도 불이익변경 금지원칙에 위배된다.'라고 하여 동일한 입장이다.

4. 사안의 해결

따라서 사안에서 1심에서 징역 3년에 집행유예 5년을 선고받았으나, 항소심에서 甲에게 징역 2년 6월의 실형을 선고한 것은 비록 형기는 줄였지만, 집행유예를 배제하였다는 점에서 불이익변경에 해당한다. 따라서 사안의 항소심의 선고는 적법하지 않다.

甲(만 15세)은 절도범행으로 1심 재판을 받았는데, 제1심 법원은 甲에게 징역 장기 3년, 단기 2년을 선고하였다. 이에 甲은 불복하여 항소하였다가 항소이유서를 제출하지 아니하던 중 항소취하서를 제출하였다. 그리고 甲의 법정대리인 중 어머니가 항소취하에 동의하는 취지의 서면을 제출하였으나 아버지는 항소취하 동의서를 제출하지 아니하였다. 그런데 항소법원은 국선변호인을 선정하고 소송기록접수통지를 하였음에도 국선변호인이 항소이유서 제출기간 만료일까지 항소이유서를 제출하지 아니하자 다음 날 甲의 어머니가 사선변호인을 선임하였다. 그런데 항소법원은 곧바로 甲의 항소를 기각하였다. 항소법원의 항소기각 조치의 타당성 여부를 검토하고, 이러한 경우에 항소법원은 어떠한 조치를 취하여야 하는가? (15점)

[2021 1차 변형]

1. 피고인의 항소취하의 효력

사안에서 미성년자인 甲이 항소를 취하하였으나, 아버지가 항소취하 동의서를 제출하지 않았으므로 피고인의 항소취하는 효력이 없다(형사소송법 제350조 본문, 규칙 제153조 제1항).

2. 피고인에게 귀책사유가 있는지 여부

(1) 사안에서 피고인 甲은 미성년자이므로 필요적 변호 사건으로서 변호인이 없는 경우 규칙 제156조의2 제1항에 따라 지체없이 국선변호인을 선정한 후 그 국선변호인에게 소송기록접수통지를 하여야 하고, 규칙 제156조의2 제3항에 따라 국선변호인 선정결정을 한 후 항소이유서 제출기간 내에 피고인이 책임질 수 없는 사유로 그 선정결정을 취소하고 새로운 국선변호인을 선정한 경우에도 그 변호인에게 소송기록접수통지를 하여야 한다.

(2) 그런데 사안에서 甲이 법정대리인의 동의 없이 항소취하서를 제출하였다는 사정만으로는 피고인에게 귀책사유가 있다고 할 수 없다. 따라서 항소법원이 甲의 항소를 기각한 것은 타당하지 않다.

3. 항소법원의 조치

사안에서 항소법원은 국선변호인의 선정을 취소하고 피고인의 어머니가 선임한 사선변호인에게 다시 소송기록접수통지를 하여 사선변호인으로 하여금 그 통지를 받은 때로부터 형사소송법 제361조의3 제1항의 기간 내에 피고인을 위하여 항소이유서를 제출할 수 있도록 기회를 주어야 한다.

> • 먼저 관련 조문을 정확히 이해하는 것이 바람직하다.

형사소송법 제33조 제1항의 필요적 변호사건에서 항소법원이 피고인과 국선변호인에게 소송기록접수통지를 하였으나 피고인과 국선변호인이 항소이유서를 제출하지 않고 있는 사이에 항소이유서 제출기간 내에 피고인이 사선변호인을 선임함에 따라 항소법원이 직권으로 기존 국선변호인 선정결정을 취소하였다. 항소법원은 사선변호인에게 소송기록접수통지를 다시 하여야 하는가? (15점)

[예상문제]

1. 논의점

사안과 같이 필요적 변호사건에서 항소법원이 국선변호인을 선정하고 피고인과 그 변호인에게 소송기록 접수통지를 한 다음 피고인이 사선변호인을 선임함에 따라 항소법원이 국선변호인의 선정을 취소한 경우에도 사선변호인에게 소송기록접수통지를 하여야 하는지에 대하여 논의가 있다.

2. 견해의 대립

이에 대하여는 ① 형사소송법은 소송기록접수통지를 하기 전에 변호인의 선임이 있는 때에만 변호인에게도 소송기록접수통지를 하도록 정하고 있으며, 형사소송규칙 제156조의2 제3항을 새로 선임된 사선변호인의 경우까지 확대해서 적용하거나 유추적용할 수는 없으므로 부정하는 부정설(전합의 다수의견)과 ② 항소법원은 피고인이 소송지연 목적 등의 특별한 사정이 없는 한 새로 선임된 사선변호인에게 항소이유서 작성·제출을 위한 기간을 보장해 주어야 하고, 본 사건은 형사소송규칙 제156조의2 제3항의 사유와 유사성이 있으므로 해당 규정을 유추적용하여 긍정하는 긍정설(전합의 다수의견)이 대립하고 있다.

3. 검토 및 사안의 해결

생각건대 다수의견은 피고인의 방어능력을 보충할 필요가 불가결한 필요적 변호사건에서 변호인의 항소이유서 제출기간을 사실상 단축시켜 변호인의 조력을 받을 피고인의 헌법상 권리를 침해한다는 점을 간과한 것으로서 동의할 수 없다. 따라서 반대의견이 타당하므로 항소법원은 새로 선임된 사선변호인에게 소송기록접수통지를 하여야 한다.

> • 전합 판례 문제로 출제가능성이 높다고 할 수 있다. 그리고 서두르면 이해하기가 어려우므로 먼저 관련 조문을 정확히 살펴보는 것이 바람직하다.

221

> 수뢰후부정처사죄로 기소된 경찰관 P는 제1심 유죄판결에 불복하여 항소하면서 항소이유를 사실오인 및 양형부당으로 적시하고, 항소이유서는 추후 제출한다고 하였는데, 항소심은 항소이유서 제출기간이 경과하기 전에 변론을 진행·종결하고 항소를 기각하였다. 이러한 항소심의 판단은 적법한가? (7점)
>
> [2021 변시]

1. 결론

사안에서 항소심의 판단은 적법하지 않다.

2. 논거

판례에 의하면 '형사소송법 제361조의3, 제364조 등의 규정에 의하면 항소심의 구조는 피고인 또는 변호인이 법정기간 내에 제출한 항소이유서에 의하여 심판되는 것이고, 이미 항소이유서를 제출하였더라도 항소이유를 추가·변경·철회할 수 있으므로, 항소이유서 제출기간의 경과를 기다리지 않고는 항소사건을 심판할 수 없다'라고 하고 있기 때문이다.

> • 판례의 입장으로 정리하면 되는 문제이므로 두괄식으로 답안을 작성하였다.

甲, 乙은 한약사로서 A와 공모하여 한약사 자격이 없는 A가 한약국을 개설하여 다이어트 한약을 판매할 수 있게 하였다. 甲은 자신이 개설한 한약국에서 보건복지부장관이 정한 조제방법을 따르지 않았음에도 불구하고 한의사의 처방전 없이 한약을 조제하고, 전화 상담만을 받고 고객들에게 이를 택배로 판매하였다. 위 각 사실을 공소사실로 하여 甲, 乙에 대하여 각 약사법 위반죄로 공소가 제기되었다. 제1심은 피고인 甲, 乙(이하 甲, 乙을 함께 지칭할 때는 '피고인들'이라 한다)에게 유죄를 인정하면서 각 벌금 1,000만 원의 형을 선고하였다. 이에 대해 피고인 乙은 양형부당만을 이유로 항소하였으나 피고인 甲은 항소하지 않았고 검사는 피고인들에 대해 양형부당을 이유로 항소하였다. 2심 법원은 검사의 항소이유를 받아들여 제1심판결을 파기하고 피고인 甲에 대해 징역 6월 및 집행유예 1년, 피고인 乙에 대해 벌금 2,000만 원의 형을 각 선고하였다. 피고인들은 원심판결에 대하여 논리와 경험칙에 반하여 사실을 잘못 인정하고 필요한 심리를 다하지 아니하였거나 법리를 오해하였다는 점을, 피고인 乙은 이에 덧붙여 양형이 부당하다는 점을 상고이유로 삼아 상고하였다. 위와 같은 상고이유들이 적법한지 그 근거에 대하여 설명하시오. (관련 법리에 관한 대법원 판결이 있는 경우 대법원 판결의 입장과 논거를 포함 시킬 것. 만약 대법관들의 의견이 갈린 경우 다수의견에 따를 것) (10점)　　　　　　　　　　　　　　　　　　　　　　[예상문제]

(1) 형사소송법상 상고심은 항소심판결에 대한 사후심이므로, 항소심에서 심판대상으로 되었던 사항에 한하여 상고이유의 범위 내에서 그 당부만을 심사하여야 한다. 그리고 상고심은 법률심이므로 상고심에서 적정한 판단이 가능하도록 일정한 범위에서 상고를 제한하여 그 기능을 보장해 줄 필요가 있다.

(2) 상고심과 항소심에 걸쳐 마련되어 있는 직권심판권의 발동에 의해 직권심판사항에 해당한다고 판단되는 위법사유에 대해서는 비록 항소심의 심판대상에 속하지 않았던 사항이라도 피고인에게 이익이 되는 방향으로 그 잘못을 최대한 바로잡을 수 있다.

(3) 형사소송법상 공판중심주의, 실질적 직접심리주의가 심리절차의 기본이념으로 채택되어 제1심법원이 충분히 사실을 검토하고 법령을 적용하여 판결한 사유에 대해 피고인이 항소하지 않음으로써 범죄의 성립 여부 등에 관한 판단을 인정하는 태도를 보였다면 그 후에 이를 번복하여 다투려는 것은 허용되기 어렵다.

- 상고이유 제한의 법리에 대한 전합 판례 문제이므로 정리해 두는 것이 바람직하다.

甲에 대한 제1심 판결이 2023. 1. 20. 선고되자 甲은 2023. 1. 25. 심신장애와 양형부당을 이유로 비약적 상고장을 제출하였고, 검사는 2023. 1. 26. 양형부당 등을 이유로 항소장을 제출하였다. 이후 항소심 법원은 사건을 접수하였고, 절차에 따라 검사와 甲은 항소이유서를 제출하였다. 이 경우 甲의 비약적 상고의 효력, 그것의 항소로서의 효력 및 법원의 심판범위를 논하시오. (15점)　　　　　　　　　　　　　　　　[2023 2차 변형]

1. 甲의 비약적 상고의 효력

사안에서 甲이 제기한 비약적 상고는 제373조에 의하여 검사가 적법한 항소를 제기한 경우에는 그 효력을 잃게 된다. 따라서 사안에서는 검사의 적법한 항소가 있었으므로 甲의 비약적 상고는 효력을 잃게 된다.

2. 甲의 비약적 상고의 항소로서의 효력 인정 여부

(1) 사안과 같이 甲의 비약적 상고가 효력을 잃게 되었을 때, 甲의 비약적 상고에 항소로서의 효력을 인정할 수 있는지에 대하여 종래 판례는 항소로서의 효력을 부정하였다.

(2) 그러나 최근 전합 판례에서 '형사소송법 제372조, 제373조 및 관련 규정의 내용과 취지, 비약적 상고와 항소가 제1심판결에 대한 상소권 행사로서 갖는 공통성, 이와 관련된 피고인의 불복의사, 피고인의 상소권 보장의 취지 및 그에 대한 제한의 범위와 정도, 피고인의 재판청구권을 보장하는 헌법합치적 해석의 필요성 등을 종합하여 피고인의 비약적 상고에 항소로서의 효력을 인정할 수 있다'라고 판시하여 긍정설로 그 태도를 변경하였다.

(3) 생각건대 비약적 상고도 1심판결에 대한 불복이라는 점을 고려하면 긍정하는 것이 타당하다. 이러한 긍정설에 따르면 甲의 비약적 상고가 항소의 요건을 구비하였다면 항소로서의 효력을 인정할 수 있다.

3. 항소심의 심판범위

위와 같이 甲의 비약적 상고에 항소로서의 효력을 인정하게 되면, 법원의 심판범위는 심신장애와 양형부당이 될 것이다.

> • 관련된 형사소송법 규정도 같이 기억하는 것이 바람직하다.

224

제1심 법원에서 보석상태로 재판을 받던 甲에 대하여 항소심인 고등법원이 보석허가결정을 취소하자 甲은 검사의 집행지휘에 따라 구치소에 수감 되었다. 법원의 보석취소결정에 대한 甲의 이의제기 방법과 그 효력은? (10점)

[2024 변시]

1. 법원의 보석취소결정에 대한 甲의 이의제기 방법

(1) 사안에서 보석허가를 취소하는 결정은 판결전 소송절차에 관한 결정이지만, 보석에 관한 결정이므로 형사소송법 제403조 제2항에 따라 항고로 불복할 수 있다.

(2) 사안에서 보석허가를 취소하는 법원은 항소심인 고등법원이다. 따라서 이러한 고등법원의 결정에 대하여는 제415조에 따라 대법원에 재항고할 수 있다.

2. 재항고와 집행정지효

재항고는 즉시항고이므로 원칙적으로 제410조에 따라 집행정지효가 있어야 한다. 그런데 최근 대법원 판례는 '형사소송법 제415조가 고등법원의 결정에 대한 재항고를 즉시항고로 규정하고 있다고 하여 당연히 즉시항고가 가지는 집행정지의 효력이 인정된다고 볼 수는 없다.'라고 판시하며 고등법원의 보석허가취소결정에 대한 재항고에 대하여 집행정지효를 인정하지 않고 있다. 이러한 판례에 따르면 사안에서의 재항고는 집행정지효가 없으므로 甲은 계속 구금상태에 있게 된다.

> • 당분간은 논란이 계속될 쟁점이므로 판례 원문을 통해 논거 등을 정리하는 것이 바람직하다.

225

乙은 ○○마트에서의 강제추행을 범하였지만, 형인 甲에게 대신 자수하도록 하였다. 검사 K는 ○○마트에서의 강제추행사건과 관련하여 甲을 기소하고 이에 대한 법원의 유죄판결이 확정되었다. 그러나 甲은 CCTV 화면 등 ○○마트 사건의 진범이 乙임을 밝힐 수 있는 충분한 증거를 바탕으로 자신의 명예를 회복하려 할 때 甲이 구제받을 수 있는 방법과 이러한 甲의 주장이 인정되었을 때 K가 乙을 해당 범죄로 기소할 수 있는지 검토하시오. (15점)

[2015 1차 변형]

1. 甲이 구제받을 수 있는 방법

(1) 확정판결에 대한 재심청구의 신규성 여부

사안에서는 이미 명백성은 인정될 수 있으므로 신규성의 인정 여부에 대하여 검토한다. 이에 대하여는 ① 필요설 ② 불필요설 ③ 절충설이 대립하고 있지만, ④ 판례는 '형사소송법 제420조 제5호의 "명백한 증거가 새로 발견된 때"라 함은 확정판결을 뒤집을만한 증거가치가 있는 증거가 있음을 피고인이 알았으나 과실 없이 확정판결 전에 제출할 수 없었거나, 또는 그 증거가 있음을 알지 못하고 있다가 판결 이후에 새로 발견한 경우를 말한다'라고 하여 절충설의 입장을 취하고 있다.

> • 판결 문구를 정확히 기억하여 두는 것이 바람직하다.

(2) 검토 및 사안의 해결

생각건대 재심의 근본취지는 피고인의 구제에 있으며, 국가기관이 무고한 자임을 알면서 처벌하는 것은 실체적 진실주의에 반하므로 불필요설이 타당하다. 이러한 불필요설에 따르면 사안에서의 甲은 재심을 신청할 수 있다.

> • 사례형 문제에서는 불필요설을 따라가는 것이 답안작성에 편할 때가 많다.

2. 乙에 대한 기소 가능 여부

甲의 확정판결에 대한 기판력의 주관적 효력은 공소가 제기되어 유죄판결이 확정된 甲에게만 발생한다. 따라서 甲의 범죄사실로 기소되지 않은 乙에게는 甲의 확정판결에 대한 기판력은 미치지 않는다. 따라서 사안에서 검사는 乙을 성폭법상의 공중밀집장소에서의 추행죄로 기소할 수 있다.

226

甲과 乙이 범한 합동절도 사건에 대하여 甲이 먼저 기소되어 유죄판결이 확정된 후 乙이 기소되었는데, 乙에 대해서는 무죄판결이 선고, 확정된 경우 甲은 이를 이유로 재심을 청구할 수 있는가? (10점)

[2019 3차 변형] [2022 변시]

1. 논의점

사안과 같이 공범인 乙에 대한 무죄판결이 甲의 확정판결에 대한 재심사유로 삼을 수 있는지에 대하여는 제420조 제5호의 명백성과 관련하여 논의가 있다.

2. 견해의 대립

이에 대하여는 ① 형벌법규의 해석의 차이로 인한 것이 아니라 사실인정에 관하여 결론을 달리한 때에는 명백한 증거라고 보아야 한다는 긍정설 ② 공범자의 유죄판결의 증거와 다른 공범자의 무죄판결의 증거가 동일한 경우에는 증명력의 문제에 지나지 않으므로 명백한 증거가 될 수 없다고 보는 부정설 ③ 공범에 대한 무죄판결이 법령의 개폐나 새로운 법률해석에 따른 것이면 제420조 제5호의 '명백한 증거'에 해당하지 않지만, 공범에 대한 무죄판결에 사용된 증거가 다른 공범에 대해 먼저 확정된 유죄판결을 파기할 만한 개연성이 있는 경우에는 제420조 제5호의 '명백한 증거'에 해당한다는 이분설 등의 대립이 있다.

3. 판례의 태도

판례는 '당해 사건의 증거가 아니고 공범자 중 1인에 대하여는 무죄, 다른 1인에 대하여는 유죄의 확정판결이 있는 경우에 무죄확정 판결의 증거자료를 자기의 증거자료로 하지 못하였고 또 새로 발견된 것이 아닌 한 무죄확정 판결 자체만으로는 유죄확정 판결에 대한 새로운 증거로서의 재심사유에 해당한다고 할 수 없다.'라고 하여 기본적으로 부정설의 입장이다.

4. 검토 및 사안의 해결

생각건대 공범에 대한 모순된 판결은 법관의 자유심증의 결과일 수 있으므로 모순된 판결의 존재만으로 증거의 명백성을 인정할 수는 없으며 추가적으로 증거의 신규성을 요구하는 부정설의 입장이 타당하다. 이러한 부정설의 입장에 따르면 사안에서 甲은 乙에 대한 무죄판결만을 이유로 재심을 청구할 수 없다.

> **유제**
>
> 甲과 乙은 편의점 점원인 A(여)가 편의점 밖으로 잠깐 나간 사이 乙은 밖에서 망을 보고 甲은 A의 핸드백에서 현금 20만 원을 절취하고 도주하였다. 이러한 甲과 乙의 공범사건에 대하여 甲이 먼저 기소되어 유죄판결이 확정된 후, 乙이 기소되었는데 乙에 대하여는 무죄판결이 선고된 경우 甲은 이를 이유로 재심을 청구할 수 있는가? (10점)
>
> [2019 3차 변형]

227

> 甲은 ① 구 국가보안법(1958. 12. 26. 법률 제500호로 폐지제정되기 전의 것) 위반죄 ② 군정 법령 제5호 위반죄 ③ 간첩죄로 유죄판결을 선고받고 확정되었는데, 이후 ①과 ③에 대하여 재심사유가 있다고 할 때 재심개시결정 법원은 ①과 ③에 대하여만 재심개시결정을 하여야 하는가? 아니면 ①②③ 모두에 대하여 재심개시결정을 하여야 하는가? 그리고 만약 재심개시결정법원이 전부 개시결정을 한 경우에 재심법원은 ①②③ 모두를 심리할 수 있는가?
>
> [예상문제]

1. 논의점

사안과 같이 수 개의 범죄사실에 대하여 한 개의 형이 선고·확정되었으나, 경합범의 일부에 대하여만 재심사유가 있는 경우에 재심개시결정의 범위와 재심법원의 심판범위에 대하여 논의가 있다.

2. 견해의 대립과 판례의 태도

이에 대하여는 ① 판결의 주문과 이유는 일체가 되고, 경합범관계에 있는 수 개의 범죄사실에 대하여 한 개의 형이 선고된 이상 일부에 재심이유가 있다고 하더라도 전부에 대하여 재심을 개시하고 심리해야 한다는 전부설 ② 재심사유없는 사실을 다시 심리하는 것은 재심제도의 본질에 반하므로 재심의 이유 있다고 인정되는 사실에 관하여만 재심을 개시하고 심리해야 한다는 일부설 ③ 경합범은 양형에 있어 불가분의 관계에 있어 경합범의 전부에 대하여 재심개시결정을 해야 하지만 재심의 심판범위는 재심사유 있는 사실로 제한되고, 재심사유 없는 사실은 양형에 필요한 범위에서 조사할 수 있을 뿐이라는 절충설이 대립하고 있으며, ④ 판례는 전부설에 따라 재심사유가 없는 사실도 재심법원이 심리할 수 있지만, 이는 형식적으로 심판의 대상에 포함시키는데 그치므로 양형을 위하여 필요한 범위에 한하여만 심리를 할 수 있을 뿐이라고 하여 절충설의 입장이다.

3. 검토 및 사안의 해결

(1) 생각건대 ① 전부설은 이미 확정된 판결을 재심사유가 없음에도 재심의 심판의 대상으로 한다는 점에서 타당하지 않고 ② 일부설은 재심대상판결이 경합범에 관하여 하나의 형을 선고한 경합범의 성질에 반한다는 점에서 타당하지 않다. 따라서 재심개시결정은 경합범 전부에 대하여 하여야 하지만, 재심의 심판대상은 원칙적으로 재심사유가 있는 죄에만 한정되고, 재심사유가 없는 죄는 새로이 양형을 하기 위해 심리하는 정도에 그친다는 절충설이 타당하다.

(2) 따라서 사안에서 재심개시결정법원은 ①②③ 모두에 대하여 재심개시결정을 하여야 하지만, 재심법원은 재심사유가 있는 ①과 ③죄를 심판할 수 있으며 재심사유가 없는 ②죄에 대하여는 양형을 위하여 필요한 범위에 한하여만 심리를 할 수 있을 뿐이다.

> • 본 쟁점에서 재심개시 범위와 재심심판 범위가 서로 연결되어 있다는 점을 주의하여야 한다.

228

甲은 A의 명예를 훼손한 혐의로 기소되었다. 甲은 제1심 판결선고 전에 A가 작성한 고소취소장을 제출하였는데, 제1심 법원은 이를 간과하고 벌금 100만 원의 유죄판결을 선고하였고 이후 그 판결은 확정되었다. 이후 검찰총장이 법령위반을 이유로 비상상고를 제기하였고, 대법원이 비상상고 주장을 이유있다고 판단한다면 대법원은 파기자판할 수 있는가? [예상문제]

1. 논의점

비상상고의 이유는 '심판이 법령에 위반한 것'이며, 판결의 법령위반과 소송절차의 법령위반이 주된 것이 된다. 양자를 구별할 실익은 판결의 법령위반의 경우에는 파기하는 경우 자판할 경우도 있지만, 소송절차의 법령위반의 경우에는 파기에 그친다는 점에 있다. 이러한 경우 판결의 법령위반과 소송절차의 법령위반을 어떠한 기준에 따라 구별하여야 할 것인지에 대하여 논의가 있다.

2. 견해의 대립

이에 대하여는 ① '판결의 법령위반'은 실체법령의 적용위반과 소송조건에 관한 법령위반을 의미하고, '소송절차의 법령위반'은 판결전 소송절차에 관한 법령위반과 판결절차 자체에 관한 법령위반을 의미한다는 소송조건포함설 ② '판결의 법령위반'은 판결 내용에 직접 영향을 미치는 법령위반을 의미하고, '소송절차의 법령위반'은 판결 내용에 영향을 미치지 않는 소송절차의 법령위반만을 의미한다고 하는 판결

영향설 등이 대립하고 있다.

> • 현재 판결절차포함설과 면소판결포함설을 주장하는 학자는 거의 없어 보이므로 생략하였다.

3. 판례의 태도

판례는 처벌불원의 의사표시를 간과하고 실체판결을 한 사안에서 파기자판을 하고 있어 판결의 법령위반으로 파악하고 있지만, 그 이론적 근거를 명확히 밝히고 있지 않다.

4. 검토 및 사안의 해결

생각건대 제444조 제2항이 '법원의 관할, 공소의 수리와 소송절차'라고 규정하고 있으므로 관할과 공소의 수리 등 즉 소송조건은 소송절차와 구별되고, 소송조건의 확인의무는 실체법령을 올바르게 적용해야 할 의무에 버금가는 중요사항이므로 소송조건에 관한 법령위반은 실체법령의 위반에 준하여 '판결의 법령위반'으로 보는 소송조건포함설이 타당하다. 따라서 이러한 소송조건포함설에 따르면 사안에서 대법원은 파기자판할 수 있다.

> • 비상상고에서 시험에 출제될 확률이 가장 높은 쟁점이므로 정리해 두는 것이 바람직하다.

229

> 제1심 법원은 甲에 대하여 징역 3년 6월, 집행유예 5년을 선고하였다. 그런데 검사는 항소하지 않았고, 甲도 집행유예 선고에 만족하고 항소를 제기하지 않아 판결이 확정되었다. 이에 대하여 검찰총장이 할 수 있는 조치와 그로 인한 위 판결의 효력은? (15점)
> [2022 2차 변형]

1. 확정판결의 문제점

형법 제62조 제1항에 의하면 3년 이하의 징역이나 금고 또는 500만원 이하의 벌금의 형을 선고할 경우에 집행유예를 선고할 수 있다. 그런데 사안에서는 징역 3년 6월을 선고하면서 집행유예를 선고한 것은 판결에 대한 법령위반이 된다.

2. 비상상고의 대상

형사소송법 제441조에서는 확정판결에 법령위반이 있는 경우에 검찰총장은 대법원에 비상상고를 할 수 있다. 따라서 사안의 확정판결은 법령위반이 있으므로 검찰총장은 대법원에 비상상고를 제기 할 수 있다.

3. 비상상고 판결의 효력

(1) 형사소송법 제446조에 의하면 대법원은 비상상고가 이유 있고 사안과 같이 판결에 대한 법령위반의 경우에는 원판결을 파기하여야 한다. 그리고 원판결이 피고인에게 불이익한 때에는 원판결을 파기하고 피고사건에 대하여 다시 판결을 하여야 한다.

(2) 그런데 사안에서는 집행유예를 선고받을 수 없는 징역 3년 6월에 대하여 집행유예를 선고받은 것은 피고인에게 불리하지 않으므로 대법원은 원판결을 파기함에 그치고 다시 판결할 필요는 없다. 따라서 원판결의 효력은 그대로 유지되므로 甲의 집행유예는 계속된다.

> • 비상상고의 효력 규정인 제446조의 규정은 암기해 두는 것이 바람직하다.

제3장 | 특별절차

230

> 甲은 약식기소되어 벌금 1천만 원의 약식명령을 선고받았다. 甲은 벌금형은 감당하기 힘들다며 징역형에 대한 집행유예를 선고하여 달라는 취지로 정식재판을 청구한 경우, 법원은 甲에 대하여 징역형의 집행유예를 선고할 수 있는가? (15점) [2014 1차 변형]

1. 형종상향금지의 원칙

종래 약식명령과 즉결심판에 대하여 피고인이 정식재판을 청구한 경우에 불이익변경금지의 원칙이 적용되었다. 그러나 2017. 12. 19. 개정으로 형종 상향 금지 규정을 신설하여 종래의 불이익변경금지의 원칙을 완화하였다. 즉 개정법 제457조의2 제1항에서는 '피고인이 정식재판을 청구한 사건에 대하여는 약식명령의 형보다 중한 종류의 형을 선고하지 못한다.'라고 규정하여 원칙적인 불이익변경금지의 원칙을 완화하고 있다.

2. 사안의 해결

이러한 형종 상향 금지의 원칙상 사안에서 법원은 甲에게 징역형의 집행유예를 선고할 수 없다.

> • 형종상향금지의 원칙 규정인 제457조의2 규정은 암기해 두는 것이 바람직하다.

231

> 검사 K는 甲의 절도 범죄사실에 대하여 약식명령을 청구하였고 법원은 甲에게 벌금 200만 원을 선고하였다. 이에 甲만 약식명령에 대한 정식재판을 청구하였다면 정식재판에서 법원이 甲에게 벌금 300만 원을 선고할 수 있는지 설명하시오. (10점) [2018 2차 변형] [2020 3차 변형]

1. 형종 상향 금지의 원칙

약식명령과 즉결심판에 대하여 피고인이 정식재판을 청구한 경우에 2017. 12. 19. 개정으로 제457조의2 제1항에서 형종 상향의 금지규정을 신설하였다. 따라서 사안의 경우에 법원이 甲에게 약식명령의 형인 벌금 200만 원보다 더 중한 벌금 300만 원을 선고한 것은 형종을 상향한 것은 아니므로 적법하다고 볼 수 있다.

2. 중한 형을 선고하는 경우 양형의 이유 부기

개정법 제457조의2 제2항에서는 약식명령보다 더 중한 동종의 재산형을 선고하는 경우에는 판결서에서 양형의 이유를 적도록 하고 있다. 따라서 사안은 제457조의2 제2항에 따라 약식명령의 형보다 중한 형을 선고하는 경우이므로 판결서에 양형의 이유를 적어야 할 것이다.

PART

03

변호사시험 기출사례

---

* 변호사시험 형사법 기출사례 문제에 대한 해설은 연도별로 수록되어 있음.

  단, 2015년 형사법 사례 1문은 간통죄와 관련된 문제인데,

  현재 간통죄가 폐지되어 그 의미가 상실되었으므로 수록하지 않았음.

甲은 2011. 12. 1. 14 : 00경 서울 서초구 서초동 123에 있는 서초편의점 앞 길에서 그곳을 지나가는 부녀자 A의 핸드백을 열고 신용카드 1장과 현금카드 1장이 들어 있는 손지갑 1개를 꺼내던 순간 이를 눈치챈 A가 "도둑이야."라고 소리치자 위 손지갑을 가지고 그대로 도주하였다. 이에 A는 마침 그곳을 순찰하던 정복 착용의 서초경찰서 서초지구대 소속 경찰관 P1과 함께 甲을 붙잡기 위하여 쫓아갔고, 甲은 이를 피해 계속 도망하다가 대전교도소에서 함께 복역한 적이 있던 乙을 만났다. 甲은 乙에게 사정을 이야기하고 도와달라고 부탁하였고 乙은 이를 승낙하여 甲과 乙은 그곳 길바닥에 있던 깨진 소주병을 한 개씩 들고 甲을 체포하기 위하여 달려드는 경찰관 P1의 얼굴을 찔러 약 4주간의 치료를 요하는 안면부 열상을 가했다. 그런 다음 甲은 도주하였고, 乙은 그곳에서 현행범으로 체포되었다.

2011. 12. 1. 15 : 00경 甲은 집으로 가는 길에 A의 신용카드를 이용하여 의류가게에서 50만 원 상당의 의류를 구입하고, 부근 신한은행 현금자동지급기에서 A의 현금카드를 이용하여 현금 100만 원을 인출하였다.

위 사건을 수사하던 서초경찰서 소속 경찰관 P2는 2011. 12. 1. 21 : 00경 甲이 살고 있는 집에서 25미터 정도 떨어진 곳에서 외출하러 나오는 甲을 발견하고 긴급체포하였다. 경찰관 P2는 그 직후 긴급체포한 甲을 그의 집으로 데려가 그의 방 책상 서랍에 있던 A의 신용카드를 압수하였고 그 후 적법하게 그 신용카드에 대한 압수수색영장을 발부받았다.

검사는 甲과 乙을 병합하여 공소를 제기하였다.

1. 위 사안과 관련하여 甲의 죄책을 논하시오. (30점)

2. 위 사안과 관련하여 乙의 죄책을 논하시오. (30점)

3. 甲이 공판 과정에서도 범행 일체를 부인하자 검사는 甲의 주거지에서 압수한 A의 신용카드를 증거물로 제출하였다. 검사가 제출한 그 신용카드의 증거능력 유무 및 그 근거에 대하여 논하시오. (20점)

4. 제1심 법원은 甲에 대하여 현금카드를 사용하여 현금을 인출한 행위에 대하여는 무죄를 선고하고, 나머지 공소사실에 대하여는 모두 유죄로 인정하고 징역 5년을 선고하였다. 검사만 위 무죄 선고 부분에 대하여 항소하였다. 항소심 법원이 검사의 위 항소가 이유있다고 판단하는 경우 항소심의 심판범위 및 조치에 대하여 논하시오. (20점)

1. 위 사안과 관련하여 甲의 죄책을 논하시오. (30점)

> • 형법 사례 문제에서 甲은 여러 행위를 했음에도 배점이 30점이고, 乙은 甲의 행위 중 일부분만 관여했음에도 불구하고 배점이 30점이다. 따라서 甲의 죄책에 대하여는 일반적인 단순서술형으로 여러 행위에 대한 답안을 작성하고, 乙의 죄책에 대하여는 쟁점서술형으로 답안을 작성하는 것이 바람직하다.

> • 부진정결과적가중범인 특수공무집행방해치상죄과 고의범과의 죄수 문제를 어느 부분에서 설명하여야 할 것인지 문제 된다. 甲에게 강도상해죄가 성립하게 되면 특수상해죄는 이에 흡수되고 학설과 판례 모두 강도상해죄와 특수공무집행방해치상죄의 상상적 경합이라고 하므로 논의의 실익이 크지 않지만, 乙의 경우에는 특수상해죄와 특수공무집행방해치상죄의 죄수 관계에 대하여 학설과 판례가 대립하고 있다는 점을 고려하면 乙의 죄책에서 논의하는 것이 바람직하다.

Ⅰ. 사안의 정리

사안에서 甲의 죄책을 ① A의 핸드백안에 있는 손지갑을 가져간 이후 乙과 함께 깨진 소주병으로 P1의 얼굴에 상해를 입힌 행위 ② A의 신용카드와 현금카드를 사용한 행위 순서에 따라 검토한다.

> • 甲의 죄책을 논함에 있어 어떠한 방식으로 답안을 작성할 것인지 문제 되지만, 사건 진행 순서에 따라 절도에서 강도상해까지의 범행과 이후 카드를 사용한 범행으로 나누어 설명하는 것이 바람직하다. 그리고 서론 부분의 목차는 단순서술형의 문제이므로 사안의 정리 정도로 하는 것이 바람직하며, 생략할 수도 있을 것이다.

Ⅱ. 손지갑을 절취하고 P1의 얼굴에 상해를 입힌 행위에 대한 죄책

1. 절도죄의 성립

甲이 A의 핸드백 안에 있는 손지갑을 가져간 행위는 타인의 점유하에 있는 타인의 재물을 불법영득의사로 절취한 것이므로 절도죄가 성립한다.

2. 특수강도의 준강도의 성립

甲은 시간·장소적으로 절도의 기회에 체포를 면탈할 목적으로 P1에게 깨어진 소주병으로 폭행을 가하였으므로 甲은 특수강도의 준강도죄가 성립한다.

> • 특수강도의 준강도 부분은 단일 쟁점으로도 출제가 가능한 쟁점이다. 그러나 전체의 배점을 고려하고, 특수강도의 준강도의 판단은 폭행행위기준설로 확립되어 있고, 특히 사안에서는 강도상해죄가 성립하게 되므로 간단히 처리하는 것이 바람직하다. 다만, 이 부분도 배점이 있을 수 있는 부분이므로 생략하는 것은 바람직하지 않다.

3. 강도상해죄의 성립

甲은 P1을 깨어진 소주병으로 찔렀고 이에 기하여 P1이 상해를 입었으므로 甲에게는 강도상해죄가 성립한다. 그리고 甲은 위험한 물건을 이용하여 P1에게 상해를 입혔으므로 특수상해죄에 해당하지만 이는 강도상해죄에 흡수된다.

4. 특수공무집행방해치상죄의 성립

사안에서 甲은 위험한 물건인 소주병을 수단으로 직무를 집행하는 공무원인 P1에게 상해를 가하였으므로 부진정결과적가중범인 특수공무집행방해치상죄가 성립한다.

5. 죄수 관계

부진정결과적가중범인 특수공무집행방해치상죄와 강도상해죄의 죄수관계는 다수설과 판례 모두 양죄를 상상적 경합으로 보고 있다.

Ⅲ. A의 신용카드와 현금카드를 사용한 행위에 대한 죄책

1. A의 신용카드로 의류를 구입한 행위

甲이 A의 신용카드를 이용하여 의류를 구입한 행위는 ① 여신전문금융업법상의 신용카드부정사용죄가 성립하고 ② A의 명의의 매출전표를 작성·교부한 것은 사문서위조 및 동행사죄가 성립하고 ③ 자신의 대금으로 의류를 구입한 것은 아니고 카드의 정당한 소지인인양 기망한 부분에 대하여 사기죄가 성립한다. 이러한 행위에 대한 판례의 태도는 신용카드부정사용죄가 성립하면 사문서위조 및 동행사죄는 이에 흡수되고, 신용카드부정사용죄와 사기죄는 실체적 경합 관계로 보고 있다.

2. A의 현금카드로 현금을 인출한 행위

甲이 A의 현금카드를 이용하여 현금인출기에서 현금을 인출한 행위에 대하여는 ① 컴퓨터사용사기죄설 ② 절도죄설 등의 논의가 있지만, ③ 판례는 제347조의2의 재산상이익에는 재물이 포함되지 않는다고 보아 절도죄설을 따르고 있다. 이에 의하면 甲에게는 절도죄가 성립한다.

> • 현금카드를 사용하였으므로 여전법상의 신용카드부정사용죄는 성립하지 않는다는 점을 간단히 적어주는 것도 의미가 있을 것이다.

Ⅳ. 甲의 죄책 정리

사안에서 甲에게는 ① 강도상해죄(제337조)와 ② 특수공무집행방해치상죄(제144조 제2항) ③ 신용카드부정사용죄(여전법 제70조 제1항 제3호) ④ 사기죄(제347조) ⑤ 절도죄(제329조)가 성립한다. 그리고 ①②의 죄는 상상적 경합 관계에 있으며, 이와 ③④⑤의 죄는 실체적 경합 관계에 있게 된다.

2. 위 사안과 관련하여 乙의 죄책을 논하시오. (30점)

Ⅰ. 사안의 정리

乙의 죄책을 ① 甲과 乙이 공동정범이 되는 부분의 죄책과 ② 乙이 단독으로 범죄가 되는 부분을 죄책을 나누어 살펴본다.

II. 甲과 乙의 공동범행에 대한 乙의 기본적인 죄책

1. 특수상해죄의 성립

사안에서 乙은 甲과 함께 위험한 물건인 깨어진 소주병으로 P1을 찔러 상해를 입혔으므로 형법 제258조의2 제1항의 특수상해죄에 해당한다.

> • 본 쟁점과 관련하여 2인 이상이 공동으로 하였으므로 폭처법 제2조 제2항의 공동특수상해죄가 문제될 수 있다. 그러나 폭처법 제2조 제2항 제3호에서는 형법 제258조의2의 죄가 누락되어 있으므로 공동특수상해의 죄로는 의율하지 않는다. 다만, 2인 이상이 위험한 물건을 휴대하여 특수상해를 범한 경우에 제258조의2 제1항에 따라 형량이 1년 이상 10년 이하가 되고, 2인 이상이 단순상해를 범한 경우에는 폭처법 제2조 제2항 제3호 위반죄가 성립하여 10년 6월 이하의 징역(상해죄의 형인 7년 이하의 형에 2분의 1 가중)에 처하게 되는 형의 불합리가 발생하게 되므로 이에 대한 입법적 보완이 필요하다 하겠다.

2. 특수공무집행방해치상죄의 성립

사안에서 乙은 甲과 함께 위험한 물건인 깨어진 소주병으로 직무를 집행중인 P1을 찔러 상해를 입혔으므로 부진정결과적가중범인 특수공무집행방해치상죄가 성립한다.

3. 죄수 관계

먼저 부진정결과적가중범인 특수공무집행방해치상죄와 특수상해죄의 죄수 관계에 대하여 ① 다수설은 상상적 경합으로 보지만 ② 판례는 특수공무집행방해치상죄는 특수상해죄의 특별관계로 보아 특수공무집행방해치상죄만 성립한다고 보고 있다. 따라서 사안에서 판례에 의하면 乙은 기본적으로 특수공무집행방해치상죄가 성립한다.

> • 참고로 부진정결과적가중범인 특수공무집행방해치상죄와 특수상해죄의 죄수가 문제 되지만, 2016. 1. 6. 개정 이전에는 폭처법상의 특수상해죄의 형량이 3년 이상으로 특수공무집행방해치상죄와 형량이 동일하여 제법 의미있는 논의가 있었지만, 현재는 형법 제258조의2 제1항에 특수상해죄가 신설되어 형량이 1년 이상 10년 이하이므로 특수공무집행방해죄보다 형량이 낮아 이전만큼의 논의의 실익은 없게 되었다.

III. 甲과 乙의 공동범죄에 대한 乙의 죄책 범위

1. 논의점

사안과 같은 결합범에 있어 후행 가담자인 승계적 공동정범 乙의 죄책을 甲의 전체범행으로까지 확장할 수 있는지에 대하여 논의가 있다.

2. 견해의 대립과 판례의 태도

이에 대하여는 ① 전체 범행에 대하여 책임을 져야 한다는 긍정설과 ② 가담 이후의 부분에 대하여만 책임을 져야 한다는 부정설이 대립하고 있으며, ③ 판례는 가담 이후의 범행에 대해서만 공동정범으로써의 책임을 진다고 하여 가담 이전 부분에 대한 죄책을 부정하는 부정설의 입장이다.

> • 참고로 판례는 ㉠ 포괄일죄와 관련된 사안에서는 가담 이후의 범행에 대해서만 공동정범으로써의 책임을 진다고 하여 가담 이전 부분에 대한 죄책을 부정하고 ㉡ 결합범과 관련된 사안에서는 전체범죄에 대한 방조만을 인정함으로써 전체범죄에 대한 공동정범의 성립을 인정하지 않고 있다. 이러한 판례의 태도를 포괄일죄와 관련된 판례와 결합범과 관련된 판례를 구별하여 설시할 수도 있으나, 변호사시험에서는 시간과 공간이 충분하지 않으므로 간단히 부정설로 정리한다.

3. 검토 및 사안의 해결

생각건대 현재 확립된 행위지배설에 의하면 가담 이전의 행위에 대하여는 기능적 행위지배를 인정할 수 없으므로 부정설이 타당하다. 이러한 부정설에 따르면 乙은 특수공무집행방해치상죄에 대한 죄책만 부담한다.

IV. 乙의 단독범행에 대한 죄책

1. 범인도피죄의 성립

사안에서 乙은 甲이 절도범이라는 사정을 알고 甲을 체포를 면탈하여 도피시킬 목적으로 특수공무집행방해죄를 범하고 있으므로 이는 범인도피죄에 해당한다.

2. 절도죄의 방조범의 성립

사안에서 乙은 甲의 절도가 완료되기 이전에 절도 범행을 도와주고 있으므로 절도죄의 방조범이 성립한다.

V. 乙의 죄책

사안에서 乙에게는 ① 특수공무집행방해치상죄(제144조 제2항) ② 범인도피죄(제151조 제1항) ③ 절도 방조죄(제329조, 제32조 제1항)가 성립하며, 이들은 모두 상상적 경합 관계에 있다.

---

3. 甲이 공판 과정에서도 범행 일체를 부인하자 검사는 甲의 주거지에서 압수한 A의 신용카드를 증거물로 제출하였다. 검사가 제출한 그 신용카드의 증거능력 유무 및 그 근거에 대하여 논하시오. (20점)

I. 서 언

사안에서 신용카드의 압수는 제216조 제1항 제2호의 체포현장에서의 압수 또는 제216조 제3항의 범죄장소에서의 압수가 아닌 제217조 제1항에 따른 영장없는 긴급압수이므로 이와 관련된 쟁점들을 논리적 순서에 입각하여 검토한다.

> • 사안에서 甲을 긴급체포한 후 25m 떨어진 甲의 집에서 신용카드 등을 압수한 것은 체포현장으로 보기 어려우므로 제217조 제1항의 긴급압수를 위주로 검토한다.

II. 긴급체포의 적법성

사안의 경우에는 경찰관 P2가 甲을 긴급체포한 것이 적법한 것인지가 문제될 수 있지만, 긴급체포의 요건인 ① 중대성 ② 필요성 ③ 긴급성이 구비되어 있으므로 적법한 긴급체포라고 평가된다.

> • 제217조에 따른 긴급압수가 적법하기 위해서는 그 전제인 긴급체포가 적법하여야 한다. 이러한 긴급체포의 적법성은 사례형 문제에서 어느 정도 배점이 있으므로 선결문제로서 이를 간단히 적어주는 것이 바람직하다.

Ⅲ. 제217조의 적법절차 준수 여부

제217조 제1항에서는 긴급체포된 자가 소유·소지 또는 보관하는 물건에 대하여 긴급히 압수할 필요가 있는 경우에는 체포한 때로부터 24시간 이내에 영장없는 압수를 허용하고 있다. 따라서 사안에서 신용카드에 대한 긴급압수는 A의 소유물이지만 긴급체포의 사유인 강도상해죄와 관련된 증거물로써 甲이 보관하고 있던 물건이며, 긴급체포 직후의 압수이므로 외형상 적법성을 인정할 수 있다. 그리고 제217조 제2항에서는 제217조 제1항의 압수의 경우에 사후영장을 청구하도록 되어 있으나, 이는 적법하게 발부받았으므로 제217조의 요건은 모두 구비되었다.

> • 제217조 제1항 긴급압수의 적법성 문제는 ① 선결문제로 제200조의3 긴급체포의 적법성을 검토하고 ② 긴급압수의 기본요건인 제217조 제1항의 요건을 검토하고 ③ 압수의 일반적인 요건을 검토하되 특히 제220조에 의한 요급처분의 특례가 적용되지 않으므로 책임자 참여와 야간압수의 제한을 위주로 검토하고 ④ 사후영장청구인 제217조 제2항의 순서로 검토하는 것이 원칙이다. 하지만, 상황에 따라서는 즉 이미 사후영장을 받은 경우에는 ②와 ④를 묶어서 서술할 수 있다.

Ⅳ. 제219조에 따른 준용규정의 준수 여부

긴급압수의 경우에는 제220조에 의한 요급처분의 특례가 적용되지 않으므로 제219조에 의하여 준용되는 압수에 대한 적법절차를 준수하여야 한다. 사안에서는 긴급압수시 甲의 주거에 甲을 대동하고 있으므로 제122조의 당사자에의 통지, 제121조의 당사자의 참여와 제123조의 책임자의 참여의 요건도 구비되어 있다. 다만 사안에서 문제가 되는 것은 21 : 00에 긴급체포한 직후 25m 떨어진 甲의 집에서 신용카드를 압수하고 있으므로 제125조의 야간압수의 제한을 준수하지 못하고 있다.

Ⅴ. 제125조의 야간압수의 제한 미준수와 사후영장의 발부에 대한 논의

사안에서는 야간압수의 제한을 미준수하고 있지만, 적법하게 사후영장을 발부받고 있다. 이와 관련하여 제125조는 야간의 집행을 절대적으로 금지한 것이 아니라 '압수·수색영장에 야간집행을 할 수 있는 기재가 없으면'이라고 상대적으로 규정하고 있으므로 사안처럼 사후에 영장을 받은 경우에 그 증거능력 여부가 문제 된다. 이에 대하여는 ① 증거능력 긍정설과 ② 증거능력 부정설이 대립하고 있으며, ③ 판례는 증거능력 긍정설의 입장을 따른 판례가 있다.

생각건대 긴급체포의 긴급성에 비추어 볼 때 야간의 긴급압수의 필요성을 부인할 수 없지만, 적정절차에 의한 실체적진실의 발견이라는 형사소송법의 이념에 비추어 볼 때 이러한 하자의 치유는 인정할 수 없다고 보아 증거능력을 부인하는 것이 타당하다.

Ⅵ. 결 언

사안에서 압수된 신용카드는 형사소송법 제219조에 의하여 준용되는 제125조의 야간압수제한을 준수하지 못하여 증거능력이 없다.

> • 긍정설에 따른 해설 - 생각건대 긴급체포의 긴급성에 비추어 볼 때 야간의 긴급압수의 필요성을 부인할 수 없으므로 법원의 영장을 발부받은 경우에는 그 증거능력을 긍정하는 긍정설이 타당하다. 따라서 사안에서 압수된 신용카드는 형사소송법 제219조에 의하여 준용되는 제125조의 야간압수 제한을 준수하지 못하였지만, 사후영장을 발부받아 하자가 치유되었으므로 증거능력이 있다.

4. 제1심 법원은 甲에 대하여 현금카드를 사용하여 현금을 인출한 행위에 대하여는 무죄를 선고하고, 나머지 공소사실에 대하여는 모두 유죄로 인정하고 징역 5년을 선고하였다. 검사만 위 무죄 선고 부분에 대하여 항소하였다. 항소심 법원이 검사의 위 항소가 이유있다고 판단하는 경우 항소심의 심판범위 및 조치에 대하여 논하시오. (20점)

> • 본 문제는 배점이 20점이며, 항소심의 조치는 간단히 적으면 되므로 항소심의 심판범위 부분이 배점이 크다. 따라서 이 부분은 충실하게 적어주는 것이 바람직하다.

Ⅰ. 항소심의 심판범위

1. 논의점

사안과 같이 수개의 경합범에서 일부 유죄, 일부 무죄의 판결이 있은 후 검사만 무죄부분을 일부항소하였고, 이에 대해 항소법원은 검사의 항소가 이유있다고 할 때 항소법원은 기본적으로 일부항소한 부분을 파기하여야 한다. 그런데 일부항소하여 파기되는 부분과 항소되지 않은 유죄부분은 수개의 경합범으로서 과형상 불가분의 관계에 있으므로 항소법원의 파기와 심판범위에 대하여 논의가 있다.

2. 견해의 대립

이에 대하여는 ① 일부상소의 일반법리에 따라 쌍방이 항소하지 않은 부분은 분리확정되고, 항소기간이 지남으로써 확정되어 항소심에 계속된 사건은 무죄판결 부분에 대한 공소뿐이라는 점을 논거로 무죄부분만 파기하고 심판하여야 한다는 일부파기설(전합의 다수의견) ② 형법 제37조의 경합범은 서로 과형상 불가분의 관계에 있으며, 이에 상소불가분의 원칙에 따라 유죄부분도 항소심에 이심된다고 보아 항고하지 않은 유죄부분도 같이 파기하고 전부를 심판하여야 한다는 전부파기설(전합의 반대의견)이 대립하고 있다.

3. 검토 및 사안의 해결

일부상소가 허용되는 범위에서는 ① 일부라도 판결을 확정시켜 두는 것이 피고인의 불안정한 지위를 해소하는 것이며 ② 두 개의 형이 선고되는 경우에는 불이익변경금지의 원칙을 고려함으로 해결하면 되므로 일부파기설이 타당하다. 따라서 이러한 일부파기설의 입장에 따르면 일부항소된 무죄부분만이 항소심의 심판대상이 된다.

Ⅱ. 항소심의 조치

항소심은 사실심이므로 파기 이후에 자판을 원칙으로 한다. 따라서 일부파기설에 의하면 항소심은 형사소송법 제364조 제6항에 따라 검사의 항소가 이유 있을 때에는 무죄부분만 파기하고 자판하면 될 것이다.

> • 일반적인 내용이므로 근거 조문을 적시하는 것이 득점에 유리할 것이다.

고소인 甲은 서초경찰서에 '피고소인 乙은 고소인에게 상해보험금이라도 타서 빌려준 돈을 갚으라고 하면서 고소인의 쇄골을 골절해서 4주간의 상해를 입혔다. 그런데 뜻대로 안 되니까 이제는 돈을 갚으라고 협박하고 있다.'는 내용으로 고소하였다.

이를 접수한 사법경찰관 P1은 법원으로부터 영장을 받아 사채업자 乙의 사무실을 압수·수색하였다. 그 결과 甲 명의의 전세계약서, 소비대차계약서, 상해보험증권과 乙 소유의 비망록, 회사 영업장부 등을 압수하였다. 압수한 자료를 검토하던 사법경찰관 P1은 乙에게 "보험금을 청구했느냐?"라고 묻자, "교통사고를 가장해서 보험금을 청구해 보려고 했는데, 甲이 차마 더 이상 못하겠다고 해서 포기했다. 甲이 스스로 보험에 가입하였고, 甲이 승낙하여 상해를 입힌 것이다." "오히려 내가 피해자다. 甲에게 돈을 빌려 주었는데 담보로 받은 전세계약서가 위조되었다."고 주장하였다.

대질과정에서 甲은 전세계약서의 보증금란에 기재된 2,000만 원을 5,000만 원으로 고쳐 위조한 것은 사실이라고 자백하였다. 그리고 甲은, 乙이 '돈을 갚지 않으면 아들을 등교 길에 유괴할 수도 있다.'는 등으로 협박한 전화 통화내용을 직접 녹음한 테이프와 乙이 보낸 핸드폰 메시지를 촬영한 사진 20매를 증거로 제출하였다.

P1은 乙에게 소주라도 한잔하자면서 경찰서 주변 식당으로 乙을 데리고 가 비망록에 '구청직원 접대' 부분을 지적하면서, "접대를 한 구청직원이 누구이고, 왜 접대를 한 것이냐? 앞으로 내가 잘 챙겨 주겠다."는 등으로 설득을 하였다. 당시 진술거부권의 고지는 없었다.

더 이상 버틸 수 없다고 생각한 乙은 "사실은 사건 브로커 丙에게 3,000만 원을 주어 구청직원에게 대부업에 대한 행정단속 등에 편의를 봐 달라는 부탁을 하고 돈을 전달하게 했는데, 돈을 주었는지는 모르겠다."고 진술하였다. 경찰서로 복귀한 후 P1은 乙에 대한 피의자신문조서를 작성하고, 돈을 건네 준 丙을 소환하여 조사하였다. 丙은 "乙에게서 3,000만 원을 받아 丁에게 전액 전달하였다."고 자백하였다. 이에 P1은 구청직원 丁을 소환하여 조사하였는데 丁은 범행 일체를 부인하였다.

검찰에서 甲, 乙과 丙은 경찰에서 한 진술과 같이 모두 자백하였으나, 丁은 일관되게 "친구인 丙으로부터 청탁을 받은 적은 있으나 돈은 결코 받지 않았다."고 주장하였다. 검찰에서의 피의자 신문과정에서는 진술거부권이 적법하게 고지되었고, 변호인이 참여한 상태에서 조사가 이루어졌다.

제1회 공판기일에 피고인 甲은 자백하였으나, 乙과 丙은 검찰진술을 번복하면서 검사가 작성한 피의자신문조서의 진정 성립을 부정하였고, 丁은 일관되게 범행을 부인하였다.

1. 甲과 乙의 형사책임을 논하시오. (35점)

2. 丙과 丁의 형사책임을 논하시오. 이 경우 丁에게 뇌물이 전액 전달된 것임을 전제로 한다. (15점)

3. 다음의 각 증거들에 대한 증거능력을 부여하기 위한 요건은 무엇인가? (35점)

   (1) P1이 압수한 비망록

   (2) 乙이 부동의 한 甲이 제출한 녹음테이프와 핸드폰 메시지를 촬영한 사진

   (3) 진술을 번복하는 乙에 대한 검사 작성의 피의자신문조서

4. 丙의 변호인은 乙의 자백이 위법하게 수집한 것으로 증거능력이 없다고 주장한다. 경찰과 검찰에서 한 자백을 각각 나누어 그 주장의 당부를 논하시오. (15점)

1. 甲과 乙의 형사책임을 논하시오. (35점)

> • 1번 문제인 甲과 乙의 형사책임을 묻는 문제는 대표적인 단순서술형 문제이다. 따라서 간략하게 쟁점에 대한 결론을 도출하되, 쟁점이 누락되지 않도록 하는 것이 중요하다. 그리고 적어야 할 쟁점이 많이 있으므로 전체적인 서론은 생략하고 바로 甲과 乙의 형사책임으로 목차를 잡는 것이 바람직하다.

I. 甲의 형사책임

1. 무고죄의 불성립

무고죄는 타인으로 하여금 형사처분 또는 징계처분을 받게 할 목적으로 공무소 또는 공무원에 대하여 허위의 사실을 신고하는 죄인바, 사안에서 '乙이 甲을 상해하고, 협박했다'고 고소한 부분은 객관적 진실에 부합하므로 무고죄는 성립하지 아니한다.

2. 사문서변조와 동행사죄의 성립

전세계약서에는 임차인 甲뿐만 아니라 임대인의 명의도 기재되므로 甲이 보증금액을 수정한 것은 임대인 명의 부분에 대한 것은 사문서의 변조죄가 성립하고, 이를 타인인 乙에게 행사하였으므로 甲은 사문서변조죄 및 동행사죄가 성립한다.

3. 금전을 차용한 부분에 대한 사기죄의 성립

전세계약서의 보증금란을 2,000만 원에서 5,000만 원으로 사문서를 변조하여 이를 담보로 하여 금전을 차용한 행위는 ① 기망 ② 착오 ③ 처분행위 ④ 이익의 취득 ⑤ 손해의 발생의 요건을 구비하였으므로 乙에 대한 사기죄가 성립한다.

4. 보험사기죄의 불성립

판례에 의하면 보험사기의 실행의 착수는 보험금을 청구할 때에 있는바, 사안에서는 아직 보험금을 청구하지 않았으므로 사기죄의 예비에 불과하다. 그리고 사기죄는 예비를 처벌하지 않으므로 이 부분은 범죄가 성립하지 않는다.

5. 통신비밀보호법 제16조 위반죄의 불성립

甲이 乙과의 대화를 비밀녹음한 것이 통비법위반죄가 성립되는지가 문제 되지만, 판례에 의하면 대화당사자 사이의 비밀녹음은 불법감청이 되지 않는다고 하므로 甲은 통비법위반죄는 성립하지 않는다.

6. 甲의 죄책

사안에서 甲에게는 ① 사문서변조죄(제231조) ② 동행사죄(제236조) ③ 사기죄(제347조)가 성립하고, 이들은 모두 실체적 경합 관계에 있다.

II. 乙의 형사책임

1. 甲을 상해한 행위에 대한 상해죄의 성립

乙은 보험사기를 하기 위하여 甲의 승낙을 얻어 甲을 상해하고 있는바 이러한 경우에 상해죄의 구성요건에 해당하지만 피해자의 승낙으로 위법성이 조각될 수 있는가가 문제 된다. 그런데 피해자의 승낙으로 위법성이 조각되기 위해서는 ① 피해자의 유효한 승낙이 존재해야 하고 ② 피해자의 승낙에 따른 행위가 있고 ③ 사회상규에 어긋나지 않아야 한다는 요건을 구비하여야 하나, 사안에서는 보험사기를 범하기 위하여 상해의 승낙을 얻은 경우이므로 상당성의 요건을 결여하여 위법성이 조각되지 않고 상해죄가 성립하게 된다.

2. 보험사기죄의 불성립

乙에게 보험사기죄가 성립할 수 있는지가 문제 되지만, 위에서 살펴본 바와 같이 아직 실행의 착수가 있다고 보기 어려우므로 사기죄에 대한 부분은 무죄가 된다.

3. 공갈미수범의 성립

사안에서 乙은 자기 채권을 행사하기 위하여 사회상규에 어긋나는 협박을 하고 있다. 이에 대하여 ① 다수설은 불법의 의미에 대하여 영득의 불법설의 입장에서 협박죄만 성립한다는 협박죄설을 따르고 있으나, ② 판례는 불법의 의미에 대하여 갈취의 불법설의 입장에서 공갈죄가 성립한다는 공갈죄설을 따르고 있다. 생각건대 자기의 권리라도 사회상규에 어긋난 협박을 하여 이를 행사하는 것은 법질서를 해하는 행위이므로 공갈죄설이 타당하다. 이에 따르면 乙에게는 공갈미수죄가 성립한다.

> • 협박죄설을 따른 결론 - 생각건대 자신의 재산에 대한 영득죄를 인정하기 곤란하다는 점에서 협박죄만 성립한다고 보는 것이 타당하다. 이에 따르면 乙에게는 협박죄의 기수범이 성립한다.

> • 본 문제에서는 공갈죄설을 따라가는 것이 바람직하다. 왜냐하면 협박죄설을 따를 경우에는 협박죄의 기수시기를 검토해야 하므로 답안 분량이 늘어날 수 있기 때문이다.

4. 정통망법 제74조 제1항 제3호 위반죄 성립

乙은 甲에게 20번에 걸쳐 협박 문자를 보낸 것은 '공포심이나 불안감을 유발하는 문언을 반복적으로 도달하게 한 행위'에 해당하므로 정통망법 제74조 제1항 제3호 위반죄가 성립한다.

5. 증뢰물전달죄의 성립

乙은 직무관련성이 인정되는 공무원 丁에게 전달해 주라고 丙에게 3,000만 원을 건네주고 丙은 이를 丁에게 전달해 주고 있는바, 이러한 경우 乙은 제133조 제2항의 증뢰물전달죄가 성립한다.

6. 乙의 죄책

사안에서 乙에게는 ① 상해죄(제257조 제1항) ② 공갈미수죄(제352조, 제350조 제1항) ③ 정통망법위반죄(정통망법 제74조 제1항 제3호) ④ 증뢰물전달죄(제133조 제2항)가 성립하며, ②와 ③의 죄는 상상적 경합 관계에 있으며, 나머지범죄들과는 실체적 경합 관계에 있다.

2. 丙과 丁의 형사책임을 논하시오. 이 경우 丁에게 뇌물이 전액 전달된 것임을 전제로 한다. (15점)

> • 2번 문제는 두 사람의 죄책을 묻고 있지만, 배점이 15점이고 큰 쟁점이 없는 단순서술형 문제에 해당한다. 따라서 각 죄의 성립요건을 간단히 설시한 후 사안을 포섭하는 답안으로 작성되어야 할 것이다. 주의할 점은 丁의 죄책과 관련하여 특가법의 적용을 반드시 적시하여야 한다. 그리고 배점이 작아서 너무 큰 목차를 잡으면 답안이 어색해질 수 있으므로 작은 목차만 설정하고 목차 없이 내용만 설시하는 것이 바람직하다.

1. 丙의 죄책

(1) 乙로부터 丁에게 전달해 달라는 부탁을 받고 3,000만 원을 丁에게 전달한 丙의 죄책으로 제133조 제2항의 증뢰물전달죄가 성립하기 위해서는 ① 3,000만 원이 뇌물 즉 직무와 관련된 부당한 대가이어 야 하고 ② 이러한 뇌물이라는 정을 알면서 제3자에게 전달해주기 위하여 교부받아야 한다.

(2) 사안에서 ① 丁은 乙의 대부업을 행정단속하는 권한이 있는 공무원이므로 위 3,000만 원은 직무관련성이 인정되는 부정한 대가이므로 뇌물성이 인정되고 ② 乙이 丙에게 위 금전을 전달한 것은 이러한 사실을 인식하면서 교부받은 것이므로 제133조 제2항의 증뢰물전달죄가 성립한다.

(3) 따라서 丙은 乙로부터 금전을 교부받았을 때에 증뢰물전달죄가 성립하고, 그 이후에 전달한 행위는 별죄를 구성하지 아니한다.

2. 丁의 죄책

(1) 구청직원 丁은 사건브로커 丙으로부터 乙의 대부업에 대한 행정단속 등의 편의를 봐 달라는 청탁과 함께 이에 대한 대가로 금전을 받았으므로 丁은 乙에게서부터 직접 금전을 교부받지 않았다고 하더라도 丁은 제129조 제1항의 뇌물수수죄가 성립한다.

(2) 특히 특가법 제2조 제1항 제3호에 의하면 공무원의 수뢰액이 3,000만 원 이상인 경우에는 가중처벌된다. 사안에서는 수수한 금전이 3,000만 원 이상이므로 특가법이 우선 적용된다.

3. 다음의 각 증거들에 대한 증거능력을 부여하기 위한 요건은 무엇인가? (35점)
(1) P1이 압수한 비망록
(2) 乙이 부동의 한 甲이 제출한 녹음테이프와 핸드폰 메시지를 촬영한 사진
(3) 진술을 번복하는 乙에 대한 검사 작성의 피의자신문조서

> • 형사소송법 문제치고는 배점이 상당히 큰 문제이나, 세 개의 증거가 있으므로 적절히 배점에 맞도록 배분을 하여야 할 것이다. 문제는 전문증거의 증거능력만을 논해야 하는지 위법수집증거부분도 논해야 하는지가 명확하지 않다. 출제자가 문제 4.에서 위수증과 독수독과이론을 묻고 있는 것으로 보아 전문증거 부분만 적는 문제라는 추론이 가능하므로, 본 문제에서는 전문증거의 증거능력 인정요건에 대하여만 해설한다.

Ⅰ. P1이 압수한 비망록

> • 문제에서의 비망록이 어떤 성질의 비망록인지가 명확하지 않아 답안 작성에 어려움이 있다. 따라서 부득이 본 문제는 일반론으로 답안을 작성한다.

1. 제315조의 서류 해당 여부 및 제318조 제1항의 당사자의 동의

사안에서 비망록은 전문증거이지만, 제315조 제3호의 서류에 해당하는 경우에는 당연히 증거능력이 인정될 수 있다. 그리고 사안에서의 비망록이 제315조 제3호의 문서에 해당하지 않는 경우에는 제318조 제1항의 당사자의 동의가 있고, 진정성이 인정되면 증거능력이 인정된다.

2. 제313조의 요건 구비

사안의 비망록은 진술자인 乙이 자신의 진술을 기재한 진술서로서의 성격을 지니고 있다. 따라서 피고인

의 동의가 없거나 법원에 의해 제315조의 서류에 해당하지 않는다면, 제313조의 요건을 구비하여야 한다. 즉 이러한 경우에는 제313조 제1항이나 제2항에 따라 성립의 진정을 인정되고, 특히 乙에 대하여는 제313조 제1항 단서에 의하여 특신상태가 인정되면 증거능력이 인정될 수 있을 것이다.

> • 2016. 5. 29. 개정으로 제313조 제2항에 신설되었으므로 이 부분도 누락이 없도록 하여야 한다.

Ⅱ. 녹음테이프와 핸드폰 메시지를 촬영한 사진

> • 녹음테이프와 핸드폰 메시지를 촬영한 사진은 먼저 그 성격을 밝힌 이후에 증거능력 인정요건을 설시하는 것이 바람직하다.

1. 녹음테이프의 증거능력 인정요건

(1) 사안처럼 대화당사자의 일방이 녹음한 것은 통비법에서 말하는 감청이 아니므로 위수증은 아니라고 할 것이다. 그리고 사안에서는 범인이 협박을 하는 목소리 그 자체를 녹음한 경우이므로 이는 현장녹음이다.

(2) 현장녹음의 증거능력 인정요건에 대하여는 ① 비진술증거설 ② 검증조서유추적용설 ③ 진술증거설이 대립하고 있다.

(3) 생각건대 범인이 협박하는 목소리를 그대로 녹음한 경우에는 이를 비진술증거로 보고, 다만 조작의 위험성이 있으므로 검증조서규정을 유추적용하는 것이 타당하다. 따라서 사안에서는 제312조 제6항을 유추적용하여 녹음자인 甲이 그 성립의 진정을 인정하면 증거능력이 인정될 수 있다.

2. 핸드폰 메시지를 촬영한 사진의 증거능력

(1) 협박내용이 들어있는 핸드폰 메시지를 촬영한 사진의 경우에 본래 제출되었어야 할 핸드폰의 대용물로써 제출된 경우이므로 사본으로서의 사진으로서의 성격을 지닌다.

(2) 이러한 사본으로서의 사진이 증거능력을 인정하기 위해서는 ① 휴대전화기를 법정에 제출할 수 없는 사정이 있고 ② 사진이 휴대전화기의 내용과 일치한다는 것을 검사가 증명한다면 증거능력이 인정될 수 있다.

Ⅲ. 진술을 번복하는 乙에 대한 검사 작성의 피신조서

> • 본 문제는 2020년 제312조 제1항이 개정되기 이전의 조문을 전제로 출제된 것이다. 그러나 현재는 제312조 제1항이 제312조 제3항과 동일한 내용으로 개정되었으므로 개정된 내용에 따라 해설한다. 그리고 乙, 丙, 丁의 범죄는 수뢰죄와 관련된 공범임을 전제로 답안을 작성한다.

1. 乙에 대한 증거능력 인정요건

진술을 번복하는 乙에 대하여 乙의 검사작성의 피신조서가 증거능력을 인정받기 위해서는 제312조 제1항에 따라 ① 적법한 절차와 방식 ② 내용의 인정이 있어야 한다. 그런데 사안에서는 乙이 내용부인의 취지로 범죄를 부인하고 있으므로 乙에게 증거능력이 없다.

2. 丙과 丁에 대한 증거능력 인정요건

(1) 2020년의 제312조 제1항의 개정 이전에는 乙의 검사작성 피의자신문조서를 공범인 공동피고인인 丙과

丁에 대한 증거로 하기 위한 요건에 대하여 제312조 제4항설을 따랐으나, 개정 이후에는 제312조 제1항이 적용된다는 것이 판례이다. 따라서 공범인 乙의 검사작성 피의자신문조서를 丙과 丁에게 증거능력을 인정하기 위해서는 제312조 제1항이 적용되어 ① 적법한 절차와 방식을 구비하고 ② 丙과 丁에 의하여 내용이 인정되면 증거능력이 인정된다.

(2) 사안에서 丙은 범죄성립을 부인하는 취지에서 성립의 진정을 부인하고 있으며, 丁은 범행을 부인하고 있으므로 乙의 검사작성 피의자신문조서는 丙과 丁에게 증거능력이 인정되지 않는다.

---

4. 丙의 변호인은 乙의 자백이 위법하게 수집한 것으로 증거능력이 없다고 주장한다. 경찰과 검찰에서 한 자백을 각각 나누어 그 주장의 당부를 논하시오. (15점)

> • 본 문제는 검경수사권 조정 이전의 이중수사를 전제로 출제한 문제이므로 지금은 이러한 문제출제는 쉽지 않을 것이다.

1. 경찰에서의 자백의 증거능력

경찰관 P1은 피의자를 신문함에 있어 진술거부권을 고지하지 않고 자백을 받아내고 이를 바탕으로 피의자신문조서를 작성하고 있다. 이러한 진술거부권의 불고지는 헌법상의 자기부죄거부의 특권을 바탕으로 헌법정신을 위배한 중대한 위법이므로 이러한 자백은 위법수집증거배제법칙을 규정한 제308조의2 내지는 자백배제법칙을 규정한 제309조에 의하여 그 증거능력이 없다.

2. 검찰에서의 자백의 증거능력

(1) 독수독과의 원칙

사안에서 검찰에서의 자백은 경찰에서 위법하게 수집한 자백을 바탕으로 하여 파생된 것이므로 독수독과의 이론에 따라 그 증거능력이 인정되지 않는 것이 원칙이다.

(2) 독수독과의 원칙의 예외

독수독과의 원칙을 관철하게 되면 실체적 진실이 훼손되는 경우가 발생할 수 있으므로 이러한 원칙에는 ① 오염순화의 예외 ② 불가피한 발견의 예외 ③ 독립된 정보원의 예외 등이 있다.

(3) 판례의 태도

판례는 원칙적으로 독수독과의 원칙과 예외이론을 모두 받아들이고 있다. 그러나 판례는 독수독과의 예외이론을 적용함에 있어 학설들과는 달리 1차증거의 모든 수집과정 및 2차증거의 수집과정의 제반 모든 사정을 참작하여 인과관계의 희석 또는 단절 여부를 중심으로 독수독과이론의 예외를 인정하고 있다.

(4) 사안의 해결

사안에서 검찰에서는 적법한 진술거부권이 고지되었고, 변호인의 조력도 받은 상태에서 자백을 하였다면 경찰에서의 자백과의 인과관계가 단절되었다고 보여지므로 검찰에서의 자백은 위법수집증거에 해당하지 않아 전문법칙의 예외의 요건을 구비하면 증거능력이 인정될 수 있다.

> • 사경단계에서 진술거부권을 고지하지 않고 작성한 피의자신문조서는 위수증이 되지만, 이를 바탕으로 작성된 검찰에서의 피신조서가 독수독과의 예외에 해당하는지를 묻고 있는 문제이다. 설문에서 진술거부권의 고지와 변호인이 참여한 상태에서 이루어졌다는 점을 설시하고 있으므로 인과관계가 단절된 것으로 보아 증거능력을 인정하는 것으로 답안을 작성한다. 그러나 전체적으로 수사과정이므로 증거능력을 부정하는 것도 가능할 것이다.

(1) 甲은 같은 동네에 혼자 사는 A가 평소 집안 장롱에 많은 금품을 보관한다는 사실을 알고 학교 후배인 乙, 丙에게 A의 집에 들어가 이를 훔쳐서 나누어 갖기로 제안하고 乙, 丙은 이에 동의했다. 甲은 A의 평소 출퇴근 시간을 관찰한 결과 A가 오전 9시에 출근하여 오후 7시에 귀가하는 것을 알게 되었다. 범행 당일 정오 무렵 甲은 乙, 丙에게 전화로 관찰 결과를 알려준 뒤 자신은 동네 사람들에게 얼굴이 알려져 있으니 현장에는 가지 않겠다고 양해를 구하였다. 乙과 丙은 甲의 전화를 받은 직후 A의 집 앞에서 만나 함께 담장을 넘어 A의 집에 들어가 장롱에 보관된 자기앞수표 백만 원권 3장을 가지고 나와 甲의 사무실에서 한 장씩 나누어 가졌다. 甲은 위 수표를 애인 丁에게 맡겼는데 丁은 이를 보관하던 중 甲의 승낙을 받지 않고 생활비로 소비하였다.

(2) A는 자기 집에 들어와 자기앞수표를 훔쳐 간 사람이 같은 동네에 사는 甲과 그의 학교 후배 乙, 丙이라는 사실을 확인하고 甲, 乙, 丙을 관할 경찰서에 고소하였다. 사법경찰관 P는 丙이 사촌동생이므로 甲, 乙, 丙에 대하여 불구속 수사를 건의하였으나 검사는 모두 구속 수사하도록 지휘하였다. P는 검사의 수사지휘를 받은 직후 사촌동생인 丙에게 전화를 하여 빨리 도망가도록 종용하였다. 甲, 乙만이 체포된 것을 수상하게 여긴 검사는 P의 범죄사실을 인지하고 수사한 결과 P를 직무유기죄로 불구속 기소하였다. 법원은 P에 대한 공소사실을 심리하던 중 P의 공소사실은 범인도피죄에 해당된다고 판단하였으나, 검사에게 공소장 변경을 요구하지 않고 P에게 징역 6월을 선고하였다. P와 검사는 이에 불복하여 각각 항소하였다.

(3) 한편, P에 대한 직무유기 피고사건에 대한 공판이 진행되던 중 P는 유죄판결이 확정되면 파면될 것이 두려워 사촌동생 丙에게 자신이 도망가라고 전화한 사실이 없다고 증언하도록 시켰다. 재판장은 丙이 P의 친척이라는 사실을 간과하고 증언거부권을 고지하지 않은 상태에서 증언을 하도록 하였다. 丙은 증인선서 후 "경찰에서 수사를 받던 중 P와 단 한 번도 전화통화를 한 사실이 없다."라고 거짓으로 증언하였다.

1. 사례 (1)에서 甲, 乙, 丙, 丁의 죄책은? (35점)

2. 사례 (3)에서 P와 丙의 죄책은? (25점)

3. 사례 (1)에서 甲, 乙, 丙이 공범으로 병합기소되어 재판을 받던 중 검사는 甲을 乙, 丙에 대한 증인으로 신문하려고 한다. 법원은 甲을 증인으로 신문할 수 있는가? 甲이 乙, 丙의 사건에 대한 증인으로 소환된 경우, 甲은 증언을 거부할 수 있는가? (15점)

4. 사례 (2)에서 법원이 검사에게 P에 대한 공소장 변경을 요구하지 않고 유죄판결한 것은 적법한가? (10점)

5. 사례 (2)에서 검사는 P를 범인도피죄로 다시 기소할 수 있는가? (15점)

1. 사례 (1)에서 甲, 乙, 丙, 丁의 죄책은? (35점)

> • 본 문제는 합동절도와 관련된 가장 기본적인 문제이다. 본서에서는 실제 행위를 한 乙과 丙의 죄책을 먼저 검토하고, 이후 甲에 대하여 합동범의 공동정범 성립 여부를 검토하고, 이후에 丁의 죄책의 순서로 답안을 작성한다.

Ⅰ. 乙과 丙의 죄책

1. 폭처법상의 공동주거침입죄의 성립

먼저 乙과 丙이 낮에 A의 집에 들어간 행위에 대하여는 주거침입죄가 성립한다. 그리고 이러한 주거침입을 2인 이상이 공동으로 하고 있으므로 폭력행위등처벌에관한법률 제2조 제2항에 의하여 가중처벌된다.

> • 범행시가 주간이므로 주거침입죄를 검토하여야 하며, 2인 이상이 공동으로 하고 있으므로 폭처법에 의하여 가중처벌됨을 적시하여야 한다. 특히 주거침입죄 부분은 어느 정도 실력이 있는 사람도 누락시키기 쉬운 부분이므로 주의하여야 한다.

2. 합동절도죄의 성립

사안에서 乙과 丙이 수표를 절취한 행위에 대하여는 형법 제331조 제2항의 합동절도범이 성립한다. 합동범의 본질에 대하여는 ① 공모공동정범설 ② 가중된 공동정범설 ③ 현장설 ④ 현장적 공동정범설이 대립하고 있지만, 시간·장소적 협동관계에 있을 때에만 합동범이 성립한다는 현장설이 다수설과 판례이며 사안의 경우에는 乙과 丙은 시간·장소적으로 협동하여 절도를 하였으므로 합동절도죄가 성립한다.

> • 답안작성시의 문제는 합동범의 본질에 대한 학설을 얼마나 적어주어야 하는지이다. 본 문제에서도 학설내용에 대한 배점이 있을 수 있지만, 어떠한 학설에 따르더라도 합동범이 성립하게 되므로 큰 실익이 없어 학설 명칭만 소개하고 다수설인 현장설의 입장에 따라 결론을 내리는 것이 바람직하다.

3. 乙과 丙의 죄책

사안에서 乙과 丙에게는 ① 폭력행위등처벌에관한법률위반(주거침입)죄(폭처법 제2조 제2항 제1호) ② 합동절도죄(제331조 제2항, 제1항)가 성립하며 양자는 실체적 경합 관계에 있다.

Ⅱ. 甲의 죄책

1. 논의점

사안에서 주거침입과 합동절도는 합동범이므로 특히 현장에 있지 않은 甲이 합동범의 공동정범을 인정할 수 있는지 문제 된다.

> • 합동범의 공동정범 성립 여부에 대한 논의는 중요한 쟁점이므로 단일쟁점으로 답안을 작성하여도 큰 무리가 없다. 그리고 합동범의 공동정범 성립 여부는 견해에 따라 결론이 달라지므로 가능하면 학설의 내용을 충분히 소개하고, 판례에서의 요건을 적시하고 판례의 요건에 따라 사안을 해결하는 것이 바람직하다.

2. 견해의 대립

이에 대하여는 ① 합동범은 필요적 공범이므로 일반논리상 공동정범이 성립할 수 없으며, 현장설을 강조하게 되면 부정하여야 한다는 부정설과 ② 합동범에 대하여도 공동정범의 일반이론의 적용되어야 하므로 긍정하여야 한다는 긍정설이 대립하고 있다.

3. 판례의 태도

판례는 합동범의 공동정범을 긍정하고 있다. 단 합동범이 성립하기 위해서는 ① 3인 이상이 모의를 하고 ② 그 중 2인 이상이 현장설에 입각한 합동범이 성립하고 ③ 현장에 가지 않은 자에게 정범표지인 기능적 행위지배가 인정될 것을 요건으로 한다.

4. 검토 및 사안의 해결

(1) 생각건대 배후에 있는 수괴 등을 처벌하기 위해서라도 합동범의 공동정범을 긍정하는 것이 타당하다. 단 합동범에 대한 공동정범이므로 판례의 요건을 구비하는 경우에만 한정적으로 긍정하여야 할 것이다. 사안을 판례에 따라 해결하면 ①②의 요건은 이미 전제로 되어 있고, ③의 요건이 문제가 되지만 사안에서 甲은 범행을 주도하고 A의 부재 등을 알려줌으로써 본질적 기여를 하고 있으므로 정범표지가 인정된다.

(2) 따라서 甲에게는 乙과 丙이 범한 ① 폭처법위반(주거침입)죄(폭처법 제2조 제2항 제1호) ③ 합동절도 죄(제331조 제2항, 제1항)의 공동정범이 성립한다.

5. 丁에게 수표를 맡긴 행위에 대한 죄책

甲에게 합동절도의 공동정범이 성립한다면 丁에게 장물을 맡긴 부분에 대한 장물죄는 성립하지 않는다.

> • 개인적으로는 이 부분은 설시할 필요가 거의 없다고 생각된다. 하지만 채점기준표 등을 고려하면 적어주는 것이 바람직하다.

Ⅲ. 丁의 죄책

> • 丁의 죄책과 관련해서는 설문에서 丁의 태도가 설시되어 있지 않으므로 ① 丁이 장물인 정을 아는 경우와 ② 丁이 장물인 정을 모르는 경우로 구분하여 답안을 작성하는 것이 바람직하다.

1. 丁이 장물인 점을 안 경우

丁이 장물인 점을 안 경우에는 丁은 장물보관죄가 성립한다. 그리고 이후 이를 소비한 부분은 이미 장물 보관을 통해 소유자의 소유물 추구권을 침해하였으므로 그 후의 횡령행위는 불가벌적 사후행위에 불과하여 별도의 횡령죄는 성립하지 않는다는 것이 판례의 입장이다. 이러한 판례의 입장에 따르면 丁에게는 장물보관죄(제362조 제1항)만 성립한다.

2. 丁이 장물인 점을 모른 경우

丁이 장물인 점을 모른 경우에는 장물에 대한 고의가 없으므로 장물죄는 성립하지 않는다. 그러나 타인의 재물을 위탁받아 보관하던 중 이를 영득하였으므로 횡령죄(제355조 제1항)만 성립하게 된다.

2. 사례 (3)에서 P와 丙의 죄책은? (25점)

> • 본 문제는 丙과 P 두 명에 대하여 하나씩의 쟁점만이 있으며, 배점도 전체적으로 25점이어서 충실하게 적어 주는 것이 바람직하다. 정범개념 우위의 원칙에 따라 먼저 정범인 丙의 죄책을 검토하고 이후에 P의 죄책을 논한다. 그리고 문제의 취지상 丙의 죄책을 인정하여야 교사자인 P의 죄책도 논할 수 있으므로 丙의 죄책을 무죄로 판단하여서는 안될 것이다.

Ⅰ. 丙의 죄책

1. 논의점

사안에서 丙은 P와 친족관계에 있어 형사소송법 제148조의 증언거부권이 인정된다. 그런데 사안에서 법원은 이러한 증언거부권이 있음을 고지하지 않고 있다. 이러한 경우에 丙에게 위증죄가 성립할 것인가에 대하여 논의가 있다.

2. 견해의 대립과 판례의 태도

이에 대하여는 ① 적정절차의 위반이 있으므로 위증죄가 성립하지 않는다는 부정설 ② 증언거부권을 고지받지 못한 증언도 증거능력이 있으므로 위증죄가 성립한다는 긍정설이 대립하고 있으며, ③ 판례는 증언거부권을 고지받지 못하고 허위의 진술을 한 경우에 위증죄의 구성요건인 '법률에 의하여 선서한 증인'에 해당하지 아니하므로 원칙적으로 이를 위증죄로 처벌할 수 없지만, 개개 사건에서 증인 보호에 사실상 장애가 초래되었다고 볼 수 없는 경우에는 예외적으로 위증죄의 성립을 인정하고 있어 한정적 긍정설이라고 할 수 있다.

3. 검토 및 사안의 해결

사안마다 구체적 타당성을 고려하는 판례의 입장이 타당하다. 따라서 사안의 경우에 丙은 P가 형사처벌을 받아 파면되는 것을 원하지 않았을 것이므로 증언거부권을 고지받았다고 하더라도 허위의 진술을 하였을 것임을 추단할 수 있다. 따라서 丙에게는 위증죄(제152조 제1항)가 성립한다.

Ⅱ. P의 죄책

1. 논의점

사안에서의 P와 같이 스스로 위증죄의 정범이 될 수 없는 피고인이 타인에게 위증을 교사하였을 때 위증죄의 교사범이 성립할 수 있는지에 대하여 논의가 있다.

2. 견해의 대립과 판례의 태도

이에 대하여는 ① 방어권의 범위를 넘었으므로 교사범을 인정하는 긍정설과 ② 기대가능성이 없는 경우이므로 교사범을 부정하는 부정설이 대립하고 있으며 ③ 판례는 '자기의 형사사건에 관하여 타인을 교사하여 위증죄를 범하게 하는 것은 방어권을 남용하는 것이라고 할 것이어서 교사범의 죄책을 부담케 함이 상당하다'라고 하여 긍정설의 입장이다.

3. 검토 및 사안의 해결

생각건대 피고인이더라도 타인에게 위증을 교사하는 것은 방어권을 남용하는 것이므로 긍정설의 입장이 타당하다. 따라서 이러한 긍정설에 따르면 P에게 위증교사죄(제152조 제1항, 제31조 제1항)가 성립한다.

---

3. 사례 (1)에서 甲, 乙, 丙이 공범으로 병합기소되어 재판을 받던 중 검사는 甲을 乙, 丙에 대한 증인으로 신문하려고 한다. 법원은 甲을 증인으로 신문할 수 있는가? 甲이 乙, 丙의 사건에 대한 증인으로 소환된 경우, 甲은 증언을 거부할 수 있는가? (15점)

- 본 문제는 甲의 증인적격과 증언거부권을 두 개의 쟁점을 적어주어야 하지만, 배점이 15점에 불과하다. 따라서 보다 간략하게 답안을 작성하는 것이 중요하다. 특히 甲의 증인적격과 관련하여서는 절충설을 따르는 것이 다수설과 판례의 태도로 확립되어 있으므로 절충설만 적어주어도 충분하다.

1. 甲의 증인적격

(1) 사안에서 甲은 공범자인 공동피고인이다. 이러한 甲이 乙과 丙에 대하여 증인적격이 인정될 것인가에 대하여 논의가 있다. 이에 대하여는 ① 긍정설과 ② 부정설 등이 대립하고 있지만, ③ 판례와 다수설은 공범자인 공동피고인은 증인적격이 없지만, 공범자가 아닌 공동피고인 사건에 대하여는 증인적격을 인정하여야 한다는 절충설을 따르고 있다.

(2) 생각건대 ① 공범자인 공동피고인의 경우에는 실질적으로 자기의 사건이지만 ② 공범자가 아닌 공동피고인은 실질적으로 제3자에 불과하므로 절충설이 타당하다. 사안에서 甲은 공범자인 공동피고인이므로 증인적격이 부정된다. 따라서 변론을 분리하지 않는 한 甲을 증인으로 신문할 수 없다.

2. 甲의 증언거부 여부

(1) 사안에서 甲이 증인으로 채택되었다면 이는 변론이 분리된 경우이며, 이러한 경우에도 甲이 증언을 거부할 수 있는지 문제 된다. 형사소송법 제148조는 피고인의 자기부죄거부특권을 보장하기 위하여 자기가 유죄판결을 받을 사실이 발로될 염려 있는 증언을 거부할 수 있는 권리를 인정하고 있고, 그와 같은 증언거부권 보장을 위하여 형사소송법 제160조는 재판장이 신문 전에 증언거부권을 고지하여야 한다고 규정하고 있다.

(2) 사안에서 甲에게 변론이 분리되어 증인적격이 인정된다고 하더라도 甲의 재판이 진행 중에 있으므로 甲의 증언은 자기의 유죄판결을 받을 사실이 발로될 염려가 있어 이에 甲은 증언을 거부할 수 있다. 그러나 甲에 대한 유죄판결이 확정된 경우에는 증언을 거부할 수 없다.

4. 사례 (2)에서 법원이 검사에게 P에 대한 공소장 변경을 요구하지 않고 유죄판결한 것은 적법한가? (10점)

- 본 문제에 대하여는 의문의 여지가 있다. P는 丙의 사촌형이므로 친족간의 특례의 적용으로 범인도피죄가 성립될 수 없기 때문이다. 다만, 본서에서는 이러한 형법적인 점을 논외로 하고 형사소송법상 쟁점인 공소장변경요구의 법적 성질만을 논한다. 하나의 쟁점에 대하여 10점 배점의 문제이므로 가능하면 충실하게 적어주는 것이 바람직하다.

1. 논의점

사안에서 직무유기죄로 기소된 P에 대하여 법원이 심리 중에 범인도피죄에 해당한다고 보았지만 범인도피죄로 공소장변경을 요구하지 않고 직무유기죄로 유죄판단을 하였다. 이러한 경우 법원의 공소장변경요구의 법적 성질 여하에 따라 판결의 적법 여부가 결정된다.

2. 견해의 대립과 판례의 태도

법원의 공소장변경요구의 법적 성질에 대하여는 ① 제298조 제2항은 '…요구하여야 한다.'라고 하고 있으므로 법원의 의무라고 해석하는 의무설 ② 공소장변경요구는 법원의 재량이라고 해석하는 재량설이 대립하고 있으며, ③ 판례는 '형사소송법 제298조 제2항의 공소장 변경요구에 관한 규정은 법원의 변경요구를 의무화한 것이 아니고 법원의 재량에 속하는 것이다'라고 하여 재량설을 따르고 있다.

3. 검토 및 사안의 해결

생각건대 ① 공소장변경은 원칙적으로 검사의 권한에 속하며 ② 법원은 검사가 제기한 공소사실의 범위 안에서만 판단하면 족하므로 재량설이 타당하다. 따라서 이러한 재량설에 따르면 사안의 판결은 적법하다.

---

5. 사례 (2)에서 검사는 P를 범인도피죄로 다시 기소할 수 있는가? (15점)

> • 본 문제에 대하여도 윗 문제에서 지적했듯이 의문의 여지가 있다. P는 丙의 사촌형이므로 친족간의 특례의 적용으로 범인도피죄가 성립될 수 없기 때문이다. 다만, 본시에서는 이러한 형법적인 점을 논외로 하고 형사소송법상 쟁점인 상상적 경합의 경우에 일부의 죄를 추가기소한 점만을 논한다. 하나의 쟁점에 대하여 15점 배점의 문제이므로 가능하면 충실하게 적어주는 것이 바람직하다.

1. 논의점

사안에서 P의 행위는 범인도피죄와 직무유기죄가 문제 된다. 그런데 사안에서의 직무유기죄와 범인도피죄는 하나의 행위가 작위범인 범인도피죄와 부작위범인 직무유기죄에 해당되는 경우이므로 두 죄가 인정된다고 하더라도 이는 상상적 경합에 해당한다. 이러한 경우에 직무유기죄로 공소제기하여 제1심이 끝난 이후에 검사가 다시 범인도피죄로 추가기소하는 경우가 적법한 공소제기인지 문제 된다.

2. 견해의 대립

이에 대하여는 ① 상상적 경합은 단순일죄가 아니고 실질적으로 수죄에 해당한다는 것을 이유로 상상적 경합의 일부를 추가기소한 것은 형식적으로는 이중기소에 해당하지만 실질적 의미에서 이중기소에 해당하지 않는다는 적법설 ② 공소불가분의 원칙에 의하여 상상적 경합의 일부에 대한 공소제기는 전체 사실에 그 효력을 미치므로 상상적 경합의 일부에 대한 추가기소는 이중기소금지의 원칙에 해당하여 부적법하다는 부적법설이 대립하고 있다.

3. 판 례

판례는 '상상적 경합 관계에 있는 공소사실 중 일부를 추가기소하였다면, 공소사실을 추가하는 등의 공소장변경과는 절차상 차이가 있을 뿐 실질에 있어서 별 차이가 없으므로, 법원으로서는 석명권을 행사하여 검사로 하여금 추가기소의 진정한 취지를 밝히도록 한 후에 그 취지를 밝힌 후 실체판단을 하여야 하고 추가기소에 대하여 공소기각판결을 할 필요가 없다'라고 하여 부적법설을 전제로 하여 석명후판단설을 따르고 있다.

4. 검토 및 사안의 해결

사안처럼 상상적 경합 관계에 있는 수죄 중 일부를 먼저 기소하고 이후에 나머지 범죄를 추가기소하는 것은 적법하지 않다고 보아야 할 것이다. 그러나 이를 이중기소로 보아 공소기각하는 것은 소송경제와 법감정에 반하므로 석명권을 행사하여 검사에게 공소장변경을 신청하도록 하는 것이 타당하다.

甲은 친구인 乙로부터 "丙이 송년회라도 하자며 술을 사겠다고 하니 같이 가자."라는 전화를 받고, 자신의 승용차에 乙을 태우고 약 5킬로미터 가량 떨어진 노원역 교차로 부근으로 가서 丙을 만났다. 그러자 丙은, "사실 돈이 없다. 취객을 상대로 돈을 훔쳐 술 먹자."라고 제의하였다. 甲은 농담을 하는 줄 알았으나, 乙과 丙이 그동안 몇 차례 취객을 상대로 절취행각을 한 사실을 알게 되었다. 甲은 "나는 그렇게까지 해서 술 마실 생각이 없다."라고 거절하자, 乙과 丙은 "그럼 너는 승용차에 그냥 있어라." 하고 떠났다.

乙과 丙은 마침 길바닥에 가방을 떨어뜨린 채 2~3미터 전방에서 구토하고 있는 취객을 발견하고, 乙은 그 취객을 발로 차 하수구로 넘어지게 하고 丙은 길에 떨어져 있던 가방에서 돈을 꺼냈다.

이를 지켜보던 사법경찰관 P1과 P2가 다가와 乙과 丙을 현행범으로 체포하려 하자 이 두 사람이 甲이 있는 승용차로 도망가다가 붙잡혔다. 경찰관들은 승용차 운전석에 있던 甲도 체포하여 신원을 조회한 결과 甲이 자동차 운전면허 정지기간 중인 자임을 알게 되었다.

당시 P1과 P2는 강·절도범특별검거지시가 있어 순찰하다가 그 취객을 발견하고도 구호조치를 하지 않은 채 잠복근무 중, 乙과 丙이 범행하는 것을 기다렸다가 때마침 체포한 것이었다.

甲과 乙은 경찰에서 "우리들은 골프장을 건설하기 위해 수십억 원이 넘는 임야를 소유하고 있는데 왜 그런 짓을 하겠느냐."라고 하면서 등기부와 매매가격 10억 원의 매매계약서를 제시하였고, 丙은 "떨어진 지갑을 주웠을 뿐이다."라고 변명하였다.

이에 P1은 임야의 매수 과정을 확인하기 위해 매도인 丁을 불러 조사한 결과, 丁의 이름으로 명의 신탁된 A의 임야를 甲과 乙에게 매도한 사실을 확인하고, 丁으로부터 매도 경위에 관한 자술서를 제출받았다.

계속해서 丁은, 甲과 乙이 자신을 설득하면서 '고위공직자 A가 부정 축재한 사실을 들어서 잘 알고 있다. 고소하지 못하도록 알아서 처리하겠다'고 말한 취지의 3자 간 대화를 녹음한 녹음테이프를 제출하였다.

뒤늦게 매도 사실을 안 A가 丁을 고소하려 하자, 甲은 A에게 휴대전화로 "고소를 포기해라. 부정 축재한 사실을 폭로할 수도 있다."라는 문자메시지를 수회 반복하여 발송하였다. A는 이에 대해 별로 개의치 않았으나, 丁이 다칠 것을 염려하여 고소를 하지 않았다.

甲과 乙은 공판정에 제출된 녹음테이프에 관하여 "우리들은 녹음에 동의한 적도 없고, 성립의 진정도 부정한다."라고 진술하자, 丁은 "내가 직접 녹음한 그 테이프가 맞다. 그러나 위 임야는 원래 내 땅이었다."라고 범행을 부인하면서 A를 증인신청하였다.

한편, 증인 A는 경찰에서 한 1차 진술과는 달리 "그 땅은 내 땅이 아니고, 丁의 땅이다."라고 허위의 진술을 하였다. 그러자 검사는 A를 불러 재번복하는 취지의 2차 진술조서를 작성하였다.

1. 甲, 丙, 丁의 형사책임을 논하라. (부동산 관련 특별법 위반의 점은 제외함) (55점)

2. 甲에 대한 범행을 입증하기 위해 검찰이 제출한 녹음테이프, 丁이 작성한 자술서, A에 대한 검사 작성의 2차 진술조서의 증거능력을 논하라. (20점)

3. 1심에서 丁에 대한 단순횡령죄로 기소하여 단독 재판부에서 유죄판결을 받은 후 항소심인 지방법원 합의부에서 재판 도중 검사는 특정경제범죄가중처벌법위반(횡령)으로 공소장 변경신청을 하였다. 그 이후의 법원의 조치 내용은 무엇인가? (10점)

4. 피고인 甲, 乙, 丙의 변호인은 "이 건 체포는 함정수사이다."라고 주장하면서 경찰관 P1을 증인으로 조사하여 달라고 신청하자 법원은 기각하였다. 변호인 주장의 당부와 법원의 기각결정에 대한 불복방법은 무엇인가? (15점)

1. 甲, 丙, 丁의 형사책임을 논하라. (부동산 관련 특별법 위반의 점은 제외함) (55점)

> • 본 문제는 乙을 제외한 甲, 丙, 丁에 대한 죄책을 묻는 통문제이고 배점이 55점이다. 행위자별로 사안을 정리하는 것도 가능하지만, 본서에서는 사건별로 사안을 해설한다.

I. 가방을 탈취하는 부분까지의 甲과 丙의 죄책

1. 甲의 죄책

(1) 도교법위반(무면허운전)에 대한 죄책

甲은 운전면허 정지 중임에도 운전을 하였으므로 이는 도로교통법 제152조 제1호, 제43조 무면허운전 등의 금지에 해당된다.

(2) 乙과 丙이 취객에게 수표를 절취한 행위에 대한 甲의 죄책

사안에서 甲은 乙과 丙이 절취범행을 하려 한다는 것을 알고 이에 응하지 않았으므로 甲은 乙과 丙의 재물 탈취행위에 대하여는 아무런 책임을 부담하지 않는다.

2. 丙의 죄책

(1) 乙의 행위에 대한 평가

사안에서 乙은 취객을 발로 차 하수구에 넘어지게 한 바, 乙의 폭행은 취객으로 하여금 저항을 불가능하게 할 정도라고 평가할 수 있으므로 乙의 행위는 강도죄가 성립한다.

(2) 공동정범의 착오와 사안의 해결

사안에서 丙은 乙과 함께 절도를 모의하기로 하였지만, 乙이 강도를 범하고 있어 丙에게는 공동정범의 착오가 문제 된다. 그런데 이러한 착오는 추상적 사실의 착오 중 양적인 착오에 해당하므로 丙은 책임주의의 원칙상 자기책임의 범위 내에서만 책임을 진다. 따라서 사안에서 丙에게는 특수절도죄만 성립한다.

> • 2013년 변시 문제에서는 乙의 죄책을 묻지 않았지만, 乙의 죄책은 선결문제로 검토하여야 하므로 실제로는 乙의 죄책을 물은 것과 동일하다. 丙의 죄책을 해결하는 방법으로는 ① 위와 같이 공동정범의 착오 문제로 풀어가는 방법 ② 승계적 공동정범으로 풀어가는 방법 ③ 합동강도로 풀어가는 방법이 있겠으나, 본서에서는 착오의 문제로 해결한다. 왜냐하면 丙과 乙은 절도를 같이 범해왔고, 절도를 하기로 모의하였다는 점을 중시하여 丙에게 강도의 고의는 없다고 할 수 있기 때문이다.

II. A의 명의신탁 임야를 매도한 부분과 관련된 죄책

1. 丁의 죄책

(1) 논의점

사안에서 丁은 A로부터 명의신탁 받은 임야를 甲과 乙에게 매도하고 있다. 이러한 경우에 丁에게 횡령죄가 성립하는지 문제 된다.

(2) 판례의 태도

사안과 같이 2자간 명의신탁에서 수탁자가 그 부동산을 임의로 제3자에게 처분한 경우의 죄책에 대하여 종래 판례는 횡령죄의 성립을 긍정하였으나, 최근 전합 판례에서는 명의신탁자와 명의수탁자 사이에 무효인 명의신탁약정 등에 기초하여 존재한다고 주장될 수 있는 사실상의 위탁관계를 형법상 보호할 만한 가치 있는 신임에 의한 것이라고 할 수 없으므로 명의수탁자가 신탁부동산을 임의로 처분하여도 횡령죄가 성립하지 않는다고 하여 횡령죄의 성립을 부정하고 있다.

(3) 사안의 해결

이러한 변경된 판례의 입장에 따르면 사안에서 丁에게는 횡령죄가 성립하지 않는다.

2. 甲의 죄책

사안과 같이 丁이 A의 임야를 매도한 행위가 변경된 판례에 따르면 횡령죄에 해당하지 않는다고 하면, 이에 가담한 甲과 乙도 횡령죄의 공범이 성립할 수 없고, 장물죄도 성립할 수 없다.

> • 사안은 2자간 명의신탁에서 수탁자가 그 부동산을 임의로 제3자에게 처분한 경우에 횡령죄가 성립한다는 변경 전의 판례를 전제로 출제하고 이에 가담한 자들에게 공범이 성립할 수 있는지가 쟁점인 문제였다. 그런데 전합 판례에 의하여 판례가 변경되어 2자간 명의신탁의 경우에도 횡령죄가 성립되지 않게 되어 그 출제의미가 반감된 문제이다.

Ⅲ. 丁이 비밀녹음한 부분의 죄책

丁은 甲과 乙의 대화를 비밀리에 녹음하고 있다. 이러한 경우에 통비법 제16조 제1항 위반 여부가 문제 되지만, 판례에 의하면 대화 당사자간의 비밀녹음은 공개되지 아니한 타인의 대화를 녹음하는 것에 해당하지 않는다. 따라서 丁에게는 통비법 위반죄는 성립하지 않는다.

> • 통비법 제16조 위반의 죄책은 가능하면 언급을 해 주는 것이 바람직하다.

Ⅳ. 甲이 A에게 문자메세지를 보낸 행위에 대한 평가

1. 강요미수죄의 성립

(1) 甲에게 강요죄가 성립하기 위해서는 ① 폭행 또는 협박을 수단으로 하여 ② 의무없는 일을 행하게 하거나 권리행사를 방해하고 ③ 양자 사이에 인과관계가 있어야 한다. 사안에서 甲과 乙이 협박을 하였지만 A는 이에 외포된 것이 아니라 丁이 처벌받을 것을 우려하여 고소를 하지 않고 있다. 따라서 강요죄의 기수가 되기 위해서는 인과관계가 필요하지만, 사안에서는 인과관계가 인정되지 않으므로 甲은 강요죄의 미수범만 성립하게 된다.

(2) 그리고 사안에서 협박죄의 성부가 문제 되지만, 강요죄가 성립하게 되면 협박죄는 이에 흡수되므로 별죄가 성립하지 않는다.

> • 강요죄가 성립하게 되면 협박죄는 이에 흡수된다. 따라서 협박죄의 기수시기 여부에 대한 논의는 사안을 해결함에 큰 의미는 없으므로 이를 생략한다.

2. 정통망법 위반죄의 성부

甲은 A에게 정보통신망을 통하여 공포심이나 불안감을 유발하는 문자를 수회 반복하여 발송하였으므로 정통망법 제74조 제1항 제3호 위반죄가 성립한다.

3. 사안의 해결

甲에게는 강요죄의 미수와 정통망법위반죄가 성립하며, 양자는 상상적 경합 관계에 있다.

V. 죄수정리

1. 甲의 죄책

사안에서 甲에게는 ① 무면허운전(도교법 제152조 제1호)죄 ② 강요죄의 미수범(제324조의5, 제324조 제1항) ③ 정통망법위반(제74조 제1항 제3호)의 죄가 성립한다. 그리고 ②와 ③의 죄는 상상적 경합범이 성립하고, 나머지 ①죄와는 실체적 경합 관계에 있다.

2. 丙의 죄책

사안에서 丙에게는 합동절도죄(제331조 제2항, 제1항)가 성립한다.

3. 丁의 죄책

사안에서 丁에게는 범죄가 성립하지 않는다.

> **2. 甲에 대한 범행을 입증하기 위해 검찰이 제출한 녹음테이프, 丁이 작성한 자술서, A에 대한 검사 작성의 2차 진술조서의 증거능력을 논하라. (20점)**

I. 녹음테이프의 증거능력

1. 통신비밀보호법 위반 여부

3인의 대화당사자 중 1인이 녹음을 한 것이 통신비밀보호법 제3조 제1항 위반인지에 대하여 판례는 "대화자 중의 1인이 녹음한 것은 '타인 간의 대화'라고 할 수 없으므로, 이와 같은 녹음행위가 통신비밀보호법 제3조 제1항에 위배된다고 볼 수는 없다"라고 판시하고 있다. 이러한 판례의 논지에 따르면 사안에서 丁의 녹음은 통비법상의 위법수집증거에는 해당하지 않는다.

> • 녹음테이프의 증거능력과 관련하여서는 통비법위반 여부를 가장 먼저 검토한 후 녹음테이프의 성격에 따라 증거능력 여부를 판단하여야 한다.

2. 증거능력인정의 요건

(1) 사안에서 丁이 甲 및 乙과의 대화를 녹음한 것은 횡령을 위해 공모하는 과정을 녹음한 것이므로 이는 현장녹음에 해당된다.

(2) 현장녹음의 증거능력 인정요건에 대하여는 ① 비진술증거설 ② 검증조서유추적용설 ③ 진술증거설이 대립하고 있다.

(3) 생각건대 범인들이 공모하는 과정을 그대로 녹음한 경우에는 이를 비진술증거로 보고, 다만 조작의 위험성이 있으므로 검증조서규정을 유추적용하는 것이 타당하다. 따라서 사안에서는 제312조 제6항을 유추적용하여 녹음자인 丁이 그 성립의 진정을 인정하면 증거능력이 인정될 수 있다.

II. 丁이 작성한 자술서의 증거능력

(1) 사안에서 丁이 작성한 진술서는 丁에 대한 수사가 개시된 이후이므로 자술서의 형식을 취하였다고 하더라도 제312조 제5항에 따라 사경작성의 피의자신문조서에 해당한다.

- 수사과정에서 작성된 자술서가 사경작성의 피신조서에 해당한다는 점을 알고 있더라도 제312조 제5항을 적시해주는 것이 바람직하다.

(2) 검사 이외의 수사기관 작성의 공범자에 대한 피의자신문조서에 대하여는 ① 제312조 제3항 적용설과 ② 제4항 적용설이 대립하고 있으며, 제3항설은 다시 내용인정의 주체를 두고 ㉠ 원진술자 내용인정 설과 ㉡ 유죄에 빠질 피고인 내용인정설이 대립하고 있다. 현재의 다수설과 판례는 제312조 제3항이 위법수사를 억지하기 위한 정책적 규정이라는 점을 고려하여 피고인 내용인정설을 따르고 있으며 타당 하다. 그런데 사안에서는 甲이 그 내용을 부인하는 취지로 성립의 진정을 부인하고 있으므로 甲에 대한 증거능력이 인정되지 않는다.

- 사경작성의 공범자의 피신조서가 제312조 제3항에 해당한다는 것은 주지의 사실이다. 하지만 이 부분도 견 해 대립이 있는 부분이므로 견해 대립을 적어주는 것이 바람직하다. 이것이 기록형 시험과의 차이점이다.

Ⅲ. A에 대한 검사 작성의 2차 진술조서

(1) 검사는 증언을 한 A를 다시 검찰청으로 불러 번복진술조서를 받았다. 이러한 진술번복조서가 증거능력 이 인정될 것인지에 대하여는 ① 증언 이후의 진술조서 작성과정에서 위법함이 개재되지 아니한 이상 증거능력을 긍정하자는 긍정설과 ② 공판중심주의에 반하며 적정절차에 위배하는 수사이므로 위법수 집증거(제308조의2)로서 증거능력을 부정하자는 부정설이 대립하고 있으며 ③ 판례는 피고인이 동의를 하지 않는 한 증거능력이 없다고 하고 있다.

(2) 생각건대 증언을 한 증인을 다시 수사실로 불러 증언을 번복하게 하는 것은 공판중심주의에 어긋나므 로 위법한 수사라고 보아야 할 것이다. 따라서 이러한 위법수사를 통해 얻은 진술번복조서는 위법수집 증거로서 증거능력을 부정하여야 할 것이다. 그렇다면 A의 2차 진술조서는 甲에 대한 증거로 사용할 수 없다.

3. 1심에서 丁에 대한 단순횡령죄로 기소하여 단독 재판부에서 유죄판결을 받은 후 항소심인 지방법원 합의부에서 재판 도중 검사는 특정경제범죄가중처벌법위반(횡령)으로 공소장 변경신청을 하였다. 그 이후의 법원의 조치 내용은 무엇인가? (10점)

- 본 문제는 선결문제로서 항소심에서의 공소장변경 여부와 공소장변경 후의 법원의 조치라는 두 가지 점이 쟁점이 된다. 그러나 배점이 10점에 불과하므로 선결문제에 해당하는 항소심에서의 공소장변경 여부는 간 략히 처리하는 것이 바람직하다.

1. 항소심의 공소장변경 허용 여부

항소심에서 공소장변경을 할 수 있는가에 대하여는 ① 긍정설 ② 부정설 ③ 절충설 등이 대립하고 있으 나, 현재의 다수설과 판례는 항소심은 속심이므로 공소장변경이 가능하다는 긍정설을 따르고 있다. 이러한 긍 정설에 따르면 사안은 공소사실의 동일성이 인정되므로 항소심 법원은 공소장변경을 허가하여야 한다.

2. 항소심 법원의 처리

(1) 항소심이 단독사건을 합의부사건으로 공소장변경을 허가한 경우에 항소심법원의 조치에 대하여는

① 지방법원 항소부 제1심 관할설 ② 지방법원 항소부 항소심 관할설 ③ 관할위반설 ④ 고등법원 이송설이 대립하고 있지만, ⑤ 판례는 '항소심에서 공소장변경에 의하여 단독판사의 관할사건이 합의부 관할사건으로 된 경우에도 법원은 사건을 관할권이 있는 법원에 이송하여야 한다'라고 하여 이송설을 택하고 있다.

(2) 생각건대 신설조문인 제8조 제2항의 입법취지를 살리고, 신속한 재판의 달성과 법률이 정한 법관에 의하여 재판을 받을 권리를 조화시킬 수 있는 이송설이 타당하다. 따라서 사안에서 항소심은 고등법원으로 사건을 이송하여야 한다.

---

4. 피고인 甲, 乙, 丙의 변호인은 "이 건 체포는 함정수사이다."라고 주장하면서 경찰관 P1을 증인으로 조사하여 달라고 신청하자 법원은 기각하였다. 변호인 주장의 당부와 법원의 기각결정에 대한 불복방법은 무엇인가? (15점)

> • 본 문제는 두 개의 쟁점을 묻고 있으면서 배점이 15점이다. 특히 법원의 기각결정에 대한 불복방법은 답안에 적어야 할 내용이 상당히 많이 있으나 전체적인 배점을 고려하여 핵심적인 내용만으로 답안을 작성하여야 할 것이다.

1. 위법한 함정수사의 주장의 당부

(1) 甲 등의 변호인이 경찰관들이 위법한 함정수사를 했다고 주장하고 있다. 수사의 기법인 함정수사를 어느 범위까지 허용할 것인지에 대하여는 ① 주관설 ② 객관설 ③ 절충설 등이 대립하고 있으며, ④ 판례는 기본적으로 주관설에 따라 범의유발형 함정수사만을 함정수사라고 하며 이를 위법하다고 평가하고 있다.

(2) 구체적으로 판례는 이와 유사한 사안에서 '경찰관이 취객을 상대로 한 이른바 부축빼기 절도범을 단속하기 위하여, 공원 인도에 쓰러져 있는 취객 근처에서 감시하고 있다가, 마침 피고인이 나타나 취객을 부축하여 10m 정도를 끌고 가 지갑을 뒤지자 현장에서 체포하여 기소한 경우, 위법한 함정수사에 기한 공소제기가 아니다'라고 하고 있다. 이에 따르면 사안은 위법한 함정수사가 아니므로 변호인의 주장은 타당하지 않다.

2. 증거기각결정에 대한 불복

(1) 증거기각결정은 재판장이나 수명법관의 재판이 아니므로 제416조의 준항고로 불복할 수 없으며, 판결 전 소송절차에 대한 재판이므로 제402조와 제403조에 의하여 항고로 불복할 수 없다. 따라서 제296조 제1항에 의한 이의신청(규칙 제135조의2 단서에 의하여 법령위반이 있는 경우에 한함)이나 사안에서 신청되지 못한 증거로 인하여 사실을 오인하여 판결에 영향을 미치기에 이른 경우에는 이를 상소의 이유로 삼아 항소할 수 있다.

(2) 판례도 '당사자의 증거신청에 대한 법원의 채택여부의 결정은 판결 전의 소송절차에 관한 결정으로서 이의신청을 하는 외에는 달리 불복할 수 있는 방법이 없고, 다만 그로 말미암아 사실을 오인하여 판결에 영향을 미치기에 이른 경우에만 이를 상소의 이유로 삼을 수 있을 뿐이다'라고 하여 이의신청과 항소만을 인정하고 있다.

(3) 이러한 논의와 판례에 따르면 甲 등의 변호인은 이의신청과 항소로써 불복할 수 있다.

甲은 도박장을 직접 운영하기로 마음먹고, 단속에 대비하여 마침 직장을 잃고 놀고 있던 사촌동생 乙에게 '도박장 영업을 도와주어 용돈도 벌고, 도박장이 적발되면 내가 도망가더라도 네가 사장이라고 진술을 해달라'고 제의하였고, 乙은 甲의 제의를 승낙하였다. 甲은 생활정보지에 광고하여 도박장에서 일할 종업원들을 채용하였다. 甲은 乙을 사장으로 위장하기 위하여 甲의 자금으로 乙로 하여금 직접 사무실을 임차하도록 하였다.

2013. 10. 1. 저녁 甲은 평소 알고 있던 丙 등 도박꾼들을 속칭 '대포폰'으로 연락하여 사무실로 불러 '포커' 도박을 하도록 하고 자릿값으로 한 판에 판돈에서 10%씩을 떼어 내었고, 乙은 창문으로 망을 보았다. 丙은 도박자금이 떨어지자 옆에서 구경하고 있던 丁에게 사실은 변제할 의사가 없었지만 높은 이자를 약속하고 도박자금을 빌려달라고 하였고, 丁은 丙이 상습도박 전과가 있음을 알면서도 丙에게 도박자금으로 300만 원을 빌려주었다,

근처 주민의 신고로 경찰관 P 등이 출동하여 乙, 丙, 丁은 현장에서 도박 등의 혐의로 현행범인 체포되었고, 甲과 다른 도박꾼들은 도망쳤다. 乙은 경찰서에서 자신이 도박장 주인이라고 하면서 도박장 등의 운영 경위, 자금 출처, 점포의 임대차계약 경위, 종업원 채용 등에 관하여 구체적으로 거짓말을 하였고, 조사를 받은 후 체포된 다른 사람들과 함께 석방되었다.

단속 3일 후 甲이 경찰관 P에게 전화하여 불구속 수사를 조건으로 자수 의사를 밝혀오자 경찰관 P는 일단 외부에서 만나 이야기하자고 하였다. 다음 날 경찰관 P는 경찰서 밖 다방에서 甲을 만나 범죄사실을 요지, 체포의 이유와 변호인선임권을 고지하고 변명의 기회를 준 후 甲을 긴급체포하려 하였다. 그러자 甲은 '자수하려는 사람을 체포하는 법이 어디에 있느냐'고 따지며 경찰관 P의 가슴을 밀쳐 바닥에 넘어뜨렸고, P는 넘어지면서 손가락이 골절되었다.

1. 甲, 乙, 丙, 丁의 죄책은? (60점)

2. 甲과 乙은 2013. 12. 2. 위 범죄사실로 서울중앙지방법원에 불구속 기소되었고, 형사7단독 재판부에 배당되어 제1회 공판기일이 2014. 1. 3.로 지정되었다. 수사검사는 2013. 12. 26. 서울중앙지방법원 영장전담판사로부터 압수수색영장을 발부받아 甲의 집에서 영업장부를 압수한 후, 그 영업장부와 압수조서를 공판기일에 증거로 제출하였다. 위 영업장부와 압수조서는 증거능력이 인정되는가? (20점)

3. 丙과 丁은 도박 등으로 각 벌금 300만 원의 약식명령을 발령받았지만, 丙은 정식재판을 청구하면서 폭력행위등처벌에관한법률위반(집단·흉기 등 상해)으로 서울중앙지방법원에서 재판 중인 자신의 사건과 병합심리를 요구하여 두 사건은 병합되었다.

   (1) 검사는 丙에 대한 도박을 상습도박으로 그 죄명과 적용법조, 범죄사실을 변경하는 공소장 변경을 하고자 한다. 그 가부와 논거는? (5점)

   (2) 위 (1)에 공소장 변경이 가능하다는 전제 하에, 丙에 대한 변경된 상습도박 등 사건의 계속 중에 검사는 丙의 2013. 6. 6. 포커도박 사실을 발견하고 도박으로 같은 법원에 추가기소하였고, 이 사건은 위 상습도박 등 사건에 병합되었다. 이 경우 추가기소에 대하여 법원이 취할 조치는? (7점)

   (3) 위 300만 원의 약식명령을 발령한 판사가 위 정식재판청구로 병합된 제1심 사건의 재판을 담당한 경우, 항소이유가 되는가? (8점)

1. 甲, 乙, 丙, 丁의 죄책은? (60점)

> • 甲, 乙, 丙, 丁에 대한 죄책을 묻는 통문제이고 배점이 60점이다. 본서에서는 사건 진행 순서에 따라 사안을 정리한다.

I. 도박장을 개설하는 행위에 대한 죄책

1. 甲의 죄책

사안에서 甲은 영리를 목적으로 도박장을 개설하고 있으므로 형법 제247조의 도박장소 등 개설죄가 성립한다.

2. 乙의 죄책

사안에서 乙은 甲이 도박장을 개설하려한다는 것을 알면서 이를 도와주고 있으므로 乙이 甲과 도박개장죄의 공동정범인지 문제 된다. 그러나 사안에서 甲이 실질적으로 도박장을 개설하고, 乙은 이를 도와주는 데에 불과하여 기능적 행위지배인 본질적 기여가 없으므로 방조범만 성립한다.

> • 乙의 죄책에 대하여는 논리적 구성에 따라서는 도박장소 등 개설죄의 공동정범으로 보는 것도 가능할 것이다. 그러나 설문에서 甲이 직접 운영하고, 乙이 영업을 도와준다는 점 등을 고려하여 본서에서는 이를 방조범으로 정리한다.

II. 경찰서에서 허위진술하는 행위에 대한 죄책

1. 乙의 죄책

(1) 위계에 의한 공무집행방해죄의 불성립

사안에서 乙은 자신이 바지사장이면서도 사장인 것처럼 수사기관에서 허위의 진술을 하고 있다. 이러한 경우 위계에 의한 공무집행방해죄의 성립 여부가 문제 되지만, 수사기관은 실체적 진실을 발견해야할 권리과 의무가 있으므로 위계에 의한 공무집행방해죄는 성립하지 않는다.

(2) 범인도피죄의 구성요건해당성과 친족간의 특례

사안에서 乙은 실제업주라고 하는 것에 그치지 않고, 적극적으로 수사기관을 착오에 빠뜨리기로 하고, 도박장 등의 운영 경위 등에 관하여 구체적으로 거짓말을 하였으므로 판례의 태도에 의하면 범인도피죄의 구성요건에 해당한다.

그러나 乙의 행위가 범인도피죄의 구성요건에 해당하더라도 乙은 甲의 사촌동생이므로 제151조 제2항의 친족간의 특례의 적용으로 책임이 조각되어 범죄가 성립하지 않는다.

2. 甲의 죄책

(1) 논의점

사안에서 乙이 범인도피죄가 성립하지 않지만 제한종속을 구비하였으므로 甲의 범인도피죄의 교사범의 성립이 문제 된다.

(2) 견해의 대립과 판례의 태도

이에 대하여는 ① 범인의 자기도피교사는 자기비호권의 한계를 일탈한 것으로서 교사범을 인정하는 긍정설 ② 범인의 자기도피교사는 자기비호권의 연장이라고 볼 수 있으므로 교사범을 부정하는 부정설이 대립하고 있으며, ③ 판례는 '범인이 자신을 위하여 타인으로 하여금 허위의 자백을 하게 하여 범인도피죄를 범하게 하는 행위는 방어권의 남용으로 범인도피교사죄에 해당한다'라고 하여 긍정설의 입장이다.

> • 자기범인도피교사죄에 대한 일반적인 판례의 태도는 방어권남용이 인정되는 경우에만 교사범을 인정하고 있으므로 한정적 긍정설의 입장이라고 할 수 있다. 그러나 이곳에서는 사안의 해결에 중점을 두어 긍정설로 정리한다.

(3) 검토 및 사안의 해결

생각건대 범인이라고 하더라도 타인에게 범인도피을 교사하는 것은 방어권을 남용하는 것이므로 긍정설의 입장이 타당하다. 따라서 이러한 긍정설에 따르면 甲에게 범인도피죄의 교사죄가 성립한다.

> • 부정설에 따른 결론 - 생각건대 현행법이 자기범인은닉죄를 구성요건화하지 않은 것은 기대가능성이 없기 때문이므로 부정설이 타당하다. 이러한 부정설에 따르면 甲에게는 범인은닉죄의 교사범은 성립하지 않는다.

Ⅲ. 도박행위에 대한 죄책

(1) 丙의 죄책

사안에서 丙은 도박을 하였음은 명백하며 또한 丙은 상습의 습벽이 있는 자이므로 형법 제246조 제2항의 상습도박죄가 성립한다.

(2) 丁의 죄책

사안에서 丁이 도박을 하였음은 명백하지 않으므로 丁의 도박부분은 무죄가 된다.

> • 사안포섭에 따라서는 丁에게 도박죄의 성립을 인정하는 것도 가능하다. 그리고 아래에서 丙의 상습도박을 방조한 부분의 죄책을 논하기 위해서라도 무죄로 보는 것이 간편하고, 설문에서도 '옆에서 구경하고 있던 丁'이라고 하고 있으므로, 본서에서는 무죄로 포섭하여 정리한다.

Ⅳ. 도박현장에서 돈을 대차한 丙과 丁의 죄책

1. 丙의 죄책

(1) 논의점

丙은 변제의사가 없음에도 불구하고 변제의사가 있는 것처럼 기망을 하여 돈을 빌리고 있으므로 원칙적으로 사기죄가 성립한다. 그런데 사안과 같이 도박자금인 불법원인급여물도 사기죄의 객체가 될 수 있는가에 대하여 논의가 있다.

(2) 견해의 대립과 판례의 태도

이에 대하여는 ① 부정설과 ② 긍정설이 대립하고 있으나, ③ 판례는 피해자로부터 도박자금으로 사용하기 위하여 기망을 하여 금원을 차용한 사건에서 사기죄의 성립을 인정하여 긍정설의 입장이다.

(3) 결언 및 사안의 해결

생각건대 사기죄의 성립 여부는 사법상의 반환청구권과는 관계없이 형법 독자적인 입장에서 판단하여야 하므로 긍정설이 타당하다. 따라서 사안에서 丙은 사기죄가 성립한다.

2. 丁의 죄책

(1) 논의점

사안에서 丁은 丙이 상습도박자라는 것을 알면서 도박자금을 대여하여 이를 방조하고 있다. 이러한 경우 상습성이라는 가중적 신분을 가진 자에게 신분없는 자가 가담하고 있으므로 丁이 단순도박죄의 방조범이 되는지 상습도박죄의 방조범이 되는지에 대하여 제33조의 해석과 관련하여 논의가 있다.

(2) 제33조에 대한 논의

이에 대하여 ① 다수설은 제33조 단서의 적용으로 단순도박죄의 방조범이 성립하고 단순도박죄의 방조범으로 처벌된다고 하지만 ② 판례는 제33조 본문의 적용으로 상습도박죄의 방조가 성립하고, 제33조의 단서의 적용으로 단순도박죄의 방조범으로 처벌된다고 보고 있다.

> • 비신분자가 가중적 신분범에 가담한 경우에 대한 논의는 법리를 적어줄 수도 있지만, 사례문제에서는 적용된 결과를 적어주는 것이 보다 간편할 것이다.

(3) 검토 및 사안의 해결

생각건대 원칙적으로 범죄의 성립과 처벌은 일치하여야 하므로 제33조 본문은 진정신분범에게 적용되고, 제33조 단서는 부진정신분범에게 적용된다고 보는 다수설의 입장이 타당하다. 사안에서 나수실에 의하면 丁은 도박죄의 방조범이 성립하고 도박죄의 방조범으로 처벌된다.

> • 공범과 신분과 관련된 제33조의 논의에 대하여는 가능하면 다수설의 입장에 따라 정리하는 것이 간편하다. 판례의 태도를 적어주게 되면 이미 판례에 배점된 점수는 받았으며, 판례의 입장을 따르게 되면 죄수 정리에서 성립되는 죄와 처벌이 달라 답안작성이 불편할 수도 있기 때문이다.

V. 경찰관 P를 폭행치상한 甲의 죄책

1. 논의점

사안에서 甲이 경찰관 P를 폭행하여 골절을 입힌 것은 공무집행방해죄와 폭행치상죄의 성립 여부가 문제 된다.

> • 甲의 죄책을 논함에 있어 공무집행방해죄와 폭행치상죄로 구별하여 검토하여야 한다. 주의할 점은 이를 공무집행방해치상로 의율하거나, 특수공무집행방해치상죄로 의율하여서는 안 된다는 점이다.

2. 공무집행방해죄의 성부

사안에 공무집행방해죄가 성립하기 위해서는 경찰관 P의 직무집행이 적법하여야 한다. 사안에서 甲은 자진출석하려고 하였으나 경찰관 P는 이를 이용하여 긴급체포하고 있다. 이러한 긴급체포는 긴급체포의 요건인 ① 중대성 ② 필요성 ③ 긴급성 중 필요성과 긴급성의 요건을 구비하기 어려우므로 위법한 긴급체포가 된다. 따라서 P의 직무집행행위가 위법하다면 甲의 행위는 공무집행방해죄의 구성요건에 해당하지 않아 공무집행방해죄는 성립하지 않는다.

3. 폭행치상죄의 구성요건해당성과 정당방위

사안에서 甲의 행위는 폭행치상죄의 구성요건해당성이 인정된다. 그러나 P의 긴급체포가 위법한 경우에는 甲의 행위는 자기의 법익에 대한 현재의 부당한 침해를 방어하기 위한 상당한 이유 있는 행위로서 정당방위가 인정되므로 위법성이 조각되어 범죄가 성립하지 않는다.

Ⅵ. 죄수 정리

사안에서 ① 甲에게는 도박장소 등 개설죄(제247조)가 성립하고, ② 乙에게는 도박장소 등 개설죄의 방조범(제247조, 제32조 제1항)이 성립하고, ③ 丙에게는 상습도박죄(제246조 제2항)와 사기죄(제347조)가 성립하며, ④ 丁에게는 도박방조죄(제246조 제1항, 제32조 제1항)가 성립한다.

---

2. 甲과 乙은 2013. 12. 2. 위 범죄사실로 서울중앙지방법원에 불구속 기소되었고, 형사7단독 재판부에 배당되어 제1회 공판기일이 2014. 1. 3.로 지정되었다. 수사검사는 2013. 12. 26. 서울중앙지방법원 영장전담판사로부터 압수수색영장을 발부받아 甲의 집에서 영업장부를 압수한 후, 그 영업장부와 압수조서를 공판기일에 증거로 제출하였다. 위 영업장부와 압수조서는 증거능력이 인정되는가? (20점)

- 본 문제는 단일 쟁점으로 배점이 20점이다. 따라서 얼마나 충실하게 답안을 작성하는지가 중요하다. 특히 이러한 유형의 문제를 대비하기 위해서라도 평소에 하나의 쟁점을 깊이 있게 정리하는 것이 바람직하다.

1. 논의점

사안에서 수사검사는 공소가 제기된 이후에 수소법원이 아닌 영장전담판사를 통하여 영업장부를 압수하고 압수조서를 작성하여 증거로 제출하고 있다. 이와 같이 공소제기 이후에 수사기관에 의한 대물적 강제처분인 압수가 허용되는지에 대하여 논의가 있다.

2. 견해의 대립

이에 대하여는 ① 제215조가 시기를 제한하고 있지 않으므로 공소제기 후의 수사기관에 의한 압수는 제1회 공판기일 전에 한하여 허용된다는 긍정설 ② 제215조는 제한적으로 해석하여야 하며, 공소제기 후 제1회 공판기일 전에 긴급한 필요가 있다면 증거보전절차를 활용하면 되므로 공소제기 후에는 수사기관에 의한 대물적 강제처분인 압수는 허용되지 않는다는 부정설이 대립하고 있다.

3. 판례의 태도

판례는 검사가 공소제기후 수소법원 이외의 지방법원 판사에게 청구하여 발부받은 영장에 의한 압수·수색은 허용되지 않으며, 그와 같이 수집된 증거는 위법수집증거로서 증거능력이 없다고 판시하여 부정설의 입장이다.

4. 검토 및 사안의 해결

생각건대 형사소송법 제215조는 압수·수색·검증영장을 청구할 수 있는 시기를 제한하고 있지 않지만, 공소가 제기된 이후에는 공판중심주의에 입각하여 수소법원이 강제처분을 하는 것이 바람직하므로 부정설이 타당하다. 이러한 부정설에 따르면 ① 영업장부는 위법수집증거로서 증거능력이 없으며 ② 압수조서는 이를 바탕으로 작성된 2차 증거이므로 독수독과의 이론에 의하여 증거능력이 인정되지 않는다.

3. 丙과 丁은 도박 등으로 각 벌금 300만 원의 약식명령을 발령받았지만, 丙은 정식재판을 청구하면서 폭력행위등처벌에관한법률위반(집단·흉기 등 상해)로 서울중앙지방법원에서 재판 중인 자신의 사건과 병합심리를 요구하여 두 사건은 병합되었다.

(1) 검사는 丙에 대한 도박을 상습도박으로 그 죄명과 적용법조, 범죄사실을 변경하는 공소장 변경을 하고자 한다. 그 가부와 논거는? (5점)

> • 본 문제는 5점 배점의 문제이므로 목차없이 핵심적인 내용만 적는 것이 간편하다.

(1) 사안에서 도박죄에서 상습도박죄로의 공소장변경은 피고인의 방어권행사에 불이익을 초래하므로 공소장변경이 필요하고, 기본적 사실이 동일하므로 공소장변경의 한계 범위 내에 있으므로 공소장변경은 가능하다.

(2) 다만, 벌금형만 있는 도박죄에 대한 약식명령에 대하여 정식재판을 청구한 경우에 징역형이 있는 상습도박죄로의 공소장변경이 가능한지가 문제 되지만, 이는 형사소송법 제457조의2에서 규정한 형종상향금지의 원칙으로 해결하면 되므로 사안에서의 공소장변경은 가능하다.

3. (2) 위 (1) 에 공소장변경이 가능하다는 전제하에, 丙에 대한 변경된 상습도박 등 사건의 계속 중에 검사는 丙의 2013. 6. 6. 포커도박 사실을 발견하고 도박으로 같은 법원에 추가기소하였고, 이 사건은 위 상습도박 등 사건에 병합되었다. 이 경우 추가기소에 대하여 법원이 취할 조치는? (7점)

> • 단일 쟁점으로 10점 이상의 배점이 주어져도 충분히 적을 양이 많은 문제이다. 그런데 본 문제에서는 배점이 7점이므로 최대한 압축하여 서술하는 것이 중요하다.

1. 논의점

사안과 같이 포괄일죄의 일부의 죄로써 검사가 공소장변경을 할 사안을 추가기소하여 부적법하게 된 경우에 법원은 어떻게 처리하여야 하는지에 대하여 논의가 있다.

2. 견해의 대립과 판례의 태도

이에 대하여는 ① 공소기각판결설 ② 공소장변경의제설 ③ 석명후판단설이 대립하고 있으며, ④ 판례는 상습특수절도가 문제된 사건에서는 석명후판단설을 따랐으며, 최근에 상습 존속상해죄가 문제된 사건에서는 공소장변경의제설을 따른 듯한 판시를 하고 있어 그 태도가 명확하지 않다.

3. 검토 및 사안의 해결

생각건대 소송경제에 이바지하고, 검사의 기소권도 존중하는 석명후 판단설이 타당하다. 따라서 사안에서 법원은 석명권을 발동하여 검사에게 공소장변경을 신청하도록 하여야 할 것이다.

3. (3) 위 300만 원의 약식명령을 발령한 판사가 위 정식재판청구로 병합된 제1심 사건의 재판을 담당한 경우, 항소이유가 되는가? (8점)

1. 논의점

제척사유인 제17조 제7호의 해석과 관련하여 사안처럼 약식명령을 행한 판사가 정식재판의 제1심에 관여한 경우에 제척사유에 해당되는지에 대하여 논의가 있다.

2. 견해의 대립과 판례의 태도

이에 대하여는 ① 사건에 대한 예단을 이유로 하는 적극설도 있지만, ② 현재의 다수설과 판례는 약식명령의 경우에는 제1심과 같은 심급이므로 전심에 해당하지 않아 제척사유에 해당하지 않는다는 소극설을 따르고 있다.

> • 배점이 작은 문제이므로 견해의 대립 부분에서 다수설과 판례의 태도를 같이 처리하는 것도 하나의 방법이 될 것이다.

3. 검토 및 사안의 해결

생각건대 약식명령은 서류재판에 불과하다는 점을 고려하면 제척사유에 해당하지 않는다는 소극설이 타당하다. 이러한 소극설에 따르면 해당판사는 丙에 대한 제1심에 관여할 수 있으므로 형사소송법 제361조의5 제7호의 항소이유가 될 수 없다.

甲은 친구 乙의 사기범행에 이용될 사정을 알면서도 乙의 부탁으로 자신의 명의로 예금통장을 만들어 乙에게 양도하였고, 乙이 A를 기망하여 A가 甲의 계좌로 1,000만 원을 송금하자 甲은 소지 중이던 현금카드로 그중 500만 원을 인출하여 소비하였다. 乙이 甲에게 전화하여 자신 몰래 돈을 인출한 데 대해 항의하자 甲은 그 돈은 통장을 만들어 준 대가라고 우겼다. 이에 화가난 乙은 甲을 살해할 의사로 甲의 집으로 가 집 주변에 휘발유를 뿌리고 불을 질렀으나, 갑자기 치솟는 불길에 당황하여 甲에게 전화해 집 밖으로 빠져 나오게 하였고, 甲은 간신히 목숨을 건질 수 있었다.

甲은 乙이 자신을 살해하려고 한 사실에 상심한 나머지 술을 마시고 혈중알코올농도 0.25%의 만취상태에서 승용차를 운전하여 乙의 집으로 가다가 보행신호에 따라 횡단보도를 걸어가고 있는 B를 승용차로 치어 B가 중상을 입고 도로 위에 쓰러졌다. 甲은 사고 신고를 받고 긴급출동한 경찰관 P에 의해 사고현장에서 체포되었고, B는 사고 직후 구급차에 실려 병원으로 후송되던 중 구급차가 교차로에서 신호를 무시하고 지나가는 트럭과 부딪혀 전복되는 바람에 그 충격으로 사망하고 말았다.

경찰의 수사를 피해 도피 중이던 乙은 경찰관인 친구 C에게 전화를 걸어 자신에 대한 수사상황을 알아봐 달라고 부탁하였고, C는 甲이 체포된 사실 및 甲 명의의 예금계좌에 대한 계좌추적 등의 수사상황을 乙에게 알려 주었다. 한편, 甲의 진술을 통해 乙의 범행을 인지한 경찰관 P는 乙이 은신하고 있는 호텔로 가서 호텔 종업원의 협조로 乙의 방 안에 들어가 甲 등의 타인 명의의 예금통장 십여 개와 乙이 투약한 것으로 의심되는 필로폰을 압수한 후, 호텔에 잠복하고 있다가 외출 후 호텔로 돌아오는 乙을 긴급체포하였다.

1. 甲, 乙의 죄책은? (60점)

2. 경찰관 P가 乙에 대하여 한 긴급체포와 예금통장 및 필로폰 압수는 적법한가? (15점)

3. 검사 S는 甲의 교통사고 현장을 목격한 일본인 J에게 참고인조사를 위해 출석을 요구하였으나 J는 불응하면서 일본으로 출국하려 하고 있다. 이 경우 검사 S가 J의 진술을 확보하기 위해 취할 수 있는 조치는? (10점)

4. 검사 S가 검찰수사관 T의 참여 하에 甲과 乙에 대해 피의자신문을 실시하고 甲과 乙의 진술을 영상녹화하였는데, 乙은 공판정에서 자신에 대한 피의자신문조서의 진정성립을 부인하고 있다. 이 경우 법원은 乙의 진술을 녹화한 영상녹화물, 검찰수사관 T의 증언 그리고 사기범행 가담을 시인하는 甲의 법정진술을 乙에 대한 유죄의 증거로 사용할 수 있는가? (15점)

---

1. 甲, 乙의 죄책은? (60점)

> • 통문제로서 甲과 乙의 죄책을 묻는 문제이며, 배점이 60점으로 상당한 배점의 문제이다. 행위자별로 사건을 정리하는 것도 의미가 있겠으나 논의의 편의상 사건 진행 순서에 따라 답안을 작성한다.

I. 사안의 정리

사안을 사건의 진행 순서에 따라 ① 사기범행과 관련된 행위 ② 방화와 관련된 행위 ③ 음주운전관련 행위 ④ 수사상황을 알아본 행위의 순서로 검토한다.

II. 사기범행과 관련된 부분

1. 乙의 죄책

乙은 A를 기망하여 1,000만 원을 송금받았으므로 사기죄가 성립한다. 기수 여부가 문제가 되지만, 판례에 의하면 전기통신금융사기의 범인이 피해자를 기망하여 피해자의 자금을 사기 이용 계좌로 송금·이체받으면 사기죄는 기수에 이르렀다고 하므로 乙은 사기죄의 기수가 된다.

2. 甲의 죄책

(1) 예금통장을 개설해 준 행위에 대한 사기방조죄의 성립

사안에서 甲은 乙이 사기범행에 이용하리라는 것을 알면서도 자기 명의의 예금통장을 개설해 주었으므로 이는 사기죄의 방조행위에 해당한다.

(2) 500만 원을 인출하여 소비한 행위에 대한 장물취득죄의 불성립

사안에서 甲에게 장물취득죄가 인정되기 위해서는 1,000만 원이 재산상 범죄로 취득한 재물이어야 한다. 그런데 판례에 의하면 재물인지 재산상 이익인지는 피해자를 기준으로 판단하고, 사안에서 A는 재물인 금전을 송금하였으므로 장물이 될 수 있다.

그러나 판례에 의하면 장물취득죄가 성립하기 위해서는 본범으로부터 장물의 점유를 이전받음으로 사실상의 처분권을 획득하여야 하는데 사안에서는 본범에게 편취금이 귀속되는 과정이 없었으므로 장물취득행위가 성립할 수 없다. 따라서 甲에게는 장물취득죄가 성립하지 않는다.

(3) 500만 원을 인출하여 소비한 행위의 은행에 대한 사기죄의 불성립

사안에서 甲은 乙이 A에게 사기행위를 하여 甲명의의 예금계좌로 송금한 금전을 인출하여 소비하였는바 이와 관련하여 甲은 실질적인 예금주가 아니므로 은행에 대한 사기죄가 문제될 수 있으나, 판례는 이와 유사한 사안에서 '피고인은 예금주로서 은행에 대하여 예금반환을 청구할 수 있는 권한을 가진 자이므로, 위 은행을 피해자로 한 사기죄가 성립하지 않는다'라고 판시하여 사기죄의 성립을 부정하고 있다. 이러한 판례의 입장에 따르면 甲은 은행에 대한 사기죄는 성립하지 않는다.

(4) 500만 원을 인출한 행위의 A에 대한 횡령죄 불성립

사안에서 甲은 乙이 A에게 사기행위를 하여 甲명의의 예금계좌로 송금한 금전을 인출하여 소비하였는바 이와 관련하여 甲은 실질적인 예금주가 아니므로 A에 대한 횡령죄가 문제될 수 있으나, 판례는 '피해자의 자금을 점유하고 있다고 하여 피해자와의 어떠한 위탁관계나 신임관계가 존재한다고 볼 수 없을 뿐만 아니라, 새로운 법익을 침해한다고 보기도 어려우므로 횡령죄를 구성하지 아니한다'라고 판시하여 횡령죄의 성립을 부정하고 있다. 이러한 판례의 입장에 따르면 甲은 A에 대한 횡령죄는 성립하지 않는다.

(5) 사안에서 甲의 죄책

사안에서 甲은 사기죄의 방조범만이 성립한다.

> • 본 문제에서 甲의 죄책은 사기방조죄만이 성립한다. 그리고 관련 판례에서는 장물취득이 되지 않는다는 점에 대해서만 판단을 하고 있다. 따라서 실제 시험에서는 장물죄 부분만 언급하는 것이 바람직하다. 그런데 배점이 큰 문제라면 은행에 대한 사기죄나 A에 대한 횡령죄를 적어줄 수 있을 것이다.

III. 방화한 부분

1. 현주건조물방화치사죄의 불성립

사안에서는 甲이 사망하지 않았으므로 기본적으로 현주건조물방화치사죄는 성립하지 않는다. 그리고 현주건조물방화치사죄는 미수범을 처벌하지 않으므로 현주건조물방화치사죄의 미수범도 성립하지 않는다.

2. 현주건조물방화죄의 성립

사안에서 명확하지는 않지만 불길이 치솟았고 甲은 간신히 목숨을 건졌다는 사정으로 보아 이미 甲의 집이 독자적으로 연소된 것으로 보이므로 방화죄의 기수시기에 대한 판례의 태도인 독립연소설에 따르면 현주건조물방화죄는 기수에 이르렀으므로 현주건조물방화죄가 성립한다.

3. 살인죄의 장애미수의 성립

(1) 사안에서 乙은 甲을 살해하려고 방화하여 실행에 착수하였으나 甲은 생존하였으므로 기본적으로 살인죄의 미수가 성립한다.

(2) 그런데 사안에서 乙은 갑자기 치솟는 불길에 당황하여 甲을 빠져나오게 하고 있는바 이러한 乙의 행위가 중지미수에 해당할 수 있는지 문제 된다. 그러나 판례에 의하면 '행위자가 경악하거나 겁을 먹어 중지한 경우'에는 자의성을 인정하지 않는다. 이러한 판례의 입장에 의하면 乙의 행위는 자의성이 인정되지 않아 장애미수에 해당한다.

> • '행위자가 경악하거나 겁을 먹어 중지한 경우'에 자의성을 인정할 것인지에 대하여는 본 문제에서는 배점으로 인하여 간략히 처리하기 위해 판례의 입장을 따라 정리했지만, 배점이 큰 경우에는 학설의 입장을 따라가는 것도 의미가 있다.

Ⅳ. 음주운전관련 부분

1. 음주운전죄의 성부

사안에서 甲은 0.25%의 만취상태에서 운전하였으므로 도로교통법 제148조의2 제3항 제1호 위반(음주운전)죄가 성립한다.

2. 위험운전치상죄의 성부

사안에서 甲은 0.25%의 만취상태에서 운전하며 B를 치어 중상을 입혔으므로 특가법 제5조의11에 의한 위험운전치상죄가 성립한다.

3. 위험운전치사죄의 성부

사안에서 B가 사망하였으므로 甲에게 위험운전치사죄가 문제 되지만, 사안의 경우에 신호를 무시하고 지나가는 트럭에 부딪혀 전복되는 바람에 B가 사망한 경우에는 비유형적 인과관계로써 통상 예견할 수 없는 경우이므로 그 인과관계가 단절되어 甲의 운전과 B의 사망사이에는 인과관계가 인정되지 않는다고 보아야 할 것이다. 따라서 甲에게는 위험운전치사죄는 성립하지 않는다.

Ⅴ. 정보를 알아낸 부분

1. 논의점

사안에서 경찰관 C의 행위는 공무상비밀누설죄에 해당한다. 그런데 경찰관 C의 누설행위와 이를 누설받은 乙의 행위는 필요적 공범 중 대향범의 관계에 있는바, 乙에게 공무상비밀누설죄의 공범이 성립할 수 있는지 문제 된다.

2. 견해의 대립과 판례의 태도

이에 대하여는 ① 긍정설과 ② 부정설이 대립하고 있으며 ③ 판례는 필요적 공범의 내부관여자에게는 상대방을 처벌하는 특별한 규정이 없는 한 원칙적으로 형법총칙상의 공범규정이 적용되지 않는다고 판시하여 부정설의 입장이다.

3. 결언 및 사안의 해결

생각건대 필요적 공범의 처벌에 대한 입법자의 의도 등을 고려하면 판례의 입장이 타당하다. 이러한 판례의 입장에 따르면 형법 제127조는 직무상 비밀을 누설받은 상대방을 처벌하는 규정이 없으므로 乙은 공무상비밀누설죄의 공범이 성립하지 않는다.

Ⅵ. 甲과 乙의 죄책

(1) 甲에게는 ① 사기죄의 방조범(제347조, 제32조 제1항) ② 도로교통법 위반(음주운전)죄(도로교통법 제148조의2 제3항 제1호) ③ 특가법상의 위험운전치상죄(제5조의11)가 성립하며 이는 모두 실체적 경합 관계에 있다.

(2) 乙에게는 ① 사기죄(제347조) ② 현조건조물방화죄(제164조 제1항) ③ 살인죄의 장애미수(제254조, 제250조 제1항)가 성립한다. 그리고 ②③의 죄는 상상적 경합 관계에 있고, 이와 ①죄는 실체적 경합 관계에 있다.

---

2. 경찰관 P가 乙에 대하여 한 긴급체포와 예금통장 및 필로폰 압수는 적법한가? (15점)

> • 본 문제는 크게 세 가지 정도의 쟁점이 있지만, 배점이 15점이다. 따라서 견해 대립이 있는 체포현장의 범위 부분에 배점이 보다 클 것이므로 이 부분을 보다 자세히 적을 필요가 있다. 그리고 압수된 물건의 증거능력이 아니라 압수의 적법성만을 묻고 있으므로 답안을 작성함에 있어 사후영장의 청구여부는 적지 않는다.

1. 긴급체포의 적법성

긴급체포가 적법하기 위해서는 ① 장기 3년 이상의 징역에 해당하는 범죄인 중대성 ② 도주 또는 증거인멸의 필요성 ③ 긴급성이 필요하다.

사안에서 ① 사기죄는 10년 이하의 징역에 해당하는 범죄이므로 중대성이 인정되고 ② 집이 아닌 호텔에 묵고 있는 것으로 보아 도주의 위험이 있으며 ③ 이에 따라 긴급성도 인정되므로 긴급체포가 인정될 수 있다. 따라서 사안에서 P가 乙을 긴급체포한 것은 적법하다.

2. 예금통장 압수의 적법성

(1) 논의점

사안에서 경찰관 P는 乙을 긴급체포하기 이전에 영장없이 예금통장을 압수하고 있는바 이러한 경찰관 P의 압수가 제216조 제1항 제2호의 체포현장의 범위내인지 문제 된다.

(2) 견해의 대립과 판례의 태도

이에 대하여는 ① 체포행위에 시간적 · 장소적으로 접착되어 있으면 족하며 체포의 전후를 불문한다는 시간 · 장소적 접착설 ② 압수 · 수색 당시에 피의자가 현장에 있음을 요한다는 현장설 ③ 피의자가 수색장소에 현재하고 체포의 착수를 요건으로 한다는 체포착수시설 ④ 피의자가 현실적으로 체포되었음을 요한다는 체포성공시설이 대립하고 있으며, ⑤ 판례는 '현행범 체포에 착수하지 아니한 상태여서 형사소송법 제216조 제1항 제2호, 제212조가 정하는 체포현장에서의 압수·수색 요건을 갖추지 못하였다'라고 하여 체포착수시설의 입장이다.

(3) 검토 및 사안의 해결

압수의 범위를 합리적으로 제한하고, 그 기준이 보다 명확한 체포착수시설이 인권보장을 위해서는 바람직하다. 따라서 사안에서 乙에 대한 체포의 착수 이전에 예금통장을 압수한 것은 적법하지 않다.

3. 필로폰 압수의 적법성

체포현장의 영장없는 압수라고 하더라도 이는 해당사건과 관련된 증거로만 제한되어야 한다. 그런데 사안에서의 필로폰은 긴급체포의 원인이 된 사기 사건과 무관한 별건압수이므로 이는 적법하지 않다. 또한 예금통장과 동일하게 체포현장의 범위를 벗어난 압수이므로 적법하지 않다.

> • 사안에서 필로폰은 예금통장과 같은 논리로 적법하지 않다는 점을 논증할 수 있으나, 별건압수로 처리하는 것이 간편하므로 위와 같이 정리한다.

---

3. 검사 S는 甲의 교통사고 현장을 목격한 일본인 J에게 참고인조사를 위해 출석을 요구하였으나 J는 불응하면서 일본으로 출국하려 하고 있다. 이 경우 검사 S가 J의 진술을 확보하기 위해 취할 수 있는 조치는? (10점)

> • 본 문제는 증거보전의 개략적인 내용을 묻고 있는 문제이다. 그러나 배점이 10점에 불과하므로 제184조와 제221조의2 두 개의 조문의 내용만 간략히 적어 주어도 충분하다.

1. 서 언

현행법하에서 검사 S가 참고인 J의 진술을 확보할 수 있는 방안으로는 제184조의 증거보전과 제221조의2의 증인신문청구가 있다. 이하 개별적으로 검토한다.

2. 제184조의 증거보전

제184조의 증거보전을 하기 위해서는 ① 증거보전을 위하여는 증거를 보전하지 않으면 증거의 사용이 곤란할 것, 즉 증거보전의 필요성이 인정되어야 하며 ② 증거보전은 제1회 공판기일 전(모두절차가 끝난 때까지를 의미)에 한하여 할 수 있다.

3. 제221조의2 증인신문의 청구

제221조의2의 증인신문의 청구를 하기 위해서는 ① 참고인이 범죄수사에 없어서는 아니될 사실을 안다고 명백히 인정되는 자이어야 하며 ② 참고인의 출석 또는 진술을 거부하고 ③ 제1회 공판기일전이라는 요건이 충족되어야 한다.

4. 사안의 해결

사안에서 J의 진술은 음주운전과 위험운전치상죄를 입증하기 위한 필요성이 있는 증거이며, J가 출석을 거부하면서 일본으로 출국하려고 하므로 증거보전의 필요성도 인정된다고 할 것이다. 따라서 검사는 제184조에 따른 증거보전이나 제221조의2에 따른 증인신문청구를 신청할 수 있다.

4. 검사 S가 검찰수사관 T의 참여 하에 甲과 乙에 대해 피의자신문을 실시하고 甲과 乙의 진술을 영상녹화하였는데, 乙은 공판정에서 자신에 대한 피의자신문조서의 진정성립을 부인하고 있다. 이 경우 법원은 乙의 진술을 녹화한 영상녹화물, 검찰수사관 T의 증언 그리고 사기범행 가담을 시인하는 甲의 법정진술을 乙에 대한 유죄의 증거로 사용할 수 있는가? (15점)

> • 본 문제는 3개의 큰 쟁점이 있음에도 불구하고 배점이 15점에 불과하다. 따라서 장황한 서술보다는 개별적으로 5점 정도의 배점이 있다고 생각하고 압축하여 서술하는 것이 중요하다.

1. 乙의 진술을 녹화한 영상녹화물의 증거능력

(1) 사안에서 乙의 피의자신문을 영상녹화한 영상녹화물의 증거능력에 대하여는 ① 긍정설과 ② 부정설이 대립하고 있으나, ③ 최근 판례는 '수사기관이 참고인을 조사하는 과정에서 형사소송법 제221조 제1항에 따라 작성한 영상녹화물은, 다른 법률에서 달리 규정하고 있는 등의 특별한 사정이 없는 한, 공소사실을 직접 증명할 수 있는 독립적인 증거로 사용될 수는 없다고 해석함이 타당하다'라고 하여 부정설의 입장이다.

(2) 생각건대 형사소송법이 전문법칙의 예외와 관련하여 영상녹화물에 대해서는 명문의 허용근거가 없으므로 증거능력을 부정하는 것이 타당하다. 그렇다면 사안에서 乙의 피의자신문을 영상녹화한 영상녹화물은 증거능력이 없다.

> • 영상녹화물의 증거능력을 긍정하고 있는 대표적인 '다른 법률'에는 성폭법과 아청법이 있다.

2. 검찰수사관 T의 증언

(1) 乙의 진술에 대한 증언

현행법은 이중수사의 방지와 책임있는 수사를 실현하기 위하여 제316조 제1항에서 조사자증언제도를 채택하고 있으므로 검찰수사관 T의 증언은 乙의 진술에 대한 특신상태가 증명되면 乙에 대하여 증거능력이 있다.

(2) 甲의 진술에 대한 증언

검찰수사관 T가 수사과정에서의 甲의 진술을 증언하는 내용을 乙에 대한 증거로 사용하기 위해서는 판례는 제316조 제2항 적용설을 따르고 있다. 이러한 제316조 제2항 적용설에 따르면 원진술자인 甲이 공판정에 출석하고 있어 필요성의 요건을 구비하지 못하므로 乙에 대하여 증거능력이 없다.

3. 甲의 진술의 증거능력

(1) 사안에서 甲은 乙과 함께 사기죄의 공범이므로 다수설과 판례의 입장인 절충설에 따르면 증인적격이 없다. 이러한 증인적격이 없는 공범자인 공동피고인의 법정진술이 증거능력이 있는지에 대하여는 ① 긍정설과 ② 부정설의 대립이 있지만, ③ 판례는 '공동피고인의 자백은 이에 대한 피고인의 반대신문권이 보장되어 있어 증인으로 신문한 경우와 다를 바 없으므로 독립한 증거능력이 있다'라고 하여 긍정설의 입장이다.

(2) 생각건대 공동피고인의 공판정에서의 진술은 법관 앞에서 행하여진 임의의 진술이며, 공동피고인에 대한 피고인의 반대신문의 기회가 사실상 보장되므로 긍정설이 타당하다. 이러한 긍정설의 입장에 따르면 甲의 법정진술은 乙에 대하여 증거능력이 인정된다.

甲과 乙은 후배인 V를 지속적으로 괴롭혀 왔다. 1) 2008. 3. 5. 甲과 乙은 함께 V의 자취방에서 V를 구타하다가 사망에 이르게 하였다. V가 사망하자 乙은 당황하여 도주하였는데, 甲은 V의 자취방을 뒤져 V명의의 A은행 통장과 V의 주민등록증 및 도장을 훔친 후 도주하였다. 2) 다음 날인 3. 6. 12 : 00경 甲은 V의 주민등록증 사진을 자신의 사진으로 바꾸고, 같은 날 15 : 00경 A은행에 가서 V명의로 예금청구서를 작성하고 V의 도장을 찍어 V의 주민등록증을 제시한 후 V의 통장에서 현금 1,000만 원을 인출하였다. 같은 해 3. 8. 甲과 甲의 친구인 丙은 乙에게 찾아가 A은행에서 찾은 현금 1,000만 원을 주면서 乙 혼자 경찰에 자수하여 乙이 단독으로 V를 때려 사망에 이르게 한 것이라고 진술하라고 하였다. 만약 그렇게만 해주면 乙의 가족들에게도 상당한 금액으로 보상하고 乙이 출소하더라도 끝까지 뒤를 봐주겠다고 회유하였다.

고민하던 乙은 2008. 3. 11. 15 : 00경 경찰에 찾아가 자수하면서 자신이 혼자 V를 때려 사망에 이르게 한 것이라고 진술하였고, 이에 따라 2008. 4. 9. 乙만 상해치사죄로 구속 기소되었다. 하지만 乙은 제1심 공판과정에서 심경의 변화를 일으켜 사건의 진상을 털어놓았고, 검찰이 재수사에 착수하여 2008. 6. 16. 甲을 긴급체포하였다. 긴급체포 과정에서 검찰수사관은 甲의 소지품을 압수하였는데, 그 중에 V 명의의 직불카드가 있는 것을 발견하고 甲을 추궁하자 3) 甲은 乙과 함께 2008. 2. 중순 경 V를 폭행하여 V 명의의 B은행 직불카드를 빼앗은 후 비밀번호를 알아내고 현금자동지급기에서 현금 50만 원을 인출하여 유흥비로 사용한 사실을 털어놓았다.

甲은 2008. 7. 4. 구속 기소되어 같은 해 9. 3. 제1심 법원으로부터 유죄를 선고받고 그날 항소를 포기하여 그대로 판결이 확정되었다. 한편 丙은 甲이 체포된 후 숨어 지내다가 2013. 4. 29. 체포되었고, 같은 해 5. 15. 검사는 丙에 대해 공소를 제기하였다.

1. 1)의 범죄사실에 대해 甲의 변호인은 상해치사의 공동정범의 성립을 부정하고, 상해의 죄책만을 인정하려 한다. 甲의 변호인의 입장에서 그 논거를 서술하시오. (10점)

2. 2)의 범죄사실에 대한 甲의 죄책을 논하시오. (20점)

3. 3)의 범죄사실에 대한 甲과 乙의 죄책을 폭행의 정도를 구별하여 논하시오. (20점)

4. 검사는 甲을 구속기소하면서 乙에 대하여는 기존의 공소사실에 대해 甲과 공동하여 범행을 하였다는 취지로 내용을 변경함과 동시에 새로이 밝혀진 3)의 범죄사실을 추가하는 내용으로 공소장변경을 신청하였다. 법원은 이에 대해 어떠한 조치를 취하여야 하는가? (10점)

5. 사건을 재수사하는 과정에서 검사는 구속 중인 피고인 乙을 소환하여 1)과 3)의 범죄사실에 대해 신문하고 그 내용을 조서에 기재하였다. 甲과 乙의 죄책에 대한 이 조서의 증거능력을 논하시오. (20점)

6. 丙의 변호인은 丙의 범죄는 공소시효가 완성되었으므로 丙에 대해서는 면소의 판결을 해야 한다고 주장하였다. 변호인의 주장은 타당한가? (20점)

1. 1)의 범죄사실에 대해 甲의 변호인은 상해치사의 공동정범의 성립을 부정하고, 상해의 죄책만을 인정하려 한다. 甲의 변호인의 입장에서 그 논거를 서술하시오. (10점)

1. 결과적가중범의 공동정범을 부정하는 논거

변호인은 ① 공동정범은 심리적 사실인 의사의 연락이 있는 경우에만 성립하므로 고의와 과실의 결합형태인 결과적가중범의 공동정범은 성립할 수 없으며 ② 규범적 요소인 과실에 대하여는 기능적 행위지배를 인정할 수 없으므로 고의와 과실의 결합형태인 결과적가중범의 공동정범은 성립할 수 없으며 ③ 과실의 공동정범을 긍정한다고 하더라도 고의와 과실의 결합형태인 결과적가중범까지 공동정범을 인정할 필요는 없다는 주장으로 상해치사죄의 공동정범을 부정하는 주장을 한다.

2. 변호인의 주장

따라서 상해치사죄의 공동정범은 인정할 수 없으며, 검사가 제출한 증거만으로는 甲의 행위와 V의 사망사이에는 인과관계가 밝혀지지 않았으므로 甲에게는 상해죄만 성립한다.

2. 2)의 범죄사실에 대한 甲의 죄책을 논하시오. (20점)

> • 본 문제는 간단한 사안이지만, 여러 쟁점이 있으므로 이를 빠뜨리지 않고 서술하는 것이 중요하다. 단, 은행에 대한 주거침입죄의 성부여부도 논의가 될 수 있으나, 명시적인 판례가 없으므로 이는 생략한다.

1. 주민등록증의 사진을 바꾸고 이를 제시한 행위에 대한 평가

사안에서 甲은 행사할 목적으로 V의 주민등록증에 붙어 있는 사진을 떼어내고 甲의 사진을 붙였다면이는 기존 공문서의 본질적 또는 중요 부분에 변경을 가하여 새로운 증명력을 가지는 별개의 공문서를 작성한 경우에 해당하므로 공문서위조죄를 구성한다. 그리고 이를 은행직원에게 제시한 행위는 행사에 해당하므로 甲에게는 공문서위조죄와 위조공문서행사죄가 성립한다.

2. V명의의 예금청구서를 작성하고 이를 제시한 행위에 대한 평가

(1) 사안에서 甲은 이미 사망한 V명의의 예금청구서를 작성한 행위에 대하여는 사망자명의의 사문서위조죄가 성립할 수 있는지 문제 된다.

(2) 종래 판례는 원칙적으로 사망자 명의의 사문서위조죄의 성립을 인정하지 않지만, 생존일자로 소급작성된 경우에는 예외적으로 사문서위조죄의 성립을 인정하였다. 그러나 그 후 전합 판례에 의하여 사망자명의의 문서도 공공의 신용을 해할 위험성이 있으므로 문서위조죄가 성립한다고 보아 종래 판례를 변경하였다.

(3) 생각건대 사망자 명의의 문서라도 공공의 신용을 해할 수 있으므로 문서위조죄가 성립한다고 보는 것이 타당하다. 따라서 사안의 경우에 甲의 행위는 문서위조죄가 성립하며, 이를 은행직원에게 제시하는 것은 위조사문서행사죄에 해당한다.

3. V의 인장을 예금청구서에 찍은 행위

甲이 V의 인장을 예금청구서에 찍어 예금청구서를 완성한 후에 이를 은행직원에게 제시한 것은 사인부정사용죄 및 동행사죄가 성립할 수 있지만, 인장에 관한 죄는 문서죄와 보충관계에 있으므로 위에서 본 바와같이 사문서위조죄 및 동행사죄가 성립하는 한 이에 흡수되어 별죄를 구성하지 않는다.

4. 은행직원을 기망한 행위

사안에서 甲은 은행직원에게 V가 아님에도 V인 것처럼 행세하며 V의 예금잔고 중 1,000만 원을 인출하고 있다. 이러한 甲의 행위는 사기죄의 성립요건인 ① 기망 ② 착오 ③ 처분행위 ④ 이익의 취득 및 ⑤ 손해의 발생을 모두 충족하고 있으므로 은행에 대한 사기죄가 성립한다.

5. 죄수 문제

사안에서 甲에게는 공문서위조죄(제255조)와 동행사죄(제229조), 사문서위조죄(제231조)와 동행사죄(제234조), 사기죄(제347조)가 성립하며 이들은 모두 실체적 경합 관계에 있다.

3. 3)의 범죄사실에 대한 甲과 乙의 죄책을 폭행의 정도를 구별하여 논하시오. (20점)

> • 기본적으로 판례의 태도를 묻고 있는 문제이므로 ① 갈취인 경우와 ② 강취인 경우로 나누어 설시하면 될 것이다. 주의할 점은 2인 이상이 합동한 경우이므로 폭처법과 합동범을 누락하지 않도록 하여야 한다는 점이다.

1. 논의점

사안에서 甲과 乙은 공동하여 폭행하여 V의 직불카드를 빼앗고 이를 이용하여 현금자동지급기에서 50만원을 인출하여 이를 영득하고 있다. 이러한 경우에 甲과 乙의 폭행의 정도에 따라 甲과 乙의 죄책이 달라지고 후행행위들에 대한 범죄성립이 달라지므로 이를 검토한다.

2. 폭행이 갈취의 정도인 경우

(1) 甲과 乙의 폭행이 최협의의 폭행인 상대방의 저항을 억압할 정도가 아닌 폭행을 행사하여 V의 직불카드를 빼앗은 경우에는 甲과 乙의 행위는 공갈죄를 구성하게 된다.

(2) 그리고 이러한 공갈행위로 취득한 직불카드를 사용한 부분에 대하여는 절도죄와 직불카드부정사용죄 등이 논의될 수 있으나, 판례에 의하면 V의 승낙에 따른 행위이므로 포괄하여 하나의 공갈죄만이 성립한다고 본다.

(3) 따라서 이러한 판례의 입장에 따르면 甲과 乙은 공갈죄만이 성립하고, 특히 2인 이상이 공동으로 하였으므로 폭처법 제2조 제2항 제3호에 의하여 가중처벌된다.

3. 폭행이 강취의 정도인 경우

(1) 직불카드에 대한 합동강도죄의 성립

甲과 乙의 폭행이 최협의의 폭행인 상대방의 저항을 억압할 정도의 폭행을 행사하여 V의 직불카드를 빼앗은 경우에는 甲과 乙의 행위는 강도죄에 해당하고, 2인 이상이 합동하여 강도하고 있으므로 형법 제334조 제2항의 합동강도죄가 성립한다.

(2) 현금을 인출한 부분에 대한 절도죄의 성립

타인의 직불카드를 이용하여 현금을 인출한 행위에 대하여 판례는 현금자동지급기 관리자의 의사에 반하여 그의 지배를 배제하고 그 현금을 자기의 지배하에 옮겨 놓는 것이 되어서 강도죄와는 별도로 절도죄를 구성한다고 보고 있다. 이러한 판례의 입장에 따르면 사안에서 甲과 乙의 행위는 절도죄에 해당하고, 2인 이상이 합동하여 절도하고 있으므로 형법 제331조 제2항의 합동절도죄가 성립한다.

(3) 직불카드부정사용죄의 죄책

사안에서 직불카드를 이용하여 현금을 인출한 것은 직불카드의 본래적 기능을 사용하였다고 볼 수 없으므로 甲과 乙에게는 여신전문금융업법상의 직불카드부정사용죄는 성립하지 아니한다.

4. 검사는 甲을 구속기소하면서 乙에 대하여는 기존의 공소사실에 대해 甲과 공동하여 범행을 하였다는 취지로 내용을 변경함과 동시에 새로이 밝혀진 3)의 범죄사실을 추가하는 내용으로 공소장변경을 신청하였다. 법원은 이에 대해 어떠한 조치를 취하여야 하는가? (10점)

> • 두 개의 사실에 대한 공소장변경 신청에 대한 법원의 조치를 묻고 있는 문제이다. 배점이 10점이므로 핵심적인 내용만으로 간략하게 정리하는 것이 중요한다. 따라서 상황에 따라서는 논의점 부분도 생략할 수 있다 하겠다.

1. 논의점

사안에서 검사는 乙이 단독으로 V에 대한 상해치사죄로 기소된 사안에서 ① 甲과의 공동으로 상해치사를 범한 사실과 ② 이와는 별도의 V에 대한 직불카드범행을 추가하는 공소장변경을 신청하고 있다. 이러한 경우에 법원의 조치를 ①과 ②로 나누어 검토한다.

2. 1)사실 관련 부분

사안에서 乙 단독의 상해치사 공소사실을 甲과의 공동정범으로 추가하는 것은 乙의 방어권행사에 불이익을 초래하는 경우이므로 공소장변경을 필요로 하는 사안이다. 그리고 공소사실의 동일성에 대한 다수설과 판례의 태도인 기본적사실동일설에 따르면 검사가 공소제기한 사실과 공소장변경으로 추가되는 사실은 밀접관계와 택일관계가 있으므로 동일성이 인정된다. 따라서 법원은 제298조 제1항 2문에 의하여 공소장변경을 허가하여야 한다.

3. 3)사실 관련 부분

사안에서 乙 단독의 상해치사 공소사실과 V에 대한 직불카드를 빼앗은 사실은 기본적 사실이 동일하지 않으므로 공소장변경의 한계를 벗어나고 있다. 따라서 이는 공소장변경이 아닌 추가기소를 해야할 사안이다. 그럼에도 검사가 이를 공소장변경으로 추가하는 경우에 ① 공소기각설과 ② 추가기소의제설의 대립이 있을 수 있으나, 소송경제 등을 고려하면 법원은 검사로 하여금 이를 석명하게 하고 추가기소하도록 하는 것이 타당하다.

5. 사건을 재수사하는 과정에서 검사는 구속 중인 피고인 乙을 소환하여 1)과 3)의 범죄사실에 대해 신문하고 그 내용을 조서에 기재하였다. 甲과 乙의 죄책에 대한 이 조서의 증거능력을 논하시오. (20점)

> • 검사 작성의 피고인신문조서의 증거능력 인정요건, 검사 작성의 피의자신문조서의 증거능력 인정요건, 검사 작성의 공범자의 피의자신문조서의 증거능력 인정요건을 묻고 있는 문제이다. 주의할 점은 사안의 경우에 피고인신문조서는 피고인신문부정설에 따르더라도 예외적으로 허용되는 경우라는 점이다. 그리고 배점이 20점이므로 이에 맞추어 핵심적인 내용만으로 압축하여 기술하는 것이 바람직하다.

1. 논의점

사안에서 구속기소된 피고인 乙을 검사가 신문하고 이에 대하여 조서를 작성하고 제출하고 있다. 이러한 경우에 1)사실은 피고인신문조서에 해당하고 3)사실은 새로 밝혀진 피의사실을 조사한 내용이므로 피의자신문조서에 해당한다. 이러한 각 사실에 대한 조서의 증거능력을 검토한다.

2. 각 조서의 성격

(1) 1)사실에 대한 조서

먼저 피고인신문이 허용되는지에 대하여 ① 긍정설과 ② 부정설이 대립되고 있으며 ③ 판례는 긍정설의 입장으로 보는 것이 일반적이다. 그런데 사안의 경우에는 피고인신문을 부정하는 입장에 따르더라도 사안의 공범자가 새로이 밝혀져 수사가 불가피한 상황이므로 사안에서의 피고인신문은 허용된다. 이러한 피고인신문조서의 증거능력은 인정하기 위한 요건에 대하여는 종래 ① 조문을 중시하는 제313조설과 ② 실질을 중시하는 제312조설이 대립하고 있었으나, ③ 현재의 판례와 다수설은 실질을 중시하여 제312조설을 따르고 있다. 따라서 1)사건의 피고인신문조서는 제312조에 따라 증거능력이 결정된다.

(2) 3)사실에 대한 조서

사안에서 3)사건에 대한 조서는 새로운 사실에 대한 조서이므로 이는 피의자신문조서에 불과하다. 따라서 이에 대하여는 제312조 요건이 구비되면 그 증거능력이 인정될 수 있다.

3. 검사 작성의 피의자신문조서의 증거능력

(1) 乙에 대한 증거능력 인정요건

먼저 乙에 대하여 증거능력을 인정하기 위해서는 제312조 제1항에 따라 ① 적법한 절차와 방식 ② 내용이 인정되면 그 증거능력이 인정된다.

(2) 甲에 대한 증거능력 인정요건

판례는 공범인 乙의 검사 작성 피의자신문조서를 甲에게 증거능력을 인정하기 위해서는 제312조 제1항의 요건이 구비되어야 한다는 입장이다. 따라서 사안에서의 乙의 검사 작성 피의자신문조서는 ① 적법한 절차와 방식을 구비하고 ② 甲에 의하여 내용이 인정되면 증거능력이 인정된다.

---

6. 丙의 변호인은 丙의 범죄는 공소시효가 완성되었으므로 丙에 대해서는 면소의 판결을 해야 한다고 주장하였다. 변호인의 주장은 타당한가? (20점)

- 본 문제는 공소시효완성 여부를 계산하는 문제로써 상당히 어려운 문제이다. 공소시효의 기간의 산정, 공소시효의 기산점, 공소시효정지기간의 산입 등을 근거 조문을 정확히 익힌 후 활용할 수 있도록 평소에 연습이 필요한 부분이다.

- 본 문제에서는 설문은 '피고인인 甲이 선고일날 항소를 포기하여 그대로 판결이 확정되었다'고 되어 있다. 이러한 설문으로 인해 선고일인 2008. 9. 3.에 판결이 확정되었다고 볼 여지가 있으나, 검사의 항소제기 가능성이 있으므로 검사가 항소를 제기할 수 있는 기간동안은 판결이 확정되지 않고 항소제기기간 내에 검사가 항소를 제기하지 않고 항소제기기간을 도과했을 때 확정되었다고 보는 것으로 해설한다. 만약 제1심 판결선고기일에 검사도 항소를 포기하였다면 아래의 해설에서 7일을 뺀 날이 공소시효완성일이 될 것이며, 甲의 공소시효는 완성된 것으로 보아야 할 것이다. 그러나 공소시효완성여부의 문제는 1일이 중요하며, 제1심 판결선고일로부터 7일이 지난 시점에 판결이 확정되어야 2013. 5. 16.에 완성되므로 2013. 5. 15.에 공소제기된 것이 적법하다고 보는 것이 문제의 취지에 더 부합한다고 생각한다.

1. 문제의 제기

사안에서 丙의 변호인은 丙의 공소시효가 완성되었으므로 면소판결을 하여야 한다고 주장하고 있는바 사안에서 丙의 범행이 객관적으로 공소시효가 완성되었는지를 검토하고 변호인 주장의 타당성을 검토한다.

2. 丙의 시효완성 여부에 대한 판단

(1) 공소시효 기간의 산정

丙의 범행은 범인은닉죄의 교사의 공동정범이므로 형법 제151조 제1항과 제31조 제1항에 의하여 그 형은 3년 이하의 징역형이다. 그리고 이러한 3년 이하의 징역형에 대한 공소시효는 형사소송법 제249조 제1항 제5호에 의하면 5년이다.

(2) 공소시효의 기산점

제252조 제1항에 의하면 시효는 범죄행위의 종료한 때로부터 진행하며, 동조 제2항에 의하면 공범에는 최종행위의 종료한 때로부터 전공범에 대한 시효기간을 기산하므로 사안에서 丙은 교사범이며 정범인 乙이 2008년 3월 11일 15 : 00경 경찰에 찾아가 자수한 때가 丙의 공소시효의 기산점이 된다. 그리고 제66조 제1항 단서에 의하여 丙의 공소시효는 초일을 산입하므로 공소시효완성일은 기본적으로 2013년 3월 10일 24 : 00가 된다.

(3) 공소시효정지기간의 산입

그런데 이러한 공소시효는 공범인 甲이 구속기소되어 형이 확정되었으므로 형사소송법 제253조 제1항과 제2항에 의하여 공범인 甲이 구속기소되어 형이 확정된 날까지는 정지된다. 사안에서 공범인 甲이 구속기소된 날은 2008년 7월 4일이고 2008년 9월 3일 선고되었다. 사안에서 甲이 제1심 선고일 항소를 포기하였으나, 제358조에 의하여 검사의 항소제기기간은 7일이고, 제343조 제2항에 의해 그 기산점은 2008년 7월 4일이지만 초일불산입의 원칙에 의하여 익일인 7월 5일부터 판결이 선고된 9월 3일의 익일부터 7일이 지나 확정된 2008년 9월 10일 24 : 00 까지는 시효가 정지된다.

(4) 丙의 공소시효완성일

丙의 공소시효의 완성일은 기본적인 공소시효완성일인 2013년 3월 10일 24 : 00에서 67일간의 기간을 더한 2013년 5월 16일이 공소시효완성일이 된다.

3. 변호인의 공소시효완성의 타당성 검토

사안에서 검사는 2013년 5월 15일에 공소를 제기하였으므로 이는 丙에 대한 공소시효가 완성되기 이전에 공소를 제기한 것이므로 丙의 변호인의 주장은 타당하지 않다.

甲과 乙은 공원을 배회하던 중 혼자 걸어가던 여성 A(22세)를 함께 강간하기로 모의하고 A를 으슥한 곳으로 끌고 간 다음 乙이 망을 보고 있는 사이 甲은 A를 세게 밀어 바닥에 넘어뜨리고 A의 위에 올라타 수차례 뺨을 때리면서 옷을 벗기려 하였다. 이에 A는 비명을 지르며 필사적으로 반항하면서 도망하다가 돌부리에 걸려 넘어지면서 발목이 부러지는 상해를 입었고, 그때 공원을 순찰 중이던 경찰관 P1이 A의 비명소리를 듣고 달려왔다. 이를 본 乙은 혼자서 급히 다른 곳으로 도주해 버렸고 甲은 바닥에 떨어져 있던 A의 핸드백을 들고 도주하였다. 그 장면을 목격한 P1이 도주하는 甲을 100여 미터 추적하여 붙잡으려 하자, 甲은 체포를 당하지 않으려고 주먹으로 P1의 얼굴을 세게 때려 P1의 코뼈를 부러뜨리는 상해를 가하였다.

甲은 P1의 추적을 벗어난 다음 다른 곳에 도망가 있던 乙에게 연락하여 자신의 승용차 조수석에 乙을 태우고 운전하여 가던 중 육교 밑에서 도로를 무단횡단하기 위해 갑자기 뛰어든 B를 발견하고 급제동을 하였으나 멈추지 못하고 앞범퍼로 B를 충격하였고, 이로 인해 B는 다리가 부러지는 상해를 입고 도로변에 쓰러졌다. 甲은 B의 상태를 살펴보기 위해 정차하려 하였으나 乙이 "그냥 가자!"라고 말하자 이에 동의하고 정차하지 아니한 채 그대로 운전하여 가버렸다. 다행히 B는 현장을 목격한 행인 C의 도움으로 병원에 후송되어 치료를 받았다.

1. 甲과 乙의 죄책을 논하시오. (60점)

2. C의 신고를 받은 경찰관 P2는 甲을 적법하게 긴급체포한 다음 甲으로부터 사고 장면이 녹화된 블랙박스를 자신의 집에 숨겨 두었다는 진술을 듣고 긴급체포한 당일 23 : 00경 甲의 집을 수색하여 블랙박스를 발견하여 이를 압수한 후 그 다음 날 10 : 00경 사후압수 · 수색영장을 발부받았다. 이 경우 블랙박스를 증거로 할 수 있는가? (10점)

3. 甲은 적법하게 발부된 구속영장에 의하여 구치소에 수감되어 있던 중 검사로부터 피의자신문을 위한 출석요구를 받았으나 이에 불응하였다. 이 경우 검사는 甲의 의사에 반하여 甲을 검찰청으로 구인할 수 있는가? (10점)

4. 乙은 친구 D를 만나 그에게 "甲이 A를 강간하고 있는 동안 내가 망을 봐줬다."라고 말했고, 사법경찰관 P3는 D를 참고인으로 조사하여 D가 乙로부터 들은 내용이 기재된 진술조서를 적법하게 작성하였다. 공판정에서 乙이 범행을 부인하자 검사가 그 조서를 증거로 제출하였으나 乙은 증거로 함에 부동의 하였다. 이 경우 D에 대한 P3 작성의 참고인진술조서의 증거능력을 논하시오. (20점)

1. 甲과 乙의 죄책을 논하시오. (60점)

> • 甲과 乙의 죄책을 논하는 통문제이며, 배점이 60점으로 상당히 크다. 본서에서는 문제의 구성상 甲과 乙이 함께 움직이고 있으므로 사건 진행 순서에 따라 답안을 작성한다.

Ⅰ. 甲과 乙이 A를 강간하다 상해를 입힌 행위에 대한 죄책

> • 본 쟁점은 결과적가중범의 미수와 결과적가중범의 공동정범 등 큰 쟁점들이 있는 문제이다. 그러나 성폭법 관련 조문을 평소에 익혀두지 않았다면 성폭법 조문을 찾는데만 시간이 많이 걸릴 수 있는 문제이므로 성폭법 조문 내용에 중점을 두고 이론적인 쟁점들은 간략히 정리하는 방향으로 답안을 작성한다.

1. 甲의 죄책

(1) 성폭법 제4조 제1항의 합동강간죄의 성부

사안에서 甲과 乙은 강간에 대한 모의를 하고 이후 시간 · 장소적인 협동관계를 이루어 甲은 폭행을 행사하고 乙은 망을 보았으므로 甲과 乙은 합동강간죄의 실행의 착수가 인정된다.

> • <성폭력범죄의 처벌 등에 관한 특례법> 제4조 (특수강간 등) ① 흉기나 그 밖의 위험한 물건을 지닌 채 또는 2명 이상이 합동하여 「형법」 제297조(강간)의 죄를 범한 사람은 무기징역 또는 5년 이상의 징역에 처한다.

(2) 성폭법 제8조 제1항의 특수강간치상죄의 성립 여부

사안에서 甲의 폭행을 피하여 A가 필사적으로 도망하다 다친 것은 인과관계와 예견가능성이 있다고 평가되므로 특수강간치상죄가 성립한다. 또한 성폭법 제8조 제1항의 주체에는 동법 제15조에 의한 동법 제4조 제1항의 미수범도 포함되므로 강간의 기수여부와 관계없이 특수강간치상죄가 성립한다.

> • <성폭력범죄의 처벌 등에 관한 특례법> 제8조 (강간 등 상해 · 치상) ① 제3조제1항, 제4조, 제6조, 제7조 또는 제15조(제3조제1항, 제4조, 제6조 또는 제7조의 미수범으로 한정한다)의 죄를 범한 사람이 다른 사람을 상해하거나 상해에 이르게 한 때에는 무기징역 또는 10년 이상의 징역에 처한다.

(3) 성폭법 제15조의 특수강간치상미수죄의 성립 여부

성폭법 제15조에서는 특수강간치상죄인 제8조의 미수범을 처벌하고 있다. 이에 결과적가중범의 미수를 인정할 것인지에 대하여 ① 긍정설과 ② 부정설의 대립이 있으나, ③ 다수설과 판례는 결과적가중범의 미수를 부정하고 있다. 생각건대 결과적가중범의 특성상 결과적가중범의 미수를 부정하는 것이 타당하므로 甲에게는 특수강간치상죄의 기수범이 성립한다.

> • <성폭력범죄의 처벌 등에 관한 특례법> 제15조 (미수범) 제3조부터 제9조, 제14조, 제14조의2 및 제14조의3의 미수범은 처벌한다.

2. 乙의 죄책

(1) 성폭법 제4조 제1항의 합동강간죄의 성부

사안에서 위에서 살펴보았듯이 乙에게도 기본적으로 합동강간죄가 성립한다.

(2) 결과적가중범의 공동정범의 성부

사안에서 甲에게 특수강간치상죄가 성립하는 경우에 乙에게도 특수강간치상죄의 공동정범이 성립할 수 있는지 문제 된다. 결과적가중범의 공동정범이 성립될 수 있는지에 대하여는 ① 긍정설과 ② 부정설의 대립이 있으나, ③ 판례는 긍정설의 입장이다. 이러한 긍정설에 따르면 사안에서 乙은 상해의 결과를 예견 가능했으므로 특수강간치상죄의 공동정범이 성립한다.

Ⅱ. 甲이 A의 핸드백을 들고 도주하다 경찰관 P1을 상해입힌 행위에 대한 죄책

1. 甲의 죄책

(1) 강도상해죄의 성립

사안에서 A가 떨어뜨리고 간 핸드백이 A의 점유하에 있는 물건인지에 대하여 다수설과 판례는 점유의 규범적 요소의 확장에 의하여 A의 점유가 인정된다고 보아 甲에게 절도죄의 성립을 인정하고 있다. 따라서 사안에서 甲에게는 절도죄가 성립한다. 그리고 사안에서 甲은 절도의 기회에 체포를 면탈할 목적으로 P1에게 폭행하여 상해를 가하고 있다. 따라서 甲에게는 준강도죄가 성립하고, 상해를 가하였으므로 강도상해죄가 성립한다.

(2) 공무집행방해죄의 성립

사안에서 甲은 경찰관 P1이 자신을 체포하려고 하자 이를 면탈하려고 폭행을 행사하고 있으므로 공무집행방해죄가 문제 된다. 경찰관 P1은 공원을 순찰하는 중이었으므로 정복을 착용하였을 것이고 甲은 경찰관 P1이 공무를 집행한다는 것을 인식하였다고 보이므로 甲에게는 공무집행방해죄가 성립한다.

2. 乙의 죄책

사안에서 乙은 甲과 강간에 대한 모의를 하였지만, 甲의 절도행위 등에 대하여는 모의가 없었다. 그리고 乙은 甲의 절도행위 이전에 현장을 이탈하였으므로 乙은 甲의 절도행위 이후의 강도상해죄에 대하여는 책임을 지지 않는다.

Ⅲ. 甲과 乙이 B를 상해입히고 도주한 행위의 죄책

1. 甲의 죄책

(1) 특가법 제5조의3의 죄의 불성립

특가법 제5조의3의 죄가 성립하기 위해서는 ① 도로교통에서의 업무상과실치사상죄의 성립 ② 구호조치의 필요성이 있음에도 미조치 ③ 도주의 요건이 필요하다. 그런데 사안에서는 甲의 운전행위는 업무상과실치사상죄의 성립을 인정할 수 없다. 왜냐하면 육교 밑에서 도로를 무단횡단하기 위하여 갑자기 뛰어든 B를 상해입힌 행위에 대하여는 甲에게 신뢰의 원칙이 적용되어 과실을 인정할 수 없기 때문이다. 따라서 甲에게는 특가법 제5조의3의 죄가 성립하지 않는다.

(2) 도로교통법 제148조 미조치죄의 성립

사안에서 甲에게는 B의 상해에 대한 업무상과실은 인정되지 않는다. 그러나 도로교통법 제54조 제1항의 조치의무는 고의·과실 혹은 유책·위법 유무에 관계없이 부과된다는 것이 판례이므로 甲에게는 동법 제148조 미조치죄가 성립한다.

(3) 도로교통법 제154조 미신고죄의 불성립

甲에는 도로교통법 제54조 제2항을 전제로 한 동법 제154조 제4호의 미신고죄가 성립할 여지가 있으나, 사안에서는 행인 C의 도움으로 치료를 받은 것으로 보아 경찰의 조직적 조치가 필요한 상황은 아닌 것으로 판단되므로 미신고죄는 성립되지 않는다.

(4) 형법 제271조 제1항의 유기죄의 성립

사안에서 甲이 도주한 행위가 형법 제271조 제1항의 유기죄에 해당하는지 문제 된다. 유기죄의 보호의무는 법률상 계약상의 의무있는 자로 한정되지만, 사안에서 甲의 행위는 도로교통법 제54조의 규정에 의한 법률상의 부조의무가 있는 자가 요부조자를 유기한 경우이므로 형법상의 유기죄가 성립한다.

2. 乙의 죄책 여부

사안에서 乙은 甲이 B를 상해입힌 부분에 대하여는 아무런 죄책을 부담하지 아니한다. 그런데 사고 이후 정차하려던 甲에게 '그냥 가자!'라고 한 부분에 대하여는 교사범이 성립한다고 평가할 수 있다. 그리고 乙은 甲과 같은 조치의무와 보호의무라는 신분관계는 없지만 형법 제33조 본문에 의하여 신분없는 자도 신분범의 교사범이 성립할 수 있다. 따라서 乙은 도로교통법 제148조 미조치죄와 형법 제271조 제1항의 유기죄의 교사범이 성립된다.

Ⅳ. 결 론

1. 甲의 죄책

甲에게는 ① 성폭법상의 특수강간치상죄(성폭법 제8조 제1항) ② 강도상해죄(제337조) ③ 공무집행방해죄(제136조 제1항) ④ 도로교통법위반(미조치)죄(도교법 제148조) ⑤ 유기죄(제271조 제1항)가 성립한다. 그리고 ②③의 죄와 ④⑤의 죄는 각각 상상적 경합 관계에 있으며, 이들과 ①죄는 실체적 경합 관계에 있다.

2. 乙의 죄책

乙에게는 ① 성폭법상의 특수강간치상죄(성폭법 제8조 제1항) ② 도로교통법위반(미조치)죄의 교사범(도교법 제148조, 제31조 제1항) ③ 유기죄의 교사범(제271조 제1항, 제31조 제1항)이 성립한다. 그리고 ②③의 죄는 상상적 경합 관계에 있고, 이들과 ①죄는 실체적 경합 관계에 있다.

---

2. C의 신고를 받은 경찰관 P2는 甲을 적법하게 긴급체포한 다음 甲으로부터 사고 장면이 녹화된 블랙박스를 자신의 집에 숨겨 두었다는 진술을 듣고 긴급체포한 당일 23 : 00경 甲의 집을 수색하여 블랙박스를 발견하여 이를 압수한 후 그 다음 날 10 : 00경 사후압수 · 수색영장을 발부받았다. 이 경우 블랙박스를 증거로 할 수 있는가? (10점)

> • 본 문제는 제217조의 긴급압수와 관련된 문제인바, 제217조의 긴급압수는 의외로 쟁점이 많다. 그러나 배점이 10점에 불과하므로 중요 부분만 간단히 기술하며 결론을 내려야 할 것이다.

1. 서 언

사안에서 경찰관 P2가 적법하게 甲을 긴급체포하였더라도 블랙박스를 증거로 할 수 있기 위해서는 압수 절차가 적법하여야 한다. 이하 사안에서 문제 되는 점만 살펴본다.

> • 제217조 제1항 긴급압수의 적법성 문제는 ① 선결문제로 제200조의3 긴급체포의 적법성을 검토하고 ② 긴급압수의 기본요건인 제217조 제1항의 요건을 검토하고 ③ 압수의 일반적인 요건을 검토하되 특히 제220조에 의한 요급처분의 특례가 적용되지 않으므로 책임자 참여와 야간압수의 제한을 위주로 검토하고 ④ 사후영장청구인 제217조 제2항의 순서로 검토하는 것이 원칙이다. 하지만, 상황에 따라서는 즉 이미 사후영장을 받은 경우에는 ②와 ④를 묶어서 서술할 수 있다.

2. 제217조의 적법절차 준수 여부

사안에서는 긴급체포한 당일 23:00경에 甲의 소유물을 압수하였으므로 체포한 때로부터 24시간 이내의 압수이고, 체포된 때로부터 48시간 이내에 사후영장을 발부받았으므로 제217조의 적법절차를 준수한 것으로 보여진다.

3. 제219조에 따른 준용규정의 준수 여부

(1) 제122조의 당사자에의 통지 미비

제122조의 당사자의 통지는 미비하였으나, 제122조 단서에 따라 급속을 요하는 경우에는 이를 생략할 수 있으므로 이는 적법하다고 볼 수 있다.

> • 제122조 단서로 인하여 당사자 참여는 크게 문제 되지 않고, 주로 책임자 참여와 야간압수의 제한이 문제된다.

(2) 책임자의 참여 미비

긴급압수의 경우에는 제220조의 요급처분의 특례가 인정되지 않으므로 원칙적으로 제123조 제2항의 책임자를 참여시켜야 한다. 그런데 사안에서는 제123조 제2항에 따른 책임자를 참여시키지 않고 압수를 하고 있으므로 위법하다고 보아야 할 것이다.

(3) 야간압수의 금지 미비

긴급압수의 경우에는 제220조의 요급처분의 특례가 인정되지 않으므로 원칙적으로 제125조의 야간압수의 제한을 받는다. 사안에서는 야간에 압수를 하고 있는바 이는 제125조의 야간압수제한을 준수하지 않은 것이다. 그러나 사안에서는 사후영장을 받았으므로 적법여부에 대해 논의가 있으나, 적정절차의 준수를 강조하는 입장에서는 위법하다고 보아야 할 것이다.

4. 결 언

사안에서의 블랙박스는 책임자의 참여, 그리고 야간집행의 금지를 위반하였으므로 위법수집증거에 해당하여 증거능력이 없다.

---

3. 甲은 적법하게 발부된 구속영장에 의하여 구치소에 수감되어 있던 중 검사로부터 피의자신문을 위한 출석요구를 받았으나 이에 불응하였다. 이 경우 검사는 甲의 의사에 반하여 甲을 검찰청으로 구인할 수 있는가? (10점)

> • 본 문제는 강제수사의 요건인 절차의 진행의 확보에서의 절차의 범위를 묻고 있는 문제이다. 주의할 것은 배점이 10점이므로 견해의 대립과 판례의 태도를 충실하게 적어주는 것이 바람직하다.

1. 논의점

사안과 같이 구속되어 있는 피의자가 소환에 불응하는 경우에 구속영장의 효력으로 피의자를 조사실로 구인할 수 있는지에 대하여 논의가 있다.

2. 견해의 대립과 판례의 태도

이에 대하여는 ① 구속은 공판정의 출석과 형집행을 확보하기 위한 강제수단일 뿐이므로 구속영장의 효력으로 피의자를 조사실로 구인할 수 없다는 부정설과 ② 구속영장의 효력은 공판정의 출석 이외에도 수사기관의 적절한 조사도 예정하고 있으므로 피의자를 조사실로 구인할 수 있다는 긍정설이 대립하고 있으며, ③ 판례는 구속영장의 효력으로 피의자를 조사실로 구인할 수 있다고 보아 긍정설의 입장이다.

3. 검토 및 사안의 해결

생각건대 구속은 형사절차의 진행을 확보하기 위한 것이며, 이러한 형사절차에는 수사절차도 포함된다고 보아야 하므로 긍정설이 타당하다. 따라서 사안에서 검사는 구속영장의 효력으로 甲을 검찰청으로 구인할 수 있다.

4. 乙은 친구 D를 만나 그에게 "甲이 A를 강간하고 있는 동안 내가 망을 봐줬다."라고 말했고, 사법경찰관 P3는 D를 참고인으로 조사하여 D가 乙로부터 들은 내용이 기재된 진술조서를 적법하게 작성하였다. 공판정에서 乙이 범행을 부인하자 검사가 그 조서를 증거로 제출하였으나 乙은 증거로 함에 부동의 하였다. 이 경우 D에 대한 P3 작성의 참고인진술조서의 증거능력을 논하시오. (20점)

> • 재전문증거의 증거능력을 묻고 있는 문제이다. 그런데 배점이 20점이므로 간단히 결론만 적을 것이 아니라 견해의 대립과 판례의 태도 그리고 검토 및 사안의 해결을 충실하게 적어주어야 할 것이다. 따라서 평소에 공부를 할 때 견해 대립의 근거 등을 충실히 하는 것이 바람직하다.

1. 논의점

사안에서 乙의 진술을 내용으로 하는 D의 진술이 기재된 사법경찰관 P3 작성의 참고인진술조서는 재전문증거이다. 이러한 재전문증거에 대하여 증거능력을 인정할 것인가에 대하여 논의가 있다.

2. 견해의 대립

이에 대하여는 ① 형사소송법의 이념은 실체적 진실의 발견에 있으며, 전문법칙은 예외를 전제로 하여 발달한 이론이므로 증거능력을 인정할 수 있다는 긍정설과 ② 재전문증거의 증거능력을 긍정하는 명문규정이 없으며, 이를 긍정하게 되면 전문법칙이 형해화되므로 증거능력을 인정할 수 없다는 부정설이 대립하고 있다.

3. 판 례

판례는 재전문증거에 대하여 ① 전문진술을 기재한 서류와 ② 재전문진술이나 재전문진술을 기재한 서류를 구별하여 전자의 경우에만 각각의 요건을 구비한 경우에 증거능력을 인정하고 있어 한정적 긍정설의 입장이라고 볼 수 있다.

4. 검토

생각건대 ① 우리나라의 형사소송법은 배심원이 아닌 직업법관이 사실을 인정하므로 전문법칙에 대하여 엄격히 해석할 필요성이 없으며 ② 실체적 진실을 위하여는 가급적 많은 증거를 토대로 심증을 형성하는 것이 바람직하다는 점을 고려하면 긍정설의 입장이 타당하다.

5. 사안의 해결

(1) 이러한 긍정설을 따를 경우에 P3작성의 참고인진술조서가 乙에 대한 증거능력을 인정받기 위해서는 ① 乙은 해당 피고인이므로 乙이 D에게 진술한 부분이 제316조 제1항의 요건을 구비하여야 하며 ② D 가 P3에게 진술할 때 제312조 제4항의 요건을 구비하여야 한다.

(2) 따라서 제316조 제1항에 따라 乙이 D에게 진술할 때 특히 신빙할 수 있는 상태에서 진술하였음을 검사가 입증하고, P3가 작성한 진술조서가 제312조 제4항에 따라 ① 적법한 절차와 방식을 구비하고 ② 실질적 성립의 진정이 증명되고 ③ D가 증인으로 나와 乙의 반대신문권의 보장되고 ④ D의 진술 이 특신상태하에서 진술되었음을 검사가 입증한다면 P3가 작성한 D의 진술조서는 증거능력이 인정 된다.

甲과 乙은 서울 소재의 참소식신문사(대표이사 김참말)에서 일하는 사회부 기자들이다. 甲과 乙은 연말 특종을 노리고 의사들의 수면유도제 프로포폴 불법투여실태를 취재하고 있던 중, 다나아 종합병원 원장 A가 유명 연예인들에게 프로포폴을 불법투여한다는 풍문을 듣고 2014. 12. 30. 14 : 00경 취재를 위해 다나아 종합병원으로 찾아갔다. 그 과정에서 이 사실을 보고받은 대표이사 김참말은 甲과 乙에게 포상금 지급을 약속하면서 격려하였다. 다나아 종합병원에서 甲과 乙은 마침 유명 연예인 B가 진료실에서 병원장 A로부터 프로포폴을 투여받고 있는 것을 우연히 열린 문틈으로 목격하고, 프로포폴 불법투여가 사실이라고 믿게 되었다. 이에 甲과 乙은 보다 상세한 취재를 위해 자신들이 투여장면을 보았다고 말하면서 A와 B에게 인터뷰에 응해달라고 요청하였으나 B는 사생활이라 이야기하기 싫다고 답변하였고 병원장 A는 환자의 비밀이라 이야기할 수 없다고 하며 인터뷰를 거절하였다.

이에 甲과 乙은 1) 확실한 증거를 확보할 목적으로 몰래 진료실에 들어가 프로포폴 1병을 가지고 나왔다. 그리고 2) A와 B로부터 자세한 설명을 듣지는 못했으나 프로포폴을 주사하는 현장을 직접 목격했으므로 더 이상의 조사는 필요 없다고 생각하고, "병원장 A가 거액을 받고 상습적으로 프로포폴을 주사해 주고 있으며, B도 상습적으로 프로포폴을 불법투여받은 것으로 보인다."라는 내용의 기사를 작성하였고, 이 기사는 다음 날 참소식신문 1면 특종으로 게재되었다. 甲과 乙은 이 기사내용이 사실이라고 굳게 믿었고 A나 B를 비방할 의도 없이 이들의 불법투여사실을 알림으로써 프로포폴의 오·남용을 근절하는 데 일조한다는 생각에서 기사화한 것이었다. 그러나 사실 B는 성형수술을 목적으로 프로포폴 주사를 맞은 것이었고, 병원장 A에 관한 내용도 허위사실로서 다나아 종합병원의 경쟁병원 의사 C가 낸 헛소문에 불과한 것이었다.

기사가 보도된 뒤 많은 사람들이 A와 B를 맹비난하였고 나중에 기사내용을 알게 된 A와 B는 터무니없는 허위기사를 쓴 기자 甲과 乙을 검찰에 고소하였다. 한편 3) 다나아 종합병원 소재지에 있는 보건소 공무원 丙은 참소식신문의 기사를 읽고 유흥비를 마련할 목적으로 병원장 A에게 전화를 걸어 "불법 프로포폴 투여사실 외에 그동안 수집한 비리를 언론에 제보하겠다."라고 말하여 이에 겁을 먹은 A로부터 1,000만 원을 받았다.

1. 다음 질문에 답하시오.

　가. 1)사실에 대해서 甲과 乙에게 성립가능한 죄책을 제시하고[마약류관리에관한법률위반(향정)은 논외로 함], 이때 변호인의 입장에서 甲과 乙의 무죄를 주장하는 논거를 제시하시오. (10점)

　나. 2)사실에 대해서 甲과 乙의 죄책을 논하시오. (25점)

　다. 위 나.의 경우 甲과 乙의 행위에 대하여, 대표이사 김참말에게 방조범의 성립을 긍정하는 견해를 제시하시오. (5점)

2. 검사가 甲과 乙의 1)과 2)사실에 대해서 수사를 개시하자, 甲과 乙은 L을 변호인으로 선임하여 자문을 받게 되었고, L은 그에 대한 검토의견서를 작성하여 甲과 乙에게 송부하였으며, 검사는 이 검토의견서를 적법하게 압수하였다. 그후 검사가 위 사실로 공소를 제기하고 검토의견서를 증거로 제출하였으나, 甲과 乙이 법정에서 이 검토의견서에 대해 증거로 함에 동의하지 아니하고, 증인으로 출석한 L이 그에 관한 증언을 거부한 경우, 검토의견서의 증거능력을 논하시오. (10점)

3. 만일 2)사실에 대해 공소가 제기되어 제1심 공판절차 중에 A와 B가 돌연히 甲에 대해서만 고소를 취소하였다면, 이때 乙에 대하여 제1심 법원이 취할 수 있는 조치를 논하시오. (20점)

4. 3)사실에 대해서 丙의 죄책을 논하시오. (10점)

5. 만일 丙이 3)사실로 불구속 재판 중 A로부터 받은 돈으로 유흥주점에서 술을 마시다가 우발적으로 강도상해를 범하여 강도상해죄로 기소되었다면, 다음 질문에 답하시오.

　　가. 만일 공소장 부본이 丙에게 송달된 후 7일이 경과하고도 丙이 국민참여재판을 원하는 의사확인서를 제출하지 않았으나, 그후 공판준비절차가 진행되지 않은 상태에서 제1회 공판기일이 열리기 전에 자신의 변호인과 상의하여 국민참여재판을 신청하였다면, 이 경우에 법원이 丙의 국민참여재판 신청을 받아들일 수 있는지 여부에 대하여 논하시오. (10점)

　　나. 만일 이 사건을 국민참여재판으로 진행한 제1심 재판부가 피해자를 비롯한 다수의 사건 관련자들에 대해 증인신문을 한 후, 만장일치로 한 배심원의 무죄평결이 재판부의 심증에 부합하자 丙에 대하여 무죄를 선고하였으나, 항소심 재판부가 피해자에 대하여만 다시 증인신문을 실시한 다음 제1심의 판단을 뒤집어 유죄로 인정하였다면, 이에 대한 당부를 논하시오. (10점)

1. 다음 질문에 답하시오.

가. 1)사실에 대해서 **甲**과 **乙**에게 성립가능한 죄책을 제시하고[마약류관리에관한법률위반(향정)은 논외로 함], 이때 변호인의 입장에서 **甲**과 **乙**의 무죄를 주장하는 논거를 제시하시오. (10점)

> • 본 문제는 죄책에 있어 주간의 범죄이므로 폭처법상 공동주거침입의 구성요건이 있음을 주의하여야 한다. 그리고 변호인의 입장이므로 합동절도의 경우에는 불법영득의 의사가 없어 구성요건해당성이 없음을 주장하는 것도 의미가 있을 것이다.

1. 甲과 乙에게 성립가능한 죄책

사안에서 甲과 乙은 주간에 진료실에 몰래 들어가 프로포폴을 가지고 나왔으므로 甲과 乙은 폭처법 제2조 제2항의 공동주거침입죄와 형법 제331조 제2항의 합동절도죄가 성립가능하다.

2. 폭처법 제2조 제2항의 공동주거침입죄에 대한 무죄 주장 논거

(1) 사안에서 甲과 乙은 인터뷰에 응하지 않는 A병원장의 진료실에 들어간 것은 업무로 정당한 취재활동으로 보아야 하므로 甲과 乙의 행위는 구성요건에 해당하더라도 정당행위로서 무죄이다.

(2) 판례에 의하면 정당행위가 성립하기 위해서는 첫째 그 행위의 동기나 목적의 정당성, 둘째 행위의 수단이나 방법의 상당성, 셋째 보호이익과 침해이익과의 법익균형성, 넷째 긴급성, 다섯째 그 행위 외에 다른 수단이나 방법이 없다는 보충성 등의 요건을 갖추어야 한다.

(3) 사안에서는 이러한 요건이 구비되었으므로 甲과 乙의 행위는 위법성이 조각되어 무죄이다.

3. 형법 제331조 제2항의 합동절도죄에 대한 무죄주장 논거

(1) 사안에서 합동절도죄가 성립하기 위해서는 甲과 乙에게 불법영득의사가 필요하다. 그러나 사안에서 甲과 乙은 증거로 확보할 의사만 있었지, 프로포폴에 대한 소유의 의사는 없었으므로 불법영득의사는 존재하지 않는다. 따라서 甲과 乙에게 합동절도죄는 구성요건해당성이 인정되지 않아 무죄이다.

(2) 보충적으로 불법영득의사가 인정되어 구성요건해당성이 인정된다고 하여도 2.에서 기술한 바와 같이 정당행위에 해당되어 무죄이다.

1. 나. 2)사실에 대해서 甲과 乙의 죄책을 논하시오. (25점)

> • 본 문제는 명예훼손죄의 특유한 위법성조각사유인 제310조의 적용에 있어 진실성을 착오한 경우의 해결을
> 묻고 있다. 먼저 제310조를 적용하기 위한 전제로 구성요건을 확정하는 논리구성을 정확히 정리하여야 하
> 고, 진실성의 착오부분은 위전착과는 다른 특유한 견해가 있는 부분이므로 이를 주의하여야 한다.

1. 논의점

사안에서의 甲과 乙의 죄책에 대하여 ① 먼저 구성요건을 확정하고 ② 진실성에 대한 착오의 문제를 해
결하며 甲과 乙의 죄책을 살펴본다.

2. 구성요건의 확정

(1) 형법 제309조의 출판물에 의한 명예훼손죄 해당 여부

제309조의 출판물에 의한 명예훼손죄가 성립하기 위하여는 비방할 목적이 있어야 한다. 그런데 사안에
서 甲과 乙은 비방할 의도가 없었으므로 제309조의 출판물에 의한 명예훼손죄는 성립하지 않는다.

(2) 형법 제307조 제2항의 명예훼손죄 해당 여부

사안에서 객관적으로 발생한 사실은 제307조 제2항의 허위사실명예훼손죄에 해당하지만, 甲과 乙은 이
러한 사실을 진실한 사실로 굳게 믿었으므로 허위사실에 대한 인식이 없다. 따라서 제15조 제1항이 적용
되어 甲과 乙은 제307조 제2항의 허위사실명예훼손죄의 구성요건에는 해당하지 않는다.

(3) 형법 제307조 제1항의 명예훼손죄 해당

사안에서 甲과 乙은 A와 B에 대한 명예훼손에 대하여는 제307조 제1항의 구성요건해당성만이 인정된다.

3. 형법 제310조의 적용에 있어서의 진실성에 대한 착오

(1) 논의점

사안에서 甲과 乙의 행위는 제307조 제1항의 구성요건에 해당하므로 제310조의 위법성조각사유의 해당
여부를 검토할 수 있다. 그런데 사안에서 甲과 乙은 객관적으로 허위인 사실을 진실한 사실로 오인하고
공익을 위하여 사실을 적시하고 있으므로 그 착오의 효과에 대하여 논의가 있다.

(2) 견해의 대립

이에 대하여는 ① 제310조를 위법성조각사유로 본다면 진실성에 대한 착오는 위법성조각사유의 전제사실의
착오문제로 해결하여야 한다는 위법성조각사유의 전제사실의 착오설 ② 허위의 사실을 진실한 사실로 착오한
경우에 행위자가 진실한 사실인가에 대해 신중한 검토의무를 이행하였다면 제310조가 적용된다는 의무합치적
심사설 ③ 허위의 사실을 진실한 사실로 착오한 경우에는 위법성을 조각시키는 것이 아니라 공익성이 있는
경우에는 법률의 착오로 보자는 법률의 착오설 등이 대립하고 있다.

(3) 판례의 태도

판례는 이와 유사한 사안에서 '진실하다고 믿은데에 객관적인 상당한 이유가 있는 경우에는 진실한 것이라는
증명이 없다고 할지라도 위법성이 없다고 보아야 한다'라고 하여 상당한 이유가 있는 경우에는 위법성이 조
각된다고 판시하고 있다.

(4) 결 언

생각건대 제310조의 진실성에 대한 착오는 위법성조각사유의 전제사실의 착오 중 구체적 타당성과 공범
성립가능성을 인정할 수 있는 법효과제한적 책임설에 따라 해결하는 것이 타당하다.

(5) 사안의 해결

사안에서 甲과 乙의 행위는 법효과제한적 책임설에 의하면 구성요건적 고의는 인정되지만, 책임고의가 탈락하여 과실범이 문제될 수 있지만 명예훼손죄는 과실범 처벌 규정이 없으므로 처벌되지 않게 된다. 따라서 甲과 乙은 무죄가 된다.

1. 다. 위 나.의 경우 甲과 乙의 행위에 대하여, 대표이사 김참말에게 방조범의 성립을 긍정하는 견해를 제시하시오. (5점)

> • 본 문제는 나. 문제와 연속선상에 있는 문제이다. 진실성의 착오에 대한 견해대립 중 제한종속을 구비할 수 있는 견해를 적어주면 되는 문제이지만, 배점이 5점이므로 간략하게 적는 것이 바람직하다.

甲과 乙의 행위를 ① 위법성조각사유의 전제사실의 착오로 해결하려는 견해 중 법률의 착오로 해결하려는 엄격책임설 ② 위법성조각사유의 전제사실의 착오로 해결하려는 견해 중 구성요건적 고의를 인정하지만 책임고의를 부정하는 법효과제한적 책임설 ③ 의무합치적 심사설의 입장에서 甲과 乙이 신중한 검토를 이행하지 않았다고 보는 견해 ④ 진실성에 대한 착오를 위법성 착오로 보는 견해에 의하면 甲과 乙의 행위가 제한종속을 구비하였으므로 대표이사 김참말에게 방조범의 성립을 긍정할 수 있다.

2. 검사가 甲과 乙의 1)과 2)사실에 대해서 수사를 개시하자, 甲과 乙은 L을 변호인으로 선임하여 자문을 받게 되었고, L은 그에 대한 검토의견서를 작성하여 甲과 乙에게 송부하였으며, 검사는 이 검토의견서를 적법하게 압수하였다. 그후 검사가 위 사실로 공소를 제기하고 검토의견서를 증거로 제출하였으나, 甲과 乙이 법정에서 이 검토의견서에 대해 증거로 함에 동의하지 아니하고, 증인으로 출석한 L이 그에 관한 증언을 거부한 경우, 검토의견서의 증거능력을 논하시오. (10점)

> • 사안에서의 검토의견서는 제313조의 요건을 구비하여야 증거능력이 인정되지만, L이 증언을 거부함으로 인하여 제313조의 요건을 구비하지 못하므로 제314조의 요건 중 필요성과 관련하여 2007년 개정에 따른 제314조의 필요성의 범위를 묻고 있는 문제이다. 전합 판례가 있는 부분이므로 답안에 적을 내용은 상당히 많이 있을 것이다. 그러나 배점이 10점이므로 가장 쟁점이 되는 부분만 간략하게 서술하는 것이 중요하다.

1. 논의점

2007년 형사소송법의 개정이전의 판례는 진술거부권을 행사한 경우에도 제314조의 필요성이 있다고 판시하고 있었다. 그러나 2007년 개정으로 제314조의 필요성의 요건이 '기타 사유로 인하여 진술할 수 없는 때'에서 '그 밖에 이에 준하는 사유로 진술할 수 없는 경우'라고 변경되었으므로 사안과 같이 증언거부권을 행사한 경우에도 필요성이 인정되는지에 대하여 논의가 있다.

2. 견해의 대립

이러한 변경에 대하여 ① 이는 직접심리주의와 공판중심주의의 요소를 강화하려는 취지가 반영된 것이므로 증언거부권을 행사한 경우에는 필요성을 인정할 수 없다는 엄격설(전합의 다수의견) ② 이는 표현상의 차이에 불과할 뿐 실질적인 의미가 변경된 것으로 볼 수는 없으므로 증언거부권을 행사한 경우에는 필요성을 인정할 수 있다는 동일설(전합의 반대의견)이 대립하고 있다.

3. 결언 및 사안의 해결

생각건대 '그밖에 이에 준하는 사유'는 '기타 사유로 진술을 할 수 없는 때'보다 그 요건을 더욱 엄격하게 하고 있다고 보는 것이 문리해석에 충실하므로 엄격설이 타당하다. 이러한 엄격설의 입장에 따르면 사안에서 증언거부권을 행사한 것은 제314조의 필요성의 요건을 충족하지 못하여 검토의견서의 증거능력은 인정되지 않는다.

---

3. 만일 2)사실에 대해 공소가 제기되어 제1심 공판절차 중에 A와 B가 돌연히 甲에 대해서만 고소를 취소하였다면, 이때 乙에 대하여 제1심 법원이 취할 수 있는 조치를 논하시오. (20점)

> • 고소불가분의 원칙을 규정한 제233조를 반의사불벌죄의 경우에도 준용(유추적용)할 것인지를 묻고 있는 가장 기본적인 문제이다. 그러나 배점이 20점인 만큼 얼마나 충실하게 답안을 작성하는 것이 관건이 된다.

1. 논의점

사안에서 甲과 乙이 공소제기된 죄는 명예훼손죄이며, 이러한 명예훼손죄는 형법 제312조 제2항에 의하여 반의사불벌죄이다. 형사소송법은 제232조 제3항에서 반의사불벌죄의 처벌불원의 의사표시에 대하여 고소의 취소규정인 제232조 제1항과 제2항을 준용하고 있다. 그런데 고소의 주관적불가분의 원칙을 규정하고 있는 제233조에 대하여는 반의사불벌죄의 경우에 그 준용규정이 없으므로 반의사불벌죄의 경우에도 고소의 주관적 불가분의 원칙 규정인 제233조를 준용할 수 있는지에 대하여 논의가 있다.

2. 견해의 대립

이에 대하여는 ① 친고죄의 고소와 반의사불벌죄의 성격이 유사하므로 반의사불벌죄의 경우에는 고소불가분의 원칙이 준용된다는 준용긍정설 ② 친고죄의 고소와 반의사불벌죄의 성격이 다르고, 친고죄의 고소는 범죄사실에 대한 것이지만 불처벌의 의사표시는 범인에 대한 것이라는 점에서 차이가 있으므로 반의사불벌죄의 경우에는 고소불가분의 원칙이 적용될 수 없다는 준용부정설이 대립하고 있다.

3. 판 례

판례는 '제233조에서 고소와 고소취소의 불가분에 관한 규정을 함에 있어서는 반의사불벌죄에 이를 준용하는 규정을 두지 아니한 것은 처벌을 희망하지 아니하는 의사표시나 처벌을 희망하는 의사표시의 철회에 관하여 친고죄와는 달리 공범자간에 불가분의 원칙을 적용하지 아니하고자 함에 있다고 볼 것이지, 입법의 불비로 볼 것은 아니다'라고 하여 준용부정설의 입장을 따르고 있다.

4. 검 토

생각건대 어떠한 범죄를 친고죄로 할 것인지 반의사불벌죄로 할 것인지는 입법정책의 문제이다. 실정법적으로 제232조 제3항의 경우에는 준용규정을 두었지만, 제233조에서는 준용규정을 두지 않은 것은 양 죄의 본질을 달리 본 입법정책의 반영이지 입법의 불비로 보아야 할 것은 아니라고 보아야 할 것이므로 준용부정설이 타당하다.

5. 사안의 해결

이러한 준용부정설에 따르면 A와 B의 甲에 대한 처벌불원의 의사표시의 효력은 乙에게 미치지 않으므로 제1심 법원은 乙에 대하여 실체재판을 할 수 있다.

4. 3)사실에 대해서 丙의 죄책을 논하시오. (10점)

> • 본 문제에서 丙의 죄책은 공갈죄가 성립됨은 당연하지만, 丙이 공무원이므로 공갈죄 이외에 수뢰죄가 성립할 수 있는지가 보다 큰 쟁점이 된다. 배점이 10점이므로 공갈죄는 간단하게 논증하고, 수뢰죄 성립 여부에 중점을 두는 것이 바람직하다.

1. 공갈죄의 성립

사안의 경우에 ① 丙이 A에게 '불법 프로포폴 투여사실 외에 그동안 수집한 비리를 언론에 제보하겠다.'라고 말한 것은 병원을 운영하는 병원장인 A가 두려움에 빠질 수 있는 협박으로 공갈행위에 해당하며 ② A는 이에 대하여 겁을 먹고 있었으며 ③ A가 1,000만 원을 주었으므로 처분행위가 있었고 ④ 이에 따라 손해도 발생되었다. 따라서 丙에게는 공갈죄가 성립한다.

2. 수뢰죄의 성립 여부

(1) 논의점

사안에서 丙은 지역보건을 관리하는 보건소 공무원이다. 이러한 丙이 직무집행과 관련하여 공갈을 수단으로 재물을 취득하였으므로 공갈죄외에 수뢰죄의 성립 여부가 문제 된다.

(2) 견해의 대립과 판례의 태도

이에 대하여는 ① 직무관련성을 기준으로 하여 직무관련성이 인정될 때에는 수뢰죄의 성립을 인정하는 직무관련기준설도 있으나, ② 현재의 다수설과 판례는 직무집행의사가 있는 경우에만 수뢰죄의 성립을 인정하는 직무집행의사기준설을 따르고 있다.

(3) 결언 및 사안의 해결

생각건대 공무원이 직무집행을 할 의사가 전혀 없는 경우까지 수뢰죄의 성립을 인정하는 것은 무리가 있으므로 직무집행의사설이 타당하다. 따라서 사안의 경우에 丙은 직무집행의사가 있었다고는 보여지지 않으므로 공갈죄(제350조 제1항)만 성립하고, 수뢰죄는 성립하지 않는다.

5. 만일 丙이 3)사실로 불구속 재판 중 A로부터 받은 돈으로 유흥주점에서 술을 마시다가 우발적으로 강도상해를 범하여 강도상해죄로 기소되었다면, 다음 질문에 답하시오.

가. 만일 공소장 부본이 丙에게 송달된 후 7일이 경과하고도 丙이 국민참여재판을 원하는 의사확인서를 제출하지 않았으나, 그 후 공판준비절차가 진행되지 않은 상태에서 제1회 공판기일이 열리기 전에 자신의 변호인과 상의하여 국민참여재판을 신청하였다면, 이 경우에 법원이 丙의 국민참여재판 신청을 받아들일 수 있는지 여부에 대하여 논하시오. (10점)

> • 본 문제는 국민의 형사재판 참여에 관한 법률 제8조의 해석론과 관련된 판례의 태도를 묻고 있는 문제이다. 배점이 10점이므로 답안을 작성함에 있어 국민의 형사재판 참여에 관한 법률 제8조 제3항과 제4항의 내용을 적을 필요가 있는지가 문제 되지만, 법조문을 인용하는 것은 실제 점수에 도움이 되지 않을 뿐 아니라 출제자는 이미 해당 조문을 알고 있다는 전제하에 해석론을 적으라는 취지로 문제를 출제하는 것이 일반적이므로 견해의 대립 등을 충분히 서술할 수 있다면 적지 않더라도 무방하다.

1. 논의점

사안과 같이 7일 이내에 국민참여재판 확인의사서면을 제출하지 않아 국민참여재판을 원하지 않는 것으로 간주된 丙이 제1회 공판기일전에 국민참여재판을 신청한 경우에 국민참여재판으로 진행할 수 있는지에 대하여 논의가 있다.

2. 견해의 대립과 판례의 태도

이에 대하여는 ① 법적안정성을 위하여 제8조 제2항과 제3항을 엄격하게 해석하여 불변기간인 7일이 경과된 이후에는 국민참여재판으로 진행할 수 없다는 부정설과 ② 국민참여재판을 받은 권리는 피고인의 법률상의 권리이므로 제8조 제4항을 예외규정으로 엄격하게 해석하여 국민참여재판으로 진행할 수 있다는 긍정설이 대립하고 있으며, ③ 판례는 제8조의 규정의 취지를 7일의 기한이 지나면 피고인이 국민참여재판 신청을 할 수 없도록 하려는 것으로는 보기 어렵다는 이유로 긍정설의 입장을 따르고 있다.

3. 결언 및 사안의 해결

국민의 형사재판 참여에 관한 법률의 목적이 사법의 민주적 정당성과 신뢰를 높이기 위한 것인만큼 제8조 제3항도 피고인의 이익을 위하여 해석하여야 할 것이므로 긍정설이 타당하다. 따라서 사안에서 법원은 丙의 신청을 받아들일 수 있다.

---

5. 나. 만일 이 사건을 국민참여재판으로 진행한 제1심 재판부가 피해자를 비롯한 다수의 사건 관련자들에 대해 증인신문을 한 후, 만장일치로 한 배심원의 무죄평결이 재판부의 심증에 부합하자 丙에 대하여 무죄를 선고하였으나, 항소심 재판부가 피해자에 대하여만 다시 증인신문을 실시한 다음 제1심의 판단을 뒤집어 유죄로 인정하였다면, 이에 대한 당부를 논하시오. (10점)

> • 본 문제는 판례의 태도를 묻고 있는 문제이기는 하지만, 항소심의 구조적 특성 등 일반이론을 충분히 알아야 충실한 답안을 작성할 수 있는 문제이다. 이러한 문제를 사례형으로 출제하는 것에는 의문의 여지도 없지 않지만, 수험생의 입장에서는 판례의 결론뿐만 아니라 그 논거 부분도 충분히 공부하는 것이 바람직하다.

1. 논의점

현재 문명국가는 공판중심주의, 구두변론주의, 직접주의 등을 공판절차의 기본원칙으로 하고 있다. 그리고 항소심은 그 구조적 속성과 형사소송법 제364조 제3항에 의하여 1심법원이 증거로 할 수 있는 것은 증거로 할 수 있으므로 1심만큼 구두변론주의와 직접주의를 실현하기 어렵다. 따라서 사안과 같이 1심이 국민참여재판으로 진행되고 배심원과 1심법원이 만장일치로 무죄선고를 한 경우에 항소심이 이를 뒤집어 유죄판결한 경우에 그 당부가 문제 된다.

2. 판례의 태도

유사한 사안에서 판례는 '배심원이 증인신문 등 사실심리의 전과정에 함께 참여한 후 증인이 한 진술의 신빙성 등 증거의 취사와 사실의 인정에 관하여 만장일치의 의견으로 내린 무죄의 평결이 재판부의 심증에 부합하여 그대로 채택된 경우라면, 이러한 절차를 거쳐 이루어진 증거의 취사 및 사실의 인정에 관한 제1심의 판단은 위에서 본 실질적 직접심리주의 및 공판중심주의의 취지와 정신에 비추어 항소심에서의 새로운 증거조사를 통해 그에 명백히 반대되는 충분하고도 납득할 만한 현저한 사정이 나타나지 않는 한 한층 더 존중될 필요가 있다'라고 하여 극히 예외적인 경우에만 유죄판결이 가능하다고 판시하고 있다.

3. 사안의 해결

사안의 경우에 항소심은 제1심에서 구두변론과 직접주의에 의하여 평가된 증거들에 대하여 서류로만 심리하고, 이에 피해자에 대한 증인신문만을 행한 후 제1심 판결을 뒤집는 것은 공판중심주의, 구두변론주의, 실질적 직접주의에 어긋나는 것으로 타당하지 않은 판결이라 할 것이다.

○○아파트 조경공사 관련 계약을 추진하던 입주자대표회장 甲은 공사 경험이 전무한 조경업자인 A로부터 적정 공사금액보다 크게 부풀려진 5,000만 원으로 공사를 성사하여 주면 200만 원을 리베이트로 주겠다는 제안을 받은 후, A에게 "5,000만 원에 조경공사계약을 체결하고 공사대금을 받으면 리베이트로 500만 원을 나에게 돌려주는 것으로 하자."라고 제안하였다. A가 망설이며 甲을 피해다니자, 甲은 A의 오랜 친구인 乙에게 그 사정을 말하였고, 乙은 甲을 도와주기 위해 A와 甲이 다시 한 번 만날 수 있도록 자리를 주선했다. 甲과 단둘이 만난 A는 甲의 설득으로 결국 그 제의를 받아들였다. 甲과 A는 2016. 12. 15. 공사대금 5,000만 원의 조경공사 계약서를 작성하였고, 甲은 이를 스캔하여 자신의 컴퓨터에 저장하였다.

같은 날 甲은 A에게 선급금 1,000만 원을 지급하였고 다음날 A는 100만 원 권 자기앞수표 5장을 甲에게 리베이트로 건네주었다. 甲은 자신의 컴퓨터에 '2016. 12. 16. A로부터 500만 원을 수령함'이라는 내용의 문서파일을 작성하여 저장하였다.

甲은 위 500만 원을 은행에 예금하고 며칠이 지난 뒤 다시 현금 500만 원을 인출하여 그 중 300만 원을 그 돈의 출처를 잘 알고 있는 친구 丙에게 주면서 종이봉투에 잘 보관하라고 부탁하고, 乙에게 전화하여 "도움에 감사하다."라고 말하고 인근 술집으로 나오라고 한 후 밤새 술을 마시며 놀았다.

취기가 오른 乙은 새벽에 택시를 타고 귀가하였으나 甲은 만취하여 의식을 잃은 채 술집 소파에서 잠들어 버렸는데, 술집 사장 丁은 甲의 주머니에서 현금 200만 원을 발견하고 술 값 100만 원을 꺼내 가졌다.

한편 乙은 丙이 300만 원을 보관하고 있다는 사실을 알게 되자 이를 훔쳐 나올 생각으로 늦은 밤 丙의 집에 몰래 들어갔으나 해가 뜰 때까지 丙이 잠들지 않자 丙이 잠들기를 기다리다가 오전 9시경 종이봉투에 담겨 장롱 속에 보관중인 현금 300만 원을 들고 나왔다.

1. 甲, 乙, 丙, 丁의 죄책은? (45점)

2. 만약 丁이 퇴근하기 위해 잠든 甲을 깨우려고 몇 차례 흔들어도 깨어나지 않자 영하 10도의 추운 날씨임에도 난방을 끈 채 퇴근해 버렸는데, 甲이 다음 날 얼어 죽었다면, 甲이 죽어도 어쩔 수 없다고 생각했던 경우와 甲의 죽음을 단지 예견할 수 있었던 경우를 나누어 丁의 죄책을 검토하시오. (15점)

3. 만약 검사 S가 甲을 리베이트 수수 혐의로 기소한 경우 다음 각 증거의 증거능력을 검토하시오.

   (1) 검사 S가 해당 범죄사실을 대상으로 한 압수수색영장을 집행하기 위하여 甲의 참여 하에 그의 컴퓨터를 수색하던 중 위 조경공사 계약서 스캔파일을 발견하자 이를 외장하드에 복사·압수한 후, 법원에 제출한 경우 위 스캔파일 (20점)

   (2) '2016. 12. 16. A로부터 500만 원을 수령함'이라는 내용의 문서파일이 적법하게 압수되어 법원에 증거로 제출되었으나 甲은 위 문서파일을 작성한 사실이 없다고 주장하는 경우 위 문서파일 (10점)

4. 만약 검사 S가 위 영장집행 중 甲이 ○○아파트의 공금 2,000만 원을 자신의 중고자동차 구입에 사용한 사실을 추정케 하는 입출금 전표를 우연히 발견하고 이를 압수하였으나 그 후 甲에게 환부한 후 다시 제출받은 경우, 위 입출금전표를 甲의 범행을 입증하기 위한 증거로 사용할 수 있는 요건은 무엇인가? (10점)

1. 甲, 乙, 丙, 丁의 죄책은? (45점)

> • 본 문제는 45점 통문제이고, 행위자는 4명이며, 행위의 범주도 4개이다. 이러한 경우에는 행위별로 사건을 정리할 것인지 행위자별로 사건을 정리할 것인지 문제 되지만, 본서에서는 논의의 편의상 사건 진행 순서에 따라 사안을 정리한다. 그리고 쟁점이 많이 있으므로 답안을 간결하게 하도록 주의하여야 할 것이다.

I. 아파트 조경공사 리베이트 관련 행위에 대한 죄책

1. 甲의 죄책

(1) 사안에서 甲은 A와 조경공사 관련 계약을 체결하면서 공사금액을 부풀리고 리베이트 명목으로 500만 원을 수수하고 있는 행위의 죄책이 문제 된다.

(2) 판례에 의하면 타인을 위하여 금전 등을 보관·관리하는 자가 개인적 용도로 사용할 자금을 마련하기 위하여, 적정한 금액보다 과다하게 부풀린 금액으로 공사계약을 체결하기로 공사업자 등과 사전에 약정하고 그에 따라 과다 지급된 공사대금 중의 일부를 공사업자로부터 되돌려 받는 행위는 그 타인에 대한 관계에서 과다하게 부풀려 지급된 공사대금 상당액의 횡령이 된다.

(3) 이러한 판례의 취지에 따르면 甲에게는 횡령죄가 성립하고, 사안에서 甲은 입주자대표회장으로서 사회생활상에 기한 계속적인 사무를 담당하고 있으므로 업무성이 인정된다. 따라서 甲에게는 업무상횡령죄(제356조)가 성립한다.

> • 본 문제에 대하여는 ① 업무상횡령죄설과 ② 업무상배임죄와 배임수증재죄설 ③ 업무상횡령죄와 배임수증재죄설 등의 논의가 있으나, 본서에서는 아래의 <참고판례>를 참조하고, 시험이라는 측면에서 보다 간략한 답안을 작성하고 뒤에 나오는 공범과 신분 및 장물죄를 논하기 위해서 업무상횡령죄설에 따라 답안을 작성한다. 그리고 개인적으로 ②와 ③의 견해에 대하여는 甲이 500만 원을 영득한 것이 두 죄에 해당한다는 점에서 논리적 의문이 있다.

> • <참고판례> 타인을 위하여 금전 등을 보관·관리하는 자가 개인적 용도로 사용할 자금을 마련하기 위하여, 적정한 금액보다 과다하게 부풀린 금액으로 공사계약을 체결하기로 공사업자 등과 사전에 약정하고 그에 따라 과다 지급된 공사대금 중의 일부를 공사업자로부터 되돌려 받는 행위는 그 타인에 대한 관계에서 과다하게 부풀려 지급된 공사대금 상당액의 횡령이 된다(대판 2015.12.10. 2013도13444).

2. 乙의 죄책

(1) 논의점

사안에서 乙은 甲의 업무상횡령행위를 방조하고 있다. 이와 같이 신분없는 乙이 업무상횡령이라는 이중신분범의 범행에 가담한 경우에 乙의 죄책에 대하여 논의가 있다.

(2) 제33조의 해석론

이에 대하여 ① 다수설은 제33조 본문은 구성적 신분인 진정신분범의 공범의 성립과 과형을 규정한 것으로 보고, 제33조 단서는 가감적 신분인 부진정신분범의 공범의 성립과 과형을 규정한 것으로 보고 있지만 ② 판례는 제33조 본문은 진정신분범과 부진정신분범에 대한 공범의 성립 및 진정신분범에 대한 과형을 규정한 것으로 보고, 제33조 단서는 부진정신분범의 과형을 규정한 것으로 보고 있다.

(3) 검토 및 사안의 해결

생각건대 형법 조문의 해석에 충실한 판례의 입장이 타당하다. 따라서 이러한 입장에 따르면 사안에서 乙은 업무상횡령죄의 방조범이 성립하고, 횡령죄의 방조범으로 처벌된다.

II. 甲이 丙에게 현금 300만 원을 맡긴 행위에 대한 죄책

1. 丙의 죄책

> • 甲은 본범인 업무상횡령죄의 정범이므로 장물죄가 성립할 수 없다. 그러나 丙에게 장물보관죄 등이 성립하는 경우에는 이를 교사한 죄책 등을 별도로 논의할 수 있으므로 丙의 죄책을 먼저 설명하고 이후 甲의 죄책을 설명한다.

(1) 논의점

사안에서 丙은 甲이 업무상횡령한 수표 500만 원을 은행에 예금한 후 이를 인출한 금액 중 300만 원을 정을 알면서 이를 보관하고 있다. 이러한 경우에 丙에게 장물보관죄가 성립할 수 있는지 문제 된다.

(2) 장물성의 판단

장물은 재산범죄에 의하여 영득한 재물 그 자체임을 요하는 것이 원칙이다. 그러나 예외적으로 사안과 같이 수표를 예금한 후 이를 인출한 경우에 장물성이 유지되는지에 대하여는 논의가 있다. 판례는 비록 물리적인 동일성은 상실되었지만 액수에 표시되는 금전적 가치에는 변동이 없으므로 장물성이 유지된다고 보고 있다.

(3) 검토 및 사안의 해결

생각건대 현금이나 수표 등의 금전은 재물 자체보다도 그 가치가 중요하므로 판례의 입장이 타당하다. 따라서 사안에서 丙은 장물보관죄가 성립한다.

2. 甲의 죄책

甲은 업무상횡령죄의 정범이므로 장물죄는 성립하지 않는다. 그러나 丙에게 장물보관죄를 범하도록 교사한 부분에 대하여 죄책이 문제될 수 있으나 이 역시 동일한 장물에 대한 것이므로 불가벌적 사후행위에 해당하여 별죄가 성립하지 아니한다.

III. 丁이 甲의 주머니에서 술값 100만 원을 꺼내간 행위의 죄책

1. 논의점

사안에서 丁의 행위가 절도죄가 성립할 수 있는지에 대하여 불법영득의사의 불법의 의미와 관련하여 논의가 있다.

2. 견해의 대립

이에 대하여 ① 다수설은 법질서 전체의 입장에서 보아 실질적으로 타인의 재산권을 침해하였다고 평가할 수 있어야 불법하다는 영득의 불법설을 따르고 있으며 ② 판례는 실질적인 타인의 재산권 침해와 관계없이 행위수단 그 자체에 불법성이 인정되기만 하면 불법하다는 절취의 불법설을 따르고 있다.

3. 검토 및 사안의 해결

생각건대 자기의 권리라도 사회상규에 어긋나는 방법으로 이를 행사하는 것은 법질서를 해하는 행위이므로 절취의 불법설이 타당하다. 따라서 이러한 절취의 불법설에 따르면 丁에게 절도죄가 성립한다.

> • 영득의 불법설을 따른 답안 - 생각건대 절취의 불법설을 따를 경우에는 행위자에게 반환청구권이 있는 경우에도 수단만 위법하면 절도죄가 성립하게 되어 절도죄의 성립범위가 너무 넓어지므로 불법영득의사의 불법은 영득의 불법으로 파악하는 영득의 불법설이 타당하다. 이러한 영득의 불법설을 따르면 丁에게 절도죄는 성립하지 않는다.

IV. 乙이 야간에 丙의 집에 침입한 후 주간에 300만 원을 절취한 부분의 죄책

1. 절도죄의 성부

(1) 논의점

사안에서 乙은 丙의 집에 야간에 침입한 후 그 다음날 낮에 300만 원을 절취하고 있다. 이러한 乙의 죄책이 야간주거침입절도죄에 해당할 수 있는지에 대하여 논의가 있다.

(2) 견해의 대립과 판례의 태도

야간주거침입절도죄의 판단기준에 대하여는 ① 절취행위시기준설 ② 주거침입기준설 ③ 주거침입 또는 절취행위기준설 ④ 주거침입 및 절취행위기준설등이 대립하고 있으며, ⑤ 판례는 형법은 야간에 이루어지는 주거침입행위의 위험성에 주목하여 그러한 행위를 수반한 절도를 야간주거침입절도죄로 중하게 처벌하고 있는 것으로 보아야 한다고 하여 주거침입기준설을 따르고 있다.

(3) 검토 및 사안의 해결

생각건대 형법은 야간절도죄에 관하여는 처벌규정을 별도로 두고 있지 아니한 점을 고려한다면, 야간에 주거에 침입하여 절취한 경우에 야간주거침입절도죄가 성립한다고 보는 주거침입기준설이 타당하다. 따라서 사안에서 乙은 야간주거침입절도죄가 성립한다.

2. 장물죄의 성부

사안에서 乙은 300만 원이 장물인 정을 알면서 절도하고 있으므로 장물죄의 성부가 문제 된다. 그러나 판례는 장물죄의 본질에 대하여 결합설을 따르면서 장물에 대한 재산범죄를 범한 경우에는 장물죄의 성립을 인정하지 않으므로 장물죄는 성립하지 않는다.

V. 죄수 정리

사안에서 ① 甲에게는 업무상횡령죄(제356조)가 성립하고, ② 乙에게는 횡령죄의 방조범(제356조, 제355조 제1항, 제32조 제1항)과 야간주거침입죄(제330조)의 실체적 경합범이 성립하고, ③ 丙에게는 장물보관죄(제362조 제1항)가 성립하며, ④ 丁에게는 절도죄(제329조)가 성립한다.

> **2. 만약 丁이 퇴근하기 위해 잠든 甲을 깨우려고 몇 차례 흔들어도 깨어나지 않자 영하 10도의 추운 날씨임에도 난방을 끈 채 퇴근해 버렸는데, 甲이 다음 날 얼어 죽었다면, 甲이 죽어도 어쩔 수 없다고 생각했던 경우와 甲의 죽음을 단지 예견할 수 있었던 경우를 나누어 丁의 죄책을 검토하시오. (15점)**

- 본 문제는 두 쟁점에 대해 배점이 15점이다. 기본적으로 부진정부작위범의 보증인적 지위와 유기죄의 보호의무는 다르다는 점을 주의하여야 하고, 모두 배점이 큰 문제로 나와도 손색이 없는 쟁점들이므로 답안을 작성함에 있어 가장 핵심적인 부분만을 간략히 정리하는 것이 중요하다.

1. 甲이 죽어도 어쩔 수 없다고 생각했던 경우

(1) 살인에 대한 미필적 고의의 인정

사안에서 丁은 甲이 죽어도 어쩔 수 없다고 생각한 것은 다수설과 판례인 인용설에 따르면 살인죄의 미필적 고의가 인정된다.

(2) 부작위에 의한 살인죄의 검토

살인죄와 같은 부진정부작위범이 성립하기 위해서는 丁에게 보증인적 지위가 인정되어야 하며, 보증인적 지위가 인정되기 위해서는 ① 구성요건적 상황 ② 작위의무 ③ 개별적 행위가능성이 인정되어야 한다. 사안에서 ① 甲은 술에 취하여 스스로를 구조할 수 없는 상황이 인정되고 ② 판례에 의하면 조리를 포함하는 형식설에 따라 작위의무를 판단하므로 작위의무가 인정되고 ③ 甲에 대한 조치를 취할 수 있었음에도 이를 취하지 않아 甲을 사망에 이르게 하였고 ④ 丁의 부작위와 甲의 사망사이의 인과관계도 인정할 수 있으므로 丁에게는 부작위에 의한 살인죄(제250조 제1항)가 성립한다.

2. 甲의 죽음을 단지 예견할 수 있었던 경우

(1) 유기죄의 성립 여부

甲은 丁이 운영하는 술집의 손님이므로 丁에게 甲을 보호해야 할 보호의무가 인정되는지 문제 된다. 판례에 의하면 계약에 기한 주된 급부의무가 부조를 제공하는 것인 경우에 반드시 한정되지 아니하고, 상대방의 신체 또는 생명에 대하여 주의와 배려를 한다는 부수적 의무의 한 내용으로 상대방을 부조하여야 하는 경우를 포함할 수 있다고 한다. 따라서 이러한 판례의 취지에 따르면 사안에서 丁에게는 甲에 대한 보호의무가 인정되므로 丁에게는 유기죄가 성립한다.

(2) 유기치사죄의 성립 여부

사안에서 甲이 사망하였으므로 유기치사죄가 성립하기 위해서는 ① 유기죄의 기본범죄 ② 사망이라는 중한 결과의 발생 ③ 인과관계 ④ 예견가능성이 구비되어야 한다. 사안에서는 유기치사죄가 성립하기 위한 이러한 요건이 모두 구비되었으므로 丁에게는 유기치사죄(제275조 제1항)가 성립한다.

3. 만약 검사 S가 甲을 리베이트 수수 혐의로 기소한 경우 다음 각 증거의 증거능력을 검토하시오.

(1) 검사 S가 해당 범죄사실을 대상으로 한 압수수색영장을 집행하기 위하여 甲의 참여 하에 그의 컴퓨터를 수색하던 중 위 조경공사 계약서 스캔파일을 발견하자 이를 외장하드에 복사·압수한 후, 법원에 제출한 경우 위 스캔파일 (20점)

- 본 문제는 기본적으로 스캔파일인 정보에 대한 압수와 복사본의 증거능력 인정요건을 묻고 있는 문제이다. 그런데 배점이 20점이므로 기본적인 내용도 간략하게 적어주는 것이 바람직하다.

1. 논의점

사안에서의 스캔파일은 정보저장매체에 저장된 정보이다. 따라서 이러한 스캔파일을 증거능력을 인정하기 위해서는 ① 계약서 스캔파일이 압수의 대상물인지 ② 정보의 압수가 가능한지와 그 방법이 문제되고 ③ 정보의 압수가 가능하다고 할 때 압수절차를 준수했는지가 문제되고 ④ 사안에서의 스캔파일은 계약서 원본이 아니므로 이에 대한 증거능력요건이 문제 된다.

2. 사건과의 관련성

수사기관은 범죄수사의 필요성이 있고 피의자가 죄를 범하였다고 의심할 만한 정황이 있는 경우에도 해당 사건과 관계가 있다고 인정할 수 있는 것에 한하여 영장을 발부받아 압수·수색을 할 수 있다. 사안에서의 스캔파일의 원본인 계약서는 과대계약을 했다는 증거물인 서면이므로 사건과의 관련성이 인정되어 적법하다.

3. 정보의 압수와 그 방법

형사소송법 제219조에 의하여 준용되는 제106조 제3항에서는 정보저장매체에서 정보를 압수하는 경우에는 기억된 정보의 범위를 정하여 출력하거나 복제하여 제출받아야 한다. 사안에서는 스캔파일을 외장하드에 복제하여 압수하고 있으므로 정보에 대한 압수방법으로서 적법하다.

4. 영장에 의한 압수절차의 준수여부

정보에 대한 압수라도 영장에 의한 압수절차를 준수하여야 한다. 따라서 형사소송법 제219조에 의하여 준용되는 제118조부터 제129조까지의 집행절차를 준수하여야 한다. 사안에서는 명확하지는 않지만, 甲의 참여하에 압수를 하고 있으므로 제125조의 야간집행의 위반 등의 사유가 없는 한 압수의 적법절차는 준수되었다고 본다.

5. 계약서의 스캔파일의 증거능력 인정요건

사안에서 甲의 범죄에 대한 직접적인 증거는 계약서이지만, 사안에서의 스캔파일은 일종의 사본으로서의 성격을 지니고 있다. 따라서 이러한 스캔파일의 증거능력을 인정하기 위해서는 ① 계약서 원본이 존재하거나 존재하였으며 ② 계약서 원본을 법정에 제출할 수 없거나 제출이 곤란한 사정이 있고 ③ 증거로 제출된 스캔파일이 이를 정확하게 전사한 것이라는 사실이 증명되어야 한다.

6. 사안의 해결

사안에서 공소사실을 증명하기 위하여 제출되는 계약서 스캔파일은 위의 요건을 구비하면 증거능력이 인정될 수 있다.

---

3. (2) '2016. 12. 16. A로부터 500만 원을 수령함'이라는 내용의 문서파일이 적법하게 압수되어 법원에 증거로 제출되었으나 甲은 위 문서파일을 작성한 사실이 없다고 주장하는 경우 위 문서파일 (10점)

> • 본 문제는 2016. 5. 29. 개정된 형사소송법의 내용을 묻고 있는 문제이다. 개정법에 따르면 문서파일도 제313조 제1항에 포함된다는 점을 비롯하여 답안에 쓸 내용은 상당히 많으나, 배점이 10점이며 문제에서 문서파일을 작성한 사실이 없다고 주장하는 경우라고 하고 있으므로 여기에 초점을 맞추는 것이 중요하다 하겠다. 그리고 피고인이 작성한 진술서에 대하여 제313조 제2항의 적용시 제313조 제1항 단서의 특신상태의 증명요건이 필요한지에 대하여 논의가 있을 수 있는 부분이므로 간단히 적시하는 것이 바람직하다.

1. 문서파일의 성격

2016. 5. 29. 개정 이전의 형사소송법 제313조 제1항에는 문서파일은 포함되지 않았지만, 개정 이후에는 문서파일도 제313조 제1항의 적용범위에 속하게 되었다. 따라서 甲의 문서파일은 종래의 甲이 자필로 작성한 진술서와 같은 성격을 지니게 되었다.

2. 甲이 성립의 진정을 부인하는 경우의 증거능력 인정요건

(1) 甲의 문서파일은 종래 입법에 따르면 甲이 성립의 진정을 부인하는 경우에는 그 증거능력을 인정받기 어려웠다. 이러한 문제점을 해결하기 위하여 입법자들은 2016. 5. 29. 형사소송법 개정을 통하여 제313조 제2항을 신설하였다.

(2) 이에 의하면 진술서의 작성자가 공판준비나 공판기일에서 그 성립의 진정을 부인하는 경우에는 과학적 분석결과에 기초한 디지털포렌식 자료, 감정 등 객관적 방법으로 성립의 진정함이 증명되는 때에는 증거로 할 수 있다. 따라서 사안에서의 문서파일은 甲의 성립의 진정을 부인하는 경우라도 제313조 제2항에 따라 과학적 분석결과에 기초한 객관적 방법으로 성립의 진정함이 증명되면 증거능력이 인정될 수 있다.

3. 제313조 제1항 단서의 특신상태

사안에서의 문서파일은 피고인이 작성한 진술서이므로 제313조 제2항에 의하여 성립의 진정이 증명되더라도 추가로 제313조 제1항 단서에 의한 특신상태가 증명되어야 하는 점에 대하여는 논의가 있을 수 있지만, 피고인에게 유리한 가중요건이므로 특신상태가 필요하다고 보는 것이 타당하다.

4. 만약 검사 S가 위 영장집행 중 甲이 ○○아파트의 공금 2,000만 원을 자신의 중고자동차 구입에 사용한 사실을 추정케 하는 입출금 전표를 우연히 발견하고 이를 압수하였으나 그 후 甲에게 환부한 후 다시 제출받은 경우, 위 입출금전표를 甲의 범행을 입증하기 위한 증거로 사용할 수 있는 요건은 무엇인가? (10점)

> • 본 문제는 최근의 판례의 태도를 묻고 있는 문제이다. 선택형 문제로 준비를 하였어도 답안을 작성할 수 있는 문제이지만, 사례형 문제이므로 보다 논리적인 서술이면서도 판례의 태도를 정확하게 적어주는 것이 바람직하다.

1. 별건압수로서의 위법수집증거

(1) 사안에서의 공금 2,000만 원을 횡령한 것은 리베이트를 빙자하여 횡령한 사안과 별개의 사안이다. 따라서 입출금전표를 우연히 발견하고 이를 압수한 것은 별건압수로서 위법하여 위법수집증거가 되어 그 증거능력이 없는 것이 원칙이다.

(2) 그런데 사안에서는 이를 막바로 증거로 제출한 것이 아니라 환부한 후 다시 임의제출 받은 경우이므로 이를 증거로 사용할 수 있는지가 문제 되지만, 최근 판례를 일정한 요건하게 이를 긍정하고 있다.

2. 위법수집증거의 환부 후 임의제출이 적법하기 위한 요건

(1) 인과관계의 단절

최근 판례에 따르면 위법하게 수집한 증거물을 환부한 후 임의제출받은 물건에 대하여 증거능력을 인정하기 위해서는 증거를 압수한 최초의 절차 위반행위와 최종적인 증거수집 사이의 인과관계가 단절되었다고 평가할 수 있어야 한다.

> • 이러한 판례의 태도는 일응 독수독과원칙의 예외를 인정하고 있는 논리와 유사하다고 볼 수 있다.

(2) 제출의 임의성

그리고 환부 후 다시 제출하는 과정에서 수사기관의 우월적 지위에 의하여 임의제출 명목으로 실질적으로 강제적인 압수가 행하여질 수 있으므로, 제출에 임의성이 있다는 점에 관하여는 검사가 합리적 의심을 배제할 수 있을 정도로 증명하여야 그 증거능력을 인정할 수 있다고 판시하고 있다.

(1) 甲, 乙, 丙은 현금자동지급기 부스에서 나오는 사람을 상대로 금원을 빼앗기로 공모한 다음 丙은 범행에 사용할 전자충격기를 구해오기로 하였다. 丙은 전자충격기를 구하여 乙에게 전해 주었으나, 범행에 가담한 것을 후회하고 자신은 그만 두겠다고 말한 뒤 잠적하였다.

(2) 이에 甲과 乙은 자신들만으로는 다른 사람의 금원을 빼앗는 것이 어렵다고 판단하여 길가에 주차된 승용차 안에 있는 물건을 훔치기로 계획을 변경하였다. 그리고 A 소유의 자동차를 범행대상으로 삼아 甲은 자동차의 문이 잠겨 있는지를 확인하기 위하여 자동차의 손잡이를 잡아당겨 보고, 乙은 그 옆에서 망을 보았다. 그때 근처에서 두 사람의 행동을 수상히 여기고 이를 지켜보던 경찰관 P가 다가가자 甲과 乙은 각각 도주하였다.

(3) 도주하던 乙은 키가 꽂힌 채 주차되어 있던 丁 소유의 오토바이를 발견하고, 이를 타고 간 후 버릴 생각으로 오토바이에 올라타 시동을 걸어 달아나려는 순간 丁에게 발각되었다. 丁은 오토바이를 타고 약 5m 정도 진행하던 乙을 발로 걷어차 바닥에 넘어뜨렸고, 이 과정에서 乙은 전치 3주의 상해를 입었다. 乙은 신고를 받고 출동한 경찰관 P에게 인계되었다.

(4) P는 乙을 인계받아 경찰차에 태운 다음 乙에게 신분증의 제시를 요구하였다. 乙은 얼마 전 길에서 주운 B의 주민등록증 사진이 자신의 용모와 매우 흡사한 것을 기화로 B의 주민등록증을 자신의 신분증인 것처럼 제시하였다. 그리고 P가 신분조회를 하는 틈을 이용하여, 자신이 소지하고 있던 전자충격기로 P에게 충격을 가하여 기절시킨 후 도주하였다. 얼마 후 의식을 회복한 P는 乙이 도주하는 과정에서 떨어뜨리고 간 휴대전화를 압수한 후, 적법한 절차를 거쳐 甲과 乙을 체포하였다. P는 甲과 乙(B 명의)에 대한 조사를 마친 후 검사에게 송치하였고, 검사는 이를 토대로 甲과 乙(B 명의)에 대하여 공소를 제기하였다.

1. 위 사례에서 甲, 乙, 丙의 죄책은? (50점)

2. (3)의 밑줄 친 행위에 대하여 乙이 丁을 폭행치상죄로 고소한 경우, 丁의 변호인으로서 폭행치상죄가 성립하지 않음을 주장할 수 있는 근거를 제시하시오. (10점)

3. (4)에서 P가 乙의 휴대전화를 압수한 조치가 적법한지 여부를 서술하시오. (10점)

4. 제1심법원 공판 중 피고인의 성명이 B가 아니라 乙이라는 점이 밝혀진 경우, 검사와 법원이 취해야 할 조치는? (15점)

5. 제1심법원은 甲에 대한 (1) 관련 범죄에 대하여 범죄의 증명이 없다는 이유로 무죄를 선고하고, (2) 관련 범죄만 유죄로 인정하여 징역 1년을 선고하였다. 제1심법원의 판결에 대하여 甲은 항소하지 않고 검사만이 무죄가 선고된 (1) 부분에 대하여 항소한 경우, 검사의 일부상소의 허용여부 및 항소심의 심판범위를 논하시오. (15점)

1. 위 사례에서 甲, 乙, 丙의 죄책은? (50점)

Ⅰ. (1)에서의 甲, 乙, 丙의 죄책

1. 문제의 제기

사안에서 ① 甲, 乙, 丙은 강도죄에 대한 모의를 하고 전자충격기를 준비하는 예비행위를 하였으나 강도죄의 실행의 착수가 없으므로 강도예비죄의 공동정범이 성립할 수 있는지가 문제되고 ② 특히 丙은 예비행위 후 후회하며 범행에서 이탈하고 있으므로 예비의 중지가 인정될 수 있는지 문제 된다.

> • 참고로 강도예비죄의 공동정범 성립 여부에 대하여는 개인적으로는 큰 실익이 없다고 생각된다. 왜냐하면 형법상으로는 예비와 음모를 구별할 실익이 없으며, 사안에서 甲, 乙, 丙은 이미 강도를 음모하고 있기 때문이다. 그러나 예비죄만 놓고 보면 丙만 예비행위를 하였으므로 甲과 乙에게도 예비죄의 공동정범을 논할 실익이 있을 수 있으며, 법전협 유사모의고사에서의 채점기준표(2016년 1차 모의고사 참조)를 보면 이에 대하여 상당한 배점을 두고 있으므로 이에 맞게 설시한다.

2. 강도예비죄의 공동정범의 성부

이에 대하여는 ① 예비행위의 실행행위성을 긍정하는 입장에서 예비죄의 공동정범을 인정할 수 있다는 긍정설과 ② 예비죄의 실행행위성을 부정하는 입장에서 예비죄의 공동정범을 인정할 수 없다는 부정설이 대립하고 있으며, ③ 판례는 예비죄의 공동정범을 긍정하는 긍정설의 입장이다. 생각건대 예비죄도 수정된 구성요건이며, 실행행위성을 인정할 수 있으므로 긍정설이 타당하다. 따라서 사안에서 甲, 乙, 丙에게는 강도예비죄의 공동정범이 성립한다.

3. 丙의 예비의 중지 인정 여부

(1) 논의점

사안에서 丙은 예비행위를 하였으나 후회하며 범행에서 이탈하고 있다. 이러한 경우에 예비죄에 대하여 중지미수를 준용할 수 있는지에 대하여 논의가 있다.

(2) 자의성의 검토

丙은 예비행위를 하였으나 후회하며 범행에서 이탈하고 있으므로 중지미수의 요건인 자의성이 인정되는지에 대한 어떠한 학설에 의하더라도 자의성이 인정됨에는 문제가 없다.

> • 예비의 중지를 검토함에 있어 그 선결문제로 자의성이 인정되어야 하므로 이를 누락하지 않도록 주의하여야 한다.

(3) 강도예비죄의 중지미수의 유추적용 여부

이에 대하여는 ① 전면부정설 ② 자수유추적용설 ③ 제한적용설 ④ 전면적용설이 대립하고 있으나, ⑤ 판례는 '중지범은 범죄의 실행에 착수한 후 자의로 그 행위를 중지한 때를 말하는 것이고 실행의 착수가 있기 전인 예비·음모의 행위를 처벌하는 경우에 있어서 중지범의 관념은 이를 인정할 수 없다'라고 하여 전면부정설의 입장이다.

(4) 검토 및 사안의 해결

생각건대 예비의 미수는 논리상 인정될 수 없으므로 예비죄에 중지미수의 규정을 유추할 수 없다는 부정설이 타당하다. 따라서 이러한 전면부정설의 입장에 따르면 사안에서 丙은 강도예비죄로 처벌되고, 중지미수의 유추적용은 인정되지 않는다.

Ⅱ. (2)에서의 甲과 乙의 죄책

사안에서 甲이 자동차안의 물건을 훔치기 위하여 자동차의 손잡이를 잡아 당긴 것은 절도의 실행의 착수에 해당한다. 그리고 甲과 乙은 시간·장소적인 협동관계를 이루어 절도하고 있으므로 합동범의 본질에 대한 다수설과 판례인 현장설에 의하면 합동절도죄가 성립할 수 있다. 그러나 경찰관 P가 다가오자 물건을 취득하지 못하고 도주하였으므로 甲과 乙에게는 합동절도죄의 미수범이 성립한다.

> • 이 부분의 답안기술도 실행의 착수를 먼저 적는 것이 바람직하다. 실행의 착수가 인정되어야 합동절도가 성립할 수 있기 때문이다.

Ⅲ. (3)에서의 乙의 죄책

1. 절도인지 자동차등불법사용죄인지의 검토

사안에서 乙은 丁 소유의 오토바이를 타고 간 후 버릴 생각이므로 불법영득의사가 인정되어 절도죄가 성립한다.

2. 절도죄의 기수여부의 검토

자동차절도의 기수시기는 시동을 건 후 발진조작을 완료한 때이다. 사안의 문맥에서는 명확하지 않지만 5m정도 진행하였다는 점에서 이미 발진조작이 완료되어 발진되었다고 판단된다. 따라서 사안에서 乙은 절도죄의 기수가 성립한다.

> • 본 문제는 5m 정도를 진행하였다고 되어 있어, 발진조작완료 전에 진행한 것인지 아니면 발진조작을 완료한 후에 진행된 것인지 명확하지 않다. 그러나 이러한 불명확한 점을 사회통념에 부합되는 근거를 제시하며 답안을 작성하였다면 크게 문제가 되지는 않을 것으로 보인다. 단, 발진조작을 완료했다는 사실을 전제로 하였음에도 미수에 그친다는 답안은 옳지 못한 것으로 평가될 수 있다.

Ⅳ. (4)에서의 乙의 죄책

1. B의 신분증을 제시한 행위에 대한 죄책

사안에서 乙은 자신의 동일성을 증명하기 위하여 얼마 전 길에서 주운 B의 주민등록증을 제시하고 있다. 이러한 乙의 행위는 점유이탈물횡령죄와 공문서부정행사죄가 성립한다.

> • 본 문제에 있어서는 점유이탈물횡령죄를 누락하지 않도록 주의하여야 한다. 그리고 공문서부정행사죄를 공문서부정사용죄로 잘못 적는 우를 범하지 않도록 주의하여야 한다. 또한 전체 문제의 배점상 공문서부정행사죄의 요건을 장황하게 나열할 필요는 없어 보인다.

2. 전자충격기로 P를 기절시킨 행위에 대한 죄책

(1) 기절시킨 행위에 대한 평가

판례에 의하면 사람을 기절시킨 경우에는 외부적으로 어떤 상처가 발생하지 않았다고 하더라도 생리적 기능에 훼손을 입어 신체에 대한 상해가 있었다고 봄이 상당하다고 하고 있으므로 상해가 된다.

> • 기절시킨 행위가 상해에 해당되어야 뒤에 나오는 특수상해죄 등이 정확히 설명될 수 있으니 누락되지 않도록 주의하여야 한다.

(2) 특수상해죄와 특수공무집행방해치상죄의 성립 여부

사안에서 전자충격기를 사용한 乙의 행위는 위험한 물건을 휴대하여 사람을 상해한 것이므로 형법 제258조의2 제1항의 특수상해죄가 성립하고, 특히 직무집행 중인 경찰관 P를 상해하였으므로 형법 제144조 제2항의 특수공무집행방해치상죄가 성립할 수 있다.

> • 2016. 1. 6. 개정으로 폭처법상의 특수상해가 삭제되고, 형법 제258조의2 조문이 신설되었으므로 조문을 정확히 적시해주는 것이 바람직하다.

(3) 특수상해죄와 특수공무집행방해치상죄의 죄수검토

특수상해죄와 부진정결과적가중범인 특수공무집행방해치상죄의 죄수가 문제되는바 ① 다수설은 두 죄의 상상적 경합을 인정하지만 ② 판례는 고의범보다 형량이 더 무거운 특수공무집행방해치상죄만을 인정한다. 이러한 판례에 의하면 사안에서의 乙에게는 특수공무집행방해치상죄만 성립한다.

> • 사안에서 乙의 죄책으로 특수도주죄를 더 논할 수 있겠으나, 이는 가점사항으로 처리한다.

V. 죄수 정리

(1) 甲에게는 ① 강도예비죄(제343조)와 ② 특수절도미수죄(제342조, 제331조 제2항, 제1항)의 실체적 경합범이 성립한다.

(2) 乙에게는 ① 강도예비죄(제343조) ② 절도죄(제329조) ③ 점유이탈물횡령죄(제360조) ④ 공문서부정행사죄(제230조) ⑤ 강도치상죄(제337조) ⑥ 특수공무집행방해치상죄(제144조 제2항)가 성립한다. 그리고 ⑤⑥죄는 상상적 경합 관계에 있으며, 나머지 범죄들과는 모두 실체적 경합 관계에 있다.

(3) 丙에게는 강도예비죄(제343조)가 성립한다.

---

2. (3)의 밑줄 친 행위에 대하여 乙이 丁을 폭행치상죄로 고소한 경우, 丁의 변호인으로서 폭행치상죄가 성립하지 않음을 주장할 수 있는 근거를 제시하시오. (10점)

1. 무죄주장의 근거

丁의 변호인은 丁의 행위는 폭행치상죄의 구성요건에 해당하지만 정당방위로서 위법성이 조각되어 폭행치상죄가 성립하지 않음을 주장할 수 있다.

2. 정당방위 해당 여부에 대한 검토

(1) 정당방위 상황의 판단

사안에서 乙은 丁의 오토바이를 절취하고 있으므로 丁의 입장에서는 자기의 법익에 대한 부당한 침해가 인정된다. 그리고 사안에서 乙의 절취행위는 기수에 이르렀으므로 현재성이 문제가 되지만 다수설에 의하면 현재성은 기수 이후 완료까지를 포함한다. 따라서 사안에서 乙의 행위는 아직 완료되지 않았으므로 현재성이 인정된다. 따라서 정당방위의 상황은 인정된다.

⑵ 정당방위의사와 상당성의 판단

사안에서 丁이 자기의 오토바이의 침해를 방지하기 위하여 乙을 발로 차는 폭행을 하고 있으므로 정당방위의 의사도 인정되고, 3주 정도의 상해를 입힌 것은 부정 대 정의 관계에 있는 정당방위의 상당성도 인정된다.

⑶ 결 언

따라서 사안에서 丁의 행위는 정당방위로서 위법성이 조각되어 乙에 대한 폭행치상죄는 성립하지 않는다.

> • 본 문제는 乙의 행위는 폭행치상죄의 구성요건에 해당하지만, 변호인으로서 폭행치상죄가 성립하지 않음을 주장할 수 있는 근거를 제시하라고 하고 있다. 이는 乙의 행위가 구성요건에 해당하지만, 위법성이 조각됨을 전제로 한 문제라고 할 수 있다. 그런데 그 근거를 제시하라고 하였고 사안은 정당방위가 성립됨에 거의 이론의 여지가 없고 배점이 10점이므로 위법성조각사유의 가장 큰 특칙인 정당방위에 해당함을 밝히는 것으로 족하다고 생각된다.

3. ⑷에서 P가 乙의 휴대전화를 압수한 조치가 적법한지 여부를 서술하시오. (10점)

1. 논의점

사안에서 사법경찰관 P는 乙의 휴대전화를 영장없이 압수하고 있다. 이러한 영장없는 압수가 적법한지에 대하여는 형사소송법 제218조의 영치에 해당하는지 문제 된다.

2. 제218조의 영치의 해당 여부

형사소송법 제218조에서는 검사, 사법경찰관은 피의자 기타인의 유류한 물건이나 소유자, 소지자 또는 보관자가 임의로 제출한 물건을 영장없이 압수할 수 있다고 규정하고 있다. 그리고 이러한 영치의 경우에는 피의자 등에게 강제력을 행사하는 것이 아니므로 영장주의의 예외인 압수이면서도 사후영장을 요구하고 있지 않다.

3. 사안의 해결

사안에서 P는 현행범으로 체포된 乙을 인계받는 과정에서 乙의 뜻밖의 폭행으로 기절하였고, 그 과정에서 乙이 두고 간 휴대전화를 압수한 것은 피의자가 유류한 물건을 압수한 것이므로 이는 영치에 해당한다. 따라서 영치의 요건을 구비하였으므로 사후에 이에 대한 사후영장을 발부받지 않았어도 적법하다.

> • 영치는 영장없는 압수의 가장 특칙이 되고 사안에서는 영치가 성립하므로 영치만 서술한다. 다만, 제216조 제3항의 범행현장에서의 압수를 적어준다면 가점 사항이 될 수는 있을 것이다.

4. 제1심법원 공판 중 피고인의 성명이 B가 아니라 乙이라는 점이 밝혀진 경우, 검사와 법원이 취해야 할 조치는? (15점)

> • 본 문제는 성명모용소송에 있어 검사의 조치와 법원의 조치를 묻고 있으며, 배점이 전체적으로 15점이다. 그런데 검사의 조치의 경우에는 견해의 대립이 없지만, 법원의 조치에 대하여는 견해의 대립이 있으므로 법원의 조치에 보다 많은 배점이 있을 것이라는 점을 염두에 두고 답안을 작성하는 것이 바람직하다.

1. 검사의 조치

사안과 같은 성명모용소송의 경우에 다수설과 판례인 실질적 표시설에 의하면 피고인은 모용자인 乙이다. 그런데 공소장에는 피모용자인 B로 표시되어 있다. 검사는 공소장에 피고인을 특정하여 표시하여야 하므로 성명모용사실을 안 경우에는 이를 바로잡아야 한다. 이러한 경우 성명모용으로 피모용인이 피고인으로 표시된 경우에 이를 바로 잡는 것은 피고인의 방어권행사에 실질적 불이익을 초래하는 것이 아니므로 공소장변경이 아니라 공소장정정으로 족하다. 판례도 피고인표시의 정정은 당사자의 표시상의 착오일 뿐이므로 공소장정정으로 족하다고 보고 있다. 따라서 검사는 공소장정정절차를 통하여 성명모용을 바로 잡아야 한다.

2. 법원의 조치

(1) 논의점

검사가 공소장정정을 통하여 성명모용을 바로 잡은 경우에는 문제가 없지만, 검사가 성명모용을 바로잡지 않는 경우에 법원의 조치가 문제 된다.

(2) 견해의 대립과 판례의 태도

이에 대하여는 ① 모용자가 피고인이므로 모용자에 대해 심리를 진행하면 된다는 심리진행설도 있으나, ② 다수설과 판례는 공소제기의 방식이 형사소송법 제254조의 규정에 위반하여 무효라고 보아 공소기각판결설을 따르고 있다.

(3) 검토 및 사안의 해결

생각건대 성명모용소송의 경우에는 피고인이 특정되었다고 볼 수 없으므로 공소기각판결설이 타당하다. 따라서 법원은 공소기각판결로서 소송을 종결하여야 한다.

5. 제1심법원은 甲에 대한 (1) 관련 범죄에 대하여 범죄의 증명이 없다는 이유로 무죄를 선고하고, (2) 관련 범죄만 유죄로 인정하여 징역 1년을 선고하였다. 제1심법원의 판결에 대하여 甲은 항소하지 않고 검사만이 무죄가 선고된 (1) 부분에 대하여 항소한 경우, 검사의 일부상소의 허용여부 및 항소심의 심판범위를 논하시오. (15점)

> • 본 문제는 검사의 일부상소의 허용 여부 및 항소심의 심판범위를 묻고 있으며, 배점이 전체적으로 15점이다. 그런데 검사의 조치의 경우에는 견해의 대립이 없지만, 항소심의 심판범위에 대하여는 견해의 대립이 있으므로 항소심의 심판범위에 보다 많은 배점이 있을 것이라는 점을 염두에 두고 답안을 작성하는 것이 바람직하다.

1. 검사의 일부상소 허용여부

일부상소란 재판의 일부에 대한 상소를 말한다. 형사소송법은 제342조 제1항에서 '상소는 재판의 일부에 대하여 할 수 있다'라고 하여 일부상소를 인정하고 있다. 일부상소가 허용되기 위하여는 ① 재판의 내용이 가분이고 ② 재판의 일부분에 대한 독립된 판결이 가능할 것을 요한다. 사안과 같이 일부유죄, 일부무죄의 판결이 선고된 경우에는 재판의 내용이 가분이고 일부에 대하여도 독립된 판결이 가능하므로 사안에서의 검사의 일부상소는 가능하다.

2. 항소심의 심판범위

(1) 논의점

항소심에서 검사의 일부상소를 기각하는 경우에는 문제가 없지만, 검사의 일부상소를 인정하여 원심판결을 파기하는 경우에 항소심은 제364조 제6항에 따라 파기자판하여야 하므로 그 심판범위가 문제 된다.

(2) 견해의 대립

이에 대하여는 ① 일부상소의 일반법리에 따라 쌍방이 상소하지 않은 부분은 분리확정되므로 무죄부분만 심판대상이 된다는 일부파기설(전합의 다수의견) ② 형법 제37조의 경합범은 서로 과형상 불가분의 관계에 있어 상소불가분의 원칙에 따라 전부 심판대상이 된다는 전부파기설(전합의 반대의견)이 대립하고 있다.

(3) 검토 및 사안의 해결

생각건대 일부상소의 기본법리와 일부라도 판결을 확정시켜 두는 것이 피고인의 불안정한 지위를 해소할 수 있으므로 일부파기설이 타당하다. 이러한 일부파기설의 취지에 따르면 항소심은 검사가 일부상소한 부분만을 심판의 대상으로 삼아 심판할 수 있다.

A(여, 26세)는 버스를 타고 남자친구를 만나러 가던 중 깜박 졸다가 휴대폰을 좌석에 둔 채 하차하였다. 그 순간 옆 좌석의 승객 甲(남, 30세)이 휴대폰을 발견하고 이를 전해주기 위해 A를 따라 하차하면서 A를 불렀으나 대답이 없자 뒤에서 A의 어깨를 잡았다. 그때 A를 기다리던 남자친구 乙은 그 장면을 보고 甲을 성폭행범으로 오해하여 A를 구하기 위해 甲을 밀어 넘어뜨렸다.

甲은 좋은 일을 하려다 봉변을 당한 데 대해 억울한 마음이 들어 합의금이라도 두둑이 받아야겠다고 생각하였으나 육안으로 보이는 상처가 없자 스스로 머리를 벽에 부딪쳐 이마에 상처를 낸 다음 국립대학교병원 소속 의사 B를 찾아가 乙에게 맞아 상해를 입었다고 거짓말하여 B에게서 상해진단서를 발급받았다. 그 후 甲은 위 상해진단서를 乙에게 제시하면서 합의금 500만 원을 요구하였다.

乙은 합의금을 마련하기 위하여 기숙사 룸메이트인 C의 지갑에서 몰래 신용카드(현금카드 겸용)를 꺼내어 편의점 앞에 있는 현금자동지급기로 가서 평소 알고 있던 비밀번호를 입력하여 C의 예금계좌에서 잔고 전액인 300만 원을 인출하고, 200만 원은 현금서비스를 받은 다음 신용카드를 제자리에 가져다 놓았다. 그 후 乙은 인출한 500만 원을 甲에게 합의금으로 건네주었다.

1. 甲과 乙의 죄책은? (50점)

2. 만약 乙과 함께 있던 乙의 친구 丙이, 甲이 A에게 접근한 목적과 사정을 알고 있었으면서도 평소 못마땅하게 생각하고 있던 甲을 이번 기회에 혼내주려고 乙에게 "甲이 A를 성폭행하려고 한다."라고 말하면서 乙이 甲을 폭행하도록 부추겼고, 이에 乙이 甲의 행동을 오해하여 甲을 밀어 넘어뜨린 것이라면, 丙의 죄책은? (10점)

3. 乙은 甲에 대한 폭행치상의 범죄사실로 기소되어 제1심 법원에서 유죄를 선고받고 항소하였다. 그러나 항소심은 상해의 점은 인정되지 않는다고 판단하고 있다.

   (1) 항소심은 직권으로 乙에게 폭행죄로만 유죄를 선고할 수 있는가? (15점)

   (2) 항소심 계속 중에 폭행죄로 공소장이 변경되었고, 그 후 甲이 乙에 대한 처벌을 원치 않는다는 내용의 합의서를 제출한 경우 항소심은 어떠한 판단을 내려야 하는가? (5점)

4. 검사는 甲에 대한 구속영장을 청구하였다.

   (1) 지방법원판사가 구속영장청구를 기각한 경우 검사가 취할 수 있는 형사소송법상 조치를 논하시오. (10점)

   (2) '구속 전 피의자심문' 과정에서 甲이 피의사실에 대하여 자백한 내용이 심문조서에 기재되어 있다면 이 조서의 증거능력을 논하시오. (10점)

1. 甲과 乙의 죄책은? (50점)

> • 본 문제는 50점 통문제이다. 기본적으로 가장 배점이 큰 부분은 오상방위 즉 위법성조각사유의 전제사실의 착오이다. 그리고 나머지 다른 범죄에 대한 것을 누락시키지 않도록 주의하면서 답안을 작성하여야 한다.

Ⅰ. 甲의 죄책

1. A의 핸드폰을 습득한 행위에 대하여

사안에서 甲은 A의 핸드폰을 습득하고 있다. 판례의 법리에 의하여 A의 핸드폰은 점유이탈물이므로 甲에게 점유이탈물횡령죄의 죄책이 문제될 수 있다. 그러나 사안에서 甲은 영득의 의사가 없으며, 사안에서는 반환한 것으로 추단되므로 甲에게 점유이탈물횡령죄는 성립하지 아니한다.

2. A의 어깨를 잡은 행위에 대하여

사안에서 甲은 A의 핸드폰을 돌려주기 위하여 A의 어깨를 잡았다. 이는 신체에 대한 유형력의 행사이지만 불법한 공격이라고 할 수 없어 폭행죄의 구성요건에 해당하지 않는다. 그리고 폭행죄의 구성요건에 해당하더라도 甲은 A의 핸드폰을 돌려주기 위한 수단으로 A의 어깨를 잡은 것이므로 이는 정당행위에 해당하여 위법성이 조각되어 甲에게는 폭행죄가 성립하지 아니한다.

3. 스스로 머리를 벽에 부딪혀 이마에 상처를 낸 행위에 대하여

甲에게 형법 제257조 제1항의 상해죄의 성립이 문제 되지만, 상해죄의 객체인 사람은 자기 이외의 타인을 의미하므로 상해죄는 성립하지 아니한다.

4. 상해진단서를 발급받은 행위에 대하여

공무원인 의사 B는 甲이 객관적으로 상해를 입은 부분에 대한 상해진단서를 발급하고 있으며, 상해의 원인에 대하여는 일반적으로 '환자의 진술에 의함'이라고 기재하므로 의사 B에게는 허위진단서등작성죄 또는 허위공문서작성죄는 성립하지 않는다. 그리고 의사 B가 작성한 진단서가 진실이라면 甲에게는 허위문서작성죄의 간접정범은 성립하지 않으며, 가사 허위의 내용이 있었다 하더라도 甲에게는 정범적격이 인정되지 않아 허위문서작성죄의 간접정범은 성립하지 아니한다.

> • 본 문제에서 출제자는 B가 허위문서를 작성한 경우라고 생각하고 출제했을 가능성도 있어 보인다. 그러나, 허위문서에서의 허위는 객관적 진실에 반하는 경우이므로 사안에서는 허위문서가 되지 않는다고 보아야 할 것이다.

5. 합의금 500만 원을 받은 행위에 대하여

사안에서 甲은 乙에게 폭행을 당하였으므로 어느 정도의 합의금을 요구할 수 있지만, 상해를 입지 않았음에도 불구하고 자상을 하고 이를 폭행행위로 입은 상해라고 기망하여 과다한 합의금을 요구하고 이를 취득하고 있다. 이와 관련하여 판례는 '기망행위를 수단으로 한 권리행사의 경우 그 권리행사에 속하는 행위와 그 수단에 속하는 기망행위를 전체적으로 관찰하여 그와 같은 기망행위가 사회통념상 권리행사의 수단으로서 용인할 수 없는 정도라면 그 권리행사에 속하는 행위는 사기죄를 구성한다'라고 있다. 따라서 사안에서 甲의 행위는 전체적으로 사기죄가 성립하게 된다.

- 본 문제에서 甲의 행위에 대하여 사기죄로 볼 것인지 공갈죄로 볼 것인지가 문제될 수 있다. 그러나 수사기관에의 고소 등이 언급되어 있지 않으므로 사기죄로 답안을 작성한다. 그리고 사기와 공갈이 경합된 경우라고 하더라도 사안의 경우에는 기망으로 보는 것이 보다 합리적이다.

6. 甲의 죄책

甲에게는 사기죄(제347조)가 성립한다.

Ⅱ. 乙의 죄책

1. 甲을 밀어 넘어뜨린 행위에 대하여

(1) 논의점

사안에서 甲은 乙을 A에 대한 성폭행범으로 오인하고 이를 방어하기 위하여 乙을 밀어 넘어뜨렸다. 이러한 甲의 행위는 폭행죄의 구성요건에 해당하지만, 甲은 정당행위에 해당하는 乙의 행위를 A에 대한 부당한 침해로 오인하고 있으므로 위법성조각사유의 전제사실을 착오하고 있다. 이러한 위전착에 빠진 甲의 죄책에 대하여 논의가 있다.

- 위전착이 정면으로 출제된 문제이다. 위전착은 주관적 정당화요소가 들어 온 Welzel의 목적적 범죄체계 이후의 학설만 적어도 그 양이 많으므로 아래에서는 목적적 범죄체계 이후의 학설만을 정리한다.

(2) 견해의 대립

이에 대하여는 ① 행위자가 구성요건적 사실에 대한 인식은 있으나, 자기 행위의 위법성을 인식하지 못한 경우이므로 위법성의 착오로 보는 엄격책임설 ② 사실의 착오는 아니지만, 사실의 착오와의 구조적 유사성이 있으므로 사실의 착오를 유추적용하자는 제한책임설 ③ 소극적 구성요건표지이론에 의하면 위법성조각사유의 전제사실은 소극적 구성요건요소가 되므로 이에 대한 착오를 사실의 착오로 취급하는 소극적 구성요건표지이론 ④ 고의의 이중적 지위를 바탕으로 하여 위법성조각사유의 전제사실의 착오는 구성요건적 고의는 인정되지만 책임고의가 없으므로 과실책임 여부만이 문제 된다는 법효과제한적 책임설이 대립하고 있다.

(3) 판례의 태도

위법성조각사유의 전제사실에 대한 착오에 대한 최근 판례는 피고인이 당시 죄가 되지 않는 것으로 오인한 것에 대해 '정당한 이유'가 있으면 위법성이 조각된다는 취지로 판시하고 있다.

- 위전착에 대한 최근 판례의 태도는 '정당한 이유'가 있으면 위법성이 조각된다는 취지로 판시하고 있으나, 해당 법리 등을 명확하게 밝히고 있지 않으므로 판례의 태도를 단정적으로 답안에 적는 것은 좋지 않다.

(4) 검토 및 사안의 해결

생각건대 현재 일반적으로 확립된 합일태적 범죄체계인 고의의 이중적 지위를 전제로 하고 있는 법효과제한적 책임설이 ① 구체적 타당성 ② 논리적 우수성 ③ 체계적합성 ④ 악의의 공범자의 처벌가능성을 모두 구비하고 있으므로 가장 타당하다. 이러한 법효과제한적 책임설에 따르면 사안에서 乙에게는 폭행죄가 성립하지 않고, 과실폭행죄는 없으므로 무죄가 된다.

2. 신용카드를 사용하고 반환한 행위에 대하여`

사안에서 乙은 C의 신용카드를 몰래 꺼내 사용하고 이를 반환하고 있다. 이러한 경우에 신용카드에 대한 절도죄 성립 여부가 문제 되지만, 판례는 신용카드로 현금을 인출하였다 하더라도 신용카드 자체가 가지는 경제적 가치가 인출된 예금액만큼 소모되었다고 할 수 없어 불법영득의 의사를 인정하지 않고 있다. 따라서 사안에서 乙에게는 신용카드에 대한 절도죄가 성립히지 아니한다.

> • 판례는 타인의 신용카드나 현금카드를 이용하여 현금을 인출한 후 그 카드를 반환한 경우에는 ① 카드가 가지는 특수한 기능가치가 인출된 액수만큼 감소된 것이 아니고 ② 카드의 사용으로 인한 가치의 소모가 무시할 수 있을 정도로 경미하고 ③ 본권을 침해할 의사가 없으므로 불법영득의 의사가 인정되지 않는다는 취지에서 절도죄가 성립되지 않는다고 보고 있다.

3. 예금계좌에서 300만 원을 인출한 행위에 대하여

판례에 의하면 C의 신용카드를 이용하여 예금을 인출한 행위는 절도죄를 구성하므로 乙에게는 절도죄가 성립한다. 그러나 예금을 인출한 행위는 신용카드의 본래적 용법에 따른 사용이 아니므로 신용카드부정사용죄는 성립하지 아니한다.

4. 현금서비스 200만 원을 인출한 행위에 대하여

판례에 의하면 C의 신용카드를 이용하여 현금서비스를 받은 행위는 절도죄를 구성하므로 乙에게는 절도죄가 성립한다. 그리고 이는 신용카드의 본래적 용법에 따른 사용이므로 신용카드부정사용죄가 성립한다.

5. 乙의 죄책

乙에게는 ① 예금인출에 대한 절도죄(제329조) ② 현금서비스에 대한 절도죄(제329조) ③ 여신전문업법상의 신용카드부정사용죄(제70조 제1항 제3호)가 성립하며, 각 죄는 실체적 경합 관계에 있다.

---

2. 만약 乙과 함께 있던 乙의 친구 丙이, 甲이 A에게 접근한 목적과 사정을 알고 있었으면서도 평소 못마땅하게 생각하고 있던 甲을 이번 기회에 혼내주려고 乙에게 "甲이 A를 성폭행하려고 한다."라고 말하면서 乙이 甲을 폭행하도록 부추겼고, 이에 乙이 甲의 행동을 오해하여 甲을 밀어 넘어뜨린 것이라면, 丙의 죄책은? (10점)

> • 위전착에 빠진 자를 이용한 행위자의 죄책을 묻는 문제로서 상당히 난이도가 높은 문제이다. 위전착에 대한 학설을 바탕으로 제한종속의 구비, 정범개념의 우위성을 활용하여 간접정범으로 파악하고, 이와 균형을 맞추기 위해서도 엄격책임설 중 정당한 이유가 없는 경우에 정범배후의 정범이론을 긍정하는 방향으로 답안을 작성하는 것이 바람직하다.

1. 논의점

사안에서 丙은 위전착에 빠진 乙을 이용하여 甲에게 폭행을 가하고 있다. 이러한 丙의 죄책은 乙의 죄책과 관련성이 있으므로 乙의 죄책에 대한 견해대립을 바탕으로 설명한다.

2. 제한책임설과 소극적 구성요건표지이론의 결론에 따른 丙의 죄책

乙은 丙이 공범이 성립되기 위한 제한종속을 구비하지 못하였으므로 乙의 행위를 이용한 丙의 행위는 폭행죄의 간접정범이 성립한다.

3. 법효과제한적 책임설과 엄격책임설의 결론에 따른 丙의 죄책

乙은 丙이 공범이 성립되기 위한 제한종속을 구비하였으나, 정범개념의 우위성에 따라 간접정범여부를 먼저 검토하여야 한다. 사안에서 丙은 乙의 행위를 이용하는 우월적 의사지배를 인정되므로 丙은 간접정범이 성립한다.

4. 엄격책임설을 따를 경우의 문제점

엄격책임설의 견해에 의할 경우에 乙에게 정당한 이유가 있는 경우에는 문제가 없으나, 乙에게 정당한 이유가 없어 처벌되는 경우에는 제34조 제1항과 관련하여 정범배후의 정범이론이 문제될 수 있으나 이는 인정하는 것이 타당하므로 이러한 경우에도 丙은 폭행죄의 간접정범이 성립한다.

---

3. 乙은 甲에 대한 폭행치상의 범죄사실로 기소되어 제1심 법원에서 유죄를 선고받고 항소하였다. 그러나 항소심은 상해의 점은 인정되지 않는다고 판단하고 있다.

(1) 항소심은 직권으로 乙에게 폭행죄로만 유죄를 선고할 수 있는가? (15점)

> • 본 문제는 축소사실에 대하여 공소장변경이 필요하지 않다는 일반론을 적어주는 것도 의미가 있지만, 반의사불벌죄가 아닌 죄에서 반의사불벌죄인 축소사실인 경우에 대한 논의를 적어주는 것이 중요하다.

1. 논의점

사안에서 항소심은 폭행치상죄의 일부인 폭행죄만을 유죄로 선고할 수 있는지 문제 된다. 이와 관련하여 ① 공소장변경이 필요한 사안인지 ② 항소심에서 반의사불벌죄가 아닌 죄에서 반의사불벌죄인 축소사실을 인정할 수 있는지 문제 된다.

2. 공소장변경요부

(1) 공소장변경 요부의 기준에 대하여는 사실의 기재를 비교하여 피고인의 방어권행사에 실질적 불이익이 인정되는 경우에는 공소장변경을 요하지만, 그렇지 않은 경우에는 공소장변경은 불필요하다는 현재 사실기재설로 확립되어 있다.

(2) 이러한 사실기재설에 따르면 사안과 같이 이종 구성요건으로의 변경에는 원칙적으로 공소장변경이 필요하지만, 당 사안처럼 인정되는 사실이 축소사실인 경우에는 피고인의 방어권행사에 불이익을 초래하지 않으므로 공소장변경을 요하지 않는다.

3. 축소사실이 반의사불벌죄인 경우에 대한 논의

사안과 같이 축소사실이 친고죄이거나 반의사불벌죄인 경우에도 법원이 공소장변경없이 유죄판결할 수 있는지에 대하여는 ① 피고인의 방어권 행사방법이 달라지므로 불가능하다는 부정설도 있지만, ② 판례는 피고인의 방어권 행사에 실질적 불이익을 초래할 염려가 없다고 인정되는 때에는 가능하다는 긍정설의 입장이다.

4. 결언 및 사안의 해결

생각건대 축소사실이 반의사불벌죄이더라도 피고인의 방어권행사에 불이익을 초래한다고 볼 수는 없으므로 긍정설이 타당하다. 따라서 사안에서 항소법원은 피고인에게 폭행죄로 유죄판결할 수 있다.

3. (2) 항소심 계속 중에 폭행죄로 공소장이 변경되었고, 그 후 甲이 乙에 대한 처벌을 원치 않는다는 내용의 합의서를 제출한 경우 항소심은 어떠한 판단을 내려야 하는가? (5점)

> • 단일 쟁점의 배점이 큰 문제로 출제되어도 손색이 없는 문제임에도 작은 배점으로 출제되었으므로 간단히 축약하면서 전합의 다수의견에 따라 정리하면 충분하다.

(1) 사안과 같이 반의사불벌죄가 아닌 범죄로 기소되었으나 항소심에서 반의사불벌죄만 인정되는 경우에 항소심에서 처벌불원의 의사표시의 효력을 인정할 수 있는지 문제 된다.

(2) 이에 대하여 대법원 전합의 ① 반대의견은 처벌불원의 의사표시의 효력을 인정하여 공소기각설을 따랐지만, ② 다수의견은 처벌불원의 의사표시의 효력을 인정하지 않아 유죄판결설을 따르고 있다. 이러한 다수의견에 따르면 항소심은 유죄판결을 할 수 있다.

4. 검사는 甲에 대한 구속영장을 청구하였다.

(1) 지방법원판사가 구속영장청구를 기각한 경우 검사가 취할 수 있는 형사소송법상 조치를 논하시오. (10점)

> • 가장 기본적인 쟁점이므로 정확한 조문의 적시와 핵심 키워드 위주로 정리하는 것이 바람직하다.

1. 항고 가능여부

사안의 경우에 검사가 제402조에 의한 항고를 제기할 수 있는지 문제 된다. 그러나 항고는 '수소법원'의 '결정'에 대하여만 할 수 있으며, 영장전담판사의 재판은 수소법원의 결정이 아니므로 이에 대하여 항고로 불복할 수 없다.

2. 준항고의 가능 여부

제416조의 준항고는 수소법원을 전제로 '재판장'과 '수명법관'의 재판에 대한 불복이므로 영장전담판사는 재판장도 수명법관도 아니므로 준항고로 불복할 수 없다.

3. 구속영장의 재청구

항고나 준항고로 불복할 수 없다면 검사는 제201조 제5항에 의한 영장의 재청구로 불복할 수 있다. 따라서 검사는 구속영장을 재청구함에 있어 다시 구속영장을 청구하는 취지 및 이유를 기재하여 재청구함으로써 구속영장기각재판에 대하여 불복할 수 있다.

4. (2) '구속 전 피의자심문'과정에서 甲이 피의사실에 대하여 자백한 내용이 심문조서에 기재되어 있다면 이 조서의 증거능력을 논하시오. (10점)

1. 논의점

사안과 같은 구속전피의자심문조서의 증거능력을 인정할 것인지에 대하여 논의가 있다.

2. 견해의 대립과 판례의 태도

이에 대하여는 ① 영장실질심사제도는 피의자에 대한 신체구속을 위한 절차일 뿐이지 실체진실을 밝히기 위한 절차가 아니므로 피의자의 방어권을 보장하기 위해서는 증거능력을 인정해서는 안 된다는 부정설과 ② 법관에 의해 작성된 조서로서 특히 신빙할 만한 정황에 의하여 작성된 문서로 볼 수 있으므로 제315조 제3호를 적용하여 증거능력을 인정하자는 긍정설이 대립하고 있으며, ③ 판례는 구속전피의자심문조서의 증거능력을 명시적으로 인정한 판례는 없지만, 증거능력을 긍정했다고 볼 수 있다는 평석이 있는 판례가 있다(99도2317).

3. 검토 및 사안의 해결

생각건대 영장실질심사는 실체진실을 밝히는 절차가 아니지만, 수사기관과는 별개 독립의 기관인 법원에 의하여 행하여지며 그 조서에 특신상태를 인정할 수 있으므로 증거능력을 긍정하는 것이 타당하다. 다만, 구속전피의자심문조서는 공판과정에서의 조서는 아니므로 제315조 제3호의 서류로서 증거능력이 인정된다.

(1) 甲은 X주식회사의 대표이사이고 乙은 사채업자이다. 甲이 乙에게 수억 원 대 내기 골프에 필요한 돈을 빌린 후 변제기에 갚지 않자 乙은 위 채무가 甲이 회사와 무관하게 개인적인 용도로 차용한 것임을 잘 알면서도, 甲에게 위 채무담보 목적으로 약속어음을 발행해 줄 것을 요청하였다. 甲이 이를 승낙하여 乙은 위 회사 사무실에서 위 회사 약속어음 용지에 액면금 5억 원, 발행일 등을 기재하고 甲은 수취인을 乙로 기재하고 "X주식회사 대표이사 甲"이라고 새겨진 명판과 법인인감도장을 각각 날인한 후 약속어음을 乙에게 교부하였다. 그런데 위 회사에서 실제로 약속어음금을 지급하거나 손해배상책임을 부담하지는 않았으며 위 약속어음이 제3자에게 유통되지도 아니하였다.

(2) 한편, 위 회사 전무이사인 丙은 국립초등학교에 다니는 딸의 담임교사 A가 평소 딸을 많이 혼내는 것에 불만이 있었는데, 위 초등학교 부근을 걸어가다 도로에 인접한 딸의 교실에서 수업을 하고 있는 A를 보고 화가 나 위 교실 창문을 열고 교실 안으로 얼굴을 들이밀어 큰 소리로 "잘 사는 애들만 대접받는 더러운 세상"이라고 외쳤다. A가 제지하는데도 丙은 약 20분간 계속 크게 소리를 내며 소란을 피워 A는 수업을 중단하였고, 학생들은 더 이상 수업을 받지 못하게 되었다.

(3) 丙은 2017. 1.경 B와 토지 매매계약을 체결한 후 甲과 명의신탁약정을 체결하고 곧바로 甲 명의로 소유권이전등기를 마친 다음 丙 자신이 위 토지를 담보로 대출을 받았음에도 "甲이 임의로 위 토지에 근저당권을 설정하였다."라며 허위로 甲을 경찰에 고소하였다.

(4) 그 후 丙은 위 약속어음 발행 건을 추가 고소하였고, 사법경찰관은 위 회사에서 甲과 乙이 만나 약속어음을 발행하는 상황이 녹화된 CCTV 동영상을 찾아내어 관리자의 동의를 얻어 그 부분의 동영상 파일을 CD에 복사한 후 이를 임의로 제출받아 압수하였는데, 이후 위 회사 CCTV 동영상의 보존기간이 경과하여 원본파일은 삭제되었다.

(5) 위 사건을 송치받은 검사는 甲의 위 내기 골프 사실을 밝혀내고 기존 사건에 도박죄를 병합하여 기소하였다. 甲의 재판에서 丙은 증인으로 출석하여 증언하면서 약속어음 발행 경위에 대한 수사기관에서의 진술을 번복하였다. 이에 검사는 丙을 소환하여 수사기관에서의 진술이 맞다는 내용의 진술조서를 작성하여 이를 추가 증거로 제출하였다. 이후 증인으로 재차 출석한 丙은 수사기관에서의 진술대로 증언하였고, 추가 증거로 제출된 위 진술조서가 자신이 진술한 그대로 기재되어 있음을 인정하였다.

1. 위 (1), (2), (3) 사실관계에서 甲, 乙, 丙의 죄책은? (부동산실권리자명의등기에관한법률위반의 점은 논외로 함) (60점)

2. 위 (4) 사실관계와 관련하여 압수된 위 CD는 증거로 사용할 수 있는가? (15점)

3. 위 (5) 사실관계와 관련하여 법원에 추가 증거로 제출된 丙의 진술조서 및 丙의 증언은 증거로 사용할 수 있는가? (15점)

4. 만일 甲의 위 도박죄에 대하여 유죄판결이 확정되었는데, 검사가 위 도박죄 범행 이전의 내기골프 도박 범행 10회와 위 도박죄 확정판결 이후의 내기골프 도박 범행 3회를 추가 수사한 후 상습도박죄로 기소하고, 공판심리 결과 甲에게 상습성이 인정된 경우 법원이 취할 수 있는 조치는? (10점)

1. 위 (1), (2), (3) 사실관계에서 甲, 乙, 丙의 죄책은? (부동산실권리자명의등기에관한법률위반의 점은 논외로 함) (60점)

• 통문제로서 60점의 배점의 문제이다. 배점을 어떻게 정할 것인지가 문제가 되지만, (1)의 경우에는 최근에 전합판례의 내용과 공범과 신분에 대한 쟁점이 있으므로 30점 정도의 가치가 있어 보이고, (2)의 경우에는 주거침입죄의 고의와 기수시기 및 업무방해죄에 대한 쟁점이 있으므로 20점 정도의 가치가 있어 보이고, (3)의 경우에는 단순기술 형태의 두 개의 쟁점이 있으므로 10점 정도의 가치가 있어 보인다. 따라서 이러한 배점을 기준으로 해설한다.

Ⅰ. (1)에서의 甲의 죄책

1. 배임죄의 실행의 착수 인정 여부

배임죄의 실행의 착수시기는 타인의 사무를 처리하는 자가 배임의 범의로 임무에 위배한 행위를 개시한 때이다. 따라서 사안에서 甲이 대표권을 남용하여 어음을 발행한 때에 실행의 착수가 있다.

2. 배임죄의 기수 인정 여부

사안과 같이 대표이사가 대표권을 남용하여 어음을 발행한 경우에 대하여 최근 전합의 다수의견은 배임죄를 위험범으로 보면서 ① 회사가 민법상 불법행위책임을 부담하게 된 경우나 ② 약속어음이 제3자에게 유통된 경우에는 회사에 위험이 발생하였다고도 보아 배임죄의 기수를 인정하고 있다.

3. 사안의 해결

사안에서는 회사가 손해배상책임을 부담하지 않았으며, 제3자에게도 유통되지 않았으므로 甲은 업무상 배임죄의 미수범(제359조, 제356조)이 성립한다.

Ⅱ. (1)에서의 乙의 죄책

1. 정범인지 공범인지의 구별

사안에서 乙은 甲에게 약속어음 발행을 요청하고 있지만, 이러한 행위만으로는 甲과 동일한 의무위반이 있다거나 규범적 기능적 행위지배가 있다고 보기는 어렵다. 따라서 乙에게는 교사범만이 성립한다.

2. 공범과 신분

(1) 논의점

사안에서 乙은 이중신분범인 甲의 범행에 가담하고 있는 바, 제33조 본문에 따라 단순배임죄의 교사범이 성립함에는 문제가 없지만, 업무상배임죄가 성립할 수 있는지에 대하여는 논의가 있다.

(2) 학설과 판례의 태도

이에 대하여 ① 다수설은 제33조 본문은 구성적 신분인 진정신분범의 공범의 성립과 과형을 규정한 것으로 보고, 제33조 단서는 가감적 신분인 부진정신분범의 공범의 성립과 과형을 규정한 것으로 보고 있지만 ② 판례는 제33조 본문은 진정신분범과 부진정신분범에 대한 공범의 성립 및 진정신분범에 대한 과형을 규정한 것으로 보고, 제33조 단서는 부진정신분범의 과형을 규정한 것으로 보고 있다.

(3) 검토 및 사안의 해결 → 다수설에 따른 결론

생각건대 원칙적으로 범죄의 성립과 처벌은 일치하여야 하므로 제33조 본문은 진정신분범에게 적용되고, 제33조 단서는 부진정신분범에게 적용된다고 보는 다수설의 입장이 타당하다. 이러한 다수설에 따르면 乙에게는 배임미수죄의 교사범(제359조, 제355조 제2항, 제31조 제1항)만이 성립한다.

(4) 검토 및 사안의 해결 → 판례에 따른 결론

생각건대 제33조의 조문의 해석에 충실한 판례의 태도가 타당하다. 이러한 판례의 태도에 따르면 乙은 제33조 본문에 의하여 업무상배임죄의 미수의 교사범(제359조, 제356조, 제31조 제1항)이 성립하지만, 제33조 단서에 따라 배임미수죄의 교사범(제359조, 제355조 제2항, 제31조 제1항)으로 처벌된다.

Ⅲ. (2)에서의 丙의 죄책

1. 주거침입죄의 성립 여부

(1) 주거침입죄의 고의와 실행의 착수

주거침입죄의 고의의 내용에 대하여는 ① 신체의 전부가 들어갈 의사가 필요하다는 전부침입설도 있지만 ② 판례는 신체의 일부만 침입할 의사만 있으면 된다는 일부침입설의 입장이다. 이러한 일부침입설의 입장에 따르면 사안에서 丙에게는 주거침입죄의 고의가 인정된다.

그리고 丙은 교실 창문을 열어 침입을 위한 구체적인 행위를 시작하였으므로 주거침입죄의 실행의 착수가 인정된다.

(2) 주거침입죄의 기수시기와 사안의 해결

주거침입죄의 기수시기에 대하여는 ① 신체기준설도 있지만 ② 판례는 보호법익기준설의 입장이다. 따라서 사안에서 丙의 행위는 교사와 학생들의 사실상 평온을 해하였으므로 주거침입죄의 기수범(제319조 제1항)이 성립한다.

2. 공무집행방해죄의 불성립

사안에서 A는 국립초등학교 교사이므로 丙에게 공무집행방해죄가 성립될 수 있는지 문제 된다. 그러나 丙이 '더러운 세상'이라고 외친 행위는 위력에는 해당할 수 있을지언정 제136조 제1항의 폭행, 협박에 해당하는 행위가 없었으므로 丙에게는 공무집행방해죄는 성립하지 않는다.

3. 업무방해죄의 불성립

(1) A에 대한 업무방해죄

업무방해죄의 업무에 공무가 포함되는지에 대하여 ① 예전 판례는 업무에 공무가 포함된다고 보았으나 ② 최근 전합 판례에서는 공무원이 직무상 수행하는 공무를 방해하는 행위에 대해서는 업무방해죄로 의율할 수는 없다고 하여 업무에 공무가 포함되지 않는 것으로 종래 판례를 변경하였다. 이러한 최근 전합 판례에 따르면 丙에게는 A에 대한 업무방해죄가 성립하지 아니한다.

(2) 학생들의 수업에 대한 업무방해죄

판례에 의하면 초등학생들이 학교에 등교하여 교실에서 수업을 듣는 것은 '직업 기타 사회생활상의 지위에 기하여 계속적으로 종사하는 사무 또는 사업'에 해당하지 않는다고 하고 있다. 따라서 학생들의 수업을 방해한 丙의 행위는 업무방해죄가 성립하지 아니한다.

1. 제3자간 명의신탁의 횡령죄 성립 여부에 대한 판례의 법리

종래 판례에 따르면 횡령죄를 긍정하고 있었으나, 최근 전합 판례는 ① 명의신탁자는 신탁부동산의 소유권을 가지지 아니하고 ② 명의신탁자와 명의수탁자 사이에 위탁신임관계를 인정할 수도 없어 ③ 명의수탁자가 명의신탁자의 재물을 보관하는 자라고 할 수 없으므로 횡령죄의 성립을 부정하고 있다.

2. 무고죄의 성립에 대한 판례의 법리

판례에 의하면 허위의 사실을 신고하였어도 신고한 허위사실 자체가 형사범죄를 구성하지 않아 무고죄가 성립하지 않는다고 하고 있다.

3. 사안의 해결

위와 같은 판례의 법리에 따르면 사안에서 丙이 제3자 명의신탁에서 수탁자인 甲이 횡령죄를 범하였다는 사실의 신고는 허위사실이지만, 허위사실 자체가 형사범죄를 구성하지 않는 경우이므로 丙에게 무고죄는 성립하지 아니한다.

2. 위 (4) 사실관계와 관련하여 압수된 위 CD는 증거로 사용할 수 있는가? (15점)

> • 본 문제는 15점의 배점 문제이지만, 세 가지의 쟁점이 있다. 그중에서도 현장사진은 논의가 있는 쟁점이므로 이 부분을 충실하게 적으면서 나머지 단순기술사항에 대한 것은 간략히 처리하는 것이 바람직하다.

1. 논의점

사안에서 CD의 증거능력과 관련하여 ① 압수의 적법성 ② 현장사진의 증거능력 인정요건 ③ 복사본의 증거능력 인정요건을 검토한다.

2. CD 파일을 제출받은 행위의 적법성

사안에서 사법경찰관은 CCTV 동영상에 대한 관리자의 동의를 얻어 그 부분의 동영상 파일을 CD에 복사한 후 이를 임의로 제출받아 압수하고 있다. 이는 제218조의 보관자에 의한 임의제출물의 압수에 해당하므로 영장없이 압수하였더라도 적법하고, 제218조의 영치는 사후영장을 필요로 하지 않으므로 적법하다.

3. 현장사진의 증거능력

(1) 논의점

사안에서 CCTV 동영상은 범인들의 범행현장이 녹화되어 있으므로 이는 현장사진에 해당한다. 그런데 현장사진의 증거능력에 대하여는 명문규정이 없으므로 증거능력 인정요건에 대하여 논의가 있다.

(2) 견해의 대립과 판례의 태도

이에 대하여는 ① 현장사진은 비진술증거이므로 현장사진의 사건과의 관련성이 자유로운 증명으로 인정되면 증거능력이 인정된다는 비진술증거설 ② 현장사진은 비진술증거이지만 조작가능성이 있으므로 검증조서에 준하여 제312조 제6항을 유추적용하자는 검증조서유추설 ③ 현장사진은 전문법칙의 예외의 요건을 구비한 경우에만 증거능력을 인정해야 한다는 진술증거설이 대립하고 있다. 이에 대해 판례의 태도는 명확하지 않지만, 간통현장을 촬영한 사진과 관련된 판례에서 비진술증거설을 따랐다는 평석이 있다.

(3) 검토 및 사안의 해결

생각건대 현장사진은 현장의 상황을 그대로 수록한 것이므로 원진술자가 체험사실을 외부에 표현하는 진술증거와는 차이가 있다. 또한 CCTV의 관리자의 진술은 검증자의 진술과는 차이가 있으므로 비진술 증거설이 타당하다. 따라서 사건과의 관련성이 증명되면 증거능력이 인정된다.

> • 가능하면 진술증거설은 지양하여야 한다. 진술증거설을 따를 경우에는 제313조 제1항 단성의 '작성자'를 누구로 볼 것인가를 또 적어주어야 하기 때문이다. 따라서 수험생의 입장에서는 검증조서유추설이나 비진술 증거설을 따라가는 것이 바람직하다.

4. 복사본의 증거능력 인정요건

사안에서 CD 파일은 복사본이므로 증거로 사용하기 위해서는 ① CCTV의 녹화 원본이 존재하거나 존재하였을 것 ② CCTV의 녹화 원본의 제출이 불가능하거나 곤란한 사정이 있을 것 ③ CCTV의 녹화 영상과 CD 파일의 영상의 동일하다는 증명이 되어야 한다.

> • 복사본의 증거능력은 출제빈도가 높으므로 증거능력 인정요건 세 가지는 암기해 두는 것이 바람직하다.

5. 결 언

따라서 CD 파일은 CCTV 동영상이 삭제되어 필요성이 인정되므로, CCTV 동영상 파일이 정확하게 복사되었다는 점이 증명되면 증거능력이 인정된다.

3. 위 (5) 사실관계와 관련하여 법원에 추가 증거로 제출된 丙의 진술조서 및 丙의 증언은 증거로 사용할 수 있는가? (15점)

> • 본 문제는 두 가지를 묻고 있다. 번복진술조서의 증거능력에 대하여는 논의가 있는 쟁점이므로 이를 충실하게 적어주는 것이 바람직하며, 이에 대한 결론에 따라 논리일관성을 지켜가면서 증언의 증거능력을 서술하는 것이 바람직하다.

1. 증언 번복진술조서의 증거능력

(1) 논의점

사안과 같이 피고인에게 유리한 증언을 한 증인을 수사기관이 신문하여 증언내용에 대한 번복진술을 받은 경우에 그 증언번복진술조서의 증거능력이 인정될 수 있는지에 대하여 논의가 있다.

(2) 견해의 대립과 판례의 태도

이에 대하여는 ① 증언 이후의 진술조서 작성과정에서 위법함이 개재되지 아니하였다면 제312조 제4항에 의하여 증거능력을 인정하자는 긍정설과 ② 증언을 한 증인을 조사하는 것은 공판중심주의에 반하며 적정절차에 위배하는 수사이므로 증거능력을 부정하자는 부정설이 대립하고 있다. 이에 대해 ③ 판례는 진술번복조서의 증거능력을 원칙적으로 부정하지만, 피고인이 증거로 할 수 있음에 동의하는 경우에는 예외적으로 증거능력을 긍정하고 있다.

(3) 검토 및 사안의 해결

생각건대 피고인에게 유리한 증언을 한 증인을 검사가 별도로 조사하여 진술을 번복시키는 것은 공판중심주의에 어긋나고 적법절차에 위배되는 위법한 수사라고 보아야 하므로 이러한 번복진술조서는 위법수집증거배제법칙에 의하여 증거능력을 부정함이 타당하다. 따라서 사안에서의 丙의 번복진술조서는 증거능력이 없다.

2. 증언의 증거능력

(1) 사안과 같이 한번 증언한 증인이 다시 증인으로 증언하는 것은 증인신문절차의 일반적인 요건을 구비하였다면 이는 진술번복조서와는 독립된 별개의 증거로써 공판중심주의 등에 반하지 않으므로 丙의 증언은 증거능력이 인정된다.

(2) 다만, 증언을 번복하는 수사를 위법수사로 보게 된다면 진술조서는 위법수집증거가 되고 이로 인하여 증언이 독수독과의 이론에 따라 증거능력 여부가 문제될 수 있으나, 법정에서의 진술은 인과관계가 희석 내지 단절된 경우라고 볼 수 있어 증거능력이 인정될 수 있다.

---

4. 만일 甲의 위 도박죄에 대하여 유죄판결이 확정되었는데, 검사가 위 도박죄 범행 이전의 내기골프 도박 범행 10회와 위 도박죄 확정판결 이후의 내기골프 도박 범행 3회를 추가 수사한 후 상습도박죄로 기소하고, 공판심리 결과 甲에게 상습성이 인정된 경우 법원이 취할 수 있는 조치는? (10점)

> • 본 문제는 비교적 쉬운 쟁점이라고 볼 수 있지만, 일반론적인 견해 대립을 적어주는 것 보다 학설과 판례의 태도에 따라 사안을 포섭하면서 적어주는 것이 바람직하다.

1. 논의점

사안과 같이 포괄일죄의 일부 범죄가 포괄일죄를 범하는 과정 중에 기본 구성요건의 범죄로 기소되어 확정된 경우에 나머지 포괄일죄에 대하여 기판력이 인정되는지에 대하여 논의가 있다.

2. 학설과 판례의 태도

이에 대하여 ① 다수설은 기본 구성요건의 범죄에 대한 확정판결도 기판력이 인정되므로 포괄일죄는 분리되어 확정판결 이전의 범죄에 대하여는 기판력이 미치므로 면소판결을 선고하고, 확정판결 이후의 범죄에 대하여는 실체판결을 선고해야 한다고 보고 있으나, ② 판례는 확정판결의 기판력이 미치는 범위는 확정된 사건 자체의 범죄사실과 죄명을 기준으로 정하는 것이 원칙이므로 포괄일죄의 일부가 기본 구성요건의 범죄로 확정되었다면 그 기판력은 나머지 포괄일죄에 미치지 않아 확정판결 전후의 범죄를 하나의 포괄일죄로 보아 실체판결을 할 수 있다고 보고 있다.

> • 학설과 판례를 적용한 결과를 견해의 대립으로 작성한 것이다.

3. 검토 및 사안의 해결

생각건대 단순도박죄와 상습도박죄는 형량에서도 큰 차이가 있으므로 단순도박죄의 기판력은 상습도박죄에 미치지 않는다고 보는 것이 타당하다. 따라서 사안의 경우에 법원은 확정판결 전후의 나머지 도박사실 전부에 대한 상습도박죄의 유죄판결을 하여야 한다.

甲이 乙에게 채무변제를 독촉하면서 "너 혼자 몰래 A의 집에 들어가 A 소유의 도자기를 훔쳐 이를 팔아서 나에게 변제하라."라고 말하였다. 이를 승낙한 乙은 혼자 범행을 하는 것이 두려운 나머지 甲에게는 알리지 않은 채 친구 丙과 함께 A의 도자기를 훔치기로 공모하였다. 범행이 발각될 것이 두려웠던 甲은 乙에게 전화하여 범행 단념을 권유하였으나, 乙은 甲의 제안을 단호히 거절하였고 2018. 6. 20. 10 : 00경 丙과 함께 A의 집에 도착하였다. 丙은 A의 집 앞에서 망을 보고, 곧바로 乙은 A의 집에 들어가 A의 도자기를 훔친 후 丙과 함께 도주하였다. 그 후 乙은 B를 기망하여 도자기를 1억 원에 판매하고 자신의 몫 5,000만 원을 은행에 별도 계좌를 개설하여 예금해 두었다가 며칠 후 그 전액을 수표로 인출하여 그 정을 알고 있는 甲에게 채무변제금 명목으로 지급하였다.

사건을 수사하던 사법경찰관 P는 2018. 6. 27. 22 : 00경 乙을 카페에서 적법하게 긴급체포한 직후, 乙이 자신의 노트북 컴퓨터로 작업하던 위 범행 관련 문서를 발견하고 노트북 컴퓨터를 그 자리에서 영장 없이 압수하였다. 그 후 P는 경찰서로 연행된 乙로부터 도자기 판매대금이 예치되었던 예금통장이 乙의 집에 있다는 임의의 자백을 듣고, 가족이 이를 훼손할 염려가 있는 등 긴급히 그 예금통장을 압수할 필요가 있다고 판단하였다. P는 2018. 6. 28. 01 : 00경 압수수색영장 없이 乙의 집에 들어가 그 집을 지키던 乙의 배우자를 집 밖으로 나가게 한 채 집을 수색하여 예금통장을 압수하고 나서 즉시 노트북 컴퓨터와 예금통장에 대하여 압수수색영장을 발부받았다.

이러한 상황에서 乙의 배우자는 乙과 상의 없이 전직 경찰관 丁에게 "이 돈을 P에게 전달하여 남편의 일을 잘 무마해 달라."라고 하며 3,000만 원을 건네주었고, 丁은 그 돈 전부를 P에게 전달하였다.

한편 乙의 체포사실을 알아차린 丙은 바로 형사처분을 면할 목적으로 6개월 동안 필리핀으로 도피하였다가 귀국하였다.

1. 甲, 乙, 丙, 丁의 죄책은? (60점)

2. P가 압수한 예금통장과 노트북 컴퓨터로부터 취득한 정보의 증거능력은 인정되는가? (20점)

3. '도자기 절취행위'에 대한 乙, 丙의 공소시효 완성일은 언제인가? (10점)

4. 만약, 乙이 A의 도자기를 훔친 사실(제1사실)과 B에게 도자기를 판매한 사실(제2사실)로 각각 기소되어 제1사실에 대해서는 징역 1년, 제2사실에 대해서는 징역 10월을 선고받고 乙만 각 판결에 대하여 항소하였고, 항소심이 비로소 병합심리한 후 이를 경합범으로 처단하면서 乙에게 징역 1년 10월을 선고하였다면 이 선고는 적법한가? (10점)

1. 甲, 乙, 丙, 丁의 죄책은? (60점)

Ⅰ. 도자기 절취행위에 대한 乙과 丙의 죄책

- 본 문제는 乙과 丙이 같이 주거에 들어가 절도를 한 것이 아니므로 폭처법 제2조 제2항에 해당하는지에 대하여 논의가 있을 수 있으나, 전체 배점을 고려하여 간단히 처리한다.

1. 주거침입의 점에 대하여

먼저 乙은 낮에 A의 집에 들어갔으므로 주거침입죄가 성립한다. 그리고 丙은 A의 집 앞에서 망을 보아주어 주거침입을 공동으로 하고 있으므로 乙과 丙에게는 폭력행위등처벌에관한법률 제2조 제2항의 공동주거침입죄가 성립한다.

2. 합동절도죄의 성립

사안에서 乙과 丙이 도자기를 절취한 행위에 대하여는 형법 제331조 제2항의 합동절도범의 성부가 문제된다. 합동범의 본질에 대하여는 ① 공모공동정범설 ② 가중된 공동정범설 ③ 현장설 ④ 현장적 공동정범설이 대립하고 있지만, ⑤ 판례는 합동범의 성립요건에 대하여 '주관적 요건으로서의 공모와 객관적 요건으로서의 실행행위의 분담이 있어야 하고, 그 실행행위는 시간적으로나 장소적으로 협동관계에 있다고 볼 정도에 이르면 된다'라고 하여 현장설을 따르고 있다. 사안에서 乙과 丙은 절도를 공모하고, 乙은 절취를 하고 丙은 망을 본 것은 시간·장소적 협동관계가 인정되므로 乙과 丙은 합동절도죄가 성립한다.

3. 乙과 丙의 죄책

사안에서 乙과 丙의 죄책은 ① 폭처법위반(주거침입)죄(폭처법 제2조 제2항 제1호)와 ② 형법상의 합동절도죄(제331조 제2항, 제1항)가 성립하며 양자는 실체적 경합 관계에 있다.

Ⅱ. 도자기 매도 후 채무변제한 부분의 乙의 죄책

1. 도자기를 매도한 부분의 죄책

사안에서 乙은 절취한 A의 도자기를 B를 기망하여 1억 원에 판매하고 있다. 재산범죄에 의하여 취득한 재물을 제3자에게 양도하는 경우에 제3자에게 선의취득이 인정되는 경우에는 제3자에 대한 관계에서는 범죄가 성립하지 않는다. 그러나 민법 제250조에 의하여 선의취득이 제한되는 도품과 유실물을 마치 자기의 소유인 것처럼 하여 제3자에게 매도한 경우에 제3자는 2년 동안은 선의취득을 하지 못하므로 제3자에 대한 사기죄가 성립하게 된다. 사안에서는 2년 내의 기간에 도자기를 매도한 것이므로 B는 선의취득을 하지 못하여 乙에게는 사기죄(제347조)가 성립한다.

2. 도자기 판매대금을 甲에게 변제한 부분의 죄책

사안에서 乙은 사기죄의 정범이 되므로 별도의 장물죄는 성립하지 않는다.

Ⅲ. 甲이 교사한 부분의 죄책

1. 甲의 가담형태

甲은 乙에게 A의 집에 들어가 도자기를 훔쳐 팔아서 채무를 변제하라고 한 것만으로 기능적 행위지배가 인정되지 않으므로 甲에게는 교사범만 성립한다.

2. 교사에서의 이탈 문제

(1) 사안에서 甲은 乙에게 범행들을 교사하였으나, 乙이 실행의 착수하기 전에 乙에게 전화하여 범행을 단념하기를 권유하고 있다. 이러한 경우에 甲에게 교사에서의 이탈이 인정될 수 있는지 문제 된다.

(2) 판례에 의하면 교사범이 그 공범관계로부터 이탈하기 위해서는 피교사자가 범죄의 실행행위에 나아가기 전에 교사범에 의하여 형성된 피교사자의 범죄 실행의 결의를 해소하는 것이 필요하다.

(3) 그런데 사안에서 甲은 乙의 범죄 실행의 결의를 해소하지 못하고 있다. 따라서 甲에게는 교사에서의 이탈은 인정되지 않는다.

3. 교사의 착오

(1) 사안에서 甲은 乙에게 주거침입과 절도 및 사기를 교사하고 있다. 그런데 주거침입죄와 사기죄의 교사범이 성립하는 것은 문제가 없지만, 乙은 丙과 합동절도를 범하고 있으므로 교사의 착오가 문제 된다.

(2) 이러한 교사의 착오는 추상적 사실의 착오 중에서 양적인 착오이다. 따라서 甲이 乙에게 절도를 교사한 경우에는 제31조 제2항에 따라 절도의 예비죄 성립이 가능하지만, 절도는 예비를 처벌하지 않으므로 불가벌이다. 그리고 乙이 합동절도의 불법을 범하였지만, 甲의 책임은 절도에 불과하므로 甲은 절도죄의 교사범만 성립하게 된다.

4. 甲의 죄책

甲은 주거침입죄(제319조 제1항)와 절도죄(제329조) 및 사기죄(제347조 제1항)의 교사범이 성립하고 각 범죄는 실체적 경합 관계에 있다.

Ⅳ. 甲이 채무를 변제받은 부분의 죄책

1. 논의점

사안에서 甲은 乙이 절취한 도자기를 판매하여 얻은 돈을 예금했다가 인출한 수표로 채무를 변제받고 있다. 이러한 경우에 甲은 절도죄나 사기죄의 정범이 아니므로 장물취득죄가 성립할 수 있는지 문제 된다.

2. 환전통화의 장물성

대체장물은 장물이 아님이 원칙이다. 그러나 예외적으로 통화를 다른 종류의 통화로 교환하거나 또는 수표를 통화로 교환한 경우의 환전통화도 장물성이 인정되는지에 대하여 논의가 있다. 이에 대하여 판례는 '인출된 현금은 당초의 현금과 물리적인 동일성은 상실되었지만 액수에 의하여 표시되는 금전적 가치에는 아무런 변동이 없으므로 장물로서의 성질은 그대로 유지된다'라고 하여 긍정설의 입장이다. 따라서 이러한 판례의 태도에 따르면 甲이 변제받은 수표는 장물성이 인정된다.

3. 장물취득죄의 성립

사안에서 甲은 乙의 절도와 사기범행을 알면서 이를 취득하고 있으므로 甲에게는 장물취득죄(제362조 제1항)가 성립한다.

Ⅴ. 丁의 죄책

丁은 乙이 P에게 증뢰하는 금전이라는 것은 알면서 이를 받아 3,000만 원을 P에게 전달하고 있다. 이러한 丁의 행위는 그 정을 알면서 금품을 교부받음으로써 증뢰물전달죄가 성립한다. 그리고 丁이 그 교부받은 금품을 수뢰할 사람에게 전달하였다고 하여 증뢰물전달죄 외에 별도로 뇌물공여죄가 성립하는 것은 아니다. 따라서 丁에게는 증뢰물전달죄(제133조 제2항)만 성립한다.

2. P가 압수한 예금통장과 노트북 컴퓨터로부터 취득한 정보의 증거능력은 인정되는가? (20점)

I. 예금통장에 대한 증거능력

> • 본 문제는 요급처분의 특례를 위주로 적어주면 충분할 것으로 보인다.

1. 논의점

사안에서 P는 乙을 적법하게 긴급체포한 후에 乙의 집을 수색·압수하면서 증거물인 예금통장을 압수하고 있다. 그런데 사안에서는 제217조 제1항의 요건은 구비하였지만, 제217조는 요급처분의 특례가 인정되지 않으므로 압수·수색의 절차가 준수되었는지 문제 된다.

2. 책임자 참여의 미준수

형사소송법 제123조 제2항에 따르면 주거주 등의 책임자를 참여시켜야 하지만, 사안에서는 乙의 집을 지키고 있던 乙의 배우자를 집 밖으로 나가게 한 채 압수를 하고 있다. 따라서 책임자를 참여시키지 않았으므로 위법한 압수이다.

3. 야간압수제한의 미준수

형사소송법 제125조에 의하면 야간압수는 원칙적으로 허용되지 아니한다. 사안에서는 야간인 01 : 00에 예금통장에 대한 압수를 하고 있으므로 위법한 압수이다.

4. 사안의 해결

사안에서 사후영장을 받았으므로 야간압수의 제한에 대하여는 치유 여부가 문제될 수 있으나, 책임자의 참여의 불비는 치유가 인정되지 않으므로 예금통장은 증거능력이 없다.

II. 노트북 컴퓨터로부터 취득한 정보

> • 본 문제는 제106조 제3항과 제4항 등의 조문을 활용하면서 사안을 포섭하는 것이 바람직하다. 그리고 사안에서는 노트북에서 정보를 추출하는 과정에 대한 언급이 없으므로 이를 적절히 언급하는 것이 바람직하다.

1. 논의점

사안에서 사법경찰관 P는 정보 자체만을 압수하는 것이 아니라 정보저장매체인 노트북 컴퓨터를 압수하고 있다. 이러한 노트북 컴퓨터의 압수와 기타 절차의 위법 부분만을 검토한다.

2. 노트북 압수의 적법성

사안에서 P는 적법하게 카페에서 乙을 적법하게 긴급체포하면서 작성 중인 문서를 발견하고 노트북 전체를 압수하고 있다. 이러한 정보저장매체의 압수의 경우에는 제106조 제3항에서 범위를 정하여 출력 또는 복제하는 방법이 불가능하거나 압수의 목적을 달성하기에 현저히 곤란하다고 인정되는 때에 해당한다고 할 수 없다. 왜냐하면, 긴급체포를 하는 경우에는 乙을 경찰서 등으로 데려갔을 때 경찰서 등에서 해당 정보만을 압수할 수 있기 때문이다. 따라서 노트북 압수는 적법하지 않다.

3. 기타 압수절차의 미준수

정보를 압수한 경우에는 제106조 제4항에 따라 개인정보 보호법 제2조 제3호에 따른 통지의무, 저장매체압수의 경우에는 저장매체에서 정보를 복사하는 과정 등에서 당사자나 변호인의 계속적인 참여권의 보장, 복사대상 전자정보 목록의 작성·교부 등의 절차가 준수되어야 한다. 사안에서는 이에 대한 언급이 없으므로 위법한 압수가 된다.

4. 사안의 해결

사안에서의 정보는 위법하게 수집한 증거이므로 증거능력이 없다. 그리고 사후에 영장을 발부받았더라도 이에 대한 하자는 치유되지 않는다.

---

3. '도자기 절취행위'에 대한 乙, 丙의 공소시효 완성일은 언제인가? (10점)

> • 공소시효를 계산하는 문제는 평소에 조문을 기억하지 못하면 의외로 많은 시간이 소요되므로 평소에 기본적인 중요 조문은 암기를 해 두는 것이 바람직하다.

1. 공소시효의 기산점

2018. 6. 20. 10 : 00 경에 범행을 종료하였고, 공소시효의 경우에는 제66조 제1항에 의하여 초일을 산입하므로 2018. 6. 20.이 기산점이 된다.

2. 공소시효기간

형법 제331조 제2항의 합동절도죄는 1년 이상 10년 이하의 징역이므로 형사소송법 제249조 제1항 제3호에 의하여 10년이 된다.

3. 공소시효의 정지

丙은 乙의 체포사실을 알고 형사처분을 면할 목적으로 6개월 동안 필리핀으로 도피하였다 귀국하였으므로 형사소송법 제253조 제3항에 의하여 6개월간은 공소시효가 정지된다. 그러나 이러한 丙의 공소시효 정지는 乙에게는 영향을 미치지 않는다.

4. 공소시효의 완성일

乙은 범행 종료시부터 10년이 경과한 2028. 6. 19. 24 : 00에 공소시효가 완성되고, 丙은 공소시효정지기간인 6개월이 더해져 2028. 12. 19. 24 : 00에 공소시효가 완성된다.

4. 만약, 乙이 A의 도자기를 훔친 사실(제1사실)과 B에게 도자기를 판매한 사실(제2사실)로 각각 기소되어 제1사실에 대해서는 징역 1년, 제2사실에 대해서는 징역 10월을 선고받고 乙만 각 판결에 대하여 항소하였고, 항소심이 비로소 병합심리한 후 이를 경합범으로 처단하면서 乙에게 징역 1년 10월을 선고하였다면 이 선고는 적법한가? (10점)

> • 선택형 문제로 출제될 수 있는 주제가 사례문제로 출제되었다. 항소심에서 사건이 병합된 경우에 각각의 죄에 대하여는 불이익변경금지원칙이 적용되지 않지만, 불이익변경금지원칙의 취지상 전체 형량을 초과해서는 안된다는 점을 적시하면서 사안을 포섭하면 된다.

1. 논의점

사안에서 각각의 판결에 대하여 피고인인 乙만 항소하였으므로 원칙적으로 불이익변경금지의 원칙이 적용되어야 한다. 그러나 사안과 같이 두 사건이 병합된 경우에도 불변금이 적용되는지 문제 된다.

2. 사건의 병합과 불이익변경금지의 원칙

(1) 상소심에서 상소한 사건과 다른 사건이 병합된 경우에는 원칙적으로 불이익변경금지의 원칙은 적용되지 않는다. 따라서 피고인만 항소한 각각의 사건이 항소심에서 병합된 경우에는 각각의 사건보다 무거운 형을 선고하는 것은 가능하다.

(2) 그러나 불이익변경금지의 취지상 항소심에서 병합된 각각의 사건의 형량을 합한 전체적인 형량이 과중해서는 안된다.

3. 사안의 해결

사안과 같이 제1사실에 대하여 징역 1년, 제2사실에 대하여 징역 10월이 각각 선고되고, 이에 대하여 피고인만 항소하여 항소심에서 두 사건이 병합되어 각각의 형보다 더 중한 징역 1년 10월이 선고되더라도 이는 불변금에 저촉되지 않는다. 그리고 항소심에서 징역 1년 10월을 선고한 것은 각각의 형량을 합한 것보다 전체적으로 중하지 않으므로 항소심의 판결은 적법하다.

甲과 乙은 보이스피싱으로 돈을 마련하기로 공모했다. 이에 따라 甲은 A에게 전화하여 "검찰청 수사관이다. 당신 명의의 계좌가 범죄에 이용되어 그 계좌에 곧 돈이 들어올 것이다. 그 돈을 포함해서 계좌에 있는 돈 전액을 인출해서 검찰청 앞으로 와라."라고 말했다. 乙은 B에게 전화하여 "서초경찰서 경찰이다. 당신의 개인정보가 유출되었으니 계좌에 있는 돈을 안전한 계좌로 옮겨야 한다."라고 말하면서 A 명의의 계좌번호를 알려주었다. B는 A 명의의 계좌로 1,000만 원을 이체했고, A는 그 1,000만 원을 포함해서 자신의 계좌에 있던 전액 1,500만 원을 인출한 다음 甲에게 교부했다.

甲과 乙은 범행으로 취득한 1,500만 원의 배분 문제로 甲의 아파트 거실에서 다투다가 몸싸움을 하게 되었는데, 왜소한 체격의 甲이 힘이 센 乙에게 밀리자 주방에 있던 식칼로 乙을 찌르려고 하기에 乙은 甲으로부터 그 식칼을 빼앗아 甲의 목을 찌른 후 그 식칼을 가지고 도주하였다. 甲의 처 丙은 귀가하여 거실에서 많은 피를 흘리며 쓰러져 있는 甲을 발견하고 죽을 수도 있다고 생각했지만 평소 자신을 지속적으로 구타해 온 甲이 차라리 죽었으면 좋겠다는 생각에 그대로 두고 나가버렸다. 이후 사법경찰관 P1은 乙을 적법하게 체포하면서 乙로부터 위 식칼을 임의로 제출받아 압수하였고 사후에 영장을 발부받지는 않았다. 그리고 P1은 乙과 함께 현장검증을 실시하여 혈흔이 남아 있는 범행현장을 사진으로 촬영하였고, 乙이 "식칼로 甲의 목을 찔렀다."라고 진술하면서 범행을 재연하는 상황도 사진으로 촬영한 후, 이를 첨부하여 위 진술내용이 기재된 검증조서를 작성하였다.

병원으로 후송되어 치료를 받고 퇴원한 甲은 丁에게 乙을 살해할 것을 부탁하였고 이를 승낙한 丁은 C를 乙로 오인하고 C를 자동차로 들이받았으나 6주의 상해를 가하는 데에 그쳤다. 신고를 받고 출동한 사법경찰관 P2가 丁을 적법하게 체포하여 그 인적사항을 확인하자 丁은 자신의 친형 D의 운전면허증을 제시하였고, 丁은 피의자신문을 받은 후 P2가 작성한 피의자신문조서를 교부받아 열람하고 그 조서 말미에 D 명의로 서명날인한 다음 P2에게 건네주었다.

1. 甲, 乙, 丙, 丁의 죄책은? (55점)

2. 공판과정에서 검사는 위 식칼을 乙에 대한 유죄의 증거로 제출하였는데, 乙은 이를 증거로 함에 부동의하였다. 위 식칼을 乙에 대한 유죄의 증거로 사용할 수 있는가? (10점)

3. 공판과정에서 검사가 위 검증조서를 乙에 대한 유죄의 증거로 제출하였는데, 乙이 이를 증거로 함에 부동의하였다면, 위 검증조서에 첨부된 현장사진과 범행재연사진 및 乙의 자백 기재 진술을 증거로 사용할 수 있는가? (15점)

4. 공판과정에서 검사가 甲과 乙이 함께 행한 보이스피싱 범행에 대하여 乙의 자백 진술이 기재된 P1 작성의 乙에 대한 피의자신문조서를 甲에 대한 유죄의 증거로 제출하였고 甲이 이를 증거로 함에 부동의하였는데 乙이 교통사고로 사망하였다면 위 피의자신문조서를 甲에 대한 유죄의 증거로 사용할 수 있는가? (10점)

5. 만일, P1이 위 사실관계에서와는 달리 乙을 체포하지 않고 임의동행을 요구하며 "동행을 거부할 수도 있지만 거부하더라도 강제로 연행할 수 있다."라고 말하므로 乙이 명시적으로 거부의사를 표시하지 않고 P1을 따라 경찰서에 도착하여 범행을 자백하는 진술서를 작성하였고 그 과정에서 P1이 화장실에 가는 乙을 감시하였다면, 위 진술서의 증거능력을 인정할 수 있는가? (10점)

1. 甲, 乙, 丙, 丁의 죄책은? (55점)

Ⅰ. 보이스피싱 관련 甲과 乙의 죄책

> · B의 1,000만 원 부분에서 간접정범이 성립한다는 점을 명확히 밝히고, 판례의 취지를 살리기 위해서는
> 1,000만 원 부분을 A와 B로 나누어 설명하는 것이 바람직하다.

1. 甲과 乙의 가담 형태

甲과 乙은 보이스 피싱 사기 범행을 공모하고, 공동의사에 기한 기능적 행위지배가 인정되므로 사기죄의 공동정범이 성립한다.

2. B의 1,000만 원에 대한 사기죄의 기수시기와 간접정범의 공동정범

일반적으로 전기통신금융사기의 범인이 피해자를 기망하여 피해자의 자금을 사기이용계좌로 송금·이체받으면 사기죄는 기수에 이르지만, 사안의 경우에는 A계좌에 대하여는 甲과 乙이 접근할 수 없으므로 A에 의한 교부가 있을 때 기수가 된다. 그리고 범행과정에서 甲과 乙은 A를 도구로 이용하고 있으므로 甲과 乙은 사기죄의 간접정범의 공동정범이 된다.

3. A의 500만 원에 대한 사기죄의 공동정범

A의 500만 원에 대하여는 사기죄의 성립요건인 ① 기망 ② 착오 ③ 처분행위 ④ 기망과 착오 및 처분행위 사이에 인과관계 등이 구비되었으므로 甲과 乙은 사기죄의 공동정범이 된다.

4. A의 1,000만 원에 대한 사기죄 불성립

A에게 B의 돈 1,000만 원을 인출하여 교부하도록 한 행위에 대하여 A에 대한 사기죄가 성립할 수 있는지가 문제 되지만, 판례에 의하면 간접정범을 통한 사기범행에서의 도구로만 이용된 피이용자에 대한 사기죄는 성립하지 않는다고 하므로 A에 대한 1,000만 원 부분은 별도의 사기죄가 성립하지 않는다.

5. 甲과 乙의 죄책과 죄수 문제

甲과 乙은 A와 B 각각의 법익을 침해하였으므로 사기죄 공동정범(제347조 제1항, 제30조)의 수죄가 되지만, 사회관념상 1개의 행위로 평가되므로 상상적 경합 관계에 있다.

Ⅱ. 甲의 집에서의 甲과 乙 및 丙의 죄책

1. 몸싸움을 한 부분에 대한 甲과 乙의 죄책

몸싸움을 한 부분에 대하여는 甲과 乙은 각각 폭행죄(제260조 제1항)가 성립한다. 그리고 싸움의 경우에는 ① 상호간의 침해를 유발한 것이며 ② 일방만이 위법한 침해라고 할 수 없고 ③ 방위의사가 아닌 공격의사를 가지고 있으므로 정당방위는 인정되지 아니한다.

2. 甲의 살인미수 - 식칼로 乙을 찌르려고 한 행위

甲은 식칼을 휴대하고 乙을 찌르려고 한 점에 대하여 고의의 내용이 문제 되지만, 격정범의 경우에도 살인고의를 인정할 수 있으며 식칼을 들고 다가가려고 할 때 실행의 착수가 있으므로 甲에게는 살인미수죄(제254조, 제250조 제1항)가 성립한다.

- 사안 포섭에 따라 고의를 특수상해 등으로 볼 수도 있지만, 낫을 들고 다가서려고 한 경우에 살인죄의 미수를 인정한 판례를 활용하기 위해 간명하게 살인의 고의를 인정하는 것으로 해설한다.

3. 乙의 죄책

- 乙의 죄책에 대하여는 가능하면 사안을 세분하여 설명하는 것이 바람직하다. 그리고 甲의 목을 찌르는 행위에 대하여 위법성조각사유의 한계의 착오 등을 논의할 수도 있겠으나, 본 문제의 전체적인 배점 등을 고려하여 간명하게 처리한다.

(1) 칼을 빼앗은 부분에 대한 죄책

싸움의 경우에는 원칙적으로 정당방위가 성립하지 않지만, 예외적으로 싸움도중에 일방이 당연히 예상할 수 있는 정도를 초과한 경우에는 이에 대하여 정당방위가 가능하므로 칼을 빼앗은 행위가 폭행에 해당하더라도 정당방위가 성립하여 범죄가 되지 아니한다.

(2) 甲의 목을 칼로 찌른 행위에 대한 죄책

乙이 빼앗은 식칼로 甲의 목을 찌른 행위는 살인고의를 인정할 수 있지만, 甲의 사망의 결과가 발행하지 않았으므로 살인미수죄의 구성요건에 해당한다. 그리고 정당방위 여부가 문제 되지만, 甲의 칼을 빼앗았을 때 이미 현재의 부당한 침해상황이 종료되었으므로 정당방위는 성립하지 않는다. 따라서 甲은 살인미수죄(제254조, 제250조 제1항)가 성립한다.

(3) 乙의 식칼에 대한 절도죄 성부

사안에서 식칼은 甲의 소유이다. 이러한 甲의 소유물인 식칼을 가지고 간 것은 절도죄(제329조)가 성립한다.

4. 丙의 죄책

(1) 부작위범의 성립여부

丙에게 부작위범의 성립을 인정하기 위해서는 보증인적 지위가 인정되어야 한다. 사안에서 ① 甲이 많은 피를 흘려 생명이 위험한 상황이 있고 ② 丙은 甲의 부인으로써 작위의무가 인정되고 ③ 119신고 등으로 병원으로 이송할 수 있는 개별적 행위가능성이 있다는 점에서 보증인적 지위가 인정된다.

(2) 고의와 실행의 착수

丙은 甲이 차라리 죽었으면 좋겠다는 살인고의가 있으므로 부작위에 의한 살인죄가 성립할 수 있다. 그리고 결과가 발생하지 않았으므로 실행의 착수 여부가 문제 되지만, 丙의 부작위로 甲의 생명에 대한 위험이 증대되었으므로 실행의 착수도 인정된다.

(3) 정범과 공범의 구별 및 사안의 해결

丙의 부작위가 정범인지 공범인지 문제 되지만, 乙의 범행이 종료된 이후에 새로이 가담한 것이므로 정범성이 인정된다. 사안에서 甲은 사망하지 않았으므로 살인죄의 미수범(제254조, 제250조 제1항)이 성립한다.

- 작위범에 부작위범이 가담한 경우 부작위범의 범죄 태양은 ① 작위범의 실행 행위에 대하여 의사의 연락이 있으면 공동정범이 성립하고 ② 작위범의 실행 행위에 대하여 의사의 연락이 없으면 방조범이 성립하고 ③ 작위범의 범행 이후에 가담하는 경우에는 단독범이 된다. 따라서 본 문제를 살인죄의 방조범으로 보는

> 것은 문제가 있다. 乙의 행위가 미수이기는 하지만 이미 종료된 상태이고, 丙은 乙의 범행에 대한 인식이 없어 어떠한 범행의 방조인지 특정할 수 없으므로 독자적인 살인죄의 미수범으로 보는 것이 바람직하다.

Ⅲ. 甲의 교사 이후의 甲과 丁의 죄책

1. 丁의 죄책

(1) C를 상해 입힌 부분의 죄책

丁이 C를 乙로 오인하고 살해하려고 한 것은 구체적 사실의 착오 중 객체의 착오에 해당하므로 어떠한 부합설에 따르더라도 丁에게는 C에 대한 살인미수죄(제254조, 제250조 제1항)가 성립한다.

(2) 친형의 운전면허증을 제시한 행위의 죄책

丁이 친형 D의 운전면허증을 경찰관에게 제시한 점에 대하여는 운전면허증을 신분확인용으로 제시한 것이 용도 내의 사용인지 문제 된다. 예전 판례는 용도 외의 사용으로 보아 공문서부정행사죄의 성립을 인정하지 않았지만, 2001년의 전합 판례에서는 운전면허증에 동일인 증명기능이 있다고 보아 공문서부정행사죄를 인정하였다. 따라서 丁은 공문서부정행사죄(제230조)가 성립한다.

(3) 피의자신문조서에 서명하고 건네 준 행위의 죄책

丁이 사경작성의 피신조서에 D 명의로 서명날인을 한 것은 사서명위조죄(제239조 제1항)가 성립하고, 이를 경찰관에게 건네준 것은 위조사서명행사죄(제239조 제2항)가 성립한다.

2. 甲의 죄책

(1) 甲의 가담 형태

甲은 丁에게 乙을 살해하라고 부탁한 것만으로는 기능적 행위지배가 인정되지 않으므로 甲에게는 교사범만 성립한다.

(2) 착오의 형태

정범인 丁이 살인죄의 구체적 사실의 착오 중 객체의 착오를 범했으나, 미수에 그쳐 상해만 입힌 경우에 구체적 사실의 착오로 보는 것이 타당하다. 그리고 丁이 C를 乙로 착오한 점에 대하여는 방법의 착오로 보는 것이 타당하다.

(3) 법정적 부합설의 입장

법정적 부합설의 입장에서는 구체적 사실의 착오인 이상 객체의 착오이던 방법의 착오이던 발생사실에 대한 고의를 인정하게 되므로 甲의 죄책은 발생사실인 C에 대한 살인미수죄의 교사범이 성립하게 된다.

(4) 구체적 부합설의 입장

구체적 부합설의 입장에서는 ① 의도한 사실에 대한 교사범만 인정하는 견해 ② 의도한 사실에 대한 교사범과 발생사실에 대한 과실범을 인정하자는 견해 ③ 발생사실에 대한 교사범만 인정하자는 견해 등이 대립하고 있다.

(5) 사안의 해결

생각건대 부합설 중 일반인의 법감정에 충실한 법정적 부합설이 타당하며, 이에 의하면 사안을 구체적 사실의 착오로 보는 한 甲에게는 발생사실인 C에 대한 살인미수죄의 교사범(제254조, 제250조 제1항, 제31조 제1항)이 성립한다.

2. 공판과정에서 검사는 위 식칼을 乙에 대한 유죄의 증거로 제출하였는데, 乙은 이를 증거로 함에 부동의하였다. 위 식칼을 乙에 대한 유죄의 증거로 사용할 수 있는가? (10점)

1. 논의점

사안에서 사법경찰관 P1은 乙을 적법하게 체포하면서 乙로부터 범행에 쓰인 식칼을 임의제출 받고 있다. 이러한 식칼의 증거능력이 있는지에 대하여는 ① 체포과정에서 영치를 할 수 있는지 ② 위법한 소지자도 임의제출을 할 수 있는지 문제 된다.

2. 체포과정에서의 영치의 적법 여부

체포과정에서 영장없는 압수를 하는 경우에 제216조 제1항 제2호에 의한 압수 이외에 제218조에 의한 영치가 가능한지 문제 된다. 이에 대하여는 ① 영장주의를 강조하고 인권침해의 소지를 방지하기 위하여 부정하는 부정설도 있지만, ② 판례는 체포과정에서 소지자 등이 임의로 제출하는 물건에 대한 영치가 가능하다고 보는 긍정설의 입장이다. 생각건대 임의로 제출하는 경우까지 허용되지 않는다고 볼 이유는 없으므로 긍정설이 타당하며, 이러한 긍정설에 따르면 위의 식칼은 영치의 대상이 된다.

3. 위법소지자의 임의제출의 적법 여부 및 사안의 해결

사안에서 비록 식칼에 대한 乙의 소지가 위법하지만, 임의제출의 경우에는 반드시 적법한 권리자일 필요가 없으므로 乙이 임의제출한 식칼은 증거로 할 수 있다. 그리고 영치의 경우에는 사후에 영장을 받을 필요가 없으므로 사후영장을 받지 않았어도 식칼은 증거능력이 인정된다.

3. 공판과정에서 검사가 위 검증조서를 乙에 대한 유죄의 증거로 제출하였는데, 乙이 이를 증거로 함에 부동의하였다면, 위 검증조서에 첨부된 현장사진과 범행재연사진 및 乙의 자백 기재 진술을 증거로 사용할 수 있는가? (15점)

1. 혈흔이 남아 있는 범행현장사진의 증거능력

사안에서 범행현장을 찍은 사진은 형사소송법 제49조 제2항의 '검증조서에는 검증목적물의 현상을 명확하게 하기 위하여 도화나 사진을 첨부할 수 있다'는 규정에 의거한 것이며, 이는 검증조서와 일체가 되므로 검증조서가 증거능력이 인정되면 증거능력이 인정될 수 있다. 따라서 검증조서의 증거능력 인정요건인 제312조 제6항에 따라 ① 적법한 절차와 방식을 구비하고 ② 작성자의 진술에 의해 성립의 진정을 증명되면 증거능력이 인정될 수 있다.

> • 검증조서에 첨부하는 범행현장사진과 범행하는 현장을 촬영한 현장사진을 잘 구별하여야 할 것이다. 전자는 범행 후의 현장을 촬영한 것이고, 후자는 범행하는 현장을 촬영한 것이기 때문이다.

2. 乙의 범행재연사진과 乙의 자백 기재 진술

> • 乙의 범행재연사진과 乙의 자백 기재 진술이 동일하게 취급된다는 점을 밝히면서 한꺼번에 정리하는 것이 바람직하다.

(1) 범행재연사진과 乙의 자백의 관계

乙의 범행재연사진은 진술로서의 사진이므로 乙의 자백진술과 동일하게 취급될 수 있다. 그런데 진술서적인 성격인 검증조서에 이러한 참여인의 진술이 기재된 경우에 어떠한 요건하에 그 증거능력이 인정될 수 있는지에 대하여 논의가 있다.

(2) 검증조서에 기재된 참여인의 진술의 증거능력

검증조서에 참여인의 진술이 기재된 경우에 증거능력 인정요건에 대하여는 견해가 대립하고 있으나, 다수설과 판례는 현장지시와 현장진술을 구별하여 현장지시는 검증조서와 일체를 이룬다고 보아 제312조 제6항에 따라 증거능력을 인정하고, 현장진술은 검증조서의 작성주체와 진술자에 따라 제312조 내지 제313조를 적용하여 증거능력을 인정하자는 구별설을 따르고 있으며 타당하다.

(3) 사안의 해결

乙의 범행재연 장면을 촬영한 사진과 乙의 자백 진술은 피의자의 현장진술이므로 이는 실질적으로 검사 이외의 수사기관 작성의 피의자신문조서에 해당한다. 따라서 사진과 진술이 증거능력이 인정되기 위해서는 제312조 제3항에 따라 ① 적법한 절차와 방식 ② 乙의 내용인정의 요건을 구비하면 증거능력이 인정될 수 있다. 그러나 사안에서 乙은 내용을 부인하는 취지로 부동의하고 있으므로 증거능력이 없다.

> **4. 공판과정에서 검사가 甲과 乙이 함께 행한 보이스피싱 범행에 대하여 乙의 자백 진술이 기재된 P1 작성의 乙에 대한 피의자신문조서를 甲에 대한 유죄의 증거로 제출하였고 甲이 이를 증거로 함에 부동의하였는데 乙이 교통사고로 사망하였다면 위 피의자신문조서를 甲에 대한 유죄의 증거로 사용할 수 있는가? (10점)**

1. 논의점

사안과 같이 다수설과 판례의 입장에 따라 甲에 의하여 내용이 부인되어 증거능력이 없는 乙의 사경작성 피신조서가 제314조의 적용대상이 될 수 있는지에 대하여 논의가 있다.

2. 견해의 대립과 판례의 태도

이에 대하여는 ① 실체적 진실의 발견을 위해 제314조의 요건을 구비하였다면 증거능력을 인정하자는 적용긍정설도 있지만 ② 다수설과 판례는 제314조를 적용하게 되면 제312조 제3항의 입법취지를 무시하게 되므로 증거능력을 인정할 수 없다는 적용부정설의 입장이다.

3. 검토 및 사안의 해결

생각건대 제312조 제3항은 검사 이외의 수사기관의 위법수사를 억지하기 위한 정책적 규정이라는 점을 고려하면 제314조도 적용할 수 없다는 적용부정설이 타당하다. 따라서 사안에서 甲이 내용을 부인하는 취지로 부동의하고 있으므로 증거능력이 없다.

5. 만일, P1이 위 사실관계에서와는 달리 乙을 체포하지 않고 임의동행을 요구하며 "동행을 거부할 수도 있지만 거부하더라도 강제로 연행할 수 있다."라고 말하므로 乙이 명시적으로 거부의사를 표시하지 않고 P1을 따라 경찰서에 도착하여 범행을 자백하는 진술서를 작성하였고 그 과정에서 P1이 화장실에 가는 乙을 감시하였다면, 위 진술서의 증거능력을 인정할 수 있는가? (10점)

> • 본 문제는 임의동행의 위법성을 밝히고, 하자의 승계로 위법수집증거임을 밝히면 된다. 임의동행의 적법성을 인정받기 위한 판례의 태도를 정확히 기술하는 것이 고득점의 관건이 될 것이다.

1. 논의점

사안에서 乙의 진술서는 제312조 제5항에 의해 제312조 제3항의 요건을 구비하여야 그 증거능력이 인정될 수 있다. 그러나 그 전제로서 위법수집증거가 아니어야 한다.

2. 임의동행의 적법성

임의동행이 임의수사로서 허용되는지에 대하여 논의가 있지만, 판례는 '임의동행이 오로지 피의자의 자발적인 의사에 의하여 수사관서 등에의 동행이 이루어졌음이 객관적인 사정에 의하여 명백하게 입증된 경우에 한하여 적법성이 인정된다'고 하여 임의수사로서의 임의동행을 엄격한 요건하에 긍정하고 있다. 그런데 사안에서는 '강제로 연행할 수 있다'라고 협박조로 말하며 임의동행이 이루어졌고, 계속 감시하였다는 점에서 임의동행은 적법하지 않다.

3. 하자의 승계로 인한 위법수집증거

사안에서 임의동행이 적법하지 않다면 이러한 과정에서 수집된 진술서도 영장주의를 위배한 중대한 위법이 있는 상태에서 수집한 증거이므로 위법수집증거에 해당하여 증거능력이 없다고 보아야 한다. 판례도 위법한 긴급체포 중에 작성한 피신조서에 대하여 이와 동일한 취지로 판시하고 있다. 따라서 乙의 진술서는 위법수집증거로 증거능력이 없다.

(1) 고등학교 체육교사인 甲이 학생 A와 B가 말다툼을 하는 것을 발견하고 다가가 훈계하자 A가 "이 아저씨는 누군데 간섭이야!"라고 말했고 화가 난 甲은 A에게 10여 명의 학생이 지켜보는 가운데 "배워먹지 못한, 이 싸가지 없는 것, 망할 년"이라고 소리를 지르며, 들고 있던 종이 수첩으로 A의 머리를 때렸다. 그 후 A의 아버지 C는 甲을 경찰에 고소하고 학교장에게 甲의 파면을 요구하였고, 甲은 결국 사직서를 제출하였다.

(2) 甲은 친구 乙, 丙에게 이러한 사정을 말하고 "C만 나대지 않았어도 일이 이렇게 되지는 않았을 것이다." 라고 울분을 토로한 후 乙과 丙에게 "학교 앞에서 귀금속 판매점을 운영하고 있는 C를 찾아가 며칠간 입원해야 할 정도로 혼내주었으면 좋겠다."라고 부탁하였다. 사실 乙은 C와 원한관계에 있었고 건강한 C가 남들이 모르는 특이한 심장병을 앓고 있는 것을 알고 있었기 때문에 이 기회에 C가 죽었으면 좋겠다고 생각하여 위 부탁을 받아들였고, 이러한 사실을 알지 못하는 丙도 수락하였다.

(3) 甲은 범행 당일 아침 乙에게 전화를 걸어 "어제는 술김에 화가 나서 그런 말을 한 것이니까 C에 대한 일은 없었던 것으로 해라."라고 말하였지만 이 기회를 놓칠 수 없다고 판단한 乙은 甲에게 거절의사를 분명히 하였다. 당일 오후경 乙은 귀금속 판매점 밖에서 망을 보고 丙은 안으로 들어가서 C를 향해 주먹을 휘두르는 순간 심장이 약한 C가 느닷없이 쓰러졌다. 예상하지 못한 일에 당황한 丙은 C가 사망한 것으로 생각하였다.

(4) 밖으로 뛰어나온 丙이 乙에게 "큰일났다, 도망가자."라고 말하면서 급히 현장을 떠나자, 확인을 위해 판매점 안으로 들어간 乙이 기절하여 축 늘어져 있는 C를 보고 사망한 것으로 오인하여 사체은닉의 목적으로 C를 인근야산에 매장하였다. 그런데 C는 부검결과, 매장으로 인한 질식사로 판명되었다.

1. (1)에서 甲의 죄책은? (15점)

2. (2), (3), (4)에서 甲, 乙, 丙의 죄책은? (45점)

3. 영장에 의해 구속된 丙이 피의자신문을 위한 경찰의 출석요구에 불응하자, 경찰은 유치장에 있던 丙을 경찰서 조사실로 강제로 구인한 후, 진술거부권을 고지하고 신문하였다. 경찰의 丙에 대한 피의자신문은 적법한가? (10점)

4. 기소의견으로 검찰에 송치된 丙을 신문한 검사가 "만약 수사에 협조하고 자백하면 당신(丙)은 처벌받지 않도록 하겠다."라고 하자, 丙은 검사의 말을 믿고 범행일체를 자백하였고 검사는 이를 조서로 작성한 후, 甲, 乙, 丙 모두를 공범으로 기소하였다. 丙이 그 후 공판기일에서 범행을 뉘우치고 자백한 경우 丙에 대한 피의자신문조서와 법정자백을 각각 甲, 乙, 丙의 유죄 인정의 증거로 사용할 수 있는가? (20점)

5. 제1심법원이 丙에 대하여 징역 1년을 선고하자, 丙은 항소하려고 담당 교도관에게 항소장 용지를 요청하였는데, 교도관이 착오로 상소권포기서 용지를 제공하였다. 丙은 용지를 확인해 보지도 않고 서명·제출하여 결국 항소포기가 확정되었다. 丙의 항소포기는 유효한가? (10점)

1. (1)에서 甲의 죄책은? (15점)

> • 본 문제는 甲의 행위의 구성요건해당성을 밝히고, 위법성이 조각되는지를 검토하는 문제이다. 조금은 단순한 문제이므로 각죄의 개념을 설명하면서 구성요건해당성을 밝히고, 위법성조각과 관련해서는 정당행위 중 징계행위를 검토하는 것이 바람직하다.

1. 구성요건 해당성 평가

(1) 욕설을 한 행위에 대한 평가

모욕죄는 공연히 사람을 모욕함으로써 성립하는 범죄이다. 사안에서 甲은 다수인 10여 명의 학생이 지켜보는 가운데 A에게 추상적인 경멸의 표현을 하였으므로 모욕죄의 구성요건에 해당한다.

(2) 종이 수첩으로 때린 행위에 대한 평가

폭행죄는 사람의 신체에 대한 직접적인 유형력을 행사하는 범죄이다. 사안에서 甲은 종이 수첩으로 A의 머리를 때렸으므로 폭행죄의 구성요건에 해당한다. 그리고 종이 수첩이 위험한 물건에 해당하는지가 문제 되지만, 종이 수첩만으로는 A에게 생명 또는 신체에 대한 위험을 느낄 수 있는 정도는 아니므로 단순폭행죄의 구성요건 해당성만 인정된다.

> • 특수폭행죄의 해당 여부도 검토하여 주는 것이 바람직하다.

2. 위법성조각사유의 검토

사안에서 고등학교 교사인 甲은 학생들을 훈계를 하는 과정에서 모욕과 폭행을 하였으므로 정당행위에 해당하여 위법성이 조각될 수 있는지 문제 된다. 그러나 법령에 의한 징계행위가 되기 위하여는 ① 충분한 징계사유가 존재하고 ② 교육의 의사로 ③ 교육목적에 필요한 정도여야 한다. 그런데 사안에서는 甲은 교육의 의사라기 보다는 화가 난 상태에서 이러한 행위를 하고 있고, 욕설을 하는 것은 필요한 정도를 초과한 것이므로 위법성이 조각되지 않는다.

3. 결 언

사안에서 甲에게는 제311조의 모욕죄와 제260조 제1항의 폭행죄가 성립하며, 양자는 실체적 경합 관계에 있다. 그리고 모욕죄는 제312조 제1항에 의하여 친고죄이지만, 사안에서는 A의 아버지 C의 고소가 있었으므로 모욕죄도 처벌이 가능하다.

> • 모욕죄의 친고죄 부분은 검토하여 주면 가점사항이 될 수 있을 것이다.

2. (2), (3), (4)에서 甲, 乙, 丙의 죄책은? (45점)

> • 본 문제는 통문제로 상당히 어려운 문제라고 평가할 수 있다. 본서에서는 기본적으로 정범과 공범 순으로 설명하되, 출제자가 (2), (3), (4)에서 甲, 乙, 丙의 죄책을 묻고 있으므로 (3), (4)부분은 조금 단락적으로 답안을 작성한다.

Ⅰ. (3)에서의 乙과 丙의 죄책

1. 공동주거침입죄의 성립

사안에서 丙은 C의 귀금속 가게에 상해를 목적으로 들어가고 있는바, 丙의 행위가 주거침입죄에 해당하는지 문제 된다. 이에 대하여 ① 예전의 판례는 범죄를 목적으로 관리자의 추정적 의사에 반하여 들어갔다면 주거침입죄가 성립한다고 보았지만, ② 최근 전합 판례에서는 주거침입죄의 보호법익은 사실상의 평온이므로 영업주의 승낙을 받아 통상적인 방법으로 들어간 경우에는 주거침입죄의 성립을 부정하고 있다. 이러한 변경된 판례의 입장에 따르면 丙에게는 주거침입죄가 성립하지 않으며, 따라서 乙과 丙에게는 폭처법상의 공동주거침입죄는 성립하지 않는다.

2. 공동상해죄의 성립

(1) 공동상해의 성립 여부

사안에서 丙은 C에 대한 상해의 고의만 있었지만, 乙은 C의 특이체질을 알면서 C가 죽었으면 좋겠다고 생각하고 있다. 이러한 경우 乙과 丙에게 상해죄의 공동정범이 성립할 수 있는지 문제가 되지만, 사안에서 乙은 기본적으로 상해를 공동으로 하면서 C의 사망을 희망하는 것이므로 상해죄의 공동정범이 성립한다. 그리고 乙과 丙은 공동하여 상해를 범하고 있으므로 공동주거침입죄에서의 동일한 논리에 의하면 폭처법상의 공동상해죄가 성립할 수 있다.

> • 본 문제에서 乙은 살인의 고의로 丙은 상해의 고의를 가지고 있다. 이러한 경우에 어느 범위까지 공동정범이 성립할 수 있는지에 대하여는 범죄공동설과 행위공동설 등의 대립이 있다. 범죄공동설에 의하면 乙과 丙의 고의가 같지 않으므로 공동정범이 성립하지 않고, 행위공동설에 의하면 큰 범죄인 살인죄의 공동정범이 성립하게 된다. 그러나 범죄공동설에 의하며 공동정범의 성립범위가 너무 좁아지는 문제점이 있고, 행위공동설의 입장에서는 공동정범의 성립범위가 너무 넓어지는 문제점이 있으므로 중첩되는 부분까지만 공동정범을 인정하는 부분적 범죄공동설 등이 주장되고 있다. 따라서 사안에서는 중첩되는 부분까지 공동정범을 인정하는 부분적 범죄공동설의 입장에 따라 답안을 작성한다.

(2) 기절은 상해에 해당

사안에서 丙이 주먹을 휘두르는 순간 심장이 약한 C가 느닷없이 쓰러져 기절하였으므로 상해가 발생한 것인지 문제 된다. 이러한 기절이 상해에 해당하는지가 문제 되지만, 판례에 의하면 실신한 경우에는 외부적으로 어떤 상처가 발생하지 않았다고 하더라도 생리적 기능에 훼손을 입어 신체에 대한 상해가 있었다고 봄이 상당하다고 하고 있으므로 상해가 인정된다.

(3) 비유형적 인과관계의 판단

사안에서 丙이 주먹을 휘두르는 순간 맞지도 않은 C가 심장이 약하여 기절하였으므로 이러한 비유형적인과관계의 경우에도 인과관계가 인정될 수 있는지가 문제 되지만, 판례에 의하면 통상 예견가능 여부에 따라 인과관계를 판단한다. 사안에서 丙은 C는 건강한 체구를 하고 있어 심장이 약한 C가 느닷없이 쓰러져 사망한다는 것은 예견할 수 없었다고 하더라도 갑작스런 폭행으로 기절할 수 있는 정도는 예견가능하므로 乙과 丙에게는 공동상해기수죄가 성립한다.

> • 사안의 포섭 여하에 따라서는 공동상해미수를 인정할 수도 있을 것이다. - 사안에서 丙은 C는 건강한 체구를 하고 있어 심장이 약한 C가 느닷없이 쓰러진다는 것은 예견할 수 없었으므로 乙과 丙에게는 공동상해미수죄가 성립한다.

Ⅱ. (4)에서의 乙의 죄책

1. 논의점

사안에서 乙은 丙과 C를 상해하려고 하면서도 심장이 약한 C가 사망하기를 바라고 있다. 따라서 乙에게는 상해의 고의를 초과한 살인의 고의가 인정된다. 그리고 이러한 살인의 실행의 착수는 공동상해행위를 시작한 때이다. 그런데 사안에서는 공동상해행위의 이후에 乙의 독자적인 제2의 행위에 의하여 C가 사망하고 있다. 이러한 경우에 乙에게 살인죄의 기수를 인정할 것인지 문제 된다.

> • 丙은 살인의 고의가 없으므로 살인죄의 공범이 성립하지 않으며, 乙의 독자적인 제2의 행위에 대한 의사의 연락이 없으므로 C의 사망에 대하여는 죄책을 부담하지 않는다.

2. 견해의 대립

개괄적 고의 사례의 해결에 대하여는 ① 제1행위와 제2행위를 하나의 행위로 보아 전체행위를 지배하는 개괄적 고의를 인정하여 고의기수범을 인정하자는 개괄적 고의설 ② 1행위와 제2행위를 분리하여 미수범과 과실범의 실체적 경합이 성립하는 것으로 보아야 한다는 미수와 과실의 경합설 ③ 객관적 귀속이론으로 해결하여 제2행위가 죄적인멸을 위한 전형적 행위인지 여부로 판단해야 한다는 객관적 귀속설 ④ 인과관계의 착오 문제로 보아 그 착오가 본질적인 것인지 비본질적인 것인지에 따라 구별하여 해결하는 인과관계착오설 등이 대립하고 있다.

3. 판례의 태도

판례는 소위 '배우자 희롱 사건'에서 '피해자가 피고인들의 살해의 의도로 행한 구타행위에 의하여 직접 사망한 것이 아니라 죄적을 인멸할 목적으로 행한 매장행위에 의하여 사망하게 되었다 하더라도 전과정을 개괄적으로 보면 피해자의 살해라는 처음에 예견된 사실이 결국은 실현된 것으로서 피고인들은 살인죄의 죄책을 면할 수 없다'라고 하여 개괄적 고의를 인정하고 있다.

4. 검토 및 사안의 해결

생각건대 개괄적 고의사례에서의 제2의 행위는 일반적으로 제1의 행위를 할 때 예견된 경우이므로 일반인의 법감정에 충실하기 위하여 개괄적 고의를 긍정하는 개괄적 고의설이 타당하다. 이러한 개괄적 고의설에 의하면 乙의 죄책은 C에 대한 살인죄의 기수범의 구성요건에 해당한다. 그리고 丙과의 공동상해행위는 살인죄에 흡수된다.

Ⅲ. 甲의 죄책

1. 공동주거침입과 공동상해 교사의 성립

사안에서 甲은 乙과 丙에게 C에게 찾아가 C를 혼내주라고 부탁하였으므로 공동주거침입과 공동상해의 교사범이 성립한다.

2. 교사에서의 이탈 불성립

(1) 사안에서 甲은 乙과 丙에게 범행들을 교사하였으나, 乙과 丙이 실행의 착수하기 전에 乙에게 전화하여 범행을 단념하기를 권유하고 있다. 이러한 경우에 甲에게 교사에서의 이탈이 인정될 수 있는지 문제 된다.

(2) 판례에 의하면 교사범이 그 공범관계로부터 이탈하기 위해서는 피교사자가 범죄의 실행행위에 나아가기 전에 교사범에 의하여 형성된 피교사자의 범죄 실행의 결의를 해소하는 것이 필요하다. 그런데 사안에서

甲은 乙의 범죄 실행의 결의를 해소하지 못하고 있다. 따라서 甲에게는 교사에서의 이탈은 인정되지 않는다.

3. 상해치사의 교사범 불성립과 공동상해교사죄의 성립

사안에서 C가 사망하였으므로 甲에게 상해치사의 교사범의 성립이 문제 되지만, 甲에게는 사망에 대한 예견가능성이 없으므로 상해치사죄의 교사범은 성립하지 않는다. 따라서 甲에게는 공동상해죄의 교사범만 성립한다.

4. 결 언

甲에게는 공동주거침입죄의 교사범과 공동상해죄의 교사범이 성립하며, 양자는 실체적 경합 관계에 있다.

---

3. 영장에 의해 구속된 丙이 피의자신문을 위한 경찰의 출석요구에 불응하자, 경찰은 유치장에 있던 丙을 경찰서 조사실로 강제로 구인한 후, 진술거부권을 고지하고 신문하였다. 경찰의 丙에 대한 피의자신문은 적법한가? (10점)

> • 2016년 변호사시험 기출문제와 동일한 문제이다.

1. 논의점

사안에서 경찰의 丙에 대한 피의자신문이 적법하기 위하여는 구속되어 있는 丙을 조사실로 강제로 구인한 것이 적법하여야 한다. 이와 같이 구속되어 있는 피의자가 소환에 불응하는 경우에 구속영장의 효력으로 피의자를 조사실로 구인할 수 있는지에 대하여 논의가 있다.

2. 견해의 대립과 판례의 태도

이에 대하여는 ① 구속은 공판정의 출석과 형집행을 확보하기 위한 강제수단일 뿐이므로 구속영장의 효력으로 피의자를 조사실로 구인할 수 없다는 부정설 ② 구속영장의 효력은 공판정의 출석 이외에도 수사기관의 적절한 조사도 예정하고 있으므로 피의자를 조사실로 구인할 수 있다는 긍정설이 대립하고 있다. ③ 판례는 구속영장의 효력으로 피의자를 조사실로 구인할 수 있다고 보아 긍정설의 입장이다.

3. 검토 및 사안의 해결

생각건대 구속은 형사절차의 진행을 확보하기 위한 것이며, 이러한 형사절차에는 수사절차도 포함된다고 보아야 하므로 긍정설이 타당하다. 따라서 사안에서 경찰의 丙에 대한 피의자신문은 적법하다.

---

4. 기소의견으로 검찰에 송치된 丙을 신문한 검사가 "만약 수사에 협조하고 자백하면 당신(丙)은 처벌받지 않도록 하겠다."라고 하자, 丙은 검사의 말을 믿고 범행일체를 자백하였고 검사는 이를 조서로 작성한 후, 甲, 乙, 丙 모두를 공범으로 기소하였다. 丙이 그 후 공판기일에서 범행을 뉘우치고 자백한 경우 丙에 대한 피의자신문조서와 법정자백을 각각 甲, 乙, 丙의 유죄 인정의 증거로 사용할 수 있는가? (20점)

> • 본 문제에서는 丙에 대한 피의자신문조서와 법정자백을 각각 甲, 乙, 丙의 유죄 인정의 증거로 사용할 수 있는
> 지를 묻고 있으므로 각 증거들을 진술자인 丙에 대한 증거능력과 甲, 乙에 대한 증거능력으로 나누어 검토하
> 는 것이 중요하다.

I. 피의자신문조서의 증거능력

1. 丙에 대한 증거능력

(1) 사안에서 검사는 丙에게 자백하면 처벌받지 않겠다는 약속을 하여 자백을 받아내고 이를 피신조서에 기재하고 있다. 이러한 丙의 자백이 자백배제법칙에 해당하여 증거능력이 인정되는지 문제 된다.

(2) 약속에 의한 자백이란 자백을 하면 그 대가로 일정한 이익을 제공하겠다고 약속하고 자백을 획득하는 경우를 말한다. 이익의 제공 약속은 자백에 영향을 미치는 적합한 것이어야 하며, 약속은 구체적이고 특수한 것임을 요한다. 사안에서 자백하면 처벌받지 않겠다고 약속한 것은 자백에 영향을 미치는 구체적이고 특수한 것이므로 약속에 의한 자백에 해당하여 丙의 피신조서는 丙에게 증거능력이 인정되지 않는다.

> • '약속에 의한 자백'은 결론은 누구나 알지만, 실제 내용 있는 답안을 적기는 어렵다. 따라서 위의 내용 정도는
> 암기해 두었다가 활용하는 것이 바람직하다.

2. 甲과 乙에 대한 증거능력

사안에서 丙의 피신조서는 丙에 대한 위법수집증거로서 증거능력이 인정되지 않는다. 이러한 위법수집증거가 위법수사를 당한 사람이 아닌 甲과 乙에게는 증거능력이 인정될 수 있는지의 문제가 당사자적격이론으로 논의되고 있다. 그러나 다수설과 판례는 위수증은 절대적으로 증거능력이 없으므로 당사자적격이론을 부정하고 있다. 이러한 부정설에 따르면 丙의 피신조서는 甲과 乙에 대하여도 증거능력이 없다.

> • 당사자적격이론이란 위법수집증거배제법칙의 적용 범위를 위법수사를 당한 사람에게만 적용하자는 이론
> 을 말한다.

II. 공판정에서의 자백의 증거능력

1. 丙에 대한 증거능력

(1) 사안에서 丙의 법정자백은 검찰에서 위법하게 수집한 자백을 바탕으로 하여 파생된 것이므로 독수독과의 이론에 따라 그 증거능력이 인정되지 않는 것이 원칙이다. 그러나 판례는 1차증거의 모든 수집과정 및 2차증거의 수집과정의 제반 모든 사정을 참작하여 인과관계의 희석 또는 단절 여부를 중심으로 독수독과이론의 예외를 인정하고 있다.

(2) 사안에서의 丙의 법정자백은 법정에서 적법한 진술거부권이 고지되었고, 丙이 뉘우치고 자백하였으므로 검찰에서의 자백과의 인과관계가 단절되었다고 보여지므로 법정자백은 증거능력이 인정된다.

> • 독수독과 이론의 예외에 대한 판례의 태도는 암기해 두는 것이 바람직하다.

2. 甲과 乙에 대한 증거능력

丙의 법정자백이 공범자인 甲과 乙에게 증거능력이 인정될 수 있는지가 문제 되지만, 판례에 의하면 丙은 甲과 乙에 대하여 증인적격이 인정되지 않으며, 丙의 법정진술에 대하여는 甲과 乙의 반대신문권이 보

장되어 있다고 보아 증거능력을 인정하고 있다. 이러한 판례의 입장에 따르면 丙의 자백은 甲과 乙에게 증거능력이 인정된다.

---

5. 제1심법원이 丙에 대하여 징역 1년을 선고하자, 丙은 항소하려고 담당 교도관에게 항소장 용지를 요청하였는데, 교도관이 착오로 상소권포기서 용지를 제공하였다. 丙은 용지를 확인해 보지도 않고 서명·제출하여 결국 항소포기가 확정되었다. 丙의 항소포기는 유효한가? (10점)

> • 본 문제는 절차형성 소송행위에 대하여 무효를 인정할 수 있는지에 대한 문제이다. 10점 배점의 문제이므로 학설의 입장도 서술하는 것이 바람직하며, 판례 사안이므로 결론도 틀리지 않도록 주의하여야 한다.

1. 논의점

사안과 같이 丙이 착오에 의한 하자있는 소송행위를 한 경우에 사후에 이를 취소하여 무효화시킬 수 있는지에 대하여 논의가 있다.

2. 견해의 대립

이에 대하여는 ① 소송절차의 형식적 확실성을 위하여 의사표시의 하자는 무효원인이 되지 않는다는 효력긍정설 ② 원칙적으로 유효하지만, 착오가 본인의 귀책사유에 기인하지 아니한 경우에는 무효가 된다는 귀책사유설 ③ 원칙적으로 유효하지만, 예외적으로 소송행위가 적정절차원칙에 위반하여 이루어진 경우에는 무효로 될 수 있다는 적정절차설 등이 대립하고 있다.

3. 판 례

판례는 귀책사유설을 따르고 있으며, 사안과 유사한 사안에서는 '교도관이 내어 주는 상소권포기서를 항소장으로 잘못 믿은 나머지 이를 확인하여 보지도 않고 서명무인하였다는 점에 있어서는 재항고인에게 과실이 없다고 보기는 어렵고, 따라서 재항고인의 항소포기는 유효하다'라고 하여 항소포기의 소송행위의 효력을 긍정하고 있다.

4. 검 토

생각건대 소송행위의 형식적 확실성이라는 공익과 피고인의 이익과 정의라는 사익의 조화를 이루는 귀책사유설이 타당하다. 그리고 유사한 사안의 판례의 태도에 따르면 사안에서는 丙에게 귀책사유가 인정되므로 丙의 항소포기는 유효하다.

(1) A사립학교법인 이사장 甲은 학교에서 발생한 폭력문제가 언론에 보도되는 등 학교운영에 어려움을 겪자 A사립학교법인의 임원 변경 방식을 통하여 학교의 운영권을 타인에게 넘기기로 마음먹었다. 이를 전해들은 乙은 甲에게 연락하여 A사립학교법인의 운영권을 5억 원에 양도하고 자기를 A사립학교법인 이사장으로 선임해 줄 것을 부탁하였다. 乙은 자신이 이사장으로 선임된 이후 甲에게 5억 원을 이체하기로 하였다. 乙은 이사장으로 선임된 직후 B로부터 A사립학교법인의 교직원으로 채용해 달라는 부탁을 받고 그 대가로 1억 원을 교부받았다.

(2) 乙은 운영권 양수 대금인 5억 원을 甲의 계좌로 이체하려다가 착각하여 丙의 계좌로 잘못 이체하였다. 자신의 계좌에 乙의 명의로 5억 원이 이체된 것을 확인하고 돌려주려는 丙에게 친구인 丁은 아무런 근거 없이 "乙이 착오로 너에게 입금한 것이 분명해. 그 돈을 다른 계좌로 이체해도 아무런 문제가 생기지 않을 테니, 우선 내 계좌로 이체해."라고 말하였다. 丙은 丁의 말을 듣고 막연히 괜찮을 것이라 생각하고 5억 원을 丁의 계좌로 이체하였다.

(3) 한편 甲은 乙이 B로부터 교직원 채용의 대가로 1억 원을 받았다는 사실을 알고 그중 5,000만 원을 자신에게 이체할 것을 乙에게 요구하면서 '5,000만 원을 주지 않으면 부정채용으로 경찰에 고발하겠다'는 문자를 일주일 동안 수십 차례 보냈다. 문자를 받고 겁을 먹은 乙은 甲에게 5,000만 원을 이체하였다.

1. 가. (1)에서 甲, 乙의 죄책은? (15점)

   나. (2)에서 丙, 丁의 죄책은? (25점)

   다. (3)에서 甲의 죄책은? (15점)

2. 검사는 (3)의 범죄사실에 대해 甲을 기소하였다. 만약 제1심 공판 진행 중에 乙이 甲의 문자 내용에 겁을 먹은 것이 아니라 甲을 불쌍하게 여겨 5,000만 원을 이체한 것으로 밝혀졌다면 법원이 취해야 할 조치는? (15점)

3. (2)와 관련하여 수사 및 공판 단계에서 지속적으로 丙은 범죄를 인정하고 丁은 부인하는 경우, 丙과 丁이 함께 기소된 공판정에서 丙에 대한 사법경찰관 작성의 피의자신문조서와 검사 작성의 피의자신문조서를 丁의 유죄를 인정하기 위한 증거로 사용할 수 있는가? (15점)

4. B는 乙의 유죄를 인정하는 검찰에서의 진술을 번복하여 제1심 공판에서 乙에게 1억 원을 교부한 바 없다고 증언하였다(1차 증언). 이에 검찰이 B를 다시 소환하여 조사하자 1차 증언을 번복하여 진술하였고, 법정에서도 다시 1억 원 교부를 인정하였다(2차 증언). 검찰에서 B를 재소환하여 작성한 진술조서와 2차 증언을 乙의 유죄의 증거로 사용할 수 있는가? (15점)

1. 가. (1)에서 甲, 乙의 죄책은? (15점)

1. 배임수증재죄의 성립요건으로서의 부정한 청탁

사안에서 甲과 乙의 죄책으로서 문제가 되는 배임수증재죄는 부정한 청탁이 있어야 한다. 그리고 판례에 의하면 부정한 청탁이란 그 청탁이 사회상규 또는 신의성실의 원칙에 반하는 것을 내용으로 한다.

2. 학교의 운영권을 양도한 행위에 대한 평가

(1) 판례의 법리

판례에 의하면 '학교법인의 이사장 또는 사립학교경영자가 학교법인 운영권을 양도하고 양수인으로부터 양수인 측을 학교법인의 임원으로 선임해 주는 대가로 양도대금을 받기로 하는 내용의 청탁을 받았다 하더라도, 특별한 사정이 없는 한, 그 청탁이 사회상규 또는 신의성실의 원칙에 반하는 것을 내용으로 하는 것이라고 할 수 없으므로 이를 배임수재죄의 구성요건인 부정한 청탁에 해당한다고 할 수 없다'라고 하고 있다.

(2) 사안의 해결

사안에서 甲과 乙에게는 부정한 청탁이 인정되지 않아 배임수재죄와 배임증재죄는 성립하지 않는다.

> • 상당히 지엽적인 판례의 태도를 묻고 있는 문제이다. 이러한 문제는 사례형 문제로 내는 것이 바람직한지는 의문의 여지가 있다. 따라서 선택형 문제를 대비하면서 본 판례를 기억한다면 판례의 태도만 적어주어도 좋은 점수를 기대할 수 있을 것이다.

3. 乙이 1억 원을 받은 행위에 대한 평가

사안에서 乙이 이사장으로 선임된 직후 B로부터 A사립학교법인의 교직원으로 채용해 달라는 부탁을 받은 것은 부정한 청탁에 해당하고, 그러한 부정한 청탁의 대가로 1억 원을 교부받은 것은 제357조 제1항의 배임수재죄에 해당한다.

---

1. 나. (2)에서 丙, 丁의 죄책은? (25점)

> • 사안을 해결하기 위해서는 丙과 丁의 관계를 먼저 논증해야 한다. 그런데 사안에서는 사실관계가 명확하지 않아 丙과 丁의 관계를 정리함에 문제가 있다. 먼저 丙은 이체된 것을 확인하고 돌려주려고 하였으므로 애초부터 횡령의 범의가 없었지만, 丁의 개입으로 횡령죄를 범하게 된다. 이러한 경우 丙은 횡령죄가 성립함에는 이론이 없겠지만, 丁의 행위를 어떻게 평가할 것인지 문제 된다. 기본적으로는 교사범 정도를 생각할 수 있겠지만, 사안에서는 특히 자기 계좌로 이체하라고 하였으므로 丁에게 불법영득의 의사가 있는 것으로 볼 여지도 있기 때문이다. 본 해설에서는 이러한 논의점이 있다는 것을 전제로 하면서도 丁에게 불법영득의 의사를 인정하지 않고 단지 보관의사만 있다는 점을 전제로 답안을 작성한다.

1. 丙의 죄책

> • 丙의 죄책에 대하여 횡령죄의 구성요건에 해당을 간단히 논증하고, 법률의 착오 해당 여부를 검토하여야 한다.

(1) 횡령죄의 성립

판례에 의하면 어떤 예금계좌에 돈이 착오로 잘못 송금되어 입금된 경우에는 그 예금주와 송금인 사이에 신의칙상 보관관계가 성립하는 것이므로, 피고인이 송금 절차의 착오로 인하여 피고인 명의의 은행 계좌에 입금된 돈을 임의로 인출하여 소비한 행위는 횡령죄에 해당한다고 판시하고 있으므로 사안에서 丙에게는 횡령죄의 구성요건해당성이 인정된다.

(2) 법률의 착오의 문제

사안에서 丙은 막연히 괜찮을 것이라고 생각하면서 丁에게 계좌이체를 하고 있는바, 丙에게 법률의 착오 여부가 문제 된다. 그러나 판례에 의하면 '일반적으로 범죄가 되는 행위이지만 자기의 특수한 경우에는 법령에 의하여 허용된 행위로서 죄가 되지 아니한다고 그릇 인식한 경우'만을 법률의 착오로 보고 있으므로 사안의 丙의 행위는 법률의 착오로 보기 어렵다.

만약 사안을 법률의 착오로 본다면 제16조의 정당한 이유 여부가 문제 되지만, 판례는 지적인식능력을 기준으로 정당한 이유를 판단하고 있다. 사안에서 丙은 막연히 괜찮을 것이라고 한 것은 자기의 지적인식능력을 다한 것이 아니므로 정당한 이유에 해당하지 않아 丙에게는 횡령죄가 성립한다.

(3) 결 언

사안에서 丙에게는 횡령죄가 성립하지만, 그 금액이 5억 원이므로 특경법 제3조 제1항 제2호에 의하여 가중 처벌된다.

2. 丁의 죄책

> • 丁의 죄책에 대하여는 사안에서 이체된 금전에 대한 불법영득의사가 있는지가 명확하지 않아 논증에 어려움이 있다. 본서에서는 가장 간략하게 답안을 작성하기 위하여 교사범으로 사안을 포섭한다.

(1) 횡령죄의 간접정범의 불성립

사안에서 丁은 신분자인 丙을 이용하여 자기 계좌로 이체하게 하고 있다. 이러한 경우에 丁에게 횡령죄의 간접정범의 성립 여부가 문제될 수 있겠지만, 丁은 타인의 재산을 보관하는 자가 아니므로 정범적격이 없어 횡령죄의 간접정범은 성립하지 않는다.

(2) 특경법위반죄의 교사범 성립

사안에서 비신분자인 丁은 신분자인 丙의 범죄에 가담하고 있으므로 제33조 본문에 의하여 丁에게도 횡령죄의 공범이 성립할 수 있다. 사안에서 丁은 丙이 횡령죄를 범하도록 부추기고 있으나, 丁에게는 기능적 행위지배가 인정된다고 판단하기는 어려우므로 공동정범은 인정하기 어렵다. 따라서 丁에게는 특경법위반죄의 교사범이 성립한다.

(3) 장물보관죄의 성립

횡령죄에서 횡령죄의 기수가 됨과 동시에 횡령물은 장물이 된다. 따라서 사안에서 丙의 계좌에서 丁의 계좌로 5억 원을 이체한 때에 횡령죄가 기수가 됨과 동시에 5억 원은 장물이 된다. 따라서 횡령에 의하여 영득한 재물을 보관한 丁은 장물보관죄가 성립한다.

(4) 丁의 죄책

丁에게는 특경법위반죄의 교사범과 장물보관죄가 성립하며, 양자는 실체적 경합 관계에 있다.

1. 다. (3)에서 甲의 죄책은? (15점)

1. 공갈죄의 성립

사안에서 甲은 부정채용을 고발하겠다고 乙을 협박하여 甲에게 돈을 요구하여 이를 수령하고 있다. 이러한 사안에서 범죄행위에 대한 정당한 고발을 하겠다고 고지한 것이 협박이 될 수 있는지 문제 된다. 그러나 협박죄에서의 해악의 내용은 반드시 범죄를 구성하거나 불법해야 할 필요가 없다. 따라서 사안에서 甲의 행위는 협박이 된다. 그리고 이러한 협박에 의하여 乙이 겁을 먹고 甲에게 5,000만 원을 이체했으므로 甲에게는 공갈죄가 성립한다.

2. 정통망법 제74조 제1항 제3호 위반죄 성립

甲은 乙에게 일주일 동안 수십 차례의 협박 문자를 보낸 것은 '공포심이나 불안감을 유발하는 문언을 반복적으로 도달하게 한 행위'에 해당하므로 정통망법 제74조 제1항 제3호 위반죄가 성립한다.

3. 결 언

甲에게는 제350조 제1항의 공갈죄와 정통망법 제74조 제1항 제3호 위반죄가 성립하며, 양자는 상상적 경합 관계에 있다.

---

2. 검사는 (3)의 범죄사실에 대해 甲을 기소하였다. 만약 제1심 공판 진행 중에 乙이 甲의 문자 내용에 겁을 먹은 것이 아니라 甲을 불쌍하게 여겨 5,000만 원을 이체한 것으로 밝혀졌다면 법원이 취해야 할 조치는? (15점)

> • 축소사실의 인정과 판결편의주의를 묻고 있는 문제이다.

1. 공소장변경의 요부 - 축소사실의 인정

사안과 같이 검사가 피고인을 공갈죄의 기수로 공소제기 하였으나 심리결과 미수만 인정되는 경우에 공소장변경 요부에 대하여 판례는 '피고인의 방어권행사에 실질적인 불이익을 초래할 염려가 없는 경우에는 공소사실과 기본적 사실이 동일한 범위 내에서 법원이 공소장 변경절차를 거치지 아니하고 다르게 인정하였다 할지라도 불고불리의 원칙에 위반되지 않는다'라고 하여 사실기재설을 따르고 있다.

따라서 사안과 같이 공갈죄의 기수로 공소제기된 사안에서 미수만 인정하는 경우에는 피고인의 방어권 행사의 불이익을 초래할 염려가 없으므로 공소장변경은 불요하다.

2. 판결편의주의의 적용 여부

(1) 논의점

사안과 같이 공갈죄로 기소된 사건이 심리결과 축소사실인 공갈미수죄만 인정되는 경우에 법원은 축소사실에 대한 유죄판결을 하지 않고 무죄판결을 할 수 있는지 즉 판결편의주의가 인정될 수 있는지에 대하여 논의가 있다.

(2) 견해의 대립과 판례의 태도

이에 대하여는 ① 법원은 축소사실에 대한 무죄판결을 선고할 수 있다는 긍정설 ② 실체진실발견이 법원의 의무인 이상 법원은 축소사실에 대하여 무죄판결을 선고할 수 없고 유죄판결을 해야 한다는 부정설이 대립하고 있다. 이에 대하여 ③ 판례는 '축소사실을 유죄판단하지 않는 것이 현저히 정의와 형평에 반하는 것으로 인정되는 경우라면 법원으로서는 직권으로 그 범죄사실을 인정하여야 한다'고 하여 한정적 긍정설의 입장이다.

(3) 검토 및 사안의 해결

생각건대 사안에 따라 구체적 타당성을 고려하는 한정적 긍정설이 타당하다. 공갈죄의 미수를 인정하지 않는 것이 현저히 정의와 형평에 반하는 것으로 인정되기는 어려우므로 법원은 재량에 따라 유죄판결이나 무죄판결을 할 수 있다.

---

3. (2)와 관련하여 수사 및 공판 단계에서 지속적으로 丙은 범죄를 인정하고 丁은 부인하는 경우, 丙과 丁이 함께 기소된 공판정에서 丙에 대한 사법경찰관 작성의 피의자신문조서와 검사 작성의 피의자신문조서를 丁의 유죄를 인정하기 위한 증거로 사용할 수 있는가? (15점)

> • 공범인 공동피고인의 사경 작성 피신조서와 검사 작성 피신조서의 증거능력 인정요건을 묻고 있는 문제이다. 2020년 개정 이전의 법률에서는 양자의 증거능력 인정요건이 차이가 있어 개별적으로 논의를 하여야 했지만, 2022년 개정법률이 시행됨에 따라 양자의 증거능력 인정요건이 동일하게 되었으므로 출제의미도 반감된 문제이다. 따라서 사안에서는 양자를 묶어서 간단히 정리한다.

1. 수사기관 작성의 공범의 피의자신문조서의 증거능력 인정요건

2020년 제312조 제1항의 개정 이전에는 검사 작성 피신조서와 검사 이외의 수사기관 작성 피신조서의 증거능력 인정 규정이 차이가 있어 개별적으로 증거능력 인정요건을 검토하였으나, 2020년의 개정으로 양자의 요건이 동일하게 개정되어 법리적으로도 동일하게 되었다.

2. 수사기관 작성의 공범의 피의자신문조서의 증거능력 인정요건

(1) 수사기관 작성의 공범자에 대한 피의자신문조서에 대하여는 ① 제312조 제1·3항 적용설과 제312조 제4항 적용설이 대립하고 있으며, ② 제312조 제1·3항적용설은 다시 내용인정의 주체를 두고 원진술자 내용인정설과 유죄에 빠질 피고인 내용인정설이 대립하고 있다. ③ 다수설과 판례는 제312조 제3항이 위법수사를 억지하기 위한 정책적 규정이라는 점을 감안하여 피고인 내용인정설을 따르고 있으며 타당하다.

(2) 그런데 사안에서는 丙의 피신조서에 대하여 丁이 그 내용을 부인하는 취지로 범행을 부인하고 있으므로 丁에 대해서는 증거능력이 인정되지 않는다.

4. B는 乙의 유죄를 인정하는 검찰에서의 진술을 번복하여 제1심 공판에서 乙에게 1억 원을 교부한 바 없다고 증언하였다(1차 증언). 이에 검찰이 B를 다시 소환하여 조사하자 1차 증언을 번복하여 진술하였고, 법정에서도 다시 1억 원 교부를 인정하였다(2차 증언). 검찰에서 B를 재소환하여 작성한 진술조서와 2차 증언을 乙의 유죄의 증거로 사용할 수 있는가? (15점)

• 2018년 변호사시험의 기출문제와 동일한 문제이다.

1. 증언 번복진술조서의 증거능력

(1) 논의점

사안과 같이 피고인에게 유리한 증언을 한 증인인 B를 수사기관이 신문하여 증언내용에 대한 번복진술을 받은 경우에 그 증언번복진술조서의 증거능력이 인정될 수 있는지에 대하여 논의가 있다.

(2) 견해의 대립과 판례의 태도

이에 대하여는 ① 증언 이후의 진술조서 작성과정에서 위법함이 개재되지 아니하였다면 제312조 제4항에 의하여 증거능력을 인정하자는 긍정설과 ② 증언을 한 증인을 조사하는 것은 공판중심주의에 반하며 적정절차에 위배하는 수사이므로 증거능력을 부정하자는 부정설이 대립하고 있으며 ③ 판례는 진술번복조서의 증거능력을 원칙적으로 부정하지만, 피고인의 증거로 할 수 있음에 동의하는 경우에는 예외적으로 증거능력을 긍정하고 있다.

(3) 검토 및 사안의 해결

생각건대 피고인에게 유리한 증언을 한 증인을 검사가 별도로 조사하여 진술을 번복시키는 것은 공판중심주의에 어긋나고 적법절차에 위배되는 위법한 수사라고 보아야 하므로 이러한 번복진술조서는 위법수집증거배제법칙에 의하여 증거능력을 부정함이 타당하다. 따라서 사안에서의 B의 번복진술조서는 증거능력이 없다.

2. 증언의 증거능력

사안과 같이 한번 증언한 증인이 다시 증인으로 증언하는 것은 증인신문절차의 일반적인 요건을 구비하였다면 이는 진술번복조서와는 독립된 별개의 증거로써 공판중심주의 등에 반하지 않으므로 B의 증언은 증거능력이 인정된다.

다만, 증언을 번복하는 수사를 위법수사로 보게 된다면 진술조서는 위법수집증거가 되고 이로 인하여 증언이 독수독과의 이론에 따라 증거능력 여부가 문제될 수 있으나, 법정에서의 진술은 인과관계가 희석 내지 단절된 경우라고 볼 수 있으므로 증거능력이 인정된다.

(1) 甲은 평소 좋아하던 A(여, 20세)로부터 A의 은밀한 신체 부위가 드러난 사진을 전송받은 사실이 있다. 甲은 A와 영상 통화를 하면서 A에게 시키는 대로 하지 않으면 기존에 전송받은 신체 사진을 유포하겠다고 A를 협박하여 이에 겁을 먹은 A로 하여금 가슴과 음부를 스스로 만지게 하였다. 그 후 甲은 A에게 여러 차례 만나자고 하였으나 A가 만나 주지 않자 A를 강간하기로 마음먹고 A가 거주하는 아파트 1층 현관 부근에 숨어 있다가 귀가하는 A를 발견하고 A가 엘리베이터를 타자 따라 들어가 주먹으로 A의 얼굴을 2회 때리고 5층에서 내린 다음 계단으로 끌고 가 미리 준비한 청테이프로 A의 양손을 묶어 반항을 억압한 후 A를 간음하여 하였으나 A가 그만두라고 애원하자 자신의 행동을 뉘우치고 범행을 단념하였다. 그런데 A는 계단으로 끌려가는 과정에서 甲의 손을 뿌리치다가 넘어져 3주간의 치료가 필요한 발목이 골절되는 상해를 입었다.

(2) 甲은 마침 현장에 도착한 A의 아버지 B를 발견하고 체포될까 두려워 도망치다가 아파트 후문 노상에서 B에게 잡히자 B를 때려눕히고 발로 복부를 수회 걷어찬 다음 도망갔다. 약 2시간 후 甲의 친구 乙이 평소에 감정이 좋지 않던 B가 쓰러진 것을 우연히 발견하고 화가 나서 발로 B의 복부를 수회 걷어찼다. 며칠 후 B는 장 파열로 사망하였는데, 부검결과 甲과 乙 중 누구의 행위로 인하여 사망하였는지 판명되지 않았다.

(3) 甲은 자신의 위 범행에 대해 사법경찰관 丙의 수사를 받던 중 乙도 입건될 것 같다는 생각이 들자, 丙에게 "乙을 입건하지 않으면 좋겠다. 내가 전부 책임지겠다."라고 말하고, 평소 丙과 친분이 있던 丁에게 이러한 사정을 말하면서 丙에게 4,000만 원을 전달해 달라고 부탁하였다. 丁은 甲으로부터 丙에게 전달할 4,000만 원을 받자 욕심이 생겨 1,000만 원은 자신이 사용하고 나머지 3,000만 원만 丙에게 교부하였다. 돈을 전달받은 丙은 乙을 입건하지 않았다. 甲은 乙에게 "丁의 도움으로 입건되지 않을 것 같다. 담당 경찰 丙에게 적지 않은 금액으로 인사 해 놨다."라고 말하였다.

1. 사실관계 (1)과 관련하여,

   ㈎ 甲의 죄책을 논하시오. (25점)

   ㈏ 피해자 A가 甲의 집에 몰래 들어가 범행에 사용된 청테이프를 절취하여 증거로 제출하였다면 위 청테이프를 증거로 사용할 수 있는가? (10점)

   ㈐ 만약, 사법경찰관 P가 甲을 적법하게 긴급체포한 후 지체 없이 2km 떨어진 甲의 집으로 가 범행에 사용된 청테이프를 압수하여 그 압수조서를 작성하고 그 청테이프를 사진 촬영한 다음 사후영장을 발부받았다면, 위 청테이프와 그 압수조서 및 사진을 증거로 할 수 있는가? (5점)

   ㈑ 피해자 A는 甲과 영상 통화할 당시 甲이 A에게 "시키는 대로 하지 않으면 기존에 전송받은 신체 사진을 유포하겠다."라고 말한 내용을 몰래 음성 녹음한 후 수사기관에 제출하였다. 공판정에서 甲이 범행을 부인하고 검사는 A가 제출한 위 녹음물을 증거로 제출하였는데, 甲의 변호인이 부동의하였다. 위 녹음물 중 甲이 말한 부분은 증거능력이 있는가? (10점)

2. 사실관계 (2)와 관련하여, 甲, 乙의 죄책을 논하시오. (10점)

3. 사실관계 (3)과 관련하여,

   ㈎ 甲, 丙, 丁의 죄책을 논하시오. (25점)

(나) 검사는 甲과 丙에 대한 혐의사실과 관련하여 증인으로 乙을 신청하였고, 증인으로 출석한 乙이 공판절차에서 "甲으로부터 '丁의 도움으로 입건되지 않을 것 같다. 담당 경찰 丙에게 적지 않은 금액으로 인사해 놨다'고 들었습니다."라고 증언한 경우, 甲과 丙에 대하여 乙의 증언은 증거능력이 있는가? (8점)

(다) 丙은 제1심 유죄 판결에 불복하여 항소하면서 항소이유를 사실오인 및 양형부당으로 적시하고, 항소이유서는 추후 제출한다고 하였는데, 항소심은 항소이유서 제출기간이 경과하기 전에 변론을 진행·종결하고 항소를 기각하였다. 항소심의 판단은 적법한가? (7점)

1. 사실관계 (1)과 관련하여,

(가) 甲의 죄책을 논하시오. (25점)

> • 본 문제는 2016년 변호사시험 제1문과 유사하게 성폭법의 내용을 묻고 있는 문제이다. 아래의 해설 중 Ⅰ. 부분은 개정된 성폭법의 내용까지도 묻고 있는 문제이기는 하지만 전체적인 배점 등을 고려하며 답안을 작성하여야 할 것이다. 따라서 성폭법 제14조 제4항은 생략하는 것도 가능하다 할 것이다.

Ⅰ. A로 하여금 가슴과 음부를 스스로 만지게 한 행위까지의 죄책

(1) 사안에서 A의 은밀한 신체 부위가 드러난 사진을 소지한 행위가 성폭법 제14조 제4항에 해당하는지가 문제되지만 ① A의 의사에 반하여 촬영된 것이 아니므로 제1항에 해당하지 않고 ② 아직 반포등이 되지 않았으므로 제2항에도 해당하지 않으므로 제4항의 촬영물소지죄는 성립하지 않는다.

(2) 사안에서 기존에 전송받은 신체 사진을 유포하겠다고 A를 협박하여 추행하도록 한 행위는 성폭법 제14조의3 제2항의 촬영물 등을 이용한 강요죄에 해당한다.

(3) 판례에 의하면 '강제추행죄는 사람의 성적 자유 내지 성적 자기결정의 자유를 보호하기 위한 죄로서 정범 자신이 직접 범죄를 실행하여야 성립하는 자수범이라고 볼 수 없으므로, 처벌되지 아니하는 타인을 도구로 삼아 피해자를 강제로 추행하는 간접정범의 형태로도 범할 수 있다.'고 하고 있다. 따라서 사안에서 A를 협박하여 추행하도록 한 행위는 형법 제298조의 강제추행죄의 간접정범이 성립한다.

(4) 성폭법 제14조의3 제2항의 촬영물 등을 이용한 강요죄와 형법 제298조의 강제추행죄의 간접정범은 상상적 경합 관계에 있다.

Ⅱ. A를 강간하려다 치상을 입힌 행위의 죄책

1. 주거침입죄의 성립

판례에 의하면 다가구용 단독주택이나 다세대주택·연립주택·아파트 등 공동주택의 내부에 있는 엘리베이터, 공용 계단과 복도는 특별한 사정이 없는 한 주거침입죄의 객체인 '사람의 주거'에 해당한다. 따라서 사안에서 甲이 A를 따라 엘리베이터 안으로 들어간 것은 주거침입죄가 성립한다.

2. 주거침입강간미수죄의 성립

사안에서 甲이 강간할 목적으로 A를 따라 피해자가 거주하는 아파트 내부의 엘리베이터에 탄 다음 그 안에서 폭행을 가하여 반항을 억압한 후 계단으로 끌고 가 피해자를 강간하려고 한 행위는 성폭법 제3조

제1항의 주거침입강간죄가 성립한다. 그리고 강간이 기수에 이르지 못하였으므로 주거침입강간미수죄가 성립한다.

3. 중지미수의 성립 여부

(1) 사안에서 甲은 A가 그만두라고 애원하자 자신의 행동을 뉘우치고 범행을 단념하고 있다. 중지미수의 자의성의 판단에는 ① 객관설 ② 주관설 ③ 프랑크의 공식 ④ 절충설 등이 대립하고 있으나, 다수설과 판례는 사회통념에 따라 구별하는 절충설을 따르고 있다.

(2) 사안에서 甲은 A가 불쌍하다고 생각하고 있고 이는 윤리적 동기에 의한 것이므로 자의성 판단에 대한 어떠한 견해를 따르더라도 甲에게는 자의성이 인정된다. 따라서 사안에서 甲에게는 주거침입강간죄의 중지미수가 성립한다.

> • 중지미수에 대한 논의는 전체적인 문제에서는 논의할 실익이 없겠지만, 시험에서는 일정한 배점이 있을 수 있으므로 이를 간단히 언급한다.

4. 주거침입강간치상죄의 기수

(1) 사안에서 A는 계단으로 끌려가는 과정에서 甲의 손을 뿌리치다가 넘어져 3주간의 치료가 필요한 발목이 골절되는 상해를 입었는바 이는 강간의 기회에 발생한 상해이며, 인과관계와 예견가능성이 있다고 평가되므로 주거침입강간치상죄가 성립한다. 또한 성폭법 제8조 제1항의 주체에는 동법 제15조에 의한 동법 제3조 제1항의 미수범도 포함되므로 강간의 기수여부와 관계없이 주거침입강간치상죄가 성립한다.

(2) 그런데 성폭법 제15조에서는 주거침입강간치상죄인 제8조의 미수범을 처벌하고 있다. 이에 결과적가중범의 미수를 인정할 것인지에 대하여 ① 긍정설과 ② 부정설의 대립이 있으나, 다수설과 판례는 결과적가중범의 미수를 부정하고 있다. 생각건대 결과적가중범의 특성상 결과적가중범의 미수를 부정하는 것이 타당하므로 甲에게는 주거침입강간치상죄의 기수범이 성립한다.

1. (나) 피해자 A가 甲의 집에 몰래 들어가 범행에 사용된 청테이프를 절취하여 증거로 제출하였다면 위 청테이프를 증거로 사용할 수 있는가? (10점)

> • 사인의 위수증 문제는 답안지에 써야 할 내용이 많은 문제이므로 배점에 맞도록 적절하게 답안을 구성하여야 할 것이다.

1. 쟁점과 논의상황

(1) 사안과 같이 사인이 위법하게 수집한 증거에도 위법수집증거배제법칙을 적용할 수 있는지에 대하여 논의가 있다.

(2) 이에 대하여는 ① 긍정설과 ② 부정설 등이 대립하고 있으며 ③ 판례는 '법원으로서는 효과적인 형사소추 및 형사소송에서의 진실발견이라는 공익과 개인의 인격적 이익 등의 보호이익을 비교형량하여 그 허용 여부를 결정하여야 한다'라고 하여 기본적으로 비교형량설을 따르고 있다.

2. 검토 및 사안의 해결

생각건대 기본권의 보장이라는 개인적 측면과 실체적 진실의 발견이라는 공익적 측면을 조화시키는 비교형량설이 타당하다. 사안에서 주거침입강간치상이라는 범죄는 죄질이 극히 좋지 않은 범죄이며, 상대적으로 甲의 주거의 사실상의 평온은 경미한 기본권 침해라고 할 수 있다. 따라서 사안에서 청테이프는 증거로 사용할 수 있다.

---

1. (다) 만약, 사법경찰관 P가 甲을 적법하게 긴급체포한 후 지체 없이 2km 떨어진 甲의 집으로 가 범행에 사용된 청테이프를 압수하여 그 압수조서를 작성하고 그 청테이프를 사진 촬영한 다음 사후영장을 발부받았다면, 위 청테이프와 그 압수조서 및 사진을 증거로 할 수 있는가? (5점)

> • 문제 자체가 포괄적이라 20점 정도의 배점이 주어져도 답안지에 쓸 양이 많은 문제이다. 그러나 본 문제에 대하여는 5점만 배점이 되어 있으므로 이에 부응하도록 전체적인 아웃라인만으로 답안을 작성한다.

사안에서의 압수는 긴급체포 후 2km 떨어진 甲의 집에서의 압수이므로 제216조 제1항 제2호의 체포현장에서의 압수가 아닌 제217조 제1항의 긴급압수이다. 따라서 압수하는 과정에서 제220조의 요급처분의 특례가 적용되지 않으므로 제123조 제2항의 책임자의 참여와 제125조의 야간압수의 제한 등의 절차가 준수되었어야 한다. 그리고 제217조 제2항에 따라 사후영장을 발부받았다면 적법한 압수가 되므로 청테이프와 그 압수조서 및 사진을 증거로 할 수 있다.

---

1. (라) 피해자 A는 甲과 영상 통화할 당시 甲이 A에게 "시키는 대로 하지 않으면 기존에 전송받은 신체 사진을 유포하겠다."라고 말한 내용을 몰래 음성 녹음한 후 수사기관에 제출하였다. 공판정에서 甲이 범행을 부인하고 검사는 A가 제출한 위 녹음물을 증거로 제출하였는데, 甲의 변호인이 부동의하였다. 위 녹음물 중 甲이 말한 부분은 증거능력이 있는가? (10점)

> • 현장녹음의 증거능력 인정요건을 묻고 있는 문제이지만, 통비법위반을 누락하지 않도록 주의하고 답안 내용도 배점에 맞게 과감히 축약하여야 할 것이다.

1. 통비법위반의 검토

사안에서 A가 甲의 진술내용을 비밀녹음한 것이 통비법위반인지 문제 된다. 그런데 사안에서 A는 甲과 대화를 하는 대화당사자이므로 판례에 의하면 통비법위반이 되지 않아 위수증은 되지 않는다.

2. 현장녹음의 증거능력

(1) 사안에서 A가 비밀녹음한 것은 甲의 범행과정에서의 진술이므로 현장녹음에 해당한다. 이러한 현장녹음의 증거능력 요건에 대하여는 ① 비진술증거이므로 사건과의 관련성이 인정되면 족하다는 비진술증거설 ② 비진술증거이지만 검증조서에 준하여 제312조 제6항을 유추적용하자는 검증조서유추설 ③ 진술증거로 보는 진술증거설이 대립하고 있으며, ④ 판례의 태도는 명확하지 않다.

(2) 생각건대 현장녹음은 현장의 상황을 그대로 수록한 것이므로 비진술증거설이 타당하다. 이러한 비진술증거설에 따르면 사건과의 관련성 즉 협박내용이 정확히 녹음되었다는 사실이 입증되면 증거능력이 있다.

2. 사실관계 (2)와 관련하여, 甲, 乙의 죄책을 논하시오. (10점)

1. 쟁점과 논의상황

(1) 사안과 같이 독립된 폭행행위가 경합하여 사망의 결과를 발생시킨 경우에도 제263조의 동시범의 특례를 적용할 수 있는지 문제 된다.

(2) 이에 대하여 ① 다수설은 사망의 결과가 발생한 경우까지 그 적용범위를 넓히는 것은 피고인에게 불리한 유추적용이므로 제263조가 적용되지 않는다는 부정설을 따르고 있지만, ② 판례는 제263조는 폭력행위에 대한 정책적 규정이라는 점에 주목하여 폭행치사죄와 상해치사죄의 경우에도 제263조가 적용된다는 긍정설의 입장을 따르고 있다.

2. 검토 및 사안의 해결

생각건대 제263조는 위헌의 소지가 있는 규정이며, 법문에 '상해의 결과'라고 명시하고 있음에도 이 규정을 폭행치사죄 및 상해치사죄의 경우까지 적용하는 것은 죄형법정주의에 반하는 해석이므로 제263조가 적용되지 않는다고 보는 것이 타당하다. 따라서 사안에서 甲과 乙에게는 폭행치사죄가 성립하지 않고, 폭행죄만 성립한다.

> • 제263조에 대하여 헌법재판소는 합헌 결정을 내렸지만, 5:4로 위헌의견이 많았으므로 제263조의 적용범위를 제한하는 답안으로 작성한다.

3. 사실관계 (3)과 관련하여,

(가) 甲, 丙, 丁의 죄책을 논하시오. (25점)

Ⅰ. 甲의 죄책

甲은 공무원인 丙에게 전달해 달라고 하면서 이러한 정을 알고 있는 丁에게 4,000만 원을 전달해 주었으므로 甲에게는 제133조 제2항의 증뇌물전달죄가 성립한다.

Ⅱ. 丁의 죄책

1. 증뇌물전달죄

丁은 甲이 공무원인 丙에게 전달해 주라고 4,000만 원을 주자 이를 丙에게 전달할 생각으로 받았으므로 丁에게는 제133조 제2항의 증뇌물전달죄가 성립한다. 그리고 실제로 丙에게는 3,000만 원을 전달해 준 행위는 새로운 증뇌죄가 성립하지 않는다.

2. 불법원인급여와 횡령죄

(1) 사안에서 丁은 4,000만 원을 전달해 달라고 돈을 받았으나 그 중 1,000만 원을 전달하지 않고 영득하고 있다. 이와 같이 불법원인급여물을 영득한 경우에 丁에게 횡령죄가 성립하는지 문제 된다.

(2) 이에 대하여는 ① 형법의 독자성을 중시하는 긍정설 ② 전체적인 법질서를 중시하는 부정설 ③ 불법원인급여를 다시 불법원인급여물과 불법원인위탁물로 구분한 후에 전자의 경우에는 횡령죄가 성립하지 않으나, 후자의 경우에는 횡령죄가 성립한다는 구별설 등이 대립하고 있다.

(3) 판례는 '불법원인급여물의 소유권은 급여를 받은 상대방에게 귀속된다'라고 하여 타인의 재물이 아니므로 원칙적으로 횡령죄가 성립할 수 없다고 본다. 그러나 예외적으로 '포주와 윤락녀 사건'에서는 '포주의 불법성이 윤락녀의 불법성보다 현저히 크므로 화대의 소유권이 여전히 윤락녀에게 속한다'는 이유로 횡령죄의 성립을 긍정하고 있다.

(4) 생각건대 긍정설에 따르면 국가기관이 불법행위를 조장하는 문제점이 있으므로 원칙적으로 부정하면서도 구체적 타당성을 살릴 수 있는 판례의 태도가 타당하다. 사안에서 丁에게는 이와 같은 예외적인 사항은 나타나 있지 않으므로 丁에게는 횡령죄가 성립하지 않는다.

Ⅲ. 丙의 죄책

1. 특가법상 수뢰후부정처사죄 성립

사안에서 丙은 3,000만 원을 수뢰하고 乙을 입건하지 않았으므로 丙에게는 제131조 제1항의 수뢰후부정처사죄가 성립한다. 그런데 수뢰액수가 3,000만 원이므로 특가법 제2조 위반죄가 문제 된다. 그런데 특가법 제2조 제1항에는 형법 제131조의 수뢰후부정처사죄가 누락되어 있어 논의가 있지만, 판례는 형법 제131조를 범한 경우에도 특가법 제2조에 해당한다고 하므로 丙에게는 특가법 제2조 제1항 제3호의 수뢰후부정처사죄가 성립한다.

> • 참고로 특가법 제2조 제1항은 다음과 같다. <특정범죄 가중처벌 등에 관한 법률> 제2조 ① 「형법」 제129 조 · 제130조 또는 제132조에 규정된 죄를 범한 사람은 그 수수(수수) · 요구 또는 약속한 뇌물의 가액(가액)(이하 이 조에서 "수뢰액"이라 한다)에 따라 다음 각 호와 같이 가중처벌한다.

2. 직무유기죄의 성립 여부

사안에서 丙이 乙을 입건하지 않은 행위에 대하여는 직무유기죄가 성립하며, 특가법 제2조 제1항 제3호의 수뢰후부정처사죄와 직무유기죄는 상상적 경합이 된다.

3. (나) 검사는 甲과 丙에 대한 혐의사실과 관련하여 증인으로 乙을 신청하였고, 증인으로 출석한 乙이 공판절차에서 "甲으로부터 '丁의 도움으로 입건되지 않을 것 같다. 담당 경찰 丙에게 적지 않은 금액으로 인사 해 놨다'고 들었습니다."라고 증언한 경우, 甲과 丙에 대하여 乙의 증언은 증거능력이 있는가? (8점)

1. 甲에 대한 증거능력

사안에서 乙의 증언은 피고인의 진술을 내용으로 하는 전문진술이므로 甲에게 증거능력이 인정되기 위해서는 제316조 제1항에 따라 특신상태의 증명이 있어야 한다. 따라서 검사 K가 甲이 乙에게 진술할 때 특신상태하에서 진술하였다는 점을 증명하면 乙의 증언은 甲에게 증거능력이 인정된다.

2. 丙에 대한 증거능력

사안에서 丙과 공범관계에 있는 甲의 진술을 내용으로 하는 乙의 증언이 丙에게 증거능력이 인정되기 위해서는 ① 제316조 제1항 적용설과 ② 제316조 제2항 적용설이 대립하고 있으나, ③ 판례는 제316조 제2항 적용설을 따르고 있다. 따라서 이러한 판례의 입장에 따른다면 사안에서는 원진술자인 甲이 법정에 출석하고 있어 필요성이 인정되지 않으므로 乙의 증언은 丙에게 증거능력이 인정되지 않는다.

3. (다) 丙은 제1심 유죄 판결에 불복하여 항소하면서 항소이유를 사실오인 및 양형부당으로 적시하고, 항소이유서는 추후 제출한다고 하였는데, 항소심은 항소이유서 제출기간이 경과하기 전에 변론을 진행·종결하고 항소를 기각하였다. 항소심의 판단은 적법한가? (7점)

> • 본 문제는 배점이 작고, '항소심의 판단은 적법한가?'라고 묻고 있으므로 두괄식으로 답안을 작성한다.

1. 결 론

사안에서 항소심의 판단은 적법하지 않다.

2. 논 거

판례에 의하면 '형사소송법 제361조의3, 제364조 등의 규정에 의하면 항소심의 구조는 피고인 또는 변호인이 법정기간 내에 제출한 항소이유서에 의하여 심판되는 것이고, 이미 항소이유서를 제출하였더라도 항소이유를 추가·변경·철회할 수 있으므로, 항소이유서 제출기간의 경과를 기다리지 않고는 항소사건을 심판할 수 없다'고 하고 있기 때문이다.

(1) 甲은 선배 A로부터 A소유의 중고차 처분을 부탁받고 B에게 5,000만 원에 그 중고차를 매도했음에도 4,000만 원에 매도한 것으로 기망하고 수수료는 받지 않겠다고 하면서 4,000만 원만 A에게 주었다. 甲은 B에게서 수표로 받은 잔액 1,000만 원을 그 정을 알고 있는 乙에게 보관해 달라고 부탁하였으나, 이를 받은 乙은 그 돈을 모두 유흥비로 탕진하였다. 이에 화가 난 甲은 乙을 상해하기로 마음먹고 乙의 사무실 문 밖에서 기다리고 있다가 늦은 밤에 사무실 문을 열고 나오는 사람의 얼굴을 가격하여 3주의 치료를 요하는 상해를 가하였다. 그러나 곧 쓰러진 사람을 확인해 그 사람은 乙이 아니라 乙의 사무실에서 강도를 하고 나오던 강도범 C였다.

(2) 1,000만 원을 반환하라는 甲의 독촉에 시달리던 乙은 A의 재물을 강취하기로 마음먹고 지인으로부터 A의 집 구조와 금고위치 등에 관한 정보를 입수하고 미리 현장을 답사하였다. 그로부터 3일 뒤 밤 11시경 乙은 A의 단독주택에 도착하여 외부 벽면을 타고 2층으로 올라가 창문을 열고 들어가다가 예상치 못하게 집안에서 거구의 남자 2명이 다가오자 순간적으로 겁을 먹고 도망하였다. 경찰의 검거지시가 내려지자 乙은 친구 丙에게 그간의 사정을 이야기하면서 도피 자금을 구해달라고 부탁하였다. 이를 승낙한 丙은 자기의 고가 골프채를 D에게 1,500만 원에 양도하기로 하여 D로부터 계약금과 중도금으로 800만 원을 받았음에도 그 골프채를 E에게 1,800만 원을 받고 양도한 다음 그 중 1,000만 원을 乙에게 도피 자금으로 건네주었다.

1. 사실관계 (1)에서 甲과 乙의 죄책을 논하시오 (25점)

2. 사실관계 (2)에서 乙과 丙의 죄책을 논하시오. (25점)

3. 사실관계 (2)에서 乙은 도피를 위해 자신의 트럭을 운전하던 중 H가 운전하던 자전거와 충분한 측면 간격을 유지하지 아니한 채 H를 추월하다가 H가 乙의 차바퀴에 치어 사망하였다. 이 경우 H가 만취상태였기 때문에 乙이 H의 자전거와 충분한 측면 간격을 유지하면서 추월했더라도 동일한 사망의 결과가 발생했을 것이 확실한 경우 乙에게 교통사고처리특례법위반(치사)죄가 성립하는지 논하시오. (10점)

4. 사실관계 (1)에서 A는 친구 M을 만난 자리에서 "甲이 판매대금의 일부를 떼먹었다."고 이야기하였고, M은 참고인으로 경찰의 조사를 받으면서 A가 자기에게 말한 내용을 자필 진술서로 작성하여 제출하였다. 공판에서 甲이 M의 진술서에 증거 부동의하는 경우 이 진술서를 증거로 사용하기 위한 요건은 무엇인가? (15점)

5. 사실관계 (1)과 관련하여 甲은 乙과 시비가 붙어 乙을 협박한 혐의로 공소가 제기되었으나 공판절차에서 乙의 처벌불원의사로 공소기각판결이 선고되었다. 이 경우 甲이 乙에게 협박하지 않았다는 이유로 무죄를 주장하며 항소를 제기하였다면, 항소심 법원은 어떠한 조치를 취해야 하는가? (10점)

6. 사실관계 (2)에서 법원은 A에 대한 乙의 범죄사실에 대하여 유죄를 선고하였다. 항소심에서 乙의 변호인으로 선임된 변호사 R은 변호인선임서를 제출하지 아니한 채 항소이유서만을 제출하고 항소이유서 제출기간이 경과한 후에 변호인선임서를 항소법원에 제출하였다. 이 경우 변호사 R이 제출한 항소이유서는 효력이 있는가? (15점)

1. 사실관계 (1)에서 甲과 乙의 죄책을 논하시오. (25점)

> • 본 문제는 형법상의 기본적인 쟁점에 대한 문제이지만, 우연방위라는 총론상의 쟁점이 상대적으로 배점이 크다고 할 수 있으므로 이를 생각하면서 답안을 작성하여야 할 것이다.

Ⅰ. 1,000만 원을 영득한 부분의 甲의 죄책

사안에서 甲은 A가 위탁매매로 맡긴 도자기를 5,000만 원에 매도하였음에도 불구하고 4,000만 원에 팔았다고 거짓말을 하고 1,000만 원을 영득하고 있다. 판례에 의하면 '위탁매매에 있어서는 위탁품의 소유권은 위임자에게 속하고 그 판매대금은 다른 특약이나 특단의 사정이 없는 한 이를 수령함과 동시에 위탁자에게 귀속한다 할 것이므로 이를 사용 소비한 때에는 횡령죄가 구성된다'라고 하므로 이러한 판례에 따르면 甲에게는 횡령죄가 성립한다.

Ⅱ. 乙이 1,000만 원을 보관하고 소비한 부분의 죄책

1. 장물보관죄의 성립

사안에서 乙은 甲이 A로부터 횡령한 금전이라는 것을 알면서 1,000만 원을 보관하였으므로 乙에게는 장물보관죄가 성립한다.

2. 횡령죄의 성립 여부

(1) 장물을 보관하는 자가 이를 영득하는 경우의 횡령죄 성립 여부

사안과 같이 장물을 보관하는 자가 이를 영득하는 경우에 횡령죄가 성립할 수 있는지에 대하여 ① 장물보관죄와 횡령죄의 실체적 경합으로 보는 견해도 있지만, ② 다수설과 판례는 이미 장물보관을 하는 경우에는 소유자의 소유권을 충분히 침해했으므로 횡령죄는 불가벌적 사후행위에 불과하여 장물보관죄만 성립한다는 견해를 따르고 있다.

(2) 검토 및 사안의 해결

생각건대 횡령죄의 보호법익은 소유권이므로 이미 장물보관죄가 성립하여 소유권을 침해하였으면 또 다시 소유권을 침해하는 횡령죄의 성립은 인정하지 않는 것이 타당하다. 따라서 사안에서 乙에게 횡령죄는 성립하지 않는다.

Ⅲ. 강도에게 상해를 입한 甲의 죄책

1. 구성요건의 확정

사안에서 甲은 乙을 상해하려고 하였으나, 강도범 C를 乙로 오인하여 상해를 입히고 있다. 이러한 경우에 甲의 착오는 구체적 사실의 착오 중 객체의 착오이므로 어떠한 부합설에 따르더라도 乙에게는 C에 대한 상해죄의 구성요건해당성이 인정된다.

> • 우연방위 사례이지만, 그 전제로 구성요건을 확정시키는 것을 간과해서는 안될 것이다.

2. 우연방위의 해결

(1) 논의점

사안에서 甲의 행위는 C에 대한 상해죄의 구성요건에 해당하지만, C는 강도이므로 정당방위의 성립가능성이 문제 된다. 그런데 사안에서는 위법성이 조각되기 위한 객관적 요건은 구비되어 있지만, 주관적 정당화요소가 결여되어 있다. 이러한 우연방위의 해결에 대하여 견해가 대립하고 있다.

(2) 견해의 대립

이에 대하여는 ① 결과반가치 일원론을 전제로 주관적 정당화요소는 필요없다는 입장에서 우연방위는 정당방위로 인정되어 무죄라는 무죄설 ② 행위반가치 일원론을 전제로 주관적 정당화요소가 필요하다는 입장에서 우연방위는 정당방위가 성립하지 않고 기수가 된다는 기수설 ③ 불법이원론을 전제로 주관적 정당화요소가 필요하다는 입장에서 우연방위는 정당방위가 성립될 수 없으나 불능미수가 성립된다는 불능미수설이 대립하고 있다.

(3) 검토 및 사안의 해결

생각건대 합일태적 범죄체계를 전제로 할 때 우연방위는 주관적 정당화요소가 결여되어 위법하지만, 객관적 정당화상황의 존재로 인하여 결과반가치가 축소되므로 불능미수범만 인정하는 불능미수범설이 타당하다. 따라서 사안에서 甲은 상해죄의 불능미수의 죄책을 진다.

> • 우연방위는 위법성이 조각되는 전제사실이 있음에도 이를 인식하지 못하고 방위행위 등을 하는 경우이므로 위법성조각사유의 전제사실의 착오가 반전된 착오라고 할 수 있다. 즉 위전착은 위법성조각사유가 존재하지 않아 객관적으로 범죄가 됨에도 이를 존재한다고 착오한 소극적 착오이지만, 우연방위는 위법성조각사유에 해당하여 객관적으로 범죄가 되지 않음에도 이를 인식하지 못하고 범죄가 된다고 인식하고 있다는 점에서 적극적 착오에 해당한다.

2. 사실관계 (2)에서 乙과 丙의 죄책을 논하시오. (25점)

Ⅰ. A의 재물을 강취하기로 한 부분의 乙의 죄책

(1) 사안에서 乙의 죄책과 관련하여 야간주거침입강도죄의 실행의 착수시기가 문제 된다.

(2) 이에 대하여는 ① 본죄는 주거침입죄와 강도죄의 결합범이므로 결합범의 일반논리에 따라 주거침입죄에 실행의 착수를 인정하는 주거침입시설과 ② 강도죄의 기본은 폭행·협박이므로 폭행·협박시에 실행의 착수가 있다는 폭행·협박시설 등이 대립하고 있으며, ③ 이에 대해 판례는 폭행·협박시설을 따른 판례와 주거침입시설을 따른 판례가 혼재하고 있다.

(3) 생각건대 강도죄의 본질상 폭행·협박시설이 타당하다. 이러한 폭행·협박시설에 따르면 사안에서 乙에게는 야간주거침입강도죄의 실행의 착수는 인정하기 어렵다. 따라서 사안에서 乙에게는 강도예비죄와 주거침입죄가 성립하고 양자는 상상적 경합 관계에 있다.

> • 판례의 태도가 상충하므로 다른 견해를 따르더라도 무방하다 할 것이다.

Ⅱ. 골프채를 이중매매한 丙의 죄책

(1) 사안에서 丙은 동산인 골프채를 이중매매하고 있는바, 이와 같이 동산을 이중매매한 경우에 배임죄가 성립하는지 문제 된다.

(2) 판례에 의하면 "매매와 같이 당사자 일방이 재산권을 상대방에게 이전할 것을 약정하고 상대방이 그 대금을 지급할 것을 약정함으로써 그 효력이 생기는 계약의 경우(민법 제563조), 쌍방이 그 계약의 내용에 좇은 이행을 하여야 할 채무는 특별한 사정이 없는 한 '자기의 사무'에 해당하는 것이 원칙이다. 동산매매계약에서의 매도인은 매수인에 대하여 그의 사무를 처리하는 지위에 있지 아니하므로, 매도인이 목적물을 매수인에게 인도하지 아니하고 이를 타에 처분하였다 하더라도 형법상 배임죄가 성립하는 것은 아니다."라고 하여 배임죄의 성립을 부정하고 있다.

(3) 이러한 판례의 법리에 따르면 사안에서 丙에게 배임죄는 성립하지 않는다.

> • 부동산과 동산의 이중매매, 이중저당 등의 사례에서 현재 부동산의 이중매매를 제외하고는 배임죄의 성립을 부정하고 있으므로 본 동산의 이중매매 문제에서는 견해 대립보다는 판례의 법리를 위주로 답안을 작성하였다.

Ⅲ. 도피자금과 관련된 乙과 丙의 죄책

1. 丙의 죄책

사안에서 丙은 乙이 벌금이상의 형에 해당하는 범죄를 범하였다는 사정을 알면서도 乙에게 도피자금 1,000만 원을 건네주었으므로 丙에게는 범인도피죄가 성립한다.

2. 乙의 죄책

(1) 논의점

사안에서 乙은 丙에게 자기범인도피교사를 하고 있다. 이렇게 범인이 자기를 도피하도록 제3자를 교사한 경우에 범인도피교사죄가 성립할 수 있는지 문제 된다.

(2) 견해의 대립과 판례의 태도

이에 대하여는 ① 자기비호권의 한계를 일탈한 것으로서 자기범인은닉의 교사범을 인정하는 긍정설과 ② 자기비호권의 연장이라고 볼 수 있으므로 자기범인은닉의 교사범을 부정하는 부정설이 대립하고 있으며, ③ 판례는 '범인 스스로 도피하는 행위는 처벌되지 아니하므로, 범인이 도피를 위하여 타인에게 도움을 요청하는 행위 역시 도피행위의 범주에 속하는 한 처벌되지 아니하며, 범인의 요청에 응하여 범인을 도운 타인의 행위가 범인도피죄에 해당한다고 하더라도 마찬가지이다. 다만, 범인이 타인으로 하여금 허위의 자백을 하게 하는 등으로 범인도피죄를 범하게 하는 경우와 같이 그것이 방어권의 남용으로 볼 수 있을 때에는 범인도피교사죄에 해당할 수 있다'라고 하여 방어권의 남용으로 볼 수 있는 경우에만 한정적으로 자기은닉·도피의 교사범을 인정하고 있다.

> • 본 문제에서 판례는 긍정설의 입장이 아닌 한정적 긍정설의 입장이라는 점을 주의하여야 한다.

(3) 검토 및 사안의 해결

생각건대 피고인의 방어권보장과 형사정책적인 측면을 모두 고려한다면 방어권의 남용이 있는 경우에만 범인의 자기은닉교사범을 인정하는 판례의 태도가 타당하다. 사안에서 乙이 丙에게 도피자금을 구해달라고 한 것은 방어권의 남용이라고는 할 수 없으므로 乙에게는 범인도피교사죄는 성립하지 않는다.

3. 사실관계 (2)에서 乙은 도피를 위해 자신의 트럭을 운전하던 중 H가 운전하던 자전거와 충분한 측면 간격을 유지하지 아니한 채 H를 추월하다가 H가 乙의 차바퀴에 치어 사망하였다. 이 경우 H가 만취상태였기 때문에 乙이 H의 자전거와 충분한 측면 간격을 유지하면서 추월했더라도 동일한 사망의 결과가 발생했을 것이 확실한 경우 乙에게 교통사고처리특례법위반(치사)죄가 성립하는지 논하시오. (10점)

> • 본 문제는 독일 판례를 배경으로 한 적법한 대체행위 사례에서 객관적 귀속을 인정할 수 있는지를 물어보고 있는 다소 어려운 이론적인 문제이다. 사안에서는 적법한 대체행위 이론을 따른다고 하더라도 객관적 귀속이 부정된다는 점도 주의하여야 한다.

1. 논의점

사안과 같이 행위자가 주의의무를 위반한 과실행위로 구성요건적 결과를 야기한 경우에 어떠한 기준에 따라 객관적 귀속을 인정할 수 있는지에 대하여 논의가 있다.

2. 견해의 대립과 판례의 태도

이에 대하여는 ① 행위자가 적법한 행위를 한 경우를 가정하고 사안에 적용을 하여 인과관계를 판단하자는 적법한 대체행위 이론 ② 주의의무를 위반한 과실행위가 있으면 법익이 침해될 위험이 증가하였으므로 인과관계를 긍정하자는 위험증대설 ③ 적법한 대체행위이론과 위험증대설을 결합한 절충설 등이 대립하고 있으며, ④ 판례는 원칙적으로 상당인과관계설을 따르고 있지만 '할로테인 마취 사건' 등 일부 판례에서는 일응 적법한 대체행위이론을 따르는 듯한 판시를 하고 있다

3. 검토 및 사안의 해결

생각건대 인권보장과 과실범이 결과범이라는 본질에 가장 부합하는 적법한 대체행위 이론이 타당하다. 따라서 사안에서는 적법한 행위를 대체하더라도 결과가 발생하였을 것이 확실하다면 인과관계를 인정하기 어려우므로 乙에게는 교특법 위반죄는 성립하지 않는다.

4. 사실관계 (1)에서 A는 친구 M을 만난 자리에서 "甲이 판매대금의 일부를 떼먹었다."고 이야기하였고, M은 참고인으로 경찰의 조사를 받으면서 A가 자기에게 말한 내용을 자필 진술서로 작성하여 제출하였다. 공판에서 甲이 M의 진술서에 증거 부동의하는 경우 이 진술서를 증거로 사용하기 위한 요건은 무엇인가? (15점)

> • 단일 쟁점이면서도 15점의 배점 문제이므로 가능하면 견해의 대립과 검토 및 사안의 해결도 충실하게 적어주는 것이 바람직하다.

1. 논의점

사안에서의 M의 진술서는 A의 진술내용이 적힌 재전문증거이다. 이러한 재전문증거의 증거능력을 인정할 것인지에 대하여 논의가 있다.

2. 견해의 대립

이에 대하여는 ① 형사소송법의 이념은 실체적 진실의 발견에 있으며, 전문법칙은 예외를 전제로 하여 발달한 이론이므로 증거능력을 인정할 수 있다는 긍정설과 ② 재전문증거의 증거능력을 긍정하는 명문규정이 없으며, 이를 긍정하게 되면 전문법칙이 형해화되므로 증거능력을 인정할 수 없다는 부정설이 대립하고 있다.

3. 판례의 태도

판례는 재전문증거에 대하여 ① 전문진술을 기재한 서류와 ② 재전문진술이나 재전문진술을 기재한 서류를 구별하고, 전문진술을 기재한 서류의 경우에만 각각의 요건을 구비한 경우에 증거능력을 인정하고 있어 한정적 긍정설의 입장이라고 볼 수 있다.

4. 검토 및 사안의 해결

(1) 생각건대 ① 우리나라는 배심원이 아닌 직업법관이 사실을 인정하므로 전문법칙에 대하여 엄격히 해석할 필요성이 없으며 ② 실체적 진실의 발견을 위하여는 가급적 많은 증거를 토대로 심증을 형성하는 것이 바람직하다는 점을 고려하면 긍정설의 입장이 타당하다.

(2) 따라서 사안에서 M의 진술서가 甲에게 증거능력이 인정되기 위해서는 ① A가 M에게 진술할 때 제316조 제2항의 필요성과 특신상태의 요건이 구비되어야 하며 ② M의 진술서는 수사과정에서의 진술서이므로 제312조 제5항에 의하여 제312조 제4항의 적법한 절차와 방식, 실질적 성립의 진정, 반대신문권의 보장, 특신상태의 요건이 구비되면 증거능력이 인정될 수 있다.

---

5. 사실관계 (1)과 관련하여 甲은 乙과 시비가 붙어 乙을 협박한 혐의로 공소가 제기되었으나 공판절차에서 乙의 처벌불원의사로 공소기각판결이 선고되었다. 이 경우 甲이 乙에게 협박하지 않았다는 이유로 무죄를 주장하며 항소를 제기하였다면, 항소심 법원은 어떠한 조치를 취해야 하는가? (10점)

> • 단일 쟁점이면서도 10점 배점 문제이므로 가능하면 견해의 대립과 검토도 충실하게 적어주는 것이 바람직하다. 그리고 면소판결을 받은 경우에 무죄를 주장하며 상소할 수 있는지도 같이 정리하는 것이 바람직하다.

1. 논의점

상소를 하기 위해서는 상소의 이익이 있어야 한다. 이와 관련하여 사안과 같이 피고인이 공소기각과 같은 형식재판을 받은 경우에도 무죄를 주장하며 상소할 수 있는지에 대하여 논의가 있다.

2. 견해의 대립과 판례의 태도

이에 대하여는 ① 공소기각판결보다는 무죄판결이 기판력도 발생하고, 형사보상도 받을 수 있는 이익이 있으므로 상소를 할 수 있다는 긍정설과 ② 공소기각판결은 기본적으로 유죄판결이 아니고, 피고인이 무죄판결을 희망한다는 것은 주관적 이익에 불과하므로 상소를 할 수 없다는 부정설이 대립하고 있으며 ③ 판례는 '공소기각의 판결이 있으면 피고인은 유죄판결의 위험으로부터 벗어나는 것이므로 그 판결은 피고인에게 불이익한 재판이라고 할 수 없다.'고 하여 부정설의 입장이다.

3. 검토 및 사안의 해결

생각건대 유죄판결이 아닌 공소기각판결은 피고인에게 불이익하다고 볼 수 없으므로 부정설이 타당하다. 이러한 부정설의 입장에 따르면 甲의 항소는 법률상의 방식에 위반된 부적합한 항소이므로 항소법원은 제362조 제1항에 따라 항소기각결정을 하여야 할 것이다.

---

6. 사실관계 (2)에서 법원은 A에 대한 乙의 범죄사실에 대하여 유죄를 선고하였다. 항소심에서 乙의 변호인으로 선임된 변호사 R은 변호인선임서를 제출하지 아니한 채 항소이유서만을 제출하고 항소 이유서 제출기간이 경과한 후에 변호인선임서를 항소법원에 제출하였다. 이 경우 변호사 R이 제출한 항소이유서는 효력이 있는가? (15점)

> • 배점이 15점이므로 판례의 결론만을 적을 것이 아니라 견해의 대립과 검토를 충실하게 해 주는 것이 바람직하다.

1. 논의점

사안과 같이 변호인이 변호인선임서를 제출하지 않은 채 항소이유서를 제출한 경우에 소송행위는 무효가 된다. 그런데 항소이유서제출기간이 경과한 후에 변호인선임서를 항소법원에 제출한 경우에 무효인 하자가 치유되어 항소이유서 제출의 효력이 있는지에 대하여 논의가 있다.

2. 견해의 대립과 판례의 태도

이에 대하여는 ① 피고인의 이익 보호를 위하여 이를 인정해야 한다는 긍정설과 ② 변호인선임신고의 중요성과 절차의 동적·발전적 성격에 비추어 이를 부정해야 한다는 부정설이 대립하고 있으나, ③ 판례는 '변호인의 선임은 심급마다 변호인과 연명날인한 서면으로 제출하여야 하므로(형사소송법 제32조 제1항) 변호인선임서를 제출하지 아니한 채 상고이유서만을 제출하고 상고이유서 제출기간이 경과한 후에 변호인선임서를 제출하였다면 그 상고이유서는 적법·유효한 상고이유서가 될 수 없다. 이는 그 변호인이 원심 변호인으로서 원심법원에 상고장을 제출하였더라도 마찬가지이다.'라고 하여 부정설의 입장이다.

> • 항소이유서의 추완을 부정한 판례(69모68)도 있으나, 본 판례와 동일한 내용이다. 다만, 본 판례가 법리를 보다 자세히 설명하므로 본 판례를 게재한다.

3. 검토 및 사안의 해결

생각건대 형사소송법 제32조 제1항에서는 변호인선임서를 심급마다 제출하여야 한다고 하고 있으며, 이는 변호권의 적법요건이라고 볼 수 있으므로 부정설이 타당하다. 따라서 사안에서 변호사 R이 제출한 항소이유서는 효력이 없다.

(1) 甲은 따로 살고 있는 사촌형 A로부터 A가 2020. 12. 24. 10:00에 해외여행을 떠난다는 말을 들은 후 친구 乙에게 "A가 사채업으로 돈을 벌어 귀금속을 샀다고 들었는데, A가 12. 24. 10:00경 해외여행을 떠난다고 한다. 그런데 A가 조폭 출신이고 의심도 많아 내가 직접 훔치기 어려우니, 네가 나 대신 A의 집에서 귀금속을 훔쳐 달라. 귀금속을 가져다 주면 충분히 사례를 하겠다."라고 제안하였고, 乙은 이를 승낙하였다.

(2) 乙은 A의 집 주변을 사전 답사하면서 집 안을 엿보던 중 A가 현관문 옆 화분 아래에 비상용 열쇠를 둔다는 사실을 알게 되었고, 경제적으로 어려움을 겪는 후배 丙에게 범행을 함께할 것을 제안하여, 丙의 승낙을 받고 丙과 역할 분담을 공모하였는데, 甲에게는 범행을 丙과 함께할 예정이라고 알리지 않았다.

(3) 2020. 12. 24. 10:30경 乙과 丙은 함께 丙이 운전하는 승용차를 타고 A의 집 앞으로 갔다. 丙은 A의 집 대문 앞에 승용차를 주차하고 차에 탑승한 채 망을 보고, 乙은 A의 집 담을 넘은 다음 현관문 옆 화분 아래에서 열쇠를 찾아 그 열쇠로 현관문을 열고 집 안에 들어가서 안방을 뒤지기 시작하였는데, 마당 창고에서 여행용 가방을 가지고 나오는 A의 기척을 듣고 황급히 안방 장롱에 들어가 몸을 숨겼다. A는 10:50경 짐 싸기를 마치고 집을 나섰는데, 丙은 乙이 아니라 A가 집에서 나오는 것을 보고 놀라 바로 승용차를 운전하여 도망을 가 버렸다.

(4) 乙은 A가 나간 것을 확인하고 다시 집 안을 뒤져 안방 서랍장에서 골드바 2개를 발견하고 미리 준비해 간 가방에 이를 넣고 11:00경 집 밖으로 나왔는데, 丙의 승용차가 보이지 아니하자 버스를 타기 위하여 200m 떨어진 버스정류장으로 걸어갔다.

(5) 한편 A는 공항으로 가려던 중 여권을 집에 두고 온 것을 깨닫고 11:10경 집으로 돌아왔는데, 누군가 집 안을 뒤진 흔적이 있어 도둑이 든 것을 알게 되었다. A는 자신이 집을 비운 시간이 길지 않아 범인이 아직 주변에 있을지도 모른다고 생각하고 대로변으로 나와 살펴보던 중 버스정류장에서 A의 시선을 피하면서 어색한 행동을 보이는 乙을 발견하였다. A는 乙이 범인으로 의심되어 도둑질을 하지 않았느냐고 다그치면서 乙에게 A의 집으로 같이 갈 것을 요구하였다. 乙은 A의 위세에 눌려 A의 집으로 따라왔는데, A가 도둑질을 하지 않았느냐고 계속 추궁하면서 112 신고를 하려고 하자 체포를 면탈할 목적으로 양손으로 A의 가슴을 세게 밀쳐 넘어뜨려 A에게 약 2주간의 치료를 요하는 요추부 타박상 등을 입히고 그 자리에서 도망쳤다. 그 후 乙은 甲에게 훔친 골드바 2개를 건네주었다.

(6) 丙은 위와 같이 중간에 도망친 바람에 乙로부터 돈을 받기 어려워졌다고 생각하고 유흥비를 마련하기 위하여 휴대전화 메신저 어플리케이션을 이용하여 옛 여자친구 B에게 "내일까지 네가 3개월 전에 나한 테서 빌려간 돈 100만 원을 무조건 갚아. 안 그러면 네 가족과 친구들이 이 동영상을 보게 될 거야."라는 메시지를 보내면서 과거 B와 성관계를 하면서 합의하에 촬영한 동영상을 캡처한 사진 파일을 첨부하였다. 위 메시지와 사진 파일을 받아 본 B는 겁을 먹고 경찰에 신고하였다.

1. 甲, 乙, 丙의 죄책은? (55점) (주거침입의 점은 제외함. 이는 이하에서도 같음)

2. 경찰 수사로 위 범행이 밝혀지자 A는 수사 단계에서 甲, 乙, 丙을 고소하였다.

   (가) 만약 1심 공판 과정에서 A가 甲에 대하여 처벌을 원하지 않는다는 취지로 고소취소장을 제출한 경우 함께 재판을 받는 甲, 乙, 丙에 대한 법원의 판단은? (10점)

(나) 만약 훔친 골드바는 A가 잠시 보관하고 있는 것일 뿐 사실은 A의 친구 C의 소유물이고, 수사 단계에서 A, C가 함께 甲, 乙, 丙을 고소하였는데, A, C가 1심 공판 과정에서 甲에 대한 고소취소장을 제출한 경우 함께 재판을 받는 甲, 乙, 丙에 대한 법원의 판단은? (5점)

3. B의 신고를 받은 경찰관 P는 수사를 거쳐 丙의 인적사항 등을 파악하였고, 위 (6)항 기재 내용을 범죄사실로 하는 압수 · 수색영장을 발부받아 丙의 휴대전화를 압수하였다.

(가) 경찰관 P는 丙의 휴대전화에서 발견된 丙과 B의 성관계 동영상 파일을 CD에 복사하여 기록에 편철하였다. 공판에서 丙이 디지털 포렌식 과정에서의 절차 위반을 주장하면서 증거 부동의를 하는 경우 CD에 저장된 동영상 파일은 어떠한 요건을 갖추어야 증거능력이 인정되는가? (10점)

(나) 경찰관 P가 위 압수 · 수색영장에 근거하여 압수한 丙의 휴대전화에서 丙이 乙과 통화하면서 A의 집에서 귀금속을 훔치자고 모의하는 내용의 녹음 파일을 발견한 경우 경찰관 P는 이 녹음 파일을 어떠한 방법으로 압수할 수 있는가? (10점)

4. 만약 乙과 丙의 공범사건에 대하여 乙이 먼저 기소되어 유죄판결이 확정된 후 丙이 기소되었는데, 丙에 대해서는 무죄판결이 선고, 확정된 경우 乙은 이를 이유로 재심을 청구할 수 있는가? (10점)

---

1. 甲, 乙, 丙의 죄책은? (55점) (주거침입의 점은 제외함. 이는 이하에서도 같음)

> • 55점 배점의 형법 통문제이다. 사안을 사람을 기준으로 해결하기 보다는 사건을 중심으로 해결하는 것이 보다 답안을 작성하기 용이할 것이다.

I. 골드바를 훔친 부분에 대한 甲, 乙, 丙의 죄책

1. 乙과 丙의 죄책 검토

(1) 乙의 죄책

사안에서 乙은 丙과 함께 시간 · 장소적 협동관계를 이루어 A의 집에서 절취행위를 하고 있으므로 乙에게는 합동절도죄가 성립한다. 그리고 乙이 A의 골드바 2개를 절취하였으므로 합동절도죄의 기수가 성립한다.

(2) 丙의 죄책

사안에서 丙은 乙과 동일하게 합동절도죄의 기수범이 성립한다. 丙이 중간에 도주하였으므로 공모관계로부터의 이탈이 문제되나, 도주하기 이전에 이미 乙이 안방에서 물건을 뒤지기 시작하여 절도죄의 실행의 착수 이후이므로 공모관계로부터의 이탈은 인정되지 않는다. 또한 공범인 乙의 행위에 의하여 절도가 기수에 이르렀으므로 중지미수도 성립하지 않고, 일부실행 전부책임의 원리에 따라 丙도 합동절도죄의 기수범이 성립한다.

> • 시간과 공간이 허용된다면 공모관계로부터의 이탈과 중지미수의 자의성 부분을 충실하게 적어주는 것도 바람직하다 할 것이다.

2. 甲의 죄책

(1) 사안에서 甲의 가담형태가 문제 되지만, '훔쳐오면 사례하겠다'라는 정도로는 기능적 행위지배가 인정 되지 않아 甲에게는 교사범만이 성립한다.

(2) 그런데 사안에서 乙은 단독으로 절도를 수행한 것이 아니라 丙과 합동으로 절도를 행하였으므로 甲의 죄책 범위가 문제 된다. 그러나 이러한 사안은 추상적 사실의 착오 중 양적인 착오이므로 甲은 자신의 책임 범위 내인 단순절도죄의 교사범만 성립한다.

(3) 다만 甲과 A는 동거하지 않는 친족관계에 있으므로 형법 제344조에 따라 준용되는 제328조 제2항에 따라 상대적 친고죄가 되므로 A의 고소가 있어야 처벌이 가능하다.

Ⅱ. A를 상처입힌 부분에 대한 甲, 乙, 丙의 죄책

1. 乙의 죄책

(1) 사안에서 乙이 A에게 상처를 입힌 것이 준강도치상죄가 성립할 수 있는지 문제 된다. 즉 乙이 절도의 기회에 A를 상해에 이르게 한 것인지 문제 된다.

(2) 판례의 법리에 의하면 준강도가 성립하기 위하여는 절도의 실행에 착수하여 그 실행중이거나 그 실행 직후 또는 실행의 범의를 포기한 직후로서 사회통념상 범죄행위가 완료되지 아니하였다고 인정될 만한 단계 에서 폭행 또는 협박이 행하여져야 한다.

(3) 판례에 의하면 사안과 같이 A의 집에서 절도범행을 마친 후 10분가량 지나 A의 집에서 200m 가량 떨어진 버스정류장이 있는 곳에서 乙을 절도범인이라고 의심하고 뒤쫓아 온 A에게 붙잡혀 A의 집으로 돌아왔을 때 비로소 A를 폭행한 경우, 그 폭행은 사회통념상 절도범행이 이미 완료된 이후에 행하여진 것이므로 준강도죄가 성립하지 않는다고 판시하고 있다.

(4) 따라서 사안에서 乙에게는 폭행치상죄만 성립한다.

2. 甲과 丙의 죄책

사안에서 乙에게 준강도죄가 성립하지 않으면 甲과 丙도 A의 상해 부분에 책임을 부담하지 않고 무죄가 된다.

Ⅲ. 골드바를 甲에게 전달한 부분에 대한 甲, 乙의 죄책

사안에서 乙은 재산죄의 정범이므로 장물에 대한 죄는 성립하지 않는다. 그러나 사안에서 甲은 절도죄의 정범이 아닌 교사범에 불과하므로 재산범죄로 획득인 재물인 골드바를 수수한 것은 별도의 장물취득죄 가 성립한다.

Ⅳ. B에 대한 丙의 죄책

1. 공갈미수죄의 성립

사안에서 丙은 B에게 협박을 하여 재물을 갈취하려고 하였으나, 재물의 갈취에는 이르지 못하였으므로 공갈미수죄가 성립한다.

2. 촬영물 등을 이용한 강요미수죄

사안에서 丙은 B의 성관계 동영상을 이용하여 B에게 의무없는 일을 하게 하였으나 B가 의무없는 일을 한 것은 아니므로 성폭법 제14조의3 제2항의 촬영물 등을 이용한 강요죄의 미수범이 성립한다.

> • 2021년 제10회 변호사시험에도 출제되었던 쟁점이다.

3. 죄수 관계

丙의 공갈미수죄와 성폭법 제14조의3 제2항의 촬영물 등을 이용한 강요죄의 미수죄는 하나의 행위로 인한 경우이므로 두 죄는 상상적 경합 관계에 있다.

---

2. 경찰 수사로 위 범행이 밝혀지자 A는 수사 단계에서 甲, 乙, 丙을 고소하였다.

(가) 만약 1심 공판 과정에서 A가 甲에 대하여 처벌을 원하지 않는다는 취지로 고소취소장을 제출한 경우 함께 재판을 받는 甲, 乙, 丙에 대한 법원의 판단은? (10점)

Ⅰ. 甲에 대한 판단

1. 절도교사에 대한 판단

사안에서 甲의 A에 대한 절도교사죄는 형법 제344조에 의하여 준용되는 제328조 제2항에 따라 친고죄이다. 따라서 A가 수사 단계에서 甲을 고소하였으나, 제232조 제1항에 따라 제1심 판결선고 전에 甲에 대한 고소를 취소한 경우에 법원은 제327조 제5호에 따라 공소기각판결을 선고하여야 한다.

2. 장물취득에 대한 판단

사안에서 甲의 A의 골드바에 대한 장물취득죄는 장물범과 피해자 간의 관계이므로 제365조 제1항에 의하여 준용되는 제328조 제2항이 적용되어 위의 절도교사에 대한 동일한 논리에 따라 법원은 제327조 제5호의 공소기각판결을 선고하여야 한다.

Ⅱ. 乙과 丙에 대한 판단

사안에서 乙의 폭행치상죄는 친고죄가 아니며, 乙과 丙의 특수절도죄는 A와 친족관계에 있지 않아 친고죄가 아니므로 A의 고소나 고소취소는 乙과 丙에게는 아무런 영향이 없다.
따라서 법원은 乙과 丙에 대하여 실체재판을 하여야 한다.

---

2. (나) 만약 훔친 골드바는 A가 잠시 보관하고 있는 것일 뿐 사실은 A의 친구 C의 소유물이고, 수사 단계에서 A, C가 함께 甲, 乙, 丙을 고소하였는데, A, C가 1심 공판 과정에서 甲에 대한 고소취소장을 제출한 경우 함께 재판을 받는 甲, 乙, 丙에 대한 법원의 판단은? (5점)

판례에 의하면 절도죄의 경우에 친족상도례가 적용되기 위해서는 소유자와 점유자 모두에게 친족관계에 있어야 한다. 그런데 사안에서 골드바의 소유자인 C는 甲과 친족관계가 아니므로 친족상도례를 적용되지 않는다. 그리고 장물취득의 경우에도 피해자가 C이므로 친족상도례는 적용되지 않는다. 따라서 법원은 甲, 乙, 丙에 대하여 실체재판을 하여야 한다.

3. B의 신고를 받은 경찰관 P는 수사를 거쳐 丙의 인적사항 등을 파악하였고, 위 (6)항 기재 내용을 범죄사실로 하는 압수수색영장을 발부받아 丙의 휴대전화를 압수하였다.

(가) 경찰관 P는 丙의 휴대전화에서 발견된 丙과 B의 성관계 동영상 파일을 CD에 복사하여 기록에 편철하였다. 공판에서 丙이 디지털포렌식 과정에서의 절차 위반을 주장하면서 증거 부동의를 하는 경우 CD에 저장된 동영상 파일은 어떠한 요건을 갖추어야 증거능력이 인정되는가? (10점)

> • 본 문제는 질문의 취지가 포괄적인 듯하여 아쉬움이 있는 문제이다.

1. 당사자의 절차적 참여권 보장

판례에 의하면 사안과 같이 저장매체에 대한 압수·수색 과정에서 범위를 정하여 출력 또는 복제하는 방법이 불가능하거나 압수의 목적을 달성하기에 현저히 곤란한 예외적인 사정이 인정되어 전자정보가 담긴 저장매체 또는 복제본을 수사기관 사무실 등으로 옮겨 이를 복제·탐색·출력하는 경우에도, 그와 같은 일련의 과정에서 형사소송법 제219조, 제121조에서 규정하는 피압수·수색 당사자나 그 변호인에 게 참여의 기회를 보장하고 혐의사실과 무관한 전자정보의 임의적인 복제 등을 막기 위한 적절한 조치를 취하는 등 영장주의 원칙과 적법절차를 준수하여야 한다.

2. 복사본의 증거능력 인정요건 - 동일성

판례에 의하면 사안과 같이 원본으로부터 복사한 사본일 경우에는 복사 과정에서 편집되는 등 인위적 개작없이 원본의 내용 그대로 복사된 사본임이 증명되어야만 하고, 그러한 증명이 없는 경우에는 쉽게 증거능력을 인정할 수 없다고 한다. 그리고 이러한 원본 동일성은 증거능력의 요건에 해당하므로 검사가 그 존재에 대하여 구체적으로 주장·증명해야 한다.

3. (나) 경찰관 P가 위 압수수색영장에 근거하여 압수한 丙의 휴대전화에서 丙이 乙과 통화하면서 A의 집에서 귀금속을 훔치자고 모의하는 내용의 녹음 파일을 발견한 경우 경찰관 P는 이 녹음 파일을 어떠한 방법으로 압수할 수 있는가? (10점)

1. 새로운 압수·수색 영장의 발부

판례에 의하면 사안과 같이 혐의사실과 관련된 전자정보를 적법하게 탐색하는 과정에서 별도의 범죄혐 의와 관련된 전자정보를 우연히 발견한 경우라면, 수사기관으로서는 더 이상의 추가 탐색을 중단하고 법원 으로부터 별도의 범죄혐의에 대한 압수·수색 영장을 발부받은 경우에 한하여 그러한 정보에 대하여도 적법하게 압수·수색을 할 수 있다.

2. 적법절차의 준수

판례에 의하면 사안과 같은 경우에 별도의 영장을 발부받았더라도 별도의 압수·수색 절차는 최초의 압 수·수색 절차와 구별되는 별개의 절차이므로 특별한 사정이 없는 한 그 피압수자에게 형사소송법 제 219조, 제121조, 제129조에 따라 참여권을 보장하고 압수한 전자정보 목록을 교부하는 등 피압수자의 이익 을 보호하기 위한 적절한 조치가 이루어져야 할 것이다.

4. 만약 乙과 丙의 공범사건에 대하여 乙이 먼저 기소되어 유죄판결이 확정된 후 丙이 기소되었는데, 丙에 대해서는 무죄판결이 선고, 확정된 경우 乙은 이를 이유로 재심을 청구할 수 있는가? (10점)

1. 논의점

사안과 같이 공범인 丙에 대한 무죄판결이 乙의 확정판결에 대한 재심사유로 삼을 수 있는지에 대하여는 제420조 제5호의 명백성과 관련하여 논의가 있다.

2. 견해의 대립

이에 대하여는 ① 형벌법규의 해석의 차이로 인한 것이 아니라 사실인정에 관하여 결론을 달리한 때에는 명백한 증거라고 보아야 한다는 긍정설 ② 공범자의 유죄판결의 증거와 다른 공범자의 무죄판결의 증거가 동일한 경우에는 증명력의 문제에 지나지 않으므로 명백한 증거가 될 수 없다고 보는 부정설 ③ 공범에 대한 무죄판결이 법령의 개폐나 새로운 법률해석에 따른 것이면 제420조 제5호의 '명백한 증거'에 해당하지 않지만, 공범에 대한 무죄판결에 사용된 증거가 다른 공범에 대해 먼저 확정된 유죄판결을 파기할 만한 개연성이 있는 경우에는 제420조 제5호의 '명백한 증거'에 해당한다는 이분설 등의 대립이 있다.

3. 판례의 태도

판례는 '당해 사건의 증거가 아니고 공범자 중 1인에 대하여는 무죄, 다른 1인에 대하여는 유죄의 확정판결이 있는 경우에 무죄확정 판결의 증거자료를 자기의 증거자료로 하지 못하였고 또 새로 발견된 것이 아닌 한 무죄확정 판결 자체만으로는 유죄확정 판결에 대한 새로운 증거로서의 재심사유에 해당한다고 할 수 없다'라고 하여 기본적으로 부정설의 입장이다.

4. 검토 및 사안의 해결

생각건대 공범에 대한 모순된 판결은 법관의 자유심증의 결과일 수 있으므로 모순된 판결의 존재만으로 증거의 명백성을 인정할 수는 없으며 추가적으로 증거의 신규성을 요구하는 부정설의 입장이 타당하다. 이러한 부정설의 입장에 따르면 사안에서 乙은 丙에 대한 무죄판결만을 이유로 재심을 청구할 수 없다.

> • 재심 부분에서 다소 어려운 쟁점이 출제되었다. 학설 부분에서 배점을 넘어서는 해설을 한 것은 판례의 이해를 위한 것이므로 답안작성을 할 때에는 학설의 양을 줄여야 할 것이다.

(1) A군(郡)의 군수인 甲은 사채업자인 乙과 공모하여 관내 건설업자 丙에게 금전적 지원을 요구하기로 마음먹었다. 甲은 丙을 군수집무실로 불러 A군(郡)이 둘레길 조성사업을 계획하고 있는데 이는 丙에게 좋은 기회가 될 것이라고 하면서 乙이 향후 둘레길 조성사업에 관여하게 될 것이니 乙에게 업무용 차량과 업무에 필요한 비품을 지원해 주라고 부탁하였다. 이에 丙은 乙에게 자기 소유인 시가 3,000만 원 상당의 K5 승용차를 주고 시가 1,000만 원 상당의 비품을 구매해 주었다. 丙은 乙에게 K5 승용차의 소유권이전등록을 해 주지는 않았으나 앞으로 乙에게 이를 반환받을 마음이 없었으며 乙도 이를 丙에게 반환할 생각이 없었다.

(2) 乙은 과거 육군 대위로서 육군사관학교에 재직하면서 납품 관련 시험평가서를 기안하는 등 그 작성을 보조하는 업무를 담당하던 중에, B방위산업체에 근무하는 고교동창 丁으로부터 B방위산업체에서 생산하여 납품하려고 하는 탄환에 대한 시험평가서가 필요하니 도와달라는 부탁을 받고, 그 부탁에 따라 다른 업체에 대한 탄환 실험데이터를 도용하여 실험 결과를 허위로 기재한 육군사관학교장 명의의 시험평가서를 작성한 다음 그 정을 모르는 결재권자의 도장을 받았다.

(3) 丙은 자신의 집에서 C와 함께 술을 마시던 중, 술에 취해 누워 있는 C의 하의를 벗긴 후 C를 1회 간음하였다. 당시 丙은 C가 만취하여 심신상실 상태에 있다고 생각하고 이를 이용한 것이었는데, 실제로 C는 반항이 불가능할 정도로 술에 취하지는 않았다.

1. 각각의 죄책에 대하여 논하시오.
   ㈎ 위 사례 (1)에서 甲, 乙, 丙의 죄책은? (22점)
   ㈏ 위 사례 (2)에서 乙, 丁의 죄책은? (18점)
   ㈐ 위 사례 (3)에서 丙의 죄책은? (15점)

2. 위 사례 (1)에서 丙이 甲의 부탁으로 乙에게 2013. 8. 5. 시가 3,000만 원 상당의 업무용 차량과 1,000만 원 상당의 비품을 구매해 주었다. 위 사건에 대한 수사가 개시되자 乙은 겁을 먹고 태국으로 도주해 2017. 8. 5.부터 2018. 8. 4.까지 태국에 머무르다가 귀국하였다. 검사는 2019. 8. 5. 乙에 대한 공소제기를 하였고 2020. 8. 4. 위 판결이 확정되었다. 검사가 2021. 12. 5. 甲과 丙에 대하여 공소를 제기하자, 甲과 丙의 변호인은 이미 공소시효가 만료된 사안으로 면소판결을 하여야 한다는 주장을 하였다. 변호인의 주장은 타당한가? (13점)

3. 위 사례 (1)에서 1심 법원은 乙에 대한 공소사실을 전부 유죄로 인정하여 乙에게 징역 2년 6월 및 추징 40,000,000원을 선고하였고, 이에 대하여 乙만이 항소하였는데, 항소심은 사실인정에 있어 1심보다 중하게 변경하면서 乙에게 징역 2년 6월 및 집행유예 5년, 벌금 100,000,000원 및 추징 40,000,000원을 선고하였다. 항소심의 판결은 적법한가? (10점)

4. 검사는 乙에 대한 구속영장을 발부받아 乙을 구속하였다. 이에 대하여 乙의 변호인이 乙의 석방을 위해 취할 수 있는 조치를 공소제기 전과 후로 나누어 논하시오. (10점)

5. 위 사안에서 피고인 丙의 변호인은 검사에게 변론을 위해 수사서류 등의 열람·등사(증거개시)를 요청하였으나 검사는 피해자 C에 대한 사생활보호 등을 이유로 거부하였다. 이에 변호인이 불복하여 법원에 열람·등사(증거개시)를 신청하였고, 법원은 검사에게 수사서류 등의 열람·등사를 허용할 것을 명하였다. ① 검사는 이러한 법원의 결정에 불복할 수 있는가, ② 검사가 법원의 결정에 따르지 않는 경우 피고인 丙의 변호인은 어떻게 대응할 수 있는가? (12점)

1. 각각의 죄책에 대하여 논하시오.

(가) 위 사례 (1)에서 甲, 乙, 丙의 죄책은? (22점)

Ⅰ. 甲의 죄책

1. 특가법 제2조 제1항 제3호 위반죄의 성립

(1) 사안에서 군수인 甲은 직무와 관련하여 사채업자인 乙과 공모한 후 건설업자인 丙에게 K5 승용차 등을 乙에게 제공하도록 하고 乙이 이를 수수하고 있다. 이러한 경우 甲의 죄책이 제129조 제1항의 수뢰죄가 성립하는지, 제130조의 제3자뇌물제공죄가 성립하는지 문제 된다.

(2) 판례는 '제3자뇌물수수죄에서 제3자란 행위자와 공동정범 이외의 사람을 말하고, 교사자나 방조자도 포함될 수 있다'라고 하고 있다. 그런데 사안에서는 甲과 乙은 의사의 연락을 하고 기능적으로 행위지배를 하고 있어 공동정범이 성립하므로 제3자뇌물수수죄가 성립하지는 않고 수뢰죄만 성립한다.

(3) 사안에서 甲에게 특가법 제2조 제1항 제3호 위반죄가 성립하기 위해서는 丙으로부터 받은 자동차를 수수하였다는 점이 인정되어야 한다. 이와 관련하여 자동차 수수와 관련되어 판례는 '자동차를 뇌물로 제공한 경우 자동차등록원부에 뇌물수수자가 그 소유자로 등록되지 않았다고 하더라도 자동차의 사실상 소유자로서 자동차에 대한 실질적인 사용 및 처분권한이 있다면 자동차 자체를 뇌물로 취득한 것으로 보아야 한다'라고 한다. 이러한 판례의 법리에 따르면 사안에서 丙은 乙에게 K5 승용차의 소유권이전등록을 해 주지는 않았으나 앞으로 乙에게 이를 반환받을 마음이 없었으며 乙도 이를 丙에게 반환할 생각이 없었으므로 K5 승용차를 수수하였다고 보아야 한다. 따라서 사안에서 乙은 시가 3,000만 원의 승용차와 1,000만 원 상당의 비품까지 수수하였으므로 甲은 특가법 제2조 제1항 제3호 위반죄가 성립한다.

Ⅱ. 乙의 죄책

사안에서 乙은 공무원이 아니지만, 공무원인 甲과 의사의 연락을 하고 기능적으로 행위하여 丙으로부터 뇌물을 수수하고 있다. 따라서 乙은 제33조 본문에 따라 甲과 함께 특가법 위반죄의 공동정범이 성립한다.

Ⅲ. 丙의 죄책

사안에서 丙은 공무원인 甲의 요구를 받고 乙에게 K5 승용차 등 뇌물을 제공하고 있다. 따라서 丙에게는 제133조 제1항의 증뢰죄가 성립한다.

1. (나) 위 사례 (2)에서 乙, 丁의 죄책은? (18점)

Ⅰ. 乙의 죄책

1. 논의점

사안에서 작성권자를 보조하는 공무원인 乙이 작성권자에게 허위보고를 하여 작성권자가 허위인 정을 모르고 허위공문서를 작성한 경우에 乙에게 허위공문서작성죄의 간접정범이 성립할 수 있는지에 대하여 논의가 있다.

2. 견해의 대립

이에 대하여는 ① 보조공무원은 실질적으로 작성권한이 있으며, 보조공무원을 처벌할 필요성이 있으므로 간접정범을 긍정하는 긍정설과 ② 허위공문서작성죄는 진정신분범이며, 보조공무원은 다른 범죄로 처벌하면 되므로 간접정범을 부정하는 부정설이 대립하고 있다.

3. 판례의 태도

판례는 '보조공무원이 허위공문서를 기안하여 허위인 정을 모르는 작성권자에게 제출하고 그로 하여금 그 내용이 진실한 것으로 오신케하여 서명 또는 기명날인케 함으로써 공문서를 완성한 때에는 허위공문서작성죄의 간접정범이 성립한다'라고 하여 긍정설의 입장이다.

4. 검 토

생각건대 작성권자를 보조하는 자는 실질적인 작성권한을 가지고 있다고 볼 수 있으며, 작성권자를 이용하는 보조자를 처벌할 형사정책적 필요성도 있으므로 긍정설이 타당하다. 이러한 긍정설에 따르면 사안에서 乙에게는 허위공문서작성죄의 간접정범이 성립한다.

Ⅱ. 丁의 죄책

사안에서 작성권자를 보조하는 공무원인 乙에게 허위공문서작성죄의 간접정범이 성립하는 경우에 乙과 공모한 공무원이 아닌 丁은 제33조 본문에 의하여 허위공문서작성죄의 간접정범의 공범이 성립할 수 있다. 그런데 사안에서 丁은 乙에게 도와달라고 말하는 정도에 불과하여 기능적 행위지배를 인정할 수 없으므로 丁에게는 교사범만이 성립한다. 따라서 사안에서 丁에게는 허위공문서작성죄의 간접정범의 교사범이 성립한다.

> • 본 문제는 신용에 관한 죄에서 사례형 문제로 출제될 가능성이 가장 높은 쟁점이다.

1. (다) 위 사례 (3)에서 丙의 죄책은? (15점)

1. 논의점

사안에서 丙은 C가 심신상실 또는 항거불능의 상태에 있다고 생각하고 간음하였으나, 실제로 C는 의식이 없는 상태가 아니었다. 이러한 경우에 丙에게 준강간죄의 불능미수가 성립할 수 있는지에 대하여 논의가 있다.

2. 전합의 다수의견

전합의 다수의견은 ① 준강간죄의 객체를 '심신상실 또는 항거불능의 상태에 있는 사람'으로 보고 ② 불능미수의 '결과발생의 불가능'은 실행의 수단 또는 대상의 원시적 불가능성으로 인하여 범죄가 기수에 이를 수 없는 것을 의미한다고 보고 ③ 불능미수의 '위험성'의 판단에 대하여 추상적 위험설을 바탕으로 하여, 사안과 같은 경우에는 불능미수가 성립한다고 보고 있다.

3. 전합의 반대의견

전합의 반대의견은 ① 준강간죄의 객체를 '사람'으로 보고 ② 불능미수의 '결과발생의 불가능'은 범죄기수의 불가능뿐만 아니라 범죄실현의 불가능을 포함하는 개념으로 보고 ③ 불능미수의 '위험성'의 판단에 대하여 추상적 위험설을 바탕으로 하여, 사안과 같은 경우에는 결과발생이 불가능한 경우에 해당하지 않아 불능미수가 성립하지 않는다고 보고 있다.

4. 사안의 해결

생각건대 준강간죄는 '심신상실 또는 항거불능의 상태에 있는 사람'이 전제되어야 한다는 점에서 준강간죄의 객체는 '심신상실 또는 항거불능의 상태에 있는 사람'이라고 보는 것이 타당하다. 그러므로 사안에서 丙의 착오는 객체에 대한 적극적 착오인 대상의 착오에 해당하므로 불능미수범설이 타당하다. 따라서 丙에게는 형법 제300조, 제299조, 제27조에 따른 준강간죄의 불능미수범이 성립한다.

> • 최근의 전합 판례의 태도를 묻는 문제이다. 전합의 다수의견과 반대의견의 가장 큰 차이는 준강간죄의 객체라는 점을 주의하여야 할 것이다.

---

2. 위 사례 (1)에서 丙이 甲의 부탁으로 乙에게 2013. 8. 5. 시가 3,000만 원 상당의 업무용 차량과 1,000만 원 상당의 비품을 구매해 주었다. 위 사건에 대한 수사가 개시되자 乙은 겁을 먹고 태국으로 도주해 2017. 8. 5.부터 2018. 8. 4.까지 태국에 머무르다가 귀국하였다. 검사는 2019. 8. 5. 乙에 대한 공소제기를 하였고 2020. 8. 4. 위 판결이 확정되었다. 검사가 2021. 12. 5. 甲과 丙에 대하여 공소를 제기하자, 甲과 丙의 변호인은 이미 공소시효가 만료된 사안으로 면소판결을 하여야 한다는 주장을 하였다. 변호인의 주장은 타당한가? (13점)

1. 甲의 특가법위반 공소시효 완성 여부

(1) 甲의 범행은 수뢰액이 4,000만 원이므로 특가법 제2조 제1항 제3호에 따라 '5년 이상의 유기징역'이므로 형사소송법 제249조 제1항 제3호에 따라 공소시효기간은 10년이다.

> • 3,000만 원 이상의 수뢰는 특가법이 적용된다는 점을 주의하여야 한다.

(2) 공소시효는 제252조 제1항에 따라 범죄행위가 종료한 때로부터 진행하고 제66조 제1항 단서에 따라 초일을 산입한다.

(3) 공범인 乙이 2019. 8. 5. 공소제기되어 2020. 8. 4. 판결이 확정된 1년간은 제253조 제2항에 의하여 공소시효가 정지되므로 甲의 특가법위반 공소시효 완성일은 2013. 8. 5.부터 11년이 지난 2024. 8. 4. 24:00에 완성된다. 그런데 사안에서는 2021. 12. 5.에 공소가 제기되었으므로 甲의 변호인의 주장은 타당하지 않다.

2. 丙의 증뢰죄의 공소시효 완성 여부

(1) 丙의 증뢰죄는 형법 제133조 제1항에 의하여 법정형은 '5년 이하의 징역'이므로 공소시효기간은 형사소송법 제249조 제1항 제4호에 따라 7년이다.

> • 특가법상 수뢰는 수뢰자만 적용되고, 증뢰자에게는 적용되지 않는다는 점을 주의하여야 한다.

(2) 이와 관련하여 사안에서 공범인 乙의 재판이 확정되었다고 하더라도, 판례에 의하면 제253조 제2항의 공범에는 수뢰죄와 증뢰죄 사이와 같은 대향범은 포함되지 않으므로 丙의 공소시효가 정지되지 않는다. 그리고 공범인 乙이 형사처분을 면할 목적으로 국외에 있는 경우에도 제253조 제3항에 따라 그 기간 동안 乙의 공소시효는 정지되지만, 공범인 甲과 丙에게는 공소시효가 정지되지 않는다.

> • 제253조 제3항의 경우에는 공범에 대한 시효가 정지되지 않는다는 점을 주의하여야 한다.

(3) 따라서 사안에서 丙은 공소시효가 정지되지 않아 공소시효 완성일은 2013. 8. 5.부터 7년이 지난 2020. 8. 4. 24:00에 완성된다. 그런데 검사는 2021. 12. 5.에 공소를 제기하였으므로 丙의 변호인의 주장은 타당하다.

> • 전체적으로 평소에 공소시효 관련 규정을 암기해 두는 것이 바람직하다.

3. 위 사례 (1)에서 1심 법원은 乙에 대한 공소사실을 전부 유죄로 인정하여 乙에게 징역 2년 6월 및 추징 40,000,000 원을 선고하였고, 이에 대하여 乙만이 항소하였는데, 항소심은 사실인정에 있어 1심보다 중하게 변경하면서 乙에게 징역 2년 6월 및 집행유예 5년, 벌금 100,000,000 원 및 추징 40,000,000 원을 선고하였다. 항소심의 판결은 적법한가? (10점)

1. 논의점

사안에서 1심 판결에 대해 피고인 乙만 항소하였으므로 형사소송법 제368조에 따라 乙에게는 불이익변경금지의 원칙이 적용된다. 그런데 사안에서의 항소심의 형이 불이익변경에 해당하는지 문제 된다.

2. 불이익변경의 판단 기준

(1) 불이익변경의 판단 기준에 대하여 판례는 '불이익변경금지의 원칙을 적용함에 있어서는 주문을 개별적·형식적으로 고찰할 것이 아니라 전체적·실질적으로 고찰하여 그 형의 경중을 판단하여야 한다'라고 하여 전체적·실질적으로 비교 결정하여 판단하고 있다.

(2) 따라서 불이익변경을 판단함에 있어서는 피고인에게 과하여지는 자유구속과 법익박탈의 정도를 전체적·실질적으로 비교하여 결정해야 한다.

3. 사안의 해결

사안에서 항소심이 제1심의 징역 2년 6월을 징역 2년 6월 및 집행유예 5년, 벌금 1억 원으로 변경한 것은 비록 실형이 집행유예로 변경되었으나, 집행유예의 실효나 취소가능성 그리고 벌금 미납 시 노역장 유치 가능성과 그 기간 등을 전체적·실질적으로 고찰할 때 항소심이 선고한 형은 제1심이 선고한 형보다 무거워 피고인에게 불이익하므로 항소심의 판결은 타당하지 않다.

> • 불이익변경의 판단기준에 대하여 전체적·실질적 고찰설에 따르면 위와 같은 예는 평소에 판례를 정확히 확인하지 않았다면 답안 작성이 쉽지 않았을 것이다. 따라서 평소에 불이익변경과 관련된 판례들을 정확히 확인해 두는 것이 바람직하다.

4. 검사는 乙에 대한 구속영장을 발부받아 乙을 구속하였다. 이에 대하여 乙의 변호인이 乙의 석방을 위해 취할 수 있는 조치를 공소제기 전과 후로 나누어 논하시오. (10점)

I. 공소제기 전 석방조치 - 구속적부심사의 청구

乙의 변호인은 형사소송법 제214조의2에 따라 관할법원에 구속적부심사를 청구할 수 있다. 그리고 석방결정을 이끌어 내기 어려운 경우에는 제214조의2 제5항 단서 사유인 ① 범죄의 증거를 인멸할 염려가 있다고 믿을 만한 충분한 이유가 있는 때 ② 피해자, 당해 사건의 재판에 필요한 사실을 알고 있다고 인정되는 자 또는 그 친족의 생명·신체나 재산에 해를 가하거나 가할 염려가 있다고 믿을 만한 충분한 이유가 있는 때에 해당하지 않는다는 점을 주장하며 보충적으로 보증금 납입조건부 피의자석방을 촉구할 수 있다.

II. 공소제기 후 석방조치 - 보석

乙의 변호인은 형사소송법 제94조에 의한 보석을 청구할 수 있다. 그러나 乙의 특가법위반 범죄는 5년 이상의 징역형이므로 제95조 제1호의 필요적 보석사유의 제외사유에 해당하므로 제96조에 따라 상당한 이유가 있는 때에 해당한다는 점을 주장하며 임의적 보석을 청구할 수 있다.

III. 공소제기 전후의 공통적인 조치

1. 구속의 취소

乙의 변호인은 乙에게 구속의 사유가 없거나 소멸된 때에 공소제기 후에는 법원에, 공소제기 전에는 수사기관에 구속을 취소하여 줄 것을 청구할 수 있다(제93조, 제209조).

2. 구속집행정지

乙의 변호인은 상당한 이유가 있음을 주장하며 공소제기 후에는 법원에, 공소제기 전에는 수사기관에 구속에 대한 집행정지를 촉구할 수 있다(제101조, 제209조).

> • 본 문제의 핵심은 구속적부심사의 청구와 보증금납입조건부석방 그리고 보석이 될 것이다. 실제 시험장에서는 구속의 취소와 구속의 집행정지 등을 적어주었다면 가점 사항이 될 수 있을 것이다. 또한 본 문제를 통하여 형사소송법상의 조문을 정확히 알아두는 것이 중요하다는 것을 알 수 있다.

5. 위 사안에서 피고인 丙의 변호인은 검사에게 변론을 위해 수사서류 등의 열람 · 등사(증거개시)를 요청하였으나 검사는 피해자 C에 대한 사생활보호 등을 이유로 거부하였다. 이에 변호인이 불복하여 법원에 열람 · 등사(증거개시)를 신청하였고, 법원은 검사에게 수사서류 등의 열람 · 등사를 허용할 것을 명하였다. ① 검사는 이러한 법원의 결정에 불복할 수 있는가, ② 검사가 법원의 결정에 따르지 않는 경우 피고인 丙의 변호인은 어떻게 대응할 수 있는가? (12점)

1. 검사의 법원의 결정에 대한 불복 여부

법원의 증거개시결정에 대하여 형사소송법에서 별도로 즉시항고에 관한 규정을 두고 있지 않았으므로 즉시항고는 할 수 없지만, 검사가 보통항고의 방법으로 불복할 수 있는지에 대하여 논의가 있다. 종래 법무부 개정 형사소송법 해설집에서는 보통항고가 가능하다고 보았지만, 판례는 형사소송법 제266조의4에 따라 법원이 검사에게 수사서류 등의 열람 · 등사 또는 서면의 교부를 허용할 것을 명한 결정은 피고사건 소송절차에서의 증거개시와 관련된 것으로서 제403조에서 말하는 '판결 전의 소송절차에 관한 결정'에 해당하므로 보통항고에 의한 방법으로 불복할 수 없다고 판시하고 있으므로 항고의 방법으로 불복할 수 없다.

2. 검사가 법원의 결정에 따르지 않는 경우에 변호인의 대응

(1) 법원의 증거개시결정이 있음에도 불구하고 검사가 불응할 경우에 변호인의 대응방법으로는 ① 형사소송법 제266조의11 제2항에 따라 검사의 증거개시요구를 거부할 수 있고, ② 검사가 제266조의4 제5항에 반하는 증인 및 서류 또는 물건에 대해 증거신청이나 증거결정이 있는 경우에 형사소송법 제295조, 규칙 제135조의2에 따른 이의신청을 할 수 있다.

(2) 그리고 검사가 법원의 결정에 따르지 않는 것은 피고인의 열람 · 등사권을 침해하고, 나아가 피고인의 신속 · 공정한 재판을 받을 권리 및 변호인의 조력을 받을 권리까지 침해하게 되는 것이므로 헌법재판소법 제68조 제1항에 따라 헌법재판소에 헌법소원을 청구할 수 있다.

(3) 기타 변호인은 법원에 대하여 ① 해당 증거에 대한 법원의 직권에 의한 증거조사 ② 형식재판으로 종결시키는 방법 ③ 공판절차의 정지 ④ 무죄판결의 선고 등을 법원에 촉구할 수 있다.

> • ②번 문제는 질문이 다소 포괄적이므로 다양한 방법을 제기하는 것이 바람직하다.

(1) X회사의 개발팀장으로 근무하는 甲은 2022. 4. 1. 위 회사가 입주한 Y상가 관리소장 A와 방문객 주차 문제로 언쟁을 벌인 후, A를 비방할 목적으로 상가 입주자 약 200여 명이 회원으로 가입된 Y상가 번영회 인터넷 카페 사이트 게시판에 'A에게 혼외자가 있다'는 허위사실을 게시하였다. 甲은 이 글의 신빙성을 높이기 위해 관리사무소 직원 B에게 부탁하여 'A가 혼외자와 함께 있는 것을 보았다'는 허위 내용이 기재된 B 명의의 사실확인서를 받아 위 게시물에 첨부하였다.

(2) 향후 창업을 계획하고 있어 창업 자금이 필요하던 甲은 2022. 4. 3. 약혼녀인 C의 지갑에서 액면금 3천만 원의 수표를 꺼내 가져갔다. 당시 C는 그 자리에서 甲의 행위를 보았으나 다른 생각을 하느라 별다른 행동을 하지 않았다. 이에 甲은 자신이 지갑에서 수표를 꺼내어 가져가는 데 C가 동의한 것으로 오인하였다.

(3) X회사의 경쟁 회사 상무 D는 甲에게 접근하여 'X회사에서 10억 원 가량을 투입하여 새로 개발한 기밀에 해당하는 메모리칩 도면 파일을 빼내어 주면 3억 원을 지급하겠다'고 제안하였고, 창업 자금이 부족하다고 생각하던 甲은 D의 제안을 승낙하였다. 그 후 甲은 2022. 4. 11. 09:00경 회사에 출근하여 위 메모리칩 도면 파일을 자신의 이동식 저장장치(USB)에 몰래 복사하고, 이를 가지고 나와 D에게 넘겨준 다음 현금 3억 원을 받았다.

(4) 사실관계 (3)에 대한 경찰 수사가 진행 중임을 직감한 甲은 이에 대비하기 위해 중학교 동창인 경찰관 乙에게 수사 상황을 알려 줄 것을 부탁하였다. 乙은 경찰에서 甲에 대한 체포영장을 곧 신청할 예정임을 알려 주었다. 실제로 사법경찰관 P1은 다음 날 오후 사실관계 (3)의 혐의로 甲에 대한 체포영장을 발부받아 집행에 착수하였다.

(5) 甲이 기소되어 사실관계 (3)에 대한 재판을 받게 되자, 乙은 甲의 동생인 丙에게 甲을 위해 증인으로 출석하여 甲의 알리바이를 위한 허위의 증언을 해 줄 것을 부탁하였다. 이에 따라 丙은 법정에 증인으로 출석하여 적법하게 선서한 후, '甲이 2022. 4. 11.에는 휴가를 내고 당일 새벽 자신과 함께 여행을 떠났다가 다음 날 집에 돌아왔다'고 허위로 증언하였다.

1. (1)에서 甲의 죄책은? (10점)

2. (2)에서 동의를 ① '양해'로 보는 견해와 ② '승낙'으로 보는 견해로 나누어 甲의 죄책을 각각 논하시오. (15점)

3. (3)에서 甲의 죄책은? (주거침입의 점 및 특별법 위반의 점은 제외함) (15점)

4. (4)와 (5)에서 甲, 乙, 丙의 죄책은? (20점)

5. (1)에 대한 甲의 재판에서 다음 증거의 증거능력을 검토하시오.

　가. 재판에서 검사는 甲이 허위 사실확인서를 이용하여 A에 대한 허위사실을 게시한 점을 입증하기 위한 증인으로 甲의 친구 W를 신청하였고, 공판기일에 출석한 W는 적법하게 선서한 후 "B에게 허위의 사실확인서 작성을 부탁하여 허위 내용 게시에 사용하였다'는 말을 甲으로부터 들었다"고 증언하였다. 위 W의 증언의 증거능력을 검토하시오. (10점)

　나. 수사단계에서 사법경찰관 P2는 사실확인서를 작성한 B가 간암 말기 판정을 받고 중환자실에 입원하게 되자, 동료 직원 E를 조사하여 "'고향선배인 甲이 부탁을 하여 어쩔 수 없이 A에 대한 허위

사실확인서를 작성하여 주었고 이후 인터넷 카페 사이트 게시판을 보고 甲이 이를 허위 내용 게시에 사용하였다는 것을 알게 되었다'는 말을 B로부터 들었다"는 진술을 듣고 진술조서에 기재하였다. 검사는 공판기일에 E에 대한 진술조서를 증거로 제출하였다. 이 진술조서 중 위 진술부분의 증거능력을 검토하시오. (15점)

6. (4)에서 甲이 사법경찰관 P1의 체포를 면탈하기 위해 주먹으로 P1의 얼굴을 때려 약 4주간의 치료가 필요한 상해를 가하고 달아나다가 결국 체포되었다. 검사는 甲의 이러한 행위를 공무집행방해죄와 상해죄의 경합범으로 기소하였고, 제1심 법원은 공무집행방해죄에 대하여 유죄, 상해죄에 대하여 무죄를 각각 선고하였다. 위 제1심 판결에 대해 검사만 상해죄 부분에 대하여 항소하였고, 항소심 심리 결과 甲의 두 죄가 상상적 경합 관계에 있다는 결론에 도달한 경우, 항소심의 심판 범위를 설명하시오. (15점)

1. (1)에서 甲의 죄책은? (10점)

1. 정통망법 제70조 제2항 위반죄 성립

甲이 A를 비방할 목적으로 Y상가 번영회 인터넷 카페 사이트 게시판에 'A에게 혼외자가 있다'는 허위사실을 게시한 행위는 정통망법 제70조 제2항의 허위사실적시명예훼손죄가 성립한다. 그리고 허위 내용이 기재된 B 명의의 사실확인서를 받아 게시물에 첨부한 것도 동일한 범죄가 성립한다.

2. 사문서위조교사죄 불성립

甲이 관리사무소 직원 B에게 부탁하여 'A가 혼외자와 함께 있는 것을 보았다'라는 허위 내용이 기재된 B 명의의 사실확인서를 작성하게 한 행위는 사문서의 무형위조의 교사에 해당하므로 범죄가 되지 않는다.

3. 죄수 관계와 반의사불벌죄

甲이 허위사실을 게재하고 허위 내용이 기재된 B 명의의 사실확인서를 받아 게시물에 첨부한 것은 甲이 단일의 의사로 A의 명예를 훼손한 것이므로 정통망법 제70조 제2항 위반의 포괄일죄가 되며, 동죄는 정통망법 제70조 제3항에 의하여 반의사불벌죄이다.

> • 죄수 문제와 소추조건도 빠뜨리지 않는 것이 바람직하다.

2. (2)에서 동의를 ① '양해'로 보는 견해와 ② '승낙'으로 보는 견해로 나누어 甲의 죄책을 각각 논하시오. (15점)

> • 형법상의 동의를 양해와 승낙으로 나누어 그 소극적 착오인 사실의 착오와 위법성조각사유의 전제사실의 착오를 묻고 있는 수준 높은 문제이다. 따라서 본 문제를 통해 착오론 일반을 정리하는 것이 바람직하다.

1. '양해'로 보는 견해에 따른 甲의 죄책

사안에서 동의를 양해로 보는 견해에 따르면 C의 양해가 없었음에도 있다고 오인한 것은 절도죄에서 점유자의 의사에 반한다는 객관적 구성요건요소에 대한 소극적 착오인 사실의 착오(구성요건적 착오)에 해당한다. 따라서 甲의 행위는 형법 제13조 본문에 따라 죄의 성립요소인 사실을 인식하지 못한 행위로써 고의가 없으므로 무죄가 된다.

2. '승낙'으로 보는 견해에 따른 甲의 죄책

(1) 사안에서 동의를 승낙으로 보는 견해에 따르면 C의 동의가 없었음에도 있다고 오인한 행위는 위법성이 조각되기 위한 전제상황에 대한 착오에 해당한다.

(2) 이러한 위법성조각사유의 전제사실의 착오의 해결에 대하여는 ① 법률의 착오로 보는 엄격책임설 ② 사실의 착오를 유추적용하자는 제한책임설 ③ 이단계범죄체계를 전제로 사실의 착오로 취급하는 소극적 구성요건표지이론 ④ 고의의 이중적 지위를 전제로 구성요건적 고의는 인정되지만 책임고의가 없어 고의범은 성립하지 않고 과실책임 여부만이 문제 된다는 법효과제한적 책임설 등이 대립하고 있다.

(3) 위법성조각사유의 전제사실에 대한 착오에 대한 최근 판례는 피고인이 당시 죄가 되지 않는 것으로 오인한 것에 대해 '정당한 이유'가 있으면 위법성이 조각된다는 취지로 판시하고 있다.

(4) 생각건대 현재 일반적으로 확립된 합일태적 범죄체계인 고의의 이중적 지위를 전제로 하고 있는 법효과제한적 책임설이 ① 구체적 타당성 ② 논리적 우수성 ③ 체계적합성 ④ 악의의 공범자의 처벌가능성을 모두 구비하고 있으므로 가장 타당하다.

(5) 이에 따르면 사안에서 甲의 행위는 구성요건적 고의는 인정되지만, 책임고의가 없어 과실범 성립 여부가 문제 되지만, 절도죄는 과실범을 처벌하지 않으므로 무죄가 된다.

3. (3)에서 甲의 죄책은? (주거침입의 점 및 특별법 위반의 점은 제외함) (15점)

1. 절도죄의 불성립

사안에서 甲이 회사에서 영업비밀인 메모리칩 도면 파일을 자신의 이동식 저장장치(USB)에 몰래 복사하고, 이를 가지고 나온 행위가 절도죄가 성립하는지 문제 된다. 그러나 ① 절도죄의 객체는 관리 가능한 동력을 포함한 '재물'에 한정되지만, 사안에서의 '도면 파일'은 정보로써 정보 자체는 유체물이라고 볼 수도 없고, 물질성을 가진 동력도 아니므로 재물이 될 수 없으며, ② 절도죄가 성립하기 위해서는 그 재물의 소유자 기타 점유자의 점유 내지 이용가능성을 배제하고 이를 자신의 점유 하에 배타적으로 이전하는 행위가 있어야 하지만, 사안에서의 '도면 파일'을 복사하거나 출력하였다 할지라도 그 정보 자체가 감소하거나 피해자의 점유 및 이용가능성을 감소시키는 것이 아니므로 甲에게는 절도죄는 성립하지 않는다.

2. 업무상배임죄의 성립

사안에서 X회사의 개발팀장으로 근무하는 甲은 회사에 대하여 타인의 사무를 처리하는 지위에 있다. 그리고 판례에 의하면 회사직원이 재직 중에 영업비밀 또는 영업상 주요한 자산을 경쟁업체에 유출하거나 스스로의 이익을 위하여 이용할 목적으로 무단으로 반출하였다면 타인의 사무를 처리하는 자로서 업무상의 임무에 위배하여 유출 또는 반출한 것이어서 유출 또는 반출 시에 업무상배임죄의 기수가 된다. 따라서 甲에게는 업무상배임죄가 성립한다.

3. 배임수재죄에 대한 검토

사안에서 甲에게 배임수재죄가 성립할 수 있는지 문제 된다. 배임수재죄에 있어서 "임무"라 함은 타인의 사무를 처리하는 자가 위탁받은 사무를 말하나 그 위탁관계로 인한 본래의 사무뿐만 아니라 그와 밀접한 관계가 있는 범위 내의 사무도 포함된다. 그러나 사안에서의 甲의 행위는 개발임무와는 관련이 없는 범죄행위에 불과하므로 배임수재죄는 성립하지 않는다.

> • 甲이 개발팀장이므로 배임수재죄가 성립한다는 논리도 가능해 보이지만, 배임수재죄가 성립하기 위해서는 재물 또는 재산상 이익의 취득이 있어야 하는데 본 사안에서의 3억 원은 업무상배임죄의 대가로 받는 것에 불과하므로 배임수재죄의 성립을 부정하는 견해로 정리한다. 배임수재죄를 긍정하는 견해로는 형법사례연습(김태명 저) 506페이지 참조.

4. (4)와 (5)에서 甲, 乙, 丙의 죄책은? (20점)

Ⅰ. 수사상황을 알려 준 행위와 관련된 甲과 乙의 죄책

1. 乙의 죄책

사안에서 공무인인 乙이 甲에게 수사상황을 알려준 것은 형법 제127조의 공무상비밀누설죄에 해당한다.

2. 甲의 죄책

(1) 사안에서 경찰관 乙의 행위는 공무상비밀누설죄에 해당한다. 그런데 경찰관 乙의 누설행위와 이를 누설받은 甲의 행위는 필요적 공범 중 대향범의 관계에 있는바, 甲에게 공무상비밀누설죄의 공범이 성립할 수 있는지 문제 된다.

(2) 이에 대하여는 ① 긍정설과 ② 부정설이 대립하고 있으며, ③ 판례는 필요적 공범의 내부관여자에게는 상대방을 처벌하는 특별한 규정이 없는 한 원칙적으로 형법총칙상의 공범규정이 적용되지 않는다고 판시하여 부정설의 입장이다.

(3) 생각건대 필요적 공범의 처벌에 대한 입법자의 의도 등을 고려하면 판례의 입장이 타당하다. 이러한 판례의 입장에 따르면 사안에서 甲에게는 공무상비밀누설죄의 공범이 성립하지 않는다.

Ⅱ. 허위증언을 한 행위와 관련된 乙과 丙의 죄책

1. 丙의 죄책

(1) 사안에서 丙이 적법하게 선서하고 위증한 행위에 대하여는 위증죄가 성립한다. 丙이 피고인인 甲의 동생이어서 친족간의 특례가 적용되지 않는지가 문제 되지만, 위증죄의 경우에는 친족에게 증언거부권을 인정하고 있어 친족간의 특례가 적용되지 않는다. 따라서 사안에서 丙이 피고인인 甲의 동생이더라도 위증죄가 성립한다.

(2) 사안과 관련하여 丙이 甲의 동생이므로 기대가능성 여부가 문제 되지만, 丙에게 증언거부권이 인정되므로 기대가능성이 없는 경우라고 할 수 없어 책임이 인정된다.

(3) 그리고 사안에서 법원의 증언거부권의 고지 여부가 문제될 수 있지만, 사안에서 丙은 형인 甲을 위하여 증언거부권 고지 여부에 관계없이 허위로 증언하였을 것이므로 위증죄가 성립한다.

2. 乙의 죄책

사안에서 丙에게 위증죄가 성립한다면 乙의 가담 형태가 문제 되지만, 위증을 하라고 교사한 정도만으로는 교사범만 성립한다. 그리고 위증죄는 법률에 의하여 선서한 자만 주체가 되는 진정신분범이지만, 신분이 없는 乙도 공범과 신분 규정인 제33조 본문에 따라 위증죄의 교사범이 성립한다.

5. (1)에 대한 甲의 재판에서 다음 증거의 증거능력을 검토하시오.

가. 재판에서 검사는 甲이 허위 사실확인서를 이용하여 A에 대한 허위사실을 게시한 점을 입증하기 위한 증인으로 甲의 친구 W를 신청하였고, 공판기일에 출석한 W는 적법하게 선서한 후 "B에게 허위의 사실확인서 작성을 부탁하여 허위 내용 게시에 사용하였다'는 말을 甲으로부터 들었다"고 증언하였다. 위 W의 증언의 증거능력을 검토하시오. (10점)

1. W의 증언의 성격

사안에서 W의 증언은 甲이 범행 후 자신의 범죄사실을 자백하는 진술을 내용으로 하는 전문진술이다. 이러한 W의 증언은 피고인 甲의 진술을 내용으로 하는 전문진술이므로 원칙적으로 증거능력이 없다.

2. 당사자의 동의와 제316조 제1항

(1) 사안에서의 W의 증언은 원칙적으로 증거능력이 없지만, 제318조 제1항에 따라 甲의 동의가 있고, 진정성이 인정된다면 증거능력이 인정된다.

(2) 만약 甲이 부동의 한다면, 전문진술의 예외규정인 제316조의 요건을 구비하게 되면 증거능력이 인정된다. 즉 피고인 아닌 자의 진술이 피고인의 진술을 내용으로 하는 경우에는 제316조 제1항에 따라 특신상태가 증명되면 증거능력이 인정된다. 따라서 검사는 甲의 진술이 특신상태하에서의 진술이라는 점을 증명하면 증거능력이 인정된다.

5. 나. 수사단계에서 사법경찰관 P2는 사실확인서를 작성한 B가 간암 말기 판정을 받고 중환자실에 입원하게 되자, 동료 직원 E를 조사하여 "'고향선배인 甲이 부탁을 하여 어쩔 수 없이 A에 대한 허위 사실확인서를 작성하여 주었고 이후 인터넷 카페 사이트 게시판을 보고 甲이 이를 허위 내용 게시에 사용하였다는 것을 알게 되었다'는 말을 B로부터 들었다"는 진술을 듣고 진술조서에 기재하였다. 검사는 공판기일에 E에 대한 진술조서를 증거로 제출하였다. 이 진술조서 중 위 진술부분의 증거능력을 검토하시오. (15점)

1. 논의점

사안에서의 직원 E의 진술조서 중 B의 진술 부분은 재전문증거에 해당한다. 이러한 재전문증거에 대하여 증거능력을 인정할 것인가에 대하여 논의가 있다.

2. 견해의 대립과 판례의 태도

(1) 이에 대하여는 ① 형사소송법의 이념은 실체적 진실의 발견에 있으며, 전문법칙은 예외를 전제로 하여 발달한 이론이므로 증거능력을 인정할 수 있다는 긍정설과 ② 재전문증거의 증거능력을 긍정하는 명문규정이 없으며, 이를 긍정하게 되면 전문법칙이 형해화되므로 증거능력을 인정할 수 없다는 부정설이 대립하고 있다.

(2) 판례는 재전문증거에 대하여 ① 전문진술을 기재한 서류와 ② 재전문진술이나 재전문진술을 기재한 서류를 구별하여 전문진술을 기재한 서류의 경우에만 각각의 요건을 구비한 경우에 증거능력을 인정하고 있어 한정적 긍정설의 입장이라고 볼 수 있다.

3. 검토 및 사안의 해결

생각건대 ① 우리나라의 형사소송법은 배심원이 아닌 직업법관이 사실을 인정하므로 전문법칙에 대하여 엄격히 해석할 필요성이 없으며 ② 실체적 진실을 위하여는 가급적 많은 증거를 토대로 심증을 형성하는 것이 바람직하다는 점을 고려하면 긍정설의 입장이 타당하다.

이러한 긍정설을 따를 경우에 P2작성의 진술조서 중 B 진술부분이 甲에 대한 증거능력을 인정받기 위해서는 ① B는 피고인이 아닌 자이므로 제316조 제2항의 요건인 필요성과 특신상태를 구비하여야 하며 ② E가 P2에게 진술할 때 제312조 제4항의 요건인 적법한 절차와 방식, 성립의 진정, 반대신문권의 보장, 특신상태를 구비하여야 한다. 이러한 요건을 구비하게 되면 E의 참고인진술조서 중 B의 진술부분은 甲의 부동의에도 불구하고 증거능력이 인정된다.

---

6. (4)에서 甲이 사법경찰관 P1의 체포를 면탈하기 위해 주먹으로 P1의 얼굴을 때려 약 4주간의 치료가 필요한 상해를 가하고 달아나다가 결국 체포되었다. 검사는 甲의 이러한 행위를 공무집행방해죄와 상해죄의 경합범으로 기소하였고, 제1심 법원은 공무집행방해죄에 대하여 유죄, 상해죄에 대하여 무죄를 각각 선고하였다. 위 제1심 판결에 대해 검사만 상해죄 부분에 대하여 항소하였고, 항소심 심리 결과 甲의 두 죄가 상상적 경합 관계에 있다는 결론에 도달한 경우, 항소심의 심판 범위를 설명하시오. (15점)

1. 논의점

사안과 같이 실체적 경합범으로 기소되어 일부유죄 · 일부무죄의 판결이 선고되자 검사만 무죄부분을 상소하였고, 상소심의 심리결과 기소된 사건 전체가 일죄로 판명된 경우의 상소심의 심판범위에 대하여 논의가 있다.

2. 견해의 대립과 판례의 태도

이에 대하여는 ① 일부상소되지 않은 유죄판결은 상소기간의 도과로 확정되고 공소사실과 동일성이 인정되는 사실까지 기판력이 미치므로 일부상소된 부분에 대하여 면소를 선고해야한다는 면소판결설 ② 일부상소된 무죄판결부분이 확정되지 않았으므로 유죄판결부분도 상소불가분의 원칙에 의하여 상소심에 전부이심된다는 전부이심설 ③ 일부상소되지 않은 유죄부분은 이미 확정되었으므로 일부상소된 유죄부분만 이심된다는 일부이심설이 대립하고 있으며, ④ 판례는 '원심이 두개의 죄를 경합범으로 보고 한 죄는 유죄, 다른 한 죄는 무죄를 각 선고하자 검사가 무죄 부분만에 대하여 불복상고 하였다고 하더라도 위 두죄가 상상적 경합 관계에 있다면 유죄부분도 상고심의 심판대상이 된다'라고 하여 전부이심설의 입장이다.

3. 검토 및 사안의 해결

생각건대 검사의 무죄부분의 일부상소 이후 일죄로 판명된 경우에는 상소불가분의 원칙과 과형상 불가분의 관계에 있는 죄들이라는 점에서 일부상소되지 않은 부분도 이심된다고 보는 전부이심설이 타당하다. 이러한 전부이심설에 의하면 항소심은 공무집행방해죄와 상해죄 전부를 상상적 경합으로 심판할 수 있다.

> • 본 해설에서 판례의 태도는 검사가 일부상소한 사안의 경우를 말한다. 그러나 피고인이 일부상소한 사안에 대한 판례는 아직 없는 것으로 보인다.

(1) 甲은 코로나19로 사업이 어렵게 되자 양부(養父) A에게 재산의 일부를 증여해 달라고 요구하였지만 핀잔만 듣게 되었다. 이에 화가 난 甲은 A를 살해하기로 마음먹고 따로 거주하고 있는 사촌 동생 乙에게 A를 살해하라고 교사하면서 甲과 A가 함께 살고 있는 집의 현관 비밀번호 및 집 구조를 乙에게 알려 주었다. 甲이 알리바이를 위하여 다른 지역으로 출장을 떠난 사이, 乙은 범행 당일 새벽 2시경 甲이 알려 준 비밀번호를 이용하여 현관문을 열고 들어가 침실에서 자고 있던 사람의 얼굴을 베개로 눌러 질식으로 사망케 하였다. 그러나 사실 침실에서 자고 있던 사람은 A의 운전기사 B였다. 乙은 살해를 한 직후 거실에서 A 소유의 명품 시계 1개를 발견하고 욕심이 생겨 이를 가지고 나왔다.

(2) 다음 날 甲과 乙은 A가 위 범행 전날 밤 교통사고로 크게 다쳐 병원에 입원하였고 乙이 사망케 한 사람이 B라는 사실을 알게 되었다. B 사망사건에 대한 수사가 개시되자 甲은 범행을 포기하였다가 6개월 후 다시 A를 살해할 마음을 먹고 乙에게 계획을 설명했으나 乙은 甲에게 '더 이상 관여하지 않겠다'고 하였다. 이에 甲은 乙에게 '내가 알아서 하겠으니 A에게 투여할 독극물만 구입해 달라'고 하여 乙은 독극물을 구입하였지만 甲에게 주지 않은 채 그 다음 날 전화로 '나는 양심에 걸려 못하겠다'고 한 후 연락을 끊었다. 이에 甲도 범행을 단념하였으나 사업이 점점 어려워지자 1개월 후 A가 입원해 있는 병실에서 산소호흡기를 착용하지 않으면 생명이 위독한 A의 산소호흡기를 제거하여 A를 살해하였다.

(3) 甲은 A명의 부동산을 임의로 처분하기로 마음먹었다. 이에 甲은 A를 살해한 직후 병실에 보관되어 있던 A의 인감도장을 가지고 나온 다음 'A가 甲에게 인감증명서 발급을 위임한다'는 취지의 A명의 위임장 1장을 작성하고 같은 날 주민센터 담당 직원 C에게 제출하여 A의 인감증명서를 발급받았다.

(4) 甲의 여자친구 D는 甲이 잠이 든 D의 나체를 동의 없이 휴대전화를 이용하여 사진 촬영한 사실을 신고하면서 甲 몰래 가지고 나온 甲의 휴대전화를 사법경찰관 K에게 증거물로 제출하였다. K는 위 휴대전화를 압수한 후 D와 함께 휴대전화의 전자정보를 탐색하다가 D의 나체 사진 외에도 甲이 D와 마약류를 투약하는 장면이 녹화된 동영상을 발견하였고, 탐색을 계속하여 甲과 성명불상의 여성들이 마약류를 투약하는 장면이 녹화된 동영상을 발견하자 위 동영상들을 따로 시디(CD)에 복제하였다. 그 후 K는 위 시디(CD)에 대하여 영장을 발부받아 甲의 참여하에 이를 압수하였다.

1. 가. (1)에서 甲, 乙의 죄책은? (32점)

   나. (2)에서 乙에 대하여 형사책임을 부인하거나 보다 가볍게 인정할 수 있는 이론적 근거를 모두 제시하시오. (10점)

   다. (3)에서 甲의 죄책은? (13점)

2. (1)과 관련하여, 현장 DNA로 乙의 혐의를 확인한 사법경찰관 K가 연락이 되지 않는 乙의 주거지로 찾아가 탐문수사를 하던 중 귀가하던 乙을 우연히 발견하고 도주하려는 乙을 주거지 앞에서 적법하게 긴급체포하는 경우, 乙의 주거지 안에 있는 A의 시계에 대한 압수 방안에 관하여 모두 검토하시오. (15점)

3. (1)과 관련하여, 공판에서 검사 P가 ⓐ 살인이 일어난 범행 현장을 촬영한 사진과 乙이 범행을 재연하는 장면을 촬영한 사진이 첨부된 사법경찰관 작성 검증조서와 ⓑ 범행현장에서 乙의 DNA가 확인되었다는 내용의 국립과학수사연구원의 감정의뢰회보서를 유죄의 증거로 제출하였는데 乙이 위 증거들에 대하여

부동의하는 경우, 위 ⓐ 검증조서에 첨부된 2개의 사진 및 ⓑ 감정의뢰회보서를 증거로 사용하기 위한 요건을 설명하시오. (15점)

4. (4)와 관련하여, 甲이 위 동영상들과 관련된 범죄사실로 공소제기된 경우 甲의 변호인의 입장에서 위 시디(CD)의 증거능력을 부정할 수 있는 근거를 모두 제시하시오. (15점)

1. 가. (1)에서 甲, 乙의 죄책은? (32점)

Ⅰ. 乙의 죄책

1. 주거침입죄의 성립

사안과 같이 공동주거자가 있는 경우에 일부 공동주거자의 동의가 다른 공동주거자의 의사에 반한 경우에 주거침입죄를 인정할 것인지 문제 된다. 이에 대하여 ① 종래 판례는 긍정설의 입장이었으나, ② 최근 전합 판례를 통하여 주거 내에 현재하는 거주자의 현실적인 승낙을 받아 통상적인 출입방법에 따라 공동주거에 들어간 경우에는 주거침입죄를 부정하는 부정설로 판례를 변경하였다.

이러한 변경된 전합 판례의 취지에 따르더라도 사안의 경우 甲이 주거 내에 현재하는 거주자가 아니므로 乙에게는 주거침입죄가 성립한다.

> • 본 사안과 명확히 부합되는 판례가 있는 것은 아니므로 주거침입죄를 부정하는 논리도 가능하다.

2. 살인죄의 성립

사안에서 乙은 A의 운전기사 B를 A로 착각하여 B를 살해하고 있다. 이와 같은 착오는 구체적 사실의 착오 중 객체의 착오에 해당하여 어떠한 부합설에 따르더라도 B에 대한 살인죄가 성립한다.

3. 절도죄의 성립

(1) 사안에서 乙은 B를 살해한 후 A의 명품시계를 가지고 나온 행위가 타인의 점유에 해당하여 절도죄에 해당하는지 문제 된다.

(2) 이에 대하여는 ① 규범적인 측면에서 사망자의 점유가 인정된다는 긍정설과 ② 사망자는 지배의사를 가질 수 없으므로 사자의 점유를 인정할 수 없다는 부정설이 대립하고 있으며, ③ 판례는 피해자를 살해 후 재물을 가지고 나온 사안에서 '피해자가 생전에 가진 점유는 사망 후에도 여전히 계속되는 것으로 본다'라고 하여 생전점유계속설을 따르고 있다.

> • 판례의 생전점유계속설은 전체적으로 보면 원칙적으로 사자의 점유를 인정하지 않으므로 부정설에 해당하지만, 본 사례와 같은 개별적인 사안에 대해서는 예외적으로 사자의 생전점유를 인정하므로 긍정설이라고 평가할 수 있다.

(3) 생각건대 형법상의 점유는 주관적 요소와 객관적 요소 이외에 규범적 요소에 의하여 수정되어 확정된다. 따라서 사자의 점유인정 여부도 규범적인 측면에서 개별적으로 고찰하여 점유를 긍정할 수도 있으므로 사자의 생전점유계속설이 타당하다. 이러한 생전점유계속설에 의하면 사안에서는 B의 점유를 인정할 수 있으므로 乙의 행위는 절도죄를 구성한다.

(4) 그리고 친족상도례는 객관적으로 판단하는 것이므로 乙과 A 및 B와는 친족관계가 인정되지 않으므로 친족상도례는 적용되지 않는다.

Ⅱ. 甲의 죄책

1. 주거침입죄의 교사범의 성립

사안에서 乙에게 주거침입죄가 성립한다면 甲에게는 주거침입죄의 교사범이 성립한다.

2. 존속살해불능미수와 보통살인기수의 상상적 경합의 교사범 성립

사안에서 甲은 乙에게 자신의 양부인 A를 살해할 의사로서 자기 집에서 자고 있는 사람을 살해하라고 교사하였다. 이러한 甲의 죄책에 대하여는 판례의 태도인 ① 부합설에 대하여 법정적 부합설 중 죄질부합설을 따르고 ② 가중적 신분을 가진 사람이 신분 없는 사람에게 가담한 경우에는 신분의 개별화를 강조하는 입장을 따르고 ③ 위험성의 판단에 대하여 추상적 위험설에 따르면 甲에게는 존속살해불능미수와 보통살인기수의 상상적 경합의 교사범이 성립한다.

3. 절도죄의 교사범의 불성립

사안에서 甲이 乙에게 교사한 것은 주거침입과 살인이므로 乙이 범한 절도죄는 교사의 착오 중 추상적 사실의 착오 중 질적인 착오이다. 이러한 착오에 대하여는 甲은 책임을 부담하지 않으므로 이 부분은 무죄가 된다.

---

1. 나. (2)에서 乙에 대하여 형사책임을 부인하거나 보다 가볍게 인정할 수 있는 이론적 근거를 모두 제시하시오. (10점)

1. 존속살해죄의 방조범의 불성립

사안에서 甲은 A의 산소호흡기를 제거하여 A를 살해하고 있다. 그러나 乙은 甲의 살해행위에 대하여 독극물을 구입하였으나 이후 甲에게 전달하지 않았으므로 방조의 인과관계가 인정되지 않아 乙에게는 존속살해죄의 방조범은 성립하지 않는다.

2. 예비의 공동정범의 불성립

사안에서 乙이 甲의 살해행위를 위하여 독극물을 구입한 것이 예비죄의 공동정범이 되는지가 문제 되지만, 乙은 甲과 공동으로 A에 대한 살해행위를 하려고 한 것이 아니므로 예비죄의 공동정범은 성립하지 않는다.

3. 타인예비의 불성립

사안에서 乙이 甲의 살해행위를 위하여 독극물을 구입한 것이 타인예비가 인정되어 예비죄에 해당하는지 문제 된다. 그러나 준비하는 행위와 준비에 도움을 주는 행위는 구별되어야 하므로 예비죄는 성립하지 않는다.

4. 예비의 방조 불성립

사안에서 乙이 甲의 살해행위를 위하여 독극물을 구입한 것이 甲의 예비행위에 대한 방조죄가 성립하는지 문제 된다. 그러나 판례에 의하면 예비의 방조는 인정하지 않으므로 乙도 예비죄의 방조범이 성립하지 않는다.

> • 무거운 죄에서 가벼운 죄의 순서로, 인정하기 쉬운 죄에서 어려운 죄의 순서로 정리한 것이다.

1. 다. (3)에서 甲의 죄책은? (13점)

1. A 명의의 인감도장을 가지고 나온 행위

사안에서 甲이 A 명의의 인감도장을 가지고 나온 행위는 甲에게 인감도장에 대한 불법영득의사가 없다고 보여지고, 명확하지는 않지만 제자리에 갖다 두었다는 것을 전제로 하면 甲에게 절도죄는 성립하지 않는다.

2. A 명의의 위임장을 작성한 행위

(1) 사안에서 A는 이미 사망하였으므로 甲이 A 명의의 위임장을 작성한 것이 사문서위조죄가 성립하는지 문제 된다. 종래 판례는 부정하였으나, 2005년 전합 판례를 통하여 사자나 허무인 명의의 사문서의 경우에도 사문서위조죄의 성립을 인정하여 종전의 판례를 변경하였다. 이러한 판례의 입장에 따르면 A에게는 사문서위조죄가 성립한다.

(2) 사안에서 甲이 A 명의의 인감증명서를 작성할 때 A 명의의 인감도장을 찍은 행위는 사인부정사용죄에 해당한다. 그러나 사안에서 甲에게 사문서위조죄가 성립하면 사인부정사용죄는 이에 흡수되어 별죄를 구성하지 않는다.

3. 위조사문서행사죄의 성립

사안에서 甲이 위조된 위임장을 주민센터 담당 직원 C에게 제출한 행위는 위조사문서행사죄가 성립하고 사문서위조죄와 동행사는 실체적 경합 관계에 있다.

4. 인감증명서를 발급받은 행위에 대한 평가

(1) 신용에 관한 죄의 성부 검토

사안에서 인감증명서를 발급받은 행위에 대하여는 ① 주민센터 담당 직원 C는 작성권한이 있으므로 공문서위조죄의 간접정범은 성립하지 않고, ② 甲은 작성권한 있는 공무원이 아니므로 정범적격이 없어 허위공문서작성죄의 간접정범이 성립하지 않고, ③ 인감증명서는 공정증서가 아니므로 공정증서원본부실기재죄가 성립하지 않는다.

(2) 위계에 의한 공무집행방해죄의 성립

사안에서 甲은 공무원은 주민센터 담당 직원 C를 기망하여 A 명의의 인감증명서를 발급받았으므로 위계에 의한 공무집행방해죄가 성립한다.

---

2. (1)과 관련하여, 현장 DNA로 乙의 혐의를 확인한 사법경찰관 K가 연락이 되지 않는 乙의 주거지로 찾아가 탐문수사를 하던 중 귀가하던 乙을 우연히 발견하고 도주하려는 乙을 주거지 앞에서 적법하게 긴급체포하는 경우, 乙의 주거지 안에 있는 A의 시계에 대한 압수 방안에 관하여 모두 검토하시오. (15점)

1. 乙의 임의제출

사안에서 긴급체포된 乙이 범행 등을 순순히 인정하면서 乙의 주거지 안에 있는 A의 시계를 임의제출하는 경우 이를 압수할 수 있다.

2. 제216조 제1항 제2호에 의한 압수

제216조 제1항 제2호에 따른 체포현장에서의 압수에서 체포현장의 범위에 대하여 체포행위에 시간적·장소적으로 접착되어 있으면 족하며 체포의 전후를 불문한다는 시간·장소적 접착설을 따를 경우에는 乙을 체포한 장소가 乙의 주거지 앞이므로 乙의 주거지와 시간·장소적 접착되어 있으므로 영장없는 압수를 할 수 있다. 다만 지체없이 또는 체포한 후 48시간 이내에 사후영장을 받아야 한다.

3. 제217조 제1항에 의한 압수

사안에서 乙을 적법하게 긴급체포하였으므로 제217조 제1항에 따라 체포한 때로부터 24시간 이내에 영장없이 A의 시계를 압수할 수 있다. 다만 제217조 제2항에 따라 지체없이 또는 체포한 후 48시간 이내에 사후영장을 받아야 한다.

4. 제215조에 따른 압수

사안에서 긴급체포된 乙의 주거지 안에 있는 A의 시계에 대한 영장을 발부받아 이를 압수할 수 있다. 따라서 사법경찰관 K는 검사에게 신청하여 법원으로부터 발부받은 영장에 의하여 A의 시계를 압수할 수 있다.

---

3. (1)과 관련하여, 공판에서 검사 P가 ⓐ 살인이 일어난 범행 현장을 촬영한 사진과 乙이 범행을 재연하는 장면을 촬영한 사진이 첨부된 사법경찰관 작성 검증조서와 ⓑ 범행현장에서 乙의 DNA가 확인되었다는 내용의 국립과학수사연구원의 감정의뢰회보서를 유죄의 증거로 제출하였는데 乙이 위 증거들에 대하여 부동의하는 경우, 위 ⓐ 검증조서에 첨부된 2개의 사진 및 ⓑ 감정의뢰회보서를 증거로 사용하기 위한 요건을 설명하시오. (15점)

1. 검증조서와 참여인의 진술의 증거능력

(1) 현장지시와 현장진술의 구별

검증조서는 제312조 제6항에 따라 ① 적법한 절차와 방식 ② 작성자의 성립의 진정의 요건을 구비하면 증거능력이 인정될 수 있다. 그리고 검증조서에 기재된 참여인의 진술에 대하여 다수설과 판례는 현장지시와 현장진술을 구별하여 현장지시는 검증조서와 일체를 이룬다고 보아 제312조 제6항에 따라 증거능력을 인정하고, 현장진술은 검증조서의 작성주체와 진술자에 따라 제312조 내지 제313조를 적용하여 증거능력을 인정하자는 구별설을 따르고 있다.

(2) 범행 현장을 촬영한 사진의 증거능력

사안에서 범행 현장을 촬영한 사진은 제49조 제2항의 '검증조서에는 검증목적물의 현상을 명확하게 하기 위하여 도화나 사진을 첨부할 수 있다.'는 규정에 의거한 것으로 현장지시에 불과하므로 검증조서와 동일한 요건하에 증거능력이 인정된다.

(3) 범행을 재연하는 장면을 촬영한 사진의 증거능력

乙의 범행재연장면을 촬영한 사진은 피의자의 현장진술이므로 이는 실질적으로 검사 이외의 수사기관 작성의 피의자신문조서에 해당한다. 따라서 동 사진이 증거능력이 인정되기 위해서는 제312조 제3항에 따라 ① 적법한 절차와 방식 ② 내용 인정의 요건을 구비하면 증거능력이 인정될 수 있다.

2. 감정의뢰회보서의 증거능력

국립과학수사연구원의 감정의뢰회보서의 증거능력에 대하여 판례는 ① 제315조 제1호에 따른 공권적 증명문서로써 당연히 증거능력이 인정된다는 판례와 ② 제313조 제3항의 요건을 구비해야 증거능력이 인정된다는 판례가 혼재하고 있다. 생각건대 공무원의 서류라도 수사과정에서의 서류가 당연히 증거능력이 인정되는 것은 아닌 것과 마찬가지로 감정의뢰회보서에 대하여도 제313조 제3항을 적용하는 것이 타당하다. 따라서 감정의뢰회보서는 제313조 제1항과 제2항 또는 제314조의 요건을 구비하면 증거능력이 인정된다.

> • 감정의뢰회보서와 관련해서는 판례는 명시적으로 판례의 변경이라고 하고 있지는 않지만, 실질적으로는 판례의 변경이 있는 부분이라고 할 수 있다.

4. (4)와 관련하여, 甲이 위 동영상들과 관련된 범죄사실로 공소제기된 경우 甲의 변호인의 입장에서 위 시디(CD)의 증거능력을 부정할 수 있는 근거를 모두 제시하시오. (15점)

1. 임의제출의 위법

제218조의 임의제출은 소유자, 소지자, 보관자만이 할 수 있다. 그런데 사안에서 D는 甲의 휴대전화에 대한 소유자, 소지자, 보관자가 아니어서 甲의 휴대전화를 임의제출 할 수 없으므로 甲의 휴대전화는 증거능력이 없다.

> • 판례에서는 이 부분을 언급하고 있지 않지만, 문제의 취지가 증거능력을 부정할 수 있는 근거를 모두 제시하라고 하고 있으므로 설시하여 둔다.

2. 임의제출물의 압수의 범위 제한 위법

수사기관은 특정 범죄혐의와 관련하여 전자정보가 수록된 정보저장매체를 임의제출받아 그 안에 저장된 전자정보를 압수하는 경우 그 동기가 된 범죄혐의사실과 관련된 전자정보의 출력물 등을 임의제출받아 압수하는 것이 원칙이다. 따라서 사안에서 사법경찰관 K가 甲의 휴대전화인 정보저장매체 전체를 압수한 것은 위법하므로 증거능력이 없다.

3. 당사자의 참여권의 보장 미비 위법

수사기관이 피의자로부터 범죄혐의사실과 관련된 전자정보와 그렇지 않은 전자정보가 섞인 매체를 임의제출 받아 사무실 등지에서 정보를 탐색·복제·출력하는 경우 피의자나 변호인에게 참여의 기회를 보장하고 압수된 전자정보가 특정된 목록을 교부해야 한다. 따라서 사안에서 사법경찰관 K가 甲의 휴대전화를 탐색할 때 甲이나 甲의 변호인을 참여시키지 않은 것은 위법하므로 증거능력이 없다.

4. 정보저장매체 탐색 중 별도의 범죄혐의와 관련된 전자정보를 우연히 발견한 경우의 위법

임의제출된 전자정보에 대한 압수·수색이 종료되기 전에 범죄혐의사실과 관련된 전자정보를 적법하게 탐색하는 과정에서 별도의 범죄혐의와 관련된 전자정보를 우연히 발견한 경우라면, 수사기관은 더 이상의 추가 탐색을 중단하고 법원으로부터 별도의 범죄혐의에 대한 압수·수색영장을 발부받아야 한다. 그런데 사안에서 사법경찰관 K는 별도의 증거를 우연히 발견하였음에도 추가 탐색을 계속한 것은 위법하므로 증거능력이 없다.

5. 사후영장에 의한 위법성의 치유 불가

수사기관이 피압수자 측에게 참여의 기회를 보장하거나 압수한 전자정보 목록을 교부하지 않는 등 영장주의 원칙과 적법절차를 준수하지 않은 위법한 압수·수색 과정을 통하여 취득한 증거는 위법수집증거에 해당하고, 사후에 법원으로부터 영장이 발부되었다거나 피고인이나 변호인이 이를 증거로 함에 동의하였다고 하여 위법성이 치유되는 것도 아니다. 따라서 사안에서 사법경찰관 K가 별건의 마약류 투약사건에 대한 증거를 CD에 복제한 후 사후에 위 CD에 대하여 영장을 발부받아 甲의 참여하에 이를 압수하더라도 위법성은 치유되지 않으므로 증거능력이 없다.

(1) 甲, 乙, 丙이 금값 상승에 관해 이야기를 나누던 중 乙은 외삼촌 A의 집 안 금고에 금괴가 있는데 A가 출장 중이라 집이 비어 있으니 금괴를 훔쳐 나누어 갖자고 제안하였다. 이에 동의한 甲과 丙에게 乙은 A의 집 비밀번호 및 금고의 위치와 비밀번호, CCTV가 없는 도주로까지 상세한 정보와 범행 계획을 제공하였다.

범행 당일 10:00경 범행 계획대로 乙은 자신이 거주하는 오피스텔에 남아 있었고, 甲과 丙은 A의 집으로 갔다. 丙이 A의 집 비밀번호를 눌러 문을 열어주고 문 앞에서 망을 보는 사이 甲은 A의 집 안으로 들어가 금고를 찾아 열었다. 하지만 금고 안은 텅 비어 있었다. 甲은 계속하여 금괴를 찾던 중, 출장이 연기되어 마침 집 안 침실에 있던 A에게 발각되자 자신을 붙잡으려는 A의 얼굴을 주먹으로 때리고 집 밖으로 도망쳤다. 한편, 丙은 망을 보는 시간이 길어지자 甲에게 진행상황을 물어보는 문자메시지를 보냈고, 이에 甲이 금고 안에 금괴가 없다는 답을 보내오자 甲이 집에서 나오기 전에 이미 현장을 떠났다.

A는 "집에 침입한 절도범이 나를 때리고 도주하였는데, 절도범한테 맞아서 코에 피가 난다. 절도범은 30대 초반에 빨간색 뿔테안경을 착용하였고, 청바지에 흰색 티셔츠를 입었다."라고 112에 신고를 하였다. 신고를 받고 출동한 경찰관은 근처를 탐문하던 중, A의 집으로부터 2km 떨어진 지점에서 인상착의가 흡사한 甲을 발견하고 검문을 위해 정지를 요구하였다. 甲이 이를 무시하고 그대로 도주하자 200m 가량 추격하여 甲의 옷자락을 붙잡았고 그로 인해 甲이 바닥에 넘어졌다. 경찰관은 甲의 손과 소매 부분에 피가 묻어 있는 것을 발견하고 행적에 대하여 질문을 하려고 하였으나 甲이 다시 도주하려고 하자 그 자리에서 체포의 이유와 변호인 선임권 등을 고지하고 甲을 체포하였다.

경찰 조사 결과 금괴는 이미 오래전에 처분한 터라 사건 당시 금고 안에는 아무 것도 없었고, A는 甲의 폭행으로 인해 2주간의 치료를 요하는 비강출혈상을 입었다. 한편, A는 경찰 조사에서 "甲, 乙, 丙에 대한 처벌을 원한다."라고 진술하였고 경찰관은 이를 진술조서에 기재하였다.

(2) 丁과 戊는 수년간 극도로 사이가 좋지 않던 직장 동료 B를 교통사고로 위장하여 살해하기로 마음먹었다. 丁이 1t 트럭을 렌트한 다음 戊가 트럭을 운전하고 丁은 戊의 옆자리에 앉아 B가 퇴근하기를 기다렸다. 자정 무렵 B가 건물 밖으로 나오자 戊가 트럭 속도를 올려 도로를 건너는 B를 강하게 충격한 다음 그대로 도망쳤다. 丁과 戊는 사고 장소에서 3km 떨어진 곳으로 이동하여 주차하였는데, 丁은 후회와 함께 B에 대한 연민이 들어 그를 구호해 주자고 하였으나 戊는 동의하지 않고 그곳을 떠났다. 丁은 119에 전화를 걸어 B의 구조를 요청하였고, 丁의 신고를 받고 출동한 구조대에 의해 병원으로 이송된 B는 가까스로 목숨을 건질 수 있었다. 경찰관 P는 丁을 조사하였고, 丁은 범행을 자백하며 戊가 범행 당일 평택항을 통해 중국으로 출국할 계획이라고 진술하였다. 경찰은 당일 정오에 평택항에서 출국하려는 戊를 긴급체포하면서, 戊가 소지하고 있던 휴대전화를 영장 없이 압수하였다. 조사 과정에서 戊는 범행을 부인하면서 휴대전화 분석 절차에는 참여하지 않겠다고 하였다. 휴대전화 분석 결과 丁과 戊의 대화 녹음파일이 복구되었고, 대화 중 "트럭이 준비되었으니 자정이 되면 실행하자."라는 丁의 발언이 확인되었다. 위 녹음파일은 戊가 丁 몰래 녹음한 것이었다. 경찰은 적법한 절차에 따라 사후영장을 발부받았다.

1. (1)과 관련하여 甲, 乙, 丙의 죄책을 논하시오. (45점)

2. (1)과 관련하여 경찰관이 甲의 옷자락을 붙잡은 행위의 적법성 및 가능한 체포의 방법을 논하시오. (15점)

3. (2)와 관련하여 丁, 戊의 죄책을 논하시오. (특별법 위반의 점은 논외로 함) (15점)

4. (2)와 관련하여,

   1) 戊에 대한 제1심 공판에서 戊가 범행을 부인하면서 녹음파일 중 丁의 진술 부분을 증거로 함에 부동의한 경우, 휴대전화 압수의 적법성 및 녹음파일의 증거능력을 논하시오. (17점)

   2) 丁에 대한 제1심 공판에서 丁이 범행을 부인하면서 경찰관 P 작성의 丁에 대한 피의자신문조서의 내용을 부인한 경우, 丁의 경찰에서의 진술 내용을 증거로 사용할 수 있는 방법을 논하시오. (8점)

1. (1)과 관련하여 甲, 乙, 丙의 죄책을 논하시오. (45점)

Ⅰ. 甲이 A를 폭행하기 전까지의 甲, 乙, 丙의 죄책

1. 甲과 丙의 죄책

(1) 공동주거침입죄의 성립

먼저 甲은 낮에 A의 집에 들어갔으므로 주거침입죄가 성립한다. 그리고 丙은 A의 집 앞에서 망을 보아주어 주거침입을 공동으로 하고 있으므로 甲과 丙에게는 폭력행위등처벌에관한법률 제2조 제2항의 공동주거침입죄가 성립한다.

(2) 합동절도의 불능미수죄의 성립

합동범의 본질에 대하여는 ① 공모공동정범설 ② 가중된 공동정범설 ③ 현장설 ④ 현장적 공동정범설이 대립하고 있지만, 시간·장소적 협동관계에 있을 때에만 합동범이 성립한다는 현장설이 다수설과 판례이다. 따라서 甲과 丙은 시간·장소적으로 협동하여 절도를 하려고 하였으므로 합동절도죄가 성립할 수있다.

그런데 사안에서는 금고 안에 금괴가 없었으므로 합동절도 미수범이 성립한다. 특히 사안의 경우에는 ① 대상의 착오로 인하여 결과발생이 불가능하였고 ② 위험성 판단에 대하여 최근 전합 판례의 태도인 추상적 위험설의 입장에 따르면 위험성이 인정되므로 甲과 丙에게는 합동절도의 불능미수범이 성립한다.

2. 乙의 죄책

(1) 공동주거침입죄와 합동절도죄의 공동정범의 성립 가능성

사안과 같은 폭처법상의 공동주거침입죄나 합동절도의 경우 현장에 있지 않은 乙에게 공동정범을 인정할 수 있는지에 대하여 논의가 있다. 이에 대하여는 ① 긍정설과 ② 부정설의 대립이 있지만, ③ 판례는 일정한 요건하에 합동범의 공동정범을 긍정하고 있다.

즉 판례는 합동범이 성립하기 위해서는 ① 3인 이상이 모의를 하고 ② 그중 2인 이상이 현장설에 입각한 합동범이 성립하고 ③ 현장에 가지 않은 자에게 정범표지인 기능적 행위지배가 인정될 것을 요건으로 한다. 사안에서 乙은 이러한 요건을 모두 구비하였으므로 공동주거침입죄와 합동절도죄의 공동정범이 성립할 수 있다.

(2) 합동절도의 불능미수죄의 성립과 친족상도례의 적용

사안에서 甲과 丙의 행위가 합동절도의 불능미수에 그쳤으므로 불법이 연대적으로 작용하여 乙도 합동절도죄의 불능미수죄의 공동정범이 성립한다.

그리고 乙은 A와 동거하지 않는 친족에 해당하므로 제344조에 의하여 준용되는 제328조 제2항에 의하여 친고죄이며, 사안에서는 A의 고소가 있으므로 처벌이 가능하다.

Ⅱ. 甲이 A를 폭행한 이후의 甲, 乙, 丙의 죄책

1. 甲의 죄책

(1) 준강도의 불능미수의 성립

甲은 절도의 실행 중에 발견되자 체포를 면탈할 목적으로 A를 폭행하였으므로 준강도죄가 문제 되며, 특히 준강도죄의 기수 여부가 문제 된다. 준강도죄의 기수시기에 대하여는 ① 절취행위기준설 ② 폭행·협박행위기준설 등의 견해가 대립하고 있으나, ③ 현재의 판례와 다수설은 절취행위기준설을 따르고 있다. 생각건대 준강도죄도 재산죄라는 점에서 절취행위기준설이 타당하다. 이러한 절취행위기준설에 따르면 사안에서 甲의 절취행위는 불능미수에 그쳤으므로 甲에게는 준강도죄의 불능미수죄가 성립한다.

(2) 강도치상죄의 성립

사안에서 甲의 폭행으로 인하여 A는 2주의 치료를 요하는 상해를 입고 있으므로 강도치상죄가 문제 된다. 이와 관련하여 기본범죄가 미수인 경우에 결과적 가중범의 기수가 성립할 수 있는지가 문제 되지만, 현재의 다수설과 판례는 결과적 가중범의 미수를 부정하고 있으므로 甲에게는 강도치상죄가 성립한다.

그리고 기본범죄가 불능미수인 경우에도 결과적 가중범이 성립할 수 있는지 문제 되지만, 불능미수도 미수라는 점에서 긍정하는 것이 타당하다.

> • 기본범죄가 불능미수인 경우에도 결과적가중범이 성립할 수 있는지에 대한 논의는 20여 년 전에 다루어진 쟁점이기는 하지만, 현재의 출제자들이 과거에 공부했을 때 논의가 되었던 쟁점이므로 적어주는 것이 바람직하다.

2. 乙과 丙의 죄책

(1) 사안과 같이 합동절도범 중 일부가 준강도를 범한 경우에 폭행·협박을 행하지 않은 나머지 다른 합동절도범이나 합동절도의 공동정범에게도 준강도 등의 범죄의 성립을 인정할 수 있는지 문제 된다.

(2) 이에 대하여 ① 다수설은 공동의사의 범위를 초과한 것이므로 초과 부분에 대해서는 단독범이 성립할 뿐이지 준강도죄의 공동정범을 인정할 수 없다고 보아 부정하는 입장이지만, ② 판례는 다른 공범자에 의한 폭행과 협박에 대한 예견가능성 유무를 기준으로 예견가능성이 있으면 본죄의 공동정범이 성립한다고 보고 있다.

(3) 생각건대 일반적으로 절도죄의 공동정범이나 합동절도범 사이에서는 체포를 면탈하기 위하여 폭행을 행사하는 묵시적인 합의가 있다고 보아야 하므로 예견가능성 유무를 기준으로 판단하는 긍정설의 입장이 타당하다.

(4) 그런데 사안의 경우에 乙과 丙은 A의 집에 사람이 없다고 생각하고 있으므로 준강도의 예견가능성은 없다고 보아야 할 것이다. 따라서 乙과 丙은 준강도 등에 대해서는 책임이 없다.

2. (1)과 관련하여 경찰관이 甲의 옷자락을 붙잡은 행위의 적법성 및 가능한 체포의 방법을 논하시오. (15점)

1. 불심검문의 적법성의 검토

(1) 사안에서 사법경찰관이 甲에게 정지를 요구한 것은 경직법 제3조에 따른 불심검문이다. 불심검문이 적법하기 위해서는 신분증의 제시 등이 필요하지만, 사안에서는 신분증의 제시도 있기 전에 甲이 정지요구를 무시하고 도주하고 있으므로 적법한 불심검문으로 평가된다.

(2) 사안에서 경찰관이 甲이 도주하자 실력행사를 한 부분에 대한 적법성이 문제 된다. 불심검문을 함에 있어 원칙적으로 실력행사는 허용되지 않지만, 예외적으로 ① 중범죄이며 ② 긴급성이 인정되는 경우에는 가능하다는 것이 일반적이다.

(3) 사안에서 甲의 범행은 ① 강도치상이라는 중범죄이며 ② 사안의 긴급성도 인정되어 경찰관의 실력행사가 허용될 수 있는 사안이므로 불심검문은 적법하다.

2. 가능한 체포의 방법

(1) 현행범체포의 가능성

사안에서 경찰관이 甲을 체포한 장소는 범행현장인 A의 집으로부터 2km 이상 떨어진 곳이므로 범행직후라고 볼 수 없어 제211조 제1항의 현행범체포는 불가능하다. 그러나, 甲의 손과 소매 부분에 피가 묻어 있는 것을 발견하고 체포하고 있으므로 제211조 제2항 제3호에 의한 준현행범인 체포가 가능하다.

(2) 긴급체포의 가능성

사안에서 경찰관이 甲을 체포함에 있어 긴급체포가 가능한지 문제 된다. 제200조의3의 긴급체포가 인정되기 위해서는 ① 중대성 ② 필요성 ③ 긴급성이 필요하다. 사안에서 甲에게는 이러한 요건이 모두 구비되어 있으므로 긴급체포도 가능하다고 할 것이다.

3. (2)와 관련하여 丁, 戊의 죄책을 논하시오. (특별법 위반의 점은 논외로 함) (15점)

1. 살인미수죄의 공동정범의 성립

(1) 사안에서 戊는 B를 살해하려고 고의로 자동차를 운전하여 B를 충격하였으나, B는 사망하지 않았으므로 戊에게는 살인미수죄가 성립한다.

(2) 丁은 실제로 운전을 하지는 않았지만, 戊와 살인을 공모하고 戊에게 자동차를 렌트해 주는 등 기능적 행위지배를 하였으므로 살인미수죄의 공동정범이 성립한다.

2. 丁의 살인죄의 중지미수의 성립

(1) 사안에서 丁의 행위가 중지미수에 해당할 수 있는지 문제 된다.

(2) 먼저 주관적 요건으로 자의성이 인정될 수 있는지가 문제되는바, 丁은 후회와 연민으로 B를 구호하려고 하였으므로 자의성에 대한 어느 학설에 따르더라도 자의성이 인정된다.

(3) 다음 객관적 요건으로 실행중지미수의 요건을 갖추었는지 문제 된다. 실행중지미수가 인정되기 위해서는 ① 결과발생을 방지하기 위한 진지한 노력을 하여야 하고, ② 진지한 노력에 기하여 결과발생이 방지가 되어야 한다. 사안에서는 이러한 요건이 모두 구비되었으므로 丁에게는 살인죄의 중지미수가 성립한다.

3. 戊의 살인죄의 장애미수의 성립

사안에서 丁에게 살인죄의 중지미수가 성립하더라도 중지미수는 개인적인 책임과 관련된 것으로 책임의 개별화로 인하여 戊에게는 중지미수가 성립하지 않고 살인죄의 장애미수가 성립한다.

4. (2)와 관련하여,

1) 戊에 대한 제1심 공판에서 戊가 범행을 부인하면서 녹음파일 중 丁의 진술 부분을 증거로 함에 부동의한 경우, 휴대전화 압수의 적법성 및 녹음파일의 증거능력을 논하시오. (17점)

1. 휴대전화 압수의 적법성

(1) 긴급체포 현장에서의 압수의 적법성

사안에서 戊에 대한 긴급체포는 중대성, 필요성, 긴급성의 요건이 구비되었다면 적법하다. 그리고 긴급체포현장에서의 압수는 제216조 제1항 제2호에 따라 적법하며, 그 후 제217조 제2항에 따라 적법하게 사후영장을 발부받았으므로 적법하다.

(2) 긴급체포 현장에서의 압수의 적법성

사안에서 정보저장매체인 휴대전화를 압수한 것은 정보만의 압수가 불가능한 상황하에서의 압수라면 적법하다. 그리고 탐색과정에서 당사자가 참여하여야 하지만, 사안에서는 戊가 참여하지 않겠다고 하였으므로 戊의 참여없이 탐색한 것도 적법하다.

2. 녹음파일을 증거능력

(1) 비밀녹음의 허용여부

사안에서 戊는 丁과 대화를 하면서 이를 녹음하고 있다. 이러한 녹음이 통비법 제14조에 위반하는 것인지에 대하여 논의가 있으나, 판례는 대화당사자 사이의 비밀녹음은 통비법 제14조 위반이 아니라고 판시하고 있으므로 戊의 녹음은 위법하지 않다.

(2) 현장녹음의 증거능력 인정요건

사안에서 戊가 녹음한 내용은 정과의 범행실행과정을 녹음한 것이므로 현장녹음이다. 이러한 현장녹음의 증거능력 인정요건에 대하여는 ① 비진술증거설 ② 검증조서유추적용설 ③ 진술증거설 등이 대립하고 있다. 생각건대 현장녹음은 현장의 상황을 그대로 수록한 것이므로 비진술증거설이 타당하다. 이러한 비진술증거설에 따르면 사건과의 관련성 즉 현장의 정확한 녹음이라는 사실이 자유로운 증명으로 증명되면 증거능력이 인정된다.

4. (2)와 관련하여,

2) 丁에 대한 제1심 공판에서 丁이 범행을 부인하면서 경찰관 P 작성의 丁에 대한 피의자신문조서의 내용을 부인한 경우, 丁의 경찰에서의 진술 내용을 증거로 사용할 수 있는 방법을 논하시오. (8점)

1. 경찰관 P의 조사자증언제도의 활용

사안에서 丁의 피신조서의 내용을 증거로 할 수 있는 방법은 제316조 제1항에 따라 丁을 조사한 P를 증인으로 신청하여 증언하게 하고, 丁이 피의자신문을 받을 때에 특신상태하에서 진술했다는 점을 증명하여 증거로 사용할 수 있는 방법이 있다.

2. 탄핵증거로서의 활용

내용이 부인된 피신조서를 탄핵증거로 사용할 수 있는지에 대하여 논의가 있지만, 판례는 긍정하고 있다. 따라서 사안에서 내용이 부인된 丁의 피신조서는 증거능력이 없지만, 제318조의2 제1항에 따라 탄핵증거로 사용하는 방법이 있다.

(1) 甲과 乙은 한 건 하기로 하고 집 주변 ATM 앞을 서성대다 현금을 인출하는 A의 뒤에서 몰래 A의 신용카드 비밀번호를 알아낸 다음, 乙이 A에게 길을 묻는 척하고, 甲이 그 사이 A의 지갑을 몰래 꺼내었다. 그 후 甲은 乙에게 "일단 네가 갖고만 있어라. 밤에 만나서 이야기하자."라고 말하며 그 지갑을 건네주었고, 각자 다른 방향으로 도망쳤다. 乙은 甲의 말을 어기고 ○○백화점 근처 ATM에서 A의 신용카드로 예금 100만 원을 인출하고 나오다가, 마침 그곳을 지나가던 처남 丙과 마주치자 丙에게 A의 신용카드를 자신의 것인 양 건네주며 "내가 지금 급한 약속이 있으니 아내 생일 선물로 줄 명품 가방을 하나 사 달라."라고 부탁했다. 丙은 당연히 乙의 카드로 생각하고 ○○백화점에서 A의 신용카드를 사용하여 500만 원 상당의 명품 가방을 구매하였다. 그 후 丙은 옆 매장에서 사고 싶었던 시계를 발견하고 들어가 매장직원 B에게 "한번 착용해 보자."라고 요청했고, B가 건네준 시계를 손목에 차고 살펴보다가 B가 다른 손님과 대화하는 사이 몰래 도망친 후, 乙을 만나 구입한 가방과 A의 신용카드를 건네주었다. 乙은 그날 밤 甲에게 A의 신용카드를 주면서 "너부터 사용하고 만일 경찰에 잡히면 혼자 길 가다가 주운 카드라고 말해."라고 하였다. 귀가하던 甲은, A의 신고를 받고 甲을 검거하기 위해 인근을 순찰하던 경찰관 P1이 자신에게 다가오자 평소 지니고 있던 접이식 칼을 휘둘러 P1의 팔에 전치 4주의 상처를 입혔다. 뒤늦게 현장에 도착한 경찰관 P2에 의해 체포된 甲은 피의자 신문과정에서 乙이 지시한 대로 진술했다.

(2) 한편, 경찰관 P2는 현장 부근 CCTV 영상에서 지갑을 건네받는 乙을 발견하고, 乙의 가담 여부를 확인하기 위하여 절도 혐의에 관한 영장을 발부받아 甲의 휴대전화를 압수하여 이를 적법하게 포렌식하였다. 그 과정에서, 甲이 2020. 5. 20. 15세인 C에게 C 자신의 신체 일부를 노출한 사진을 촬영하도록 하였고, 2020. 6. 15. 14세인 D에게 D 자신의 신체 전부를 노출한 동영상을 촬영하도록 하는 등 2023. 2. 10.까지 14~16세의 피해자 100명에게 피해자 자신의 신체의 전부 또는 일부를 노출한 사진과 동영상을 촬영하도록 하여 총 1,000개의 아동·청소년성착취물인 사진과 동영상을 제작한 사실도 밝혀졌다.

1. 사실관계 (1)에서 甲, 乙, 丙의 죄책은? (55점)

2. 사실관계 (2)에서 甲의 휴대전화에 저장되어 있는 아동·청소년성착취물을 아동·청소년의성보호에관한법률위반 범행의 유죄 증거로 사용하기 위한 요건은? (10점)

3. 만약 제1심 법원이 피고인 乙에 대하여 1) A의 신용카드 관련 범행에 대해서는 유죄를 인정하였으나, 2) 乙이 甲에게 허위진술을 교사한 범행에 대해서는 무죄를 선고하자, 검사만 2)의 무죄 선고 부분에 대해 항소하였고 항소심 법원이 검사의 항소가 이유 있다고 판단하였다면, 항소심 법원의 조치는? (10점)

4. 제1심 법원에서 보석상태로 재판을 받던 甲에 대하여 항소심인 고등법원이 보석허가결정을 취소하자 甲은 검사의 집행지휘에 따라 구치소에 수감되었다. 법원의 보석취소결정에 대한 甲의 이의제기 방법과 그 효력은? (10점)

5. 사실관계 (2)에서 만약 검사가 甲의 아동·청소년의성보호에관한법률위반 범행에 대하여 '피고인은 2020. 6. 15.부터 2023. 2. 10.까지 상습으로 아동·청소년인 피해자 99명에게 신체의 전부 또는 일부를 노출한 사진을 촬영하도록 하는 등 총 999개의 아동·청소년성착취물인 사진 또는 동영상을 제작하였다'고 공소를 제기하였다가, C에 대한 범행을 추가하기 위하여 공소사실을 '피고인은 2020. 5. 20.부터 2023. 2. 10.까지 상습으로 아동·청소년인 피해자 100명에게 신체의 전부 또는 일부를 노출한 사진을

촬영하도록 하는 등 총 1,000개의 아동·청소년성착취물인 사진 또는 동영상을 제작하였다'고 변경하는 취지의 공소장변경허가신청을 하였다면, 이러한 경우 법원의 조치는? (15점)

[참조조문]

구 아동·청소년의 성보호에 관한 법률(법률 제12329호, 2020. 6. 2. 개정되기 전의 것)

제11조(아동·청소년이용음란물의 제작·배포 등) ① 아동·청소년이용음란물을 제작·수입 또는 수출한 자는 무기징역 또는 5년 이상의 유기징역에 처한다.

② 영리를 목적으로 아동·청소년이용음란물을 판매·대여·배포·제공하거나 이를 목적으로 소지·운반하거나 공연히 전시 또는 상영한 자는 10년 이하의 징역에 처한다.

③ 아동·청소년이용음란물을 배포·제공하거나 공연히 전시 또는 상영한 자는 7년 이하의 징역 또는 5천만원 이하의 벌금에 처한다.

④ 아동·청소년이용음란물을 제작할 것이라는 정황을 알면서 아동·청소년을 아동·청소년이용음란물의 제작자에게 알선한 자는 3년 이상의 징역에 처한다.

⑤ 아동·청소년이용음란물임을 알면서 이를 소지한 자는 1년 이하의 징역 또는 2천만원 이하의 벌금에 처한다.

⑥ 제1항의 미수범은 처벌한다.

---

1. 사실관계 (1)에서 甲, 乙, 丙의 죄책은? (55점)

Ⅰ. 甲과 乙이 A의 지갑을 절취한 행위의 죄책

(1) 합동범의 본질에 대하여 ① 공모공동정범설 ② 가중된 공동정범설 ③ 현장설 ④ 현장적 공동정범설이 대립하고 있지만, 시간·장소적 협동관계에 있을 때에만 합동범이 성립한다는 현장설이 다수설과 판례이다. 사안의 경우에는 甲과 乙은 시간·장소적 협동관계를 통해 A의 지갑을 절취하고 있으므로 甲과 乙의 행위는 형법 제331조 제2항의 합동절도범이 성립한다.

(2) 그리고 甲이 乙에게 A의 신용카드를 맡긴 부분에 대하여 장물죄의 성부가 문제될 수 있지만, 甲과 乙은 합동절도죄의 정범이므로 장물죄는 성립하지 않는다.

Ⅱ. 乙이 신용카드를 사용한 부분에 대한 죄책

1. 예금 100만 원을 인출한 행위에 대한 죄책

(1) 사안에서 乙이 A의 신용카드를 이용하여 A의 예금 100만 원을 인출한 행위의 죄책에 대하여 논의가 있지만, 판례는 '현금자동인출기 관리자의 의사에 반하여 그의 지배를 배제하고 그 현금을 자기의 지배하에 옮겨 놓는 것이 되므로 절도죄를 구성한다'라고 하여 절도죄설의 입장이다. 따라서 乙에게는 절도죄가 성립한다.

(2) 그러나 乙이 A의 신용카드로 현금서비스가 아닌 예금을 인출한 것은 신용카드의 본래적 용법에 따른 사용이 아니므로 여전법 제70조 제1항 제3호의 신용카드부정사용죄는 성립하지 않는다.

2. 丙에게 명품 가방을 구매하게 한 행위에 대한 죄책

(1) 사안에서 丙은 乙의 부탁으로 A의 신용카드를 이용하여 명품 가방를 구매하고 있다. 그러나 丙은 A의 신용카드를 乙의 것으로 알았으므로 신용카드를 사용한 부분에 대하여는 고의가 없어 범죄가 성립하지 않는다.

(2) 사안에서 乙은 고의가 없는 丙을 이용하여 명품 가방을 구입하고 있으므로 乙에게는 丙이 행한 행위의 간접정범이 성립한다. 타인의 신용카드를 이용하여 물품을 구입한 행위의 죄책에 대하여 논의가 있지만, 판례는 사기죄가 성립한다는 하므로 乙에게는 사기죄가 성립한다. 그리고 절취한 타인의 신용카드를 부정하게 사용하고 있으므로 여전법 제70조 제1항 제3호의 신용카드부정사용죄가 성립한다. 판례에 의하면 양죄는 실체적 경합 관계에 있으므로, 乙은 사기죄와 신용카드부정사용죄의 간접정범이 성립하며 양자는 실체적 경합 관계에 있다.

Ⅲ. 丙이 시계를 절취한 부분의 죄책

사안에서 丙은 시계를 살 것처럼 B를 기망하여 시계를 차고 있다가 B가 다른 손님과 대화하는 사이 몰래 도망하여 시계를 영득하고 있다. 이러한 丙의 행위가 절도죄인지 사기죄인지 문제 된다. 그러나 이러한 책략절도의 경우에는 기망행위가 있었더라도 그것은 점유침탈의 한 방법에 불과하고 또한 기망에 따른 피해자의 처분행위가 없으므로 절도죄가 성립한다는 것이 다수설과 판례의 태도이다.

따라서 사안에서 丙에게는 절도죄가 성립한다.

Ⅳ. 甲이 경찰관 P1에게 상처를 입힌 행위에 대한 죄책

1. 특수상해죄와 특수공무집행방해치상의 성립

사안에서 甲은 접이식 칼인 위험한 물건을 사용하여 공무를 집행하는 경찰관 P1에게 상해를 가하였으므로 형법 제258조의2 제1항의 특수상해죄와 제144조 제2항의 특수공무집행방해치상죄가 성립할 수 있다.

2. 양죄의 죄수 관계

부진정결과적가중범인 특수공무집행방해치상죄와 특수상해죄의 죄수 관계에 대하여 ① 다수설은 부진정결과적가중범과 고의범과의 죄수 관계를 상상적 경합으로 보지만 ② 판례는 ㉠ 중한 결과에 대한 고의범의 형량이 부진정결과적가중범의 형량보다 더 높은 경우에는 부진정결과적가중범과 고의범의 상상적 경합을 인정하고 ㉡ 중한 결과에 대한 고의범의 형량이 부진정결과적가중범의 형량보다 낮거나 동일한 경우에는 부진정결과적가중범이 특별관계에 있으므로 부진정결과적가중범만을 인정한다.

사안에서 문제되는 특수상해죄는 1년 이상 10년 이하의 징역이며, 특수공무집행방해치상죄는 3년 이상의 징역이다. 따라서 판례에 따르면 사안에서 특수상해죄는 특수공무집행방해치상죄에 흡수되어 甲에게는 특수공무집행방해치상죄만 성립한다.

Ⅴ. 甲이 경찰관에게 허위진술을 한 행위에 대한 甲과 乙의 죄책

1. 범인도피죄의 성부

사안에서 甲은 혼자 길을 가다가 신용카드를 주었다고 진술함으로써 乙을 도피한 것이 아닌지 문제 된다. 그러나 수사기관은 실체적 진실을 밝혀야 할 권리와 의무가 있으므로, 적극적으로 수사기관을 기망하여 착오에 빠지게 함으로써 범인의 발견 또는 체포를 곤란 내지 불가능하게 할 정도가 아닌 한 형법 제151조 소정의 범인도피죄를 구성하지 않는다. 따라서 甲에게는 범인도피죄가 성립하지 않으며, 乙도 역시 범인도피죄의 교사범이 성립하지 않는다.

2. 위계에 의한 공무집행방해죄의 성부

사안에서 甲은 혼자 길을 가다가 신용카드를 주었다고 허위의 진술을 하고 있다. 이러한 행위가 위계에 의한 공무집행방해죄에 해당하는지 문제 되지만, 수사기관은 실체적 진실을 발견해야 할 권리와 의무가 있으므로 위계에 의한 공무집행방해죄는 성립하지 않는다.

그리고 甲에게 위계에 의한 공문집행방해죄가 성립하지 않는다면, 甲에게 그러한 행위를 교사한 乙도 범죄가 성립하지 않는다.

3. 기타 증거인멸죄 등의 성부

자기의 절도범행에 대하여 이를 부인한 행위는 증거인멸죄 등을 구성하지 않는다.

2. 사실관계 (2)에서 甲의 휴대전화에 저장되어 있는 아동·청소년성착취물을 아동·청소년의성보호에관한법률위반 범행의 유죄 증거로 사용하기 위한 요건은? (10점)

1. 별도의 영장의 발부

판례는 '전자정보에 대한 압수·수색이 종료되기 전에 혐의사실과 관련된 전자정보를 적법하게 탐색하는 과정에서 별도의 범죄혐의와 관련된 전자정보를 우연히 발견한 경우라면, 수사기관으로서는 더 이상의 추가 탐색을 중단하고 법원으로부터 별도의 범죄혐의에 대한 압수·수색 영장을 발부받은 경우에 한하여 그러한 정보에 대하여도 적법하게 압수·수색을 할 수 있다고 할 것이다.'라고 하고 있다. 따라서 사법경찰관 P2는 별도의 영장을 발부받아 청소년성보호법 위반 관련 증거를 압수할 수 있다.

2. 적법절차의 준수

판례는 사안과 같은 경우 '특별한 사정이 없는 한 그 피압수자에게 형사소송법 제219조, 제121조, 제129조에 따라 참여권을 보장하고 압수한 전자정보 목록을 교부하는 등 피압수자의 이익을 보호하기 위한 적절한 조치가 이루어져야 할 것이다.'라고 하고 있다. 따라서 사법경찰관 P2는 당사자인 甲을 참여시키고 압수목록 등을 교부하여야 한다.

3. 만약 제1심 법원이 피고인 乙에 대하여 1) A의 신용카드 관련 범행에 대해서는 유죄를 인정하였으나, 2) 乙이 甲에게 허위진술을 교사한 범행에 대해서는 무죄를 선고하자, 검사만 2)의 무죄 선고 부분에 대해 항소하였고 항소심 법원이 검사의 항소가 이유 있다고 판단하였다면, 항소심 법원의 조치는? (10점)

1. 파기의 범위에 대한 논의

사안과 같이 경합범의 일부에 대하여 일부상소한 경우에 항소심에서 검사의 일부상소를 인정하여 원심판결을 파기하는 경우에 파기의 범위에 대하여는 ① 일부상소의 일반법리에 따라 쌍방이 상소하지 않은 부분은 분리확정되므로 무죄부분만 심판대상이 된다는 일부파기설(전합의 다수의견) ② 형법 제37조의 경합범은 서로 과형상 불가분의 관계에 있어 상소불가분의 원칙에 따라 전부 심판대상이 된다는 전부파기설(전합의 반대의견)이 대립하고 있다.

생각건대 일부상소의 기본법리와 일부라도 판결을 확정시켜 두는 것이 피고인의 불안정한 지위를 해소할 수 있으므로 일부파기설이 타당하다.

2. 항소심의 조치

이러한 일부파기설에 따르면 항소심의 심판범위는 2)사건뿐이며, 항소심은 사실심이므로 2)사건을 파기하고 자판하면 된다.

---

4. 제1심 법원에서 보석상태로 재판을 받던 甲에 대하여 항소심인 고등법원이 보석허가결정을 취소하자 甲은 검사의 집행지휘에 따라 구치소에 수감되었다. 법원의 보석취소결정에 대한 甲의 이의제기 방법과 그 효력은? (10점)

1. 법원의 보석취소결정에 대한 甲의 이의제기 방법

(1) 사안에서 보석허가를 취소하는 결정은 판결전 소송절차에 관한 결정이지만, 보석에 관한 결정이므로 형사소송법 제403조 제2항에 따라 항고로 불복할 수 있다.

(2) 사안에서 보석허가를 취소하는 법원은 항소심인 고등법원이다. 따라서 이러한 고등법원의 결정에 대하여는 제415조에 따라 대법원에 재항고할 수 있다.

2. 재항고와 집행정지효

재항고는 즉시항고이므로 원칙적으로 제410조에 따라 집행정지효가 있어야 한다. 그런데 최근 대법원 판례는 '형사소송법 제415조가 고등법원의 결정에 대한 재항고를 즉시항고로 규정하고 있다고 하여 당연히 즉시항고가 가지는 집행정지의 효력이 인정된다고 볼 수는 없다.'라고 판시하며 고등법원의 보석허가취소결정에 대한 재항고에 대하여 집행정지효를 인정하지 않고 있다. 이러한 판례에 따르면 사안에서의 재항고는 집행정지효가 없으므로 甲은 계속 구금상태에 있게 된다.

---

5. 사실관계 (2)에서 만약 검사가 甲의 아동·청소년의성보호에관한법률위반 범행에 대하여 '피고인은 2020. 6. 15.부터 2023. 2. 10.까지 상습으로 아동·청소년인 피해자 99명에게 신체의 전부 또는 일부를 노출한 사진을 촬영하도록 하는 등 총 999개의 아동·청소년성착취물인 사진 또는 동영상을 제작하였다'고 공소를 제기하였다가, C에 대한 범행을 추가하기 위하여 공소사실을 '피고인은 2020. 5. 20.부터 2023. 2. 10.까지 상습으로 아동·청소년인 피해자 100명에게 신체의 전부 또는 일부를 노출한 사진을 촬영하도록 하는 등 총 1,000개의 아동·청소년성착취물인 사진 또는 동영상을 제작하였다'고 변경하는 취지의 공소장변경허가신청을 하였다면, 이러한 경우 법원의 조치는? (15점)

1. 공소장변경허가신청의 요건

공소장변경이 허가되기 위해서는 공소사실의 동일성이 인정되어야 한다. 따라서 사안에서 청소년성보호법 제11조 제7항의 상습범으로 공소제기된 공소사실과 새로이 추가되는 2020. 5. 20.부터 2023. 2. 10.까지의 공소사실이 동일성 특히 단일성이 있는지 문제 된다.

2. 판례의 법리

(1) 사안에서 문제가 되는 청소년성보호법 제11조 제7항은 2020. 6. 2. 개정되어 당일부터 시행되었다. 그런데 검사가 공소장변경으로 추가하려는 공소사실에는 2020. 6. 2. 이전에 범해진 2020. 5. 20.부터 2020. 6. 2. 이전까지의 범행이 포함되어 있다.

(2) 판례에 의하면 '신설된 포괄일죄 처벌법규가 시행되기 이전의 행위에 대하여는 신설된 법규를 적용하여 처벌할 수 없다.'고 한다. 따라서 사안에서 2020. 5. 20.부터 2020. 6. 2. 이전까지의 범행은 청소년성보호법 제11조 제7항에 해당되지 않으므로 단일성이 인정되지 않아 동일성이 인정되지 않는다.

3. 법원의 조치

사안에서 법원은 2020. 5. 20.부터 2020. 6. 2. 이전까지의 범행이 포함된 공소장변경신청은 동일성이 인정되지 않으므로 기각하여야 한다. 그리고 검사는 2020. 5. 20.부터 2020. 6. 2. 이전까지의 범행은 추가기소 하여야 하고, 그 이후의 범행은 공소장변경으로 추가하여야 한다.

> • 본 문제는 단일성으로 해결하면 족하므로 원칙적으로 협의의 동일성에 대한 학설은 적을 필요가 없다.